Comportamento Organizacional

O Comportamento
Humano no Trabalho

Comportamento Organizacional

O Comportamento Humano no Trabalho

Tradução da décima segunda edição

John W. Newstrom, Ph.D.
University of Minnesota Duluth

Tradução
Ivan Pedro Ferreira Santos
Revisão Técnica
Carlos Tasso Eira de Aquino
Consultor e Professor da FAAP – MBA

Bangcoc   Pequim   Bogotá   Caracas   Cidade do México
Cingapura   Londres   Madri   Milão   Montreal   Nova Delhi   Nova York
Santiago   São Paulo   Seul   Sydney   Taipé   Toronto

The McGraw·Hill Companies

Comportamento Organizacional: O Comportamento Humano no Trabalho
Tradução da décima segunda edição
ISBN 978-85-7726-028-7

A reprodução total ou parcial deste volume por quaisquer formas ou meios, sem o consentimento escrito da editora, é ilegal e configura apropriação indevida dos direitos intelectuais e patrimoniais dos autores.

Copyright © 2008 de McGraw-Hill Interamericana do Brasil Ltda.
Todos os direitos reservados.
Av. Brigadeiro Faria Lima, 201 – 17º andar
São Paulo – SP – CEP 05426-100

Todos os direitos reservados. © 2008 de McGraw-Hill Interamericana Editores, S.A. de C. V.
Prol. Paseo de la Reforma 1015 Torre A Piso 17, Col. Desarrollo Santa Fe, Delegación Álvaro Obregón
México 01376, D. F., México

Tradução da décima segunda edição em inglês de *Organizational Behavior: Human Behavior at Work, 12th edition*
© 2007 de McGraw-Hill/Irwin, uma unidade de negócios de The McGraw-Hill Companies, Inc.
ISBN da obra original: 978-0-07-287546-1

Diretor-geral: *Adilson Pereira*
Editora de Desenvolvimento: *Alessandra Borges*
Produção Editorial: *Lummi • Editorial • Design*
Supervisora de Produção: *Guacira Simonelli*
Preparação de Texto: *Marcos Soel Silveira Santos*
Editoração Eletrônica: *Crontec Ltda.*

Dados Internacionais de Catalogação na Publicação (CIP)
(Câmara Brasileira do Livro, SP, Brasil)

> Newstrom, John W.
>   Comportamento organizacional : o comportamento humano no trabalho / John W. Newstrom ; tradução Ivan Pedro Ferreira Santos ; revisão técnica Carlos Tasso Eira de Aquino. -- São Paulo : McGraw-Hill, 2008.
>
>   Título original: Organizational behavior: Human behavior at work
>   Bibliografia.
>   ISBN 978-85-7726-028-7
>
>   1. Administração de empresas 2. Comportamento organizacional 3. Cultura organizacional 4. Mudança organizacional 5. Organização I. Título.
>
> 07-7268   CDD-658.001

Índice para catálogo sistemático:

1. Análise organizacional : Administração 658.001
2. Estudos organizacionais : Administração 658.001 Administração

A McGraw-Hill tem forte compromisso com a qualidade e procura manter laços estreitos com seus leitores. Nosso principal objetivo é oferecer obras de qualidade a preços justos e um dos caminhos para atingir essa meta é ouvir o que os leitores têm a dizer. Portanto, se você tem dúvidas, críticas ou sugestões entre em contato conosco – preferencialmente por correio eletrônico mh_brasil@mcgraw-hill.com – e nos ajude a aprimorar nosso trabalho. Teremos prazer em conversar com você. Em Portugal use o endereço servico_clientes@mcgraw-hill.com.

Em memória de Keith Davis — admirado co-autor, orientador gentil e zeloso amigo — que me concedeu a oportunidade e a assistência vitais para o estabelecimento de uma carreira bem-sucedida na publicação de livros.

A Jon L. Pierce — herói acadêmico, co-autor profícuo e amigo pessoal próximo — o qual estabelece altos padrões para si mesmo e para as outras pessoas, cumpre suas promessas acima das expectativas, oferece conselhos sábios quando questionado, e que tem sido um aliado fiel nos melhores e nos piores momentos.

Sobre o Autor

John W. Newstrom *University of Minnesota Duluth*

John W. Newstrom, docente universitário de renome, com diversas obras publicadas, e consultor de organizações nas áreas de treinamento e desenvolvimento de supervisão, é professor emérito de Administração de Empresas do Management Studies Department da Labovitz School of Business and Economics na University of Minnesota Duluth (UMD). Ao longo de sua permanência nessa instituição, por quase 30 anos, ministrou cursos nas áreas de gestão da mudança, treinamento e desenvolvimento, comportamento e gestão organizacionais e relações de grupo e interpessoais. Anteriormente, foi professor da Arizona State University (ASU) e também trabalhou para a empresa Honeywell. Graduou-se e obteve seus títulos de mestrado e doutorado pela University of Minnesota. Em sua atuação profissional, conduziu programas de treinamento que versaram sobre ampla gama de assuntos para organizações, nas áreas de planos de saúde, aço, mineração, bens de consumo, gás, serviços públicos e papel e celulose, assim como para governos municipais e órgãos do governo federal dos Estados Unidos.

Dr. Newstrom publicou mais de 60 artigos profissionais e técnicos em periódicos como *Academy of Management Executive, Academy of Management Journal, Workforce, Personnel Journal, Human Resource Planning, Business Horizons, Training and Development, Journal of Management Development, California Management Review, S.A.M. Advanced Management Journal, Training, Supervisory Management, Journal of Management, Journal of Occupational Behavior,* e *Supervision*. Também participou dos comitês de revisão editorial de diversas publicações técnicas da área de administração. É co-autor de 35 livros em várias edições, incluindo *The Manager's Bookshelf, Organizational Behavior, Supervision: Managing for Results, Transfer of Training, Games Trainers Play, Leaders and the Leadership Process,* e *The Big Book of Team Building Games*.

Suas experiências administrativas incluem os cargos de diretor do Business Administration Department da UMD, diretor do Center for Professional Development, diretor-executivo do Bureau of Business and Economic Research da ASU e conselheiro da Management Education and Development (MED) da Academy of Management. Ainda fez parte (como consultor estratégico) dos conselhos de diretores de diversas organizações, tais como a American Society for Training & Development, St. Louis County Heritage and Arts Center, United Developmental Achievement Center, Duluth-Superior Community Foundation, Riverwood Healthcare Center e Arrowhead Food Bank. Também é membro da Academy of Management, da Organizational Behavior Teaching Society e da Society for Advancement of Management.

Dr. Newstrom recebeu muitos prêmios como reconhecimento por seus métodos de ensino e prestação de serviços inovadores para os estudantes e para a comunidade. Foi agraciado com os prêmios Outstanding Reviewer Award, da Management Education and Development (MED) da Academy of Management, Outstanding Faculty Award, da UMD Student Association, e Outstanding Adviser Award, além de vários outros prêmios de reconhecimento como "professor favorito" na UMD. Obteve sua maior honra ao ser indicado para receber o prêmio Horace T. Morse — University of Minnesota Alumni Association Award for Outstanding Contributions to Undergraduate Education, pela excelência de suas contribuições para o ensino de graduação. Newstrom também é membro da prestigiosa Academy of Distinguished Teachers da University of Minnesota.

John Newstrom é casado (com Diane por mais de 40 anos) e pai de dois estudantes universitários — Scott e Heidi. Gosta de caçar, resolver palavras-cruzadas e sudokus, assar pães doces escandinavos, dirigir seu MGB vermelho esportivo 1980, jogar golfe, manter contato com antigos alunos, realizar pesquisas genealógicas, trabalhar ao ar livre em sua casa de campo no norte de Minnesota, passar um tempo agradável com familiares e amigos, bem como jogar cartas e tirar férias em regiões ensolaradas. Suas atividades favoritas de prestação de serviço comunitário incluem a doação freqüente de sangue, a co-liderança de uma equipe do projeto de pintores de residências para moradores de baixa renda (Paint-A-Thon), o trabalho voluntário em uma casa de repouso e o aconselhamento de jovens. John também faz a voz de Baixo em um quarteto de vozes, o Northen Knights. Vive com a esposa em Aitkin, Minnesota, onde pratica a fina arte da "neotenia" (um estilo de vida energético e alegre).

Sumário

Prefácio xvi

PARTE UM
FUNDAMENTOS DO COMPORTAMENTO ORGANIZACIONAL 1

Capítulo 1
A Dinâmica das Pessoas e das Organizações 2

OBJETIVOS DO CAPÍTULO 2
Compreendendo o Comportamento Organizacional 3
   Definição 3
   Metas 4
   Forças 4
   Características Positivas do Campo do Comportamento Organizacional 6
Conceitos Fundamentais 8
   A Natureza das Pessoas 9
   A Natureza das Organizações 10
Abordagens Básicas Deste Livro 12
   Uma Abordagem (Apoiadora) de Recursos Humanos 12
Uma Abordagem Contingencial 13
   Uma Abordagem Orientada para Resultados 13
   Uma Abordagem Sistêmica 15
Limitações do Comportamento Organizacional 16
   Viés Comportamental 16
   A Lei dos Retornos Decrescentes 17
   Manipulação Antiética de Pessoas 17
Desafios Contínuos 18
   Buscando Soluções Rápidas 18
   Diversidade de Ambientes 19
RESUMO 19
Termos e Conceitos para Revisão 19
Questões para Discussão 20
Avalie suas Próprias Habilidades 20
Estudo de Caso: O Representante de Vendas Transferido 21
ExercícioVivencial: Ética no Comportamento Organizacional 22
Produzindo *Insights* sobre CO 23
O QUE OS GERENTES ESTÃO LENDO 7, 11
CONSELHOS PARA FUTUROS GERENTES 18

Capítulo 2
Os Modelos de Comportamento Organizacional 24

OBJETIVOS DO CAPÍTULO 24
Sistema de Comportamento Organizacional 25
   Elementos do Sistema 25
Modelos de Comportamento Organizacional 28
   O Modelo Autocrático 31
   O Modelo Protecionista 31
   O Modelo Apoiador 33
   O Modelo Colegiado 34
   O Modelo Sistêmico 35
   Conclusões sobre os Modelos 37
RESUMO 39
Termos e Conceitos para Revisão 40
Questões para Discussão 40
Avalie suas Próprias Habilidades 41
Estudo de Caso: O Novo Gerente de Planta 42
ExercícioVivencial: A Rapid Corporation 43
Produzindo *Insights* sobre CO 43
O QUE OS GERENTES ESTÃO LENDO 32, 37
UMA QUESTÃO ÉTICA 36
ADMINISTRANDO ALÉM DE FRONTEIRAS NACIONAIS 38
CONSELHOS PARA FUTUROS GERENTES 40

Capítulo 3
Gerenciando as Comunicações 44

OBJETIVOS DO CAPÍTULO 44
Fundamentos da Comunicação 45
   A Importância da Comunicação 45
   O Processo de Comunicação de Duas Vias 46
   Problemas Potenciais 49
   Barreiras à Comunicação 50
   Símbolos da Comunicação 51
   Ação (Comunicação Não-verbal) 53
   O Impacto das Barreiras no Processo de Comunicação 54
Comunicação Descendente 55
   Pré-requisitos e Problemas 55
   Necessidades de Comunicação 56
Comunicação Ascendente 57
   Dificuldades 58
   Práticas da Comunicação Ascendente 59

Outras Formas de Comunicação 61
   Comunicação Lateral 62
   Comunicação Eletrônica 62
Comunicação Informal 65
   Características da Rede Não-convencional de Informações (Grapevine) *66*
   Boatos 67
RESUMO 68
Termos e Conceitos para Revisão 69
Questões para Discussão 69
Avalie suas Próprias Habilidades 70
Estudo de Caso: Uma Falha nas Comunicações 71
ExercícioVivencial: Estilo de Comunicação 71
Produzindo *Insights* sobre CO 72
O QUE OS GERENTES ESTÃO LENDO 48
PRÁTICAS GLOBAIS DE COMUNICAÇÃO 51
UMA QUESTÃO ÉTICA 56
DIVERSIDADE NAS COMUNICAÇÕES 59
CONSELHOS PARA FUTUROS GERENTES 68

Capítulo 4
Os Sistemas Sociais e a Cultura Organizacional 73

OBJETIVOS DO CAPÍTULO 73
Compreendendo um Sistema Social 74
   Equilíbrio Social 74
   Efeitos Funcionais e Disfuncionais 75
   Contratos Psicológicos e Econômicos 75
Cultura Social 76
   Diversidade Cultural 77
   Valores da Cultura Social 78
Papel 79
   Percepções dos Papéis 80
   Mentores 80
   Conflito de Papéis 82
   Ambigüidade de Papéis 83
Status 83
   Relacionamentos de Status *83*
   Símbolos de Status *84*
   Fontes de Status *85*
   O Significado do Status *85*
Cultura Organizacional 86
   Características das Culturas 86
   Mensurando a Cultura Organizacional 88
   Comunicando e Transformando a Cultura 89
Ambientes de Trabalho Descontraídos 90
RESUMO 92
Termos e Conceitos para Revisão 93
Questões para Discussão 93
Avalie suas Próprias Habilidades 94
Estudo de Caso: A Companhia de Construção Liberty 95
Exercício Vivencial: Percepção de Papéis dos Estudantes e dos Instrutores 95
Produzindo *Insights* sobre CO 95
UMA QUESTÃO ÉTICA 79
O QUE OS GERENTES ESTÃO LENDO 87
CONSELHOS PARA FUTUROS GERENTES 92

PARTE DOIS
MOTIVAÇÃO E SISTEMAS DE RECOMPENSA 97

Capítulo 5
Motivação 98

OBJETIVOS DO CAPÍTULO 98
Modelo de Motivação 99
Forças Motrizes da Motivação 100
   Motivação para a Realização 100
   Motivação para a Afiliação 101
   Motivação para o Poder 101
   A Aplicação Gerencial das Forças Motrizes da Motivação 101
Necessidades Humanas 101
   Tipos de Necessidades 102
   Modelo da Hierarquia das Necessidades de Maslow 103
   Modelo dos Dois Fatores de Herzberg 104
   Modelo E-R-G de Alderfer 106
   Comparação entre os Modelos de Maslow, Herzberg e Alderfer 106
Modificação Comportamental 107
   A Lei do Efeito 107
   Conseqüências Alternativas 108
   Cronogramas de Reforço 109
   Interpretando a Modificação Comportamental 110
O Estabelecimento de Metas 111
   Elementos do Estabelecimento de Metas 111
O Modelo da Expectativa 112
   Os Três Fatores 113
   Como Funciona o Modelo 114
   Interpretando o Modelo da Expectativa 115
O Modelo da Eqüidade 117
   Interpretando o Modelo de Eqüidade 119
Interpretando os Modelos Motivacionais 120
RESUMO 120
Termos e Conceitos para Revisão 121
Questões para Discussão 121
Avalie suas Próprias Habilidades 122
Exercício de Interpretação: A Companhia Reduzida 123
Estudo de Caso: O Construtor de Pianos 124
ExercícioVivencial: As Notas de Avaliação São Motivadores? 125

Produzindo *Insights* sobre CO   125
O Que os Gerentes Estão Lendo   102
Trabalhadores Temporários: Outra Forma de Diversidade   116
Uma Questão Ética   119
Conselhos para Futuros Gerentes   120

Capítulo 6
Avaliando e Recompensando o Desempenho   127

OBJETIVOS DO CAPÍTULO   127
Um Programa Completo   128
Dinheiro Como Meio de Recompensar os Funcionários   129
   Aplicação dos Modelos Motivacionais   130
   Considerações Adicionais sobre o Uso do Dinheiro   132
Comportamento Organizacional e a Avaliação do Desempenho   134
   A Filosofia da Avaliação   135
   A Entrevista de Avaliação   136
   Feedback de Desempenho   137
Sistema de Incentivos Econômicos   141
   Propósitos e Tipos   141
   Incentivos que Associam Remuneração ao Desempenho   142
   Incentivos Salariais   143
   Participação nos Lucros   145
   Participação nos Resultados   146
   Remuneração Baseada nas Habilidades   147
RESUMO   148
Termos e Conceitos para Revisão   149
Questões para Discussão   149
Avalie suas Próprias Habilidades   150
Estudo de Caso: O Plaza Grocery   151
Exercício Vivencial: Filosofia de Avaliação/Recompensa de Desempenho   152
Produzindo *Insights* sobre CO   153
O Que os Gerentes Estão Lendo   133
Uma Questão Ética   140
Conselhos para Futuros Gerentes   148

PARTE TRÊS
LIDERANÇA E *EMPOWERMENT*   155

Capítulo 7
Liderança   156

OBJETIVOS DO CAPÍTULO   156
A Natureza da Liderança   157
   Gestão e Liderança   157
   Os Traços dos Líderes Eficazes   158
   Comportamento de Liderança   159
   Flexibilidade Situacional   160
   Adesismo (Followership)   161
Abordagens Comportamentais para o Estilo de Liderança   161
   Líderes Positivos e Negativos   162
   Líderes Autocráticos, Consultivos e Participativos   162
   A Utilização da Consideração e da Estrutura pelo Líder   163
   O Grid Gerencial de Blake e Mouton   163
Abordagens Contingenciais para o Estilo de Liderança   165
   O Modelo Contingencial de Fiedler   165
   Modelo de Liderança Situacional de Hersey e Blanchard   166
   Modelo de Liderança Caminho-Meta   168
   Modelo de Tomada de Decisões de Vroom   169
Abordagens Emergentes para a Liderança   170
   Substitutos e Fortalecedores para a Liderança   171
   Autoliderança e Superliderança   172
   Coaching   173
   Outras Abordagens   173
RESUMO   173
Termos e Conceitos para Revisão   174
Questões para Discussão   175
Avalie suas Próprias Habilidades   175
Estudo de Caso: A Atribuição de uma Tarefa   176
Exercício Vivencial: Aplicação dos Modelos de Liderança   177
Produzindo *Insights* sobre CO   177
Uma Questão Ética   160
O Que os Gerentes Estão Lendo   162
Conselhos para Futuros Gerentes   174

Capítulo 8
Empowerment e Participação   178

OBJETIVOS DO CAPÍTULO   178
A Natureza do *Empowerment* e da Participação   179
   O que é Empowerment?   179
   O que é Participação?   180
   Por que a Participação é Popular?   181
   Benefícios da Participação   183
Como Funciona a Participação   183
   O Processo Participativo   183
   O Impacto sobre o Poder Gerencial   184
   Pré-requisitos da Participação   185
   Fatores Contingenciais   187
Programas Voltados à Participação   189
   Programas de Sugestão   189
   Ênfase na Qualidade   190
   Equipes Autogerenciadas   191
   Planos de Participação dos Funcionários na Propriedade   191

Considerações Importantes Sobre a Participação 192
    Limitações da Participação 192
    Preocupações Gerenciais sobre Participação 192
    Considerações Finais 194
RESUMO 194
Termos e Conceitos para Revisão 195
Questões para Discussão 195
Avalie suas Próprias Habilidades 195
Estudo de Caso: Joe Adams 196
Exercício Vivencial: *Empowerment* por meio de Participação 197
Produzindo *Insights* sobre CO 197
O Que os Gerentes Estão Lendo 187
Uma Questão Ética 189
Conselhos para Futuros Gerentes 194

PARTE QUATRO
COMPORTAMENTO INDIVIDUAL E INTERPESSOAL 199

Capítulo 9
As Atitudes dos Funcionários e Seus Efeitos 200

OBJETIVOS DO CAPÍTULO 200
A Natureza das Atitudes dos Funcionários 201
    Satisfação no Trabalho 202
    Envolvimento com o Trabalho 204
    Compromisso Organizacional 205
    Ânimo no Trabalho 205
Efeitos das Atitudes dos Funcionários 206
    Desempenho dos Funcionários 206
    Rotatividade 207
    Absenteísmo e Atrasos 210
    Furto 211
    Violência 212
    Outros Efeitos 212
Estudando a Satisfação no Trabalho 212
    Benefícios dos Estudos sobre Satisfação no Trabalho 213
    Condições Ideais para Pesquisa 213
    A Utilização das Informações Existentes sobre Satisfação no Trabalho 214
A Estruturação e o Acompanhamento de Uma Pesquisa 214
    Tipos de Questões de Pesquisa 215
    Questões críticas 216
    Utilizando as Informações da Pesquisa 216
Mudando as Atitudes dos Funcionários 218
RESUMO 219
Termos e Conceitos para Revisão 220
Questões para Discussão 220
Avalie suas Próprias Habilidades 221
Estudo de Caso: Barry Niland 222
Exercício Vivencial: Atitudes em Sala de Aula 222
Produzindo *Insights* sobre CO 223
O Que os Gerentes Estão Lendo 204
Uma Questão Ética 205
Conselhos para Futuros Gerentes 219

Capítulo 10
Problemas entre as Organizações e os Indivíduos 224

OBJETIVOS DO CAPÍTULO 224
Áreas de Influência Organizacional Legítima 225
    Modelo de Legitimidade da Influência Organizacional 226
    Conduta Fora do Trabalho 226
Direito à Privacidade 227
    Diretrizes de Políticas Relacionadas à Privacidade 228
    Equipamentos de Vigilância 228
    Testes de Honestidade 229
    Tratamento do Alcoolismo 229
    Uso Indevido de Drogas 231
    Teste Genético 232
    Discriminação 232
Disciplina 234
Qualidade de Vida no Trabalho 234
    Lógica 235
    A Ampliação do Cargo versus o Enriquecimento do Cargo 235
    Aplicando o Enriquecimento de Cargo 236
    Dimensões Centrais: uma Abordagem sobre as Características do Cargo 237
    O Enriquecimento do Cargo Aumenta a Motivação 239
    O Modo como as Dicas Sociais Afetam as Percepções 240
    Os Fatores Contingenciais que Afetam o Enriquecimento do Cargo 241
As Responsabilidades do Indivíduo com a Organização 242
    Cidadania Organizacional 242
    Contrapartidas 243
    A Delação de Comportamentos Antiéticos 243
    Confiança Mútua 244
RESUMO 245
Termos e Conceitos para Revisão 245
Questões para Discussão 245
Avalie suas Próprias Habilidades 246
Estudo de Caso: As Duas Assistentes de Contabilidade 247
Exercício Vivencial: O Estudante Enriquecido 248
Produzindo *Insights* sobre CO 248
O Que os Gerentes Estão Lendo 227
Uma Questão Ética 232
Conselhos para Futuros Gerentes 244

Capítulo 11
Comportamento Interpessoal 250

OBJETIVOS DO CAPÍTULO 250

O Conflito nas Organizações 251
- *A Natureza do Conflito* 251
- *Níveis de Conflito* 251
- *Fontes de Conflito* 252
- *Efeitos do Conflito* 255
- *Modelo de Conflito* 256

Comportamento Assertivo 259
- *Orientações Interpessoais* 260
- *Facilitando Boas Relações* 261
- *Agrados* 261

Poder e Política 262
- *Tipos de Poder* 262
- *Efeitos das Bases de Poder* 263
- *A Política Organizacional* 264
- *Influência e Poder Político* 264

RESUMO 268
Termos e Conceitos para Revisão 268
Questões para Discussão 268
Avalie suas Próprias Habilidades 269
Estudo de Caso: O Passageiro Enfurecido de uma Companhia Aérea 270
Exercício Vivencial: Avaliando as Estratégias Políticas 270
Produzindo *Insights* sobre CO 271
O QUE OS GERENTES ESTÃO LENDO 255
DIVERSIDADE DE PREFERÊNCIAS 258
UMA QUESTÃO ÉTICA 265
CONSELHOS PARA FUTUROS GERENTES 267

PARTE CINCO
COMPORTAMENTO DE GRUPOS 273

Capítulo 12
Grupos Formais e Informais 274

OBJETIVOS DO CAPÍTULO 274

A Dinâmica dos Grupos 275
Tipos de Grupo 275
A Natureza das Organizações Informais 276
- *Comparação entre Organizações Formais e Informais* 276
- *Como Surge uma Organização Informal?* 276
- *O Status dos Membros e os Líderes Informais* 277
- *Benefícios das Organizações Informais* 279
- *Problemas Associados às Organizações Informais* 280
- *Monitorando as Organizações Informais* 282
- *Influenciando as Organizações Informais* 283

Grupos Formais 283
- *Comitês* 284
- *Fatores Sistêmicos a Serem Considerados* 284
- *Abordagens Estruturadas* 287
- *Resultados Potenciais dos Processos dos Grupos Formais* 291
- *Consenso: uma Questão Crucial nos Grupos de Tomada de Decisão* 292
- *Os Pontos Fracos dos Comitês* 293

RESUMO 295
Termos e Conceitos para Revisão 296
Questões para Discussão 296
Avalie suas Próprias Habilidades 297
Estudo de Caso: A Excelsior Department Store 298
Exercício Vivencial: Escolhendo o seu Líder 299
Produzindo *Insights* sobre CO 299
O QUE OS GERENTES ESTÃO LENDO 284
UMA QUESTÃO ÉTICA 288
A NECESSIDADE DE DIVERSIDADE NOS GRUPOS 294
CONSELHOS PARA FUTUROS GERENTES 296

Capítulo 13
As Equipes e sua Formação 300

OBJETIVOS DO CAPÍTULO 300

O Contexto Organizacional para as Equipes 301
- *Conceitos Clássicos* 301
- *Organizações Matriciais* 302

Trabalho em Equipe 302
- *O Ciclo de Vida de uma Equipe* 303
- *Os Ingredientes de Equipes Eficazes* 304
- *Os Problemas Potenciais das Equipes* 307

A Construção de Equipes 308
- *A Necessidade da Construção de Equipes* 308
- *O Processo* 309
- *Questões Específicas Associadas à Construção de Equipes* 309
- *Habilidades Úteis na Construção de Equipes* 310
- *Características de Equipes Maduras* 311
- *Territórios Individuais versus Espaço das Equipes* 312
- *Equipes Autogerenciadas* 313
- *Equipes Virtuais* 314

RESUMO 315
Termos e Conceitos para Revisão 316
Questões para Discussão 316
Avalie suas Próprias Habilidades 316
Estudo de Caso: Conflito na Divisão 318
Exercício Vivencial: Verificação da Prontidão para a Implementação de Equipes Autogerenciadas 318
Exercício Vivencial: Construção de Equipes 319
Produzindo *Insights* sobre CO 319
O QUE OS GERENTES ESTÃO LENDO 305
DILEMAS ÉTICOS NO INTERIOR DAS EQUIPES 312
CONSELHOS PARA FUTUROS GERENTES 315

PARTE SEIS
A MUDANÇA E SEUS EFEITOS 321

Capítulo 14
Gerenciando a Mudança 322

OBJETIVOS DO CAPÍTULO 322
Mudanças no Trabalho 323
   A Natureza da Mudança 323
   As Respostas à Mudança 324
   Custos e Benefícios 327
Resistência à Mudança 328
   Natureza e Efeitos 328
   Razões para a Resistência 329
   Tipos de Resistência 329
   Possíveis Benefícios da Resistência 331
Implementando Mudanças de Maneira Bem-sucedida 331
   Liderança Transformacional e Mudanças 331
   Três Estágios na Mudança 333
   Manipulando as Forças 334
   Construindo Apoio para a Mudança 335
Compreendendo o Desenvolvimento Organizacional 338
   Os Fundamentos do DO 338
   Características do Desenvolvimento Organizacional 340
   O Processo de Desenvolvimento Organizacional 341
   Benefícios e Limitações do DO 342
RESUMO 343
Termos e Conceitos para Revisão 344
Questões para Discussão 344
Avalie suas Próprias Habilidades 345
Estudo de Caso: Os Novos Procedimentos de Vendas 346
Exercício Vivencial: Mudanças na Engenharia Industrial 347
Exercício Vivencial: Aplicando a Análise do Campo de Forças 347
Produzindo *Insights* sobre CO 348
OS EFEITOS DE UMA FORÇA DE TRABALHO DIVERSIFICADA SOBRE A MUDANÇA 326
UMA QUESTÃO ÉTICA 332
O QUE OS GERENTES ESTÃO LENDO 335
CONSELHOS PARA FUTUROS GERENTES 344

Capítulo 15
Estresse e Aconselhamento 349

OBJETIVOS DO CAPÍTULO 349
O Estresse dos Funcionários 350
   O que é o Estresse 350
   Resultados Extremos de Estresse 351
   Causas do Estresse 354
   Causas do Estresse Associadas ao Trabalho 354
   Frustração 356
   Os efeitos do estresse sobre o desempenho 357
   Vulnerabilidade ao Estresse 358
   Abordagens para a Gestão do Estresse 359
O Aconselhamento de Funcionários 361
   O que é Aconselhamento (Counseling)? 361
   A Necessidade de Aconselhamento 363
   O que o Aconselhamento Pode Fazer? 363
   O Papel de Conselheiro do Gerente 365
Tipos de Aconselhamento 366
   Aconselhamento diretivo 366
   Aconselhamento Não-diretivo 367
   Aconselhamento Participativo 369
   Visão Contingencial 369
RESUMO 370
Termos e Conceitos para Revisão 371
Questões para Discussão 371
Avalie suas Próprias Habilidades 372
Estudo de Caso: A Unit Electronics Company 373
Exercício Vivencial: Avaliação de Comportamentos Associados ao Estresse 374
Produzindo *Insights* sobre CO 375
O QUE OS GERENTES ESTÃO LENDO 353
UMA QUESTÃO ÉTICA 366
CONSELHOS PARA FUTUROS GERENTES 370

PARTE SETE
ASPECTOS EMERGENTES DO COMPORTAMENTO ORGANIZACIONAL 377

Capítulo 16
O Comportamento Organizacional entre Culturas 378

OBJETIVOS DO CAPÍTULO 378
Condições Que Afetam as Operações Multinacionais 379
   Condições Sociais 380
   Condições Éticas e Legais 381
   Condições Políticas 382
   Condições Econômicas 383
   Diferenças Individuais 383
Gerenciando Uma Força de Trabalho Internacional 385
   Barreiras à Adaptação Cultural 385
   Superando Barreiras para a Adaptação Cultural! 388
Produtividade e Contingências Culturais 392
   O Desafio de Alcançar a Produtividade 392
   Contingências Culturais 392
Comunicação Intercultural 395
   Gerentes Transculturais 396
RESUMO 396
Termos e Conceitos para Revisão 397
Questões para Discussão 397
Avalie suas Próprias Habilidades 397

Estudo de Caso: A Companhia Piedmont 399
Exercício Vivencial: Adaptabilidade a uma Designação Multicultural 399
Produzindo *Insights* sobre CO 400
UMA QUESTÃO ÉTICA 381
O QUE OS GERENTES ESTÃO LENDO 394
CONSELHOS PARA FUTUROS GERENTES 396

PARTE OITO
ESTUDO DE CASOS 401

INTRODUÇÃO 402
1. A Equipe de Trabalho Virtual 403
2. O Hospital-Escola 406
3. A Companhia Creative Toys 411
4. A Eastern International Food Service Corporation 414
5. A Companhia Goodman 417
6. A Falcon Computadores 423
7. A Companhia de Seguros de Vida Consolidated Life 425
8. A Companhia Video Eletronics 430
9. A Companhia de Produtos Elétricos Elite 433
10. A Operação Patterson 439
11. Divisão de Cabos para Poços de Petróleo da TRW 443

Glossário 450

Apêndice: Plano de Desenvolvimento Pessoal 466

Referências 468

Índice de Nomes 483

Índice de Assuntos 488

Prefácio

A maior parte dos estudantes já teve ao menos experiências profissionais de meio período em alguma organização empresarial. Você deve ter aprendido rapidamente que nem todo comportamento — seja o seu próprio, o de seus gerentes ou o de seus colegas — é inteiramente racional. E você pode ter-se feito uma série de perguntas sobre o que viu e sentiu:

- Por que as pessoas se comportam de determinada maneira no trabalho?
- Como os indivíduos, os grupos e as organizações como um todo podem agir conjuntamente de forma mais eficaz em um cenário de mudanças corporativas cada vez mais rápidas, com reestruturações drásticas, *downsizings* e crescente competição global?
- O que os gerentes podem fazer para motivar seus funcionários a se mover em direção a maior produtividade?
- O que os gerentes podem fazer para assegurar a satisfação de seus funcionários?
- O que é possível aprender a partir da teoria, da pesquisa e das experiências de outros gerentes para se tornar um futuro gerente eficaz?

Essas e muitas outras questões proporcionaram o pano de fundo para esta edição de *Comportamento Organizacional: O Comportamento Humano no Trabalho*.

Grandes avanços têm sido feitos na área de comportamento organizacional (CO). Um antigo observador, após conduzir um estudo extensivo, concluiu que "um consenso referente ao conhecimento teórico possuído por tal campo de estudos parecia estar emergindo".[1] Novas teorias têm surgido, outras têm sido validadas e algumas iniciaram seu declínio rumo ao esquecimento. O comportamento organizacional, embora tenha apresentado avanços em termos gerais, ainda possui muitas questões a serem respondidas e oportunidades de desenvolvimento. Este livro reúne o melhor e o mais atual conhecimento disponível, e ainda oferece *insights* valiosos sobre as pessoas no ambiente de trabalho, em todos os tipos de situações e organizações.

Uma crítica à área de CO refere-se ao fato de que ela tem, continuamente, ignorado as necessidades dos profissionais que atuam no mercado. Mas, este livro faz um grande esforço para incluir inúmeros exemplos de situações reais, ao mesmo tempo que oferece extensas listas de sugestões práticas, que poderão guiar os gerentes durante anos em direção ao futuro. Este trabalho caracteriza-se por sua orientação prática, incluindo uma variedade de exemplos de abordagens vivenciais no fim de cada capítulo, as quais encorajarão os leitores a refletir acerca daquilo que leram e iniciar um processo de auto-reflexão. O texto foi elaborado para ser utilizado como um guia de referência e também inclui aproximadamente 160 *sugestões de ações* para uma orientação prática.

Ao mesmo tempo, este livro foi escrito, em parte, para encorajar e promover o desenvolvimento do processo de pensamento dos estudantes. Os líderes do mundo dos negócios freqüentemente advertem seus jovens gerentes para que *pensem criticamente*[2] — formular questões relevantes, examinar hipóteses subjacentes, procurar por possíveis conseqüências anteriormente ignoradas, mostrar-se sensíveis às agendas e motivações de outras pessoas, equilibrar as necessidades das diversas partes envolvidas (*stakeholders*) e, até mesmo, desafiar modelos mentais e teorias defendidas por outras pessoas. A prática útil do pensamento crítico pode ser conseguida ao ler esse livro à medida que você toma contato com aspectos comportamentais, tira conclusões com base no material lido e questiona a utilidade de vários conceitos.

Muitas das idéias referentes a tópicos específicos, números e exemplos práticos foram proporcionadas por professores e gerentes do mundo inteiro. Solicito ativamente comentários, tanto de membros do corpo docente como de estudantes a fim de que este livro tenha cada vez mais utilidade prática. Ouço e considero suas contribuições, e busco utilizá-las para gerar um produto vantajoso, de alta qualidade. Eu o convido a contatar-me via e-mail (jnewstro@d.umn.edu) com quaisquer comentários, idéias ou questões que você possa ter.

O PAPEL DO AUTOR

Como um livro é criado? Eu o inicio mergulhando, de forma contínua, no pensamento, na pesquisa e na prática do comportamento organizacional, para adquirir uma compreensão profunda sobre a matéria. Mantenho-me a par de novos desenvolvimentos mediante a leitura regular de dúzias de periódicos e livros, bem como pela interação com gerentes de várias organizações. Então, desenvolvo um quadro de referência lógico e atraente e busco identificar os elementos mais importantes para inclusão. Finalmente, organizo e apresento a informação de maneira que auxilie os leitores a aprender e reter as idéias.

Meu objetivo primordial é produzir um livro que seja preciso, útil, atualizado e atraente. Conteúdo e substância são enfatizados; apresento o material de forma organizada e provocativa, o que possibilitará, aos leitores, integrar as diversas partes dessa disciplina em uma filosofia completa de comportamento organizacional. Esta edição contém citações detalhadas de pesquisas e práticas recentes, as quais fornecem a base para minhas conclusões e meus conselhos.

Sempre que apropriado, incluo pontos de vista alternativos sobre determinada matéria, ou aponto os pontos fracos inerentes a um modelo ou conceito particular. Não há respostas simples para questões comportamentais complexas. Encorajo meus leitores a exercitar seus próprios pensamentos e a integrar uma variedade de perspectivas. Conseqüentemente, acredito que este livro servirá como uma importante referência sobre conhecimento comportamental. E espero que ele estimule os leitores a enriquecer sua compreensão mediante o aprendizado contínuo do comportamento organizacional.

CARACTERÍSTICAS DO LIVRO

Muitas características de *Comportamento Organizacional: O Comportamento Humano no Trabalho* são evidentes aos leitores. A mais notável entre elas é a **cuidadosa mistura de teoria com prática**, de forma que suas teorias básicas ganhem vida em um contexto realista. Os leitores aprendem que os conceitos e modelos realmente se aplicam à vida real, e os auxiliam na construção de organizações melhores para uma sociedade melhor. As idéias e as habilidades aprendidas em comportamento organizacional podem ajudar os leitores a lidar com todos os aspectos de suas vidas.

Outra característica deste livro são as centenas de **exemplos de situações que envolvem organizações reais**. Essas assim chamadas vinhetas mostram a forma como as organizações operam e como as pessoas agem (algumas vezes, de maneira inesperada!) em situações específicas. Muitos dos conceitos mais significativos que aparecem no livro são ilustrados com pelo menos um desses exemplos.

Outro traço do livro altamente apreciado, tanto por professores quanto por estudantes, é sua **facilidade de leitura**. Seguindo as diretrizes desenvolvidas por Flesch e Gunning, mantive um nível de vocabulário moderado, porém descritivo, um tamanho de sentenças aceitável e um estilo de leitura acessível, de forma a apresentar uma matéria complexa com linguagem compreensível. A variedade — proporcionada por números, ilustrações práticas, notas nas margens e resultados de pesquisas — aumenta a facilidade de leitura ao apresentar uma mudança de ritmo agradável a partir de discussões de conteúdo.

Outras características do livro incluem:

- um índice de conteúdo detalhado para auxiliar na localização dos temas mais importantes;
- citações desafiantes no início de cada capítulo para estimular o pensamento e as discussões em sala de aula, e notas nas laterais das páginas para ressaltar os conceitos-chave;
- exemplificações na abertura de cada capítulo para colocar o leitor em contato com uma questão do mundo real;
- uma apresentação, amplamente aceita e especialmente atualizada, de cinco modelos de comportamento organizacional que oferecem um quadro de referência integrado ao longo do livro;

- uma cobertura robusta da comunicação com os funcionários;
- um capítulo abrangente sobre teorias motivacionais e outro sobre suas aplicações para os sistemas de recompensa nas organizações;
- um capítulo sobre *empowerment* e participação que é singular entre os livros de comportamento organizacional ao capturar essa abordagem extremamente contemporânea;
- discussão de questões internacionais do comportamento organizacional, de modo que os estudantes possam examinar posteriormente a forma como alguns conceitos selecionados poderão exigir adaptações a outras culturas;
- uma discussão única sobre as limitações do comportamento organizacional para proporcionar uma perspectiva alternativa equilibrada;
- pelo menos um estudo de caso comportamental para análise e uma dinâmica para envolver os estudantes em seu próprio aprendizado, no fim de cada capítulo;
- um glossário abrangente de termos no fim do livro, proporcionando uma definição concisa para referência rápida sobre centenas de termos essenciais relacionados ao comportamento organizacional.

Algumas características significativas deste livro são:

- estrutura de 16 capítulos que enfatiza as questões de maior importância nas organizações dos dias de hoje — motivação, liderança, comportamento interpessoal, grupos e equipes e a natureza da mudança e seus efeitos;
- cobertura substancial do tópico das equipes — seu contexto organizacional, fatores que as tornam bem-sucedidas e os processos de construção de equipes que ajudam seus membros a trabalhar juntos de forma mais efetiva;
- uma seção, denominada O Que os Gerentes Estão Lendo, que fornece resumos inéditos de livros recentes extraídos das listas dos mais vendidos e relacionados ao conteúdo do capítulo;
- caixas de texto em cada capítulo que enfocam questões éticas do comportamento organizacional;
- ênfase especial para as aplicações práticas, conforme fica evidenciado na seção Conselhos para Futuros Gerentes, a fim de orientar os gerentes para a obtenção de práticas melhoradas de comportamento organizacional;
- a inclusão de um apêndice que encoraja os estudantes a inserir as notas obtidas na seção Avalie suas Próprias Habilidades e comparar suas avaliações com as das demais pessoas e elaborar um plano personalizado de desenvolvimento pessoal;
- um exercício denominado Produzindo *Insights* sobre CO, no fim de cada capítulo, com o qual os estudantes são estimulados a revisar o material do texto e a criar um conjunto dos dez *insights* adquiridos mais importantes que os auxiliarão a construir uma base sólida de conhecimentos sobre CO.

ELEMENTOS DE APOIO AO APRENDIZADO

As principais características de cada capítulo são os objetivos, as citações e estudos de casos introdutórios, um resumo do capítulo, os termos e conceitos para revisão e os estudos de casos reais para análise com relação às idéias apresentadas. Ao final deste livro encontram-se referências detalhadas e atualizadas que proporcionam informações adicionais para o leitor interessado. Elas têm origem em ampla variedade de fontes, abrangendo publicações tanto acadêmicas quanto de negócios, um fato que demonstra que conhecimentos e ilustrações úteis podem ser obtidos em diversos lugares. Encorajo os estudantes a consultar essas referências regularmente, uma vez que elas não somente indicam a fonte da informação, mas também proporcionam uma perspectiva histórica interessante sobre uma questão ou um ponto de vista contraditório. Também há diversas questões para discussão, muitas das quais exigem ponderação, estimulam *insights* ou convidam os leitores a analisar suas próprias experiências em termos das idéias apresentadas no capítulo. Outras questões sugerem o desenvolvimento de projetos apropriados em grupo. Cada capítulo também contém um exercício vivencial para envolver os estudantes na aplicação de um conceito apresentado.

SUPLEMENTOS

Online Learning Center (Centro de Aprendizagem Online)

O Centro de Aprendizagem Online no endereço www.mhhe.com/newstrom12e oferece recursos para o estudante e para o professor. Para ajudar a desenvolver os conceitos descritos no livro, há recursos complementares em CD-ROM (para o professor) e no site. Esses materiais estão disponíveis em inglês e alguns são comerciais, caso seja de seu interesse, você precisará comprá-los.

Recursos para o Professor

Para o professor, o Online Learning Center, em www.mhhe.com/newstrom12e disponibiliza, entre outros, o Manual do Professor preparado por Amit Shah (Frostburg State University). O Manual contém sinopses dos capítulos, sugestões didáticas, respostas sugeridas para as questões do fim dos capítulos e para os casos apresentados no final do livro.

O professor encontrará, também, vídeos, apresentações em Power Point e questões de múltipla escolha, tudo disponível em inglês.

Para terem acesso aos recursos on-line, os professores brasileiros precisam obter uma senha com a McGraw-Hill Interamericana do Brasil. A senha deve ser solicitada por e-mail: divulgação_brasil@mcgraw-hill.com. Na Europa, a senha deve ser obtida com a McGraw-Hill de Portugal: serviço_clientes@mcgraw-hill.com.

Instructor's CD-ROM (somente para professores)

Este CD-ROM é compatível com as versões dos sistemas operacionais Mac e Windows. É um poderoso sistema que possui recursos para testes online, permitindo que esses sejam preparados facilmente.

É um CD-ROM comercial, para comprá-lo faça o pedido em uma livraria informando o ISBN do produto: 0-07-330899-9.

Todos os softwares utilizados nos recursos on-line foram desenvolvidos pela McGraw-Hill dos Estados Unidos. A McGraw-Hill Interamericana do Brasil não oferece suporte para esses softwares nem se responsabiliza por qualquer falha que possa ocorrer durante seu uso. Caso tenha algum problema, acesse o suporte técnico em www.mhhe.com.support.

Recursos para o Estudante

O Online Learning Center, em www.mhhe.com/newstrom12e é um site com recursos voltados ao estudante que complementam o aprendizado. Todo esse material está disponível em inglês. São eles:

- visão geral dos capítulos;
- testes de auto-avaliação – que auxiliarão a testar os conhecimentos adquiridos durante a leitura;
- apresentações em Power Point;
- vídeos.

AGRADECIMENTOS

Keith Davis, ex-presidente e colega da Academy of Management e premiado com o Distinguished Educator, foi o criador e predecessor deste livro. Originalmente intitulado *Human Relations at Work: Dynamics of Organizational Behavior* teve Keith como único autor durante as seis primeiras edições, que estabeleceu a sólida fundação para sua recente evolução. Sou profundamente grato a ele por suas diversas contribuições.

Muitos outros acadêmicos, gerentes e estudantes contribuíram com este livro, e eu gostaria de expressar minha admiração por sua ajuda. Em certo sentido, o livro pertence a eles, uma vez que apenas fui o agente que o preparou. Sou especialmente grato pela cuidadosa e competente revisão do livro por Anthony Urbaniak, da Northern State University; a Charles E. Earnhart-User, da Business Development; e a Mark Barabas, da Breyer State University, Alabama. Seus comentários, suas questões e sugestões foram cuidadosamente estudados, considerados possuidores de significativo mérito e incorporados ao texto em todas as oportunidades nas quais isso foi possível.

Muitos de meus colegas acadêmicos proporcionaram, direta ou indiretamente, valiosos *insights*, apoio no âmbito universitário e contínuo encorajamento, e, por isso, eu gostaria de agradecer a Jon Pierce, Steve Rubenfeld e Dean Kjell Knudsen, da University of Minnesota Duluth. Também sou grato pela ajuda de muitos funcionários da McGraw-Hill — especialmente John Weimeister e Laura Griffin — que demonstraram um interesse sincero e profissional na melhoria da qualidade deste livro.

John W. Newstrom

Parte Um

Fundamentos do Comportamento Organizacional

Capítulo Um

A Dinâmica das Pessoas e das Organizações

As pessoas tendem a ser muito eficazes na gestão de relacionamentos quando compreendem e controlam as próprias emoções e podem ter empatia pelos sentimentos dos outros.
Daniel Goleman[1]

Acima de tudo, uma riqueza em estratégias [de comportamento organizacional] está disponível para auxiliar profissionais a melhorar as operações de suas organizações.
Karlene H. Roberts et al.[2]

OBJETIVOS DO CAPÍTULO

COMPREENDER

- O significado de comportamento organizacional.
- Os objetivos e as forças essenciais dos quais ele se ocupa.
- Os conceitos básicos de comportamento organizacional.
- As principais abordagens utilizadas neste livro.
- Como o comportamento organizacional afeta o desempenho organizacional.
- Limitações do comportamento organizacional.

Chris Hoffman era recém-graduada em uma faculdade e estava ansiosa para iniciar sua nova carreira como representante de vendas da IBM. Os primeiros meses de trabalho foram extremamente agitados: ela participou de diversas sessões formais de treinamento, aprendeu sobre a vasta linha de produtos que deveria vender e buscou arduamente compreender a natureza complexa e fluida de seu novo empregador.

Em um desses dias, ao retornar tarde para casa, ela estava muito confusa para conseguir dormir imediatamente. Muitas questões passavam por sua mente, provocadas por suas observações das últimas semanas: "Por que alguns de meus colegas são mais bem-sucedidos que outros? Como podemos agir como uma equipe, quando estamos trabalhando em nossas casas e interagindo essencialmente por intermédio de nossos computadores portáteis? Como poderei um dia aprender a lidar com o estresse associado ao cumprimento de minhas cotas de vendas? Por que minha colega Carrie não coopera comigo quando lhe peço ajuda? Por que meu gerente pede sugestões para mim e depois segue em frente sem utilizá-las? De que forma a nova cultura da IBM é diferente da anterior? E por que, afinal, ela está sempre mudando?".

Chris já está aprendendo alguns fatos fundamentais sobre a vida no ambiente de trabalho. *As organizações são sistemas complexos.* Caso Chris deseje tornar-se uma funcionária eficaz e, posteriormente, gerente, deverá compreender a forma como tais sistemas operam. Organizações como a IBM reúnem, de maneira eficiente, pessoas e ciência — humanidade e tecnologia. Com as rápidas descobertas e melhorias que a ciência proporcionou ao longo do último século, o domínio da tecnologia propriamente dita já é uma tarefa difícil. Quando se adicionam pessoas a essa situação, obtém-se um sistema sociotecnológico imensamente complexo, que praticamente desafia a compreensão humana. No entanto, o progresso da sociedade no século XXI depende enormemente do entendimento e do gerenciamento efetivo das organizações dos dias de hoje.

Chris também sabe que *o comportamento humano nas organizações é, algumas vezes, imprevisível.* O comportamento de seus colegas, gerentes e clientes decorre de necessidades íntimas, experiências existenciais e sistemas de valores pessoais. Entretanto, *o comportamento humano nas organizações pode ser parcialmente compreendido* mediante o estudo e a aplicação de modelos da ciência comportamental, administração e outras disciplinas; explorar as várias facetas desses tipos de comportamento é o objetivo deste livro. *Não existem soluções perfeitas para problemas organizacionais,* conforme Chris logo descobrirá. Contudo, os funcionários podem aumentar sua compreensão e suas habilidades, de forma que os relacionamentos no trabalho possam ser significativamente melhorados. A tarefa é desafiadora, mas os resultados são compensadores.

> Comportamento organizacional é necessário.

Eventualmente, Chris poderá tornar-se tão frustrada que se sentirá tentada a desistir de seu emprego. Um colega que não esteja disposto a cooperar pode limitar a eficácia de Chris; o comportamento de seu gerente será, algumas vezes, difícil de se compreender. Quer ela aprecie ou não o comportamento desses indivíduos, não poderá dar a si mesma o luxo de *não* trabalhar ou *não* se relacionar com outras pessoas. Sendo assim, é fundamental que ela tenha um aprendizado sobre comportamento humano, explore as formas pelas quais poderá melhorar suas habilidades interpessoais e comece a gerenciar seus relacionamentos com as outras pessoas no trabalho. Essas são áreas em que o conhecimento sobre comportamento organizacional pode trazer uma contribuição significativa para sua eficácia.

COMPREENDENDO O COMPORTAMENTO ORGANIZACIONAL

Para proporcionar um entendimento acerca do que acontece no ambiente de trabalho, é útil iniciar a discussão com as definições, metas, forças e características principais do comportamento organizacional (CO). Ao longo deste capítulo, serão introduzidos os conceitos principais com os quais o CO lida, apresentadas as quatro abordagens básicas utilizadas neste livro e identificados alguns fatores que podem limitar o sucesso do CO.

Definição

Comportamento organizacional é o estudo sistemático e a aplicação cuidadosa do conhecimento sobre como as pessoas agem dentro das organizações, seja como indivíduos, seja em grupos. Ele busca identificar as formas pelas quais as pessoas podem agir de maneira mais eficaz. O comportamento organizacional é uma disciplina científica cuja base do conhecimento e um grande número de estudos de pesquisa e de desenvolvimentos conceituais está constantemente adicionando novos elementos. Ele também pode ser descrito como uma ciência aplicada, já que a informação de práticas efetivas executadas por uma organização é disseminada para muitas outras.

> Cinco níveis de análise

O comportamento organizacional oferece um conjunto útil de ferramentas em vários níveis de análise. Ele auxilia os gerentes, por exemplo, a examinar o comportamento de *indivíduos* em uma organização. Também ajuda na compreensão das complexidades envolvidas nas relações *interpessoais*, quando duas pessoas interagem (dois colegas ou um par superior-subordinado). Em outro nível, o comportamento organizacional é valioso para que se possa analisar a dinâmica de relacionamento de *grupos* pequenos, sejam eles formais, sejam informais. Quando dois ou mais grupos necessitam coordenar seus esforços, como os departamentos de engenharia e vendas, os gerentes tornam-se interessados pelas relações *intergrupais* que possam surgir. Finalmente, as organizações também podem ser vistas e administradas como *sistemas completos,* que possuem relações entre organizações (por exemplo, em fusões e *joint ventures*).

O comportamento organizacional, como uma disciplina relativamente nova, tem experimentado alguma dificuldade quanto à sua emergência como um campo bem-definido de estudo ou aplicação. Há uma falta de consenso associada à sua *unidade de análise* (indivíduos, grupos ou a organização inteira), sua *necessidade* mais importante (como fonte de dados empíricos e teoria integradora ou como base para informação aplicada), seu *foco* principal (micro ou macroquestões) e suas principais *contribuições* até o momento. Essa ausência de uma definição clara tem sido agravada pelos múltiplos critérios que podem ser utilizados para avaliar sua efetividade. Os problemas ligados a essa questão incluem a escolha dos *stakeholders* relevantes, a utilização de prazos curtos ou longos para verificação de resultados e a fundamentação em dados mais *soft* ou mais *hard* (percepções ou registros). Todas essas questões merecem atenção e esclarecimentos.

Metas

> As quatro metas do CO são descrever, compreender, prever e controlar o comportamento humano no trabalho.

A maioria das ciências compartilha quatro metas: descrever, compreender, prever e controlar alguns fenômenos. Essas também são as **metas do comportamento organizacional**. A primeira meta é *descrever*, sistematicamente, a forma como as pessoas se comportam em diversas situações. A conquista desse objetivo permite aos gerentes se comunicar a respeito do comportamento humano no trabalho, utilizando uma linguagem comum. Um benefício do estudo deste livro, por exemplo, é a aquisição de um novo vocabulário sobre comportamento organizacional (ver Glossário).

Uma segunda meta é *compreender* porque as pessoas se comportam de determinada maneira. Os gerentes ficariam profundamente frustrados, caso apenas pudessem falar sobre as atitudes de seus funcionários, sem entender as razões por trás dessas ações. Dessa forma, gerentes inquisitivos buscam investigar as explicações para tais ações. *Prever* o comportamento futuro dos funcionários também é outra meta do comportamento organizacional. Idealmente, os gerentes deveriam possuir a capacidade de prever quais funcionários poderiam ser dedicados e produtivos e quais estariam ausentes, atrasados ou ineficientes em certo dia (de forma que pudessem adotar medidas preventivas). A meta final do comportamento organizacional é *controlar* — pelo menos parcialmente — e realizar alguma atividade humana no trabalho. Os gerentes são responsáveis pelos resultados de desempenho, portanto, profundamente interessados em ter capacidade de produzir algum impacto sobre o comportamento de seus funcionários, o desenvolvimento de habilidades, o esforço da equipe e sobre a produtividade. Os gerentes precisam ser capazes de melhorar os resultados por meio das ações que eles e seus funcionários realizam, e o comportamento organizacional poderá auxiliá-los na busca por essa meta.

Algumas pessoas temem que as ferramentas utilizadas no comportamento organizacional possam ser utilizadas para limitar sua liberdade e subtrair seus direitos. Embora esse cenário seja possível, ele não é muito provável, visto que as ações dos gerentes estão sempre sujeitas a intensa fiscalização. Os gerentes precisam ter em mente que o comportamento organizacional é uma ferramenta humana para benefício humano. Ele se aplica extensivamente ao comportamento de pessoas em todos os tipos de organização, como empresas, governos, escolas e de serviço. Quaisquer que sejam as organizações, há sempre a demanda para descrever, compreender, prever e melhorar a gestão do comportamento humano.

Forças

> Quatro forças essenciais

Um conjunto complexo de forças afeta atualmente a natureza das organizações. Ampla variedade de questões e tendências, referentes a essas forças, pode ser classificada em quatro áreas: pessoas, estruturas, tecnologia e ambiente no qual a organização opera (ver Figura 1.1). Quando as pessoas trabalham juntas em uma organização para alcançar determinado objetivo, algum tipo de estrutura de relacionamento formal é requerido. As pessoas também utilizam a tecnologia para ajudá-las a executar suas atribuições, de modo que indivíduos, tecnologia e estrutura interajam. Além disso, esses elementos são influenciados pelo ambiente externo, e também o influenciam, em sentido contrário. Cada uma das quatro forças que afetam o comportamento organizacional e exemplos de cada uma delas são considerados brevemente nas seções seguintes.

Pessoas As pessoas compõem o sistema social interno de uma organização. Esse sistema consiste em indivíduos e grupos, sejam grupos grandes ou pequenos. Há grupos não oficiais, informais, e outros mais oficiais, formais. Os grupos são dinâmicos. Eles se formam, alteram-se e se dispersam. As pessoas são seres vivos, pensantes e sensíveis que trabalham nas organizações para alcançar

FIGURA 1.1
Forças Essenciais que Afetam o Comportamento Organizacional

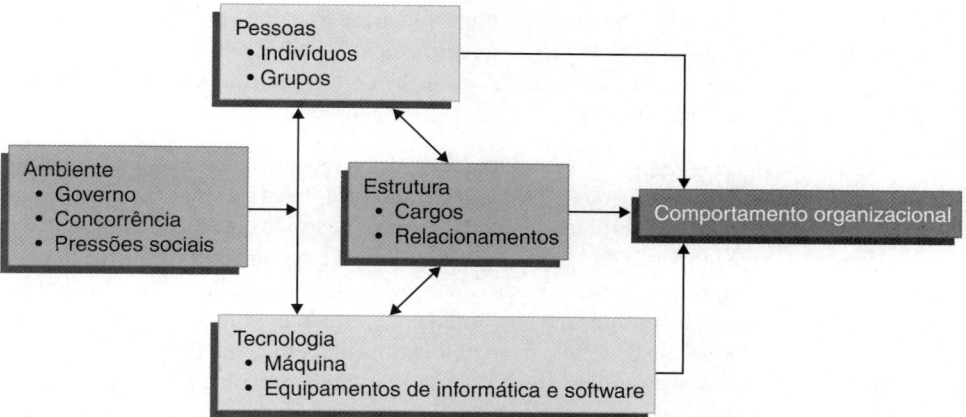

seus objetivos. Devemos nos lembrar que as organizações existem para servir as pessoas, em vez de as pessoas existirem para servir às organizações.

A organização humana atual não é mais a mesma que foi ontem, ou a que havia sido no dia anterior. Em particular, a força de trabalho tornou-se mais ricamente *diversa*, o que significa que os funcionários trazem ampla variedade de formações educacionais, talentos e perspectivas para seus trabalhos. Essa diversidade pode apresentar desafios a serem resolvidos pela gerência, por exemplo, ele pode ter na mesma equipe pessoas que se vestem de maneira alternativa ou que praticam esportes radicais ou outros estilos de vida singulares. Outros funcionários examinaram seus valores e estão determinados a privilegiar objetivos pessoais em detrimento do comprometimento total com a organização. Os gerentes precisam estar sintonizados com esses diversos padrões e tendências e estar preparados para adaptar-se a eles.

Algumas das mudanças na força de trabalho podem ser descritas da seguinte forma: houve declínio na ética do trabalho e aumento na ênfase no lazer, na auto-expressão, em auto-realização e no crescimento pessoal. A aceitação automática da autoridade por parte dos funcionários tem diminuído, ao mesmo tempo que o desejo por participação, autonomia e controle tem aumentado. Concomitantemente, vários fatores significativos estão afetando a força de trabalho. Habilidades tornaram-se obsoletas como resultado dos avanços tecnológicos e trabalhadores manuais devem ser reciclados ou recolocados. A necessidade de segurança torna-se essencial nas mentes de milhões de trabalhadores (ao passo que a lealdade decresce) em virtude da ameaça ou da realidade dos cortes e terceirizações. E, mesmo em períodos de inflação controlada, a ausência de aumentos salariais expressivos para muitos funcionários renovou a ênfase dada ao dinheiro como elemento motivador.

Na verdade, uma nova força de trabalho emergiu e as práticas de liderança dos gerentes devem mudar para se adaptar a essas novas condições. Tais mudanças e desenvolvimentos rápidos deram uma nova ênfase à capacidade de liderança. Algumas empresas estão descobrindo que demonstrar atenção, escutar verdadeiramente os funcionários e preocupar-se tanto com a competência quanto com os relacionamentos estão entre as chaves para a motivação da força de trabalho atual. Outras empresas estão pressionando seus gerentes a responder a uma força de trabalho cada vez mais diversa mediante a construção de orgulho sem a desvalorização de outras pessoas, a dar *empowerment* a alguns sem explorar os outros, e a demonstrar abertura, confiança, compaixão autêntica e vulnerabilidade.[3]

Estrutura A estrutura define o relacionamento formal e a utilização das pessoas nas organizações. A existência de cargos diferentes é um requisito para o cumprimento de todas as atividades de uma organização. Há gerentes e funcionários, contadores e montadores. Essas pessoas devem relacionar-se de alguma forma estruturada, de maneira que seu trabalho possa ser coordenado efetivamente. Esses relacionamentos criam muitos problemas complexos no que se refere a cooperação, negociação e tomada de decisões.

Muitas estruturas organizacionais têm-se tornado mais achatadas (contendo menos níveis hierárquicos, uma meta normalmente obtida com o corte de posições pertencentes às camadas intermediárias da gerência). Essas reestruturações têm ocorrido como resultado da pressão para reduzir os custos e manter-se competitivo ao mesmo tempo. Outras estruturas tornaram-se ainda mais complexas em decorrência de fusões, aquisições e novos empreendimentos. Diversas organizações têm experimentado contratar forças de trabalho contingentes (funcionários temporários, em regime de meio expediente ou terceirizados). Finalmente, muitas empresas passaram a utilizar uma estrutura baseada em equipes no lugar de uma estrutura tradicional (uma tendência que será discutida no Capítulo 13).

Tecnologia A tecnologia fornece os recursos com os quais as pessoas trabalham, ao mesmo tempo que afeta os trabalhos realizados por essas mesmas pessoas. Ninguém conseguiria obter muitos resultados utilizando apenas as próprias mãos, de forma que é preciso construir prédios, projetar máquinas, criar processos de trabalhos e reunir recursos. A tecnologia utilizada tem uma influência significativa nas relações no trabalho. Uma linha de montagem não é a mesma coisa que um laboratório de pesquisa, e uma mina de ferro não possui as mesmas condições de trabalho de um hospital. O grande benefício proporcionado à humanidade pela tecnologia é a capacidade de trabalhar mais, de maneira mais eficiente, mas ela também restringe as ações das pessoas de diversas maneiras. Esse processo possui custos e benefícios. Exemplos do impacto da tecnologia incluem: o crescente emprego de robôs e de sistemas de controles automatizados nas linhas de montagem, a mudança dramática de um modelo de economia baseado na produção de manufaturas para um modelo baseado na prestação de serviços, o aumento impressionante na capacidade de sistemas e equipamentos de informática, o movimento acelerado em direção à massificação do uso da "auto-estrada" da informação (Internet) e a necessidade de responder às demandas da sociedade por produtos de melhor qualidade a preços mais aceitáveis. Cada um desses avanços tecnológicos, de maneira particular, aumenta a quantidade de pressão aplicada sobre o CO para manter o delicado equilíbrio entre os sistemas técnicos e sociais.

Ambiente Todas as organizações operam em um ambiente interno e em um externo. Uma simples organização não existe sozinha. Ela faz parte de um sistema mais amplo que contém outros elementos, como o governo, as famílias e outras organizações. Diversos tipos de mudança no ambiente criam demandas para as organizações. Os cidadãos esperam que as organizações sejam socialmente responsáveis; novos produtos e concorrência chegam de todas as partes do mundo; o impacto direto dos sindicatos (medido em relação ao número de funcionários sindicalizados) diminui; a dramática marcha das mudanças sociais se acelera. Todos esses fatores — mas especialmente a rápida globalização do ambiente dos negócios cujo impacto no CO é discutido no Capítulo 16 — influenciam-se mutuamente em um sistema complexo que produz um contexto dinâmico, até mesmo caótico, para um grupo de pessoas.

Organizações de indivíduos, como uma fábrica ou uma escola, não podem escapar de serem influenciadas por esse ambiente externo, o qual interfere nas atitudes das pessoas, afeta as condições de trabalho e produz concorrência por recursos e poder. Ele deve ser considerado no estudo do comportamento humano nas organizações.

Características Positivas do Campo do Comportamento Organizacional

Interdisciplinaridade

Um dos pontos mais positivos do comportamento organizacional é sua natureza *interdisciplinar*. Ele integra as ciências comportamentais (o universo de conhecimento sistemático pertencente à explicação da natureza e das causas do comportamento das pessoas) com outras ciências sociais que possam contribuir para a compreensão do objeto de estudo. Ele retira dessas disciplinas quaisquer idéias que possam melhorar as relações entre as pessoas e as organizações. Sua natureza interdisciplinar é similar à natureza da medicina, a qual aplica os conhecimentos extraídos das ciências físicas, biológicas e sociais para a prática médica funcional.

Outro ponto forte do comportamento organizacional é a sua base emergente de *conhecimentos de pesquisa*, *modelos* e *estruturas conceituais*. O campo do comportamento organizacional tem crescido em profundidade e em extensão e ainda continuará a amadurecer. As chaves para seu sucesso no presente e no futuro giram em torno dos processos relacionados ao desenvolvimento de teorias, pesquisas e práticas gerenciais. As **teorias** (ver seção O Que os Gerentes Estão Lendo) oferecem explicações sobre como e por que as pessoas pensam, sentem e agem da forma como o fazem. As teorias identificam variáveis importantes e as reúnem para formar proposições especulativas que possam ser testadas com pesquisa. As boas teorias também são práticas — elas tratam de questões comportamentais significativas, contribuem para a compreensão e fornecem diretrizes

O Que os Gerentes Estão Lendo

Dois autores campeões de vendas de livros e professores da Harvard Business School defendem a idéia de que os executivos deveriam prestar mais atenção na Teoria da Administração (conexões casuais entre variáveis). Apesar da equivocada concepção difundida de que as teorias não são práticas, elas se mostram valiosas de duas formas: ajudam na elaboração de previsões e auxiliam na interpretação e compreensão dos fenômenos atuais e dos motivos pelos quais eles ocorreram. Segundo afirmou em certa ocasião o psicólogo social Kurt Lewin, "não há nada tão prático quanto uma boa teoria".

Uma vez que todas as ações e decisões tomadas pelos gerentes são baseadas em alguma teoria (implícita ou explícita, válida ou não-válida), a aceitação e a adoção de teorias, seu emprego de maneira construtiva e a participação efetiva com o objetivo de melhorá-las são fundamentais para os gerentes. Os gerentes devem aprender a identificar as teorias que mais poderão ajudá-los e a diferenciar as teorias boas das más. Essencialmente, devem aprender a se tornar consumidores criteriosos de teorias.

Fonte: CHRISTENSEN, Clayton M.; RAYNOR, Michael E. *The Innovator's Solution*. Cambridge, MA: Harvard Business School Press, 2003.

tanto para a reflexão quanto para a prática gerencial. Diversas teorias práticas e interessantes serão apresentadas neste livro, organizadas de forma bem direta.

Pesquisa é o processo de coleta e interpretação de evidências relevantes, que tanto poderá apoiar uma teoria comportamental como alterá-la. As hipóteses de pesquisa são afirmações verificáveis que reúnem variáveis em uma teoria, e elas conduzem o processo de coleta de dados. Os dados são gerados por vários métodos de pesquisa, como estudos de caso, experimentos de campo e de laboratório e levantamentos.[4] Os resultados desses estudos, conforme são publicados em vários periódicos, podem afetar tanto as teorias em exame quanto as futuras práticas gerenciais.

A pesquisa é um processo contínuo por meio do qual valiosos conhecimentos comportamentais são descobertos. O exame do fluxo de informações assemelha-se à exploração do rio Mississippi, a partir de sua nascente no norte do estado de Minnesota, até seu poderoso fim, no golfo do México. Da mesma forma que uma viagem por todo o rio permite apreciar mais apropriadamente seu crescimento e impacto, uma revisão das pesquisas ajuda a entender como as principais idéias associadas ao comportamento organizacional evoluíram ao longo do tempo. Por isso, os pontos mais significativos das pesquisas mais relevantes serão brevemente apresentados em lugares apropriados deste texto.

Entretanto, nem a pesquisa nem a teoria permanecem úteis se tomadas separadamente. Os gerentes aplicam modelos teóricos para estruturar seus pensamentos; eles utilizam os resultados das pesquisas para fornecer diretrizes relevantes para suas ações. Nesses casos, teoria e pesquisa formam fundações equilibradas e saudáveis para a **prática**, que é a aplicação consciente de modelos conceituais e resultados de pesquisas de forma a melhorar os desempenhos individual e organizacional no trabalho.

Os gerentes também desempenham papel fundamental em outro sentido — o desenvolvimento de teorias e a condução de pesquisas. O feedback de profissionais atuando no mercado pode sugerir que modelos e teorias sejam simples ou complexos, realistas ou artificiais, úteis ou inúteis. As organizações servem como locais para pesquisa e fornecem objetos para vários estudos. De acordo com o esquema apresentado na Figura 1.2, há uma interação de mão dupla entre cada par de processos, e todos os três pares de processos são cruciais para o futuro do comportamento organizacional. Modelos mais aprimorados devem ser desenvolvidos, pesquisas baseadas em modelos teóricos precisam ser realizadas e os gerentes devem ser mais receptivos a ambas as fontes e aplicá-las em seus trabalhos.

Maior aceitação

Felizmente, um terceiro aspecto positivo do comportamento organizacional é a crescente aceitação da *teoria* e da *pesquisa* por gerentes em atividade. Esse desejo, por parte dos gerentes, de explorar novas idéias explica por que esta edição do livro *Comportamento organizacional* inclui ampla amostragem de resultados teóricos e práticos. Os gerentes atuais são mais receptivos a novos modelos, apóiam novas pesquisas relacionadas ao tema e experimentam avidamente novas idéias. Exemplos desse crescente diálogo entre o mundo da ciência e o mundo prático são variados, como

FIGURA 1.2
A Interação entre Teoria, Pesquisa e Prática no Comportamento Organizacional e Exemplos de Fontes de Cada um Deles

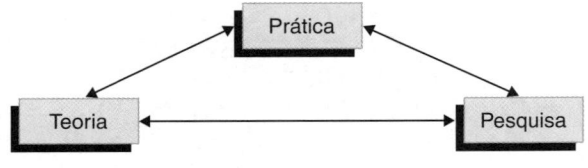

Exemplos de Fontes		
Informações sobre Teorias	**Informações sobre Pesquisas**	**Informações sobre Práticas**
Academy of Management Review	*Academy of Management Journal*	*Academy of Management Executive*
Human Relations	*Journal of Applied Psychology*	*Organizational Dynamics*
Administrative Science Quarterly	*Journal of Management*	*Harvard Business Review*
	Organizational Behavior and Human Decision Processes	*Business Horizons*
Psychological Bulletin		
Annual Review of Psychology	*Journal of Organizational Behavior*	*California Management Review*

pode ser visto nas experiências de equipes autogerenciadas, uma prática que será descrita posteriormente (Capítulo 13). Esses exemplos ilustram os tipos de práticas organizacionais, que, quando associadas ao desenvolvimento da teoria e à pesquisa, continuarão a produzir melhor desempenho organizacional. Pesquisadores identificaram questões essenciais, elaboraram os estudos apropriados e relataram seus resultados e conclusões. Outras pessoas examinaram estudos relacionados e os utilizaram para construir modelos e teorias que explicam um grupo de descobertas e ajudam a orientar novos estudos. Como resultado, o comportamento organizacional tem avançado substancialmente e continuará a ser de vital importância ao longo do século XXI. Exemplos de fontes sobre a teoria do CO, pesquisa e informações práticas são mostrados na Figura 1.2.

CONCEITOS FUNDAMENTAIS

Todas as áreas das ciências sociais, ou mesmo das ciências médicas, possuem fundamentação filosófica de conceitos básicos que orientam seu desenvolvimento. Na contabilidade, por exemplo, o conceito fundamental é "para cada débito haverá um crédito". Todo o sistema de partidas dobradas da contabilidade foi construído em torno dessa equação, quando ele substituiu o sistema de entradas únicas muitos anos atrás. Na física, há uma crença fundamental de que os elementos da natureza são uniformes. A lei da gravidade opera uniformemente em Tóquio ou em Londres, e um átomo de hidrogênio é idêntico em Moscou ou em Washington. Ainda que tal uniformidade não possa ser aplicada às pessoas, certos conceitos básicos associados ao comportamento humano existem.

Como pode ser visto na Figura 1.3, o comportamento organizacional parte de um conjunto de conceitos fundamentais centrados na natureza das pessoas e das organizações. Eles são os princípios permanentes que constituem uma fundação sólida para o CO. Um resumo dessas idéias é apresentado a seguir; elas também se encontram distribuídas ao longo dos próximos capítulos.

FIGURA 1.3
Conceitos Fundamentais do Comportamento Organizacional

A Natureza das Pessoas	A Natureza das Organizações
• Diferenças individuais	• Sistemas sociais
• Percepção	• Interesse mútuo
• Totalidade da pessoa	• Ética
• Comportamento motivado	
• Desejo de envolvimento	
• Valorização do indivíduo	

A Natureza das Pessoas

No tocante às pessoas, há seis conceitos básicos: diferenças individuais, percepção, totalidade da pessoa, comportamento motivado, desejo de envolvimento e valorização do indivíduo.

Diferenças Individuais As pessoas têm muito em comum (ficam excitadas com uma conquista; sofrem pela perda de um ente querido), mas cada pessoa no mundo também é individualmente diferente (e espera-se que todos, no futuro, continuem diferentes!). A idéia de **diferenças individuais** é apoiada pela ciência. Cada pessoa é diferente das demais, provavelmente em milhões de aspectos, da mesma forma que o perfil do DNA de cada um é diferente, até onde se sabe. E essas diferenças normalmente são substanciais e não desprezíveis. Por exemplo, há bilhões de células no cérebro e bilhões de combinações possíveis de conexões e de pedaços de experiências que estão lá armazenadas. Todas as pessoas são diferentes e essa diversidade precisa ser reconhecida e respeitada como um valioso ativo para as organizações.

A idéia de diferenças individuais provém originalmente da psicologia. A partir do dia em que nasce, cada pessoa é única (o impacto da *natureza*) e as experiências individuais após o nascimento tendem a acentuar ainda mais essas diferenças (a influência da *experiência adquirida*). A existência de diferenças individuais significa que a administração poderá motivar melhor os funcionários simplesmente ao tratá-los de maneiras diferentes. Se não fosse pelas diferenças individuais, um modelo padronizado, uniforme, poderia ser utilizado para conduzir as relações com os funcionários e somente um julgamento mínimo seria necessário posteriormente. Diferenças individuais exigem que a abordagem a ser adotada pelos gerentes seja individual, não estatística. A crença no princípio de que cada pessoa é diferente das demais normalmente é denominada **lei das diferenças individuais**.

> Lei das diferenças individuais

Percepção As pessoas olham para o mundo e vêem as coisas diferentemente. Mesmo quando são apresentadas ao mesmo objeto, duas pessoas podem enxergá-lo de formas diferentes. Suas visões sobre o ambiente objetivo são filtradas pela **percepção**, que é a maneira singular pela qual cada um vê, organiza e interpreta as coisas. Os indivíduos utilizam estruturas organizadas, que eles constroem ao longo de uma vida inteira de experiências e valores acumulados. Ter visões singulares sobre as coisas é outra forma pela qual as pessoas agem como seres humanos, em vez de como máquinas racionais.

Os funcionários enxergam seus universos de trabalho diferentemente, por diversas razões. Eles podem diferenciar-se em relação a suas personalidades, necessidades, fatores demográficos e experiências passadas, ou podem encontrar-se em diferentes lugares físicos, épocas ou ambientes sociais. Quaisquer que sejam as razões, *eles tendem a agir com base em suas percepções*. Essencialmente, cada pessoa parece estar dizendo: "Não reajo a um mundo objetivo, mas a um mundo julgado em termos de meus próprios valores e expectativas". Essa maneira de reagir reflete o processo de **percepção seletiva**, na qual as pessoas tendem a prestar mais atenção naqueles traços do seu ambiente de trabalho que são mais consistentes com suas próprias expectativas ou que as reforcem. As percepções seletivas podem não somente causar interpretações equivocadas de eventos simples no trabalho, mas também levar à rigidez futura na busca de novas experiências. Os gerentes devem aprender a esperar diferenças perceptivas entre seus funcionários, aceitar as pessoas como seres emocionais e administrá-las individualmente.

> Percepção seletiva

A Totalidade da Pessoa Embora algumas empresas desejem empregar apenas as habilidades ou o cérebro de uma pessoa, elas, de fato, empregam a pessoa em sua totalidade, e não somente certas características. Traços humanos distintos podem ser estudados separadamente, mas, em uma análise final, todos eles fazem parte de um sistema que compõe a pessoa inteira. As habilidades não existem separadas do histórico nem do conhecimento dos indivíduos. A vida pessoal não é totalmente separada da vida profissional, assim como as condições emocionais não podem ser separadas das condições físicas. As pessoas funcionam como seres humanos completos.

> Um supervisor, por exemplo, queria contratar uma nova atendente de telemarketing chamada Anika Wilkins. Ela era talentosa, possuía experiência e preferia trabalhar no segundo turno. No entanto, quando Anika recebeu a proposta de emprego, respondeu que teria de iniciar meia hora mais tarde às quartas-feiras, pois a creche que atendia seu filho não estava disponível até aquele horário. Além disso, considerando-se que ela possuía uma pequena deficiência física, sua estação de trabalho necessitaria de um ajuste substancial na altura. Dessa forma, seu supervisor teve de considerar suas necessidades como uma pessoa em sua totalidade, não somente como trabalhadora.

Pessoa melhor

Quando a gerência aplica os princípios do comportamento organizacional, está buscando desenvolver melhor um funcionário, mas, ao mesmo tempo, ela deseja desenvolver um *indivíduo* melhor em termos de crescimento e realização pessoal. Os cargos formatam as pessoas de algum modo à medida que são executados, portanto a gerência precisa preocupar-se com os efeitos do trabalho sobre a pessoa como um todo. Os funcionários pertencem a diversas outras organizações, além daquela de seu empregador, e desempenham vários papéis dentro e fora da empresa. Caso o indivíduo como um todo possa ser melhorado, então os benefícios se estenderão além dos limites da empresa, em direção à sociedade na qual vive o funcionário.

Comportamento Motivado A partir da psicologia, aprende-se que o comportamento normal tem certas causas. Elas podem relacionar-se às necessidades de uma pessoa ou às conseqüências que resultam dos atos. No caso das necessidades, as pessoas não são motivadas por aquilo que *nós* pensamos que elas deveriam ter, mas por aquilo que *elas* mesmas desejam para si. Para um observador externo, as necessidades de uma pessoa podem parecer irreais, mas, ainda assim elas detêm o controle. Esse fato deixa a administração com duas formas básicas para motivar as pessoas. Ela pode mostrar aos funcionários como certas ações aumentarão seu desejo de realização das necessidades pessoais, ou poderá simplesmente ameaçar diminuir sua satisfação caso adotem um modelo de ação indesejado. Claramente, um caminho em direção ao aumento do desejo de realização pessoal é a melhor abordagem. A motivação é essencial para a operação de uma organização. Independentemente da quantidade de tecnologia e equipamentos que uma organização possua, esses recursos não podem ser colocados em operação até que sejam liberados e conduzidos por pessoas que estejam motivadas.

Desejo de Envolvimento Muitos funcionários hoje em dia estão buscando, ativamente, oportunidades de trabalho que lhes permitam participar da tomada de importantes decisões, contribuindo, dessa forma, com seus talentos e idéias para o sucesso da organização. Eles anseiam pela oportunidade de compartilhar seus conhecimentos e aprender a partir de experiência obtida. Conseqüentemente, as organizações necessitam oferecer oportunidades para um envolvimento significativo — o que pode ser alcançado com o *empowerment* dos funcionários, uma prática que resulta em benefícios mútuos (ver Capítulo 8).

Valorização do Indivíduo As pessoas merecem ser tratadas de maneira diferente dos demais fatores de produção (propriedade, capital e tecnologia) porque constituem a ordem mais elevada do universo. Em virtude dessa distinção, elas desejam ser tratadas com carinho, respeito e dignidade; cada vez mais, demandam esse tipo de tratamento de seus empregadores. Elas se recusam a aceitar a velha idéia de que são simplesmente instrumentos econômicos e desejam ser avaliadas por suas habilidades e capacidades e receber oportunidades para se desenvolverem.

A Natureza das Organizações

Os três conceitos essenciais referentes à natureza das organizações afirmam que elas são sistemas sociais, formadas com base no interesse mútuo e que devem tratar os funcionários de maneira ética.

Sistemas Sociais Aprendemos, a partir da sociologia, que as organizações são sistemas sociais; conseqüentemente, as atividades existentes no seu interior são governadas tanto por leis sociais quanto por leis psicológicas. Da mesma forma que as pessoas possuem necessidades psicológicas, elas também possuem papéis e *status* sociais. Seu comportamento é influenciado tanto pelos grupos sociais como por seus impulsionadores individuais. De fato, dois tipos de sistemas sociais existem lado a lado no interior das organizações. Um deles é o sistema social (oficial) formal, e o outro é o sistema social informal.

A existência de um sistema social implica que o ambiente organizacional seja um ambiente de mudanças dinâmicas em vez de um conjunto de relações estáticas, conforme descrito em um organograma empresarial. Todas as partes do sistema são interdependentes e cada parte está sujeita a ser influenciada por qualquer outra. Tudo está relacionado a todo o restante.

> Os efeitos de um sistema social mais amplo podem ser vistos na experiência de uma supervisora, Glenda Ortiz. Ortiz advertiu um funcionário por violação das regras de segurança. A ação estava dentro das normas e foi considerada rotineira por ela. No entanto, o sindicato local já estava insatisfeito com o que havia considerado como uma punição injusta por violações de segurança em outra unidade da companhia e desejava demonstrar simpatia por seus colegas da outra unidade, além de mostrar à

O Que os Gerentes Estão Lendo

Dois consultores empresariais, Doug Lennick e Fred Kiel, definem inteligência moral como "a capacidade de diferenciar o certo do errado conforme definido por princípios universais". Uma combinação de comportamento e astúcia, a inteligência moral baseia-se em virtudes universais para ajudar os líderes a alcançar suas metas pessoais e profissionais. Os autores defendem a idéia de que comportar-se de maneira moralmente adequada não é apenas correto, mas também é bom para os negócios.

Partindo da premissa de que as pessoas "nasceram para serem moralmente corretas", Lennick e Kiel sugerem existir quatro elementos que fundamentam a inteligência moral:

- Integridade (agir consistentemente de acordo com seus valores).
- Responsabilidade (a disposição de responder pelas conseqüências de nossas ações e admitir nossos erros e fracassos).
- Compaixão (preocupar-se com os outros).
- Perdão (reconhecer que os outros cometem erros e aceitá-los).

Esses quatro elementos podem tornar-se competências caso os gerentes prossigam em um processo de três etapas que abrange o autoconhecimento, a autodivulgação e a descoberta de pontos fortes e fracos nos outros.

Fonte: LENNICK, Doug; KIEL, Fred. *Moral Intelligence*: Enhancing Business Performance and Leadership Success. Filadélfia: Wharton School Publishing, 2005.

---

administração que não mais seriam aceitos tratamentos similares nessa unidade. Fora isso, o presidente do sindicato, Jimmie Swallen, concorria à reeleição e desejava mostrar aos demais membros que estava protegendo seus interesses.

O sindicato encorajou o funcionário a registrar uma reclamação contra a ação de Ortiz, e uma simples questão disciplinar tornou-se um complexo problema sobre relações de trabalho, que consumiu o tempo de muitas pessoas antes que pudesse ser resolvido.

A idéia de um sistema social oferece uma estrutura para analisarmos as questões associadas ao comportamento organizacional. Ela ajuda a tornar os problemas de comportamento organizacional compreensíveis e administráveis.

Interesse Mútuo As organizações necessitam das pessoas e as pessoas precisam das organizações. As organizações têm um propósito humano. Elas são formadas e mantidas com base na existência de algum tipo de **mutualidade de interesses** entre seus participantes. Os gerentes necessitam de funcionários que os ajudem a alcançar os objetivos organizacionais; as pessoas precisam das organizações para auxiliá-las a alcançar seus objetivos pessoais.[5] Caso não haja mutualidade, a tentativa de reunir um grupo e desenvolver cooperação não tem nenhum sentido, uma vez que não há base comum sobre a qual construí-la. Conforme mostrado na Figura 1.4, o interesse mútuo proporciona uma **meta superior** — um objetivo que somente poderá ser alcançado com a integração dos esforços dos indivíduos e de seus empregadores.

Ética De modo a atrair e reter funcionários valiosos, em uma era na qual os bons trabalhadores são constantemente assediados por outras ofertas de emprego, as organizações devem tratar os funcionários de forma ética. Mais e mais empresas estão reconhecendo essa necessidade e estão respondendo a ela com uma variedade de programas para assegurar padrões mais elevados de desempenho ético por parte de gerentes e funcionários. As companhias têm estabelecido códigos de ética, publicado declarações de princípios éticos, oferecido treinamento sobre ética para seus funcionários, recompensado aqueles que apresentam comportamento ético notável, divulgado modelos de papéis positivos e elaborado procedimentos internos para lidar com casos de má conduta. Elas começaram a reconhecer que, uma vez que o comportamento organizacional diz respeito a pessoas, a filosofia ética está envolvida de uma maneira ou de outra com as ações que os indivíduos realizam (ver O Que os Gerentes Estão Lendo). Em virtude da relevância da ética, esse tema será abordado periodicamente ao longo do texto.

Meta superior

Ética diz respeito ao uso de princípios morais e valores para influenciar o comportamento de indivíduos e organizações, no tocante às escolhas entre o que é certo e o que é errado.

FIGURA 1.4
O Interesse Mútuo Proporciona uma Meta Superior para Funcionários, Organização e Sociedade

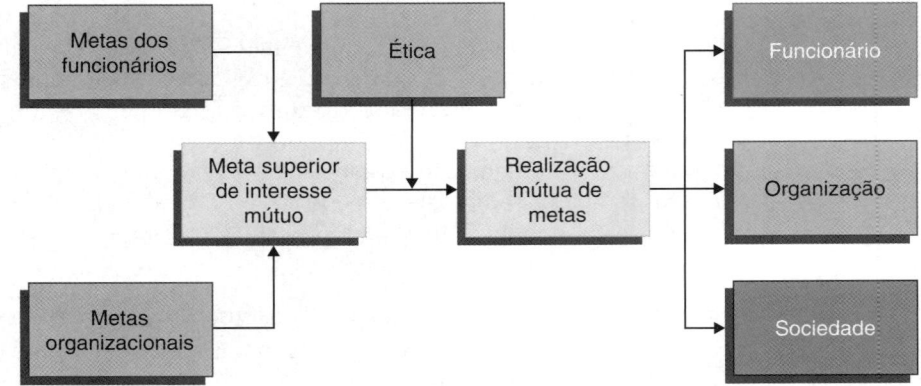

Quando as metas e as ações de uma organização são éticas, os objetivos individuais, organizacionais e sociais têm maiores chances de serem alcançados. As pessoas encontram mais satisfação no trabalho quando há cooperação e trabalho em equipe. Elas sentem que estão aprendendo, crescendo e contribuindo. A organização também é mais bem-sucedida, pois ela opera de maneira mais eficaz. A qualidade passa a ser melhor, o serviço é melhorado e os custos são reduzidos. O grande beneficiário desse processo talvez seja a sociedade, uma vez que ela obtém melhores produtos e serviços, cidadãos mais capazes e um clima geral de cooperação e progresso. Surge um resultado no qual as três partes saem vencedoras, sem a necessidade de haver perdedores.

ABORDAGENS BÁSICAS DESTE LIVRO

O comportamento organizacional busca integrar quatro elementos: pessoas, estrutura, tecnologia e ambiente. Ele se assenta em uma fundação de conceitos interdisciplinares sobre a natureza das pessoas e das organizações. As quatro abordagens básicas — de recursos humanos, contingencial, orientada para resultados e sistêmica — estão entrelaçadas ao longo dos capítulos subseqüentes (ver Figura 1.5).

Uma Abordagem (Apoiadora) de Recursos Humanos

A **abordagem de recursos humanos** está associada ao conceito de desenvolvimento. Ela se preocupa com o crescimento e o desenvolvimento das pessoas em direção a níveis mais elevados de competência, criatividade e auto-realização, visto que elas são os recursos centrais de todas as organizações e sociedades. A natureza da abordagem de recursos humanos pode ser compreendida mediante uma comparação com o modelo tradicional de administração adotado no início do século XX. No modelo tradicional, os gerentes decidiam o que deveria ser feito e, então, controlavam intensivamente os funcionários para se assegurar de que estes alcançariam o desempenho desejado. O sistema de administração era diretivo e controlador.

FIGURA 1.5
As Abordagens Básicas deste Livro

Recursos humanos (apoiadora)	Crescimento e desenvolvimento dos funcionários são estimulados e apoiados.
Contingencial	Comportamentos gerenciais distintos são exigidos por ambientes diferentes para obtenção de eficácia.
Orientada para resultados	Os resultados dos programas de comportamento organizacional são avaliados em termos de sua eficiência.
Sistêmica	Todas as partes de uma organização interagem em um modelo de relacionamento complexo.

A abordagem de recursos humanos, por outro lado, é apoiadora. Ela ajuda os funcionários a se tornar pessoas melhores, indivíduos mais responsáveis, e, dessa forma, busca criar um clima no qual eles poderão contribuir até o limite de suas capacidades melhoradas.[6] Ela se fundamenta na idéia de que a melhoria das qualificações e das oportunidades para as pessoas levará diretamente a avanços na eficácia operacional. A satisfação no trabalho também será uma conseqüência direta da utilização mais intensa das capacidades por parte dos funcionários. Essencialmente, a abordagem de recursos humanos significa que melhores pessoas obterão melhores resultados. Isso pode ser ilustrado, de certa forma, com um antigo provérbio que diz:

> *Dê um peixe a uma pessoa e você a alimentará por um dia;*
> *Ensine-a a pescar e você a alimentará por uma vida toda.*

Abordagem apoiadora

Outro nome atribuído à abordagem de recursos humanos é **abordagem apoiadora**, pois o papel primordial de um gerente muda, de controlar ativamente os funcionários, em direção a um papel mais ativo de apoiar o crescimento e o desenvolvimento deles. O modelo apoiador do comportamento organizacional será discutido de maneira mais detalhada no Capítulo 2.

UMA ABORDAGEM CONTINGENCIAL

A administração tradicional sempre procurou princípios para oferecer "uma maneira ideal" para administrar um empreendimento. Havia uma forma correta para organizar, delegar e dividir tarefas. A forma correta era aplicada independentemente do tipo de organização ou situação envolvida. Os princípios da administração eram considerados universais. À medida que o campo do comportamento organizacional se desenvolvia, muitos de seus seguidores apoiavam inicialmente a tese de universalidade desses conceitos. As idéias comportamentais eram supostamente aplicáveis a quaisquer tipos de situação. Um exemplo disso era a crença de que a liderança voltada para os funcionários seria sempre melhor que a liderança orientada para a execução de tarefas, quaisquer que fossem as circunstâncias. Uma exceção ocasionalmente era admitida, mas, em geral, as idéias iniciais continuavam a ser aplicadas de maneira universal.

A visão mais aceita no século XXI é a de que poucos conceitos interdisciplinares podem ser aplicados em todos os casos. As situações são muito mais complexas do que podem parecer inicialmente, e as diferentes variáveis podem exigir abordagens comportamentais distintas. O resultado é uma **abordagem contingencial** para o comportamento organizacional, o que significa que *diferentes situações requerem práticas comportamentais diferenciadas para a obtenção da maior eficácia possível*.

A questão central, nesse caso, diz respeito a *quando* utilizar uma abordagem específica, que é um ponto freqüentemente ignorado nas discussões sobre o CO contingencial. Uma teoria sólida e o emprego cuidadoso de resultados de pesquisas podem auxiliar os gerentes a superar o clichê "tudo depende". O objetivo principal de familiarizar-se com as descobertas dos estudos sobre CO e outros modelos relevantes é auxiliar os gerentes a encontrar uma resposta para a questão do "quando". *Os gerentes precisam saber sob quais condições eles devem utilizar uma abordagem comportamental em detrimento de outra*, e o modelo contingencial poderá ajudá-los nessa tarefa.

Análise prévia é necessária.

Não existe mais uma única forma ideal. Cada situação deve ser cuidadosamente analisada para se determinar as variáveis existentes mais significativas com o objetivo de se estabelecer os tipos de práticas que serão mais eficazes. O ponto forte da abordagem contingencial é que ela encoraja a realização de uma análise para cada situação antes da adoção de quaisquer medidas, ao mesmo tempo que desestimula as práticas atuais baseadas em hipóteses universais sobre as pessoas. A abordagem contingencial também é mais interdisciplinar, mais orientada aos sistemas e mais direcionada à pesquisa que à abordagem tradicional. Assim, ela auxilia os gerentes a utilizar, da maneira mais apropriada, todo o conhecimento existente sobre pessoas nas organizações.

Uma Abordagem Orientada para Resultados

Produtividade

Todas as organizações precisam obter algum tipo de produto ou resultado. Uma meta dominante para muitas delas é ser uma empresa produtiva, de forma que essa **orientação para resultados** seja uma linha freqüentemente adotada no comportamento organizacional. **Produtividade**, de maneira bem simples, é o indicador que compara o número de unidades de *output* com as unidades

Múltiplos *inputs* e *outputs*

de *input* necessárias para a realização desse processo, freqüentemente em relação a um padrão preestabelecido. Caso um número maior de *ouputs* possa ser obtido a partir da mesma quantidade de *inputs*, a produtividade foi melhorada. Ou, de modo semelhante, na eventualidade de um volume menor de *inputs* ter sido utilizado na produção de um mesmo número de *outputs*, a produtividade foi aumentada. A idéia de produtividade não sugere necessariamente que alguém terá de produzir mais resultados; em vez disso, ela indica a eficiência com a qual alguém produz qualquer tipo de resultado desejado. Conseqüentemente, melhor produtividade é uma valiosa medida de quão bem os recursos são utilizados em determinada sociedade. Ela sugere que menos recursos são necessários para produzir cada unidade de *output*. Há menos desperdício e melhor conservação dos recursos — resultado cada vez mais apreciado por muitos na sociedade.

A produtividade geralmente é mensurada em termos de *inputs* e *outputs* econômicos, mas os *inputs* e *outputs* humanos e sociais também são importantes. Se um comportamento organizacional aperfeiçoado puder aumentar a satisfação no trabalho, um *output* ou resultado humano decorrerá disso. Da mesma forma, quando um programa de desenvolvimento de funcionários tem como subproduto cidadãos melhores em uma comunidade, aí ocorre um valioso resultado social. Decisões sobre comportamento organizacional normalmente envolvem questões humanas, sociais ou econômicas e, de maneira semelhante, diversos produtos de um modelo orientado para resultados de um comportamento organizacional eficaz são discutidos ao longo deste livro.

Muitas dessas medidas são reunidas na prática popular da **gestão da qualidade total (TQM)**. A TQM é uma tentativa integrada de melhorar a qualidade dos produtos e serviços de uma empresa por meio de uma variedade de técnicas e de treinamento. Ela foca tipicamente na criação de um nível elevado de satisfação para os clientes por intermédio do ato de ouvir cuidadosamente seus consumidores, do estabelecimento de parcerias com fornecedores, da busca por constantes melhorias nos métodos operacionais, do treinamento dos funcionários na compreensão e utilização de ferramentas estatísticas e do envolvimento significativo dos funcionários nos sistemas baseados em equipes.

Uma Fórmula O papel que o comportamento organizacional cumpre na criação de resultados organizacionais pode ser demonstrado com um conjunto de fatores e pelos relacionamentos existentes entre esses fatores (ver Figura 1.6). Inicialmente, vamos analisar a capacidade de um trabalhador. Normalmente, aceita-se a idéia de que o produto do conhecimento e a habilidade de sua aplicação por um indivíduo constituem o traço humano conhecido como *capacidade* (ver Equação 1). As capacidades podem ser aprimoradas com a contratação de funcionários melhores (indivíduos com alto potencial de aprendizado, maior experiência anterior e desejo de sucesso) ou com o oferecimento de treinamento relacionado às atividades desempenhadas para os funcionários já existentes. A *motivação* resulta das atitudes de uma pessoa ao reagir a uma situação específica (ver Equação 2). Este livro enfatiza as atitudes dos funcionários (abordadas em detalhe no Capítulo 9) e a forma como elas são afetadas por fatores situacionais (como a liderança, discutida no Capítulo 7) para determinar sua motivação.

A interação entre motivação e capacidade determina o *desempenho potencial* de uma pessoa em qualquer atividade (ver Equação 3). Certamente, o comportamento organizacional também possui uma participação no processo de motivação dos trabalhadores em direção à obtenção do outro fator, a capacidade. O potencial para desempenho humano deve ser misturado com *recursos*, e devemos conceder ao trabalhador uma *oportunidade* para desempenhar suas atividades, de forma a serem obtidos os *resultados organizacionais* (conforme indicado na Equação 4).[7] Os recursos, como ferramentas, poder e suprimentos, referem-se inicialmente a fatores econômicos, materiais e técnicos de uma organização. O comportamento organizacional desempenha papel central no oferecimento de oportunidades para o desempenho das atividades, conforme discutiremos no tópico sobre a necessidade de *empowerment*, no Capítulo 8.

FIGURA 1.6
Equações Mostrando o Papel do Comportamento Organizacional nos Sistemas de Trabalho

1. Conhecimento × habilidade	= capacidade
2. Atitude × situação	= motivação
3. Capacidade × motivação	= desempenho humano potencial
4. Desempenho potencial × recursos × oportunidade	= resultados organizacionais

Uma Abordagem Sistêmica

Tratar uma organização como um sistema é extremamente importante para seu sucesso. Os elementos fundamentais da **abordagem sistêmica** indicam que:

1. Há muitas variáveis dentro de um sistema.
2. As partes de um sistema são interdependentes (uma parte afeta as outras partes ao mesmo tempo que é afetada pelas demais, de forma muito complexa).
3. Há muitos subsistemas contidos no interior de sistemas maiores.
4. Os sistemas geralmente exigem *inputs*, realizam algum tipo de processo e produzem *outputs*.
5. O mecanismo *inputs–processo–outputs* é cíclico e auto-sustentável (ele é contínuo, repetitivo e utiliza feedback para ajustar-se).
6. Os sistemas produzem resultados tanto positivos como negativos.
7. Os sistemas produzem conseqüências tanto esperadas como inesperadas.
8. As conseqüências dos sistemas podem ser de curto ou de médio prazos, ou ambos.

CO holístico

Dessa forma, a abordagem sistêmica obriga os gerentes a terem uma visão holística do sujeito. O **comportamento organizacional holístico** interpreta os relacionamentos entre pessoas e organizações em termos da totalidade da pessoa, do grupo, da organização e do sistema social. Ela utiliza uma abordagem interdisciplinar das pessoas nas organizações em um esforço para compreender os diversos fatores que podem influenciar o comportamento de um indivíduo. Os problemas são analisados em termos da totalidade da situação que os afeta, em vez de analisá-los com relação a apenas um problema ou evento isolado.

Um ponto de vista sistêmico deveria ser a preocupação de todas as pessoas de uma organização. O contínuo da seção de serviços gerais, o operador de máquinas e o gerente, todos eles trabalham com pessoas e, sendo assim, influenciam a qualidade comportamental da vida em uma organização e os produtos dessa organização. Os gerentes, no entanto, tendem a deter mais responsabilidade, visto que são os indivíduos que tomam a maior parte das decisões que afetam o comportamento humano e que possuem a maioria de suas atividades diárias associadas às pessoas. O papel dos gerentes, portanto, é utilizar o comportamento organizacional para alcançar metas individuais, organizacionais e sociais. Os gerentes ajudam a construir uma cultura organizacional na qual talentos são utilizados e desenvolvidos cada vez mais, as pessoas são motivadas, as equipes se tornam produtivas, as organizações atingem suas metas e a sociedade colhe as recompensas.

Análise custo-benefício

Contudo, tanto efeitos positivos como negativos podem, em algumas oportunidades, surgir como resultado de ações comportamentais dos gerentes. A realização de uma **análise de custo-benefício** é necessária para determinar se as ações potenciais terão um efeito líquido positivo ou negativo (ver Figura 1.7). Os gerentes precisam se questionar acerca do que poderão obter pela adesão rígida a determinada política, pela utilização de um sistema de recompensas ou pelo emprego de diferentes métodos de organização do trabalho. Ao mesmo tempo, precisam reconhecer que poderão incorrer em custos diretos ou indiretos ao adotarem qualquer uma dessas ações. Esses custos podem incluir redução no ritmo de trabalho, taxas mais altas de absenteísmo ou outras conseqüências da insatisfação dos trabalhadores. O processo de elaboração de uma análise de custo-benefício também obriga os gerentes a considerar um universo mais amplo que o das implicações imediatas de suas ações.

FIGURA 1.7
Análise de Custo-Benefício das Opções do Comportamento Organizacional

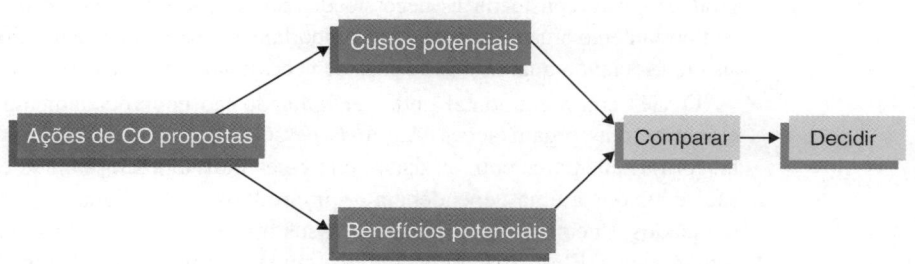

A realização de uma análise de custo-benefício teria sido benéfica para o supervisor da fábrica de móveis da situação relatada a seguir:

> No departamento de forração de uma fábrica de móveis, um supervisor recusava-se a permitir que uma de suas funcionárias obtivesse um dia de licença remunerada para comparecer ao funeral de um primo de segundo grau em uma cidade a 320 km de distância. A funcionária afirmava que um relacionamento familiar especial exigia que ela estivesse presente e que tiraria os dois dias de folga mesmo sem permissão. Quando ela retornou, o supervisor a advertiu com um dia de suspensão, sem pagamento. Os funcionários de outros departamentos tomaram conhecimento do incidente e consideraram a punição injusta; então todos os funcionários da fábrica abandonaram suas atividades e iniciaram uma greve de advertência, ameaçando continuar fora de seus postos de trabalho até que o supervisor revogasse aquela penalidade. O supervisor falhou ao não reconhecer que suas ações poderiam produzir efeitos além dos limites de seu departamento, alocando outras áreas da fábrica.

A abordagem sistêmica aplica-se especialmente ao sistema social e à idéia de cultura organizacional discutidos no Capítulo 4.

LIMITAÇÕES DO COMPORTAMENTO ORGANIZACIONAL

Os problemas existem na natureza e no uso do comportamento organizacional.

Este livro foi escrito a partir de um ponto de vista especializado que enfatiza, primeiro, o fator humano das organizações e os tipos de benefícios que a atenção a esse aspecto pode trazer. Relatamos continuamente resultados de estudos que indicam suas vantagens nas áreas de absenteísmo, rotatividade, níveis de estresse e desempenho de funcionários. Apesar disso, também reconhecemos as limitações do comportamento organizacional. Ele não abolirá o conflito nem a frustração; apenas poderá reduzi-los. É uma maneira de melhorar, não a resposta absoluta para todos os problemas. Além do mais, trata-se apenas de uma parte do traje completo que veste uma organização. Podemos discutir o comportamento organizacional como um assunto separado, mas para aplicá-lo, devemos uni-lo à realidade como um todo. Práticas aperfeiçoadas de comportamento organizacional não poderão (por si só) resolver o problema do desemprego. O CO não compensará as nossas próprias deficiências. Ele não pode ser utilizado como compensação para um planejamento falho, uma organização inepta ou um controle inadequado. É apenas um de muitos sistemas operando em um sistema social mais amplo. Esta seção foi elaborada para alertá-lo sobre as três grandes limitações do CO (viés comportamental, retornos decrescentes e manipulação antiética), bem como sobre outros problemas.

Viés Comportamental

As pessoas que não possuem uma compreensão detalhada acerca do funcionamento dos sistemas, e que se tornam superficialmente influenciadas pelo comportamento organizacional, podem desenvolver uma forma de **viés comportamental** que lhes oferece um ponto de vista restrito, o qual enfatiza a satisfação das necessidades dos funcionários enquanto ignora o sistema mais amplo da organização e as relações com todo o seu público. A preocupação com os funcionários pode ser tão exagerada que o propósito original de reunir pessoas — resultados organizacionais produtivos para a sociedade — é perdido. Um comportamento organizacional sólido deveria auxiliar a obtenção dos propósitos organizacionais, não sua substituição. Um indivíduo que ignora as necessidades das pessoas como consumidores de produtos organizacionais, enquanto valoriza excessivamente as necessidades dos funcionários, está aplicando equivocadamente as idéias do comportamento organizacional. É um erro considerar, de forma simples, que o objetivo do CO seja criar uma força de trabalho satisfeita, visto que esse objetivo não se traduz automaticamente em novos produtos nem na excelência da prestação de serviços aos consumidores. Por outro lado, a pessoa que enfatiza excessivamente os resultados de produção, sem considerar as necessidades dos funcionários, também está utilizando erroneamente o comportamento organizacional. Um comportamento organizacional sólido reconhece a existência de um sistema social no qual muitas formas de necessidades humanas são satisfeitas de diversas maneiras.

O viés comportamental pode ser aplicado tão equivocadamente que pode prejudicar os funcionários e as organizações. Algumas pessoas, apesar de suas boas intenções, sobrecarregam de tal forma seus pares com cuidados que esses indivíduos tornam-se emocionalmente subjugados e são reduzidos a uma dependência — improdutiva — indigna. Eles se tornam contentes, mas não realizados. Encontram desculpas para seus fracassos, em vez de assumirem a responsabilidade por seus avanços. Eles carecem de autodisciplina e auto-respeito. Da mesma maneira que ocorreu com a administração científica anos atrás, a preocupação com as pessoas pode ser utilizada equivocadamente por partidários apaixonados dessa corrente até que ela se torne prejudicial.

A Lei dos Retornos Decrescentes

O excesso daquilo que é bom pode ser descrito como uma coisa positiva?

A ênfase exagerada em uma prática de comportamento organizacional pode produzir resultados negativos, conforme indicado pela **lei dos retornos decrescentes**,[8] um fator limitante em comportamento organizacional da mesma forma que é na economia. Na economia, a lei dos retornos decrescentes refere-se ao declínio da quantidade de unidades adicionais de *output* quando mais de um *input* desejado é adicionado a uma situação econômica específica. Após determinado ponto, o número de unidades adicionais resultantes, em relação às unidades de *input* acrescentadas, tende a tornar-se menor. O volume de *output* obtido adicionalmente pode, eventualmente, alcançar zero e, até mesmo, continuar a declinar à medida que novas unidades de *input* são adicionadas.

Como a lei dos retornos decrescentes funciona no comportamento organizacional?

A lei dos retornos decrescentes funciona no comportamento organizacional de maneira semelhante. Ela afirma que, em certo ponto, o aumento de uma prática desejada produz resultados decrescentes, eventualmente nenhum resultado, e, até mesmo, resultados decrescentes à proporção que novos aumentos são realizados. O conceito implica que *para cada situação há uma quantidade ótima de práticas desejáveis*, como reconhecimento ou participação. Quando aquele ponto é ultrapassado, ocorre um declínio em relação aos retornos. Em outras palavras, o fato de uma prática ser desejável não significa necessariamente que uma quantidade maior dela também seja mais desejável. *O excesso de uma coisa boa não é algo necessariamente bom.*

> Os retornos decrescentes associados a vários incentivos oferecidos para alistamento pela Marinha dos Estados Unidos foram estudados em entrevistas com 1.700 civis do sexo masculino. Níveis de incentivos substancialmente diferentes foram oferecidos: bônus de US$ 1 mil *versus* bônus de US$ 3 mil, dois anos de bolsa de estudo universitário *versus* quatro anos e adicional de 10% sobre o salário-base para o pagamento de premiação por desempenho *versus* adicional de 25%. Nenhum dos três grandes incentivos maiores pareceu produzir disposição maior para o alistamento. De fato, os entrevistados apontaram o bônus de 10% como o mais atraente, levando os pesquisadores a concluir que mais não somente não é melhor como às vezes "pode ser pior".[9]

Os retornos decrescentes podem não se aplicar a todas as situações humanas, mas a idéia é tão amplamente difundida que se tornou de uso praticamente geral. Além disso, o ponto exato para que uma aplicação passe a ser considerada excessiva variará de acordo com as circunstâncias, no entanto, um excesso pode, de maneira geral, ser alcançado com qualquer prática.

Por que existe a lei dos retornos decrescentes? Essencialmente, ela é um conceito relacionado aos sistemas. Ela pode ser aplicada em virtude do relacionamento complexo existente entre as muitas variáveis de uma situação. Os fatos demonstram que, quando existe excesso de variáveis, embora aquela variável específica seja desejada, ela tende a restringir os benefícios operacionais das outras variáveis de forma tão substancial que a eficácia líquida vem a declinar. O excesso de segurança, por exemplo, pode levar os funcionários a demonstrar menos iniciativa e a apresentar crescimento pessoal menor. Essa relação demonstra *que a eficácia organizacional não é alcançada por meio da maximização da variável humana, mas pela combinação de todas as variáveis de um sistema de maneira equilibrada.*

Manipulação Antiética de Pessoas

Uma preocupação significativa sobre comportamento organizacional diz respeito *à utilização de seus conhecimentos e técnicas para manipulação antiética das pessoas, bem como para auxiliar no seu desenvolvimento potencial*. As pessoas que não possuem respeito pela dignidade básica dos seres humanos podem aprender as idéias do comportamento organizacional e aplicá-las para a obtenção de seus próprios interesses. Elas podem empregar seus conhecimentos sobre motivação ou comunicação em um processo de **manipulação de pessoas**, sem se preocuparem com o bem-estar humano. Os indivíduos que carecem de valores éticos podem usar pessoas de formas antiéticas.

A *filosofia do comportamento organizacional é apoiadora* e orientada para os recursos humanos. Ela busca melhorar o ambiente humano e ajudar os indivíduos a alcançar todo o seu potencial. No entanto, *os conhecimentos e as técnicas dessa disciplina podem ser utilizados para conseqüências tanto negativas quanto positivas*. Essa possibilidade é verdadeira para praticamente qualquer ramo do conhecimento, de forma que não é uma limitação específica do comportamento

Conselhos para Futuros Gerentes

1. Lembre-se de que suas ações gerenciais têm implicações em um ou mais níveis de CO: individual, interpessoal, grupal, intergrupal e sistêmico. Dessa forma, tente aumentar suas habilidades mediante *a previsão dos resultados e o monitoramento das conseqüências de suas decisões.*
2. Discipline-se para ler pelo menos um dos itens da literatura sobre teoria, pesquisa e prática do CO todos os meses. *Busque aplicações para cada uma das categorias.*
3. Crie um inventário das diferenças observadas entre os funcionários. Então, *descreva as implicações dessas diferenças* (como você vai tratá-los com base naquilo que conhece sobre eles?).
4. *Identifique as questões éticas que você enfrenta.* Compartilhe-as com seus funcionários para que eles as compreendam.
5. Analise os resultados organizacionais pelos quais você é atualmente responsável. *Identifique qual dos fatores importantes de contribuição* (conhecimento, habilidade, atitude, situação ou recursos) *você tem mais sob controle* e desenvolva um plano para melhorá-lo.
6. Examine uma mudança potencial que você esteja considerando realizar. *Identifique seus custos e benefícios,* tanto diretos como indiretos, e utilize essa informação para auxiliá-lo na sua tomada de decisão.
7. Quando surgir um problema ou uma questão com referência a um funcionário, discipline-se para enfocar brevemente *a descrição do comportamento indesejado* antes de tentar resolvê-lo ou alterá-lo.
8. Esforce-se para assumir *uma abordagem sistêmica para os problemas organizacionais,* com uma diferenciação rigorosa das conseqüências das ações como positivas *versus* negativas, desejadas *versus* indesejadas e de curto prazo *versus* de longo prazo.
9. À medida que avançarem seus estudos de CO, crie um inventário dos seus conceitos e práticas comportamentais favoritos. Posteriormente, *fique atento para evitar tornar-se excessivamente inclinado* em favor de uma dessas abordagens.
10. Quando aumentar a pressão para a adoção de soluções urgentes para problemas complexos, *resista à tendência de buscar "soluções rápidas".*

Gerentes éticos não manipularão as pessoas.

organizacional. Não obstante, devemos ser cautelosos para que aquilo que sabemos sobre as pessoas não seja utilizado para manipulá-las. A possibilidade de manipulação implica que os ocupantes das posições de poder nas organizações devem manter elevados padrões éticos e morais e não utilizar de forma inadequada o seu poder. Sem uma liderança ética, os novos conhecimentos aprendidos sobre as pessoas podem tornar-se perigosas ferramentas para possíveis abusos. Uma **liderança ética** deverá reconhecer os seguintes princípios:[10]

- *Responsabilidade social.* A responsabilidade com os outros surge sempre que as pessoas detêm poder em uma organização.
- *Comunicação aberta.* A organização operará em torno de um modelo de mão dupla, com abertura para o recebimento de sugestões das pessoas e transparência total acerca das operações nas quais elas estejam envolvidas.
- *Análise de custo-benefício.* Além da análise econômica, os custos e benefícios humanos e sociais das atividades também serão considerados por ocasião da aprovação ou não da realização de uma atividade.

À medida que a população em geral aprende mais sobre comportamento organizacional, será cada vez mais difícil manipular as pessoas, mas essa possibilidade sempre existe. É por isso que a sociedade necessita desesperadamente de líderes éticos.

DESAFIOS CONTÍNUOS

Expectativas imediatas não são realistas.

Buscando Soluções Rápidas

Um problema que tem afetado o comportamento organizacional é a tendência das empresas de terem horizontes de curto prazo para a expectativa de retorno sobre os investimentos associados a programas comportamentais. Essa busca por **soluções rápidas** algumas vezes leva os gerentes a adotar o mais novo modismo, a enfrentar os sintomas ao mesmo tempo que ignoram os problemas subjacentes ou a fragmentar seus esforços dentro da empresa. O surgimento de programas de desenvolvimento organizacional que enfatizam ampla mudança dos sistemas (ver Capítulo 14) e a criação de planos estratégicos de longo prazo para a gestão de recursos humanos ajudaram a trazer as expectativas, referentes aos funcionários como bens produtivos, para níveis mais realistas.

Alguns consultores empresariais e escritores têm sido apelidados de "feiticeiros", como resultado de sua defesa cega de uma única abordagem para solucionar todos os problemas de uma organização. Alguns dos conceitos de administração que têm sido apaixonadamente promovidos por um ou mais autores são o gerenciamento por objetivos, a ampliação do escopo do trabalho, o treinamento de sensibilização, a jornada flexível, os círculos de qualidade, a projeção de cenários futuros (*visioning*) e o planejamento estratégico. Infelizmente, essas soluções rápidas têm sido freqüentemente promovidas somente com base em histórias interessantes e exemplos pessoais. Os gerentes devem ser consumidores mais cuidadosos dessas perspectivas.[11]

Diversidade de Ambientes

O comportamento organizacional pode se adaptar à mudança?

Outro desafio enfrentado pelo comportamento organizacional é analisar se as idéias desenvolvidas e testadas durante períodos de crescimento organizacional e econômico manterão ou não os mesmos índices de sucesso diante de novas circunstâncias. Especificamente, o ambiente no futuro poderá ser marcado por redução da demanda, escassez de recursos e concorrência mais acirrada. Quando as organizações estão estagnadas, em declínio ou têm sua sobrevivência ameaçada, há evidências de que os níveis de estresse e conflitos aumentam. Poderão os mesmos modelos motivacionais ser úteis nessas situações? Há necessidade de novos modelos de liderança? As tendências em direção a processos participativos serão revertidas? Uma vez que estas e muitas outras perguntas não possuem respostas simples, ainda existe, claramente, enorme espaço para maiores avanços no desenvolvimento do comportamento organizacional.

Resumo

O comportamento organizacional é o estudo sistemático e a aplicação cuidadosa do conhecimento sobre como as pessoas — como indivíduos e como grupos — agem nas organizações. Suas metas são tornar os gerentes mais efetivos com relação a descrição, compreensão, previsão e ao controle do comportamento humano. Os elementos fundamentais a serem considerados são as pessoas, a estrutura, a tecnologia e o ambiente externo. O comportamento organizacional surgiu como um valioso campo interdisciplinar para os administradores. Ele se baseia em resultados de pesquisas cada vez mais sólidos e emprega idéias e modelos conceituais úteis retirados de muitas das ciências comportamentais para tornar os gerentes mais eficazes.

Os conceitos fundamentais do comportamento organizacional relacionam-se com a natureza das pessoas (as diferenças individuais, a percepção, a pessoa como um todo, o comportamento motivado, o desejo de envolvimento e o valor da pessoa) e com a natureza das organizações (sistemas sociais, interesse mútuo e ética). As ações gerenciais deveriam ser orientadas holisticamente para alcançar metas superiores de interesse dos funcionários, da organização e da sociedade. Uma gestão eficaz pode ser alcançada de maneira mais bem-sucedida com a compreensão e a utilização das abordagens de recursos humanos, contingencial, orientada para resultados e sistêmica.

O viés comportamental, a lei dos retornos decrescentes e o emprego antiético das ferramentas comportamentais podem limitar a eficácia do comportamento organizacional. Os gerentes devem estar atentos para evitar o uso do comportamento organizacional como uma solução rápida e as falhas na identificação do impacto de diferentes ambientes nos processos. Se esses problemas forem superados, o CO deve produzir um padrão de qualidade de vida mais elevado, no qual a harmonia no interior de cada indivíduo, entre as pessoas e entre as organizações do futuro é melhorada.

Termos e Conceitos para Revisão

Abordagem apoiadora, *13*
Abordagem contingencial, *13*
Abordagem de recursos humanos, *12*
Abordagem sistêmica, *15*
Análise de custo-benefício, *15*
Comportamento organizacional, *3*
Comportamento organizacional holístico, *15*
Diferenças individuais, *9*

Gestão da qualidade total (TQM), *14*
Lei das diferenças individuais, *9*
Lei dos retornos decrescentes, *17*
Liderança ética, *18*
Manipulação de pessoas, *17*
Metas do comportamento organizacional, *4*
Mutualidade de interesses, *11*

Orientação para resultados, *13*
Percepção, *9*
Percepção seletiva, *9*
Pesquisa, *7*
Prática, *7*
Produtividade, *13*
Soluções rápidas, *18*
Teorias, *6*
Viés comportamental, *16*

Questões para Discussão

1. Defina comportamento organizacional com suas próprias palavras. Peça a um amigo de fora da sua turma ou a um colega de trabalho para fazer o mesmo. Identifique e explore a natureza de quaisquer diferenças existentes entre as duas definições.
2. Suponha que um amigo tenha feito a seguinte afirmação: "O comportamento organizacional é egoísta e manipulador, porque ele serve apenas aos interesses da administração". Como você responderia a isso?
3. À medida que você começa a compreender o comportamento organizacional, por que acredita que ele tenha se tornado um campo de estudos popular?
4. Considere a seguinte afirmação: "As organizações necessitam de pessoas e as pessoas precisam das organizações". Ela é válida para todos os tipos de organização? Dê exemplos de organizações para as quais essa afirmação é verdadeira e outras para as quais ela provavelmente seja falsa.
5. Revise os conceitos fundamentais que formam a base do comportamento organizacional. Quais conceitos você acredita serem mais importantes que os demais? Explique.
6. Selecione um de seus colegas de trabalho ou amigos. Identifique as qualidades que tornam aquela pessoa substancialmente diferente de você. Quais as semelhanças básicas entre você e seu colega? O que é mais dominante: as diferenças ou as semelhanças?
7. Discuta as características mais significativas do sistema social de uma organização para a qual você tenha trabalhado. De quais formas o sistema social afetou você e seu desempenho no trabalho, tanto positiva quanto negativamente?
8. Revise as quatro abordagens do comportamento organizacional. À medida que você ler este livro, mantenha uma lista dos modos pelos quais esses temas estão refletidos em cada um dos tópicos principais.
9. Examine as fórmulas que levam à produtividade organizacional eficaz. Quais fatores você acredita que possuam o maior potencial para fazer alguma diferença nas organizações?
10. O viés comportamental e os retornos decrescentes em relação às práticas do comportamento organizacional são diferentes ou semelhantes? Discuta.

Avalie suas Próprias Habilidades

Como está seu entendimento sobre comportamento organizacional?

Leia as seguintes sentenças cuidadosamente. Faça um círculo ao redor do número na escala de respostas que reflita, da melhor forma possível, o grau com que cada afirmação mais bem o descreve. Some o total de pontos e prepare um breve plano de autodesenvolvimento. Esteja pronto para relatar seus resultados para que eles, juntamente com os resultados dos demais elementos do seu grupo, possam ser tabulados adequadamente.

	Boa descrição									**Má descrição**
1. Compreendo de forma completa a natureza e a definição do comportamento organizacional.	10	9	8	7	6	5	4	3	2	1
2. Posso listar e explicar as quatro metas primordiais do comportamento organizacional.	10	9	8	7	6	5	4	3	2	1
3. Sinto-me confortável em explicar a interação entre teoria, pesquisa e prática no comportamento organizacional.	10	9	8	7	6	5	4	3	2	1
4. Estou totalmente consciente das maneiras como as pessoas agem com base na forma como elas percebem o mundo.	10	9	8	7	6	5	4	3	2	1
5. Acredito que a maioria dos funcionários possui forte desejo de estar envolvida no processo de tomada de decisões.	10	9	8	7	6	5	4	3	2	1

6. Sinto-me confortável em explicar o papel
da ética no comportamento organizacional.   10 9 8 7 6 5 4 3 2 1

7. Posso facilmente resumir a natureza da
abordagem contingencial para o
comportamento organizacional.   10 9 8 7 6 5 4 3 2 1

8. Posso listar e explicar cada um dos
fatores da fórmula para a produção de
resultados comportamentais.   10 9 8 7 6 5 4 3 2 1

9. Posso explicar por que uma abordagem sistêmica
para o comportamento
organizacional é apropriada.   10 9 8 7 6 5 4 3 2 1

10. Compreendo o relacionamento existente
entre as perspectivas sistêmicas, viés
comportamental e a lei dos retornos
decrescentes no comportamento organizacional.   10 9 8 7 6 5 4 3 2 1

Pontuação e Interpretação

Some o total de pontos obtidos nas dez questões. Registre aqui esse número e relate-o quando for solicitado: _____. Finalmente, insira o total de pontos no gráfico Avalie e Melhore suas Habilidades Associadas ao Comportamento Organizacional no apêndice.

- Se você obteve um resultado entre 81 e 100 pontos, parece ter um conhecimento sólido sobre os fundamentos do comportamento organizacional.
- Se você obteve um resultado entre 61 e 80 pontos, deveria analisar mais detidamente os itens nos quais obteve pontuação mais baixa e revisar o material relacionado a esses assuntos.
- Se você obteve um resultado abaixo de 60 pontos, deve estar ciente de que a compreensão inadequada de diversos itens poderá ser prejudicial para o seu futuro sucesso como gerente. Sugerimos uma revisão do capítulo inteiro.

Agora, identifique suas três pontuações mais baixas e escreva os números dessas questões aqui: _____, _____, _____. Faça um parágrafo curto detalhando para si mesmo um plano de ação para que você melhore cada uma dessas habilidades.

Estudo de Caso

O Representante de Vendas Transferido

Harold Burns ocupava a posição de representante de vendas distrital em uma empresa de aparelhos eletrodomésticos. Sua área de atuação estendia-se pelos estados do meio-oeste dos Estados Unidos e incluía aproximadamente cem lojas. Ele já trabalhava para a companhia havia 20 anos e estava em seu cargo e localização atuais nos últimos cinco anos. Durante todo esse tempo, como sempre, alcançou suas cotas de vendas distritais.

Certo dia, Burns descobriu, com amigos locais, que a esposa de um representante de vendas de outro distrito estava na cidade à procura de uma casa para alugar. Ela havia dito ao corretor imobiliário que sua família se mudaria dentro de alguns dias, porque seu marido estaria substituindo Burns. Quando Burns ouviu a notícia, recusou-se a acreditar.

Dois dias depois, em 28 de janeiro, ele recebeu uma correspondência urgente, postada no dia anterior, de seu gerente de vendas regional. A carta tinha o seguinte texto:

Caro Harold,
Em virtude da carência de pessoal, estamos lhe solicitando que se mude para o distrito de Gunning, com vigência a partir de 1º de fevereiro. Sr. George Dowd, do distrito Parsons, vai substituí-lo. Você poderia certificar-se de que todo o seu estoque e propriedades sejam transferidos corretamente para ele? Tenho a certeza de que você apreciará seu novo distrito. Parabéns.
Atenciosamente,
(Assinatura)

Com essa correspondência, ele recebeu o broche comemorativo para celebrar seus 20 anos de trabalho. A carta que se encontrava em anexo, remetida pelo gerente regional de vendas, continha o seguinte texto:

Caro Harold,
Estou feliz ao enviar-lhe esse medalha comemorativa de seus 20 anos de serviço. Você possui um longo e excelente histórico com a companhia. Estamos honrados por conceder-lhe tal reconhecimento, e espero que você a ostente orgulhosamente.

Nossa companhia está orgulhosa de ter muitos funcionários antigos. Gostaríamos que você soubesse que temos interesse pessoal em seu bem-estar, porque pessoas como você são a alma de nossa companhia.
Atenciosamente,
(Assinatura)

Harold Burns verificou os boletins de vendas trimestrais e descobriu que as vendas do distrito de Gunning eram 10% menores do que as de seu distrito atual.

Questões

1. Comente os eventos negativos e positivos desse caso na medida em que eles se relacionam ao comportamento organizacional.
2. Houve a aplicação de uma abordagem de recursos humanos no caso Burns? Discuta essa questão.

Exercício Vivencial

Ética no Comportamento Organizacional

Examine as seguintes declarações. Avalie cada situação de acordo com o grau segundo o qual você acredita que um problema ético potencial seja inerente a ela. Após registrar suas respostas, reúna-se em grupos pequenos (de três a cinco pessoas) e discuta quaisquer diferenças significativas entre as respostas dadas pelos membros das equipes.

	Sem problema ético				Com problema ético
1. Uma gerente, seguindo os preceitos da lei das diferenças individuais, permite que seus seis funcionários estabeleçam seus próprios horários de início de expediente.	1	2	3	4	5
2. Um supervisor descobre que os membros de determinada equipe são trabalhadores mais rápidos que os de outra e, dessa forma, passa somente a contratá-los para certos cargos.	1	2	3	4	5
3. Uma organização, frustrada com as contínuas reclamações sobre seus sistemas de avaliação e pagamento, decide que o regime de "pagamento igual para todos os funcionários" (apesar das diferenças de desempenho) funcionará melhor.	1	2	3	4	5
4. Uma organização está diante de uma possível eleição para certificação sindical. Para descobrir o que os funcionários pensam, a alta administração instala equipamentos de vigilância eletrônica na lanchonete.	1	2	3	4	5
5. Uma organização contrata uma empresa de consultoria para realizar uma pesquisa sobre a atitude dos funcionários. Quando os consultores sugerem que podem codificar secretamente os questionários, de forma que os autores das respostas possam ser identificados, a empresa concorda que isso seria "interessante".	1	2	3	4	5

Produzindo Insights sobre CO

Um *insight* diz respeito a uma percepção nova e clara acerca de um fenômeno ou uma capacidade adquirida para "enxergar" claramente algo que você não estava ciente anteriormente. Ele, algumas vezes, simplesmente refere-se a um "momento do tipo ah-há!", no qual você obtém uma pequena revelação ou atinge uma conclusão direta sobre um problema ou uma questão.

Os *insights* não precisam necessariamente ser dramáticos, uma vez que aquilo que pode ser considerado um *insight* por uma pessoa pode não o ser pelas demais. A característica fundamental dos *insights* é que eles são importantes e memoráveis para *você*; eles devem representar novos conhecimentos, novas estruturas ou novas perspectivas para perceber as coisas que você desejaria armazenar e lembrar ao longo do tempo.

Os *insights* são, portanto, diferentes do tipo de informação encontrada nos textos da seção Conselhos para Futuros Gerentes. Esse formato de conselho é prescritivo e orientado para a ação; ele indica e recomenda determinado curso de ação.

Uma forma útil para pensar sobre os *insights* de CO é partir do princípio de que você foi a única pessoa que leu o Capítulo 1. Você recebeu a tarefa de ressaltar, utilizando suas próprias palavras, os conceitos principais (mas não somente resumir o capítulo todo) que poderiam ser relevantes para um público leigo, que nunca foi apresentado ao tema antes. *Quais são os dez* insights *que você compartilharia em público?*

1. (Exemplo) *Os gerentes astutos devem estudar, apreciar e utilizar a teoria e a pesquisa sobre CO.*
2. _____
3. _____
4. _____
5. _____
6. _____
7. _____
8. _____
9. _____
10. _____

Capítulo Dois

Os Modelos de Comportamento Organizacional

Tem sido uma jornada memorável, dolorosamente lenta, desde os dias em que as companhias obtinham sucesso — e por algum tempo elas foram estupidamente bem-sucedidas — negando a humanidade de seus funcionários.
Geoffrey Colvin[1]

Em companhias que mantêm relações positivas com seus funcionários, pode-se razoavelmente esperar encontrar baixa rotatividade, elevado comprometimento e desempenho superior no trabalho.
Eric J. Romero[2]

OBJETIVOS DO CAPÍTULO

COMPREENDER

- Os elementos de um sistema de comportamento organizacional.
- O papel da filosofia e dos paradigmas da administração.
- Modelos alternativos de comportamento organizacional e seus efeitos.
- Tendências no uso desses modelos.

O autor deste livro recentemente embarcou em um avião, durante um dia de inverno, na cidade de Minnesota, e voou até Phoenix. As diferenças entre as condições climáticas nos dois pontos geográficos eram facilmente perceptíveis. Em um lugar estava frio, úmido e ventava muito; no outro, o clima era quente, seco e não havia ventos. Na realidade, a diferença de temperaturas entre as duas cidades era superior a 37°C.

As diferenças entre as organizações podem ser, em algumas oportunidades, igualmente extremas. Além disso, as organizações têm passado por grandes mudanças no decorrer dos dois últimos séculos. Embora os empregadores, nos tempos mais antigos, não possuíssem nenhum programa sistemático para gerenciar seus funcionários, suas regras simples ainda exerciam uma poderosa influência sobre a organização. Muitas dessas velhas regras agora estão em desuso, e um número cada vez maior de companhias está experimentando novas e excitantes formas de atrair e motivar seus funcionários. Daqui a um século, no entanto, as pessoas também olharão para essas práticas e as considerarão ultrapassadas. Obviamente, as regras de trabalho variam ao longo de organizações, épocas e culturas.

Dando continuidade aos temas principais introduzidos no Capítulo 1 (abordagens de recursos humanos, contingencial, orientada para resultados e sistêmica/holística), este capítulo apresenta cinco modelos alternativos de comportamento organizacional. Alguns desses modelos refletem abordagens mais progressivas, que estão mais adaptadas a tendências e questões contemporâneas. Verificamos que mesmo as palavras usadas para fazer referência aos funcionários (como "mão-de-obra", em contraste com a utilização de termos como "colaboradores" ou "sócios" para transmitir a idéia de igualdade de tratamento) nos fornecem muitas informações sobre o modelo subjacente utilizado.

O presente capítulo faz uso dos conceitos fundamentais apresentados no Capítulo 1 para demonstrar como todos os fatores comportamentais podem ser combinados para o desenvolvimento de uma organização eficaz. Os elementos inter-relacionados de um sistema de comportamento organizacional são oferecidos como um mapa de onde aparecem no livro. Após uma rápida revisão dos pontos de interesse histórico do CO (comportamento organizacional), os cinco modelos alternativos de comportamento organizacional serão apresentados, bem como várias outras conclusões sobre o uso desses modelos.

SISTEMA DE COMPORTAMENTO ORGANIZACIONAL

Criados e utilizados intencionalmente

As organizações alcançam suas metas por meio da criação, comunicação e operação de um **sistema de comportamento organizacional**, conforme mostrado na Figura 2.1. Os principais elementos de um sistema de comportamento organizacional são introduzidos nas páginas seguintes e apresentados detalhadamente ao longo do livro. Esses sistemas existem em todas as organizações, mas, algumas vezes, de formas variadas. Eles possuem uma chance maior de obter sucesso, no entanto, se tiverem sido *conscientemente criados e regularmente examinados e atualizados* para se adaptarem às condições novas e emergentes. A atualização desses modelos é feita com a utilização de conceitos da base de conhecimentos de uma ciência comportamental em contínuo crescimento, mencionada no capítulo anterior.

Os propósitos primordiais dos sistemas de comportamento organizacional são identificar e, então, ajudar a manipular as variáveis humanas e organizacionais mais significativas que afetam os resultados que as organizações estão tentando atingir. Em relação a algumas dessas variáveis, os gerentes apenas podem ter consciência de sua existência e reconhecer seu impacto; quanto a outras, os gerentes podem exercer algum tipo de controle sobre elas. Os produtos, ou resultados finais, são normalmente medidos a partir das várias formas existentes dos três critérios básicos: *desempenho* (por exemplo: quantidade e qualidade dos produtos e serviços; nível de atendimento ao cliente), *satisfação dos funcionários* (em geral, exibida pelos baixos absenteísmo, atraso ou rotatividade) ou *crescimento e desenvolvimento pessoal* (a aquisição de conhecimentos e habilidades para a vida toda, os quais levam a um nível de empregabilidade continuado). Os efeitos das práticas do comportamento organizacional sobre esses resultados serão discutidos ao longo do livro.

Elementos do Sistema

A base do sistema assenta-se sobre as crenças e as intenções essenciais daqueles que se reúnem para criá-lo (como os proprietários) e dos administradores que atualmente o gerenciam. A **filosofia** (modelo) do comportamento organizacional mantido pela administração consiste em um conjunto integrado de hipóteses e crenças a respeito da forma como as coisas são, sobre um propósito para essas atividades e a maneira como elas deveriam ser. Essas filosofias estão, algumas vezes, explícitas, e ocasionalmente implícitas, nas mentes dos administradores. As cinco principais filosofias

FIGURA 2.1
Sistema de Comportamento Organizacional

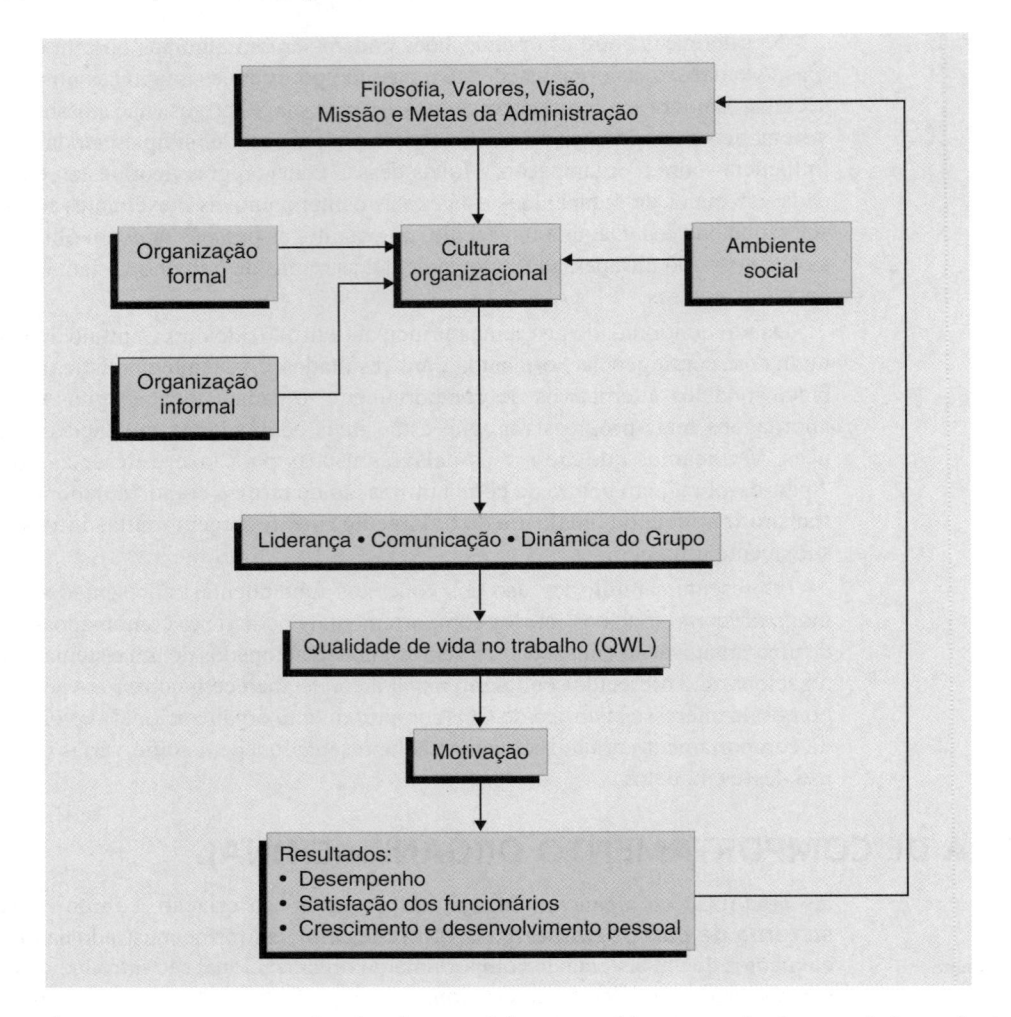

```
         Filosofia, Valores, Visão,
         Missão e Metas da Administração
                    │
                    ▼
  Organização  →  Cultura   ←  Ambiente
  formal           organizacional   social
                    ▲
  Organização  ───┘
  informal
                    │
                    ▼
    Liderança • Comunicação • Dinâmica do Grupo
                    │
                    ▼
         Qualidade de vida no trabalho (QWL)
                    │
                    ▼
                Motivação
                    │
                    ▼
         Resultados:
         • Desempenho
         • Satisfação dos funcionários
         • Crescimento e desenvolvimento pessoal
```

do comportamento organizacional — modelos autocrático, protecionista, apoiador, colegiado e sistêmico — e suas implicações são discutidas adiante neste capítulo. A Figura 2.2 apresenta alguns elementos típicos da expressão de uma filosofia.

A filosofia do comportamento organizacional mantida por um administrador provém de duas fontes: premissas de fato e de valor. As **premissas de fato** representam a visão descritiva de como o mundo se comporta. Elas são extraídas tanto de pesquisas sobre ciência comportamental quanto de experiências pessoais (coisas importantes que são aprendidas). Por exemplo, você não atiraria uma caríssima câmera de vídeo do alto de um prédio de dez andares, porque acredita que a gravidade irá atraí-la descontroladamente de encontro ao solo e fazê-la partir-se em vários pedaços, e não gostaria que isso acontecesse. Premissas de fato são, portanto, adquiridas por meio de um aprendizado contínuo, indireto e direto, e são extremamente úteis na condução do comportamento humano.

FIGURA 2.2
Elementos Selecionados de uma Declaração da Filosofia de uma Organização

- Estamos comprometidos com a qualidade, a eficácia dos custos e a excelência técnica.
- As pessoas devem tratar-se com consideração, confiança e respeito.
- Todas as pessoas são valiosas, únicas e dão sua contribuição.
- Todos os funcionários devem estar incondicionalmente comprometidos com a excelência no desempenho.
- O trabalho em equipe pode, e deve, produzir muito mais que a soma dos esforços individuais.
- Os membros das equipes devem ser confiáveis e comprometidos para com a equipe.
- Comunicações abertas são importantes para a obtenção do sucesso.
- As decisões devem ser alcançadas de forma participativa.

Premissas de fato e de valor

As **premissas de valor**, por outro lado, representam as visões sobre a propriedade de desejar ou não certas metas e atividades. Caso alguém tenha ficado insatisfeito com o desempenho da câmera de vídeo, poderá então decidir arremessá-la do 10º andar de um prédio. A premissa da existência da gravidade ainda é aceita, mas, agora, as premissas de valor foram alteradas (pelo menos momentaneamente!). Como demonstra esse exemplo, as premissas de valor são crenças variáveis que mantemos e que, portanto, estão sob nosso controle. Podemos escolher, modificar, descartar ou substituir todas elas (embora elas freqüentemente estejam profundamente arraigadas).

> A divisão norte-americana da gigante do varejo sueca Ikea é uma das que possuem o crescimento mais acelerado em seu segmento de mercado. Apesar da forte inclinação para a obtenção de lucros e do aumento de participação de mercado, a empresa adota práticas trabalhistas avançadas e apoiadoras (planos de saúde, jornadas flexíveis e oportunidades para promoção), uma ênfase sobre a diversidade racial/étnica, e valores diferenciados (liberdade, ausência de hierarquia e respeito individual). Os resultados podem ser vistos em sua reduzida rotatividade, na elevação do faturamento de vendas e no nível de satisfação dos funcionários "que nem sequer pode ser mensurado".[3]

Visão

Os administradores também têm uma importante responsabilidade pela introdução de três outros elementos no sistema de comportamento organizacional: visão, missão e objetivos. **Visão** representa um retrato desafiador daquilo que a organização e seus membros podem ser — um futuro possível e desejável. Os líderes necessitam criar projeções estimulantes acerca do destino das organizações e das principais mudanças que as aguardam no futuro. Uma vez que uma visão tenha sido estabelecida para o futuro, uma comunicação persistente e entusiasmada é necessária para difundi-la ao longo das fileiras de funcionários para que eles possam abraçá-la com comprometimento.

Missão

Uma organização normalmente também costuma criar uma declaração de **missão**, que identifica: o ramo de negócios em que ela está, os nichos de mercado a que tentará atender, os tipos de consumidores que ela pretende ter e as razões para sua existência. Diversas declarações de missão de uma organização incluem até mesmo uma breve lista das vantagens competitivas, ou pontos fortes, que a empresa acredita possuir. Em contraste com as visões, a missão é mais descritiva e menos orientada para o futuro. Ela ainda é muito ampla e necessita ser convertida em metas para tornar-se operacional e útil.

Metas

As **metas** são formulações relativamente concretas sobre as conquistas almejadas por uma companhia dentro de certo período, como de um a cinco anos. A definição de metas é um processo muito complexo, visto que as necessidades dos altos executivos precisam fundir-se com as dos funcionários, que trazem suas demandas psicológicas, sociais e econômicas consigo para dentro da organização. Além disso, as metas podem existir nos níveis individual, grupal e organizacional, de modo que uma integração substancial seja necessária antes que um sistema social operacional possa surgir. Os elementos associados a metas eficazes serão discutidos no Capítulo 5.

A filosofia auxilia no estabelecimento de premissas de valor, que, por sua vez, ajudam a moldar a visão. A visão é a versão expandida da missão, e as metas proporcionam uma forma de escolher os alvos para a realização da missão. Juntos, filosofia, valores, visão, missão e metas coexistem em uma hierarquia de uma especificidade cada vez maior (a filosofia é mais geral; as metas são mais específicas). Todos eles auxiliam na criação de uma cultura organizacional reconhecível, que será discutida no Capítulo 4. Essa cultura também é o reflexo de uma organização formal com suas políticas formais, estruturas e seus procedimentos, e do ambiente social e cultural (global) existente (Capítulo 16). Os gerentes também precisam estar cientes da existência da organização informal (discutida no Capítulo 12) e devem trabalhar com seus membros para a criação de normas positivas. Juntas, as organizações formal e informal proporcionam a liga que une os diversos elementos de uma instituição em uma equipe de trabalho eficaz.

Espera-se, então, que os gerentes utilizem seu estilo de liderança (Capítulo 7), suas habilidades de comunicação (Capítulo 3) e seu conhecimento das dinâmicas interpessoais e de grupo (Capítulos 11 e 12) para criar um nível de qualidade de vida no trabalho que seja apropriado para seus funcionários (Capítulo 10). Se essa tarefa for executada corretamente, os funcionários se tornarão motivados para alcançar os objetivos organizacionais (Capítulo 5). A motivação dos funcionários, contudo, também é produto de suas atitudes subjacentes e de fatores circunstanciais existentes em uma ocasião específica. Caso qualquer um dos fatores do sistema organizacional descritos anteriormente seja alterado, a motivação também será diferente. Em virtude dessa interação, os líderes devem aprender a administrar a motivação dos funcionários de forma contingencial. Existem inúmeros exemplos dessa relação de causa e efeito, conforme pode ser demonstrado no seguinte relato:

> Os efeitos contrastantes dos sistemas de comportamento organizacional foram vistos em alguns dos esforços realizados para revitalizar companhias aéreas, na última década. Diante de crises financeiras, os funcionários de algumas empresas voluntariamente aceitaram a necessidade de ações drásticas para redução de custos e responderam com maiores (e bem-sucedidos) esforços para salvar suas companhias e seus empregos. Os funcionários de outras companhias, como a Northwest Airlines, temerosos de perderem seus empregos e ressentidos por ações anteriores da administração, interpretadas como autocráticas, resistiram fortemente às tentativas para redução de seus salários e terceirização de postos de trabalho. Como conseqüências desse processo, ocorreram disputas trabalhistas e a falência da companhia.

O resultado de um sistema de comportamento organizacional eficaz é a motivação que, quando combinada com as habilidades e as capacidades dos funcionários, resulta na obtenção das metas de desempenho (conforme vimos nas fórmulas do Capítulo 1) e na satisfação pessoal dos indivíduos. Ele constrói relacionamentos de mão dupla que são mutuamente apoiadores, o que significa que os gerentes e funcionários estão conjuntamente se influenciando e obtendo benefícios. Sistemas apoiadores de CO são caracterizados pelo exercício do poder *com* as pessoas, e não *sobre* as pessoas, o que é consistente com os valores humanos atuais a respeito da forma como os indivíduos desejam ser tratados (com dignidade). Alternativamente, se as metas não estiverem sendo alcançadas, os gerentes necessitam utilizar essa informação para examinar e revisar seus sistemas de comportamento organizacional.

MODELOS DE COMPORTAMENTO ORGANIZACIONAL

As organizações diferem na natureza dos sistemas que desenvolvem e mantêm e nos resultados que obtêm. Resultados distintos seguramente são decorrentes de diferentes **modelos** de comportamento organizacional. Esses modelos constituem o sistema de crenças que domina o pensamento e afeta as ações da administração em cada organização. É extremamente importante que os gerentes reconheçam a natureza, o significado e a efetividade de seus próprios modelos, bem como dos modelos dos outros gerentes em torno deles.

Douglas McGregor foi um dos primeiros escritores a chamar a atenção para os modelos gerenciais. Em 1957, ele apresentou o convincente argumento de que a maior parte das ações da administração fluía diretamente de qualquer que fosse a teoria sobre o comportamento humano que os gerentes possuíssem.[4] Ele sugeriu que a filosofia gerencial controlava as práticas administrativas. As políticas de recursos humanos da administração, os estilos de tomada de decisão, as práticas operacionais e mesmo os desenhos das estruturas organizacionais partiam de *hipóteses essenciais sobre o comportamento humano*. As hipóteses podem ser mais implícitas que explícitas, mas elas podem ser inferidas a partir da observação dos tipos de ações que os gerentes adotam.

Hipóteses da Teoria X

A **Teoria X** é um conjunto tradicional de hipóteses sobre as pessoas. Conforme mostrado na Figura 2.3, ela assume que a maior parte das pessoas não gosta de trabalhar e que elas tentarão evitar fazê-lo, se puderem. Os trabalhadores são vistos como indivíduos que possuem uma inclinação para reduzir o *output* de trabalho, que têm pouca ambição e que se esquivam de assumir responsabilidades, sempre que possível. Eles são tidos como relativamente egoístas, indiferentes às necessidades da organização e resistentes às mudanças. As recompensas comuns parecem não ser suficientes para superar esse sentimento natural de aversão ao trabalho, o que faz que os gerentes sejam praticamente forçados (de acordo com as premissas da Teoria X e sua subseqüente lógica) a coagir, controlar e ameaçar seus funcionários para obter um desempenho satisfatório. Embora os gerentes possam negar que possuam essa visão sobre as pessoas, várias de suas ações históricas sugerem que a Teoria X tem sido a perspectiva administrativa típica sobre os funcionários.

Hipóteses da Teoria Y

A **Teoria Y** implica uma abordagem mais humana e apoiadora para administrar pessoas. Ela assume que as pessoas não são inerentemente preguiçosas. Qualquer aparência preguiçosa que elas possam ter é o resultado de suas experiências em organizações retrógradas e, se a administração oferecer o ambiente adequado para que liberem seu potencial, o trabalho se tornará tão natural para elas como uma atividade recreativa, o descanso ou o relaxamento. De acordo com as hipóteses da Teoria Y, a administração acredita que os funcionários são capazes de exercitar a autogestão e o autocontrole

FIGURA 2.3
A Teoria X e a Teoria Y de McGregor, um Conjunto Alternativo de Hipóteses sobre os Funcionários

Teoria X	Teoria Y
• Uma pessoa típica possui aversão ao trabalho e tentará evitá-lo se isso for possível. • Uma pessoa típica carece de responsabilidade, tem pouca ambição e busca segurança acima de tudo. • A maior parte das pessoas deve ser coagida, controlada e ameaçada para que trabalhe.	• O trabalho é algo tão natural quanto o descanso ou o lazer. • As pessoas não são inerentemente preguiçosas. Elas se tornam assim como resultado da experiência. • As pessoas exercerão autogestão e autocontrole para alcançar os objetivos com os quais estão comprometidas. • As pessoas possuem potencial. Sob as condições adequadas, elas aprenderão a aceitar e a buscar responsabilidades. Elas possuem imaginação, inteligência e criatividade, características que podem ser aplicadas ao trabalho.
De acordo com essas hipóteses, o papel do gerente é coagir e controlar os funcionários.	Segundo essas hipóteses, o papel da gestão é desenvolver o potencial dos funcionários e auxiliá-los a canalizar esse potencial em direção à conquista dos objetivos comuns.

na execução dos objetivos com os quais estariam comprometidos. O papel da administração é o de proporcionar um ambiente no qual o potencial das pessoas possa ser liberado no trabalho.

O argumento de McGregor era o de que a administração sempre tinha ignorado os fatos sobre as pessoas. Ela adotava um conjunto ultrapassado de hipóteses sobre as pessoas porque havia aderido à Teoria X, quando todos os fatos apontavam na direção das premissas da Teoria Y como mais representativas do comportamento da maior parte dos indivíduos. Sempre haverá diferenças significativas entre as pessoas, de forma que alguns poucos indivíduos se encaixarão nos princípios do modelo da Teoria X. Por outro lado, a maior parte dos funcionários possui algum potencial de crescimento com relação a suas competências e seu desempenho. Dessa maneira, afirmava McGregor, a administração precisava mover-se em direção a um conjunto completamente novo de premissas sobre as pessoas — um conjunto baseado na pesquisa emergente sobre o comportamento organizacional. Essas novas hipóteses tiveram impacto poderoso nas ações subseqüentes dos administradores.

Quando isso é analisado pelas lentes da história, McGregor merece crédito por diversas contribuições. Primeiro, ele estimulou as gerações subseqüentes de gerentes a refletir conscientemente sobre seus sistemas de valores e modelos de administração. Em segundo lugar, ele foi um dos precursores da defesa do valor prático da leitura das pesquisas e da utilização de suas descobertas para melhor compreensão do comportamento humano. Em terceiro, ele introduziu e publicou uma das primeiras teorias sobre motivação — o modelo da hierarquia das necessidades de A. H. Maslow (explicado no Capítulo 5). Finalmente, ele se tornou um porta-voz de uma tendência que havia sido desenvolvida em um longo período — a necessidade de equilibrar os valores humanos com os demais valores no trabalho.

Impacto dos paradigmas

Modelos como a Teoria X e a Teoria Y são também chamados **paradigmas**, ou estruturas de pensamento para a apresentação de possíveis explicações sobre como as coisas acontecem. Qualquer modelo que um gerente possua, normalmente, inicia-se a partir de certas hipóteses sobre as pessoas, as quais os conduzem a determinadas interpretações, implicações e, até mesmo, previsões quanto a acontecimentos. Paradigmas subjacentes, quer sejam desenvolvidos consciente ou inconscientemente, tornam-se guias poderosos para o comportamento gerencial. Os administradores tendem a agir como pensam porque são guiados por seus pensamentos dominantes.

Os paradigmas gerenciais, de acordo com o autor popular Joel Barker, agem de várias maneiras importantes:

- Eles influenciam percepções gerenciais do mundo em torno deles.
- Definem as fronteiras de atuação de cada um e fornecem prescrições de como se comportar.

- Eles estimulam a resistência à mudança, uma vez que normalmente haviam funcionado no passado.
- Podem afetar o comportamento de um indivíduo, tanto consciente quanto inconscientemente.
- Quando aparecem novos paradigmas, eles oferecem formas alternativas para enxergar o mundo e solucionar problemas.[5]

Exemplos de mudanças de paradigmas são numerosos no mundo dos negócios. Uma década atrás, multidões de consumidores abarrotavam os *shopping centers* em todo os Estados Unidos nas semanas e dias que antecediam um feriado expressivo; hoje em dia, milhares de pessoas fazem uma parte ou a totalidade de suas compras pela Internet, sentadas, em casa, na frente de seus computadores. No setor automotivo, os motores de combustão interna foram a única fonte de energia durante muitas décadas; agora, veículos híbridos, movidos a gás e eletricidade, já fazem parte da realidade de alguns compradores. Nas comunicações, os cidadãos norte-americanos confiaram quase totalmente no serviço postal para entregar suas correspondências ao longo da maior parte do século XX; atualmente, milhões de mensagens são transmitidos de forma praticamente instantânea por sistemas de e-mail. Os paradigmas estão mudando em todos os lugares!

Os modelos da alta administração são particularmente importantes de serem identificados, visto que o modelo subjacente encontrado na mente do CEO de uma empresa tenderá a estender-se para o restante da organização. Por essa razão, os modelos de comportamento organizacional são extremamente significativos. Há inúmeros exemplos do impacto produzido por um único executivo no interior de uma companhia, como os CEOs Mark Hurd, da Hewlett-Packard; Jeff Bezos, da Amazon; Terry Semel, do Yahoo; Meg Whitman, da eBay; Olli-Pekka Kallasvuo, da Nokia; ou Steve Ballmer, da Microsoft.

Este capítulo destaca os seguintes cinco modelos (paradigmas): autocrático, protecionista, apoiador, colegiado e sistêmico. Eles estão resumidos na Figura 2.4. Na ordem mencionada, representam uma evolução histórica aproximada das práticas de administração durante os últimos cem anos ou mais. Embora um modelo tenda a dominar um período particular da história, cada um dos outros modelos ainda é praticado por alguma organização.

Da mesma forma que as organizações distinguem-se entre si, as práticas também podem variar no interior dos departamentos ou das filiais de uma organização. O departamento de produção pode funcionar segundo um modelo protecionista, ao passo que o modelo apoiador é testado no departamento de pesquisa. Além disso, é claro, as práticas individuais dos gerentes podem diferenciar-se do modelo preponderante em uma organização como resultado das preferências pessoais de alguns gerentes ou das condições singulares de seus departamentos. Assim, nenhum modelo de comportamento organizacional é suficiente para descrever tudo o que acontece em uma organização, mas a identificação de um modelo poderá ajudar a distinguir um tipo de vida organizacional de outro.

FIGURA 2.4 Cinco Modelos de Comportamento Organizacional

	Modelo autocrático	Modelo protecionista	Modelo apoiador	Modelo colegiado	Modelo sistêmico
Base do modelo	Poder	Recursos econômicos	Liderança	Parceria	Confiança, comunidade, sentido
Orientação gerencial	Autoridade	Dinheiro	Apoio	Trabalho em equipe	Cuidado, compaixão
Orientação para os funcionários	Obediência	Segurança e benefícios	Desempenho no cargo	Comportamento responsável	Independência psicológica
Resultados psicológicos para os funcionários	Dependência do chefe	Dependência da organização	Participação	Autodisciplina	Automotivação
Necessidades dos funcionários satisfeitas	Subsistência	Segurança	*Status* e reconhecimento	Auto-atualização	Ampla variedade
Resultado do desempenho	Mínimo	Cooperação passiva	Desejos despertados	Entusiasmo moderado	Paixão e compromisso com as metas organizacionais

A seleção de um modelo por um administrador é determinada por uma variedade de fatores. Como já havíamos discutido, a filosofia preponderante, os valores, a missão, a visão e as metas dos administradores afetam — bem como são afetados por — seu modelo de comportamento organizacional. Adicionalmente, as condições ambientais ajudam a determinar qual modelo será mais eficaz. As turbulentas condições atuais de alguns setores de atividade, por exemplo, podem direcionar as empresas para modelos colegiados, já que um processo de tomada de decisões rápido e flexibilidade são necessários. Isso sugere que o *modelo adotado não deve ser estático nem imóvel, mas adaptado no decorrer do tempo*. A discussão dos cinco modelos, iniciando-se com o modelo autocrático, praticamente segue sua evolução histórica.

O Modelo Autocrático

O modelo autocrático possui suas raízes na história e, certamente, tornou-se o modelo preponderante da Revolução Industrial. Conforme indicado na Figura 2.4, o **modelo autocrático** depende de *poder*. Aqueles que estão no comando devem ter o poder para exigir "faça isso, senão...", significando que um funcionário que não siga as ordens será penalizado.

> Poder e autoridade são utilizados.

Em um ambiente autocrático, a orientação gerencial é formal, uma *autoridade* oficial. Essa autoridade é delegada por ordem de comando para as pessoas sobre as quais ela se aplica. A administração acredita que conhece o que é o melhor a ser feito e que a obrigação dos funcionários é seguir ordens. Ela assume que os funcionários devam ser direcionados, persuadidos e pressionados a desempenhar, e o responsável por isso é o gerente. A administração se encarrega de pensar; os funcionários, de obedecerem às ordens. Essa visão convencional da administração leva ao controle rigoroso dos funcionários no trabalho. Quando combinado com as atividades freqüentemente brutais e fisicamente exaustivas daquele período e com as condições intoleráveis de saúde, higiene, segurança e carência de recursos, o modelo autocrático era intensamente odiado por muitos funcionários (o que ainda ocorre).

Sob condições autocráticas, a orientação do funcionário é manter uma relação de *obediência* a um chefe, e não de respeito ao gerente. O resultado psicológico para os funcionários é a *dependência* de seus chefes cujo poder para contratar, demitir e "fazê-los suar" é praticamente absoluto. O chefe paga salários mínimos porque um *desempenho mínimo* é oferecido pelos funcionários. Eles estão dispostos a oferecer um desempenho mínimo — embora, algumas vezes, de forma relutante — porque devem satisfazer as próprias necessidades de *subsistência* e as de seus familiares. Alguns funcionários têm desempenho maior como resultado de desejos individuais de conquista, pois eles possuem, pessoalmente, afeto por seus chefes, em virtude de seus chefes serem "líderes inatos", ou como conseqüência de algum outro fator qualquer; mas a maior parte deles ainda oferece um desempenho mínimo.

O modelo autocrático é uma forma útil para obter a realização de um trabalho. Ele não é um fracasso total. A imagem do modelo autocrático apresentada anteriormente é exagerada; na verdade, o modelo pode ser encontrado nas mais variadas tonalidades de cinza, das mais claras às mais escuras. Essa visão de trabalho construiu grandes sistemas de rodovias, operou grandes companhias siderúrgicas e produziu a dinâmica civilização industrial que se desenvolveu nos Estados Unidos. Ela realmente obtém resultados, embora apenas modestos. *Seu maior ponto fraco são os altos custos humanos.* (Ver, por exemplo, a seção O Que os Gerentes Estão Lendo.)

> O modelo autocrático funciona — algumas vezes.

O modelo autocrático era uma abordagem aceitável para a orientação do comportamento gerencial quando não havia outras opções conhecidas; e ele ainda pode ser extremamente útil sob algumas condições extremas, por exemplo, em crises organizacionais.[6] No entanto, a combinação de novos conhecimentos sobre a necessidade dos funcionários e mudanças dos valores sociais sugere a existência de maneiras muito mais eficientes para administrar os sistemas organizacionais. Um segundo passo no caminho em direção ao progresso era necessário, e ele surgiria pouco depois.

O Modelo Protecionista

À medida que os gerentes começaram a estudar seus funcionários, logo perceberam que, embora os funcionários administrados autocraticamente não respondessem abertamente para seus chefes, eles certamente "pensavam sobre as respostas".

O Que os Gerentes Estão Lendo

Microgerenciamento — um padrão natural para os gerentes autocráticos — significa a imersão de um gerente no controle dos detalhes das operações diárias de uma organização. Os microgerentes tendem a controlar e a manipular o tempo, colocar seu interesse pessoal acima do interesse dos funcionários, instituir processos de aprovação elaborados, especificar procedimentos detalhados para tudo e monitorar os resultados de perto. Os funcionários normalmente não apreciam os microgerentes, resultando em moral baixo, na paralisação do processo de tomada de decisões — por causa do temor de serem criticados posteriormente — e em rotatividade elevada. O autor Harry Chambers recomenda aos gerentes que evitem conscientemente o microgerenciamento e aos funcionários que não aceitem adoção desse modelo por seus superiores.

Fonte: CHAMBERS, Harry E. *My Way or the Highway*. São Francisco: Barrett-Koehler, 2005.

Há muitas coisas que eles gostariam de dizer e que, eventualmente, dizem quando perdem a paciência. Os funcionários estavam repletos de inseguranças, frustrações e agressividade com relação a seus chefes. Já que não podiam dar vazão a esses sentimentos diretamente, algumas vezes eles o faziam em casa ou com seus vizinhos ou familiares; dessa forma, a comunidade toda podia sofrer com esse relacionamento.

Um exemplo dos efeitos da frustração provocada pela gerência sobre o comportamento dos funcionários ocorreu em uma fábrica de processamento de madeira. Os gerentes tratavam os funcionários de maneira cruel, chegando, algumas vezes, até mesmo ao ponto do abuso físico. Como eles não podiam revidar os abusos diretamente pelo receio de serem demitidos, haviam encontrado outro meio para fazê-lo. Eles *simbolicamente* arremessavam seu supervisor na máquina de cortar troncos! Eles faziam isso propositadamente, destruindo boas camadas de chapas de madeira, o que levava o supervisor a ter uma imagem negativa quando os relatórios mensais de eficiência eram preparados.[7]

Parecia extremamente óbvio para os empregadores progressistas que deveria haver alguma outra maneira de desenvolver a satisfação e a segurança dos funcionários. Se as inseguranças, frustrações e agressões de funcionários fossem eliminadas, eles poderiam apresentar mais disposição para o trabalho. De qualquer forma, teriam melhor qualidade de vida no trabalho.

Para satisfazer as necessidades de segurança dos funcionários, diversas empresas começaram a adotar programas de bem-estar durante as décadas de 1890 e 1900. Em sua pior versão, esses programas ficaram posteriormente conhecidos como *paternalismo*. Os programas de bem-estar da década de 1930 evoluíram para uma variedade de benefícios adicionais, com o objetivo de oferecer segurança aos funcionários. Os empregadores — bem como os sindicatos e o governo — começaram a cuidar das necessidades de segurança de seus trabalhadores. Eles estavam aplicando o **modelo protecionista** do comportamento organizacional.

A estabilidade no emprego continua sendo uma prioridade alta para milhões de trabalhadores diante das incertezas de um mercado do trabalho no qual raramente são oferecidos empregos vitalícios para qualquer funcionário. Muitas companhias vão além de seus limites para encontrar uma forma de estabilizar sua força de trabalho e preservar os empregos de seus funcionários. Para evitar demissões em massa, elas constantemente reciclam seus funcionários, reduzem horas extras, congelam novas contratações, estimulam transferências e recolocações, oferecem benefícios para aposentadoria precoce e reduzem a subempreitada para se ajustar às diminuições de ritmo no setor de computação.[8]

Como mostrado na Figura 2.4, um modelo de proteção bem-sucedido depende dos *recursos econômicos*. A orientação gerencial resultante direciona-se ao *dinheiro* para o pagamento de salários e benefícios. Uma vez que as necessidades dos funcionários já estejam razoavelmente satisfeitas, o empregador passa a observar as necessidades de *segurança* como uma força motivadora. Caso a organização não tenha os recursos para providenciar o pagamento das pensões e outros benefícios, ela não poderá adotar um modelo protecionista.

> O funcionário se torna dependente.

A abordagem protecionista leva à *dependência do funcionário em relação à organização*. Em vez de tornarem-se dependentes de seu chefe para a obtenção do pagamento semanal, os funcionários agora dependem das organizações para a segurança e o bem-estar. Se eles possuírem mais de dez anos de trabalho sob um contrato sindicalizado e um bom plano de previdência, não conseguirão abandonar o emprego mesmo que alguma outra oportunidade lhes pareça mais vantajosa.

Há muitos programas consistentes com um ambiente protecionista no local de trabalho. O Grupo Calvert, uma companhia administradora de fundos mútuos de Maryland, Estados Unidos, oferece uma estrutura de apoio com condicionamento físico, massagem terapêutica, seminários sobre bem-estar, licenças remuneradas para nascimento de filhos, ausências justificadas para cuidar de dependentes e creches. Calvert relata que o índice de rotatividade anual caiu abruptamente de um nível de 30% antes dos programas, o número de ausências por motivos de saúde também teve uma queda significativa e houve diminuição nos custos com assistência médica e nos custos de treinamento e seleção.[9] Aparentemente, os funcionários tornaram-se dependentes dessas práticas apoiadoras e, assim, estão mais relutantes em mudar de emprego.

Os funcionários que trabalham em um ambiente protecionista tornam-se psicologicamente preocupados com suas recompensas e seus benefícios econômicos. Como resultado desse tratamento, eles são mantidos em um bom estado de espírito e razoavelmente satisfeitos. No entanto, essa satisfação não produz necessariamente uma forte motivação; ela pode produzir somente uma *cooperação passiva*. O resultado tende a ser tal que os funcionários não têm um desempenho muito mais eficaz do que teriam com o velho modelo autocrático.

O modelo protecionista é descrito em sua forma extrema para ressaltar sua ênfase nas recompensas materiais, segurança e dependência organizacional. Na prática real, esse modelo também possui diversas tonalidades, da mais clara até a mais escura. Seus maiores benefícios são a segurança e a satisfação proporcionadas aos funcionários, mas ele também possui falhas significativas. A falha mais evidente está relacionada ao fato de que a maior parte dos funcionários não possui um nível de produtividade nem sequer próximo do seu limite máximo possível e tampouco está motivada para atingir o ponto mais elevado da realização de suas capacidades. Ainda que os funcionários estejam felizes, muitos deles não estão, de fato, pessoalmente realizados nem motivados. Para confirmar essa condição, uma série de estudos realizados pela Universidade de Michigan, nas décadas de 1940 e de 1950, observou que "o funcionário mais feliz não é necessariamente o mais produtivo".[10] Em conseqüência, os gerentes e líderes acadêmicos começaram a se questionar novamente: "Existe uma maneira melhor?".

A procura por uma forma melhor não significa a condenação integral do modelo protecionista, mas, em vez disso, uma condenação da suposição de que ele representa a "resposta final" — a única forma ideal para motivar os funcionários. Há um erro de raciocínio quando os gerentes tomam o modelo protecionista como algo tão indispensável que não há mais necessidade de transformá-lo em nada melhor. Embora o modelo protecionista seja desejável para proporcionar segurança para os funcionários, é melhor vê-lo como a fundação para o crescimento em direção ao passo seguinte.

O Modelo Apoiador

O **modelo apoiador** do comportamento organizacional teve sua origem no "princípio dos relacionamentos de apoio", conforme definido por Rensis Likert, que afirmava:

> A liderança e os outros processos de uma organização devem ser conduzidos de maneira a assegurar a probabilidade máxima de que, em todas as interações e relações dos indivíduos com a organização, cada membro, em face de seu histórico, seus valores e expectativas, perceba a experiência como apoiadora, e na qual ele constrói e mantém seu sentido de valor e importância pessoais.[11]

O princípio de Likert é similar à abordagem de recursos humanos mencionada no Capítulo 1.

Desenvolvimento da pesquisa

Um estímulo fundamental para a abordagem apoiadora foi uma série de estudos conduzidos na fábrica Hawthorne, da Western Electric, nas décadas de 1920 e de 1930.[12] Liderados por Elton Mayo e F. J. Roethlisberger, os pesquisadores conferiram dimensões acadêmicas ao estudo do comportamento humano ao aplicarem conhecimentos apurados, um pensamento objetivo e uma base sociológica para os experimentos industriais. Eles concluíram que uma organização é um sistema social e o trabalhador é, de fato, o seu mais importante elemento. Seus experimentos levaram à conclusão de que um trabalhador não era uma simples ferramenta, mas uma personalidade complexa que normalmente oferecia dificuldades para ser compreendida. Os estudos também sugeriram que uma compreensão mais elaborada da dinâmica dos grupos, associada à aplicação de uma supervisão de apoio, era importante.

O modelo apoiador baseia-se mais na *liderança* do que no poder ou no dinheiro. Por meio da liderança, a administração proporciona um clima favorável para ajudar os funcionários a crescer

Os funcionários são ajudados para se tornar produtivos.

e conquistar, no interesse da organização, o que eles se julgam capazes de obter. O líder parte do princípio de que os trabalhadores não são passivos por natureza e resistentes às necessidades da organização, mas que foram deixados dessa maneira por uma atmosfera de apoio desfavorável no ambiente de trabalho. Eles assumirão responsabilidades, desenvolverão o desejo de contribuir e melhorarão seus próprios desempenhos, caso a administração lhes ofereça uma chance.

A orientação gerencial é, então, *apoiar o desempenho dos funcionários*, em vez de simplesmente proporcionar o pagamento de benefícios, como ocorre no caso da abordagem protecionista.

Como a administração apóia os funcionários na realização de suas atividades, o resultado psicológico é um sentimento de *participação e envolvimento nas tarefas* da organização. Os funcionários poderão dizer "nós", em vez de "eles", ao se referirem à sua organização. Eles ficam mais motivados do que nos modelos anteriores porque suas necessidades de *status* e *reconhecimento* são mais bem satisfeitas. Os funcionários, assim, tiveram seus *desejos despertados* com relação ao trabalho.

O modelo apoiador não é o tipo de abordagem que requer dinheiro. Em vez disso, é parte de um estilo de vida da administração no trabalho, refletida na maneira como ela lida com as outras pessoas. O papel do gerente é auxiliar os funcionários a resolver seus problemas e a realizar seus trabalhos. A seguir, temos um exemplo da abordagem apoiadora:

> Juanita Salinas, uma jovem divorciada com um filho, tinha um histórico de atrasos como funcionária da linha de montagem de uma fábrica de produtos eletrônicos. Sua supervisora, Helen Ferguson, já a havia advertido diversas vezes sobre seus atrasos, e a cada oportunidade Salinas melhorava por duas ou três semanas, mas então retornava ao mesmo padrão anterior. Há pouco tempo, Ferguson participou de um treinamento para supervisores e decidiu tentar aplicar a abordagem apoiadora com Salinas.
>
> Na vez seguinte que Salinas chegou atrasada, Ferguson abordou-a interessando-se pelos motivos que poderiam ter causado seu atraso. Em vez de adverti-la, Ferguson demonstrou um interesse autêntico nos problemas de Salinas, perguntando: "Como eu poderia ajudá-la?" e "Há alguma coisa que eu possa fazer quanto a isso na empresa?". Quando a discussão centrou-se nos atrasos em decorrência do tempo necessário para Salinas arrumar o filho para a escola na manhã, Ferguson arranjou um meio para que ela conversasse com as outras mulheres do departamento. Quando Salinas mencionou a distância que tinha de caminhar para apanhar o ônibus, Ferguson conseguiu que o departamento de pessoal a incluísse em um programa de caronas.
>
> Embora o novo programa de caronas fosse inquestionavelmente útil, um ponto importante foi que Salinas pareceu estar agradecida pelo reconhecimento e pelo interesse expressos, de forma que ficou mais motivada para chegar ao trabalho no horário. Ela também se tornou mais cooperativa e interessada em seu trabalho. Ficou evidente que a abordagem apoiadora havia influenciado Salinas. Um importante subproduto desse processo foi que o trabalho de Ferguson se tornou mais fácil, como resultado do melhor desempenho de Salinas.

Há coerência entre a teoria e a prática?

O modelo apoiador opera bem tanto com funcionários quanto com gerentes e, além disso, foi amplamente aceito, pelo menos filosoficamente, por muitos gerentes nos Estados Unidos e em outros lugares. Obviamente, sua aceitação das idéias do modelo apoiador não significa necessariamente que todos eles *pratiquem* essas abordagens de forma regular ou eficaz. *A passagem da teoria à prática é um movimento difícil*. No entanto, cada vez mais freqüentemente estão surgindo relatos de empresas que colhem benefícios de uma abordagem apoiadora.

O modelo apoiador do comportamento organizacional tende a ser especificamente eficaz em nações mais ricas, pois responde aos desejos dos funcionários na direção de um vasto conjunto de necessidades emergentes. Ele possui uma aplicação menos imediata nas nações em desenvolvimento, onde as necessidades atuais e as condições sociais dos funcionários normalmente são bem diferentes. Contudo, à medida que as necessidades de recompensa material forem satisfeitas e os funcionários tomarem conhecimento de práticas gerenciais em outras partes do mundo, os trabalhadores nesses países provavelmente demandarão uma abordagem mais orientada ao apoio. Conseqüentemente, seu avanço em direção a esses modelos é geralmente muito rápido.

O Modelo Colegiado

Uma extensão útil do modelo apoiador é o **modelo colegiado**. O termo "colegiado" relaciona-se a um corpo de pessoas trabalhando conjuntamente de forma cooperativa. O modelo colegiado, o qual encarna um conceito de equipe, alcançou variadas aplicações primeiro nos laboratórios de pesquisas e em ambientes de trabalho similares. Mais recentemente, ele também passou a ser utilizado em um espectro mais amplo de situações de trabalho.

O modelo colegiado era tradicionalmente menos empregado nas linhas de montagem, pois a rigidez do ambiente de trabalho o tornava difícil de ser aplicado ali. Um relacionamento contingencial existe no modelo colegiado, que tende a ser mais útil com trabalhos não programados, em um ambiente mais intelectualizado e diante de uma liberdade considerável no trabalho. Em outros ambientes, os outros modelos podem ser mais bem-sucedidos.

Como mostrado na Figura 2.4, o modelo colegiado depende da construção, por parte da administração, de um sentimento de *parceria* com os funcionários. O resultado é que os funcionários se sentem mais necessários e úteis. Eles sentem que os gerentes também estão contribuindo, o que torna mais fácil aceitarem e respeitarem seus papéis na organização. Os gerentes são vistos agora como contribuintes, em vez de apenas chefes.

> O sentimento de parceria pode ser construído de muitas maneiras. Algumas organizações aboliram o uso de vagas reservadas para executivos para que todos os funcionários tenham a mesma oportunidade de encontrar uma vaga de estacionamento no trabalho. Algumas empresas tentaram eliminar o uso de termos como "chefes" e "subordinados", acreditando que tais termos simplesmente criam percepções de distância psicológica entre os gerentes e os "não-gerentes". Outros empregadores removeram os relógios de ponto, estabeleceram "comitês de diversão", patrocinaram passeios de canoagem ou exigiram que seus gerentes trabalhassem uma ou duas semanas por ano no setor de produção ou em outros locais da fábrica. Todas essas abordagens foram elaboradas para construir um espírito de mutualidade, no qual todas as pessoas dão contribuições ao mesmo tempo que apreciam as contribuições dos demais.

O trabalho de equipe é necessário.

A orientação gerencial está voltada para o *trabalho em equipe*. A administração é o técnico que constrói uma equipe melhor. A resposta dos funcionários para essa situação é a *responsabilidade*. Por exemplo, os funcionários produzem um trabalho de qualidade não só porque seu inspetor os apanhará, caso não o façam, mas por sentirem uma obrigação interior de oferecer aos outros a melhor qualidade possível. Eles também se sentem obrigados a manter os padrões de qualidade que darão crédito a seu trabalho e à sua companhia.

O resultado psicológico da abordagem colegiada para o funcionário é a *autodisciplina*. Ao se sentirem responsáveis, os funcionários disciplinam a si próprios por um desempenho melhor na sua equipe, da mesma forma que os membros de uma equipe de futebol o fazem quando treinam os fundamentos e as regras do jogo. Nesse tipo de ambiente, os funcionários normalmente experimentam algum grau de auto-realização, de significado nas suas contribuições, e *auto-atualização*, embora a quantidade possa ser modesta em algumas situações. Essa auto-atualização leva a um *entusiasmo moderado* no desempenho.

> O modelo colegiado tende a produzir melhores resultados nas situações nas quais seu uso é apropriado. Um estudo incluiu cientistas de três grandes laboratórios de pesquisa. Os laboratórios A e B eram operados de uma maneira hierárquica relativamente tradicional. O laboratório C era operado de forma mais aberta, participativa e colegiada. Havia quatro indicadores de desempenho: o nível de estima dos demais cientistas, a contribuição para o conhecimento, o sentido de conquista pessoal e a contribuição para os objetivos da administração. Todos os quatro foram maiores no laboratório C, e os três primeiros eram significativamente mais elevados.[13]

O Modelo Sistêmico

Uma força propulsora positiva

Um modelo emergente do comportamento organizacional é o **modelo sistêmico**, resultado de intensa busca por um *significado* mais elevado para o trabalho por parte de muitos dos funcionários dos dias de hoje, pois desejam mais que apenas um salário e estabilidade no emprego para suas carreiras (ver Uma Questão Ética). É solicitado, dos funcionários, permanecer por muitas horas do dia no trabalho, por isso eles desejam um contexto para o trabalho que seja ético, repleto de integridade e *confiança* e que lhes ofereça uma oportunidade para experimentarem um crescente senso de *comunidade* entre colegas de trabalho. Para conseguir isso, os gerentes devem demonstrar cada vez mais um sentimento de *carinho e compaixão*, expressando sensibilidade em relação às necessidades de uma força de trabalho diversificada, com demandas em constante mutação e carências pessoais e familiares complexas.

> ### Uma Questão Ética
>
> Um novo termo foi incluído no vocabulário gerencial — **espiritualidade**. Esse termo refere-se ao desejo dos funcionários de conhecerem mais profundamente a si próprios, crescerem pessoalmente, realizarem alguma contribuição significativa para a sociedade e demonstrarem integridade a cada ação tomada. A espiritualidade incorpora o princípio do autoconhecimento e encoraja as pessoas a "conhecer a si próprias" ao mesmo tempo em que honram e respeitam as diversas crenças morais e religiosas de todos. À medida que os indivíduos buscam e identificam princípios universais — mediante leitura, meditação, redação de diários ou participação em seminários —, presume-se que desenvolvam uma capacidade maior para viver e agir de maneira autêntica, coerente, alegre e consistente com suas próprias crenças espirituais.
>
> **Questão:** Você acredita que as organizações têm a obrigação de proporcionar oportunidades para maior espiritualidade no trabalho? É uma ação ética utilizar os recursos da organização para tais propósitos e programas?

O modelo sistêmico reflete os valores que servem de base de um **comportamento organizacional positivo**, no qual os gerentes centram sua atenção para auxiliar os funcionários a desenvolver sentimentos de esperança, otimismo, autoconfiança, empatia, confiança, respeito, coragem e determinação.[14] Os gerentes que utilizam corretamente o modelo sistêmico protegem e educam seus funcionários para que eles desenvolvam, no local de trabalho, uma cultura positiva que leve ao sucesso organizacional e a funcionários comprometidos. Os gerentes de todos os níveis necessitam demonstrar dois ingredientes básicos: **autenticidade** (a habilidade demonstrada por alguém para abrir-se sentimentalmente diante dos outros, de forma transparente, enquanto "transmite a mensagem" sobre seus valores intrínsecos) e a **inteligência social** (ver a seção O Que os Gerentes Estão Lendo).

De acordo com o modelo sistêmico, os gerentes tentam comunicar a cada trabalhador a idéia de que "Você é uma parte importante do sistema como um todo. Sinceramente nos importamos com você. Gostaríamos de estabelecer uma parceria para obter um serviço ou um produto de melhor qualidade, uma comunidade local e uma sociedade, em sua totalidade, melhores. Iremos envidar todos os esforços para fazer que nossos produtos sejam adequados do ponto de vista ambiental". O papel do gerente passa a ser o de um *facilitador das conquistas dos funcionários*, por meio de uma variedade de ações (ver Figura 2.5).

Como resposta, em uma perspectiva sistêmica, muitos funcionários abraçam a meta organizacional da busca de eficácia e reconhecem a mutualidade das obrigações existentes no relacionamento entre a companhia e o trabalhador. Eles experimentam um sentimento de *propriedade psicológica* com relação à organização e aos seus produtos e serviços. Vão além da autodisciplina da abordagem colegiada até o ponto em que alcançam um estado de *automotivação*, no qual assumem responsabilidades por suas próprias metas e ações. Como resultado, as necessidades satisfeitas dos funcionários são mais amplas, mas freqüentemente incluem *necessidades de nível superior* (necessidades sociais, de *status*, de admiração, de autonomia, de auto-atualização etc.). Pelo fato

FIGURA 2.5
Papéis de Facilitador para os Gerentes no Modelo Sistêmico de CO

- Apoiar o comprometimento dos funcionários com as metas de curto e longo prazos.
- Orientar os indivíduos e os grupos com relação às habilidades e aos comportamentos adequados.
- Modelar e incentivar o desenvolvimento da auto-estima.
- Demonstrar preocupação verdadeira e empatia pelas pessoas.
- Oferecer feedback oportuno e aceitável.
- Influenciar as pessoas para aprender continuamente e compartilhar seus conhecimentos com os outros.
- Ajudar os indivíduos a identificar e enfrentar os problemas de maneira ética.
- Estimular *insights*, por meio de entrevistas, questões e sugestões.
- Encorajar as pessoas a se sentirem confortáveis com a mudança e com a incerteza.
- Construir equipes de trabalho coesas e produtivas.

O Que os Gerentes Estão Lendo

Howard Gardner introduziu o conceito de inteligências múltiplas entre humanos, incluindo raciocínio abstrato, habilidades estéticas e capacidades atléticas. Karl Albrecht utiliza isso como base para a articulação da **inteligência social**, ou consciência social estratégica para os gerentes. A inteligência social possui cinco dimensões:

- Empatia — o apreço e a conectividade em relação aos outros.
- Presença — a projeção do valor próprio na atitude de um indivíduo.
- Radar situacional — a habilidade para "ler" situações sociais e responder apropriadamente.
- Clareza — o uso da linguagem, de forma eficaz, para explicar e persuadir.
- Autenticidade — o ato de ser "real" e transparente ao mesmo tempo que se projeta honestidade.

A consciência social revelada pela inteligência social transforma um comportamento gerencial anteriormente tóxico em um processo enriquecedor de formação de outros indivíduos, ao mesmo tempo que produz líderes cujas personalidades magnéticas os tornam pessoas excelentes para se trabalhar em conjunto.

Fonte: ALBRECHT, Karl. *Social Intelligence*: The New Science of Success. São Francisco: Pfeiffer Publishing, 2006.

de proporcionar aos funcionários uma oportunidade para preencherem essas necessidades mediante seu trabalho ao mesmo tempo que consideram as perspectivas da organização, esse novo modelo pode instigar *paixão* e *comprometimento* dos trabalhadores com as metas da companhia. Eles ficam inspirados, sentem-se importantes, acreditam na utilidade e na viabilidade de seu sistema como forma de promover o bem comum. Suas esperanças e seus ideais são construídos em torno dos resultados que o sistema pode obter, em vez de o fazerem somente em torno daquilo que eles, indivíduos, podem realizar.

> A empresa Starbucks Coffe Co. é um bom exemplo de uma firma que está fortemente comprometida com a criação de um ambiente de trabalho humanizado, ilustrando os ideais do modelo sistêmico de CO. Seu CEO, Howard Schultz, escreveu um livro (*Pour your heart into it*) no qual anunciava publicamente os valores da companhia — auto-estima, auto-respeito e consideração pelos funcionários. Lá, os gerentes reconhecem as conquistas excepcionais dos funcionários, respeitam a paixão com a qual eles realizam suas atividades, promovem um ambiente franco e concedem opções de ações a todos os níveis da organização. Os resultados aparecem na forma de um eficaz serviço ao consumidor, novas idéias para produtos, lealdade dos funcionários e baixos índices de rotatividade.[15]

Conclusões sobre os Modelos

Diversas conclusões podem ser extraídas dos modelos de comportamento organizacional: eles estão, na prática, sujeitos a mudanças evolucionárias; são funções das necessidades primordiais dos funcionários; há uma tendência em direção aos modelos mais novos; e qualquer um dos modelos pode ser aplicado com sucesso em *algumas* situações. Além disso, os modelos podem ser modificados e estendidos de diversas formas.

Evolução da Utilização O uso gerencial e, em escala mais ampla, o uso organizacional desses modelos tendem a evoluir ao longo do tempo.[16] À medida que nossa compreensão individual ou coletiva do comportamento humano aumenta, ou que se desenvolvem novas condições sociais, movemos-nos lentamente em direção a modelos mais novos. Assumir que um modelo particular é o "melhor" e que ele será mantido no longo prazo é um erro. Esse erro foi cometido por alguns gerentes tanto do modelo autocrático quanto do modelo protecionista e, como resultado, eles se tornaram psicologicamente presos a esses modelos e tiveram dificuldade para alterar suas práticas quando as condições exigiram. Eventualmente, o modelo apoiador também pode sofrer limitações na sua utilização. Não há um modelo permanentemente "melhor" que os demais, pois aquilo que o torna melhor refere-se à contingência do que é conhecido sobre o comportamento humano com relação a determinado ambiente que existe em certo momento.

> ### Administrando além de Fronteiras Nacionais
>
> Diversas empresas dos Estados Unidos escolheram reduzir os custos mediante o estabelecimento de linhas de montagem em países menos desenvolvidos, tais como o México, em que o salário é menor. As companhias enviam as peças para a linha de montagem, utilizam trabalho mais barato para realizar as operações de montagem e, depois, enviam os produtos acabados de volta aos Estados Unidos. Embora essa prática ajude as companhias a se manter competitivas do ponto de vista dos preços, ela levanta algumas questões comportamentais interessantes. Por exemplo, é apropriado, para as companhias, implementar um modelo de comportamento organizacional (um modelo apoiador, ou um modelo colegiado) em suas unidades nos Estados Unidos e conscientemente estas escolherem outro modelo (por exemplo, um modelo protecionista) no México? Outro dilema interessante surge quando os empregos nos Estados Unidos são perdidos como resultado dessas unidades de montagem no exterior — uma empresa deve retornar a um modelo protecionista nos Estados Unidos quando percebe que os funcionários temem que a estabilidade nos seus empregos esteja altamente ameaçada?

A eficácia dos modelos atuais

O desafio fundamental para a administração é *identificar o modelo que está em uso e, então, avaliar sua eficácia atual*. Esse auto-exame pode tornar-se um desafio para os gerentes, que têm a tendência de professar publicamente um modelo (modelo apoiador, colegiado ou sistêmico) e praticar outro (isso pode ocorrer em companhias multinacionais; ver Administrando além de Fronteiras Nacionais). De fato, um gerente possui duas tarefas principais: adquirir um novo conjunto de valores, à medida que os modelos evoluem, e aplicar as habilidades comportamentais consistentes com esses valores. Pode ser muito difícil completar tais tarefas.

A Relação dos Modelos com as Necessidades Humanas Uma segunda conclusão a ser tirada é que os cinco modelos discutidos neste capítulo estão intimamente relacionados às necessidades humanas. Novos modelos têm sido desenvolvidos para servir a diferentes necessidades que se tornam importantes ao longo do tempo. O modelo protecionista, por exemplo, é voltado para a satisfação das necessidades de segurança dos funcionários. Ele está um passo à frente do modelo autocrático, o qual se presta razoavelmente para o provimento das necessidades de subsistência dos funcionários, mas não satisfaz as necessidades de segurança. Da mesma forma, o modelo apoiador é um esforço para prover outras necessidades dos funcionários, como afiliação e estima, que o modelo protecionista é incapaz de suprir.

Efeito de necessidades satisfeitas

Diversas pessoas têm assumido que a ênfase em determinado modelo de comportamento organizacional significa a automática rejeição dos demais, mas a comparação sugere que *cada modelo é construído sobre as conquistas dos outros*. A adoção de uma abordagem apoiadora não significa o abandono das práticas protecionistas que servem a determinadas necessidades de segurança dos funcionários. Isso significa que as práticas protecionistas passam a ocupar uma posição secundária, pois os funcionários progrediram para uma condição na qual dominam novas necessidades. Em outras palavras, o modelo apoiador é o modelo apropriado para ser utilizado naquele ponto, uma vez que as necessidades de subsistência e segurança já estão razoavelmente atendidas por um sistema de seguridade e por uma estrutura adequada. Se um administrador moderno equivocadamente abandonasse essas necessidades organizacionais básicas de seu pessoal, o sistema voltaria rapidamente a buscar a estrutura e a segurança apropriadas para satisfazê-las.

A Utilização Cada Vez Maior de Alguns Modelos Uma terceira conclusão a ser tirada é que a tendência em direção aos modelos apoiador, colegiado e sistêmico irá provavelmente manter-se. Apesar do rápido avanço dos computadores e dos sistemas de gestão de informação, os altos administradores das organizações maiores e mais complexas não podem ser autoritários, no sentido tradicional da palavra, e eficazes ao mesmo tempo. Como eles não têm como tomar conhecimento de todos os fatos que ocorrem em suas organizações, devem aprender a depender dos centros de poder mais próximos dos problemas operacionais. Eles são freqüentemente forçados, literalmente, a redefinir o velho contrato psicológico e adotar um modelo mais atualizado e participativo. Além disso, muitos funcionários não são imediatamente motivados para a realização de tarefas mais criativas e intelectuais pelo modelo autocrático. Somente os modelos mais novos podem oferecer a satisfação de suas necessidades de estima, autonomia e atualização.

O Uso Contingencial de Todos os Modelos Uma quarta conclusão é que, embora um modelo possa ser utilizado de maneira mais freqüente, ainda existirão situações nas quais os outros modelos poderão ser funcionários. Conhecimento e habilidades variam entre os gerentes. As expectativas em relação a papéis desempenhados por funcionários também se distinguem, dependendo do histórico cultural. As políticas e os modos de vida variam no interior das organizações. Acima de tudo, de maneira mais significativa, as condições para a realização de tarefas são diferentes. Algumas atividades podem exigir um trabalho rotineiro, pouco especializado e altamente programado que será essencialmente determinado pela autoridade superior e que proporcionará, na maioria das vezes, recompensas materiais e segurança (condições dos modelos autocrático e protecionista). Outras atividades serão não-programadas e intelectualizadas, exigindo trabalho em equipe e automotivação. Os funcionários em tais empregos geralmente responderão melhor às abordagens apoiadora, colegiada e sistêmica. Dessa forma, todos os cinco modelos provavelmente continuarão a ser usados, mas os modelos mais avançados terão uma utilização crescente à medida que novos progressos forem obtidos e que cresçam as expectativas dos funcionários.

Flexibilidade Gerencial A discussão anterior baseia-se em uma conclusão central: *os gerentes não somente necessitam identificar seu modelo comportamental atual, mas também deverão mantê-lo flexível e atualizado*. Há um grande perigo na rigidez paradigmática, quando a natureza mutante das pessoas e das condições exige novas respostas, porém os gerentes agarram-se a velhas crenças e práticas. Os gerentes necessitam ler, refletir, interagir com os outros e se manter receptivos a desafios ao seu modo de pensar, apresentados por seus colegas e funcionários. A analogia seguinte ilustra esse processo:

> Os pára-quedistas sabem que um pára-quedas embalado por longos períodos pode desenvolver vincos permanentes indesejáveis em seu tecido, que poderão fazer que ele não se abra corretamente quando necessário. Para evitar isso, todos os pára-quedas são periodicamente desdobrados e pendurados em galpões de armazém para "retirar as dobras". Então, eles são reembalados para uma utilização segura. De maneira semelhante, os gerentes sábios obtêm ganhos ao compartilharem ocasionalmente seus modelos comportamentais com os outros, expondo-os, dessa forma, ao escrutínio público. Assim, após realizar as revisões apropriadas de seus modelos, os gerentes poderão "reembalá-los" e colocar os novos paradigmas aprimorados de volta ao trabalho.

Resumo

Cada companhia possui um sistema de comportamento organizacional. Ele inclui a filosofia, declarada ou não, os valores, a visão, a missão e as metas de uma organização; a qualidade da liderança, a comunicação e a dinâmica do grupo; a natureza das organizações formal e informal; e a influência do ambiente social. Esses itens combinam-se para criar uma cultura na qual as atitudes pessoais dos funcionários e os fatores situacionais podem produzir motivação e a conquista de metas.

Os cinco modelos de comportamento organizacional são: autocrático, protecionista, apoiador, colegiado e sistêmico. Os modelos apoiador, colegiado e sistêmico são mais consistentes com as necessidades contemporâneas dos funcionários e, dessa forma, conseguirão, previsivelmente, obter resultados mais eficazes em muitas situações. Os gerentes precisam examinar o modelo que estão usando, determinar se a abordagem é a mais adequada e permanecer flexíveis à adoção de modelos alternativos ou emergentes.

A comunicação, uma ferramenta importante para expressar os modelos gerenciais, é o foco do Capítulo 3. Assim, a idéia dos modelos do comportamento organizacional é estendida até o Capítulo 4, à medida que discutirmos os sistemas, papéis e *status* sociais. Especificamente, analisaremos a criação e o impacto das culturas organizacionais, que auxiliam os funcionários a identificar que modelo de comportamento organizacional está em uso.

Conselhos para Futuros Gerentes

1. Lembre-se de *pensar sobre comportamento organizacional a partir de uma perspectiva sistêmica*, vislumbrando a forma como qualquer elemento do sistema ou as suas próprias ações possivelmente impactarão as outras partes do sistema de CO.
2. *Liste, examine e reavalie suas premissas de fato* sobre as pessoas periodicamente para averiguar se elas necessitam de atualização. Então, crie uma lista separada de suas premissas de valor e compartilhe-as com seus colegas ou amigos para analisar se elas poderão ser mantidas diante de um exame detalhado do público.
3. Mostre aos seus funcionários uma lista com premissas que sustentam as Teorias X e Y. Posteriormente, peça-lhes que apresentem ilustrações que indiquem qual dos dois paradigmas você estaria utilizando. *Convide-os a ajudá-lo a tornar suas ações mais consistentes com a Teoria Y.*
4. Examine os cinco modelos do comportamento organizacional freqüentemente. *Procure formas pelas quais você poderia utilizar elementos dos modelos mais avançados* (apoiador, colegiado, sistêmico).
5. Relate a um amigo próximo as maneiras pelas quais você tenha *alterado ativamente seu modelo subjacente de CO* nos últimos anos. Esteja pronto para apresentar exemplos específicos.
6. Revise a discussão sobre autenticidade. *Torne-se mais aberto, transparente e ético* em seus relacionamentos com os outros indivíduos no trabalho.
7. Leia sobre a espiritualidade e o desejo dos funcionários de terem o direito de discutir tais questões no trabalho. *Tome agora uma decisão sobre o modo como você poderia lidar com essa questão*, caso surgisse o problema.
8. Faça um estudo consciente da sua linguagem no trabalho. Reduza ou elimine a linguagem negativa enquanto *aumenta seu foco nos termos positivos*.
9. Faça um inventário das formas pelas quais você (ou os outros) exibe comportamentos associados ao microgerenciamento. *Explore maneiras para reduzir tais controles e escrutínios intensos.*
10. Freqüentemente, os gerentes e funcionários divergem quanto a suas percepções sobre qual modelo de CO está em uso. Separe algum tempo para investigar as *percepções dos funcionários sobre o modelo de CO* que é dominante no seu local de trabalho.

Termos e Conceitos para Revisão

Autenticidade, 36
Comportamento organizacional positivo, 36
Espiritualidade, 36
Filosofia, 25
Inteligência social, 36, 37
Metas, 27
Microgerenciamento, 32
Missão, 27
Modelo apoiador, 33
Modelo autocrático, 31
Modelo colegiado, 34
Modelo protecionista, 32
Modelo sistêmico, 35
Modelos, 28
Paradigmas, 29
Premissas de fato, 26
Premissas de valor, 27
Sistema de comportamento organizacional, 25
Teoria X, 28
Teoria Y, 28
Visão, 27

Questões para Discussão

1. Entreviste alguns gerentes para identificar suas visões para as organizações em que trabalham. Quais são essas visões? De onde elas procedem? Qual foi o nível de sucesso com o qual essas visões foram comunicadas para os funcionários e com que grau de êxito foram aceitas por eles?
2. Tanto a filosofia quanto a visão são conceitos confusos. Como eles podem tornar-se mais claros para os funcionários? Por que a filosofia e a visão são incluídas como elementos iniciais do sistema do comportamento organizacional? Dê um exemplo de uma visão organizacional sobre a qual você tenha lido ou ouvido falar.
3. Quais benefícios você percebe como decorrentes da permissão e do encorajamento da espiritualidade no trabalho? Quais são os riscos associados a esse processo?
4. Considere a organização na qual você trabalha atualmente (ou já tenha trabalhado). Qual é o modelo (paradigma) de comportamento organizacional que seu supervisor segue (ou costumava seguir)? Esse modelo é (era) o mesmo adotado pela alta administração?
5. Discuta semelhanças e diferenças entre os cinco modelos de comportamento organizacional.
6. Indique qual modelo de comportamento organizacional seria o mais apropriado para cada uma das seguintes situações (assuma que você deve usar os tipos de funcionários e supervisores atualmente disponíveis no seu mercado local de trabalho):
    a. Telefonistas para chamadas de longa distância em um grande escritório.

b. Contadores em uma pequena firma de contabilidade certificada.
c. Servidores de alimentos de um restaurante local pertencente a uma proeminente cadeia de *fast-food*.
d. Atendentes de venda em uma grande loja de departamentos.
e. Trabalhadores temporários de circo empregados para trabalhar na semana em que o circo estiver na cidade.

7. Discuta por que os modelos de comportamento organizacional apoiador, colegiado e sistêmico são especialmente apropriados para uso em nações mais ricas.
8. Entreviste um supervisor ou gerente para identificar o modelo de comportamento organizacional em que essa pessoa acredita. Explique por que você acha que o comportamento desse gerente ou supervisor reflete ou não tais crenças.
9. Examine as tendências dos modelos de comportamento organizacional conforme elas foram se desenvolvendo ao longo de um período. Por que essas tendências se moveram em uma direção positiva?
10. Assuma que um amigo seu defende a idéia de que "o modelo sistêmico é, obviamente, o 'melhor' para ser utilizado com todos os funcionários, ou ele não teria sido colocado do lado direito da figura". Como você responderia a isso?

Avalie suas Próprias Habilidades

Você é bem-sucedido em exibir suas habilidades de facilitador?

Leia as sentenças seguintes cuidadosamente. Faça um círculo ao redor do número na escala de respostas que reflita da melhor forma possível o grau que cada afirmação mais bem o descreve. Some o total de pontos e prepare um breve plano de autodesenvolvimento. Esteja pronto para apresentar seus resultados para que eles, juntamente com os resultados dos demais elementos do seu grupo, possam ser tabulados adequadamente.

	Boa descrição									Má descrição
1. Sei como apoiar o compromisso dos funcionários com as metas de curto e longo prazos.	10	9	8	7	6	5	4	3	2	1
2. Poderia orientar indivíduos e grupos na aquisição das habilidades e dos comportamentos adequados.	10	9	8	7	6	5	4	3	2	1
3. Sinto-me confortável modelando e incentivando o desenvolvimento de auto-estima.	10	9	8	7	6	5	4	3	2	1
4. Costumo demonstrar preocupação e empatia legítimas em relação às pessoas.	10	9	8	7	6	5	4	3	2	1
5. Eu me sentiria confortável em oferecer um feedback aceitável e oportuno para os outros.	10	9	8	7	6	5	4	3	2	1
6. Dedico-me a influenciar as pessoas para que aprendam continuamente e compartilhem seus conhecimentos com os outros.	10	9	8	7	6	5	4	3	2	1
7. Poderia auxiliar os indivíduos a identificar e enfrentar problemas de maneira ética.	10	9	8	7	6	5	4	3	2	1
8. Sinto-me confortável em expressar carinho e compaixão em relação às pessoas.	10	9	8	7	6	5	4	3	2	1
9. Acredito em encorajar as pessoas para que elas se sintam confortáveis com as mudanças e incertezas.	10	9	8	7	6	5	4	3	2	1

10. Trabalharia duro para construir equipes de trabalho coesas e produtivas.	10	9	8	7	6	5	4	3	2	1

Pontuação e Interpretação

Some o total de pontos obtidos nas dez questões. Registre aqui esse número e relate-o quando for solicitado: _____. Finalmente, insira o total de pontos no gráfico Avalie e Melhore suas Habilidades Associadas ao Comportamento Organizacional no Apêndice.

- Se você obteve um resultado entre 81 e 100 pontos, parece ter uma capacidade sólida para demonstrar suas habilidades como facilitador.
- Se você obteve um resultado entre 61 e 80 pontos, deveria analisar mais detidamente os itens nos quais obteve uma pontuação mais baixa e revisar o material relacionado a esses assuntos.
- Se você obteve um resultado abaixo de 60 pontos, deveria estar ciente de que uma compreensão inadequada de diversos itens poderá ser prejudicial para o seu futuro sucesso como gerente. Sugerimos que revise o capítulo inteiro e permaneça atento em relação aos materiais relevantes que serão apresentados nos capítulos subseqüentes e às outras fontes.

Agora, identifique suas três pontuações mais baixas e escreva os números dessas questões aqui: _____, _____, _____. Faça um parágrafo curto detalhando para si mesmo um plano de ação para que você melhore cada uma dessas habilidades.

Estudo de Caso

O Novo Gerente de Planta

Toby Butterfield ascendeu na estrutura hierárquica da Montclair Company até se tornar assistente de gerência de fábrica na unidade de Illinois, Estados Unidos. Finalmente, sua oportunidade para uma promoção havia chegado. A fábrica de Houston estava encontrando dificuldades para cumprir seu orçamento e suas metas de produção, então foi promovido a gerente de fábrica e transferido para a unidade de Houston com instruções para "endireitá-la".

Butterfield era um indivíduo ambicioso e orientado para o poder. Ele acreditava que a melhor maneira para resolver os problemas era assumir o controle, tomar decisões e utilizar sua autoridade para executá-las. Após um estudo preliminar, ele transmitiu ordens para que cada departamento realizasse cortes de 5%. Uma semana depois, instruiu todos os departamentos para que aumentassem em 10% a produção para o mês seguinte. Ele exigiu a elaboração de vários relatórios novos e manteve estreita vigilância sobre as operações. No fim do segundo mês, demitiu três supervisores que haviam falhado na obtenção de suas cotas de produção. Cinco outros supervisores pediram demissão. Butterfield ressaltou que todas as regras e orçamentos seriam cumpridos e que não admitiria nenhuma exceção.

Os esforços de Butterfield produziram resultados formidáveis. Os índices de produtividade cresceram rapidamente e excederam os padrões em 7%; em cinco meses, a fábrica estava produzindo de acordo com o orçamento. Seu histórico foi tão bom que ele foi promovido para o escritório central de Nova York próximo do final de seu segundo ano. Um mês após sua partida, a produtividade na fábrica de Houston caiu para 15% abaixo do padrão e o cumprimento das metas do orçamento tornou-se novamente problemático.

Questões

1. Discuta o modelo de comportamento organizacional que Butterfield utilizou e o tipo de clima organizacional que ele criou.
2. Discuta por que o índice de produtividade caiu quando Butterfield deixou a fábrica de Houston.
3. Se você fosse o novo gerente de Butterfield em Nova York, o que você lhe diria sobre sua abordagem? De que forma ele poderia responder a isso?

Exercício Vivencial

A Rapid Corporation

A Rapid Corporation é uma organização de serviços de refrigeração de uma grande cidade. Possui cerca de 70 funcionários, a maior parte deles composta por representantes de serviços de refrigeração. Durante muitos anos, as políticas da companhia foram dominadas por seu presidente e principal proprietário, Otto Blumberg, que se orgulha por ser um "homem que veio de baixo".

Recentemente, Otto e seu gerente administrativo participaram de um seminário sobre comportamento organizacional no qual foi discutido o valor de uma filosofia corporativa escrita para os funcionários. Os dois concordaram em redigir um texto preliminar e comparar seus esforços.

1. Divida a classe em três tipos de grupos. Um grupo deverá elaborar um esboço das declarações de princípios para a Rapid Corporation com base no modelo autocrático; o segundo grupo deverá criar declarações sobre a filosofia da empresa utilizando o modelo apoiador como base; o terceiro grupo deverá usar o modelo sistêmico.
2. Peça a um representante de cada grupo (autocrático, apoiador e sistêmico) que leia suas declarações para a classe. Discuta as diferenças mais significativas. Faça que a sala debata a utilidade das declarações de filosofia corporativa para a orientação do sistema de comportamento organizacional em uma empresa desse tipo.

Produzindo Insights sobre CO

Um *insight* diz respeito a uma percepção nova e clara acerca de um fenômeno ou uma capacidade adquirida para "enxergar" claramente algo sobre o qual você não estava ciente anteriormente. Ele, algumas vezes, simplesmente se refere a um "momento do tipo ah-há!", no qual você obtém uma pequena revelação ou atinge uma conclusão direta sobre um problema ou uma questão.

Os *insights* não precisam necessariamente ser dramáticos, uma vez que aquilo que pode ser considerado um *insight* por uma pessoa pode não o ser pelas demais. A característica fundamental dos *insights* é que eles são importantes e memoráveis para você; eles devem representar novos conhecimentos, novas estruturas ou novas perspectivas para perceber as coisas que você desejaria armazenar e lembrar ao longo do tempo.

Os *insights* são, portanto, diferentes do tipo de informação que você encontra nos textos da seção Conselhos para Futuros Gerentes. Esse formato de conselho é prescritivo e orientado para a ação; ele indica e recomenda determinado curso de ação.

Uma forma útil para pensar sobre os *insights* de CO é partir do princípio de que você foi a única pessoa que leu o Capítulo 2. Você recebeu a tarefa de ressaltar, utilizando suas próprias palavras, os conceitos principais (mas não somente resumir o capítulo todo) que poderiam ser relevantes para um público leigo, que nunca foi apresentado ao tema antes. *Quais são os dez insights que você compartilharia com esse público?*

1. (Exemplo) *É útil adotarmos uma visão holística da organização como um sistema de partes interdependentes.*
2. _____
3. _____
4. _____
5. _____
6. _____
7. _____
8. _____
9. _____
10. _____

Capítulo Três

Gerenciando as Comunicações

A melhor estratégia para as pessoas que se comunicam pode ser esta: prepare-se para ser compreendido equivocadamente. E não insista que o seu significado é o correto. Algumas vezes, o que seus ouvintes ouvem é mais interessante do que aquilo que você realmente havia dito.
Don Moyer[1]

Grandes decisões começam com grandes pessoas e uma frase simples: eu não sei.
Jim Collins[2]

OBJETIVOS DO CAPÍTULO

COMPREENDER

- O processo de comunicação de duas vias.
- As barreiras à comunicação.
- Os fatores que levam a uma comunicação eficaz.
- Os problemas com as comunicações ascendentes e descendentes.
- Os papéis de questionar e ouvir.
- O impacto das comunicações eletrônicas.
- As redes não-convencionais de comunicação (*grapevines*) e os boatos nas organizações.

Os membros do conselho de diretores de um hospital estavam ouvindo um apelo para a aplicação de uma quantia substancial de recursos na modernização de um aparelho de tomografia computadorizada. "Mas por que precisaríamos de todos esses recursos adicionais?", perguntou um membro do conselho. "Porque", explicou um médico, "isso nos permitirá reexaminar os resultados de um(a) paciente a partir de um conjunto de perspectivas diferentes após ele ou ela ter partido". "Mas por que alguém se importaria em examinar os resultados após o paciente estar morto?", perguntou inocentemente outro membro do conselho (que ocasionalmente era o diretor do serviço funerário). Só após uma gargalhada generalizada, o médico percebeu que o uso da palavra "partido" possuía dois significados muito diferentes para a sua audiência — partir no sentido de deixar as instalações do hospital e partir com o sentido de falecer.

Comunicação é uma atividade sempre presente em nosso dia-a-dia, mediante a qual as pessoas relacionam-se umas com as outras e combinam seus esforços. A comunicação é necessária para perpetuar a boa saúde de uma organização. Da mesma forma que as pessoas podem desenvolver aterosclerose, o enrijecimento das paredes das artérias que restringe o fluxo de sangue e dos nutrientes que elas transportam, uma organização poderá desenvolver problemas similares com relação a suas vias de informação. O resultado é o mesmo — redução desnecessária da eficiência por causa do bloqueio ou da restrição de informações essenciais em vários pontos ao longo da companhia. E, de modo idêntico ao de uma patologia médica, a prevenção do problema pode ser muito mais simples que a tentativa para encontrar uma cura.

Os funcionários de hoje em dia possuem um forte desejo de conhecer o que se passa ao seu redor e de que forma eles se encaixam em um contexto mais amplo. Agora, mais do que nunca, os gerentes necessitam engajar-se em um processo sistemático e extensivo de comunicação nas direções ascendente, descendente e lateral. Conforme se pode observar nas frases de abertura do capítulo, as habilidades de ouvir — assim como a humildade — permanecem altamente importantes no processo de comunicação. Além disso, à medida que a tecnologia se expande cada vez mais, o elemento humano da comunicação não deve ser esquecido. Neste capítulo, o significado da comunicação no local de trabalho é explorado em profundidade. Também é discutida sua relação com o comportamento organizacional e o impacto da tecnologia eletrônica.

FUNDAMENTOS DA COMUNICAÇÃO

Comunicação é a transferência de informação e compreensão de uma pessoa para outra. Ela é uma forma de alcançar os outros por meio da transmissão de idéias, fatos, pensamentos, sentimentos e valores. Sua meta é fazer que o receptor compreenda a mensagem do modo como ela foi concebida. Quando uma comunicação é eficaz, proporciona uma ponte de entendimento entre as duas pessoas, de maneira que elas possam compartilhar o que sentem e sabem. Ao utilizarem essa ponte, as duas partes podem cruzar com segurança o rio da incompreensão que, algumas vezes, as separa.

> Uma pesquisa realizada com gerentes acerca de suas crenças sobre uma variedade de áreas de habilidade apresentou duas conclusões drásticas. Primeiro, a "comunicação" foi indicada como a habilidade mais importante para a organização. Em segundo lugar, o nível de competência atual dos gerentes em suas comunicações foi avaliado apenas como o décimo segundo entre os 20 itens existentes. Claramente, há muito espaço para aprimoramento na área dessa habilidade crítica.[3]

São necessárias duas pessoas.

As comunicações sempre envolvem pelo menos duas pessoas — um emissor e um receptor. Uma pessoa sozinha não pode comunicar-se. Somente um ou mais receptores podem completar o ato de comunicação. Esse fato fica óbvio quando você imagina estar perdido em uma ilha e chama por ajuda quando não há ninguém próximo para acudi-lo. A necessidade de um receptor não parece ser tão óbvia para os gerentes que enviam memorandos para seus funcionários. Eles tendem a acreditar que, quando suas mensagens são enviadas, o ato da comunicação está concluído; mas a transmissão da mensagem é apenas o começo. Um gerente pode enviar uma centena de mensagens, mas a comunicação não ocorre até que cada uma delas seja recebida, lida e compreendida. Comunicação é aquilo que o receptor compreende, não aquilo que o emissor diz.

A compreensão é crítica para o sucesso.

A Importância da Comunicação

As organizações não existem sem comunicação. Se não houver comunicação, os funcionários não podem saber o que seus colegas fazem naquele momento, a administração não pode receber *inputs* de informação e os supervisores e os líderes de equipe não podem transmitir suas instruções. A coordenação do trabalho é impossível e a organização entrará em colapso em virtude de sua ausência. A cooperação também se torna impossível, porque as pessoas não podem comunicar suas necessidades e seus sentimentos para os outros. Pode-se dizer com confiança que *todo ato de comunicação influencia a organização de alguma forma*, da mesma maneira que o bater das asas de uma borboleta na Califórnia (embora de forma branda) influencia a subseqüente velocidade do vento em Boston. A comunicação ajuda a completar todas as funções básicas da administração — planejar, organizar, liderar e controlar — para que a organização possa alcançar suas metas e enfrentar seus desafios.

Quando as comunicações são eficazes, elas tendem a estimular melhor desempenho e mais satisfação no trabalho. As pessoas têm melhor compreensão de seus trabalhos e sentem-se mais envolvidas com eles. Em alguns casos, elas até mesmo abrem mão de antigos privilégios porque percebem o sacrifício como algo necessário.

> A administração de uma companhia convenceu os funcionários da produção para que trouxessem seus próprios cafés e cumprissem os intervalos na área com seus equipamentos de trabalho, no lugar das demoradas pausas para o cafezinho realizadas na lanchonete. A companhia negociou com seus funcionários de maneira franca e direta. Ela havia apresentado a eles, durante os grupos de discussão, um gráfico sobre o uso de eletricidade na fábrica, demonstrando como a utilização da força era reduzida para menos da metade do uso normal nos 15 minutos antes e depois da pausa para o café, somada à perda normal de produção durante o intervalo. A companhia montou um conjunto sólido de evidências para salientar o fato de que esse longo período de inatividade e de atividade parcial impedia uma operação lucrativa. Os gráficos do uso da eletricidade foram convincentes e os funcionários prontamente aceitaram a nova política para o intervalo do café.

Comunicação aberta

A resposta positiva desses funcionários apóia um dos princípios básicos do comportamento organizacional — de que a *comunicação aberta é geralmente melhor que a comunicação restrita*. De fato, se os funcionários tomam conhecimento dos problemas enfrentados pela organização e ouvem o que os gerentes estão tentando fazer, eles normalmente respondem de maneira favorável.

A **gestão de livro aberto** baseia-se no tema geral das comunicações francas e transparentes. Os sistemas de gestão de livro aberto oferecem aos funcionários um conjunto de números financeiros e operacionais, que lhes permitem acompanhar e compreender o desempenho da organização. Então, os funcionários recebem o treinamento adequado e espera-se que empreendam ações apropriadas para melhorar tais números. As comunicações abertas funcionam melhor quando os funcionários compreendem o negócio, acreditam que receberão algum benefício decorrente do sucesso da organização e recebem o *empowerment* necessário para auxiliar a gestão do local de trabalho.

Concentrar-se somente na comunicação com os funcionários e ignorar as necessidades dos gerentes seria mais fácil, mas esse tipo de abordagem proporcionaria apenas uma visão limitada. O papel da administração é crucial, não somente porque os gerentes iniciam as comunicações, mas também porque eles as passam adiante e as interpretam para seus funcionários. Da mesma forma que uma fotografia não pode ser mais clara que o negativo a partir do qual ela é impressa, os gerentes não podem transmitir uma mensagem que seja mais clara que sua própria compreensão a respeito dela.

> Kiki, supervisora de departamento, recebeu uma cópia de um relatório com 110 páginas. Em vez de distribuí-lo diretamente para os membros de sua equipe e esperar que eles o lessem, ela preparou um resumo de duas páginas e entregou-o a cada um de seus subordinados. Embora eles apreciassem o tempo economizado, perceberam que agora estavam dependentes da interpretação feita por Kiki da íntegra do relatório. De maneira similar, a qualidade do resumo de Kiki dependia da facilidade de leitura do relatório original e de suas próprias habilidades de interpretação.

Os gerentes necessitam de informações convenientes e úteis para tomar as decisões adequadas. Dados impróprios ou imprecisos podem afetar ampla área do desempenho, considerando-se que o escopo da influência administrativa é muito extenso. Colocado de maneira bem simples, as decisões administrativas afetam muitas pessoas e diversas atividades.

O Processo de Comunicação de Duas Vias

Os oito passos do processo

O **processo de comunicação de duas vias** é o método pelo qual o emissor alcança um receptor mediante uma mensagem. O processo sempre exige oito passos, quer as duas partes conversem, utilizem gesticulação ou empreguem qualquer tipo de comunicação de alta tecnologia. Os passos são mostrados na Figura 3.1.

Desenvolvimento de uma Idéia O passo 1 é o *desenvolvimento de uma idéia* que o emissor deseja transmitir. Esse é um passo essencial, pois, a menos que haja uma mensagem significativa, todos os outros passos serão, de certa forma, inúteis. Esse passo é representado pelo aviso, algumas vezes encontrado nas paredes dos escritórios ou das fábricas, no qual se lê: "Certifique-se de que seu cérebro está funcionando antes de colocar sua boca em ação".

FIGURA 3.1 O Processo de Comunicação

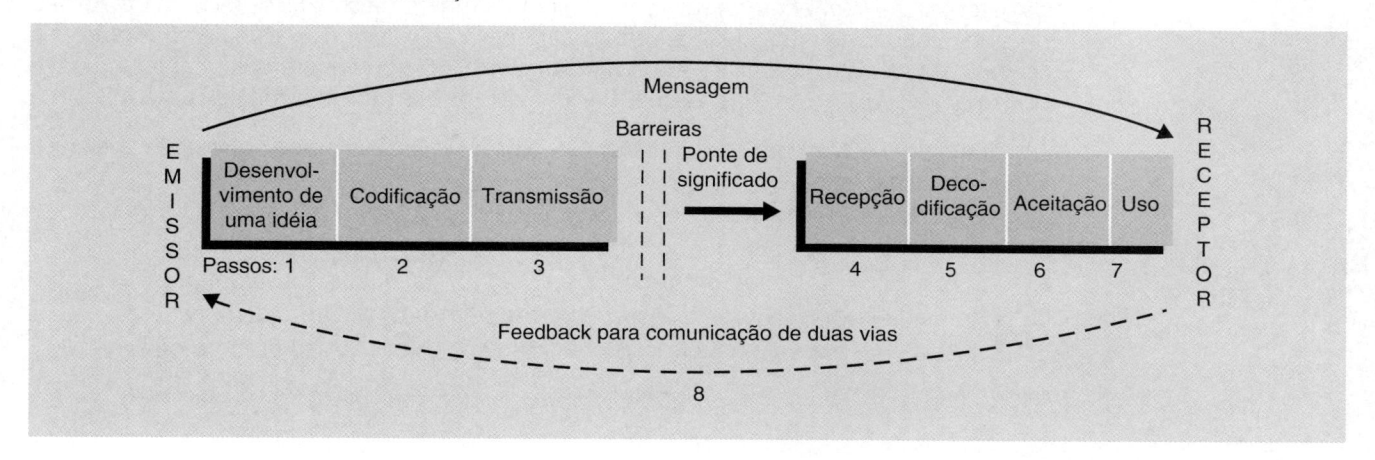

```
EMISSOR → [Desenvolvimento de uma idéia] [Codificação] [Transmissão] → Barreiras / Ponte de significado → [Recepção] [Decodificação] [Aceitação] [Uso] → RECEPTOR
Passos: 1   2   3                                                    4   5   6   7
                    ← Mensagem (arco superior) →
                    Feedback para comunicação de duas vias — 8
```

Codificação O passo 2 corresponde à *codificação* (conversão) da idéia em palavras, em gráficos ou em outros símbolos apropriados para transmissão. Nesse ponto, o emissor determina o método de transmissão para que as palavras e os símbolos possam ser organizados de maneira adequada ao tipo de transmissão. Uma conversação, por exemplo, normalmente não é organizada da mesma forma que um memorando, por escrito.

<small>As percepções são influenciadas pelo contexto oferecido.</small>

A chave para uma codificação bem-sucedida está no processo de enquadramento de um assunto para apresentação. O **enquadramento** utiliza uma linguagem rica, colorida e cuidadosamente selecionada para formatar as percepções dos receptores. O emissor de uma mensagem procura enquadrar determinado assunto ao situá-lo em um contexto ou histórico específicos com o objetivo de administrar o significado da forma desejada. Observe diferenças existentes, por exemplo, entre o enquadramento da competição por novos consumidores como um "problema" e o seu enquadramento como uma "oportunidade". O enquadramento é uma ferramenta poderosa para auxiliar os gerentes na criação de imagens vivas e mensagens memoráveis, moldando, dessa forma, as atitudes e as ações de seus seguidores.

Transmissão Quando uma mensagem finalmente é desenvolvida, o passo 3 é a sua *transmissão* pelo método escolhido, como por memorando, ligação telefônica ou visita pessoal. O emissor também escolhe um canal específico, por exemplo, contornar ou não o superintendente, e realiza a comunicação no momento mais favorável. O emissor poderá decidir que hoje não é o dia certo para falar com seu gerente sobre um aumento de salário. O emissor também tenta manter o canal de comunicação livre de barreiras ou interferências, conforme demonstrado na Figura 3.1, para que a mensagem tenha maior chance de alcançar o receptor e obter sua atenção. Durante entrevistas de emprego ou avaliações de desempenho, por exemplo, a ausência de distrações é desejável.

<small>O receptor controla os passos 4 a 8.</small>

Recepção A transmissão permite que outra pessoa *receba* a mensagem, o que ocorre no passo 4. Nessa etapa, a iniciativa é transferida do emissor para o receptor, que se sintoniza para receber a mensagem. Se ela for oral, o receptor deverá ser um bom ouvinte, uma habilidade que será discutida brevemente. Caso o receptor não esteja "conectado", a mensagem é perdida.

> Andréa enviou um pedido urgente para um colega profissional do outro lado do país solicitando a cópia de um diagrama para uma apresentação que ela faria mais tarde naquele dia. "Eu vou enviá-la por fax", respondeu Derrick. Cada vez que ele tentava, contudo, aparecia uma mensagem de erro indicando que a transmissão não havia sido completada. Após ele telefonar para Andréa para explicar esse problema intrigante, ela percebeu que seu equipamento de fax estava sem papel. Só depois de consertar o problema, ela conseguiu receber a mensagem desejada.

<small>Necessidade de compreensão</small>

Decodificação O passo 5 é a *decodificação* da mensagem para que ela possa ser compreendida. O emissor deseja que o receptor entenda a mensagem exatamente da forma como ela foi enviada. Caso um emissor transmita o equivalente a um quadrado e o passo de decodificação produza um círculo, a mensagem, então, conseguiu ser enviada, mas sem ser devidamente compreendida por todos.

O Que os Gerentes Estão Lendo

Os gerentes são vendedores, segundo o psicólogo Robert Cialdini. Eles precisam utilizar seu carisma, eloqüência e habilidades verbais para persuadir os outros acima e abaixo deles a aceitar suas idéias e modificar seus comportamentos. O poder hierárquico raramente funciona para alcançar esses fins. O que funciona são os seis princípios da persuasão:

1. Afinidade — Descubra similaridades para construir laços com os outros e faça elogios legítimos para eles.
2. Reciprocidade — Ofereça o que você gostaria de receber.
3. Consenso — Utilize o poder do grupo social sempre que ele estiver disponível.
4. Consistência — Exija compromissos que sejam ativos, públicos e voluntários.
5. Autoridade — Não assuma que sua expertise seja auto-evidente; demonstre-a.
6. Escassez — Ressalte os benefícios singulares e exclusivos de seu produto ou serviço.

Fonte: CIALDINI, Robert B. *Influence:* Science and Practice. 4. ed. Boston: Allyn and Bacon, 2001.

O processo de entendimento pode ocorrer só na mente do receptor. Um comunicador pode fazer que outros o ouçam, mas não que o compreendam. O receptor opta, por si só, entre compreender ou não. Muitos empregadores ignoram esse fato ao transmitirem informações ou explicações. Eles acreditam que dizê-las para alguém seja suficiente, porém a comunicação não pode prosseguir até que haja entendimento. Esse processo é conhecido como "atingir" uma pessoa.

A seqüência de codificação-decodificação assemelha-se, de certa maneira, às atividades envolvidas na construção de casas modernas de madeira quando elas são construídas próximas da fonte da matéria-prima em vez de em seu local definitivo. A casa inteira não pode ser transportada em uma única peça, de forma que ela tem de ser desmontada pedaço por pedaço, sendo suas partes marcadas para posterior montagem na posição adequada. O processo é similar à ação de um emissor que possui uma idéia e a codifica (desmonta) em uma série de palavras, cada uma delas marcada por lugar e detentora de mecanismos para orientação dos receptores. Para transmitir uma idéia (transportar), o emissor precisa dividi-la em partes menores, o que ele consegue ao colocá-la em palavras. A remontagem de uma casa de madeira, peça por peça, no seu destino final é similar à ação do receptor que apanha as palavras recebidas e mentalmente remonta-as na forma de idéias inteiras. Se uma madeira (ou palavra) é utilizada de maneira equivocada, a estrutura inteira (mensagem) poderá ficar enfraquecida.

Aceitação   Uma vez que o receptor tenha obtido e decodificado uma mensagem, ele tem a oportunidade de *aceitá-la* ou *rejeitá-la*, o que corresponde ao passo 6. O emissor, obviamente, gostaria que o receptor aceitasse a comunicação da maneira como ela havia sido planejada, para que as atividades pudessem prosseguir do modo desejado. A aceitação, contudo, é uma questão de escolha e intensidade, porque o emissor possui um controle significativo sobre o consentimento ou a recusa do recebimento integral de uma mensagem ou de apenas algumas partes dela. Alguns fatores que afetam a decisão sobre a aceitação giram em torno da percepção acerca da precisão da mensagem, da autoridade e credibilidade do emissor, das habilidades persuasivas do emissor (ver O Que os Gerentes Estão Lendo) e das implicações comportamentais para o receptor.

Utilização   O passo 7 do processo de comunicação diz respeito ao modo como o receptor faz *uso da informação*. O receptor poderá descartá-la, realizar a tarefa conforme orientado, armazenar a informação para o futuro ou executar alguma outra atividade. Esse é um passo crítico, e o receptor detém amplamente o controle sobre o que fazer.

Apresentação de Feedback   Sempre que o receptor reconhece a mensagem e responde ao emissor, ocorre um feedback. O feedback completa o ciclo de comunicação, pois há um fluxo de mensagem que parte do emissor em direção ao receptor e retorna, posteriormente, ao emissor, conforme indicado pela seta na parte inferior (passo 8) da Figura 3.1.

A participação em um processo de comunicação de duas vias pode ser comparada a uma partida de tênis. Imagine o processo que deve ocorrer na mente de uma de suas jovens estrelas, Venus Williams. No momento em que ela serve a bola para sua adversária, não pode dizer para si mesma: "Meu próximo lance será um golpe cruzado". Sua próxima jogada, para ser eficaz, depende do feedback do receptor, ou seja, onde e como sua oponente devolverá o saque. Venus possui, indiscutivelmente, uma estratégia geral para a partida, mas cada um de seus golpes depende da maneira como a bola é devolvida para ela — sua força, seu efeito e sua posição — e da posição da sua adversária no outro lado da quadra. Se Venus não conseguir adequar seus golpes às jogadas de sua oponente, ela descobrirá que o seu jogo não está ocorrendo de forma tão eficaz naquele dia quanto poderia ter sido. De modo semelhante ao da comunicação, a probabilidade de êxito em uma troca de bolas é limitada quando se ignora o feedback.

Os emissores precisam de feedback.

A comunicação de duas vias, tornada possível pelo feedback, possui um padrão de reciprocidade. Na comunicação de duas vias, o emissor envia uma mensagem e a resposta do receptor retorna ao emissor. O resultado é o desenvolvimento de situação caracterizada pela existência de movimentos graduais em que o emissor pode e deve ajustar a próxima mensagem para enquadrar-se à resposta anterior do receptor. O emissor precisa de feedback — o último passo — porque ele indica que a mensagem foi recebida, decodificada adequadamente, aceita e usada. Caso necessário, o emissor deverá buscar e solicitar feedback do receptor. Quando essa comunicação de duas vias ocorre, ambas as partes experimentam um sentimento de grande satisfação, previnem-se frustrações e a precisão do trabalho é aprimorada.

Problemas Potenciais

A comunicação de duas vias não produz apenas bons resultados. Ela também pode causar dificuldades. Duas pessoas podem discordar intensamente sobre algum item e não se darem conta disso até que estabeleçam uma comunicação de duas vias. Ao exporem seus diferentes pontos de vista, elas podem tornar-se ainda mais **polarizadas**, adotando posições até mais extremadas. Quando se vêem ameaçadas por um possível constrangimento decorrente da perda de uma discussão, os indivíduos tendem a abandonar a lógica e a racionalidade em detrimento de uma **postura defensiva**.[4] Eles passam a culpar os outros, utilizam seletivamente dados e números, buscam permanecer no controle e dissimular sentimentos negativos. Essa postura defensiva é elaborada para evitar riscos e a aparência de incompetência, mas normalmente resulta no anseio por controle e vitória. Esses objetivos reduzem, previsivelmente, a eficácia das comunicações.

Possíveis problemas decorrentes da dissonância cognitiva

Outra dificuldade que pode surgir é a **dissonância cognitiva**. Esse conceito corresponde ao conflito interno e à ansiedade que surgem quando as pessoas recebem informações incompatíveis com seus sistemas de valores, decisões anteriores ou outras informações que possam possuir. Como elas não se sentem confortáveis com a dissonância, tentam removê-la ou reduzi-la. As pessoas podem tentar obter novos *inputs* de informação, alterar sua interpretação sobre os *inputs*, reverter suas decisões ou modificar seus valores. Podem até mesmo se recusar a acreditar em *inputs* conflitantes, ou suprimi-los de maneira racional.

Manutenção das aparências

Os emissores sempre precisam se comunicar com cuidado, pois a comunicação é uma maneira poderosa de auto-revelação para os outros, bem como uma fonte possível de avaliação. Não só estamos revelando algo sobre nós mesmos (conteúdo) ao falarmos, mas também sendo julgados pelos outros. Esse aspecto da comunicação cria uma pressão para adotar uma postura de **manutenção das aparências** — uma tentativa de nos preservar de ataques aos valores mais estimados de nossa personalidade. Até nossa auto-estima é ameaçada quando as pessoas nos dizem algo que não desejaríamos. Algumas vezes, esses indivíduos lamentam, também, nos terem dito coisas que tenham ofendido nossa **auto-imagem** (nosso conceito acerca de nós mesmos). Embora o envio dessas mensagens lamentáveis geralmente seja não-intencional, elas freqüentemente criam animosidade entre os receptores, ameaçam relacionamentos e até chegam a causar a deteriorização de relações. Há vários tipos de mensagens lamentáveis, como ofensas verbais diretas, ataques pessoais, comentários estereotipados, críticas sarcásticas ou informações danosas. As pessoas normalmente enviam mensagens desse tipo durante confrontos emocionados, como neste exemplo:

> Damian (supervisor de contabilidade) e Janny (gerente de marketing) tinham, ambos, entrevistado uma série de candidatos para a posição de auditor. Mais tarde, eles se reuniram com três chefes de departamento para fazer a seleção final. Quando Janny ressaltou um ponto fraco que havia notado em um dos candidatos, Damian reagiu de forma brusca, questionando a capacidade dela para avaliar as habilidades necessárias para um auditor, em virtude de ela ter passado toda a sua carreira na área de marketing. Janny, obviamente, ficou furiosa por ter sua integridade atacada. Embora Damian tenha, depois, pedido desculpas a ela e lamentado o incidente, Janny nunca esqueceu o comentário dele.

Barreiras à Comunicação

Mesmo quando um receptor recebe uma mensagem e faz um esforço genuíno para decodificá-la, diversas interferências podem limitar a sua compreensão. Esses obstáculos agem como um **ruído**, ou como barreiras à comunicação, e podem surgir tanto no ambiente físico (como o rádio de um colega atrapalhando uma conversa telefônica) quanto nas emoções de um indivíduo (como a distração de um receptor decorrente da sua preocupação com um parente doente). O ruído pode impedir totalmente a realização de uma comunicação, filtrá-la parcialmente ou proporcionar-lhe um sentido incorreto. Há três tipos de barreiras: pessoal, física e semântica.

Barreiras Pessoais   As **barreiras pessoais** são interferências nas comunicações produzidas por emoções humanas, valores e maus hábitos como ouvinte. Elas também podem surgir a partir de diferenças de educação, etnia, sexo, posição socioeconômica e outros fatores. A presença de barreiras pessoais no ambiente de trabalho é comum, com exemplos mais freqüentes incluindo hábitos de distração verbal (por exemplo, a desnecessária repetição de "e" e o encerramento de quase todas as sentenças com "né").

Distância psicológica

As barreiras pessoais normalmente envolvem uma forma de **distância psicológica** — um sentimento de estar emocionalmente separado — entre as pessoas, similar à distância física real. Marsha, por exemplo, conversa com Janet, que se ressente do tratamento recebido, e o ressentimento de Janet as separa.

Nossas emoções agem como filtros de percepção em praticamente todas as nossas comunicações. Vemos e ouvimos as coisas às quais estamos emocionalmente sintonizados para ver e ouvir, de forma que a *comunicação seja guiada por nossas expectativas*. Também comunicamos nossa interpretação da realidade em vez da realidade em si. Alguém havia afirmado que "não importa como você diz que uma coisa seja, ela não é dessa forma", o que significa que o emissor apenas está transmitindo uma percepção emocionalmente filtrada dela. Nessas condições, quando as percepções do emissor e do receptor estão razoavelmente próximas uma da outra, sua comunicação é mais eficaz.

Barreiras Físicas   As **barreiras físicas** são interferências na comunicação que ocorrem no ambiente no qual ela se desenvolve. Um exemplo de uma típica barreira física é um barulho súbito que provoca uma distração que momentaneamente dificulta a audição de uma mensagem de voz. Outros exemplos incluem: a distância entre pessoas, as paredes em torno dos cubículos de um escritório, ou a estática que interfere nas mensagens de rádio. As pessoas geralmente reconhecem as ocasiões nas quais ocorrem interferências e tentam compensá-las.

> Quando visitantes vinham a seu escritório, Carmen Valencia costumava sentar-se rigidamente atrás de sua mesa, mantendo a outra pessoa a certa distância, do outro lado da mesa. Essa disposição criava uma distância psicológica que a estabelecia claramente como líder e elemento hierarquicamente superior no processo de interação. Então, Carmen reorganizou seu escritório de forma que o visitante se sentasse junto a ela do mesmo lado da mesa. Esse novo arranjo sugeria mais receptividade e igualdade na interação com os visitantes, e também possuía a vantagem de oferecer uma área de trabalho sobre sua mesa para exame mútuo de documentos. Quando desejava estabelecer um relacionamento mais informal, particularmente com os membros de sua equipe, ela dava a volta para a frente da mesa e sentava-se em uma cadeira próxima do funcionário.

Distância adequada

O comportamento de Carmen também ilustra a prática da manutenção da distância física adequada entre duas partes quando elas se comunicam. O estudo desse tipo de separação espacial é denominado **proxêmica** e envolve a exploração de diferentes práticas e sentimentos sobre o espaço interpessoal ao longo de culturas diversas. Nos Estados Unidos, as práticas mais comuns permitem que a comunicação *íntima* entre amigos ocorra a uma distância curta (15 a 20 cm). As conversas com pessoas conhecidas normalmente acontecem a uma distância entre 90 e 120 cm. Discussões relacionadas ao trabalho entre colegas podem ocorrer a uma distância *social* de 130 a 360 cm, enquanto as conversações mais impessoais e formais *em público* ocorrem a uma distância ainda maior.

> ### Práticas Globais de Comunicação
>
> Não somente é importante conhecer e observar as práticas mais comuns com referência à natureza dos relacionamentos entre duas partes (íntimos, amigáveis, relacionados ao trabalho ou casuais); também é imperativo que essas práticas sejam adaptadas às diferenças culturais. Em algumas sociedades, predominam práticas completamente distintas. As culturas latino-americana e asiática geralmente utilizam distâncias menores para a realização de conversas pessoais, e os trabalhadores dos países árabes freqüentemente mantêm um contato muito próximo. Dessa forma, o emissor deve estar ciente das normas culturais e das preferências do receptor e fazer um esforço para compreendê-las e adaptar-se a elas.

Barreiras Semânticas A **semântica** é a ciência que estuda o significado, em oposição à *fonética*, que é a ciência dos sons. Praticamente toda comunicação é simbólica, ou seja, ela é obtida com o uso de símbolos (palavras, figuras e ações) que sugerem certos significados. Esses símbolos são meramente mapas que descrevem um território, embora não um território real de fato; assim, eles devem ser decodificados e interpretados pelo receptor. Antes de serem introduzidos os três tipos de símbolo, contudo, uma forma adicional de barreira, uma que se origina na semântica, merece atenção.

As **barreiras semânticas** surgem das limitações dos símbolos com os quais nos comunicamos. Os símbolos normalmente possuem uma variedade de significados e é necessário escolher um entre vários disponíveis. Algumas vezes, é escolhido o significado errado e isso produz mal-entendidos. Um bom exemplo é o caso do comitê de diretores do início deste capítulo. Isso é particularmente possível quando os comunicadores utilizam algum **jargão**, que diz respeito à linguagem especializada empregada por um grupo específico. O jargão pode incluir o uso de *acrônimos* (as primeiras letras de cada palavra de uma sentença, como CO para comportamento organizacional), *gíria* (palavras singulares para um grupo étnico ou social) ou termos distintos que são criados por um grupo de profissionais ou de interesses (por exemplo, "largura de banda"). É interessante dizer que o jargão é benéfico no interior de um grupo, mas freqüentemente cria problemas na relação entre grupos diferentes.

A semântica apresenta um desafio particularmente difícil quando pessoas de diferentes culturas tentam comunicar-se entre si. As partes não somente deverão aprender o sentido literal das palavras em outra linguagem, como também interpretar as palavras em seu contexto e na forma como são utilizadas (tonalidade, volume e gestos acessórios não-verbais). Nitidamente, o surgimento de uma economia global exige que os gerentes de todas as partes, que tenham sensibilidade, superem as dificuldades adicionais que as barreiras semânticas impõem sobre suas comunicações interculturais.

Fato *versus* inferência

Todas as vezes que os indivíduos interpretam um símbolo com base em suas suposições em vez de fazê-lo com base em fatos, estão produzindo uma **inferência**. As inferências são parte essencial da maioria das comunicações. Não se pode evitá-las, esperando até que todas as comunicações sejam factuais antes de aceitá-las. No entanto, visto que as inferências podem transmitir um sinal errado, é necessário sempre estar atento com relação a elas e avaliá-las cuidadosamente. Sempre que surgirem dúvidas, deve-se buscar mais informações.

Símbolos da Comunicação

Palavras As palavras são os símbolos de comunicação mais utilizados no trabalho. Muitos funcionários gastam mais de 50% de seu tempo em alguma forma de comunicação verbal. Surge, contudo, uma grande dificuldade, uma vez que praticamente todas as palavras têm vários significados. Múltiplos significados são necessários porque estamos tentando falar sobre um mundo infinitamente complexo ao mesmo tempo em que usamos apenas um número limitado de palavras. As complexidades de uma única língua são agravadas quando pessoas que possuem históricos diferentes — como níveis de educação, heranças culturais ou culturas — tentam comunicar-se entre si. Não é de estranhar que tenhamos problemas para nos comunicarmos!

52 Parte Um Fundamentos do Comportamento Organizacional

O contexto proporciona significado.

Se as palavras não possuem apenas um único significado, como os gerentes conseguem fazer sentido com elas na sua comunicação com seus funcionários? A resposta está no *contexto*, que é o ambiente que cerca a utilização de uma palavra. O uso da palavra *dummy* (boneco de testes) para referir-se a uma pessoa durante uma discussão no escritório pode ser ofensivo, mas utilizá-la para referir-se a um jogador que desempenha um papel específico no *bridge* (jogo de cartas) pode ser aceitável. É preciso cercar as palavras essenciais de um contexto de outras palavras e símbolos até o ponto em que seu significado seja restringido a certos limites específicos e que uma possível confusão seja evitada. Conseqüentemente, comunicadores eficazes estão voltados para as idéias, em vez de estarem orientados somente para as palavras. Eles sabem que *as palavras não proporcionam significado, mas as pessoas, sim*.

Dicas sociais

O contexto oferece significado para as palavras parcialmente por intermédio de pistas que as pessoas recolhem ao longo do seu ambiente social, como as pistas obtidas a partir de amigos e colegas. As **dicas sociais** são pequenos pedaços de informações que influenciam a maneira como as pessoas reagem às comunicações. Exemplos de dicas sociais são os títulos de cargos, padrões de vestimenta e o histórico da utilização de palavras em determinada região geográfica ou grupo étnico. Nossa suscetibilidade em sermos influenciados por essas dicas sociais é muito variada, dependendo da credibilidade da fonte, das nossas experiências anteriores com esses itens, da ambigüidade da dica e das diferenças individuais, tais como de históricos culturais distintos. É sempre importante estar ciente das dicas sociais, pois o uso da linguagem em contextos inadequados cria uma poluição semântica. Da mesma forma que a poluição real, ela irrita os sentidos e interfere na acuidade das percepções.

Facilidade (acessibilidade) para leitura

Como o significado das palavras é difícil de ser obtido até mesmo com o uso do contexto, uma suposição razoável seria que, na eventualidade de esses símbolos poderem ser simplificados, o receptor os compreenderá mais facilmente. Além disso, se os símbolos dos tipos preferidos pelos receptores são utilizados, eles se mostrarão mais receptivos. Tal suposição está por trás da idéia de **facilidade (acessibilidade) para leitura**, que designa o processo de tornar os textos e os diálogos mais compreensíveis.[5]

A Figura 3.2 oferece algumas diretrizes para a preparação de um texto mais acessível para os leitores. As orientações são aplicadas, então, para demonstrar como a redação complexa da versão original de um parágrafo pode ser simplificada na segunda versão. Quando for escrever o próximo relatório para seus colegas, verifique se as idéias apresentadas na Figura 3.2 foram praticadas de forma bem-sucedida antes de submetê-lo.

FIGURA 3.2
Escrita Clara: Diretrizes e um Exemplo

Fonte: Adaptado de *Readingease: The Key to Understanding*, Equipe de Relações com os Funcionários, General Motors Corporation.

Diretrizes para a Preparação de um Texto mais Acessível

- Sempre utilize palavras e sentenças *simples* e *familiares*, como "melhorar" em vez de "aprimorar" e "como" no lugar de "de maneira similar a". Isso facilita a tarefa do leitor e faz que haja uma probabilidade maior de compreensão.
- Utilize *pronomes pessoais* como "você" e "eles", se o estilo permitir, pois auxiliam o receptor a identificar-se com a mensagem.
- Empregue *ilustrações, exemplos e gráficos*. Lembre-se de que "uma imagem vale por mil palavras".
- Use *sentenças e parágrafos curtos*. Você quer expressar seus pensamentos de maneira eficiente. Evite a utilização excessiva de conjunções e divida os parágrafos longos em menores.
- Utilize *verbos de ação*, por exemplo, "O gerente decidiu..." no lugar de "O gerente chegou à conclusão de que...". Palavras que representam uma ação têm mais impacto.
- Use somente palavras *necessárias*. Na sentença: "As más condições do tempo serviram para adiar minha viagem", a palavra "condições" é desnecessária e a expressão "serviram para adiar" poderia ser reduzida. Você pode dizer apenas: "O mau tempo atrapalhou minha viagem".
- Utilize uma estrutura *clara*. Use títulos e subtítulos para demonstrar que está seguindo um roteiro. Aplique técnicas de ênfase (negrito, sublinhado ou itálico) para ressaltar as idéias que você acredita serem as mais importantes. Inclua listas auxiliares com os pontos principais, destacadas por números ou marcadores.

Grande parte da literatura organizacional que é enviada para funcionários e clientes contém um nível de dificuldade elevado em relação aos padrões utilizados para facilidade de leitura. Manuais de funcionários, códigos de conduta, relatórios anuais para os acionistas, manuais de montagem de produtos, planos estratégicos e contratos sindicais são classificados como "difíceis" ou "muito difíceis". Essas avaliações indicam que a redação desses textos está acima da capacidade de leitura até mesmo de adultos típicos.

O monitoramento da facilidade para leitura e a simplificação de um documento são tarefas críticas para a comunicação. Muitos membros da força de trabalho dos Estados Unidos, por exemplo, experimentam alguma dificuldade associada à língua. *Milhões de norte-americanos são analfabetos funcionais*. Isso significa que nem sempre eles possuem as habilidades de leitura necessárias para compreender até mesmo as descrições mais simples de atividades ou as ordens de trabalho que lhes são confiadas. Além disso, à medida que contingentes cada vez maiores de trabalhadores são contratados em cenários culturais diferenciados, o inglês se torna uma segunda língua para muitos deles. Isso significa que muitos termos e frases da língua inglesa, usuais para vários trabalhadores, podem soar estranhos a outros. Esse tipo de linguagem deverá ser evitado, ou pelo menos esclarecido. Como o propósito principal da comunicação é fazer que sejamos compreendidos, devemos claramente considerar as necessidades dos receptores e adaptar nosso uso das palavras ao nível *deles*.

Figuras Um segundo tipo de símbolo é a figura, utilizada para esclarecer a comunicação feita por meio das palavras. As organizações usam extensivamente figuras, como plantas, gráficos de progresso, diagramas tipo espinha de peixe, mapas de causa e efeito, assistentes visuais para os programas de treinamento, modelos em escala de produtos e instrumentos semelhantes. As figuras podem oferecer imagens visuais poderosas, conforme é sugerido pelo provérbio: "Uma imagem vale por mil palavras". Para ser mais eficaz, contudo, as figuras devem ser combinadas com palavras e ações cuidadosamente escolhidas para contar uma história completa.

> Certa organização, Lake Superior Paper Industries, planejava construir uma instalação de última geração para a fabricação de papel. Por causa da complexidade da tecnologia envolvida, do custo de construção de US$ 400 milhões e dos sérios impactos que poderiam ser causados por quaisquer atrasos na construção da fábrica, a companhia decidiu construir um modelo tridimensional do tamanho de uma sala com todos os prédios e seus conteúdos. Os funcionários da companhia alegaram que essa "figura" única, desenvolvida ao custo de mais de US$ 1 milhão, lhes havia economizado uma quantidade muitas vezes superior àquela, ao permitir que os projetistas e os encarregados da construção vislumbrassem precisamente quais problemas de projeto poderiam ocorrer antes que conflitos custosos surgissem de fato.

Ação (Comunicação Não-verbal)

As ações têm significado.

Um terceiro tipo de símbolo de comunicação é a ação, também conhecida como **comunicação não-verbal**. As pessoas freqüentemente se esquecem de que aquilo que fazem é um meio de comunicação, em virtude de suas ações estarem sujeitas à interpretação por outros indivíduos. Um aperto de mão e um sorriso, por exemplo, possuem um significado. Um aumento de salário ou um atraso em uma reunião também têm significado.

Dois pontos significativos sobre as ações são normalmente ignorados. Um ponto é que *a falha ao agir é uma maneira importante de comunicar-se*. Um gerente que falha em elogiar um funcionário por um trabalho bem-feito ou que falha em proporcionar os recursos prometidos está enviando uma mensagem para essas pessoas. Como enviamos mensagens tanto por ação quanto por ausência de ação, comunicamo-nos praticamente o tempo todo no trabalho, *independentemente de nossas intenções*.

Um segundo ponto é que *as ações falam mais alto que as palavras*, pelo menos no longo prazo. Os gerentes que dizem uma coisa 'mas fazem outra' logo descobrirão que seus funcionários "ouvem" essencialmente as coisas que eles fazem. O *comportamento* de um gerente é sua dica social mais forte. Um exemplo típico disso é um executivo que defende verbalmente a adoção de um comportamento ético, mas reiteradamente viola o próprio código de conduta da empresa. Os funcionários recebem sinais confusos e podem achar mais conveniente imitar as ações antiéticas do executivo.

Os gaps de credibilidade causam problemas.

Quando há uma diferença entre aquilo que uma pessoa diz e o que ela pratica, ocorre um **gap de credibilidade**. A credibilidade nas comunicações é baseada em três fatores: confiança, expertise e dinamismo.[6] Esses três fatores sugerem que os gerentes devem agir com integridade, manifestar-se a partir de uma base forte de conhecimento e transmitir sua mensagem com confiança e entusiasmo.

Embora o processo de construção de credibilidade de um gerente possa levar anos para ser executado, apenas alguns poucos instantes são necessários para destruí-la. O exemplo apresentado a seguir demonstra como um grande *gap* de credibilidade pode resultar na perda de confiança em um líder:

> Willie Beacon, gerente regional de um escritório de vendas, enfatizava a idéia de que ele dependia de seus funcionários para auxiliá-lo a fazer um bom trabalho porque, segundo suas próprias palavras, "Vocês, da equipe de vendas, são aqueles que estão em contato direto com o cliente e que obtêm muitas informações preciosas e sugestões úteis". Na maior parte das reuniões de vendas, ele dizia que sempre seriam bem-vindas as sugestões e as idéias dos funcionários. Mas eis como ele traduzia suas palavras em ações: em algumas dessas reuniões, o cronograma de discussões estava tão apertado que, quando ele encerrava suas considerações iniciais, não havia mais tempo para ninguém apresentar problemas nem sugestões; além disso, ele sequer tolerava interrupções durante suas intervenções, porque reclamava que cortavam seu raciocínio.
>
> Se uma pessoa de vendas tentasse apresentar uma sugestão no escritório de Willie, ele normalmente iniciava sua fala da seguinte forma: "Bem, estou feliz por você ter trazido suas sugestões". Em pouco tempo, contudo, ele direcionava a conversa para algum tópico que estivesse em sua mente, alegava que teria um compromisso qualquer ou encontrava qualquer outra coisa que fizesse que ele nunca chegasse a discutir a sugestão. As poucas sugestões que foram apresentadas, Willie recusou alegando que: "Sim, pensei nisso há muito tempo, mas não funcionou". O resultado foi que ele passou a não receber mais nenhuma sugestão. Suas ações falaram mais alto que suas palavras. Seu *gap* de credibilidade era muito grande para ser superado pelos funcionários.

A linguagem corporal proporciona significado.

Uma importante parte da comunicação não-verbal é a **linguagem corporal**, por meio da qual as pessoas comunicam algum significado para os demais indivíduos com seus corpos em uma interação interpessoal. A linguagem corporal é um importante complemento da comunicação verbal em muitas partes do mundo.

As expressões faciais são fontes de linguagem corporal especialmente importantes nas situações do trabalho. Exemplos disso são: o contato visual, o movimento dos olhos, os sorrisos e os franzidos, e a disposição das sobrancelhas. Em um caso, o gerente franziu o cenho quando um funcionário transmitiu-lhe uma sugestão, e o funcionário interpretou esse movimento como uma rejeição, mas, de fato, tratava-se de uma dor de cabeça. Em outro, um sorriso dado em um momento inadequado foi interpretado como sorriso desdenhoso, o que produziu uma discussão. As dicas não-verbais podem ser tanto inadvertidas, como nos exemplos anteriores, quanto intencionais, adicionando, dessa forma, mais complexidade ao processo de comunicação. Outros tipos de linguagem corporal são: o contato físico, os movimentos com as mãos e com os quadris, o ato de inclinar-se para a frente ou para trás, o cruzamento de braços e pernas e os movimentos de suspirar ou bocejar. Apesar da riqueza de dados disponíveis sobre dicas não-verbais, sua interpretação é altamente subjetiva e repleta de espaços para erros potenciais. Recomenda-se a adoção de uma postura cautelosa.

O Impacto das Barreiras no Processo de Comunicação

Até agora, foi revisada uma amostra das barreiras que impedem o intercâmbio de comunicações entre duas pessoas. Como próximo passo, seria útil examinar quais das barreiras exercem impacto nos oito passos do processo de comunicação mencionados anteriormente na Figura 3.1. Isso permite que os gerentes, no papel de estudantes do comportamento organizacional, direcionem sua atenção para a minimização dos efeitos de barreiras específicas.

A Figura 3.3 sugere que as barreiras pessoais possuem um efeito mais significativo nas comunicações. As emoções podem afetar o desenvolvimento de uma idéia para apresentação, o método e a forma para sua transmissão, o modo como ela é decodificada e, mais certamente, se ela é aceita ou não. As habilidades para ouvir (discutidas nas páginas 59-61) têm impacto profundo na eficácia de como uma mensagem é recebida e interpretada (decodificação). Os sentimentos de distanciamento psicológico afetam amplamente o recebimento, a aceitação e o uso de uma mensagem, além da qualidade do feedback oferecido para o emissor.

As barreiras físicas, como ruído e distância geográfica, afetam essencialmente a transmissão e a recepção das mensagens, enquanto as questões semânticas e a variedade de símbolos para comunicação criam problemas, mais freqüentemente, durante os estágios de codificação, decodificação e recepção. A mensagem que deve ser deixada para os gerentes é que as barreiras podem — e vão — afetar a eficácia das comunicações em todos os seus oito estágios. Os participantes ativos do

FIGURA 3.3
Principais Impactos das Barreiras nos Passos do Processo de Comunicação

Passos do Processo de Comunicação	Barreiras Pessoais			Barreiras Físicas		Barreiras Semânticas	
	Emoções	Audição	Distância Psicológica	Ruído	Distância Geográfica	Semântica	Símbolos
1. Desenvolvimento	X						
2. Codificação						X	X
3. Transmissão	X			X	X		
4. Recepção		X	X	X	X		
5. Decodificação	X	X				X	X
6. Aceitação	X		X			X	
7. Uso			X				
8. Feedback			X				

processo de intercâmbio de comunicações — de modo semelhante ao de dois acrobatas no trapézio — não devem relaxar em momento algum, ou as conseqüências negativas poderão ser duradouras.

COMUNICAÇÃO DESCENDENTE

A **comunicação descendente** em uma organização representa o fluxo de informação dos níveis de autoridade mais altos em direção aos níveis de autoridade mais baixos. Praticamente metade das comunicações gerenciais é realizada com os subordinados, sendo o restante dividido entre superiores, pares e receptores externos. Para comunicar-se de forma descendente, alguns executivos utilizam materiais coloridos, apresentações chamativas de PowerPoint e encontros extremamente elaborados com seus funcionários. Tais abordagens, embora consigam prender a atenção de seus espectadores, freqüentemente fracassam na tentativa de fazer que os funcionários compreendam seus conteúdos — uma das metas da comunicação. A chave para uma comunicação melhor não se encontra somente no uso de cor, movimento e assistentes eletrônicos, mas na apresentação da informação por gerentes mais sensíveis, que preparam suas mensagens de maneira mais cuidadosa e as transmitem com simplicidade, energia e dedicação. Os gerentes que se comunicam com sucesso são sensíveis às necessidades humanas e estão abertos a um diálogo franco com seus funcionários.

Pré-requisitos e Problemas

Quatro pré-requisitos

Parte do fracasso da administração pode ser atribuída ao fato de ela não se preparar adequadamente para a realização de uma comunicação eficaz. Ela fracassou no estabelecimento de uma boa fundação, o que fez que seu edifício da comunicação fosse construído sobre areia. Uma fundação sólida possui quatro pilares que agem como pré-requisitos para uma abordagem efetiva. Primeiro, os gerentes necessitam *desenvolver uma atitude positiva em relação à comunicação*. Eles devem convencer-se de que a comunicação é uma parte importante do seu dia-a-dia, conforme nos revelam, de modo convincente, pesquisas sobre responsabilidades gerenciais. Em segundo lugar, os gerentes devem esforçar-se continuamente para se *manter informados*. Eles precisam buscar as informações relevantes de interesse dos funcionários, compartilhá-las e auxiliar os funcionários a se sentir informados. Em terceiro, os gerentes precisam, de maneira consciente, *planejar a comunicação*, e devem fazer isso no começo de um curso de ação. Finalmente, os gerentes têm de *desenvolver confiança*; conforme mencionado anteriormente, a confiança entre emissores e receptores é importante em todas as comunicações. Caso os subordinados não confiem em seus superiores, eles não terão a mesma inclinação para ouvir as mensagens da administração ou para acreditar nelas.

> Considere o caso de dois funcionários da mesma empresa que receberam a instrução de seu gerente para não discutir salários entre si, pois o outro poderia ficar infeliz ao descobrir que recebe um salário menor. Em uma ocasião posterior, durante a festa de ano-novo, eles começam a conversar sobre seus salários e descobrem estar ganhando os mesmos valores. Quais serão seus níveis de confiança com seu gerente no futuro?

> ### Uma Questão Ética
>
> Sua organização acabou de anunciar que realizará um corte de 15% para "adequar" o quadro de pessoal a um mercado em redução. Com 22 pessoas que se reportam diretamente a você, isso pode ser traduzido no corte de três ou quatro pessoas, e você já submeteu uma lista prioritária de três, quatro ou cinco pessoas que poderiam ser candidatas a essa redução do quadro. Contudo, você recebeu um pedido para manter a lista em segredo até que a alta gerência finalize seus alvos para redução. Nesse meio-tempo, uma das cinco pessoas que você havia identificado para corte vem até você e pergunta sobre as chances de ser mantida no emprego após a redução do quadro de funcionários. Você acredita ser ético contar-lhe a verdade? Por quê?

A qualidade é preferível à quantidade.

Sobrecarga de Comunicação Os gerentes, algumas vezes, operam com a filosofia de que mais comunicação implica uma comunicação melhor. Eles oferecem quantidades enormes de informação até o ponto em que os funcionários descobrem que estão sobrecarregados de dados, mas que sua compreensão não foi ampliada. O que ocorre, nesse caso, é uma **sobrecarga de informação**, um processo em que os funcionários recebem mais entradas de comunicação do que necessitam ou podem processar. As chaves para uma comunicação melhor são a oportunidade e a qualidade adequadas, não a quantidade. É possível ter uma compreensão mais ampla com menos comunicação total, caso ela seja de alta qualidade e transmitida no momento oportuno.

Aceitação de uma Comunicação Conforme apontado anteriormente, a aceitação de uma mensagem pelo seu receptor é crucial; sem a aceitação, a comunicação torna-se ineficaz. Diversas condições favorecem a aceitação de uma comunicação:

- O reconhecimento da legitimidade do emissor para enviar uma mensagem.
- A percepção da credibilidade da mensagem recebida.
- A percepção da competência do emissor com relação à questão.
- A confiança no emissor como líder e como indivíduo.
- A aceitação das tarefas e das metas que a comunicação busca realizar.
- Poder, por parte do emissor, para aplicar sanções sobre o receptor, direta ou indiretamente.

Se a sobrecarga puder ser prevenida e a possibilidade de aceitação for assegurada com o uso dessas seis condições, os gerentes poderão, assim, voltar suas atenções para a satisfação das quatro importantes necessidades de comunicação dos funcionários.

Necessidades de Comunicação

Os funcionários nos níveis hierárquicos inferiores possuem diversas necessidades de comunicação. Os gerentes acreditam conhecer as necessidades dos funcionários, mas eles freqüentemente não pensam dessa forma.[7] Essa diferença fundamental na percepção tende a existir em todos os níveis da organização, tornando, assim, as comunicações mais difíceis. Ela também faz que a comunicação descendente seja excessivamente confiante e provavelmente não tenha o cuidado necessário com suas mensagens enviadas para os níveis hierárquicos mais baixos.

Instrução sobre o Trabalho Uma necessidade dos funcionários refere-se à instrução adequada com relação a seu trabalho. Os gerentes obtêm resultados mais expressivos, caso eles declarem suas instruções em termos das exigências objetivas das atividades, bem como das oportunidades e das áreas com problemas potenciais. As conseqüências decorrentes de instruções inadequadas de trabalho podem ser desastrosas, como no exemplo a seguir:

> Um fabricante de pequenas ferramentas contratou um novo representante comercial, conduziu-o em uma visita pela fábrica, ofereceu-lhe uma cópia do catálogo de produtos e determinou-lhe um território de atuação. Em poucas semanas, o representante exultantemente apresentou um pedido para 100 mil unidades de uma ferramenta multiuso. Somente então a companhia percebeu que havia se esquecido de dizer-lhe que aquele produto nunca era oferecido para seus consumidores porque o preço definido para a ferramenta era bem abaixo do custo para a companhia produzi-la (para acompanhar o preço de um competidor). O resultado foi que a companhia perdeu mais de US$ 10 mil em apenas um pedido!

A necessidade de informações objetivas é especialmente importante para funcionários em um novo cargo ou nova organização. Eles rapidamente tornam-se insatisfeitos, pois suas experiências normalmente entram em conflito com a realidade. Para prevenir essa insatisfação, as companhias estão utilizando **previsões realistas sobre o trabalho**, nas quais são oferecidas pequenas amostras da realidade da organização para os candidatos aos cargos. Uma previsão realista minimiza as expectativas exageradas dos funcionários por oferecer informações tanto positivas quanto negativas sobre o ambiente potencial de trabalho. Quando esse método é utilizado, a rotatividade dos funcionários é reduzida.

> A rotatividade é reduzida quando são oferecidas previsões realistas sobre o trabalho.

Feedback de Desempenho Os funcionários também necessitam de feedback sobre seus desempenhos. O feedback ajuda a orientá-los sobre o que fazer e sobre quão bem eles estão alcançando suas metas. Ele demonstra que outras pessoas estão interessadas naquilo que eles estão fazendo. Considerando que o desempenho seja satisfatório, o feedback aumenta a auto-imagem e o sentimento de competência dos funcionários. Geralmente, o **feedback de desempenho** leva à melhoria tanto no desempenho quanto nas atitudes.

> O desempenho é melhorado com o oferecimento de feedback.

Dar feedback é uma tarefa desafiadora para muitos gerentes. Esse processo é discutido com maior profundidade no Capítulo 6. Alguns funcionários dedicados adotam um **comportamento orientado para a busca de feedback**, no qual procuram por informações sobre seus desempenhos anteriores e possíveis áreas para aperfeiçoamento. Os indivíduos orientados para a busca de feedback podem ativamente monitorar as dicas referentes ao seu próprio desempenho ("Este relatório afirma que ainda estou 3% acima do meu orçamento.") e questionar seus progressos ("Como estou indo?"). Os funcionários têm maior probabilidade de adotar um comportamento orientado para a busca de feedback nos casos em que eles possuam forte motivação associada às suas competências e grande incentivo para auto-avaliação, se atualmente há carência de feedback vindo dos outros, e quando não há expectativa de que resultados possam afetar negativamente sua auto-estima.[8] Os gerentes devem estimular esse comportamento e procurar satisfazer as necessidades dos funcionários por informações relacionadas ao desempenho.

> Comportamento orientado para a busca de feedback

Notícias As mensagens descendentes devem atingir os funcionários na forma de notícias recentes e oportunas, não como mera confirmação daquilo que já se tenha tornado público por meio de outras fontes. Os funcionários são impacientes, e esse comportamento, até certo ponto, está correto, visto que não se pode agir de forma eficaz com base em informações antigas. No passado, os empregadores distribuíam informações por boletins, anúncios no quadro de avisos ou encartes nos envelopes de pagamento. Os métodos mais contemporâneos incluem circuitos fechados de televisão, mensagens diárias pré-gravadas que os funcionários podem receber ao discar certo número (mesmo a partir de suas casas), sistemas de correio eletrônico e páginas na Internet.

A empresa de fabricação de aeronaves McDonnell Douglas ampliou intensamente seu programa de disseminação de notícias. Redatores preparam boletins diários, mensais e trimestrais sobre uma vasta quantidade de tópicos operacionais (custos, números sobre desperdício, relatórios sobre progressos, preços das ações da companhia e problemas em geral). Esses boletins são transmitidos eletronicamente para todos os membros associados ao programa — funcionários, clientes, fornecedores e administração. Todos são mantidos informados, e prontamente.[9]

Apoio social Outra necessidade de comunicação que os funcionários possuem no trabalho é o **apoio social**, que é a percepção de que eles são assistidos, estimados e valorizados. Quando sensibilidade interpessoal e confiança são demonstradas pelos gerentes, pode haver impactos positivos sobre a saúde física e psicológica dos funcionários, bem como sobre a satisfação e o desempenho no trabalho. Observe, contudo, que se os gerentes comunicarem informações sobre a realização de tarefas, tópicos sobre a carreira, questões pessoais; derem feedback sobre desempenho; ou responderem a questões formuladas, eles registrarão aumento no sentimento de apoio social por parte dos funcionários.[10] Aparentemente, a *presença* da comunicação (e sua distribuição cuidadosa), e não o tópico comunicado, é o aspecto importante na satisfação dessa necessidade particular.

COMUNICAÇÃO ASCENDENTE

Se o fluxo de informação de duas vias for interrompido por uma **comunicação ascendente** inadequada, a administração perde contato com as necessidades dos funcionários e fica carente de informações suficientes para tomar decisões sólidas. Ela fica, dessa forma, incapaz de proporcionar apoio social e nas atividades, necessário para os funcionários. A administração precisa estar em sintonia com os funcionários, do mesmo modo que uma pessoa que tem um rádio precisa sintonizar determinada estação. Esse processo requer iniciativa, ações positivas, sensibilidade para captar sinais fracos e capacidade de adaptação aos diferentes canais de informação dos funcionários. Ele exige, fundamentalmente, a consciência e a crença de que as mensagens ascendentes são importantes, como mostrado no exemplo a seguir:

> A necessidade de comunicação ascendente é demonstrada pela difícil experiência pela qual passou uma empresa de montagem que cresceu rapidamente nos últimos três anos. Apesar dos padrões de trabalho, da pressão dos supervisores e de extensiva comunicação descendente, os funcionários careciam de entusiasmo e a produtividade declinava.
>
> Finalmente, a administração trouxe uma equipe de entrevistadores do escritório central. Muitas das reclamações eram pequenas, mas parecia haver um sentimento generalizado entre os supervisores e os funcionários mais antigos de que, à medida que a companhia crescia, se tornavam cada vez mais separados da alta direção. Eles se sentiam isolados e incapazes de discutir seus problemas com alguém. Gradualmente, eles passaram a ficar distantes da administração e tendiam a difundir esse sentimento entre os novos funcionários que estavam sendo contratados conforme a companhia se expandia.
>
> Tão logo a administração descobriu o problema básico, foi capaz de adotar ações corretivas. Contudo, a maior parte das dificuldades poderia ter sido prevenida se os gerentes houvessem desenvolvido procedimentos eficazes, com bastante antecedência, para estimular a comunicação ascendente.

Dificuldades

Atraso

Vários problemas afetam as comunicações ascendentes, especialmente em organizações maiores e mais complexas. O primeiro deles é o *atraso*, que é o movimento desnecessariamente lento das informações em direção aos níveis hierárquicos superiores. Alguns gerentes indecisos hesitam em levar um problema para os níveis hierárquicos mais altos, porque isso sinalizaria admissão de fracasso; dessa forma, cada nível atrasa a comunicação enquanto decide sobre como resolver o problema. O segundo problema, que se encontra intimamente relacionado ao primeiro, é a *filtragem*. Essa triagem parcial de informações ocorre em razão da tendência natural de um funcionário em relatar apenas aquilo que ele acredita que seu supervisor deseja ouvir.

Filtragem

Silêncio

Um resultado extremo da filtragem é o **silêncio organizacional**, que diz respeito à retenção consciente ou inconsciente de informações sobre problemas ou questões potenciais por parte dos funcionários.[11] O resultado, lamentavelmente, é a transmissão incompleta de informações para a alta gerência. O silêncio organizacional normalmente é causado por dois fatores: medo de repercussão negativa ao relatar os fatos (a intolerância do gerente em relação ao contraditório) ou a manutenção da idéia de que uma única voz não terá força suficiente para ser ouvida.

Pode haver razões legítimas para a filtragem, como a mensagem total ser exageradamente técnica ou a informação ter caráter especulativo e exigir confirmação adicional. Em alguns casos, o supervisor pode ter solicitado anteriormente aos funcionários que eles apenas transmitissem os pontos mais importantes de determinada situação. Essas explicações ressaltam o fato de que a filtragem não é necessariamente um problema nas comunicações.

Necessidade de resposta

Algumas vezes, em um esforço para evitar a filtragem, as pessoas ignoram seus superiores diretos, o que significa que poderiam saltar uma ou mais etapas na hierarquia das comunicações. De um ponto de vista positivo, isso reduz a quantidade de filtragem e de atrasos; de um ponto de vista negativo, uma vez que isso desagrada os indivíduos que são ignorados, os empregadores normalmente desencorajam tal abordagem. Outro problema refere-se à *necessidade de resposta* legítima por parte dos funcionários. Visto que os funcionários iniciam a comunicação ascendente, eles agora são os emissores e passam a ter grande expectativa de que ocorrerá feedback (o mais rápido possível). Caso a administração dê uma resposta rápida, mais mensagens ascendentes serão estimuladas. Por outro lado, a ausência de respostas eliminará a chance de futuras comunicações ascendentes.

A distorção é desagregadora e antiética.

Uma última dificuldade de comunicação diz respeito à *distorção*, que é a modificação voluntária de uma mensagem com a intenção de satisfazer os objetivos pessoais de um indivíduo. Alguns funcionários, por exemplo, podem exagerar suas realizações, com a esperança de receberem mais reconhecimento ou maiores aumentos salariais. Outros, porém, podem encobrir dificuldades nos seus departamentos para evitar uma confrontação dolorosa com seus superiores. Qualquer tipo de distorção de mensagem diminui a capacidade dos gerentes de obter informações precisas e de tomar

> ## Diversidade nas Comunicações
>
> Os homens e as mulheres utilizam os mesmos padrões de comunicação? Pesquisas sobre estilos de comunicação baseados em gênero começam a mostrar algumas diferenças fascinantes entre os dois grupos. Vários estudos têm explorado se homens e mulheres usam estilos diferentes (aprendidos) de comunicação.
>
> Em geral, homens e mulheres apresentam uma diversidade acentuada no modo como se comunicam no trabalho. Os homens enfatizam poder, enquanto as mulheres ressaltam o *rapport*; os homens têm uma probabilidade maior que as mulheres de reclamar crédito por seus feitos; os homens tendem a desdenhar sua incerteza no lugar de admiti-la; as mulheres formulam questões para aprender mais, enquanto os homens temem que perguntar possa fazê-los parecer ignorantes; as mulheres se desculpam mais formalmente, trocam cumprimentos entre si, incentivam o recebimento de um feedback honesto e suavizam suas críticas com elogios; os homens buscam janelas de oportunidade, participam de discussões formais e buscam reconhecimento. Em geral, os homens tendem a falar mais diretamente, enquanto as mulheres preferem uma abordagem indireta.
>
> **Fontes:** TANNEN, Deborah. *The Power of Talk:* Who Gets Heard and Why?. *Harvard Business Review,* set./out. 1995 p. 138-148, TANNEN, Deborah. *You Just Don't Understand:* Women and Men in Conversation. Nova York: William Morrow, 1990; TANNEN, Deborah. *Talking from 9 to 5.* Nova York: Avon Books, 1995.

decisões esclarecidas. Pior ainda, ela representa um comportamento antiético que pode destruir a confiança entre duas partes. Os gerentes têm de reconhecer o potencial para a existência de todos esses problemas com as comunicações ascendentes e procurar ativamente preveni-los.

Práticas da Comunicação Ascendente

Um ponto de partida para a construção de comunicações ascendentes mais aperfeiçoadas é o estabelecimento de uma política geral que determine quais sejam os tipos de mensagens ascendentes desejadas. Isso pode incluir as áreas em que a alta administração seja responsável, os tópicos controversos, os assuntos que requeiram aconselhamento gerencial, quaisquer exceções às políticas corporativas ou quaisquer mudanças que sejam recomendadas. Além das declarações da política corporativa, várias práticas são necessárias para aprimorar as comunicações ascendentes. Sessões de aconselhamento, sistemas de registro de reclamações, gestão participativa, sistemas para o recebimento de sugestões, pesquisas sobre a satisfação no trabalho e outras práticas serão discutidos em capítulos posteriores. As práticas adicionais discutidas neste ponto são: o questionamento, a capacidade de ouvir, as reuniões com os funcionários, as políticas de porta aberta ou de transparência, e a participação em grupos sociais.

Questionamento Os gerentes podem encorajar a comunicação ascendente ao fazer boas perguntas. Essa prática demonstra aos funcionários que a administração tem interesse em suas opiniões, que gostaria de receber informações adicionais e que valoriza seu *input*. As perguntas podem assumir formas variadas, mas os tipos mais comuns são o aberto e o fechado. As **questões abertas** introduzem um tópico amplo e oferecem aos outros uma oportunidade para respondê-las de várias maneiras. "Como estão indo as coisas?" é uma pergunta aberta clássica, e as respostas recebidas podem proporcionar dicas valiosas para serem seguidas pelo gerente. Por outro lado, as **questões fechadas** enfocam tópicos mais restritos e convidam o receptor a oferecer uma resposta específica. Um exemplo é: "Quais são as implicações sobre os custos do plano de aposentadoria antecipada proposto?". Tanto questões abertas quanto fechadas podem ser utilizadas para iniciar as comunicações ascendentes, especialmente se elas produzirem diálogo e pensamento reflexivo. Independentemente de as questões terem sido bem formuladas, elas serão inúteis, no entanto, se não forem acompanhadas de capacidade habilidosa de ouvir e as respostas não tiverem seu significado explorado.

Habilidade para ouvir Uma **audição ativa** representa mais que simplesmente ouvir; ela exige o uso dos ouvidos e da mente. Uma audição eficaz opera em dois níveis — ela ajuda os receptores a compreender tanto a idéia factual quanto a mensagem emocional desejada pelo emissor. Bons ouvintes não somente ouvem o que a outra pessoa está dizendo, mas também captam os sentimentos e as emoções daquele indivíduo. Igualmente importante, os gerentes que ouvem de forma eficaz sinalizam com a mensagem de que se importam com seus funcionários. Embora muitas pessoas não sejam ouvintes habilidosas, elas podem melhorar suas habilidades com o desejo de aperfeiçoamento e pela intensa prática. Os participantes dos cursos de habilidades para ouvir aprendem a: evitar "sonhar acordado", centrar no objetivo do emissor, considerar as evidências, buscar exemplos e dicas sobre o significado, e utilizar o tempo livre para revisar mentalmente aquilo que já havia sido dito. Outras sugestões para audição ativa são apresentadas na Figura 3.4.

Reuniões com Funcionários Um método muito útil para construir comunicação ascendente é a realização de reuniões com pequenos grupos de funcionários. Nessas "assembléias", os funcionários são estimulados a falar sobre seus problemas, suas necessidades e sobre práticas gerenciais, tanto as que ajudam quanto as que interferem no desempenho do trabalho. A reunião tenta investigar com mais detalhes algumas questões que estão na mente dos funcionários. Como resultado (assumindo que haja ações de acompanhamento), as atitudes dos funcionários melhoram e a rotatividade diminui.

> Um sistema de reuniões com funcionários é utilizado na Haworth Company, em Holland, Michigan. Os encontros são chamados "sessões de sensibilização" e oferecem oportunidades para os funcionários informarem à administração o que se passa em suas mentes. Algumas questões formuladas pelos gerentes são abertas, usadas tanto para identificar o que está indo bem e o que não está quanto para buscar sugestões para melhorias. Outras questões são mais centradas em assuntos específicos. Lideradas por executivos corporativos, as sessões de sensibilização têm sido úteis na obtenção de idéias, bem como na construção de parcerias e no encorajamento da colaboração para melhorias dentro da organização.[12]

Uma Política de Portas Abertas Uma **política de portas abertas (ou de transparência)** é uma declaração que encoraja os funcionários a virem até seus supervisores ou sua alta gerência com qualquer problema que diga respeito a eles. Normalmente, os funcionários são estimulados a procurar primeiro seus supervisores. Caso seu problema não seja resolvido pelo supervisor, então a gerência superior poderá ser abordada. O objetivo é remover os entraves para a comunicação ascendente. Essa é uma meta valiosa, que nem sempre é fácil de ser implementada, pois freqüentemente existem barreiras reais ou percebidas entre os gerentes e os funcionários. Embora a porta do gerente esteja fisicamente aberta, barreiras psicológicas ou sociais fazem que os funcionários se sintam relutantes em entrar. Alguns funcionários não querem admitir que não possuem as informações necessárias ou que têm um problema. Outros têm medo de cair em desgraça em relação aos seus gerentes, caso levantem questões controversas.

As barreiras podem limitar seu uso.

Uma "porta aberta" é ainda mais eficaz quando os gerentes vão além de suas próprias portas e saem de seus escritórios para ficar com seu pessoal. Essa abordagem reforça a política de portas abertas com uma poderosa dica social. Nessa modalidade, os gerentes aprenderão mais do que jamais aprenderiam, caso ficassem sentados em seus escritórios. A prática pode ser descrita como **gerenciamento por contato direto** — *walk around* (**MBWA**, sigla em inglês), na qual o gerente toma a iniciativa de fazer contato sistematicamente com grande número de funcionários. Ao ir além de suas portas, o gerente poderá não somente descobrir informações essenciais provenientes de seus funcionários, mas também utilizar essa oportunidade para projetar uma atmosfera de suporte. Assim, ambas as partes ganham.

Participação em Grupos Sociais Eventos informais e relaxados de recreação oferecem excelente oportunidade para uma comunicação ascendente não planejada. Esse compartilhamento espontâneo de informações revela situações reais em condições mais vantajosas que a maior parte das comunicações formais. Festas departamentais, eventos esportivos, equipes de boliche, grupos de interesse, piqueniques e outras atividades patrocinadas pelos empregadores são muito úteis nesse sentido. A comunicação ascendente não é o objetivo primordial desses eventos, mas poderá ser um importante subproduto deles.

FIGURA 3.4
Diretrizes para ser um Ouvinte Eficaz

1. **Pare de falar!**
   Você não poderá ouvir se estiver falando.
   Polônio (*Hamlet*): "Dê a todos os homens vossos ouvidos, mas a poucos vossa voz".

2. **Deixe seu interlocutor à vontade.**
   Dê as boas-vindas à pessoa e expresse sua disponibilidade.
   Ajude a pessoa a sentir-se livre para falar ao fazê-la sentir-se confortável.
   Crie uma atmosfera favorável por meio do estabelecimento de *rapport*.

3. **Demonstre ao seu interlocutor que você deseja ouvi-lo.**
   Pareça interessado. Estabeleça contato visual e forneça respostas não-verbais.
   Aja de modo interessado. Não leia suas correspondências enquanto alguém estiver falando.
   Ouça para compreender e não para se opor.
   Preste muita atenção; esteja "presente".

4. **Remova todas as distrações.**
   Não faça rabiscos nem batuque ou mexa com papéis.
   Sugira que a porta seja fechada. Não aceite chamadas telefônicas.

5. **Crie empatia com seu interlocutor.**
   Tente ver o ponto de vista da outra pessoa.
   Conecte-se com o indivíduo compartilhando uma experiência similar.
   Resuma e parafraseie conteúdos para verificar seu nível de entendimento.

6. **Seja paciente.**
   Conceda bastante tempo. Não interrompa o interlocutor. Espere pacientemente as pausas curtas. Não se movimente em direção à porta nem saia andando.

7. **Controle seu temperamento.**
   Faça uma pausa antes de falar ou responder.
   Uma pessoa com raiva obtém o significado errado das palavras.

8. **Aja com moderação em relação a discussões e críticas.**
   Essas abordagens colocam o interlocutor na defensiva e ele pode fechar-se ou tornar-se enraivecido.
   Não discuta. Mesmo quando ganha, você está perdendo.

9. **Faça perguntas relevantes.**
   Fazer perguntas estimula o interlocutor e demonstra para a pessoa que você está ouvindo.
   Questione sobre sentimentos subjacentes e conteúdos ocultos. Isso ajuda a desenvolver mais outros pontos e demonstra emoções relevantes.

10. **Pare de falar!**
    Essa diretriz vale tanto no início quanto no fim, pois todo o restante depende dela.
    Você não poderá ser um ouvinte eficaz enquanto estiver falando.

    - A natureza deu às pessoas dois ouvidos, mas somente uma boca, o que é um bom indicativo de que elas deveriam ouvir mais do que falar.
    - A audição requer dois ouvidos, um para o significado e outro para o sentimento.
    - Os tomadores de decisões que não ouvem têm menos informação para tomar decisões mais sólidas.

OUTRAS FORMAS DE COMUNICAÇÃO

Nem toda comunicação ocorre necessariamente de maneira ascendente ou descendente em relação à hierarquia da organização, nem toda comunicação é formalmente prescrita pela empresa, nem toda comunicação ocorre no local de trabalho ou pela interação frente a frente. Esta seção oferece uma visão geral da comunicação lateral e do impacto de algumas formas eletrônicas de comunicação.

Comunicação Lateral

Comunicação cruzada

Os gerentes utilizam uma quantidade considerável de **comunicação lateral**, ou *comunicação cruzada*, que é a comunicação que flui entre as cadeias de comando. Ela é necessária para a coordenação de trabalhos com as pessoas em outros departamentos. Ela também é realizada porque as pessoas preferem a informalidade da comunicação lateral ao processo ascendente/descendente da cadeia oficial de comando. A comunicação lateral é freqüentemente o padrão dominante na administração.

Integradores

Os funcionários que exercem papel significativo na comunicação lateral são denominados **integradores**. Os funcionários integradores possuem fortes laços de comunicação dentro de seus departamentos, com pessoas de outras unidades e, freqüentemente, com pessoas da comunidade externa. Essas conexões com as outras unidades permitem aos integradores reunir grande quantidade de informação, que eles podem filtrar ou passar para os outros, o que lhes dá uma fonte de *status* e poder potencial.

Networking

Redes Embora os integradores obtenham seus papéis por meio de responsabilidades formais associadas às tarefas, várias outras comunicações ocorrem de maneira bem menos formal. Uma **rede** representa um grupo de pessoas que desenvolve e mantém contatos para trocar informações de modo informal, normalmente acerca de um interesse comum. Um funcionário que se torna ativo em um grupo como este está realizando **networking**. Embora as redes possam existir tanto dentro quanto fora de uma companhia, em geral elas são construídas em torno de interesses externos, como recreação, clubes sociais, *status* das minorias, grupos profissionais, interesses relacionados à carreira e encontros de negócios.

> Deb Caldwin, engenheira, pertence a uma rede de pesquisadores que mantêm contato por meio de encontros profissionais e, eventualmente, por telefone. Ela também é uma excelente jogadora de golfe e faz parte da rede de jogadores de golfe do clube de campo local. Dessa forma, ela se encontra pessoalmente com os principais executivos de várias corporações locais, bem como com outras pessoas influentes de sua área. Alguns de seus contatos são relacionados ao mundo dos negócios; alguns, relacionados à sua carreira; e outros são puramente sociais.

As redes ajudam a ampliar os interesses dos funcionários, a mantê-los mais informados sobre os novos avanços tecnológicos e a torná-los mais visíveis para os outros. Elas auxiliam os funcionários a descobrir quem sabe o quê, até mesmo a identificar quem conhece aqueles que têm conhecimento. Como resultado, um membro alerta de uma rede pode obter acesso a pessoas influentes e centros de poder ao identificar pontos comuns em históricos, laços de amizade, papéis organizacionais complementares ou laços comunitários. Ao conseguir informações relacionadas ao trabalho e desenvolver relacionamentos de trabalho produtivos por meio de redes eficazes, os funcionários adquirem habilidades valiosas e podem executar melhor suas atividades. Diversas sugestões práticas para o desenvolvimento de redes são apresentadas na Figura 3.5.

Ouvidor (Ombudsman) Outro instrumento para incrementar a comunicação é a adoção de um **ouvidor**. Essa posição foi criada para receber e responder a perguntas, reclamações, solicitações para esclarecimento de certas políticas, ou alegações de condutas inapropriadas feitas por funcionários que não se sentem confortáveis em utilizar os canais convencionais da organização. Todos os contatos normalmente são confidenciais para estimular a franqueza. O ouvidor investiga a matéria e intervém sempre que for necessário para desfazer um erro e corrigir o sistema para evitar futuros equívocos. Dessa forma, uma alternativa eficiente para a cadeia de comando é criada, e os funcionários sentem que seus problemas receberão uma atenção justa e imparcial.

Comunicação Eletrônica

Redes eletrônicas

Correio Eletrônico O **correio eletrônico** (e-mail) é um sistema de comunicação baseado em computadores que permite a uma pessoa enviar mensagens para outra — ou para uma centena delas — quase instantaneamente. Ele é armazenado no sistema computacional até que seus receptores

FIGURA 3.5
Sugestões para o Desenvolvimento e a Utilização de uma Rede Pessoal

1. Faça um inventário dos seus recursos pessoais para que você saiba o que tem a oferecer aos outros.
2. Tenha uma idéia clara do seu propósito para o estabelecimento de uma rede ou para sua filiação a ela.
3. Junte-se a um número significativo de organizações comunitárias e contribua com elas.
4. Inicie contatos com pessoas sempre que você possa encontrar (ou criar) uma razão para isso.
5. Compartilhe notícias, informações e idéias com os outros, criando, assim, uma obrigação para a reciprocidade.
6. Busque responsabilidades que o façam ter contato com pessoas-chave.
7. Demonstre para os outros membros da rede que eles podem confiar informações confidenciais a você.
8. Identifique os membros-chave da sua rede — aqueles que possuem o maior nível de influência, conexões e vontade de ajudar.
9. Não hesite em apelar aos membros de sua rede para conselhos em geral, contatos profissionais e outras informações úteis.
10. Encontre várias maneiras para auxiliar seus colegas de rede a satisfazer suas necessidades.

acessem sua rede pessoal de computadores e leiam a mensagem no momento em que acharem apropriado, podendo responder ou não do mesmo modo. Alguns sistemas de correio eletrônico podem enviar mensagens de várias maneiras (como o envio de uma carta para um receptor que não possua computador), e outros podem traduzir as mensagens para uma língua estrangeira.

Em pesquisas realizadas com funcionários, mais de 80% dos usuários declararam que a Internet os havia tornado mais produtivos no trabalho. A maioria dos usuários recebia mais de 20 mensagens eletrônicas relacionadas ao trabalho diariamente, e a maioria deles as respondia em menos de 24 horas. Claramente, as comunicações eletrônicas têm tido impacto profundo nas rotinas de trabalho.

As principais vantagens dos sistemas de correio eletrônico são sua enorme velocidade e sua conveniência. As grandes desvantagens incluem a perda de contato frente a frente, a tentação de enviar mensagens incendiárias (espontâneas, carregadas de emoção), os riscos decorrentes da utilização de acrônimos e "emoticons" (figuras correspondentes às versões dos vários estados de personalidade para conversação eletrônica), que podem ser compreendidos equivocadamente, e as dificuldades associadas à transmissão e à interpretação precisas de emoções e sutilezas em breves mensagens impressas e de alguma forma estéreis.

Como resposta a esses desafios, as organizações começaram a desenvolver políticas de comunicação com referência a: adequação ou não de certos tópicos para e-mails, quem pode estar nas listas de distribuição, que tipo de linguagem é inaceitável e, até mesmo, freqüência com a qual o e-mail deve ser utilizado (quando comparado às mensagens de voz ou aos encontros pessoais). Um campo inteiro de etiqueta associada aos e-mails ("netiquetta") acabou surgindo, com o desenvolvimento de um conjunto de orientações (ver Figura 3.6) para ajudar os gerentes a decidir sobre a melhor maneira de proceder via e-mail.[13]

O psiquiatra Edward Hallowell, que dá aulas na Harvard Medical School, acredita que a era atual da comunicação assistida pela tecnologia criou um desafio totalmente novo, que diz respeito à combinação entre alta tecnologia e grande cuidado. Os gerentes, afirma, devem conectar-se em um nível emocional para que ocorra uma comunicação eficaz — e isso não pode ser feito por mensagem de voz ou por e-mail. Ele defende a criação de um *momento humano* — um encontro autêntico entre duas pessoas, o que exige presença física em um espaço mútuo, entrando em sintonia com o outro psicologicamente e enfocando-o com alta energia. Os benefícios? Menos solidão e isolamento, um sentimento mais significativo associado aos relacionamentos, e maior estímulo intelectual.

Blogs possuem vantagens e desvantagens.

Blogs Um problema especial com as comunicações pode surgir com o aumento do interesse em páginas pessoais na Internet, ou **blogs**. Esses diários on-line são criados e atualizados constantemente por indivíduos que desejam expressar seus pensamentos particulares, reflexões e comentários sobre tópicos que lhes interessam. Em geral, informativos e, algumas vezes, divertidos, os

FIGURA 3.6
Exemplos de Diretrizes para uma "Netiquetta" Relacionada aos E-mails

1. Ofereça para seu receptor um tema informativo para sua mensagem.
2. Indique o grau de urgência segundo o qual uma mensagem deverá ser respondida.
3. Limite o uso de acrônimos e "emoticons", a menos que o receptor esteja amplamente familiarizado com eles e seja receptivo ao seu uso.
4. Seja cauteloso ao encaminhar mensagens e ao respondê-las; certifique-se de que a mensagem esteja sendo enviada apenas para os destinatários corretos.
5. Não assuma que todos estão confortáveis com a utilização de e-mails ou que checam suas caixas de mensagens com a mesma freqüência que você.
6. Cheque sua caixa de entrada várias vezes por dia para verificar quais mensagens têm prioridade e responda-as primeiro. Além disso, tente responder a todas as mensagens restantes em 24 horas.
7. Seja breve.
8. Tenha tanto cuidado na verificação ortográfica e gramatical quanto você teria com uma mensagem impressa, pois os receptores freqüentemente vão julgá-lo com base no seu cuidado e na sua atenção com os detalhes.

Trabalhar eletronicamente a partir da residência de alguém

blogs podem consumir muito tempo dos funcionários, caso eles se tornem "viciados" na sua leitura durante o trabalho. Outros problemas surgem quando os funcionários começam a estabelecer *blogs* sobre suas próprias companhias, oferecendo, dessa maneira, opiniões internas sobre a organização que podem ser danosas para a imagem da empresa. Como consequência, algumas organizações criaram políticas restritivas em relação à participação dos funcionários em atividades associadas aos *blogs*. Outras empresas encontram nos *blogs* uma ferramenta extremamente útil para descobrir o que consumidores e funcionários pensam sobre elas.

Teletrabalho Um membro de uma empresa de advocacia em Chicago mantém uma residência permanente em uma comunidade próxima de uma estação de esqui no Colorado. Um operador de processamento de informações trabalha metade do tempo em casa e a outra metade em um banco no centro da cidade. Um escritor, que trabalha em sua casa de praia na Califórnia com um prazo apertado, termina um manuscrito antes das 8 da manhã e consegue colocar uma cópia sobre a mesa de seu editor, a centenas de quilômetros de distância, em apenas alguns minutos, ao mesmo tempo que entra no mar para nadar. Todas essas pessoas estão envolvidas com o conceito de **teletrabalho**, também conhecido como *residência eletrônica*. Os teletrabalhadores realizam todo o seu trabalho, ou parte dele, em suas casas, ou em um local remoto, por meio de conexões de computador com seus escritórios.

Pesquisas sugerem que as vantagens pessoais do teletrabalho incluem: a ausência das distrações do ambiente de trabalho, a redução no tempo e no dinheiro gastos com o transporte até a empresa, a chance de reduzir gastos com vestimentas adequadas ao trabalho e a oportunidade de passar mais tempo com familiares ou, até mesmo, oferecer a eles os cuidados necessários em casa. As vantagens para a corporação incluem: o aumento da produtividade (que, algumas vezes, chega a ser 15% a 25% maior); a redução das exigências de espaço; a oportunidade de contratar talentos-chave que trabalharão de cidades distantes; o aumento da lealdade dos funcionários, em virtude de o empregador "ter feito todos os esforços" para ajustá-los ao sistema; e a capacidade para acomodar funcionários deficientes ou cronicamente doentes.[14] A sociedade também é favorecida: os benefícios vão da redução do tráfego de veículos e da poluição até a abertura de postos de emprego para trabalhadores incapazes de trabalhar fora de casa. Alguns funcionários estariam, inclusive, dispostos a contribuir com mais tempo e esforços em troca do conforto de trabalhar em casa.

O número de norte-americanos que trabalham a distância já ultrapassou 10 milhões e poderá, eventualmente, abranger até 25% da força de trabalho, segundo algumas estatísticas mais otimistas. O crescimento das práticas de teletrabalho dependerá em grande escala da capacidade dos gerentes de superarem seus medos quanto à perda do controle direto sobre os funcionários que eles não possam monitorar visualmente. Vários outros problemas substanciais também podem surgir para os teletrabalhadores e incluem a possibilidade de serem ignorados no momento de uma promoção por causa da sua menor visibilidade diária, o risco de fadiga em decorrência da tentação de trabalhar mais horas diariamente e, especialmente, o isolamento social que eles podem sentir.[15]

Como conseqüência desse isolamento físico, esses trabalhadores podem sentir-se deslocados de suas redes (sociais) regulares, incapazes de experimentar o estímulo intelectual proveniente de seus pares, removidos dos canais informais de comunicação e isolados da maior parte das fontes de apoio social. Os custos emocionais podem ser inaceitavelmente altos, salvo nos casos em que o empregador monitore cuidadosamente os participantes, transmita-lhes antecipadamente as perspectivas futuras e faça uma tentativa intensa de se manter em contato com eles. Claramente, o progresso tecnológico não é facilmente alcançado sem alguns custos humanos e esforços organizacionais.

Escritórios Virtuais   O impacto dos desenvolvimentos tecnológicos nas comunicações oferece, ao mesmo tempo, uma grande promessa e alguns problemas. Algumas empresas, como Compaq, Hewlett-Packard, IBM e AT&T, implementaram **escritórios virtuais**, nos quais os espaços físicos de escritório e as mesas individuais estão sendo substituídos por um conjunto impressionante de ferramentas portáteis de comunicação — correio eletrônico, telefones celulares, Thinkpads, sistemas de correio de voz, computadores portáteis, máquina de fax, modems e sistemas de videoconferência. Os funcionários armados com essas ferramentas podem realizar suas atividades não somente em suas casas, mas praticamente em qualquer lugar — em seus carros, em restaurantes, nos escritórios dos clientes ou nos aeroportos. As ferramentas de comunicação eletrônica permitem aos funcionários reduzir enormemente o espaço de escritório necessário, fazendo que, algumas vezes, seja possível substituir dúzias de mesas por um "centro de produtividade" que os funcionários podem utilizar para realizar reuniões, responder a e-mails e cumprir outras tarefas de curto prazo. Um risco significativo é a perda de oportunidades para interação social; os funcionários ainda necessitam reunir-se informalmente, trocar idéias e experiências pessoalmente e desenvolver um sentimento de trabalho em equipe.[16]

COMUNICAÇÃO INFORMAL

A **rede não-convencional de informações (*grapevine*)** é outro modelo informal de comunicações. Ela coexiste com o sistema de comunicação formal da administração. O termo *grapevine* (videira) surgiu durante a guerra civil norte-americana. As linhas de telégrafos da inteligência do Exército foram amarradas de maneira frouxa às árvores, de um modo semelhante ao das videiras, e algumas videiras selvagens eventualmente cresceram sobre elas em alguns trechos. Uma vez que as mensagens provenientes das linhas de produção freqüentemente eram incorretas ou confusas, qualquer boato era atribuído à rede não-convencional de informações. Hoje em dia, o termo aplica-se a todo tipo de comunicação informal, incluindo informações sobre a companhia comunicadas informalmente entre os funcionários e as pessoas da comunidade.

Embora essas informações não-oficiais tendam a ser transmitidas verbalmente, elas também podem ser comunicadas por escrito. Notas manuscritas ou digitadas são utilizadas algumas vezes, mas, no escritório eletrônico moderno, essas mensagens tipicamente são apresentadas nas telas dos monitores, criando uma nova era no intercâmbio de informações, por meio de **rede eletrônica não-convencional ou *grapevine* eletrônico**. Esse sistema pode acelerar a transmissão de mais unidades de informação dentro de curto período. Ele não substituirá, no entanto, o *grapevine* frente a frente por duas razões: 1) nem todos os funcionários têm acesso a uma rede de computadores pessoais no local de trabalho; 2) muitos trabalhadores preferem maior interação pessoal obtida nas redes informais tradicionais.

Como a rede não-convencional de informações surge a partir da interação social, ela é tão instável, dinâmica e variada quanto as pessoas. Ela é a expressão das motivações naturais dos indivíduos para se comunicar. É o exercício da liberdade de expressão deles e é uma atividade normal e natural. De fato, somente funcionários que estejam totalmente desinteressados não participam das conversas informais sobre seus trabalhos. O interesse dos funcionários por seus colegas pode ser ilustrado pela seguinte experiência ocorrida em uma companhia:

Rede eletrônica não-convencional ou grapevine eletrônico

A esposa de um supervisor de fábrica teve um bebê às 23h, e uma pesquisa realizada na fábrica às 14h do dia seguinte mostrou que 46% dos funcionários da fábrica já haviam tomado conhecimento do fato pelo *grapevine*.[17]

Características da Rede Não-convencional de Informações (*Grapevine*)

Vários aspectos distinguem a rede não-convencional e ajudam a compreendê-la melhor. Os padrões que uma rede informal segue normalmente são chamados **cadeia de segmentos (*clusters*)**, pois cada elo da cadeia tende a informar o grupo de pessoas (*cluster*) do segmento seguinte em vez de apenas uma pessoa. Além disso, apenas algumas pessoas são comunicadores ativos da rede não-convencional em cada unidade específica de informação. Essas pessoas são chamadas **indivíduos de ligação**.

> Em determinada companhia, quando ocorreu um problema com o controle de qualidade, embora 68% dos executivos soubessem do problema, apenas 20% deles espalharam a informação. Em outro caso, quando um gerente planejava demitir-se, 81% dos executivos sabiam disso, mas apenas 11% comunicaram essa informação aos outros.

Como demonstra esse exemplo, a rede não-convencional é mais freqüentemente o produto de uma situação do que de uma pessoa. Isso significa que *dadas a situação e a motivação adequadas, qualquer pessoa tenderá a tornar-se ativa nessa rede não-convencional*. Alguns dos fatores que encorajam as pessoas a serem ativas são listadas na Figura 3.7.

Exemplos típicos de situações que despertam a atividade do *grapevine* incluem fusões, demissões ou aquisições, promoções ou a inclusão de uma nova tecnologia. Alguns cargos, como o de secretária, são pontos centrais de convergência de informações e levam os ocupantes dessas posições a se tornar parte no *grapevine*. Alguns funcionários simplesmente têm personalidades que os tornam ativos participantes (por exemplo, eles gostam de conversar com os outros sobre os outros). Homens e mulheres são igualmente ativos na rede, o que não demonstra nenhuma diferença significativa associada ao gênero na atividade do *grapevine*.

Diferentemente das percepções comuns, mais de três quartos da informação que circula na rede não-convencional são precisos.[18] Contudo, o *grapevine* também pode ser incompleto; embora ele geralmente transmita a verdade, mesmo assim não transmite toda a verdade. Além disso, a rede não-convencional é rápida, flexível e pessoal. Essa rapidez faz que seja difícil, para a administração, interromper o movimento de boatos indesejáveis ou divulgar notícias importantes a tempo de prevenir a criação de boatos. Grande parte do feedback sobre os funcionários e suas atividades é transmitida pelo *grapevine* até algum gerente perceba ainda, e a rede não-convencional pode comunicar aos funcionários informações importantes sobre seus gerentes ("Não fale com a Carrie; ela está realmente ocupada hoje"). Concluindo, a evidência existente demonstra que *a rede não-convencional é influente, tanto favorável quanto desfavoravelmente*. Consegue tantos resultados positivos e tantos negativos que fica difícil determinar se seus efeitos líquidos são negativos ou positivos. Sem dúvida, seus efeitos variam entre grupos de trabalho e organizações. Pesquisas com gerentes e funcionários dos níveis administrativos indicam que 53% deles enxergavam as redes não-convencionais como um fator negativo na organização. Apenas 27% as viam como um fator positivo, e 20% as consideravam neutras.[19]

FIGURA 3.7
Fatores que Encorajam a Atividade das Redes Não-convencionais

- Entusiasmo ou insegurança.
- Envolvimento de amigos ou de colegas.
- Informações recentes.
- Procedimento que coloca as pessoas em contato.
- Trabalho que permita conversação.
- Atividades que proporcionem informações desejadas pelos outros.
- Personalidade do comunicador.

Boatos

Definição de boato

O maior problema com a rede não-convencional de informações — e o problema que lhe confere sua reputação negativa — são os **boatos**. A palavra "boato" algumas vezes é utilizada como sinônima de *grapevine*, mas, tecnicamente, há uma importante diferença entre esses dois termos. Boato é uma informação do *grapevine* transmitida fora dos padrões de segurança e sem a apresentação de evidências. Ele é a parte não-verificável e inverídica do *grapevine*. Ele poderia, eventualmente, estar correto, mas isso geralmente não acontece; assim, trata-se de um tipo de informação indesejável.

Interesse e ambigüidade levam ao boato.

O boato é essencialmente o resultado do interesse e da ambigüidade existentes em uma situação. Se a matéria em discussão é irrelevante ou não possui interesse para o indivíduo, não lhe interessa absolutamente passar adiante boatos sobre ela. O autor deste livro, por exemplo, nunca circulou boatos sobre a produção de cocos do ano anterior da ilha de Martinica. Da mesma forma, se não houver ambigüidade na situação, uma pessoa não tem nenhuma razão para transmitir qualquer tipo de boato, pois os fatos verdadeiros são conhecidos. Dois fatores, *interesse e ambigüidade, normalmente devem estar presentes* tanto para iniciar quanto para se manter um boato. O exemplo a seguir é uma demonstração da atuação desses dois fatores na comunidade financeira:

> Um boato circulava rapidamente, afirmando que "o Banco X havia desmoronado". A origem do boato, é claro, foi uma situação ambígua, com significados variados. Havia vazamentos de água no teto do edifício do banco e isso, associado ao interesse de funcionários e de analistas financeiros, traduziu-se em um boato de problemas financeiros no banco. Uma vez que a ambigüidade foi esclarecida, o boato desapareceu.

Os detalhes são perdidos.

Como os boatos dependem, em grande medida, da ambigüidade e do interesse que cada indivíduo possui, eles tendem a modificar-se, ao serem transmitidos de uma pessoa para outra. Seu tema geral é normalmente mantido, mas não seus detalhes. Eles são submetidos a uma **filtragem**, segundo a qual são reduzidos a alguns poucos detalhes que possam ser lembrados e passados adiante. Geralmente, as pessoas escolhem quais detalhes do boato se ajustam a seus próprios interesses e visões de mundo.

As pessoas também adicionam novos detalhes, normalmente tornando a história pior, para fazer que sejam incluídas suas próprias emoções e razões; esse processo é chamado **elaboração**.

> Marlo Green, operária, ouviu um boato sobre um funcionário de outro departamento que havia se ferido. Quando passou o boato adiante para outra pessoa, ela o elaborou ao afirmar que o ferimento provavelmente teria sido causado pela manutenção inadequada das máquinas feita pelo supervisor. Aparentemente, ela fez essa observação porque não gostava do supervisor e sentiu que, se uma pessoa fosse machucada, isso deveria ser culpa dele.

Tipos de Boatos Os exemplos anteriores (sobre o telhado do banco e o acidente na fábrica) sugerem que *há tipos diferentes de boatos*. Alguns são históricos e explicativos; eles tentam dar sentido a eventos anteriores incompletos. Outros são mais espontâneos e voltados para a ação; eles surgem sem muita premeditação e representam uma tentativa de mudar uma situação vigente. Em alguns casos, os boatos são negativos, como aqueles que geram divisões entre pessoas ou grupos, destroem laços de lealdade, e perpetuam hostilidades. Eles também podem ser positivos, por exemplo, nos casos em que os funcionários especulam sobre os efeitos benéficos de um novo produto que acabou de ser lançado. A existência de vários tipos de boatos serve como um indicativo para os gerentes de que os boatos não devem ser totalmente condenados, mesmo que, algumas vezes, criem problemas.

Controle de Boatos Visto que os boatos geralmente são incorretos, o surgimento de um grande boato pode propagar-se ao longo da organização mais rapidamente que uma tempestade de verão — e geralmente com danos semelhantes. O boato deve ser enfrentado de maneira firme e consistente, mas o quê e como atacar deve ser conhecido. Investir contra todo *grapevine* em razão de ele ser o agente transmissor do boato é um sério equívoco; essa abordagem é tão inteligente quanto arremessar o teclado de um computador contra a parede por causa de alguns erros de ortografia. Diversas formas para controlar um boato estão resumidas na Figura 3.8. A melhor abordagem para preveni-los é a remoção de suas causas. Quando os boatos já estão circulando, contudo, a apresentação pessoal dos fatos — caso isso ocorra nos estágios iniciais — ajuda a solucionar as ambigüidades existentes nas mentes das pessoas.

Utilize uma abordagem preventiva com os boatos.

Conselhos para Futuros Gerentes

1. Pense a comunicação como uma ação muito mais ampla do que o simples envio de uma mensagem; você também necessita *antecipar a reação de seu receptor e certificar-se de que ela corresponde às suas intenções*.
2. Esteja alerta para identificar algumas das muitas considerações comportamentais presentes na comunicação (por exemplo, posições polarizadas, postura defensiva, manutenção das aparências) e *trabalhe para evitar esses erros em você mesmo e para preveni-los nos outros*.
3. *Aperfeiçoe suas habilidades de apresentação*, seja em relatórios convencionais, seja em mensagens de e-mails informais. Desafie a si mesmo para aprender mais sobre boa redação, prestando atenção aos bons hábitos de leitura.
4. Pense sobre formas pelas quais você poderia *praticar o apoio social* para os outros, convencendo-os, em cada comunicação, de que eles são indivíduos valorizados.
5. Qualquer que seja o seu gênero, trabalhe para *minimizar suas tendências negativas típicas ao se comunicar* e para reforçar seus traços positivos.
6. *Obtenha feedback dos outros sobre os elementos necessários para torná-lo um ouvinte de primeira linha.* Agora, siga os conselhos deles, aproveitando cada momento humano significativo que você puder.
7. Observe a importância do contexto em suas comunicações e *enquadre suas mensagens de modo a apoiar suas intenções*.
8. Não se torne um escravo das comunicações eletrônicas; *use e-mails como uma ferramenta para o envio de mensagens rápidas e concisas*, mas suplemente-as com comunicações presenciais quando necessitar de impacto sobre as pessoas.
9. Reconheça que os padrões de comunicação são distintos em outras culturas e *adapte sua abordagem de comunicação aos estilos e às preferências das pessoas com heranças culturais diferentes*.
10. Aprenda a reconhecer que o silêncio organizacional é uma forma poderosa de comunicação e *encontre maneiras alternativas para solicitar e encorajar a apresentação de feedback pelos outros*.

FIGURA 3.8
Diretrizes para o Controle de Boatos

- Remova as causas dos boatos de maneira a preveni-los.
- Empreenda esforços primeiro para controlar boatos mais sérios.
- Refute boatos com fatos.
- Lide com os boatos o mais breve possível.
- Enfatize a transmissão de fatos frente a frente, confirmada por escrito se for necessário.
- Apresente fatos extraídos de fontes confiáveis.
- Evite repetir boatos enquanto os estiver refutando.
- Estimule o auxílio de líderes informais ou de sindicatos, caso eles se mostrem prestativos.
- Ouça todos os boatos para compreender o que eles podem significar.

Resumo

A comunicação é a transferência de informação e entendimento de uma pessoa para outra. As organizações necessitam de comunicações eficazes nas direções ascendente, descendente e lateral. O processo de comunicação de duas vias consiste em oito etapas: desenvolvimento de uma idéia, codificação, transmissão, recepção, decodificação, aceitação, uso e fornecimento de feedback. Para superar as barreiras pessoais, físicas e semânticas, os gerentes devem prestar muita atenção nos símbolos de comunicação, como palavras, figuras e ações não-verbais. A comunicação eficaz exige o estudo e o uso da semântica — a ciência do significado — para estimular a compreensão.

Os gerentes desempenham papel-chave nas comunicações ascendente e descendente, chegando até mesmo, em algumas oportunidades, a atrasar ou a filtrar o fluxo de informações. Muitas ferramentas estão disponíveis para sua utilização, como o fornecimento de feedback de desempenho e de apoio social e o estabelecimento de políticas de portas abertas e de encontros com os funcionários. O ato de ouvir, contudo, permanece como uma das ferramentas mais importantes. As redes têm-se tornado uma forma popular para os funcionários manterem-se informados acerca do que acontece no seu entorno; ao mesmo tempo, o rápido desenvolvimento e a utilização de computadores, bem como de outras ferramentas, tornaram possíveis os sistemas de correio eletrônico, o teletrabalho e os escritórios virtuais para alguns funcionários.

Os sistemas informais de comunicação, denominados redes não-convencionais de informação (*grapevines*), desenvolveram-se na forma de cadeias de segmentos (*clusters*). Como um todo, a informação transmitida por essas redes é precisa, rápida e influente, mas, em determinadas ocasiões, alguns detalhes são omitidos e raramente todo o conteúdo é transmitido. O boato é uma informação transmitida por uma rede não-convencional de informações fora dos padrões seguros ou sem a apresentação de evidências. Ele ocorre quando há ambigüidade e interesses nas informações. Os gerentes podem ter certa influência sobre o *grapevine*, e seu objetivo básico é integrar os interesses dos sistemas formais e informais de comunicação para que eles possam trabalhar melhor em conjunto.

Termos e Conceitos para Revisão

Apoio social, *57*
Audição ativa, *59*
Auto-imagem, *49*
Barreiras físicas, *50*
Barreiras pessoais, *50*
Barreiras semânticas, *51*
Blogs, *63*
Boatos, *67*
Cadeia de segmentos (*clusters*), *66*
Comportamento orientado para a busca de feedback, *57*
Comunicação, *45*
Comunicação ascendente, *57*
Comunicação descendente, *55*
Comunicação lateral, *62*
Comunicação não-verbal, *53*
Correio eletrônico, *62*
Dicas sociais, *52*
Dissonância cognitiva, *49*
Distância psicológica, *50*

Elaboração, *67*
Enquadramento, *47*
Escritórios virtuais, *65*
Facilidade (acessibilidade) para leitura, *52*
Feedback de desempenho, *57*
Filtragem, *67*
Gap de credibilidade, *53*
Gerenciamento por contato direto (MBWA), *60*
Gestão de livro aberto, *46*
Indivíduos de ligação, *66*
Inferência, *51*
Integradores, *62*
Jargão, *51*
Linguagem corporal, *54*
Manutenção das aparências, *49*
Networking, *62*
Ouvidor, *62*
Polarizadas, *49*

Política de portas abertas (ou de transparência), *60*
Postura defensiva, *49*
Previsões realistas sobre o trabalho, *57*
Processo de comunicação de duas vias, *46*
Proxêmica, *50*
Questões abertas, *59*
Questões fechadas, *59*
Rede, *62*
Rede eletrônica não-convencional ou *grapevine* eletrônico, *65*
Rede não-convencional de informações (*grapevine*), *65*
Ruído, *50*
Semântica, *51*
Silêncio organizacional, *58*
Sobrecarga de informação, *56*
Teletrabalho, *64*

Questões para Discussão

1. Imagine um trabalho que você já teve e uma situação na qual as comunicações falharam ou foram ineficazes. Discuta como o processo de comunicação se aplicou a essa situação e onde (em qual dos oito passos) a falha ocorreu.
2. Aponte as barreiras à comunicação existentes quando você discute um assunto com seu instrutor em sala de aula.
3. Selecione uma situação na qual você tenha feito uma inferência equivocada. Analise como o erro ocorreu e discuta como você poderá evitar equívocos idênticos no futuro. Qual é a importância do feedback como um auxiliar para evitar problemas de inferência?
4. Observe seu próprio comportamento e discuta quais hábitos de comunicação não-verbais você normalmente usa. O que você *tenciona* transmitir como mensagem com cada um deles? Você tem alguns comportamentos que podem confundir seus receptores?
5. Visite a sala do seu instrutor e registre seus sentimentos de conforto em relação ao lugar. Quais elementos físicos no escritório contribuíram para sua reação? Discuta a utilização aparente do espaço (proxêmica) pelo instrutor.
6. Examine as diretrizes para uma audição efetiva da Figura 3.4. Quais delas você considera que pratica melhor? Quais delas você acredita que poderia melhorar? Crie um plano para melhorar suas habilidades como ouvinte e solicite feedback de um colega após três meses para monitorar sua melhora.

7. Imagine um emprego de meio expediente e um emprego de jornada integral que você tenha tido.
   a) Discuta qualquer tipo de sobrecarga de informações que você tenha experimentado.
   b) Discuta quão bem a administração lidou com as comunicações descendentes com você.
   c) Explique quaisquer dificuldades na comunicação ascendente que você tenha tido e o que fez para superá-las.
   d) Você adotou um comportamento orientado para a busca de feedback? Descreva o que fez ou explique por que você não o adotou.
8. A que redes você pertence? Explique como se tornou parte delas e o que elas fizeram por você. Quais são seus planos sobre *networking* para o futuro?
9. Avalie o correio eletrônico no contexto deste capítulo. Como ele se enquadra nos oito passos do processo de comunicação? Quais barreiras têm mais chances de aparecer quando ele é utilizado? Como elas podem ser superadas, ou, pelo menos, minimizadas?
10. Selecione uma história que você tenha ouvido no *grapevine*. Discuta como isso foi comunicado a você e qual seu nível de precisão.

Avalie suas Próprias Habilidades

Até que ponto você exibe boas habilidades de comunicação?

Leia as seguintes frases cuidadosamente. Faça um círculo ao redor do número na escala de respostas que reflita da melhor forma possível o grau com que cada afirmação mais bem o descreve. Some o total de pontos e prepare um breve plano de autodesenvolvimento. Esteja pronto para relatar seus resultados, para que eles, juntamente, com os resultados dos demais elementos do seu grupo, possam ser tabulados adequadamente.

	Boa descrição								Má descrição
1. Sou um grande praticante de comunicações abertas e de uma gestão de livro aberto.	10	9	8	7	6	5	4	3	2	1
2. Estou ciente da necessidade de prestar atenção aos oito passos do processo de comunicação.	10	9	8	7	6	5	4	3	2	1
3. Estou ciente de minha tendência em adotar uma postura defensiva e em tentar manter as aparências.	10	9	8	7	6	5	4	3	2	1
4. Entendo que barreiras afetam cada estágio do processo de comunicações.	10	9	8	7	6	5	4	3	2	1
5. Posso citar diversas diretrizes para a criação de um texto de leitura mais acessível.	10	9	8	7	6	5	4	3	2	1
6. Busco conscientemente controlar as mensagens que são transmitidas por meio de minha linguagem corporal.	10	9	8	7	6	5	4	3	2	1
7. Quando é importante fazer que o receptor aceite uma mensagem, sei quais as condições necessárias para que isso aconteça.	10	9	8	7	6	5	4	3	2	1
8. Posso apontar três maneiras importantes mediante as quais homens e mulheres se distinguem nos seus padrões de comunicação.	10	9	8	7	6	5	4	3	2	1
9. Demonstro regularmente muitas das diretrizes básicas para uma audição eficaz.	10	9	8	7	6	5	4	3	2	1
10. Mantenho — e utilizo — uma rede ativa de contatos pessoais para benefício mútuo.	10	9	8	7	6	5	4	3	2	1

Pontuação e Interpretação

Some o total de pontos obtidos nas dez questões. Registre aqui esse número e relate-o quando for solicitado: _____. Finalmente, insira o total de pontos no gráfico Avalie e Melhore suas Habilidades Associadas ao Comportamento Organizacional no Apêndice.

- Se você obteve um resultado entre 81 e 100 pontos, parece ter uma capacidade sólida para demonstrar boas habilidades de comunicação.
- Se você obteve um resultado entre 61 e 80 pontos, deve analisar mais detidamente os itens nos quais obteve uma pontuação mais baixa e revisar o material relacionado a esses assuntos.
- Se você obteve um resultado abaixo de 60 pontos, deve estar ciente de que um baixo nível em habilidades relacionadas a diversos itens pode ser prejudicial para o seu futuro sucesso como gerente. Sugerimos a você revisar o capítulo inteiro e permanecer atento com relação aos materiais relevantes que serão apresentados nos capítulos subseqüentes e às outras fontes.

Agora, identifique suas três pontuações mais baixas e escreva os números dessas questões aqui: _____, _____, _____. Faça um parágrafo curto detalhando para si mesmo um plano de ação para que você melhore cada uma dessas habilidades.

Estudo de Caso

Uma Falha nas Comunicações

Linda Barry, mãe solteira com três filhos, foi contratada como assistente para o recebimento de ordens de serviço em uma transportadora. Suas duas primeiras semanas no trabalho foram passadas em aulas especiais, das 8 às 16 horas, nas quais ela aprendeu como classificar, codificar e ingressar as ordens no sistema. Um instrutor a supervisionou constantemente de início, mas essa freqüência foi sendo reduzida, depois, à medida que ela adquiria confiança e habilidade. Linda estava feliz com o emprego e apreciava seu horário de trabalho. Quando seu treinamento foi completado, ela recebeu ordens para apresentar-se no departamento de processamento de ordens de serviço na segunda-feira seguinte.

No momento em que foi contratada, Linda falhou ao ler e compreender as informações impressas sobre seu horário de trabalho regular, ou talvez seu recrutador não lhe tenha dito que ela deveria preencher uma vaga em um turno especial cujo horário de trabalho era das 4 até as 12 horas.

Linda não apareceu no horário previsto em sua escala no seu primeiro dia regular de trabalho. Quando ela chegou, às 8 horas, seu supervisor a criticou pela falta de responsabilidade. Barry respondeu alegando que não poderia trabalhar no turno mais cedo porque tinha de aprontar seus filhos para a escola e ameaçou demitir-se caso não pudesse trabalhar no turno posterior.

Em virtude da sobrecarga de trabalho e das dificuldades do mercado de trabalho, o supervisor precisava de Linda para realizar o trabalho, ainda que não houvesse espaço para ela no turno das 8 às 16 horas.

Questões

1. Analise os bloqueios à comunicação desse caso. Discuta idéias como comunicações ascendente e descendente, habilidade em ouvir, previsões realistas sobre o trabalho, feedback e inferência.
2. Explique como você enfrentaria a questão das condições de trabalho mostrada no final desse caso. Quais idéias deste capítulo poderiam ser utilizadas para auxiliar na resolução desse problema?

Exercício Vivencial

Estilo de Comunicação

Leia os três parágrafos mostrados a seguir e classifique-os (1 = maior; 3 = menor) de acordo com o grau segundo o qual eles descreveriam seu estilo de comunicação. Certifique-se de que todos os três números (1, 2 e 3) sejam utilizados, com 1 indicando o nível mais descritivo e 3, o menos descritivo de seu estilo.

_____ A. Gosto de *ver* uma idéia em forma de gráficos, diagramas, mapas, figuras e modelos. Prefiro receber comunicações escritas a comunicações orais. Gosto de exemplos concretos e instruções específicas. Tenho uma tendência em oferecer feedback oral ("Consigo ver o que você está sugerindo").

_____ B. Gosto de *ouvir* as idéias dos outros e, então, gosto de discutir e debater essas idéias. Posso repetir as idéias dos outros para fixá-las na minha mente. Posso ser distraído pelo excesso de ruído de fundo. Tenho uma tendência em oferecer dicas orais para os outros ("Ouço o que você está dizendo").

_____ C. Gosto de *fazer* algo; esta é a forma pela qual mais aprendo. Sou bem-sucedido com exemplos e, em geral, sou bem ativo como uma pessoa prática. Tenho uma tendência em oferecer dicas orais de maneira física ("Preciso ter isso em mãos antes que eu possa me decidir").

Agora, forme grupos de três pessoas e comece a discutir algum tema estimulante que afete a todos. Após cinco ou dez minutos, avalie as outras duas pessoas em relação ao modo como elas se descreveriam (A, B ou C). Então, compare seus conceitos com os dos outros membros e veja quão precisa é a sua percepção dos estilos auto-avaliados de comunicação dos outros.

Produzindo *Insights* sobre CO

Um *insight* diz respeito a uma percepção nova e clara acerca de um fenômeno ou uma capacidade adquirida para "enxergar" claramente algo sobre o qual você não estava ciente anteriormente. Ele, algumas vezes, simplesmente se refere a um "momento do tipo ah-há!", no qual você obtém uma pequena revelação ou atinge uma conclusão direta sobre um problema ou uma questão.

Os *insights* não precisam necessariamente ser dramáticos, uma vez que aquilo que pode ser considerado um *insight* por uma pessoa pode não o ser pelas demais. A característica fundamental dos *insights* é que eles são importantes e memoráveis para você; eles devem representar novos conhecimentos, novas estruturas ou novas perspectivas para perceber as coisas que você desejaria armazenar e lembrar ao longo do tempo.

Os *insights* são, portanto, diferentes do tipo de informação que você encontra nos textos da seção Conselhos para Futuros Gerentes. Esse formato de conselho é prescritivo e orientado para a ação; ele indica e recomenda determinado curso de ação.

Uma forma útil para pensar sobre os *insights* de CO é partir do princípio de que você foi a única pessoa que leu o Capítulo 3. Você recebeu a tarefa de ressaltar, utilizando suas próprias palavras, os conceitos principais (mas não somente resumir o capítulo todo) que poderiam ser relevantes para um público leigo, que nunca foi apresentado ao tema antes. *Quais são os dez insights que você compartilharia com esse público?*

1. (Exemplo) *Muitos funcionários têm grande necessidade de apoio social, a qual pode ser satisfeita por meio de um tipo de comunicação que demonstre que essas pessoas são valiosas.*
2. _____
3. _____
4. _____
5. _____
6. _____
7. _____
8. _____
9. _____
10. _____

Capítulo Quatro

Os Sistemas Sociais e a Cultura Organizacional

A cultura de uma companhia, caso tenha impregnado em si o compromisso com a ética e a excelência, estará bem.
Mike Miller[1]

Alguns pesquisadores descobriram que companhias com as culturas mais fortes — nas quais normas e valores são amplamente compartilhados e intensamente mantidos — tendem a superar suas concorrentes.
Adam Zuckerman[2]

OBJETIVOS DO CAPÍTULO

COMPREENDER

- O funcionamento de um sistema social.
- O contrato psicológico.
- As culturas sociais e seus impactos.
- O valor da diversidade cultural.
- Papéis e o conflito de papéis na organização.
- *Status* e símbolos de *status*.
- A cultura organizacional e seus efeitos.
- Ambientes de trabalho descontraídos.

Os funcionários da companhia Herman Miller, Inc., uma grande fabricante de móveis para escritório, trabalham intensamente para criar produtos de alta qualidade e de estilo arrojado, como consoles, armários e cadeiras. Embora os produtos inovadores da companhia sejam bem conhecidos no universo do *design* industrial, a Herman Miller é ainda mais reconhecida por sua cultura organizacional diferenciada.[3]

Os potenciais funcionários são examinados em profundidade com relação a seu caráter e sua capacidade para relacionar-se com pessoas. Os funcionários são organizados em equipes de trabalho, nas quais os líderes e os membros das equipes avaliam-se mutuamente, duas vezes por ano. Os funcionários podem qualificar-se para receber bônus trimestrais, com base nas sugestões para a redução de custos e em outras contribuições.

Porém, o elemento essencial da cultura da empresa reside em um "pacto" que é estabelecido entre a alta direção e todos os funcionários. Segundo esse pacto, a companhia declara que tentará "compartilhar valores, ideais, metas, respeito pela pessoa e o processo de trabalho entre todos". Como resultado, a Herman Miller tem alcançado expressivo sucesso, permanecendo, de forma consistente, no grupo dos 5% nas avaliações das "companhias mais admiradas".

Funcionários de companhias como Herman Miller, Southwest Airlines e Dell Computers trabalham dentro de sistemas sociais muito complexos, que têm uma influência significativa sobre eles. Essas culturas organizacionais refletem as crenças e os valores dos fundadores das empresas, bem como aqueles de seus funcionários atuais. Mais do que isso, os sistemas sociais têm efeito profundo sobre as maneiras como os funcionários trabalham em grupo. As culturas corporativas oferecem aos funcionários tanto dicas diretas quanto indiretas, informando-lhes sobre como deverão proceder para ter sucesso. As dicas diretas incluem o treinamento de orientação, as declarações sobre as políticas da empresa e o aconselhamento por parte de supervisores e colegas. As dicas indiretas são mais sutis, incluindo-se as inferências feitas a partir de promoções e os padrões aparentes de vestimentas aceitáveis. Este capítulo apresenta as idéias principais sobre os sistemas sociais, como equilíbrio social, os efeitos das mudanças dos sistemas, os contratos psicológicos, a diversidade cultural e o impacto dos papéis e do *status*. Também serão examinados a natureza e os efeitos da cultura da sociedade (existente no âmbito nacional) e da cultura organizacional (existente no âmbito corporativo).

COMPREENDENDO UM SISTEMA SOCIAL

Um **sistema social** é um conjunto complexo de relacionamentos humanos interagindo de diversas formas. As possibilidades de interação são tão infinitas quanto as estrelas do universo. Cada pequeno grupo é um subsistema dentro de grupos maiores, os quais, por sua vez, são subsistemas de grupos ainda maiores, e assim por diante, até que toda a população do mundo seja incluída. Dentro de uma única organização, o sistema social inclui todas as pessoas que fazem parte dela, assim como todos os seus relacionamentos com os demais participantes e com o mundo exterior.

Dois pontos destacam-se com relação às complexas interações estabelecidas entre as pessoas em um sistema social. Primeiro, o comportamento de qualquer membro pode ter impacto, direto ou indireto, sobre o comportamento de qualquer um dos demais. Embora esses impactos possam ser mais ou menos extensos, *todas as partes do sistema são mutuamente interdependentes*. Colocado de maneira simples, uma mudança em uma parte do sistema afeta todas as outras partes, ainda que o impacto possa ser pequeno.

Um segundo ponto relevante gira em torno das fronteiras de um sistema. Qualquer sistema social estabelece intercâmbios com seu ambiente, recebendo *input* dele e oferecendo *output* para ele (que, então, se transforma em *inputs* para os sistemas adjacentes). Os sistemas sociais são, portanto, **sistemas abertos** que interagem com seu entorno. Conseqüentemente, os membros de um sistema deveriam estar cientes da natureza do seu ambiente e do impacto deste sobre os outros membros, tanto dentro como fora de seu próprio sistema social. Essa consciência sobre o sistema social é cada vez mais importante no século XXI, à medida que o comércio mundial e os mercados internacionais para os produtos e serviços das empresas expandem significativamente a necessidade das organizações e de seus funcionários de se anteciparem e reagirem às mudanças nos ambientes de competição.

Sistemas abertos

Equilíbrio Social

Um sistema é considerado em **equilíbrio social** quando suas partes interdependentes estão em equilíbrio dinâmico operacional. Equilíbrio é um conceito dinâmico, e não um conceito estático. Apesar das constantes mudanças e dos movimentos das organizações, o equilíbrio dinâmico de um sistema ainda pode ser restabelecido. O sistema é como um oceano: ele está em movimento contínuo e, até mesmo, chega a sofrer perturbações significativas produzidas pelas tempestades, mas seu caráter básico muda pouco ao longo do tempo.

Quando pequenas mudanças administrativas ocorrem em um sistema gerencial, elas são logo acomodadas mediante ajustes dentro do sistema, e o equilíbrio é reconquistado. Por outro lado, uma única mudança significativa (um choque, como o pedido de demissão de um gerente) ou uma série de pequenas, porém rápidas, mudanças podem desequilibrar a organização, reduzindo seriamente seus avanços até que uma nova forma de equilíbrio seja alcançada. De certa forma, quando ocorre uma situação de desequilíbrio, as partes do sistema operam umas contra as outras em vez de trabalharem em harmonia. Aqui está um exemplo:

> As montadoras de automóveis dos Estados Unidos têm enfrentado desafios importantes para responder às vantagens das montadoras internacionais, como Toyota, Nissan, Honda, Subaru e Mazda, nas áreas de *design*, qualidade e custos. Especificamente, as companhias norte-americanas descobriram que gastavam muito mais tempo para colocar um carro no mercado (o tempo utilizado desde a concepção até os estágios iniciais de produção). Entre as várias razões apresentadas, estão a competição interna, aparentemente incessante, entre as unidades de uma fábrica de automóveis, por exemplo, as áreas de *design* de produtos, engenharia de produção e vendas e marketing. Isso leva, em algumas oportunidades, à existência de um inapropriado e improdutivo desequilíbrio.
>
> Para combater esse problema, a Ford Motor Company criou equipes interfuncionais de gerentes de linha encarregadas de acelerar o desenvolvimento de produtos. Essas equipes estão sediadas no mesmo local de trabalho, o que torna sua comunicação muito mais fácil. Elas também compartilham uma meta comum de reduzir em 20% os custos de desenvolvimento. Dessa maneira, a Ford conserva um equilíbrio mais produtivo no interior de seu sistema e mantém seus subgrupos funcionais trabalhando conjuntamente.[4]

Efeitos Funcionais e Disfuncionais

Efeitos das mudanças

Uma mudança como a introdução de equipes interfuncionais de *design* na Ford produz um **efeito funcional** quando é favorável para o sistema. Se a ação ou a mudança gera efeitos desfavoráveis para o sistema, como o declínio da produtividade, diz-se que ela possui um **efeito disfuncional**. Uma tarefa importante da administração é avaliar tanto as mudanças realizadas quanto propostas com o objetivo de determinar seus possíveis efeitos funcionais ou disfuncionais, de modo que respostas apropriadas possam ser antecipadas e executadas. Os gerentes também precisam prever os efeitos de curto e longo prazos, mensurar critérios "objetivos" (por exemplo, produtividade) e "subjetivos" (como satisfação e comprometimento), e considerar os prováveis efeitos sobre os diversos *stakeholders*, como funcionários, administração e acionistas. A avaliação geral da funcionalidade de uma ação gerencial específica é, claramente, um processo complexo.

Os funcionários também podem gerar efeitos funcionais ou disfuncionais sobre a organização. Eles podem ser criativos, produtivos e motivados, ao mesmo tempo que buscam ativamente melhorar a qualidade de um produto ou serviço de uma companhia. Entretanto, podem estar constantemente atrasados e ausentes, além de desestimulados para utilizar seus talentos e resistentes às mudanças na organização. Para que demonstrem comportamentos funcionais, os funcionários necessitam receber expectativas e promessas claras de compensação. Além disso, em troca, a organização deve receber o comprometimento dos funcionários.

Contratos Psicológicos e Econômicos

Ao se juntarem a uma organização, os funcionários estabelecem com ela um **contrato psicológico** não-escrito, embora nem sempre estejam cientes disso. Conforme mostrado na Figura 4.1, esse contrato é um adendo ao contrato econômico no qual tempo, talento e energia são trocados por salários, jornadas de atividade e condições aceitáveis de trabalho. O contrato psicológico define as condições do envolvimento psicológico de cada funcionário — tanto as contribuições quanto as expectativas — com o sistema social. Os funcionários concordam em oferecer certa quantidade de lealdade, criatividade e esforço adicional, mas, em troca, esperam mais que recompensas econômicas do sistema. Eles buscam segurança no trabalho, tratamento justo (respeito à dignidade humana), um relacionamento recompensador com seus colegas de trabalho e suporte organizacional para atingir suas expectativas de desenvolvimento pessoal.

Se a organização honrar somente o contrato econômico e não o contrato psicológico, os funcionários tenderão a ter um nível mais baixo de satisfação, pois nem todas as suas expectativas terão sido alcançadas. Eles também poderão restringir a concessão de algumas contribuições relacionadas

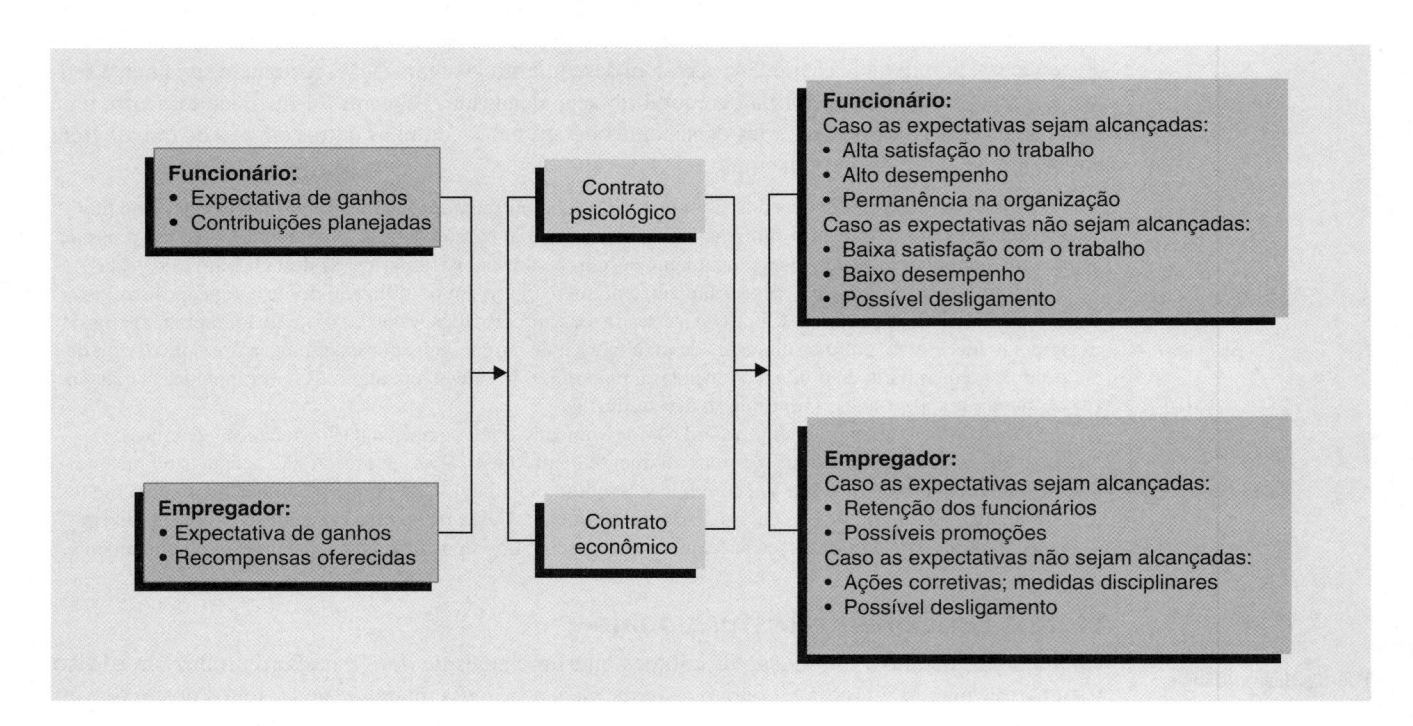

FIGURA 4.1 Os Resultados do Contrato Psicológico e do Contrato Econômico

Funcionário:
- Expectativa de ganhos
- Contribuições planejadas

Empregador:
- Expectativa de ganhos
- Recompensas oferecidas

→ **Contrato psicológico**

→ **Contrato econômico**

Funcionário:
Caso as expectativas sejam alcançadas:
- Alta satisfação no trabalho
- Alto desempenho
- Permanência na organização

Caso as expectativas não sejam alcançadas:
- Baixa satisfação com o trabalho
- Baixo desempenho
- Possível desligamento

Empregador:
Caso as expectativas sejam alcançadas:
- Retenção dos funcionários
- Possíveis promoções

Caso as expectativas não sejam alcançadas:
- Ações corretivas; medidas disciplinares
- Possível desligamento

---

ao trabalho. Por outro lado, caso sejam alcançadas tanto suas expectativas econômicas quanto psicológicas, eles tenderão a experimentar satisfação pessoal, permanecer na organização e desempenhar bem suas atividades. Um sentimento desejável de mutualidade é alcançado.

Diretrizes

As obrigações recíprocas referentes à relação entre um funcionário e a organização podem ser violadas tanto pela falta de capacidade em atendê-las quanto pela ação proposital de uma das partes negando algo prometido. Pesquisas mostram que, quando isso ocorre, os funcionários vivenciam sentimentos de raiva e traição. Para evitar quebras do contrato psicológico, os empregadores devem, urgentemente, ajudar os funcionários a deixar claras suas expectativas e percepções, iniciar discussões sobre obrigações mútuas, exercitar a cautela quando fizerem promessas, fornecer explicações cuidadosas e plausíveis para quebras de promessas feitas, e alertá-los para possibilidades reais de não-cumprimento de algo prometido (por exemplo, quando a redução dos negócios forçar um empregador a abrir mão de compromissos previamente assumidos).[5]

Como indicado na Figura 4.1, a administração responde de modo similar aos contratos econômicos e sociais que ela vislumbra. Ela espera reações como alto desempenho, melhorias contínuas na qualidade, comprometimento com a organização e a prestação de um serviço amigável com seus clientes. Quando esses resultados ocorrem, o funcionário é mantido e pode receber uma promoção. Contudo, caso não sejam alcançados os níveis de cooperação e desempenho desejados, medidas corretivas, e até mesmo demissões, podem ocorrer.

Teoria das trocas

O contrato psicológico fundamenta-se nos conceitos da *teoria das trocas*. Essa teoria simplesmente sugere que, sempre que houver algum tipo de relacionamento entre duas partes, cada indivíduo examina regularmente os custos e as recompensas dessa relação. De forma a se manterem positivamente atraídas para esse relacionamento, *ambas* as partes devem acreditar na existência de uma relação positiva líquida (recompensas em relação a custos) a partir de sua perspectiva. Conseqüentemente, o contrato psicológico é continuamente examinado e freqüentemente revisado à medida que surgem novas necessidades e novas recompensas tornam-se disponíveis.

CULTURA SOCIAL

Todas as vezes que as pessoas agem de acordo com as expectativas dos outros, seu comportamento é social — por exemplo, no caso de uma funcionária chamada Maria. Da mesma forma que todos os outros trabalhadores, Maria tornou-se adulta dentro de uma **cultura social**, que é o seu ambiente de crenças pessoais, costumes, conhecimentos e práticas. Cultura é o comportamento convencional de sua sociedade; ela influencia todas as suas ações, ainda que isso raramente faça parte de seus pensamentos conscientes. Maria dirige até o trabalho pelo lado direito ou esquerdo da rua, segundo a cultura da sociedade à qual pertence, mas ela dificilmente reflete sobre isso. De modo semelhante, o carro que ela dirige, a peça de teatro à qual assiste e a organização que a emprega são evidências da sua cultura social.

As culturas sociais são freqüentemente retratadas como estruturas consistentes dentro de uma nação, produzindo, assim, o que pode ser chamado cultura nacional. Em um nível mais simples, as culturas nacionais podem ser comparadas com relação à maneira pela qual seus membros se relacionam entre si, realizam seus trabalhos e respondem às mudanças.[6] No entanto, também podem existir culturas sociais diferentes *dentro* de uma mesma nação, conforme foi possível vislumbrar na trágica disputa entre pessoas de ancestralidades distintas no interior da antiga Iugoslávia. As culturas sociais podem ter efeitos dramáticos sobre o comportamento no trabalho, como será mostrado no Capítulo 16. Algumas das formas pelas quais as culturas se distinguem incluem padrões na tomada de decisões, respeito pela autoridade, tratamento destinado às mulheres e estilos aceitáveis de liderança. O conhecimento sobre as culturas sociais é especialmente importante porque *os gerentes precisam compreender e apreciar os históricos e os valores de todos os membros de sua unidade de trabalho*.

As pessoas aprendem a depender de sua cultura. Ela lhes proporciona estabilidade e segurança, pois elas podem compreender o que está se passando em sua comunidade cultural e saber como reagir enquanto estiverem dentro dela. Contudo, essa dependência excessiva em relação a uma única cultura também pode criar uma miopia intelectual nos funcionários, evitando que eles usufruam benefícios decorrentes da exposição a pessoas com outros históricos culturais. A questão da dependência cultural é ainda mais agravada em condições que envolvam a integração de duas ou mais culturas no local de trabalho. Os funcionários necessitam aprender a adaptar-se aos outros para tirar proveito das oportunidades que eles apresentam, ao mesmo tempo que buscam evitar possíveis conseqüências negativas.

Diversidade Cultural

Os funcionários em quase todas as organizações são divididos em subgrupos de vários tipos. A formação dos grupos é determinada por dois grandes conjuntos de condições. O primeiro conjunto das diferenças e semelhanças *relacionadas ao trabalho* (criadas organizacionalmente), como tipo de trabalho, posição na organização e proximidade física entre si, algumas vezes faz que as pessoas se reúnam em grupos. Contudo, um segundo conjunto de condições *não relacionadas ao trabalho* (aquelas relacionadas a cultura, etnia, variáveis socioeconômicas, gênero e raça) surge principalmente a partir do histórico pessoal do próprio indivíduo; essas condições são altamente importantes por razões legais, morais e econômicas. Em particular, a força de trabalho dos Estados Unidos tem-se tornado rapidamente uma força de trabalho muito mais diversificada, com o aumento da presença de mulheres, negros, hispânicos e imigrantes asiáticos, que trazem seus talentos para os empregadores em quantidades recordes. Essa **diversidade cultural**, ou riqueza na variedade de pessoas no trabalho, levanta a questão do tratamento justo para trabalhadores que não estão em posição de autoridade.

Discriminação e preconceito

Alguns problemas podem persistir por causa da existência de diferenças-chave de contexto entre **discriminação** e **preconceito**. *A discriminação geralmente é exibida na forma de uma ação, enquanto o preconceito é uma atitude* — uma pode existir sem a existência da outra. A lei tem seu foco nas ações dos empregadores, não em seus sentimentos. Caso determinadas ações levem a um resultado que, do ponto de vista jurídico, possa ser considerado discriminatório, elas serão ilegais, independentemente das alegadas boas intenções do empregador.

Uma abordagem promissora para a superação das práticas discriminatórias centra-se, concretamente, em uma mudança nas atitudes subjacentes. Programas que se destinem à gestão e à **valorização da diversidade** partem de uma premissa fundamental: estereótipos preconceituosos desenvolvem-se a partir de uma suposição infundada sobre os outros e sobre as qualidades ignoradas desses indivíduos. *As diferenças devem ser reconhecidas, admitidas, apreciadas e utilizadas para o benefício coletivo*. A força de trabalho do futuro (esteja ela nos Estados Unidos, na Europa ou em qualquer outro lugar) será composta por uma rica mistura de pessoas, representando a diversidade cultural e as condições sociais. *Todos* os participantes — sejam eles homens ou mulheres, membros de diferentes grupos raciais, pessoas de todas as idades, pais que trabalham fora ou casais com carreiras distintas — terão de explorar suas diferenças, aprender com os outros ao seu redor e utilizar essa informação para construir uma organização mais forte.[7]

Conseguir modificar sua própria atitude, ou a de outro funcionário, raramente é fácil, ainda que as pessoas e as organizações sofram, constantemente, pressões políticas, econômicas, sociais e técnicas para mudarem. Mais e mais funcionários encontrarão diferenças culturais, tanto sutis como substanciais, entre seus colegas de trabalho, à medida que a força de trabalho vai se tornando mais diversificada.[8] O reconhecimento dessas mudanças proporciona uma poderosa força cultural à qual os funcionários devem adaptar-se. Caso eles gerenciem ativamente a diversidade, a probabilidade de adquirirem uma vantagem competitiva é alta — a qualidade da sua força de trabalho será enriquecida, a sensibilidade em relação ao mercado aumentará e o desempenho individual e do grupo será melhor.[9]

Valores da Cultura Social

A Ética do Trabalho   Durante muitos anos, a cultura da maior parte dos países do Ocidente tem enfatizado o trabalho como uma atividade desejável e pessoalmente recompensadora. Essa atitude também é muito forte em algumas partes da Ásia, por exemplo, no Japão. O resultado dessa ênfase cultural é uma **ética do trabalho** para muitas pessoas, o que significa que elas percebem o trabalho como uma meta muito importante e desejável em suas vidas. Elas tendem a gostar do trabalho e a obter satisfação a partir dele, e normalmente têm um comprometimento mais intenso com a organização e com seus objetivos do que os demais funcionários. Tais características da ética do trabalho a tornam altamente atraente para os empregadores.

Apesar da sua prevalência, a ética do trabalho é matéria de constante controvérsia. Ela é saudável? Está em declínio? Trata-se de uma questão morta? A pesquisa disponível indica que duas conclusões podem ser seguramente obtidas. Em primeiro lugar, *a proporção de funcionários com ética do trabalho consolidada varia significativamente no interior dos grupos*. As diferenças dependem de fatores como histórico pessoal, tipo de atividade executada e localização geográfica. A variedade é bem ampla, com uma proporção de funcionários de diferentes atividades que apontam o trabalho como seu interesse pessoal central variando de 15% a 85%.

Diferenças entre grupos

Declínio gradual

Uma segunda conclusão é que o *nível geral da ética do trabalho tem declinado gradualmente ao longo de muitas décadas*. Esse declínio é mais evidente nas diferentes atitudes dos trabalhadores mais jovens e dos mais velhos. Não somente os trabalhadores mais jovens não admiram a ética do trabalho da mesma maneira que os demais, como também o nível de suporte que as pessoas mais jovens exibiam anteriormente caiu de maneira substancial. Esse declínio traz sérias implicações para a atividade industrial, especialmente à medida que a competição internacional se intensifica.

Por que a ética do trabalho declinou? Mudanças sociais dramáticas levaram à sua deterioração. Valores sociais conflitantes surgiram, como a ética do lazer (a concessão de um nível de prioridade mais elevado para a gratificação pessoal), o desejo de intimidade (uma ênfase nos relacionamentos pessoais) e a idéia de merecimento (a crença de que os indivíduos devem receber benefícios sem ter de trabalhar). Além disso, mudanças nas políticas sociais e na legislação tributária reduziram os incentivos para o trabalho e chegaram até mesmo a penalizar o trabalho duro e o sucesso (na mente de alguns trabalhadores, pelo menos). Finalmente, o fenômeno da "fortuna instantânea" aflorou em tempos recentes. Isso ocorre quando milhares de pessoas — sejam elas funcionárias de novas companhias de alta tecnologia, sejam investidores afortunados do mercado imobiliário ou de ações — conseguem tornar-se milionárias após apenas alguns anos de trabalho. A mudança drástica que elas experimentam nos seus patrimônios pessoais levou a uma crença generalizada de que grandes somas de dinheiro podem ser obtidas simplesmente por se estar no lugar certo, na hora certa, independentemente da crença na ética do trabalho. Todos esses fatores representam exemplos adicionais da ação de complexas relações sociais e também demonstram como a ética do trabalho de um funcionário depende de fatores de um sistema social mais amplo. No século XXI, os gerentes não são mais capazes de confiar somente na ética do trabalho para fazer que seus funcionários sejam produtivos.

> ### Uma Questão Ética
>
> Muitos empreendedores possuem uma ética do trabalho fortemente desenvolvida. Eles acreditam que seus *funcionários* também deveriam demonstrar intenso comprometimento com o trabalho e refleti-lo na qualidade do serviço prestado ao consumidor, nos registros de assiduidade e atrasos, na preocupação com a qualidade, no desejo de trabalhar além do horário de expediente e na produtividade geral. Mas alguns funcionários rejeitam o argumento de que "o trabalho é uma atividade pessoalmente recompensadora" e, em vez disso, perguntam: "O que eu ganho com isso?". A questão central resume-se no direito discutível do empregador de impor sua ética do trabalho e suas expectativas aos trabalhadores. Exemplos clássicos incluem o conceito japonês de *karoshi*, no qual é virtualmente um motivo de orgulho morrer de exaustão por excesso de trabalho, ou o direito de uma montadora de automóveis de exigir que os trabalhadores façam horas extras. O que você considera ser ético para o empregador fazer no tocante à ética do trabalho?

Responsabilidade Social Cada ação que as organizações realizam envolve custos e benefícios. Em anos recentes, houve um movimento social muito forte em direção ao aperfeiçoamento da relação custo-benefício para fazer que a sociedade obtivesse benefícios das organizações e que esses benefícios fossem distribuídos justamente. **Responsabilidade social** é o reconhecimento de que as organizações possuem uma influência significativa sobre o sistema social e que tal influência deve ser considerada e equilibrada adequadamente em todas as ações organizacionais.

Uma pequena amostra da evidência de que as organizações estão cada vez mais preocupadas com a responsabilidade social é oferecida pelos critérios utilizados para julgar seu desempenho global. A revista *Fortune* avalia anualmente "As Companhias Mais Admiradas da América", pela análise de 300 organizações.[10] Um dos critérios utilizados é "responsabilidade social". Empresas como GE, Microsoft, Dell, Cisco, Wal-Mart, Home Depot e Southwest Airlines têm recebido elevados conceitos gerais.

A empresa indiana Wipro Limited usa dois valores fundamentais para orientar seu engajamento com a sociedade: 1) a Wipro é uma cidadã socioeconômica; e 2) "se você puder fazer algum bem, deve fazer". Esses valores têm levado a duas iniciativas. A Wipro Cares (para dar suporte a funcionários que contribuem com a sociedade) e o Wipro Applying Thought in Schools (para estimular e auxiliar estudantes a se tornar cidadãos críticos, criativos e participativos). A Wipro oferece um exemplo claro da importância da aceitação da responsabilidade social, por parte de uma companhia, com seus vizinhos, membros e a sociedade como um todo.[11]

A presença de valores sociais fortes, como a responsabilidade social, tem impacto poderoso na organização e em suas ações. Isso a leva a utilizar um *modelo socioeconômico de tomada de decisões*, no qual os custos e os benefícios sociais são considerados com as variáveis econômicas e as técnicas tradicionais. As organizações adotam uma visão mais ampla do seu papel dentro do sistema social e passam a aceitar sua interdependência em relação a ele.

PAPEL

Ações esperadas

Um **papel** é um padrão de ações esperado de uma pessoa em atividades que envolvam outras pessoas. O papel reflete a posição de uma pessoa em um sistema social, com seus direitos, deveres, poderes e responsabilidades subseqüentes. De forma a serem capazes de interagir uns com os outros, os indivíduos necessitam de uma maneira de antecipar o comportamento alheio. O papel desempenha essa função no sistema social.

Uma pessoa tem papéis tanto no trabalho quanto fora dele, conforme mostrado na Figura 4.2; desempenha o papel ocupacional de trabalhador, o papel familiar de pai ou mãe, o papel social de presidente de clube e muitos outros. Nesses vários papéis, uma pessoa é, ao mesmo tempo, compradora e vendedora, supervisora e subordinada, doadora e recebedora de conselhos. Cada papel exige tipos diferentes de comportamento. Se considerado tão-somente o ambiente de trabalho, um trabalhador pode ter mais de um papel, como o de trabalhador no grupo A, o de subordinado do supervisor B, um operador de máquina, um membro do sindicato e um representante do comitê de segurança.

FIGURA 4.2
Cada funcionário Desempenha Vários Papéis

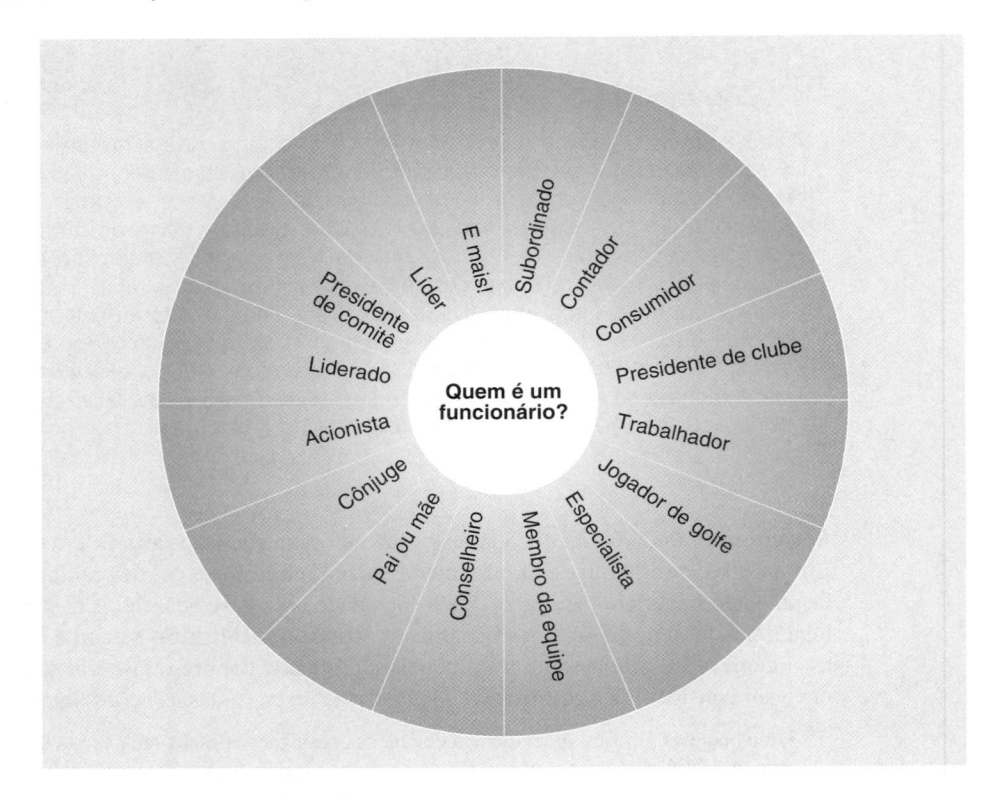

Roda com "Quem é um funcionário?" no centro, cercado pelos papéis: Presidente de comitê, Líder, E mais!, Subordinado, Contador, Consumidor, Presidente de clube, Trabalhador, Jogador de golfe, Especialista, Membro da equipe, Conselheiro, Pai ou mãe, Cônjuge, Acionista, Liderado.

Percepções dos Papéis

As atividades dos gerentes, bem como a dos trabalhadores, são orientadas por suas **percepções dos papéis**, ou seja, como eles acreditam que devem agir em seus próprios papéis e o modo como os outros devem agir nos papéis deles. Como os gerentes desempenham diferentes papéis, devem mostrar-se altamente adaptáveis (demonstrando *flexibilidade de papéis*) para mudar de um papel para outro rapidamente. Os supervisores, especialmente, necessitam mudar rapidamente de papéis, na medida em que trabalham tanto como subordinados quanto como superiores e com atividades técnicas e não-técnicas.

Quando duas pessoas — como um gerente e um funcionário — interagem, cada uma delas necessita compreender pelo menos três percepções de papel, conforme pode ser observado na Figura 4.3. Para um gerente, os três papéis são os seguintes: primeiro, há a percepção de papel do gerente da maneira como é exigido pela atividade executada (A). Então, há a percepção do gerente sobre o papel do funcionário que está sendo contatado (B). Finalmente, há a percepção do gerente sobre o seu papel de acordo com o modo como provavelmente será visto pelo funcionário (C). Obviamente, nenhum indivíduo pode satisfazer as necessidades dos demais, exceto nos casos em que ele seja capaz de perceber quais sejam as expectativas desses últimos. Três percepções de papel relacionadas (D, E e F) existem a partir da perspectiva do funcionário, com a possibilidade de haver diferenças dramáticas (a partir das percepções dos gerentes), especialmente nas comparações diretas, como A-D, B-E e C-D. O ponto-chave, nesse processo, é a obtenção, por *ambas* as partes, de percepções precisas sobre seus próprios papéis e sobre os papéis dos demais. A conquista dessa forma de entendimento exige o estudo das descrições disponíveis dos cargos, bem como a abertura de linhas de comunicação para descobrir as percepções alheias. A menos que os papéis estejam claros e sejam aceitos mutuamente pelas partes, haverá, inevitavelmente, o surgimento de conflitos.

Mentores

Oferecimento de modelos pelos mentores

Onde os funcionários podem obter informações corretas sobre os papéis relacionados às suas atividades para que possam adquirir percepções acuradas dos papéis? Além das fontes tradicionais de informação, como as descrições de cargos e as sessões de orientação, muitas organizações têm programas formais ou informais de mentoria. **Mentor** é um indivíduo que é modelo em seu papel e

FIGURA 4.3 A Complexa Teia de Percepções de Papéis nas Relações entre Gerentes e Funcionários

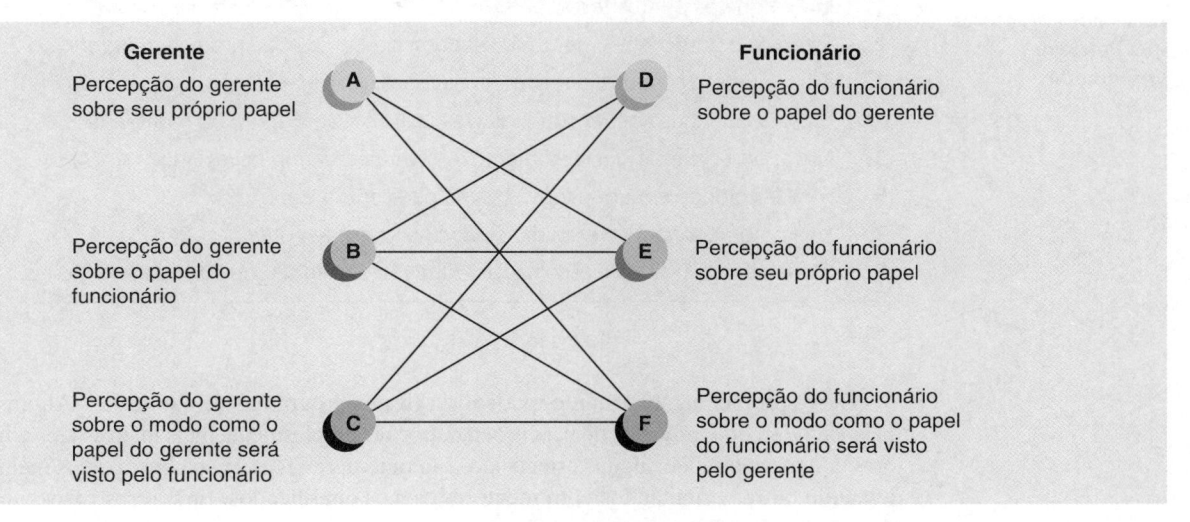

Gerente	Funcionário
A Percepção do gerente sobre seu próprio papel	**D** Percepção do funcionário sobre o papel do gerente
B Percepção do gerente sobre o papel do funcionário	**E** Percepção do funcionário sobre seu próprio papel
C Percepção do gerente sobre o modo como o papel do gerente será visto pelo funcionário	**F** Percepção do funcionário sobre o modo como o papel do funcionário será visto pelo gerente

que guia outro funcionário (seu orientando) mediante o compartilhamento de conselhos úteis sobre os papéis a serem desenvolvidos e os comportamentos a serem evitados. Os mentores ensinam, aconselham, orientam, dão suporte, encorajam, agem como pontos de referência e estimulam os orientandos para que estes acelerem os progressos nas suas carreiras. As vantagens dos programas bem-sucedidos de mentoria incluem um nível de lealdade maior entre os funcionários, um processo de aprendizado mais acelerado, um processo de sucessão mais bem planejado, por meio do desenvolvimento de substitutos, e um aumento no nível de realização de metas.[12] Algumas organizações, de fato, destinam orientandos a vários mentores ao mesmo tempo, mas a prática pode criar problemas de ressentimento, abuso de poder e falta de vontade para trabalhar. Como resultado, outras empresas simplesmente encorajam os funcionários a buscar seus próprios mentores. Algumas dicas são apresentadas na Figura 4.4(a) para orientandos que estejam trabalhando com mentores; as dicas para os mentores são mostradas na Figura 4.4(b).

Os mentores normalmente são mais velhos, bem-sucedidos e respeitados por seus pares (influentes). Eles também devem estar dispostos a dedicar tempo e energia para ajudar uma outra pessoa a subir os degraus corporativos, ser capazes de comunicar-se efetivamente e compartilhar idéias de maneira inofensiva, e apreciar o desenvolvimento individual dos outros. Os mentores freqüentemente não são os supervisores diretos do funcionário; dessa forma, eles podem oferecer apoio adicional para ajudar no progresso profissional do indivíduo. Esse distanciamento do papel de supervisor também permite que eles sejam mais objetivos sobre os pontos fortes e fracos observados em seus orientandos.

FIGURA 4.4(a)
Dicas para Orientandos que Utilizam Mentores

1. Selecione mais de um mentor. Escolha seus mentores entre seus pares, nos níveis superiores da administração ou, até mesmo, entre seus colegas profissionais de fora da organização.
2. Consulte-os periodicamente. Discipline-se para encontrá-los em intervalos regulares.
3. Informe-os sobre seus progressos, questões atuais e problemas que você esteja enfrentando.
4. Procure obter feedback deles. Pergunte como seu trabalho é avaliado. Apresente exemplos de seu trabalho a eles e peça sugestões para melhoria.
5. Compartilhe com eles um resumo de seus pontos fortes e fracos e seu plano de ação para superar suas próprias limitações. Compare sua visão com a percepção deles acerca de seus pontos fortes e questione-os sobre idéias para aperfeiçoamento nas áreas em que você necessita melhorar.
6. Peça aos seus mentores que o mantenham informado sobre novas oportunidades nas quais você possa usar suas habilidades.
7. Solicite-lhes conselhos sobre ações voltadas para a construção de sua carreira que poderiam aumentar seu potencial para promoção.

FIGURA 4.4(b)
Dicas para Mentores que Possuem Orientandos

1. Identifique os pontos fortes de seus orientandos e ajude-os a desenvolvê-los.
2. Estimule o autoconhecimento ao elaborar perguntas que produzam *insights*.
3. Deixe que seus orientandos tomem decisões, pois isso aumentará sua independência.
4. Escolha cuidadosamente suas palavras; evite ser autoritário ou muito crítico.
5. Ouça; observe a distância; somente intervenha quando necessário.
6. Não se coloque em um pedestal; evite parecer um expert.
7. Seja natural, autêntico e solidário; elimine sinais de poder.
8. Esteja aberto a visões e escolhas alternativas; auxilie seu orientando a refiná-las.

Vários problemas, no entanto, podem surgir nos programas de mentoria.[13] Alguns mentores são mais efetivos como modelos de papéis que outros ou simplesmente mais interessados em ser bons mentores. Do mesmo modo, alguns orientandos são mais agressivos na sua busca pelos melhores mentores, deixando outros orientandos com mentores menos qualificados. Em outros casos, um mentor pode oferecer um conselho ou informação a um orientando que, na verdade, dificulta seu desenvolvimento profissional. Um problema especial que às vezes afeta as mulheres e os indivíduos pertencentes às minorias é a dificuldade para conseguir modelos ideais do mesmo gênero ou grupo étnico. Quando há diferenças de gênero na relação mentor-orientando, questões difíceis podem surgir, por exemplo, quando uma parte explora o tempo e os esforços da outra, ou quando uma ligação legítima, porém emocionalmente próxima, estimula boatos de um relacionamento sexual. Finalmente, a carreira de um orientando poderá ser abruptamente tolhida, caso seu mentor seja transferido ou deixe a organização. Por essas e por outras razões, a prática comum é *ter mais de um mentor por orientando*, resultando em uma constelação de relações a partir da qual o orientando poderá extrair as percepções de papel. Apesar de tentativas bem-intencionadas, os esforços para o estabelecimento de relacionamentos nos programas de mentoria podem falhar algumas vezes, como no exemplo mostrado a seguir:

> Kenneth Benton, funcionário sênior, ofereceu-se para ocupar o papel de orientador e assistente para um novo e promissor funcionário do escritório, Ben Grossman. Entretanto, Grossman interpretou equivocadamente as iniciativas de Benton e sentiu que o ato de aceitar ajuda implicaria admissão de fraqueza. Grossman também se ressentiu com a idéia de ser orientado por alguém que não tinha o direito de lhe dar ordens, de forma que ele rejeitou abruptamente a idéia.
>
> Uma vez que havia sido rejeitado como mentor, Benton recusou-se a compartilhar seus conhecimentos sobre outros tópicos com Grossman nos anos seguintes, mesmo quando ele lhe solicitava diretamente ajuda. Grossman acabou cometendo, posteriormente, diversos erros menores que atrasaram de algum modo seu desenvolvimento profissional. Esses erros poderiam ter sido evitados se a relação mentor-orientando tivesse sido desenvolvida entre eles.

Conflito de Papéis

Quando os outros têm diferentes percepções ou expectativas sobre o papel de uma pessoa, ela tende a experimentar um **conflito de papéis**. Tais conflitos fazem que seja difícil atender a um grupo de expectativas sem rejeitar outras. A presidente de uma companhia enfrenta um conflito de papéis quando, por exemplo, descobre que tanto o *controller* quanto o diretor de recursos humanos desejam que ela aloque a nova função de planejamento organizacional em seus respectivos departamentos.

Papéis de interface externa

O conflito de papéis no trabalho é extremamente comum. Uma amostra de funcionários consultados em uma pesquisa sobre cargos e salários nos Estados Unidos revelou que 48% deles já experimentaram conflito de papéis com certa freqüência e 15% disseram que o conflito de papéis, além de ser freqüente, era um problema sério.[14] O conflito de papéis era mais difícil para funcionários com vários contatos profissionais fora da organização, ou seja, pessoas com *papéis de interface externa*. Eles descobriram que seus papéis externos possuíam exigências diferentes daquelas decorrentes de seus papéis internos, produzindo, assim, conflitos de papéis. Quando as pessoas foram classificadas de acordo com o número de contatos externos, aquelas com menos contatos externos tiveram o menor nível de conflito de papéis, e aquelas com contatos externos freqüentes tiveram uma quantidade maior de conflitos.

Ambigüidade de Papéis

Quando os papéis não são definidos adequadamente, ou são substancialmente desconhecidos, ocorre uma **ambigüidade de papéis**, pois as pessoas não têm certeza de como agir em situações desse tipo. Quando a ambigüidade e o conflito de papéis ocorrem, a satisfação com o trabalho e o comprometimento com a organização provavelmente vão diminuir. Por outro lado, os funcionários tendem a mostrar-se mais satisfeitos com seus trabalhos quando são claramente definidos por meio das descrições dos cargos e das declarações sobre as expectativas de desempenho. Uma compreensão melhor dos papéis ajuda as pessoas a tomar conhecimento do que os outros esperam delas e de como elas deverão agir. Se algum tipo de mal-entendido quanto aos papéis existir no momento que as pessoas interagem, então, provavelmente surgirão problemas, conforme ilustrado neste exemplo:

> O funcionário de uma fábrica, Bryce Bailey, era um dirigente sindical. Ele procurou sua supervisora, Shelly Parrish, para orientação acerca de uma questão de trabalho. Parrish pensou que Bailey a estava abordando no papel de dirigente sindical e tentando desafiar sua autoridade. Por causa do mal-entendido em torno dos papéis, os dois não foram capazes de se comunicar e o problema continuou sem solução.

STATUS

Posição social

Status é a posição social que uma pessoa ocupa em um grupo. Ele é o indicativo do nível de reconhecimento, honra, estima e aceitação concedidos a uma pessoa. No interior dos grupos, as diferenças de *status* têm sido aparentemente reconhecidas desde o início das civilizações. Sempre que as pessoas se reúnem em grupo, o provável é surgir distinções de *status*, porque elas permitem que sejam mostradas as diferentes características e capacidades dos membros do grupo.

Os indivíduos são ligados entre si por **sistemas de *status***, ou hierarquias de *status*, que definem sua posição relativa aos demais no grupo. Caso eles se tornem desanimados em virtude de seu *status*, diz-se que estão sofrendo de **ansiedade do *status***.

A **privação do *status*** — algumas vezes chamada "desmascaramento" ou perda do *status* — é um evento muito sério para várias pessoas; contudo, ela é considerada uma condição muito mais devastadora em certas sociedades. As pessoas, portanto, tornam-se mais responsáveis com o objetivo de proteger e desenvolver seu *status*. Um dos pioneiros da administração, Chester Barnard, afirmava: "O desejo de melhoria do *status* e, principalmente, o desejo de proteger o *status* parece ser a base de um senso de responsabilidade geral".[15]

Como o *status* é importante para as pessoas, elas trabalharão duramente para conquistá-lo. Caso isso possa ser associado a ações que estendam as metas da companhia, os funcionários permanecerão, então, fortemente motivados para dar suporte à empresa.

> Bob Pike, presidente da Creative Training Techniques e um instrutor mundialmente reconhecido, sugere que os funcionários têm suas "estações de rádio emocional" sintonizadas em duas freqüências. Em cada uma delas, eles estão ouvindo atentamente em busca de uma resposta para uma questão ou para uma demanda. A primeira freqüência é a OQEGCI e a segunda é a FQEMSI. A OQEGCI pergunta: "O que eu ganho com isso?", enquanto a segunda exige uma resposta para o pedido: "Faça que eu me sinta importante". Ambas mostram que os *funcionários são egocêntricos* — eles estão ansiosos por informações que os recompensem ou que reforcem sua auto-imagem e *status*. Conseqüentemente, os gerentes devem agir como o disco-jóquei de uma rádio que toca as músicas que os ouvintes pedem — saciando, assim, as necessidades de *status* de seus trabalhadores.

Relacionamentos de *Status*

Efeitos do status

As pessoas detentoras de *status* elevado dentro de um grupo têm mais poder e influência que aquelas com *status* mais baixo; também recebem mais privilégios do seu grupo e tendem a participar mais das atividades do grupo. Elas interagem mais com seus pares do que com os colegas de uma posição mais baixa. Basicamente, o *status* elevado proporciona às pessoas oportunidade para desempenhar um papel mais importante na organização. Como resultado, os membros de *status* inferiores tendem a se sentir isolados em relação ao grupo principal e a demonstrar mais sintomas de estresse do que os membros hierarquicamente superiores.

Em uma organização trabalhista, o *status* oferece um sistema segundo o qual as pessoas podem relacionar-se enquanto trabalham. Sem ele, elas ficariam confusas e gastariam grande parte de seu tempo tentando aprender a trabalhar em grupo. Dessa forma, ainda que possa ocorrer abuso do *status*, ele geralmente é benéfico, pois auxilia as pessoas a interagir e a trabalhar umas com as outras.

Símbolos de *Status*

O sistema de *status* alcança seu objetivo final com os **símbolos de *status*** — os elementos visíveis e externos que as pessoas atribuem a um indivíduo ou local de trabalho e que servem de evidência da posição social. Eles existem no escritório, na loja, no armazém, na refinaria ou em qualquer outro lugar em que um grupo de trabalho se reúna. Eles estão mais evidentes entre os diferentes níveis de gerentes, pois cada nível sucessivo tem, normalmente, autoridade para organizar seu universo de forma minimamente diferente em relação aos membros que ocupam posições inferiores na estrutura.

Como mostrado na Figura 4.5, há diversos símbolos de *status*, dependendo daquilo que o funcionário sentir que é importante. Em um escritório, por exemplo, o tipo de cesta de lixo é um ponto de distinção. Em outro, os símbolos mais significativos são o tipo de mesa e os telefones. Nos escritórios executivos, os elementos que assinalam a posição são tapetes, estantes, cortinas e quadros na parede. Outro exemplo clássico de um símbolo de muita importância é o escritório de canto, pois esses escritórios são geralmente mais largos e possuem janelas em dois lados. Também pode haver distinções entre um escritório com ou sem janelas. Fora do escritório, o caminhoneiro que dirige o caminhão maior ou mais novo tem um símbolo de *status*.

Toda essa preocupação com símbolos de *status* pode parecer impressionante, mas os símbolos de *status* são um assunto sério. Eles podem ameaçar o nível de satisfação com o trabalho simplesmente porque os funcionários que não possuem determinado símbolo, e pensam que deveriam tê-lo, poderão tornar-se preocupados com essa necessidade. Quando, por exemplo, um funcionário devota uma atenção desmedida a esses símbolos, há uma evidência de ansiedade do *status*, e essa situação exige a atenção da administração.

Muitas organizações possuem uma política que afirma que pessoas de uma mesma posição em um mesmo departamento devem receber aproximadamente os mesmos símbolos de *status*. Pode haver algumas variações entre os departamentos, como entre vendas e produção, porque as atividades são diferentes e a posição não é diretamente comparável. De qualquer forma, os gerentes precisam estar atentos para o fato de que as diferenças de *status* existem e que elas devem ser administradas de maneira bem-sucedida. Os gerentes têm o poder de influenciar e controlar, de algum modo, os relacionamentos de *status*. Da mesma forma que uma organização oferece certa quantidade de *status*, ela também pode retirá-lo.

FIGURA 4.5
Símbolos Típicos de *Status*

- Mobiliário, por exemplo, uma mesa de mogno ou uma mesa para reuniões.
- Decoração do interior, como carpetes, cortinas e objetos decorativos.
- Posição do local de trabalho, por exemplo, o canto de um escritório ou um escritório com janelas para uma vista agradável.
- Facilidades no local de trabalho, como terminais de computador ou máquinas de fax.
- Qualidade e tempo de uso do equipamento disponível, ferramentas de última geração.
- O tipo de roupas geralmente utilizado — um terno, por exemplo.
- Os privilégios oferecidos, como a filiação a um clube ou a utilização do automóvel da companhia.
- O título ou nível organizacional do cargo: cargo de presidente, vice-presidente.
- Os funcionários colocados à disposição, por exemplo, uma secretária particular.
- O grau de autonomia financeira, como um limite alto para gastos.
- A participação na organização, uma posição no comitê executivo.

Fontes de *Status*

As fontes de *status* são inúmeras, mas, em uma situação de trabalho típica, diversas fontes podem ser facilmente identificadas. Conforme mostrado na Figura 4.6, a educação (formação) e o nível do cargo são duas fontes importantes de *status* elevado. As competências de uma pessoa, suas habilidades profissionais e o tipo de trabalho também são grandes fontes de *status*.

Outras fontes são: remuneração, experiência, idade e opções de ações. A remuneração oferece reconhecimento econômico e uma oportunidade para a aquisição de mais elementos que proporcionem conforto, como viagens. A experiência e a idade normalmente conferem a seu detentor certos privilégios, como ter a oportunidade de escolher primeiro as datas para as férias ou receber o respeito de seus colegas pela sua longevidade no trabalho. O método de pagamento (hora trabalhada *versus* salário) e as condições de trabalho também oferecem importantes distinções de *status*, como a distinção entre funcionários e executivos. As opções de ações também proporcionam aos funcionários a oportunidade de participarem do sucesso financeiro da companhia.

O Significado do *Status*

O *status* é significativo para o comportamento organizacional de várias maneiras. Quando os funcionários são consumidos pelo desejo de *status*, isso freqüentemente é uma fonte de problemas e conflitos que a gerência necessita solucionar. Esse desejo influencia os tipos de transferências aceitáveis, pois não aceitarão um local nem atividade que possua um *status* muito baixo. O *status* ajuda a determinar quem poderá ser o líder informal de um grupo e, definitivamente, servirá para motivar aqueles em busca de ascensão na organização. Algumas pessoas são "caçadoras" de *status*, desejando obter um posto de alto *status* independentemente das demais condições de trabalho. Elas podem ser estimuladas a qualificar para posições de *status* mais elevados, de forma que se sintam recompensadas.

Algumas organizações têm buscado, conscientemente, utilizar seus conhecimentos sobre o impacto dos símbolos de *status* para reduzir esses indicadores. O National Bank da Geórgia, Estados Unidos, optou por um modelo de escritório para sua matriz com o objetivo de estimular a comunicação aberta e o consenso. Altos executivos da Home Box Office (HBO) evitaram escolher o cobiçado andar superior (15º) de seu novo edifício e, em vez disso, selecionaram o oitavo andar, em virtude da proximidade com os departamentos de marketing e de programação. Os executivos da Lake Superior Paper Company decidiram usar roupas mais informais (similares àquelas dos trabalhadores da fábrica) para remover as

FIGURA 4.6
Principais Fontes de *Status* no Cargo

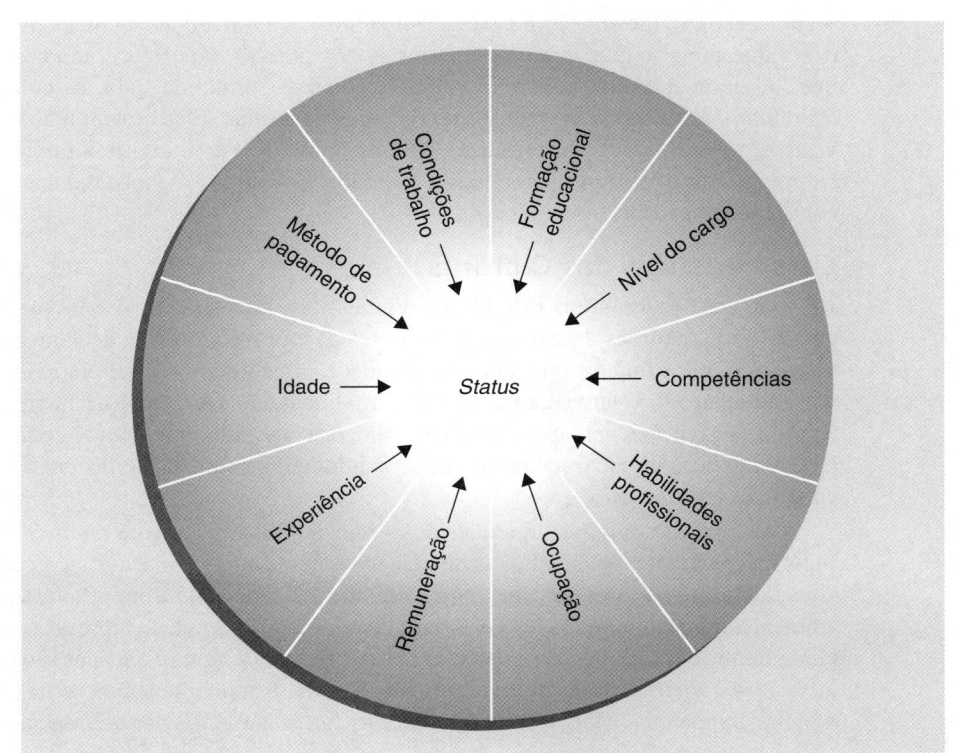

possíveis barreiras de *status* entre os dois grupos. Cada vez mais organizações estão removendo as vagas de estacionamento reservadas e colocando todos com os mesmos direitos também no estacionamento.

Esses exemplos oferecem alguma evidência do movimento de oposição da sociedade aos símbolos de *status*. Alguns indivíduos argumentam que uma ênfase exagerada nesses símbolos criou, ou pelo menos aumentou, a distância existente entre os que têm e aqueles que não os têm. Como conseqüência desse processo, alguns funcionários dos dias de hoje *rejeitam* os símbolos tradicionais de *status* mesmo quando estão disponíveis para eles: utilizam o seu próprio código de vestimenta; nem sempre possuem os carros mais caros; e preferem misturar-se aos outros funcionários, apesar de terem acesso ao refeitório dos executivos após terem sido promovidos.

CULTURA ORGANIZACIONAL

A cultura social cria o contexto mais amplo em que as organizações operam. Ela provê um sistema complexo de leis, valores e costumes dentro do qual se desenvolve o comportamento organizacional. O comportamento dos funcionários (C), de acordo com o psicólogo Kurt Lewin, é uma função da interação entre características pessoais (P) e o ambiente em torno da pessoa (A), ou C = f(P, A). Parte desse ambiente é a cultura social em que o indivíduo vive e trabalha, que oferece variadas dicas sobre o modo como uma pessoa com determinado histórico pessoal irá comportar-se. A discussão anterior deixou claro que as ações dos funcionários são diretamente afetadas pelos papéis concedidos a cada um e pelo seu nível subseqüente de *status*.

Normas compartilhadas ajudam a definir a cultura.

Dentro das organizações encontra-se outra força poderosa para a determinação dos comportamentos individual e coletivo. A **cultura organizacional** é o conjunto de suposições, crenças, valores e normas que é compartilhado pelos membros de uma organização.[16] Essa cultura pode ter sido conscientemente criada por seus principais membros ou pode ter simplesmente evoluído ao longo do tempo. Ela representa um elemento-chave do ambiente de trabalho no qual os funcionários desenvolvem suas atividades. Essa idéia de cultura organizacional é, de alguma maneira, intangível, pois não podemos tocá-la nem senti-la, embora ela esteja presente e atuante. Da mesma forma que o ar em uma sala, ela nos cerca e afeta tudo o que ocorre em uma organização. Pelo fato de ser um conceito de sistema dinâmico, a cultura também é afetada por quase tudo que ocorre dentro de uma organização.

Os benefícios da cultura organizacional

As culturas organizacionais são importantes para o sucesso de uma empresa por várias razões. Elas oferecem uma identidade organizacional aos funcionários — uma visão definidora daquilo que a organização representa. Também são uma fonte relevante de estabilidade e continuidade para a organização. Ao mesmo tempo, o conhecimento da cultura organizacional ajuda os novos funcionários a interpretar o que ocorre no interior da organização, ao oferecer um contexto para os eventos que, de outra maneira, poderiam parecer confusos. Acima de tudo, as culturas talvez ajudem a estimular o entusiasmo dos funcionários por suas tarefas. Elas atraem a atenção, transmitem uma visão e, normalmente, valorizam indivíduos criativos e com alta produtividade como heróis. Ao reconhecerem e recompensarem tais indivíduos, as culturas organizacionais os estão identificando como modelos ideais a serem copiados.

Características das Culturas

As culturas são diferenciadas, estáveis, implícitas e simbólicas.

As organizações, como as impressões digitais e os flocos de neve, são únicas. Cada uma possui uma história, padrões de comunicação, sistemas e procedimentos, declaração de missão e visões, histórias e mitos únicos, que, em sua totalidade, constituem sua cultura *diferenciada*. As culturas, por natureza, são relativamente *estáveis*, modificando-se somente de maneira lenta ao longo do tempo. As exceções para essa regra podem ocorrer quando uma grande crise ameaça a companhia ou quando duas organizações se fundem (exigindo uma cuidadosa mistura das duas para evitar um choque de culturas).

A maioria das culturas organizacionais tem sido historicamente *implícita*, em vez de explícita. Mais recentemente, no entanto, as organizações começaram a discutir suas culturas ideais e muitos altos líderes passaram a perceber, como um de seus papéis mais importantes, a definição do tipo de ambiente empresarial que eles gostariam de criar dentro de suas empresas (ver O Que os Gerentes Estão Lendo). Uma característica definidora de muitas culturas é que elas são vistas como *representações simbólicas* de crenças e valores subjacentes. Raramente lemos sobre a descrição da cultura de uma companhia. Mais freqüentemente, os funcionários fazem inferências sobre ela a partir de

O Que os Gerentes Estão Lendo

Duzentos tipos diferentes de práticas gerenciais foram estudados em 160 companhias ao longo de dez anos. Descobriu-se que as "vencedoras" — companhias que consistentemente superaram o desempenho de suas competidoras — possuíam quatro práticas principais de gestão: uma estratégia clara e direcionada, uma excelência operacional sem falhas, uma estrutura operacional simples e uma cultura organizacional que exigia que todos os funcionários utilizassem o máximo de suas capacidades. As culturas vencedoras se destacam por meio de expectativas elevadas, recompensas por conquistas, valores corporativos claros e comportamento ético, funcionários com autonomia (*empowerment*), lealdade com a equipe e um ambiente de alto desempenho que seja desafiador, agradável e divertido para se trabalhar. Os resultados são claros: o retorno total para os acionistas das empresas vencedoras aumentou dez vezes durante o período analisado.

Fonte: JOYCE, William et al. *What (Really) Works*: The 4 + 2 Formula for Sustained Business Success. Nova York: Harper Collins, 2003.

histórias que são ouvidas sobre como as coisas são feitas, da leitura de *slogans* que retratam ideais corporativos, da análise de artefatos-chave ou da observação de cerimônias nas quais certos tipos de funcionários são homenageados.

Alguns exemplos de representação simbólica são abundantes na General Mills, empresa sediada em Minneapolis, Minnesota.[17] Os executivos referem-se à cultura da "companhia dos campeões" e apontam, com orgulho, para uma declaração de valores da companhia que é reforçada por recompensas, programas de reconhecimento e sistemas de desenvolvimento para os funcionários. Um *slogan* popular afirma que "As águias ousam vencer", e essa declaração adorna muitos dos prêmios concedidos aos funcionários e às suas unidades por trabalhos excepcionais realizados. Um programa de treinamento, chamado "The Championship Way", oferece uma oportunidade para a companhia comunicar seus valores corporativos e descobrir as barreiras que podem impedir a sua conquista.

Ao longo do tempo, a cultura de uma organização passa a perpetuar uma tendência de atrair e reter as pessoas que se encaixam nos seus valores e crenças. Da mesma forma que algumas pessoas escolhem mudar-se para certas regiões em decorrência de características geográficas como temperatura, umidade e índice pluviométrico, os funcionários também gravitam em torno da cultura organizacional cujo ambiente eles preferem trabalhar. Isso resulta em uma boa combinação entre empregador e funcionário.

Alguns analistas relatam que até dois terços do total de fusões corporativas falham em gerar um valor de mercado maior que o da soma de suas partes anteriores. Uma grande parcela de responsabilidade por esses números está na dificuldade decorrente da junção das culturas corporativas. Exemplos de fusões que encontraram dificuldades ao longo de seus processos incluem AOL e Time Warner, Mattel e Learning Company, e Daimler-Benz com Chrysler. O que é particularmente perturbador é o tempo exigido para a integração total, freqüentemente estimado em até dez anos![18]

Várias outras dimensões da cultura são dignas de serem mencionadas. Uma delas é que não há nenhum *tipo ideal único* para todas as empresas; a cultura claramente depende das metas da organização, do setor de atividade, da natureza da competição e de outros fatores presentes em seu ambiente. As culturas podem ser mais facilmente reconhecidas quando seus elementos são totalmente *integrados* e consistentes uns com os outros; em outras palavras, eles se encaixam como peças de um quebra-cabeça. Da mesma maneira, a maioria dos membros deve pelo menos *aceitar*, se não abraçar, as suposições e os valores da cultura.

Historicamente, os funcionários raramente discutiam abertamente a cultura na qual trabalhavam; mais recentemente, contudo, a cultura tornou-se um tópico de discussões cada vez mais aceito entre os funcionários. Muitas culturas desenvolvem-se diretamente a partir da *alta direção*, que pode exercer uma influência poderosa sobre seus funcionários pelo que eles dizem. Contudo, as *ações* da administração são ainda mais importantes para os funcionários mais atentos, que podem rapidamente detectar quando os gerentes apenas oferecem um discurso vazio e não um suporte legítimo para certas causas, como serviço ao consumidor e qualidade dos produtos. Uma cultura pode existir ao longo da organização como um todo ou ela pode ser composta por diversas *subculturas* — o ambiente dentro de uma única divisão, unidade, fábrica ou departamento. Finalmente, as culturas têm forças variáveis — elas podem ser caracterizadas como relativamente *fortes ou fracas*, dependendo essencialmente do seu grau de impacto sobre o comportamento dos funcionários e da amplitude segundo a qual são mantidos as crenças e os valores subjacentes. As dez características das culturas são resumidas na Figura 4.7.

O efeito da cultura organizacional sobre o comportamento dos funcionários é muito difícil de ser estabelecido. Algumas pesquisas indicam que existe uma relação positiva entre certas culturas organizacionais e o desempenho. A concordância, dentro de uma organização, a certa cultura, deve resultar em um grau maior de cooperação, aceitação do processo de tomada de decisões e de controle, comunicação e comprometimento com o empregador. Tal resultado é particularmente provável quando uma empresa busca, conscientemente, criar uma cultura para favorecer o aumento do desempenho que remova as barreiras para o sucesso. Da mesma forma que o fermento é um ingrediente indispensável para se fazer um pão, uma cultura de produtividade é um elemento essencial para o sucesso de uma organização. Entretanto, se o ingrediente errado for adicionado, os resultados podem ser custosos, conforme demonstra a pesquisa seguinte:

> Um estudo com cinco empresas internacionais de contabilidade examinou suas culturas, o índice de retenção de novos funcionários (rotatividade) e os custos de oportunidade associados às saídas dos funcionários. Duas culturas primárias foram identificadas. Uma enfatizava o valor do detalhe e da estabilidade das atividades de trabalho; a outra enfatizava os valores de relacionamento interpessoal de trabalho em equipe e do respeito pelas pessoas. Os novos profissionais contratados que trabalharam na cultura que acentuava as relações interpessoais permaneceram, em média, 14 meses a mais que seus colegas da outra cultura. O custo estimado (em lucros perdidos) para uma única empresa com alta rotatividade (presumivelmente em razão de uma cultura mais orientada para as atividades do trabalho) ficou entre US$ 6 e US$ 9 milhões em um intervalo de 14 meses.[19]

Mensurando a Cultura Organizacional

A mensuração e a comparação sistemáticas das culturas, na melhor das hipóteses, são difíceis. Várias das tentativas iniciais baseavam-se no exame de histórias, símbolos, rituais e cerimônias para obter pistas e construir um retrato. Outras tentativas utilizavam entrevistas e questionários com questões abertas em uma tentativa de avaliar as crenças e os valores dos funcionários. Em outros casos, o exame de declarações sobre a filosofia corporativa forneceu um *insight* sobre a cultura *desposada* (crenças e valores que uma organização manifesta publicamente). Outra abordagem é a pesquisa direta com funcionários e a identificação de suas percepções sobre a cultura da organização. Um dos métodos mais interessantes é tornar-se um membro da organização para realizar uma observação participativa, abordagem que permite uma percepção direta a partir da perspectiva de um membro que está experimentando diretamente a cultura.

> A Prudential Insurance Company of America utilizava um instrumento-padrão do tipo "lápis e papel" para identificar as partes de sua cultura. A Prudential mensurou as normas vigentes e descobriu fortes percepções de conformidade, cautela, competição com outros grupos, fuga dos riscos e processo de tomada de decisões do tipo *top-down*. Então, a empresa avaliou as normas desejadas e descobriu grandes *gaps*. Os funcionários desejavam uma cultura que ressaltasse o trabalho em equipe, a colaboração, o atendimento ao consumidor, a iniciativa, o treinamento e a cooperação. Esse processo de mensuração permitiu que a Prudential envolvesse os funcionários em uma mudança na direção de uma nova cultura — uma na qual os gerentes são mensurados de acordo com suas metas de transformação da cultura.[20]

FIGURA 4.7
Características das Culturas Organizacionais

- Diferenciadas
- Estáveis
- Implícitas
- Simbólicas
- Não existe um tipo melhor
- Integradas
- Aceitas
- Um reflexo da alta direção
- Subculturas
- Possuidora de força variada

Qualquer tentativa de mensurar a cultura organizacional pode resultar apenas em uma avaliação imperfeita. Tais mensurações apenas capturam um retrato da cultura em um ponto determinado no tempo. Na realidade, muitas culturas organizacionais estão em processo de mudança e precisam ser monitoradas de maneira constante e com variedade de métodos para que se consiga obter um retrato mais fiel.

Comunicando e Transformando a Cultura

Se as organizações desejarem, conscientemente, criar e monitorar suas culturas, elas deverão ser capazes de comunicá-las aos seus funcionários, especialmente aos novos contratados. *As pessoas, em geral, estão mais dispostas a adaptar-se e aprender quando desejam agradar os outros, obter aprovação e aprender sobre seu novo ambiente de trabalho.* De maneira similar, as organizações estão ansiosas para encontrar novos funcionários que se adaptem a elas, e, dessa forma, muitas empresas utilizam uma abordagem intencional voltada para a obtenção desse objetivo. Exemplos de veículos de comunicação formal para a transmissão das culturas organizacionais incluem as visões dos executivos sobre o futuro da empresa, declarações de filosofia corporativa e códigos de conduta ética. Os meios informais incluem o reconhecimento público de heróis e heroínas, a retransmissão de histórias de sucesso e, até mesmo, a permissão de que mitos sejam propositadamente exagerados. Obviamente, os elementos da cultura de uma organização também são inadvertidamente comunicados aos funcionários de diversos modos, por exemplo, quando as notícias do erro de um gerente ou de seu conseqüente perdão por um executivo são acidentalmente disseminadas por toda a companhia.

A socialização afeta os funcionários.

Coletivamente, esses atos de comunicação cultural podem ser agrupados sob o guarda-chuva da **socialização organizacional**, que pode ser definida como o processo contínuo de transmissão de elementos-chave da cultura de uma organização para seus funcionários. Ela consiste tanto em métodos formais (como a instrução militar durante o período básico de treinamento ou o seminário de integração corporativa para novos funcionários) quanto em meios informais (como a orientação sobre modelos ideais pelos mentores, discutida anteriormente neste capítulo). Todas essas abordagens auxiliam a moldar as atitudes, os pensamentos e comportamentos dos funcionários. Vista a partir da perspectiva da organização, a socialização organizacional seria o equivalente a colocar as impressões digitais da organização nos funcionários ou imprimir o seu próprio código genético sobre eles. Do ponto de vista do funcionário, ela é o processo essencial de aprendizagem dos procedimentos necessários à sobrevivência e ao sucesso na empresa. O ponto principal é que a socialização pode ser funcional tanto para os funcionários quanto para seus empregadores.

Os gerentes são encorajados a **contar histórias** como uma maneira de moldar uma cultura e construir uma identidade organizacional. As boas histórias atingem as emoções da audiência e têm-se mostrado formas poderosas para criar um sentimento comum de significado e propósito. As histórias transmitem um sentimento de tradição, explicam como problemas antigos foram resolvidos, transmitem a idéia da falibilidade humana com contos sobre erros ocorridos e as lições aprendidas a partir deles, e aumentam a coesão em torno de valores-chave. As histórias mais memoráveis entretêm, ao mesmo tempo que informam, animam e ensinam. Essas histórias ressaltam pontos e padrões importantes apreciados pela organização, apontam a conseqüência das ações e oferecem lições valiosas que passam adiante uma sabedoria obtida nos anos anteriores.[21] O ato de contar histórias é, portanto, um meio essencial para obter a socialização dos funcionários.

A individualização afeta a organização.

Um processo recíproco surge quando mudanças acontecem na outra direção. Os funcionários também podem ter um impacto ativo na natureza da cultura e das operações da organização. A **individualização** ocorre quando os funcionários exercem sua influência, de maneira bem-sucedida, sobre o sistema social ao seu redor no trabalho, ao desafiarem a cultura estabelecida ou ao se desviarem dela. A interação entre a socialização e a individualização é retratada na Figura 4.8, que mostra os tipos de funcionários que aceitam ou rejeitam as normas e os valores de uma organização e os variados graus de influência exercidos. Os dois extremos — *rebelião* e *conformidade* total — podem mostrar-se disfuncionais para a organização e para a carreira individual do funcionário no longo prazo. *Isolamento*, é claro, raramente pode ser considerado um curso de ação produtivo. Se assumirmos que a cultura de determinada organização convida os funcionários ao desafio, ao questionamento e à experimentação, ao mesmo tempo que eles não se tornem muito beligerantes, então

FIGURA 4.8
Quatro Combinações de Socialização e Individualização

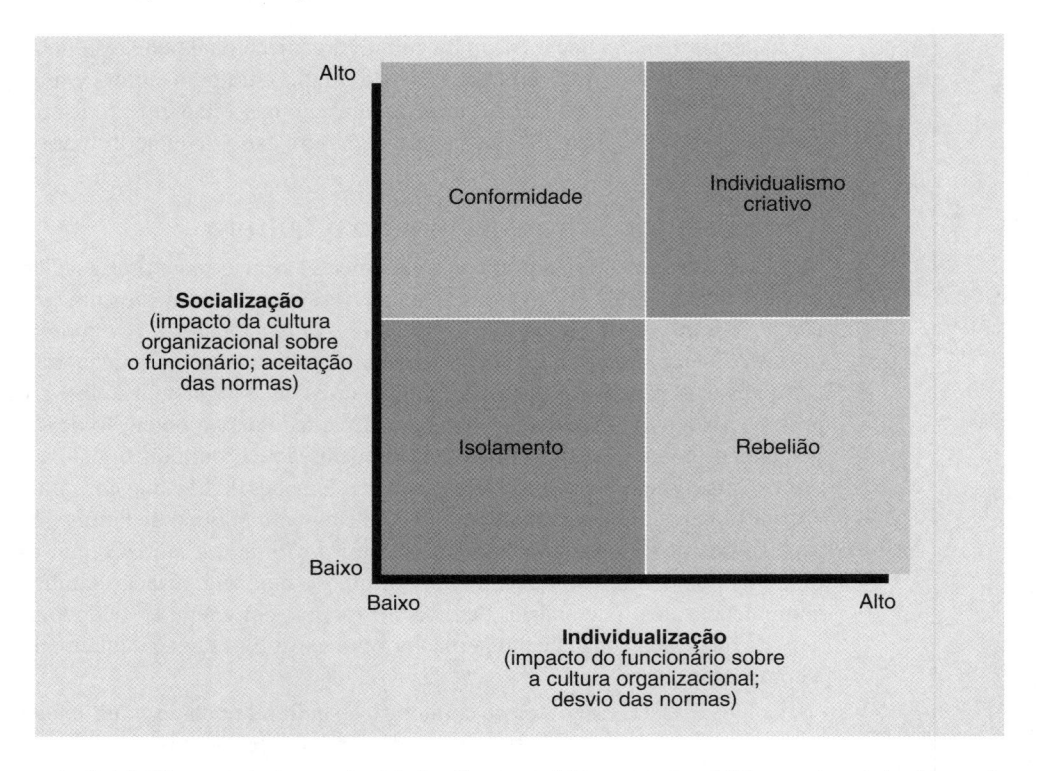

	Baixo Individualização Alto
Alto Socialização	Conformidade / Individualismo criativo
Baixo	Isolamento / Rebelião

Socialização (impacto da cultura organizacional sobre o funcionário; aceitação das normas)

Individualização (impacto do funcionário sobre a cultura organizacional; desvio das normas)

o *individualismo criativo* poderá infundir uma vida nova, com idéias mais originais, em benefício da companhia, conforme demonstra o seguinte exemplo:

> Delbert Little é engenheiro que trabalha para uma grande empresa de produtos eletrônicos dos Estados Unidos. Criativo, energético e talentoso, ele se orgulha de oferecer 110% de seus esforços para seu trabalho. Embora aceite totalmente os valores de seu empregador com referência à criação de produtos novos e mais aperfeiçoados, ele também expõe sua rejeição a algumas normas corporativas relacionadas ao comportamento pessoal (modo de vestir e deferência à autoridade). Ele se comunica com seus trabalhadores com grande paixão, implorando-lhes regularmente que exercitem um sentimento de inovação semelhante. Todas as vezes em que acredita que seu empregador está movendo-se na direção de um produto ou mercado errado, ele escreve memorandos apaixonados aos executivos superiores detalhando seu raciocínio e buscando persuadi-los para que mudem de opinião.
>
> Delbert pode ser descrito como um funcionário que está exercitando um individualismo criativo (mas que beira a rebeldia). Ele aceita algumas normas e valores, mas rejeita outros (e, dessa forma, é moderadamente socializado). Ele luta intensamente por aquilo que acredita ser certo e tenta modificar o pensamento dos outros também. Conseqüentemente, ele possui um impacto relativamente alto na sua parte da organização (individualismo). "A companhia tolera o meu comportamento", ele comentou alegremente certa ocasião, "somente porque produzi mais de cem patentes enquanto trabalhava aqui!".

Uma cultura pode ser modificada? Um estudo sobre culturas corporativas realizado em nove grandes empresas — Federal Express, Johnson & Johnson, 3M, AT&T, Corning, DuPont, Ford, IBM e Motorola — sugere que ela pode, sim, ser modificada. Contudo, isso exige um esforço de longo prazo, freqüentemente de cinco a dez anos. A Figura 4.9 indica a eficácia relativa de uma variedade de métodos para modificação da cultura.[22] Claramente, uma demonstração aberta do comprometimento da alta direção e o apoio para os novos valores e crenças são extremamente importantes, bem como o treinamento oferecido aos funcionários para que eles também sejam capazes de mudar.

AMBIENTES DE TRABALHO DESCONTRAÍDOS

A sociedade estimula e oferece diversas maneiras pelas quais as pessoas podem brincar e divertir-se em seu tempo livre. O ato de brincar tem, tipicamente, um número de elementos comuns — imersão na atividade, surpresa, variedade, escolha, sentimento de progresso e oportunidades para realizar contribuições pessoais e "vencer". Vários desses elementos também podem ser incorporados às vidas diárias dos funcionários, muitos dos quais também desejam divertir-se

FIGURA 4.9 Eficácia de Métodos para a Realização de Mudanças na Cultura Organizacional

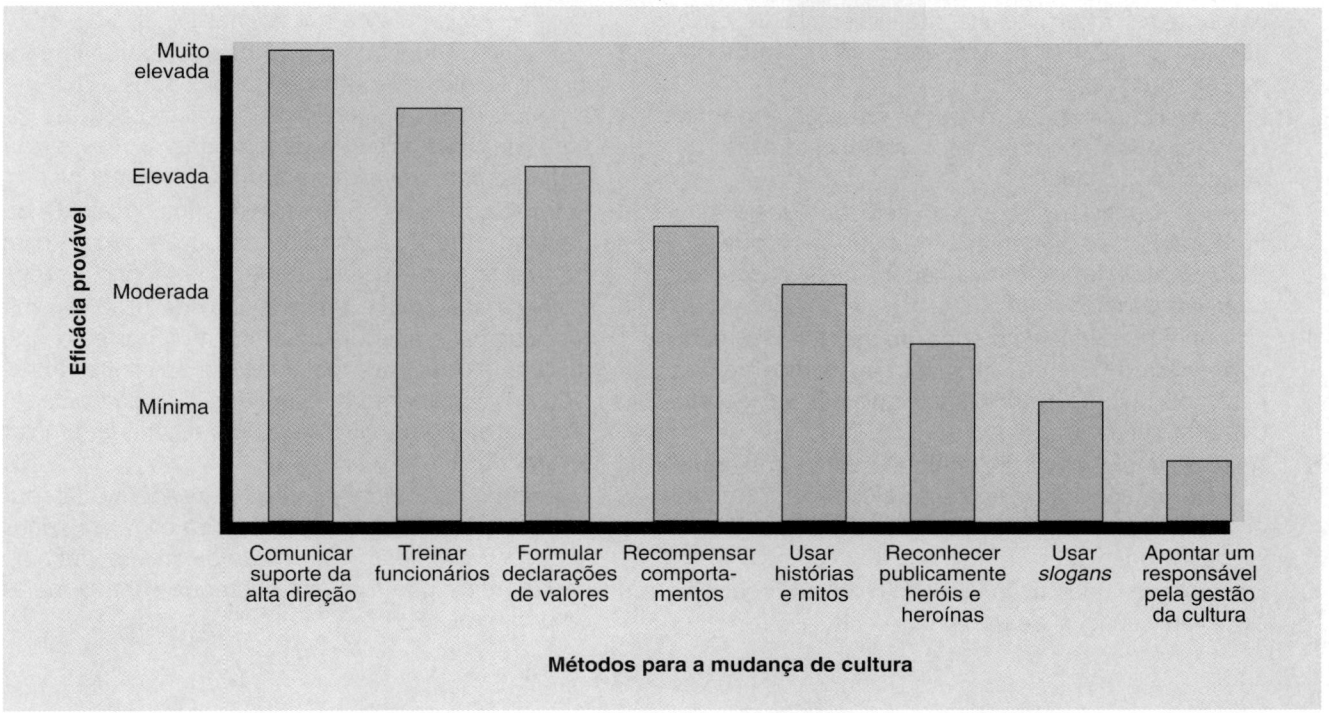

Eixo Y: Eficácia provável (Muito elevada, Elevada, Moderada, Mínima)

Métodos para a mudança de cultura:
- Comunicar suporte da alta direção
- Treinar funcionários
- Formular declarações de valores
- Recompensar comportamentos
- Usar histórias e mitos
- Reconhecer publicamente heróis e heroínas
- Usar *slogans*
- Apontar um responsável pela gestão da cultura

no trabalho. Um **ambiente de trabalho descontraído** é um modelo de cultura organizacional singular e cada vez mais popular em que os supervisores estimulam, iniciam e apóiam uma variedade de atividades divertidas e bem-humoradas. A cultura de um ambiente de trabalho descontraído tem diversas características-chave:

- Ela é facilmente reconhecida (pela observação da presença de sorrisos, surpresa e espontaneidade).
- Ela significa coisas distintas para pessoas diferentes.
- Ela é relativamente fácil de ser criada no trabalho.
- Ela leva à ampla variedade de recompensas para os indivíduos e para a organização.

Centenas de abordagens têm sido utilizadas para estimular a descontração no trabalho. As principais categorias incluem: formas únicas para oferecer reconhecimento para marcos individuais (aniversários, comemoração do tempo de contratação etc.), realização de eventos sociais especiais, celebrações públicas de conquistas profissionais e departamentais, jogos e competições amigáveis, entretenimento e o uso do humor em boletins informativos e correspondências. Táticas específicas utilizadas em várias organizações incluem: dia da fantasia, *charges* desenhadas especialmente para os funcionários, nomes de cargos exagerados escolhidos pelos próprios titulares, distribuição da "piada do dia" e o uso de jogos de tabuleiro modificados ou de formatos de programas de TV para motivar as pessoas e estimular a criatividade. Nenhuma fórmula mágica pode assegurar o sucesso; o fundamental para os gerentes é "ser experimental", tornar esse processo contínuo e encorajar os outros a participar com novas idéias.

Os funcionários gostam de trabalhar em um ambiente que satisfaça suas necessidades econômicas e de segurança, que faça que eles se sintam ouvidos e que reconheça seu tempo, esforço e resultado. Além disso, no entanto, muitos funcionários valorizam e apreciam a oportunidade de relaxar e brincar um pouco, rir, divertir-se ocasionalmente e aproveitar o tempo que passam no trabalho. A menos que a atmosfera de brincadeira resulte em dano físico ou em mágoa no tocante a sentimentos pessoais, a descontração no trabalho pode ajudar a reduzir o estresse, diminuir o tédio, estimular novas amizades, aumentar o nível de satisfação e produzir vários outros resultados

Conselhos para Futuros Gerentes

1. *Pense na sua organização como um sistema social* e pergunte a si mesmo se ela está em equilíbrio. Caso não esteja, trata-se de um desequilíbrio funcional para a organização?
2. Procure compreender, e *ativamente gerenciar, o contrato psicológico* que você possui com cada um de seus funcionários.
3. Liste as formas positivas por meio das quais seus funcionários são diferentes. *Certifique-se de que seu local de trabalho obtém vantagens desses aspectos da diversidade.*
4. *Descubra e utilize pelo menos um mentor ativo* para você mesmo. Ofereça-se, também, como mentor para pelo menos outra pessoa que não se reporte diretamente a você.
5. *Analise os símbolos de* status que estão aparentes em sua organização. Decida se eles são funcionais ou disfuncionais para o moral e o desempenho de seus funcionários.
6. Elabore ampla descrição verbal da cultura organizacional em seu local de trabalho. A cultura é forte ou fraca? *Descreva o que você faria para esclarecer e fortalecer a cultura da sua empresa.*
7. Considerando-se que a melhor oportunidade para instilar valores culturais nos funcionários é durante o período em que eles são novos e receptivos, *estude como sua organização familiariza os novos funcionários com os valores e normas* da companhia.
8. Examine o nível de comprometimento com a ética do trabalho entre seus funcionários e busque formas para *comunicar suas expectativas de desempenho a eles*.
9. Comece a acumular um conjunto de histórias, mitos, *slogans* e anedotas que dêem suporte ao tipo de cultura organizacional que você deseja transmitir. *Desenvolva, aprimore e aplique suas habilidades como contador de histórias como forma de reforçar a cultura.*
10. Examine o nível atual e o nível desejado de descontração no local de trabalho. *Envolva os funcionários no desenvolvimento de um ambiente de trabalho descontraído que também contribua com as metas da organização.*

psicológicos benéficos para os funcionários (redução da pressão sangüínea, aumento da imunidade a infecções e maior energia positiva).

A organização também se beneficia de uma cultura de descontração no ambiente de trabalho. Ampla pesquisa conduzida pela organização Society for Human Resources Management (SHRM) demonstrou que, à medida que o entusiasmo e a criatividade dos funcionários aumentam, a atração e a manutenção de novos funcionários se tornam mais fáceis, os valores e as normas (cultura) da empresa ficam mais claros, e a satisfação dos clientes aumenta, como reflexo da forma como são tratados por funcionários energizados.[23] Reservas freqüentemente existentes sobre os riscos de se manter um ambiente descontraído geralmente se têm mostrado infundadas. As razões mais válidas para que os gerentes resistam à adoção de um ambiente mais divertido no trabalho giram em torno do receio de que seus superiores (e a cultura organizacional como um todo) não os apóiem e da possível falta de criatividade para implementá-la. No fim das contas, contudo, argumentos poderosos suportam a tese de que seja permitido aos funcionários ter algum tipo de descontração, ocasional, no trabalho e que eles sejam engajados no processo de criação de uma cultura de descontração no ambiente de trabalho.

Resumo

Quando as pessoas se juntam a uma equipe de trabalho, elas se tornam parte do sistema social dessa organização. Esse é o meio pelo qual elas se relacionam com o mundo do trabalho. As variáveis em um sistema organizacional atuam de modo balanceado, denominado equilíbrio social. Os indivíduos fazem um contrato psicológico que define seu relacionamento pessoal com o sistema. Quando eles contribuem para o sucesso da organização, esse comportamento é chamado funcional.

O ambiente mais amplo no qual as pessoas vivem é sua cultura social. As pessoas devem aceitar e apreciar o valor com o qual a diversidade de históricos culturais pode contribuir para o sucesso de uma organização. Outros importantes fatores culturais incluem a ética do trabalho e as atitudes corporativas no sentido da responsabilidade social.

O papel é um padrão de ação esperada de uma pessoa nas atividades em que outros indivíduos estão envolvidos. Entre as idéias relacionadas ao papel estão: percepção de papéis, mentores, conflito de papéis e ambigüidade de papéis. *Status* é a posição social de uma pessoa em um grupo, e ele dá origem a sistemas de *status* e à possibilidade de ansiedade do *status*. Os símbolos de *status* são procurados como se fossem poções mágicas, pois eles freqüentemente oferecem uma evidência externa de *status* a seus detentores.

As culturas organizacionais refletem as suposições e os valores que orientam uma empresa. Ainda que sejam intangíveis, elas são influências poderosas sobre o comportamento dos funcionários. Os participantes aprendem sobre a cultura da organização por meio do processo de socialização e a influenciam mediante a individualização. As culturas organizacionais podem ser modificadas, embora esse processo demande tempo. A descontração no trabalho pode ser uma parte legítima da cultura de uma empresa e produzir benefícios individuais e organizacionais.

Termos e Conceitos para Revisão

Ambiente de trabalho descontraído, *91*
Ambigüidade de papéis, *83*
Ansiedade do *status*, *83*
Conflito de papéis, *82*
Contar histórias, *89*
Contrato psicológico, *75*
Cultura organizacional, *86*
Cultura social, *77*
Discriminação, *77*
Diversidade cultural, *77*
Efeito disfuncional, *75*
Efeito funcional, *75*
Equilíbrio social, *74*
Ética do trabalho, *78*
Individualização, *89*
Mentor, *80*
Papel, *79*
Percepções dos papéis, *80*
Preconceito, *77*
Privação do *status*, *83*
Responsabilidade social, *79*
Símbolos de *status*, *84*
Sistemas abertos, *74*
Sistemas de *status*, *83*
Sistema social, *74*
Socialização organizacional, *89*
Status, *83*
Valorização da diversidade, *77*

Questões para Discussão

1. Que tipo de contrato psicológico você acredita estar presente neste curso? Descreva suas características principais.
2. Olhe ao seu redor na sala de aula, dormitório ou organização estudantil. De quais modos esse lugar reflete a diversidade cultural? Sugira formas pelas quais os recursos representados nessa diversidade poderiam ser utilizados para se obter o maior benefício possível para todos os participantes.
3. Um especialista em administração fez, recentemente, um comentário sobre a ética do trabalho, dizendo: "Você poderá descobrir se possui, pessoalmente, uma ética do trabalho, caso pense mais no seu salário do que na qualidade do produto ou serviço que você produz". Comente.
4. O que responsabilidade social significa para você? Ela se aplica às pessoas tanto como se aplica às instituições? Descreva três ações de responsabilidade social que você tenha visto ou executado no último mês.
5. Descreva uma situação na qual você experimentou um conflito de papéis ou uma ambigüidade de papéis. O que a causou? Como as duas idéias estão relacionadas? E como elas são diferentes?
6. Entreviste um gerente para descobrir o que essa pessoa considera ser os cinco símbolos de *status* mais importantes em uma situação de trabalho. Identifique se a importância dos símbolos de *status* está aumentando ou diminuindo.
7. Descreva a cultura organizacional que aparentemente existe em sua sala. Quais são algumas das suas normas implícitas e explícitas, seus valores e suposições?
8. Reflita sobre seus primeiros dias na universidade ou sobre seus primeiros dias em um emprego temporário. De que formas você foi socializado? Como se sentiu acerca do que estava acontecendo com você?
9. Agora, analise o processo recíproco de individualização. De quais modos você produziu algum impacto na universidade ou no emprego?
10. Os efeitos benéficos da descontração no ambiente de trabalho são relativamente fáceis de serem percebidos. Quais são alguns dos possíveis efeitos *disfuncionais* dessa cultura?

Avalie suas Próprias Habilidades

Até que ponto você exibe boas habilidades como um mentor?

Leia as seguintes frases cuidadosamente. Faça um círculo ao redor do número na escala de respostas que reflita da melhor forma possível o grau que cada afirmação mais bem o descreve. Some o total de pontos e prepare um breve plano de autodesenvolvimento. Esteja pronto para relatar seus resultados, para que eles, juntamente com os resultados dos demais elementos do seu grupo, possam ser tabulados adequadamente.

	Boa descrição								Má descrição	
1. Estou sempre disponível para ser contatado por meu orientando sempre que ele necessita de mim.	10	9	8	7	6	5	4	3	2	1
2. Ofereço feedback construtivo sempre que isso é apropriado.	10	9	8	7	6	5	4	3	2	1
3. Compartilho meus próprios sucessos e fracassos quando considero que exemplos são necessários.	10	9	8	7	6	5	4	3	2	1
4. Ofereço suporte emocional quando acredito que a oportunidade é adequada.	10	9	8	7	6	5	4	3	2	1
5. Cumpro todos os compromissos que assumo para estabelecer uma imagem de integridade.	10	9	8	7	6	5	4	3	2	1
6. Vejo todas as informações que obtenho como confidenciais, evitando transmiti-las às outras pessoas.	10	9	8	7	6	5	4	3	2	1
7. Trabalho duro para permanecer aberto às necessidades e aos objetivos de meu orientando.	10	9	8	7	6	5	4	3	2	1
8. Certifico-me de ouvir atentamente as palavras e os sentimentos do meu orientando.	10	9	8	7	6	5	4	3	2	1
9. Tento estar disponível para ser contatado imediatamente por meu orientando sempre que ele necessita.	10	9	8	7	6	5	4	3	2	1
10. Reconheço a necessidade de oferecer suporte e estímulo para meu orientando.	10	9	8	7	6	5	4	3	2	1

Pontuação e Interpretação

Some o total de pontos obtidos nas dez questões. Registre aqui esse número e relate-o quando for solicitado: _____. Finalmente, insira o total de pontos no gráfico Avalie e Melhore suas Habilidades Associadas ao Comportamento Organizacional no Apêndice.

- Se você obtém um resultado entre 81 e 100 pontos, parece ter uma capacidade sólida para demonstrar boas habilidades como mentor.
- Se você obtém um resultado entre 61 e 80 pontos, deve analisar mais detidamente os itens nos quais obtém uma pontuação mais baixa e revisar o material relacionado a esses assuntos.
- Se você obtém um resultado abaixo de 60 pontos, deve estar ciente de que um baixo nível em habilidades relacionadas a diversos itens pode ser prejudicial para o seu futuro sucesso como gerente. Sugerimos revisar o capítulo inteiro e permanecer atento com relação aos materiais relevantes que serão apresentados nos capítulos subseqüentes e em outras fontes.

Agora, identifique suas três pontuações mais baixas e escreva os números dessas questões aqui: _____, _____, _____. Faça um parágrafo curto detalhando para si mesmo um plano de ação para que você melhore cada uma dessas habilidades.

Estudo de Caso

A Companhia de Construção Liberty

A Companhia de Construção Liberty é uma pequena empresa do Colorado. Mais da metade de sua receita provém da instalação de linhas subterrâneas de água e energia, de forma que grande parte do trabalho é sazonal e a rotatividade entre os funcionários é alta.

Michael Federico, um estudante universitário, tinha sido contratado pela Liberty como operador de escavadeira nos últimos três verões. Quando retornou ao trabalho no quarto verão, Federico recebeu a tarefa de operar a segunda escavadeira mais nova entre as cinco da companhia. O proprietário acreditava que, em virtude de possuir nove meses de tempo de serviço, ele deveria operar a segunda máquina. Essa ação exigiu que o atual operador do equipamento, Pedro Alvarez, funcionário regular que havia trabalhado na companhia nos últimos sete meses, fosse transferido para uma máquina mais velha. Alvarez ficou extremamente insatisfeito com isso; ele sentiu que, como um funcionário regular, deveria ter sido mantido como operador da máquina nova em vez de ter de cedê-la ao funcionário temporário. Os outros funcionários logo se acharam divididos em dois grupos: um, que apoiava Alvarez, e outro, que apoiava Federico. Surgiram conflitos no trabalho e cada grupo parecia se deliciar ao criar problemas para o outro grupo. Em menos de um mês, Alvarez deixou a companhia.

Questões

Discuta esse caso com relação a sistema social, equilíbrio, contrato psicológico, papel, *status* e símbolos de *status*.

Exercício Vivencial

Percepção de Papéis dos Estudantes e dos Instrutores

Considere-se um subordinado em sua classe, com o seu instrutor desempenhando o papel de seu gerente.

1. (Trabalhe individualmente) Na relação estudante-instrutor na sua sala, identifique:
   a. Sua percepção de seus papéis como estudante.
   b. Sua percepção dos papéis de seu instrutor.
   c. Sua percepção da percepção do seu instrutor sobre seus papéis como estudante.

   (Ao mesmo tempo, o instrutor deverá identificar sua percepção sobre os papéis do instrutor, a percepção do instrutor sobre o papel dos estudantes e a percepção do instrutor acerca da percepção dos estudantes sobre o próprio papel.)

2. Reúna-se em pequenos grupos de alunos, combine suas idéias em declarações coletivas sobre suas percepções.

3. Relate as percepções do seu grupo sobre os três fatores para a sala. Peça a seu instrutor que compartilhe as percepções dele com a sala.

Produzindo *Insights* sobre CO

Um *insight* diz respeito a uma percepção nova e clara acerca de um fenômeno ou uma capacidade adquirida para "enxergar" claramente algo sobre o qual você não estava ciente anteriormente. Ele, algumas vezes, simplesmente se refere a um "momento do tipo ah-há!", no qual você obtém uma pequena revelação ou atinge uma conclusão direta sobre um problema ou uma questão.

Os *insights* não precisam necessariamente ser dramáticos, uma vez que aquilo que pode ser considerado um *insight* por uma pessoa pode não o ser pelas demais. A característica fundamental dos *insights* é que eles são importantes e memoráveis para você; eles devem representar novos conhecimentos, novas estruturas ou novas perspectivas para perceber as coisas que você desejaria armazenar e lembrar ao longo do tempo.

Os *insights* são, portanto, diferentes do tipo de informação que você encontra nos textos da seção Conselhos para Futuros Gerentes. Esse formato de conselho é prescritivo e orientado para a ação; ele indica e recomenda determinado curso de ação.

Uma forma útil para pensar sobre os *insights* de CO é partir do princípio de que você foi a única pessoa que leu o Capítulo 4. Você recebeu a tarefa de ressaltar, utilizando suas próprias palavras, os conceitos principais (mas não somente resumir o capítulo todo) que poderiam ser relevantes para um público leigo, que nunca foi apresentado ao tema antes. *Quais são os dez* insights *que você compartilharia com esse público?*

1. (Exemplo) *Os funcionários são egocêntricos e famintos por informações que possam reforçar sua auto-imagem e seu estado.*
2. _____
3. _____
4. _____
5. _____
6. _____
7. _____
8. _____
9. _____
10. _____

Parte Dois

Motivação e Sistemas de Recompensa

Capítulo Cinco

Motivação

Os seres humanos agem com reciprocidade. Se você os tratar bem, eles o tratarão bem; se você tratá-los mal, eles o tratarão mal.
Karen Oman[1]

Ironicamente, os melhores motivadores tendem a ser as coisas que custam muito pouco ou quase nada. Elas podem incluir um "tapinha" nas costas, um elogio oportuno, uma nota de agradecimento, um e-mail ou uma mensagem de voz positivos, um elogio público, autonomia, flexibilidade ou a descoberta de oportunidades.
Bob Nelson[2]

OBJETIVOS DO CAPÍTULO

COMPREENDER

- O processo motivacional.
- As forças motivacionais.
- Sistemas de categorização das necessidades.
- Modificação comportamental e reforço.
- Definição de metas e seus efeitos.
- O modelo motivacional da expectativa.
- Comparações de igualdade.

A rede de hotéis Hyatt tinha um problema. A organização contratava pessoas jovens, brilhantes e energéticas para ajudar a operar seus hotéis Hyatt Regency. Tais funcionários trabalhavam por alguns anos como operadores de central telefônica, subgerentes de manutenção ou em outras diversas posições, enquanto aprendiam o funcionamento das operações de um hotel. Então, como desejavam promoções mais rápidas para gerência, e observando o longo caminho que ainda teriam de percorrer, passavam a buscar outros empregadores.

Parte do problema estava na lenta expansão da companhia, que freqüentemente reduzia o ritmo individual dos progressos, para as posições gerenciais, de três anos para oito anos ou mais. Para evitar alta rotatividade e aproveitar seus talentos, a Hyatt começou a oferecer aos seus funcionários oportunidades para que desenvolvessem novos empreendimentos em áreas relacionadas, como na organização de festas ou em empresas de aluguel de equipamentos. O impacto motivacional da autonomia proporcionada por esses novos empreendimentos possibilitou à Hyatt manter mais de 60% dos gerentes, ao mesmo tempo que aumentava suas vendas e proporcionava experiências valiosas para sua força de trabalho.[3]

A situação da Hyatt oferece uma oportunidade para se olhar tanto para trás (na direção da Parte I, do livro) como para a frente (para este capítulo e para o próximo). Certamente, o novo programa nos hotéis criou ali uma cultura organizacional diferente; os executivos encarregados demonstraram quanto apoiavam seus subordinados ao encontrarem formas de reter recursos humanos valiosos; e eles começaram a ouvir cuidadosamente o que os funcionários diziam para descobrir como lhes responder. Motivação, dessa forma, ocorre dentro de uma cultura, reflete um modelo de comportamento organizacional e exige excelentes habilidades de comunicação.

O que é motivação? A **motivação para o trabalho** é o conjunto de forças internas e externas que fazem que os funcionários escolham determinado curso de ação e adotem certos comportamentos. Idealmente, esses comportamentos são orientados para a consecução de uma meta organizacional. A motivação para o trabalho é uma combinação complexa de forças psicológicas no interior de cada indivíduo, e os empregadores estão essencialmente interessados em três elementos dela:

- *Direção e foco do comportamento* (os fatores positivos são confiabilidade, criatividade, desejo de ser útil, pontualidade; os fatores disfuncionais são atrasos, absenteísmo, desistência e baixo desempenho).
- *Nível de esforço* oferecido (o estabelecimento de um compromisso integral com a excelência *versus* a realização somente do necessário).
- *Persistência do comportamento* (a manutenção contínua da realização de esforços *versus* a desistência precoce).

A motivação também exige a descoberta e o entendimento das necessidades e dos desejos dos funcionários, uma vez que ela se origina no interior de um indivíduo. As ações positivas realizadas pela organização — como a criação de satisfação dos consumidores por meio do serviço personalizado — precisam ser reforçadas. Além disso, os funcionários estarão mais motivados quando possuírem metas mais claras a serem alcançadas. Necessidades, reforço, metas, expectativas e sentimento de igualdade são elementos centrais deste capítulo.

MODELO DE MOTIVAÇÃO

Embora algumas poucas atividades humanas espontâneas ocorram sem nenhuma motivação aparente, quase todo comportamento consciente é motivado ou causado. O crescimento de cabelo não requer motivação, mas um corte de cabelo, sim. Eventualmente, todos adormecem sem motivação (ainda que pais com crianças muito jovens duvidem disso), contudo, a ida para a cama é um ato consciente que exige motivação. O trabalho de um gerente é identificar as necessidades e os desejos dos funcionários e canalizar seus comportamentos para motivá-los em direção ao aperfeiçoamento do desempenho das atividades.

O papel da motivação no desempenho pode ser resumido no modelo de motivação apresentado na Figura 5.1. As necessidades internas e as forças motrizes criam tensões que são afetadas pelo ambiente de um indivíduo. A necessidade de alimento, por exemplo, produz a tensão da fome. A pessoa faminta, assim, examina seu entorno para vislumbrar quais alimentos (incentivos externos) estão disponíveis para satisfazer essa fome. Como o ambiente afeta o apetite dos indivíduos por um tipo particular de alimento, um habitante da região dos Mares do Sul poderá desejar um peixe cozido, enquanto um fazendeiro no Colorado poderá preferir um bife grelhado. Ambas as

FIGURA 5.1
Modelo de Motivação

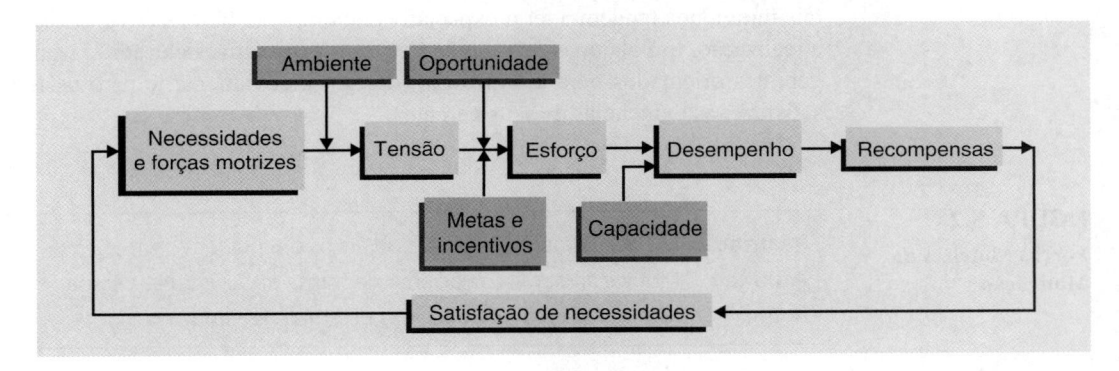

pessoas estão prontas para alcançar suas metas, mas procurarão diferentes alimentos para satisfazer suas necessidades. Esse é um exemplo da ação tanto das diferenças individuais quanto das influências culturais.

$D = C \times M$

Como vimos nas fórmulas do Capítulo 1, o desempenho potencial (D) é o produto da capacidade (C) e da motivação (M). Os resultados surgem quando são oferecidos, a funcionários motivados, as oportunidades (como o treinamento adequado) e os recursos para o desempenho de suas atividades. A presença de metas e a percepção da existência de incentivos para a satisfação das necessidades dos indivíduos são poderosos fatores motivacionais que levam à liberação de esforços. Quando um funcionário é produtivo e a organização toma ciência disso, recompensas são distribuídas. Caso essas recompensas sejam apropriadas quanto a sua natureza, oportunismo e sua distribuição, as necessidades e as forças motrizes originais dos funcionários serão satisfeitas. Nessa ocasião, novas necessidades poderão surgir, e o ciclo será iniciado novamente.

Deveria ser aparente, portanto, que um importante ponto de partida encontra-se no *entendimento das necessidades dos funcionário*s. Várias abordagens tradicionais para classificação dessas forças motrizes e necessidades são apresentadas inicialmente; esses modelos buscam auxiliar os gerentes a compreender o modo como as necessidades internas dos funcionários afetam seus comportamentos subseqüentes. Essas abordagens históricas são seguidas, de maneira lógica, pela discussão de uma forma sistemática para modificar o comportamento dos funcionários mediante o uso de recompensas para satisfazer essas necessidades.

FORÇAS MOTRIZES DA MOTIVAÇÃO

As pessoas tendem a desenvolver certas **forças motrizes** da motivação como resultado do ambiente cultural no qual vivem, e essas forças afetam a forma como elas vêem seus empregos e compreendem suas vidas. Grande parte do interesse nesses padrões de motivação foi inicialmente produzida pela pesquisa de David C. McClelland, da Harvard University.[4] Ele desenvolveu um esquema de classificação que salientava três das forças motrizes mais dominantes e apontou seus significados para a motivação. Seus estudos demonstraram que as forças motrizes motivacionais das pessoas refletem os elementos das culturas nas quais elas foram criadas — suas famílias, escolas, igrejas e seus livros. Em muitas nações, uma ou duas dessas forças tendem a ser fortes entre os trabalhadores, porque eles cresceram com históricos semelhantes. A pesquisa de McClelland enfocou as forças motrizes para realização, afiliação e poder (ver Figura 5.2).

Três forças motrizes

Motivação para a Realização

A **motivação para a realização** é a força que move algumas pessoas a buscar e realizar metas. Um indivíduo com essa força motriz deseja conquistar certos objetivos e galgar os degraus do sucesso. A conquista é vista como um elemento fundamentalmente importante em si mesmo, não somente pelas recompensas que a acompanham.

Características dos realizadores

Várias características definem os funcionários orientados para a realização. Eles trabalham mais ativamente quando percebem que receberão créditos pessoais pelos seus esforços, quando o risco de fracasso é apenas moderado e quando recebem feedback específico por seus desempenhos anteriores. As pessoas com alta motivação para a realização assumem a responsabilidade por suas ações e resultados, controlam seu destino, buscam feedback regularmente e apreciam ter alguma participação nas grandes conquistas por meio de esforço individual ou coletivo. Como gerentes, tais indivíduos tendem a ter a expectativa de que seus funcionários também estejam voltados para a realização. Em algumas oportunidades, essas expectativas elevadas fazem que seja difícil, para os gerentes orientados para a realização, delegar efetivamente, e para os funcionários "medianos", satisfazer as exigências de seus gerentes.

FIGURA 5.2
Forças Motrizes da Motivação

Realização	Motivação para conquistar objetivos e seguir em frente
Afiliação	Motivação para se relacionar de forma eficaz com as pessoas
Poder	Motivação para influenciar as pessoas e as situações

Motivação para a Afiliação

A **motivação para a afiliação** é o desejo de relacionar-se com as pessoas em uma base social. As comparações entre funcionários orientados para a realização e funcionários orientados para a afiliação ilustram como os dois padrões influenciam o comportamento. As pessoas orientadas para a realização trabalham mais intensamente quando seus supervisores lhes proporcionam avaliações detalhadas de seu comportamento no trabalho. As pessoas orientadas para a afiliação trabalham melhor quando são elogiadas por suas atitudes favoráveis e por sua cooperação. As pessoas motivadas para a realização selecionam assistentes que são tecnicamente capazes, com poucas preocupações acerca de seus sentimentos pessoais com relação a elas; os indivíduos orientados para a afiliação tendem a selecionar colegas e a se cercarem de pessoas amigáveis. Eles obtêm uma satisfação interior por estarem entre amigos e desejam liberdade no trabalho para desenvolver essas relações.

Os gerentes com fortes necessidades de afiliação podem ter dificuldades para serem gerentes eficazes. Embora elevada preocupação com relacionamentos sociais positivos possa normalmente resultar em um ambiente de trabalho mais cooperativo, no qual os funcionários genuinamente apreciem trabalhar juntos, a ênfase excessiva na dimensão social pode interferir no processo vital de fazer que as atividades sejam executadas. Os gerentes orientados para a afiliação podem ter dificuldades para atribuir tarefas desafiadoras, conduzir as atividades de trabalho e monitorar a eficácia do trabalho.

Motivação para o Poder

A **motivação para o poder** é o desejo de influenciar pessoas, assumir o controle e modificar situações. As pessoas motivadas para o poder querem criar um impacto sobre suas organizações e estão dispostas a aceitar os riscos envolvidos nesse processo. Uma vez que esse poder seja obtido, ele pode ser utilizado de forma tanto construtiva quanto destrutiva.

As pessoas motivadas para o poder tornam-se excelentes gerentes, caso suas motivações sejam anseios por poder institucional em vez de desejos de poder pessoal. O *poder institucional* é a necessidade de influenciar o comportamento dos outros para o bem de toda a organização. Quem sente essa necessidade busca o poder com meios legítimos, ascende às posições de liderança mediante um desempenho bem-sucedido e é aceito, dessa forma, pelos outros indivíduos. Contudo, caso as motivações de um funcionário sejam dirigidas à conquista de poder pessoal, ele tenderá, então, a perder a confiança e o respeito dos demais funcionários e colegas e a tornar-se um líder organizacional malsucedido.

A Aplicação Gerencial das Forças Motrizes da Motivação

O conhecimento das diferenças entre as três forças motrizes motivacionais exige que os gerentes pensem de forma contingencial e compreendam as atitudes de trabalho de cada funcionário. Eles podem, assim, lidar com os funcionários de maneiras diferentes, segundo a força motriz motivacional mais forte identificada em cada um deles. Desse modo, o supervisor comunica-se com cada funcionário de acordo com suas necessidades particulares. Como dito por um funcionário: "Meu supervisor fala comigo na minha linguagem". Embora diversos testes possam ser utilizados para identificar as características mais marcantes das motivações dos funcionários, a observação direta dos seus comportamentos é um dos melhores métodos para se determinar a que eles responderão.

NECESSIDADES HUMANAS

Quando uma máquina tem um defeito, as pessoas são capazes de reconhecer que ela necessita de algo. Os gerentes tentam identificar as causas dessa falha de maneira analítica, com base em seu conhecimento das operações e das necessidades da máquina. De modo semelhante, um operador que tem problemas age "defeituosamente", em virtude de causas específicas que podem estar relacionadas às suas necessidades. Para que ocorra a melhora nesse quadro, o operador necessita de ajuda profissional e habilidosa, da mesma forma que a máquina. Se as pessoas forem tratadas (mantidas) tão bem quanto se cuida de máquinas caras, haverá trabalhadores mais produtivos e, por conseguinte, mais satisfeitos. Primeiro, é preciso identificar as necessidades que são importantes para eles.

O Que os Gerentes Estão Lendo

O consultor David Sirota e seus co-autores argumentam que o mundo corporativo tornou-se refém de 33 diferentes mitos sobre os funcionários modernos, incluindo sua insatisfação com salários, sua preguiça e sua resistência às mudanças. Esses mitos não encontram fundamento em nenhuma evidência científica. Por outro lado, as organizações podem obter maiores ganhos ao produzirem funcionários entusiasmados. O segredo está na concessão das três maiores recompensas que eles esperam do trabalho:

- *Tratamento justo* (segurança no trabalho, remuneração adequada e respeito).
- *Sentimento de realização* (propósito, capacitação, desafio, feedback e reconhecimento).
- *Camaradagem* (trabalho em equipe).

Fonte: SIROTA, David et al. *The Enthusiastic Employee*: How Companies Profit by Giving Workers What They Want. Upper Saddle River, NJ: Wharton School Publishing, 2005.

Tipos de Necessidades

As necessidades podem ser classificadas de várias maneiras. Uma classificação simples é a divisão em 1) necessidades físicas básicas, também chamadas **necessidades primárias**; e em 2) necessidades sociais e psicológicas, denominadas **necessidades secundárias**. As necessidades físicas incluem alimentação, água, sexo, sono, ar e temperatura razoavelmente confortável. Tais necessidades surgem em decorrência das exigências básicas da vida e são importantes para a sobrevivência da raça humana. Elas são, desse modo, virtualmente universais, mas variam de intensidade de uma pessoa para outra. Uma criança, por exemplo, necessita de muito mais sono que uma pessoa mais velha.

As necessidades também são condicionadas pela prática social. Caso seja habitual para alguém alimentar-se três vezes ao dia, então essa pessoa tenderá a saciar sua fome somente se tiver as três refeições, ainda que duas possam ser adequadas para isso. Se uma hora para o café for introduzida no período da manhã, isso se torna tanto um hábito para a satisfação de um apetite quanto uma necessidade social.

As necessidades secundárias são mais vagas porque representam as necessidades da mente e do espírito, e não do corpo físico. Muitas dessas necessidades são desenvolvidas à medida que as pessoas envelhecem. Alguns exemplos são as necessidades associadas a auto-estima, sentimento de dever, competitividade, auto-afirmação e a gestos de dar, de pertencimento e de receber afeição. As necessidades secundárias são aquelas que complicam os esforços motivacionais dos gerentes. Praticamente todas as ações empreendidas pelos gerentes afetarão as necessidades secundárias; *portanto, o planejamento gerencial deve considerar o efeito de qualquer ação proposta sobre as necessidades secundárias dos funcionários.*

Aqui estão listadas sete importantes conclusões sobre as necessidades secundárias:

- Elas são fortemente condicionadas pela experiência.
- Variam em tipo e intensidade entre as pessoas.
- Estão sujeitas à mudança ao longo do tempo no interior de qualquer indivíduo.
- Elas normalmente não podem ser isoladas, mas, em vez disso, trabalham juntas e influenciam-se mutuamente.
- Freqüentemente, elas estão distantes de serem percebidas conscientemente.
- Elas são sentimentos vagos em vez de necessidades físicas específicas.
- Influenciam o comportamento de forma poderosa.

Embora as três forças motrizes da motivação anteriormente identificadas não tenham sido agrupadas em nenhum formato particular, as três grandes teorias sobre as necessidades humanas apresentadas nas seções seguintes buscam classificar essas necessidades. Ao menos implicitamente, as Teorias de Maslow, Herzberg e Alderfer foram estabelecidas a partir das distinções entre as necessidades primárias e secundárias. Além disso, há algumas semelhanças e diferenças importantes entre essas três abordagens. Apesar de suas limitações, todas as três abordagens para o estudo das necessidades humanas ajudam a criar uma importante base para os modelos motivacionais mais avançados que serão discutidos posteriormente.

Modelo da Hierarquia das Necessidades de Maslow

De acordo com A. H. Maslow, as necessidades humanas não possuem a mesma intensidade e surgem em uma seqüência definida. Particularmente, à medida que as necessidades primárias são razoavelmente satisfeitas, uma pessoa passa a atribuir uma ênfase maior para as necessidades secundárias. A **hierarquia das necessidades** de Maslow centra sua atenção em cinco níveis, conforme mostrado na Figura 5.3.[5] Essa hierarquia é apresentada resumidamente neste ponto e será interpretada, posteriormente, nas seções seguintes.

Necessidades de Nível Inferior O primeiro nível das necessidades envolve a sobrevivência básica e inclui as necessidades fisiológicas de alimento, ar, água e sono. As necessidades de segundo nível que tendem a ser dominantes são a integridade física (como a ausência de um ambiente perigoso) e a segurança econômica (por exemplo, a garantia contra demissões ou um plano de aposentadoria confortável). Esses dois níveis de necessidade juntos são, em geral, denominados **necessidades de nível inferior** e são similares às necessidades primárias discutidas anteriormente.

Necessidades de Nível Superior Há três níveis de **necessidades de nível superior**. O terceiro nível de necessidades da hierarquia está relacionado ao amor, ao sentimento de pertencer ou fazer parte e ao envolvimento social no trabalho (amizades e compatibilidade entre colegas). As necessidades do quarto nível englobam a estima e o *status*, incluindo os sentimentos de auto-estima e competência. O sentimento de competência, que decorre de reforço proveniente dos outros, proporciona *status*. A necessidade do quinto nível é a **auto-atualização**, o que significa tornar-se tudo aquilo que alguém é capaz de tornar-se, utilizando, para isso, o máximo das suas habilidades e promovendo a aplicação de seus talentos ao patamar mais elevado possível.

FIGURA 5.3 Comparação entre os Modelos de Maslow, Herzberg e Alderfer

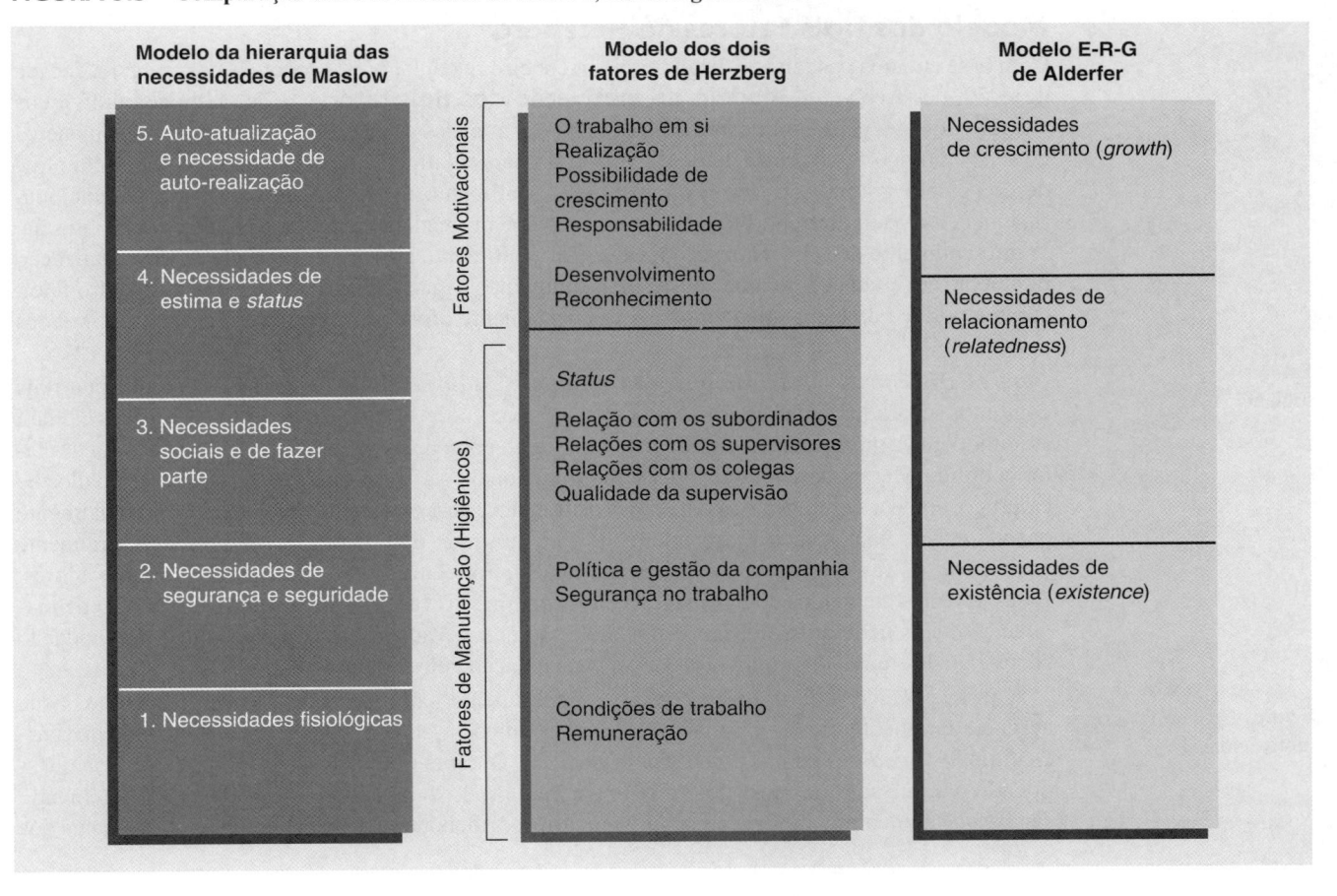

Modelo da hierarquia das necessidades de Maslow	Modelo dos dois fatores de Herzberg	Modelo E-R-G de Alderfer
5. Auto-atualização e necessidade de auto-realização	**Fatores Motivacionais:** O trabalho em si, Realização, Possibilidade de crescimento, Responsabilidade, Desenvolvimento, Reconhecimento	Necessidades de crescimento (*growth*)
4. Necessidades de estima e *status*		
3. Necessidades sociais e de fazer parte	**Fatores de Manutenção (Higiênicos):** Status, Relação com os subordinados, Relações com os supervisores, Relações com os colegas, Qualidade da supervisão	Necessidades de relacionamento (*relatedness*)
2. Necessidades de segurança e seguridade	Política e gestão da companhia, Segurança no trabalho	Necessidades de existência (*existence*)
1. Necessidades fisiológicas	Condições de trabalho, Remuneração	

Interpretando a Hierarquia das Necessidades O modelo da hierarquia das necessidades de Maslow afirma essencialmente que as pessoas possuem necessidades que elas desejariam satisfazer e que as necessidades já preenchidas não são um motivador tão poderoso quanto aquelas ainda não saciadas. *Os funcionários são mais entusiasticamente motivados por aquilo que ainda estão buscando do que pelo recebimento de mais daquilo que já possuem.* Uma necessidade plenamente satisfeita não será um forte motivador.

Interpretado dessa forma, o modelo da hierarquia das necessidades de Maslow tem tido grande impacto sobre os gerentes contemporâneos, oferecendo algumas idéias úteis para auxiliá-los a motivar seus funcionários. Como resultado dessa ampla familiaridade com o modelo, os gerentes de hoje devem:

- Identificar e aceitar as necessidades dos funcionários.
- Reconhecer que as necessidades podem variar entre os funcionários.
- Oferecer a satisfação de necessidades particulares que ainda não foram atendidas.
- Perceber que a concessão de um volume maior do mesmo tipo de recompensa (especialmente aquelas que satisfazem as necessidades dos níveis inferiores) pode ter um impacto decrescente sobre a motivação.

Limitações

O modelo de Maslow também possui muitas limitações e tem sido duramente criticado. Como uma estrutura de pensamento filosófica, ele é difícil de ser estudado e ainda não pôde ser totalmente verificado. De uma perspectiva prática, não é fácil proporcionar oportunidades para auto-atualização para todos os funcionários. Além disso, a pesquisa não apoiou a presença de todos os cinco níveis como algo único, tampouco ficou estabelecida a progressão em cinco passos a partir das ordens inferiores em direção às superiores. Há, contudo, algumas evidências de que, a menos que as necessidades dos dois níveis inferiores sejam satisfeitas (fisiológicas e segurança), os funcionários não estarão muito preocupados com as necessidades de nível superior. A evidência de um número mais limitado de níveis de necessidade é consistente com cada um dos dois modelos discutidos a seguir.

Modelo dos Dois Fatores de Herzberg

Com base em uma pesquisa realizada com engenheiros e contadores, Frederick Herzberg, na década de 1950, desenvolveu o **modelo de motivação dos dois fatores**.[6] Ele pediu aos indivíduos pesquisados que pensassem sobre uma ocasião em que eles se sentiram especialmente bem acerca de seus empregos e em outra na qual se sentiram particularmente mal. Ele também lhes pediu que descrevessem as condições que levaram àqueles sentimentos. Herzberg descobriu que os funcionários mencionavam diferentes tipos de condições que produziam sentimentos bons e ruins. Ou seja, se um sentimento de auto-realização levava a um sentimento positivo, a ausência de auto-realização raramente era citada como uma causa para sentimentos negativos. Em vez disso, algum outro fator, como a política da companhia, era mais freqüentemente oferecido como causa desses sentimentos negativos.

Fatores higiênicos

Fatores Higiênicos ou de Manutenção e Fatores Motivacionais Herzberg concluiu que dois conjuntos separados de fatores influenciavam a motivação. Até aquele momento, as pessoas haviam assumido que a motivação e a ausência de motivação eram apenas dois extremos opostos em um fator contínuo. Herzberg revolucionou a visão tradicional ao afirmar que certos fatores associados ao emprego, como a segurança e as condições de trabalho, desagradam os funcionários essencialmente quando elas estão ausentes. Entretanto, conforme mostrado na Figura 5.4, sua presença geralmente apenas traz os funcionários para um estado neutro. Tais fatores não são fortemente motivadores. Esses potentes elementos de insatisfação são denominados **fatores higiênicos**, ou fatores de manutenção, pois não podem ser ignorados. Eles são necessários para a construção de uma fundação sobre a qual será criado um nível razoável de satisfação entre os funcionários.

Fatores motivacionais

Outras condições de trabalho operam primariamente para construir essa motivação, mas sua ausência raramente produz insatisfação. Essas condições são conhecidas como **fatores motivacionais**, *motivadores* ou *causadores de satisfação*. Durante muitos anos, os gerentes têm-se questionado por que suas políticas de proteção e amplo espectro de benefícios adicionais não têm sido capazes de aumentar a motivação dos funcionários. A idéia de separar os fatores motivacionais dos

FIGURA 5.4
Efeitos dos Fatores
Higiênicos e dos
Fatores Motivacionais

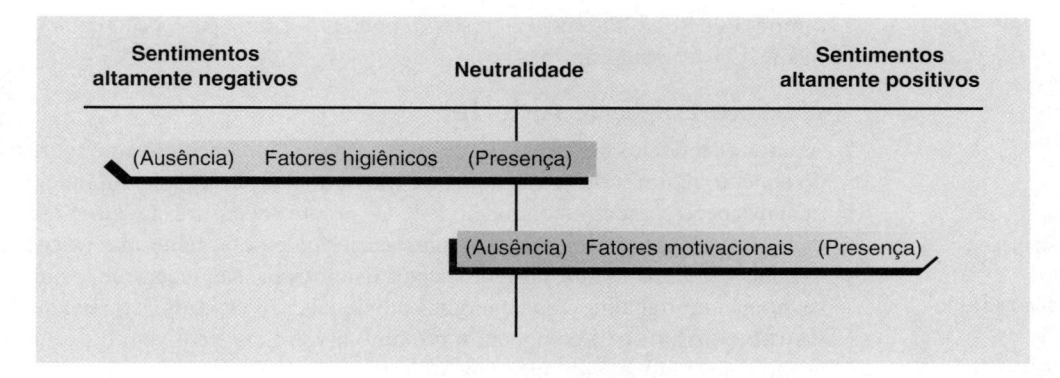

| Sentimentos altamente negativos | Neutralidade | Sentimentos altamente positivos |

(Ausência) Fatores higiênicos (Presença)

(Ausência) Fatores motivacionais (Presença)

fatores higiênicos ajudou a responder a essa questão, pois os benefícios adicionais e as políticas personalizadas foram considerados essencialmente como fatores higiênicos, de acordo com Herzberg.

Conteúdo e Contexto do Trabalho A Figura 5.3 mostra os fatores de Herzberg. Os fatores motivacionais, como realização e responsabilidade, são diretamente relacionados, em sua maior parte, a elementos como o trabalho em si, o desempenho do funcionário e o reconhecimento e crescimento pessoal que os funcionários experimentam. Os motivadores são, em sua maioria, centrados no trabalho; eles estão associados ao **conteúdo do trabalho**.

Por outro lado, os fatores higiênicos ou de manutenção relacionam-se fundamentalmente ao **contexto do trabalho**, pois estão mais ligados ao ambiente que o envolve. Essa diferença entre conteúdo e contexto do trabalho é muito significativa. Ela demonstra que os funcionários são motivados primeiro por aquilo que fazem para si próprios. Quando eles assumem responsabilidades ou obtêm reconhecimento por causa de seus comportamentos, tornam-se extremamente motivados.

Motivadores Intrínsecos e Extrínsecos A diferença entre o conteúdo e o contexto do trabalho é similar à diferença, existente na psicologia, entre os motivadores intrínsecos e extrínsecos. Os **motivadores intrínsecos** são recompensas internas que um indivíduo percebe quando realiza uma atividade, de forma que haja uma conexão direta e imediata entre trabalho e recompensas.[7] Um funcionário nessa situação fica automotivado. Os **motivadores extrínsecos** são recompensas externas que ocorrem à margem da natureza do trabalho, não oferecendo nenhuma recompensa no momento que o trabalho é realizado. Alguns exemplos são os planos de previdência, o seguro-saúde e as férias. Embora os funcionários apreciem esses itens, eles não são motivadores eficazes.

Motivadores intrínsecos e extrínsecos

Interpretando o Modelo dos Dois Fatores O modelo de Herzberg fornece uma distinção útil entre os fatores higiênicos, os quais são necessários, porém insuficientes, e os fatores motivacionais, que têm o potencial para melhorar os esforços dos funcionários. O modelo dos dois fatores ampliou as perspectivas dos gerentes ao mostrar o papel potencialmente poderoso das recompensas intrínsecas que decorrem do trabalho em si. (Essa conclusão liga-se a uma variedade de outros desenvolvimentos comportamentais, como enriquecimento do trabalho, *empowerment*, autoliderança e qualidade de vida no trabalho, que serão discutidos nos capítulos seguintes.) Apesar disso, os gerentes devem agora estar cientes de que não é possível negligenciar a ampla variedade de fatores que criam, pelo menos, um ambiente de trabalho neutro. Adicionalmente, a menos que os fatores higiênicos sejam razoavelmente supridos, sua ausência representará uma distração importante para os trabalhadores.

Limitações

O modelo de Herzberg, da mesma forma que o modelo de Maslow, tem sido amplamente criticado.[8] Ele não é universalmente aplicável, porque foi baseado em — e se aplica melhor para — gerentes, profissionais liberais e funcionários dos níveis executivos superiores. O modelo também *parece* reduzir a importância motivacional da remuneração, do *status* e das relações com os outros indivíduos, uma vez que estes são considerados fatores de manutenção. Este aspecto do modelo é o ponto menos intuitivo para os gerentes e o mais difícil de ser aceito por eles. Como não há nenhuma distinção absoluta entre os efeitos dos dois grandes fatores (ver Figura 5.4), o modelo apenas delineia tendências gerais; os fatores de manutenção podem ser motivadores para algumas pessoas, e os motivadores podem ser fatores de manutenção para outras. Finalmente, o modelo também parece estar amarrado à metodologia, o que significa que somente a abordagem de Herzberg (ao solicitar relatos pessoais de experiências profissionais favoráveis e desfavoráveis) produz o modelo de dois fatores. Em resumo, pode haver uma percepção de dois fatores quando, na realidade, existe apenas um.

Modelo E-R-G de Alderfer

A partir de modelos de necessidades mais antigos (fundamentalmente sobre o de Maslow) e buscando superar algumas de suas fraquezas, Clayton Alderfer propôs um modelo modificado da hierarquia das necessidades — o modelo E-R-G — com apenas três níveis (Figura 5.3).[9] Ele sugeriu que os funcionários estão inicialmente interessados na satisfação de suas **necessidades existenciais**, as quais combinam fatores psicológicos e fisiológicos. Remuneração, condições físicas de trabalho, segurança no trabalho e os benefícios adicionais são capazes de preenchê-las. As **necessidades de relacionamento** compõem o próximo nível. Elas envolvem o desejo de ser compreendido e aceito pelos indivíduos acima, abaixo e em torno do funcionário, seja no ambiente de trabalho, seja fora dele. As **necessidades de crescimento** estão em uma terceira categoria; elas abrangem os desejos de auto-estima e de auto-atualização.

Existência

Relacionamento

Crescimento

> A presidente de uma cadeia de lojas de roupas acreditava que as coisas iam bem. A companhia estava às vésperas de adicionar dez novas lojas aos seus 90 pontos-de-venda já existentes como parte de um programa ambicioso de expansão. Um dia, o gerente de marketing fundamental para a presidente entrou em seu escritório e declarou que odiava seu emprego. "O que ele possivelmente poderia querer?", pensou a presidente, ao mesmo tempo que o convidava para sentar-se e conversar sobre suas necessidades e aspirações. "Não deve ser segurança no emprego ou melhores condições de trabalho. Talvez ele sinta a necessidade de aprender novas habilidades e desenvolver capacidades executivas."

A conversa iminente entre a presidente e o gerente de marketing poderia ser estruturada em torno do **modelo E-R-G** de Alderfer. A presidente poderá iniciá-la com a identificação dos níveis de necessidades que precisam ser satisfeitos. Uma grande disparidade entre salários, por exemplo, poderá levar o gerente de marketing a ficar frustrado com suas necessidades de existência, apesar de haver um pacote de remuneração e bônus respeitável. Ou, sua imersão no trabalho ao longo de muitas horas e um pesado cronograma de viagens, conforme as lojas estavam prestes a serem inauguradas, podem ter deixado suas necessidades de relacionamento insatisfeitas. Finalmente, considerando-se que tenha realizado com êxito suas tarefas executivas, ele pode estar experimentando uma necessidade de desenvolver novas capacidades não relacionadas ao marketing e de crescer em outras áreas.

Além de condensar os cinco níveis do modelo de Maslow em três níveis mais consistentes, o modelo E-R-G também se distingue de outros modos. O modelo E-R-G, por exemplo, não assume como algo rígido a progressão de um nível para outro. Em vez disso, ele aceita a possibilidade de que todos os três níveis possam estar ativos em determinado momento — ou mesmo que apenas o nível mais elevado possa estar ativo. Ele também sugere que uma pessoa frustrada com relação a um dos dois níveis superiores pode retornar e concentrar seus esforços em um nível mais baixo para, então, progredir novamente. Finalmente, enquanto os primeiros dois níveis são limitados de alguma maneira quanto às suas exigências de satisfação, as necessidades de crescimento não somente são ilimitadas, como também se tornam, na realidade, cada vez mais estimuladas sempre que a satisfação de alguma necessidade é obtida.

Comparação entre os Modelos de Maslow, Herzberg e Alderfer

As semelhanças entre os três modelos das necessidades humanas são bem aparentes, conforme demonstrado na Figura 5.3, embora também haja importantes contrastes. Maslow e Alderfer enfocam as necessidades internas do funcionário, enquanto Herzberg também identifica e diferencia as condições (conteúdo e contexto do trabalho) que podem ser oferecidas para a satisfação das necessidades. As interpretações populares dos modelos de Maslow e Herzberg sugerem que, nas sociedades modernas, muitos trabalhadores já teriam conseguido preencher as necessidades dos níveis inferiores, de forma que, agora, eles estariam motivados essencialmente pelas necessidades dos níveis superiores e pelos motivadores. Alderfer sugere que o fracasso na satisfação das necessidades de relacionamento ou de crescimento pode causar uma nova onda de interesse em torno das necessidades de existência. (As conseqüências das necessidades não satisfeitas, quer produzam frustração, quer produzam cooperação construtiva, serão discutidas no Capítulo 15.) Finalmente, todos os três modelos sugerem que, antes de tentar distribuir uma recompensa, um gerente deverá descobrir quais são as necessidades mais relevantes para o funcionário em particular naquela ocasião. Dessa forma, todos os modelos das necessidades oferecem uma base para a compreensão e para a aplicação das modificações comportamentais.

MODIFICAÇÃO COMPORTAMENTAL

Teorias de conteúdo

Os modelos de motivação que foram discutidos até este ponto são conhecidos como *teorias de conteúdo sobre motivação*, pois enfocam o conteúdo (natureza) dos elementos que podem motivar uma pessoa. Eles se relacionam ao "eu" interior de um indivíduo e com a forma pela qual o estado das necessidades internas de uma pessoa determina seu comportamento.

A grande dificuldade com relação aos modelos de conteúdo sobre motivação é que as necessidades humanas não estão sujeitas nem à observação dos gerentes nem à mensuração precisa para propósitos de monitoramento. É difícil, por exemplo, mensurar as necessidades de estima de um funcionário ou avaliar o modo como elas se transformam ao longo do tempo. Além do mais, o mero conhecimento das necessidades de um funcionário não sugere diretamente aos gerentes o que deve ser feito com essa informação. Como resultado desse processo, tem havido um interesse significativo em modelos motivacionais que se fundamentem, de maneira mais ampla, nos resultados planejados, em uma mensuração mais cuidadosa e na aplicação sistemática de incentivos. A **modificação do comportamento organizacional** é a aplicação, nas organizações, dos princípios da modificação de comportamento, que evoluíram do trabalho inicial de B. F. Skinner.[10] As modificações do comportamento organizacional, bem como os próximos modelos que serão apresentados, são *teorias de processo* sobre motivação, uma vez que proporcionam perspectivas com relação às dinâmicas segundo as quais os funcionários podem ser motivados.

Modificação do comportamento organizacional

Teorias de processo

A Lei do Efeito

A modificação do comportamento organizacional é baseada na idéia de que o *comportamento depende de suas conseqüências*; portanto, os gerentes podem controlar, ou pelo menos afetar, certo número de comportamentos dos funcionários, manipulando suas conseqüências. A modificação do comportamento organizacional baseia-se amplamente na **lei do efeito**, que afirma que uma pessoa tende a repetir um comportamento que seja acompanhado de conseqüências favoráveis (reforço) e tende a não repetir um comportamento que seja acompanhado de conseqüências desfavoráveis. Duas condições são exigidas para a aplicação bem-sucedida desse modelo — os gerentes devem ser capazes de *identificar* algumas conseqüências poderosas (do modo como são percebidas pelo funcionário) e, então, devem ser capazes de controlá-las e *administrá-las* de forma que o funcionário perceba a existência de uma conexão entre o comportamento a ser afetado e as conseqüências.

> Alguns esportes profissionais desenvolveram sistemas de recompensas que parecem fundamentar-se nesses princípios. Nas competições da Associação de Jogadoras Profissionais de Golfe dos Estados Unidos (Ladies Professional Golf Association — LPGA), somente aquelas jogadoras que completem todas as quatro rodadas de um torneio e possuam as melhores pontuações globais têm direito a receber cheques. Além disso, o valor do cheque oferecido para a vencedora é aproximadamente o dobro daquele recebido pela segunda colocada. A LPGA identificou o dinheiro como uma conseqüência favorável e associou sua distribuição diretamente ao nível de desempenho de curto prazo de seus membros. Esse sistema presumivelmente estimula as jogadoras a participar de diversos torneios, a jogar todas as quatro rodadas e a procurar exceder seus limites.

Foco nas conseqüências

A lei do efeito vem da teoria do aprendizado, que sugere que os seres humanos aprendem melhor sob condições agradáveis. Enquanto as teorias de conteúdo afirmam que *as necessidades internas orientam o comportamento*, a modificação do comportamento organizacional sugere que as *conseqüências externas tendem a determinar o comportamento*. A vantagem da abordagem da modificação do comportamento organizacional é que ela coloca um grau maior de controle e responsabilidade nas mãos do gerente. Diversas empresas, incluindo a Frito-Lay, a Weyerhaeuser e a B. F. Goodrich, têm utilizado com sucesso várias formas de modificação do comportamento organizacional.

Um tipo especial da teoria do aprendizado é o **aprendizado social**, também conhecido como *aprendizado indireto*. Essa abordagem sugere que os funcionários nem sempre têm de aprender diretamente com suas próprias experiências. Em vez disso, eles podem — e até mesmo têm grande probabilidade de — aprender por meio da observação das ações dos outros, da compreensão das consequências que os outros experimentam e da utilização de novas informações para modificar seus próprios comportamentos. Os funcionários que adquirem as habilidades de aprendizado social freqüentemente se tornam muito mais eficazes em menos tempo do que levariam, caso tivessem de passar individualmente por todas essas experiências.

Conseqüências Alternativas

A abordagem de modificação do comportamento organizacional atribui grande ênfase à utilização de recompensas (ver modelo de motivação na Figura 5.1) e às conseqüências alternativas para sustentar comportamentos. Antes de adotar esse modelo, no entanto, os gerentes devem decidir se desejam aumentar a probabilidade de uma pessoa manter determinado comportamento ou se desejam diminuí-la. Uma vez que eles tenham estabelecido seu objetivo, ainda terão de realizar duas escolhas para determinar o tipo de conseqüência a ser aplicada. Primeiro, deverão utilizar uma conseqüência positiva ou uma negativa? Em segundo lugar, devem aplicá-la ou retê-la? As respostas para essas duas questões resultam em quatro conseqüências alternativas únicas, conforme mostrado na Figura 5.5 e nas discussões que seguem.

Reforço positivo O comportamento é estimulado fundamentalmente por intermédio de um reforço positivo. O **reforço positivo** proporciona uma conseqüência favorável que encoraja a repetição de um comportamento. Um funcionário, por exemplo, poderá descobrir que, quando um trabalho de alta qualidade é realizado, o supervisor oferece uma recompensa como forma de reconhecimento. Como o funcionário aprecia o reconhecimento, esse comportamento é reforçado, e o funcionário tende a querer executar novamente um trabalho de alta qualidade. O reforço sempre deve ser contingente ao comportamento correto do funcionário.

A variedade de recompensas disponíveis para os gerentes é praticamente ilimitada, nem sempre é onerosa e normalmente agrada os recebedores. Aqui estão alguns exemplos:

- A Blandin Paper Company enfatiza o reconhecimento dos supervisores e ainda oferece recompensas como camisetas, xícaras de café e vales-compra para serem utilizados em restaurantes locais.
- A Pfeiffer-Hamilton Publishers (editora) convida a todos seus funcionários a uma festa de "celebração da criatividade", todos os anos, e ainda oferece a cada um deles uma cópia grátis autografada de todos os livros que a empresa pública.
- A cadeia Grandma's Restaurant não apenas oferece um relógio de ouro para os funcionários que fazem dez anos na empresa, mas também cria jogos americanos para mesas com fotos e informações deles.
- Outras companhias defendem o uso de notas pessoais com elogios sobre o desempenho dos funcionários, o oferecimento de um almoço grátis nos aniversários ou a colocação das assinaturas dos funcionários nos produtos que eles produzem.

FIGURA 5.5
Quatro Conseqüências Alternativas da Modificação de Comportamento Organizacional

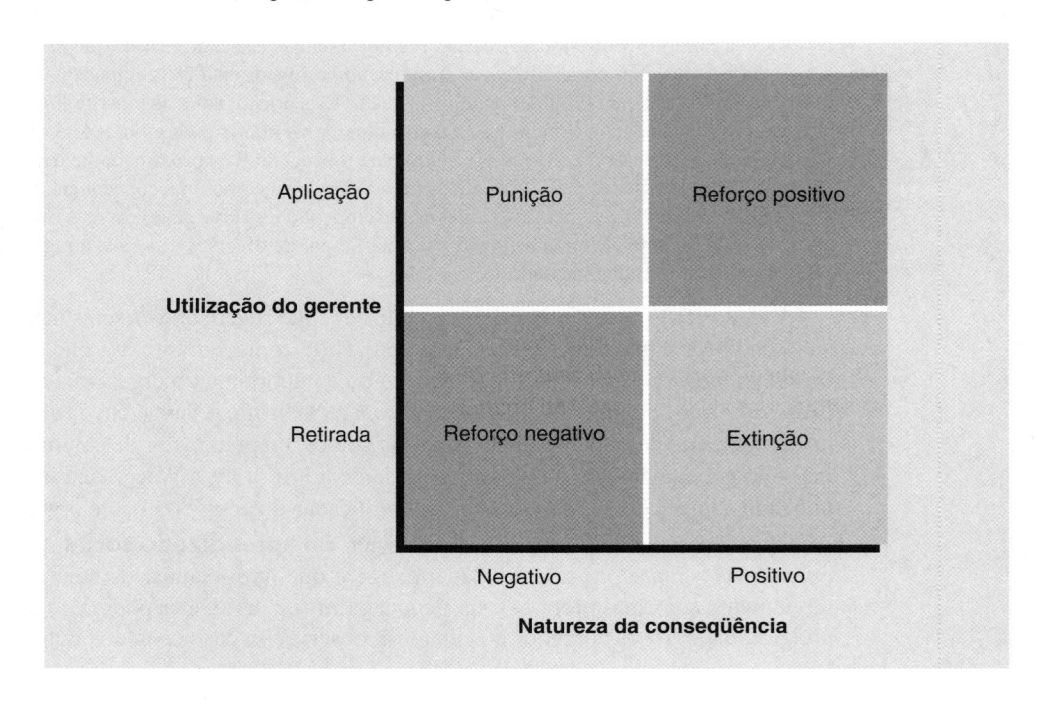

	Natureza da conseqüência	
Utilização do gerente	Negativo	Positivo
Aplicação	Punição	Reforço positivo
Retirada	Reforço negativo	Extinção

O segredo para a utilização, de maneira positiva, da técnica de reforço pelos gerentes reside no modo como ela é implementada. As conseqüências favoráveis devem ser personalizadas, oportunas, específicas, de alto impacto e realizadas da maneira mais espontânea possível. Elas devem proporcionar um feedback útil sobre o desempenho, celebrar publicamente o valor de uma contribuição e construir um sentimento de propriedade e compromisso nos funcionários.[11] Na maior parte do tempo, um reforço positivo pode ser economicamente realizado em um espírito de descontração, como discutido no Capítulo 4.

Moldagem

A **moldagem** é uma aplicação sistemática e progressiva do reforço positivo. Ela ocorre quando reforços mais freqüentes, ou mais poderosos, são sucessivamente concedidos à medida que o funcionário aproxima-se do comportamento desejado. Mesmo que o comportamento totalmente correto ainda não tenha ocorrido, ele também é encorajado com a concessão de reforços para o comportamento orientado para a direção desejada. A moldagem é especialmente útil para o ensino de atividades complexas.

Um exemplo de moldagem é o procedimento de treinamento utilizado pelo supervisor de uma loja de varejo. A loja era tão pequena que não possuía um programa centralizado para o treinamento de vendedores, de forma que o supervisor era responsável por todo treinamento de vendas. No começo, quando uma nova vendedora não sabia como lidar de forma eficaz com seus clientes, o supervisor explicava os procedimentos corretos de venda. O supervisor, então, observava o comportamento da vendedora, e de tempos em tempos, quando ela demonstrava um comportamento aperfeiçoado em relação a uma parte dos procedimentos, ele expressava sua aprovação e estimulava a funcionária. Esse gesto era um reconhecimento favorável para a funcionária, e por isso auxiliava a moldar o comportamento na direção correta.

Reforço negativo

O **reforço negativo** ocorre quando o comportamento é acompanhado pela *remoção* de uma conseqüência desfavorável; dessa forma, não se trata de algo semelhante a uma punição, que normalmente *adiciona* um elemento desfavorável. Consistente com a lei do efeito, o comportamento responsável pela remoção de algo desfavorável é repetido quando esse estado desfavorável é novamente encontrado. Um exemplo de reforço negativo é a experiência de uma mecânica de aviões a jato que aprendeu que, caso utilizasse protetores de ouvido, poderia prevenir o desconforto proveniente do barulho do motor do avião — uma conseqüência desfavorável; esse reforço a encorajou a usar o equipamento de segurança adequado.

Punição

A **punição** é a *administração* de uma conseqüência desfavorável que desestimule um comportamento específico. Embora a punição possa ser necessária ocasionalmente para desencorajar um comportamento indesejado, precisa ser utilizada com cautela, pois possui certas limitações. Ela não encoraja diretamente nenhum tipo de comportamento, a menos que a pessoa que a receba esteja claramente ciente do caminho alternativo a ser seguido; ela pode fazer que os gerentes que atuam como algozes tornem-se desprestigiados por causa de suas ações disciplinares; e também pode ocorrer que as pessoas que estejam recebendo as punições não estejam certas sobre quais partes de seus comportamentos estão sendo punidas.

Extinção

A **extinção** é a retenção de quaisquer conseqüências positivas significativas que haviam sido anteriormente oferecidas em virtude de um comportamento desejável. O comportamento desejado aprendido precisa ser reforçado para estimular as pessoas a repetir tais ações no futuro. Se o funcionário não receber nenhum tipo de reforço do gerente, a ocorrência desse comportamento tende a diminuir (até se tornar extinto) como resultado da ausência de reforço.

Cronogramas de Reforço

Antes que vários tipos de conseqüências possam ser aplicados, os gerentes devem monitorar o comportamento dos funcionários para descobrir quão bem e com que freqüência eles estão desempenhando suas atividades. A freqüência do comportamento cria uma *linha de referência*, ou padrão, com a qual as melhorias poderão ser futuramente confrontadas. Então, o gerente poderá selecionar um cronograma de reforço, que estabeleça a freqüência segundo a qual a conseqüência escolhida acompanhará um comportamento desejado.

Linha de referência

Reforço contínuo

O reforço poderá ser contínuo ou parcial. O **reforço contínuo** ocorre quando uma ação de reforço acompanha cada um dos comportamentos corretos realizados pelo funcionário. Em alguns casos, esse nível de reforço pode ser desejável para estimular um aprendizado rápido, mas, em uma situação de trabalho típica, nem sempre é possível recompensar até mesmo um funcionário para cada comportamento correto — muito menos vários funcionários. Um exemplo desse reforço contínuo é o pagamento efetuado como resultado de cada item aceitável produzido pelos funcionários.

Reforço parcial

O **reforço parcial** ocorre somente quando alguns dos comportamentos adequados são reforçados — quer seja após certo tempo quer seja após determinado número de respostas corretas. O aprendizado é mais lento com o reforço parcial que com o reforço contínuo. Contudo, uma característica singular do reforço parcial é que o aprendizado tende a ser retido por mais tempo quando é garantido sob condições do reforço parcial. Os quatro tipos de cronogramas de reforço parcial — intervalos fixos, intervalos variáveis, índice fixo, índice variável — oferecem ampla variedade de abordagens de reforço.

Interpretando a Modificação Comportamental

Contribuições

O maior benefício da modificação comportamental é que ela torna os gerentes motivadores mais conscientes. Ela os encoraja a analisar o comportamento dos funcionários, a explorar por que ele ocorre e com que freqüência, e a identificar as consequências específicas que irão ajudá-los a mudar o comportamento quando essas conseqüências forem aplicadas sistematicamente. A aplicação desse processo freqüentemente estimula supervisores eficazes a devotar mais tempo para o monitoramento dos comportamentos dos funcionários. O feedback e o reconhecimento de desempenho são, em geral, partes dessa estratégia, porque tendem a ser amplamente desejados e, portanto, fortes agentes de reforço. As linhas gerais para uma estratégia de modificação de comportamento são mostradas na Figura 5.6. Quando comportamentos específicos puderem ser identificados, e os reforços apropriados forem aplicados corretamente, a modificação do comportamento poderá levar a melhorias substanciais em áreas específicas, como no absenteísmo, nos atrasos e nos índices de erro.

> A Collins Food International utilizou a modificação comportamental nos funcionários do seu departamento de contabilidade.[12] Um dos itens selecionados para modificação foi o índice de erros de faturamento. A administração mensurava os índices de erro existentes e, então, reunia-se com os funcionários para discutir e estabelecer as metas de melhoria. Ela também elogiava os funcionários pela redução dos erros e passou a relatar os novos índices com regularidade. Os funcionários no departamento de contas a pagar responderam a essas ações com a redução dos índices de erro de 8% para menos de 0,2%.

Limitações

A modificação de comportamento tem sido criticada em diversos pontos, incluindo sua filosofia, seus métodos e sua praticidade. Como resultado do forte poder das conseqüências desejadas, o uso da modificação comportamental pode efetivamente forçar as pessoas a mudar seus comportamentos. Dessa maneira, ela poderia manipular as pessoas e ser considerada inconsistente com as hipóteses humanistas discutidas anteriormente de que os indivíduos desejam ser autônomos e se auto-atualizar. Alguns críticos também receiam que a modificação de comportamento conceda muito mais poder aos gerentes, e levantam a seguinte questão: quem vai controlar os gerentes?

FIGURA 5.6
Diretrizes Gerais para a Aplicação da Modificação Comportamental

- Identifique o comportamento exato a ser modificado.
- Certifique-se de que o comportamento esperado esteja dentro das competências dos funcionários.
- Determine não somente as recompensas que os funcionários valorizam, mas também a magnitude segundo a qual elas afetarão seus comportamentos.
- Deixe clara a conexão entre os comportamentos desejados e as recompensas.
- Use reforço positivo sempre que possível.
- Utilize punições somente em situações extraordinárias e diante de comportamentos específicos.
- Ignore os comportamentos indesejados de pouca importância para permitir sua extinção.
- Use os procedimentos de moldagem para desenvolver os comportamentos complexos corretos.
- Minimize o tempo entre a resposta correta e o reforço.
- Ofereça reforço freqüentemente e de acordo com algum cronograma escolhido.

O ESTABELECIMENTO DE METAS

As metas são os alvos e os objetivos para os futuros desenvolvimentos. Elas auxiliam os funcionários a centrar sua atenção nos itens de maior importância para a organização, encorajam um planejamento mais preciso da alocação de recursos críticos (tempo, dinheiro e energia) e estimulam a preparação de planos de ação para a conquista de metas. As metas situam-se, no modelo de motivação (Figura 5.1), *antes* do desempenho do funcionário, o que acentua seu papel como elemento indicativo de um comportamento aceitável. As metas também são úteis *após* o comportamento desejado, à medida que os gerentes comparam os resultados dos funcionários com os objetivos propostos e exploram as razões para quaisquer diferenças.

O **estabelecimento de metas** funciona como um processo motivacional porque cria uma discrepância entre o desempenho atual e o desempenho desejado. Isso resulta em um sentimento de tensão, o qual os funcionários poderão diminuir ao conquistarem futuramente suas metas. O estabelecimento de metas também ajuda a satisfazer o desejo de realização de um indivíduo, contribui com os sentimentos de auto-estima e de competência e estimula mais ainda as necessidades de crescimento pessoal. Os indivíduos que alcançam de maneira bem-sucedida suas metas tendem a estabelecer metas pessoais ainda mais elevadas. A análise de um estudo concluiu que o desempenho dos funcionários havia melhorado 16% após a implementação de um programa para o estabelecimento de metas — um índice de sucesso que muitas empresas ficariam felizes em conseguir.[13]

A auto-eficácia afeta o estabelecimento de metas.

Um fator importante no sucesso do estabelecimento de metas é a **auto-eficácia**. Ela diz respeito a uma crença interna referente a capacidades e competências relacionadas ao trabalho (auto-eficácia é diferente de auto-estima, que é um sentimento mais amplo de gostar ou não de si mesmo).[14] A auto-eficácia pode ser julgada tanto com relação a uma tarefa específica quanto com relação a uma variedade de obrigações de desempenho. Se os funcionários tiverem um sentimento de auto-eficácia elevado, tenderão a estabelecer metas pessoais mais altas por acreditarem que elas possam ser alcançadas. O primeiro fundamento para o estabelecimento bem-sucedido de metas é a construção e o reforço da auto-eficácia dos funcionários (ver dicas práticas na Figura 5.7). Ao seguirem esse passo, os gerentes devem tentar incorporar os quatro elementos essenciais do estabelecimento de metas, que serão discutidos a seguir.

Elementos do Estabelecimento de Metas

O estabelecimento de metas, como ferramenta motivacional, é mais eficaz quando todos os seus elementos mais significativos estão presentes. Esses elementos são: aceitação das metas, especificidade, desafio, monitoramento e feedback do desempenho. Cada um deles é discutido brevemente nas seções seguintes.

Aceitação das Metas Metas eficazes necessitam não somente ser compreendidas, mas também *aceitas*. A simples distribuição de tarefas para os funcionários pode não resultar em seu comprometimento com essas metas, especialmente se a meta for difícil de ser alcançada. No mínimo, os supervisores devem explicar o propósito por trás das metas e a necessidade de sua existência. Um método mais poderoso para a obtenção da aceitação é a concessão de permissão para que os funcionários

FIGURA 5.7
Dicas para a Construção de Auto-eficácia entre os Funcionários

1. Não diga que os funcionários são incompetentes.
2. Não fale de modo depreciativo sobre seus trabalhos.
3. Não encontre pequenas falhas em seus resultados.
4. Não critique o trabalho deles na frente dos demais colegas.
5. Não diminua a importância do trabalho ou das atividades realizados por eles.
6. Elogie-os por seus esforços apropriados.
7. Solicite o *input* deles.
8. Ouça cuidadosamente suas idéias para melhorias.
9. Compartilhe com eles os feedbacks positivos oferecidos pelos demais indivíduos.
10. Proporcione reconhecimento formal pelas suas conquistas.

participem do processo do estabelecimento de metas. Uma declaração pública sobre as intenções de desempenho também contribui para o comprometimento dos funcionários com sua obtenção.

Especificidade As metas precisam ser específicas, claras e mensuráveis, sempre que isso for possível, para que os funcionários saibam quando uma meta é alcançada. Pedir aos funcionários que melhorem, que trabalhem mais duro ou que executem melhor suas atividades não é muito útil, pois esse tipo de meta não lhes oferece um alvo específico para ser perseguido por eles. Metas específicas (freqüentemente quantificadas) fazem que os funcionários saibam o que deverão realizar e permitem a eles monitorar seus próprios desempenhos.

Desafio Talvez surpreendentemente, muitos funcionários trabalhem de modo mais intenso quando possuem metas difíceis para serem alcançadas no lugar de metas mais fáceis. As metas mais difíceis representam um desafio que apela para o sentimento de realização existente em muitos funcionários. Tais metas, no entanto, devem ainda ser factíveis, considerando-se a experiência dos indivíduos e a disponibilidade de recursos.

> O valor motivacional de um desafio foi demonstrado pelo proprietário de um motel de uma pequena cidade. Richard Fann estava preocupado com o tempo exigido pelas arrumadeiras para fazer as camas quando limpavam um quarto. O tempo médio utilizado era de sete minutos, incluindo as inúmeras voltas em torno da cama para prender os lençóis e trocar as cobertas. As sugestões apresentadas às arrumadeiras para reduzir o tempo gasto foram apenas marginalmente bem-sucedidas em relação à otimização dos processos. Finalmente, Richard decidiu criar um concurso e fez que as arrumadeiras competissem entre si. Não somente a estratégia funcionou, como também os resultados o impressionaram. A vencedora foi capaz de arrumar uma cama em menos de um minuto e conseguiu fazê-lo permanecendo apenas em um lado da cama. "Por que não fizeram isso antes?", perguntou Richard. "Porque ninguém nos desafiou", elas responderam.

Monitoramento e Feedback de Desempenho Mesmo após os funcionários terem participado do estabelecimento de metas desafiantes e bem-definidas, dois outros passos intimamente relacionados são importantes para a complementação do processo. O **monitoramento de desempenho** — a observação dos comportamentos, a inspeção dos *outputs* ou o estudo dos documentos de indicação de desempenho — oferece, pelo menos, dicas sutis para os funcionários de que suas atividades são importantes, seus esforços são necessários e suas contribuições são apreciadas. Esse monitoramento aumenta sua consciência do papel que eles exercem para contribuir para a eficácia organizacional.

O simples monitoramento dos resultados, contudo, pode não ser suficiente. Muitos funcionários estão ansiosos para receber informações sobre o grau de excelência segundo o qual estão desempenhando suas atividades. Sem o **feedback de desempenho** — a concessão oportuna de dados ou julgamentos sobre as tarefas relacionadas ao trabalho —, os funcionários estarão trabalhando no escuro e não terão uma idéia verdadeira do quão bem-sucedidos eles são. Uma equipe de futebol precisa saber o placar do jogo; um atirador esportivo precisa enxergar os pedaços dos alvos atingidos; um lenhador necessita ver as lascas de madeira voarem e a pilha de lenha crescer. O mesmo pode ser dito de uma equipe da linha de produção ou da área de vendas. O feedback de desempenho tende a encorajar melhor desempenho no trabalho, e o feedback autogerado é uma ferramenta motivacional extremamente poderosa.

> Pesquisadores examinaram o desempenho financeiro de 437 companhias para explorar os efeitos de estabelecer metas, dar feedback, revisar resultados e recompensar comportamentos. Eles descobriram que as empresas com esses programas de gestão de desempenho apresentavam lucros mais altos, melhor fluxo de caixa e desempenho do valor das ações mais robusto, em relação àquelas que não os possuíam. Mais que isso, na comparação entre os desempenhos anterior e posterior à implantação da gestão de desempenho, percebeu-se que o retorno médio do investidor aumentara 25% e os ganhos de produtividade haviam crescido uma média de 94%![15]

O MODELO DA EXPECTATIVA

$V \times E \times I = M$

Uma abordagem amplamente aceita para a motivação é o **modelo da expectativa**, também conhecido como *teoria da expectativa*, desenvolvido por Victor H. Vroom e expandido e refinado por Porter, Lawler e colaboradores.[16] Vroom explica que a motivação é o resultado de três fatores: quanto uma pessoa deseja uma recompensa (valência), a estimativa de um indivíduo em torno da probabilidade de que seu esforço resultará em um desempenho bem-sucedido (expectativa) e a estimativa de uma pessoa de que seu desempenho terá como conseqüência o recebimento de uma recompensa (instrumentalidade). Esse relacionamento é descrito com a seguinte fórmula:

$$\text{Valência} \times \text{Expectativa} \times \text{Instrumentalidade} = \text{Motivação}$$

Os Três Fatores

Preferência por uma recompensa

Valência A **valência** refere-se à intensidade com a qual uma pessoa tem preferência por receber uma recompensa. Ela é uma expressão da quantidade do desejo de um indivíduo para alcançar determinada meta. Se um funcionário, por exemplo, deseja muito uma promoção, então essa promoção tem alta valência para ele. A valência de uma recompensa é única para cada funcionário e, assim, é um reflexo do conceito de diferenças individuais introduzido no Capítulo 1. A valência de uma recompensa é condicionada pela experiência, e pode variar significativamente ao longo de um período à medida que velhas necessidades são preenchidas e as novas emergem.

É muito importante compreender a diferença entre as implicações dos modelos de motivação baseados nas necessidades e a idéia de valência do modelo da expectativa. Nos modelos baseados nas necessidades, são utilizadas amplas generalizações para prever quais são as motivações mais relevantes ou as grandes necessidades insatisfeitas de um *grupo de funcionários*. No modelo da expectativa, os gerentes necessitam colher informações específicas sobre as preferências *individuais de um funcionário* entre um conjunto de recompensas e, então, continuar a monitorar as mudanças nessas preferências.

A valência pode ser negativa?

Como as pessoas podem possuir preferências positivas ou negativas para um resultado qualquer, a valência pode ser positiva ou negativa. Quando alguém opta por *não* conquistar determinado resultado, a valência assume um valor negativo. Se alguém for indiferente a um resultado, a valência é 0. O intervalo total varia entre –1 e +1, conforme demonstrado na Figura 5.8.

Alguns funcionários encontrarão valência intrínseca no trabalho em si, particularmente se possuírem forte ética do trabalho ou motivação por competência. Eles obtêm a satisfação diretamente de seus trabalhos por meio do senso de completude, da realização correta de uma atividade ou da criação de algo. Nesse caso, os resultados estão amplamente dentro do próprio controle do funcionário e menos sujeitos aos sistemas de recompensa da gerência. Esses funcionários estão automotivados.

Esforço → probabilidade de desenvolvimento

Expectativa A **expectativa** é a intensidade da crença na idéia de que o esforço relacionado ao trabalho de um indivíduo resultará na realização da tarefa. Uma pessoa que vende assinaturas de uma revista de porta em porta, por exemplo, pode ter conhecimento, pela sua experiência pessoal, de que o volume de vendas é diretamente proporcional ao número de abordagens de venda que ela executa. As expectativas são descritas como probabilidades — as estimativas do funcionário do grau segundo o qual o desempenho será determinado pela quantidade de esforço realizado. Uma vez que a expectativa é a probabilidade de uma conexão entre esforço e desempenho, seu valor pode

FIGURA 5.8
Variações da Valência, da Expectativa e da Instrumentalidade

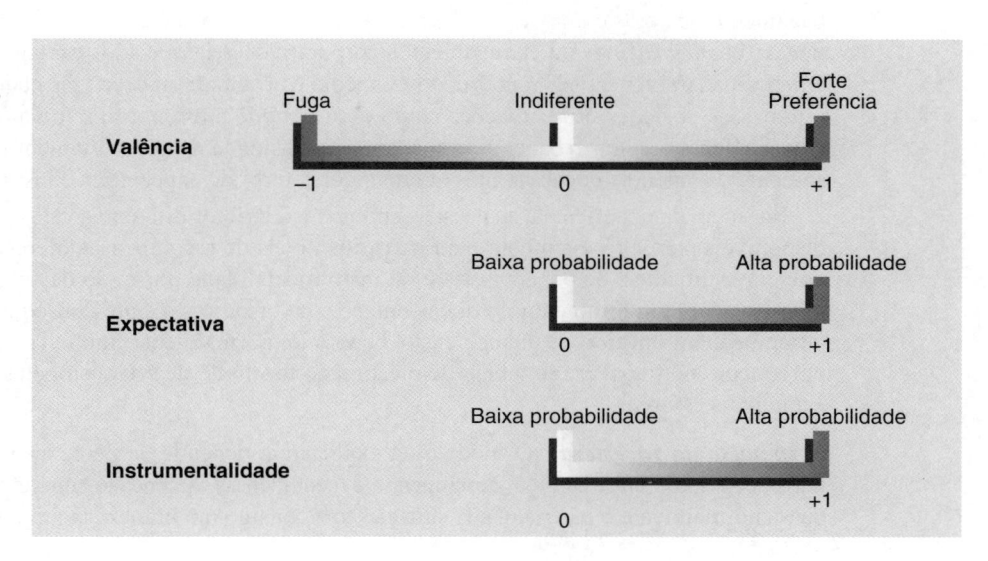

variar de 0 a 1. Caso o funcionário não visualize nenhuma chance de que seu esforço vá conduzi-lo ao resultado esperado, a expectativa será 0. No outro extremo, se o funcionário estiver totalmente confiante de que a tarefa será concluída, a expectativa terá o valor de +1. Normalmente, a estimativa do funcionário situa-se entre os dois extremos.

Uma das forças que contribuem para as expectativas esforço-desempenho é a auto-eficácia do indivíduo. Os funcionários com níveis elevados de auto-eficácia têm uma possibilidade maior de acreditarem que exercer um esforço resultará em desempenho satisfatório. Auto-eficácia alta cria uma avaliação de expectativa mais elevada.

Desempenho → probabilidade de recompensa

Instrumentalidade A **instrumentalidade** representa a crença do funcionário de que a recompensa será recebida uma vez que a tarefa seja concluída. Nesse ponto, o funcionário realiza outro julgamento subjetivo sobre a probabilidade de que a organização *valoriza* seu desempenho e que *administrará as recompensas em uma base contingencial*. O valor da instrumentalidade varia efetivamente de 0 a +1.[17] Se um funcionário, por exemplo, percebe que as promoções normalmente são baseadas nos dados de desempenho, a instrumentalidade receberá um peso maior. Contudo, caso a base para tais decisões seja obscura ou haja suspeita de favoritismo por parte da gerência, uma estimativa baixa será feita acerca da instrumentalidade.

Como Funciona o Modelo

O produto da valência, expectativa e instrumentalidade é a **motivação**. Ela é definida como a intensidade de uma força motriz em direção a uma ação determinada. A seguir, é apresentado um exemplo do modelo da expectativa em funcionamento.

> Marty Fulmer, 31 anos, trabalha como soldador em uma grande fábrica. Fulmer possui fortes desejos (alta valência) de tornar-se um trabalhador executivo em vez de continuar em seu cargo atual, o qual ele não mais aprecia.
>
> Fulmer reconhece que boas soldagens resultarão em altas avaliações de desempenho por parte de seu supervisor (expectativas elevadas). Contudo, todos os cargos executivos da fábrica exigem diploma universitário e Fulmer possui apenas o diploma de segundo grau. Por causa dessa barreira, a estimativa de instrumentalidade de Fulmer é baixa. Ser um bom soldador não resultará na promoção para a função desejada. Apesar de seu forte desejo, ele não vê uma forma de satisfazê-lo e, desse modo, não está motivado a desempenhar melhor seu trabalho.

Os três fatores do modelo da expectativa podem existir em número infinito de combinações. A combinação multiplicadora que produz as motivações mais fortes são valência altamente positiva, expectativa elevada e alta instrumentalidade. Se o desejo de recompensa for alto, mas algumas das estimativas de probabilidades forem baixas, então, no melhor dos casos, a motivação será provavelmente moderada. Se a expectativa e a instrumentalidade forem baixas, a motivação será baixa, ainda que a recompensa tenha uma valência alta.

Um caso especial ocorre quando a valência é negativa. Alguns funcionários, por exemplo, poderiam preferir *não* serem promovidos para as posições gerenciais em virtude do estresse, da perda do pagamento de horas extras ou das responsabilidades adicionais que eles teriam de assumir. Em particular, os *downsizings* ou enxugamentos corporativos generalizados executados na última década atingiram claramente os gerentes de nível médio e produziram incertezas naqueles que permaneceram nessas posições. Em situações como esta, em que a promoção tem valência negativa, o funcionário tentará evitar receber a promoção. A intensidade do comportamento de fuga não depende somente da valência negativa, mas também dos fatores de expectativa e instrumentalidade.

Por meio da experiência, as pessoas aprendem a atribuir diferentes valores para as recompensas disponíveis para elas e também para os vários níveis de recompensas oferecidos. Também desenvolvem estimativas de expectativas e de instrumentalidade por meio de suas experiências diretas e observações em torno daquilo que acontece com os outros. Como conseqüência, os funcionários desempenham um tipo de análise custo–benefício, normalmente implícita, para seu próprio comportamento no trabalho. Se o benefício estimado for digno de seu custo, eles provavelmente realizarão mais esforços.

O Impacto da Incerteza O modelo da expectativa depende da percepção, por parte do funcionário, da relação entre esforço, desempenho e recompensas. A conexão entre esforço e a maior recompensa normalmente é incerta. Cada situação traz consigo um número tão grande de causas e efeitos

Resultados primários e secundários

que raramente um funcionário consegue certificar-se de que a recompensa desejada decorrerá de determinada ação. Além disso, há resultados primários e secundários. Os **resultados primários** resultam diretamente de uma ação. Os **resultados secundários**, por conseguinte, são derivados dos primeiros. Um funcionário, por exemplo, adquire mais treinamento e eventualmente ganha o resultado primário de uma promoção e do salário que a acompanha. Então, seguem os resultados secundários. A promoção lhe traz mais *status* e reconhecimento de seus colegas. O salário mais alto permite à sua família comprar mais produtos e serviços desejados. A conseqüência desse processo é uma série de resultados variados e complexos decorrentes de praticamente qualquer grande ação.

Outra causa de incerteza quanto aos resultados é que muitos deles são controlados pelos outros, e os funcionários não têm certeza de como os outros vão agir. No caso do funcionário que está buscando uma promoção, a promoção e o aumento do salário são oferecidos pela gerência, já o *status* mais alto é oferecido pelos colegas do funcionário. Esse modelo de relacionamento de duas partes normalmente cria muita incerteza.

Há duas grandes maneiras para os gerentes enfrentarem essa incerteza conforme aplicam o modelo da expectativa. Primeiro, eles podem trabalhar para fortalecer tanto o valor *real* das recompensas oferecidas quanto as *conexões* entre esforço e desempenho e entre desempenho e recompensa. (Essa abordagem incorpora os princípios da modificação do comportamento organizacional, discutidas anteriormente, segundo os quais o gerente estabelece fortes relações entre os comportamentos desejados e as recompensas efetivas.)

As percepções dos funcionários são importantes.

A segunda abordagem requer que os gerentes reconheçam e aceitem a legitimidade da *percepção* de um funcionário sobre as recompensas. Um funcionário pode perceber que não exista uma recompensa que valha a pena (valência) ou que não haja grande probabilidade de ele receber uma (as conexões esforço-desempenho e desempenho-recompensa). Conseqüentemente, um incentivo simples e direto é freqüentemente mais motivador que um incentivo complexo. O incentivo complexo pode envolver tanta incerteza que o funcionário não consegue conectar, de maneira suficiente, o comportamento de trabalho desejado com uma recompensa cobiçada. O incentivo simples, por outro lado, oferece um curso prático de ação que o funcionário possa imaginar e compreender; portanto, ele transmite valores mais elevados de expectativa e instrumentalidade. De modo a fazer que o modelo da expectativa funcione, o gerente deve, inicialmente, *esclarecer as percepções dos funcionários*. Essa é apenas uma área na qual as habilidades de comunicação do gerente (Capítulo 3) podem ser inestimáveis.

Interpretando o Modelo da Expectativa

Vantagens O modelo da expectativa é uma ferramenta valiosa para auxiliar os gerentes a pensar sobre os processos mentais por meio dos quais ocorre a motivação. Nesse modelo, os funcionários não agem simplesmente em virtude de fortes forças motrizes internas, necessidades insatisfeitas, ou da aplicação de recompensas e punições. Em vez disso, eles são *indivíduos pensantes* cujas crenças, percepções e estimativas de probabilidades influenciam poderosamente seus comportamentos. O modelo reflete as suposições da Teoria Y sobre as pessoas como indivíduos capazes e, nesse sentido, valoriza a dignidade humana.

A abordagem da expectativa também encoraja os gerentes a criar um clima motivacional que estimule o comportamento apropriado dos funcionários. Os gerentes necessitam comunicar-se com os funcionários, formulando-lhes três tipos de questões:

- Qual é a recompensa que você mais aprecia entre as disponíveis?
- Você acredita que seus esforços resultarão em um desempenho bem-sucedido? (Em caso negativo, o que eu posso fazer para assegurá-lo do contrário?)
- Qual é a probabilidade de que você receberá as recompensas desejadas se desempenhar adequadamente suas atividades?

Dessa forma, algumas tarefas difíceis poderão ser enfrentadas pelos gerentes, como informar aos funcionários que as recompensas desejadas não estão atualmente disponíveis, ou explicar-lhes a razão pela qual outros fatores poderão restringir o desempenho deles apesar de seus grandes esforços. Mesmo que os funcionários não possam receber tudo o que desejarem, suas expectativas serão mais realistas após a ocorrência de um processo eficaz de comunicação.

> ### Trabalhadores Temporários: Outra Forma de Diversidade
>
> Em suas tentativas de controlar custos e adquirir flexibilidade na força de trabalho, muitas empresas começaram a utilizar um número cada vez maior de trabalhadores temporários, em regime de meio período, ou a contratar trabalhadores autônomos para preencher posições de trabalho disponíveis — especialmente para projetos de natureza sazonal ou especial. Milhares de trabalhadores possuem agora empregos temporários; e muitas dessas pessoas estão buscando posições em tempo integral, ao mesmo tempo que reconhecem que seus empregos poderão durar apenas semanas ou meses.
>
> Como você faria para motivar trabalhadores temporários? As respostas aparentemente se encontram em uma adaptação lógica dos conceitos atuais de CO e dos modelos motivacionais. Os gerentes, por exemplo, devem:
>
> - Monitorar os trabalhadores temporários usando critérios similares àqueles utilizados para os trabalhadores permanentes (estabelecer um obstáculo desafiador para que eles o superem).
> - Integrá-los cuidadosamente à força de trabalho (comunicar-se de modo abrangente; oferecer orientação detalhada; destinar algum tempo para aprender sobre suas aspirações profissionais).
> - Compensá-los de acordo com os indicadores de mercado (assegurar-se de que eles percebam a igualdade de tratamento).
> - Identificar seus interesses por atividades desafiadoras e oferecer-lhes tarefas de acordo com as habilidades demonstradas.
> - Proporcionar-lhes autonomia, estimular participação e demonstrar confiança neles.
>
> Acima de tudo, pede-se aos empregadores que nunca se refiram aos trabalhadores temporários como os *temporários*, o que assinalaria seu distanciamento em relação aos funcionários regulares.* Mesmo um termo aparentemente inocente como "temporário" pode fazer que o trabalhador sinta-se isolado, inseguro e no ostracismo. Como resultado, o trabalhador poderá reter seus *inputs* criativos. Essa discussão sobre trabalhadores temporários mostra quão importante é, para os gerentes, descobrir as coisas que são valorizadas pelos funcionários (o primeiro passo no modelo motivacional da expectativa).
>
> * CAUDRON, Shari. Are your temps doing their best? *Personnel Journal*, p. 33-38, nov. 1995.

Limitações Apesar de seu apelo generalizado, o modelo da expectativa apresenta alguns problemas. Ele ainda necessita da realização de testes adicionais para que seja construída ampla base de estudos científicos para dar-lhe suporte. Sua combinação de efeito multiplicador dos três elementos ainda precisa de maior fundamentação. Tanto as recompensas intrínsecas quanto as extrínsecas devem ser consideradas. Os efeitos esperados dos resultados múltiplos a partir de um mesmo esforço devem ser adicionados ao modelo.

Além disso, medidas confiáveis de valência, expectativa e instrumentalidade precisam ser desenvolvidas. Há uma necessidade especial para o desenvolvimento de medidas que os gerentes possam adotar nas circunstâncias reais da realização dos trabalhos. Sempre que for possível, os gerentes devem aprender o que os funcionários percebem e o *motivo pelo qual* eles mantêm as crenças associadas a tais valências, expectativas e instrumentalidades.

O modelo também necessita ser mais completo, ao mesmo tempo que deve permanecer prático o bastante para ser utilizado pelos gerentes. Indicações recentes sugerem que alguns fatores adicionais podem ser incluídos para explicar mais adequadamente o comportamento dos funcionários. Freqüentemente, diversas recompensas diferentes, por exemplo, são disponibilizadas para os funcionários. A valência de cada recompensa deve ser avaliada e combinada com as valências de outras recompensas para estimar a força motivacional total de cada funcionário. Outra adição possível envolve o oferecimento de *oportunidades* para que funcionários motivados desempenhem suas atividades (ver Figura 5.1).

O modelo levanta algumas questões fundamentais: seria ele tão complexo que os gerentes apenas tenderiam a utilizar seus pontos de destaque e a não explorar seus detalhes e implicações?

Irão outros gerentes ignorá-lo totalmente? Muitos gerentes em situações operacionais não têm tempo nem recursos para usar um sistema motivacional complexo no trabalho. Contudo, à medida que comecem a aprender mais sobre tais modelos, talvez possam utilizar alguns deles.

O MODELO DA EQÜIDADE

As discussões anteriores sobre os modelos motivacionais viram o funcionário como um indivíduo, virtualmente independente dos outros funcionários. Como foi ressaltado no Capítulo 1, no entanto, os funcionários trabalham em um sistema social no qual cada um é dependente, em algum grau, dos demais. Os funcionários interagem uns com os outros em determinadas tarefas e em ocasiões sociais. *Eles observam uns aos outros, julgam-se e comparam-se mutuamente.* O próximo modelo a ser discutido baseia-se na noção de comparação para adicionar novas dimensões à compreensão geral sobre a motivação dos funcionários.

Muitos funcionários estão preocupados não apenas com a satisfação de suas necessidades; eles também querem que seu sistema de recompensas seja *justo*. Essa questão da justiça aplica-se a todos os tipos de recompensas — psicológicas, sociais e econômicas — e torna o trabalho de motivação dos gerentes muito mais complexo. A **teoria da eqüidade**, de J. Stacy Adams, afirma que os funcionários tendem a julgar o conceito de justiça por meio da comparação dos resultados que eles recebem com seus *inputs* mais relevantes e, também, comparando esse *índice* (nem sempre o nível absoluto das recompensas) com os índices das outras pessoas (Figura 5.9), conforme demonstrado na fórmula:[18]

$$\frac{\text{Resultados individuais próprios}}{\textit{Inputs} \text{ próprios}} \stackrel{?}{=} \frac{\text{Resultados dos outros}}{\textit{Inputs} \text{ dos outros}}$$

Os *inputs* e os resultados são comparados.

Os **inputs** incluem todos os elementos variados e ricos que os funcionários acreditam trazer, ou contribuir, para a realização do trabalho — educação, tempo de serviço, experiências profissionais anteriores, lealdade e compromisso, tempo e esforço, criatividade e desempenho no trabalho. Os **resultados** são as recompensas que eles percebem obter de seus trabalhos e empregadores; os resultados incluem pagamento direto e os bônus, benefícios adicionais, segurança no trabalho, recompensas sociais e recompensas psicológicas.

Os funcionários analisam a justiça do seu próprio "contrato" de resultados/*inputs* e, então, comparam seus contratos com os de outros trabalhadores em posições similares e, até mesmo, de posições fora de seu trabalho. A justiça das recompensas (eqüidade) também poderá ser julgada em comparação com critérios relativamente arbitrários, como *idade*, conforme mostrado no exemplo seguinte, descrito a seguir:

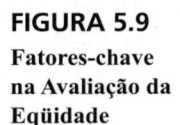

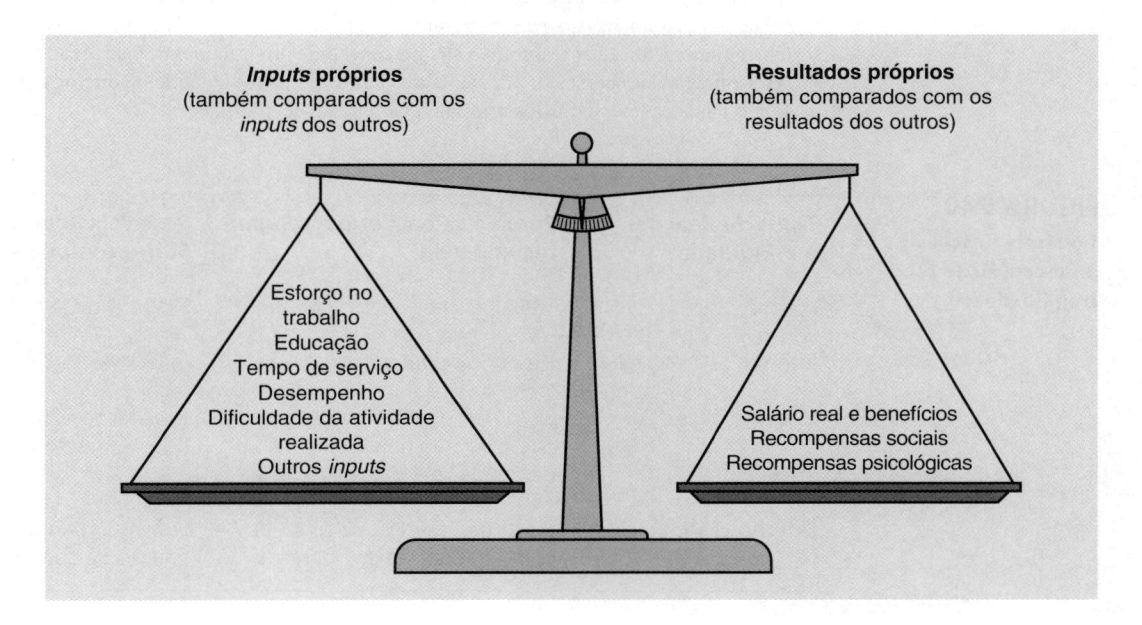

FIGURA 5.9
Fatores-chave na Avaliação da Eqüidade

Inputs próprios
(também comparados com os *inputs* dos outros)

Esforço no trabalho
Educação
Tempo de serviço
Desempenho
Dificuldade da atividade realizada
Outros *inputs*

Resultados próprios
(também comparados com os resultados dos outros)

Salário real e benefícios
Recompensas sociais
Recompensas psicológicas

Irene Nickerson é supervisora de uma grande empresa pública de serviços básicos. Durante vários anos, seus amigos disseram-lhe que ela poderia considerar-se bem-sucedida quando seu salário anual (em milhares de dólares) ultrapassasse sua idade. Certa ocasião, com 34 anos, ela recebeu um aumento substancial de salário que elevou sua renda para US$ 33.865. Nas semanas seguintes, ela ficou frustrada, enfurecida e desmoralizada, pois não havia recebido o que tanto desejara! Por apenas US$ 135 extras, a companhia poderia ter preenchido suas expectativas de eqüidade e continuado a manter uma funcionária satisfeita.

Eqüidade

O salário era apenas uma referência simbólica mediante a qual Nickerson comparava seus resultados com seus *inputs* (uma vez que ela incluía a idade entre seus outros *inputs*, como educação, experiência e esforços). Sua reação foi apenas uma das três combinações que podem surgir a partir de comparações sociais — percepções de eqüidade, super-recompensa e sub-recompensa. Se os funcionários perceberem a existência de *eqüidade*, eles continuarão motivados a manter aproximadamente os mesmos níveis de contribuição anteriores. Caso contrário, sob condições de iniqüidade, experimentarão uma tensão que criará a motivação para reduzir essa iniqüidade. As ações resultantes podem ser físicas ou psicológicas, internas ou externas.

Super-recompensa

Se os funcionários se sentirem *super-recompensados*, a teoria da eqüidade prevê que eles sentirão um desequilíbrio em seu relacionamento com o empregador e buscarão restabelecer o equilíbrio anterior. Eles poderão trabalhar mais intensamente (conforme indicado na Figura 5.10, como respostas interna e física), descontar o valor das recompensas recebidas (respostas interna e psicológica), tentar convencer os outros funcionários a demandar mais recompensas (respostas externa e física) ou simplesmente poderão escolher outra pessoa para o propósito de comparação (respostas externa e psicológica).

Sub-recompensa

Os trabalhadores que se sentirem *sub-recompensados* poderão buscar reduzir seus sentimentos de iniqüidade mediante a utilização dos mesmos tipos de estratégia, mas, agora, com a reversão do sentido de algumas de suas ações. Eles poderão diminuir a quantidade ou a qualidade de sua produtividade, inflacionar o valor percebido das recompensas recebidas, ou poderão barganhar a concessão de mais recompensas reais. Novamente, eles poderão encontrar algum outro indivíduo para efeito de comparação (mais favoravelmente), ou simplesmente abandonar seus empregos. De qualquer maneira, estarão reagindo à iniqüidade ao confrontarem seus *inputs* com os resultados obtidos. O conhecimento do quociente resultados/*inputs* permite aos gerentes anticipar parte do comportamento dos seus funcionários ao compreenderem quando, e sob quais condições, eles vão experimentar iniqüidade.

Um exemplo da reação de um funcionário à sub-remuneração ocorreu em uma fábrica de montagem de pequenas peças para os setores automobilístico e aeroespacial.[19] Alguns contratos importantes foram cancelados e a companhia viu-se forçada a anunciar o corte de 15% nos salários de todos os funcionários. Comparados com um grupo de controle de outra fábrica cujos salários não foram cortados, os funcionários reagiram aos cortes dobrando os índices de furto (ferramentas e suprimentos roubados da companhia). A rotatividade também saltou para 23%, se comparada a uma taxa normal de 5%. Aparentemente, os funcionários experimentaram uma mudança de relativa eqüidade para iniqüidade associada à sub-remuneração. Eles reagiram à sua percepção de um tratamento inadequado realizando transferências extra-oficiais de recursos organizacionais para si próprios. Quando o corte nos salários foi encerrado após dez semanas, a taxa de furtos retornou aos seus níveis normais.

FIGURA 5.10
Possíveis Reações à Percepção de Iniqüidade

Tipos de Reações à Iniqüidade	Possíveis Reações para Super-recompensa	Possíveis Reações para Sub-recompensa
Interna, física	Trabalhar mais intensamente	Produtividade reduzida
Interna, psicológica	Descontar a recompensa	Inflacionar o valor da recompensa
Externa, física	Encorajar o indivíduo utilizado como padrão de comparação a demandar mais recompensas	Solicitar mais recompensas; possivelmente, abandonar o emprego
Externa, psicológica	Substituir o indivíduo utilizado como padrão de comparação	Substituir o indivíduo utilizado como padrão de comparação

Uma Questão Ética

Os funcionários possuem tendência para se considerar acima da média. Isso pode levar a um sentimento de merecimento, bem como à inclinação para julgar as contribuições dos outros mais duramente (para fazer que eles se pareçam melhores por comparação). O resultado poderá ser um colapso no interior dos grupos e ausência de trabalho de equipe — especialmente quando um funcionário faz uma descoberta sobre o nível (mais alto) de remuneração ou tratamento de outro colega. Isso também poderá resultar em funcionários que aumentem seu valor próprio para a organização, ao exagerarem suas contribuições. O que um gerente deveria fazer com tais funcionários, os quais estariam, aparentemente, engajando-se em um tipo de comportamento antiético (mentindo)?

Interpretando o Modelo de Eqüidade

Uma compreensão sobre a eqüidade deveria lembrar os gerentes de que os funcionários trabalham dentro de *vários* sistemas sociais. Eles podem, de fato, selecionar um grande número de grupos de referência, tanto no interior quanto no exterior da organização. Também são inclinados a alterar a base para suas comparações em direção a um padrão que lhes pareça mais favorável. As pessoas educadas normalmente aumentam o valor da sua educação, enquanto funcionários com muitos anos de trabalho tendem a valorizar seu tempo de serviço como o critério dominante. Outros funcionários escolhem grupos (econômicos), de alguma forma superiores a eles, como suas referências. Muitos funcionários têm egos fortes e, até mesmo, opiniões exageradas sobre suas aptidões. Conseqüentemente, todos esses fatores (múltiplos grupos de referência, padrões em alteração, tendência ao exagero e egos) tornam complexa a tarefa de prever quando ocorrerá a iniqüidade.

Sensibilidade à eqüidade

A teoria da eqüidade tem gerado extensa pesquisa, com vários de seus resultados dando suporte à teoria. A sub-recompensa, em particular, parece produzir tensões motivacionais de conseqüências (negativas) previsíveis; resultados menos consistentes, no entanto, foram encontrados com relação à condição de super-recompensa. Os diferentes resultados dos estudos podem ser consolidados por intermédio da idéia de **sensibilidade à eqüidade**, que sugere que os indivíduos possuem variadas preferências por eqüidade. Algumas pessoas preferem, aparentemente, ser super-recompensadas, algumas se contentam com o modelo tradicional de eqüidade e outras escolhem ser sub-recompensadas.[20] A identificação de quais funcionários se enquadram em cada categoria pode auxiliar os gerentes a prever quem poderá experimentar iniqüidade e a extensão pela qual isso afetaria seu comportamento.

Elementos similares — esforço (*input*) e recompensas (resultados) — podem ser vistos ao comparar o modelo de eqüidade e o modelo da expectativa. Nas duas abordagens, a percepção exerce papel fundamental, sugerindo novamente a importância, para um gerente, de coletar informações *dos* funcionários, em vez de tentar impor suas próprias percepções sobre eles. Os principais desafios para um gerente que utiliza o modelo da eqüidade estão na mensuração das avaliações dos funcionários sobre seus próprios *inputs* e resultados, na identificação das suas escolhas de referências e na avaliação das percepções dos funcionários dos *inputs* e dos resultados.

Justiça, a partir da perspectiva eqüitativa de um funcionário, aplica-se não somente à dimensão real das recompensas e à sua relação com os *inputs* oferecidos, mas também ao *processo* pelo qual elas são administradas. Isso é a essência da abordagem da **justiça procedimental** para a motivação, a qual enfoca dois elementos — o tratamento interpessoal e a clareza de expectativas. O *tratamento interpessoal* abrange tanto o respeito dos gerentes pelos *inputs* dos funcionários quanto o comportamento gerencial que exibe níveis claros de respeito, estima, consideração e cortesia. A *clareza de expectativas* é aumentada por gerentes que tornam o processo de recompensa mais transparente, de forma que os funcionários podem descobrir e compreender quanto seus *inputs* são avaliados e como o sistema de recompensas é administrado. A justiça procedimental é especialmente importante quando os recursos da organização são escassos e níveis mais baixos de resultados valorizados são oferecidos aos funcionários.

Conselhos para Futuros Gerentes

1. *Identifique as necessidades e forças motrizes de cada funcionário* e monitore como elas mudam ao longo do tempo.
2. *Reduza a influência das distrações causadas pelos fatores higiênicos* antes de voltar sua atenção para o oferecimento de motivadores.
3. Estabeleça fortes conexões entres os comportamentos desejados e as recompensas oferecidas; *proporcione recompensas que reconheçam mais os maiores realizadores que os demais funcionários.*
4. *Estabeleça metas orientadas para o desempenho que sejam específicas, desafiadoras e aceitáveis.*
5. *Busque informações relacionadas às percepções dos funcionários sobre valência, expectativa e instrumentalidade;* compartilhe as informações mais relevantes com os funcionários para melhorar suas avaliações.
6. Descubra as pessoas ou os grupos de referência e identifique as relações entre *outputs* e *inputs* percebidos para o cômputo da eqüidade para os funcionários; compare suas avaliações sobre uma provável eqüidade com as deles.
7. Lembre-se de que os funcionários julgam não apenas a justiça das recompensas que eles recebem (em comparação com seus *inputs*), mas também o processo associado a elas. *Comunique cuidadosamente suas avaliações dos inputs por eles oferecidos e seu processo de decisão para a distribuição das recompensas.*
8. Identifique o senso de auto-eficácia de cada funcionário com relação às tarefas atribuídas a eles; *ofereça um tipo de feedback de suporte que melhore a acuidade das avaliações deles e aumente a auto-eficácia.*
9. Lembre-se de que os funcionários possuem diferentes níveis de desejo de realização, afiliação e poder. *Esforce-se para estabelecer metas para levá-los ao limite de suas capacidades e que, dessa forma, quando completadas, aumentarão seus desejos de realização.*
10. Reconheça que todas as teorias de motivação baseadas nas necessidades são tentativas simplificadas de descrever uma "pessoa universal". *Utilize-as de forma flexível para investigar e descobrir as necessidades únicas de cada funcionário.*

INTERPRETANDO OS MODELOS MOTIVACIONAIS

Diversos modelos motivacionais foram apresentados neste capítulo. Todos os modelos possuem pontos fortes e fracos, defensores e críticos. Nenhum é perfeito, mas todos eles adicionam algo à compreensão sobre o processo motivacional. Outros modelos motivacionais estão sendo desenvolvidos e algumas tentativas estão sendo feitas para integrar os modelos existentes.

Uso contingencial de modelos motivacionais

Os modelos cognitivos (de processo) têm uma probabilidade maior de continuar a dominar as práticas organizacionais por algum tempo. Eles são mais consistentes com uma visão apoiadora e holística, que descreve as pessoas como indivíduos pensantes, que tomam decisões até certo ponto conscientes sobre seus comportamentos. Entretanto, a modificação do comportamento também possui alguma utilidade, especialmente em situações de estabilidade, com um nível mínimo de complexidade quando parece haver uma conexão direta entre comportamento e suas conseqüências. Em situações mais complexas e dinâmicas, os modelos cognitivos serão utilizados mais freqüentemente. Em outras palavras, o modelo motivacional usado deve estar adaptado às situações, ao mesmo tempo que deve ser fundido com os demais modelos.

Resumo

Quando as pessoas juntam-se a uma organização, elas trazem consigo certos desejos e necessidades que afetam seu desempenho profissional. Algumas vezes, eles são imediatamente aparentes; mas, freqüentemente, eles não apenas são difíceis de serem determinados e satisfeitos, como também variam significativamente de uma pessoa para outra. É muito útil, para os gerentes, compreender como essas necessidades criam tensões que estimulam esforços para a execução de atividades, e a forma como o desempenho eficaz traz a satisfação de recompensas.

Várias abordagens para a compreensão dos desejos e necessidades internos dos funcionários são examinadas neste capítulo. Cada modelo faz uma contribuição para o entendimento da motivação. Todos os modelos compartilham algumas similaridades. Em geral, eles encorajam os gerentes não somente a considerar os fatores de nível mais baixo, higiênicos e extrínsecos, mas também a utilizar os fatores de nível superior, motivacionais e intrínsecos.

A modificação de comportamento enfoca o ambiente externo ao afirmar que diversos tipos de comportamentos dos funcionários podem ser afetados pela manipulação de suas conseqüências. As conseqüências alternativas incluem os reforços positivos e negativos, a punição e a extinção. O reforço pode ser aplicado de acordo com cronogramas contínuos ou parciais.

Uma mistura de abordagens internas e externas é obtida com o estabelecimento de metas. Os gerentes são encorajados a usar pistas — tais como metas que sejam aceitas, desafiadoras e específicas — para estimular o comportamento desejado no funcionário. Nesse modelo, o estabelecimento de metas, combinado com o reforço do feedback pessoal, oferece uma abordagem equilibrada para a motivação.

As abordagens adicionais apresentadas neste capítulo são os modelos da expectativa e de eqüidade. O modelo da expectativa afirma que a motivação é produto de quanto alguém deseja algo pela probabilidade de que o esforço realizado levará ao cumprimento da tarefa e ao recebimento da recompensa. A fórmula é valência × expectativa × instrumentalidade = motivação. Valência é a intensidade da preferência de uma pessoa por um resultado. Expectativa é o vigor na crença de que o esforço de alguém será bem-sucedido no cumprimento de uma tarefa. A instrumentalidade é a força na crença de que um desempenho bem-sucedido será seguido por uma recompensa.

Os modelos motivacionais da expectativa e da eqüidade relacionam-se especificamente aos processos intelectuais do funcionário. O modelo da eqüidade possui, em si mesmo, dupla comparação — uma combinação entre os *inputs* e os resultados percebidos pelo funcionário, associada a uma comparação entre as recompensas de um elemento referencial em relação a seu nível de *input*. Além disso, os funcionários utilizam o modelo de justiça procedimental para avaliar a retidão do modo como as recompensas são distribuídas.

Os gerentes são encorajados a combinar as perspectivas de diversos modelos para criar um ambiente motivacional completo para seus funcionários.

Termos e Conceitos para Revisão

Aprendizado social, *107*
Auto-atualização, *103*
Auto-eficácia, *111*
Conteúdo do trabalho, *105*
Contexto do trabalho, *105*
Estabelecimento de metas, *111*
Expectativa, *113*
Extinção, *109*
Fatores higiênicos, *104*
Fatores motivacionais, *104*
Feedback de desempenho, *112*
Forças motrizes, *100*
Hierarquia das necessidades, *103*
Inputs, *117*
Instrumentalidade, *114*
Justiça procedimental, *119*
Lei do efeito, *107*
Modelo da expectativa, *112*
Modelo de motivação dos dois fatores, *104*
Modelo E-R-G, *106*
Motivação, *114*
Modificação do comportamento organizacional, *107*
Moldagem, *109*
Monitoramento de desempenho, *112*
Motivação para afiliação, *101*
Motivação para a realização, *100*
Motivação para o poder, *101*
Motivação para o trabalho, *99*
Motivadores extrínsecos, *105*
Motivadores intrínsecos, *105*
Necessidade de crescimento, *106*
Necessidades de nível inferior, *103*
Necessidades de nível superior, *103*
Necessidades de relacionamento, *106*
Necessidades existenciais, *106*
Necessidades primárias, *102*
Necessidades secundárias, *102*
Punição, *109*
Reforço contínuo, *109*
Reforço negativo, *109*
Reforço parcial, *110*
Reforço positivo, *108*
Resultados, *117*
Resultados primários, *115*
Resultados secundários, *115*
Sensibilidade à eqüidade, *119*
Teoria da eqüidade, *117*
Valência, *113*

Questões para Discussão

1. Pense em alguém que, no passado, tenha feito um excelente trabalho em motivá-lo. Descreva como isso foi realizado. Quais das seguintes abordagens a pessoa utilizou (tanto explícita quanto implicitamente)?
    a. Necessidades de nível inferior ou necessidades de nível superior?

b. Fatores de manutenção ou fatores motivacionais? Em caso positivo, qual (quais) dele(s)?
   c. Necessidades existencial, de relacionamento ou de crescimento?
   d. Modificação de comportamento?
   e. Estabelecimento de metas?
2. Em seu papel como estudante, você se sente mais motivado pelas necessidades de nível inferior ou superior do modelo de Maslow? Explique. Descreva como você espera que sua motivação seja alterada após a graduação.
3. Qual dos dois fatores do modelo de Herzberg é o mais motivador para você no momento? Explique. Trata-se de um fator de manutenção ou motivacional?
4. É relativamente fácil para um gerente manipular as recompensas *extrínsecas*. Descreva algumas formas pelas quais um gerente poderia afetar a satisfação *intrínseca* de um funcionário.
5. Discuta como a modificação de comportamento funciona para motivar as pessoas. Por que ainda é importante conhecer as necessidades das pessoas ao se utilizar essa abordagem?
6. Explique as diferenças entre o reforço negativo e a punição.
7. Divida a sala em dois grupos (um favorável e outro contrário) e debata essa proposição: "As recompensas motivam as pessoas".
8. Como você usaria o modelo da expectativa nas seguintes situações:
   a. Você deseja que dois de seus funcionários modifiquem suas férias, do verão para a primavera, para que as necessidades do trabalho sejam satisfatoriamente preenchidas durante o verão.
   b. Você acredita que uma funcionária possua um excelente potencial para promoção e deseja encorajá-la para que se prepare para tanto.
   c. Você torceu o tornozelo e gostaria que um amigo fosse até um restaurante de *fast-food* e lhe comprasse um hambúrguer.
9. Aplique o modelo da eqüidade para si mesmo como estudante. Como você mensuraria suas contribuições e seus resultados? Quem você escolheu como elemento referencial? Você percebe eqüidade? Em caso negativo, como irá obtê-la? A justiça procedimental está presente?
10. O texto sugere que as percepções de eqüidade de um indivíduo podem ser distorcidas. Se essa for a situação, como você faria para corrigi-las ou ajustá-las?

Avalie suas Próprias Habilidades

Até que ponto você exibe boas habilidades motivacionais?

Leia as seguintes frases cuidadosamente. Faça um círculo ao redor do número na escala de respostas que reflita da melhor forma possível o grau com que cada afirmação mais bem o descreve ao tentar motivar alguém. Some o total de pontos e prepare um breve plano de autodesenvolvimento. Esteja pronto para relatar seus resultados para que eles, juntamente com os resultados dos demais elementos do seu grupo, possam ser tabulados adequadamente.

	Boa descrição								Má descrição
1. Sigo conscientemente um modelo integrado de motivação como o da Figura 5.1 quando estou motivando as pessoas.	10	9	8	7	6	5	4	3	2	1
2. Determino se as pessoas estão orientadas para realização, afiliação ou poder e respondo adequadamente.	10	9	8	7	6	5	4	3	2	1
3. Tento determinar qual nível da hierarquia de necessidades é o mais poderoso para cada funcionário.	10	9	8	7	6	5	4	3	2	1
4. Certifico-me de eliminar todos os motivos de insatisfação no contexto do trabalho antes de centrar-me no oferecimento de fatores motivacionais para meus funcionários.	10	9	8	7	6	5	4	3	2	1

5. Reconheço que os funcionários podem estar interessados na satisfação de suas necessidades de crescimento, conforme indicado nos modelos de Maslow, Herzberg e Alderfer. 10 9 8 7 6 5 4 3 2 1

6. Estou ciente da necessidade de oferecer conseqüências sistemáticas, tanto positivas quanto negativas, a meus funcionários para que eu possa utilizar a lei do efeito. 10 9 8 7 6 5 4 3 2 1

7. Reconheço que o reforço negativo e a punição são estratégias muito diferentes. 10 9 8 7 6 5 4 3 2 1

8. Sempre que possível, estabeleço metas que sejam, ao mesmo tempo, específicas e desafiadoras. 10 9 8 7 6 5 4 3 2 1

9. Busco oferecer condições que permitam aos meus funcionários melhorar seu nível de auto-eficácia. 10 9 8 7 6 5 4 3 2 1

10. Monitoro cuidadosamente o nível de desempenho de cada funcionário e ofereço feedback construtivo quando necessário. 10 9 8 7 6 5 4 3 2 1

Pontuação e Interpretação

Some o total de pontos obtidos nas dez questões. Registre aqui esse número e relate-o quando for solicitado: _____. Finalmente, insira o total de pontos no gráfico Avalie e Melhore suas Habilidades Associadas ao Comportamento Organizacional no Apêndice.

- Se você obteve um resultado entre 81 e 100 pontos, parece ter uma capacidade sólida para demonstrar boas habilidades motivacionais.
- Se você obteve um resultado entre 61 e 80 pontos, deve analisar mais detidamente os itens nos quais obteve uma pontuação mais baixa e revisar o material relacionado a esses assuntos.
- Se você obteve um resultado abaixo de 60 pontos, deve estar ciente de que um baixo nível em habilidades relacionadas a diversos itens poderá ser prejudicial para o seu futuro sucesso como gerente. Revise as principais seções do capítulo e permaneça atento com relação aos conteúdos relevantes que serão apresentados nos capítulos subseqüentes e em outras fontes.

Agora, identifique suas três pontuações mais baixas e escreva os números dessas questões aqui: _____, _____, _____. Faça um parágrafo curto detalhando para si mesmo um plano de ação para que você melhore cada uma dessas habilidades.

Exercício de Interpretação

A Companhia Reduzida

Instruções

Forme um grupo de quatro pessoas, com os membros assumindo os papéis de Phil, Sue, John e Linda. Cada pessoa deverá ler somente seu próprio papel. Quando todos estiverem prontos, Phil deverá encontrar-se com cada pessoa e buscar criar uma atmosfera motivacional que irá encorajá-las a permanecer na empresa e tornarem-se produtivas.

Phil

Você é o supervisor do departamento de circulação de uma editora de livros científicos. Seu departamento foi recentemente reduzido e você perdeu dois funcionários do serviço de atendimento ao consumidor. Eles foram demitidos por razões de negócio que não se relacionavam com o desempenho deles no trabalho. Você possui três atendentes remanescentes — Sue, John e Linda — e está prestes a encontrá-los para tentar convencê-los a permanecer motivados e produtivos (executando o trabalho realizado anteriormente por cinco) e a continuar na empresa.

Sue

Seu departamento foi recentemente reduzido e dois dos cinco funcionários do serviço de atendimento ao consumidor foram demitidos. Eles foram demitidos por razões de negócio que não se relacionavam com o desempenho deles no trabalho. Você é um dos três atendentes remanescentes (os outros são John e Linda). Você é uma mãe solteira e necessita tirar dias extras de folga para cuidar de seus filhos quando eles estão doentes. Algumas vezes, você trabalha em uma escala de serviço muito flexível para acomodar os horários das crianças. Você está começando a se perguntar se esses benefícios a tornarão mais vulnerável em uma futura rodada de demissões. Você está prestes a encontrar-se com Phil agora.

John

Seu departamento foi recentemente reduzido e dois dos cinco funcionários do serviço de atendimento ao consumidor foram demitidos. Eles foram demitidos por razões de negócio que não se relacionavam com o desempenho deles no trabalho. Você é um dos três atendentes remanescentes (as outras são Sue e Linda). Você está neste trabalho há dois anos. Você vai à universidade à noite e vê seu cargo como um trampolim para uma posição gerencial. No entanto, após presenciar seus dois colegas (e amigos) serem demitidos, está começando a se perguntar se esta é a companhia na qual deseja permanecer. Você está prestes a encontrar-se com Phil agora.

Linda

Seu departamento foi recentemente reduzido e dois dos cinco funcionários do serviço de atendimento ao consumidor foram demitidos. Eles foram demitidos por razões de negócio que não se relacionavam com o desempenho deles no trabalho. Você é um dos três atendentes remanescentes (os outros são Sue e John). Você tem trabalhado na área de atendimento ao consumidor nos últimos 15 anos e sempre sentiu como se houvesse estabelecido um compromisso para a vida toda. Agora, até você começa a pensar no quanto seu trabalho é seguro. Afinal, se isso aconteceu com dois de seus colegas, poderá acontecer contigo também. Você está prestes a encontrar-se com Phil agora.

Discussão

1. Que modelo(s) motivacional(is) foi(foram) utilizado(s) por Phil com Sue, John e Linda?
2. Quais outras abordagens poderiam ter funcionado melhor?
3. Quais são as principais lições que você pode retirar desse exercício?

Estudo de Caso

O Construtor de Pianos[21]

Waverly Bird constrói pianos a partir do projeto. Ele é um consultor de uma empresa de fabricação de pianos que trabalha por demanda aproximadamente uma semana por mês, incluindo algumas viagens para resolver problemas dos consumidores. Ele também reforma um número próximo a uma dúzia de pianos especiais por ano para clientes especiais; mas, de acordo com Bird, a parte mais compensadora de sua vida é construir pianos baseado no projeto. "Esta é a parte que me mantém vivo", afirma. O desafio do trabalho é o que faz que Bird siga em frente. Ele obtém sua satisfação da precisão e da qualidade, e ainda declara: "Os detalhes fazem toda a diferença. Quando corta uma pequena aresta aqui e ali, você já abriu um grande buraco. Um piano é como o corpo humano; todas as partes são importantes".

Bird tem um grande desafio na construção de pianos. Seu trabalho combina as habilidades em marcenaria, metalurgia e engenharia com o conhecimento de acústica e um ouvido atento para a música. Isso exige grande precisão, pois um pequeno erro de alinhamento pode arruinar o ajuste do piano. Ele também exige versatilidade; um teclado deve estar ajustado para responder ao toque de um dedo; a estrutura que sustenta as cordas, por outro lado, deve sustentar uma pressão de até 20 toneladas. Além disso, Bird teve de produzir grande parte das suas ferramentas para construção de pianos.

Bird já construiu 40 pianos em sua carreira de 34 anos. Embora o processo de construção leve aproximadamente um ano, ele vende seus pianos a um preço modesto, equivalente ao de um piano comercial. Ele não está em busca de dinheiro, mas de desafio e satisfação pessoal. "Todo o negócio é uma série de portas fechadas. Você aprende uma coisa e logo há outra porta esperando para ser aberta", declara. Bird afirma que seu grande sonho é construir um piano de cauda: "Isso é uma coisa que eu ainda não fiz e que desejo fazer".

Questões

1. Discuta a natureza da motivação de Bird para construir pianos. Quais são suas forças motrizes e necessidades? Um programa de modificação de comportamento poderia afetar sua motivação? Por quê? Qual seria o efeito de estabelecer uma meta de dois pianos por ano para ele?
2. Como um construtor de pianos poderia criar em seus funcionários a mesma motivação que Bird possui agora?

Exercício Vivencial

As Notas de Avaliação São Motivadores?

1. Avalie a valência de receber um "A" neste curso. Atribua para esse "A" uma valência entre –1 e +1, utilizando gradações de um décimo (por exemplo: 0,8, 0,9, 1).
2. Agora, avalie a probabilidade (entre 0,0 e 1,0) de que o nível de esforço que você pretende se comprometer com este curso resulte em desempenho alto o bastante para que mereça uma nota "A". Isso constitui sua pontuação de expectativa.
3. Então, avalie a probabilidade (entre 0,0 e 1,0) de que seu desempenho excelente neste curso (um A) possa melhorar substancialmente sua média global. Isso constitui sua pontuação de instrumentalidade.
4. Agora, multiplique suas pontuações em V, E e I para produzir uma medida geral da sua provável motivação (nesta tarefa específica e para esta recompensa). Essa pontuação geral deverá situar-se entre –1,0 e +1,0. Escreva seu nome e data na linha 1 a seguir.
5. Compartilhe suas quatro pontuações com seus colegas de classe usando o mesmo formato mostrado aqui. Observe a variação das respostas ao longo da sala para cada item.

Nome do Aluno	Valência	Expectativa	Instrumentalidade	Motivação
1.				
2.				
3.				
4.				
5.				
Etc.				

Produzindo Insights sobre CO

Um *insight* diz respeito a uma percepção nova e clara acerca de um fenômeno ou a uma capacidade adquirida para "enxergar" claramente algo sobre o qual você não estava ciente anteriormente. Ele, algumas vezes, simplesmente se refere a um "momento do tipo ah-há!", no qual você obtém uma pequena revelação ou atinge uma conclusão direta sobre um problema ou uma questão.

Os *insights* não precisam necessariamente ser dramáticos, uma vez que aquilo que pode ser considerado um *insight* por uma pessoa pode não o ser pelas demais. A característica fundamental dos *insights* é que eles são importantes e memoráveis para você; eles devem representar novos conhecimentos, novas estruturas ou novas perspectivas para perceber as coisas que você desejaria armazenar e lembrar ao longo do tempo.

Os *insights* são, portanto, diferentes do tipo de informação que você encontra nos textos da seção Conselhos para Futuros Gerentes. Esse formato de conselho é prescritivo e orientado para a ação; ele indica e recomenda determinado curso de ação.

Uma forma útil para pensar sobre os *insights* de CO é partir do princípio de que você foi a única pessoa que leu o Capítulo 5. Você recebeu a tarefa de ressaltar, utilizando suas próprias palavras, os conceitos principais (mas não somente resumir o capítulo todo) que poderiam ser relevantes para um público leigo, que nunca foi apresentado ao tema antes. *Quais são os dez* insights *que você compartilharia com esse público?*

1. (Exemplo) *Os funcionários têm um conjunto complexo de necessidades que estão em constante mudança e que nem sempre são claras (mesmo para eles próprios).*
2. _____
3. _____
4. _____
5. _____
6. _____
7. _____
8. _____
9. _____
10. _____

Capítulo Seis

Avaliando e Recompensando o Desempenho

Uma pessoa comum avalia seu próprio desempenho em torno de 80%. Dessa forma, as pessoas tendem a acreditar que estão se saindo melhor que a maior parte dos que estão no seu entorno.
Edward E. Lawler[1]

Os gerentes devem oferecer feedback construtivo para seus funcionários para que eles possam melhorar seu desempenho.
Sherry E. Moss e Juan I. Sanchez[2]

OBJETIVOS DO CAPÍTULO

COMPREENDER

- Os sistemas de recompensa.
- O dinheiro como meio econômico e social de troca.
- O papel do dinheiro nos modelos motivacionais.
- Considerações comportamentais na avaliação de desempenho.
- As características dos bons programas de feedback.
- O processo de atribuição.
- Como e por que associar a remuneração ao desempenho.
- Usos dos programas de remuneração baseados na participação nos lucros, nos resultados e nas habilidades.

O conselho de diretores de uma empresa regional, provedora de assistência médica, estava reunido em uma sessão para discutir o desempenho de sua CEO no ano anterior. Após terem determinado que tal nível tinha sido "excelente", os diretores passaram a deliberar sobre o nível apropriado de compensação para ela. Todos concordaram que um aumento substancial de salário seria apropriado. Contudo, quando o nível de compensação ajustado foi calculado, um diretor (médico) fez um comentário crítico: "Não me importo com o valor que vocês vão pagar a ela", e argumentou, "contanto que não seja maior do que a média dos valores pagos aos médicos que trabalham na clínica. No fim das contas, o hospital não poderia funcionar se não fosse por nós".

Esse caso ilustra como recompensas econômicas são importantes para os funcionários e como as relações de compensação trazem consigo um imenso valor social. A administração nem sempre tem reconhecido sua importância social para os trabalhadores. No final do século XIX e começo do século XX, considerava-se que os funcionários desejavam essencialmente dinheiro; assim, acreditava-se que o dinheiro produzia motivação direta — quanto mais dinheiro fosse oferecido, maior seria a motivação. Roethlisberger e seus seguidores contribuíram para acabar com essa idéia ao demonstrarem que as recompensas econômicas operavam por meio das atitudes dos trabalhadores dentro do sistema social para produzirem um incentivo *indireto*.

Neste capítulo, será abordado o complexo relacionamento existente entre os sistemas de recompensas econômicas e o comportamento organizacional. Mais detalhes a respeito desses sistemas poderão ser encontrados em livros sobre remuneração e gerenciamento de recursos humanos; somente seus aspectos mais relevantes serão examinados aqui. O capítulo enfoca, primeiro, o modo como os **incentivos** são combinados com outras partes da gestão de salários para construir um sistema de recompensas completo, que encoraje a motivação. Em seguida, discute-se o dinheiro como um meio de recompensar os funcionários. Os modelos motivacionais aplicados à remuneração são abordados, e também são feitas uma comparação entre custos e recompensas e considerações comportamentais sobre a avaliação de desempenho. Finalmente, discute-se o pagamento de incentivos econômicos, uma abordagem segundo a qual a remuneração de cada trabalhador varia de acordo com o desempenho organizacional.

UM PROGRAMA COMPLETO

Vários tipos de pagamento são exigidos para que um sistema de recompensas econômicas seja completo.[3] A análise de *cargos* e salários pesquisa os níveis salariais, comparando cargos entre si para determinar a base salarial (de acordo com níveis de responsabilidade e as pressões de mercado). A avaliação e o índice de incentivos associados ao desempenho estimam os *funcionário*s com relação ao seu desempenho individual e recompensam suas contribuições. A participação nos lucros e resultados avalia a *organização* em termos de seu desempenho econômico geral e recompensa os funcionários como parceiros nesse processo. Juntos, esses três sistemas — base salarial, recompensa por desempenho e participação nos lucros e resultados — são os incentivos fundamentais de um programa de remuneração completo, conforme disposto na pirâmide de recompensas da Figura 6.1. Cada um deles pode contribuir de alguma maneira para a satisfação econômica dos funcionários.

Associando remuneração a objetivos

Os três sistemas são complementares porque cada um deles reflete um conjunto diferente de fatores em relação à totalidade da situação. Os modelos de remuneração associados à base salarial e às habilidades motivam os funcionários a avançar em direção aos cargos que demandam maiores responsabilidade e habilidades. A recompensa por desempenho é um incentivo para que os funcionários melhorem seu desempenho no cargo. A participação nos lucros motiva os trabalhadores a melhorar o desempenho da organização.

Outros pagamentos, essencialmente não-incentivadores em sua natureza, são adicionados aos incentivos fundamentais. Os reajustes salariais por tempo de serviço são concedidos para recompensar os trabalhadores por seus contínuos serviços e para encorajá-los a permanecer com o empregador. Caso um empregador solicite aos seus funcionários que se sacrifiquem trabalhando horas extras, em dias de folga ou em horários indesejados, os trabalhadores devem ser pagos adicionalmente em virtude de tais inconveniências. Outros tipos de pagamento são concedidos como compensação por períodos nos quais o funcionário não deveria trabalhar, como férias, feriados, participação em audiências judiciais e férias coletivas sujeitas à garantia de remuneração.

As adições aos incentivos fundamentais da pirâmide de recompensas têm pouco valor como incentivo direto, pois elas não crescem na mesma proporção do aprimoramento do desempenho. Algumas dessas adições podem resultar em incentivos indiretos, pela melhoria das atitudes. Outras adições, como pagamento por tempo de serviço, podem, de fato, diminuir o incentivo do trabalhador. Está claro que não é apenas um fator, mas, sim, diversos fatores que entram no cálculo dos vencimentos de um funcionário. Alguns desses fatores estão menos relacionados ao incentivo do que a objetivos mais amplos, por exemplo, segurança, eqüidade e justiça social. Um programa eficaz de recompensas é resultante de uma ponderação de muitos desses fatores, como mostra o exemplo a seguir.

FIGURA 6.1 A Pirâmide das Recompensas: a Criação de um Programa Completo de Remuneração (*leia de baixo para cima*)

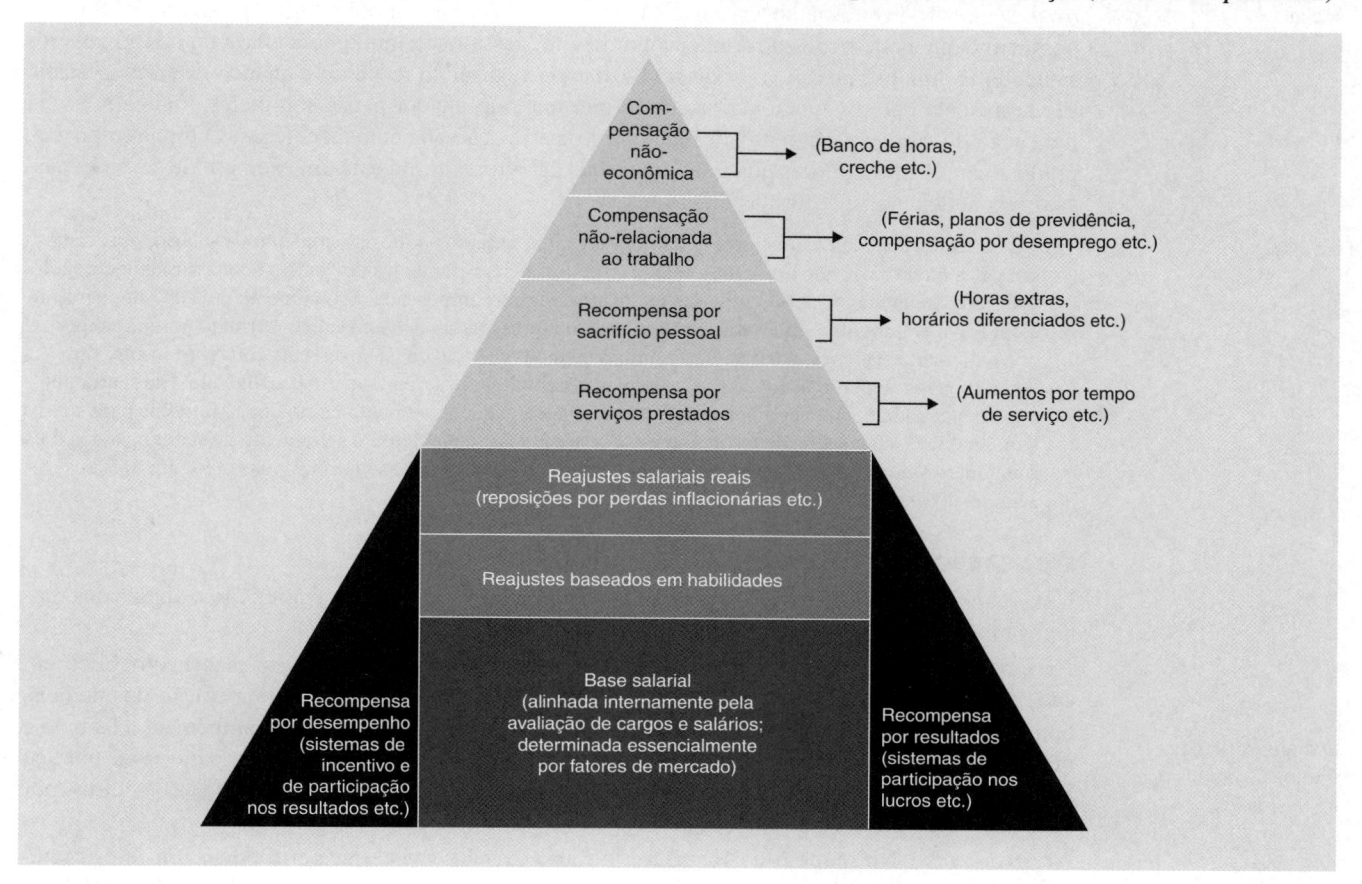

```
                    Compensação não-econômica ──► (Banco de horas, creche etc.)
                    Compensação não-relacionada ao trabalho ──► (Férias, planos de previdência, compensação por desemprego etc.)
                    Recompensa por sacrifício pessoal ──► (Horas extras, horários diferenciados etc.)
                    Recompensa por serviços prestados ──► (Aumentos por tempo de serviço etc.)
                    Reajustes salariais reais (reposições por perdas inflacionárias etc.)
                    Reajustes baseados em habilidades
Recompensa          Base salarial                              Recompensa
por desempenho      (alinhada internamente pela                por resultados
(sistemas de        avaliação de cargos e salários;            (sistemas de
incentivo e         determinada essencialmente                 participação nos
de participação     por fatores de mercado)                    lucros etc.)
nos resultados etc.)
```

A Lincoln Electric Company oferece uma combinação clássica e singular de programas de incentivo aos seus funcionários para criar um programa completo de recompensas, em conjunção com outras políticas gerenciais específicas.[4] A empresa oferece pagamento por quantidade de trabalho, participação nos lucros, sistemas de sugestões, bônus anuais e opções de compra de ações. E associa essas medidas ao não-pagamento de feriados ou dias de licença médica, à obrigatoriedade da realização de horas extras e à inexistência de adicionais por tempo de serviço e de linhas de promoção definidas. A companhia ostenta, contudo, um histórico de 50 anos sem demissões coletivas, o que proporciona aos funcionários grande nível de segurança no trabalho nessa era de *downsizing*. Os resultados são claros: seu nível de vendas por funcionário situa-se entre duas a três vezes a média do setor manufatureiro; seus produtos são apreciados por sua durabilidade; e a taxa de rotatividade após o período de experiência é menor que 3% — incluindo falecimentos e aposentadorias.

Amplo espectro de programas não econômicos também existe para suplementar um programa completo de remuneração para as organizações. Algumas companhias recompensam seus funcionários com a concessão de licenças-prêmio por desempenho excepcional; outras permitem que os funcionários acrescentem ao seu "banco de horas" (horas para compensação) as horas trabalhadas e não-pagas. Muitas empresas oferecem vasta linha de benefícios para seus funcionários, como creches e programas para promoção de bem-estar. O número de opções e seus custos para os empregadores têm subido consideravelmente e, com freqüência, chegam a alcançar entre 35% e 50% da compensação total.

DINHEIRO COMO MEIO DE RECOMPENSAR OS FUNCIONÁRIOS

Fica evidente, a partir da observação da Figura 6.1, que o dinheiro é importante para os funcionários em virtude das mais diferentes razões. Certamente, o dinheiro é valorizado como conseqüência dos bens e serviços que ele poderá adquirir. Esse aspecto refere-se ao seu valor econômico como

> O dinheiro tem valor social.

meio de troca para a alocação de recursos econômicos; no entanto, o dinheiro também é *meio de troca social*. Todos nós já observamos sua importância como símbolo de *status* para aqueles que o possuem e que podem, dessa forma, economizá-lo, gastá-lo de modo ponderado ou doá-lo generosamente. O dinheiro possui valor de *status* quando está sendo recebido e quando está sendo gasto. Ele representa para os funcionários aquilo que seu empregador pensa sobre eles. Também é uma indicação do *status* relativo de um funcionário em relação aos demais colegas. O dinheiro possui, praticamente, tantos valores quantos forem seus detentores. Aqui está um exemplo de como as pessoas respondem a ele de formas diferentes:

> Um gerente concedeu a dois representantes de vendas externos o mesmo aumento de salário, pois cada um deles havia realizado um bom trabalho. Um desses representantes de vendas ficou extremamente feliz com o reconhecimento. Ela sentiu que era respeitada e recompensada, já o aumento em sua remuneração a colocava em um nível salarial superior. O outro representante de vendas ficou irritado porque sabia que o aumento representava o padrão mínimo disponível; ele o considerou mais como um insulto que como uma recompensa adequada pelo excelente trabalho que acreditava estar realizando. Ele sentiu que não era adquadamente recompensado e percebeu esse pequeno aumento como um sério golpe para sua auto-estima e seu auto-respeito. Esse mesmo aumento também afetou o sentimento de segurança dos dois funcionários de maneira diferente: ela sentiu que havia obtido mais segurança, mas ele sentiu que sua segurança estava em risco.

Aplicação dos Modelos Motivacionais

Uma maneira útil para pensar sobre o dinheiro como uma recompensa é aplicá-lo a alguns dos modelos motivacionais apresentados no Capítulo 5.

Forças Motrizes Os funcionários orientados para resultados mantêm um placar simbólico em suas mentes monitorando sua remuneração total em comparação com a remuneração dos demais. Seus vencimentos representam uma medida de suas conquistas. O dinheiro também se relaciona a outras forças motrizes ou estímulos, uma vez que as pessoas podem utilizá-lo para pagar por seu ingresso em clubes caros (afiliação) e para obter a capacidade (poder) de influenciar os outros, por exemplo, oferecendo contribuições políticas.

> O dinheiro satisfaz muitos estímulos e necessidades.

Necessidades No modelo de Herzberg, a remuneração é vista primeiro como um fator higiênico, embora ela também possa ter um valor motivacional de curto prazo. Em outros modelos baseados em necessidades, a remuneração é mais facilmente percebida por sua capacidade de satisfazer as necessidades de nível inferior (como as necessidades fisiológicas e de segurança de Maslow ou as necessidades de existência de Alderfer). Entretanto, pode-se facilmente verificar o modo como ela também se relaciona aos outros níveis, por exemplo, as necessidades de estima do médico no exemplo da abertura deste capítulo.

Expectativas Conforme você deve lembrar-se, a teoria da expectativa afirma que:

$$\text{Valência} \times \text{Expectativa} \times \text{Instrumentalidade} = \text{Motivação}$$

Isso significa que, se o dinheiro tiver de agir como um forte motivador, um funcionário deverá desejar mais dele (valência), acreditar que o esforço será bem-sucedido no sentido de produzir o desempenho desejado (expectativa) e ter confiança em que a recompensa monetária acompanhará o melhor desempenho (instrumentalidade).

> O dinheiro, em geral, possui alta valência.

A valência do dinheiro não é facilmente influenciada pela gerência. Ela é contingente em relação aos valores, experiências e necessidades pessoais do funcionário, bem como em relação ao ambiente motivacional macro. Se um funcionário, por exemplo, possui uma fonte de renda independente ou certo patrimônio pessoal, um aumento salarial reduzido pode ter pouca valência. A mesma conclusão aplica-se a um funcionário que tem apreço por outros valores e deseja apenas uma renda modesta. Da mesma forma, o valor direto do dinheiro para as pessoas em uma sociedade rica tende a declinar, já que o dinheiro tende a satisfazer as necessidades de ordem inferior de modo mais direto do que as necessidades de ordem superior. No entanto, visto que o dinheiro possui muitos significados para as pessoas, os funcionários podem desejá-lo por causa do seu valor social (uma medida de *status* e apreciação), mesmo quando seu valor econômico tem pouca valência. Esse papel duplo implica que *muitos funcionários respondem ao dinheiro como uma recompensa* (o dinheiro tem valência para eles).

FIGURA 6.2
Condições Desejáveis e Indesejáveis de Instrumentalidade

Situação	Nível de Desempenho	Nível da Recompensa Econômica	Condição de Instrumentalidade
1	Alto	Alto	Desejável
2	Alto	Baixo	Indesejável
3	Baixo	Alto	Indesejável
4	Baixo	Baixo	Desejável

Com referência à instrumentalidade, muitos funcionários não estão certos de que um desempenho adicional vá transformar-se em remuneração adicional (conexão entre desempenho e resultado). Eles percebem que alguns trabalhadores possuem desempenho mínimo e, ainda assim, recebem quase os mesmos aumentos salariais que os indivíduos de alto desempenho. Eles freqüentemente acreditam que as promoções são mais baseadas nos critérios de tempo de serviço ou em relações pessoais do que no desempenho. A instrumentalidade é uma área na qual a administração tem muitas oportunidades para construir laços de confiança e adotar medidas positivas, pois ela pode alterar substancialmente a conexão entre aumento do desempenho e recompensa.

Modificação Comportamental As duas condições ideais para a aplicação de recompensas contingenciais, segundo os princípios da modificação de comportamento, são mostradas na Figura 6.2 como as situações 1 e 4. Em cada caso, os funcionários podem ver que há uma conexão direta entre desempenho e recompensa (a instrumentalidade é alta). Os estados indesejáveis são as situações 2 e 3, nas quais as recompensas não são concedidas aos indivíduos com alto desempenho ou são concedidas aos indivíduos com desempenho inferior (a instrumentalidade é baixa). Quando há espaço para a ocorrência dessas condições, muitos funcionários podem ficar, ao menos em certo grau, confusos acerca de como realizar suas atividades e, até mesmo, altamente insatisfeitos com o sistema de recompensas.

> Considere o caso de quatro funcionários e seus possíveis pensamentos após cada um deles ter sido tratado de maneira diferente por seu empregador. Shannon recebeu aumento substancial pelo seu ótimo desempenho ("Acho que tentarei agir de modo mais incisivo no futuro, já que um trabalho bem realizado é obviamente notado"). O histórico de produtividade de Chet era idêntico ao de Shannon, mas ele não recebeu sequer um centavo de aumento ("Se isso é o que meu esforço vale para eles, realmente vou diminuir o ritmo no ano que vem"). Travis não teve um bom histórico de desempenho, no entanto, como a organização viveu um ano bem-sucedido, ele ainda obteve um bom aumento ("Esse é um bom lugar para trabalhar; posso até passar despercebido e ainda dar certo"). Pam também teve um histórico ruim, de modo que seu supervisor evitou conceder-lhe qualquer tipo de aumento ("Acho que, se quiser seguir em frente, devo atuar melhor no futuro"). Em cada caso, a recompensa recebida (quando comparada com o desempenho) enviou um poderoso sinal — mas nem sempre aquele desejado — para o funcionário sobre as possibilidades de recompensas futuras baseadas em seu desempenho.

Eqüidade Não há resposta simples para os empregadores em suas tentativas de criar sistemas viáveis de recompensas econômicas para aumentar a produtividade, mas eles devem, pelo menos, tentar compreender a perspectiva do funcionário. A abordagem do funcionário para esse complexo problema é realizar um tipo primitivo de **comparação entre custo e recompensa**, similar à análise de ponto de equilíbrio realizada nas avaliações financeiras. O funcionário identifica e compara os custos e as recompensas pessoais para determinar o ponto no qual eles são aproximadamente iguais, conforme mostrado na Figura 6.3. Os funcionários consideram todos os custos de um desempenho superior, como esforço, tempo, aquisição de conhecimentos e novas habilidades, e a energia mental que deverá ser dedicada a inovação e solução de problemas. Então, eles comparam esses custos com todas as recompensas possíveis, tanto as econômicas (como salário, benefícios e férias) quanto as não-econômicas (como *status*, estima e autonomia, embora o valor delas possa ser mais difícil de se avaliar). Esse processo de comparação entre *inputs* e resultados é similar à parte do modelo motivacional da eqüidade discutido no Capítulo 5, exceto que, na análise discutida agora, assume-se que os funcionários ainda não se comparam com os demais. Tanto os custos (*inputs*) quanto as recompensas (resultados) são sempre computados.

Alta instrumentalidade é desejável.

Comparação entre custo e recompensa

FIGURA 6.3
Custo do Desempenho em Relação à Recompensa para um Funcionário. (O nível de desempenho do funcionário tenderá a situar-se entre A' e B'.)

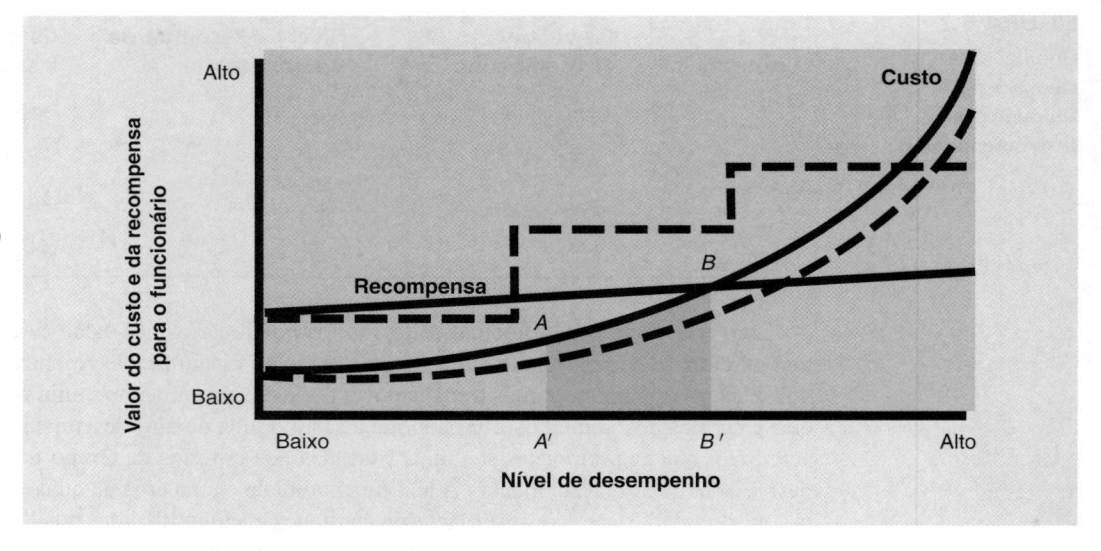

O ponto de equilíbrio é o ponto em que os custos e as recompensas são iguais para determinado nível de desempenho esperado, conforme representado pelo ponto B no gráfico. O desempenho do funcionário tende a aproximar-se do ponto de equilíbrio, mas geralmente se situa abaixo dele, por duas razões. Primeira, o funcionário normalmente não pode ser tão preciso de forma a acertar exatamente o ponto de equilíbrio. Segunda, o funcionário tenta manter um relacionamento pessoalmente satisfatório no qual as recompensas sejam relativamente favoráveis em relação aos custos.[5] O desempenho tende a situar-se em algum ponto no segmento formado pelos pontos A' e B'.

Muitas reservas, no entanto, podem ser expressas quanto a essa análise. Na Figura 6.3, os custos dos funcionários são apresentados como se estivessem crescendo de modo mais intenso próximo do nível mais alto de expectativa de desempenho, de maneira a representar o esforço e a concentração adicionais exigidos. Além disso, o formato das linhas de cada um dos funcionários (e a localização de cada um dos pontos de equilíbrio) será único, representando o valor pessoal atribuído tanto aos custos quanto às recompensas (um exemplo das diferenças individuais em ação). Além do mais, a linha de recompensa é indicada por uma linha reta, como aquela obtida por um sistema de remuneração por peça, mas, na maioria dos casos, ela aumenta somente em degraus após a ocorrência de uma quantidade específica de desempenho. Se a administração puder fazer que a linha que assinala a recompensa esperada cresça mais acentuadamente, mediante a oferta ou a ênfase em recompensas maiores ou mais variadas (ver a linha pontilhada da Recompensa), então o ponto de equilíbrio será alcançado em um nível de desempenho mais elevado. Alternativamente, se a administração puder convencer os funcionários de que sua linha de custo não é tão acentuada (ver a linha pontilhada do Custo), então o ponto de equilíbrio também estará posicionado em um nível de desempenho mais elevado.

Muitos vendedores trabalham com algum tipo de plano de comissionamento que lhes oferece bônus periódicos. Em muitos casos, os bônus tornam-se maiores à medida que os vendedores atingem níveis de desempenho mais elevados, segundo o princípio de que isso incitaria o funcionário a atingir sua excelência. Contudo, esse princípio algumas vezes é ignorado, da mesma forma que foi ignorado por um distribuidor entrevistado pelo autor. Ele, na verdade, *reduzia* o nível dos bônus oferecidos conforme seus vendedores alcançavam novos patamares de vendas ao longo do mês. Sua explicação autoprotetora para isso é: "Não quero que meus funcionários fiquem ricos à minha custa".

Considerações Adicionais sobre o Uso do Dinheiro

Recompensas Extrínsecas e Intrínsecas   O dinheiro é essencialmente uma recompensa extrínseca, em vez de uma recompensa intrínseca, o que o torna mais fácil de ser administrado nos programas de modificação do comportamento. No entanto, ele também possui todas as limitações dos benefícios extrínsecos. Não importa quão próxima seja a associação, criada pela administração, entre o pagamento e o desempenho, o salário ainda é algo que se origina fora do trabalho e somente

O Que os Gerentes Estão Lendo

Trabalhos de motivação intrínseca são aqueles que produzem emoções positivas nos funcionários e que são recompensadores para eles a partir deles mesmos. A motivação intrínseca apresenta resultados melhores a partir da autogestão, que é crítica para o sucesso das organizações no século XXI. Quatro caminhos independentes podem levar à motivação intrínseca:

1. Um senso de *significado* (obtido por meio da identificação de paixões, de uma visão excitante e de tarefas relevantes e completas).
2. Um senso de *escolha* (criado com a delegação de autoridade, a demonstração de confiança, o oferecimento de segurança, um propósito claro e informações relevantes/oportunas).
3. Um senso de *competência* (criado com treinamento, feedback positivo, reconhecimento de habilidades, boa combinação entre atividades e capacidades e padrões desafiadores).
4. Um senso de *progresso* (estimulado por um clima colaborativo, pelo acompanhamento dos marcos mais significativos, pelas celebrações de progressos, pelo acesso aos clientes e pelas melhorias mensuradas).

Fonte: THOMAS, Kenneth W. *Instrinsic Motivation at Work*: Building Energy and Commitment. São Francisco: Berrett-Koehler Publishers, 2000.

---

será útil longe dele. Dessa forma, ele tende a ser uma fonte menos imediata de satisfação pessoal que as recompensas intrínsecas. A satisfação pessoal por um trabalho bem realizado, por exemplo, é um forte motivador para muitas pessoas. As recompensas econômicas, por outro lado, não conseguem oferecer todas as recompensas necessárias para alguém psicologicamente saudável.

Dificuldade de integração

Uma importante tarefa para a administração é integrar as recompensas intrínsecas e extrínsecas com sucesso. O problema é que os funcionários diferem na quantidade de recompensas extrínsecas e intrínsecas por eles desejada, ao mesmo tempo em que os cargos e condições organizacionais também variam. Outro problema ocorre quando os empregadores começam a pagar seus funcionários pela realização de trabalhos que eram tidos anteriormente como fontes de satisfação pessoal, visto que algumas evidências indicam que o *pagamento de recompensas extrínsecas diminui a satisfação intrínseca recebida*.[6] Além disso, é muito difícil, para os gerentes, administrar recompensas intrínsecas de forma sistemática. Essas condições sugerem a necessidade de uma abordagem contingencial para recompensas que considere as necessidades dos trabalhadores, o tipo de atividade, o ambiente organizacional e diferentes recompensas. Benefícios especiais, como o reconhecimento ou o *status*, são, algumas vezes, especialmente valiosos para os funcionários porque eles têm mais significado social e psicológico. O exemplo a seguir ilustra o modo como as recompensas extrínsecas e intrínsecas são freqüentemente mescladas nos programas de reconhecimento:

> O Wells Fargo Bank desenvolveu um programa para reconhecer e reforçar o comportamento de indivíduos que tivessem feito contribuições excepcionais para o serviço de atendimento ao cliente.[7] Embora o programa incluísse prêmios em dinheiro e ampla linha de outras seleções de prêmios de valor substancial, sua experiência mais significativa girava em torno de jantares de reconhecimento e celebração, oferecidos aos vencedores dos prêmios, com os altos executivos da companhia em um restaurante luxuoso de São Francisco.

Cumprimento dos Dispositivos Legais Além das complexidades envolvidas na aplicação dos vários modelos motivacionais e na construção de fatores intrínsecos e extrínsecos, o gerenciamento da remuneração também é complicado pela necessidade de cumprimento de amplo espectro de leis federais e estaduais.* Nos Estados Unidos, a lei mais significativa nessa área é o **Equal Pay Act** (Ato sobre Igual Remuneração), de 1963, que afeta os empregadores envolvidos no comércio interestadual e a maioria dos funcionários dos governos federal, estadual e municipal. Outro ponto também legislado por muitos estados norte-americanos é a lei que exige que os sistemas de recompensa sejam desenhados e administrados de forma que as pessoas que executam as mesmas

---

* N.R.T.: Isso é verdade tanto nos Estados Unidos quanto em qualquer outro país, como o Brasil.

atividades recebam a mesma remuneração, independentemente do seu sexo. Essa lei foi criada para impedir uma forma de discriminação de gênero, eliminando discrepâncias históricas, segundo as quais os níveis de remuneração das mulheres eram menores que os dos homens.

Valor comparável

Outro programa vigente nos Estados Unidos, denominado **valor comparável**, também busca assegurar uma remuneração igual para trabalhos iguais. Essa abordagem exige que os sistemas de recompensas sejam desenhados de forma que as pessoas em atividades comparáveis — aquelas de igual *valor* para o empregador — recebam níveis similares de remuneração. Um hospital, por exemplo, poderá determinar que o cargo de técnico de laboratório exija níveis de educação, capacidade de tomada de decisões e habilidades de gestão de estresse comparáveis aos de um auditor interno e, desse modo, pode estabelecer níveis de compensação comparáveis para ambos. O programa também tem o intuito de acabar com padrões históricos de discriminação contra pessoas que detenham posições marcadas por estereótipos associados ao gênero (por exemplo, mulheres que trabalham como enfermeiras profissionais).

Outros Fatores Muitos outros elementos dificultam o processo de compensação. Diferentemente das pressões legais e psicológicas por eqüidade (nivelar os *inputs* e os resultados em comparação com aqueles obtidos pelas demais pessoas), alguns indivíduos também advogam a *igualdade*. Eles prefeririam que todos os funcionários recebessem as mesmas recompensas, independentemente da singularidade de suas habilidades ou de seus níveis de desempenho. Claramente, *eqüidade e igualdade são bases totalmente distintas para a comparação de compensações*. O sigilo nos programas salariais é, algumas vezes, motivo de debate. Algumas organizações mantêm todas as informações sobre remuneração inacessíveis aos funcionários; outras as compartilham abertamente, na crença de que a abertura é o melhor a ser feito. O *controle* também pode ser um problema. Os sistemas de recompensas deveriam ser elaborados por profissionais especializados, ou deveria ser permitido aos funcionários participarem de sua criação e gestão? O nível de *flexibilidade* tem estado sujeito ao debate. Ainda que alguns artigos de vestuário declarem que "um tamanho único serve para todos", a expectativa de que todas as dimensões da compensação poderão satisfazer as necessidades de todos os funcionários pode não ser razoável. Claramente, a administração de sistemas organizacionais de recompensas envolve muitas questões; e respostas singulares serão oferecidas por diferentes empresas.

COMPORTAMENTO ORGANIZACIONAL E A AVALIAÇÃO DO DESEMPENHO

As organizações exigem níveis constantes de alto desempenho de seus funcionários para que possam sobreviver em um ambiente global altamente competitivo. Muitas empresas utilizam alguma forma de planejamento orientado para resultados e de sistemas de controle. O **gerenciamento por objetivos (*management by objectives* — MBO)** é um processo cíclico que normalmente consiste em quatro etapas, de forma a se obter o desempenho desejado:

Quatro etapas típicas no MBO

1. *Estabelecimento de objetivos*. A determinação conjunta, realizada pelos gerentes e pelos funcionários, dos níveis apropriados do desempenho futuro para os trabalhadores, dentro do contexto geral das metas e dos recursos das unidades. Esses objetivos são freqüentemente estabelecidos para o ano de calendário subseqüente.
2. *Planejamento das ações*. A realização de um planejamento participativo, ou até mesmo independente, conduzido por funcionários, acerca de *como* alcançar esses objetivos. O provimento de certo grau de autonomia aos funcionários é algo inestimável; assim, eles têm maior probabilidade de utilizar sua inteligência, bem como se sentirão mais comprometidos com o sucesso do planejamento.
3. *Revisões periódicas*. Uma avaliação conjunta dos avanços em direção aos objetivos, feita pelos gerentes e pelos funcionários, realizada informalmente e, em alguns casos, de forma espontânea.
4. *Avaliação anual*. Uma avaliação mais formal do sucesso na obtenção dos objetivos anuais dos funcionários, acompanhada da renovação do ciclo do planejamento. Alguns sistemas de MBO também utilizam a avaliação de desempenho para associar as recompensas dos funcionários ao nível de resultados conquistados.

Razões para avaliação do funcionário

A **avaliação de desempenho** exerce papel fundamental nos sistemas de recompensa. Ela compreende o processo de avaliar o desempenho dos funcionários, de compartilhar essas informações

FIGURA 6.4
Critérios Necessários para Assegurar Oportunidades Iguais de Tratamento no Trabalho durante a Avaliação de Desempenho

O sistema de avaliação de desempenho:

- É uma necessidade da organização.
- É baseado em critérios bem-definidos e objetivos.
- É baseado em uma cuidadosa análise de cargos.
- Utiliza somente critérios relacionados aos cargos.
- É apoiado por estudos adequados.
- É aplicado por avaliadores treinados e qualificados.
- É aplicado objetivamente em toda a organização.
- Pode ser apontado como não-discriminatório, conforme definido por lei.

com eles e de buscar formas para melhorar seus desempenhos. A avaliação é necessária para 1) alocar recursos em um ambiente dinâmico; 2) motivar e recompensar os funcionários; 3) dar aos funcionários feedback sobre seus trabalhos; 4) manter um relacionamento justo no interior dos grupos; 5) fazer *coaching* e desenvolver os funcionários; e 6) atender a regulamentos. Ela também é uma oportunidade formal para fazer o que deveria ser feito mais freqüentemente nas organizações — expressar apreciação pelas contribuições do funcionário.[8] Os sistemas de avaliação são necessários, portanto, para a administração adequada e para o desenvolvimento dos funcionários.

O ambiente social que envolve a organização alterou-se significativamente nos últimos anos. Leis federais e estaduais têm acrescentado novos elementos à complexidade e à dificuldade existentes nos planos de avaliação. Por exemplo, conforme mostrado na Figura 6.4, os critérios para o cumprimento dos dispositivos das leis de iguais oportunidades de tratamento são severos. A administração tem de desenhar e operar seus sistemas de avaliação cuidadosamente para que essas leis sejam cumpridas.

A Filosofia da Avaliação

Ênfase e metas de desempenho

Na geração anterior à atual, os sistemas de avaliação apresentavam tendência a enfatizar traços, deficiências e capacidades dos funcionários, mas as filosofias modernas de avaliação enfatizam o desempenho atual e as metas futuras. A filosofia moderna também ressalta a importância da participação do funcionário no estabelecimento conjunto de metas com o supervisor e no conhecimento dos resultados. Desse modo, os marcos principais de uma filosofia moderna de avaliação são:

1. *Orientação para o desempenho* — não é suficiente apenas que os funcionários empreguem *esforços*; esses esforços deverão resultar na obtenção dos *resultados* desejados (produtos ou serviços).

2. *Foco nas metas ou objetivos* — como mostra a discussão sobre MBO, os funcionários precisam ter uma idéia clara sobre o que se espera que eles façam e quais as prioridades entre as tarefas designadas. Como diz o ditado: "Se você sabe aonde quer ir, tem uma chance maior de chegar lá".

Estabelecimento conjunto de metas e feedback

3. *Estabelecimento conjunto das metas entre supervisores e funcionários* — essa é a crença segundo a qual as pessoas trabalharão mais arduamente por metas e objetivos cuja elaboração tenham participado. Entre seus desejos estão: executar uma tarefa relevante, participar de um esforço coletivo, participar da definição de seus objetivos, compartilhar as recompensas decorrentes de seus esforços e dar prosseguimento ao seu crescimento pessoal. A suposição (da Teoria Y) é a de que as pessoas querem satisfazer algumas de suas necessidades por meio do trabalho e que elas o farão caso a administração ofereça-lhes um ambiente de apoio.

4. *Esclarecimento das expectativas comportamentais* — isso normalmente é feito por intermédio de uma *escala de classificação de base comportamental* (*behaviorally anchored rating scale* — Bars), que proporciona ao funcionário e ao gerente exemplos concretos de vários níveis de comportamento. Breves discussões sobre comportamentos excelentes, muito bons, aceitáveis, abaixo da média e inaceitáveis são especificadas para cada dimensão significativa dos cargos, fornecendo ao funcionário, assim, pistas antecipadas sobre as expectativas da organização. O sistema Bars auxilia na redução da tendência dos gerentes em enfocar as atitudes, a personalidade e as idiossincrasias dos funcionários e altera sua ênfase em direção aos comportamentos produtivos.

5. *Sistemas de feedback extensivos* — os funcionários podem ajustar melhor seu desempenho caso saibam como estão se saindo perante os olhos da organização.

A Entrevista de Avaliação

A maior parte dos sistemas de avaliação organizacional exige que os supervisores avaliem os funcionários sobre vários aspectos de sua produtividade (resultados), comportamento e traços pessoais. Exemplos dessas três dimensões incluem a qualidade do trabalho e a quantidade de *output*, participação e iniciativa, e atitude geral. Muitos sistemas de avaliação também consideram o desempenho histórico e o potencial do indivíduo para crescimento e progresso. As formas e os procedimentos reais utilizados para avaliar esse tipo de informação variam muito. Algumas organizações solicitam aos supervisores que redijam redações para descrever o desempenho do funcionário; outras recomendam que eles acumulem um registro de incidentes críticos (tanto positivos quanto negativos); muitas empresas utilizam vários tipos de escalas gráficas de pontuação que avaliam os funcionários segundo os sistemas 1-2-3-4-5 ou A-B-C-D-E.

Independentemente do sistema usado, a avaliação é então comunicada ao funcionário durante uma **entrevista de avaliação**, que é uma sessão na qual o supervisor oferece ao funcionário um feedback sobre seu desempenho passado, discute com ele quaisquer problemas que tenham surgido e o convida a apresentar algum tipo de resposta. Então, as duas partes estabelecem os objetivos para o próximo período e o funcionário é informado sobre seu futuro salário. A entrevista de avaliação também proporciona uma rica oportunidade para motivar o funcionário. O uso do modelo de Herzberg, por exemplo, poderia encorajar o gerente a explorar quais fatores higiênicos estão atualmente produzindo insatisfação para um funcionário. Se eles puderem ser resolvidos, a discussão se voltará para a construção de mais oportunidades para realização, responsabilidade e desafio no trabalho.

Abordagens Sugeridas Muitas pesquisas foram realizadas sobre o processo de avaliação e as características daqueles considerados mais eficazes. As entrevistas de desempenho possuem uma probabilidade maior de sucesso quando o avaliador:

- Está familiarizado com o cargo do funcionário.
- Estabeleceu previamente padrões de desempenho que sejam mensuráveis.
- Coletou, com freqüência, evidências específicas sobre desempenho.
- Busca e utiliza *inputs* de outros observadores na organização.
- Limita significativamente a quantidade de críticas a alguns itens principais (de forma que os funcionários possam *focar* seus esforços de melhoria).
- Oferece apoio e compreensão e elogia tarefas bem executadas.
- Ouve atentamente os *inputs* e as reações do funcionário.
- Compartilha a responsabilidade pelos resultados e oferece assistência futura.
- Permite participação na discussão.

Auto-avaliação

O último ponto foi ainda mais estendido em abordagens recentes para a entrevista de avaliação. Algumas organizações dos setores público e privado incluem, como parte formal de seus processos, a **auto-avaliação**, que é uma oportunidade para que o funcionário seja introspectivo e ofereça uma avaliação pessoal das suas realizações, seus pontos fortes e fracos. As questões direcionadas aos funcionários podem incluir: "O que transcorreu excepcionalmente bem para você durante este período?", "Que tipos de problemas você teve?", "Quais idéias você tem para melhorar suas contribuições?". As respostas do funcionário a essas questões são então comparadas com a avaliação do supervisor sobre o funcionário. Essa abordagem permite que diferenças de opinião sejam discutidas abertamente e resolvidas.

Problemas, no entanto, podem surgir em auto-avaliações.[9] Alguns indivíduos com baixo desempenho tendem a diminuir seus níveis de dificuldade e atribuir seus problemas a fatores situacionais no seu entorno, e alguns poucos vão avaliar-se de forma excessivamente branda. Essas limitações, contudo, são compensadas pelo fato de que, em sua maioria, os funcionários são muito francos quando solicitados a identificar seus pontos fortes e fracos, e são capazes de comparar seus desempenhos com expectativas anteriores. Além disso, as auto-avaliações são muito menos ameaçadoras à auto-estima de um funcionário que as avaliações recebidas dos outros. Dessa forma, as auto-avaliações proporcionam um solo muito mais fértil para crescimento e mudança.

Feedback de Desempenho

Todos os sistemas de avaliação são baseados na hipótese de que os funcionários necessitam de feedback sobre seus desempenhos (um elemento básico do modelo de comunicação descrito no Capítulo 3). O feedback os auxilia a saber o que deve ser feito e quão bem eles estão cumprindo com suas metas. O feedback também demonstra que outros estão interessados no que eles estão fazendo. Considerando-se que o desempenho seja satisfatório, o feedback melhora a auto-imagem e o sentimento de competência de um funcionário. Geralmente, o **feedback de desempenho** leva a um desempenho e a atitudes melhores — caso seja adequadamente administrado pelo gerente.

Dar feedback, no entanto, é uma tarefa desafiadora para muitos gerentes. O feedback tem maiores chances de ser aceito e produzir algumas melhorias quando é apropriadamente apresentado (ver as orientações para um feedback eficaz na Figura 6.5). Em geral, ele deve ter seu foco em comportamentos específicos do trabalho; basear-se em dados objetivos, não em opiniões e inferência subjetivas; ser oportuno, de modo a ser concedido logo após um evento crítico; e ser verificado com relação à compreensão do receptor. Acima de tudo, ele tem uma grande chance de induzir uma mudança de comportamento se for genuinamente desejado pelo funcionário, estiver conectado às atividades do trabalho e se, por acaso, for permitido ao receptor a escolha de um novo comportamento a partir das recomendações alternativas oferecidas.

Apesar da importância do feedback de desempenho, muitos gerentes falham ao não o oferecerem de modo suficiente em uma base contínua. Eles podem sentir-se muito ocupados, assumir que seus funcionários já estão cientes dos seus níveis de desempenho, ou relutarem em partilhar as más notícias por terem receio das reações negativas que eles achem que o feedback possa produzir.

Outra razão possível — não possuir informações válidas em quantidade suficiente para chegar a uma conclusão significativa — pode ser superada pela utilização do **feedback de 360°**. Esse conceito descreve o processo de reunir sistematicamente dados sobre as habilidades, capacidades e os comportamentos das pessoas a partir de várias fontes — gerente, colegas, subordinados e até mesmo consumidores ou clientes.[10] Essas perspectivas são examinadas para que sejam verificados os pontos nos quais existam problemas, segundo as visões dos diferentes grupos. Os resultados também podem ser comparados ao longo de uma linha do tempo, para ver se melhorias foram feitas, ou podem ser comparados com normas organizacionais para se verificar se uma pessoa é melhor ou pior que outras. O sistema de feedback de 360° opera melhor se os indivíduos combinarem os dados coletados com suas auto-avaliações, uma vez que tal abordagem estimula um confronto honesto em torno das necessidades de mudança dos indivíduos. O produto dessa avaliação multidirecional é um rico feedback (tanto positivo quanto negativo) que, se for utilizado adequadamente, poderá auxiliar na obtenção de desempenhos mais aprimorados. Para que seja possível o fornecimento de um feedback honesto, a existência de garantias de que os dados permanecerão confidenciais e de facilitadores habilidosos para auxiliar os receptores a compreender as informações complexas e a

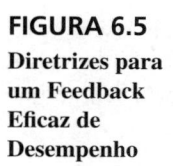

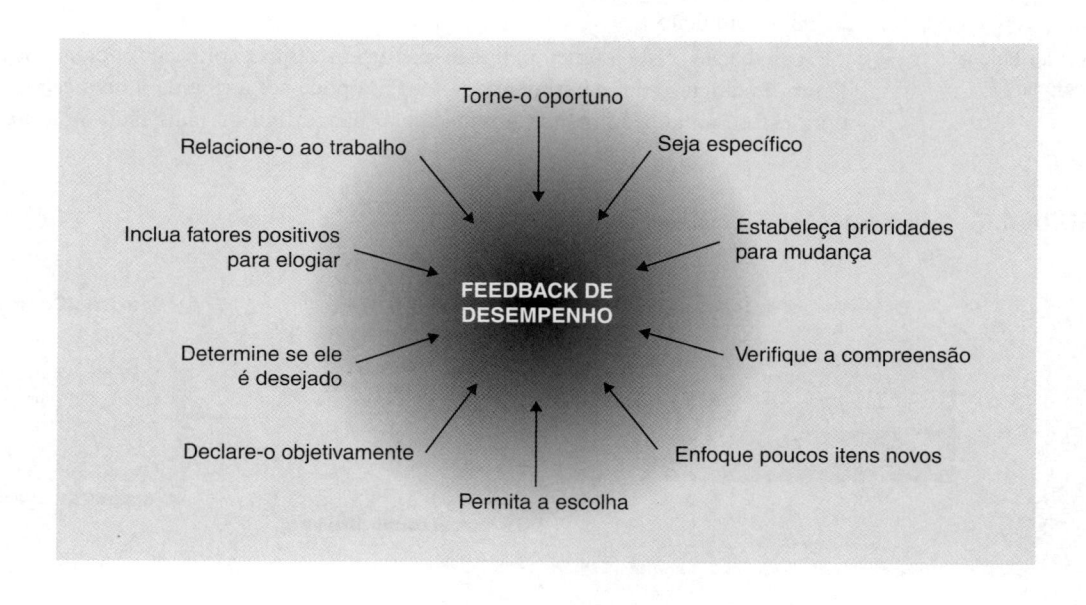

FIGURA 6.5
Diretrizes para um Feedback Eficaz de Desempenho

desenvolver planos de ação proveitosos, é necessária a cooperação das outras pessoas. No entanto, os programas de feedback de 360° podem consumir muito tempo, serem vistos como intimidadores pelos receptores e serem considerados dispendiosos (desenvolvimento e gestão dos modelos de avaliação e treinamento para utilizá-los).

Problemas de Avaliação A necessidade de executar múltiplas funções no processo de avaliação torna a entrevista de avaliação difícil e até mesmo ameaçadora para muitos gerentes. Além disso, vários problemas comportamentais são inerentes ao processo.[11] Ele pode criar *confrontos*, uma vez que cada parte busca convencer a outra de que sua percepção é a mais acurada. (Essas visões são distorcidas pelas tendências atributivas, conforme se discutirá posteriormente neste capítulo.) Tipicamente, ele é *emocional*, pois o papel do gerente exige uma perspectiva crítica, enquanto o desejo do funcionário de manter as aparências facilmente o leva a assumir uma postura defensiva. Ele tem um cunho *crítico*, pois o gerente deve avaliar o comportamento e os resultados do funcionário, e esse aspecto coloca o funcionário em uma posição claramente subordinada. Além do mais, as avaliações de desempenho são tarefas *complexas* para os gerentes, exigindo compreensão do trabalho, observação cuidadosa do desempenho e sensibilidade diante das necessidades dos funcionários. Os gerentes também devem lidar com as questões que surjam espontaneamente na própria discussão.

Os gerentes, algumas vezes, falham na condução de entrevistas de avaliação porque carecem de habilidades vitais. Talvez eles falhem na coleta sistemática de informações. Talvez não tenham sido específicos quanto às expectativas de crescimento do desempenho durante a última entrevista de avaliação. Eles podem ter ficado relutantes em abordar alguns tópicos difíceis ou sensíveis, ou falhar em envolver os funcionários no processo de avaliação e discussão. Alguns gerentes podem tornar-se mais céticos quanto à possibilidade de que mudanças de atitude ou de comportamento ocorram com seus funcionários. Alguns deles podem enxergar as avaliações como um jogo sem sentido e, mesmo intencionalmente, distorcer os conceitos e o feedback distribuídos. Todos esses fatores são capazes de colocar limites poderosos na utilidade das entrevistas de avaliação, a menos que elas sejam conduzidas adequadamente ou modificadas por meio do uso de outros *inputs*.

> Atribuições são explicações causais.

Natureza das Atribuições A teoria da atribuição tem oferecido uma contribuição revolucionária para a literatura da avaliação. **Atribuição** é o processo pelo qual as pessoas interpretam e atribuem causas para seus próprios comportamentos e para o comportamento dos outros. Ela nasceu com os trabalhos de Fritz Heider e foi expandida e refinada por Harol Kelley e outros.[12]

O processo de atribuição assemelha-se às quatro metas básicas do comportamento organizacional apresentadas no Capítulo 1. Conforme exposto na Figura 6.6, um gerente *observa* o comportamento de alguns funcionários ou suas consequências e frequentemente as *descreve* como funcionais ou disfuncionais para a unidade de trabalho. Buscando *compreender* e diagnosticar o comportamento, o gerente faz uma atribuição causal (tentativa de explicação) para ele. Então, o gerente tenta *prever* e *controlar* (influenciar) os comportamentos futuros dos funcionários como um produto daquela atribuição.

> Atribuições pessoais *versus* atribuições situacionais

A avaliação sobre a funcionalidade resulta em várias explicações potenciais para o desempenho de um funcionário em determinada tarefa. Ela pode ser atribuída a uma capacidade alta ou baixa, a um esforço maior ou menor, a uma tarefa mais difícil ou mais fácil ou a uma sorte boa ou má.

FIGURA 6.6 Processo de Criar e Usar Atribuições

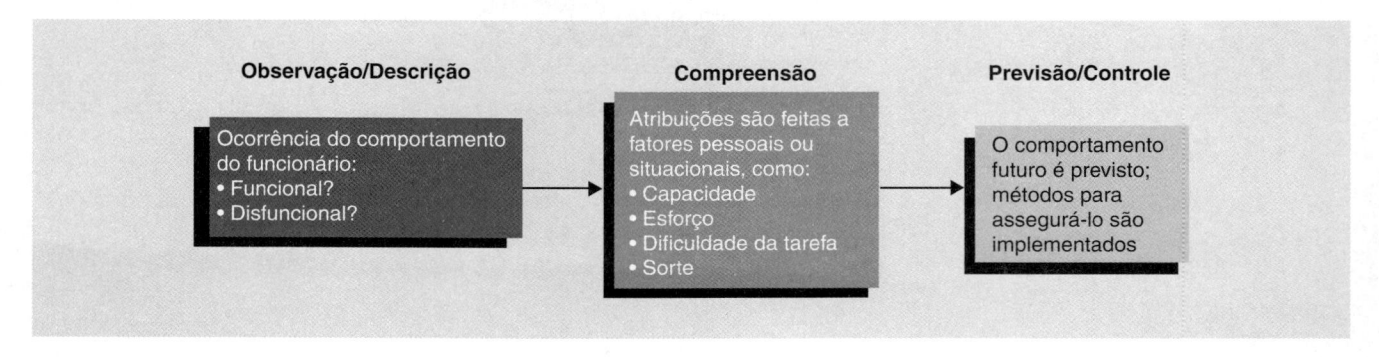

Observação/Descrição	Compreensão	Previsão/Controle
Ocorrência do comportamento do funcionário: • Funcional? • Disfuncional?	Atribuições são feitas a fatores pessoais ou situacionais, como: • Capacidade • Esforço • Dificuldade da tarefa • Sorte	O comportamento futuro é previsto; métodos para assegurá-lo são implementados

Capacidade e esforços são atribuições *pessoais*; eles tendem a ser apresentados como explicações quando há um julgamento de alta consistência, baixa distinção e baixo consenso. A dificuldade da tarefa e a sorte são atribuições *situacionais*; elas tendem a ser utilizadas como explicações quando o comportamento destaca-se como distintivo e diferente daquele dos demais indivíduos, embora também seja inconsistente. A seguir, encontra-se um exemplo de como o processo de atribuições pode ser utilizado:

> Após cada partida de futebol americano profissional, o técnico principal senta-se com seus ajudantes e dá uma nota para o desempenho de cada jogador. Os atletas jogaram melhor ou pior que o esperado? O jogador atuou melhor ou pior que seus companheiros de time? O jogador superou as expectativas em algumas tarefas e não em outras? Após avaliar a conduta do atleta, o treinador também deve determinar se a boa ou a má atuação foi o resultado de uma capacidade superior ou inferior, de um esforço maior ou menor, de um oponente mais ou menos experiente ou de uma sorte boa ou má (atribuições). Então, o técnico provavelmente distribuirá alguns elogios e feedbacks positivos para seus jogadores.

Como as atribuições são avaliações subjetivas, estamos interessados naquilo que afeta a escolha das explicações. Um importante fator é se estamos avaliando nosso próprio comportamento ou interpretando o comportamento de outra pessoa. Em geral, as pessoas tendem a exibir um **viés de autoproteção**, reclamando créditos indevidos por sucessos obtidos e minimizando suas próprias responsabilidades pelos problemas. Essa tendência é observada quando elas exageram a influência de fatores internos (traços pessoais), quando estão avaliando seus próprios êxitos e quando atribuem a causas externas (situacionais) a culpa por seus resultados mais fracos (Figura 6.7).

Viés de autoproteção

O padrão oposto — o **viés de atribuição fundamental** — é freqüentemente exibido quando estamos julgando os outros. As pessoas tendem a atribuir as conquistas dos outros à boa sorte ou a tarefas fáceis, e assumem que, em caso de insucesso, os outros falharam por não se esforçarem o bastante ou simplesmente por não possuírem as características pessoais apropriadas ou a capacidade geral. O processo de comparação interpessoal está operando, com cada parte tentando melhorar sua auto-imagem relativa por meio da manipulação de avaliações e atribuições. As tendências atributivas acentuam as diferenças de papéis existentes entre gerentes e funcionários, e essas distorções emergem claramente durante as avaliações gerenciais dos funcionários.

Viés de atribuição fundamental

Conjunto perceptual

Idéias Relacionadas As atribuições ilustram os efeitos do **conjunto perceptual**, ou seja, *as pessoas tendem a perceber o que elas esperam perceber*. A idéia relativamente passiva de um conjunto perceptual estende-se em direção ao comportamento dos indivíduos quando testemunhamos o poder da **profecia auto-realizável** ou efeito Pigmalião. A profecia auto-realizável sugere que as expectativas de um gerente em relação a um funcionário farão que o gerente o trate de modo diferente e que o funcionário responda a ele de uma forma que confirme as expectativas iniciais.[13] Se um supervisor, por exemplo, é informado de que um novo funcionário é competente, ele tem uma probabilidade maior não somente de perceber aquela competência, mas também de oferecer oportunidades para que o funcionário a demonstre no trabalho. O supervisor atribui, então, o desempenho bem-sucedido na realização da tarefa à capacidade do funcionário.

Profecia auto-realizável

FIGURA 6.7
Diferentes Atribuições para o Comportamento de um Funcionário

Nível de Desempenho do Funcionário	Percebido por	Provável Atribuição
Sucesso	Funcionário ⟶	Características pessoais (capacidade elevada ou grande esforço)
Sucesso	Gerente ⟶	Fatores situacionais (tarefas fáceis ou boa sorte)
Fracasso	Funcionário ⟶	Fatores situacionais (tarefas difíceis ou má sorte)
Fracasso	Gerente ⟶	Características pessoais (baixa capacidade ou pouco esforço)

Aplicações da Atribuição O modelo de atribuição pode ser facilmente integrado à discussão anterior (ver Capítulo 5) sobre outras abordagens para a motivação. As pessoas orientadas para a realização, por exemplo, podem alegar que suas conquistas são o resultado direto de seu nível alto de esforço. Embora as metas sejam mais motivadoras quando elas são desafiadoras, os funcionários as examinarão mais detalhadamente para determinar se são difíceis de serem alcançadas.

Em conjunção com o modelo da expectativa, um funcionário que falha em uma tarefa pode sentir que o ambiente da organização impede o sucesso e, então, pode reduzir seu nível futuro de esforço. Usuários do modelo de modificação de comportamento devem ter cuidado para considerar atentamente sua resposta a um desempenho bem-sucedido de um funcionário. Um gerente pode assumir que ele ocorreu em virtude da sorte ou de uma tarefa fácil, e reter a concessão do reconhecimento adequado. O funcionário, que acredita que o sucesso foi o resultado de capacidade ou esforço, pode experimentar um declínio na sua motivação por causa da ausência de recompensa.

Autoconfiança

Os gerentes se beneficiam de maior atenção acerca de seus processos atributivos e do modo como esses processos afetam seu comportamento em relação aos funcionários. Eles também poderiam buscar reforçar, entre seus subordinados, a crença de que o sucesso se deve aos esforços e a capacidades dos próprios trabalhadores (expectativas de esforço em relação ao desempenho), ao mesmo tempo em que desencorajam as atribuições dos funcionários que associam o fracasso a uma tarefa difícil ou à má sorte. Esse processo psicológico é conhecido como **efeito Galatéia**, segundo o qual as altas expectativas dos próprios funcionários levam ao desempenho elevado. O efeito Galatéia surge em decorrência das percepções dos funcionários sobre auto-eficácia na realização das tarefas, bem como do sentimento geral de autoconfiança. Os efeitos Pigmalião e Galatéia baseiam-se na crença subjacente de que os comportamentos das pessoas tendem a ser consistentes com as expectativas (quer sejam as do próprio indivíduo quer sejam as de outra pessoa).[14] Atribuições simples feitas pelos gerentes devem ser evitadas, uma vez que o comportamento do funcionário também é parcialmente determinado pela tarefa, pelo contexto social e pelo ambiente, conforme descrito no Capítulo 1.

Efeitos Gerenciais A condução de avaliações de desempenho também possui um impacto substancial sobre o avaliador. Do ponto de vista positivo, um sistema formal de avaliação encoraja os gerentes a pensar de maneira mais construtiva e analítica sobre seus funcionários. A exigência de uma entrevista pessoal estimula os gerentes a serem mais específicos no tocante à identificação das capacidades, dos interesses e das motivações de cada funcionário. Os gerentes freqüentemente começam a perceber que cada funcionário é verdadeiramente diferente e deve ser tratado como tal. Maior participação, por exemplo, pode ser mais apropriada quando um funcionário tem conhecimento, possui intensa necessidade de independência e já demonstrou um desempenho aceitável no passado.

Uma Questão Ética

Os gerentes normalmente são colocados diante de uma difícil situação de pressões conflitantes, sem nenhuma solução "perfeita" aparente. Considere um gerente atento do ponto de vista comportamental, por exemplo, que aceita a necessidade de dar feedback de desempenho para seus funcionários. Contudo, ao praticar as diretrizes para um feedback efetivo, o gerente descobre que os funcionários geralmente experimentam uma questão grave associada à manutenção das *aparências* — eles ouvem que seu desempenho real não é tão bom como acreditavam ser. Após ouvirem isso, alguns se tornam estóicos e quietos; outros choram; e alguns poucos se tornam abertamente irritados, hostis e verbalmente abusivos.

Após refletir sobre a situação, o gerente coloca a seguinte questão: "É ético para os gerentes compartilharem suas impressões mais honestas sobre a percepção dos funcionários, sob risco de ferir seus sentimentos?". O que *você* acha?

Na realidade, contudo, algumas vezes os gerentes evitam oferecer avaliações porque não desejam terminar um bom relacionamento mantido com o funcionário ao fornecer-lhe um feedback negativo. Os funcionários com desempenho baixo, os quais podem exigir monitoração e revisões mais freqüentes, são pessoas de trato particularmente mais difícil. Em outros casos, os gerentes simplesmente não enxergam a existência de quaisquer recompensas organizacionais em decorrência do processo de avaliação. Sem incentivos intrínsecos ou extrínsecos para realizar a tarefa, os gerentes podem negligenciá-la por completo, como mostra o exemplo a seguir:

> Gordy, funcionário de uma companhia concessionária de serviços públicos, declarou que, durante muitos anos, seu supervisor apenas lhe entregava um pedaço de papel dobrado com o salário do próximo ano escrito nele. A isso se resumia sua "avaliação de desempenho"! Só recentemente a empresa tornou-se preocupada com práticas eficazes de comportamento organizacional e começou a treinar e recompensar seus gerentes por avaliarem os funcionários. Agora, Gordy aproveita os benefícios de uma discussão aberta sobre seu desempenho e do estabelecimento conjunto de metas.

Mesmo quando as entrevistas de avaliação são conduzidas de modo eficaz pelos gerentes, as chances de elas produzirem mudanças no desempenho de longo prazo ainda são incertas. A avaliação age somente como uma fonte de feedback e recompensa psíquica, e os incentivos econômicos ainda são necessários para se obter motivação por parte dos funcionários. Várias abordagens sobre incentivos econômicos são descritas a seguir, com avaliações de suas vantagens e desvantagens.

SISTEMA DE INCENTIVOS ECONÔMICOS

Propósitos e Tipos

Muitas empresas de hoje, lutando por sua sobrevivência, têm direcionado sua atenção para um foco na **gestão de desempenho**. Isso deriva da crença de que o desempenho do funcionário pode ser administrado e melhorado, quer seja por meio do estabelecimento de metas, da definição de uma estrutura organizacional mais enxuta, de uma tecnologia mais aperfeiçoada, de novos arranjos nos cronogramas de trabalho, de maior envolvimento dos funcionários ou de maior motivação destes. Um componente da gestão de desempenho é o uso de vários sistemas de recompensas e incentivos para encorajar melhor produtividade.

Um **sistema de incentivos econômicos** de algum tipo pode ser aplicado a praticamente qualquer atividade. A idéia básica desses sistemas é induzir alto nível de desempenho individual, grupal ou organizacional, ao associarem a remuneração do funcionário a uma ou mais dessas dimensões. Objetivos adicionais também incluem a facilitação do processo de recrutamento e a retenção de bons funcionários; o estímulo de comportamentos de papéis desejáveis, como criatividade; o encorajamento do desenvolvimento de habilidades valorizadas; e a satisfação das necessidades principais dos funcionários. Os critérios para tais incentivos podem incluir o *output* do funcionário, o lucro da companhia, a redução de custos, o número de unidades comercializadas, o nível do serviço ao consumidor ou a proporção entre custos de mão-de-obra e o total de vendas. A avaliação de desempenho pode ser individual ou coletiva, e o pagamento pode ser imediato (por exemplo, recompensas em espécie) ou postergado, como em um programa de participação nos lucros e nos resultados.

A discussão dos incentivos econômicos centra-se em sua natureza geral, em seu propósito e em suas implicações comportamentais. Nem todos os tipos de incentivos ou detalhes sobre eles serão discutidos. Aqueles que foram selecionados para apresentação foram os incentivos salariais, que representam um incentivo individual amplamente utilizado, e a participação nos lucros e nos resultados, que são incentivos coletivos bastante populares. Sistemas de remuneração baseada nas habilidades estão crescendo em popularidade, especialmente em novas operações industriais. Os leitores são convidados a analisar a Figura 6.1 para verificar como os incentivos são combinados com outras partes da administração para compor um **programa de remuneração completo**.

Incentivos temporários também desempenham papel na compensação. Algumas vezes, eles oferecem a quantidade certa de motivação para produzir o aumento desejado no desempenho. Aqui está um exemplo:

> Um fabricante de equipamentos para negócios especializados experimentou uma queda significativa no volume de vendas de um de seus modelos. A queda foi tão severa que fez que a empresa programasse

o fechamento por um mês da linha de produção desse modelo durante a época do Natal. Seguindo a sugestão do gerente de vendas, a companhia ofereceu à sua equipe de vendas uma nota nova de US$ 10 para cada item desse modelo vendido durante o mês de dezembro. A oferta foi feita no contexto de uma oportunidade extra para um bônus natalino. A resposta foi tão boa que a linha de produção foi mantida em operação e alguns vendedores receberam mais de US$ 4 mil em bônus pagos em notas de US$ 10. Um bônus de US$ 4 mil correspondia a algo entre 10% e 20% da renda média anual de um vendedor.

Incentivos que Associam Remuneração ao Desempenho

Muitos tipos diferentes de recompensas variáveis associam a remuneração ao desempenho. Os mais significativos são apresentados na Figura 6.8. Talvez a medida mais popular seja a utilização do volume de *output* para determinar a remuneração, conforme ilustrado pela comissão sobre vendas ou **remuneração por peça**. Ele oferece uma conexão simples e direta entre desempenho e recompensa. Aqueles trabalhadores que produzirem mais serão mais bem recompensados. Normalmente, a remuneração é determinada por uma combinação entre quantidade e qualidade, com o objetivo de se garantir que a alta qualidade do produto ou serviço seja mantida. A remuneração por peça, por exemplo, é geralmente paga somente para as unidades que se encaixem nos padrões de qualidade.

Em outras situações, um bônus de incentivo é concedido somente aos funcionários que alcancem metas estabelecidas. Nesse caso, por exemplo, um bônus poderá ser oferecido para vendedores que realizarem a venda de 15 veículos em um mês, mas não haverá nenhum tipo de bônus para aqueles que venderem somente 14. As recompensas também poderão ser concedidas com base na obtenção de lucros, como em um programa de participação nos lucros. Outra medida é associar a remuneração à eficiência de custos. Um exemplo disso é a participação nos resultados, a ser discutida ainda neste capítulo. Os sistemas de remuneração baseados nas habilidades recompensam os indivíduos por suas competências. Independentemente do tipo de incentivo que seja usado, seu objetivo é associar uma parcela da remuneração do trabalhador a alguma medida de seu desempenho ou da organização.

Vantagens Os incentivos proporcionam diversas vantagens potenciais em relação aos funcionários. Uma vantagem importante é que *eles aumentam a crença dos trabalhadores (instrumentalidade) em que alguma forma de recompensa acompanhará o desempenho elevado*. Assumindo-se que o dinheiro possui alguma valência para o funcionário, a motivação, então, deverá aumentar.

Os incentivos também parecem favoráveis do ponto de vista da teoria da eqüidade. Aqueles que apresentam melhor desempenho serão mais bem recompensados. Esse tipo de equilíbrio ascendente da relação entre *inputs* e resultados é percebido como manifestação de eqüidade por muitas pessoas. Além disso, se o aumento da remuneração é um tipo valorizado de recompensa, então os sistemas de incentivos são favoráveis do ponto de vista da modificação de comportamento. Eles oferecem uma conseqüência desejável (remuneração) que deverá reforçar determinado comportamento. Recompensas, como comissões sobre vendas, normalmente são imediatas e freqüentes, o que é consistente com a filosofia da modificação de comportamento.

FIGURA 6.8
Principais Medidas de Incentivo para Associar a Remuneração ao Desempenho

Medida de Incentivo	Exemplo
Quantidade de *output*	Remuneração por peça, comissão sobre vendas
Qualidade de *output*	Remuneração por peça somente para peças que se encaixem nos padrões de qualidade; comissões pagas apenas sobre vendas que não acarretem perdas
Sucesso na obtenção das metas	Bônus pela venda de um número preestabelecido de itens durante um intervalo predeterminado
Montante de lucros	Participação nos lucros
Eficiência dos custos	Participação nos resultados
Habilidades dos funcionários	Remuneração baseada nas habilidades

Outra vantagem, do ponto de vista dos funcionários, é que os incentivos são comparativamente objetivos e verificáveis. Eles podem ser computados a partir do número de unidades, valores em dinheiro ou critérios objetivos similares. Quando comparada aos critérios subjetivos de avaliação de desempenho dos supervisores, a abordagem objetiva tende a encontrar maior aceitação entre os funcionários.

Dificuldades Com tantas condições favoráveis dando suporte aos incentivos, têm-se a sensação de que os funcionários saudarão quase todos os tipos de incentivos em virtude das recompensas que eles poderão trazer. Entretanto, dificuldades inerentes tendem a anular algumas das vantagens. A eqüidade potencial é compensada negativamente por outros acontecimentos que são percebidos como iniqüidades. Em termos de modificação de comportamento, certas condições desfavoráveis coexistem com as conseqüências favoráveis de uma remuneração mais elevada, de forma que elas tendem a reduzir as vantagens potenciais da remuneração por incentivos. Quando os trabalhadores executam suas análises de custos e benefícios, descobrem que seus custos pessoais aumentaram com as recompensas. O resultado pode ser uma leve alteração do ponto de equilíbrio, caso ele tenha, de fato, mudado. Os problemas adicionais causados pelo incentivo podem anular grande parte do ganho econômico esperado. Novos funcionários, por exemplo, podem ter dificuldade para aprender o funcionamento do sistema; outros funcionários com energia decrescente poderão experimentar queda na sua remuneração total; e alguns sindicatos poderão resistir à idéia do incentivo.

Avalie prós e contras

A organização também poderá experimentar problemas. O estabelecimento de uma base justa de remuneração por incentivo — uma que motive o desempenho mais elevado ao longo de um vasto espectro de funcionários, sem produzir os indesejados efeitos colaterais — é difícil. Alguns sistemas de incentivo também têm custo de monitoramento elevado, exigindo procedimentos extensivos de registro de informações. O pensamento-chave é que os *sistemas de incentivos produzem tanto conseqüências positivas quanto negativas para o funcionário*, conforme mostrado na Figura 6.9. Ambas devem ser avaliadas para que se determine a adequação de um sistema de incentivos. As conseqüências econômicas provavelmente serão positivas, mas a direção das conseqüências sociais e psicológicas é mais incerta.

Incentivos Salariais

Mais Remuneração por Mais Produção Basicamente, os **incentivos salariais**, que são uma forma de *remuneração por mérito*, proporcionam remuneração maior para um nível mais elevado de produção. A principal razão para o uso dos incentivos salariais é clara: eles quase sempre aumentam a produtividade ao mesmo tempo em que reduzem os custos trabalhistas por unidade produzida. Os trabalhadores em condições normais, sem o pagamento de incentivos salariais, possuem a capacidade de produzir mais, e os incentivos salariais representam uma forma de liberar esse potencial. O aumento da produtividade é freqüentemente substancial.

> Um exemplo é a Nucor, construtora e operadora de pequenas usinas metalúrgicas. A empresa paga bônus semanais, com base em uma medida da produção aceitável. Os grupos recebem, tipicamente, um bônus de mais de 100% de seu salário-base. Os índices de rotatividade, após o período de experiência, são tão baixos que a companhia nem se importa em medi-los.[15]

FIGURA 6.9
Vantagens e Desvantagens de Incentivos que Associam a Remuneração ao Desempenho

Vantagens	Desvantagens
• Fortalecer crenças de instrumentalidade	• Custos (tanto para o empregador quanto para o funcionário)
• Criar percepções de eqüidade	• Complexidade do sistema
• Reforçar comportamentos desejáveis	• Remuneração declinante ou variável
• Fornecer bases objetivas para recompensas	• Resistência sindical
	• Atraso no recebimento
	• Rigidez do sistema
	• Limitação de desempenho

144 Parte Dois *Motivação e Sistemas de Recompensa*

Critérios para os sistemas de incentivos

Para ser bem-sucedido, um sistema de incentivo salarial deve ser simples o bastante para que os funcionários acreditem muito que a recompensa acompanhará o desempenho. Se o plano for tão complexo que os trabalhadores apresentem dificuldades para associar o desempenho à recompensa, então é improvável que se desenvolva uma motivação mais elevada. Os objetivos, requisitos para elegibilidade, critérios de desempenho e sistemas de remuneração, todos eles devem ser estabelecidos e compreendidos pelos participantes.

Quando os sistemas de incentivo funcionam com sucesso, são avaliados favoravelmente pelos participantes, provavelmente por proporcionarem recompensas psicológicas e econômicas. Os funcionários obtêm satisfação a partir de um trabalho bem realizado, o que preenche seus impulsos de realização. Sua auto-imagem pode melhorar em virtude de um sentimento maior de competência. Eles podem até mesmo acreditar que estão dando uma contribuição para a sociedade ao ajudarem na tentativa de recuperar a posição de liderança de produtividade entre as nações. Alguns incentivos podem encorajar a cooperação entre os trabalhadores por causa da necessidade dos funcionários de trabalhar com outros funcionários para obter as recompensas de incentivo.

> O autor visitou uma pequena linha de montagem na área rural do estado de Illinois, nos Estados Unidos. Após outros trabalhadores realizarem uma variedade de tarefas preliminares, grupos de duas pessoas, trabalhando sob sistema de incentivo, instalavam diversos acessórios — dobradiças, ferragens, travas, elementos decorativos e pegadores — em grandes peças de mobiliário. A velocidade do trabalho da equipe que havia sido observada era quase inacreditável, pois os trabalhadores pareciam estar voando em torno de suas estações de trabalho. Sua interação produtiva se assemelhava em muito a um balé — a coreografia era perfeita e silenciosamente executada. Eles sempre pareciam saber não somente sua tarefa individual, mas também o que seu parceiro deveria fazer, com a necessidade de apenas um aceno eventual de cabeça entre eles. Eles haviam recebido uma remuneração justa por unidade produzida, possuíam as habilidades e ferramentas necessárias, e ambas as equipes desejavam receber uma remuneração maior. Como resultado, trabalhavam furiosamente por duas horas de cada vez, faziam as pausas para intervalo quando necessitavam delas e ainda recebiam mais remuneração de incentivo do que qualquer outra equipe na fábrica.

Dificuldades Incentivos salariais para produção oferecem um bom exemplo das dificuldades que podem surgir nos planos de incentivos, apesar de seus benefícios potenciais. A tarefa do administrador é tentar impedir ou reduzir esses problemas e, ao mesmo tempo, aumentar os benefícios, de forma que o plano de incentivos funcione de maneira mais eficaz.

Perturbação nos sistemas sociais

A dificuldade humana básica com relação aos incentivos salariais desse tipo é que *perturbações nos sistemas sociais podem produzir sentimentos de iniqüidade e insatisfação*. Algumas vezes, as perturbações são severas o bastante para fazer que os trabalhadores baseados em um regime de incentivos fiquem menos satisfeitos que os trabalhadores que recebem segundo um modelo fixo de remuneração por hora, ainda que aqueles sob o regime de incentivos estejam ganhando mais.

Para que qualquer plano de incentivo salarial seja bem-sucedido, ele necessita ser cuidadosamente coordenado com todo o sistema operacional. Se os funcionários tiverem de aguardar longos períodos para receber suas tarefas, então o incentivo perde seu apelo. Caso o incentivo tenha uma chance maior de provocar a substituição de trabalhadores, então a administração necessita de um plano para utilizá-lo em outros lugares para que a segurança do funcionário não fique ameaçada. Se os métodos de trabalho forem erráticos, eles deverão ser padronizados para que um nível adequado de recompensa seja estabelecido. Esse é um processo complexo, que poderá levar a muitas dificuldades:

Definição de pontuação

1. Incentivos salariais normalmente exigem a criação de padrões de desempenho. A **definição de pontuação** é o processo para se determinar o padrão de *output* esperado para cada atividade, o qual se torna o trabalho diário justo para os profissionais. Os indivíduos que definem essa pontuação são normalmente criticados, não somente porque um julgamento subjetivo está envolvido no processo, mas também pela crença de que eles representam causa de mudança e de criação de padrões de desempenho mais rigorosos.
2. Os incentivos salariais podem tornar o trabalho do supervisor mais complexo. Os supervisores devem estar familiarizados com o sistema para que possam explicá-lo aos seus funcionários. A quantidade de burocracia aumenta, resultando em maior chance de erro e em mais insatisfação por parte dos funcionários. Diferentes relacionamentos são combinados, o que passa a exigir dos supervisores a resolução das variadas expectativas da alta gerência, dos definidores

de pontuação, dos trabalhadores e dos sindicatos.

Pontuação "frouxa"

3. Um problema de difícil solução associado aos incentivos salariais de produção envolve **pontuações frouxas**. Uma pontuação é "frouxa" quando os funcionários são capazes de alcançar um *output*-padrão com um nível de esforço abaixo do normal. Quando a gerência ajusta a pontuação para um padrão mais elevado, os funcionários, de modo previsível, experimentam um sentimento de iniqüidade.

4. Os incentivos salariais podem causar desarmonia entre os trabalhadores sob o sistema de incentivos, ou de remuneração variável, e os trabalhadores sob o modelo de remuneração fixa. Quando os dois grupos realizam um trabalho em seqüência, os trabalhadores com remuneração fixa podem sentir-se discriminados por receberem salários mais baixos. Se os trabalhadores do sistema de incentivos aumentarem seus *outputs*, os trabalhadores com remuneração fixa, situados nos trechos subseqüentes do processo de produção, deverão trabalhar mais rapidamente para prevenir os gargalos. Os trabalhadores com remuneração variável recebem mais como conseqüência do aumento da produção, e os trabalhadores com remuneração fixa, não.

Os trabalhadores com remuneração fixa que se situam no trecho anterior do processo de produção podem, eventualmente, diminuir o ritmo de trabalho sem sofrer cortes em seus salários. Mas os ganhos dos trabalhadores com remuneração variável diminuem quando a produção é menor. O mesmo problema ocorre se um trabalhador com remuneração fixa falta e, por conseguinte, o fluxo de materiais para os trabalhadores com remuneração variável é reduzido. Conflitos desse tipo são tão difíceis de ser resolvidos que é melhor que a administração não misture os dois grupos em qualquer seqüência de produção diretamente integrada.

Restrições de *output*

5. Outra dificuldade com relação aos incentivos salariais é que eles podem resultar na **restrição de *output***, pela qual os trabalhadores limitam sua produção e, dessa forma, acabam com o propósito do incentivo. Esse fenômeno é causado por diversos fatores — inseguranças do grupo em torno do aumento dos padrões de produção, resistência à mudança por parte de organizações sociais informais e o fato de que as pessoas não se sentem confortáveis trabalhando continuamente no limite de suas capacidades.

Participação nos Lucros

Natureza e Méritos A **participação nos lucros** é um sistema que distribui aos funcionários uma parcela dos lucros do negócio, seja imediatamente (na forma de bônus em espécie), seja em uma data posterior (mantida em um fundo mútuo na forma de ações detidas pelos funcionários). O crescimento dos programas de participação dos lucros, nos Estados Unidos, tem sido estimulado pela legislação tributária federal que permite ao funcionário o adiamento no pagamento do imposto de renda sobre valores que são aplicados em fundos de pensão constituídos de participação nos lucros.

Interesse mútuo é enfatizado.

Os valores básicos de remuneração (salário-base), o aumento decorrente de incentivos por desempenho e a maior parte dos demais sistemas de incentivo reconhecem as diferenças individuais, enquanto a participação nos lucros reconhece os interesses *mútuos*. Os funcionários tornam-se interessados no sucesso econômico de seu empregador quando percebem que suas próprias recompensas são afetadas por isso. Um sentimento de trabalho em equipe mais elevado tende a desenvolver-se na organização.

Organizações menores, de setores mais competitivos, que demandam alto índice de comprometimento dos funcionários para produzir inovações tecnológicas ou criar novos produtos, são os melhores candidatos para os programas de participação nos lucros. Se as empresas forem bem-sucedidas, as recompensas serão grandes. Essa possibilidade constrói uma forte motivação entre os funcionários para terem uma visão geral do negócio e faz que a organização permaneça à frente de seus competidores.

A Andersen Corporation é uma companhia de mais de US$ 1 bilhão que fabrica diversos tipos de janelas para a indústria de construção civil. A companhia iniciou um programa de participação nos lucros em 1914 que cresceu desde essa época, acompanhando o sucesso da empresa. Em um ano recente, a companhia distribuiu mais de US$ 100 milhões para seus funcionários com seu plano de participação nos lucros. Esse bônus significou uma extraordinária compensação adicional média correspondente a 43 semanas extras de trabalho para cada funcionário.[16]

Em geral, a distribuição dos lucros tende a funcionar melhor em organizações mais lucrativas e de crescimento mais rápido, as quais oferecem mais oportunidades para a concessão de recompensas substanciais para os funcionários. Ela também funciona melhor, é claro, quando as condições econômicas gerais são favoráveis; e possui uma chance menor de ser útil em organizações estáveis e em declínio, com margens de lucro menores e mais competição. A distribuição dos lucros geralmente é bem recebida e entendida por gerentes e por pessoas em posições de alto nível porque suas decisões e ações têm probabilidade maior de produzir efeito significativo sobre os lucros da empresa. Visto que trabalhadores operacionais, especialmente em grandes empresas, têm mais dificuldade para associar suas ações individuais à lucratividade da companhia, a participação nos lucros pode, inicialmente, ter apelo menor para eles. Nas situações nas quais ela funcionou efetivamente, os gerentes haviam compartilhado abertamente relatórios financeiros com todos os níveis de trabalhadores, treinando ativamente os funcionários para que eles compreendessem os relatórios financeiros e instalando terminais de computadores nos locais de trabalho para acesso imediato a informações relevantes sempre que os funcionários necessitassem.

Dificuldades Mesmo nas situações em que a participação nos lucros pareça apropriada, pode haver algumas desvantagens:

Relacionamento indireto
1. Os lucros não são diretamente associados ao esforço de um funcionário no trabalho. Condições ruins de mercado podem anular os resultados do trabalho duro de um funcionário.

Atraso
2. Os funcionários devem aguardar suas recompensas, e essa postergação pode diminuir seu impacto.

Falta de previsibilidade
3. Uma vez que a expectativa dos lucros é de algum modo imprevisível, a renda total do trabalhador pode variar de um ano para outro. Alguns trabalhadores podem preferir a segurança de um salário ou forma de remuneração mais estável.

Ceticismo sindical
4. Alguns líderes sindicais têm-se mostrado historicamente contrários à idéia da participação nos lucros. Eles temem que isso diminua a fidelidade sindical, resulte em rendimentos totais variados entre as companhias e enfraqueça suas campanhas de filiação. Sindicatos mais progressistas, no entanto, saúdam a oportunidade para que seus membros participem dos lucros das empresas.

Participação nos Resultados

Outro incentivo em grupo que é útil para estimular o desempenho de equipes é a participação nos resultados, ou divisão de ganhos. Um **plano de participação nos resultados** estabelece uma base histórica do desempenho da organização, mensura melhorias e compartilha os resultados com os funcionários com base em alguma fórmula. Exemplos dos fatores de desempenho mensurados incluem: níveis de estoque, horas trabalhadas por unidade produzida, utilização de materiais e suprimentos e qualidade dos bens acabados.[17] O que se busca é identificar áreas que sejam controláveis pelos funcionários e dar-lhes um incentivo pela identificação e implementação de idéias que resultem em redução de custos, conforme demonstra o exemplo a seguir:

> Um exemplo de um plano de participação nos resultados é o utilizado pela companhia Turner Brothers Trucking — uma empresa que desmonta e remonta torres de perfuração, faz a manutenção de tubulações e opera grandes guindastes.[18] Para reduzir seus custos associados à responsabilidade civil e à compensação de funcionários, a companhia ofereceu US$ 50 a um grupo de funcionários para cada mês em que as perdas decorrentes de acidentes pessoais, danos infligidos às cargas e acidentes de trânsito fossem inferiores a US$ 300. Os resultados foram significativos: a relação entre os valores de participação nos resultados pagos aos funcionários e os valores previstos para o pagamento de despesas de segurança foi de 1:4 para os primeiros anos após a introdução do programa, e caiu ainda mais nos anos subseqüentes. Esse programa do tipo "ganha-ganha" demonstrou que os funcionários não somente poderiam controlar seu próprio histórico de segurança, mas também fazê-lo a um custo bastante modesto para a organização.

Base Comportamental Os planos de participação nos resultados utilizam diversas idéias fundamentais do comportamento organizacional e são muito mais que simples sistemas de remuneração. Eles encorajam as sugestões dos funcionários, oferecem incentivo para a coordenação e para o trabalho em equipe, e promovem a melhoria das comunicações. As relações entre a administração e os sindicatos normalmente melhoram, uma vez que o sindicato adquire *status*, porque assume a responsabilidade pelos benefícios adquiridos. As atitudes em direção à mudança tecnológica também melhoram, pois os trabalhadores estão cientes de que mais eficiência leva ao recebimento de bônus mais elevados. A participação nos resultados expande a compreensão dos funcionários, já que eles passam a enxergar um quadro mais amplo do sistema com sua participação em vez de confinarem sua perspectiva à estreita especialização de seu trabalho.

Fatores Contingenciais O sucesso da participação nos resultados depende de uma série de fatores-chave, como tamanho moderadamente reduzido das unidades de trabalho, base histórica suficiente de operações para permitir a criação de padrões, a existência de áreas de custo controláveis e a relativa estabilidade do negócio.

Adicionalmente, a administração deve ser receptiva em relação à participação dos funcionários, a organização deve estar disposta a partilhar os benefícios do aumento da produção com os funcionários e o sindicato deve ser favorável ao esforço cooperativo desse tipo. Os gerentes precisam mostrar-se receptivos às idéias e tolerantes em relação às críticas dos funcionários.

> Um programa de participação nos resultados substituiu o sistema de remuneração por peça na Tech Form Industries (TFI), uma pequena produtora (400 funcionários) de sistemas de escapamento para carros.[19] A companhia estava passando por sérios problemas externos associados à rejeição de produtos e à insatisfação de seus clientes; internamente, o estado das relações entre a administração e os trabalhadores estava bastante estremecido. Após o desenho e a implementação cuidadosa do novo programa, um estudo de acompanhamento realizado depois de dois anos revelou a diminuição de 83% na devolução de itens defeituosos, a queda de 50% nas horas de trabalho direto gastas com reparos e o índice de queixas 41% menor. A TFI, seus clientes e funcionários ficaram extremamente satisfeitos com os resultados.

Remuneração Baseada nas Habilidades

Em contraste com os salários (a quantia recebida por alguém para manter-se no trabalho) e com os incentivos salariais (valores pagos de acordo com o nível de desempenho), a **remuneração baseada nas habilidades** (também conhecida como *remuneração baseada em conhecimento* ou *remuneração de múltiplas habilidades*) recompensa indivíduos por aquilo que eles sabem fazer. Os funcionários são pagos pela amplitude, profundidade e tipos de habilidades nas quais eles demonstram competência.[20] Eles começam a trabalhar ganhando uma remuneração mínima e passam a receber aumentos por desenvolver habilidades relacionadas com suas funções primárias ou por aprender como desempenhar outros cargos dentro de sua unidade de trabalho. Algumas companhias oferecem aumentos para cada novo cargo aprendido; muitas outras exigem que os funcionários aprendam blocos de novas habilidades relacionadas a seu trabalho, que poderão levar vários anos para serem obtidas. Quantidades substanciais de treinamento deverão ser colocadas à disposição dos funcionários para que o sistema funcione, bem como deverão ser estabelecidos métodos para a determinação justa dos valores desses novos cargos e para a certificação do nível de habilidades dos funcionários. Alguns sistemas de remuneração baseados nas habilidades têm os supervisores como avaliadores do conhecimento e das habilidades de seus funcionários; outros permitem que equipes de trabalho avaliem o progresso de cada *trainee*.

Vantagens Embora os sistemas de remuneração baseados nas habilidades sejam muito novos, eles apresentam muitos pontos fortes potenciais. Eles proporcionam forte motivação para que os funcionários desenvolvam suas habilidades relacionadas ao trabalho, reforçam o sentimento de auto-estima dos funcionários e fornecem à organização uma força de trabalho altamente flexível que seria capaz de substituir indivíduos ausentes. Como os trabalhadores são submetidos a um rodízio entre cargos para aprender novas habilidades, o tédio deve ser reduzido, pelo menos temporariamente. O nível de satisfação com referência à remuneração também deve ser alto por duas razões. Primeiro, a remuneração fixa média recebida pelo funcionário (por possuir múltiplas habilidades) normalmente é maior que os valores que seriam pagos pela execução de uma única atividade, já que somente em um sistema perfeito todos os funcionários estariam utilizando suas maiores habilidades. Como resultado, alguns trabalhadores poderão até mesmo se sentir temporariamente pagos acima do esperado. Em segundo lugar, os trabalhadores devem perceber esse sistema como eqüitativo, tanto com relação à satisfação de seus custos e recompensas quanto com relação ao conhecimento de que todos os funcionários com as mesmas habilidades recebem a mesma remuneração.

Desvantagens A remuneração baseada nas habilidades apresenta várias desvantagens, e algumas empresas a abandonaram depois de experiências iniciais. Primeiro, como muitos funcionários vão voluntariamente aprender novas habilidades, a remuneração média paga deverá ser maior que a normal.

Conselhos para Futuros Gerentes

1. Procure estabelecer medidas precisas de desempenho e *faça que a conexão entre este e as recompensas seja clara para todos*.
2. *Ofereça recompensas que as pessoas valorizem*; se você não souber o que é valorizado por elas, pergunte.
3. *Deixe claro para os funcionários* como as recompensas monetárias da organização relacionam-se com as diversas necessidades e impulsos deles.
4. Certifique-se de que os funcionários acreditam que *as metas são possíveis de serem alcançadas se eles tiverem bom desempenho*.
5. Se você estiver tentando promover o trabalho em equipe, *ofereça recompensas baseadas no trabalho da equipe, e não recompensas individuais*.
6. Tenha consciência das *conseqüências não desejadas que estão associadas a qualquer sistema de recompensa* e tente minimizá-las.
7. *Utilize as vantagens dos sistemas de feedback de 360°* para proporcionar aos funcionários fontes amplas e ricas de feedback de desempenho.
8. *Monitore seu próprio comportamento,* e o de seus funcionários, para identificar *sinais de atribuições inadequadas* de comportamento durante as avaliações de desempenho.
9. Lembre-se de que oferecer feedback de desempenho pode ser ameaçador para alguns funcionários; *crie oportunidades para que eles possam "manter as aparências"*.
10. *Encoraje os funcionários a serem ávidos por feedback*; isso ajudará na abertura de um diálogo produtivo e contínuo com eles.

(Esse aumento de custos, contudo, deve ser mais que compensado por ganhos de produtividade.) Em segundo lugar, um investimento substancial em treinamento do funcionário deve ser feito, especialmente no tempo gasto no *coaching* realizado por supervisores e colegas. Em terceiro, nem todos os funcionários desejam o sistema de remuneração baseado nas habilidades, porque ele aumenta a pressão para a aquisição de novas habilidades. A insatisfação subseqüente pode levar a uma variedade de conseqüências, incluindo o aumento da rotatividade dos funcionários. Em quarto lugar, alguns funcionários poderão adquirir habilidades em áreas nas quais elas dificilmente serão utilizadas, fazendo que a organização lhes pague valores mais altos do que eles mereceriam do ponto de vista do desempenho.

A remuneração baseada nas habilidades, como outros programas de incentivo econômico, funciona melhor quando a cultura organizacional da empresa transmite, de forma geral, apoio e confiança. O sistema deve ser compreendido pelos funcionários; eles devem ter expectativas realistas sobre suas perspectivas de um nível salarial mais elevado; deve ser possível, para eles, aprender novas habilidades e ter essas novas habilidades imediatamente avaliadas; e deve haver alguns limites no tocante às habilidades que podem ser adquiridas pelos trabalhadores. Sob essas condições, o programa é consistente com os outros incentivos discutidos neste capítulo, pois ele associa a remuneração dos funcionários com o potencial para o aumento de desempenho.

Resumo

As recompensas econômicas proporcionam um valor econômico e social. Elas executam um papel-chave em diversos modelos motivacionais, misturando-se às abordagens da expectativa, da eqüidade, da modificação de comportamento e daquelas baseadas em necessidades. Os funcionários realizam uma comparação rudimentar entre custos e benefícios e trabalham em um nível próximo, embora abaixo, do ponto de equilíbrio.

A avaliação de desempenho oferece uma base sistemática para a avaliação das contribuições do funcionário, para o *coaching* para a melhoria do desempenho e para a distribuição de recompensas econômicas. A filosofia moderna da avaliação enfoca desempenho, objetivos, estabelecimento mútuo de metas e feedback. As abordagens mais novas de avaliação, como os sistemas de auto-avaliação e de feedback de 360°, oferecem perspectivas adicionais sobre o desempenho do funcionário e sugestões para melhoria. Ainda assim, a entrevista de avaliação pode ser difícil tanto para o gerente quanto para o funcionário.

Um fator significativo que produz confusão nas avaliações é a probabilidade de que uma ou mais partes estarão engajadas em atribuições inapropriadas. Elas correspondem à atribuição perceptual de causas alternativas ao comportamento de um indivíduo com base em preconceitos ou raciocínios equivocados; elas servem para causar dificuldades entre o gerente e o avaliado, a menos que sejam resolvidas por meio de uma análise cuidadosa.

A gestão de desempenho baseia-se, geralmente, nos sistemas de incentivo para oferecer diferentes valores de remuneração em relação a alguma medida de desempenho. Eles tendem a aumentar a expectativa do funcionário de que a recompensa acompanhará o desempenho, embora o atraso possa variar de uma semana a um ano. Os incentivos normalmente estimulam uma produtividade maior, mas também tendem a produzir algumas conseqüências negativas contrárias. Os incentivos salariais recompensam maior *output* obtido por indivíduos ou grupos, enquanto a participação nos lucros enfatiza o interesse mútuo entre funcionário e empregador para construir uma organização bem-sucedida. A participação nos resultados centra-se na melhoria de vários índices de desempenho da organização, enquanto a remuneração baseada nas habilidades recompensa os funcionários pela aquisição de níveis mais elevados ou de tipos diferentes de habilidades. Considerando-se que os funcionários possuem necessidades diferentes a serem satisfeitas, muitos tipos de programas de remuneração são necessários para a construção de um sistema completo de recompensas econômicas.

Termos e Conceitos para Revisão

Atribuição, *138*
Auto-avaliação, *136*
Avaliação de desempenho, *134*
Comparação entre custo e recompensa, *131*
Conjunto perceptual, *139*
Definição de pontuação, *144*
Efeito Galatéia, *140*
Entrevista de avaliação, *136*
Equal Pay Act (Estados Unidos) de 1963, *133*
Feedback de 360º, *137*
Feedback de desempenho, *137*
Gerenciamento por objetivos (MBO), *134*
Gestão de desempenho, *141*
Incentivos, *128*
Incentivos salariais, *143*
Participação nos lucros, *145*
Plano de participação nos resultados, *146*
Pontuações frouxas, *145*
Profecia auto-realizável, *139*
Programa de remuneração completo, *141*
Remuneração baseada nas habilidades, *147*
Remuneração por peça, *142*
Restrição de *output*, *145*
Sistemas de incentivos econômicos, *141*
Valor comparável, *134*
Viés de atribuição fundamental, *139*
Viés de autoproteção, *139*

Questões para Discussão

1. Explique como o dinheiro pode ser um meio de troca tanto econômico quanto social. No papel de estudante, como *você* usaria o dinheiro como um meio social de troca?
2. Pense em um emprego que você possua ou que tenha tido anteriormente.
   a. Discuta especificamente como o modelo da expectativa aplica-se (aplicou-se) à sua remuneração.
   b. Discuta como você se sente (sentiu-se) sobre a eqüidade de sua remuneração e porque se sente (sentiu-se) dessa forma.
   c. Elabore e explique um gráfico de comparação entre custos e benefícios para sua remuneração e esforço.
3. Lembre-se de uma ocasião na qual você tenha avaliado, formal ou informalmente, o nível de desempenho de alguém e o tenha julgado insuficiente segundo seus padrões. A que você atribuiu as razões para o desempenho inadequado? Você estava utilizando alguma tendência de atribuição? Como você poderia evitar agir dessa forma?
4. Assuma que, nos primeiros seis meses do seu primeiro trabalho, seu(sua) gerente solicite que você preencha um formulário de feedback para descrever os pontos fortes e fracos dele ou dela. Você se sentiria confortável em fazer isso? Agora, assuma que seu(sua) gerente lhe peça para utilizar o mesmo processo para obter feedback de seus colegas, gerente e clientes sobre você. Qual seria agora sua reação? Explique.
5. Quais são as principais medidas utilizadas para associar remuneração à produção? Quais delas foram utilizadas em seu último serviço? Discuta a eficácia da medida ou das medidas utilizadas.

6. Você utilizaria participação nos lucros, participação nos resultados, pagamento baseado nas habilidades ou incentivos salariais em algum dos cargos seguintes? Discuta suas escolhas em cada caso.
   a. Funcionário de uma pequena empresa de computadores em rápida expansão.
   b. Professor de uma escola pública.
   c. Funcionário de uma companhia de seguros processando pedidos de pagamento de seguros por causa da ocorrência de sinistros.
   d. Mecânico de uma pequena oficina de automóveis.
   e. Apanhador de pêssegos em uma fazenda.
   f. Operário da linha de produção de uma fábrica de calçados masculinos.
7. Reúna-se em pequenos grupos, cada um deles liderado por um membro que já tenha trabalhado com uma remuneração que incluísse uma comissão sobre as vendas. Discuta como a comissão relacionou-se às teorias da eqüidade e da expectativa, e relate os pontos principais da sua discussão para a sala toda.
8. Você já participou de uma situação de restrição de *output* no trabalho ou em algum curso acadêmico? Em caso afirmativo, discuta por que agiu dessa forma e quais foram as conseqüências.
9. "A remuneração baseada nas habilidades é um desperdício do dinheiro da companhia, pois estamos pagando por um desempenho *potencial* em vez de um desempenho *real*." Discuta essa afirmação.
10. Atribua uma nota para seu desempenho nesta aula com relação aos demais alunos. Qual é a porcentagem de alunos que você julga estar abaixo de seu desempenho? Agora, busque essa informação com seu instrutor e compare-a com a sua. Caso os dois números não sejam semelhantes, apresente várias explicações para isso.

Avalie suas Próprias Habilidades

Até que ponto você exibe boas habilidades relacionadas à recompensa e à avaliação de desempenho?

Leia as seguintes frases cuidadosamente. Faça um círculo ao redor do número na escala de respostas que reflita da melhor forma possível o grau com que cada afirmação mais bem o descreve. Some o total de pontos e prepare um breve plano de autodesenvolvimento. Esteja pronto para relatar seus resultados para que eles, juntamente com os resultados dos demais elementos do seu grupo, possam ser tabulados adequadamente.

	Boa descrição								Má descrição
1. Reconheço e compreendo os papéis que as pessoas executam em cada um dos modelos motivacionais.	10	9	8	7	6	5	4	3	2	1
2. Planejo administrar recompensas monetárias de forma contingencial, de modo a oferecer recompensas elevadas para um bom desempenho e recompensas bem menores para um desempenho mais fraco.	10	9	8	7	6	5	4	3	2	1
3. Reconheço a importância de ajudar os funcionários a compreender a necessidade de equilíbrio entre suas recompensas e suas contribuições.	10	9	8	7	6	5	4	3	2	1
4. Compreendo a necessidade de proporcionar aos funcionários oportunidades para recompensas intrínsecas e extrínsecas.	10	9	8	7	6	5	4	3	2	1

5. Sinto-me confortável com os cinco marcos da filosofia moderna de avaliação e irei utilizá-los nas minhas próprias avaliações dos funcionários.   10 9 8 7 6 5 4 3 2 1

6. Vislumbro a entrevista de avaliação de desempenho como uma oportunidade para muito mais do que simplesmente oferecer feedback aos funcionários.   10 9 8 7 6 5 4 3 2 1

7. Sentiria-me confortável ao receber feedbacks de todos os participantes em um processo de avaliação de 360º.   10 9 8 7 6 5 4 3 2 1

8. Poderia prontamente seguir as diretrizes para dar feedback de desempenho aos funcionários.   10 9 8 7 6 5 4 3 2 1

9. Posso facilmente enxergar como o viés de autoproteção de um funcionário poderia atrapalhar na auto-avaliação daquele indivíduo.   10 9 8 7 6 5 4 3 2 1

10. Compreendo o viés de atribuição fundamental e acredito que poderia evitá-lo de modo bem-sucedido.   10 9 8 7 6 5 4 3 2 1

Pontuação e Interpretação

Some o total de pontos obtidos nas dez questões. Registre aqui esse número e relate-o quando for solicitado: _____. Finalmente, insira o total de pontos no gráfico Avalie e Melhore suas Habilidades Associadas ao Comportamento Organizacional no Apêndice.

- Se você obteve um resultado entre 81 e 100 pontos, parece ter uma capacidade sólida para demonstrar boas habilidades relacionadas à recompensa e à avaliação de desempenho.
- Se você obteve um resultado entre 61 e 80 pontos, deveria analisar mais detidamente os itens nos quais obteve uma pontuação mais baixa e revisar o material relacionado a esses assuntos.
- Se você obteve um resultado abaixo de 60 pontos, deve estar ciente de que um baixo nível em habilidades relacionadas a diversos itens poderá ser prejudicial para o seu futuro sucesso como gerente. Sugerimos a você revisar o capítulo inteiro e permanecer atento com relação aos materiais relevantes que serão apresentados nos capítulos subseqüentes e em outras fontes.

Agora, identifique suas três pontuações mais baixas e escreva os números dessas questões aqui: _____, _____, _____. Faça um parágrafo curto detalhando para si mesmo um plano de ação para que você melhore cada uma dessas habilidades.

Estudo de Caso

O Plaza Grocery

Brad Holden era vice-presidente executivo do Plaza Grocery, uma rede de mercados de propriedade familiar em uma área metropolitana de tamanho médio. O problema que ele enfrentava referia-se aos balconistas e empacotadores das lojas. Apesar de pagar-lhes um salário próximo da média do mercado, ele tinha problemas para conseguir candidatos para as vagas. Pior ainda, muitos deles pareciam carecer de motivação ao serem contratados. Isso criou situações problemáticas de prateleiras vazias e de lentidão nas filas dos caixas.

Em uma tentativa para solucionar o problema, Brad encontrou-se com pequenos grupos de trabalhadores para ouvir suas idéias. Ele também consultou um especialista local sobre questões de compensação. Alguns trabalhadores disseram que gostariam de receber mais que o salário mínimo;

outros disseram que gostariam de um incentivo para trabalhar mais rapidamente; outros não fizeram nenhum comentário. O consultor recomendou que Brad pensasse em utilizar alguns sistemas de remuneração mais modernos.

Questões

1. Quais entre os grandes sistemas de incentivos discutidos neste capítulo têm a melhor chance de funcionar para Brad?
2. Podem dois ou mais sistemas de incentivos ser combinados, com uma probabilidade maior de sucesso? O que poderia ser obtido com uma combinação e quais seriam os custos envolvidos (tanto para o Plaza Grocery quanto para os funcionários)?
3. Na sua recomendação, quais teorias motivacionais você está utilizando de maneira mais específica?

Exercício Vivencial

Filosofia de Avaliação/Recompensa de Desempenho

1. Leia o seguinte conjunto de declarações sobre as pessoas e assinale seu grau de concordância ou discordância nas escalas de avaliação.

		Concordo plenamente				Discordo plenamente
a.	A maioria das pessoas não deseja eqüidade; elas querem ganhar mais que seus pares.	1	2	3	4	5
b.	Uma remuneração baseada nas habilidades não funcionará bem porque os funcionários aprenderão o mínimo necessário para obter uma boa avaliação e, depois, esquecerão tudo o que aprenderam.	1	2	3	4	5
c.	A maioria dos funcionários sente-se muito confortável com o *status quo* para querer dedicar mais esforço para o aprendizado de novas habilidades.	1	2	3	4	5
d.	A maioria dos funcionários não compreende o que é lucro e tampouco valoriza sua importância; dessa forma, os sistemas de distribuição de lucros estão fadados ao fracasso.	1	2	3	4	5
e.	Se forem solicitados a participar de um programa de feedback de 360° para avaliar seus próprios gerentes, muitos funcionários distorcerão suas avaliações de alguma forma em vez de serem honestos.	1	2	3	4	5
f.	A divisão entre a administração e os funcionários é tamanha que os sistemas de participação nos lucros e de participação nos resultados têm grande chance de falhar.	1	2	3	4	5
g.	Como as pessoas não desejam ouvir sobre seus pontos fracos e falhas, as entrevistas para a avaliação de desempenho não mudarão o comportamento dos funcionários.	1	2	3	4	5
h.	A idéia de que os funcionários avaliem os custos e as recompensas associados a cada comportamento é ridícula; eles simplesmente decidem se estão, ou não, dispostos a fazer algo e, então, o fazem ou não.	1	2	3	4	5

2. Reúna-se em pequenos grupos de discussão, tabele as respostas para cada questão (distribuição de freqüência e significado) e explore as razões para quaisquer discordâncias significativas entre as pontuações dentro do seu grupo.
3. Em seu grupo, desenvolva declarações alternativas para quaisquer itens que você atualmente não apóie (conceitos 3, 4 ou 5). Explique como suas novas declarações refletem seu conhecimento do comportamento humano adquirido mediante a leitura dos capítulos anteriores deste livro.

Produzindo Insights sobre CO

Um *insight* diz respeito a uma percepção nova e clara acerca de um fenômeno ou a uma capacidade adquirida para "enxergar" claramente algo sobre o qual você não estava ciente anteriormente. Ele, algumas vezes, simplesmente se refere a um "momento do tipo ah-há!", no qual você obtém uma pequena revelação ou atinge uma conclusão direta sobre um problema ou uma questão.

Os *insights* não precisam necessariamente ser dramáticos, uma vez que aquilo que pode ser considerado um *insight* por uma pessoa pode não o ser pelas demais. A característica fundamental dos *insights* é que eles são importantes e memoráveis para você; eles devem representar novos conhecimentos, novas estruturas ou novas perspectivas para perceber as coisas que você desejaria armazenar e lembrar ao longo do tempo.

Os *insights* são, portanto, diferentes do tipo de informação que você encontra nos textos da seção Conselhos para Futuros Gerentes. Esse formato de conselho é prescritivo e orientado para a ação; ele indica e recomenda determinado curso de ação.

Uma forma útil para pensar sobre os *insights* de CO é partir do princípio de que você foi a única pessoa que leu o Capítulo 6. Você recebeu a tarefa de ressaltar, utilizando suas próprias palavras, os conceitos principais (mas não somente resumir o capítulo todo) que poderiam ser relevantes para um público leigo, que nunca foi apresentado ao tema antes. *Quais são os dez* insights *que você compartilharia com esse público?*

1. (Exemplo) *A maioria dos funcionários deposita uma valência relativamente alta no dinheiro como uma recompensa tanto econômica quanto social.*
2. _____
3. _____
4. _____
5. _____
6. _____
7. _____
8. _____
9. _____
10. _____

Parte Três

Liderança e *Empowerment*

Capítulo Sete

Liderança

Uma liderança tirânica pode levar a um desempenho extraordinário e a efeitos humanos intoleráveis.
Hao Ma, Ranjan Karri e Kumar Chittipeddi[1]

Todos os grandes líderes possuem quatro características: princípios sólidos, orientação moral, visão e capacidade para formar um consenso.
John Brock[2]

OBJETIVOS DO CAPÍTULO

COMPREENDER

- A natureza da liderança e do adesismo.
- A diferença entre traços e comportamentos.
- Diferentes estilos de liderança.
- Abordagens tradicionais para a liderança.
- Abordagens contingenciais para a liderança.
- Substitutos para a liderança.
- A autoliderança e a superliderança.
- O *coaching* como um papel da liderança.

Al Dunlap foi CEO da Scott Paper Company por dois anos. Logo após ter sido selecionado para liderar a empresa, ele adquiriu o apelido de "Al Serra Elétrica", em razão do modo dramático como realizou cortes na organização e reduziu suas operações. No total, ele cortou 11 mil empregos, reduziu os gastos com pesquisa e desenvolvimento (P&D) em 50%, proibiu o envolvimento dos gerentes em projetos comunitários e eliminou todas as doações a instituições de caridade realizadas pela companhia. Sua rigidez e tenacidade estavam focadas em maximizar o valor do patrimônio dos acionistas. Os resultados foram o incremento no valor de comercialização das ações da Scott Paper de aproximadamente 225% e a bem-sucedida fusão com a Kimberly-Clark. A tentativa posterior de Dunlap de duplicar seu feito na Sunbeam foi desastrosa, ilustrando perfeitamente a lição apresentada na citação do início deste capítulo.

A NATUREZA DA LIDERANÇA

Liderança é o processo de influenciar e apoiar outras pessoas para que elas trabalhem entusiasticamente para a obtenção de determinados objetivos. Ela é o fator crítico que auxilia um indivíduo ou um grupo de indivíduos a identificar suas metas, para então motivá-los e ajudá-los na conquista dessas metas. Os três elementos mais importantes presentes na sua definição são influência/apoio, esforço voluntário e a conquista de metas. Sem a liderança, uma organização seria apenas uma confusão de pessoas e equipamentos, do mesmo modo que uma orquestra sem um maestro seria apenas um conjunto de músicos e instrumentos musicais. A orquestra e todas as outras organizações requerem liderança para desenvolver ao máximo seus preciosos ativos.

Catalisador

O processo de liderança é similar, do ponto de vista dos seus efeitos, aos segredos químicos que transformam uma lagarta em uma borboleta, com toda a beleza que fazia parte do potencial da lagarta. *Liderança é, dessa forma, um catalisador que transforma o potencial em realidade.* Esse papel, em geral, é dramaticamente visto em organizações gigantes, por exemplo, quando o CEO Jack Welch liderou a transformação da General Electric, de um gigante adormecido, em 1980, para uma máquina eficiente no século XXI. Também é igualmente importante em organizações menores como a Microsoft Corporation, que Bill Gates iniciou e conduziu ao patamar de proeminência mundial no desenvolvimento de softwares e de sistemas operacionais para microcomputadores. O exemplo inicial deste capítulo sobre os sucessos e fracassos de Al Dunlap ressalta o papel de catalisador desempenhado pelos líderes, ao mesmo tempo que demonstra o fato de que muitos estilos de liderança possuem um "lado obscuro" (por exemplo, a dificuldade em demitir trabalhadores e os perigos de um foco restrito em apenas um objetivo). Em todo caso, o teste final para a liderança é o grau segundo o qual ela identifica, desenvolve, canaliza e enriquece o potencial que já está presente em uma organização e em seus membros.

Neste capítulo será discutida a natureza da liderança — os comportamentos, os papéis e as habilidades que se combinam para formar diferentes estilos de liderança. As abordagens comportamentais são *descritivas*, oferecendo variedade de formas pelas quais as *ações* dos líderes normalmente se distinguem (por exemplo, os líderes podem ser positivos ou negativos, autocráticos ou participativos, orientados para os funcionários ou orientados para as tarefas). As abordagens contingenciais são mais *analíticas*, encorajando os gerentes a examinar a situação enfrentada e a selecionar um estilo de liderança que se *ajuste* melhor a ela. Concluímos o capítulo com a análise de algumas idéias mais novas, como os substitutos para liderança, a superliderança e o *coaching*.

Gestão e Liderança

A liderança é uma parte importante da gestão, mas ela não é tudo. *O papel primordial de um líder é influenciar os outros para que voluntariamente persigam os objetivos definidos* (preferencialmente com entusiasmo).[3] Os gerentes também planejam atividades, organizam as estruturas apropriadas e controlam os recursos. Os gerentes detêm posições formais, embora qualquer indivíduo possa utilizar sua influência informal para agir como um líder. Os gerentes obtêm resultados ao direcionarem as atividades dos outros, enquanto os líderes criam uma visão e inspiram os outros para que a realizem, fazendo que eles ultrapassem suas próprias competências normais. Como existe uma diferença entre gerenciamento e liderança, líderes fortes podem tornar-se maus gerentes se um planejamento inadequado fizer que os membros de seu grupo se movimentem na direção errada. Embora eles possam fazer que seus grupos continuem operando, simplesmente não conseguem que isso seja feito de modo a servir da melhor forma possível os objetivos da organização.

Outras combinações também são possíveis. Um indivíduo pode ser um líder fraco e ainda assim ser um gerente eficaz, especialmente se estiver gerenciando um grupo de pessoas que possua uma compreensão clara acerca de suas atividades e uma forte motivação para o trabalho. Esse conjunto de circunstâncias é menos provável e, dessa forma, espera-se que bons gerentes tenham alta capacidade de liderança, entre outras habilidades. Felizmente, a capacidade de liderança pode ser adquirida por meio da observação atenta de modelos (outros líderes) eficazes, participação em treinamento gerencial e aprendizagem a partir de experiências no trabalho.[4]

Os Traços dos Líderes Eficazes

As pessoas têm-se preocupado com a natureza da liderança desde os primórdios da história. As primeiras pesquisas realizadas buscavam identificar os **traços** — características físicas, intelectuais ou de personalidade — que distinguiam os líderes dos não-líderes, ou entre líderes bem-sucedidos e malsucedidos. Muitos fatores cognitivos e psicológicos, como inteligência, ambição e pujança, foram estudados. Outros pesquisadores examinaram características físicas, como peso, altura, formato corporal e atratividade pessoal. Muitas corporações ainda hoje utilizam o controverso teste de personalidade indicador de tipos de Myers-Briggs, baseado no trabalho do psicólogo Carl Jung, para rotular os gerentes em quatro dimensões — extrovertidos ou introvertidos (E ou I, do inglês, *extroverts* ou *introverts*), possuidores de bom senso ou intuitivos (S ou N, do inglês, *sensers* ou *intuitors*), racionais ou emocionais (T ou F, do inglês, *thinkers* ou *feelers*) e julgadores ou perceptivos (J ou P, do inglês, *judges* ou *perceivers*). Claramente, o interesse e a especulação persistem em torno das características que fazem um bom líder.

A tipologia Myers-Briggs

Traços positivos

A pesquisa atual sobre os traços de liderança sugere que alguns fatores realmente ajudam a distinguir os líderes dos não-líderes (ver Figura 7.1).[5] Os traços mais importantes (primários) são: elevado nível de força de vontade (motivação) pessoal, o desejo de liderar, a integridade pessoal e a autoconfiança. A capacidade cognitiva (analítica), o conhecimento dos negócios, o carisma, a criatividade, a flexibilidade e o calor humano também são fatores freqüentemente desejados, mas, de modo geral, são percebidos como secundários com relação à sua importância.

Uma conclusão importante sobre esses traços de liderança é que eles *não garantem*, necessariamente, uma liderança bem-sucedida. Eles são vistos mais especificamente como competências ou recursos pessoais que podem ou não ser desenvolvidos e utilizados. Muitas pessoas têm competência para serem líderes eficazes, porém algumas optam por não demonstrar os traços que possuem. Outros podem ter os traços necessários e o desejo de utilizá-los, no entanto, a oportunidade para fazê-lo pode não surgir nunca. Uma questão final sobre liderança refere-se à possibilidade de a liderança ser adquirida ou aprimorada com o passar do tempo, caso alguém tenha aspirações de tê-la.

FIGURA 7.1
Traços de Liderança

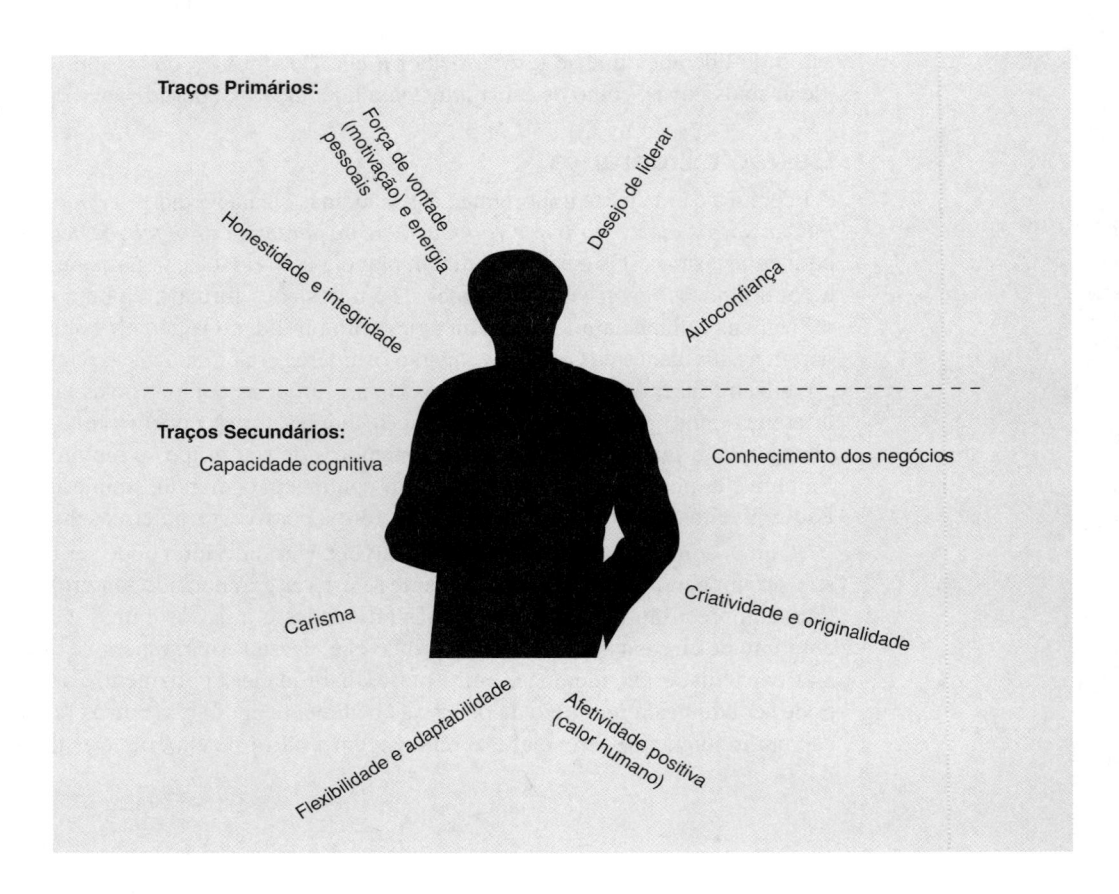

Traços Primários:
- Força de vontade (motivação) e energia pessoais
- Desejo de liderar
- Honestidade e integridade
- Autoconfiança

Traços Secundários:
- Capacidade cognitiva
- Conhecimento dos negócios
- Carisma
- Criatividade e originalidade
- Flexibilidade e adaptabilidade
- Afetividade positiva (calor humano)

Embora alguns traços possam ser difíceis de acumular no curto prazo, outros (como a autoconfiança e o conhecimento dos negócios) podem ser desenvolvidos por estudantes dedicados.

> Alguns líderes exibem traços que podem, no entanto, ser disfuncionais para o desempenho de suas unidades e para o seu sucesso pessoal. Um traço negativo comum é o **narcisismo**, com o qual os líderes tornam-se excessivamente convencidos da própria importância, exageram suas próprias conquistas, buscam favores especiais e exploram os outros para benefício pessoal. A menos que seja cuidadosamente controlado, o narcisismo, na melhor das hipóteses, leva à decepção consigo mesmo; na pior, produz líderes que são perigosamente autoconfiantes, indivíduos em busca de poder que querem desesperadamente alimentar seus próprios egos. Isso os leva a desconsiderar os direitos das outras pessoas, a ignorar a importância da empatia e a falhar no respeito dos sentimentos de seus subordinados.

Comportamento de Liderança

Grande parte das pesquisas já realizadas teve seu foco na identificação dos *comportamentos* de liderança. Dessa perspectiva, uma liderança bem-sucedida depende mais dos comportamentos, habilidades e ações apropriados, e menos dos traços pessoais. A diferença é similar àquela existente na física entre a energia potencial e a energia cinética: um tipo (os traços) fornece o potencial básico, e o outro (o comportamento, as habilidades e as ações) representa a liberação e a expressão bem-sucedidas desses traços, de modo muito semelhante ao da energia cinética. Tal distinção é significativa, uma vez que os comportamentos e as habilidades podem ser aprendidos e modificados, ao passo que muitos traços são relativamente fixos no curto prazo. Os três tipos mais gerais de habilidades de liderança que os líderes utilizam são: as habilidades técnicas, as habilidades humanas e as habilidades conceituais. Embora essas habilidades estejam inter-relacionadas na prática, para efeito de estudo elas podem ser consideradas separadamente.

Habilidade Técnica A **habilidade técnica** refere-se ao conhecimento e à capacidade de uma pessoa com relação a qualquer tipo de processo ou técnica. Alguns exemplos são as habilidades aprendidas por contadores, engenheiros, digitadores e fabricantes de ferramentas. Uma habilidade técnica é o elemento diferenciador do desempenho no trabalho nos níveis operacional e profissional, mas, à medida que os funcionários são promovidos a posições de liderança, suas habilidades técnicas tornam-se proporcionalmente menos importantes, conforme mostrado na Figura 7.2. Como gerentes, eles dependem cada vez mais das habilidades técnicas de seus subordinados; em muitos casos, eles nunca haviam exercitado nenhuma das habilidades técnicas que passaram a supervisionar.

FIGURA 7.2
Variações no Uso das Habilidades de Liderança em Diferentes Níveis Organizacionais

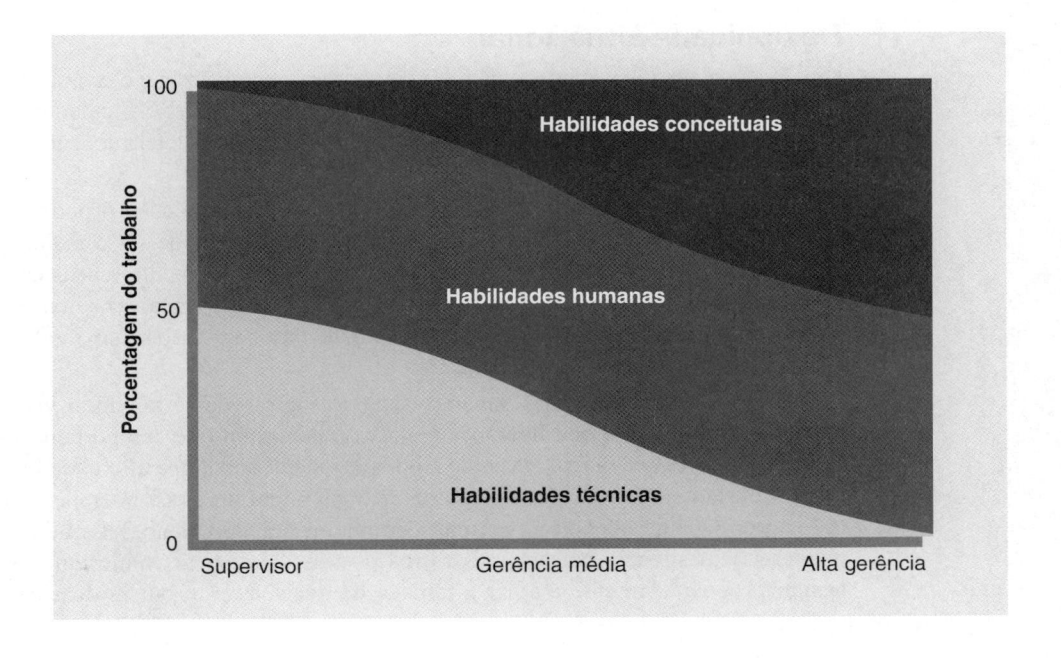

Uma Questão Ética

Líderes são necessários; e os bons líderes são valorizados por suas organizações. Eles motivam suas forças de trabalho com visões convincentes sobre o futuro, guiam suas empresas em crises difíceis, criam culturas corporativas de apoio e aumentam o patrimônio de seus acionistas. Quando o desempenho é positivo, os líderes são reverenciados. Mas quanto eles valem?

Muitos CEOs são ricamente recompensados, recebendo milhões de dólares por ano na forma de salários, bônus e opções de ações. Isso pode ser estressante para alguns observadores, que acreditam que esses líderes tornam-se ricos à custa dos outros funcionários. A relação entre as maiores remunerações para os CEOs e aquelas dadas a trabalhadores médios tem aumentado acentuadamente nas últimas décadas, nos Estados Unidos, de um patamar de 20:1 para seu ponto atual de 300:1. Durante um período no qual a remuneração média dos trabalhadores permaneceu relativamente estável, seria ético utilizar os recursos corporativos para pagar somas cada vez maiores para os CEOs, ao mesmo tempo que o hiato salarial existente entre eles e seus trabalhadores cresce? O que você acha?

Habilidade Humana A **habilidade humana** é a capacidade para trabalhar de forma eficaz com as pessoas e desenvolver o trabalho em equipe. Ela envolve ampla variedade de comportamentos — a energização de indivíduos, o oferecimento de feedback, o *coaching*, a atenção, a demonstração de empatia e a sensibilidade, e a demonstração de compaixão e o apoio com as pessoas necessitadas. Uma pesquisa do instituto Gallup mostrou que a maioria dos trabalhadores considerou "possuir um chefe que se preocupe com os funcionários" como algo mais importante que o recebimento de recompensas monetárias e de benefícios adicionais.[6]

Nenhum líder em qualquer nível organizacional escapa da exigência de habilidades humanas eficazes. Isso representa uma parte importante da liderança que será discutida ao longo de todo o livro. A ausência de habilidades humanas tem provocado a queda de muitos gerentes e CEOs.

Habilidade Conceitual A **habilidade conceitual** é a capacidade de pensar em termos de modelos, estruturas e relações amplas, como os planejamentos de longo prazo. Ela se torna cada vez mais significativa à medida que consideramos os cargos gerenciais hierarquicamente mais importantes. As habilidades conceituais lidam com idéias, enquanto as habilidades humanas referem-se às pessoas e as habilidades técnicas dizem respeito às coisas.

A análise das habilidades de liderança ajuda a explicar por que excelentes chefes de departamento tornam-se, às vezes, maus vice-presidentes. Eles podem não estar utilizando a mistura adequada das habilidades exigidas para os trabalhos de nível superior, particularmente, habilidades conceituais adicionais.

Flexibilidade Situacional

Uma liderança bem-sucedida requer um comportamento que reúna e estimule seguidores na direção de objetivos definidos em situações específicas. Todos os três elementos — líder, seguidores e situação — são variáveis que se afetam mutuamente na determinação do comportamento de liderança adequado.

> Três elementos a serem considerados

A liderança é claramente situacional. Em uma situação, a ação A pode ser o melhor conjunto de atos de liderança, mas, na próxima situação, a ação B pode ser a melhor opção. Tentar fazer que todos os líderes se ajustem a um padrão fixo suprimirá as diferenças criativas e resultará em ineficiência, uma vez que muitas peças quadradas tentarão encaixar-se em orifícios circulares. A liderança é uma parte de um sistema complexo, de forma que não há um modo simples de responder à seguinte questão: o que faz um líder?

Algumas vezes, os líderes devem resistir à tentação de se tornarem visíveis em determinada situação. Embora uma boa liderança envolva um conjunto de comportamentos, ela não deve ser confundida com a mera realização de atividade quando nenhuma atividade for necessária. A pujança e a constante interação com os outros não garantem uma boa liderança. Em certas ocasiões, a ação apropriada de liderança é permanecer em um segundo plano, retirando as pressões do grupo; manter-se em silêncio para que os outros possam falar; ficar calmo em tempos de turbulência; hesitar propositadamente e adiar a tomada de decisões. Em outras ocasiões, um líder deve ser mais decisivo, direcionador e controlador. A tarefa principal de um líder é *reconhecer diferentes situações e adaptar-se a elas de forma consciente.*

Adesismo (*Followership*)

Com poucas exceções, os líderes das organizações também são seguidores (liderados). Eles quase sempre prestam contas a alguém. Mesmo o presidente de uma empresa pública ou de uma organização sem fins lucrativos deve reportar-se a um conselho de diretores. Os líderes devem ser capazes de desempenhar os dois papéis, relacionando-se de maneira eficaz tanto de modo ascendente quanto descendente. E, da mesma forma que os líderes devem *oferecer alguma coisa* para seus superiores e funcionários, eles *precisam da validação* das autoridades superiores, assim como do apoio de seus seguidores.

Nas organizações formais com diversos níveis hierárquicos, a capacidade para seguir alguém (subordinação dinâmica) é um dos primeiros requisitos para uma boa liderança. Ser um seguidor eficaz é uma oportunidade para o teste de futuros líderes, uma ocasião em que os funcionários são diretamente monitorados para se verificar se eles exibem potencial para a liderança. Um desempenho habilidoso nos papéis atuais abre as portas para futuras oportunidades de liderança. Por outro lado, muitas pessoas falham em seus cargos não como resultado de quaisquer carências de habilidades, mas pela ausência de habilidades para atuar como um seguidor. Essas habilidades ajudam os funcionários a darem suporte a seus líderes atuais e a serem subordinados eficazes.

Comportamentos relacionados ao adesismo (followership)

Os comportamentos relacionados ao **adesismo (*followership*)** incluem:

- Não competir com o líder para estar no centro das atenções.
- Ser leal e oferecer apoio, ser um jogador com espírito de equipe.
- Não se tornar uma "pessoa que sempre diz sim", que concorda automaticamente com tudo.
- Agir como o "advogado do diabo", mediante a formulação de questões profundas.
- Confrontar construtivamente as idéias, os valores e as ações do líder.
- Antecipar potenciais problemas e preveni-los.

Bons seguidores, então, precisam ser bem-sucedidos em seus próprios cargos, ao mesmo tempo que ajudam seus gerentes a serem bem-sucedidos nas posições deles. Simultaneamente, subordinados eficazes também podem preparar-se para promoções, por meio do desenvolvimento de suas habilidades conceituais e de liderança. De forma similar, bons líderes nunca devem se esquecer de como é estar na linha de frente dos negócios. Muitos líderes eficazes lembram a si mesmos da importância de seus papéis como seguidores ao visitarem periodicamente suas lojas, trabalhando um turno na fábrica ou realizando outras atividades para ficar em contato com os funcionários do primeiro nível de operações.

ABORDAGENS COMPORTAMENTAIS PARA O ESTILO DE LIDERANÇA

O padrão total das ações explícitas e implícitas dos líderes conforme visto pelos funcionários é chamado **estilo de liderança**. Ele representa uma combinação consistente de filosofia, habilidades, traços e atitudes que é exibida no comportamento de uma pessoa. Cada estilo também reflete, implícita ou explicitamente, as crenças de um gerente com relação às competências de um subordinado (Teoria X ou Teoria Y, tópicos discutidos no Capítulo 2). Conforme enfatizado ao longo de todo este livro, as *percepções* dos funcionários sobre os estilos de liderança são os elementos que realmente importam para eles. Os funcionários não respondem somente ao que os líderes pensam, fazem e dizem, mas também àquilo que eles *percebem* que seus líderes são. A liderança está verdadeiramente nos olhos de quem a vê.

Esta seção discute uma variedade de estilos que se distinguem com base na motivação, no poder ou na orientação em direção às tarefas e às pessoas. Muitas classificações diferentes de estilos de liderança têm sido propostas e, posteriormente, consideradas úteis. As mais simples delas são baseadas em uma dimensão simples; outras enfocam duas ou mais formas de distinguir entre estilos. Embora cada estilo seja normalmente utilizado em combinação com outros estilos, ou até mesmo aplicado diferentemente entre os vários funcionários, os estilos de classificação serão discutidos separadamente, de modo a se ressaltar os contrastes existentes entre eles. Em geral, os esquemas

O Que os Gerentes Estão Lendo

O professor Bob Quinn sugere que os líderes normalmente ajam a partir de seu estado *normal*, utilizando comportamentos que já haviam funcionado para eles no passado, bem como imitando o estilo de outras pessoas que foram bem-sucedidas. As crises, contudo, desafiam os gerentes para que se ergam em direção a novos patamares e demonstrem seu *estilo fundamental* de liderança. Isso envolve as seguintes transformações:

1. Deixar de estar centrado no conforto para tornar-se centrado nos resultados.
2. Substituir o direcionamento externo pelo direcionamento interno.
3. Abandonar a postura autofocada para transformar-se em um indivíduo focado nas outras pessoas.
4. Transformar-se de uma pessoa fechada em uma pessoa aberta.

Quando os líderes entram em seu estado fundamental, eles se tornam mais conscientes, autênticos, revitalizados e capazes de transformar os outros. As práticas freqüentemente utilizadas por líderes fundamentais incluem ação reflexiva, envolvimento autêntico, um questionamento que demonstre consideração, visão realista e amor justo.

Fonte: QUINN, Robert E. *Building the Bridge as You Walk On It*: a Guide for Leading Change. São Francisco: Jossey-Bass, 2004.

---

mais antigos de classificação utilizavam uma abordagem universalista, na medida em que buscavam identificar aquele único melhor estilo de liderança. Contudo, esse objetivo posteriormente mostrou-se impossível de ser alcançado.

Líderes Positivos e Negativos

Recompensas ou penalidades?

Os líderes abordam as pessoas para motivá-las de diversas formas. Se a abordagem enfatizar as recompensas — econômicas ou de qualquer outra natureza —, o líder usa *liderança positiva*. A melhoria na educação dos funcionários, maiores demandas por autonomia e outros fatores tornaram uma motivação satisfatória dos funcionários mais dependente da liderança positiva.

Se a ênfase for colocada em ameaças, medo, grosseria e penalidades, o líder estará aplicando uma *liderança negativa*. Essa abordagem pode obter desempenho aceitável de curto prazo em muitas situações, mas possui custos humanos muito elevados. Os líderes negativos agem ostentando sua dominação e superioridade em relação às pessoas. Para fazer que o trabalho seja realizado, eles adotam com seu pessoal penalidades como a perda do emprego, a advertência na presença de outras pessoas e alguns dias de suspensão de pagamento. Eles demonstram autoridade na falsa crença de que ela possa assustar a todos de modo que se tornem produtivos. Eles são mais chefes que líderes.

Existe um contínuo para os estilos de liderança, variando de um pólo altamente positivo para outro altamente negativo. Praticamente todos os gerentes utilizam uma mistura de estilos positivos e negativos em algum ponto dessa linha, contudo, um estilo dominante destaca-se no interior do grupo. O estilo relaciona-se ao modelo de comportamento organizacional utilizado pelo indivíduo. O modelo autocrático tende a produzir um estilo negativo; o modelo protecionista é, de algum modo, positivo; e os modelos apoiador, colegiado e sistêmico são claramente positivos. *Uma liderança positiva geralmente produz nível de satisfação profissional e desempenho mais elevados.*

Líderes Autocráticos, Consultivos e Participativos

Os estilos e o uso do poder

A forma como um líder utiliza o poder também estabelece um tipo de estilo. Cada estilo — autocrático, consultivo e participativo — tem seus benefícios e limitações. Um líder normalmente usa os três estilos durante certo período, porém um estilo tende a ser o dominante em relação aos demais. Um exemplo disso é uma supervisora de fábrica que geralmente é autocrática, mas participativa na determinação da escala de férias e consultiva na seleção do representante do departamento para o comitê de segurança.

Os **líderes autocráticos** centralizam em si mesmos o poder e a tomada de decisões. Eles estruturam toda a situação de trabalho para seus funcionários, que deverão apenas fazer o que lhes for solicitado e não pensar de modo autônomo. Os líderes exercem toda a autoridade e assumem completa responsabilidade por seus atos. A liderança autocrática é tipicamente negativa, baseada em ameaças e punições, mas também pode parecer positiva, conforme demonstrado pelo *autocrata benevolente* que decide recompensar alguns de seus funcionários.

Algumas vantagens da liderança autocrática decorrem do fato de que normalmente ela é satisfatória para os líderes, permite decisões rápidas, possibilita a utilização de subordinados menos competentes e proporciona segurança e estrutura para os funcionários. A principal desvantagem é que muitos funcionários a reprovam, especialmente se ela for extremada o suficiente para criar medo e frustração. Além disso, ela raramente produz o grau de comprometimento organizacional, entre os funcionários, necessário para a obtenção de índices de rotatividade a absenteísmo baixos. O estilo de liderança de Al Dunlap, descrito no início deste capítulo, era claramente autocrático.

Os **líderes consultivos** abordam um ou mais funcionários e pedem a eles que apresentem suas contribuições antes de tomarem as decisões. Esses líderes podem, dessa forma, escolher utilizar ou ignorar as informações e os conselhos recebidos. Caso haja uma percepção de que as contribuições são utilizadas, os funcionários têm maiores chances de sentir um impacto positivo; caso as contribuições sejam continuamente rejeitadas, os funcionários provavelmente sentirão como se seu tempo estivesse sendo desperdiçado.

Os **líderes participativos** claramente descentralizam autoridade. As decisões participativas não são unilaterais, ao contrário do que ocorre com a liderança autocrática, pois eles *utilizam* as contribuições e a participação de seus seguidores. O líder e o grupo agem como uma unidade social. Os funcionários são informados sobre as condições que afetam seus trabalhos, bem como são estimulados a expressar suas idéias, apresentar sugestões e *agir*. A tendência geral encaminha-se para o uso mais amplo das práticas participativas porque elas são consistentes com os modelos de comportamento organizacional apoiador, colegiado e sistêmico. Em virtude da sua importância e da sua utilização cada vez mais difundida, a gestão participativa será detalhadamente discutida no próximo capítulo.

A Utilização da Consideração e da Estrutura pelo Líder

A **consideração** e a **estrutura**, também conhecidos como *orientação para o funcionário* e *orientação para a tarefa*, são dois diferentes estilos de liderança utilizados com os funcionário. Os líderes que demonstram consideração estão preocupados com as necessidades humanas de seus funcionários. Eles tentam construir o espírito de trabalho em equipe, oferecem apoio psicológico e auxiliam os funcionários com seus problemas pessoais. Líderes que se baseiam na estrutura, orientados para as tarefas, por outro lado, acreditam que podem obter resultados ao manterem as pessoas constantemente ocupadas, ignorando problemas e emoções pessoais e encorajando-as a produzir.

Consideração e estrutura, de alguma forma, parecem ser mutuamente independentes, e não deveriam necessariamente ser vistas como pólos opostos de um contínuo. Um gerente pode ter as duas orientações em graus variados. *Os gerentes mais bem-sucedidos são aqueles que combinam quantidades relativamente altas de consideração e estrutura, dispondo de um pouco mais de ênfase para a consideração.*[7]

As primeiras pesquisas sobre consideração e estrutura foram feitas na University of Michigan e na Ohio State University. Em diversos tipos de ambiente, como em fábricas de veículos utilitários, construção de estradas e escritórios de companhias seguradoras, o líder com mais foco na consideração demonstrou ter conseguido obter níveis de satisfação e produtividade um pouco mais elevados. Estudos subseqüentes confirmam essa tendência geral e relatam efeitos colaterais benéficos, por exemplo, índices de queixas menores, rotatividade mais baixa e grau de estresse reduzido no interior do grupo.[8] Contrariamente, a ocorrência de estresse, rotatividade e de outros tipos de problemas possuía probabilidade maior de incidência nos casos em que o gerente havia sido incapaz de demonstrar consideração.

O *Grid* Gerencial de Blake e Mouton

Robert R. Blake e Jane S. Mouton desenvolveram o **grid gerencial** como uma ferramenta para identificação do estilo próprio de um gerente.[9] O *grid* baseia-se nas dimensões do estilo de liderança

FIGURA 7.3 O *Grid* Gerencial

Fonte: BLAKE, Robert R.; MOUTON, Jane S. Managerial Facades. *Advanced Management Journal*, jul. 1966, p. 31, copyright. Utilizado com permissão.

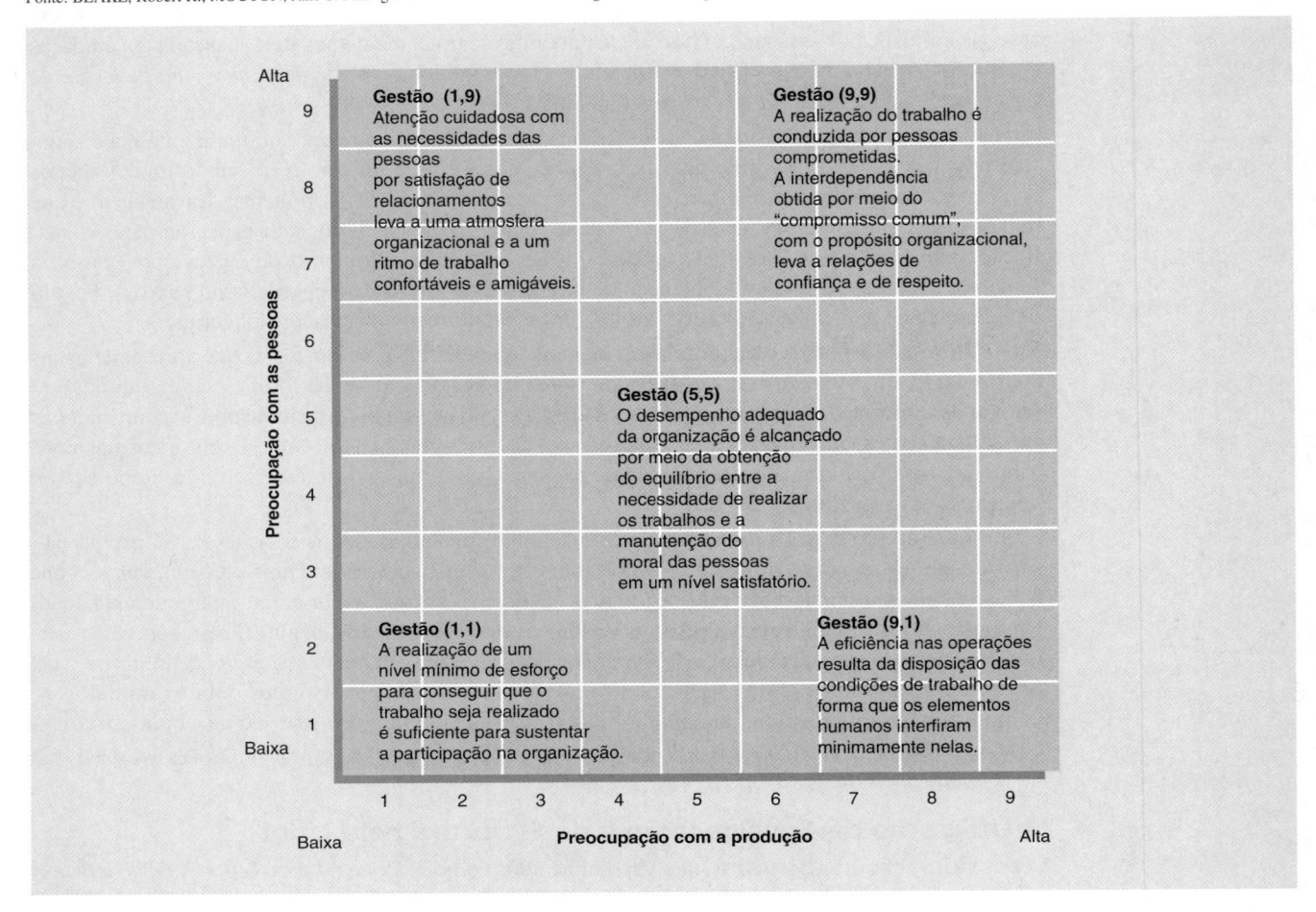

Preocupação com as pessoas (eixo vertical, Baixa 1 a Alta 9)
Preocupação com a produção (eixo horizontal, Baixa 1 a Alta 9)

Gestão (1,9) — Atenção cuidadosa com as necessidades das pessoas por satisfação de relacionamentos leva a uma atmosfera organizacional e a um ritmo de trabalho confortáveis e amigáveis.

Gestão (9,9) — A realização do trabalho é conduzida por pessoas comprometidas. A interdependência obtida por meio do "compromisso comum", com o propósito organizacional, leva a relações de confiança e de respeito.

Gestão (5,5) — O desempenho adequado da organização é alcançado por meio da obtenção do equilíbrio entre a necessidade de realizar os trabalhos e a manutenção do moral das pessoas em um nível satisfatório.

Gestão (1,1) — A realização de um nível mínimo de esforço para conseguir que o trabalho seja realizado é suficiente para sustentar a participação na organização.

Gestão (9,1) — A eficiência nas operações resulta da disposição das condições de trabalho de forma que os elementos humanos interfiram minimamente nelas.

> O estilo (9,9) deve ser o preferido.

referentes à preocupação com as pessoas e à preocupação com a produção, que essencialmente espelham as dimensões de consideração e de estrutura discutidas anteriormente. O *grid* deixa clara, em duas escalas de 9 pontos, a forma como as duas dimensões estão relacionadas (ver Figura 7.3). Ele também estabelece uma linguagem e uma estrutura uniformes para a comunicação sobre os estilos de liderança. Os líderes que estão na posição (1,9) do *grid*, por exemplo, possuem nível elevado de preocupação com as pessoas, mas sua preocupação com a produção é tão baixa que o *output* é tipicamente baixo. Eles são os chamados "líderes de clubes de campo". Por outro lado, os líderes que estão na posição (9,1) do *grid* são exageradamente preocupados com a produção, em detrimento das necessidades de seus funcionários. Os líderes da posição (9,1) tendem a ser chefes autoritários.

Um líder na posição (1,1) não enfatiza adequadamente nenhuma das duas dimensões e, previsivelmente, deverá falhar. Um equilíbrio mais desejável entre as duas dimensões situa-se entre as posições (5,5) e (9,9) — cujo último valor é tido por Blake e Mouton como o estilo mais eficaz. O *grid* também pode auxiliar os indivíduos a identificar não somente seu estilo de liderança primário, mas também seu estilo de *backup*. Esse estilo de *backup* é aquele que os gerentes tendem a utilizar quando o uso de seu estilo habitual não leva à obtenção dos resultados desejados. Geralmente, os gerentes tendem a ser mais autocráticos e preocupados com a produção quando o uso de seu estilo primário não é bem-sucedido.

> Sally, gerente que tinha uma equipe de sete supervisores subordinados a ela, via a si mesma como uma gerente (9,9). Quando entrevistada, ela declarou que havia insistentemente tentado demonstrar apoio para sua equipe, ao incluí-la nas principais decisões e mantê-la informada sobre os eventos atuais da organização. Ela também expressou grande preocupação acerca da necessidade de conquistar suas

metas e permanecer dentro dos seus limites orçamentários. Contudo, os funcionários de Sally a enxergavam de modo diferente. Eles relataram que em todas as ocasiões nas quais a questionavam ou discordavam dela, ela imediatamente mudava para seu estilo de *backup*, que eles avaliavam como (8,2). Ela se tornava fisicamente rígida e emocionalmente não-receptiva a seus *inputs* e os desafiava a "parar de pensar apenas em si mesmos e a se preocupar mais com o resultado final". Qual é o estilo real de liderança de Sally — (9,9) ou (8,2)?

Modelos como o *grid* gerencial têm sido muito úteis para ressaltar as múltiplas dimensões da liderança, fazendo que os gerentes pensem e falem sobre seus estilos e estimulando tanto o debate como a realização de mais estudos sobre a liderança. Juntas, as abordagens tradicionais para os estilos de liderança serviram como um trampolim para modelos mais novos, que serão discutidos na próxima seção.

ABORDAGENS CONTINGENCIAIS PARA O ESTILO DE LIDERANÇA

O estilo de liderança positiva, participativa e cordial nem sempre é o melhor estilo para se usar. Em algumas ocasiões, há exceções, e a necessidade fundamental para os líderes é identificar *quando* um estilo diferente deve ser usado. Diversos modelos têm sido desenvolvidos para explicar essas exceções e eles são chamados *modelos contingenciais*. Tais modelos afirmam que o estilo de liderança mais apropriado depende de uma análise da natureza da situação que está sendo enfrentada pelo líder. Os fatores principais da situação precisam ser primeiro identificados. Quando combinados com evidências científicas, esses fatores indicarão qual estilo deverá ser mais eficaz sob condições específicas. Quatro modelos contingenciais dessa natureza serão brevemente examinados.

O Modelo Contingencial de Fiedler

Um **modelo contingencial** de liderança antigo, mas freqüentemente considerado controverso, foi desenvolvido por Fred Fiedler e seus associados.[10] Esse modelo baseia-se na distinção, apresentada anteriormente, entre a orientação para a tarefa e a orientação para o funcionário, e sugere que o estilo mais apropriado de liderança depende de a situação geral mostrar-se favorável, desfavorável ou em estágio intermediário de favorecimento com relação ao líder. Conforme a situação varia, as exigências para a liderança também mudam.

Três variáveis situacionais

Fiedler demonstra que a eficácia de um líder é determinada pelo modo como ocorre a interação entre a orientação para o funcionário e três variáveis situacionais, que se relacionam com os seguidores, com a tarefa e com a organização. Elas são as relações entre o líder e os membros da equipe, a estrutura da tarefa e o poder posicional do líder. As **relações entre o líder e membros da equipe** são determinadas pela maneira como o líder é aceito pelo grupo. Se houver, por exemplo, atrito entre o grupo e o líder, rejeição do líder e obediência relutante às ordens, então, as relações entre o líder e os membros estão em um nível baixo. A **estrutura da tarefa** reflete o grau segundo o qual uma maneira específica é exigida para a realização do trabalho. O **poder posicional do líder** descreve o poder organizacional que decorre da posição ocupada pelo líder. Alguns exemplos disso são: o poder de contratar e demitir, os símbolos de *status* e o poder de conceder aumentos na remuneração e promoções.

A relação entre essas variáveis é mostrada na Figura 7.4. A dimensão orientação para o funcionário, alta e baixa, é apresentada na escala vertical. Várias combinações das três outras variáveis estão dispostas na escala horizontal, variando das condições mais favoráveis ao líder até aquelas menos favoráveis. Cada ponto no gráfico representa os dados de um projeto de pesquisa específico. O gráfico demonstra claramente que um gerente cordial e orientado para o funcionário é mais bem-sucedido nas situações que possuem um grau de favorecimento intermediário para o líder (o meio do gráfico). Nos extremos do gráfico, que representam condições tanto muito quanto pouco favoráveis ao líder, um líder estruturado, orientado para a tarefa, parece ser mais eficaz. Por exemplo, os membros da equipe de uma linha de montagem de uma fábrica de automóveis possuem uma tarefa estruturada e um supervisor com forte poder posicional. Se as relações entre o líder e os membros forem positivas, a situação será favorável para os líderes orientados para tarefas que possam utilizar seus pontos fortes. De maneira similar, um líder estruturado é mais eficaz em uma posição de pouco poder, baixa rigidez na estrutura da tarefa e relações ruins entre líder e membros. Entretanto,

FIGURA 7.4 Resultados de Pesquisas Aplicados ao Modelo Contingencial de Liderança de Fiedler

Fonte: Adaptado de FIEDLER, Fred. *A Theory of Leadership Effectiveness*. McGraw-Hill Book Company, 1967, p. 146. Utilizado com permissão da McGraw-Hill Book Company.

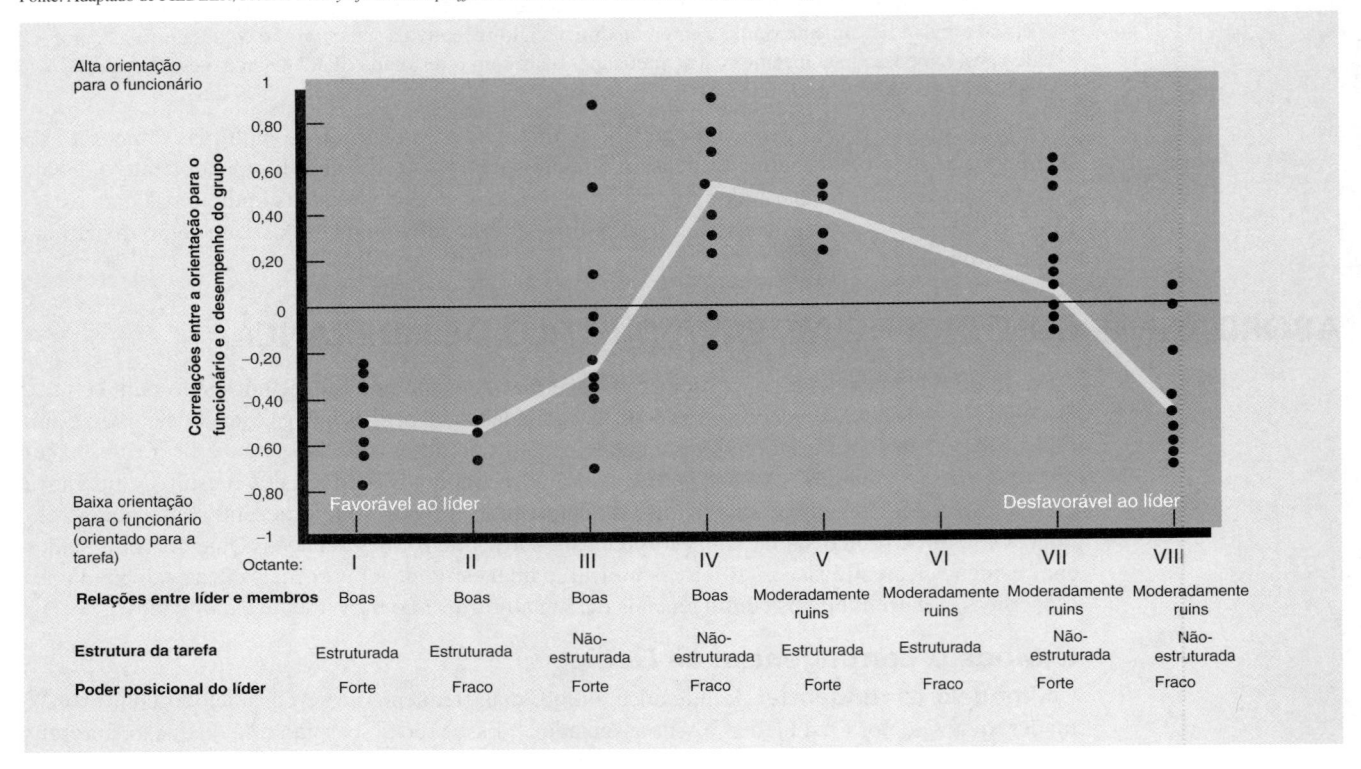

Octante:	I	II	III	IV	V	VI	VII	VIII
Relações entre líder e membros	Boas	Boas	Boas	Boas	Moderadamente ruins	Moderadamente ruins	Moderadamente ruins	Moderadamente ruins
Estrutura da tarefa	Estruturada	Estruturada	Não-estruturada	Não-estruturada	Estruturada	Estruturada	Não-estruturada	Não-estruturada
Poder posicional do líder	Forte	Fraco	Forte	Fraco	Forte	Fraco	Forte	Fraco

em condições intermediárias de favorecimento, o líder cordial geralmente é o mais eficaz; e estas situações são as mais freqüentes nos grupos de trabalho.

As conclusões do modelo de Fiedler podem ser explicadas da seguinte maneira. Em situações altamente não-estruturadas, a estrutura e o controle do líder são vistos como eliminadores da ambigüidade indesejada e da ansiedade decorrente dela, de modo que uma abordagem estruturada pode, de fato, ser preferida pelos funcionários. Nas situações em que as tarefas são excessivamente rotineiras e o líder possui boas relações com os funcionários, eles poderão enxergar a orientação para a tarefa como apoiadora para o seu desempenho no trabalho (limpando o caminho). O amplo espaço intermediário remanescente exige que melhores relações entre líder e membros sejam estabelecidas, de forma que um líder mais cordial e orientado para o funcionário seja eficaz.

Apesar das críticas, o modelo contingencial de Fiedler tem desempenhado seja papel significativo no encorajamento de discussões sobre os estilos de liderança e na geração de diretrizes úteis. Os gerentes, por exemplo, são estimulados a:

- Examinar sua situação — as pessoas, a tarefa e a organização.
- Ser flexíveis na utilização de várias habilidades dentro de um estilo geral.
- Considerar a modificação de elementos de seus trabalhos para obter uma combinação mais apropriada ao seu estilo preferido.

Modelo de Liderança Situacional de Hersey e Blanchard

Outra abordagem contingencial, o **modelo de liderança situacional** (ou ciclo de vida), desenvolvido por Paul Hersey e Kenneth Blanchard, sugere que o fator mais relevante na escolha do estilo de um líder é o nível de desenvolvimento (maturidade) de um subordinado.[11] O **nível de desenvolvimento** é a combinação, especificamente relacionada às tarefas, da competência dos funcionários para a realização de uma atividade e de sua motivação para executá-la (comprometimento). Os gerentes avaliam o nível de desenvolvimento de um funcionário por meio do exame do seu nível de conhecimento, habilidade e capacidade, bem como do seu desejo de assumir responsabilidades e a capacidade desse indivíduo em agir independentemente. Os funcionários normalmente

Competência e comprometimento decorrem do nível de desenvolvimento

FIGURA 7.5
Recomendações do Modelo de Liderança Situacional para Estilos de Liderança Apropriados a Serem Utilizados em cada uma das Quatro Combinações de Capacidades (Competência) e Disposição (Comprometimento) dos Funcionários

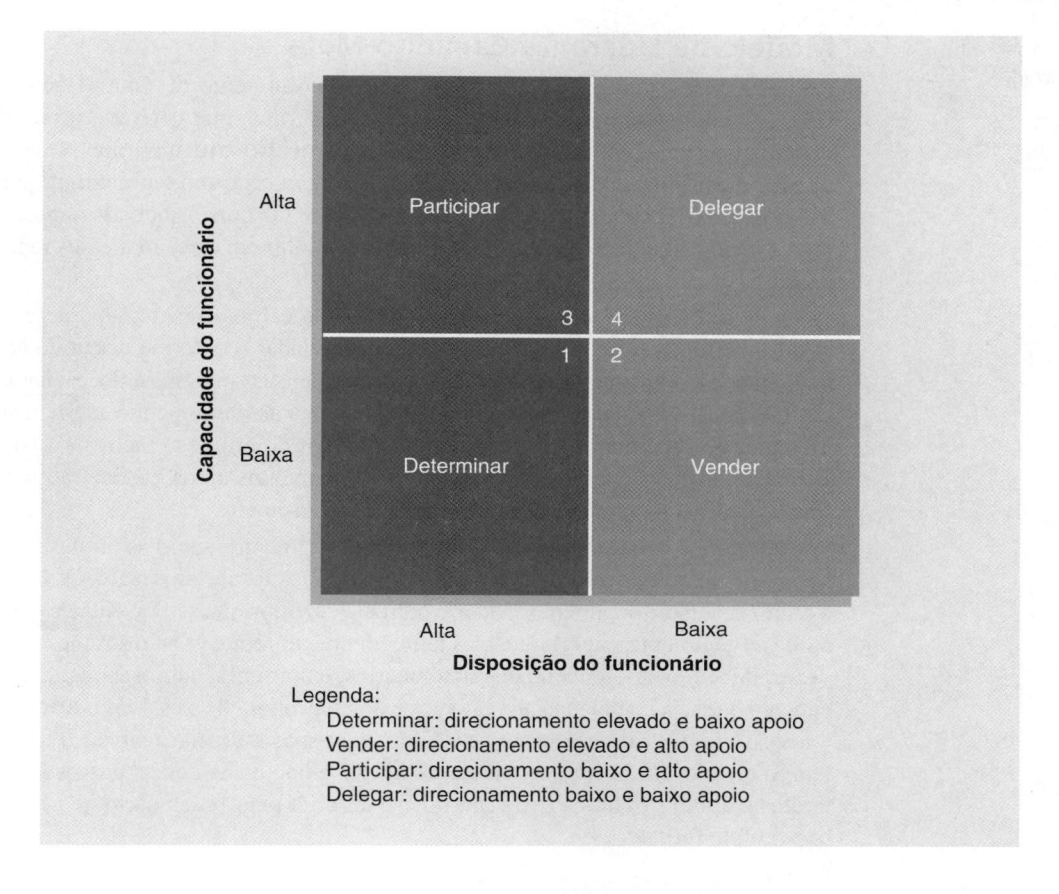

	Disposição do funcionário	
Capacidade do funcionário	Alta	Baixa
Alta	Participar (3)	Delegar (4)
Baixa	Determinar (1)	Vender (2)

Legenda:
Determinar: direcionamento elevado e baixo apoio
Vender: direcionamento elevado e alto apoio
Participar: direcionamento baixo e alto apoio
Delegar: direcionamento baixo e baixo apoio

(de acordo com as suposições da Teoria Y) se tornam mais desenvolvidos em uma tarefa à medida que recebam a orientação adequada, ganhem experiência profissional e enxerguem as recompensas associadas ao comportamento cooperativo. Tanto a *competência* para executar determinada tarefa quanto o *comprometimento* em realizá-la podem variar entre os funcionários; portanto, os níveis de desenvolvimento exigem respostas distintas dos líderes.

Quatro estilos para quatro níveis.

Hersey e Blanchard utilizam uma combinação de diretrizes de orientação e apoio (também denominadas tarefa e relacionamento) para criar quatro estilos principais — determinar, vender (*coaching*), participar (dar suporte) e delegar. Eles são combinados aos níveis de desenvolvimento dos funcionários (ver 1-4 na Figura 7.5), sugerindo que o estilo de liderança de um gerente não deve apenas variar de acordo com a situação, mas também evoluir ao longo do tempo em direção a um estilo de delegar. O modelo é simples, intuitivamente atraente e acentua um importante fator contingencial (as competências *individuais* do funcionário com relação a uma tarefa específica) que às vezes é desprezado. Contudo, ele ignora vários outros elementos críticos que determinam o estilo de liderança, ao mesmo tempo que não possui uma base científica amplamente aceita.[12] Apesar dessas limitações, esse modelo alcançou uma popularidade considerável e despertou em muitos gerentes a idéia de abordagens contingenciais para o estilo de liderança. Aqui está um exemplo de aplicação do modelo de liderança situacional:

> Duas funcionárias, chamadas Cindi e Mary, foram contratadas pela mesma companhia para realizar atividades similares. Embora elas possuíssem históricos educacionais comparáveis, Cindi tinha muito mais experiência profissional relevante que Mary. Ao aplicar o modelo de liderança situacional, seu supervisor identificou Mary como moderadamente baixa em termos de desenvolvimento ("disposta, porém não totalmente capaz para desempenhar suas atividades"), enquanto Cindi foi avaliada como possuidora de um nível de desenvolvimento moderadamente elevado ("completamente capaz, mas carente de certa confiança para realizar suas atividades"). Após essa análise, o supervisor decidiu tratá-las de forma diferente durante seus primeiros meses no trabalho, adotando uma atitude de "vender (*coaching*)" com Mary e de "participar" com Cindi. Aproximadamente dois anos depois, o supervisor foi capaz de utilizar diferentes estilos com cada uma delas, "participando" com Mary e "delegando" com Cindi, uma vez que ambas haviam adquirido habilidades adicionais e autoconfiança.

Dois papéis são enfatizados.

Modelo de Liderança Caminho-Meta

Robert House e outros aprofundaram o desenvolvimento de uma visão caminho-meta de liderança, inicialmente apresentada por Martin G. Evans, que derivava do modelo motivacional de expectativa (ver Capítulo 5).[13] A **liderança caminho-meta** afirma que o trabalho de um líder é utilizar a estrutura, o apoio e as recompensas para criar um ambiente de trabalho que auxilie os funcionários a alcançar as metas da organização. Os dois principais papéis envolvidos são: criar uma orientação para as metas e melhorar o caminho em direção a essas metas, de forma que elas possam ser atingidas.

A Figura 7.6 apresenta o processo do modelo caminho-meta. Os líderes identificam as necessidades do funcionário, oferecem as metas apropriadas (conforme discutido no Capítulo 5) e, então, associam o cumprimento das metas às recompensas, por meio do esclarecimento das relações entre expectativa e instrumentalidade. As barreiras ao desempenho são removidas e a orientação é oferecida ao funcionário. Os resultados esperados do processo incluem a satisfação profissional, a aceitação do líder e maior motivação. Esses elementos ainda produzirão resultados adicionais na forma de desempenho eficaz e do cumprimento das metas.

Os líderes precisam proporcionar um equilíbrio entre apoio às tarefas e apoio psicológico para seus funcionários, conforme sugeriria a lógica. Eles fornecem **apoio às tarefas** quando auxiliam a reunir recursos, orçamento, poder e outros elementos que são essenciais para a realização dos trabalhos. Igualmente importante, eles também podem remover as restrições ambientais que, algumas vezes, inibem o desempenho dos funcionários, exibir influência ascendente e proporcionar reconhecimento que seja contingencial a esforços e desempenhos eficazes. Mas o **apoio psicológico** também é necessário. Os líderes devem estimular as pessoas a desejar realizar o trabalho delas, ao mesmo tempo que devem ocupar-se das necessidades emocionais dessas pessoas. A combinação apoio às tarefas e apoio psicológico em um líder é descrita pelo funcionário de uma companhia telefônica da seguinte forma:[14]

> Há um supervisor aqui na área oeste que é a síntese de um líder. A razão para isso? Ele se importa. Ele se importa com as pessoas (apoio psicológico) e com a realização do trabalho da forma correta (apoio às tarefas). Seu entusiasmo é real, espontâneo e bem contagiante. Seus funcionários querem trabalhar para ele e também desejam aprender com ele.
>
> Tudo isso flui por duas razões básicas: ele sabe o que está dizendo e trata seus subordinados como seres humanos racionais que têm capacidade de realizar o trabalho. E ele espera que eles façam isso.

FIGURA 7.6
O Processo de Liderança Caminho-Meta

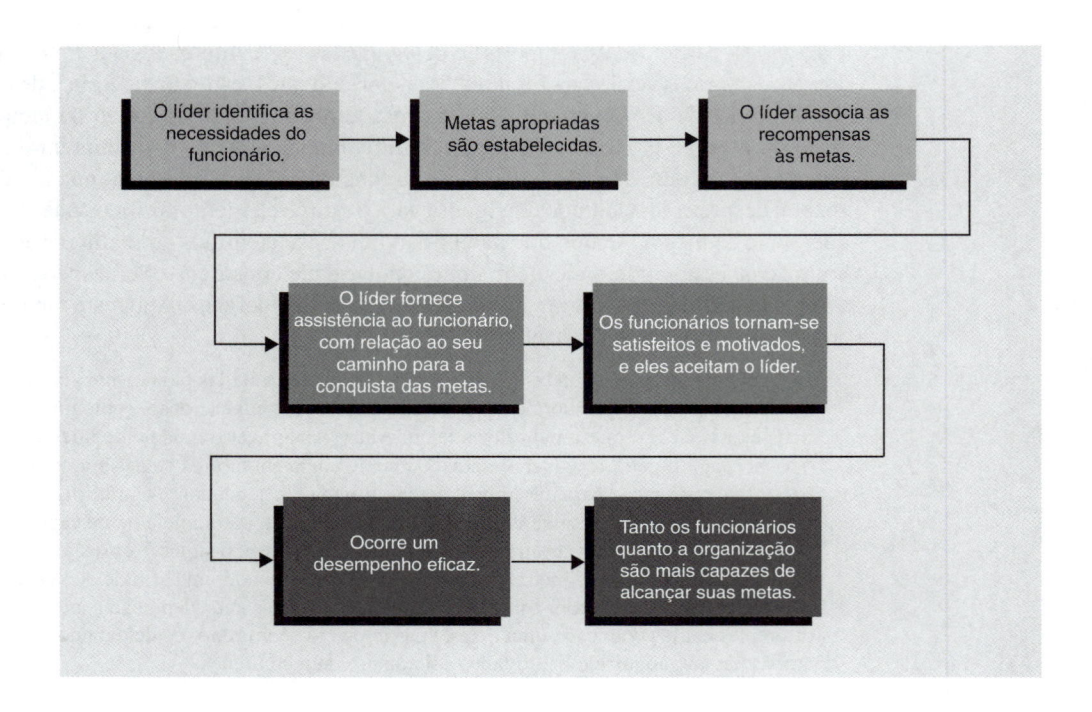

O líder identifica as necessidades do funcionário. → Metas apropriadas são estabelecidas. → O líder associa as recompensas às metas. → O líder fornece assistência ao funcionário, com relação ao seu caminho para a conquista das metas. → Os funcionários tornam-se satisfeitos e motivados, e eles aceitam o líder. → Ocorre um desempenho eficaz. → Tanto os funcionários quanto a organização são mais capazes de alcançar suas metas.

Ele, então, lhes transmite o reconhecimento de que o trabalho deles é importante. Portanto, as pessoas ficam com a sensação de que estão trabalhando com ele para fazer que o trabalho todo seja executado.

Estilos de Liderança Segundo a teoria caminho-meta, os papéis do líder são auxiliar os funcionários a compreender o que precisa ser feito (a meta) e como fazê-lo (o caminho). Além disso, os líderes precisam ajudar os funcionários a ver como a conquista das metas trará benefícios a eles e à organização. Essa ação da liderança deve resultar em percepções de alta expectativa (esforço que conduz à conquista das metas e, assim, às recompensas esperadas). Os líderes, contudo, têm de decidir que estilo utilizar com cada funcionário; o modelo caminho-meta identifica quatro alternativas:

- *Liderança diretiva* — o líder enfoca uma distribuição clara de tarefas, padrões para um desempenho bem-sucedido e cronogramas de atividades.

- *Liderança apoiadora* — o líder demonstra preocupação com o bem-estar e com as necessidades dos funcionários, ao mesmo tempo que busca criar um ambiente de trabalho agradável.

- *Liderança orientada para a realização* — o líder estabelece altas expectativas para os funcionários, comunica a confiança na capacidade deles em conquistar metas desafiadoras e modela entusiasticamente os comportamentos desejados.

- *Liderança participativa* — o líder convida os funcionários a oferecer *inputs* para as decisões e busca, seriamente, usar suas sugestões à medida que as decisões finais vão sendo tomadas.

Fatores Contingenciais Dois grandes fatores devem ser analisados — o ambiente geral de trabalho e as características específicas do funcionário. No ambiente de trabalho, um líder deve identificar se a *tarefa* de um funcionário já está estruturada ou não, se o *sistema de autoridade formal* é o mais compatível com a abordagem diretiva ou participativa e se o *grupo de trabalho* existente já proporciona a satisfação das necessidades sociais e de estima do funcionário.

> As características do funcionário devem ser avaliadas.

De maneira similar, o líder deve avaliar três variáveis significativas em cada funcionário. O **lócus de controle** refere-se a crenças alternativas sobre se as realizações de um funcionário são resultantes de seu próprio esforço (um *lócus interno*, que é mais compatível com um estilo participativo) ou de forças exteriores (um *lócus externo*, que é mais receptivo a uma abordagem diretiva). Um segundo fator é a **disposição** do funcionário **em aceitar a influência dos outros**. Se essa variável for alta, uma abordagem diretiva será mais bem-sucedida; se ela for baixa, um estilo participativo é mais apropriado. A terceira característica individual é a **capacidade autopercebida para realização de tarefas**. Os funcionários que possuem confiança elevada em seu potencial reagirão de modo mais favorável a um líder apoiador. Alternativamente, os funcionários que carecem de percepção acerca de sua própria capacidade aceitarão mais facilmente um líder orientado para a realização.

O modelo caminho-meta tem feito uma grande contribuição em identificar variáveis contingenciais adicionais, bem como em ampliar a gama de opções de comportamentos disponíveis para o líder. Ele também é, de certo modo, inusitado, porque relaciona explicitamente o estilo de liderança a um modelo motivacional subjacente. Por outro lado, o modelo inteiro ainda está sendo testado por meio de pesquisas e estudos científicos. A pesquisa existente sugere que o uso desse modelo estabelece uma correlação entre a *satisfação* do funcionário e a liderança, mas seu impacto sobre o desempenho ainda não está totalmente documentado.

Modelo de Tomada de Decisões de Vroom

Um **modelo de tomada de decisões** útil para selecionar variados graus de estilos de liderança (de autocrático até participativo) foi desenvolvido por V. H. Vroom e colaboradores.[15] Eles reconheceram que as situações que envolvem a solução de problemas podem diferir, tendo desenvolvido, a partir dessa constatação, uma abordagem estruturada para os gerentes examinarem a natureza dessas diferenças e responder a elas adequadamente.

FIGURA 7.7
Questões de Orientação para o Modelo de Tomada de Decisões de Vroom

1. Qual é a importância da qualidade técnica com referência à decisão que está sendo tomada?
2. Qual é a importância do comprometimento de um subordinado com a decisão (aceitação do funcionário)?
3. Você já tem informações suficientes para tomar uma decisão de alta qualidade?
4. O problema está bem-estruturado?
5. Se você tomou a decisão, qual é a possibilidade de que seus subordinados vão aceitá-la?
6. Seus subordinados compartilham as metas a serem alcançadas na solução do problema?
7. Há uma chance conflito entre seus subordinados em torno de soluções alternativas?
8. Os seus subordinados possuem informações suficientes para lhes permitir chegar a uma solução de alta qualidade?

Atributos do Problema Nesse modelo, os gerentes avaliam uma situação atual de decisão usando uma escala de cinco pontos, segundo seus *atributos de problema* (ver as oito questões da Figura 7.7), especialmente quanto à importância percebida acerca da qualidade técnica e da aceitação do funcionário. As dimensões de *qualidade da decisão* incluem considerações sobre custos, a disponibilidade das informações e o fato de o problema estar ou não estruturado. As dimensões ligadas à *aceitação do funcionário* incluem a necessidade do seu comprometimento, sua aprovação prévia, a congruência das suas metas com as da organização e a probabilidade de conflito entre os funcionários. Ao seguirem cuidadosamente essa análise, em um formato estruturado de uma árvore de decisão, os gerentes podem identificar e classificar diversos tipos de problemas singulares.

Opções de Liderança Após a determinação do tipo de problema a ser enfrentado, são então oferecidas diretrizes aos gerentes para auxiliá-los na seleção de uma das cinco abordagens a ser utilizada. Os itens a se considerar, por exemplo, incluem as restrições de tempo, a dispersão geográfica dos subordinados, a motivação do líder para economizar tempo e o estímulo do líder para desenvolver seus subordinados. Todas essas considerações têm impacto na escolha entre uma abordagem mais autocrática ou consultiva a partir dos cinco modelos descritos aqui:

- *Autocrático I* — o líder resolve individualmente o problema utilizando a informação disponível.
- *Autocrático II* — o líder obtém dados de seus subordinados e, então, decide.
- *Consultivo I* — o líder explica o problema para seus subordinados individualmente e obtém idéias deles antes de decidir.
- *Consultivo II* — o líder se reúne com o grupo de subordinados para compartilhar o problema, obter *inputs* e, então, decidir.
- *Grupal II* — o líder compartilha o problema com o grupo e facilita a discussão de alternativas e a obtenção do consenso do grupo em torno de uma solução.

A utilidade do modelo de Vroom reside em diversas suposições fundamentais. Primeiro, ele assume que os gerentes podem classificar com precisão os problemas de acordo com os critérios oferecidos. Segundo, o modelo assume que os gerentes estão aptos e dispostos a adaptar seu modelo de liderança de modo a ajustá-lo às condições contingenciais encontradas em torno de cada decisão importante que tomam. Terceiro, ele garante que os gerentes estão dispostos a utilizar um modelo bem complexo. Finalmente, ele assume que os funcionários aceitarão a legitimidade de diferentes estilos utilizados para a solução de problemas distintos, bem como a validade da classificação do líder para a situação em questão. Se todas essas assunções forem válidas, o modelo de Vroom pode mostrar-se extremamente promissor para ajudar os gerentes a determinar o estilo de liderança apropriado.

ABORDAGENS EMERGENTES PARA A LIDERANÇA

As seções anteriores deste capítulo traçaram a evolução de diferentes visões sobre liderança — visões que enfocavam traços, comportamentos e fatores contingenciais. Cada modelo toca em algum

FIGURA 7.8
Semelhanças entre os Modelos de Liderança

Modelo	Ênfase *Soft*	Ênfase *Hard*
Estudos da University of Michigan e da Ohio State University	Consideração	Estrutura
O *grid* gerencial de Blake e Mouton	Pessoas	Produção
Modelo contingencial de Fiedler	Orientação para os funcionários	Orientação para tarefa
Modelo situacional de Hersey e Blanchard	Relacionamentos	Direcionamento para tarefa
Modelo caminho-meta	Apoio psicológico	Apoio para tarefa
Modelo de tomada de decisões de Vroom	Aceitação do funcionário	Qualidade da decisão

ponto diferente, produzindo, por conseguinte, resultados variados. Nesse sentido, eles são similares à antiga parábola dos homens cegos que encontram um elefante; cada um deles o descreve de um modo diferente, dependendo da parte do elefante que havia sido tocada: uma orelha, a cauda, a tromba ou a pata. Apesar de diferenças aparentemente substanciais entre os modelos de liderança, eles são extraordinariamente consistentes em alguns pontos. A Figura 7.8 identifica a ênfase comum desses modelos em dois tipos de fatores — *soft* (comportamental) e *hard* (instrumental).

Diversas perspectivas adicionais — substitutos e fortalecedores da liderança, autoliderança e superliderança, *coaching* e outras duas abordagens — são apresentadas de forma breve nas próximas seções. Essas perspectivas oferecem novas formas para enxergarmos a liderança. O Capítulo 8 explora as abordagens participativas mais profundamente.

Substitutos e Fortalecedores para a Liderança

Uma abordagem totalmente diferente para a liderança, que ainda possui um modesto "sabor" do modelo contingencial, foi proposta por Steven Kerr e colaboradores.[16] Os modelos anteriores de liderança sugeriam que um líder formal seria necessário para proporcionar direcionamento para tarefa, estrutura e recompensas, além da consideração e do apoio social exigidos pelos funcionários. Infelizmente, esses papéis de liderança podem criar uma *dependência pouco saudável* com relação ao líder que restringe o crescimento e a autonomia dos subordinados. Um líder também pode carecer dos traços, do conhecimento e das capacidades, necessários para desempenhar efetivamente tais papéis, ou até mesmo não estar presente em todas as ocasiões. Além disso, alguns **neutralizadores** podem interferir nesse processo. Esses neutralizadores podem ser os atributos dos subordinados, das tarefas e das organizações que interfiram de verdade, ou diminuam as tentativas dos líderes para influenciar os funcionários. Os neutralizadores incluem a distância física, os sistemas de recompensa rígidos e a prática do desrespeito da posição hierárquica (*bypass*) do gerente por parte de subordinados e superiores.

Se uma situação ou um líder não puder ser rapidamente modificada(o), podem existir substitutos ou fortalecedores para a liderança. Os **substitutos para a liderança** são fatores que tornam os papéis de liderança desnecessários, ao substituí-los por outras fontes. Exemplos desses fatores estão listados na Figura 7.9; eles podem ser encontrados nos fatores contingenciais da tarefa, da organização e dos funcionários. A presença de certos substitutos, como a experiência dos subordinados, a existência de regras claras ou a manutenção de um grupo de trabalho coeso, ajuda a diminuir a necessidade por uma orientação tradicional de um líder para a realização das tarefas. Outros fatores, como a existência de tarefas que sejam fontes intrínsecas de satisfação, a orientação profissional por parte de outros funcionários ou alta necessidade de independência dos funcionários, podem diminuir a necessidade de um comportamento orientado para a consideração de um líder.

Alternativamente, as características e as capacidades possuídas por um líder podem receber ajuda e esclarecimento de outros fatores. Os **fortalecedores de liderança** são elementos que amplificam o impacto de um líder sobre os funcionários[17] (ver Figura 7.9). Uma orientação diretiva

FIGURA 7.9
Potenciais Neutralizadores, Substitutos e Fortalecedores de Liderança

Neutralizadores	Substitutos	Fortalecedores
Distância física entre líder e funcionário	Avaliação/feedback dos colegas	Metas de nível elevado
Indiferença dos funcionários com relação às recompensas	Sistemas de recompensa de participação nos resultados	Aumento do *status* do grupo
Tarefas intrinsecamente satisfatórias	Pessoal disponível para resolver problemas	Aumento do *status* e do poder de recompensa do líder
Regras de trabalho inflexíveis	Atividades redesenhadas para permitir maior feedback	Líder como a fonte central para o suprimento de informações
Sistemas de recompensa rígidos	Métodos para resolução de conflitos interpessoais	Melhoria da visão dos subordinados sobre a experiência, a influência e a imagem do líder
Grupos de trabalho coesos	Estabelecimento de equipes para ajudar a resolver problemas relacionados ao trabalho	Utilização de crises para demonstrar as capacidades do líder
Funcionários com habilidade, experiência ou conhecimento elevados	Satisfação intrínseca decorrente do próprio trabalho	
Prática de desrespeito da posição hierárquica do gerente (por subordinados e superiores)	Grupos de trabalho coesos	
	Necessidade dos funcionários com independência	

pode ser melhorada pelo aumento no *status* ou no poder de liderança do líder, ou quando esse estilo de liderança é utilizado em atividades que passam por crises freqüentes. Um estilo de liderança apoiador pode ser fortalecido com o estímulo ao aumento das atividades em grupo ou pelo aumento da participação dos funcionários no processo de tomada de decisões. A contribuição mais importante da abordagem de neutralizadores/substitutos/fortalecedores é que as organizações passam a ter uma solução alternativa para aqueles casos nos quais a substituição ou o treinamento de um novo líder, ou mesmo a possibilidade de se encontrar uma combinação melhor entre líder e trabalho, são factíveis. Contudo, as emoções do líder também estão em jogo nesse caso; alguém que anteriormente se sentisse criticamente importante, e agora se descobre ser parcialmente substituível, pode sofrer uma perda desmoralizante de auto-estima.

Autoliderança e Superliderança

Os substitutos para liderança oferecem uma compensação parcial para os pontos fracos do líder e os fortalecedores fundamentam-se nos seus pontos fortes. Em outra abordagem emergente para a liderança, um substituto surpreendente para liderança é a idéia da **autoliderança**, que tem sido defendida por Charles Manz e Henry Sims.[18] Esse processo possui duas forças principais: conduzir um indivíduo para que ele desempenhe as atividades naturalmente motivadoras e gerenciá-lo para que ele realize o trabalho que seja, necessário, mas não naturalmente recompensador. A autoliderança exige que os funcionários utilizem as *habilidades comportamentais* da auto-observação, do auto-estabelecimento de metas, do gerenciamento de dicas, da auto-recompensa, do ensaio das atividades antes da sua execução e da autocrítica. Ela também envolve as *atividades mentais* de associar recompensas naturais às tarefas, de enfocar o pensamento em torno de recompensas naturais e de estabelecer padrões de pensamento efetivos, como a imagem mental e a autoconversação. O produto líquido desse processo é o surgimento de funcionários que influenciam a si mesmos para utilizar a automotivação e o autodirecionamento para a obtenção de um bom desempenho em suas atividades.

As habilidades e atividades da autoliderança

> Denise é gerente de treinamento e segurança na Lakehead Pipeline Company, uma empresa que bombeia óleo cru do norte do Canadá para áreas do norte e do oeste dos Estados Unidos. Muitos de seus 300 funcionários de campo trabalham em regiões geograficamente isoladas, em grupos muito reduzidos. Alguns são totalmente independentes, sem nenhum supervisor disponível em um raio de centenas de quilômetros. De modo a preparar esses funcionários de campo para possíveis crises associadas ao derramamento de óleo, os programas de treinamento de Denise encorajam os funcionários a se tornar *autolíderes* (embora trabalhando dentro dos limites das políticas padronizadas das operações). Dessa forma, os trabalhadores devem estabelecer suas próprias metas diárias, observar seus próprios comportamentos e ensaiar mentalmente os procedimentos de segurança antes de se dedicarem às atividades perigosas. Então, sem nenhum supervisor presente, eles devem criticar suas próprias práticas de segurança e elogiar a si mesmos quando isso for apropriado.

Como os funcionários podem aprender a se transformar em autolíderes? A resposta está no apoio dos *superlíderes*, ou pessoas que trabalham ativamente para revelar as capacidades de seus subordinados.[19] A **superliderança** inicia-se com um conjunto de crenças positivas sobre os trabalhadores, como as crenças da Teoria Y. Isso requer a prática de autoliderança pelo próprio indivíduo e da sua modelagem para que os outros possam vê-la. Os superlíderes também comunicam auto-expectativas positivas para os funcionários, recompensam seus progressos em direção à autoliderança e tornam a autoliderança uma parte essencial da cultura desejada para a unidade de trabalho. Assim como os demais substitutos para a liderança, a superliderança pode ser algo difícil de ser trabalhado pelos gerentes, uma vez que eles deverão ceder uma parte do controle direto que aprenderam a exercer e que julgam confortável utilizar.

Coaching

Os papéis de coaching de um líder

Uma metáfora que está emergindo rapidamente para descrever o líder é o **coach**, ou treinador. Tomado emprestado e adaptado da área esportiva, o termo *coaching* significa que o líder prepara, conduz e orienta um "jogador", mas não *participa do jogo diretamente*. Esses líderes reconhecem que estão sempre nas "linhas laterais do campo", e não dentro do campo de jogo. Seu papel é selecionar os jogadores certos, ensinar e desenvolver os subordinados, permanecer disponível para consultas voltadas para resolução de problemas, revisar as necessidades de recursos, fazer perguntas e ouvir os *inputs* de seus funcionários. Alguns gerentes declaram passar 50% ou 60% do seu tempo no *coaching* da sua equipe.[20] Eles bajulam, estimulam, capacitam, inspiram, demonstram afeto e apoio e mantêm conversas informais com seus funcionários. Os *coaches* vêem a si mesmos como torcedores e facilitadores, embora também reconheçam a necessidade de eventualmente serem duros e exigentes.

O *coaching* pode ser uma ferramenta de liderança útil, se for usada corretamente. Ela tem sido descrita como uma arma secreta de algumas organizações excepcionais que lhes têm permitido construir um arsenal de gerentes bem preparados. Um bom *coaching* enfoca essencialmente a melhoria do desempenho com a ajuda de altas expectativas e feedback rápido, construído com base nas ferramentas da confiança, do respeito mútuo, da integridade, da franqueza e do propósito comum. As áreas específicas em que a maior parte dos gerentes admite necessitar do *coaching* são:

- A melhoria de seus estilos de interação.
- O aprendizado de formas mais eficientes para lidar com as mudanças.
- O desenvolvimento de suas habilidades auditivas e verbais[21].

Para facilitar as mudanças por meio do *coaching*, líderes habilidosos iniciam diálogos periódicos que mantêm um equilíbrio saudável entre a construção da auto-estima do funcionário e a introdução de uma tensão criativa voltada para a mudança. Os pré-requisitos para um desenvolvimento de um *coaching* bem-sucedido incluem a *disposição* do funcionário para a mudança, a *competência* para mudar e a *oportunidade* para a prática de novos comportamentos.

Outras Abordagens

Duas outras perspectivas sobre liderança merecem ser mencionadas. Líderes visionários — aqueles que conseguem capturar a essência daquilo que a organização precisa se tornar e que, então, utilizam suas habilidades de comunicação para motivar os outros para alcançar essa visão — exercem papéis especialmente importantes em períodos de transição. A liderança transformacional e o carisma como traço de liderança serão discutidos no Capítulo 14. Uma segunda abordagem tem seu foco na natureza recíproca da influência entre gerentes e seus funcionários e estuda as mudanças que ocorrem entre eles. Como essa abordagem serve de base para o gerenciamento participativo, no qual ambas as partes dão e recebem algo, ela será introduzida no próximo capítulo.

Resumo

Liderança é o processo de influenciar e apoiar os outros para que eles trabalhem entusiasticamente em direção à conquista de objetivos. Esse processo é determinado parcialmente por traços, que oferecem o potencial para liderança, e também por certos tipos de comportamento. Os papéis dos líderes combinam habilidades técnicas, humanas e conceituais, que os líderes aplicam em diferentes graus, em vários níveis organizacionais. O comportamento como seguidores também é importante para a organização.

Conselhos para Futuros Gerentes

1. *Baseie-se em seus traços de liderança positivos* (tanto primários quanto secundários) enquanto procura transformar seus pontos fracos em pontos fortes e eliminar quaisquer aparências de narcisismo disfuncional.
2. *Reconheça que há muitos modelos diferentes de liderança* e muitas dimensões distintas que lhes servem de fundação; aceite suas lições enquanto busca formas de integrá-las.
3. *Aceite a natureza contingencial da liderança*, reconhecendo que habilidades analíticas fortes são um pré-requisito para a aplicação eficaz de muitos dos modelos de liderança.
4. *Fique adequadamente desconfiado dos modelos simplistas de liderança*, especialmente daqueles sobre os quais há pouca pesquisa para apoiá-los.
5. *Reconheça a necessidade de variar seu estilo de liderança de forma flexível*, segundo as demandas situacionais, ao mesmo tempo que também busque demonstrar algum grau de consistência no seu dia-a-dia.
6. *Aceite a importância de seu papel como coach* (*treinador*) cujos maiores ativos incluam experiência, empatia, objetividade, habilidade para questionar e capacidade de ouvir.
7. *Lute para tornar-se um superlíder* cuja maior meta é a de desenvolver as capacidades de autoliderança nas outras pessoas.
8. *Reconheça quando a liderança não é necessária* (em razão dos substitutos), ou quando ela não tem uma boa possibilidade de ser eficaz, e *conserve seus esforços*.
9. *Torne-se o maior líder ético que você puder*, por meio da busca e do confronto contínuos das dimensões éticas que cercam as questões com que você se depare.
10. *Prepare-se para as crises inevitáveis*, antecipando eventos futuros e treinando a si mesmo para tornar-se um solucionador de problemas decisivo e orientado para a ação, que seja sensível às necessidades de seus funcionários.

Os líderes utilizam diferentes estilos, variando do consultivo ao autocrático. Embora um líder positivo, participativo e cordial tenha a tendência a ser mais eficaz em muitas situações, as abordagens contingenciais sugerem que a variedade de estilos pode ser bem-sucedida. Os líderes devem inicialmente avaliar a situação e descobrir os fatores essenciais da tarefa, do funcionário ou da organização que possam sugerir qual estilo se aplicaria melhor a essa combinação. Os líderes também devem reconhecer a possibilidade de que nem sempre eles são necessários em virtude dos substitutos e dos fortalecedores disponíveis. Do mesmo modo, também pode ser desejável desenvolver os funcionários para que se tornem autolíderes, por meio de um *coach* eficaz e do exercício de comportamentos de superliderança.

Termos e Conceitos para Revisão

Adesismo (*followership*), 161
Apoio às tarefas, 168
Apoio psicológico, 168
Autoliderança, 172
Capacidade autopercebida para realização de tarefas, 169
Coach (treinador), 173
Consideração, 163
Disposição em aceitar a influência dos outros, 169
Estilo de liderança, 161
Estrutura, 163
Estrutura da tarefa, 165
Fortalecedores de liderança, 171
Grid gerencial, 163
Habilidade conceitual, 160
Habilidade humana, 160
Habilidade técnica, 159
Liderança, 157
Liderança caminho-meta, 168
Líderes autocráticos, 163
Líderes consultivos, 163
Líderes participativos, 163
Lócus de controle, 169
Modelo contingencial, 165
Modelo de liderança situacional, 166
Modelo de tomada de decisões, 169
Narcisismo, 159
Neutralizadores, 171
Nível de desenvolvimento, 166
Poder posicional do líder, 165
Relações entre o líder e membros da equipe, 165
Substitutos para a liderança, 171
Superliderança, 173
Traços, 158

Questões para Discussão

1. Explique a diferença entre gestão e liderança. Discuta por que as habilidades conceituais de liderança se tornaram mais importantes e as habilidades técnicas menos importantes nos níveis organizacionais mais elevados.
2. Um gerente certa vez declarou a um subordinado: "Para ser um bom líder, você deve primeiro tornar-se um bom seguidor". Discuta o que significa ser um bom seguidor, se você concorda com a afirmação e explique por que sim ou por que não.
3. Pense sobre o melhor líder com o qual você já tenha trabalhado em um emprego, esportes ou em outra atividade qualquer. Pense então sobre o pior líder. Discuta o contraste de estilos e habilidades utilizados pelos dois. Como você respondeu a cada um deles? O que eles poderiam ter feito de modo diferente?
4. Explique como a Teoria X e a Teoria Y se relacionam a estilos de liderança, especialmente com as abordagens contingenciais e com a superliderança. Comente a declaração: "A filosofia da gestão controla a prática".
5. Pense sobre situações nas quais você era o líder. Qual estilo de liderança você utilizou? Utilizando seu retrospecto e o material deste capítulo, o que você teria feito diferentemente?
6. Todos os modelos contingenciais são mais complexos que as abordagens dos traços ou de "melhor estilo único". Discuta a probabilidade de os gerentes atuando nas empresas compreenderem, aceitarem e utilizarem cada um dos modelos contingenciais.
7. Considere os vários substitutos para a liderança e seus fortalecedores. Identifique os três que você acredita possuírem o maior potencial para produzir um impacto positivo e explique o porquê.
8. O modelo de tomada de decisões de Vroom assume que os gerentes têm flexibilidade para mudar de um estilo para outro, enquanto o modelo de Fiedler, não. Discuta a viabilidade desses modelos.
9. Por que um gerente típico tentaria desenvolver funcionários que fossem autolíderes? Essa competição entre gerentes e funcionários poderia eventualmente resultar na perda do emprego do gerente se a tentativa fosse bem-sucedida? Por quê?
10. Faça uma revisão da idéia de um líder como um *coach* (treinador). Qual dos modelos de liderança se relaciona mais diretamente com o *coaching*? Explique.

Avalie suas Próprias Habilidades

Até que ponto você exibe bons traços de liderança?

Leia as seguintes frases cuidadosamente. Faça um círculo ao redor do número na escala de respostas que reflita da melhor forma possível o grau com que cada afirmação mais bem o descreve. Some o total de pontos e prepare um breve plano de autodesenvolvimento. Esteja pronto para relatar seus resultados para que, juntamente com os resultados dos demais elementos do seu grupo, eles possam ser tabulados adequadamente.

		Boa descrição									Má descrição
1.	Demonstro um nível saudável de carisma.	10	9	8	7	6	5	4	3	2	1
2.	Possuo alto grau de capacidade cognitiva.	10	9	8	7	6	5	4	3	2	1
3.	Possuo criatividade/originalidade substancial.	10	9	8	7	6	5	4	3	2	1
4.	Tenho forte desejo de ser um líder.	10	9	8	7	6	5	4	3	2	1
5.	Demonstro forte grau de força de vontade.	10	9	8	7	6	5	4	3	2	1
6.	Demonstro muita energia e entusiasmo.	10	9	8	7	6	5	4	3	2	1
7.	Geralmente sou flexível e adaptável.	10	9	8	7	6	5	4	3	2	1

8. Sou conhecido por minha honestidade e integridade.	10	9	8	7	6	5	4	3	2	1
9. Tenho um grau saudável de autoconfiança.	10	9	8	7	6	5	4	3	2	1
10. Demonstro alto grau de calor humano com as outras pessoas.	10	9	8	7	6	5	4	3	2	1

Pontuação e Interpretação

Some o total de pontos obtidos nas dez questões. Registre aqui esse número e relate-o quando for solicitado: _____. Finalmente, insira o total de pontos no gráfico Avalie e Melhore suas Habilidades Associadas ao Comportamento Organizacional no Apêndice.

- Se você obteve um resultado entre 81 e 100 pontos, parece ter uma capacidade sólida para demonstrar os traços de liderança apropriados.
- Se você obteve um resultado entre 61 e 80 pontos, deve analisar mais detidamente os itens nos quais obteve uma pontuação mais baixa e revisar o material relacionado a esses assuntos.
- Se você obteve um resultado abaixo de 60 pontos, deveria estar ciente de que um baixo nível em habilidades relacionadas a diversos itens poderá ser prejudicial para o seu futuro sucesso como gerente. Sugerimos a você revisar o capítulo inteiro e permanecer atento com relação aos materiais relevantes que serão apresentados nos capítulos subseqüentes e em outras fontes.

Agora, identifique suas três pontuações mais baixas e escreva os números dessas questões aqui: _____, _____, _____. Faça um parágrafo curto, detalhando para si mesmo um plano de ação, para que você melhore cada uma dessas habilidades.

Estudo de Caso

A Atribuição de uma Tarefa

Effie Pardini supervisionava 11 assistentes de contabilidade no departamento de orçamento e planejamento de uma grande fabricante de computadores. Nenhum dos assistentes possuía graduação em contabilidade, mas todos eram muito habilidosos nas operações com registros e números. Eles essencialmente preparavam os planos e as análises orçamentárias para os departamentos operacionais. Os dados de *input* eram obtidos nos departamentos e nos registros da empresa. Pardini designava projetos para os assistentes com base em seus interesses e habilidades. Alguns projetos eram mais cobiçados que outros, em virtude de seu prestígio, desafio, dos contatos requeridos ou outros fatores; dessa forma, havia conflitos ocasionais em torno de qual assistente deveria receber um projeto cobiçado. Sonia Prosser era assistente que parecia especialmente sensível a essa questão e que reclamava constantemente.

Em uma ocasião, Pardini recebeu um projeto cobiçado e o destinou a um assistente chamado Joe Madden. Prosser ficou particularmente abalada, pois acreditava que deveria ter recebido a tarefa. Ela ficou tão angustiada que decidiu vingar-se, paralisando seu trabalho atual e colocando-o de lado em sua mesa. Prosser, então, apanhou um livro sobre sua mesa e começou a lê-lo. Como todos os assistentes ficavam juntos na mesma sala, muitos deles passaram a observar suas ações. Ela anunciou para um deles, em um tom alto o suficiente para ser ouvida pelos demais: "Ninguém por aqui nunca me oferece uma boa tarefa".

Pardini ouviu os comentários de Prosser e olhou para sua mesa para verificar o que estava acontecendo. Pardini estava irritada, mas ela sentou-se à sua mesa por cinco minutos, pensando no que fazer. Enquanto isso, Prosser continuou a ler seu livro.

Questões

1. Que questões de liderança foram levantadas por esse estudo de caso?
2. Discuta quais medidas Pardini deveria tomar. Considere o modelo de liderança caminho-meta e as abordagens contingenciais de liderança antes de tomar sua decisão.

Exercício Vivencial

Aplicação dos Modelos de Liderança

1. Reúna-se em grupos pequenos de cinco ou sete pessoas.
2. Escolha, como foco de discussão, um líder conhecido com o qual todos os membros estejam razoavelmente familiarizados (por exemplo, o diretor da sua escola, o prefeito local, o governador do estado ou o CEO de uma grande corporação).
3. Cada um dos membros do grupo deverá escolher um estilo de liderança diferente e relacioná-lo com esse líder. Gaste alguns minutos para explicar aos outros membros do grupo os seguintes pontos:
   a. Como o modelo escolhido se aplica àquele líder.
   b. Como o modelo escolhido falha ao aplicar-se àquele líder e por quê.
4. Estimule uma breve discussão na qual sejam exploradas as formas pelas quais os modelos apresentam similaridades, diferenças e potenciais complementaridades entre eles.
5. Elabore uma lista das implicações de certas ações para vocês como futuros líderes, com base nessa discussão.

Produzindo Insights sobre CO

Um *insight* diz respeito a uma percepção nova e clara acerca de um fenômeno ou de uma capacidade adquirida para "enxergar" claramente algo sobre o qual você não estava ciente anteriormente. Ele, algumas vezes, simplesmente se refere a um "momento do tipo ah-há!", no qual você obtém uma pequena revelação ou atinge uma conclusão direta sobre um problema ou uma questão.

Os *insights* não precisam necessariamente ser dramáticos, uma vez que aquilo que pode ser considerado um *insight* por uma pessoa pode não o ser pelas demais. A característica fundamental dos *insights* é que eles são importantes e memoráveis para você; eles devem representar novos conhecimentos, novas estruturas ou novas perspectivas para perceber as coisas que você desejaria armazenar e lembrar ao longo do tempo.

Os *insights* são, portanto, diferentes do tipo de informação que você encontra nos textos da seção Conselhos para Futuros Gerentes. Esse formato de conselho é prescritivo e orientado para a ação; ele indica e recomenda determinado curso de ação.

Uma forma útil para pensar sobre os *insights* de CO é partir do princípio de que você foi a única pessoa que leu o Capítulo 7. Você recebeu a tarefa de ressaltar, utilizando suas próprias palavras, os conceitos principais (mas não somente resumir o capítulo todo) que poderiam ser relevantes para um público leigo, que nunca foi apresentado ao tema antes. *Quais são os dez* insights *que você compartilharia com esse público?*

1. (Exemplo) Traços de personalidade como energia/força de vontade (motivação), autoconfiança, motivação para liderar e integridade/ética são importantes pré-requisitos para uma liderança bem-sucedida, assim como uma porção de comportamentos que devem ser utilizados de maneira contingencial.
2. _____
3. _____
4. _____
5. _____
6. _____
7. _____
8. _____
9. _____
10. _____

Capítulo Oito

Empowerment e Participação

A realidade é que os trabalhadores hoje em dia não se satisfazem somente com *empowerment*; eles querem sentir-se sócios do negócio.
Pam Withers[1]

O CEO mais poderoso expande o poder daqueles à sua volta.
Michael E. Porter, Jay W. Lorsch e Nitin Nohria[2]

OBJETIVOS DO CAPÍTULO

COMPREENDER

- A natureza do *empowerment* e seus pré-requisitos.
- O processo participativo.
- A liderança servidora.
- Os benefícios da participação.
- Tipos de programas participativos.
- Limitações de participação.

Uma grande fabricante de aeronaves empregou entre 5 mil e 20 mil operários durante um período de dez anos. Ela utilizava um sistema de comitê de segurança no qual cada departamento era representado por um de seus trabalhadores. Durante esses dez anos um fenômeno surpreendente emergiu. Quando as pessoas se tornavam membros do comitê de segurança, paravam de sofrer acidentes graves. Esse registro se manteve apesar de o comitê ter tido centenas de membros diferentes nessa década, e pelo fato de alguns dos funcionários mais inclinados a sofrerem acidentes terem sido indicados para o comitê para aumentar sua consciência sobre segurança. Os eventos desse caso mostram uma diferença significativa entre os membros do comitê e os demais operários no tocante aos acidentes graves.

Os membros do comitê de segurança da empresa de aeronaves provavelmente modificaram seus comportamentos por diversas razões. Eles se tornaram mais *conscientes* dos problemas de segurança, foram *envolvidos* no processo de melhoria das práticas de segurança, receberam os *recursos* necessários e sentiram que não tinham somente responsabilidade, mas também o *poder* para afetar os resultados. A idéia de conceder poder aos funcionários serve como base para a participação.

Conforme discutido no capítulo anterior, a orientação para um funcionário e um estilo consultivo ou participativo freqüentemente são importantes para uma liderança eficaz. A participação tem excelente potencial para o desenvolvimento dos funcionários e para a construção do trabalho de equipe, entretanto é uma prática difícil e pode falhar se for aplicada inadequadamente. Quando utilizada de forma eficaz, dois dos melhores resultados que podem acontecer são a aceitação da mudança e forte comprometimento com as metas, o que encoraja melhor desempenho.

A NATUREZA DO *EMPOWERMENT* E DA PARTICIPAÇÃO

O que é *Empowerment*?

Quase toda sociedade tem dentro de si alguns grupos minoritários que se sentem incapazes de controlar seus próprios destinos. De forma similar, muitas organizações profissionais têm alguns funcionários que acreditam ser dependentes de outros e que seus esforços terão pouco impacto no desempenho. Esse sentimento de falta de poder contribui para uma sensação frustrante de *baixa auto-eficácia* — a convicção, entre as pessoas, de que elas não podem executar suas atividades de maneira bem-sucedida nem realizar contribuições significativas. Os problemas com auto-eficácia são freqüentemente causados por mudanças organizacionais importantes, que estão além do controle dos funcionários (como fusões). Alguns problemas também podem surgir em decorrência de se trabalhar com um líder autoritário, em um sistema de recompensa que fracasse em reforçar a competência ou a inovação, ou em uma atividade que careça de variedade, autonomia ou clareza de papéis a serem desempenhados.

A falta de poder causa baixa auto-estima.

Sentimentos de baixa auto-eficácia são similares à bem conhecida *síndrome do enganador*, em que os indivíduos de todos os níveis e de todos os setores da economia (mais notadamente na área acadêmica e na medicina) falham em reconhecer de maneira adequada suas próprias experiências e realizações.[3] Em vez disso, eles se sentem enganadores e atribuem erroneamente seu sucesso a sorte, charme, contatos pessoais, oportunidade e perseverança.

Empowerment

Felizmente, as percepções individuais sobre os baixos níveis de auto-eficácia poderão ser melhoradas pelo processo de *empowerment* dos funcionários. **Empowerment** pode ser definido como *qualquer processo que proporcione maior autonomia para os funcionários, por intermédio do compartilhamento de informações relevantes e da provisão de controle sobre os fatores que afetem o desempenho profissional*. O *empowerment* ajuda a remover as condições que causam a sensação de falta de poder, ao mesmo tempo que melhora os sentimentos de auto-eficácia.[4] O *empowerment* dá aos funcionários autonomia para lidar com as situações e os habilita a assumir controle sobre seus problemas à medida que eles surgem. Cinco grandes abordagens para o *empowerment* têm sido sugeridas:

1. Ajudar os funcionários a alcançar a *maestria em seu trabalho* (concedendo-lhes treinamento adequado, *coaching* e experiências orientadas, que resultarão em sucesso inicial).
2. Permitir um nível de *controle* mais elevado (concedendo-lhes autonomia na execução de suas atividades para então *responsabilizá-los* pelos resultados).
3. Proporcionar *modelos de papéis* que sejam bem-sucedidos (permitindo-lhes que observem seus colegas que já executam suas atividades com êxito).
4. Utilizar *reforço social e persuasão* (dando-lhes elogios, estímulos e feedback verbal com o objetivo de aumentar a autoconfiança).
5. Oferecer *apoio emocional* (proporcionando a redução dos níveis de estresse e ansiedade por meio de melhor definição dos papéis, assistência para a realização de atividades e atenção sincera).

FIGURA 8.1
O Processo de *Empowerment*

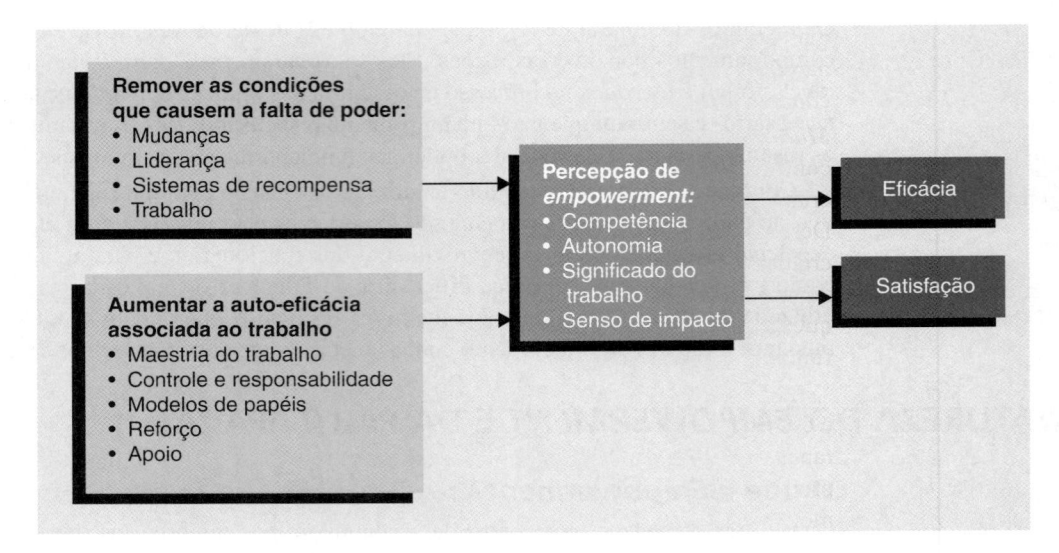

Remover as condições que causem a falta de poder:
- Mudanças
- Liderança
- Sistemas de recompensa
- Trabalho

Aumentar a auto-eficácia associada ao trabalho
- Maestria do trabalho
- Controle e responsabilidade
- Modelos de papéis
- Reforço
- Apoio

Percepção de *empowerment*:
- Competência
- Autonomia
- Significado do trabalho
- Senso de impacto

→ Eficácia

→ Satisfação

Quando os gerentes utilizam essas abordagens, os funcionários começam a acreditar que são competentes e valorizados, que seus trabalhos possuem significado e impacto e que têm oportunidade de utilizar seus talentos. De fato, quando o processo de *empowerment* tiver sido legitimizado, seus esforços terão maiores chances de produzir efeitos positivos tanto em termos de satisfação pessoal quanto com relação aos resultados desejados pela organização. Essa cadeia de eventos é ilustrada na Figura 8.1

Uma importante revisão da literatura teórica sobre o *empowerment* concluiu que ele é o resultado de quatro cognições por parte dos funcionários — significado e propósito associados ao papel do trabalho de um indivíduo, competência nas habilidades e capacidades requeridas, autonomia e controle sobre como o indivíduo realiza o trabalho designado, e um sentimento de impacto pessoal sobre os resultados relevantes da organização. Um estudo conduzido em uma empresa manufatureira e em uma organização de prestação de serviços mostrou que todas essas quatro dimensões eram necessárias para produzir um impacto positivo sobre a eficácia organizacional e sobre a satisfação individual.[5]

Os gerentes possuem diversas ferramentas comportamentais disponíveis para enfrentar o problema da falta de poder. Algumas dessas ferramentas, como o estabelecimento do conjunto de metas, o feedback sobre o trabalho, a modelagem e os sistemas contingenciais de recompensas, já foram discutidas nos capítulos anteriores. Uma abordagem importante, no entanto, baseia-se na utilização de vários programas para uma gestão participativa. Esses programas oferecem aos funcionários diversos graus de propriedade percebida, *inputs* em variados estágios do processo de tomada de decisões e o sentimento essencial da possibilidade de escolha em seu ambiente profissional.

O que é Participação?

Gerentes participativos consultam-se com seus funcionários, incluindo-os na discussão dos problemas e das decisões, de modo que todos trabalhem de maneira conjunta, como um time. Os gerentes não são autocratas, mas tampouco abandonam suas responsabilidades gerenciais. Os gerentes participativos ainda retêm a responsabilidade final pela operação de suas unidades, mas aprenderam a compartilhar a responsabilidade operacional com aqueles que realizam o trabalho. O resultado é que os funcionários experimentam um sentimento de envolvimento com as metas do grupo. (Você pode achar interessante consultar a Figura 2.4, que mostra que o resultado psicológico para os funcionários da utilização de um modelo de gestão apoiadora é a participação.) Por conseguinte, **participação** é o *envolvimento mental e emocional das pessoas em situações coletivas que as encorajem a contribuir com as metas do grupo e dividir as responsabilidades referentes a elas*. Essa definição traz consigo três importantes idéias: envolvimento, contribuição e responsabilidade.

Envolvimento Em primeiro lugar, e talvez de forma fundamental, participação significa envolvimento expressivo, em vez de simples atividade muscular. Uma pessoa que participa está *envolvida do ponto de vista de seu ego*, e não apenas com relação ao mero cumprimento da tarefa. Alguns gerentes confundem envolvimento na tarefa com a verdadeira participação. Eles podem adotar posturas aparentemente participativas, mas nada além disso. Realizam reuniões, pedem opiniões etc.,

---
Elementos da participação

Envolvimento do ego

mas o tempo todo está perfeitamente claro para os funcionários que seu gerente é autocrático e que não deseja nenhuma contribuição. Essas ações gerenciais vazias constituem uma *pseudoparticipação*, resultando em fracasso nas ações para tornar os funcionários envolvidos em termos de ego.

Motivação para Contribuir Um segundo conceito da participação é que ela motiva as pessoas a contribuírem. Elas estão dotadas de autonomia para liberar seus próprios recursos de iniciativa e criatividade em direção aos objetivos da organização, exatamente como é previsto pela Teoria Y. Dessa forma, participação difere de consentimento. A prática do consentimento utiliza apenas a criatividade do gerente, o qual traz as idéias para o consentimento do grupo. Os aprovadores não contribuem, somente referendam. A participação é mais que apenas obter consentimento para algo que já havia sido decidido. Seu grande valor é que ela aproveita a criatividade de todos os funcionários.

> Os funcionários utilizam sua própria criatividade.

A participação melhora especialmente a motivação ao auxiliar os funcionários a compreender e esclarecer seus caminhos em direção à consecução das metas. De acordo com o modelo de liderança de caminho-meta, o aumento do nível de compreensão das relações entre caminhos e metas produz um senso elevado de responsabilidade pela conquista de metas. O resultado é a melhoria na motivação.

Uma das unidades de produção da Xerox Corporation, em Nova York, estava perdendo dinheiro.[6] A alta direção da empresa concluiu que a única alternativa seria subcontratar a produção de alguns componentes. Em uma tentativa de salvar 180 funcionários da demissão, uma equipe de funcionários foi formada para reunir propostas para economizar. Após seis meses de esforços e análises intensas, a equipe propôs ampla série de mudanças que projetavam uma economia de despesas anual de US$ 3,7 milhões. A recomendação foi aceita pela gerência e pelo sindicato, evitando as demissões e tornando a unidade novamente lucrativa. Os membros da equipe, com a ajuda de vários outros funcionários interessados, tiveram uma forte motivação para contribuir e foram bem-sucedidos.

Aceitação da Responsabilidade Finalmente, a participação encoraja as pessoas a aceitarem responsabilidades nas atividades de seus grupos. Esse é um processo social por meio do qual as pessoas se tornam envolvidas na organização, comprometidas com ela e desejosas de que a empresa seja bem-sucedida. Quando as pessoas falam sobre suas organizações, começam a dizer "nós" no lugar de "eles". Quando percebem um problema, ele é "nosso", e não "deles". A participação auxilia as pessoas a se tornarem bons cidadãos organizacionais em lugar de operários sem reação, autômatos.

> A responsabilidade constrói o espírito de trabalho em equipe.

À medida que os indivíduos começam a aceitar responsabilidade pelas atividades do grupo, percebem que isso é uma maneira de fazer o que desejam fazer, ou seja, realizar uma atividade pela qual se sentem responsáveis. Essa idéia de fazer que o grupo deseje o trabalho em equipe é um passo fundamental na criação de uma unidade de trabalho bem-sucedida. Quando as pessoas quiserem fazer algo, irão encontrar uma forma. Sob essas condições, os funcionários enxergam os gerentes como indivíduos que contribuem e dão apoio para a equipe. Os funcionários estão prontos para trabalhar ativamente com os gerentes no lugar de trabalharem reativamente contra eles.

Por que a Participação é Popular?

Os gerentes têm reconhecido durante anos os diversos benefícios da participação, mas esses benefícios foram primeiro demonstrados de maneira experimental nos estudos clássicos sobre a indústria realizados por Roethlisberger, Coch e French, e outros.[7] Conduzidos por habilidosos cientistas sociais sob condições controladas, tais experimentos foram úteis para atrair a atenção para o valor potencial da participação. Seus esforços coletivos sugeriram a proposição geral de que, *especialmente na introdução de mudanças, a participação tende a melhorar o desempenho e a satisfação com o trabalho*. Pesquisas posteriores feitas em organizações confirmaram essa proposição, conforme fora sugerido pelos autores de uma ampla revisão da literatura: "A participação pode ter efeitos estatisticamente significativos sobre o desempenho e a satisfação" (embora a dimensão dos efeitos nem sempre seja grande).[8]

> Conclusões da pesquisa

Há boas razões para o aumento do interesse sobre participação. As empresas nos Estados Unidos estão lutando para competir em um mercado global. Conseqüentemente, estão demonstrando grande interesse em qualquer prática gerencial que ofereça aumento da produtividade ou que abrevie o tempo de introdução de novos produtos no mercado.[9] As práticas participativas apressam a conquista desses objetivos ao colocarem mais responsabilidade nos níveis hierarquicamente inferiores da organização e ao acelerarem o processo de aprovação. As práticas participativas também proporcionam oportunidades mais rápidas de poder para alguns trabalhadores, em uma força de trabalho cada vez mais diversificada, uma vez que eles não necessitam mais aguardar até alcançar os níveis organizacionais mais elevados para que lhes seja permitido contribuir de modo significativo.

A participação também parece ajudar a satisfazer a crescente necessidade dos funcionários por significado e realização no trabalho. Essa busca por *espiritualidade*, ou harmonia de todas as facetas da vida, como se esse processo fosse conduzido por um poder (religioso) superior, tem desafiado organizações como Tom's of Maine, Boeing, Lotus Development e Medtronic a encontrar formas para restaurar uma "alma" para os locais de trabalho.[10] As organizações descobriram que os funcionários estão em busca de um senso de significado, a oportunidade para usarem suas mentes e uma chance para devotarem seus esforços para um propósito superior em seus trabalhos. Uma participação significativa pode ajudar a preencher tais necessidades.

A espiritualidade no trabalho

Outras razões para o uso popular das práticas participativas são merecedoras de citação. O nível educacional da força de trabalho normalmente proporciona aos trabalhadores capacidades únicas que podem ser aplicadas criativamente para a solução de problemas profissionais. Esses funcionários também adquiriram um *desejo* maior de influenciar as decisões relacionadas ao trabalho e uma *expectativa* de que lhes seria permitido participar dessas decisões. Um argumento igualmente forte poderia ser apresentado no sentido de que a participação seja um **imperativo ético** para os gerentes. Tal visão baseia-se na conclusão de que atividades não-participativas poderão causar danos psicológicos e físicos para os funcionários no longo prazo. Como resultado dessas três forças orientadoras (ver Figura 8.2), os gerentes precisam criar condições participativas que venham a permitir aos funcionários interessados experimentar sentimentos de *empowerment* em seus trabalhos.

Desejos, expectativas e imperativos éticos

FIGURA 8.2
Forças que Afetam o Uso Maior da Participação

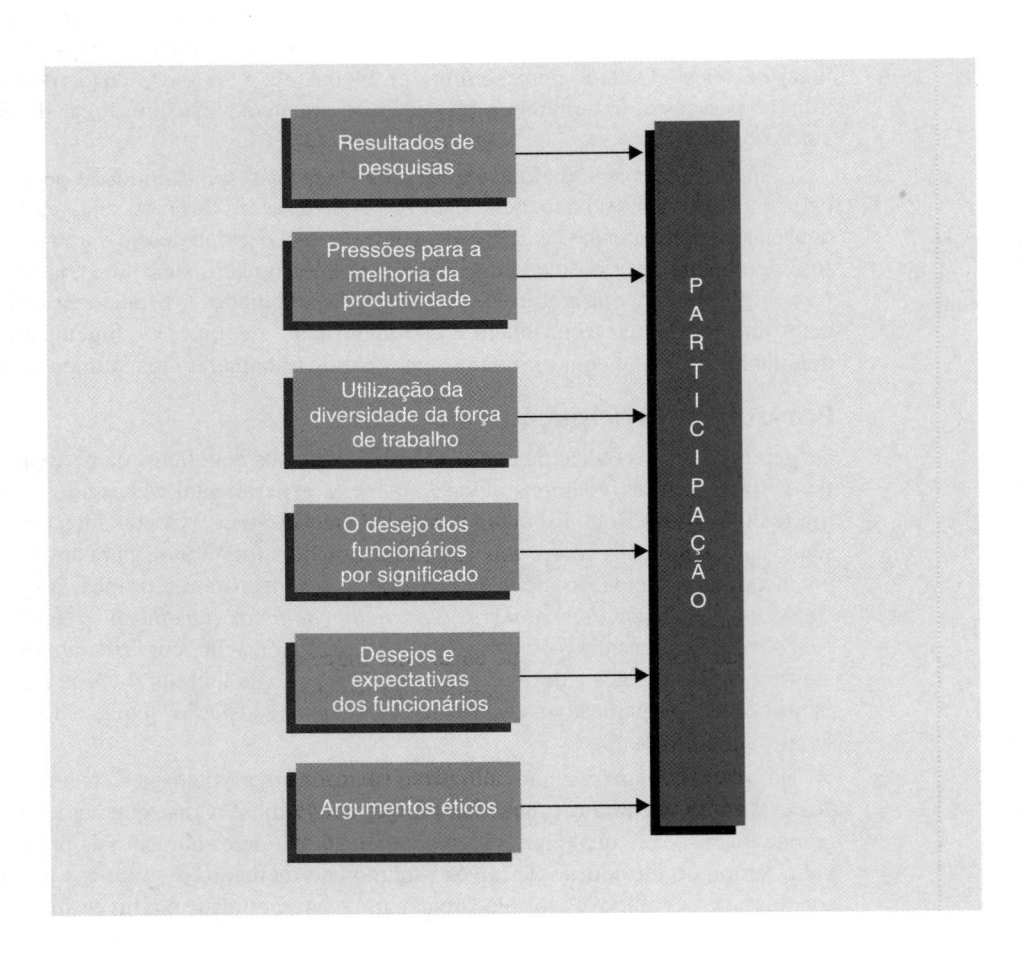

- Resultados de pesquisas
- Pressões para a melhoria da produtividade
- Utilização da diversidade da força de trabalho
- O desejo dos funcionários por significado
- Desejos e expectativas dos funcionários
- Argumentos éticos

→ PARTICIPAÇÃO

Benefícios da Participação

Em diversos tipos de organização, sob condições de operação variadas, a participação tem contribuído com uma série de benefícios. Alguns deles são diretos; outros são menos tangíveis. A participação normalmente leva a um *output* maior e de melhor qualidade. Em certos tipos de operação, somente a melhoria da qualidade já é suficiente para justificar o tempo investido na participação. Os funcionários freqüentemente fazem sugestões para aperfeiçoamentos tanto da qualidade quanto da quantidade. Embora nem todas as idéias sejam úteis, aquelas que podem ser assim consideradas produzem melhorias legítimas no longo prazo.

> Kelly é a supervisora de uma equipe de uma metalúrgica nos Estados Unidos. Quando assumiu essa posição, ela descobriu que o custo anual para a reposição das luvas de trabalho (com alto grau de proteção térmica para suportar o contato com aço derretido) era de espantosos US$ 144 mil. Logo, ela levou esse problema à atenção da equipe de trabalho e solicitou seu envolvimento para a redução dos custos. Com base nas idéias da equipe e na adoção de suas próprias sugestões, o custo de reposição de luvas caiu rapidamente para menos de US$ 1 mil/mês e estabilizou-se abaixo de US$ 9 mil/ano. Sua abordagem participativa reduziu o custo desse item para menos de 6% do nível anterior.

A participação tende a melhorar a motivação porque os funcionários sentem-se mais aceitos e envolvidos nas situações. Sua auto-estima, satisfação com o trabalho e cooperação com a gerência também podem melhorar. Os resultados normalmente são: redução de conflitos e estresse, mais comprometimento com as metas e melhor aceitação das mudanças.[11] Os índices de absenteísmo e rotatividade podem ser reduzidos, pois os funcionários sentem que possuem um lugar melhor para trabalhar e que estão sendo mais bem-sucedidos na realização de suas atividades. Finalmente, o ato de participação em si mesmo estabelece uma comunicação mais apurada, porque as pessoas discutem conjuntamente seus problemas. A administração tende a oferecer mais informações aos trabalhadores sobre as finanças e operações da organização, e o compartilhamento dessas informações permite aos funcionários apresentar sugestões de qualidade superior.

Os benefícios podem surgir lentamente.

Os resultados demonstram claramente que a participação possui amplos efeitos sobre o sistema, o que influencia favoravelmente diversos *outputs* organizacionais. Os benefícios, no entanto, podem não aparecer imediatamente. Quando uma companhia adotou a gestão participativa, previu que seriam necessários *dez anos* para que os efeitos fossem totalmente percebidos. Se a cultura organizacional é modificada (um processo lento), então o sistema como um todo se torna mais eficaz.

COMO FUNCIONA A PARTICIPAÇÃO

O Processo Participativo

Um modelo simples do processo participativo é apresentado na Figura 8.3. Esse modelo indica que, em muitas situações, os programas participativos resultam em envolvimento mental e emocional que produz resultados geralmente favoráveis, tanto para os funcionários quanto para a organização. Funcionários participativos estão geralmente mais satisfeitos com seu trabalho e com seu supervisor, e sua auto-eficácia aumenta como resultado de seu recém-descoberto *empowerment*.[12]

FIGURA 8.3
O Processo Participativo

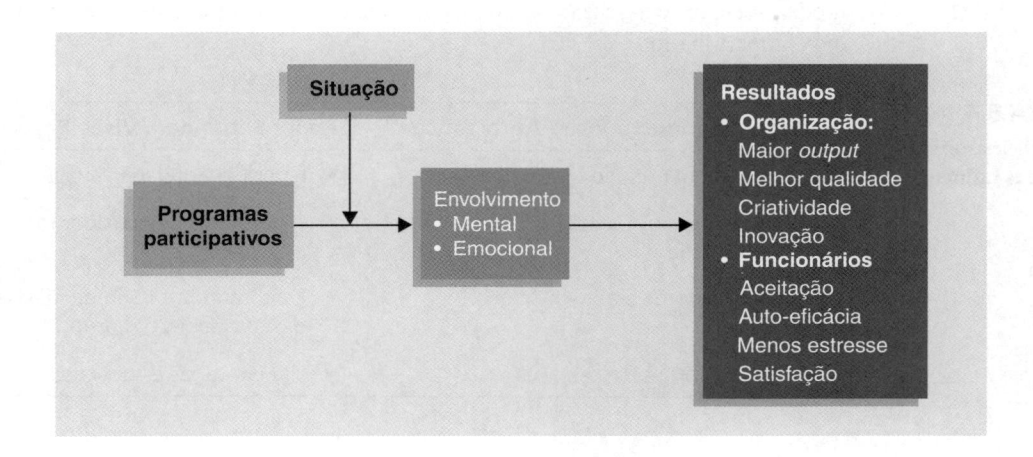

Programas participativos → Situação → Envolvimento
- Mental
- Emocional

→ Resultados
- **Organização:**
  Maior *output*
  Melhor qualidade
  Criatividade
  Inovação
- **Funcionários**
  Aceitação
  Auto-eficácia
  Menos estresse
  Satisfação

Grande parte do restante deste capítulo identifica importantes programas participativos e discute seus méritos relativos. Antes de revisarmos a variedade de práticas utilizadas nos dias de hoje, três questões serão discutidas: o que acontece com o gerente em programas participativos, quais são os pré-requisitos para uma participação bem-sucedida e quais fatores situacionais afetam o sucesso dos programas participativos.

O Impacto sobre o Poder Gerencial

Troca Líder-Membro A participação é um processo de compartilhamento entre gerentes e funcionários. Ela é construída com base no **modelo de troca líder-membro** de liderança.[13] Esse modelo sugere que os líderes e seus seguidores desenvolvam um relacionamento recíproco e único, no qual o líder delega, informa, consulta, orienta, elogia ou recompensa de forma seletiva os funcionários. Em troca, cada subordinado contribui, em vários graus, com a realização de tarefas, a lealdade e o respeito ao gerente. A qualidade dos relacionamentos varia, dependendo do equilíbrio das trocas realizadas, com alguns funcionários obtendo um *status* de favorecimento (chamado "grupo de dentro") e outros percebendo algumas injustiças com relação à forma como são tratados (denominado "grupo de fora"). As percepções dos gerentes também são importantes. Se um gerente acreditar que um funcionário tem alta capacidade e que existe um relacionamento de trocas de alta qualidade, é mais provável que ele permita um grau maior de influência em suas decisões por parte desse funcionário.

> Relacionamentos recíprocos se desenvolvem.

Quando os gerentes inicialmente consideram a necessidade de fazer *empowerment* com os funcionários por meio da participação, eles normalmente se perguntam: "Se eu compartilhar autoridade com meus funcionários, não vou perder uma parte dela?". Esse é um medo natural que surge a partir da visão dos gerentes como agentes controladores, mas não é justificável porque os gerentes normalmente ainda detêm a autoridade final. Tudo o que eles fazem é compartilhar o uso da autoridade para que os funcionários tenham um sentimento maior de envolvimento com a organização. Os gerentes envolvem-se em um intercâmbio social de mão dupla com seus funcionários, em contraste com a imposição de idéias de cima para baixo. Eles demonstram sua confiança no potencial dos funcionários ao oferecerem algum poder; em troca, recebem criatividade e comprometimento.

Duas Visões sobre o Poder Por mais estranho que pareça, a participação pode realmente aumentar o poder tanto dos gerentes quanto dos funcionários. Esses últimos ganham, claramente, mais poder com a participação, mas e os gerentes? A visão autocrática da administração afirma que o poder possui uma quantidade limitada, de forma que alguém deve perder poder para que o outro possa ganhar.

> A participação aumenta a influência.

Entretanto, conforme mostrado na Figura 8.4, a visão participativa ressalta que o poder em um sistema social pode ser aumentado sem que seja necessário retirá-lo de outra pessoa.[14] O processo funciona da seguinte forma: o poder gerencial depende em parte da confiança do funcionário na administração, de um sentimento de equipe e de um senso de responsabilidade. A participação melhora essas condições. Se os funcionários se sentirem mais cooperativos e responsáveis, provavelmente se mostrarão mais receptivos às tentativas da gerência de influenciá-los. De certa forma, os gerentes fazem transações sociais com seus grupos de trabalho que acabam por desenvolver valores como maior boa vontade e responsabilidade. Tais valores são similares aos de uma conta de poupança da qual os gerentes poderão fazer saques posteriores, talvez com juros, quando precisarem utilizar esse poder. A seguir é apresentado um exemplo que mostra como um gerente pode aumentar seu poder ao compartilhá-lo.

FIGURA 8.4
Duas Visões sobre o Poder e a Influência

Poder Segundo a Visão Autocrática	Poder Segundo a Visão Participativa
• É uma quantidade fixa.	• É uma quantidade variável.
• Surge a partir da estrutura de autoridade.	• Provém das pessoas por meio de canais oficiais e extra-oficiais.
• É aplicado pela administração.	• É aplicado por meio de idéias compartilhadas e das atividades em grupo.
• Flui de forma descendente.	• Flui em todas as direções.

A gerente de uma empresa de computadores, com mais de 50 funcionários, sentiu que algumas mudanças eram necessárias. No começo, ela tentou a abordagem autocrática usual, auxiliada por um consultor. As mudanças desejadas foram propostas, mas os funcionários não se mostravam propensos a aceitá-las. Finalmente, o esforço foi abandonado.

A gerente continuou a pensar que as mudanças eram necessárias e, então, um ano mais tarde, decidiu tentar novamente, utilizando abordagens mais participativas. Ela discutiu a necessidade com sua supervisora e com vários funcionários importantes. Posteriormente, criou comitês para examinar partes designadas de um estudo de autodiagnóstico. Os grupos trabalharam intensamente e em poucos meses submeteram um relatório competente que recomendava uma série de importantes mudanças. Nesse ponto, os funcionários experimentaram um sentimento de orgulho e participação pelo relatório. O relatório era deles. Eles o haviam criado. O resultado foi um esforço genuíno para implementá-lo. Com o apoio total de todo o grupo, eles realizaram mudanças substanciais. A participação aumentou o poder e a influência da gerente.

Pré-requisitos da Participação

O sucesso da participação está diretamente relacionado à forma como certos pré-requisitos são atendidos, como mostrado na Figura 8.5. Alguns desses pré-requisitos estão intrinsecamente ligados aos participantes; outros existem no ambiente que os cerca. Eles mostram que a participação funciona melhor em algumas situações que em outras — e, em certas situações, ela nem mesmo funciona. Os pré-requisitos mais importantes são os seguintes:

1. Os funcionários devem ter *tempo para participar* antes que a ação seja solicitada. Participação dificilmente é adequada em situações de emergência.
2. Os potenciais *benefícios da participação devem ser maiores que os custos*. Os funcionários, por exemplo, não podem devotar tanto tempo para a participação que ignorem suas atividades.
3. O assunto da participação deve ser *relevante e interessante* para os funcionários; caso contrário, eles a enxergarão apenas como mais outra ocupação qualquer.
4. Os participantes deverão ter a *capacidade*, tal como inteligência e conhecimento técnico, *para participar*. Não é muito indicado, por exemplo, solicitar aos vigilantes de um laboratório farmacêutico para participarem da decisão sobre qual das cinco fórmulas merecem prioridade nas pesquisas; no entanto, eles poderão participar ajudando a resolver outros problemas relacionados a suas atividades.
5. Os participantes devem ser *capazes de comunicar-se mutuamente* — falar a mesma linguagem — para permitir a troca de idéias.
6. *Nenhuma das partes deverá sentir que sua posição é ameaçada* pela participação. Se os funcionários acharem que seus *status* poderão ser negativamente afetados, eles não participarão. Se os gerentes perceberem que sua autoridade está ameaçada, eles poderão recusar-se a participar ou permanecerão na defensiva. Se os funcionários sentirem que a segurança de seus empregos está em risco, eles terão uma chance menor de participar de forma completa.

FIGURA 8.5
Pré-requisitos para Participação

1. Tempo adequado para participar.
2. Os benefícios potenciais devem ser maiores que os custos.
3. Relevância para os interesses dos funcionários.
4. Capacidades adequadas do funcionário para lidar com o assunto.
5. Capacidade de comunicar-se mutuamente.
6. Nenhum sentimento de ameaça para nenhuma das partes participantes.
7. Restrição para a área de liberdade profissional.

Área de Liberdade Profissional

7. A participação para decidir o curso de ação somente deverá ocorrer *dentro da área de liberdade profissional do grupo*. Algum grau de restrição é exigido no tocante às partes da organização, com o objetivo de se manter a unidade do todo. Cada subunidade separada não poderá tomar decisões que violem a política, os acordos coletivos, as exigências legais nem as restrições similares. Do mesmo modo, o ambiente físico (uma inundação que resulte no fechamento de uma fábrica é um exemplo extremo) e as limitações pessoais (como a inaptidão dos funcionários com equipamentos eletrônicos) impõem restrições. A **área de liberdade profissional** de qualquer departamento é representada por sua esfera de decisão após todas as restrições terem sido aplicadas.

Dentro da área de liberdade profissional, a participação existe ao longo de um contínuo, conforme pode ser observado na Figura 8.6. Durante determinado período, um gerente praticará a participação em pontos diferentes ao longo desse mesmo contínuo. Ou seja, o gerente pode buscar as idéias do grupo antes de decidir sobre o cronograma de férias, mas o mesmo gerente poderá optar por um cronograma de horas extras independentemente. De forma semelhante, um gerente pode achar necessário limitar a participação utilizada com um funcionário, ao mesmo tempo que consulta livremente outro (essa prática é consistente com o modelo Hersey-Blanchard, discutido no Capítulo 7). Como uma abordagem consistente proporciona aos funcionários um ambiente previsível, cada gerente se torna gradualmente identificado com algum estilo geral de participação como sua prática usual. Os termos populares utilizados para designar as quantidades de participação ao longo

FIGURA 8.6
A Participação Existe ao Longo de um Contínuo

Fonte: Adaptado de TANNENBAUM, Robert; SCHMIDT, Warren H. How to Choose a Leadership Pattern. *Harvard Business Review*, mar./abr. 1958, p. 96.

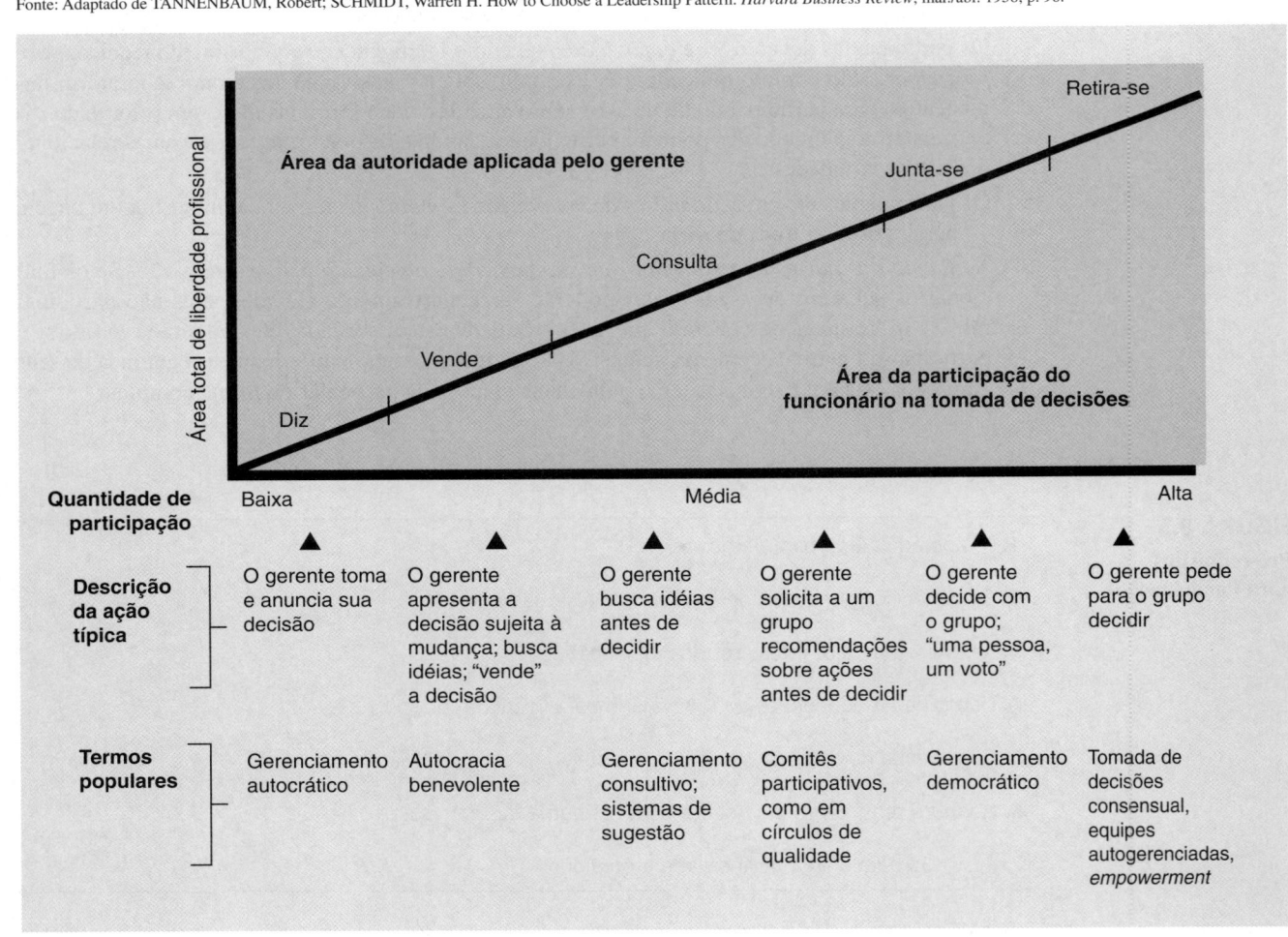

Quantidade de participação	Baixa			Média			Alta
Descrição da ação típica	O gerente toma e anuncia sua decisão	O gerente apresenta a decisão sujeita à mudança; busca idéias; "vende" a decisão	O gerente busca idéias antes de decidir	O gerente solicita a um grupo recomendações sobre ações antes de decidir	O gerente decide com o grupo; "uma pessoa, um voto"		O gerente pede para o grupo decidir
Termos populares	Gerenciamento autocrático	Autocracia benevolente	Gerenciamento consultivo; sistemas de sugestão	Comitês participativos, como em círculos de qualidade	Gerenciamento democrático		Tomada de decisões consensual, equipes autogerenciadas, *empowerment*

Pontos no contínuo (da esquerda para a direita): Diz, Vende, Consulta, Junta-se, Retira-se.

Eixo vertical: Área total de liberdade profissional.
Área da autoridade aplicada pelo gerente / Área da participação do funcionário na tomada de decisões.

O Que os Gerentes Estão Lendo

A liderança democrática (utilizando participação, valorizando os *inputs* e construindo o consenso) é um dos seis estilos distintos recomendados pelos autores de *Primal leadership*. Eles argumentam que os gerentes devem buscar tornar-se líderes ressonantes, que estejam atentos aos sentimentos das pessoas e as orientem em uma direção positiva. A ressonância decorre naturalmente da inteligência emocional, a qual se baseia em duas competências pessoais e duas competências sociais:

1. Competências pessoais — autoconsciência e autogestão.
2. Competências sociais — consciência social e gestão de relacionamentos.

Líderes emocionalmente inteligentes monitoram seus sentimentos continuamente, ajustam-se para se enquadrarem nas situações e tomam decisões eficazes sobre como liderar seus funcionários.

Fonte: GOLEMAN, Daniel et al. *Primal Leadership*: Realizing the Power of Emotional Intelligence. Boston: Harvard Business School Press, 2002.

---

desse contínuo representam ampla área do contínuo, em vez de pontos específicos. Vários desses termos serão definidos posteriormente neste capítulo.

Fatores Contingenciais

Com a utilização de muitas idéias comportamentais, diversos fatores contingenciais influenciam o sucesso dos programas participativos. Eles podem ser encontrados no ambiente, na organização, em sua liderança, na natureza das atividades realizadas ou nos funcionários. Por exemplo, as culturas nacionais e os sistemas políticos variam bastante em todo o mundo, resultando em um ambiente restritivo para participação em uma ditadura e em um ambiente mais favorável em uma democracia. As práticas organizacionais também precisam ser adaptadas à velocidade das mudanças em seus ambientes, os quais podem variar de estáveis a turbulentos.

No Capítulo 7, discutimos o impacto dos princípios das Teorias X e Y na seleção do estilo de liderança de um gerente. As evidências também sugerem que as crenças e os valores dos altos executivos, conforme refletidos na cultura da organização, têm profundo impacto sobre o uso da participação pelos gerentes dos níveis inferiores. As características da atividade precisam ser examinadas antes de se optar por um programa participativo; tarefas que, intrinsecamente, sejam geradoras de satisfação podem diminuir a necessidade de maior participação, enquanto tarefas de rotina podem sugerir que a participação produziria resultados benéficos. Os funcionários podem estar envolvidos em uma variedade de tarefas, incluindo o estabelecimento de metas, a tomada de decisões, a solução de problemas e o planejamento de importantes mudanças organizacionais.

Inteligência Emocional A **inteligência emocional** do líder é um fator contingencial importante e que afeta a participação dos funcionários. Ela se refere a uma combinação de capacidades — conhecer e compreender seus próprios sentimentos, perceber por que você se sente daquela forma específica e gerenciar efetivamente suas emoções. Um conjunto paralelo de habilidades lida com a capacidade do líder de avaliar e administrar as emoções de seus funcionários. Líderes emocionalmente inteligentes utilizam sua empatia, compaixão, otimismo, humor, integridade, atenção e persuasão para construir o tipo de relacionamento com seus funcionários que assegure a eles que seus talentos e contribuições serão utilizados de forma eficaz para o benefício de todos. Os gerentes que possuem pouca inteligência emocional normalmente carecem de sensibilidade acerca das emoções e das necessidades de seus funcionários, e possuem uma probabilidade menor de utilizar as abordagens participativas efetivamente.

Distinguindo as Necessidades dos Funcionários por Participação Alguns funcionários desejam um grau de participação maior que outros. Como mencionado anteriormente, trabalhadores com mais formação educacional e de nível hierárquico mais elevado buscam, normalmente, aumentar

Compare a participação desejada com a participação real.

sua participação, pois se sentem mais preparados para realizar contribuições úteis. Quando não lhes é permitido contribuir, eles tendem a apresentar desempenho mais baixo, satisfação menor, auto-estima baixa e mais estresse. Entretanto, outros funcionários desejam apenas um patamar mínimo de participação e não se aborrecem se não estiverem ativamente envolvidos.

A diferença entre a participação desejada e a participação real de um funcionário oferece uma medida da eficácia potencial da participação, assumindo-se que o funcionário possua a capacidade de contribuir. Quando os funcionários desejam mais participação do que possuem, estão "participativamente carentes", com a ocorrência de uma **subparticipação**. Por outro lado, quando eles têm mais participação do que desejam, estão "participativamente saturados" e há uma situação de **superparticipação**.

Quando houver subparticipação ou superparticipação, as pessoas estarão menos satisfeitas que aquelas que possuam um nível de participação que mais se aproxima de suas necessidades. Esse relacionamento é demonstrado na Figura 8.7. À medida que a participação torna-se mais próxima de satisfazer as necessidades maiores ou menores a ela relacionadas (quadros 1 e 3), a satisfação com essa prática aumenta. De modo contrário, caso haja uma quantidade maior ou menor que a esperada (quadros 2 e 4), os funcionários ficarão insatisfeitos. Participação não é algo que deva ser aplicado de maneira igual para todas as pessoas. Em vez disso, ela deve preencher as necessidades de cada indivíduo (caso outros fatores contingenciais o permitam).

> Solicitou-se a um consultor avaliar as atitudes dos funcionários em um departamento de uma companhia. Uma questão apresentada aos funcionários enfocava a freqüência segundo a qual lhes era permitido participar da tomada das decisões. O contraste nas respostas foi espantoso. Um deles, por exemplo, respondeu: "O tempo todo — cerca de três a quatro vezes por semana". Outro respondeu afirmando: "Quase nunca — somente três ou quatro vezes por semana".

Torna-se aparente, a partir desse exemplo, que as *percepções* dos funcionários sobre a situação são extremamente importantes. A evidência sugere que a participação será mais eficaz quando os funcionários sentirem que, se houver uma contribuição válida a fazer, ela seja apreciada pela organização; e que eles sejam recompensados por isso. Também é imperativo que os funcionários acreditem que a administração está verdadeiramente interessada em suas idéias e que ela as utilizará, de forma que seu tempo e sua energia não serão desperdiçados.

FIGURA 8.7
Produtos do Relacionamento entre a Participação Desejada por um Funcionário e o Uso dessa Disponibilidade pela Gerência

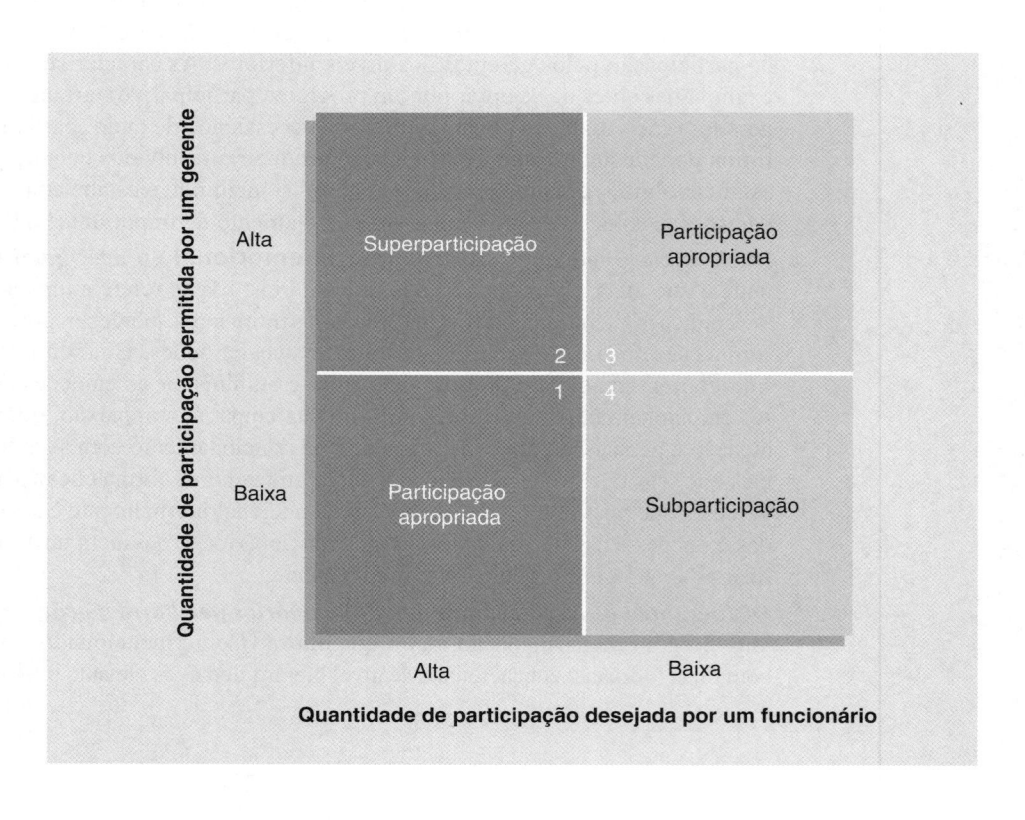

	Alta	Baixa
Alta (Quantidade de participação permitida por um gerente)	Superparticipação (2)	Participação apropriada (3)
Baixa	Participação apropriada (1)	Subparticipação (4)

Quantidade de participação desejada por um funcionário

> **Uma Questão Ética**
>
> Após a erupção das violações, completamente inaceitáveis, das práticas éticas nas corporações em todos os Estados Unidos, um gerente astuto decidiu que a melhor abordagem seria confrontar a questão diretamente — antes que qualquer problema importante surgisse em seu departamento. Ele reuniu sua equipe, identificou uma série de comportamentos potencialmente antiéticos e solicitou a apresentação de respostas da equipe de forma confidencial. Para seu espanto e surpresa, seus funcionários ofereceram várias justificativas para a adoção de comportamentos antiéticos, como a pressão por resultados de curto prazo. Além disso, mencionaram diversos clichês, por exemplo, "Todos fazem isso", "Se ninguém sai prejudicado, então tudo bem", "Eles me devem" e "É apenas parte do trabalho, não é?". Como *você* responderia a essas colocações?

Responsabilidades dos Funcionários e dos Gerentes Um elemento contingencial crítico para o sucesso de qualquer programa participativo é o grau segundo o qual os funcionários reconhecem que as oportunidades oferecidas são acompanhadas por um conjunto de responsabilidades. Em uma situação ideal, todos os funcionários concordariam com:

Expectativas para os funcionários

- Ser totalmente responsável por suas ações e suas conseqüências.
- Operar de acordo com as políticas organizacionais mais relevantes.
- Contribuir com os membros da equipe.
- Respeitar e buscar utilizar as perspectivas das outras pessoas.
- Ser confiável e ético nas suas ações associadas ao uso do poder.
- Demonstrar autoliderança responsável.

Essas responsabilidades dos funcionários proporcionam um equilíbrio com relação às responsabilidades do gerente:

Expectativas para os gerentes

- Identificar os problemas a serem enfrentados.
- Especificar o nível de envolvimento desejado.
- Oferecer informações e treinamento relevantes.
- Alocar recompensas justas.

PROGRAMAS VOLTADOS À PARTICIPAÇÃO

Podemos compreender um pouco melhor a forma como a participação opera se examinarmos alguns programas selecionados para desenvolvê-la. Ampla linha de programas, variando dos mais modestos até os mais sofisticados, é apresentada na Figura 8.8. Tais programas normalmente são grupos de práticas similares que têm seu foco em abordagens específicas da participação. Uma ou mais delas podem ser usadas em uma única companhia. Algumas organizações oferecem algum poder de decisão aos seus gerentes para que eles escolham quais programas desejam usar em suas áreas, enquanto outras companhias determinam a utilização de uma abordagem específica em toda a empresa. Além de diferirem consideravelmente quanto à natureza, eles também variam quanto à formalidade, ao grau de envolvimento direto ou indireto, à oportunidade para exercer influência e ao tempo de envolvimento. Quando uma empresa utiliza tanto uma abordagem muito significativa que tenha ampla aplicação quanto um número suficiente de programas para desenvolver um sentimento substancial de *empowerment* entre seus funcionários, diz-se que ela aplica um modelo de **gestão participativa**.

Programas de Sugestão

Os **programas de sugestão** são planos formais utilizados para estimular os funcionários a apresentar recomendações individuais de melhorias associadas ao trabalho. Em muitas companhias, os funcionários cujas sugestões resultem em economia de gastos podem receber uma recompensa

FIGURA 8.8
Tipos Selecionados de Programas Participativos

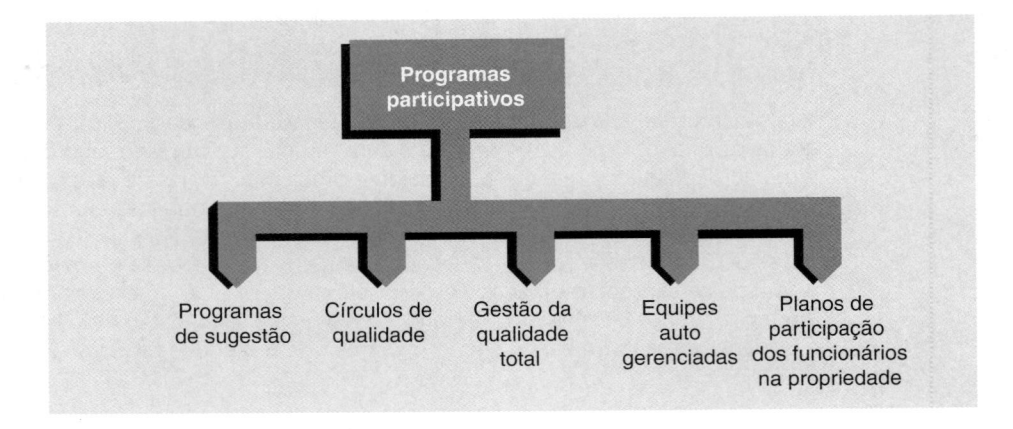

Programas participativos:
- Programas de sugestão
- Círculos de qualidade
- Gestão da qualidade total
- Equipes auto gerenciadas
- Planos de participação dos funcionários na propriedade

monetária na proporção das economias realizadas no primeiro ano. Assim, a recompensa pode variar de US$ 25 a US$ 50 mil, em casos excepcionais. As sugestões são verificadas quanto à sua aplicabilidade e relação custo–benefício, resultando no índice de aproveitamento de até 25% em muitas organizações.[15]

Áreas problemáticas

Embora muitos programas de sugestão forneçam idéias úteis, eles são uma forma limitada de participação que ressalta a iniciativa individual, no lugar das soluções coletivas ou do trabalho em equipe. Apenas uma pequena fração dos funcionários apresenta regularmente sugestões em muitas empresas; o restante dos funcionários pode não sentir nenhum nível significativo de envolvimento com o programa. Além disso, atrasos no processamento das sugestões e rejeições de idéias aparentemente boas podem causar retrocesso entre os participantes. Alguns supervisores talvez tenham dificuldade para analisar construtivamente as sugestões, preferindo percebê-las como críticas às suas próprias capacidade e práticas.

Ênfase na Qualidade

Durante muitos anos, tanto as empresas sindicalizadas quanto as não sindicalizadas têm organizado grupos de trabalhadores e de gerentes em comitês para analisar e resolver problemas. Esses comitês também podem ser chamados grupos de trabalho, comitês de relações trabalhistas, força-tarefa para melhoria das condições de trabalho ou grupos de envolvimento. Eles possuem ampla utilidade no aperfeiçoamento da produtividade e das comunicações porque grande parte dos funcionários pode participar deles. Abordagens populares para esse propósito são os círculos de qualidade e a gestão da qualidade total.

Círculos de Qualidade Grupos voluntários que recebem treinamento em técnicas estatísticas e capacitação para resolução de problemas, e depois se reúnem para produzir idéias para a melhoria da produtividade e das condições de trabalho, são conhecidos como **círculos de qualidade**. Eles se encontram regularmente — com freqüência em horário de expediente — e produzem soluções que devem ser avaliadas e implementadas pela administração. Os círculos de qualidade expandiram-se rapidamente como uma técnica de envolvimento nos Estados Unidos e na Europa, após alcançarem grande sucesso e popularidade no Japão.

Efeitos dos círculos da qualidade

Uma pesquisa realizada em uma empresa de manufaturas comparou as atitudes e o desempenho de seis círculos de qualidade com um grupo de controle de funcionários não envolvidos.[16] A participação no círculo de qualidade influenciou favoravelmente as atitudes dos funcionários com referência à tomada de decisões, à comunicação do grupo e ao sentimento de realização de algo significativo. A produtividade aumentou 23%, contra o crescimento de 2% no grupo controle. O absenteísmo declinou de forma constante no grupo do círculo de qualidade para o nível 27% mais baixo que o do início, enquanto esse mesmo aspecto apresentou um comportamento errático no grupo de comparação.

A abordagem do círculo de qualidade auxilia os funcionários a sentir que exercem alguma influência sobre sua organização, mesmo que nem todas as suas sugestões sejam aceitas pela alta administração. Os círculos de qualidade oferecem oportunidades para crescimento pessoal, realização e reconhecimento. Além disso, os funcionários se comprometem com as soluções que produzem, pois elas lhes "pertencem".

Para serem bem-sucedidos, os círculos de qualidade devem ser utilizados de acordo com os seguintes princípios:

Diretrizes

- Utilize-os para resolver problemas mensuráveis, de curto prazo.
- Obtenha apoio contínuo da alta administração.
- Aplique as habilidades do grupo para os problemas dentro da área de trabalho do círculo.
- Treine os supervisores em habilidades de facilitação.
- Perceba os círculos de qualidade como ponto de partida para outras abordagens mais participativas que serão utilizadas no futuro.

Gestão da Qualidade Total Nem todos os círculos de qualidade foram bem-sucedidos, e algumas empresas que utilizam os círculos de qualidade experimentam dificuldades com eles. Nem todos os funcionários participaram, e, quando o fizeram, freqüentemente analisavam primeiro problemas triviais. Alguns grupos de círculos de qualidade sentiam-se isolados em seus esforços e não conseguiam perceber seu impacto na organização como um todo.

Em resposta a essa experiência diversificada, a pressões constantes relacionadas à competitividade e à oportunidade de reconhecimento nacional (por exemplo, o Malcolm Baldrige National Quality Award), diversas empresas iniciaram um programa de **gestão da qualidade total (TQM)**.[17] A abordagem TQM faz que todos os funcionários envolvam-se no processo de busca de soluções para o aperfeiçoamento contínuo da qualidade. A qualidade de um produto ou serviço torna-se o ponto central para o foco das atenções dos funcionários, e cada etapa dos processos da empresa torna-se objeto de um escrutínio constante e regular, com o objetivo de se buscar meios para melhorá-los. Os funcionários são providos de intenso treinamento na resolução de problemas, na tomada de decisões em grupo e em métodos estatísticos. A abordagem de gestão da qualidade total constitui um programa formal com a participação direta de todos os funcionários. Praticamente qualquer questão está sujeita à investigação, e o processo torna-se contínuo e de longa duração. Conseqüentemente, a TQM parece ser promissora como um programa substancial de gestão participativa.

Amplo envolvimento; treinamento elevado

Equipes Autogerenciadas

Algumas empresas foram além de formas limitadas de participação, permitindo que importantes decisões pudessem ser tomadas por grupos de funcionários (ver a extremidade direita da Figura 8.6). Essas abordagens progressivas incorporam a utilização extensiva de discussões em grupo, que fazem uso completo das idéias e da influência do grupo. Tais grupos normalmente buscam alcançar o apoio consensual para suas ações, e isso reflete muitas das idéias adaptadas do modelo bem-sucedido das empresas japonesas.

Uma versão mais formal da abordagem de decisão em grupo é a equipe autogerenciada. Algumas vezes também chamadas *grupos de trabalho semi-autônomos* ou de *equipes sociotécnicas*, as **equipes autogerenciadas** são grupos naturais de trabalho que recebem um grau maior de autonomia para a tomada de decisões; eles devem controlar seus próprios comportamentos e resultados. Um traço fundamental é o papel decrescente (ou drasticamente modificado) do gerente à medida que os membros aprendem a adquirir novas habilidades. Em razão de seu amplo uso e importância, essas equipes serão discutidas mais detalhadamente no Capítulo 13.

Planos de Participação dos Funcionários na Propriedade

Os funcionários têm sido, freqüentemente, estimulados a "comprar o produto que produz"; hoje, esse *slogan* foi substituído por "compre a companhia na qual você trabalha". A **participação dos funcionários na propriedade** de uma companhia surge quando os funcionários oferecem o capital para adquirir o controle de uma operação existente. O estímulo geralmente provém da ameaça do fechamento de unidades de produção pouco lucrativas, em que os trabalhadores possuem pouca perspectiva de obter outro emprego em uma economia local devastada.

Nos Estados Unidos, a participação dos funcionários na propriedade já foi experimentada em diversos setores, por exemplo, na fabricação de madeiras compensadas, no empacotamento de carnes, na indústria siderúrgica e na produção de móveis. Superficialmente, esses planos parecem oferecer o grau mais elevado de participação na tomada de decisões, à medida que os funcionários assumem o controle.

Uma administração mais eficiente, moral elevado entre os funcionários e melhoria na produtividade são as conseqüências esperadas desse processo.

O National Center for Employee Ownership (Centro Nacional para Participação do Funcionário na Propriedade) pesquisou 3 mil participantes de 37 empresas controladas por funcionários.[18] A participação acionária aumentou, de forma geral, o interesse do pessoal no sucesso financeiro da companhia e encorajou os trabalhadores a permanecer mais tempo na empresa. Contudo, ela não aumentou sua percepção sobre a tomada de decisões. Eles não se sentiram tratados de modo mais igualitário por seus gerentes e também não registraram uma atividade mais intensa no trabalho. Aparentemente, as recompensas financeiras potenciais, associadas à maior compreensão dos problemas e das práticas organizacionais, são os maiores benefícios da participação dos funcionários na propriedade.

A participação na propriedade implica maior envolvimento?

A utilização de planos de participação de funcionários na propriedade continua a se expandir, com mais de 10 milhões de beneficiários somente nos Estados Unidos. Embora grandes companhias, como a Hallmark e a W. L. Gore, tenham algum tipo de programa de participação dos funcionários na propriedade ou nos fundos de ações, os benefícios financeiros podem ser mais aparentes nas empresas menores. A segurança no trabalho também foi conquistada para milhares de trabalhadores que arriscavam perder seus empregos, mas a manutenção dos empregos ainda não está garantida, caso o negócio decline. Contudo, os planos de participação dos funcionários na propriedade não resultam necessariamente em maior controle diário ou em envolvimento direto dos funcionários nas decisões essenciais.[19] Algumas empresas descobriram até mesmo que as diferenças de compensação entre os trabalhadores e a gerência teriam aumentado e, em alguns casos, as relações trabalhadores-gerência haviam se deteriorado com relação aos níveis anteriores. Claramente, a participação dos trabalhadores na propriedade, como qualquer ferramenta participativa, tem custos e benefícios.

CONSIDERAÇÕES IMPORTANTES SOBRE A PARTICIPAÇÃO

Limitações da Participação

No começo deste capítulo, identificamos as principais forças que atuam no sentido de aumentar a prática da participação. Por mais fortes que tais forças sejam, elas são parcialmente contrabalançadas por outros fatores que as empurram para a direção oposta, como aqueles apresentados na Figura 8.9. A seguir, encontra-se um exemplo de tais *limitações na participação*:

Uma companhia seguradora descobriu que o processo de tomada de decisões dos funcionários havia se tornado extremamente independente após a implantação de uma abordagem participativa. Algumas vezes, dois funcionários visitavam o mesmo cliente. Outros funcionários estavam buscando apenas as contas fáceis, deixando o trabalho duro para outras pessoas. Por causa disso, a companhia teve de restaurar alguns controles.

Embora as falhas desse tipo possam ser o resultado de planejamento e implementação inadequados, elas normalmente recebem publicidade indevida, o que encoraja outros gerentes a evitar a participação.

Preocupações Gerenciais sobre Participação

Alguns gerentes têm dificuldade de se ajustar a seus novos papéis em um sistema de alto envolvimento. Eles podem ainda apegar-se às crenças e suposições da Teoria X, temer perder seu *status* como tomadores estratégicos de decisões, ou estar preocupados com o fato de que terão menos poder e controle do que anteriormente. Em uma extensão maior, estas são fontes perceptuais de resistência, mas ainda são fatores muito reais.

Impedimentos para o sucesso

Uma força ainda mais poderosa que atua contra o sucesso dos programas participativos é o fracasso da organização ao preparar adequadamente seus gerentes e funcionários para seus novos papéis em um ambiente com mais autonomia. Um investimento substancial em treinamento é normalmente requerido e questões essenciais precisam ser enfrentadas, como a filosofia que fundamenta a participação e as ferramentas específicas que a ajudam a funcionar de modo eficaz. O uso de programas piloto cuidadosamente desenhados pode definir um caminho para o sucesso, se isso não for feito, problemas encontrados nos estágios iniciais poderão sabotar o esforço principal. Um dos maiores impedimentos para o sucesso é a falta de suporte, ou a resistência aos programas

FIGURA 8.9
Forças que Afetam uma Utilização Reduzida da Participação

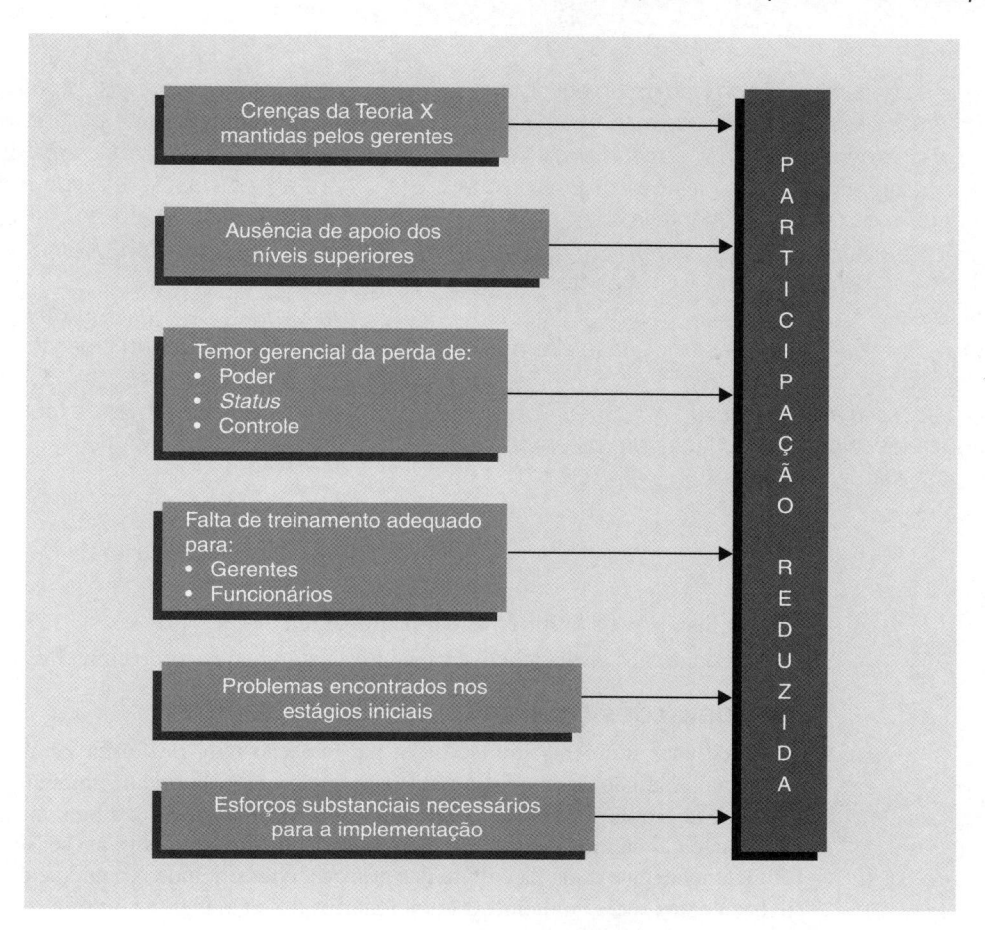

- Crenças da Teoria X mantidas pelos gerentes
- Ausência de apoio dos níveis superiores
- Temor gerencial da perda de:
  - Poder
  - *Status*
  - Controle
- Falta de treinamento adequado para:
  - Gerentes
  - Funcionários
- Problemas encontrados nos estágios iniciais
- Esforços substanciais necessários para a implementação

→ PARTICIPAÇÃO REDUZIDA

participativos, por parte da alta administração. Um grupo de observadores descreveu esse processo de maneira direta ao afirmar: "É praticamente impossível, para pessoas que não têm poder, fazer o *empowerment* de outras pessoas".[20] Da mesma forma que é importante para o cão-líder e para os outros cães que puxam um trenó movimentarem-se na mesma direção, também é essencial que a participação receba apoios verbal e comportamental do CEO e, daí, de modo descendente, de toda a organização.

Os gerentes precisam abandonar seus papéis como juízes e críticos e começar a se ver como *parceiros* dos funcionários. Eles ainda necessitam comunicar uma orientação para sua unidade, ajudar a estabelecer metas desafiantes e monitorar recursos. Mas seu novo papel os convida a ver a si mesmos como "provedores" de uma variedade de recursos humanos e tecnológicos. Esse paradigma de "atendimento" modifica sua ênfase de um foco na direção e controle para o de uma **liderança servidora**, na qual o desafio está em ajudar os outros a conquistar objetivos relevantes enquanto são desenvolvidas habilidades e capacidades.[21]

A essência da liderança servidora é colocar as necessidades dos outros acima de seus interesses próprios.[22] A meta é auxiliar os outros no desenvolvimento pleno de seus talentos, na realização de contribuições significativas e na obtenção de sucesso. Para conseguir isso, os líderes servidores devem esforçar-se para apresentar os seguintes comportamentos-chave:

- Ouvir ativa e enfaticamente.
- Engajar-se na introspecção e melhor compreender suas próprias atitudes e seus sentimentos.
- Tratar os outros com respeito, como semelhantes.
- Buscar o diálogo e freqüentemente parafrasear para garantir a compreensão.
- Reafirmar o valor e as contribuições de cada participante.

Conselhos para Futuros Gerentes

1. *Deixe que os trabalhadores progridam* do envolvimento em problemas simples para outros mais complexos.
2. *Ofereça treinamento relevante aos funcionários* para que eles compreendam as questões organizacionais mais amplas e os relatórios financeiros.
3. *Comunique antecipadamente as áreas em que os funcionários têm liberdade de decisão* e as fronteiras associadas a elas.
4. *Não force os trabalhadores a participar* se eles não desejarem fazê-lo.
5. *Ofereça aconselhamento para os supervisores*, de forma que eles saibam como lidar com o compartilhamento do poder.
6. *Estabeleça metas realistas* para os estágios iniciais de qualquer processo de participação.
7. *Mantenha sempre a filosofia de orientação que embasa a participação em sua mente, de modo firme*, em todos os momentos.
8. *Nunca tente manipular uma decisão* sob a justificativa da participação.
9. *Mantenha um equilíbrio delicado* entre a superparticipação e a subparticipação.
10. *Monitore as percepções dos funcionários* sobre o nível de *empowerment* experimentado.

- Estar disposto a admitir erros e procurar ajuda.
- Criar confiança, articulando seus valores e agindo de acordo com eles.

Considerações Finais

Apesar da suas inúmeras limitações, a participação tem, de forma geral, alcançado um sucesso substancial. Ela não é a resposta para todos os problemas organizacionais, mas a experiência demonstra sua ampla utilidade. A demanda dos funcionários por obter mais poder e utilizar seus talentos não é uma moda passageira nem uma vantagem competitiva a ser ignorada. Ela parece estar profundamente enraizada na cultura das pessoas livres em todo o mundo e é, provavelmente, um desejo básico nos seres humanos. Os funcionários desejam algum controle sobre coisas que os afetam e algum significado para seu trabalho. Os líderes organizacionais precisam dedicar amplos esforços e contínuas discussões para promover a participação como forma de desenvolver alguns dos valores humanos necessários no trabalho. A participação tem sido tão bem-sucedida na prática que ela tem-se tornado amplamente aceita nas nações mais avançadas e se tornará uma ferramenta importante para o progresso das nações em desenvolvimento.

Resumo

Muitos funcionários desejam receber *empowerment*. Se eles puderem executar papel mais significativo nas organizações, seus sentimentos de auto-estima aumentarão e eles poderão contribuir com suas habilidades e esforços para auxiliar a organização a ter sucesso.

Participação é um veículo importante no processo de *empowerment* dos funcionários. Participação é o envolvimento mental e emocional das pessoas em situações de grupo que as encoraja a contribuir para a obtenção das metas coletivas e para o compartilhamento da responsabilidade por elas. Para os funcionários, ela é o resultado psicológico de uma gestão apoiadora.

A participação é um processo compartilhado que pode aumentar o poder dos funcionários e do gerente, pois o poder é um recurso expansível. Quando os pré-requisitos da participação são satisfeitos, ela pode oferecer uma série de benefícios, tanto para funcionários quanto para empregadores. Alguns funcionários desejam uma participação maior que outros, portanto uma abordagem participativa é mais eficaz quando ela satisfaz razoavelmente as necessidades individuais. Quando houver superparticipação ou subparticipação tanto a satisfação quanto o desempenho podem declinar.

Diversos programas participativos podem ser eficazes, e eles variam de acordo com o grau segundo o qual os critérios para o envolvimento total são atendidos. Todos possuem seus benefícios e limitações. Um programa recomendável para alguns funcionários não é necessariamente bom para todos eles. Os gerentes precisam redefinir a si mesmos como "provedores" de recursos e buscar executar papel de líderes servidores, os quais ajudam os outros indivíduos a crescer e a se desenvolver.

Termos e Conceitos para Revisão

Área de liberdade profissional, *186*
Círculos de qualidade, *190*
Empowerment, *179*
Equipes autogerenciadas, *191*
Gestão da qualidade total (TQM), *191*
Gestão participativa, *189*
Imperativo ético, *182*
Inteligência emocional, *187*
Liderança servidora, *193*
Modelo de troca líder-membro, *184*
Participação, *180*
Participação dos funcionários na propriedade, *191*
Programas de sugestão, *189*
Subparticipação, *188*
Superparticipação, *188*

Questões para Discussão

1. Explique o que *empowerment* significa para você. Dê um exemplo de uma ocasião em que você sentiu ter recebido *empowerment*.
2. Pergunte a várias pessoas fora de sua sala de aula o que significa "participação". Caso as respostas sejam diferentes, explique por que isso acontece.
3. Como é possível, para a participação, aumentar o poder e a influência tanto do gerente quanto do funcionários?
4. Discuta os pré-requisitos para participação eficaz. Quais entre eles são mais difíceis de serem preenchidos? Os pré-requisitos mais difíceis ajudam a explicar por que alguns gerentes ainda são relativamente autocráticos?
5. Muitos funcionários desejam um nível de participação mais elevado que aquele atualmente disponível. Por que os gerentes não oferecem mais oportunidades de participação atualmente?
6. Liste os vários benefícios que podem surgir em decorrência da participação. Compare os diversos programas com base no grau que eles provavelmente oferecem tais benefícios.
7. Aplique o modelo de troca líder-membro para o relacionamento professor-estudante. O que uma parte tem a oferecer à outra?
8. Qual era a área de liberdade profissional em seu último emprego? Ela era adequada para suas necessidades? Quais grupos ou instituições restringiam essa liberdade? De que maneira a área era suficientemente ampla?
9. Considere a utilização de equipes autogerenciadas. Quais possíveis conseqüências negativas você pode prever uma vez que elas comecem a funcionar?
10. Considere o uso do papel do instrutor como provedor. De que maneira ele ou ela demonstra a construção, a manutenção e o fortalecimento dessa parceria?

Avalie suas Próprias Habilidades

Até que ponto você exibe boas habilidades relacionadas à recompensa e ao *empowerment*?

Leia as seguintes frases cuidadosamente. Faça um círculo ao redor do número na escala de respostas que reflita da melhor forma possível o grau com que cada afirmação mais bem o descreve. Some o total de pontos e prepare um breve plano de autodesenvolvimento. Esteja pronto para relatar seus resultados, para que eles, juntamente com os resultados dos demais elementos do seu grupo, possam ser tabulados adequadamente.

		Boa descrição									**Má descrição**
1.	Acredito totalmente no valor de oferecer uma autonomia maior para os funcionários.	10	9	8	7	6	5	4	3	2	1
2.	Acredito totalmente no valor de compartilhar de forma ampla as informações relevantes com os funcionários.	10	9	8	7	6	5	4	3	2	1
3.	Acredito que alguns funcionários têm, atualmente, sensação de falta de poder em seus trabalhos.	10	9	8	7	6	5	4	3	2	1

4. Acredito que a maioria dos funcionários deseja ter senso de competência relacionado a seus trabalhos. 10 9 8 7 6 5 4 3 2 1

5. Acredito que uma abordagem participativa possa levar a melhorias tanto de desempenho quanto de satisfação. 10 9 8 7 6 5 4 3 2 1

6. Acredito na criação de um relacionamento individualizado com cada um dos meus funcionários. 10 9 8 7 6 5 4 3 2 1

7. Atribuo alta prioridade ao desenvolvimento de um senso de auto-eficácia, em cada funcionário, que esteja associado à realização das tarefas. 10 9 8 7 6 5 4 3 2 1

8. Aceito o fato de que o poder para funcionários e gerentes possa aumentar nos sistemas participativos. 10 9 8 7 6 5 4 3 2 1

9. Reconheço que uma forma eficaz de proporcionar autonomia aos funcionários é esclarecer sua área de liberdade profissional (fronteiras). 10 9 8 7 6 5 4 3 2 1

10. Aceito o fato de que possa haver um grau de variação muito amplo na quantidade de participação desejada por funcionário. 10 9 8 7 6 5 4 3 2 1

Pontuação e Interpretação

Some o total de pontos obtidos nas dez questões. Registre aqui esse número e relate-o quando for solicitado: _____. Finalmente, insira o total de pontos no gráfico Avalie e Melhore suas Habilidades Associadas ao Comportamento Organizacional no Apêndice.

- Se você obteve um resultado entre 81 e 100 pontos, parece ter uma capacidade sólida para demonstrar boas habilidades relacionadas ao *empowerment*.
- Se você obteve um resultado entre 61 e 80 pontos, deve analisar mais detidamente os itens nos quais obteve uma pontuação mais baixa e revisar o material relacionado a esses assuntos.
- Se você obteve um resultado abaixo de 60 pontos, deveria estar ciente de que um baixo nível em habilidades relacionadas a diversos itens poderá ser prejudicial para o seu futuro sucesso como gerente. Sugerimos a você revisar o capítulo inteiro e permanecer atento com relação aos materiais relevantes que serão apresentados nos capítulos subseqüentes e em outras fontes.

Agora, identifique suas três pontuações mais baixas e escreva os números dessas questões aqui: _____, _____, _____. Faça um parágrafo curto, detalhando para si mesmo um plano de ação para que você melhore cada uma dessas habilidades.

Estudo de Caso

Joe Adams

Joe Adams é supervisor no departamento de montagem final de uma fábrica de peças de automóveis. Trabalhar nesse departamento não é seguro, com a ocorrência de cortes temporários e redução de jornadas de trabalho acontecendo três a quatro vezes por ano. O trabalho é fisicamente difícil, e uma vez que as habilidades exigidas são mínimas, muitos funcionários possuem apenas o ensino médio completo — alguns deles não têm sequer esse diploma. Os procedimentos e a velocidade de trabalho são rigidamente controlados por engenheiros industriais e outros membros da equipe.

Adams participou recentemente de uma conferência de um dia de sua associação de supervisores e descobriu os vários benefícios potenciais da participação. Em suas próprias palavras, "Essa conferência realmente me vendeu a idéia da participação", e agora ele deseja estabelecê-la no departamento de montagem.

A gerência acredita que as condições da linha de montagem não são propícias para participação. Além disso, ela crê que a maioria dos trabalhadores tem a expectativa de que o supervisor desempenhe papel autocrático. Adicionalmente, a gerência acrescentou que o cronograma de produção não possui espaço para discussões durante o horário de expediente. Isso significa que, caso Adams deseje realizar encontros sobre participação, ele deverá fazê-lo após o horário de trabalho e à custa do sacrifício do tempo pessoal dos trabalhadores. Adams tem certeza de que os trabalhadores não desejam permanecer após o expediente por conta própria; de fato, ele não está certo de que eles permaneceriam mesmo que recebessem hora extra.

Questões

1. Recomende um plano de ação para Adams.
2. Algumas entre as idéias seguintes poderiam ser úteis nesse caso: McGregor, Herzberg, McClelland, Fiedler, modelos de comportamento organizacional, pré-requisitos para participação, área de liberdade profissional e programas de participação?

Exercício Vivencial

Empowerment por meio de Participação

O *empowerment* somente ocorre de forma plena quando os funcionários se sentem competentes, valorizados e têm oportunidades para utilizar seus talentos, bem como quando seus trabalhos possuem significado e algum impacto. Trabalhando em grupos de três ou quatro pessoas, atribua conceitos (1 = baixo, 10 = alto) para quanto o grupo sente que cada programa participativo produziria esses sentimentos de *empowerment*. Some, então, os escores. Compartilhe seus resultados com os resultados dos outros grupos e discuta as implicações das suas avaliações.

Programas	*Sentimento de* Empowerment				
	Competência	Valor	Utilização de Talentos	Significado do Trabalho	Resultados Totais
1. Programas de sugestão					
2. Círculos de qualidade					
3. Gestão da qualidade total					
4. Equipes autogerenciadas					
5. Participação dos funcionários na propriedade					

Produzindo Insights sobre CO

Um *insight* diz respeito a uma percepção nova e clara acerca de um fenômeno ou a uma capacidade adquirida para "enxergar" claramente algo sobre o qual você não estava ciente anteriormente. Ele, algumas vezes, simplesmente se refere a um "momento do tipo ah-há!", no qual você obtém uma pequena revelação ou atinge uma conclusão direta sobre um problema ou uma questão.

Os *insights* não precisam necessariamente ser dramáticos, uma vez que aquilo que pode ser considerado um *insight* por uma pessoa pode não o ser pelas demais. A característica fundamental dos *insights* é que eles são importantes e memoráveis para você; eles devem representar novos conhecimentos, novas estruturas ou novas perspectivas para perceber as coisas que você desejaria armazenar e lembrar ao longo do tempo.

Os *insights* são, portanto, diferentes do tipo de informação que você encontra nos textos da seção Conselhos para Futuros Gerentes. Esse formato de conselho é prescritivo e orientado para a ação; ele indica e recomenda determinado curso de ação.

Uma forma útil para pensar sobre os *insights* de CO é partir do princípio de que você foi a única pessoa que leu o Capítulo 8. Você recebeu a tarefa de ressaltar, utilizando suas próprias palavras, os conceitos principais (mas não somente resumir o capítulo todo) que poderiam ser relevantes para um público leigo, que nunca foi apresentado ao tema antes. *Quais são os dez* insights *que você compartilharia em público?*

1. (Exemplo) Nem todos os funcionários compartilham o mesmo nível de desejo para participar da tomada de decisões.
2. _____
3. _____
4. _____
5. _____
6. _____
7. _____
8. _____
9. _____
10. _____

Parte Quatro

Comportamento Individual e Interpessoal

Capítulo Nove

As Atitudes dos Funcionários e seus Efeitos

Uma nova pesquisa conduzida pela Society of Human Resources Management descobriu que 75% dos funcionários dos Estados Unidos estão procurando um novo emprego.
Cora Daniels[1]

Um comportamento [dos funcionários] de cidadania contribui claramente para a competitividade e o desempenho organizacionais.
Mark C. Bolino e William H. Turnley[2]

OBJETIVOS DO CAPÍTULO

COMPREENDER

- A natureza das atitudes e da satisfação no trabalho.
- A relação entre desempenho e satisfação.
- O envolvimento com o trabalho e o compromisso organizacional.
- Alguns efeitos positivos e negativos das atitudes dos funcionários.
- Comportamentos de cidadania organizacional.
- Benefícios do estudo das atitudes dos funcionários.
- Desenho e utilização de pesquisas de satisfação no trabalho.

Hugh Aaron administrava uma pequena companhia de materiais plásticos que havia sofrido muito ao longo de três dolorosas recessões — dolorosa porque, em cada uma dessas ocasiões, Hugh teve de demitir trabalhadores altamente treinados e motivados.[3] Não somente havia sido uma tarefa emocionalmente difícil liberá-los, mas, também, toda vez que os negócios melhoravam, os trabalhadores mais experientes já haviam encontrado outras colocações. A perda desses funcionários exigia que ele contratasse trabalhadores inexperientes, que atrasavam a velocidade necessária para que a empresa alcançasse os níveis anteriores de eficiência. Mesmo aqueles que eram recontratados haviam já perdido algumas de suas habilidades e, em geral, guardavam rancor por causa das demissões. Na tentativa de se protegerem contra futuros cortes, à medida que se aproximava uma nova onda recessiva, eles diminuíam o ritmo de produção a fim de retardar as demissões seguintes. Tal prática, no entanto, apenas acelerava a velocidade das demissões, contribuindo para a manutenção de um círculo vicioso.

Após estudar algumas práticas comportamentais revolucionárias de companhias japonesas, Hugh introduziu mudanças importantes. Em troca de uma simples promessa de eliminação de futuras demissões, os funcionários concordaram em trabalhar quaisquer períodos extraordinários necessários e foram treinados de modo interdisciplinar para que executassem ampla variedade de tarefas. Qualquer auxílio adicional que se fizesse necessário deveria originar-se de aposentados ou de estudantes universitários.

Os resultados foram além das expectativas. O orgulho era evidente; a rotatividade era mínima; o moral disparou, os custos com os seguros de desemprego e de saúde foram reduzidos como conseqüência da manutenção de uma força de trabalho menor e mais estável. As atitudes também melhoraram, conforme ficou evidenciado pela vontade dos funcionários de realizar um esforço adicional e pelo sentimento de coesão no interior do grupo "familiar". Acima de tudo, nenhuma demissão foi necessária nos oito seguintes anos, apesar de eles terem passado por duas outras recessões.

As atitudes dos funcionários são claramente importantes para as organizações, como se pode verificar na história anterior. Quando as atitudes são negativas, elas significam, ao mesmo tempo, um *sintoma* de problemas subjacentes e uma *causa* que contribui para futuras dificuldades em uma companhia. Atitudes em declínio podem resultar em greves, diminuições no ritmo de produção, faltas e rotatividade dos funcionários. Elas também podem ser parcialmente responsáveis por reclamações, baixo desempenho, má qualidade dos produtos e fraco atendimento ao consumidor, furtos por parte de funcionários e problemas disciplinares. Os custos organizacionais associados com as atitudes inadequadas dos funcionários podem reduzir severamente a competitividade de uma organização.

Atitudes favoráveis, por outro lado, são almejadas pela administração, pois tendem a estar conectadas a vários outros resultados positivos que os gerentes desejam. A satisfação dos funcionários e uma produtividade elevada são marcas de organizações bem administradas. Contudo, as pessoas normalmente mantêm um erro de percepção clássico em torno da relação entre satisfação e produtividade — uma relação que será discutida posteriormente neste capítulo.

Um desafio essencial para os gerentes refere-se ao modo como eles vão lidar com funcionários, que *esperam* cada vez mais terem suas atitudes e seus sentimentos reconhecidos, ao mesmo tempo que buscam receber recompensas. Alguns funcionários até mesmo desenvolvem uma atitude de *merecimento* — comportam-se de forma particular, porque acreditam que a sociedade lhes deve algo. No entanto, essas expectativas podem ser irreais. Uma gestão comportamental eficaz, que trabalha continuamente para criar um ambiente humano apoiador em uma organização, pode ajudar a produzir atitudes favoráveis. Este capítulo tem como foco as atitudes dos funcionários com relação a seus trabalhos, as conseqüências de suas atitudes, as formas para a obtenção de informações sobre essas atitudes e as maneiras para utilizar tais informações efetivamente para monitorar e aperfeiçoar a satisfação dos funcionários.

A NATUREZA DAS ATITUDES DOS FUNCIONÁRIOS

As atitudes afetam as percepções.

Atitudes são sentimentos e crenças que determinam, em grande parte, o modo como os funcionários perceberão seus ambientes, comprometer-se-ão com as ações desejadas e se comportarão. As atitudes formam um conjunto mental que afeta a forma como algo é vislumbrado, do mesmo modo que uma janela oferece uma estrutura por meio da qual se enxerga o interior ou o exterior de um edifício. Essa janela permite avistar algumas coisas, mas o tamanho e o formato da estrutura impedem de observar outros elementos. Além disso, a cor do vidro pode afetar a acuidade da percepção, da mesma forma que a "cor" das atitudes tem um impacto sobre a maneira como alguém julga o seu entorno no trabalho. Os gerentes de comportamento organizacional estão essencialmente interessados na natureza das atitudes de seus funcionários com relação a seus empregos, suas carreiras e com relação à própria organização.

Predisposições dos funcionários

Embora muitos dos fatores que contribuem para a satisfação no trabalho estejam sob o controle dos gerentes, também é verdade que as pessoas distinguem-se nas suas disposições pessoais quando entram nas organizações.[4] Algumas pessoas são otimistas, felizes, alegres e educadas; são apontadas como detentoras de uma **afetividade positiva**. Outras são geralmente pessimistas, tristes, irritadiças e, até mesmo, cáusticas; são tidas como possuidoras de uma **afetividade negativa**. Parece que as pessoas estão predispostas a estarem satisfeitas ou insatisfeitas; e os gerentes podem somente afetar parcialmente as respostas dos funcionários. Apesar disso, é importante explorar a natureza e os efeitos da satisfação no trabalho.

Satisfação no Trabalho

Elementos **Satisfação no trabalho** é um conjunto de sentimentos e emoções favoráveis ou desfavoráveis por meio dos quais os funcionários vêem seu trabalho. A satisfação no trabalho é uma atitude afetiva — um *sentimento* de afeição ou rejeição relativa no tocante a algo (por exemplo, um funcionário satisfeito poderá comentar: "Adoro ter várias coisas para fazer"). Esses sentimentos de satisfação associados ao trabalho são muito diferentes dos outros dois elementos das atitudes dos funcionários. O mesmo funcionário pode ter uma resposta intelectual a seu trabalho, declarando o *pensamento objetivo* (crença) de que "meu trabalho é muito complexo". Em outra ocasião, o funcionário poderá externar suas **intenções comportamentais** para um colega de trabalho ("Planejo demitir-me deste emprego em três meses"). Atitudes, dessa forma, consistem em sentimentos, pensamentos e intenções para agir.

Foco Individual A satisfação no trabalho refere-se normalmente às atitudes de um único funcionário. Um administrador, por exemplo, pode concluir: "Antonio Ortega parece estar muito contente com sua recente promoção". Quando se extraem as médias dos resultados das avaliações da satisfação individual de todos os membros de uma equipe de trabalho, o termo geral utilizado para descrever a satisfação geral do grupo é o **moral**. O moral do grupo é especialmente importante de ser monitorado, uma vez que os indivíduos freqüentemente levam em consideração as dicas sociais de seus colegas de trabalho e adaptam suas próprias atitudes para se adequarem às do grupo.

Geral ou Multidimensional? A satisfação no trabalho pode ser vista como uma atitude geral, ou pode ser aplicada à análise de várias partes do trabalho de um indivíduo. Se ela for vista somente como uma atitude geral, no entanto, os gerentes poderão deixar de perceber algumas exceções fundamentais ocultas no momento em que avaliam a satisfação geral de um funcionário. Embora a satisfação geral no trabalho de Antonio Ortega, por exemplo, possa ser alta, é importante descobrir que ele tanto se sente bem acerca de sua promoção quanto que está insatisfeito com o seu cronograma de férias para este ano. Os estudos da satisfação no trabalho enfocam freqüentemente, portanto, todas as partes que são tidas como importantes, visto que as *atitudes associadas ao trabalho predispõem um funcionário a comportar-se de determinado modo*. Aspectos importantes da satisfação no trabalho incluem remuneração, os responsáveis pela supervisão do funcionário, a natureza das atividades realizadas, os colegas de trabalho e a equipe do funcionário, e as condições imediatas do trabalho.

Como a satisfação é mais bem caracterizada como multidimensional, os gerentes são aconselhados a ter cuidado para não permitir que a satisfação dos funcionários correspondente a um elemento específico seja contrabalançada por alta insatisfação com referência a outro, ao ponderarem aritmeticamente esses dois sentimentos na forma de um conceito médio. Os estudos podem, no entanto, dividir de modo útil sua atenção entre aqueles elementos que estejam diretamente relacionados ao *conteúdo do cargo* (natureza do trabalho) e aqueles que façam parte do *contexto do cargo* (o supervisor, os colegas e a organização).

Estabilidade da Satisfação no Trabalho As atitudes geralmente são desenvolvidas durante um longo período. Do mesmo modo, a satisfação ou a insatisfação com o trabalho surgem à medida que o funcionário adquire mais e mais informação sobre seu local de trabalho. Não obstante, a *satisfação com o trabalho é dinâmica*, pois ela poderá declinar até mais rapidamente do que é desenvolvida. Os gerentes não podem estabelecer as condições que conduzam ao aumento da satisfação em determinado momento para, posteriormente, negligenciá-las, visto que as necessidades dos funcionários podem variar de forma brusca. Os gerentes necessitam prestar atenção às atitudes dos funcionários semana após semana, mês após mês, ano após ano.

Impacto Ambiental A satisfação no trabalho é uma parte da satisfação com a vida. A natureza do ambiente de um funcionário fora de seu trabalho influencia indiretamente seus sentimentos acerca do trabalho. De maneira similar, considerando-se que o trabalho é parte importante da vida de muitos funcionários, a satisfação no trabalho interfere na satisfação pessoal como um todo. O resultado é um **efeito transbordamento** que ocorre em ambas as direções entre a satisfação pessoal geral e a satisfação com o trabalho. Conseqüentemente, os gerentes precisam monitorar não somente o trabalho e o ambiente profissional imediato, mas também as atitudes de seus funcionários em relação às outras partes das suas vidas, conforme mostrado na Figura 9.1 e ilustrado no estudo de caso descrito a seguir:

FIGURA 9.1
Alguns Elementos Relacionados à Satisfação na Vida

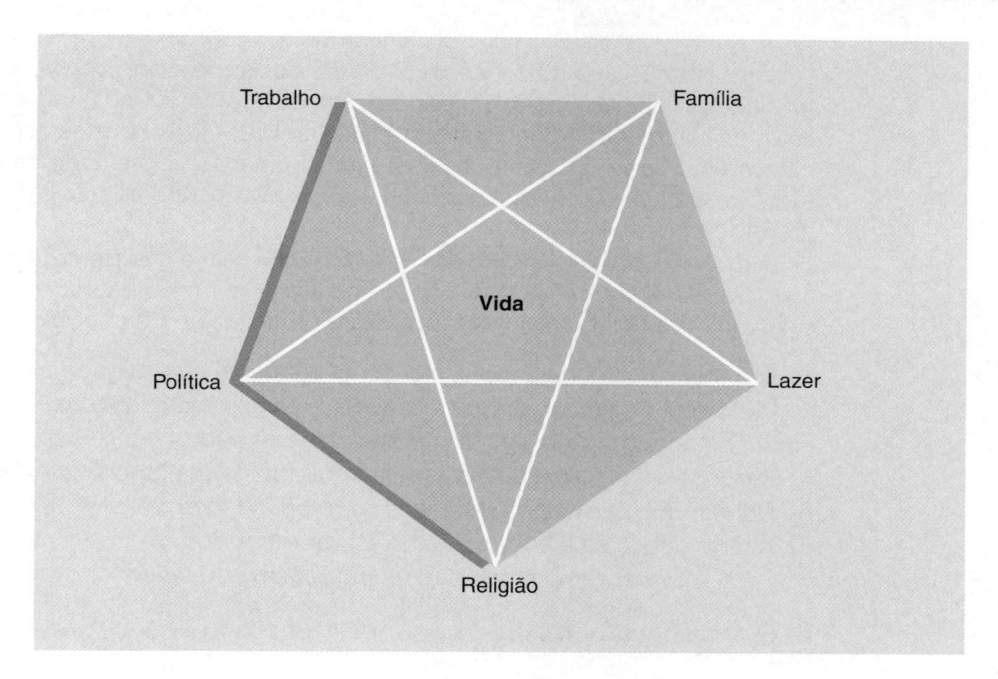

[Figura: pentágono com os vértices rotulados Trabalho, Família, Lazer, Religião, Política, conectados entre si, com "Vida" no centro.]

O comportamento de Nancy Rickson, secretária de um pequeno escritório, era difícil de ser compreendido por seus superiores. Ela havia recebido recentemente uma promoção e um aumento, mas logo se tornara cada vez mais infeliz, distraída e negligente quanto às suas rotinas de trabalho. Diversas conversas para buscar identificar as razões de suas atitudes profissionais não apresentaram nenhuma pista sobre sua fonte de insatisfação.

Um dia, o supervisor, por acaso, perguntou-lhe sobre seus filhos cujas fotos estavam em cima da mesa. Quase imediatamente, Nancy iniciou o relato de uma série de histórias comoventes que incluíam seus dois divórcios, o comportamento errático de seus filhos, a ausência de apoio de seus parentes e o fracasso na tentativa de aprender uma atividade recreativa (tênis). Esses problemas, e a inexistência de alguém com quem pudesse compartilhá-los, estavam obviamente afetando suas atitudes profissionais e seu desempenho no trabalho. À medida que o quadro completo surgia, o supervisor começou a identificar a conexão íntima existente entre a satisfação na vida e a satisfação no trabalho de Nancy.

Importância A situação de Nancy Rickson oferece uma boa evidência de que os supervisores precisam estar alertas a dicas sutis acerca dos níveis de satisfação dos funcionários. Os gerentes deveriam também estudar sistematicamente a satisfação no trabalho de seus funcionários e buscar melhorá-la quando fosse apropriado? Uma resposta afirmativa para a questão baseia-se na idéia da promoção da dignidade humana, do modo como é defendida por este livro; é importante aplicar o conhecimento sobre o comportamento organizacional para construir organizações melhores. Dessa forma, tanto indivíduos quanto a sociedade podem se beneficiar. Perspectivas adicionais sobre a questão giram em torno de diversas questões críticas discutidas posteriormente neste capítulo:

- Há espaço para aperfeiçoamento? (Há, atualmente, um hiato ou deficiência, e isso pode ser reduzido a um custo razoável?)
- Quais são, atualmente, os funcionários mais insatisfeitos?
- Que outras atitudes, além da satisfação no trabalho, devem ser estudadas?
- Quais são os efeitos das atitudes negativas dos funcionários?
- Como se pode obter informações sobre as atitudes dos funcionários?
- Como o conhecimento das atitudes dos funcionários pode ser utilizado de forma construtiva?

Nível de Satisfação no Trabalho Estudos de longo prazo, conduzidos nos Estados Unidos, constataram que o nível de satisfação geral no trabalho tem sido historicamente alto e estável. Embora as expectativas dos trabalhadores tenham, ao longo do tempo, aumentado e mudado de foco, a qualidade das práticas administrativas também foi aperfeiçoada. Contudo, somente 50% dos participantes dessa mesma força de trabalho declaram estar razoavelmente satisfeitos

Aproximadamente, metade de todos os trabalhadores está satisfeita.

O Que os Gerentes Estão Lendo

O livro *Man's Search for Meaning* (*A Busca do Homem por Significado*), de Viktor Frankl, foi eleito pela biblioteca do Senado dos Estados Unidos como um dos dez livros mais influentes do século XX. A premissa central de Frankl é: "Tudo pode ser tomado de um homem, menos uma coisa: a última das liberdades humanas, a liberdade de cada indivíduo para *escolher sua atitude* em qualquer conjunto de circunstâncias, a liberdade para escolher seu próprio caminho".

Alex Pattakos utiliza a premissa de Frankl para criar e oferecer sete princípios centrais que auxiliarão os funcionários a encontrar significado por meio de seus trabalhos; e a viver uma vida autêntica, apesar das severas pressões profissionais. Os princípios são:

1. Escolher sua própria atitude, independentemente da situação.
2. Identificar valores e metas significativos e comprometer-se com eles.
3. Encontrar significado em cada momento vivenciado.
4. Reconhecer as maneiras pelas quais você arruína sua própria felicidade.
5. Utilizar uma perspectiva distante e sorrir para si mesmo.
6. Alterar o foco de atenção quando estiver estressado.
7. Fazer a diferença no mundo ao se engajar em atividades voluntárias.

Fonte: PATTAKOS, Alex. *Prisioners of Our Thoughts:* Victor Frankl's Principles at Work. São Francisco: Berrett-Koehler, 2004.

com seus empregos.[5] Os gerentes não devem ser complacentes, pois as estatísticas sugerem que milhões de trabalhadores (os outros 50%) estão infelizes, e milhares de outros funcionários estão provavelmente insatisfeitos com algum aspecto específico de seus trabalhos. Além disso, muitos dos trabalhadores "satisfeitos" podem estar simplesmente resignados quanto às situações de seus empregos, com um resultado que não aponta nem para a satisfação nem para a insatisfação. Também, muitos trabalhadores vivem sob o espectro da insegurança associada a seus empregos, em virtude das tentativas para melhorar a eficácia profissional por meio da demissão de milhares de trabalhadores.

O nível de satisfação no trabalho para grupos distintos não é constante, está relacionado a inúmeras variáveis. A análise dessas relações permite aos gerentes prever quais grupos têm maiores chances de exibir problemas associados à insatisfação. As principais variáveis giram em torno da idade, do nível ocupacional e do tamanho da organização.

Quem está satisfeito?

À medida que os trabalhadores envelhecem, tendem inicialmente a se mostrar mais satisfeitos com seus empregos. Aparentemente, eles reduzem suas expectativas para níveis mais realistas e ajustam-se melhor às suas condições de trabalho. Mais tarde, sua satisfação pode sofrer um golpe pelo fato de as promoções tornarem-se menos freqüentes e eles passarem a enfrentar a realidade da aposentadoria. De modo previsível, também, as pessoas em ocupações de nível mais elevado tendem a estar mais satisfeitas com seus empregos. Elas normalmente são mais bem remuneradas, possuem melhores condições de trabalho e detêm posições nas quais utilizam completamente suas capacidades. Finalmente, evidências sugerem que os níveis de satisfação no trabalho são maiores em unidades organizacionais menores, como em uma unidade de fabricação de uma corporação ou em um pequeno empreendimento. Organizações maiores tendem a tolher os indivíduos, interferir nos processos de apoio e limitar o volume de intimidade, de amizade e de trabalho em equipe em grupos menores, que são aspectos importantes da satisfação no trabalho para muitas pessoas.

Envolvimento com o Trabalho

Além da satisfação no trabalho, três outras atitudes distintas — porém relacionadas — dos funcionários são importantes para muitos empregadores. O **envolvimento com o trabalho** é o grau de dedicação segundo o qual os funcionários envolvem-se com suas atividades, investem seu tempo e energia nelas e percebem o trabalho como parte central da totalidade de suas vidas. Possuir empregos significativos e executá-los bem são *inputs* importantes para a auto-imagem dos trabalhadores, o que ajuda a explicar os efeitos traumáticos da perda do emprego sobre suas necessidades de estima.

> ## Uma Questão Ética
>
> "Uma roda que range precisa de graxa." Esse ditado pode descrever com precisão a situação em certas organizações. Funcionários insatisfeitos — especialmente aqueles que externam sua insatisfação para seus gerentes — normalmente não obtêm a devida atenção. Eles podem receber mais comunicações, preferência na atribuição de atividades, carga menor de trabalho ou um equipamento de trabalho mais moderno. Mas, perceba a grande ironia presente nesse caso: enquanto os gerentes lutam bravamente para reduzir a insatisfação de alguns funcionários, eles podem estar, ao mesmo tempo, aumentando a insatisfação de outros que considerem injusto esse tipo de tratamento. Os gerentes estão aparentemente no meio de um dilema. Se tentarem reduzir a insatisfação de alguns, arriscam-se a aumentar a insatisfação de outros. Porém, caso decidam ignorar as demandas desses poucos indivíduos, essa insatisfação poderá tornar-se mais intensa e espalhar-se para os demais funcionários. O que *você* recomendaria?

Trabalhadores que tenham envolvimento com o trabalho possuem chances maiores de acreditar na ética do trabalho, de exibir elevadas necessidades de crescimento e de apreciar a participação no processo de tomada de decisões. Como conseqüência, raramente vão se atrasar ou se ausentar, estarão sempre dispostos a trabalhar horas adicionais e buscarão tornar-se indivíduos com alto desempenho.

Compromisso Organizacional

Os funcionários podem escolher mostrarem-se envolvidos, comprometidos e positivos.

O **compromisso organizacional**, ou *lealdade* dos funcionários, é o grau que um trabalhador se identifica com a organização e demonstra sua vontade de permanecer participando ativamente dela. Do mesmo modo que uma força magnética forte atrai um objeto metálico em direção a outro, ele é uma medida da vontade do funcionário de permanecer na organização no futuro. E, em geral, reflete a crença do funcionário na missão e nas metas da organização, o desejo de despender esforços para sua realização e as intenções de continuar trabalhando na companhia. O compromisso é freqüentemente mais forte entre os funcionários mais antigos, entre os que conseguiram experimentar sucesso pessoal na organização e entre os que trabalham em um grupo comprometido de funcionários. Os funcionários organizacionalmente comprometidos terão, de maneira geral, bom registro de freqüência, demonstrarão adesão voluntária às políticas da companhia e apresentarão taxas de rotatividade menores. De modo particular, sua base de conhecimento profissional mais ampla freqüentemente se traduzirá em um nível de lealdade maior dos consumidores, que comprarão maiores quantidades deles, farão indicações que resultarão em novos negócios e estarão dispostos até mesmo a pagar um preço especial.[6] Algumas formas de aumentar e diminuir o compromisso são apresentadas na Figura 9.2.[7]

Ânimo no Trabalho

Os funcionários também possuem sentimentos altamente dinâmicos acerca de seus trabalhos, que podem modificar-se em uma questão de dias, horas ou minutos. Tais emoções variáveis com relação

FIGURA 9.2
Fatores que Inibem e que Estimulam o Compromisso dos Funcionários

Fatores Inibidores	Fatores Estimulantes
Atribuição excessiva de culpa	Clareza das regras e das políticas
Gratidão não-sincera	Investimentos nos funcionários (treinamento)
Falhas de continuidade das ações	Respeito e considerações por esforços
Inconsistências e incongruências	Participação e autonomia dos funcionários
Egos inflados e linchamento moral	Fazer que os funcionários sintam-se valorizados

aos seus empregos são denominadas **ânimo ou disposição no trabalho**. O ânimo de um funcionário no trabalho pode variar de negativo ("Odeio esta atividade") a positivo ("Estou animado com este novo desafio"), ou de fraco a forte e intenso. O ânimo fortemente positivo no trabalho é visível na energia, na paixão, na vitalidade e no entusiasmo dos funcionários. Esse tipo de ânimo no trabalho é importante para um gerente, pois resultará, previsivelmente, em um grau de atenção mais elevado com relação aos clientes, em absenteísmo mais baixo, em mais criatividade e em cooperação interpessoal. O ânimo no trabalho é afetado diretamente pelas ações gerenciais, como o compartilhamento de elogios, a criação de uma atmosfera com diversão ocasional, bom humor e leveza, a oferta de um ambiente agradável e a adoção e promoção de uma quantidade considerável de interação social.

Como a satisfação no trabalho tem recebido muita atenção de pesquisadores e gerentes, adotamos uma visão cuidadosa sobre alguns dos efeitos da satisfação e da insatisfação no trabalho. Entretanto, um modelo abrangente do comportamento organizacional sugere que um gerente deva considerar maneiras pelas quais o ambiente de trabalho possa auxiliar na produção das quatro atitudes essenciais dos funcionários — satisfação no trabalho, envolvimento, compromisso organizacional e ânimo positivo no trabalho.

EFEITOS DAS ATITUDES DOS FUNCIONÁRIOS

As atitudes são indicadores razoavelmente satisfatórios de comportamentos. Elas oferecem pistas com relação às intenções ou às tendências comportamentais de um funcionário para agir de determinada maneira. Atitudes profissionais positivas ajudam a antever comportamentos positivos; atitudes negativas no trabalho podem indicar o potencial para comportamentos indesejáveis. Quando os funcionários estão insatisfeitos com seus empregos, não demonstram envolvimento com o trabalho, possuem pouco compromisso com a organização e mantêm ânimos fortemente negativos, o resultado poderá ser uma variedade de conseqüências negativas. Isso é especialmente provável se os sentimentos forem, ao mesmo tempo, fortes e persistentes. Funcionários insatisfeitos podem adotar um comportamento de **desligamento psicológico** (por exemplo: "sonhar acordado" no horário de expediente), **desligamento físico** (ausências não-autorizadas, saídas antes do horário definido, intervalos demorados ou realização de atividades em ritmo mais lento) ou até mesmo atos abertos de **agressão** e retaliação por erros presumidos. Por outro lado, funcionários satisfeitos podem apresentar um atendimento ao consumidor acima dos níveis exigidos, um histórico profissional excelente e a busca constante por excelência em todas as áreas das atividades ligadas a seu cargo.[8] Um grande número de estudos explorou os produtos da satisfação e da insatisfação, e a natureza básica dessas pesquisas é apresentada aqui nas áreas de desempenho, rotatividade, absenteísmo e atrasos, furtos, violência e outros comportamentos. Todos eles compreendem um universo de resultados que as organizações estão fundamentalmente interessadas em controlar.

Desempenho dos Funcionários

Alguns gerentes apegam-se a um velho mito — a satisfação elevada sempre leva a alto desempenho por parte dos funcionários —, mas essa assunção *não* é correta. Trabalhadores satisfeitos podem, na verdade, apresentar desempenho acima, abaixo ou dentro da média; e ainda tenderão a manter o nível de desempenho que, anteriormente, lhes trouxe satisfação (de acordo com o modelo de modificação de comportamento). A relação entre satisfação e desempenho é mais complexa que o simples caminho de "satisfação leva ao desempenho".

Uma relação complexa

> Atletas profissionais normalmente experimentam o efeito de se tornarem muito satisfeitos com seus desempenhos. Os sucessos do passado periodicamente os levam a um estado de complacência e a uma atuação negligente, o que faz que suas equipes sofram uma subseqüente derrota. Alguns dos papéis dos técnicos são: manter os jogadores *insatisfeitos* com suas próprias contribuições, instigar o desejo renovado de vencer e motivar os atletas a atuar cada vez melhor. Nesse caso, a *insatisfação* pode levar a um nível de desempenho mais elevado!

A importância de recompensas eqüitativas

Uma declaração mais precisa acerca da relação causal é que o *alto desempenho contribui para satisfação no trabalho mais elevada*.[9] A seqüência, mostrada na Figura 9.3, é a de que melhor desempenho em geral leva a recompensas econômicas, sociais e psicológicas mais significativas. Se essas recompensas são vistas como justas e eqüitativas, a satisfação mais elevada desenvolve-se

FIGURA 9.3 Ciclo de Desempenho-Satisfação-Esforço

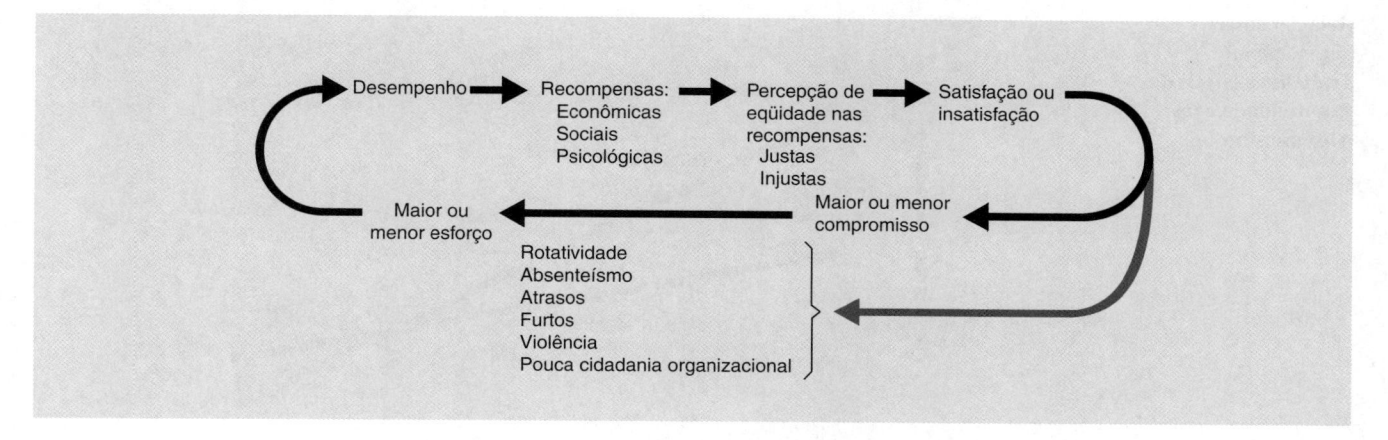

```
Desempenho → Recompensas:      → Percepção de      → Satisfação ou
              Econômicas         eqüidade nas         insatisfação
              Sociais            recompensas:
              Psicológicas         Justas
                                   Injustas
  ↑                                                        ↓
Maior ou      ← ← ← ← ← ← ← ← ← ← Maior ou menor  ← ← ← ←
menor esforço                     compromisso
              Rotatividade
              Absenteísmo
              Atrasos
              Furtos
              Violência
              Pouca cidadania organizacional
```

então, porque os funcionários sentem que estão recebendo recompensas proporcionais a suas contribuições. Por outro lado, se as recompensas forem vistas como inadequadas em relação ao nível das contribuições, a insatisfação tenderá a aumentar. Em ambos os casos, o nível de satisfação leva ao compromisso maior ou menor, que, desse modo, afeta os esforços, os quais, eventualmente, afetam novamente o desempenho. O resultado é um **ciclo de desempenho-satisfação-esforço** que opera continuamente. A implicação desse processo para a administração é que ela deverá *devotar seus esforços para auxiliar no desempenho dos funcionários*, o que provavelmente produzirá satisfação e compromisso como subprodutos.

Alternativamente, um cenário diferente emerge, caso o desempenho seja baixo. Os funcionários poderão deixar de receber as recompensas que desejam, o que pode gerar insatisfação. Nessas circunstâncias, os funcionários poderão exibir um ou mais comportamentos negativos, como rotatividade, absenteísmo, atrasos, furto, violência ou pouca cidadania organizacional. Cada um desses subprodutos indesejáveis da insatisfação (vistos na parte inferior da Figura 9.3) será explorado a seguir.

Rotatividade

Quem possui tendência para deixar a empresa?

Conforme se poderia esperar, uma satisfação no trabalho mais elevada está associada a um índice menor de **rotatividade** dos funcionários, que é a proporção de funcionários que deixa a organização durante determinado período (em geral, um ano). Os funcionários mais satisfeitos têm chance menor de seguir adiante em um processo progressivo no qual eles considerem a idéia de pedir demissão ou de anunciar sua intenção em fazê-lo. Desse modo, há probabilidade maior de que permaneçam com seus empregadores por mais tempo. De forma similar, como mostrado na Figura 9.4, aqueles funcionários que apresentam nível mais baixo de satisfação têm, geralmente, índices mais altos de rotatividade. Eles podem sentir falta de auto-realização, receber pouco reconhecimento por seu trabalho, experimentar conflitos permanentes com um supervisor ou colega, ou ter alcançado o patamar pessoal desejado em suas carreiras. Assim, é maior a probabilidade de se sentirem atraídos por outras propostas profissionais e abandonarem seus empregadores, ao mesmo tempo que os colaboradores mais satisfeitos permanecem.

> Estudos conduzidos por Mobley et. al. sugerem que a rotatividade voluntária normalmente não é um simples processo decisório ("Devo ficar ou partir?").[10] Embora alguns trabalhadores insatisfeitos nunca se tornem parte das estatísticas de rotatividade (salvo quando liberados pelos empregadores), muitos deles engajam-se em processo consciente que segue diversos passos, em grau maior ou menor. Após experimentar a insatisfação profissional por um período, um funcionário poderá começar a pensar sobre como seria demitir-se. Essa etapa é seguida pela ponderação de prováveis ganhos e perdas associados com sua demissão voluntária. Caso a balança incline-se na direção de um ganho líquido, o funcionário toma a decisão de começar a buscar alternativas de emprego e, então, passa a agir com esse intento. Assumindo-se que surja mais de uma alternativa, as possibilidades serão

FIGURA 9.4
Relação entre Satisfação no Trabalho e Níveis de Rotatividade e de Absenteísmo

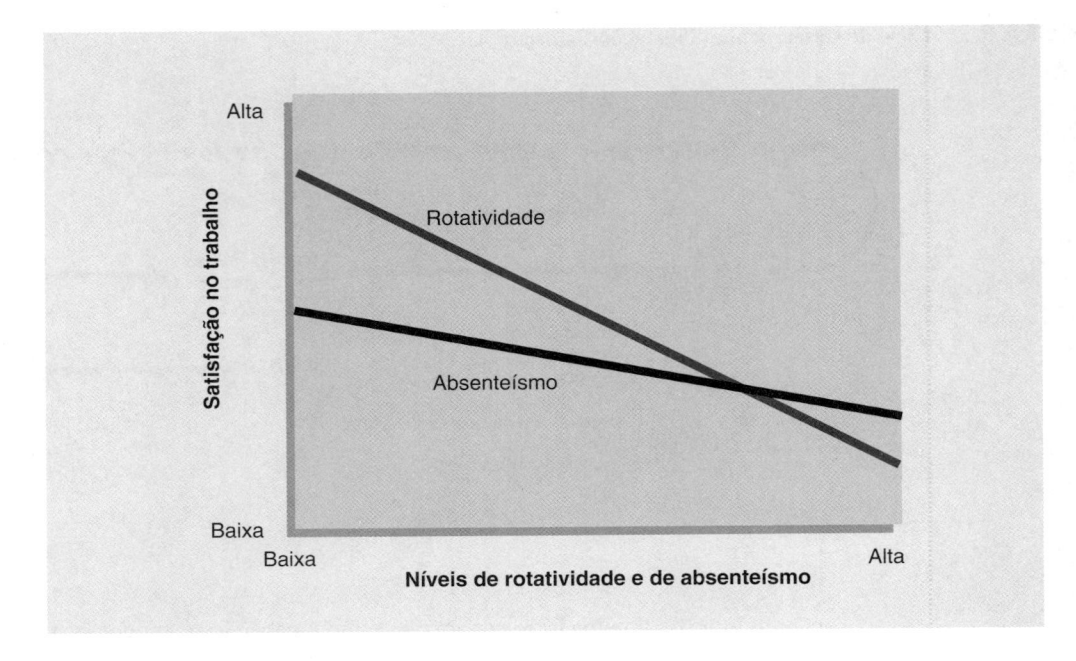

[Gráfico: eixo Y "Satisfação no trabalho" (Baixa a Alta), eixo X "Níveis de rotatividade e de absenteísmo" (Baixa a Alta). Duas linhas descendentes: "Rotatividade" (declive mais acentuado) e "Absenteísmo" (declive mais suave).]

analisadas em relação a cada uma delas e à ocupação atual. Em algum ponto, os funcionários devem chegar a uma decisão (descrita de modo sintético, por um procrastinador, da seguinte forma: "Agora tenho de decidir se pesco ou preparo a isca") com referência à sua intenção de permanecer ou partir e, então, prosseguir com a ação desejada. Para os gerentes, o valor de saber que esse seja um processo multifásico permite-lhes prestar atenção em pistas disponíveis deixadas por seus funcionários e intervir antes que seja tarde (para os funcionários valiosos que os gerentes gostariam que permanecessem na empresa).

Excessiva rotatividade dos funcionários pode ter diversos efeitos negativos sobre uma organização, entre os quais:

- Custos de separação (tempo da entrevista de desligamento, salários indenizatórios, aumento do imposto de desemprego).
- Custos com o treinamento de novos funcionários (palestras de orientação e de instrução para o desenvolvimento de novas habilidades, experiências de aprendizagem formais e informais).
- Custos associados à vacância (despesas com trabalho temporário ou com horas extras; perda de produtividade e interrupção do serviço).
- Custos de reposição (despesas decorrentes da atração, seleção e realocação de novos contratados).
- Efeitos no moral (perda de amizades; preocupações com a perda do emprego durante processos de *downsizing*).

A substituição de modo eficaz de funcionários desligados é geralmente difícil; e os custos diretos e indiretos relacionados à reposição desses funcionários são elevados. Os funcionários remanescentes poderão ficar desmotivados por causa da perda de valiosos colegas de trabalho, e as rotinas sociais e econômicas podem ser interrompidas até que sejam encontrados substitutos. Além disso, a reputação da organização perante a sociedade poderá sofrer abalos. Contudo, alguns benefícios surgem da rotatividade, como maiores oportunidades para promoções internas, a remoção bem-vinda de funcionários que causam discórdia e a introdução dos conhecimentos especializados dos novos contratados. Em outras palavras, *a rotatividade pode ter efeitos funcionais*.

A Figura 9.5 ilustra a relação entre as atitudes dos funcionários quanto à organização e as atitudes da organização com os funcionários. Uma rotatividade desejável é indicada pelas células *b* e *d*; a rotatividade indesejável, representada pela célula *c*, deve ser minimizada. As situações que contribuem para a célula *a* devem ser estimuladas; nessa célula, encontram-se os funcionários valiosos que desejam permanecer na organização. A mensagem para os gerentes é visualizem além

FIGURA 9.5
Quatro Produtos das Atitudes Funcionário-Organização

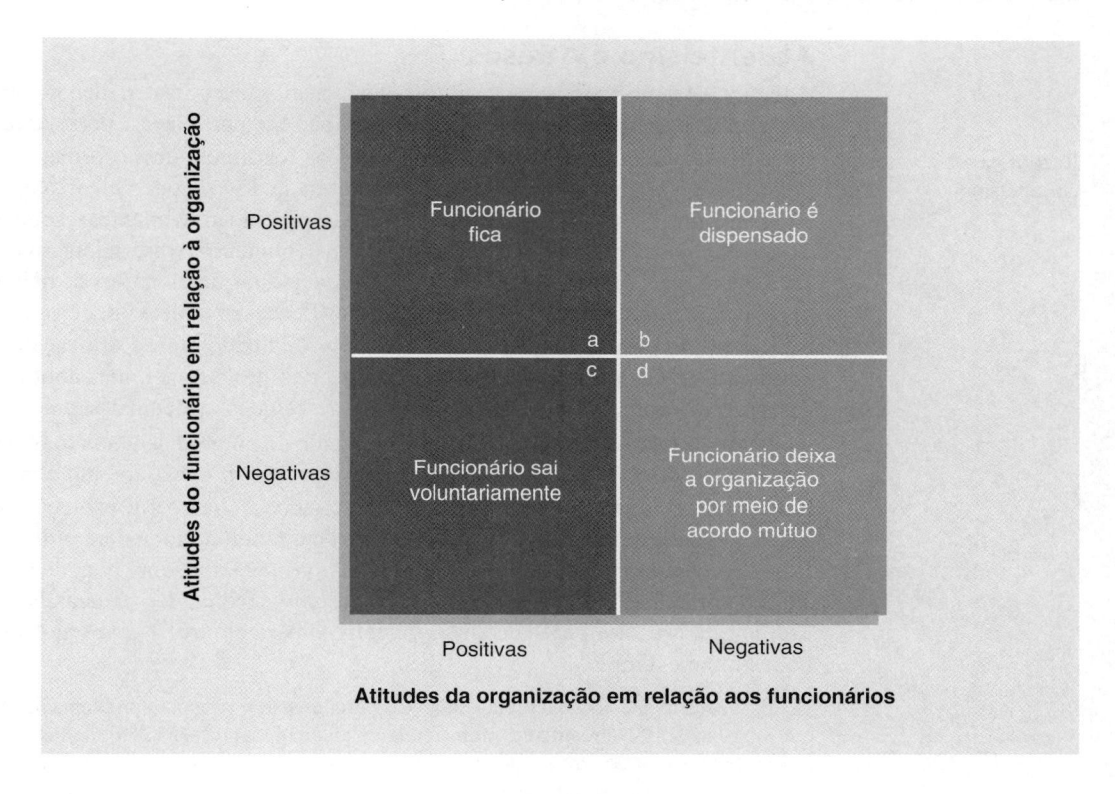

	Atitudes da organização em relação aos funcionários	
	Positivas	**Negativas**
Atitudes do funcionário em relação à organização — Positivas	Funcionário fica (a)	Funcionário é dispensado (b)
Negativas	Funcionário sai voluntariamente (c)	Funcionário deixa a organização por meio de acordo mútuo (d)

Uma parcela da rotatividade é funcional.

dos indicadores gerais de rotatividade e, *em vez disso, examinem a funcionalidade de cada desligamento*. Os gerentes precisam formular a si mesmos as seguintes perguntas: "As pessoas *certas* permanecem e as pessoas *certas* foram embora da empresa?". Essa é uma questão analítica extremamente crítica durante o processo de *downsizing*. No entanto, a melhor abordagem é a preventiva, conforme demonstra o exemplo:

> Um estudo realizado com 43 mil candidatos a empregos determinou que um simples questionário preenchido antes de o emprego ser concedido poderia prever a probabilidade de um indivíduo ser demitido ou demitir-se, posteriormente, em um prazo de 30 dias após sua contratação.[11] O resultado identificou uma "personalidade rotativa" que consistia nos seguintes traços: amargura, cinismo, falta de envolvimento, hedonismo e comportamento evasivo com relação a envolvimento e desafios. A identificação desses fatores nos candidatos poderia reduzir potencialmente a rotatividade imprevista ou incontrolada.

Muitas organizações tornaram-se mais experientes nos últimos anos quanto à retenção de funcionários por causa da intensa competição por talentos e dos custos extraordinários de recrutamento e seleção de novos funcionários. A companhia Valero Energy trabalha para estimular um sentimento de família e de comunidade entre seus funcionários. A General Electric identifica seu melhor pessoal e, então, investe maçicamente no treinamento e na orientação desses indivíduos para iniciá-los em carreiras bem-sucedidas; a empresa Home Depot confere a seus funcionários ampla autoridade na tomada de decisões; a Goldman Sachs tenta criar uma cultura de exclusividade e uma reputação como líder de mercado; e o SAS Institute oferece aos seus funcionários a oportunidade de equilibrar as demandas entre trabalho e família. Uma pesquisa do Instituto Gallup descobriu que os empregadores com menor rotatividade são claros quanto às expectativas profissionais, educam os funcionários com relação às normas adequadas de comportamento, observam sinais precoces de insatisfação, proporcionam oportunidades para que seus funcionários sobressaiam e utilizem seus talentos, oferecem reconhecimento e os elogiam com regularidade, e certificam-se de que cada funcionário se sinta como se alguém se importasse com ele como indivíduo.[12]

Absenteísmo e Atrasos

Razões para o absenteísmo

A Figura 9.4 também mostra que aqueles funcionários que possuem menor grau de satisfação tendem a se ausentar mais freqüentemente. Essa conexão não é sempre precisa, por duas razões. Primeiro, algumas **ausências** são causadas por motivos médicos legítimos; dessa forma, um funcionário satisfeito pode apresentar uma razão válida para sua ausência. Em segundo lugar, os funcionários insatisfeitos não planejam, necessariamente, estar ausentes, mas, aparentemente, respondem de modo mais fácil às oportunidades para fazê-lo. Essas ausências voluntárias (discricionárias) em geral ocorrem com freqüência mais elevada em determinado universo de funcionários e, freqüentemente, às sextas e segundas-feiras. O absenteísmo involuntário (licenças médicas) pode ser, algumas vezes, previsto (por exemplo, uma cirurgia) e, quase sempre, reduzido com a utilização de exames médicos de admissão detalhados e da verificação do histórico profissional, mas abordagens diferentes são necessárias nos casos de ausência decorrentes de atitudes inadequadas.

Alguns empregadores depositam a totalidade do número de horas trabalhadas acumuladas pelos funcionários em um *banco de horas para ausências pagas* (também conhecidas como ausências remuneradas). Férias, ausências médicas, feriados e dias para resolução de problemas pessoais, todos eles são computados no banco de horas e o funcionário poderá utilizá-las por qualquer razão. Essa abordagem oferece ao funcionário um *controle* maior sobre quando utilizar seus dias de licença, e o empregador adquire maior *previsibilidade* acerca dessas ocasiões. Outros empregadores usaram, de maneira bem-sucedida, incentivos para controlar o absenteísmo, conforme ilustrado no seguinte exemplo:

> Estatisticamente, a Drakenfeld Colors Corporation não possuía um problema relacionado ao absenteísmo (0,89%).[13] Na realidade, praticamente metade (44%) de seus 250 funcionários tinha um histórico perfeito. Contudo, um pequeno número de funcionários perdia vários dias de trabalho ao longo do ano, e eles eram vistos como se estivessem tirando vantagem da companhia e de seus colegas de trabalho. A Drakenfeld combateu esse problema ao oferecer pequenos bônus em dinheiro para aqueles com histórico perfeito de comparecimento em um intervalo de seis meses, uma oportunidade de participação em um sorteio cuja premiação oferecia férias pagas para duas pessoas em uma estação de férias para os funcionários com históricos impecáveis, e um procedimento disciplinar progressivo para os infratores da política de presença. Os resultados? O absenteísmo caiu para 0,35%, o número de infratores graves foi reduzido em 90% e a proporção de funcionários com registro de comparecimento perfeito subiu para o extraordinário patamar de 62%. O caso demonstra que o absenteísmo *pode* ser controlado.

Atraso

Outra maneira pela qual os funcionários exibem sua insatisfação com as condições de trabalho é o **atraso**. Um funcionário atrasado é aquele que comparece ao local de trabalho, mas chega após o horário designado para o início de suas atividades. O atraso é um tipo de absenteísmo de curto prazo, variando de alguns poucos minutos até diversas horas em cada evento, e que também pode ser descrito como outro modo pelo qual os funcionários mostram-se fisicamente desligados do envolvimento ativo com a organização. Ele pode afetar o cumprimento de prazos de entrega e interferir no relacionamento produtivo entre colegas de trabalho. Embora existam razões legítimas para um atraso ocasional (como um congestionamento de tráfego), uma regularidade nos atrasos é normalmente um sintoma de atitudes negativas que exigem atenção dos gerentes.

Trabalhando quando não se deve trabalhar

Outro problema pode surgir quando os supervisores depositam muita ênfase na redução dos índices de absenteísmo de seus departamentos. A **obrigatoriedade de presença** ocorre quando os funcionários vão trabalhar apesar de condições físicas e emocionais problemáticas (e, com freqüência, recorrentes), as quais poderão afetar substancialmente seu desempenho profissional.[14] A obrigatoriedade de presença é um fenômeno único — é muito mais difícil de ser avaliado que o absenteísmo e pode reduzir em 33% ou mais a produtividade dos trabalhadores. Ela é causada por trabalhadores que buscam fazer a coisa certa ao irem trabalhar mesmo quando não se sentem bem para fazê-lo. Fatores comuns existentes na obrigatoriedade de presença incluem enxaquecas, refluxo estomacal, resfriados, depressão, dores na extremidade inferior das costas e artrite. Contudo, os fatores mais prevalentes são problemas nasais e alergias.

Como esse problema pode ser resolvido? A resposta é encontrada primeiro na atenção destinada pelo gerente para a existência e as conseqüências da obrigatoriedade de presença. Os funcionários devem, então, ser orientados para controlar seus males por meio de diagnósticos e tratamentos médicos mais eficazes. Finalmente, os gerentes precisam mostrar-se mais empáticos, ainda que assertivos o bastante para manter os funcionários *distantes do trabalho em certas ocasiões* — em especial quando seus males ameaçam interferir no trabalho dos demais funcionários ou espalhar-se entre eles. A lição geral nesse caso é possuir uma meta razoável para o índice de absenteísmo — mas não tentar reduzi-la para níveis absurdamente baixos.

Furto

O autor deste livro visitou, em determinada ocasião, uma fábrica de pizzas. Durante a realização da visita, a guia foi questionada sobre os maiores problemas humanos existentes naquele local. Sem hesitação, ela respondeu: "Furto". "Você quer dizer que os funcionários furtam as pizzas?", perguntaram-lhe. "Oh, não", ela retrucou, "Elas não são tão valiosas assim. Mas perdemos centenas de embalagens de "pepperoni" (tipo de salame apimentado) todos os anos". Ela então nos mostrou um carrinho com as embalagens. Elas tinham aproximadamente 100 cm de altura e 7,5 cm de diâmetro, e cada uma talvez pesasse 10 kg. "Não sabemos como os funcionários passam pelas portas com elas", afirmou, "mas acreditamos que eles as furtem como uma forma de compensação indireta pelos salários relativamente baixos que recebem [salário mínimo] e pelo trabalho monótono [linha de montagem] que realizam". Voltando à Figura 9.3, podemos verificar que uma percepção de iniqüidade produz insatisfação, o que, aparentemente, fez alguns funcionários pensarem em furtar a empresa.

Alguns funcionários furtam produtos, como as embalagens de pepperoni descritas no exemplo. Outros utilizam os serviços da companhia sem autorização, por exemplo, quando fazem chamadas interurbanas na empresa ("furtando", desse modo, o custo da ligação e seu tempo de produção). Outros falsificam cheques ou cometem outros tipos de fraude. Todos esses atos representam **furto**, ou a remoção não autorizada de recursos da empresa.[15] Embora tais furtos tenham várias causas, alguns funcionários podem furtar porque se sentem explorados, sobrecarregados ou frustrados pelo tratamento impessoal que recebem de suas organizações. Em suas mentes, os funcionários podem justificar esse comportamento antiético como uma forma para restabelecer um senso perdido de eqüidade ou, até mesmo, como uma vingança por um tratamento que consideram inapropriado por parte de seus supervisores. Em contraste com as situações de absenteísmo e atraso, controles organizacionais mais rígidos ou sistemas de incentivo não resolvem os problemas de furto, pois essas medidas são direcionadas para os sintomas e não para combater as causas subjacentes, por exemplo, a forte insatisfação.

Insatisfação e interpretação pessoal e favorável das regras

O furto por parte de funcionários é uma questão ética muito mais ampla nas organizações que envolve **interpretação pessoal e favorável das regras**.[16] Os gerentes que interpretam políticas organizacionais de forma a obter intencionalmente vantagens pessoais argumentam que isso é necessário para que sejam alcançadas suas metas de desempenho, ou porque as regras, por si só, são falhas, ou porque existe leniência da sociedade com relação a elas (ver Figura 9.6). Por outro lado, muitos fatores agem no sentido de encorajar as pessoas a se comportar de forma ética e a não interpretar as regras em benefício próprio, incluindo o medo da perda do emprego, o receio de manchar suas reputações, a existência de padrões éticos elevados ou o possível constrangimento de ser apanhado "em flagrante delito". A probabilidade de uma interpretação favorável de regras é maior entre trabalhadores insatisfeitos, que o fazem para obter um senso de justiça em suas próprias mentes.

FIGURA 9.6
Forças Favoráveis e Contrárias à Interpretação Pessoal e Favorável das Regras de Forma Antiética

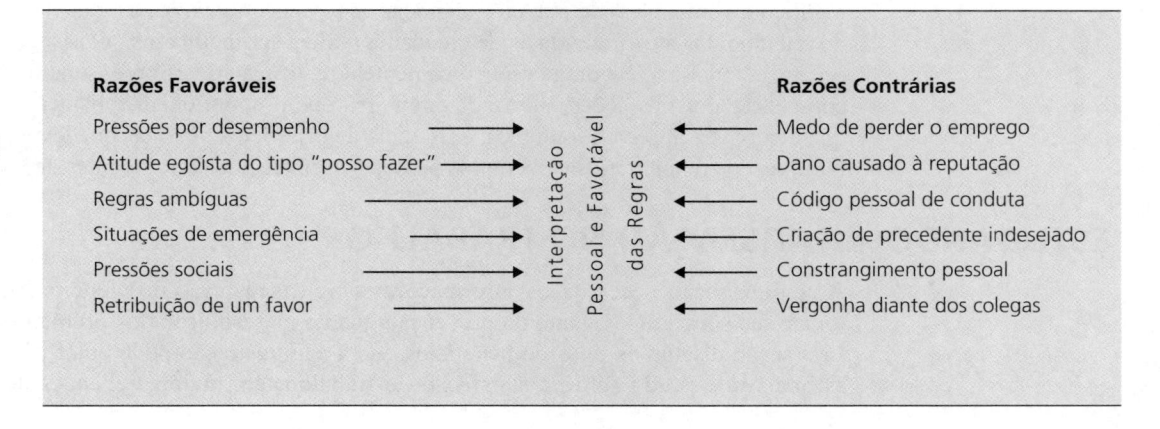

Razões Favoráveis		Razões Contrárias
Pressões por desempenho →	Interpretação Pessoal e Favorável das Regras	← Medo de perder o emprego
Atitude egoísta do tipo "posso fazer" →		← Dano causado à reputação
Regras ambíguas →		← Código pessoal de conduta
Situações de emergência →		← Criação de precedente indesejado
Pressões sociais →		← Constrangimento pessoal
Retribuição de um favor →		← Vergonha diante dos colegas

Violência

Uma das conseqüências mais extremas da insatisfação dos funcionários é representada por meio da **violência**, ou, em outras palavras, das mais variadas formas de agressões física e verbal no trabalho. Embora a fonte de violência possa incluir clientes e terceiros, o efeito é o mesmo — milhões de trabalhadores são anualmente vítimas de violência no local de trabalho e muitos outros vivem sob a presença de constante forma de ameaça. O custo disso para os negócios nos Estados Unidos é astronômico — estima-se que possa chegar a US$ 36 bilhões por ano.[17] Ironicamente, o estresse pode ser tanto uma causa da violência quanto sua conseqüência imediata. Os gerentes devem estar cada vez mais atentos para identificar os sinais de que a insatisfação dos funcionários possa transformar-se em violência física ou verbal no trabalho e devem tomar medidas preventivas adequadas.

Outros Efeitos

Baixa produtividade, rotatividade, absenteísmo, atrasos, furto e violência são comportamentos tipicamente negativos, visto que prejudicam a organização e, às vezes, até mesmo seus membros. Muitos funcionários, no entanto, mantêm atitudes *positivas* com relação aos seus empregos e organização, e essa postura normalmente apresenta recompensas de formas tanto óbvias quanto sutis. Particularmente, os funcionários algumas vezes demonstram **comportamentos de cidadania organizacional**, os quais podem ser definidos como a realização de ações discricionárias acima e além das obrigações e que promovem o sucesso da organização.[18] A cidadania organizacional é freqüentemente marcada pela espontaneidade, por sua natureza voluntária, pelo impacto construtivo sobre os resultados, pelo auxílio inesperado aos demais indivíduos e pelo fato de ser opcional. Mary Jo, por exemplo, pode exibir um nível de conscientização singular em relação à execução de suas responsabilidades profissionais. Willy pode exercitar alto nível de inovação e criatividade com referência a uma questão preocupante. Mesmo a apresentação voluntária para a realização de tarefas extraordinárias ou o compartilhamento do equipamento de trabalho com outro trabalhador são demonstrações de cidadania organizacional. Da mesma forma que milhares de grãos de fermento fazem crescer a massa de pão, milhares de pequenas porções de esforços adicionais (auxiliando, doando e cooperando) ajudam a organização a crescer acima de seus competidores.

Atos de boa cidadania organizacional incluem o uso da cortesia no contato com as pessoas antes da tomada de quaisquer ações, tolerância ao lidar com as inconveniências do trabalho, a manutenção de grau de conscientização singular, o emprego de comportamentos de apoio e o uso de diversos comportamentos cívicos, como a participação em reuniões mesmo quando se estiver relutante para fazê-lo. Pesquisas sugerem que esses "bons soldados" engajam-se nessas ações por qualquer uma das três razões seguintes:

- Seus traços de personalidade (por exemplo, grau de conscientização, otimismo ou extroversão) os tornam disponíveis para tanto.
- Eles têm a esperança de que, ao fazê-lo, receberão reconhecimento ou recompensas especiais.
- Buscam envolver-se em um processo de aperfeiçoamento de suas imagens por meio do gerenciamento das impressões que os outros formam acerca deles.[19]

Independentemente de suas motivações, os comportamentos de cidadania organizacional são normalmente apreciados, de maneira idêntica, tanto pelas organizações quanto pelos demais colegas de trabalho. Os atos individuais de cidadania podem ser facilitados pelos seguintes fatores: cultura organizacional que encorage especificamente a realização de esforços adicionais, concessão de recompensas por tais ações, oferta de empregos que proporcionem satisfação, liderança apoiadora que demonstre apreço e confiança, existência de benefícios flexíveis que levem em consideração as famílias dos funcionários e exemplos pessoais estabelecidos por gerentes de todos os níveis.

ESTUDANDO A SATISFAÇÃO NO TRABALHO

A administração necessita de informações sobre a satisfação dos funcionários no trabalho para tomar decisões sólidas, tanto na prevenção quanto na resolução dos problemas dos trabalhadores. Esta seção discute os tipos de benefícios que a administração pode obter e as condições segundo as quais um estudo sobre a satisfação no trabalho tem maiores chances de ser bem-sucedido.

Alguns dos métodos de pesquisa mais populares são explicados e diretrizes para a utilização dessas pesquisas são apresentadas.

Um método típico utilizado é a pesquisa sobre satisfação no trabalho, também conhecida como pesquisa sobre moral, de opinião, de atitude ou da qualidade de vida no trabalho. Uma **pesquisa sobre satisfação no trabalho** é um procedimento mediante o qual os funcionários relatam seus sentimentos em relação aos seus empregos e ao seu ambiente de trabalho. As respostas individuais são, então, combinadas e analisadas.

Pesquisas sobre satisfação no trabalho

Benefícios dos Estudos sobre Satisfação no Trabalho

Se os estudos sobre satisfação profissional forem adequadamente planejados e administrados, geralmente produzirão inúmeros benefícios importantes, tanto gerais quanto específicos.

Monitoramento de Atitudes Um benefício dos estudos sobre atitude é apresentar uma indicação dos níveis gerais de satisfação em uma empresa. As pesquisas também indicam as áreas específicas de satisfação ou insatisfação (como os serviços para os funcionários) e os grupos particulares de funcionários (por exemplo, o departamento de marketing ou os funcionários que estão próximos da aposentadoria). Em outras palavras, uma pesquisa demonstra como os funcionários se sentem acerca de seus empregos, para quais parcelas de suas atividades dirigem-se esses sentimentos, quais departamentos são particularmente afetados e os sentimentos de quais indivíduos estão envolvidos (supervisores, funcionários ou especialistas). A pesquisa é um poderoso instrumento de diagnóstico para a avaliação dos problemas mais amplos dos funcionários e de suas atitudes positivas.

Benefícios Adicionais As pesquisas possuem muitos outros benefícios. O *fluxo de comunicações* em todas as direções também melhora à medida que as pessoas planejam, executam e discutem os resultados da pesquisa. As pesquisas podem servir como *válvula de escape*, ou descarga emocional, para que as pessoas verbalizem as questões que as incomodam e se sintam, posteriormente, melhores com relação a si mesmas. *Necessidades de treinamento* podem ser identificadas, uma vez que os funcionários podem relatar a eficácia com a qual seus superiores realizam certas atividades, como a delegação de tarefas e a transmissão adequada de instruções. As pesquisas também ajudam os gerentes a *planejar e a monitorar novos programas* ao obterem, antecipadamente, feedback sobre as mudanças propostas e, dessa forma, conduzir pesquisa de acompanhamento para avaliar a resposta real. O exemplo seguinte ilustra as múltiplas vantagens oferecidas pelas pesquisas de atitude:

> Aaron Goldberg tinha fortes sentimentos sobre o modo como a gerência poderia melhorar a maneira de lidar com as pessoas. Ele sentia que algumas mudanças eram necessárias. Por mais de um ano havia esperado a oportunidade certa para expressar seus pontos de vista, mas esta nunca parecia surgir. Suas idéias estavam guardadas havia algum tempo e ele começava a ficar irritado com isso. Nesse mesmo período, a administração distribuiu uma pesquisa sobre satisfação no trabalho que incluía um espaço generoso para comentários dos funcionários. Aaron preencheu as páginas para os comentários e então sentiu-se muito melhor, pois, finalmente, tivera a chance de oferecer à administração suas idéias.
> A empresa ganhou, ao mesmo tempo, idéias úteis e um funcionário mais satisfeito.

Condições Ideais para Pesquisa

Pré-requisitos desejáveis

As pesquisas possuem uma probabilidade maior de produzir alguns dos benefícios mencionados anteriormente quando preenchem as seguintes condições:

- A alta gerência apóia ativamente a pesquisa.
- Os funcionários estão totalmente envolvidos com o planejamento da pesquisa.
- As pesquisas passadas produziram mudanças perceptíveis.
- Há um objetivo claro para a condução da pesquisa.
- O estudo é elaborado e administrado de forma consistente com os padrões de uma pesquisa séria.
- A administração é capaz de tomar medidas de acompanhamento e está disposta a fazê-lo.
- Os resultados e os planos de ação são comunicados aos funcionários.

Contatos diários

Dados existentes

A Utilização das Informações Existentes sobre Satisfação no Trabalho

Antes de conduzirem uma pesquisa formal sobre a satisfação profissional, os gerentes poderiam examinar dois outros métodos para identificar os sentimentos atuais dos funcionários — contatos diários e dados existentes. Essas abordagens reconhecem que as pesquisas formais de satisfação no trabalho são similares a uma auditoria contábil anual, no sentido de que ambas são apenas atividades periódicas; ainda assim, há a necessidade diária de se monitorar a satisfação profissional, do mesmo modo que existe uma necessidade regular de manter-se informado sobre a contabilidade financeira.

A administração monitora o nível de satisfação dos funcionários primeiro mediante o contato pessoal e a comunicação. Esse é um método prático e rápido para se determinar o nível de satisfação no trabalho dos indivíduos, mas inúmeros outros indicadores de satisfação já estão disponíveis nas organizações. Conforme mostrado na Figura 9.7, exemplos incluem absenteísmo, reclamações e entrevistas de desligamento. Tais informações normalmente são coletadas de modo separado para outros propósitos, mas podem ser rapidamente reunidas em um relatório mensal que ofereça à administração conhecimento dos níveis gerais da satisfação entre os funcionários.

Alguns dos itens da Figura 9.7 são indicadores *comportamentais* diretos da satisfação no trabalho, como rotatividade, absenteísmo e atrasos, enquanto outros, por exemplo, registros médicos e de treinamento, oferecem apenas pistas *indiretas* acerca do que pode estar errado. Quando são cuidadosamente interpretados, esses dados fornecem um retrato rico da satisfação dos trabalhadores em uma organização. As principais vantagens dos registros dos funcionários são que, na maior parte dos casos, eles já se encontram disponíveis, muitos oferecem dados quantitativos e o fato de que são bons indicadores de tendências existentes ao longo de um período determinado.

FIGURA 9.7
Exemplos de Informações Relacionadas à Satisfação no Trabalho e que Estão Freqüentemente Disponíveis nas Organizações

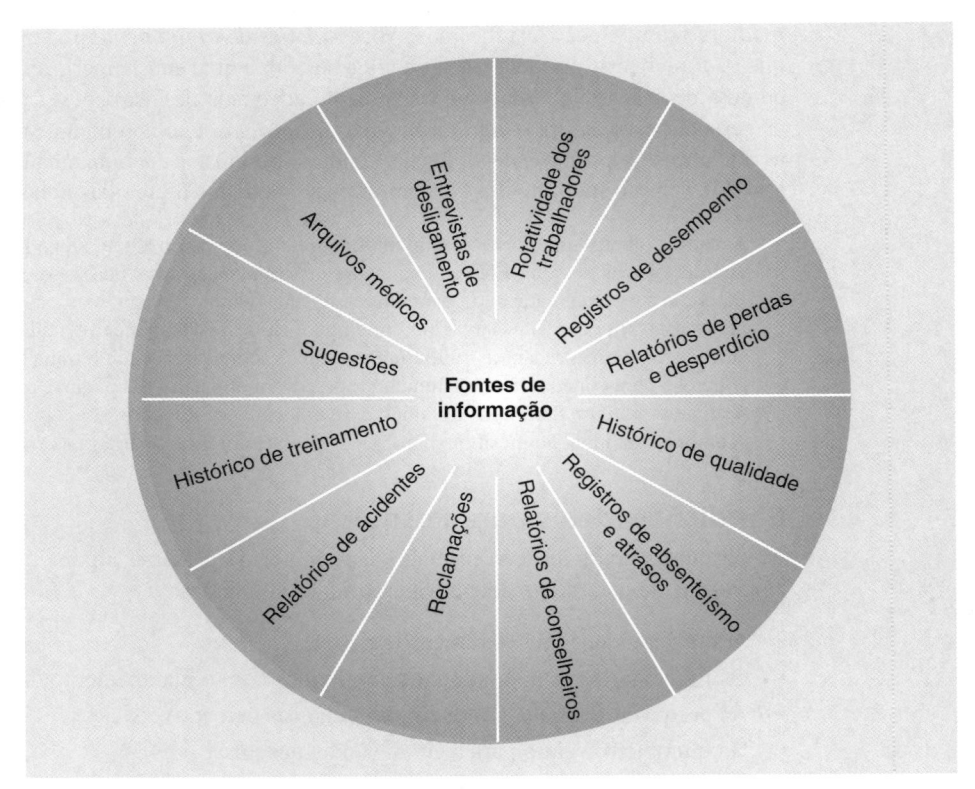

Fontes de informação: Entrevistas de desligamento, Rotatividade dos trabalhadores, Registros de desempenho, Relatórios de perdas e desperdício, Histórico de qualidade, Registros de absenteísmo e atrasos, Relatórios de conselheiros, Reclamações, Relatórios de acidentes, Histórico de treinamento, Sugestões, Arquivos médicos

A ESTRUTURAÇÃO E O ACOMPANHAMENTO DE UMA PESQUISA

Etapas do processo

Uma abordagem sistemática para a condução de pesquisas é apresentada na Figura 9.8. Em geral, os gerentes precisam identificar um propósito para a avaliação de atitudes, obter o apoio da alta gerência e dos funcionários e, então, desenvolver o instrumento de mensuração. As etapas intermediárias consistem na aplicação da pesquisa, seguida pela tabulação e análise dos resultados. As conclusões devem ser apresentadas aos participantes *tão logo* estejam disponíveis, e planos de ação precisam ser desenvolvidos por grupos de funcionários e gerentes trabalhando conjuntamente e, então, implementados. Como as razões para o monitoramento das atitudes dos funcionários já foram sugeridas, esta seção enfoca os tipos de instrumentos de pesquisa que podem ser elaborados. Ela é encerrada com um exame dos fatores relacionados ao seu uso bem-sucedido.

Tipos de Questões de Pesquisa

> Apresentação de respostas estruturadas

Estudos sobre satisfação no trabalho normalmente coletam dados por intermédio de questionários de pesquisa ou de entrevistas. Independentemente do método utilizado, atenção cuidadosa deve ser dada à forma como as questões são formuladas e à natureza das respostas possíveis. As **questões fechadas** apresentam opções de respostas de forma que os funcionários simplesmente escolham e marquem as respostas que mais bem representam seus sentimentos. Algumas pesquisas, por exemplo, apresentam declarações e exigem que os funcionários as respondam indicando em uma escala numérica o seu grau de concordância ou discordância com relação a elas, conforme demonstrado no exemplo a seguir:

Meu sentimento de segurança com relação ao meu emprego (circule um número):
Em que nível ele se encontra neste momento?   (mín.) 1 2 3 4 5 (máx.)

A principal vantagem das pesquisas com questões fechadas encontra-se na facilidade para administrá-las e analisá-las estatisticamente. Grande parte da tabulação e da análise pode ser realizada por computadores, o que minimiza o tempo gasto pelos funcionários, os custos e os erros quando grande número de funcionários é pesquisado.

O maior defeito das questões fechadas é que a administração ou os consultores de pesquisas escrevem todas as respostas estruturadas disponíveis para os funcionários. Nenhuma dessas respostas

FIGURA 9.8
Etapas Principais em uma Abordagem Sistemática para a Condução de Pesquisas

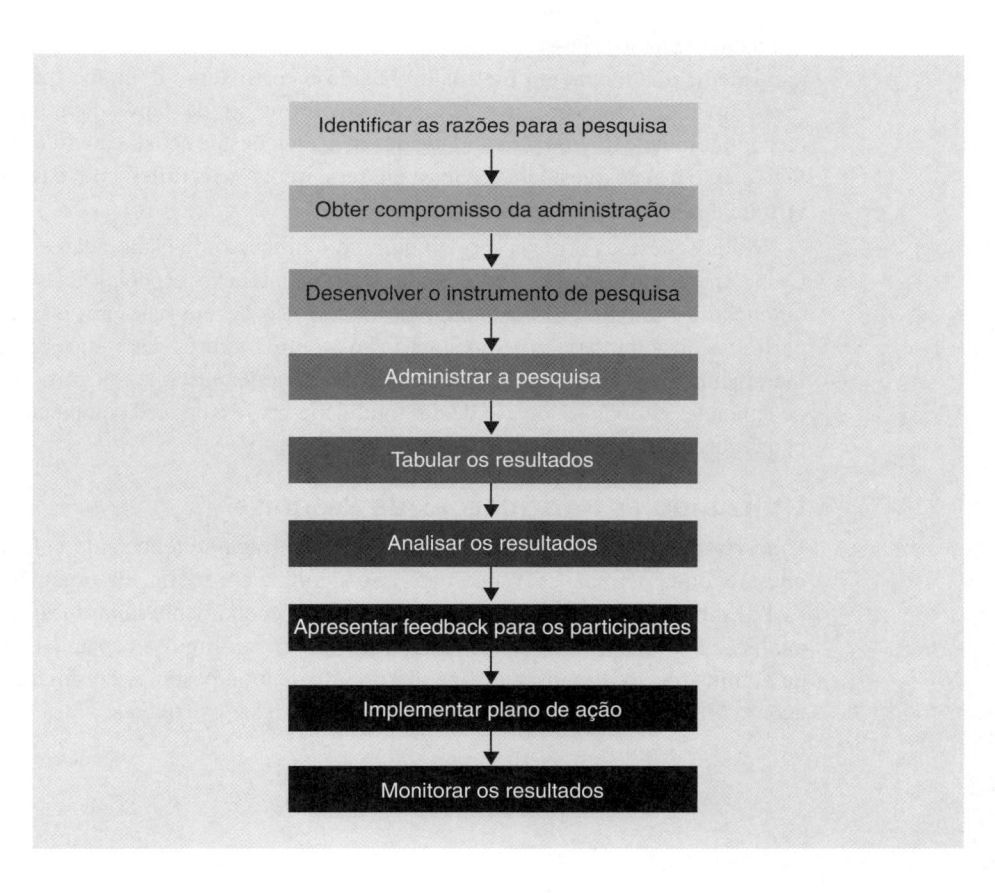

- Identificar as razões para a pesquisa
- Obter compromisso da administração
- Desenvolver o instrumento de pesquisa
- Administrar a pesquisa
- Tabular os resultados
- Analisar os resultados
- Apresentar feedback para os participantes
- Implementar plano de ação
- Monitorar os resultados

pode ser vista como a mais apurada expressão dos sentimentos reais dos funcionários. Em outras palavras, a abordagem não oferece aos funcionários, de fato, uma oportunidade completa para que eles se expressem.

Procurando identificar sentimentos pessoais

Ao contrário das questões fechadas, as **questões abertas** buscam respostas dos funcionários que sejam elaboradas com suas próprias palavras. Essa abordagem não-estruturada cria condições para que os funcionários expressem completamente seus sentimentos, pensamentos e intenções. Os comentários mais pessoais normalmente produzem forte impressão na administração, especialmente se grande parcela de funcionários menciona uma área problemática em particular e verbaliza seus sentimentos utilizando uma linguagem mais forte.

Há dois tipos de questões abertas. As questões *dirigidas* enfocam as atitudes dos funcionários com relação a partes específicas do trabalho e são formuladas em torno desses aspectos. Essa abordagem permite uma análise profunda sobre a satisfação associada a uma condição de trabalho específica. Por outro lado, as questões *não-dirigidas* solicitam comentários gerais sobre o trabalho. Dessa maneira, a administração toma conhecimento sobre os tópicos que atualmente incomodam os funcionários e parecem importantes para eles.

Questões críticas

Os procedimentos de pesquisa de satisfação no trabalho são mais complicados do que aparentam inicialmente. Pode parecer extremamente simples dirigir-se aos funcionários, obter suas respostas e interpretá-las, mas a experiência demonstra que descuidos na elaboração de uma pesquisa limitam seriamente a sua utilidade. Confiabilidade e validade são dois elementos que servem como sustentáculo para um estudo eficaz. **Confiabilidade** é a capacidade de um instrumento de pesquisa de produzir resultados consistentes, independentemente de quem a aplique. Se um instrumento for confiável, pode-se estar seguro de que qualquer diferença encontrada entre os grupos pesquisados seja real e não produzida por mudanças nos humores dos funcionários ou por procedimentos de aplicação amplamente variáveis.

Confiabilidade

Validade

Em adição à confiabilidade, os estudos de satisfação no trabalho necessitam de **validade**, ou seja, a capacidade de mensurar os fatores cuja capacidade eles alegam possuir. A diferença entre confiabilidade e validade, nesse caso, torna-se clara quando se tenta usar um bastão graduado em jardas para medir distâncias em metros. O bastão é consistente com sua finalidade (ele é confiável), mas é inválido, uma vez que mede a coisa de forma errada. Obviamente, é preciso estar certo *tanto* da confiabilidade *quanto* da validade das mensurações da satisfação no trabalho. Essa tarefa é mais fácil com o uso de questões fechadas; ela seria muito mais difícil com o uso de questões abertas, em virtude de sua natureza qualitativa.

Muitas questões críticas surgem durante o processo de elaboração e aplicação das pesquisas.[20] Como mostra na Figura 9.9, deve-se destinar atenção especial à seleção de amostras, à manutenção do anonimato dos funcionários, ao uso de normas para a interpretação dos dados, à participação voluntária dos funcionários e a outros fatores. Os índices de participação podem ser incrementados por meio da solicitação de um período curto para devolução das respostas, do envio de lembretes periódicos, do uso de um formulário breve e de fácil compreensão ou do oferecimento de pequenos incentivos.

Utilizando as Informações da Pesquisa

Uma vez que a informação sobre a satisfação no trabalho tenha sido coletada e tabulada, a grande questão ainda permanece: o que tudo isso significa em termos da organização e de seus funcionários? Embora a coleta dessa informação seja essencialmente uma questão de técnica escolhida, a análise e a utilização dos dados resultantes exigem prodigiosa capacidade de julgamento por parte da administração. É a última etapa importante de uma pesquisa de satisfação no trabalho. Quando ações corretas são realizadas, os resultados podem ser excelentes.

FIGURA 9.9
Algumas Questões na Elaboração e na Aplicação de uma Pesquisa

- A participação deve ser voluntária ou obrigatória?
- Deve ser utilizada uma amostra ou a população total?
- As respostas deverão ser anônimas ou identificadas?
- Devemos utilizar normas para comparação?
- Os questionários devem ser devolvidos para o supervisor ou para uma empresa independente de consultoria?
- A pesquisa deverá ser elaborada e conduzida por membros da própria organização ou por consultores externos?
- Devemos estabelecer um prazo final para a entrega das pesquisas ou não?
- Um instrumento padronizado deverá ser utilizado, ou devemos criar um instrumento para essa situação?
- Como o feedback deve ser dado para os funcionários?
- Com que freqüência as pesquisas devem ser realizadas?
- Devemos utilizar uma pesquisa em papel ou informatizada (baseada na Internet)?

Os gerentes precisam de evidências.

Comunicando os Resultados A primeira etapa do uso das informações sobre satisfação no trabalho é comunicá-las aos gerentes para que estes possam compreendê-las e se preparar para utilizá-las. Esse documento é conhecido como *relatório de pesquisa*. Os gerentes serão aqueles que farão as mudanças sugeridas pelos dados e vão precisar ver evidências para realizar seus próprios julgamentos. As recomendações dos especialistas em satisfação no trabalho são úteis, mas os gerentes devem tomar as decisões finais.

Os dados da pesquisa aumentam a competição.

Dados Comparativos Nas grandes organizações, as *comparações entre departamentos* representam um modo eficaz de encorajar os gerentes a prestar-lhes atenção e tomar nota dos dados sobre satisfação. Da mesma forma que uma equipe de beisebol em dificuldades esforça-se para ultrapassar as demais equipes da liga, os gerentes cujos departamentos não demonstram altos níveis de satisfação serão estimulados a melhorar as atitudes de seus funcionários até a realização do próximo estudo. As comparações desse tipo devem ser administradas de forma hábil para que os indivíduos com pior desempenho não se sintam intimidados.

Caso uma pesquisa anterior tenha sido realizada, *tendências ao longo do tempo* podem ser registradas. Comparações estatísticas mais elaboradas e correlações poderão ser estabelecidas se a evidência parecer promissora. Aqueles indivíduos, por exemplo, que afirmam que seu supervisor é um bom líder também afirmam que eles se orgulham de sua organização e a vêem como um bom local para se trabalhar? Finalmente, todas as questões e categorias de satisfação no trabalho poderão ser comparadas entre si em busca de relações significativas.

Os interesses dos gerentes nas estatísticas de satisfação no trabalho podem ser aumentados ao lhe ser solicitado que *prevejam as atitudes de seus funcionári*os com relação a vários itens e que comparem suas previsões com os resultados das pesquisas existentes. Nas suas previsões que se mostrarem equivocadas, eles são forçados a se questionar por que fizeram uma avaliação incorreta dessas condições. Mesmo que uma previsão seja correta, ela ainda estimulará algum trabalho intelectual. Considere o caso do chefe de departamento que previu que seus funcionários demonstrariam sua insatisfação com o trabalho de gerenciar queixas. Eles, de fato, relataram sua insatisfação, o que o forçou a se questionar: "Se eu já tinha conhecimento dessa condição antes da pesquisa — e aparentemente tinha —, por que não fiz alguma coisa sobre isso?".

Acompanhamento por um Comitê de Trabalho Uma maneira de fazer que os gerentes introduzam mudanças em seus departamentos após a realização de uma pesquisa é o estabelecimento de comitês de trabalho (forças-tarefa) cujas responsabilidades sejam a revisão dos dados da pesquisa e a elaboração de planos para a adoção de ações corretivas.

O presidente de uma companhia apontou um comitê executivo especial para acompanhar os resultados de uma pesquisa e sugerir mudanças. Então, o gerente geral indicou os comitês de supervisão em cada departamento para discutir como a pesquisa se aplicava aos problemas departamentais locais.
Os comitês de supervisão trabalharam em suas próprias soluções para as questões departamentais, mas

caso suas soluções afetassem outros departamentos, elas teriam de ser encaminhadas para aprovação pelo comitê executivo.

Os comitês recomendaram ações.

O diretor de recursos humanos presidia cada um dos comitês, que se reuniam mensalmente. Em cada encontro, uma parte separada da pesquisa era discutida com alguns detalhes. As reuniões continuaram por mais de um ano, assegurando extensivo acompanhamento das informações identificadas na pesquisa. Essa abordagem de longo prazo manteve os executivos refletindo sobre a pesquisa e concedeu tempo para que a informação fosse absorvida.

A abordagem de longo prazo para a utilização da informação sobre satisfação no trabalho é importante. Muitos empregadores cometem o erro de conceder, durante algumas semanas, destaque e interesse imensos à pesquisa para, logo em seguida, a esquecerem até que outra pesquisa seja realizada. Eles gastam todos seus recursos, conferindo às pesquisas toda a pompa e circunstância de uma celebração de carnaval — mas, quando acaba o carnaval, retornam ao seu velho modo de vida.

Feedback para os Funcionários Quando ações corretivas são adotadas como resultado de uma pesquisa, os detalhes a respeito do que foi descoberto e do que deve ser feito precisam ser compartilhados com os funcionários tão cedo quanto possível. Somente dessa forma as pessoas que participaram das pesquisas terão o sentimento de que a administração as ouve e adotou ações baseadas em suas idéias. A concessão de feedback também assegura aos funcionários que suas idéias eram realmente desejadas — e ainda são. De fato, uma boa divulgação para gerentes e funcionários é essencial do começo ao fim de um estudo sobre satisfação no trabalho, de modo a explicar o que o estudo pretende obter, relatar a informação reunida e anunciar quais ações corretivas estão sendo adotadas. Esse tipo de divulgação é a essência de um feedback eficaz.

Feedback e ações são exigidos.

Uma coisa é certa: se uma pesquisa de satisfação profissional for realizada, a *administração deverá estar preparada para empreender as ações necessárias com relação aos resultados*. Os funcionários sentem que, na mesma medida em que puderam cooperar ao exporem seus sentimentos, a administração deveria tentar realizar algumas das melhorias que eles sugeriram ou pelo menos explicar por que elas não são viáveis. Uma maneira certa de interromper futuras expressões das opiniões dos funcionários é falhar ao adotar medidas acerca das opiniões já oferecidas. Como a gerência solicita aos funcionários que apresentem algumas de suas idéias, eles têm razões para acreditar que as ações serão pelo menos em parte executadas.

MUDANDO AS ATITUDES DOS FUNCIONÁRIOS

Induzir mudanças de atitudes nem sempre é um processo fácil, mas os ganhos potenciais podem justificar uma tentativa. Se a administração deseja modificar as atitudes dos funcionários em uma direção mais favorável, há diversos caminhos disponíveis, como mostrado nas seguintes diretrizes:

- Torne o sistema de recompensa intimamente associado ao desempenho individual ou coletivo.
- Estabeleça metas desafiadoras com os funcionários, de modo que aqueles que possuem estímulos para realização possam experimentar uma oportunidade de satisfação por meio de suas conquistas.
- Defina expectativas claras sobre os papéis a serem desempenhados para que os funcionários que estejam enfrentando ambigüidades possam superá-las.
- Evite atacar as atitudes dos funcionários. Em vez disso, utilize suas habilidades como alguém que ouve de forma ativa, pois uma atitude não-defensiva é mais receptiva às mudanças.
- Ofereça feedback constante para satisfazer a necessidade de informação sobre os níveis de desempenho.
- Exiba uma postura cortês e atenciosa, demonstrando preocupação com os sentimentos dos funcionários.
- Ofereça oportunidades para que os funcionários participem do processo de tomada de decisões.
- Demonstre consideração com relação aos esforços apropriados e comportamentos de cidadania.

Existem várias outras idéias que proporcionam indicações para a modificação de atitudes. Algumas vezes, a má informação e a simples oferta de novos dados são úteis (por exemplo, falar

Conselhos para Futuros Gerentes

1. *Preste atenção às atitudes dos funcionários*; quando for possível, contrate novos profissionais que exibam uma atitude positiva.
2. Lembre-se do efeito de transbordamento da satisfação trabalho-vida; *destine alguns momentos para explorar e monitorar o ambiente fora do trabalho dos funcionários.*
3. *Considere seu papel como um gerente de desempenho* e reconheça a maneira significativa pela qual a distribuição de recompensas afeta a atitude dos funcionários.
4. Perceba as atitudes dos funcionários como *multidimensionais; faça distinções entre satisfação, envolvimento, compromisso e ânimo no trabalho* quando as estiver discutindo.
5. *Crie programas e ações diferentes para gerar impacto na rotatividade, no absenteísmo, em atrasos, no furto e em comportamentos de cidadania.*
6. *Comprometa-se com um processo regular e sistemático de mensuração da satisfação dos funcionários*; prossiga imediatamente para a realização das mudanças com base nos resultados dessa mensuração.
7. *Envolva os funcionários no propósito, na elaboração, aplicação e interpretação dos resultados de pesquisas.*
8. *Reconheça que as atitudes podem ser modificadas*, incluindo as suas próprias. Tempo, esforços e persistência substanciais podem ser exigidos para alcançar esse objetivo.
9. *Monitore os fenômenos tanto do absenteísmo quanto da obrigatoriedade de presença*; adote medidas para certificar-se de que o nível de nenhum dos dois é muito elevado.
10. *Procure formas de reduzir tanto o furto por parte dos funcionários quanto as ações que proporcionem uma interpretação pessoal e favorável das regras*; eduque os funcionários sobre os efeitos diretos e indiretos dessas ações.

Comportamento das atividades afetivas; atividades comportamentais afetivas.

para indivíduos inseguros sobre o futuro econômico projetado da organização). Também pode ser extremamente revelador fazer que os colegas dos funcionários compartilhem suas atitudes; essa tática pode criar uma pressão coletiva implícita para corrigir as atitudes dos funcionários. Até mesmo uma simples série de reuniões para discussões em grupo pode ser útil como um fórum para permitir que os funcionários exponham suas emoções e comecem, então, a modificar a situação. Finalmente, seria ingênuo assumir que somente as atitudes influenciam o comportamento, uma vez que há um relacionamento recíproco entre esses dois elementos, de modo que o *comportamento também influencia as atitudes*. Em algumas ocasiões, portanto, é aconselhável fazer que os funcionários modifiquem primeiro seu comportamento e deixar que a mudança desejada de atitude venha em seguida.

Resumo

É importante monitorar, compreender e administrar as atitudes dos funcionários. Elas se desenvolvem como conseqüência dos sentimentos de eqüidade ou de iniqüidade em relação ao sistema de recompensas (discutido no Capítulo 6), bem como a partir do tratamento concedido pelos supervisores (abordado no Capítulo 8). Os gerentes estão particularmente preocupados com quatro tipos de atitudes — satisfação no trabalho, envolvimento, compromisso organizacional e ânimo no trabalho.

A insatisfação com o trabalho pode levar ao aumento do absenteísmo e da rotatividade, e a outros comportamentos indesejáveis, de forma que os empregadores desejam produzir satisfação entre seus funcionários. Um número substancial de trabalhadores nos Estados Unidos afirma que está satisfeito com seus empregos, embora também possam estar insatisfeitos com alguns aspectos específicos de suas atividades.

Um envolvimento profissional mais elevado conduz a níveis mais altos de dedicação e produtividade nos trabalhadores. Desempenho elevado e recompensas justas encorajam maior satisfação por meio do ciclo desempenho-satisfação-esforço. Satisfação mais elevada no trabalho está normalmente associada à menor rotatividade e a absenteísmo mais baixo. Funcionários comprometidos também têm chances maiores de encampar os valores e os ideais da companhia (sua cultura).

Os gerentes podem obter informações úteis sobre as atitudes dos funcionários com o uso de questionários e entrevistas, bem como ao examinarem os dados disponíveis sobre os recursos humanos. A informação é comunicada aos gerentes mediante os resultados de pesquisas que utilizem resumo de dados, efetuem comparações relevantes e apóiem conclusões com comentários reais dos funcionários. O acompanhamento é obtido por meio de comitês criados com o objetivo de assegurar aos funcionários que as ações adequadas serão adotadas após a pesquisa. Finalmente, a informação sobre as atitudes dos funcionários somente é útil se influenciar os gerentes a melhorar seus próprios comportamentos e sistemas de recompensa.

Termos e Conceitos para Revisão

Ausências, *210*
Afetividade negativa, *201*
Afetividade positiva, *201*
Agressão, *206*
Ânimo ou disposição no trabalho, *206*
Atitudes, *201*
Atraso, *210*
Ciclo de desempenho-satisfação-esforço, *207*
Comportamentos de cidadania organizacional, *212*
Compromisso organizacional, *205*
Confiabilidade, *216*
Desligamento físico, *206*
Desligamento psicológico, *206*
Efeito transbordamento, *202*
Envolvimento como o trabalho, *204*
Furto, *211*
Intenções comportamentais, *202*
Interpretação pessoal e favorável das regras, *211*
Moral, *202*
Obrigatoriedade de presença, *210*
Pesquisa sobre satisfação no trabalho, *213*
Questões abertas, *216*
Questões fechadas, *215*
Rotatividade, *207*
Satisfação no trabalho, *202*
Validade, *216*
Violência, *212*

Questões para Discussão

1. Explique, com suas próprias palavras, por que você acredita que as atitudes dos funcionários são importantes. Você acha que os gerentes de hoje em dia enfatizam de modo excessivo ou insuficiente as atitudes? Por quê?
2. Considere que uma pesquisa realizada com 20 funcionários do seu departamento descobriu que aproximadamente 90% deles estão satisfeitos com seus empregos. Quais são as implicações desse fato para você como gerente?
3. "Um funcionário feliz é um funcionário produtivo." Discuta essa afirmativa.
4. Pense sobre um emprego que você teve. Liste as áreas nas quais você se mostrou mais e menos satisfeito. Perceba, em cada caso, o grau segundo o qual a administração teve alguma relação com o item mencionado. O que os gerentes poderiam ter feito para melhorar sua satisfação?
5. Suponha que a satisfação no trabalho, o envolvimento, o compromisso organizacional e o ânimo no trabalho sejam independentes uns dos outros, de forma que um possa estar presente sem os demais. Descreva uma situação na qual os funcionários possam estar comprometidos, mas sem estar satisfeitos ou envolvidos. O que você faria com esse tipo de funcionário?
6. Como você começaria a avaliar se a obrigatoriedade de presença for um problema em sua organização? Em caso afirmativo, o que poderia fazer para desencorajar os funcionários de comparecer ao trabalho quando não devem fazê-lo?
7. Selecione um ramo de atividade econômica (por exemplo, instituições financeiras ou hospitais) e contate três organizações para obter seus índices de absenteísmo e rotatividade. O que elas têm feito para reduzi-los?
8. Elabore um breve questionário utilizando questões objetivas e pesquise entre os membros de uma pequena equipe acerca de sua satisfação no trabalho. Tabule e analise seus resultados; inclua uma lista de recomendações para mudanças.
9. Prepare um plano para a utilização dos dados da pesquisa sobre satisfação no trabalho em um escritório de uma companhia seguradora para oferecer feedback aos gerentes e funcionários.
10. Contate um restaurante de *fast-food* local e peça ao gerente para estimar a proporção do índice de rotatividade que pode ser atribuída à decisão de funcionários eficazes de deixar a empresa como produto de escolha pessoal. Quais sugestões você poderia apresentar para reduzir esse problema da rotatividade voluntária?

Avalie suas Próprias Habilidades

Até que ponto você exibe boas habilidades relacionadas à gestão das atitudes dos funcionários?

Leia as seguintes frases cuidadosamente. Faça um círculo ao redor do número na escala de respostas que reflita da melhor forma possível o grau com que cada afirmação mais bem o descreve. Some o total de pontos e prepare um breve plano de autodesenvolvimento. Esteja pronto para relatar seus resultados, para que eles, juntamente com os resultados dos demais elementos do seu grupo, possam ser tabulados adequadamente.

	Boa descrição								Má descrição
1. Presto a mesma atenção às atitudes e ao desempenho dos funcionários.	10 9	8	7	6	5	4	3	2	1
2. Estou ciente de que minhas atitudes podem facilmente refletir-se nas atitudes de meus funcionários.	10 9	8	7	6	5	4	3	2	1
3. Ouço cuidadosamente para diferenciar os componentes decorrentes de sentimentos, pensamentos e intenções das atitudes dos funcionários.	10 9	8	7	6	5	4	3	2	1
4. Reconheço que a satisfação dos funcionários é dinâmica; eu a monitoro e a gerencio continuamente.	10 9	8	7	6	5	4	3	2	1
5. Reconheço os custos elevados e a alta probabilidade da ocorrência da rotatividade entre os funcionários e, dessa forma, trabalho ativamente para aumentar o compromisso e a lealdade dos funcionários.	10 9	8	7	6	5	4	3	2	1
6. Eu poderia facilmente descrever para meu chefe o conjunto, baseado em pesquisas, de relações entre desempenho, recompensas, satisfação e seus vários produtos.	10 9	8	7	6	5	4	3	2	1
7. Observo o ambiente de trabalho em busca de evidências de comportamentos de cidadania organizacional e ofereço o reconhecimento apropriado para as pessoas que os demonstram.	10 9	8	7	6	5	4	3	2	1
8. Conduzo pesquisas periódicas sobre a satisfação dos funcionários e introduzo mudanças com base em seus resultados.	10 9	8	7	6	5	4	3	2	1
9. Monitoro regularmente os indicadores existentes da satisfação dos funcionários e procuro explicações em pontos nos quais os resultados das pesquisas são diferentes.	10 9	8	7	6	5	4	3	2	1
10. Compreendo a necessidade de confiabilidade e validade dos processos de pesquisa e adoto medidas para me certificar de que eles existam.	10 9	8	7	6	5	4	3	2	1

Pontuação e Interpretação

Some o total de pontos obtidos nas dez questões. Registre aqui esse número e relate-o quando for solicitado: _____. Finalmente, insira o total de pontos no gráfico Avalie e Melhore suas Habilidades Associadas ao Comportamento Organizacional no Apêndice.

- Se você obteve um resultado entre 81 e 100 pontos, parece ter uma capacidade sólida para demonstrar boas habilidades relacionadas ao gerenciamento das atitudes dos funcionários.
- Se você obteve um resultado entre 61 e 80 pontos, deveria analisar mais detidamente os itens nos quais obteve uma pontuação mais baixa e revisar o material relacionado a esses assuntos.
- Se você obteve um resultado abaixo de 60 pontos, deve estar ciente de que um baixo nível em habilidades relacionadas a diversos itens poderá ser prejudicial para o seu futuro sucesso como gerente. Sugerimos a você revisar o capítulo inteiro e permanecer atento com relação aos materiais relevantes que serão apresentados nos capítulos subseqüentes e em outras fontes.

Agora, identifique suas três pontuações mais baixas e escreva os números dessas questões aqui: _____, _____, _____. Faça um parágrafo curto detalhando para si mesmo um plano de ação para que você melhore cada uma dessas habilidades.

Estudo de Caso

Barry Niland

Barry Niland, supervisor de um pequeno departamento de vendas, percebeu que um de seus representantes de vendas para produtos industriais, Henry Hunter, tinha um problema. Entre outros sinais, as vendas de Hunter haviam declinado nos últimos seis meses, embora muitos dos outros representantes estivessem regularmente ultrapassando suas cotas de vendas. Niland decidiu tentar incentivar o desempenho de seu representante lembrando-o das muitas oportunidades para satisfação apresentadas pelo trabalho em uma área de vendas.

Niland explicou suas ações da seguinte forma:

Ressaltei que, diante dos olhos do consumidor, ele é a empresa. Ele tem a oportunidade para ajudar seu cliente. Possui a oportunidade de demonstrar suas capacidades e seus conhecimentos a vários tipos de pessoas. Detém a chance de, com seus próprios esforços, auxiliar diferentes grupos de pessoas. Ele tem a oportunidade de dar apoio às pessoas que produzem nossos produtos, recompensar os acionistas e controlar seu retorno financeiro por meio da sua especialização. Possui a chance de testar suas idéias criativas, com um feedback imediato sobre o valor delas. Ele detém a oportunidade de enfrentar condições em constante mudança, de forma que não há tédio no seu trabalho. Não há um meio mais rápido para alcançar satisfação pessoal do que um trabalho na área de vendas.

Questões

1. Comente a abordagem de Niland usada para lidar com seu representante de vendas.
2. Sugira abordagens para Hunter melhorar:
    a. Satisfação no trabalho
    b. Desempenho no trabalho
    c. Envolvimento com o trabalho
    d. Compromisso organizacional

Exercício Vivencial

Atitudes em Sala de Aula

A discussão sobre atitudes que é apresentada neste capítulo também pode ser relacionada às atitudes em sala de aula.

1. Trabalhando individualmente, os membros da sala deverão avaliar, em uma escala de 1 a 10 (1 = baixo, 10 = alto), os seguintes itens:
    a. Satisfação geral com a disciplina
    b. Sentimento de envolvimento com o processo educacional
    c. Compromisso com a instituição de ensino
2. O professor deve prever as médias gerais para cada um dos três itens.

3. Compartilhe as avaliações obtidas na etapa 1 e compute as médias para cada uma delas.
4. Trabalhando em grupos de quatro ou cinco pessoas, discuta as razões para os níveis gerais de satisfação, envolvimento e compromisso na sala. Há um possível viés de desejo social? Avalie a acuidade das previsões de seu instrutor. Desenvolva um plano de ação realista para melhorar o nível de cada um dos três elementos.
5. Discuta a confiabilidade e a validade prováveis dos dados obtidos nas etapas 1 e 2. Sugira maneiras por meio das quais você poderia reunir evidências sobre a confiabilidade e a validade dos dados.
6. Qual é o impacto da utilização de escalas de respostas com um único item? Trabalhando em pequenos grupos, desenvolva pelo menos três itens de resposta para cada uma das três escalas. Compartilhe-as com outros membros da sala para obter suas reações.

Produzindo Insights sobre CO

Um *insight* diz respeito a uma percepção nova e clara acerca de um fenômeno ou de uma capacidade adquirida para "enxergar" claramente algo sobre o qual você não estava ciente anteriormente. Ele, algumas vezes, simplesmente se refere a um "momento do tipo ah-há!", no qual você obtém uma pequena revelação ou atinge uma conclusão direta sobre um problema ou uma questão.

Os *insights* não precisam necessariamente ser dramáticos, uma vez que aquilo que pode ser considerado um *insight* por uma pessoa pode não o ser pelas demais. A característica fundamental dos *insights* é que eles são importantes e memoráveis para você; eles devem representar novos conhecimentos, novas estruturas, ou novas perspectivas para perceber as coisas que você desejaria armazenar e lembrar ao longo do tempo.

Os *insights* são, portanto, diferentes do tipo de informação que você encontra nos textos da seção Conselhos para Futuros Gerentes. Esse formato de conselho é prescritivo e orientado para a ação; ele indica e recomenda determinado curso de ação.

Uma forma útil para pensar sobre os *insights* de CO é partir do princípio de que você foi a única pessoa que leu o Capítulo 9. Você recebeu a tarefa de ressaltar, utilizando suas próprias palavras, os conceitos principais (mas não somente resumir o capítulo todo) que poderiam ser relevantes para um público leigo, que nunca foi apresentado ao tema antes. *Quais são os dez* insights *que você compartilharia com os membros desse público?*

1. (Exemplo) Funcionários felizes não são, necessariamente, aqueles que se tornarão os mais produtivos.
2. _____
3. _____
4. _____
5. _____
6. _____
7. _____
8. _____
9. _____
10. _____

Capítulo Dez

Problemas entre as Organizações e os Indivíduos*

Melhorar o desempenho de pessoas-chave é, em geral, tão simples — e tão profundo — quanto modificar os recursos que elas controlam e os resultados pelos quais elas são responsáveis.
Robert Simons[1]

Diante de um ambiente legal e social que crescentemente enfatiza a segurança, os modelos tradicionais de privacidade e sigilo podem não ser sustentáveis.
Holly Dolezalek e Tammy Galvin[2]

OBJETIVOS DO CAPÍTULO

COMPREENDER

- Um modelo da legitimidade da influência organizacional.
- Como o direito à privacidade é interpretado.
- As bases para a discriminação no trabalho.
- O uso da disciplina para modificar comportamentos.
- A qualidade de vida no trabalho (QWL— *quality of work life*).
- O enriquecimento do cargo: prós e contras.
- Responsabilidades mútuas entre indivíduos e organizações.
- A denúncia como um comportamento social positivo.

Um dos casos mais infames de complacência com relação à autoridade organizacional ocorreu apenas horas antes da trágica explosão do ônibus espacial *Challenger*, logo após sua decolagem. Os engenheiros da empresa Morton Thiokol avisaram aos executivos da companhia que não recomendassem o prosseguimento do vôo da Nasa, em razão do tempo frio. Derrotados, eles permaneceram em silêncio. A decolagem ocorreu de acordo com o planejamento, e a tripulação inteira perdeu sua vida momentos depois em uma explosão

---

* N.R.T.: Este capítulo apresenta diversas questões relevantes ao comportamento organizacional, embora algumas não se encontrem, ainda, perfeitamente integradas e regulamentadas à cultura dos negócios no Brasil.
Por causa da grande presença de empresas multinacionais no mercado brasileiro e visando a necessidade de preparar executivos para atuar em negócios globalizados, optou-se em manter este material.

causada por peças que não haviam sido desenhadas para operar de forma eficaz sob baixas temperaturas. Por que os engenheiros não falaram (publicamente) a tempo? Por que outros funcionários não denunciaram abertamente as práticas da empresa quando perceberam que elas poderiam ser potencialmente danosas?

A resposta a essas questões é complexa. Certamente, é verdade que as pessoas e as organizações podem viver em um grau substancial de harmonia e interesses mútuos. Os indivíduos utilizam as organizações como instrumentos para a conquista de suas metas do mesmo modo que as organizações usam os funcionários para alcançar certos objetivos. Há uma *transação social mútua* na qual cada parte contribui e extrai benefícios entre si. Mas, *qual é a natureza dos direitos e responsabilidades de cada grupo com relação ao outro*, de forma que desastres como o ocorrido com a *Challenger* não aconteçam novamente?

Este capítulo é o segundo de uma seção que tem como foco as questões e os processos do comportamento *microrganizacional*. Enquanto o Capítulo 9 identifica o modo como as atitudes dos funcionários podem afetar diversas variáveis dependentes que preocupam as organizações (como absenteísmo e rotatividade), os Capítulos 10 e 11 examinam importantes fatores comportamentais nos níveis individual e interpessoal que podem tornar o sistema mais efetivo. No Capítulo 10, serão discutidas algumas maneiras segundo as quais as políticas e as práticas organizacionais influenciam os indivíduos, colocando exigências e restrições e oferecendo-lhes oportunidades. O direito à privacidade, as políticas referentes aos abusos de substâncias, as práticas discriminatórias e a disciplina serão abordados. Então, será introduzido o enriquecimento do cargo como uma importante estratégia organizacional para melhorar a qualidade de vida no trabalho para os funcionários. Finalmente, haverá abordagem de algumas das responsabilidades dos indivíduos com relação às suas organizações. No Capítulo 11, o foco será a maneira pela qual algumas pessoas buscam poder sobre outras e interagem com elas; e o modo como elas se envolvem em conflitos e os solucionam.

ÁREAS DE INFLUÊNCIA ORGANIZACIONAL LEGÍTIMA

Toda organização desenvolve determinadas políticas e certos requisitos para o desempenho. Se a organização e o indivíduo definirem as fronteiras da influência legítima de maneiras diferentes, há, então, grande possibilidade para o desenvolvimento de um conflito organizacional. Isso pode ser suficiente para interferir na eficácia. Se os funcionários, por exemplo, acreditarem que é legítimo, para a administração, controlar os e-mails pessoais que eles enviam a partir do local de trabalho, eles poderão até não gostar da interferência da administração em sua liberdade pessoal com relação a essa questão, mas têm uma chance menor de desenvolver conflitos sérios com a administração em conseqüência disso. Contudo, se os funcionários acreditarem que os e-mails são de sua propriedade, a questão poderá, potencialmente, tornar-se o foco de conflitos com a administração.

Concordância evita o conflito.

Esse mesmo tipo de raciocínio aplica-se a outras questões. Contanto que as partes entrem em acordo sobre a legitimidade da influência, cada uma estará satisfeita com o equilíbrio de poder no relacionamento. Algumas pesquisas demonstram que há uma concordância razoável entre a população geral acerca da existência de áreas legítimas de influência organizacional sobre os funcionários.[3] Estudos realizados nos Estados Unidos com líderes trabalhistas, gerentes de negócios, oficiais da Força Aérea, estudantes universitários, homens e mulheres demonstraram que *há um nível de concordância substancial dentro de todos os grupos*.

Áreas de concordância e discordância

A seguir, são apresentadas áreas de aprovação geral com relação à influência organizacional:

- *Conduta profissional* – como a organização pessoal no escritório e o horário de trabalho (*alta* legitimidade de influência).

- *Atividades pessoais fora do local de trabalho* – como a igreja freqüentada, o banco onde os funcionários mantêm suas contas e o local de férias escolhido (*baixa* legitimidade de influência).

Por outro lado, os gerentes e os demais colaboradores discordam, em certa medida, com relação a algumas poucas áreas, essencialmente naquelas referentes à conduta pessoal fora do local de trabalho que poderia afetar a reputação da companhia. Exemplos disso são o grau de participação em vários assuntos comunitários, o uso pessoal de produtos da companhia e até mesmo nos casos de hábitos perigosos ou do abuso de certas substâncias. Obviamente, se você trabalhar em uma

FIGURA 10.1
Modelo da Legitimidade da Influência Organizacional sobre os Funcionários

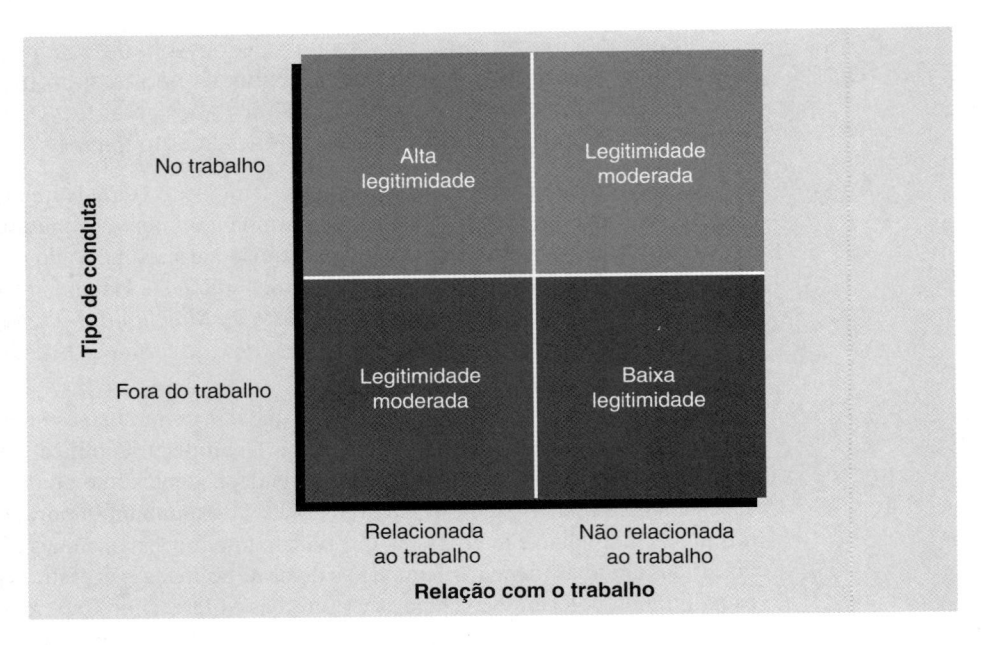

	Relacionada ao trabalho	Não relacionada ao trabalho
No trabalho	Alta legitimidade	Legitimidade moderada
Fora do trabalho	Legitimidade moderada	Baixa legitimidade

Tipo de conduta (eixo vertical) — Relação com o trabalho (eixo horizontal)

fábrica de montagem de automóveis e dirigir o automóvel de um competidor para o trabalho, seu empregador estará preocupado com a sua falta de apoio aos produtos da companhia e com o efeito de suas ações na imagem dos produtos.

Modelo de Legitimidade da Influência Organizacional

Variáveis do modelo

O modelo de **legitimidade da influência organizacional** que foi desenvolvido a partir de pesquisas é apresentado na Figura 10.1. As duas variáveis principais são: a conduta dentro e fora do trabalho e o fato de a conduta estar ou não relacionada às atividades profissionais. Como mostrado no modelo, há alta legitimidade quando a conduta ocorre no trabalho e está relacionada a ele. A legitimidade tende a ser menos aceita à medida que a conexão entre o ato e o trabalho torna-se mais difusa. Caso a ação ocorra no ambiente de trabalho, mas não se relacione a ele, por exemplo, no caso de um jogo de cartas realizado durante o horário de almoço, surgem dúvidas acerca da legitimidade. Geralmente, apenas uma legitimidade moderada é apoiada, dependendo da situação.

> A administração poderia aceitar uma situação na qual os funcionários estivessem jogando cartas na área de manufatura durante o horário de almoço, desde que isso não envolvesse apostas. Por outro lado, imagine se os jogadores fossem atendentes de um banco jogando pôquer a dinheiro em suas mesas de trabalho, nas áreas públicas do banco, durante o horário de almoço. Certamente, nesse caso, tanto gerentes quanto quaisquer outras pessoas concordariam que a gerência possui alta legitimidade para proibir a conduta em razão de seus possíveis efeitos sobre os clientes, mesmo que o jogo não fosse realizado em horário de expediente.

Conduta Fora do Trabalho

O poder das empresas para regular a conduta dos funcionários fora do ambiente de trabalho é muito limitado. Naturalmente, quando a conduta não está associada ao trabalho, o empregador tem poucas razões para se envolver nessa questão. Entretanto, algumas atividades fora do trabalho poderão afetar o empregador, de modo que surjam questões sobre a influência organizacional. A relação básica pode ser descrita da seguinte forma: *quanto mais a conduta de um indivíduo fora do ambiente profissional estiver associada ao seu trabalho, maior será o apoio para a influência organizacional sobre o funcionário.*

Conduta relacionada ao trabalho

As interpretações tornam-se difíceis em algumas situações limítrofes. Por exemplo, quais tipos de controle poderiam ser aplicados à conduta fora do trabalho para um funcionário que vive nas instalações da empresa em uma unidade de extração de petróleo e que estivesse de prontidão de 24 horas? Mesmo quando um funcionário deixa a propriedade da empresa e não está de prontidão, as barreiras para o interesse do empregador ainda não estão fixadas. Considere um funcionário enraivecido que esperasse a saída de seu supervisor para então agredi-lo na frente dos demais funcionários. Em casos como este, os árbitros de questões trabalhistas normalmente mantêm a validade das ações disciplinares da empresa, porque a ação está relacionada ao trabalho. Pelo menos nos Estados

O Que os Gerentes Estão Lendo

O antigo COO (executivo-chefe de operações) da Microsoft, Robert Herbold, acredita que as pessoas têm uma tendência natural para demarcar seus territórios e estabelecer feudos. Esses feudos podem ser baseados na especialização (uma conseqüência de habilidades ou capacidades) ou em um legado (em decorrência de antigos sistemas de proteção). Eles são criados por funcionários que necessitem controlar os dados que refletem seu trabalho, que desfrutem de autonomia e estejam no controle de seus próprios destinos, ou que possuam uma tendência para exagerar o significado do resultado de seu trabalho (quantidade ou qualidade). Esses indivíduos tornam-se obcecados com suas próprias carreiras e com seu "território" pessoal. Como resultado, eles se tornam isolados e antiquados, perdem a perspectiva profissional e agem de modo rígido; ocorrem duplicações, a burocracia aumenta e surge a resistência às mudanças. As soluções incluem o estabelecimento de pesos e contrapesos, o rodízio de pessoal, a introdução de novos talentos, o compartilhamento de informações e a criação de departamentos unificados.

Fonte: HERBOLD, Robert J. *The Fiefdom Syndrome*: The Turf Battles That Undermine Careers and Companies — and How To Overcome Them. Nova York: Currency (Doubleday), 2004.

Unidos, a linha jurisdicional da organização é claramente funcional, relacionando-se à totalidade do sistema do trabalho, e não apenas restrita aos limites da propriedade.

Várias questões que potencialmente envolvem comportamentos relacionados ao trabalho recebem atualmente grande atenção. Elas incluem vigilância, abuso de substâncias, monitoramento genético de futuros funcionários para a detecção de possíveis riscos médicos, relacionamentos amorosos nos escritórios, sentimentos de territorialidade (ver O que os Gerentes Estão Lendo) e avaliações dos valores éticos dos candidatos. As controvérsias surgem a partir da preocupação com a precisão das medidas utilizadas, bem como das visões conflitantes acerca da legitimidade da avaliação de tais fatores. Essas discordâncias têm centrado suas atenções no direito à privacidade dos funcionários, tema que será discutido a seguir.

DIREITO À PRIVACIDADE

O **direito à privacidade** relaciona-se, primariamente, à invasão, por parte da organização, da vida privada de uma pessoa e à divulgação, não autorizada, de informações confidenciais sobre a pessoa de modo que possa causar dano emocional ou sofrimento. As atividades de negócios que podem envolver o direito à privacidade estão listadas na Figura 10.2, e várias delas serão discutidas nos parágrafos seguintes. À medida que os negócios invadem mais profundamente os domínios da privacidade dos funcionários, a possibilidade de conflitos aumenta.

Funcionários, clientes e outros indivíduos e instituições acreditam que suas crenças religiosas, políticas e sociais são pessoais, e que não deveriam estar sujeitas à investigação ou à análise, embora eles possam fazer concessões — quando, por exemplo, alguém é contratado por uma igreja ou partido político. A mesma visão aplica-se às ações pessoais, às conversas e a determinados locais, como os sanitários de uma companhia ou os lares. Algumas exceções são permitidas, a contragosto, somente quando o envolvimento com o trabalho fica claramente especificado e, ainda assim, compete ao empregador o ônus da prova. Pode ser apropriado, por exemplo, ter conhecimento de que um caixa de banco está profundamente endividado como resultado de apostas em corridas de cavalo, ou que um solicitante de um cartão de crédito nacional já foi condenado duas vezes pela utilização de cartões de crédito furtados.

FIGURA 10.2
Atitudes de Negócios que Podem Envolver o Direito à Privacidade dos Funcionários

- Detectores de mentira
- Testes de personalidade
- Rastreadores
- Exames médicos
- Tratamento para alcoolismo
- Monitoramento do estilo de vida dos funcionários
- Tratamento do uso indevido de drogas
- Equipamentos de vigilância
- Bancos de dados informatizados
- Registros confidenciais
- Dados biométricos e testes de monitoramento genéticos
- Investigação sobre relacionamentos pessoais

Condições que definem a invasão de privacidade

Um estudo entrevistou mais de 2 mil funcionários para determinar o ponto no qual eles perceberam ter tido sua privacidade invadida.[4] Quatro condições levaram à percepção da invasão: a utilização de informações sobre personalidade (*versus* informações sobre desempenho), a ausência de autorização para obtê-las antes de sua divulgação, a ocorrência de conseqüências desfavoráveis e a divulgação externa dos dados (em vez de terem sido divulgados no interior da companhia). Claramente, essas situações deveriam ser minimizadas para evitar reações dos funcionários.

Diretrizes de Políticas Relacionadas à Privacidade

Por causa da importância da privacidade dos funcionários, a maioria dos grandes empregadores tem desenvolvido diretrizes para protegê-la. Essas diretrizes também ajudam a estabelecer práticas uniformes e facilitam a administração de quaisquer situações não-usuais que possam desenvolver-se. A seguir são apresentadas algumas das diretrizes relacionadas à privacidade que estão sendo utilizadas pelas organizações:[5]

- *Relevância* — Somente informações necessárias e úteis devem ser registradas e guardadas.
- *Atualização* — Informações obsoletas devem ser removidas periodicamente.
- *Consentimento* — Nenhum sistema de dados pessoais desconhecido pelos funcionários deve ser utilizado.
- *Dever fiduciário* — O detentor da informação é o responsável por sua segurança.
- *Confidencialidade* — A informação somente deve ser liberada para aqueles que tenham necessidade de tomar conhecimento dela, e sua divulgação fora dos limites da companhia deve ocorrer apenas com o consentimento do funcionário.
- *Processo devido* – O funcionário deve ser capaz de examinar os registros e contestá-los, caso lhe pareçam incorretos.
- *Proteção da integridade psicológica* — A individualidade do funcionário não deve ser invadida ou exposta sem seu prévio consentimento, e somente em decorrência de razões imprescindíveis.

Equipamentos de Vigilância

A proteção da integridade psicológica implica que, exceto em decorrência de razões imprescindíveis, os empregadores deverão evitar a vigilância de locais privados, como vestiários, ou a instalação de equipamentos desconhecidos pelos funcionários, por exemplo, aparelhos secretos de escuta.

Algum tipo de vigilância é aceitável.

A vigilância que é de conhecimento dos funcionários e que possui uma justificativa convincente não é normalmente considerada uma violação do direito à privacidade. Os bancos e as lojas de conveniência, por exemplo, têm câmeras escondidas que tiram fotografias caso ocorram assaltos. Essas fotografias incluem os funcionários, mas isso dificilmente viola a privacidade destes, considerando-se que o uso das fotos fique restrito ao seu propósito original.

Um exemplo de vigilância regular é oferecido por uma cadeia de restaurante *fast-food*, que instalou câmeras em várias de suas lojas. A câmera fotografava a caixa registradora em todas as ocasiões nas quais ela era aberta. Os funcionários sabiam que isso era feito para coibir furtos, embora também pudessem fotografar assaltos. As câmeras funcionaram efetivamente, proporcionando aumento inesperado de 10% nas receitas.

Dois outros tipos de **equipamentos de vigilância** surgiram como decorrência de avanços na tecnologia de computadores. Os *crachás com sensores eletrônicos* são microcomputadores com chips de identificação acoplados, que emitem sinais infravermelhos. Os funcionários que utilizam esses crachás podem ter sua localização monitorada por sensores espalhados no prédio. Os dados são enviados a um computador, que coleta as informações e as distribui para os demais indivíduos na organização. O **monitoramento eletrônico** possui muitas formas, incluindo a contagem de toques realizados por digitadores, a observação remota dos monitores dos operadores de computadores, a leitura furtiva da correspondência eletrônica dos funcionários e os sistemas de gravação de voz para a avaliação da eficácia de corretores, agentes de viagem e outros funcionários de serviços de atendimento a clientes.

Navegação virtual no trabalho

A disponibilidade da Internet no trabalho resultou em um fenômeno conhecido como *navegação* ou *surfe virtual*. Essa é uma atividade realizada por funcionários que utilizam seu horário de trabalho e os computadores da empresa para navegar pela Internet em busca de ampla variedade de informações de interesse pessoal. Os "surfistas" virtuais podem utilizar seus terminais para verificar o mercado de ações, obter uma atualização sobre um torneio esportivo, oferecer um lance por um vídeo recentemente lançado ou ler uma versão seriada do último *best-seller*. Como resultado desse período de improdutividade (estima-se que ele corresponda à metade do tempo utilizado para navegação na Internet), os empregadores freqüentemente recorrem ao monitoramento eletrônico para identificar os infratores mais graves dos privilégios de uso da Internet — indivíduos conhecidos como *desocupados* ou *preguiçosos virtuais*.

O impacto sobre os funcionários do monitoramento organizacional secreto pode ser, no entanto, prejudicial. Um estudo realizado com operadores de telefone mostrou que aqueles que eram monitorados apresentavam níveis mais elevados de desconforto emocional e psicológico, como cefaléia, dores nas costas e nos ombros, fadiga grave, pulsos doloridos e ansiedade extrema.[6] Os pontos principais para a aceitação, por parte dos funcionários, dos equipamentos de vigilância encontram-se na comunicação e na explicação prévias, na utilização da informação como uma ferramenta auxiliar para a melhoria do desempenho, e no envolvimento dos funcionários para o estabelecimento de um processo justo.

Testes de Honestidade

O furto por parte de funcionários é um grande problema nos negócios dos Estados Unidos. Estima-se que isso custe aos empregadores mais de US$ 40 bilhões por ano, com um índice de participação de 3/4 dos funcionários em pelo menos uma oportunidade. Usando uma metodologia de pesquisa que envolve a utilização de confissões anônimas, 62% dos funcionários de restaurantes admitiram a participação na prática de furtos e 43% dos funcionários de supermercados reconheceram ter furtado dinheiro ou bens.[7]

O Polígrafo A ciência determinou que a consciência normalmente produz mudanças psicológicas quando uma pessoa conta uma mentira significativa. O **polígrafo** (detector de mentiras) é um instrumento que foi desenvolvido para registrar essas mudanças e oferecer evidências de falso testemunho. Ele alcançou uma expressiva popularidade nos negócios como um instrumento para verificação da honestidade dos Funcionários. No entanto, o *Employee Polygraph Protection Act* (Ato sobre a Proteção dos funcionários contra a Utilização do Polígrafo) foi aprovado pelo Congresso dos Estados Unidos em 1988; essa lei, essencialmente, proíbe ou controla o uso de polígrafos como um instrumento de seleção para contratação de funcionários, adotado por muitos empregadores.[8]

A lei foi aprovada em resposta a duas questões relacionadas ao uso do polígrafo — sua validade e a sua invasão de privacidade. A validade do polígrafo é questionável, e por isso há o risco de ele identificar falsamente indivíduos inocentes (e falhar na identificação dos culpados). Com referência à segunda questão, algumas pessoas acreditam que o uso do polígrafo tende a invadir sua privacidade. Contudo, uma vez que o examinado tem a opção de recusar-se a passar pelo teste, esse argumento está, de alguma forma, enfraquecido. Os funcionários também têm resistido a serem rotineiramente testados para provar sua inocência, e essa prática agora é ilegal na maioria das organizações.

Questionários de Avaliação de Conduta Esses **testes de honestidade**, também conhecidos como *testes de integridade*, tentam fazer que o examinado divulgue informações sobre seu nível de honestidade anterior ou futuro. Eles se apresentam de duas formas. *Testes abertos* questionam sobre atitudes com relação a furtos (por exemplo, "Com que freqüência os funcionários furtam itens no trabalho?"), enquanto os *testes de personalidade* identificam indivíduos desonestos mais indiretamente ao relacionarem itens dos seus resultados a critérios de predisposição para o furto. A validade desses testes também é controversa, e os empregadores arriscam-se a sofrer ações legais, caso rejeitem um candidato somente com base nos resultados do teste de integridade. Porém, os resultados do teste (a subescala inferior de honestidade do Inventário de Seleção de Pessoal) têm-se mostrado precisos na previsão de furtos subseqüentes por funcionários.[9]

Tratamento do Alcoolismo

Como o alcoolismo representa um grande problema médico e profissional, os empregadores precisam desenvolver políticas e programas responsáveis para enfrentá-lo, sem colocar em risco o direito à privacidade. Estima-se que entre 5 e 10% dos funcionários sejam alcoólatras, o que custa anualmente aos empregadores, nos Estados Unidos, mais de US$ 10 bilhões em absenteísmo, trabalho de baixa qualidade, perda de produtividade e custos relacionados. Os índices de absenteísmo entre os funcionários alcoólatras são de duas a quatro vezes maiores que os números relacionados aos demais funcionários.

Os alcoólatras podem ser encontrados em todos os tipos de atividade, ocupações e níveis profissionais. Algumas vezes, o ambiente profissional pode contribuir para a ocorrência do alcoolismo entre funcionários, mas os hábitos e problemas pessoais do indivíduo são os maiores contribuintes. Em alguns casos, os funcionários já têm problemas com relação ao alcoolismo antes de serem contratados.

Razões para o Estabelecimento de Programas nas Companhias Independentemente das causas do alcoolismo, um número cada vez maior de empresas está reconhecendo que têm papel a desempenhar no oferecimento de auxílio aos alcoólatras para que estes controlem ou interrompam seu hábito. Uma razão para isso é que a empresa e o funcionário já possuem um relacionamento que lhes servem de base. Uma segunda razão é que qualquer sucesso obtido com o funcionário significará a recuperação de uma pessoa valiosa, tanto para a companhia quanto para a sociedade. Por fim, a empresa parece ser o melhor ambiente para proporcionar apoio para a recuperação, pois auxilia um alcoólatra a manter a auto-imagem de uma pessoa útil para a sociedade.

Como as empresas deveriam tratar os alcoólatras?

Programas Bem-sucedidos Os programas bem-sucedidos de empregadores para o tratamento do alcoolismo tratam-no como uma doença, focam o comportamento profissional causado pelo alcoolismo e oferecem ajuda tanto médica quanto psicológica para os alcoólatras. Como mostra a Figura 10.3, a companhia demonstra aos alcoólatras que deseja ajudá-los e que está disposta a trabalhar com eles em período longo. Uma atmosfera não-ameaçadora é oferecida ao funcionário; contudo, a implicação de que o comportamento induzido pelo álcool não será tolerado indefinidamente deve estar clara. Por exemplo, se um funcionário recusar tratamento e continuar a apresentar um

FIGURA 10.3
Programa de Tratamento para Funcionários que são Dependentes do Álcool ou de Outras Drogas

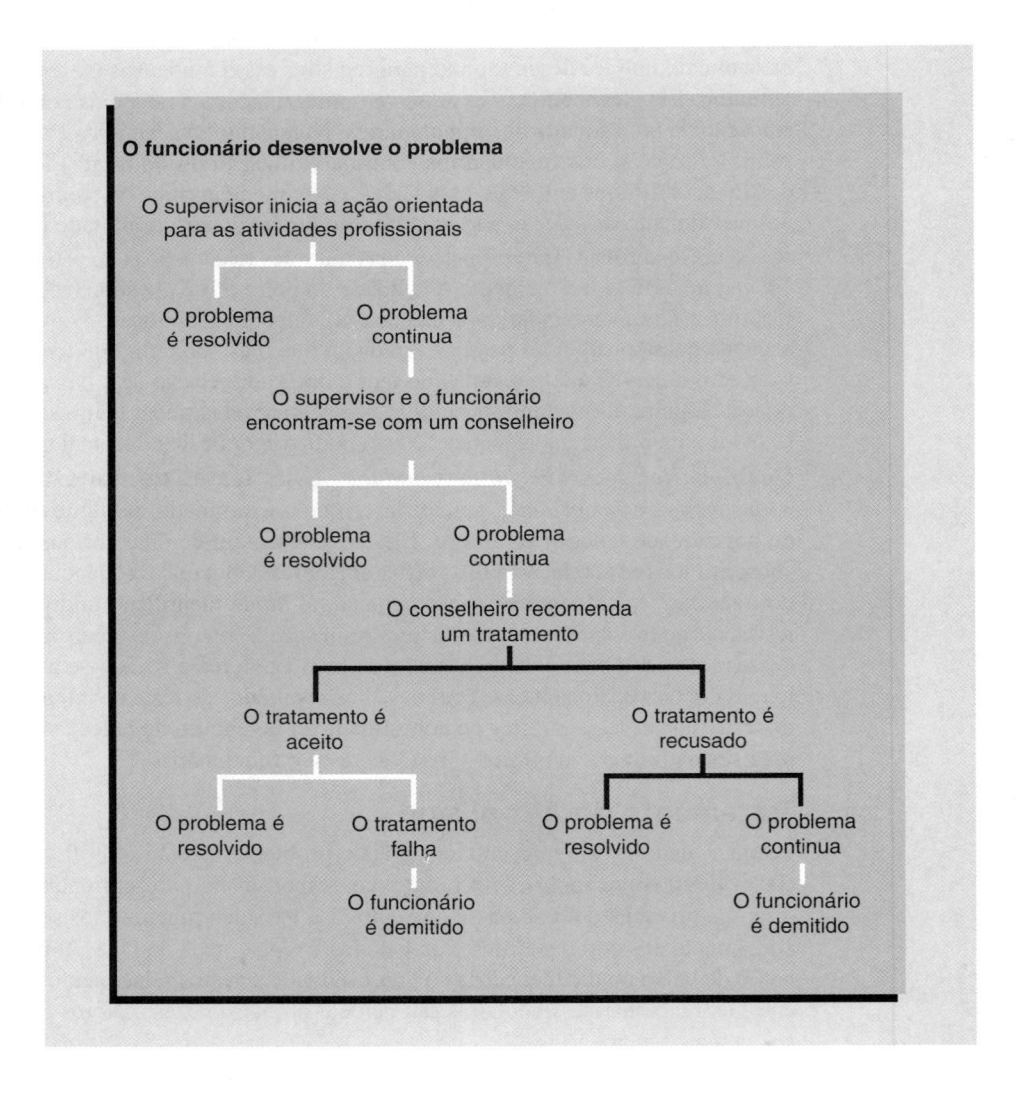

O funcionário desenvolve o problema
→ O supervisor inicia a ação orientada para as atividades profissionais
  - O problema é resolvido
  - O problema continua
    → O supervisor e o funcionário encontram-se com um conselheiro
      - O problema é resolvido
      - O problema continua
        → O conselheiro recomenda um tratamento
          - O tratamento é aceito
            - O problema é resolvido
            - O tratamento falha → O funcionário é demitido
          - O tratamento é recusado
            - O problema é resolvido
            - O problema continua → O funcionário é demitido

comportamento insatisfatório, o empregador não tem muitas opções senão demiti-lo. A seguir está a forma como uma companhia opera:

> A supervisora Mary Cortez percebe que um funcionário Bill Revson possui histórico de atrasos e absenteísmo, baixa qualidade de trabalho, aparência pessoal de exaustão, e outros sintomas relacionados que podem indicar a presença de alcoolismo ou de outro problema sério. Ela discute apenas o comportamento profissional diretamente com Revson, oferecendo-lhe a oportunidade para se corrigir. Como o comportamento de Revson permanece inalterado, Cortez pede a ele que a encontre na presença de um orientador. A supervisora apresenta suas evidências de baixa qualidade do trabalho e então deixa a sala para que o funcionário e o orientador possam discutir a situação reservadamente. Caso o orientador conclua que existe um problema, um tratamento pode ser recomendado para Bill. Se o tratamento for aceito e se mostrar bem-sucedido, o problema estará resolvido.

Uso Indevido de Drogas

O abuso de drogas diferentes do álcool, particularmente quando utilizadas no trabalho, pode causar graves problemas para o indivíduo, para o empregador e para os demais funcionários. Essas drogas podem incluir heroína, cocaína, crack, metanfetaminas e maconha, ou o abuso pode decorrer do uso indevido de estimulantes, barbitúricos e tranqüilizantes. Em algumas situações de trabalho, como nos casos de pilotos, cirurgiões, condutores ferroviários e operadores de guindastes, os efeitos diretos do abuso de drogas podem ser desastrosos.

A Realização de Testes para a Detecção do Uso de Drogas Para os empregadores, as conseqüências diretas do abuso de drogas pelos funcionários são enormes. Os furtos por parte dos funcionários para a manutenção dos hábitos associados ao consumo de drogas custam bilhões de dólares, todos os anos, à economia. Os índices de absenteísmo para os trabalhadores com problemas com drogas podem ser até 16 vezes maiores que os índices de não-usuários, com as taxas de acidentes quatro vezes maiores. A produtividade perdida e os custos médicos adicionais foram estimados em, aproximadamente, US$ 70 bilhões anuais, nos Estados Unidos. Além disso, o abuso de drogas tem um custo trágico para a sociedade.

Para ajudar a combater esse problema, o *Drug-Free Workplace Act* (Ato para um Local de Trabalho Livre de Drogas) tornou-se lei nos Estados Unidos, em 1988.[10] Essa lei exige que alguns empregadores (aqueles com contratos federais acima de US$ 25 mil e outros empregadores que obtenham subsídios fiscais) criem, e divulguem para seus funcionários, políticas proibindo o abuso de drogas no trabalho. Os outros empregadores são estimulados a proceder do mesmo modo. Muitas empresas adotaram uma política de teste para a detecção do uso de drogas para funcionários. Algumas também testam os candidatos a cargos. Os testes podem ser realizados de acordo com um cronograma periódico, aplicados aleatoriamente ou executados apenas quando houver razões para suspeitar do comportamento de um funcionário.

> A Atlas Powder Company, fabricante de explosivos, desenvolveu uma política para o teste de detecção de uso de drogas para sua unidade de Joplin, no estado norte-americano do Missouri.[11] Todos os 425 funcionários realizam exames médicos anuais, os quais incluem teste obrigatório para a detecção do uso de drogas para ampla variedade de substâncias controladas. Durante os dois primeiros anos, sete pessoas tiveram resultados positivos e receberam suspensões. Além disso, 20% dos candidatos a emprego na Atlas, que inicialmente haviam sido aprovados para contratação, apresentaram resultados positivos para o consumo de maconha e foram rejeitados.

As políticas de realização de testes, como as da Atlas, podem ser altamente controversas. Uma razão para isso é que os testes não são satisfatoriamente precisos — falham na identificação de 5% dos usuários, ao mesmo tempo que outros funcionários poderão ser incorretamente identificados como usuários, em razão de alimentos consumidos ou da utilização de drogas prescritas, que produzem resultado falso-positivo. Geralmente, uma investigação posterior e a repetição do teste demonstrarão sua inocência, mas os danos causados à reputação e à auto-estima desses funcionários podem já ter ocorrido. Mais uma objeção à realização de testes para drogas é o medo de que ela revelará outra condição clínica que o funcionário deseja manter de forma privada. Além disso, alguns funcionários podem julgar invasivo serem observados ao coletarem as amostras para exame. Uma questão final sobre a privacidade gira em torno do direito presumido que cada um detém de consumir as substâncias que desejar; contudo, a Constituição dos Estados Unidos não garante o direito de possuir e utilizar drogas ilegais, nem a do Brasil.

> ### Uma Questão Ética
>
> A robusta economia dos Estados Unidos que marcou o início do século XXI produziu um ambiente com baixos índices de desemprego e intensa competição por trabalhadores capacitados. Como resultado, alguns empregadores começaram a tornar mais flexíveis suas práticas de contratação para atrair candidatos. Em particular, algumas empresas abandonaram as políticas de realização de testes para a detecção de uso de drogas, enquanto outras não mais exigiram atestados de bons antecedentes criminais, contanto que acreditassem não haver nenhuma ameaça à integridade pessoal de seus funcionários. Essas empresas acreditaram ser oportuno retornar às políticas anteriores de contratação em face de um mercado de trabalho difícil. Elas mudarão novamente suas práticas quando a economia desacelerar? Deveriam fazê-lo?

Uma possível solução para o problema de testar para detectar o uso de drogas encontra-se no **teste de deficiência**. Esse método normalmente consiste em um breve teste para medição de habilidades motoras realizado em um computador; ele é muito similar a um jogo de videogame.

Na R. F. White Company, a avaliação da coordenação entre mãos e olhos é realizada pela comparação de resultados dos testes com uma medida de referência para cada funcionário.[12] Ao longo de um ano, essa companhia atacadista de distribuição de petróleo experimentou a redução de 67% nos seus níveis de acidentes, a diminuição de 92% nos erros e incidentes e a queda de 64% nos custos das compensações pagas aos funcionários em decorrência de sinistros. Além desses benefícios, a empresa acredita que seu processo de realização de testes tornou-se mais barato, oportuno e preciso que o teste para uso de drogas. Isso também altera o foco de julgamentos moralistas do porquê um funcionário não consegue desempenhar suas atividades para a própria capacidade de realizar determinada atividade.

Teste Genético

O teste distingue-se do monitoramento.

A controvérsia em torno do direito à privacidade dos funcionários também emergiu na área de **realização de testes genéticos**. As novas descobertas no campo da genética permitem aos médicos usar testes que realizem previsões acuradas sobre a possibilidade de um funcionário ser geneticamente suscetível a um ou mais tipos de doença ou a substâncias nocivas. Essa é uma ferramenta mais agressiva que o **monitoramento genético**, que identifica a presença de substâncias nocivas no local de trabalho, examina seus efeitos sobre a constituição genética dos funcionários e oferece uma base para a adoção de medidas corretivas. Os usos positivos das informações obtidas pela realização de testes genéticos incluem a oportunidade de transferir os funcionários suscetíveis para áreas nas quais não fiquem expostos a essas substâncias, a possibilidade de oferecer avisos sobre a saúde dos funcionários, e o desenvolvimento de medidas de segurança para protegê-los do perigo. O aspecto negativo da realização desses testes surge quando uma companhia testa seus funcionários e candidatos a contratação com referência à predisposição genética para doenças e utiliza as informações para discriminá-los, visando redução nos futuros custos da empresa com seguro-saúde. Da mesma forma, um grande desafio para o direito à privacidade e às oportunidades dos indivíduos ocorre quando uma empresa identifica os funcionários que fumam, bebem socialmente, comem excessivamente ou praticam esportes radicais e, então, passa a tentar interferir em seus estilos de vida.

Discriminação

Como indicado no Capítulo 4, as leis sobre a concessão de iguais oportunidades de trabalho geralmente proíbem qualquer tipo de discriminação. Duas questões principais sobre essa legislação surgem como problemas contemporâneos relacionados à privacidade. A primeira diz respeito ao assédio sexual no trabalho, quando o direito a um ambiente de trabalho não-intimidativo é violado. A segunda questão refere-se a um tipo particular de doença que os funcionários possam ter e ao seu direito de manter a privacidade das informações médicas, de continuar trabalhando e de receber assistência médica. Esses dois temas serão discutidos brevemente.

Assédio Sexual Quando superiores tomam decisões sobre contratação ou promoção com base em favores sexuais, ou quando os colegas de um funcionário adotam qualquer tipo de conduta verbal ou física que crie um ambiente de trabalho intimidativo, ocorre o **assédio sexual**

FIGURA 10.4
Definição de Assédio Sexual da Equal Employment Opportunity Commission — EEOC (Comissão para a Promoção de Iguais Oportunidades de Trabalho)

Fonte: *Diretrizes da Comissão para a Promoção de Iguais Oportunidades de Trabalho* (EEOC) do Governo dos Estados Unidos sobre Discriminação Baseada em Sexo, 1604.11 (*Assédio Sexual*), 10 nov. 1980.

> A realização de ações indesejadas com conotação sexual, a solicitação de favores sexuais e outras condutas verbais ou físicas de natureza sexual caracterizam o assédio sexual quando:
>
> 1. A submissão a tal conduta é feita, implícita ou explicitamente, como termo ou condição para a contratação de um indivíduo.
> 2. A submissão, a conduta e a rejeição ao assédio é utilizada como base para decisões no emprego no afetem esse indivíduo.
> 3. Tal conduta possui o propósito ou o efeito de interferir, de modo injustificado, no desempenho profissional de um indivíduo ou de criar um ambiente de trabalho intimidativo, hostil ou ofensivo.

(ver Figura 10.4). Embora o assédio seja uma ação apenas *percebida* pelos outros, é muito real para quem sofre assédio. Uma vez que ela é, em certa medida, definida individualmente, há alguma discordância sobre o que caracterizaria o assédio sexual. Geralmente, ao responder a uma pesquisa sobre esse tema, as mulheres indicam em sua definição proposições sexuais, contato físico indesejado, comentários e piadas de teor sexual e gestos sugestivos. Algumas estimativas sobre a extensão do assédio demonstram que o problema está difundido, com índice de mulheres que declararam haver experimentado alguma forma de assédio, entre 40 e 50%.[13] Esse tipo de assédio pode ocorrer em qualquer lugar da empresa, dos escritórios executivos até nas linhas de montagem. Do ponto de vista humano, ele é desagradável e depreciativo para suas vítimas; além disso, também é considerado uma forma de discriminação, segundo as leis federais e as diretrizes estaduais norte-americanas para a concessão de oportunidades iguais de trabalho. O assédio sexual é considerado uma violação dos direitos individuais e uma ofensa à dignidade humana.

Práticas preventivas

Com o objetivo de proteger vítimas potenciais e de prevenir o assédio, muitos empregadores têm desenvolvido políticas para preveni-lo. Também têm realizado programas de treinamento para educar seus funcionários sobre legislação que seja relevante, identificado as ações que poderiam caracterizar assédio, e comunicado tanto as possíveis responsabilidades envolvidas quanto os efeitos negativos do assédio sobre as vítimas. Na ausência de programas preventivos, os empregadores podem ser responsabilizados pelas ações de assédio de seus funcionários. Quando isso ocorre, eles podem ser punidos com a obrigatoriedade de recontratar as vítimas, caso as demissões tenham ocorrido injustamente, ou com o pagamento de salários retroativos, indenizações punitivas e compensação por danos morais. Muitas vítimas de assédio sexual são mulheres, mas há casos nos quais as vítimas são homens.

Aids A **Síndrome da Imunodeficiência Adquirida (Aids)** é uma doença causada por vírus letal que afeta o sistema imunológico humano. Ela é contagiosa, mediante certos tipos de contato, incurável, freqüentemente fatal e espalha-se rapidamente em algumas áreas do mundo. A ampla preocupação pública e a ausência de conhecimento sobre o tema, aliadas a um *status* legal obscuro dos funcionários com Aids, têm levantado várias questões comportamentais essenciais, como as apresentadas a seguir:

Questões relacionadas à Aids no trabalho

- O direito à privacidade das informações médicas dos funcionários com Aids pode ser protegido?
- O que pode ser feito para ajudar os colegas de trabalho a compreender melhor a Aids e a forma como ela afeta suas vítimas? Em particular, como uma empresa pode encorajar seus funcionários a aceitar tranqüilamente um colega com Aids em seu grupo de trabalho?
- Como a presença de funcionários com Aids poderia afetar o trabalho em equipe e as demais participações em um grupo?
- Como os gerentes podem impedir que funcionários com Aids se tornem vítimas de assédio ou socialmente isoladas por causa da possibilidade de perda de comunicação com os seus colegas de trabalho?
- Os funcionários deveriam ser testados para identificar a presença do vírus HIV? Caso eles tenham um resultado positivo, deveriam ser transferidos para outros cargos? (Perceba que a presença do vírus relacionado à Aids, o HIV, *não* implica que a pessoa tenha a doença naquele momento.)

Embora estas sejam questões difíceis, os empregadores precisam considerá-las e desenvolver políticas antes que surja o primeiro caso em sua organização. Em particular, precisam estar cientes de que as leis mais relevantes parecem incluir a Aids na definição e na proteção de "incapacitados" e "deficientes". Nos Estados Unidos, tais leis incluem o *Vocational Rehabilitation Act* (Ato para Reabilitação Profissional), de 1973 e o *Americans with Disabilities Act* (Ato para os Norte-americanos com Deficiência), de 1990.[14]

DISCIPLINA

Dois tipos de disciplina

O campo da disciplina pode ter forte impacto sobre o indivíduo e a organização. A **disciplina** pode ser definida como a ação de gerenciamento que ordena a aplicação dos padrões organizacionais. As medidas disciplinares podem ser: preventivas e corretivas.

As **medidas disciplinares preventivas** são as ações adotadas com o objetivo de encorajar os funcionários a seguir as normas e os padrões da organização, de modo que não ocorram infrações. A prevenção é obtida de maneira mais eficiente quando os padrões da companhia são conhecidos e compreendidos antecipadamente. O objetivo básico, contudo, é encorajar a autodisciplina dos funcionários. Nesse modelo, os funcionários mantêm sua própria disciplina, em vez de terem um gerente para impô-la. Os funcionários possuem probabilidade maior de apoiar os padrões de ação que tiverem ajudado a criar. Também darão apoio mais expressivo a padrões estabelecidos positivamente, no lugar de terem sido estabelecidos negativamente cujas razões de existência tenham sido comunicados, de modo que isso faça sentido para eles.

As **medidas disciplinares corretivas** são as ações que acompanham a infração de uma regra; elas buscam desencorajar novas infrações, de modo que os atos futuros estejam de acordo com os padrões. Normalmente, uma medida corretiva é uma penalidade de algum tipo também conhecida como *ação disciplinar*. Alguns exemplos são a advertência e a suspensão, remunerada ou não.

Objetivos das ações disciplinares

Os objetivos das ações disciplinares são positivos, educacionais e corretivos, e podem ser descritos da seguinte forma:

- Reeducar o infrator.
- Impedir que outras pessoas ajam do mesmo modo.
- Manter padrões de comportamento eficazes e consistentes para o grupo.

Penalidades cada vez mais severas

Muitos empregadores utilizam a política de **medidas disciplinares progressivas**, o que significa a aplicação de medidas mais severas para infrações recorrentes. O objetivo desse modelo é oferecer ao funcionário uma oportunidade para autocorreção antes da aplicação de penas mais graves. As medidas disciplinares progressivas também proporcionam à administração algum tempo para trabalhar com um funcionário, com base no aconselhamento, para auxiliá-lo a corrigir suas infrações, por exemplo, ausências não-autorizadas. Um sistema típico de medidas disciplinares progressivas é mostrado na Figura 10.5.

QUALIDADE DE VIDA NO TRABALHO

Programas de QWL

O que é a **qualidade de vida no trabalho (*quality of work life* — QWL)**? O termo refere-se à presença de elementos favoráveis ou desfavoráveis para a manutenção de um ambiente de trabalho completo para as pessoas. Os programas de QWL representam outra forma pela qual *organizações, em alguns países do mundo, reconhecem suas responsabilidades no desenvolvimento de atividades e de condições profissionais que sejam, ao mesmo tempo, excelentes para as pessoas e*

FIGURA 10.5 Sistema de Disciplina Progressiva

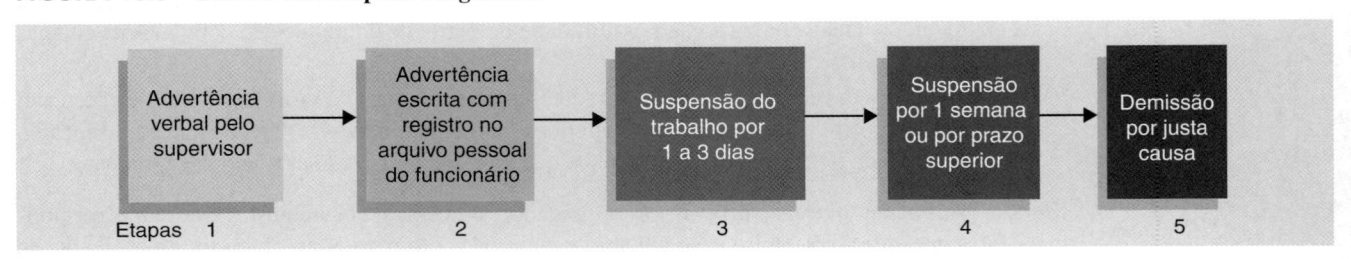

Etapa 1	Etapa 2	Etapa 3	Etapa 4	Etapa 5
Advertência verbal pelo supervisor	Advertência escrita com registro no arquivo pessoal do funcionário	Suspensão do trabalho por 1 a 3 dias	Suspensão por 1 semana ou por prazo superior	Demissão por justa causa

para o bem-estar econômico da empresa. Os elementos de um programa típico de QWL incluem vários itens discutidos anteriormente neste livro sob o tema geral do comportamento organizacional apoiador — a presença de comunicações abertas, sistemas eqüitativos de recompensas, uma preocupação com o oferecimento de segurança profissional e de uma carreira satisfatória para os funcionários, um supervisor atencioso e participação na tomada de decisões. Muitos esforços iniciais de QWL enfocavam o enriquecimento do cargo, que é o tópico central desta seção. Além de melhorar o sistema de trabalho, os programas de QWL freqüentemente enfatizam o desenvolvimento das habilidades dos funcionários, a redução do estresse ocupacional e o desenvolvimento de relações de trabalho-administração mais cooperativas.

Lógica

A especialização do trabalho e sua simplificação foram muito populares no começo do século XX. Os funcionários recebiam tarefas muito específicas e eram mantidos sob hierarquias rígidas na expectativa de que a eficiência pudesse ser aumentada. A idéia central baseava-se na redução de custos pelo uso de mão-de-obra não qualificada que poderia ser facilmente treinada para a realização de parcelas menores e repetitivas do trabalho.

No entanto, muitas dificuldades surgiram desse formato clássico do trabalho. Havia uma divisão excessiva do trabalho. Os trabalhadores tornavam-se socialmente isolados de seus colegas, porque suas atividades altamente especializadas enfraqueciam a convergência de interesses com relação ao produto final. Os trabalhadores menos qualificados perdiam o orgulho acerca de seus trabalhos e tornavam-se entediados com suas atividades profissionais. As necessidades de nível superior (sociais e de crescimento) ficavam insatisfeitas. O resultado era o aumento da rotatividade e do absenteísmo, o declínio da qualidade e a presença de trabalhadores alienados. Os conflitos surgiam freqüentemente à medida que os trabalhadores buscavam melhorar suas condições de trabalho e as organizações falhavam ao responder adequadamente a tais demandas. A causa real era, em muitos casos, decorrência da falta de satisfação com o próprio trabalho.

Forças para mudança

Um fator que contribuiu para agravar o problema foi o fato de os próprios trabalhadores estarem mudando. Eles se tornavam mais educados, mais polivalentes (parcialmente como conseqüência da eficácia do formato clássico do trabalho) e mais independentes. Começavam a reivindicar a satisfação das necessidades de nível superior, algo mais que simplesmente ganhar seu pão. Os empregadores agora tinham duas razões para redesenhar as atividades e as organizações de modo a aprimorar a QWL:

- O formato clássico do trabalho proporcionava originalmente uma satisfação inadequada às necessidades humanas.
- As necessidades e as aspirações humanas dos próprios trabalhadores estavam mudando.

Um trabalho mais humanizado por meio da QWL

Uma opção que surgiu foi a de redesenhar as atividades para que elas tivessem os atributos desejados pelas pessoas, e redesenhar as organizações para que apresentassem o ambiente desejado pelos funcionários. Essa abordagem busca aprimorar a QWL. Há uma necessidade de proporcionar aos trabalhadores um ambiente mais desafiador, com tarefas mais completas e com maiores oportunidades para que eles utilizem suas idéias. *Maior atenção à QWL oferece um ambiente de trabalho mais humanizado.* Ela tenta atender tanto às necessidades de nível superior dos trabalhadores quanto às necessidades mais básicas. E busca empregar as melhores habilidades dos trabalhadores e oferecer um ambiente que os estimule em direção ao aprimoramento de suas habilidades. A idéia é que os recursos humanos devam ser desenvolvidos, e não simplesmente usados. Além disso, o trabalho não deve possuir condições excessivamente negativas. Ele não deve colocar os trabalhadores sob estresse indevidamente. Também, não deve prejudicar ou degradar sua condição humana nem ser ameaçador ou desnecessariamente perigoso. Finalmente, deve estimular, ou pelo menos não dificultar, a capacidade dos trabalhadores em desempenhar outros papéis em suas vidas pessoais, como na qualidade de cidadãos, cônjuges e pais. Ou seja, *o trabalho deve contribuir para o avanço social como um todo.*

A Ampliação do Cargo *versus* o Enriquecimento do Cargo

Ampliação prevê amplitude.

O interesse atual na qualidade de vida no trabalho foi estimulado por esforços para modificar o escopo do trabalho das pessoas com o objetivo de motivá-las. O **escopo do trabalho** possui duas dimensões — amplitude e profundidade do cargo. A **amplitude do cargo** é o número de

O enriquecimento do cargo oferece profundidade.

diferentes atividades pelo qual o indivíduo é diretamente responsável. Ela pode variar de muito restrita (uma única tarefa executada repetidamente) a ampla (diversas tarefas). Os funcionários com uma amplitude do cargo muito restrita recebem, em alguns casos, uma quantidade maior de tarefas para reduzir sua monotonia; esse processo é denominado **ampliação do cargo**.

Para executar essas tarefas adicionais, os funcionários passam menos tempo na realização de cada tarefa. Outra abordagem para modificar a amplitude do cargo é chamada **rotação de postos**, que envolve a destinação periódica de um funcionário para um conjunto diferente de atividades ou tarefas. A rotação de postos é um modo eficaz para se desenvolver múltiplas habilidades nos funcionários, o que beneficia a organização enquanto aumenta o interesse do funcionário pela atividade executada e por outras opções de carreira.[15]

O **enriquecimento do cargo** utiliza uma abordagem completamente distinta ao adicionar motivadores a um cargo para torná-lo mais recompensador. Ele foi desenvolvido por Frederick Herzberg com base em seus estudos, que ressaltavam que a forma mais eficaz para motivar os funcionários era mediante o foco nas necessidades de nível superior. O enriquecimento do cargo procura adicionar **profundidade a um cargo** ao oferecer aos trabalhadores mais controle, responsabilidade e poder de decisão em torno do modo como suas atividades são realizadas. A diferença entre enriquecimento e ampliação é apresentada na Figura 10.6. Foi dito que o enriquecimento do cargo foca a satisfação das necessidades de nível superior, enquanto a ampliação do cargo concentra-se em acrescentar tarefas adicionais aos trabalhadores para aumentar sua variedade. As duas abordagens podem até mesmo ser misturadas, tanto pela expansão do número de tarefas quanto pela adição de mais motivadores, com o objetivo de produzir uma tentativa, em duas frentes, para melhorar a QWL.

O enriquecimento do cargo traz muitos benefícios, conforme mostrado na Figura 10.7. Seu resultado geral é um papel enriquecido que estimula o crescimento e a auto-atualização. O trabalho é construído de forma a estimular a motivação intrínseca. Como a motivação é aumentada, o desempenho deve melhorar, proporcionando, dessa forma, um trabalho mais produtivo e humanizado. Os efeitos negativos — como absenteísmo, rotatividade, queixas e ociosidade — também tendem a ser reduzidos. Assim, tanto o trabalhador quanto a sociedade são beneficiados. O trabalhador desempenha melhor suas atividades, experimenta um incremento na sua satisfação no trabalho e fica mais atualizado, tornando-se capaz de participar em todos os papéis vivenciais de forma mais eficaz. A sociedade beneficia-se da existência de uma pessoa mais produtiva, bem como da obtenção de um trabalho de qualidade superior.

Aplicando o Enriquecimento de Cargo

Visto nos termos dos fatores motivacionais de Herzberg, o enriquecimento do cargo ocorre quando o trabalho em si é mais desafiador, quando a conquista é encorajada, quando há oportunidade para

FIGURA 10.6
Diferença entre Enriquecimento do Cargo e Ampliação do Cargo

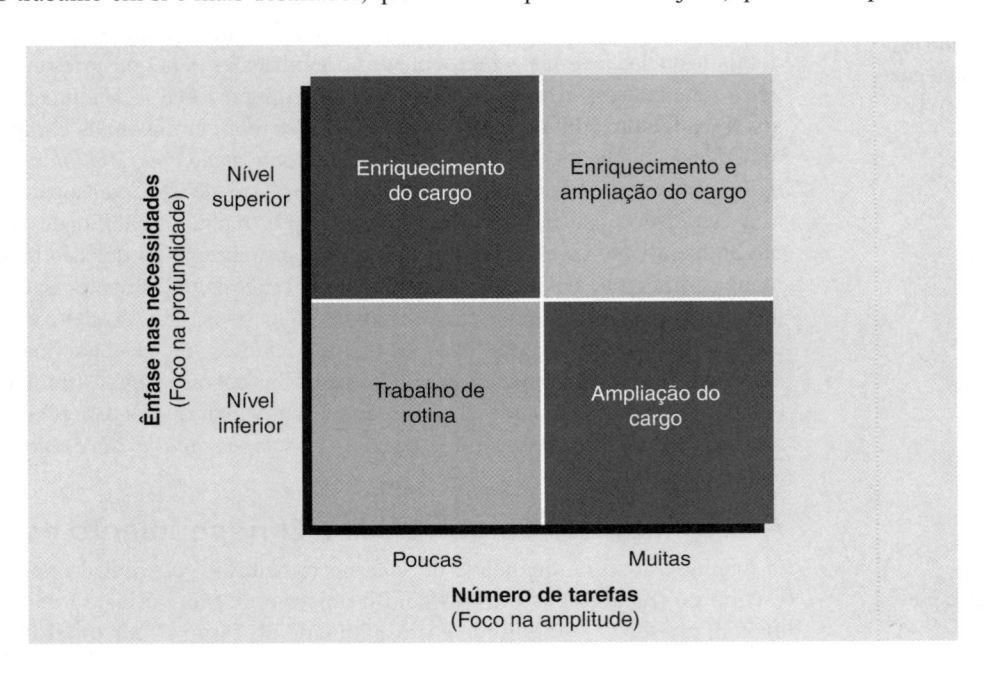

	Poucas tarefas	Muitas tarefas
Nível superior (Foco na profundidade)	Enriquecimento do cargo	Enriquecimento e ampliação do cargo
Nível inferior	Trabalho de rotina	Ampliação do cargo

Ênfase nas necessidades (Foco na profundidade) / Número de tarefas (Foco na amplitude)

FIGURA 10.7   Os Benefícios do Enriquecimento do Cargo Surgem em Três Áreas

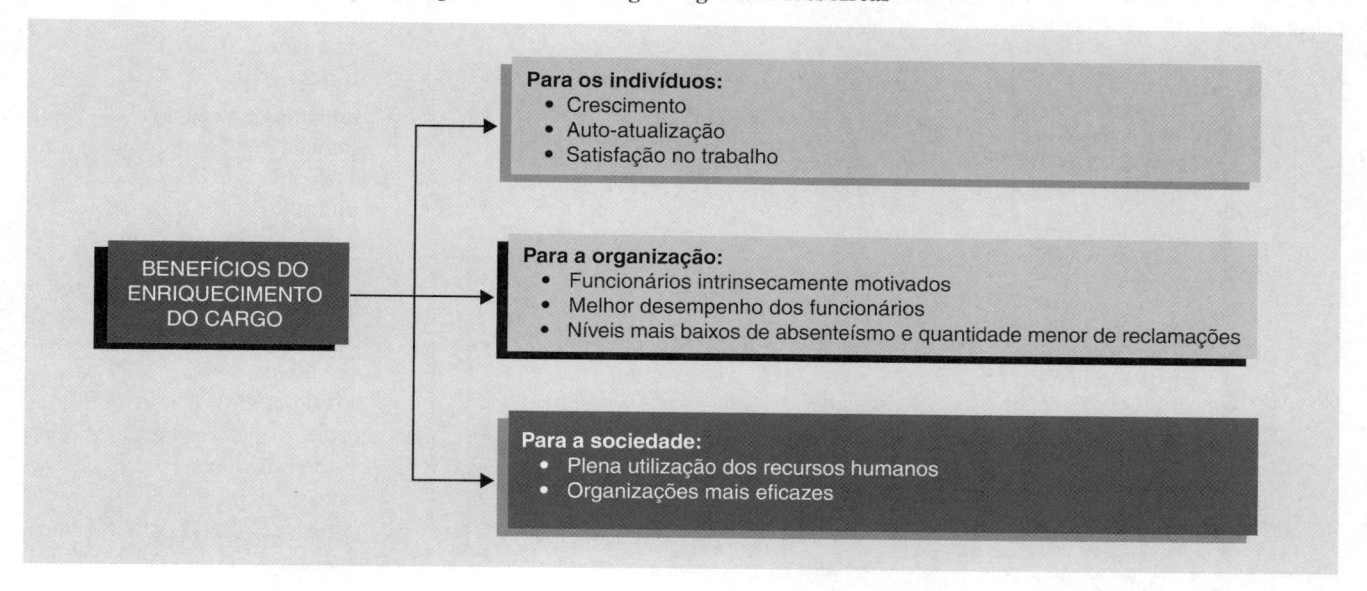

BENEFÍCIOS DO ENRIQUECIMENTO DO CARGO

Para os indivíduos:
- Crescimento
- Auto-atualização
- Satisfação no trabalho

Para a organização:
- Funcionários intrinsecamente motivados
- Melhor desempenho dos funcionários
- Níveis mais baixos de absenteísmo e quantidade menor de reclamações

Para a sociedade:
- Plena utilização dos recursos humanos
- Organizações mais eficazes

crescimento e quando responsabilidade, feedback e reconhecimento são proporcionados aos trabalhadores. Contudo, *os funcionários são os juízes finais daquilo que enriquece seus cargos*. Tudo o que a administração pode fazer é coletar informações sobre os elementos que tendem a enriquecer os cargos, tentar implementar as mudanças no sistema de cargos e, então, determinar se os funcionários julgam ter ocorrido algum tipo de enriquecimento.

Na tentativa de criar fatores motivacionais, a administração também deve prestar atenção aos fatores de manutenção. Ela precisa tentar mantê-los constantes ou mais elevados à medida que os fatores motivacionais forem aumentados. Se for permitido, aos fatores de manutenção, declinar durante um programa de enriquecimento, os funcionários podem mostrar-se menos responsivos ao programa porque são distraídos por uma manutenção inadequada. A necessidade de uma abordagem sistêmica para o enriquecimento do cargo é satisfeita pela prática da participação nos resultados (introduzida no Capítulo 6)

A participação nos resultados satisfaz as necessidades de manutenção.

Uma vez que o enriquecimento do cargo deve ocorrer a partir da perspectiva do funcionário, *nem todos os funcionários escolherão trabalhos enriquecidos, caso possam fazer uma opção*. Há uma relação contingencial em termos das diferentes necessidades dos trabalhos, e alguns funcionários poderão preferir a segurança e a simplicidade de trabalhos mais rotineiros.

Em uma ocasião, uma empresa de manufaturas estabeleceu dois modos diferentes de produção.[16] Os funcionários podiam escolher entre trabalhar em uma linha de montagem convencional ou em uma bancada onde montavam individualmente o produto inteiro. No começo, poucos funcionários escolheram trabalhar nos cargos enriquecidos, mas, gradualmente, metade dos trabalhadores os escolheu. A operação de montagem mais rotineira pareceu preencher as necessidades da outra metade.

Dimensões Centrais: uma Abordagem sobre as Características do Cargo

As cinco dimensões

Como os cargos podem ser enriquecidos? E como o enriquecimento do cargo produz seus resultados desejados? J. Richard Hackman e Greg Oldham desenvolveram uma abordagem para o enriquecimento do cargo em torno das características do cargo e que identifica cinco **dimensões centrais** — variedade de habilidades, identidade da tarefa, significado da tarefa, autonomia e feedback.[17] Em uma situação ideal, um cargo deve possuir todas as cinco dimensões para que possa ser completamente enriquecido. Se uma das dimensões estiver ausente, os trabalhadores tornam-se psicologicamente deprimidos e a motivação pode ser reduzida.

As dimensões centrais influenciam o estado psicológico de um funcionário, o que, por sua vez, tende a melhorar o desempenho, a satisfação, a qualidade do trabalho, e a reduzir a rotatividade e o absenteísmo. O efeito dessas dimensões centrais sobre a quantidade de trabalho é menos confiável.

FIGURA 10.8 Como as Características Centrais do Cargo Afetam os Resultados do Trabalho por meio de Três Estados Psicológicos

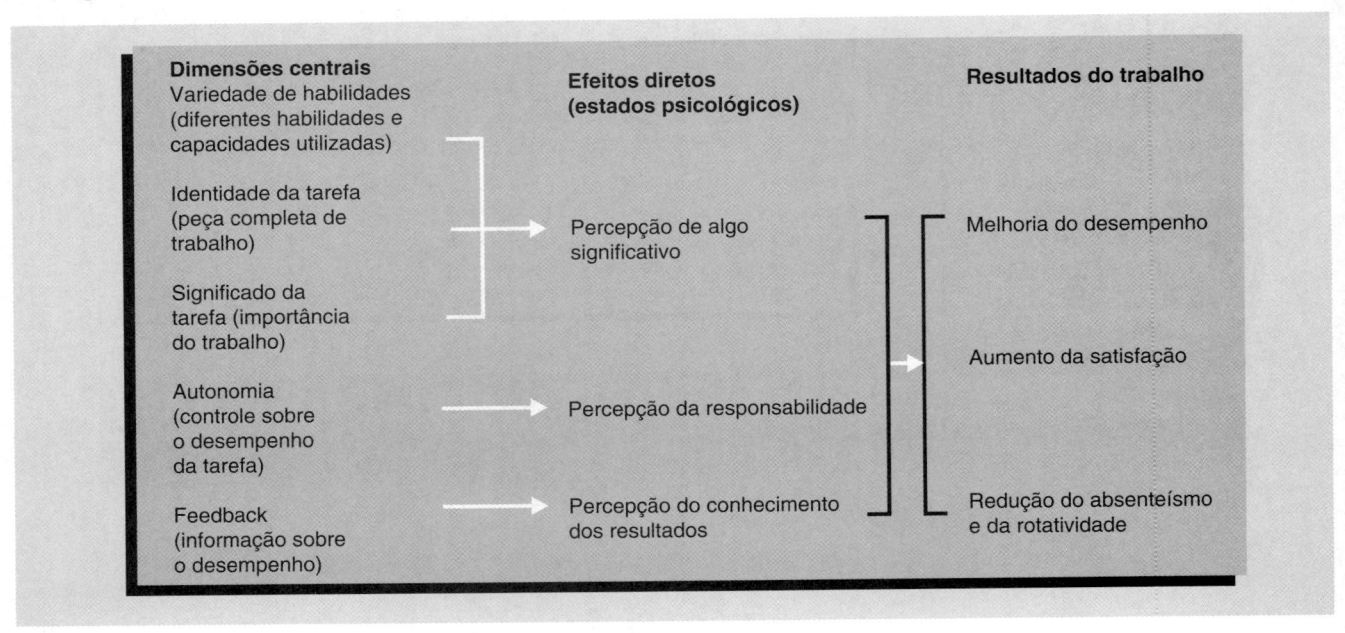

Dimensões centrais	Efeitos diretos (estados psicológicos)	Resultados do trabalho
Variedade de habilidades (diferentes habilidades e capacidades utilizadas)		
Identidade da tarefa (peça completa de trabalho)	Percepção de algo significativo	Melhoria do desempenho
Significado da tarefa (importância do trabalho)		
Autonomia (controle sobre o desempenho da tarefa)	Percepção da responsabilidade	Aumento da satisfação
Feedback (informação sobre o desempenho)	Percepção do conhecimento dos resultados	Redução do absenteísmo e da rotatividade

Muitos cargos gerenciais e executivos, bem como os cargos de nível intermediário, são normalmente deficientes em alguma dessas dimensões. Embora haja grandes diferenças individuais no modo como os funcionários reagem às dimensões centrais, o funcionário típico acredita que elas sejam essenciais para a motivação interna. As dimensões e os seus efeitos são mostrados na Figura 10.8 e discutidos aqui brevemente.

Variedade de Habilidades Uma dimensão central é a variedade de habilidades utilizada no trabalho. A **variedade de habilidades** permite aos funcionários desempenhar diferentes operações que freqüentemente exigem habilidades distintas. Ela se distingue do elemento da amplitude do cargo, apresentado anteriormente, uma vez que um cargo ampliado ainda pode utilizar as mesmas habilidades em diferentes produtos ou tarefas. A necessidade de certo grau de variedade é ilustrado no seguinte exemplo:

> Uma turista no México parou na oficina de um marceneiro para perguntar o preço de uma cadeira feita à mão. O marceneiro respondeu: "50 pesos". A turista declarou que havia gostado da cadeira e que desejaria outras três exatamente iguais àquela. Na expectativa de receber algum tipo de desconto por quantidade, ela indagou: "Quanto custariam quatro cadeiras?". O marceneiro respondeu: "250 pesos pelas quatro cadeiras". Chocada com o fato de o preço pelas quatro cadeiras ser superior ao preço de apenas uma cadeira, a turista perguntou-lhe a razão. O marceneiro respondeu: "Mas, *señorita*, é muito enfadonho esculpir quatro cadeiras exatamente iguais".

Os cargos com grande variedade são vistos pelos funcionários como mais desafiadores por causa do conjunto de habilidades que está envolvido. Esses cargos também aliviam um pouco a monotonia decorrente da repetição de uma mesma atividade. Caso o trabalho seja físico, diferentes músculos são utilizados, de modo que um grupo de músculos não se torne excessivamente usado e desgastado no fim do dia. A variedade oferece aos funcionários um sentimento mais elevado de competência, porque eles podem executar diferentes tipos de trabalhos de maneiras diversas.

Identidade da Tarefa Uma segunda dimensão central do cargo é a **identidade da tarefa**, que permite que o funcionário execute uma peça completa do trabalho. No passado, os funcionários trabalhavam individualmente em parcelas tão reduzidas da totalidade do trabalho que nem sequer conseguiam identificar os produtos resultantes de seus esforços. Eles não possuíam qualquer sentimento de realização ou de responsabilidade com relação ao trabalho como um todo. Quando as tarefas foram ampliadas para que os trabalhadores produzissem o produto inteiro ou, pelo menos, uma parte identificável dele, estabeleceu-se, então, a identidade da tarefa.

Significado da Tarefa Uma terceira dimensão central é o **significado da tarefa**. Ele se refere à quantidade de impacto, do modo como é percebida pelo trabalhador, que o trabalho possui sobre as outras pessoas. O impacto pode ocorrer sobre as demais pessoas da organização, por exemplo, quando o trabalhador executa uma etapa essencial do processo de trabalho, ou pode ocorrer sobre as pessoas de fora da organização, como quando um trabalhador ajuda no desenvolvimento de um equipamento médico para o salvamento de vidas. O ponto fundamental é que os trabalhadores devem acreditar que estão realizando algo significativo para sua organização, para a sociedade, ou mesmo para ambas.

> Mesmo o trabalho rotineiro em uma fábrica pode ter significado da tarefa. A St. Regis Paper Company registrava reclamações semanais de seus clientes sobre 6% das sacolas de compras produzidas em três fábricas que descosturavam e descolavam os fundos.[18] A administração resolveu o problema adicionando mais inspetores de qualidade e realizando mudanças na produção, mas os esforços não foram bem-sucedidos.
>
> Finalmente, a gerência decidiu trabalhar com os operadores das máquinas das sacolas para lhes mostrar o significado de seu trabalho. Uma etapa do processo incluía a circulação das cartas dos clientes entre os operadores, de modo que eles pudessem perceber a gravidade do problema. A administração também fez que a assinatura de cada operador fosse impressa no fundo das sacolas da seguinte forma: "Outro produto de qualidade da companhia St. Regis. Inspecionado pessoalmente por [nome do funcionário]".
>
> Os funcionários responderam a isso reduzindo as sacolas defeituosas de 6% para 0,5%. Eles estavam orgulhosos de seus trabalhos e da sua importância direta para os consumidores. E começaram até mesmo a circular com seus carimbos de identificação durante os intervalos para descanso, porque queriam ser pessoalmente responsáveis pelos produtos que levavam suas assinaturas.

Práticas de empowerment

Autonomia A quarta dimensão central é a **autonomia**, que se refere à característica do cargo que oferece aos funcionários algum poder de decisão e controle sobre as decisões relacionadas ao cargo, e parece ser fundamental na construção de um sentimento de responsabilidade entre os trabalhadores. Embora estejam dispostos a trabalhar dentro das amplas limitações de uma organização, os trabalhadores também insistem em possuir certo grau de liberdade. A autonomia tornou-se importante para muitas pessoas. A prática do gerenciamento por objetivos (*management by objectives* — MBO) é uma forma de estabelecer mais autonomia, porque ela proporciona um papel mais destacado para os trabalhadores na determinação de suas próprias metas e na elaboração de planos para alcançá-las.

Feedback A quinta dimensão central é o **feedback**. O feedback corresponde à informação oferecida ao trabalhador de quão bem ele desempenha suas atividades. Pode vir do próprio cargo (feedback de tarefa) ou pode ser comunicado verbalmente pela gerência ou por outros funcionários. Ele pode ser negativo ou positivo, mas é melhor quando oferecido de modo balanceado. Também, deve ser dado o mais cedo possível e deve ser contínuo, em vez de atrasado e esporádico. A idéia de feedback é muito simples, porém extremamente importante para as pessoas no trabalho. Como os funcionários investem uma parte substancial de suas vidas em seu trabalho, eles desejam saber como estão se saindo. Além disso, necessitam ter conhecimento dessa informação freqüentemente, porque reconhecem que o seu desempenho pode variar, e a única forma pela qual são capazes de fazer os ajustes necessários é sabendo como está o seu desempenho atual.

O Enriquecimento do Cargo Aumenta a Motivação

O grau segundo o qual as cinco dimensões estão presentes nos cargos precisa ser avaliado antes que o enriquecimento do trabalho possa ser posto em prática. Um empregador estuda os cargos para avaliar os níveis existentes (altos ou baixos) de variedade de habilidades, identidade de tarefas, significado das tarefas, autonomia e feedback — freqüentemente em comparação ao nível desejado para cada um desses elementos. Os funcionários devem estar envolvidos nessa avaliação, uma vez que as *suas percepções são as mais importantes*.

Após a coleta dos dados (normalmente por meio de pesquisas), um índice geral para o cargo deve ser calculado.[19] O índice geral indica o grau pelo qual o cargo é percebido como significativo (uma combinação de variedade, identidade e significado), capaz de estimular responsabilidades (autonomia) bem como proporcionar conhecimento dos resultados (feedback). Os gerentes podem, então, tomar algumas medidas para aumentar um ou mais dos cinco fatores para enriquecer o cargo.

Condições para o enriquecimento do cargo

Os cargos que forem enriquecidos aumentam a probabilidade da presença de uma motivação mais elevada, contanto que os funcionários:

- Possuam o conhecimento e as habilidades adequados para o cargo.
- Desejem apreender, crescer e se desenvolver.
- Estejam satisfeitos com seu ambiente de trabalho (não estejam distraídos com fatores higiênicos negativos).

Várias tentativas de enriquecimento do cargo têm sido conduzidas em operações de manufatura, mas muitas delas também foram tentadas em bancos, companhias seguradoras e outras organizações de serviço.

Os vendedores de uma grande loja de departamentos foram objeto de uma pesquisa de campo de reestruturação de cargos com o propósito de enriquecimento de cargos.[20] Após apresentarem suas percepções sobre seus cargos atuais, mensuradas por um conjunto de escalas de avaliação, eles implementaram uma série de mudanças, desenhadas para aumentar a variedade de habilidades, a identidade da tarefa, o significado da tarefa, a autonomia e o feedback obtido de seus empregos.

A qualidade das percepções dos vendedores sobre seus cargos aumentou significativamente após o experimento, indicando que eles acreditaram na idéia de que seus cargos tinham se tornado mais enriquecidos. Comportamentos disfuncionais, como a utilização indevida de tempo ocioso e o abandono das estações de trabalho, diminuíram; enquanto os comportamentos funcionais (vendas e estocagem) aumentaram moderadamente. Várias outras medidas também melhoraram a satisfação dos funcionários.

O Modo como as Dicas Sociais Afetam as Percepções

Nem todas as tentativas de enriquecer os cargos foram tão bem-sucedidas como a do experimento descrito anteriormente. Em alguns casos, os funcionários não relatam mudanças significativas em suas percepções acerca das características centrais após o processo de enriquecimento do cargo, apesar da existência de evidências objetivas que sustentem a tese de que o cargo realmente foi modificado. Esse fato tem produzido uma considerável frustração tanto para os especialistas em desenhos de cargos quanto para os gerentes.

Uma explicação para a ausência das mudanças esperadas a partir do enriquecimento encontra-se na presença das *dicas sociais*, que podem ser definidas como informações freqüentemente recebidas pelos trabalhadores a partir de seu ambiente social. Essas dicas sociais podem servir tanto para apoiar a direção das características objetivas das tarefas quanto para contrapor-se a ela, conforme demonstrado na Figura 10.9.

A chave para o enriquecimento do cargo está no modo como os funcionários utilizam as dicas sociais oferecidas por seus colegas e por outros indivíduos para chegar à sua própria percepção

FIGURA 10.9
As Dicas Sociais Afetam as Reações dos Funcionários às Tarefas

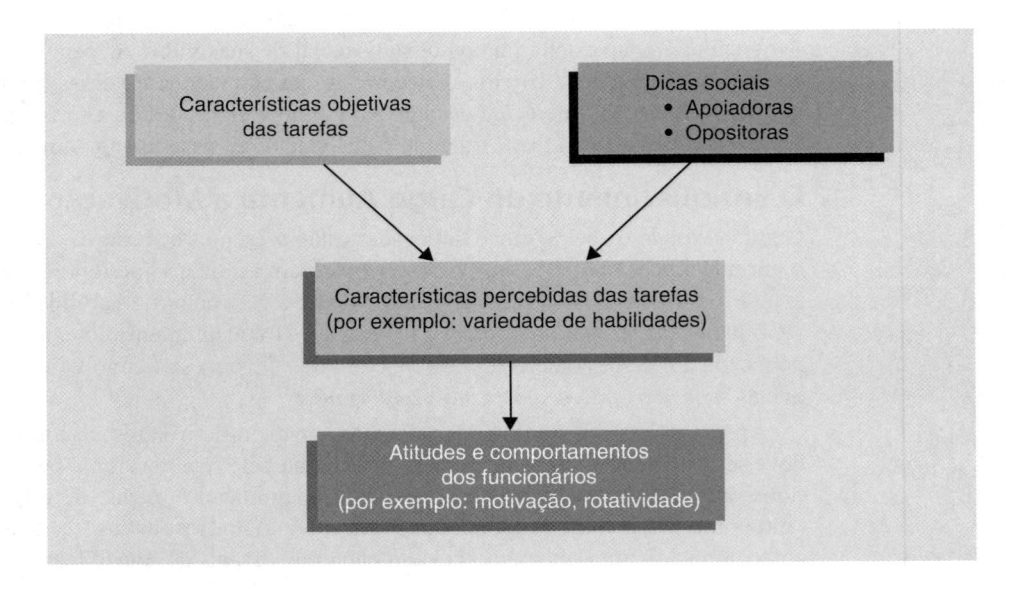

O processamento da informação social

sobre seus trabalhos.[21] Essa atividade, denominada **processamento de informações sociais**, abrange três elementos. Em primeiro lugar, os colegas podem sugerir *quais* dentre as características do cargo realmente são importantes para eles (quando, por exemplo, a trabalhadora Kaitlin declara que "por aqui, a única coisa com a qual me importo é a quantidade de controle que tenho!"). Em segundo, eles podem oferecer seu modelo pessoal com referência ao *peso* relativo de cada dimensão central (como na ocasião em que Lynn sugere a Dan: "Valorizo mais a variedade de habilidades e o feedback, enquanto as três demais dimensões centrais têm, para mim, apenas um pequeno valor"). Em terceiro, os colegas podem oferecer pistas diretas ou indiretas sobre seus próprios *julgamentos* das dimensões (como na confissão de Alan de que, "apesar do que a gerência diz, não acho que meu trabalho seja muito importante").

Uma abordagem integrada para o desenho do cargo sugere que o gerente deva ter como foco a gestão do contexto social das mudanças do cargo, bem como o próprio objetivo do processo de enriquecimento do cargo. Ele deve descobrir que grupos são fontes importantes das dicas sociais, talvez utilizando discussões em grupo para reforçar as tendências iniciais de um funcionário de avaliar positivamente as mudanças de cargo. Os gerentes também podem criar expectativas (nas mentes dos funcionários e de seus colegas de trabalho) de que os trabalhos enriquecidos terão uma quantidade maior de certas dimensões e, dessa forma, serão mais satisfatórios.

Os Fatores Contingenciais que Afetam o Enriquecimento do Cargo

O enriquecimento do cargo não se aplica a todos os tipos de situação. Ele parece aplicar-se mais facilmente aos cargos de nível mais elevado, os quais têm menores chances de serem controlados pelo processo tecnológico. Se a tecnologia for estável e altamente automatizada, os custos do enriquecimento do cargo podem ser muito elevados com relação às recompensas. Alguns trabalhadores não desejam ter suas responsabilidades aumentadas, e outros não se adaptam à interação de grupo que é necessária em alguns casos.

O enriquecimento do cargo também pode interferir de forma negativa nas relações de remuneração. Em particular, os funcionários podem desejar mais que apenas a satisfação intrínseca pelas tarefas e responsabilidades adicionais que assumem. Há muitos outros custos e limitações além da remuneração, algumas das quais são resumidas na Figura 10.10. O equipamento e o espaço físico também terão de ser redesenhados, com a exigência de mais espaço e ferramentas para que as equipes possam trabalhar independentemente. Pode haver a necessidade do aumento dos estoques, o custo do treinamento poderá subir e ainda há a possibilidade de que a rotatividade cresça inicialmente. Os sindicatos também poderão resistir às tentativas de enriquecimento do cargo caso isso possa interferir negativamente nas classificações atuais de cargos.

FIGURA 10.10
Algumas Limitações do Enriquecimento do Cargo e dos Programas de QWL

- Alguns trabalhadores podem não desejar cargos enriquecidos se:
    — Não forem capazes de tolerar maiores responsabilidades
    — Não apreciarem tarefas mais complexas
    — Não estiverem confortáveis com o trabalho em grupo
    — Não gostarem de reaprender
    — Preferirem segurança e estabilidade
    — Estiverem confortáveis com a autoridade supervisora.
    — Suas habilidades não forem adaptáveis
    — Preferirem se demitir
- Algum equipamento caro pode não ser adaptável.
- O programa pode desequilibrar o sistema de produção.
- Os papéis de supervisor ou de membro do *staff* podem ser reduzidos.
- Cargos enriquecidos podem aumentar a insatisfação com a remuneração.
- Os custos podem aumentar.
    — Custos iniciais (para o treinamento, por exemplo)
    — Custos de longo prazo (para a aquisição de mais equipamentos, por exemplo)

Aqueles que planejam utilizar programas de enriquecimento de cargo necessitam formular questões a respeito das atitudes e das necessidades dos funcionários, como, por exemplo:

Questões essenciais

- O funcionário pode tolerar (e aceitar positivamente) responsabilidade?
- Quão fortes são as necessidades de crescimento e auto-realização do funcionário?
- Quais são a atitude e a experiência do funcionário com relação ao trabalho em grupo?
- O funcionário pode lidar, emocional e psicologicamente, com níveis mais altos de complexidade?
- Quão fortes são os desejos do funcionário por segurança e estabilidade?
- Os funcionários enxergarão as mudanças como suficientemente significativas para justificar os custos?
- Um cargo pode ser superenriquecido?

Muitos elementos contingenciais devem ser considerados ao se explorar a possibilidade de enriquecimento do cargo como uma abordagem de QWL. Tanto as atitudes dos funcionários quanto suas competências para lidar com tarefas enriquecidas são cruciais. Considerar o enriquecimento do cargo como algo benéfico é tentador, mas reconhecer e respeitar as diferenças individuais que existem entre os funcionários é algo mais consistente com os valores humanos.

AS RESPONSABILIDADES DO INDIVÍDUO COM A ORGANIZAÇÃO

Uma discussão sobre o indivíduo na organização está incompleta se ela apenas cobrir as obrigações e as imposições da organização com o indivíduo. A relação de trabalho é uma via de mão dupla. Sem dúvida, *a organização tem responsabilidades com o indivíduo*, mas, novamente, acima de quaisquer questionamentos, *o indivíduo também tem responsabilidades com a organização*. O contrato de trabalho é uma transação mútua e uma troca social. Cada funcionário realiza certos investimentos associados à sua participação na organização e espera recompensas lucrativas como retorno. A organização também investe no indivíduo; de forma semelhante, ela também espera recompensas lucrativas.

Um relacionamento é rentável para ambas as partes quando os benefícios (resultados) são maiores que os custos (contribuições) mensurados em um sistema de valor total. Nas situações convencionais de emprego, ambas as partes obtêm benefícios, da mesma forma que fariam em um relacionamento social usual. As duas partes beneficiam-se porque a transação social surgida entre ambas produz novos valores que excedem os investimentos feitos individualmente por elas.

O relacionamento lucrativo se deteriora se uma das partes deixa de agir de modo responsável com relação às necessidades da outra. Os funcionários podem falhar em agir de forma responsável, da mesma maneira que uma organização. Se falharem, devem esperar que a organização responda a essa circunstância utilizando controles mais rígidos para tentar manter um sistema operacional bem-sucedido.

O furto como exemplo

Considere, por exemplo, a questão do furto, que tinha sido mencionada em conexão com o polígrafo. Esqueça por alguns instantes as perspectivas legal, moral e ética sobre o furto. Se for considerado somente o ponto de vista do sistema organizacional, o furto interfere nas operações de trabalho. Ele atrapalha os cronogramas e os orçamentos, e faz que os pedidos tenham de ser processados novamente. Ele torna necessários controles mais rígidos. Em suma, ele reduz tanto a confiabilidade quanto a produtividade do sistema organizacional. Os volumes de produção do indivíduo e da organização são reduzidos. Nessa situação, a organização deve agir para proteger os outros funcionários e a si própria.

Há muitas formas, além de agir de modo produtivo e criativo, de os funcionários demonstrarem mais responsabilidades com relação à organização. Elas incluem a cidadania organizacional e a delação de comportamentos antiéticos.

Cidadania Organizacional

A aplicação da idéia de intercâmbio social torna evidente a existência de uma expectativa de que os funcionários ultrapassem os limites de suas descrições de cargo e sejam bons **cidadãos organizacionais**. Esse relacionamento recíproco no nível individual pode ser comparado às expectativas em torno da forma como a organização deverá comportar-se no universo social mais amplo no qual ela opera. Como vimos no Capítulo 9, os funcionários que são cidadãos organizacionais envolvem-se em atos sociais positivos, criados para ajudar os outros, como no oferecimento voluntário de seus esforços para projetos especiais, na doação de tempo e recursos próprios e na cooperação proativa com os outros. Também há a expectativa de que eles usem completamente seus talentos e energias para auxiliar a organização a alcançar suas metas de eficiência e eficácia.

Contrapartidas

Um caso especial de responsabilidade com outras pessoas ocorre quando há a expectativa — demonstrada por seus pares — de que os funcionários honrem suas obrigações ou contribuam com seu tempo e esforços. A **contrapartida** consiste nos "custos" totais que uma pessoa do grupo acredita que o indivíduo deverá pagar pelo privilégio da aceitação total e da sua participação contínua no grupo (bem como pelo recebimento de recompensas).[22] Tais custos podem incluir:

- Qualificações mínimas do funcionário.
- Vontade de realizar quaisquer trabalhos sem reclamar sobre as tarefas indesejáveis.
- Demonstrar o respeito apropriado com os outros.
- Não agir de forma superior com relação aos outros.
- Desempenhar suas atividades em nível acima da média.
- Destinar a quantidade adequada de tempo para o trabalho.

As contrapartidas possuem diversas características essenciais: são fenômenos perceptivos; são julgadas por muitos observadores diferentes; estão associadas a situações específicas (os julgamentos são realizados caso a caso); e a memória do grupo, com relação às contrapartidas oferecidas, pode ser falha ou diminuir com o passar do tempo. A idéia do oferecimento de contrapartidas é baseada no conceito de **créditos particulares**: com o passar do tempo, uma pessoa adquire créditos que podem ser "sacados" quando necessário — semelhante a uma conta corrente pessoal. O significado das contrapartidas está na importância de os indivíduos reconhecerem suas próprias obrigações — tanto objetivas quanto subjetivas perante o restante do grupo. E, quando as recompensas merecidamente ganhas são recebidas, os funcionários demonstram sabedoria se minimizarem a conquista, se recusarem os elogios excessivos e se compartilharem os créditos com os demais colegas. Os gerentes podem desempenhar papel essencial no aconselhamento de novos funcionários acerca desse processo.

A Delação de Comportamentos Antiéticos

Quem possui as maiores chances para se tornar um delator?

Apesar dos melhores códigos éticos e expressões de vontade individual, ainda poderão surgir comportamentos organizacionais antiéticos. O ato de ser um bom cidadão organizacional não implica conformidade cega — apoiar atividades ilegais na organização, curvar-se às pressões organizacionais (como vimos no exemplo do ônibus espacial *Challenger*) ou envolver-se em quaisquer outras atividades que violem seriamente os padrões sociais. Quando a administração, por exemplo, ignora as resistências internas com relação a atos errados ou falha em divulgar informações sobre produtos defeituosos, um funcionário pode escolher uma reação dentre ampla variedade de alternativas (ver Figura 10.11).[23] Várias dessas reações apontam na direção de uma forma de **delação**, que se refere à denúncia de uma conduta supostamente indevida para uma fonte interna ou externa.

FIGURA 10.11
Reações Alternativas dos Funcionários a Atos Impróprios

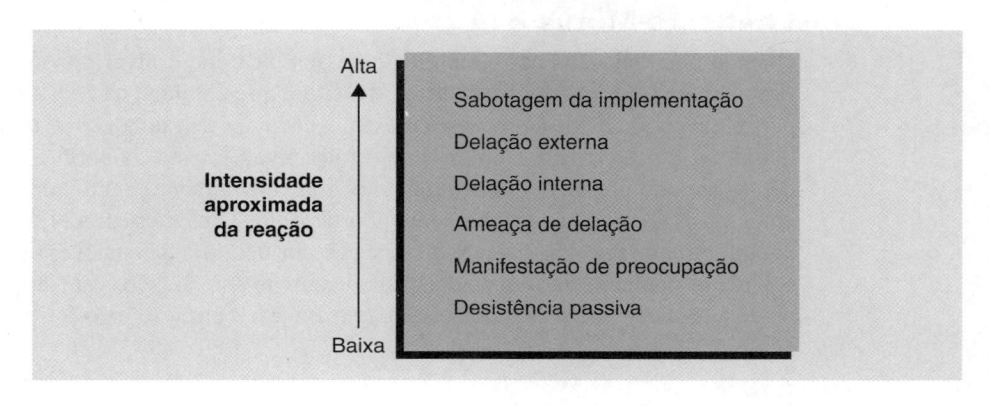

Intensidade aproximada da reação (Baixa → Alta):
- Sabotagem da implementação
- Delação externa
- Delação interna
- Ameaça de delação
- Manifestação de preocupação
- Desistência passiva

Conselhos para Futuros Gerentes

1. Antes de empreender quaisquer ações significativas que possam influenciar os comportamentos dos funcionários, *pondere cuidadosamente o grau segundo o qual essas ações tenham alta legitimidade*.
2. *Familiarize-se com as políticas da organização sobre o direito à privacidade do funcionário* e com as razões para a existência dessas políticas.
3. Quando há grande probabilidade da ocorrência de comportamentos inaceitáveis por parte dos funcionários, *enfoque primeiro as medidas disciplinares preventivas*, e somente então, caso seja necessário, utilize a disciplina corretiva.
4. *Avalie, observando a expressão no rosto dos funcionários, o nível de qualidade de vida no trabalho que eles julgam existir*. Faça as mudanças apropriadas e as acompanhe para determinar seu impacto.
5. *Envolva os funcionários nos esforços para redesenhar seus cargos* para incorporar níveis mais elevados de variedade de habilidades, identidade de tarefa, significado de tarefa, autonomia, ou feedback, em que for apropriado.
6. *Envolva os funcionários em discussões regulares sobre a visão deles do contrato psicológico* — a responsabilidade deles para agir eticamente, manter a confiança, demonstrar boa cidadania no trabalho, e a obrigação de delatar condutas impróprias quando tudo mais falhar.
7. *Explore formas pelas quais você pode adicionar amplitude ou profundidade* (ou ambos) aos cargos.
8. Não confie em suas próprias percepções acerca do grau de enriquecimento do cargo; *procure obter as percepções dos atuais detentores dos cargos*.
9. *Auxilie os novos funcionários a reconhecer que as recompensas e a aceitação pelo grupo não virão facilmente*, mas apenas por meio do processo de contrapartidas.
10. *Busque sempre formas para construir a confiança mútua* entre a gerência e os funcionários.

Alguns funcionários têm probabilidade maior que outros de se tornarem delatores nas organizações.²⁴ Eles são trabalhadores que possuem evidências sérias de haver testemunhado uma ação imprópria, que acreditam que isso é um sério problema, e que sentem estar diretamente afetados por essa ação. Em geral, tais indivíduos conscientes são, provavelmente, profissionais com longas fichas de serviços prestados, pessoas que foram reconhecidas como possuidoras de bom desempenho e aqueles que trabalham em uma organização e que são vistos pelos outros como sensíveis às reclamações. Suas motivações podem variar significativamente. Alguns funcionários delatam porque se sentem obrigados a proteger o público; outros o fazem como uma forma de retaliação pelo tratamento que receberam de seu empregador.

O funcionário de uma empresa contratada pelas Forças Armadas dos Estados Unidos alcançou as manchetes dos jornais quando delatou seu empregador.²⁵ Christopher Urda alegou que seu empregador havia sistematicamente superfaturado contratos para o Pentágono. Um juiz federal multou a empresa em US$ 55 milhões e premiou Urda com US$ 7,5 milhões de acordo com base no *False Claims Act* (Ato sobre Falsas Comunicações), de 1986.

Ao divulgar publicamente informações, os delatores esperam pressionar a organização para que ela resolva o problema. Embora o sistema legal geralmente os proteja, alguns funcionários ficam sujeitos a retaliações por parte de seus empregadores, como assédio, transferência ou **dispensa**. A necessidade de uma delação pode ser diminuída com a criação de uma variedade de formas para os funcionários externarem suas preocupações com a organização — e com o encorajamento desse comportamento. Anteriormente, alguns instrumentos sugeridos para esse propósito incluíam sistemas de sugestões, pesquisas de feedback e encontros entre a gerência e os funcionários.

Confiança Mútua

Quando uma delação ocorre, em geral ela significa que o nível prévio de confiança mútua deteriorou-se ou foi rompido. **Confiança mútua** é a fé conjunta na responsabilidade e nas ações das partes envolvidas; quando ela está presente, cada um tem uma expectativa fortemente positiva de que a outra pessoa fará a coisa certa. O desenvolvimento da confiança mútua ocorre ao longo de um período por meio do surgimento de um entendimento mútuo, do desenvolvimento de laços emocionais e da demonstração de comportamentos confiáveis. Ela pode, entretanto, ser quebrada em um instante por uma palavra ou uma ação inadequada de qualquer uma das partes. Além disso, a perda de confiança resulta no colapso do contrato psicológico (ver Capítulo 4). Quando o gerente perde a confiança de seus funcionários, isso exige a realização de esforços contínuos e coordenados para repará-la e readquiri-la. Os líderes corporativos, assim como todos os gerentes, têm papel importante a ser desempenhado na formatação de uma cultura organizacional robusta que deixe claros os valores e as expectativas da organização. Quando isso é realizado, o nível de confiança é provavelmente elevado.

Resumo

Algumas áreas de potencial conflito entre o indivíduo e a organização são: a legitimidade da influência organizacional, direito à privacidade e disciplina. A maior preocupação é assegurar que as escolhas e as atividades do funcionário sejam orientadas — mas não indevidamente controladas em prejuízo do funcionário — pela organização. De modo a proteger tanto a organização quanto o trabalhador, a companhia normalmente desenvolve políticas para orientar suas decisões sobre privacidade, programas de combate ao abuso de álcool e drogas, realização de testes genéticos, assédio sexual e outras atividades. Para alcançar tais metas, a gerência utiliza medidas disciplinares preventivas e corretivas com o objetivo de assegurar o comportamento adequado.

Uma obrigação social que tem sido adotada por muitas organizações em alguns países é a melhoria da qualidade de vida no trabalho (QWL) para seus funcionários. A QWL refere-se à existência de um ambiente de trabalho favorável ou desfavorável para as pessoas. Essa não é uma tarefa fácil ou definitiva, uma vez que a QWL existe nas percepções dos funcionários e está em constante mudança.

Os cargos variam quanto a sua amplitude e profundidade. O enriquecimento do cargo corresponde a qualquer esforço realizado para humanizar os cargos por meio da adição de mais motivadores. As dimensões centrais dos cargos que proporcionam especificamente enriquecimento são: variedade de habilidades, identidade de tarefa, significado de tarefa, autonomia e feedback. Apesar de o enriquecimento do cargo ser um objetivo desejável, suas pistas devem ser percebidas e apreciadas pelos funcionários para haver impacto substancial.

A transação social do emprego é uma via de mão dupla, com responsabilidades mútuas para o indivíduo e para a organização. O funcionário deve ser um bom cidadão organizacional, exercer liderança ética e recorrer à delação, se isso for necessário. Os benefícios se tornarão aparentes para os indivíduos, a organização e a sociedade quando essa troca social for realizada e a confiança mútua mostrar-se evidente.

Termos e Conceitos para Revisão

Ampliação do cargo, *236*
Amplitude do cargo, *235*
Assédio sexual, *232*
Autonomia, *239*
Cidadãos organizacionais, *242*
Confiança mútua, *244*
Contrapartida, *243*
Créditos particulares, *243*
Delação, *243*
Dimensões centrais, *237*
Direito à privacidade, *227*
Disciplina, *234*
Dispensa, *244*
Enriquecimento do cargo, *236*

Equipamentos de vigilância, *228*
Escopo do trabalho, *235*
Feedback, *239*
Identidade da tarefa, *238*
Legitimidade da influência organizacional, *226*
Medidas disciplinares corretivas, *234*
Medidas disciplinares preventivas, *234*
Medidas disciplinares progressivas, *234*
Monitoramento eletrônico, *228*
Monitoramento genético, *232*

Polígrafo, *229*
Processamento de informações sociais, *241*
Profundidade a um cargo, *236*
Qualidade de vida no trabalho (QWL), *234*
Realização de testes genéticos, *232*
Rotação de postos, *236*
Significado da tarefa, *239*
Síndrome da Imunodeficiência Adquirida (Aids), *233*
Teste de deficiência, *232*
Testes de honestidade, *229*
Variedade de habilidades, *238*

Questões para Discussão

1. Explique o modelo básico de legitimidade da influência organizacional. Ele lhe parece ser um modelo razoável e com o qual você trabalharia? Ofereça exemplos pessoais para cada uma das quatro células.
2. Pense a respeito de seu emprego atual ou do anterior. Você acredita que o empregador violou seu direito à privacidade de alguma forma? Discuta. O empregador tinha uma política, explícita ou implícita, com relação ao direito à privacidade?
3. Considere que você esteja se dirigindo a uma entrevista de emprego como caixa de um banco e tenha escutado antecipadamente que uma das formas dos testes de honestidade discutidos neste

capítulo poderá ser utilizada para explorar seu histórico e a sua probabilidade de agir honestamente. Descreva como você se sentiria sobre cada tipo de teste e explique por que se sentiu daquela forma.

4. Forme pequenos grupos e visite uma companhia para discutir seu programa para o tratamento de alcoolismo e do abuso de drogas. Com quais outros comportamentos a companhia está preocupada do ponto de vista da saúde? Relate os pontos principais do programa para sua classe e dê sua avaliação acerca da provável eficácia desse programa.

5. Considere que um de seus funcionários tenha apresentado recentemente um resultado positivo para o teste do vírus da Aids. Embora ele seja totalmente capaz de desempenhar suas atividades, outro funcionário veio até você e negou-se a trabalhar próximo dele. Como você responderia?

6. Forme grupos de discussão de quatro ou cinco integrantes e elabore uma lista dos seis elementos de QWL que seu grupo mais deseja em um cargo. Apresente o relatório do grupo, acompanhado das suas razões, para o restante da sala. Então, discuta as semelhanças e as diferenças entre as respostas dos grupos.

7. Pense a respeito de seu emprego atual ou do anterior. Discuta os fatores favoráveis e os desfavoráveis das características de QWL contidas nele.

8. Discuta esta questão na sala: "A amplitude do cargo é mais importante que a profundidade do cargo para a motivação dos trabalhadores".

9. Pense a respeito de seu emprego atual ou anterior. Houve alguma vez em que você não agiu de modo responsável com relação à organização ou obteve alguma vantagem indevida? Discuta.

10. Considere seu próprio papel como um possível delator. Sob quais condições você criticaria publicamente seu empregador ou outro funcionário?

Avalie suas Próprias Habilidades

Até que ponto você exibe boas habilidades relacionadas à influência organizacional?

Leia as seguintes frases cuidadosamente. Faça um círculo ao redor do número na escala de respostas que reflita, da melhor forma possível, o grau com que cada afirmação mais bem o descreve. Some o total de pontos e prepare um breve plano de autodesenvolvimento. Esteja pronto para relatar seus resultados, para que eles, juntamente com os resultados dos demais elementos do seu grupo, possam ser tabulados adequadamente.

	Boa descrição									Má descrição
1. Diferencio cuidadosamente as atividades do funcionário que ocorrem na empresa e fora dela.	10	9	8	7	6	5	4	3	2	1
2. Sou cuidadoso no que diz respeito ao direito à privacidade quando discuto assuntos referentes a religião, política e crenças sociais.	10	9	8	7	6	5	4	3	2	1
3. Monitoro cuidadosamente o modo como meus funcionários usam seus computadores para assegurar que eles não estejam abusando de seus privilégios.	10	9	8	7	6	5	4	3	2	1
4. Estou atento aos sinais de uso abusivo de álcool ou de drogas entre os funcionários.	10	9	8	7	6	5	4	3	2	1
5. Adoto medidas imediatas e positivas para assegurar que os funcionários não se envolvam em assédio sexual.	10	9	8	7	6	5	4	3	2	1

6. Concentro a maior parte da minha ênfase disciplinadora na prevenção de problemas em vez de tratá-los de forma corretiva.   10 9 8 7 6 5 4 3 2 1

7. Aceito com entusiasmo meu papel na criação de um nível de qualidade de vida no trabalho que seja excelente para o funcionário e para o empregador.   10 9 8 7 6 5 4 3 2 1

8. Estou totalmente ciente sobre quais funcionários apreciariam cargos enriquecidos e quais não os apreciariam.   10 9 8 7 6 5 4 3 2 1

9. Tenho idéias claras sobre como eu poderia aumentar os níveis de cinco dimensões centrais dos cargos de meus funcionários.   10 9 8 7 6 5 4 3 2 1

10. Destino regularmente algum tempo enfatizando aos meus funcionários suas obrigações perante seu empregador (para que eles possam compará-las com as responsabilidades do empregador para com eles).   10 9 8 7 6 5 4 3 2 1

Pontuação e Interpretação

Some o total de pontos obtidos nas dez questões. Registre aqui esse número e relate-o quando for solicitado: _____. Finalmente, insira o total de pontos no gráfico Avalie e Melhore suas Habilidades Associadas ao Comportamento Organizacional no Apêndice.

- Se você obteve um resultado entre 81 e 100 pontos, parece ter uma capacidade sólida para demonstrar uma influência organizacional apropriada.
- Se você obteve um resultado entre 61 e 80 pontos, deveria analisar cuidadosamente os itens nos quais obteve uma pontuação mais baixa e revisar o material relacionado a esses assuntos.
- Se você obteve um resultado abaixo de 60 pontos, deve estar ciente de que baixo nível em habilidades relacionadas a diversos itens poderá ser prejudicial para o seu futuro sucesso como gerente. Sugerimos a você revisar o capítulo inteiro e permanecer atento com relação aos materiais relevantes que serão apresentados nos capítulos subseqüentes e em outras fontes.

Agora, identifique suas três pontuações mais baixas e escreva os números dessas questões aqui: _____, _____, _____. Escreva um parágrafo curto detalhando para si mesmo um plano de ação para que você melhore cada uma dessas habilidades.

Estudo de Caso

As Duas Assistentes de Contabilidade

Rosemary Janis e Mary Lopez eram as duas únicas assistentes que processavam os pagamentos feitos pelos consumidores no escritório da Atlantic Plumbing Supply Company. Elas se reportavam ao proprietário da empresa. Janis estava trabalhando havia 18 meses, e Lopez, 14 meses. As duas possuíam nível técnico, tinham em torno de 23 anos e eram solteiras.

Por manipular as contas de maneira extremamente engenhosa, que não poderia normalmente ser detectada, Janis estava roubando valores das contas à medida que elas eram recebidas. Durante seu terceiro mês no trabalho, Lopez descobriu os roubos de Janis, mas decidiu não os denunciar à gerência, com base na idéia de que a conduta pessoal de Janis não era da sua conta. Lopez nunca se beneficiou dos furtos de Janis e as duas não eram amigas próximas. Suas tarefas lhes permitiam trabalhar de forma mutuamente independente, de modo que cada uma delas era responsável por uma porção alfabética diferente de clientes.

Quando o proprietário descobriu sobre os roubos de Janis pela instalação de câmeras secretas de vigilância, ela já havia furtado US$ 5.700. Durante as investigações dos furtos, o proprietário descobriu que Lopez tinha conhecimento dos roubos há meses, uma vez que era evidente a impossibilidade de tais fatos terem ocorrido por um período tão longo sem o conhecimento dela. No momento de sua contratação, as duas funcionárias haviam sido instruídas pelo proprietário de que lidariam com valores e de que seria exigido delas um nível rigoroso de honestidade.

Questões
1. Quais foram as questões levantadas por esses eventos? Discuta.
2. Quais medidas disciplinares, preventivas ou corretivas, você recomendaria para cada uma das duas mulheres? Por quê?
3. A falha de Lopez ao não delatar sua colega é um problema?

Exercício Vivencial

O Estudante Enriquecido

1. Considere seu "cargo" acadêmico como estudante. Avalie cada uma das cinco dimensões centrais de acordo com o grau de presença de cada uma delas no seu cargo (1 = baixa quantidade, 10 = alta quantidade). O que essa informação diz a você?

Dimensão do Cargo	Sua Avaliação	Média do Grupo
Variedade de habilidades		
Identidade da tarefa		
Significado da tarefa		
Autonomia		
Feedback		
Resultado total		

2. Forme grupos de quatro ou cinco integrantes, compartilhe seus resultados e calcule a média da pontuação do grupo para cada dimensão. O que essas pontuações dizem a você?
3. Discuta cinco passos importantes que os administradores da universidade e professores poderiam adotar para enriquecer seu "cargo" se eles possuíssem os dados que você gerou.

Produzindo Insights sobre CO

Um *insight* diz respeito a uma percepção nova e clara acerca de um fenômeno ou de uma capacidade adquirida para "enxergar" claramente algo sobre o qual você não estava ciente anteriormente. Ele, algumas vezes, simplesmente se refere a um "momento do tipo "ah-há!", no qual você obtém uma pequena revelação ou atinge uma conclusão direta sobre um problema ou uma questão.

Os *insights* não precisam necessariamente ser dramáticos, uma vez que aquilo que pode ser considerado um *insight* por uma pessoa pode não o ser pelas demais. A característica fundamental dos *insights* é que eles são importantes e memoráveis para você; eles devem representar novos conhecimentos, novas estruturas ou novas perspectivas para perceber as coisas que você desejaria armazenar e lembrar ao longo do tempo.

Os *insights* são, portanto, diferentes do tipo de informação que você encontra nos textos da seção Conselhos para Futuros Gerentes. Esse formato de conselho é prescritivo e orientado para a ação; ele indica e recomenda determinado curso de ação.

Uma forma útil para pensar sobre os *insights* de CO é partir do princípio de que você foi a única pessoa que leu o Capítulo 10. Você recebeu a tarefa de ressaltar, utilizando suas próprias palavras, os conceitos principais (mas não somente resumir o capítulo todo) que poderiam ser relevantes para um público leigo, que nunca foi apresentado ao tema antes. *Quais são os dez insights que você compartilharia com os membros desse público?*

1. (Exemplo) Algumas condutas dos funcionários fora do ambiente de trabalho são legitimamente passíveis de serem submetidas à influência dos empregadores.
2. _____
3. _____
4. _____
5. _____
6. _____
7. _____
8. _____
9. _____
10. _____

Capítulo Onze

Comportamento Interpessoal

Relacionamentos marcados por conflito, brigas, competição e disputas constantes estão claramente fadados ao rompimento.
Erin Anderson e Sandy D. Jap[1]

Os executivos não podem simplesmente esperar que a colaboração ocorra espontaneamente nos lugares e nos momentos certos em suas organizações.
Rob Cross, Jeanne Liedtka e Leigh Weiss[2]

OBJETIVOS DO CAPÍTULO

COMPREENDER

- A natureza e os tipos de conflito.
- Os resultados e as estratégias de resolução de conflitos.
- Diferentes tipos de personalidade.
- Comportamento assertivo.
- Orientações interpessoais e agrados.
- Tipos de poder.
- Política organizacional e influência.

Joyce e Joan estavam envolvidas em uma discussão que, se elas permitissem continuar, poderia tê-las separado. "Acho que teremos uma chance melhor de sobreviver se crescermos mais", afirmou Joyce, "e a melhor maneira de conseguir isso é pela aquisição de nossos dois competidores mais próximos". Joan respondeu declarando que "sua abordagem provavelmente nos levará à falência; podemos nos afogar em um mar de dívidas".

"Então, o que *você* propõe que façamos?", questionou Joyce com uma pitada de sarcasmo.

"Sugiro que enfoquemos o fortalecimento de nossa atual posição no mercado", respondeu Joan. "Deveríamos gastar mais tempo no desenvolvimento de novos produtos, divulgá-los agressivamente no mercado e reduzir nosso quadro de funcionários em 6%".

Então, em vez de continuar discutindo, Joan e Joyce concordaram em examinar a questão objetivamente e não permitir que suas emoções as dominassem. Elas decidiram concentrar-se em uma solução conjunta para o problema, ao mesmo tempo que buscariam compreender e respeitar os pontos de vista uma da outra. Ao fazer isso, conseguiram evitar, com êxito, algumas das armadilhas típicas dos conflitos.

As organizações exigem, por definição, que as pessoas trabalhem juntas e que se comuniquem entre si — freqüentemente em pares, do mesmo modo que a interação entre Joyce e Joan. Em uma situação ideal, esses relacionamentos interpessoais deveriam ser produtivos, cooperativos e produzir satisfação mútua. Na realidade, os gerentes descobrem que nem sempre eles são dessa forma.

Praticamente, todo relacionamento de trabalho produzirá algum grau de conflito ao longo do tempo. Se os conflitos serão positivos ou destrutivos, isso dependerá das atitudes e das habilidades dos participantes (bem como das restrições de tempo e da escassez de recursos). Este capítulo explora algumas abordagens para o conflito e analisa os possíveis resultados. Também sugere que os funcionários desenvolvam suas habilidades assertivas para serem ouvidos e respeitados por seus pares. Algumas orientações são oferecidas para compreendermos a nós mesmos e aos outros, e para nos comunicarmos de modo mais eficaz.

O comportamento interpessoal em organizações complexas produz, inevitavelmente, diferenças de poder. Cinco fontes de poder são analisadas para se verificar quais são as mais construtivas. O capítulo é concluído com uma discussão de política organizacional — a utilização de várias estratégias com o objetivo de obter maior influência sobre as decisões e as pessoas.

O CONFLITO NAS ORGANIZAÇÕES

A Natureza do Conflito

O que é conflito?

O conflito pode ocorrer em qualquer situação na qual duas ou mais partes sentem-se em oposição. O **conflito** é um processo interpessoal que surge de discordâncias em torno das metas a serem obtidas ou dos métodos utilizados para alcançá-las. Na discussão potencial relatada anteriormente, Joyce e Joan divergiam tanto sobre a meta quanto a respeito dos métodos para realizá-la. Conseqüentemente, o conflito pode ser ainda mais difícil de ser resolvido, mas elas devem encontrar uma forma de fazer isso.

Além dos conflitos sobre metas ou métodos, eles também podem surgir como resultado de interdependência de tarefas, ambigüidade de papéis, políticas e normas, diferenças de personalidade, comunicações ineficazes, competição por recursos escassos, estresse pessoal e diferenças com relação a atitudes, crenças e experiências. Em organizações de todas as partes, o conflito entre interesses divergentes é inevitável e, algumas vezes, a quantidade de conflito é substancial. Uma pesquisa relatou que os gerentes passam 20% de seu tempo lidando com conflitos.[3] Eles podem ser tanto participantes diretos quanto mediadores tentando resolver os conflitos entre dois ou mais funcionários. Em qualquer um dos casos, o conhecimento e a compreensão do conflito e dos métodos para resolvê-lo são muito importantes.

> Muitos estudos científicos realizados ao longo do tempo têm consistentemente ressaltado o importante papel do comportamento interpessoal no sucesso ou no fracasso dos gerentes.[4] Uma das primeiras razões para o retrocesso da carreira de executivos anteriormente bem-sucedidos é a insensibilidade com relação aos outros. Alguns gerentes, saudados como excepcionalmente inteligentes e detentores de ótimos históricos, falharam posteriormente em virtude de sua incapacidade de se adaptar a um chefe. E um retrato geral de executivos europeus malsucedidos revelou que eles eram insensíveis, manipuladores, abusivos, depreciadores, extremamente críticos e incapazes de construir relações de confiança. Nessas condições, o conflito — com colegas e funcionários — inevitavelmente surge.

Níveis de Conflito

O conflito pode ocorrer no íntimo de um funcionário, entre indivíduos ou grupos, e entre organizações na medida em que elas competem entre si. O Capítulo 4 examinou as diferenças entre expectativas de papéis e ambigüidade de papéis (ausência de clareza acerca de como agir produz conflito).

Conflito Intrapessoal Embora a maioria dos conflitos de papéis ocorra quando o supervisor ou os colegas de um funcionário lhe transmitem expectativas conflitantes, é possível que surjam conflitos associados ao papel intrapessoal do indivíduo, como resultado da adoção de papéis conflitantes. Sabrina, por exemplo, pode ver a si mesma tanto como a gerente de uma equipe responsável pela proteção e ampliação de seus recursos quanto como um membro do grupo executivo encarregado de reduzir os custos operacionais.

Conflito Interpessoal Os conflitos interpessoais representam um problema sério para muitas pessoas, porque afetam profundamente suas emoções. As pessoas têm a necessidade de proteger suas auto-imagem e auto-estima de danos provocados pelos outros. Quando o autoconceito é ameaçado, uma decepção séria ocorre e as relações deterioram-se. Algumas vezes, os temperamentos de duas pessoas são incompatíveis e suas personalidades colidem. Em outros casos, os conflitos desenvolvem-se a partir de falhas nas comunicações ou de diferenças nas percepções.

> Um funcionário de escritório ficou decepcionado por causa de um conflito com alguém de outro departamento. O primeiro acreditava não haver nenhuma possibilidade de resolver o conflito. Contudo, quando um conselheiro explicou-lhe acerca dos diferentes papéis organizacionais dos dois funcionários vistos do ponto de vista da organização como um todo, as percepções do primeiro funcionário modificaram-se e o conflito desapareceu.

Conflito Intergrupal Conflitos intergrupais, por exemplo, entre diferentes departamentos, também podem causar problemas. Em uma escala ampliada, esses conflitos são similares a guerras entre gangues juvenis. Cada grupo busca enfraquecer o outro, adquirir poder e melhorar sua imagem. Os conflitos surgem de causas como diferentes pontos de vista, lealdades grupais e competição por recursos. Os recursos são limitados em qualquer organização — e são cada vez mais escassos quanto mais as organizações lutam para ser competitivas. Como a maioria dos muitos grupos sente que precisa de mais do que consegue garantir, as sementes para conflitos intergrupais existem em todos os locais em que os recursos forem limitados. O departamento de produção, por exemplo, pode querer um maquinário novo e mais eficiente, enquanto o departamento de vendas deseja expandir sua força de vendas, mas há recursos apenas para satisfazer as necessidades de um desses grupos.

Como vimos anteriormente, *alguns conflitos podem ser construtivos*, e isso é certamente verdadeiro no âmbito intergrupal. Nesse caso, o conflito pode fornecer uma pista de que um problema crítico entre dois departamentos precisa ser resolvido antes de se tornar explosivo. A menos que os problemas sejam trazidos à tona de forma clara, eles não podem ser totalmente compreendidos ou explorados. Ao emergir, o conflito intergrupal cria uma força motivadora que encoraja os dois grupos a resolvê-lo, de forma a mover o relacionamento para um novo patamar de equilíbrio. Visto dessa maneira, o conflito intergrupal é, algumas vezes, *aumentado* — estimulado intencionalmente em organizações por causa das suas conseqüências construtivas. Em outras ocasiões, pode ser aconselhável *reduzi-lo* — desestimulá-lo intencionalmente em virtude de suas conseqüências potencialmente destrutivas. O desafio gerencial é *manter o conflito em nível moderado* (no qual ele possua uma probabilidade maior de estimular o pensamento criativo, sem interferir no desempenho). O conflito não deve tornar-se tão intenso a ponto de as partes envolvidas o esconderem ou o aumentarem a níveis destrutivos.

Fontes de Conflito

O conflito interpessoal surge de diversas fontes (ver Figura 11.1):

- *Mudança organizacional* — As pessoas possuem diferentes visões sobre qual direção seguir, a rota a ser tomada e suas chances de sucesso, os recursos a serem utilizados e os prováveis resultados. Com a crescente velocidade das mudanças tecnológicas, políticas e sociais, e a rapidez com que o mercado se move na direção de uma economia global, as mudanças organizacionais estarão sempre presentes.
- *Diferentes conjuntos de valores* — As pessoas também possuem diferentes crenças e aderem a sistemas de valores distintos. Suas filosofias podem divergir ou seus valores éticos podem levá-las a direções opostas. As disputas resultantes podem ser difíceis de resolver, visto que elas são menos objetivas que as divergências sobre produtos alternativos, níveis de estoque ou campanhas promocionais.

FIGURA 11.1
Modelo do Processo de Resolução de Conflitos

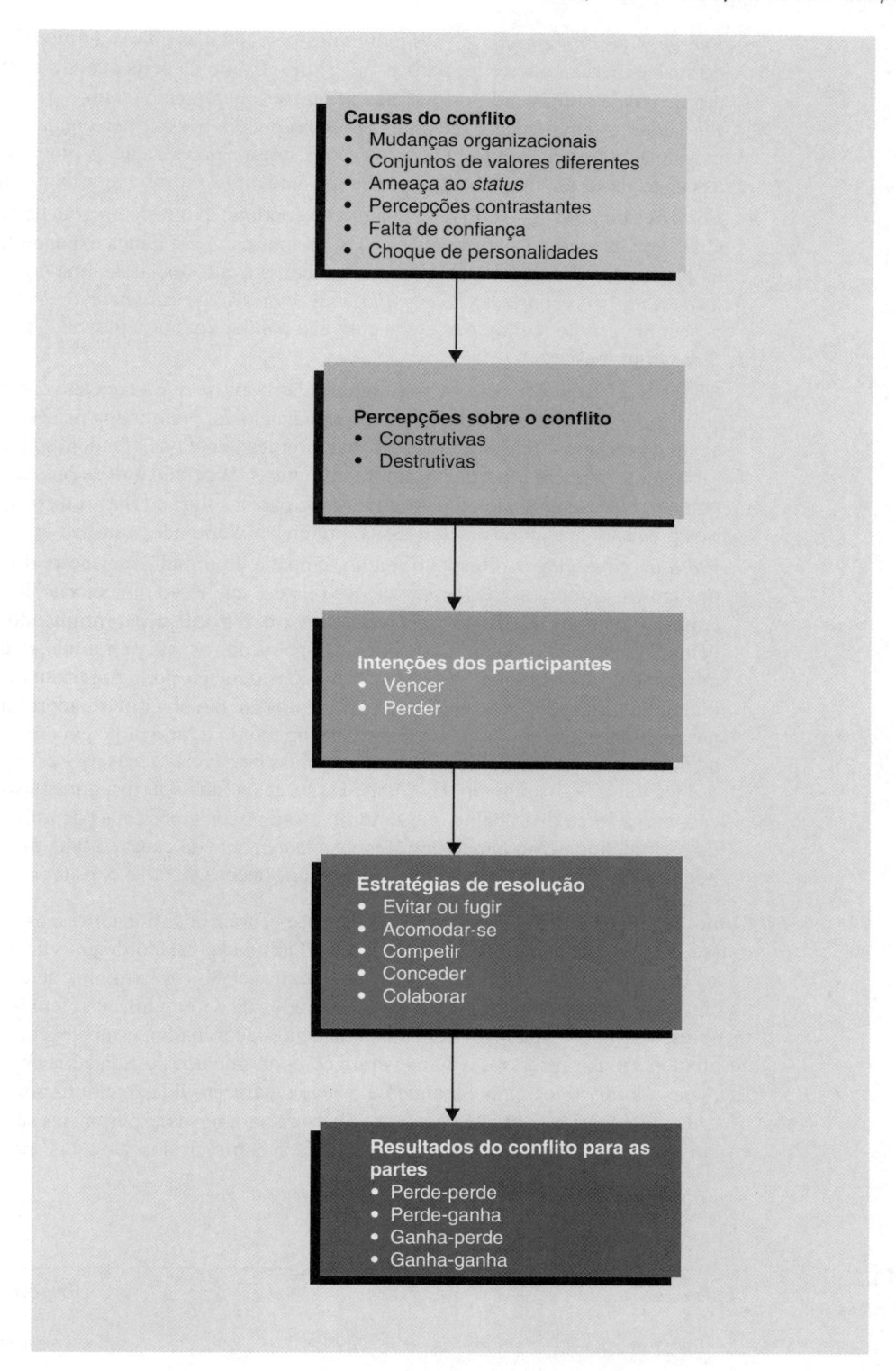

Causas do conflito
- Mudanças organizacionais
- Conjuntos de valores diferentes
- Ameaça ao *status*
- Percepções contrastantes
- Falta de confiança
- Choque de personalidades

Percepções sobre o conflito
- Construtivas
- Destrutivas

Intenções dos participantes
- Vencer
- Perder

Estratégias de resolução
- Evitar ou fugir
- Acomodar-se
- Competir
- Conceder
- Colaborar

Resultados do conflito para as partes
- Perde-perde
- Perde-ganha
- Ganha-perde
- Ganha-ganha

A manutenção das aparências é importante.

- *Ameaças ao* status — O Capítulo 4 sugere que o *status*, ou a posição social de uma pessoa em um grupo, é muito importante para muitos indivíduos. Quando o *status* de alguém é ameaçado, a *manutenção das aparências* (o desejo de uma pessoa de proteger sua auto-imagem) torna-se uma poderosa força enquanto a pessoa tenta sustentar a imagem desejada. O conflito pode surgir entre a pessoa que defende sua posição e o indivíduo que ameaça o seu *status*.

- *Percepções contrastantes* — Os indivíduos percebem as coisas de modos diferentes por causa de suas experiências e expectativas anteriores. Como as percepções são muito reais para cada um de nós, e todos sentimos que elas devem ser igualmente claras para os outros, algumas vezes falhamos em perceber que outras pessoas podem possuir percepções contrastantes sobre os mesmos objetos ou eventos. O conflito pode surgir a não ser que os funcionários aprendam a ver as coisas da forma que os outros a vêem, e ajudem os outros a agir da mesma maneira.
- *Falta de confiança* — Todo relacionamento contínuo exige algum grau de **confiança** — a capacidade de depender das palavras e ações dos outros. A confiança expande fronteiras, proporciona oportunidades para a ação e enriquece todo o tecido social de uma organização. *A confiança leva muito tempo para ser construída, mas pode ser destruída em um instante.* Quando alguém possui uma razão real ou percebida para não confiar em outra pessoa, o potencial de ocorrência de conflito cresce.
- *Choques de personalidade* — No Capítulo 1, afirmou-se que o conceito das diferenças individuais é fundamental para o comportamento organizacional. Nem todos pensam, sentem, parecem ou agem do mesmo modo. Algumas pessoas simplesmente nos ofendem sem que possamos necessariamente explicar o porquê. Embora diferenças de personalidade possam causar conflito, elas também representam um recurso importante para a solução criativa de problemas. Os funcionários precisam aceitar e respeitar essas diferenças, e aprender a utilizá-las quando surgem.
- *Falta de civilidade* — Respeito mútuo, empatia e cordialidade são o elo que mantém os grupos juntos, embora muitas organizações relatem que estão dilaceradas pela grosseria e falta de cortesia "comuns". A **falta de civilidade no trabalho** ocorre quando os funcionários não demonstram preocupação ou consideração pelos outros, ou, pior ainda, quando se desrespeitam mutuamente no trabalho.[5] A ausência de consideração pode manifestar-se de muitas formas, incluindo saudações grosseiras, sarcasmo, falha em devolver itens emprestados, egoísmo, atraso nas reuniões, falta de asseio pessoal e barulho (como ligar o rádio em um volume alto ou utilizar o telefone celular em locais públicos). Algumas possíveis causas para essas ações incluem as novas tecnologias, o aumento das demandas sobre os funcionários, normas sociais em transformação e uma força de trabalho que se tornou fragmentada por causa da utilização de mão-de-obra de meio período e/ou temporária. Independentemente da causa, a falta de civilidade no trabalho pode causar o agravamento das tensões, manifestações de raiva e o surgimento de conflito.

Como as personalidades diferem? Muitos traços foram identificados, mas eles parecem concentrar-se em torno de cinco fatores principais: afabilidade, estado de conscientização, abertura para novas experiências, estabilidade emocional e extroversão (os extremos de cada um são mostrados na Figura 11.2).[6] Funcionários com níveis elevados de conscientização têm índices de absenteísmo menores, são mais cuidadosos com a qualidade de seu trabalho, estabelecem metas de desempenho desafiadoras para si próprios e demonstram comportamentos de cidadania organizacional com mais freqüência. Indivíduos emocionalmente estáveis parecem lidar melhor com o estresse que os outros. Os funcionários com altos níveis de abertura para novas experiências são menos resistentes às rápidas mudanças organizacionais. Os indivíduos extrovertidos são mais sociáveis e normalmente

FIGURA 11.2
Os Cinco Traços Principais de Personalidade

Extremo	Traço	Extremo Oposto
Cuidadoso, sensível e empático	Afabilidade	Não-cooperativo, irascível
Confiável e autodisciplinado	Conscientização	Desorganizado e descuidado
Curioso, flexível e receptivo	Abertura para novas experiências	Fechado, rígido e resistente
Calmo, relaxado e confortável	Estabilidade emocional (afetividade negativa)	Autocrítico, questionador e pessimista
Corajoso, sociável e expressivo	Extroversão (afetividade positiva)	Quieto, reservado e cuidadoso

O Que os Gerentes Estão Lendo

A civilidade, de acordo com o professor P. M. Forni, está em falta; muitas pessoas agem de maneira rude ou até mesmo cruel com os outros. Por quê? Forni sugere que isso ocorre porque agora vivemos cada vez mais "entre estranhos" e, dessa forma, estaríamos indiferentes com relação à necessidade de nos sentirmos parte de uma comunidade maior. Apesar disso, as ações individuais de cada pessoa *afetam* a vida de outras, e, finalmente, as ações dessas pessoas acabam nos afetando.

Forni sugere que precisamos adotar e praticar a civilidade aumentando o nosso nível de comunicação e evitando ataques pessoais aos outros. Entre suas 25 regras, ele sugere que as pessoas prestem atenção nas outras, ouçam seus pontos de vista, acolham de modo inclusivo os outros, demonstrem respeito pelo tempo, espaço e pelas opiniões alheios, desculpem-se de modo honesto quando isso for necessário, falem de maneira gentil sobre os outros, evitem fazer fofocas ou reclamações vãs, evitem culpar injustamente as outras pessoas, e apresentem suas críticas de forma objetiva.

Fonte: FORNI, P. M. *Choosing Civility*: The Twenty-Five Rules of Considerate Conduct. Nova York: St. Martin's Press, 2002.

---

interagem bem com seus clientes. As pessoas afáveis tendem a ser pacientes, cooperativas e acessíveis. Vários desses traços (por exemplo, estabilidade emocional, afabilidade e conscientização) implicam baixa probabilidade de conflito interpessoal, uma vez que esses tipos de indivíduo são mais corteses, autodisciplinados e sensíveis aos sentimentos e posições dos outros.

Há 16 tipos diferentes

Um teste de personalidade altamente popular em ampla variedade de organizações é o Indicador de Tipos de Myers-Briggs (MBTI).[7] O MBTI fundamenta-se no trabalho de Carl Jung, psiquiatra, e diferencia as pessoas em 16 categorias principais, com base em suas preferências por *pensar* (utilizar o raciocínio lógico) e *sentir* (considerar o impacto sobre os outros), *julgar* (resolver rapidamente problemas ordenados) e *perceber* (optar pela espontaneidade), *ser extrovertido* (afirmar-se de modo confiante) e *ser introvertido* (optar por trabalhar sozinho), *usar sensibilidade* (organizar detalhes de forma estruturada) e *usar intuição* (confiar na evidência subjetiva e nas percepções pessoais). O MBTI provou ser muito útil para auxiliar os funcionários a se tornar mais conscientes de suas próprias idiossincrasias, enquanto também os sensibiliza para as características singulares de seus colegas de trabalho. Nenhum tipo é necessariamente melhor que outro ou mais bem-sucedido no mundo dos negócios.

Efeitos do Conflito

O conflito normalmente é visto pelos participantes como destrutivo, porém essa é uma visão limitada. De fato, se todo tipo de conflito com os colegas for evitado, cada uma das partes provavelmente será privada de informações úteis sobre as preferências e as visões da outra. *O conflito não é totalmente mau*; em vez disso, ele pode produzir tanto resultados produtivos quanto não-produtivos. Uma visão mais positiva seria, portanto, ver o conflito como algo praticamente inevitável e buscar formas por meio das quais ele possa proporcionar resultados positivos.

Vantagens

Um dos benefícios produzidos pelo conflito é que ele oferece um estímulo às pessoas para que elas procurem melhores abordagens que produzam resultados mais expressivos. Ele as motiva para que se tornem mais criativas e, também, para que experimentem novas idéias. Outro benefício é que alguns problemas anteriormente ocultos podem ser trazidos à superfície, na qual poderão ser confrontados e resolvidos. Do mesmo modo que a fermentação é necessária para a produção de bons vinhos, certa quantidade de discernimento poderá criar uma compreensão mais profunda entre as partes envolvidas no conflito. E, uma vez que o conflito seja resolvido, os indivíduos estarão mais comprometidos com o resultado por causa de seu envolvimento na solução.

Desvantagens
Também há possíveis desvantagens, especialmente se o conflito estender-se por grande período, tornar-se muito intenso ou desviar-se na direção de questões pessoais. No âmbito interpessoal, a cooperação e o trabalho em equipe poderão deteriorar-se. A desconfiança poderá surgir entre as pessoas que necessitam coordenar seus esforços. No âmbito individual, algumas pessoas poderão sentir-se derrotadas, enquanto a auto-imagem de outras declinará e os níveis de estresse pessoal aumentarão (como será discutido no Capítulo 15). Previsivelmente, o nível de motivação de alguns funcionários será reduzido. É importante, desse modo, que os gerentes estejam atentos ao potencial para o surgimento de conflitos interpessoais e intergrupais, antecipem os resultados relacionados a eles e utilizem as estratégias apropriadas para sua resolução.

Modelo de Conflito

O conflito surge de muitas fontes e direções. Ele também varia com relação à velocidade de seu surgimento e ao seu grau de previsibilidade. Algumas vezes, permanece adormecido por muito tempo, como uma pequena brasa que reacende quando abanada. Outras vezes, simplesmente parece explodir sem nenhum aviso, como na erupção repentina de um perigoso vulcão. E, da mesma forma que uma chama pode aquecer-nos quando necessário, ou queimar-nos com seu calor, o conflito pode ser construtivo ou destrutivo. Os gerentes devem, em virtude disso, saber quando estimular e quando resolver um conflito.

Uma parte da resposta a esse dilema é apresentada na Figura 11.1, que retrata o processo de resolução de conflitos. As várias fontes discutidas anteriormente produzem conflitos tanto construtivos quanto destrutivos. Se o conflito for prejudicial, os gerentes precisam aplicar uma estratégia de resolução para preveni-lo, diminuí-lo ou eliminá-lo. Os resultados do conflito (perda ou ganho) deverão, então, ser avaliados a partir da perspectiva de ambas as partes.

Quatro resultados
Resultados dos Conflitos Os conflitos poderão produzir quatro resultados distintos, dependendo das abordagens utilizadas pelas pessoas envolvidas. A Figura 11.3 ilustra esses resultados. O primeiro quadrante, denominado "perde-perde", descreve uma situação na qual o conflito deteriora-se até um ponto em que as duas partes ficam em um estágio pior que o anterior. Um exemplo extremo disso é o caso de um executivo que demite a única pessoa que conhece a fórmula secreta do produto mais bem-sucedido da companhia. O segundo quadrante é o "perde-ganha", uma situação na qual uma pessoa (indivíduo A) é derrotada enquanto a outra (indivíduo B) é vitoriosa. No quadrante 3 ("ganha-perde"), a situação é invertida, com B perdendo para A. O quarto quadrante é o **resultado**

FIGURA 11.3
Quatro Resultados Possíveis do Conflito; Quatro Intenções Possíveis dos Participantes

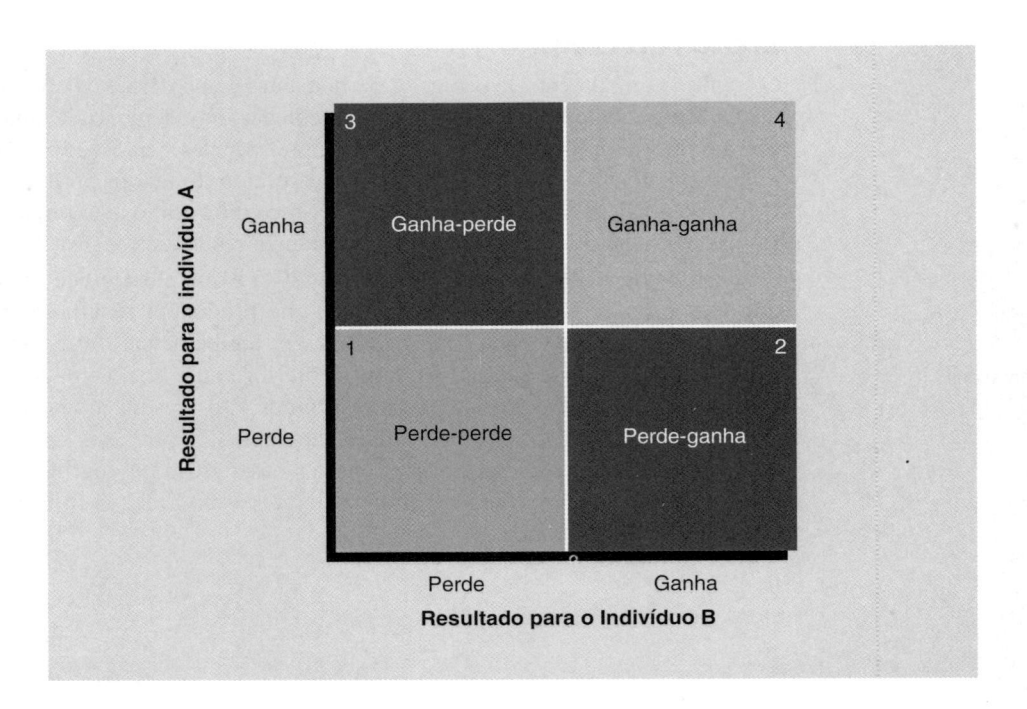

ganha-ganha do conflito, no qual ambas as partes percebem estar em uma situação melhor do que estavam antes de o conflito começar. Esse é o resultado preferido a se tentar buscar nos relacionamentos contínuos, especialmente com fornecedores, clientes e funcionários. Embora ele possa ser um ideal não realista em algumas situações, trata-se de uma perspectiva fundamental do comportamento organizacional à qual todos deveriam almejar.

As intenções afetam as estratégias

Intenções dos Participantes Os resultados dos conflitos representam um produto das *intenções* e das *estratégias* de seus participantes. Jason, por exemplo, pode, na realidade, *buscar* um resultado perde-ganha em um conflito com Becky, em virtude dos benefícios percebidos associados a uma derrota pessoal em determinada questão. Ele pode temer as conseqüências da retribuição por muitas vitórias anteriores sobre Becky, ou tentar perder na esperança de que Becky vá retribuir no futuro com relação a outra questão. No outro extremo, Márcia pode esperar um resultado "ganha-perde" em seu conflito com Jéssica. Esse desejo normalmente é produzido pela existência de um ponto de vista de "torta de tamanho fixo" (*fixed-pie*) (ou soma zero), no qual Márcia acredita que somente poderá ser bem-sucedida à custa de uma derrota de Jéssica.

Estratégias de Resolução As intenções podem ajudar os participantes a escolher suas estratégias. Uma vez que tenham sido escolhidas, as estratégias implementadas terão impacto substancial sobre os resultados alcançados (perdas ou ganhos *reais*). As estratégias mais simples enfocam as abordagens conflitantes de cooperação ou de competição, mas a tipologia amplamente utilizada sugere haver pelo menos quatro estratégias claramente distintas (e a combinação, denominada "concessão"). Cada uma delas representa diferentes graus de preocupação de um indivíduo com seus próprios resultados e com os resultados dos outros, e possui resultado previsível.[8]

Cinco estratégias

- *Evitar ou Fugir* — relaciona-se ao ato de afastar-se física ou mentalmente do conflito. Essa abordagem reflete baixa preocupação com os resultados de ambas as partes, e os resultados normalmente resultam na situação perde-perde.
- *Acomodar-se* — refere-se à adaptação do indivíduo aos interesses da outra parte. Essa abordagem coloca ênfase maior na preocupação com os outros, normalmente em prejuízo do próprio agente, resultando na situação perde-ganha.
- *Competir* — utilização de táticas de poder para que a vitória seja alcançada. Essa estratégia baseia-se no emprego da agressividade e da dominação para a conquista de objetivos pessoais com sacrifício da preocupação em relação à outra parte. O resultado provável é a situação ganha-perde.
- *Conceder* — busca de um meio-termo entre as demandas das partes, ou a demonstração de vontade para ceder em alguns pontos com o objetivo de obter ganhos em outros. Essa estratégia reflete grau moderado de preocupação do indivíduo consigo mesmo e com os outros, sem nenhum resultado claro.
- *Colaborar* — lidar com o conflito de modo direto e trabalhá-lo para a obtenção de resultado mutuamente satisfatório. Também conhecida como *resolução de problemas* ou *integração*, essa tática busca maximizar a conquista das metas de ambas as partes, resultando na situação ganha-ganha.

Qualquer uma das estratégias pode ser eficaz segundo sua intenção de ganhar ou de perder. Contudo, as abordagens de fuga e de acomodação são basicamente úteis para ocultar ou diminuir o processo de conflito. Isso significa que, de algum modo, essas abordagens controlam a intensidade do conflito e reduzem seus perigosos danos colaterais enquanto o conflito ocorre, mas a fonte do conflito ainda existe. A mesma afirmação é verdadeira quando duas partes fazem concessões em suas posições apenas com o propósito de chegar a uma solução. A idéia da concessão é sedutora, se o objetivo for escapar do conflito a um custo baixo; porém ela freqüentemente restringe a criatividade. A adoção de uma estratégia de competição pode obter resultados de curto prazo, mas normalmente danifica de modo irreparável as relações pessoais entre as partes.

> ### Diversidade de Preferências
>
> Existe uma única abordagem para a resolução de conflitos que todas as partes envolvidas tendem a usar? Ou podem-se encontrar preferências e padrões distintos entre diferentes grupos e até mesmo entre diferentes culturas? Embora a evidência científica não seja abundante, ela sugere a possibilidade de existência das seguintes diferenças:
>
> - Os homens tendem a utilizar a abordagem da competição como seu estilo dominante; as mulheres usam a abordagem da competição com menor freqüência, e normalmente se baseiam em uma variedade de outras táticas, incluindo a colaboração.
> - Os gerentes tendem a utilizar a abordagem da competição; seus funcionários preferem as abordagens de fuga, acomodação ou concessão.
> - Os gerentes norte-americanos tendem a ser competitivos; os gerentes japoneses preferem utilizar uma abordagem cooperativa.
>
> Outra tendência significativa também emergiu. Cada uma das partes no conflito tem propensão a imitar o estilo da outra (a competição induz a competição; a acomodação induz a acomodação). As pessoas tendem a escolher diferentes estilos de resolução para problemas distintos (a colaboração é normalmente utilizada nas avaliações de desempenho; a concessão tem mais chances de ser empregada em questões que envolvam hábitos pessoais e maneirismos). Novamente, é aparente que uma variedade de fatores contingenciais (incluindo as características de diversidade de um grupo, por exemplo, o gênero) afeta a escolha de uma estratégia comportamental.
>
> **Fonte**: WALL JR., James A.; CALLISTER, Ronda Roberts. Conflict and its Management. *Journal of Management*, v. 21, n. 3, 1995, p. 515-558; HODGETTS, Richard; LUTHANS, Fred. *International Management*. 3. ed. Nova York: McGraw-Hill, 1997; BRAHNAM, Sheryl D. et al. A Gender-Based Categorization for Conflict Resolution. *Journal of Management Development*, v. 24, n. 3, 2005, p. 197-208.

Somente a estratégia de **colaboração** pode ser verdadeiramente vista como uma abordagem de *resolução*, pois esse método lida com as diferenças básicas envolvidas e, eventualmente, as remove por meio de uma resolução criativa de problemas. A abordagem de colaboração (ver Figura 11.4 para um conjunto de orientações operacionais) possui muitos benefícios comportamentais. Ambas as partes terão a probabilidade maior de enxergar o conflito recente como produtivo, já que ambas obtêm ganhos. Também é importante a percepção dos participantes de que o processo é de apoio mútuo entre as partes, no qual a resolução de problemas e a colaboração ajudarão a integrar suas posições. Como resultado, os participantes descobrirão que a abordagem de colaboração é a mais

FIGURA 11.4
Diretrizes para a Resolução de Conflito por meio de Colaboração

1. Concorde com a meta comum: *resolver* o problema.
2. Comprometa-se com posições flexíveis, não rígidas.
3. Esclareça os pontos fortes e fracos das posições de ambas as partes.
4. Reconheça sua eventual necessidade, e a da outra parte, de manter as aparências.
5. Seja franco e honesto; não retenha informações essenciais.
6. Evite discutir ou utilizar respostas do tipo "sim, mas"; mantenha o controle sobre suas emoções.
7. Esforce-se para compreender os pontos de vista, necessidades e objetivos da outra pessoa.
8. Formule questões que produzam as informações necessárias; procure obter informações adicionais sobre a existência de significados mais profundos e sobre a necessidade de apoio.
9. Certifique-se de que ambas as partes possuam um interesse legítimo na obtenção de um resultado bem-sucedido.
10. Dê à outra parte uma parcela substancial de crédito quando o conflito estiver encerrado.

vantajosa, por manter seu respeito próprio e adquirir um novo respeito pela outra parte. Muitos grupos constituídos por trabalhadores e gerentes têm sido formados para buscar fórmulas alternativas para colaborar construtivamente e obter, com isso, relações do tipo ganha-ganha.

Uma variedade ampla de outras ferramentas e idéias tem sido utilizada de maneira bem-sucedida para resolver conflitos. Algumas vezes, a simples aplicação de uma regra ou política relevante pode resolver uma disputa. Outras vezes, as partes podem ser separadas mediante a redistribuição dos espaços de trabalho, a remoção de uma pessoa de um comitê, ou a colocação de trabalhadores em turnos diferentes. Outra opção é a inserção de uma terceira parte na interação — um consultor, um mediador ou alguém neutro que possa ignorar as questões pessoais e facilitar a resolução. Uma abordagem construtiva é a de desafiar as partes para trabalhar juntas para a conquista de uma meta comum, como a obtenção de maiores receitas ou de nível mais elevado de satisfação dos clientes.

Táticas de Negociação Muitas pesquisas já foram realizadas sobre essa questão. Que tipos de comportamentos poderiam ajudar a resolver conflitos de forma ganha-ganha? Freqüentemente, alguns padrões básicos mostram-se eficientes: selecionar um local neutro, dispor os assentos de maneira confortável (preferencialmente orientados na direção da tela de um projetor ou de uma lousa), impedir a presença de observadores (porque eles implicitamente colocam uma pressão por desempenho sobre os negociadores) e estabelecer prazos para forçar uma resolução. Os negociadores individuais são aconselhados a estabelecer para si próprios, antecipadamente, metas mínimas e máximas; a realizar um processo cuidadoso e completo de coleta de dados; a ouvir cuidadosamente o que as outras partes têm a dizer e o modo como isso é feito; a evitar acusações e atribuições individuais de culpa; a enfatizar as questões e não as personalidades; a separar os fatos dos sentimentos, e a buscar áreas nas quais eles possam obter concessões sobre tópicos importantes enquanto fazem concessões em áreas de interesse menor. Caso isso seja feito adequadamente, essas táticas deverão contribuir para a obtenção de um resultado que seja justo para ambas as partes, que remova as causas subjacentes do conflito e que possa ser alcançado com um investimento mínimo de tempo e de energia.[9]

COMPORTAMENTO ASSERTIVO

O enfrentamento de um conflito não é uma tarefa fácil para alguns indivíduos. Quando se vêem diante da necessidade de negociar com outras pessoas, alguns gerentes podem sentir-se inferiorizados, carecer das habilidades exigidas ou ser abalados pelo poder da outra pessoa. Nessas condições, é provável que eles suprimam seus sentimentos (parte da estratégia de retirada) ou que tenham um ataque indesejado de raiva. Nenhuma dessas reações é verdadeiramente produtiva.

Assertividade

Uma alternativa construtiva é a prática de comportamentos assertivos. A **assertividade** é o processo de manifestar sentimentos, de pedir mudanças legítimas e de dar e receber feedback honesto. Um indivíduo assertivo não tem medo de pedir à outra pessoa que modifique um comportamento agressivo, e tampouco se sente desconfortável ao recusar um pedido impraticável de alguém. O treinamento da assertividade envolve ensinar as pessoas a desenvolver meios eficazes de lidar com uma variedade de situações que produzem ansiedade.

As pessoas assertivas são diretas, honestas e expressivas. Elas se sentem confiantes, ganham auto-respeito e fazem os outros se sentirem valorizados. Em um contraste direto, as pessoas agressivas podem humilhar as outras, e os indivíduos não-assertivos escondem sua pena ou seu desprezo com relação aos outros. Essas duas alternativas à assertividade são menos eficazes para se conquistar uma meta desejada durante um conflito.

Estágios da assertividade

Ser assertivo em uma situação envolve cinco estágios, conforme mostrado na Figura 11.5. Quando são confrontadas com uma situação intolerável, as pessoas assertivas a descrevem objetivamente, expressam suas reações emocionais e seus sentimentos, e desenvolvem um sentimento de empatia com relação à posição da outra pessoa. Então, oferecem alternativas para a resolução de problemas e indicam as conseqüências (positivas ou negativas) que virão. Nem todos os cinco estágios podem ser necessários em todas as situações. No mínimo, é importante descrever a situação presente e fazer recomendações para a mudança. O uso dos outros estágios depende da importância do problema e do tipo de relacionamento existente entre as pessoas envolvidas.

FIGURA 11.5
Estágios do Comportamento Assertivo

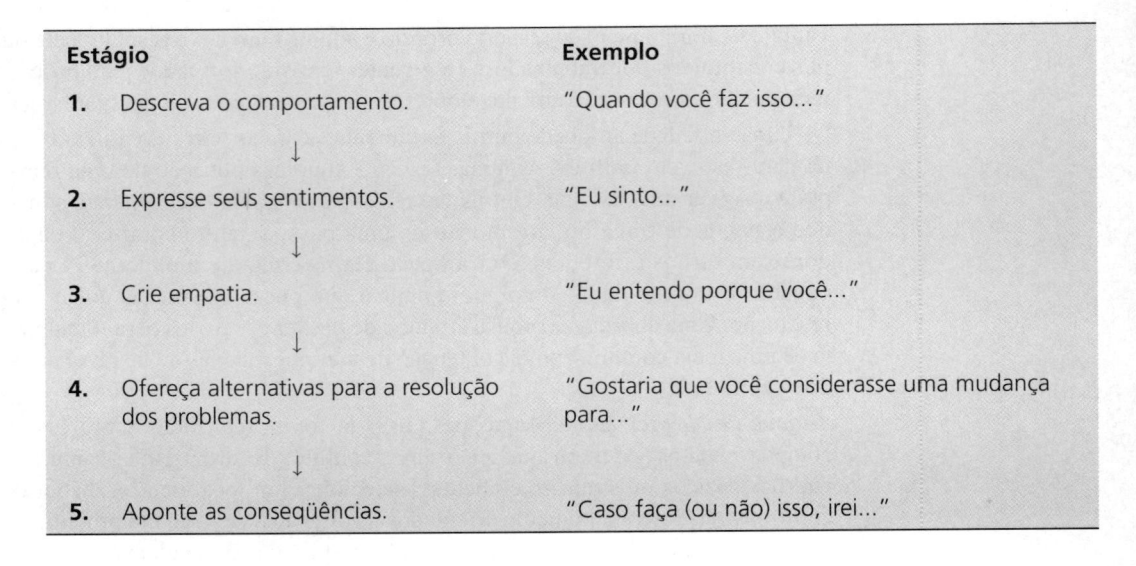

Estágio	Exemplo
1. Descreva o comportamento.	"Quando você faz isso..."
2. Expresse seus sentimentos.	"Eu sinto..."
3. Crie empatia.	"Eu entendo porque você..."
4. Ofereça alternativas para a resolução dos problemas.	"Gostaria que você considerasse uma mudança para..."
5. Aponte as conseqüências.	"Caso faça (ou não) isso, irei..."

Karla, a supervisora de pessoal de um pequeno escritório, tinha um problema. Sua secretária, Maureen, havia se tornado cada vez mais negligente quanto ao seu horário de entrada matinal. Não apenas Maureen raramente chegava antes das 8 horas, como também seus atrasos variavam de alguns minutos a quase meia hora. Embora Karla estivesse relutante com relação a confrontar Maureen, sabia que deveria fazê-lo ou o restante da equipe ficaria descontente.

Karla pediu a Maureen que fosse até seu escritório tão logo chegasse, na manhã seguinte, e utilizou seu treinamento de assertividade: "Você tem chegado atrasada praticamente todos os dias nas últimas duas semanas", ela começou. "Isso é inaceitável em um escritório que se orgulha de começar a atender seus clientes às 8 horas. Reconheço que deve haver razões legítimas para atrasos ocasionais, mas quero, no futuro, que você chegue ao escritório, na maior parte dos dias, no horário correto. Caso não o faça, incluirei uma carta de advertência no seu prontuário e também registrarei seu comportamento em meu relatório semestral de avaliação. Você concorda em mudar seu comportamento?"

Um comportamento assertivo geralmente é mais eficaz quando integra uma variedade de componentes verbais e não-verbais. O contato visual é um meio de expressar sinceridade e autoconfiança em muitas culturas; uma postura corporal ereta aliada a um posicionamento físico direto (aproximar-se e inclinar o corpo) pode aumentar o impacto de uma mensagem. Os gestos apropriados também podem ser utilizados; expressões faciais congruentes são essenciais; e um tom de voz forte, porém modulado e no volume adequado, será convincente. Talvez o mais importante sejam a espontaneidade e a intensidade da expressão facial de uma reação honesta, como: "Tony, fico irritado sempre que você entrega seu relatório com um dia de atraso!"

Orientações Interpessoais

Todos os indivíduos tendem a exibir uma das quatro **orientações interpessoais** — uma forma dominante de se relacionar com as pessoas.[10] Essa filosofia tende a permanecer com o indivíduo ao longo de toda a sua vida, a menos que ocorram experiências muito marcantes para modificá-la. Embora uma única orientação possa dominar as transações de uma pessoa, outras também podem ocasionalmente ser exibidas em transações específicas. Ou seja, uma orientação é a dominante, mas não é a única posição passível de ser adotada.

Ver a si mesmo e aos outros

As orientações interpessoais decorrem da combinação de dois pontos de vista. Primeiro, como as pessoas vêem a si próprias. Em segundo lugar, como elas vêem as pessoas em geral. A combinação de uma resposta positiva (OK) e de uma resposta negativa (não estar OK) para cada questão resulta em quatro possíveis orientações interpessoais:

- Eu não estou OK — Você está OK.
- Eu não estou OK — Você não está OK.
- Eu estou OK — Você não está OK.
- Eu estou OK — Você está OK.

A perspectiva desejável, e aquela que envolve a maior probabilidade de interações saudáveis, é a relativa à opção "Eu estou OK — Você está OK", pois apresenta uma aceitação saudável de si mesmo e dos outros. Ela possui uma probabilidade maior de levar a comunicações construtivas, ao conflito construtivo e a confrontações mutuamente satisfatórias. As outras três orientações são psicologicamente menos maduras e possuem eficácia menor. O ponto mais importante é que, independentemente da orientação interpessoal atual de qualquer pessoa, a perspectiva "Eu estou OK — Você está OK" *pode ser aprendida*.

Facilitando Boas Relações

Um bom relacionamento interpessoal entre colegas de trabalho e entre todos os níveis da organização demanda tempo, esforço, conhecimento e habilidade. Uma habilidade essencial envolve a **facilitação interpessoal** — a capacidade de enfocar as necessidades pessoais, as sensibilidades e as idiossincrasias dos outros e, então, trabalhar para manter conflitos sob controle e um nível de colaboração elevado entre os membros da equipe. Isso exige o conhecimento dos traços de personalidade necessários para a criação de sinergia dentro de uma equipe, dos funcionários que possuem algum tipo de "pavio curto" que possa levá-los a explosões emocionais, ou do momento oportuno para "agir nos bastidores".

Os gerentes com habilidades bem desenvolvidas de facilitação interpessoal normalmente apresentam um ou mais dos seguintes comportamentos:

- Utilizam como fundamento sua inteligência emocional.
- Aprendem sobre as vidas pessoais de seus colegas de trabalho.
- Memorizam os gostos e desgostos, valores, interesses e preferências dos funcionários.
- Monitoram o grau de envolvimento, humores, comprometimento e satisfação das outras pessoas.
- Desenvolvem e aplicam suas habilidades de facilitação na variedade de situações sociais.[11]

Agrados

As pessoas buscam receber afagos nas suas interações com os outros. O **afago** é definido como qualquer ato de reconhecimento por parte de outra pessoa. Esse conceito aplica-se a todos os tipos de reconhecimento, como contatos físicos, verbais e não-verbais entre as pessoas. Em muitas atividades, o método primordial de afago é verbal, tal como "Pedro, você teve um histórico de vendas excelente neste mês". Alguns exemplos de agrados físicos são uma batida no ombro ou um aperto firme de mãos.

Tipos de agrado

Os agrados podem ser positivos, negativos ou mistos. Os **agrados positivos** produzem um sentimento de bem-estar quando são recebidos e contribuem para que o indivíduo sinta-se OK. Os **agrados negativos** machucam física e emocionalmente e colaboram para a redução do sentimento de estar OK de quem os recebe. Um exemplo de **afago misto** pode ser visto no seguinte comentário de um supervisor: "Oscar, este é um bom esquema para a propaganda, considerando-se a pequena quantidade de experiência que você possui nessa área".

Agrados condicionais e incondicionais

Também há uma diferença entre agrados condicionais e incondicionais. Os **agrados condicionais** são oferecidos aos funcionários se eles desempenharem corretamente suas atividades ou se evitarem problemas. Um gerente de vendas pode fazer a seguinte promessa a um funcionário: "Vou lhe dar aumento se você vender mais três apólices de seguro". Os **agrados incondicionais** são oferecidos sem conexão com qualquer comportamento específico. Embora eles possam fazer uma pessoa sentir-se bem ("Você é ótimo funcionário"), são capazes de gerar confusão na cabeça das pessoas, pois não indicam o modo pelo qual mais agrados poderão ser obtidos. Os supervisores conseguirão resultados mais expressivos se oferecerem mais agrados dentro de um esquema de modificação de comportamento, no qual a recompensa dependerá da realização de uma atividade desejada. *A rede dos funcionários por agrados* e a relutância ocasional dos supervisores em utilizá-los são demonstradas na seguinte conversa:

> Melissa, corretora de valores, havia feito recentemente uma apresentação para um grupo de possíveis clientes. Mais tarde, ela perguntou a seu gerente, de forma animada, como havia se saído. "Você fez um bom trabalho", começou ele (e os olhos de Melissa iluminaram-se de prazer), "não um trabalho excelente,

FIGURA 11.6
Relações Prováveis entre as Orientações Interpessoais e o Comportamento e as Estratégias para a Resolução de Conflitos

Orientação Interpessoal	Estratégia para a Resolução de Conflitos	Comportamento Provável
Eu não estou OK — Você não está OK	Fuga	Não-assertividade
Eu não estou OK — Você está OK	Acomodação	Não-assertividade
Eu estou OK — Você não está OK	Competição	Agressividade
Eu estou OK — Você está OK	Colaboração	Assertividade

mas um bom trabalho". Embora ela não tivesse demonstrado seu descontentamento, é possível supor que seu ânimo tenha sido consideravelmente abalado por esse comentário em particular.

Aplicações para a Resolução de Conflitos Há muitas conexões naturais entre a assertividade, a orientação interpessoal e as abordagens para a resolução de conflito, discutidas anteriormente neste capítulo. A pessoa na situação "Eu estou OK — Você está OK" tem uma probabilidade maior de buscar um resultado do tipo "ganha-ganha", de aplicar a assertividade e de utilizar uma estratégia de colaboração. Outras conexões prováveis são apresentadas na Figura 11.6. Novamente, as relações entre diversas ideias e ações comportamentais são aparentes.

A utilização conjunta do treinamento para a assertividade e do uso de agrados pode ser uma poderosa ferramenta para aumentar a eficácia interpessoal de indivíduos. Eles compartilham a meta de ajudar os funcionários a se sentir OK com relação a si próprios e com relação aos outros. O resultado é que contribuem para melhorar as comunicações e a cooperação interpessoal. Embora possam ser utilizadas por indivíduos, essas ferramentas serão muito mais eficazes quando empregadas intensamente ao longo da organização e apoiadas pela alta administração. Juntas, formam uma importante base para as mudanças mais complexas enfrentadas pelas pessoas que trabalham em pequenos grupos e comitês.

PODER E POLÍTICA

Todos os líderes lidam com poder e política. **Poder** é a capacidade de influenciar outras pessoas e eventos. Ele é o instrumental do líder, a forma como os líderes exercem sua influência nos outros, ele é ligeiramente diferente da autoridade, pois a autoridade é delegada por alguém hierarquicamente superior, enquanto o poder é conquistado e adquirido pelos líderes com base nas suas personalidades, atividades e situações nas quais operam.

Tipos de Poder

As cinco fontes de poder

O poder desenvolve-se de diversas maneiras. Há cinco **bases de poder**, e cada uma delas possui uma fonte singular.[12]

Poder Pessoal O **poder pessoal**, também chamado poder de referência, poder carismático ou poder de personalidade, emana de cada líder individualmente. Ele se refere à capacidade dos líderes de reunirem seguidores a partir da força de suas próprias personalidades. Tais líderes possuem magnetismo pessoal, ar de confiança e a crença apaixonada nos objetivos que atraem e mantêm seguidores. As pessoas os seguem porque querem; suas emoções lhes dizem para fazê-lo. O líder percebe as necessidades das pessoas e lhes promete sucesso em alcançá-las. Exemplos históricos bem conhecidos disso são Joana D'Arc, na França; Mahatma Gandhi; na Índia; Winston Churchill, na Inglaterra; e John F. Kennedy e Martin Luther King, nos Estados Unidos.

Poder Legítimo O **poder legítimo**, também conhecido como poder de posição e poder oficial, decorre de uma autoridade superior. Ele surge a partir da cultura de uma sociedade cujo poder é delegado legitimamente de algumas autoridades superiores estabelecidas para outras. Ele oferece aos líderes a oportunidade de controlar recursos e recompensar ou punir outros indivíduos. As pessoas aceitam esse poder porque acreditam que seja necessário e desejável para a manutenção da ordem e para o desestímulo à anarquia em uma sociedade. Há pressão social dos colegas e dos amigos que o aceitam e que, dessa forma, também esperam que os demais o façam.

Poder de Expertise O **poder de expertise**, também conhecido como a autoridade do conhecimento, provém do aprendizado especializado. Trata-se de uma forma de poder que surge do conhecimento e das informações que uma pessoa tem sobre uma situação complexa. Ele depende da educação formal, de treinamento e experiência, sendo, portanto, um importante tipo de poder na moderna sociedade da informação. Se seu/sua cônjuge, por exemplo, estivesse com um ataque de asma no setor de emergência de um hospital, você provavelmente concederia mais atenção a um médico que entrasse na sala para realizar o atendimento que para o auxiliar que distribui a roupa de cama limpa. A razão para isso é que você acredita que o médico seja o especialista capacitado, ou seja, tenha a expertise naquele tipo de situação.

Poder de Recompensa O **poder de recompensa** é a capacidade de controlar e administrar itens que são valorizados por outras pessoas. Ele decorre da capacidade de um indivíduo de conceder aumentos salariais, recomendar pessoas para promoção ou transferência ou até mesmo distribuir tarefas de trabalho mais favoráveis. Muitas recompensas podem estar sob o controle de um gerente, e elas não estão limitadas a itens materiais. O poder de recompensa também pode emanar da capacidade de oferecer reconhecimento organizacional, de incluir um indivíduo em um grupo social ou, simplesmente, de oferecer um feedback positivo por um trabalho bem-feito. O poder de recompensa serve como a base para o reforço de comportamentos desejados, conforme discutido no Capítulo 5.

Poder Coercitivo O **poder coercitivo** é a capacidade de punir alguém ou, pelo menos, de criar uma ameaça percebida em torno da possibilidade de fazê-lo. Os gerentes que possuem poder coercitivo, pois podem ameaçar a segurança profissional de um funcionário, fazer mudanças punitivas na escala de trabalho de alguém ou, em um ponto extremo, utilizar a força física. O poder coercitivo utiliza o medo como motivador, o qual pode ser uma força poderosa para induzir ações de curto prazo. Contudo, ele tem grande probabilidade de gerar impacto geral negativo sobre seu receptor.

Efeitos das Bases de Poder

Os cinco tipos de poder desenvolvem-se a partir de fontes diferentes, mas estão inter-relacionados na prática. Os poderes de recompensa, coercitivo e legítimo são essencialmente resultantes da posição do indivíduo na organização. Os poderes de expertise e pessoal residem no interior da pessoa. Quando apenas uma base de poder é removida de um supervisor, os funcionários podem perceber que outras bases de influência também declinarão. O uso da base de poder deve ajustar-se ao contexto organizacional para que seja eficaz.

> Os resultados incluem resistência, obediência ou compromisso.

Os gerentes também devem preocupar-se com os efeitos das várias bases de poder sobre a motivação dos funcionário. Estes poderão responder a uma das três formas mostradas na Figura 11.7. Eles podem *resistir* às iniciativas do líder, especialmente se o poder coercitivo for consistentemente usado, se utilizado sem nenhuma causa aparente ou se funcionário de maneira arrogante. Eles podem *acatar* as ordens do líder ao preencher as expectativas mínimas, ao mesmo tempo que evitam realizar esforços extras. O poder legítimo provavelmente resultará em obediência, do mesmo modo que o poder de recompensa, a menos que as recompensas sejam substanciais e que estejam diretamente relacionadas às necessidades do funcionário. O resultado mais desejado do exercício do

FIGURA 11.7 Possíveis Respostas para o Uso do Poder

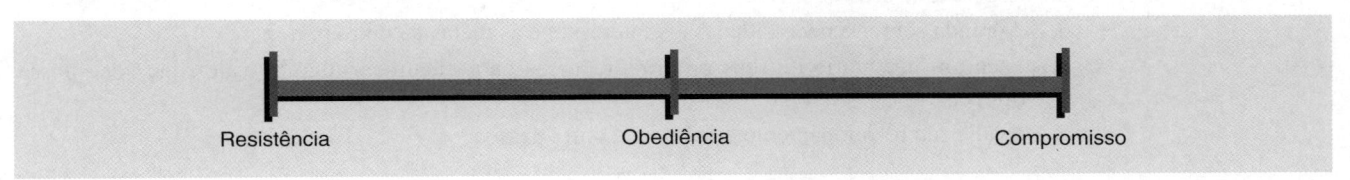

Resistência — Obediência — Compromisso

poder é o *compromisso*, que se refere à liberação entusiasmada de energia e de talento para satisfazer às exigências do líder. Os poderes de referência (pessoal) e de expertise têm mais chances de produzir compromisso, mas os poderes legítimo e de recompensa também podem funcionar bem sob certas condições.

A Política Organizacional

Embora as cinco bases de poder sejam essencialmente adquiridas e utilizadas com o objetivo de se alcançar as metas formais da organização, muitos gerentes e funcionários recorrem a outro conjunto (suplementar) de comportamentos para alcançar metas pessoais no trabalho. O conceito de **política organizacional** refere-se aos comportamentos intencionais utilizados para aumentar ou proteger a influência e o auto-interesse de uma pessoa e inspirar segurança e confiança, ao mesmo tempo, nos outros.[13] A habilidade política consiste em quatro dimensões principais:

O auto-interesse é o elemento central.

- Ser *socialmente astuto* (perceber e compreender adequadamente o que ocorre nas interações sociais).
- Possuir *influência interpessoal* (adaptar os comportamentos de uma pessoa para obter, da forma mais eficaz possível, uma reposta desejada).
- Criar *redes de contato* úteis (desenvolver contatos para torná-los aliados úteis e apoiadores).
- Expressar *sinceridade* (demonstrar intenções honestas e autênticas na sua interação com os outros de modo que eles confiem em você).

Utilizados profissionalmente, esses comportamentos poderão auxiliar na conquista de uma bem-merecida promoção, convencer a alta administração sobre os méritos de uma proposta que expandirá as responsabilidades e os recursos, ou adquirir maior visibilidade pessoal. Outros funcionários, no entanto, preferem manter-se distantes da política a qualquer custo, ou preferem utilizá-la de modo manipulador, enganador ou pessoalmente favorável. Há um risco de que funcionários inescrupulosos envolvidos na política organizacional possam colocar seus interesses pessoais acima do interesse do empregador, na tentativa de conquistar poder político para benefícios de curto ou longo prazos.[14]

Uma pesquisa realizada com mais de 400 gerentes proporcionou bom aprendizado sobre suas perspectivas referentes às políticas organizacionais.[15] No geral, os gerentes concordaram que:

- A política é comum em muitas organizações.
- Os gerentes devem ser bons em política para serem bem-sucedidos.
- A política torna-se mais importante nos níveis mais elevados.
- A política pode reduzir a eficiência organizacional.

Influência e Poder Político

Os gerentes — e todos os funcionários — das organizações modernas devem aprender a produzir resultados, obter cooperação e fazer as coisas acontecerem sem apelar para as formas tradicionais de poder. Por mais difícil que essa meta possa parecer, ela ainda poderá ser alcançada se os gerentes partirem da premissa de que todos os indivíduos são primeiro motivados por seus auto-interesses. Tendo isso em mente, uma pessoa poderá influenciar as demais ao realizar trocas mutuamente benéficas com elas para conquistar sua cooperação. Aqui estão sete passos para serem seguidos com o objetivo de aumentar sua influência:

1. Trate a outra parte como um aliado potencial.
2. Especifique seus objetivos.
3. Aprenda sobre as necessidades, os interesses e as metas da outra parte.
4. Faça um inventário de seus próprios recursos para identificar algo de valor que você possa oferecer.
5. Avalie seu relacionamento atual com a outra pessoa.

> ### Uma Questão Ética
>
> Algumas pessoas sugerem que não há espaço para a política nas organizações. Elas acreditam que essas ações servem somente a interesses pessoais, que deveriam ser banidas e que aqueles que participam delas deveriam ser punidos porque deixam de contribuir para o bem comum e para os objetivos gerais da organização. Os proponentes do comportamento político, por outro lado, vêem suas ações como importantes catalisadores que ajudam na produção de resultados valorizados de forma mais suave. O que *você* pensa sobre a ética da política organizacional?

6. Decida o que solicitar e o que oferecer.
7. Realize a troca de modo que ela produza ganho para ambas as partes.[16]

Os líderes podem utilizar diversas táticas para conquistar poder político. Vários exemplos são apresentados na Figura 11.8. (O *networking* — o desenvolvimento e a manutenção de contatos entre um grupo de pessoas com interesses comuns — é outra fonte de influência, que foi apresentada no Capítulo 3.) Duas das táticas mais populares são as trocas sociais e as alianças de vários tipos. A *troca social* implica que, "se você fizer algo por mim, eu farei algo por você". Ela se baseia no poderoso **princípio da reciprocidade** em sociedade, segundo o qual duas pessoas em uma relação continuada sentem forte obrigação de retribuir seus "débitos" sociais entre si.[17] Quando tais trocas são realizadas de forma bem-sucedida, ambas as partes obtêm aquilo que desejam. Um intercâmbio constante ao longo de um período normalmente leva à formação de uma *aliança*, na qual duas ou mais pessoas se reúnem em um grupo de poder de prazo maior para a obtenção de benefícios mutuamente desejados.

Princípio da reciprocidade

FIGURA 11.8
Exemplos de Táticas Utilizadas para a Conquista de Poder Político

Tática Utilizada	Exemplo
Intercâmbio social	Em uma troca, o engenheiro-chefe auxilia o gerente da fábrica a conseguir a aprovação para uma nova máquina se o gerente apoiar um projeto de engenharia.
Alianças	O gerente do sistema de informações e o vice-presidente financeiro trabalham juntos em uma proposta para um novo sistema de computadores.
Identificação com uma autoridade superior	O assistente pessoal da presidente toma pequenas decisões por ela.
Controle de informação	O gerente do departamento de pesquisa e desenvolvimento controla as informações sobre um novo produto necessárias ao gerente de marketing.
Serviço seletivo	O gerente de compras concede, seletivamente, um atendimento mais rápido para os associados mais cooperativos.
Símbolos de *status* e poder	O novo diretor financeiro duplica o tamanho do escritório, decora-o de modo luxuoso e contrata um assistente pessoal.
Jogos de poder	O gerente A consegue que o vice-presidente transfira parte da equipe do departamento do gerente B para si.
Redes de contato (*networks*)	Um jovem gerente associa-se a um clube de tênis.

Outro caminho popular na direção do poder político é *tornar-se identificado com uma autoridade superior* ou com uma figura poderosa na organização. Desse modo, conforme afirma o ditado, uma parte desse poder será transmitida a você. Freqüentemente, essa identificação lhe concede privilégios especiais e, em muitos casos, você se tornará um representante ou porta-voz da figura mais poderosa à qual se associa. Outros poderão compartilhar seus problemas com você na expectativa de que irá ajudá-los a obter acesso à figura superior. Um exemplo de identificação é o caso do assistente pessoal do presidente de uma companhia que o representa em vários contatos com outras pessoas.

> Em determinada companhia, o assistente pessoal do presidente, Howard Janus, tornou-se amplamente aceito ao longo da empresa como o representante do presidente. Ele distribuiu instruções aos gerentes em nome do presidente e outros gerentes as aceitavam como ordens. Ele representava o presidente em ocasiões especiais. Controlava o acesso ao presidente e, parcialmente, o fluxo de informações tanto para o presidente quanto do presidente para o restante da organização. Utilizava o poder de modo eficaz e, gradualmente, tornou-se uma importante influência na corporação. Quando o presidente aposentou-se, o assistente tornou-se um grande executivo e foi aceito pelos outros gerentes.

Outra forma popular para conseguir poder político é *tratar de forma diferenciada* seus apoiadores. Um gerente de compras, por exemplo, concede tratamento mais dinâmico e interpretação mais favorável de algumas regras para auxiliar seus colegas que o apóiam em sua função compras. Outra tática utilizada é a *aquisição de símbolos de poder e status* que sugiram que você seja uma figura importante na companhia, embora essa tática possa surtir o efeito contrário, caso não se tenha um poder equivalente aos seus símbolos.

Alguns gerentes usam uma tática mais agressiva de utilizar jogos de poder para *tomar o poder dos demais*. Essa abordagem é arriscada porque os outros podem retaliar de modo que enfraqueça o poder de um gerente tomador de poder.

Uma tática comum para aumentar o poder é *se juntar ou criar grupos de interesse* que tenham objetivo comum. Tais redes operam com base em amizades e contatos pessoais, e podem oferecer um local de encontro para pessoas influentes. Um jovem gerente que se associe à câmara de comércio ou a um clube de tênis está abrindo as portas para novos contatos que podem vir a ser úteis.

Conforme ilustrado no exemplo a seguir, o poder e a política são uma parte essencial do sucesso na liderança em uma organização:

> A administração de determinada entidade pública estava analisando a possibilidade de transferir uma atividade específica de um departamento para outro. Finalmente, o diretor de toda a operação resolveu convocar uma reunião com todos os funcionários graduados para decidir o local onde a atividade em questão deveria ser transferida. Antes do encontro, a gerente do departamento que desejava a alteração teve de preparar um relatório extenso e convincente para apoiar a transferência da atividade para seu departamento. Enquanto isso, a gerente do departamento que poderia perder a atividade visitou todos os membros do comitê para corrigir mal-entendidos, fazer negociações e apoiar o ponto de vista de seu departamento.
>
> Quando o comitê reuniu-se duas semanas depois, a maior parte de seus membros já havia decidido em favor da gerente que utilizou a abordagem política. A lógica convincente do relatório foi ignorada e o comitê votou pela manutenção da atividade em seu local atual. As habilidades políticas venceram a disputa.

Os gerentes logo percebem que seu poder político decorre do apoio de indivíduos essenciais ou do grupo no seu entorno. Tal poder decorre da capacidade de um líder em trabalhar com as pessoas e sistemas sociais de forma a ganhar a sua adesão e suporte. O esforço para obter e utilizar o poder pessoal para o auto-interesse envolve os seguintes elementos: estar alerta para a necessidade dos outros de manter as aparências, participar de negociações políticas difíceis, fazer concessões, desfazer equívocos, desenvolver compromissos engenhosos e engajar-se em uma série de outras atividades.

Indivíduos com níveis altos e baixos de auto-regulação

Pesquisas sugerem que algumas pessoas são mais eficazes na utilização da política nas organizações do que outras.[18] Em particular, indivíduos que possuem níveis de auto-regulação elevados demonstram melhor capacidade para se ajustar e para se adaptar às impressões situacionais e interpessoais. Eles são sensíveis a mudanças na expectativa de papéis a serem desempenhados, preocupam-se com a impressão

Conselhos para Futuros Gerentes

1. *Veja o conflito interpessoal como uma oportunidade para aprendizagem*, crescimento e exploração.
2. *Procure a causa subjacente (ou causas) para o conflito* de modo a prevê-lo e compreendê-lo.
3. *Esteja alerta para as dicas referentes a diferentes traços de personalidade* entre as pessoas; evite julgá-las e, ao mesmo tempo, utilize os padrões verificados para reagir de maneira mais positiva a elas.
4. *Converta as situações potenciais de conflito em oportunidades do tipo "ganha-ganha"* para ambas as partes.
5. Refina suas habilidades associadas a ser uma pessoa construtivamente confrontadora; *seja sincero(a), orientado para os problemas, questionador(a) e flexível.*
6. *Aprenda a expressar seus sentimentos e posições de uma forma assertiva, honesta e significativa*, de maneira a satisfazer suas próprias necessidades.
7. Aceite as necessidades expressivas de reconhecimento que a maior parte dos funcionários possui; *encontre oportunidades legítimas para agradá-los.*
8. *Avalie a natureza e a intensidade das suas fontes de influência e poder;* aprenda a utilizá-las para aumentar suas chances de sucesso na esfera da política organizacional.
9. Após desenvolver e demonstrar suas habilidades técnicas, *engaje-se na administração da impressão* para aprimorar sua imagem aos olhos dos outros.
10. *Desenvolva suas habilidades de facilitação interpessoal* para que você possa intervir efetivamente na prevenção e na resolução de conflitos entre funcionários.

que deixam nos outros e são responsivos aos sinais que recebem. Ao satisfazer as necessidades dos outros, eles realizam suas tarefas e são vistos como líderes potenciais. Indivíduos com baixa auto-regulação estão mais afastados das impressões sociais, comportam-se como querem e demonstram pouca preocupação com a produção de uma imagem positiva perante os outros. Essa atitude afeta negativamente suas relações com as demais pessoas e diminui suas chances de promoção.

Pelo fato de muitos funcionários estarem essencialmente interessados em suas carreiras, as organizações modernas são locais férteis para a proliferação da política. Observadores afirmam que os líderes capazes, mas que carecem da capacidade de **auto-regulação** e das habilidades políticas básicas, terão problemas para ascender ao topo nas organizações modernas. O que eles necessitam (considerando-se que possuam alto desempenho) é aplicar certa ênfase na **administração da impressão** — a capacidade de proteger sua auto-imagem enquanto afetam intencionalmente a avaliação das demais pessoas sobre eles. Algumas estratégias de administração da impressão incluem o envio de pistas não-verbais positivas (sorrisos ou contato visual), a utilização da adulação e a realização de favores para outras pessoas.[19] Várias outras abordagens são apresentadas na Figura 11.9. Claramente, ampla variedade de habilidades interpessoais é essencial para os líderes, tanto para seu sucesso pessoal quanto para suavizar o caminho que leva ao bom desempenho dos funcionários.

FIGURA 11.9
Estratégias Comuns para a Administração da Impressão

Quais das seguintes estratégias são aceitáveis para você e para outros?

1. Competência pessoal e alto desempenho.
2. Cumprir os compromissos; trabalhar mais e de modo mais árduo.
3. Resolver uma crise; apresentar-se como voluntário para ajudar em tempos de necessidade.
4. Expressar claramente seus valores e exibir um comportamento altamente ético.
5. Engajar-se em uma transparência pessoal adequada.
6. Exibir uma aparência favorável que corresponda às expectativas dos outros.
7. Autopromoção baseada em resultados, juntamente com o uso exagerado de citações.
8. Atividades de bajulação (adulação, mimetismo, tornar-se uma "pessoa que diz sim para tudo").
9. Exagerar suas habilidades e realizações; reivindicar créditos pelos trabalhos realizados por outras pessoas.
10. Atribuir seus próprios problemas a outras pessoas ou eventos; acobertar suas deficiências; pedir clemência.

Resumo

Conflitos interpessoais e intergrupais surgem freqüentemente quando há discordância acerca das metas ou dos métodos para alcançá-los. Esses conflitos podem ser tanto construtivos quanto destrutivos para as pessoas envolvidas. Existem diversos métodos para a resolução de conflitos (fuga, acomodação, competição, concessão e colaboração) e eles variam segundo sua eficácia potencial. Uma questão essencial gira em torno dos resultados desejados para o indivíduo e para os outros: um indivíduo deseja ganhar ou perder? E o que é desejado da outra parte? Geralmente, uma abordagem colaboradora possui um mérito significativo.

O comportamento assertivo é uma resposta útil em muitas situações, nas quais as necessidades legítimas de uma pessoa tenham sido desprezadas. Busca-se o agrado nas transações sociais porque ele contribui para a satisfação das necessidades de reconhecimento e reforça a orientação pessoal do tipo "Eu estou OK — Você está OK".

O poder é necessário para administrar uma organização. As cinco bases de poder são: pessoal, legítimo, de expertise, de recompensa e coercitivo. Cada uma delas possui impacto diferente sobre os funcionários, variando da resistência à obediência ao comprometimento. A política nas organizações refere-se ao uso de vários comportamentos que aumentem ou protejam a influência e o auto-interesse de uma pessoa. Em geral, os comportamentos políticos em uma organização são comuns, necessários para o sucesso e cada vez mais importantes nos níveis superiores. A administração da impressão também é uma estratégia útil.

Termos e Conceitos para Revisão

- Administração da impressão, *267*
- Afago, *261*
- Afago misto, *261*
- Agrados condicionais, *261*
- Agrados incondicionais, *261*
- Agrados negativos, *261*
- Agrados positivos, *261*
- Assertividade, *259*
- Auto-regulação, *267*
- Bases de poder, *262*
- Colaboração, *258*
- Confiança, *254*
- Conflito, *251*
- Facilitação interpessoal, *261*
- Falta de civilidade no trabalho, *254*
- Orientações interpessoais, *260*
- Poder, *262*
- Poder coercitivo, *263*
- Poder de expertise, *263*
- Poder de recompensa, *263*
- Poder legítimo, *262*
- Poder pessoal, *262*
- Política organizacional, *264*
- Princípio da reciprocidade, *265*
- Resultado "ganha-ganha" do conflito, *256*

Questões para Discussão

1. Discuta a relação entre Teoria X e Teoria Y, estratégias de resolução de conflitos e orientações interpessoais.
2. Forme dupla com um colega e explore o conceito de confiança como base para relações humanas produtivas. Desenvolva várias estratégias para aumentar a confiança mútua.
3. Qual é o seu nível de assertividade (1 = baixo e 10 = alto)? Você deveria ser mais ou menos assertivo? Em quais condições?
4. "Resolvido: todos os funcionários deverão ser treinados para se tornar mais assertivos." Prepare-se para apresentar os prós e contras em um debate em sala de aula.
5. Identifique qual orientação pessoal (combinações de seus níveis de OK e os dos outros) que melhor se ajusta a você. Desenvolva um plano de ação para modificar ou manter sua orientação interpessoal de acordo com seus próprios desejos.
6. Muitas pessoas não recebem tantos agrados quanto acreditam que deveriam, regularmente, receber. Por que elas se sentem dessa forma? O que os seus gerentes poderiam fazer sobre isso? O que elas próprias poderiam fazer?
7. Pense sobre uma organização com a qual você esteja familiarizado. Que tipos de poder são utilizados? Como as pessoas reagem a essas bases? Que mudanças você recomendaria?
8. Revise e explique a idéia de um princípio de reciprocidade como base para influenciar os outros. Descreva como você viu esse princípio sendo utilizado nos relacionamentos interpessoais. Como você poderia fazer uso dele no futuro?

9. Revise a definição de política organizacional. Você acredita que uma organização poderia estar totalmente livre do comportamento político? Como ela seria? Como você faria para que isso ocorresse?
10. Pense sobre a idéia da administração da impressão. De que maneiras os estudantes a utilizam efetivamente na sala de aula? Quais estratégias adicionais eles poderiam adotar?

Avalie suas Próprias Habilidades

Quão bem você exibe boas habilidades interpessoais?

Leia as seguintes sentenças cuidadosamente. Faça um círculo ao redor do número na escala de respostas que reflita da melhor forma possível o grau com que cada afirmação mais bem o descreve. Some o total de pontos e prepare um breve plano de autodesenvolvimento. Esteja pronto para relatar seus resultados para que eles, juntamente com os resultados dos demais elementos do seu grupo, possam ser tabulados adequadamente.

		Boa descrição								Má descrição
1.	Reconheço as múltiplas fontes de conflito e procuro sua causa provável antes de seguir em frente.	10	9	8	7	6	5	4	3	2	1
2.	Tomo cuidado para não atacar a auto-estima de outra pessoa e também não deixo que minha auto-estima seja ameaçada por aquilo que os outros dizem.	10	9	8	7	6	5	4	3	2	1
3.	Sei quando devo aumentar a intensidade do conflito e quando devo reduzi-la.	10	9	8	7	6	5	4	3	2	1
4.	Consigo reconhecer os pontos fortes e fracos de cada um dos cinco principais fatores de personalidade.	10	9	8	7	6	5	4	3	2	1
5.	Tento avaliar ativamente o resultado desejado de um conflito que os outros parecem projetar; quando é necessário, o converto em meta do tipo "ganha-ganha".	10	9	8	7	6	5	4	3	2	1
6.	Posso alterar de maneira flexível meu comportamento entre as cinco estratégias mais importantes para a resolução de conflito, embora geralmente prefira a estratégia de colaboração.	10	9	8	7	6	5	4	3	2	1
7.	Sei o que é necessário para ser assertivo e estou confortável ao me expressar dessa forma.	10	9	8	7	6	5	4	3	2	1
8.	Utilizo ampla variedade de estratégias para a administração da impressão e acredito ser bem-sucedido ao fazer isso.	10	9	8	7	6	5	4	3	2	1

9. Avalio regularmente minhas várias bases
de poder e tento desenvolvê-las ainda mais. 10 9 8 7 6 5 4 3 2 1

10. Reconheço a realidade da política
organizacional e utilizo conscientemente o
princípio da reciprocidade para auxiliar-me
na conquista de minhas metas. 10 9 8 7 6 5 4 3 2 1

Pontuação e Interpretação

Some o total de pontos obtidos nas dez questões. Registre aqui esse número e relate-o quando for solicitado: _____. Finalmente, insira o total de pontos no gráfico Avalie e Melhore suas Habilidades Associadas ao Comportamento Organizacional no Apêndice.

- Se você obteve um resultado entre 81 e 100 pontos, parece ter uma capacidade sólida para demonstrar boas habilidades interpessoais.
- Se você obteve um resultado entre 61 e 80 pontos, deveria analisar mais detidamente os itens nos quais obteve uma pontuação mais baixa e revisar o material relacionado a esses assuntos.
- Se você obteve um resultado abaixo de 60 pontos, deveria estar ciente de que baixo nível em habilidades relacionadas a diversos itens poderá ser prejudicial para o seu futuro sucesso como gerente. Sugerimos a você revisar o capítulo inteiro e permanecer atento com relação aos materiais relevantes que serão apresentados nos capítulos subseqüentes e em outras fontes.

Agora, identifique suas três pontuações mais baixas e escreva os números dessas questões aqui: _____, _____, _____. Faça um parágrafo curto detalhando para si mesmo um plano de ação para que você melhore cada uma dessas habilidades.

Estudo de Caso

O Passageiro Enfurecido de uma Companhia Aérea

Margie James era a supervisora noturna de uma companhia aérea em Denver, Estados Unidos. Seu escritório ficava logo atrás do balcão de passagens e, ocasionalmente, ela era chamada para lidar com passageiros que haviam tido algum tipo de problema extraordinário que os funcionários não podiam resolver. Certa noite, em torno das 23 horas, ela foi chamada para atender a um passageiro enfurecido que se aproximou dela com o seguinte comentário: "Seus funcionários incompetentes perderam novamente minha bagagem, e sua #!X?#*!! de atendente de bagagens não está me ajudando nem um pouco. Quero um pouco de atenção. Todo mundo é incompetente por aqui? Tenho um discurso importante naquela mala e devo apresentá-lo às 9 horas da manhã e, se não conseguir reavê-lo, vou realmente processar esta companhia".

Questão

Como Margie deveria responder ao passageiro? Agrados poderiam ajudá-la nesta questão? O treinamento de assertividade poderia ser útil?

Exercício Vivencial

Avaliando as Estratégias Políticas

Trabalhando individualmente, ordene as estratégias políticas (influência) segundo sua disposição em utilizá-las (1 = maior disposição, 8 = menor disposição), para aumentar seus auto-interesses no trabalho. Quando você tiver acabado, forme grupos de mais ou menos cinco pessoas e desenvolva uma avaliação do grupo (consenso) sobre a proporção de gerentes (0% a 100%) que poderiam utilizar cada uma das estratégias. Então, examine as respostas apresentadas e discuta quaisquer diferenças.

Avaliação Individual			Avaliação do Grupo sobre a Utilização das Estratégias pelos Gerentes
_____	A.	Elogiar pessoas influentes para fazer que elas se sintam bem.	_____
_____	B.	Reunir apoio antes da tomada de uma decisão.	_____
_____	C.	Culpar os outros pelos problemas (escolha de um bode expiatório).	_____
_____	D.	Criar débitos sociais ao realizar favores para outras pessoas.	_____
_____	E.	Vestir-se de acordo com os padrões da organização para a obtenção de uma aparência bem-sucedida.	_____
_____	F.	Construir uma rede de apoio de pessoas influentes.	_____
_____	G.	Reter ou distorcer informações que possam deixar claros pontos desfavoráveis de seu desempenho.	_____
_____	H.	Formar coalizões com indivíduos poderosos que possam apoiá-lo(a) posteriormente.	_____

Respostas: A = 25%, B = 37%, C = 54%, D = 13%, E = 53%, F = 24%, G = 54%, H = 25%.*

* Os dados sobre freqüência foram obtidos de: ALLEN, Robert W. et al. Organizational politics: Tatics and characteristics of its actors. *California Management Review*, p. 77-83, outono de 1979.

Produzindo Insights sobre CO

Um *insight* diz respeito a uma percepção nova e clara acerca de um fenômeno ou de uma capacidade adquirida para "enxergar" claramente algo sobre o qual você não estava ciente anteriormente. Ele, algumas vezes, simplesmente se refere a um "momento do tipo ah-há!", no qual você obtém uma pequena revelação ou atinge uma conclusão direta sobre um problema ou uma questão.

Os *insights* não precisam necessariamente ser dramáticos, uma vez que aquilo que pode ser considerado um *insight* por uma pessoa pode não o ser pelas demais. A característica fundamental dos *insights* é que eles são importantes e memoráveis para você; eles devem representar novos conhecimentos, novas estruturas ou novas perspectivas para perceber as coisas que você desejaria armazenar e lembrar ao longo do tempo.

Os *insights* são, portanto, diferentes do tipo de informação que você encontra nos textos da seção Conselhos para Futuros Gerentes. Esse formato de conselho é prescritivo e orientado para a ação; ele indica e recomenda determinado curso de ação.

Uma forma útil para pensar sobre os *insights* de CO é partir do princípio de que você foi a única pessoa que leu o Capítulo 11. Você recebeu a tarefa de ressaltar, utilizando suas próprias palavras, os conceitos principais (mas não somente resumir o capítulo todo) que poderiam ser relevantes para um público leigo, que nunca foi apresentado ao tema antes.

Quais são os dez insights que você compartilharia com os membros desse público?

1. (Exemplo) O conflito interpessoal surgirá na maior parte dos relacionamentos de trabalho.
2. _____
3. _____
4. _____
5. _____
6. _____
7. _____
8. _____
9. _____
10. _____

Parte Cinco

Comportamento de Grupos

Capítulo Doze

Grupos Formais e Informais

Algumas mudanças aparentemente simples no modo como as equipes da alta administração estabelecem as prioridades e estruturam as reuniões podem fazer enorme diferença na sua eficiência e na sua eficácia.
Michael C. Mankins[1]

Quando os grupos principais de uma organização funcionam bem, a organização inteira move-se naturalmente de forma suave na direção de níveis mais elevados de desempenho, responsabilidade e criatividade.
Art Kleiner[2]

OBJETIVOS DO CAPÍTULO

COMPREENDER

- A dinâmica dos grupos.
- A natureza e os efeitos dos grupos informais.
- Os líderes informais.
- As diferenças entre os papéis de liderança social e liderança de tarefas.
- As técnicas de *brainstorming*, nominal, Delphi e dialética.
- Os pontos fracos das reuniões de grupo.

Quando Bill Smith graduou-se no curso de Engenharia e juntou-se ao laboratório de uma grande companhia manufatureira, recebeu a incumbência de supervisionar quatro técnicos de laboratório que analisavam amostras da produção. Ele os supervisionava em alguns aspectos. Em outros, era restringido pelo próprio grupo, o que era muito frustrante para Bill. Ele logo descobriu que os técnicos protegiam uns aos outros para tornar mais difícil a identificação de responsabilidades por trabalhos mal-executados. O grupo parecia limitar a realização dos trabalhos de uma forma que aproximadamente a mesma quantidade de testes era realizada todos os dias, independentemente das suas solicitações para a aceleração dos trabalhos. Embora Bill fosse o supervisor designado, ele observava que, muitas vezes, os técnicos, em vez de virem até ele, levavam seus problemas a um técnico mais velho do outro lado do corredor, em outra seção.

Bill também observou que três de seus técnicos almoçavam freqüentemente juntos na lanchonete, mas o quarto técnico comia com amigos em um laboratório adjacente. Bill normalmente almoçava com os outros supervisores de laboratório, e aprendeu muito sobre a empresa nessas ocasiões. Ele logo começou a perceber que essas situações evidenciavam a existência de uma organização informal, e que teria de trabalhar tanto com ela quanto com a organização formal.

A DINÂMICA DOS GRUPOS

Este capítulo e o próximo mudarão nosso enfoque das relações interpessoais para as relações grupais. Os grupos pequenos têm funcionado desde o surgimento da primeira família humana. Nos últimos anos, os pesquisadores têm estudado cientificamente os processos pelos quais os grupos pequenos desenvolvem-se e trabalham. Algumas das questões analisadas foram: o que é uma organização informal e como ela opera? Qual é o papel do líder em um pequeno grupo? Esse papel varia de acordo com diferentes objetivos? Que abordagens estruturadas são mais úteis para a conquista dos objetivos do grupo? De quais formas e sob quais condições as decisões do grupo são melhores ou piores que as decisões individuais? As respostas a essas questões apenas começaram a surgir, produzindo informações úteis sobre a dinâmica do comportamento em pequenos grupos para supervisores como Bill Smith.

O que é a dinâmica de grupo?

O processo social pelo qual as pessoas interagem frente a frente em grupos pequenos é conhecido como **dinâmica de grupo**. A palavra "dinâmica" vem do grego, que significa "força"; dessa forma, a dinâmica de grupo refere-se ao estudo das forças que operam no interior de um grupo. Dois importantes marcos históricos da nossa compreensão dos pequenos grupos são a pesquisa de Elton Mayo e de seus associados, nas décadas de 1920 e 1930, e de Kurt Lewin, na década de 1930, fundador do movimento da dinâmica de grupo. Mayo mostrou que os trabalhadores tendem a estabelecer grupos informais que afetam a satisfação e a eficácia no trabalho. Lewin mostrou que diferentes tipos de liderança produzem respostas diferentes nos grupo.

Os grupos têm propriedades particulares que se distinguem das propriedades dos indivíduos que os formam. Isso é similar a uma situação física na qual uma molécula de sal (cloreto de sódio) possui diferentes propriedades dos elementos sódio e cloro que formam o "grupo" que a compõe. As propriedades especiais dos grupos são ilustradas por uma simples lição de matemática. Suponha que disséssemos "um mais um é igual a três". No mundo da matemática isso é um erro lógico, além de ser um erro elementar. Mas, no mundo da dinâmica de grupos, é inteiramente racional afirmar "um mais um é igual a três". Em um grupo não há algo como apenas duas pessoas, pois *duas pessoas não podem ser compreendidas sem se examinar seu relacionamento*, e esse relacionamento é o terceiro elemento da equação.

TIPOS DE GRUPO

Formal e informal

Há muitas formas para se classificar os grupos. Existe uma diferença essencial entre **grupos formais**, os quais são estabelecidos pela organização e têm uma identidade pública e uma meta para ser alcançada, e os **grupos informais**, que surgem com base nos interesses comuns, em proximidade e laços de amizade. Este capítulo discute os dois tipos de grupo.

Temporário e permanente

Outra distinção fundamental ocorre entre dois tipos de grupos formais. Alguns possuem uma vida relativamente curta; eles são criados para realizar uma tarefa de curto prazo e, então, são desfeitos. Um exemplo de um grupo temporário é um comitê ou uma força-tarefa. O evento no qual os membros do grupo discutem idéias ou resolvem problemas é geralmente chamado *reunião*. O outro tipo de grupo formal é um grupo de trabalho mais natural e permanente, formado quando as pessoas executam regularmente tarefas juntas como parte de suas atribuições profissionais e é denominado *equipe*. Por causa de sua imensa importância nas organizações atuais, as equipes serão discutidas em um capítulo separado, o Capítulo 13.

No escopo das relações formais, há, em cada organização, um sistema mais complexo de relações sociais que consiste em muitos grupos pequenos e informais. Embora haja muitas variedades de grupos informais, referiremo-nos a eles coletivamente como organizações informais. Esses grupos informais representam uma influência poderosa sobre a produtividade e a satisfação no trabalho, conforme foi observado por Bill Smith. O presente capítulo inicia-se com uma visão geral das organizações informais no trabalho.

A NATUREZA DAS ORGANIZAÇÕES INFORMAIS

Comparação entre Organizações Formais e Informais

Definição de organização informal

O amplo interesse nas organizações informais desenvolveu-se como resultado dos estudos da Western Electric na década de 1930, que concluíram que elas representavam uma parte importante da totalidade da situação de trabalho. Esses estudos demonstraram que a **organização informal** é uma rede de relações pessoais e sociais não estabelecidas nem exigidas pela organização formal, mas que surgem espontaneamente à medida que as pessoas associam-se umas às outras. A ênfase no interior das organizações informais é nas pessoas e em seus relacionamentos, enquanto as organizações formais enfatizam as posições oficiais em termos de autoridade e responsabilidade. O poder informal, dessa forma, adere a uma *pessoa*, ao passo que a autoridade formal adere a uma *posição* e uma pessoa apenas a possui quando ocupa essa posição. *O poder informal é pessoal*, mas a autoridade formal é institucional. Essas diferenças são resumidas na Figura 12.1.

Poder informal

O poder em uma organização informal é concedido pelos membros do grupo em vez de ser delegado pelos gerentes; assim, não segue a cadeia oficial de comando. Ele provavelmente virá dos colegas, e não dos superiores na hierarquia formal; e pode ultrapassar as linhas organizacionais estabelecidas na direção de outros departamentos. Ele, normalmente, é mais instável que a autoridade formal, uma vez que está sujeito aos sentimentos das pessoas. Em virtude de sua natureza subjetiva, a organização informal não pode ser controlada pela administração da mesma maneira que uma organização formal poderia.

Um gerente, tipicamente, possui algum poder informal (pessoal) juntamente com o seu poder formal (posicional), porém um gerente normalmente não possui mais poder informal que qualquer outra pessoa do grupo. Isso significa que o *gerente e o líder informal, na maioria das vezes, são duas pessoas diferentes nos grupos de trabalho*.

Como resultado dessas diferenças entre fontes formais e informais de poder, as organizações formais podem crescer imensamente, mas as organizações informais (pelo menos aquelas bem unidas) tendem a permanecer pequenas, de modo a se manter dentro dos limites dos relacionamentos pessoais. O resultado é que uma grande organização tende a possuir centenas de organizações informais operando em seu interior. Algumas delas se situam completamente dentro da instituição; outras são parcialmente externas a ela. Por causa de seu tamanho naturalmente reduzido e de sua instabilidade, as organizações informais não são um substituto adequado para as grandes massas formais e recursos necessários paras as modernas instituições. Em vez disso, as organizações informais complementam (e esperançosamente melhoram) a organização formal.

Como Surge uma Organização Informal?

A estrutura organizacional é desenhada pela administração para ser consistente com seu ambiente, sua tecnologia e sua estratégia. Essa estratégia, com suas regras, seus procedimentos e descrições de cargos, cria um conjunto de orientações gerais e de prescrições a serem seguidas pelos trabalhadores. Espera-se que os indivíduos e os grupos comportem-se de maneiras específicas. Se eles desempenharem suas tarefas do modo como lhes é prescrito, a organização será eficiente.

FIGURA 12.1
Diferenças entre as Organizações Formais e Informais

Base de Comparação	Organização Informal	Organização Formal
Natureza geral	Não-oficial	Oficial
Conceitos principais	Poder e política	Autoridade e responsabilidade
Foco primário	Pessoa	Posição
Fonte de poder do líder	Concedido pelo grupo	Delegado pela administração
Diretrizes para o comportamento	Normas	Regras e políticas
Fontes de controle	Sanções	Recompensas e penalidades

Efeitos da organização informal

No entanto, esse ideal pode não ocorrer tão freqüentemente quanto os gerentes gostariam, por várias razões.

A organização informal surge do interior da estrutura formal de modo tão certo quanto as flores crescem toda primavera. O resultado dessa combinação é diferente daquilo que os gerentes poderiam esperar em pelo menos três pontos:[3]

- Primeiro, os *funcionários agem de modo diferente* do esperado. Eles podem trabalhar mais rápida ou lentamente que o previsto, ou podem modificar gradualmente um procedimento de trabalho com base em sua experiência e em seu conhecimento.
- Segundo, os *funcionários freqüentemente interagem com pessoas diferentes* ou em freqüências variadas daquelas exigidas por suas atividades. Geórgia pode buscar conselhos com Melissa em vez de Todd, e Candy pode passar mais tempo ajudando José do que colaborando com Steve.
- Terceiro, os *trabalhadores podem adotar um conjunto de atitudes, crenças e sentimentos* diferentes daqueles esperados pelas organizações. Em vez de serem leais, comprometidos e entusiasmados com seus trabalhos, alguns funcionários podem tornar-se frustrados; outros permanecem completamente alienados.

A lição para os gerentes é dolorosamente óbvia — eles devem estar cientes das atividades informais, das interações e dos sentimentos dos funcionários, além daqueles em geral exigidos pela organização. A *combinação* entre os comportamentos exigidos e emergentes, algumas vezes, torna difícil a previsão dos níveis de desempenho do funcionário, conforme mostrado na Figura 12.2.

O *Status* dos Membros e os Líderes Informais

Entre os membros do departamento de marketing de uma empresa há algumas diferenças excepcionais, porém, de alguma forma, típicas. Suas idades encontram-se na faixa entre 30 e 72 anos; seu tempo de serviço na organização varia de recém-contratados até 39 anos de serviços prestados; e o membro mais bem remunerado recebe aproximadamente 80% mais que o valor recebido pelo membro com o menor salário. Uma parte do grupo cresceu na própria região, enquanto outras pessoas se mudaram de diversas localidades dos Estados Unidos para aceitar seus empregos. Ao mesmo tempo, seus escritórios também se distinguiam em muitas dimensões, como tamanho, disponibilidade de iluminação natural e proximidade do barulho.

Os membros de grupos de trabalho, como os do grupo descrito nesse exemplo, possuem características identificáveis, que podem distingui-los dos demais grupos e proporcionar certa margem para diferenças de *status*. Conforme foi observado no exemplo, eles se distinguem quanto a idade, tempo de serviço, remuneração, local de nascimento e natureza de seu local de trabalho. Outros fatores, como a competência técnica, a liberdade para mover-se em torno da área de trabalho e a personalidade, também são reconhecíveis. Cada um desses elementos pode proporcionar *status* para seu possuidor, em grande parte com base naquilo que os membros do grupo valorizam. As causas para o *status* informal são praticamente ilimitadas.

FIGURA 12.2 As Organizações Formais e Informais e seus Efeitos

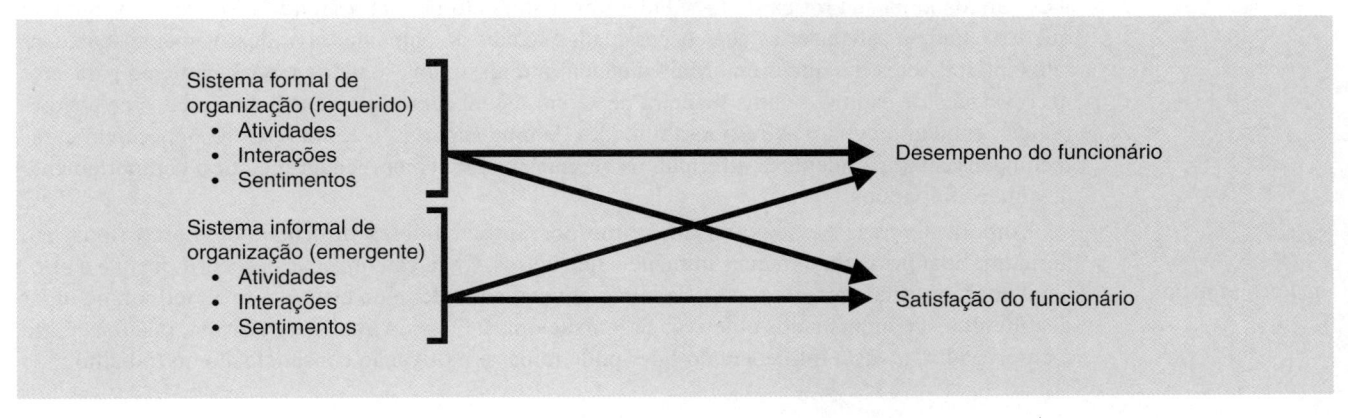

Sistema formal de organização (requerido)
- Atividades
- Interações
- Sentimentos

Sistema informal de organização (emergente)
- Atividades
- Interações
- Sentimentos

→ Desempenho do funcionário

→ Satisfação do funcionário

O funcionário com o mais alto *status* em uma organização informal normalmente torna-se o **líder informal**. Essa pessoa emerge do grupo, freqüentemente adquirindo considerável poder informal. Os líderes informais podem ajudar a socializar os novos membros na organização, e podem ser chamados pelo grupo para a execução das tarefas mais complexas. Um jovem neurocirurgião, por exemplo, relatou que um membro sênior do grupo aparecia com freqüência na sala de cirurgias durante uma operação particularmente delicada para auxiliar o grupo e, então, calmamente deixava o recinto quando sua ajuda não era mais necessária.

Papéis essenciais dos líderes informais

O líder informal desempenha diversos papéis úteis para uma unidade de trabalho. Espera-se que o líder informal, por exemplo, desenhe e explique as **normas** principais (padrões informais de comportamento) do grupo informal para os novos membros. E se alguém falhar na obediência às normas do grupo, o líder informal possivelmente terá papel fundamental na aplicação de várias formas e tipos de punição para o indivíduo, com o objetivo de induzir o comportamento desejado no futuro. Além disso, o líder informal adota diversos comportamentos para auxiliar a construir e sustentar o nível de coesão do grupo informal. Ele, por exemplo, poderá assumir a responsabilidade pelo reconhecimento diário das realizações dos trabalhadores, pela organização de eventos sociais fora do horário de expediente ou pelo início de um nível modesto de provocações ou de conversações entre os funcionários.

Em troca de seus serviços, os líderes informais normalmente recebem algumas recompensas informais e privilégios. Talvez seja permitido ao líder informal, por seus colegas, escolher primeiro seu período de férias, ou o líder pode ser poupado de uma cansativa tarefa de limpeza. Uma recompensa previsível é a alta consideração na qual o líder é mantido por seus colegas, e isso parece ser o bastante para equilibrar a responsabilidade colocada sobre seus ombros.

Múltiplos líderes informais

Os grupos informais sobrepõem-se no sentido de que uma pessoa pode pertencer, ao mesmo tempo, a diversos grupos diferentes — o que significa que não há apenas um líder, mas diversos líderes, de importâncias variadas. O grupo pode voltar-se a um líder para matérias referentes à remuneração e a outro para liderar os planos recreativos. Então, várias pessoas de um departamento podem ser líderes informais de alguma natureza. Uma pessoa experiente pode ser procurada como especialista sobre algumas questões profissionais, um ouvinte pode servir como conselheiro e um comunicador pode ser o escolhido para transmitir problemas essenciais aos gerentes.

Identificando e Recompensando os Líderes Informais Algumas vezes, a liderança informal de um grupo não é clara, pelo menos para os observadores externos ou para os gerentes. Contudo, os líderes informais freqüentemente exibem comportamentos distintos, o que faz que sejam identificados. Ellen, por exemplo, pode servir como a representante não-oficial junto à administração quando os trabalhadores tiverem um problema ou uma reclamação a ser apresentada. Ou os gerentes podem reparar no fato de que os funcionários reúnem-se em torno da estação de trabalho de Angelina para trocar histórias todas as vezes que há uma pausa para o café. Sarah pode voluntariamente treinar novos funcionários quando eles solicitam ajuda técnica. Esses exemplos sugerem que agir como um porta-voz, ser o centro da atenção social e oferecer sabedoria e orientações bem-vindas, todas essas ações proporcionam pistas úteis sobre a liderança informal.

Por que alguns funcionários, como Ellen, Angelina e Sarah, desejam ser líderes informais? Para alguns trabalhadores, a liderança informal é uma forma de enriquecimento do cargo, proporcionando-lhes variedade na sua rotina de trabalho e um sentimento de maior significado. Outros acreditam que isso ajude a satisfazer às suas necessidades sociais ao aumentar significativamente seus contatos interpessoais durante o dia. Muitos encontram nisso uma fonte de reconhecimento para suas necessidades de estima — uma maneira de serem reconhecidos por suas habilidades e pela experiência, enquanto evitam as responsabilidades de uma supervisão formal. Ao reconhecerem essas recompensas para a liderança informal, os gerentes podem compreender melhor o comportamento de alguns indivíduos.

Um líder primário

Embora diversas pessoas em um grupo possam ser líderes informais de vários tipos, em geral um líder primário tem mais influência que outros. Cada gerente deve descobrir quem é o principal líder informal em um grupo e trabalhar com aquele líder para estimulá-lo a facilitar, no lugar de dificultar, a conquista dos objetivos organizacionais. Quando um líder informal trabalha contra o empregador, a vasta influência do líder pode minar a motivação e a satisfação no trabalho.

Alguns Cuidados A organização informal também é uma fonte desejável de potenciais líderes formais, mas lembre-se de que *um líder informal nem sempre se torna o melhor líder formal*. A história está repleta de exemplos de líderes informais bem-sucedidos que se tornaram líderes arrogantes quando receberam a autoridade formal. Alguns líderes informais fracassam como líderes formais porque temem a responsabilidade formal — algo que não tinham como líderes informais. Eles freqüentemente criticam a administração pela carência de iniciativa ou pela falta de ousadia, mas, no momento em que assumem o posto gerencial, tornam-se ainda mais conservadores que seus antecessores, pois temem cometer erros. Outros líderes informais fracassam porque sua área de autoridade gerencial é mais ampla e complexa que a pequena área sobre a qual possuíam poder informal. O fato de José ser o líder das atividades sociais do departamento não significa que ele poderia ser bem-sucedido como gerente de departamento.

A difícil transição de líder informal para líder formal pode ser parcialmente explicada pelos resultados de um estudo científico sobre líderes emergentes em grupos pequenos.[4] Mediante a utilização das avaliações mútuas entre os membros com relação ao grau segundo o qual eles eram orientados para as metas e davam ordens, resumiam explicações e aparentavam estar seguros após a realização de sua primeira tarefa, o pesquisador foi capaz de prever oito entre nove líderes emergentes. Contudo, o estudo também revelou que os líderes informais foram tipicamente avaliados como "beligerantes", e não como "sensíveis". Os candidatos à liderança informal pareciam exigir muitas das mesmas habilidades dos líderes formais, mas suas outras características podem impedir sua eficácia como líderes formais.

Benefícios das Organizações Informais

Melhor sistema global

Embora os sistemas informais possam causar vários problemas, também trazem muitos benefícios, tanto para os funcionários quanto para os empregadores, como pode ser visto na Figura 12.3. O mais importante é que eles *se mesclam com os sistemas formais* para criar um sistema global eficaz. Os planos e as políticas formais não podem dar conta de todos os problemas em uma situação dinâmica, porque são preestabelecidos e parcialmente inflexíveis. Algumas exigências são mais bem satisfeitas por relações informais, que podem ser flexíveis e espontâneas.

Carga de trabalho menor para a gerência

Outro benefício da organização informal é a *diminuição da carga de trabalho sobre a gerência*. Quando os gerentes têm ciência de que a organização informal está trabalhando com eles, sentem-se menos compelidos a verificar os trabalhadores para ter a certeza de que tudo

FIGURA 12.3 Benefícios e Problemas Potenciais Associados à Organização Informal

Benefícios	Problemas
• Proporciona um sistema global mais eficaz	• Facilita o surgimento de boatos indesejáveis
• Diminui a carga de trabalho da gerência	• Encoraja atitudes negativas
• Ajuda a fazer que o trabalho seja realizado	• Resiste a mudanças
• Tende a encorajar a cooperação	• Leva a conflitos interpessoais e intergrupais
• Compensa as deficiências das capacidades do gerente	• Rejeita e assedia alguns funcionários
• Proporciona satisfação e estabilidade aos grupos de trabalho	• Enfraquece a motivação e a satisfação
• Melhora a comunicação	• Opera fora do controle da administração
• Oferece uma válvula de escape para as emoções dos funcionários	• Apóia a complacência
• Encoraja os gerentes a planejar e a agir mais cuidadosamente	• Desenvolve conflitos de papel
• Contribui para uma coesão mais elevada	

funciona corretamente. Os gerentes se sentem encorajados a delegar e a descentralizar porque estão confiantes de que os funcionários serão cooperativos. Em geral, o apoio do grupo informal para um gerente leva a níveis mais elevados de cooperação e produtividade. Ele ajuda a fazer que o trabalho seja totalmente realizado.

A organização informal também pode atuar para *compensar deficiências de capacidades de um gerente*. Se um gerente for fraco em planejar, um funcionário poderá informalmente auxiliá-lo no estabelecimento das metas. Dessa forma, o planejamento é realizado apesar das fraquezas do gerente.

Satisfação do grupo de trabalho

Um benefício significativo da organização informal é que ela proporciona *satisfação e estabilidade* para os grupos de trabalho. Ela é o modo pelo qual os trabalhadores experimentam um sentimento de pertencimento e de segurança, de maneira que a satisfação seja aumentada e a rotatividade reduzida.

> Em um grande escritório, uma funcionária chamada Rosita poderia sentir-se como se fosse apenas outro nome da folha de pagamento, mas seu grupo informal lhe oferecia valorização pessoal e *status*. Com os membros de seu grupo, ela é alguém, mesmo que, na estrutura formal, seja apenas uma entre mil funcionários. Ela pode não ter a ambição de monitorar 750 contas diariamente, porém seu grupo informal proporciona mais significado para o seu dia. Quando ela pensa em encontrar os colegas, compartilhar interesses e almoçar com eles, seu dia assume uma nova dimensão, que torna mais fácil superar quaisquer dificuldades ou rotinas enfadonhas de trabalho. É claro que essas condições também podem aplicar-se de maneira reversa: o grupo pode não aceitá-la, fazendo, desse modo, que seu trabalho seja mais desagradável e levando-a a um pedido de transferência, ao absenteísmo ou à demissão.

Um benefício adicional é que a organização informal pode ser um *canal útil para a comunicação dos funcionários*. Ela proporciona os meios para as pessoas se manterem em contato, aprenderem mais sobre seus trabalhos e compreenderem o que está acontecendo em seu ambiente.

Uma válvula de escape para as emoções

Outro benefício, freqüentemente ignorado, é que a organização informal é *uma válvula de escape para as frustrações dos funcionários* e outros problemas emocionais. Os funcionários podem aliviar uma parte das pressões emocionais ao discuti-las com outra pessoa de abertamente e amigável, e os colegas de um indivíduo em um grupo informal oferecem esse tipo de ambiente.

> Considere o caso de Max Schultz, que ficou frustrado com sua supervisora, Frieda Schneider. Ele estava tão nervoso que queria dizer-lhe o que pensava sobre ela, utilizando palavras ofensivas, mas poderia ser advertido por isso. Sua alternativa seguinte era almoçar com um amigo próximo para compartilhar exatamente como se sentia. Após externar seus sentimentos, ele foi capaz de voltar para o trabalho e interagir com Schneider de forma mais relaxada e aceitável.

Um benefício da organização informal raramente reconhecido é que sua presença encoraja os gerentes a *planejar e a agir mais cuidadosamente* do que fariam em outras condições. Os gerentes que compreendem esse poder sabem que a organização informal proporciona um contrapeso para a sua utilização ilimitada da autoridade. Eles introduzem mudanças em seus grupos somente após cuidadoso planejamento porque eles sabem que os grupos informais podem minar até mesmo um bom projeto. Eles desejam que seus projetos sejam bem-sucedidos, uma vez que terão de responder a uma autoridade formal se falharem.

Coesão

Os benefícios da organização informal têm uma probabilidade maior de aparecer se o grupo for coeso e seus membros possuírem atitudes favoráveis com relação à empresa.[5] A **coesão** é indicada pela intensidade com a qual os funcionários permanecem juntos, confiam uns nos outros e desejam continuar a fazer parte do grupo. *A produtividade entre os membros de grupos coesos normalmente é bem uniforme e a rotatividade é baixa*. A eventualidade de a produtividade ser alta ou baixa, contudo, estará diretamente relacionada à coesão das atitudes de trabalho internas e às normas de desempenho do grupo. Se elas forem favoráveis à organização, o desempenho provavelmente será melhor; se forem negativas, o desempenho possivelmente será pior.

Problemas Associados às Organizações Informais

Muitos dos benefícios dos sistemas informais podem ser revertidos para demonstrar problemas potenciais. Em outras palavras, os sistemas informais são capazes de ajudar e atrapalhar uma atividade ao mesmo tempo. Enquanto uma informação útil, por exemplo, é transmitida por uma parte do sistema, outra parte pode estar comunicando um boato malicioso. Um sistema informal também modifica seu humor de maneira positiva ou negativa. Um grupo de trabalho pode aceitar, saudar e educar os novos funcionários e, dessa forma, facilitar seus sentimentos de conforto e seus níveis de desempenho. Por outro lado, o mesmo grupo pode confrontar, assediar e rejeitar outros funcionários, gerando insatisfação e demissões.[6] Tanto os efeitos positivos quanto os negativos existem lado a lado em muitos sistemas informais.

Resistência à mudança

Um grande problema com as organizações informais é a resistência à mudança. O grupo tende a tornar-se excessivamente defensor do seu estilo de vida e a portar-se como uma pedra diante da mudança. *Acredita-se que aquilo que se havia mostrado bom no passado continuará a sê-lo no futuro.* Se, por exemplo, um cargo A sempre possuiu mais *status* que o cargo B, ele deverá continuar a ter mais *status* e remuneração mais elevada, ainda que as condições tenham mudado para tornar o cargo A menos complexo. Se restrições de produtividade foram necessárias no passado com o gerenciamento autocrático, o grupo poderá acreditar que elas continuem sendo necessárias hoje, embora a administração, agora, seja participativa e apoiadora. Apesar de as organizações informais não estarem ligadas a um organograma explícito, elas estão ligadas por convenção, costume e cultura.

Complacência

Um problema relacionado é que a organização informal pode ser uma causa significativa para a complacência dos funcionários. O lado informal das organizações participa de tal modo da vida diária dos funcionários que eles dificilmente percebem sua existência, o que faz que normalmente desconheçam as poderosas pressões que essa organização aplica para que eles se conformem com seu modo de vida. Quanto mais próximo estiverem desse sistema informal, maior será influência exercida sobre eles.

Normas

A complacência é encorajada pelas **normas**, que são exigências informais dos grupos para o comportamento de seus membros.[7] Essas normas podem ser fortes ou fracas (dependendo da importância do comportamento para o grupo) e positivas ou negativas (dependendo do impacto sobre a organização). Os grupos esperam que seus membros sigam estritamente as normas fortes; indivíduos podem escolher aceitar ou recusar as mais fracas. Alguns estudos demonstram que os grupos possuem normas tanto para suas responsabilidades quanto para seus relacionamentos pessoais no trabalho.[8] Eles também produzem normas para seus superiores e subordinados, bem como para seus pares.

Tratamento para os indivíduos não complacentes

O grupo cujas normas são aceitas por uma pessoa é um **grupo de referência**. Os funcionários podem ter mais de um grupo de referência, como o gerente de engenharia que se identifica com a profissão de engenheiro e seus padrões, além de mais um ou dois grupos da administração. Um grupo de referência em geral utiliza recompensas e penalidades para persuadir seus membros a ajustarem-se a suas normas. A combinação entre as normas informais e as conseqüências a elas associadas orienta, de maneira consistente, as opiniões e utiliza poder para reduzir quaisquer comportamentos que tendam a desviar-se das normas do grupo. Os não complacentes podem ser pressionados e assediados até capitularem ou deixarem o grupo.

> Exemplos de assédio são: a interferência no trabalho (como esconder objetos de trabalho do infrator), ridicularização, interferência fora do local de trabalho (como murchar os pneus do carro do infrator) e isolamento do grupo. Na Inglaterra, diz-se que um membro isolado do grupo está sendo "mandado para o convento".[9] Nesses casos, o grupo recusa-se a conversar com o infrator durante dias ou até semanas, e os membros do grupo podem até mesmo recusar-se a usar qualquer ferramenta ou equipamento que o infrator tenha utilizado. Ações desse tipo podem até fazer que um funcionário deixe seu emprego.

Conflito de papéis

Outro problema que pode se desenvolver é o conflito de papéis (ver discussão anterior no Capítulo 4). Os trabalhadores podem querer atender tanto às exigências de seu grupo quanto às de seu empregador, mas freqüentemente essas exigências são, de alguma forma, conflituosas. O que é bom para os funcionários não necessariamente o é para o empregador. Os intervalos para o café podem ser desejáveis, porém, se os funcionários gastarem 15 minutos a mais, socializando-se de manhã e à tarde, a produtividade poderá ser reduzida com prejuízo tanto do empregador quanto dos clientes. Grande parte desses conflitos de papéis pode ser evitada ao se cultivar, cuidadosamente, interesses comuns com os grupos informais. Quanto mais os interesses dos grupos formais e informais puderem ser integrados, maiores satisfação e produtividade poderão ser esperadas.

Contudo, algumas diferenças entre as organizações formais e informais são inevitáveis. Nessa área não existe harmonia perfeita.

Uma grande dificuldade com relação à organização informal é que ela não está sujeita ao controle direto da administração. A autoridade na qual ela se baseia é o sistema social, e não a administração. Tudo o que a administração pode fazer é tentar influenciá-la.

Conflitos pessoais e grupais

As organizações informais também produzem conflitos interpessoais e intergrupais que podem ser prejudiciais para as organizações. Quando os funcionários devotam a maior parte de seu tempo e sua energia para se oporem entre si, provavelmente oferecem menos a seus empregadores. Os conflitos e os interesses pessoais podem tornar-se tão fortes nas organizações informais que acabam reduzindo a motivação e a satisfação. O resultado é uma produtividade menor, que prejudica tanto o empregador quanto o funcionário. Ninguém ganha com isso.

Monitorando as Organizações Informais

Uma maneira de adquirir melhor compreensão de um sistema informal é elaborar um retrato dele. Esses diagramas são chamados **diagramas de rede**, ou *organogramas informais*.[10] Eles normalmente enfocam os *sentimentos interpessoais expressos* (por exemplo, atração, repulsa ou indiferença) entre os indivíduos, ou os *comportamentos exibidos* de fato. A identificação dos sentimentos dentro de um grupo pode ser útil na determinação de quem confia em quem, ou para a seleção de um indivíduo para negociar um acordo satisfatório sobre uma questão difícil. A determinação dos padrões de comportamento pode ser realizada por meio da observação direta das interações, da coleta de dados sobre os padrões de comunicação ou da formulação de questões diretamente aos indivíduos envolvidos (tais como: "A quem você recorre mais freqüentemente quando necessita de conselhos?"). Os diagramas de rede, como o modelo simples mostrado na Figura 12.4, revelam indivíduos centrais ("estrelas", como Tânia ou Jackie), pessoas isoladas (Carolina), que provavelmente se sentem ignoradas, e dramáticas diferenças entre aquilo que os observadores externos pensam que está ocorrendo e aquilo que verdadeiramente ocorre.

Bases para as redes

FIGURA 12.4
Exemplo de um Diagrama de Rede de Interações de Tarefas no Trabalho

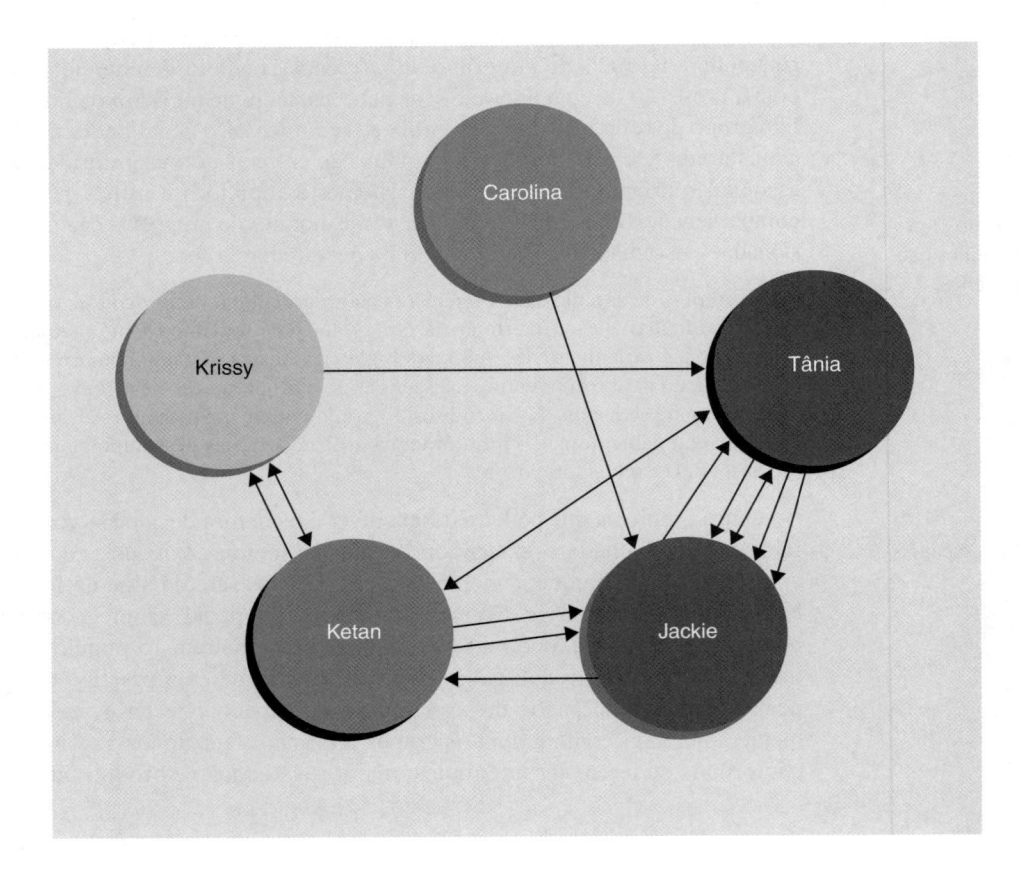

Influenciando as Organizações Informais

A administração não criou as organizações informais; não pode aboli-las. E tampouco desejaria fazê-lo. Mas a administração pode aprender a viver com elas e a possuir certa quantidade de influência sobre elas. As diretrizes para ação da administração incluem as seguintes medidas:

Diretrizes para ação

1. Aceitar e compreender as organizações informais.
2. Identificar os vários níveis de atitudes e comportamentos no interior delas.
3. Considerar os possíveis efeitos sobre os sistemas informais quando realizar qualquer tipo de ação.
4. Integrar o máximo possível os interesses dos grupos informais com aqueles da organização formal.
5. Evitar tornar as atividades formais desnecessariamente ameaçadoras para as organizações informais.

Combinações formais e informais

A combinação mais desejada entre organizações formais e informais parece ser um sistema formal predominante para manter a unidade em direção aos objetivos, juntamente com um sistema informal bem-desenvolvido para manter a coesão e o espírito de equipe. Em outras palavras, a organização informal deve ser forte o bastante para ser apoiadora, mas não forte o suficiente para dominar os processos.

GRUPOS FORMAIS

"Ah, não! Não outra reunião de comitê", reclamou a executiva quando olhou para o compromisso marcado em sua agenda pela manhã. "Hoje é somente quarta-feira de manhã e eu já participei de 11 reuniões nesta semana. Quando vou conseguir trabalhar de verdade?"

A última observação da executiva reflete como muitos gerentes se sentem acerca das reuniões. Uma pesquisa mostrou que os gerentes acreditavam que o tempo gasto nas reuniões correspondia à sua parcela mais significativa de tempo desperdiçado. Quer sejam chamadas reuniões, encontros, conferências, forças-tarefa ou denominadas comitês, o tempo gasto nos grupos formais foi descrito, de várias maneiras, como perda total de tempo, fonte de confusão e de informações equivocadas e desculpa para a indecisão por parte dos tomadores de decisões.

Aqui estão alguns fatores que contribuem para a existência de atitudes negativas, freqüentemente impregnantes, sobre o tempo gasto nas reuniões de comitê:

- A falta de confiança faz que os participantes retenham seus sentimentos reais.
- A existência de uma mentalidade negativa de que "as reuniões não são trabalho de verdade", de modo que as pessoas não as levam seriamente (por exemplo, elas chegam tarde ou saem cedo, faltam, ou ficam distraídas enquanto estão presentes).
- A falta de informações ou a existência de informações incompletas impedem que os participantes tomem decisões importantes, quando for apropriado.
- As reuniões são mal conduzidas (a pessoa encarregada não possui uma agenda, plano a ser seguido ou uma duração limitada para a sessão e a disciplina para manter a discussão em andamento).
- As reuniões são vistas como o resultado final, e não como um meio para a obtenção de determinado fim (o grupo fracassa em não enfatizar a criação de um produto ou resultado).

Apesar da ampla condenação, os comitês e os demais grupos de atividade continuam a florescer. No lugar de serem extintos por causa do descontentamento generalizado, continuam a ser uma parte importante do comportamento organizacional diário.

O Que os Gerentes Estão Lendo

Simon Ramo, um dos fundadores da TRW Corporation, estima que tenha participado de mais de 40 mil reuniões ao longo de seus 70 anos de vida profissional. Ele afirma que "a maior parte das reuniões não serve para nada" — as pessoas erradas são convidadas, os participantes estão despreparados, as agendas não são focadas, os apresentadores tendem a requintar de forma desnecessária as apresentações de *slides* do PowerPoint e assim por diante.

O consultor de administração Patrick Lencioni alega que as reuniões podem ser produtivas, eficientes e divertidas. As chaves para o sucesso estão em conceder espaço para as pessoas se expressarem de maneira significativa, em focar de forma incessante as pequenas questões cruciais e em encorajar e resolver conflitos. Ele também sugere classificar as reuniões e utilizá-las para diferentes propósitos, juntamente com a exigência de 100% de participação das pessoas que possam oferecer contribuições relevantes.

Fontes: RAMO, Simon. *Meetings and More Meetings*: Getting Things Done When People Are Involved. Los Angeles, Bonus Books, 2005; LENCIONI, Patrick. *Death by Meeting: A Leadership Fable*. São Francisco: Jossey Bass, 2004.

As reuniões são necessárias, mas introduzem mais complexidade e proporcionam mais oportunidades para o surgimento de problemas quando são indevidamente utilizadas. Alguns comitês são usados não com o objetivo de se chegar a uma decisão, mas para adiá-la; não para obter contribuições dos funcionários, e sim para comunicar decisões previamente tomadas; não para desenvolver os subordinados, mas para esconder incompetência. Em algumas ocasiões, as questões emocionais encobrem os aspectos factuais das decisões a serem tomadas, e as relações interpessoais sensíveis que emergem exigem compreensão e um gerenciamento delicado.

Comitês

Grupos formais são criados com muitos propósitos. Pode ser solicitado aos membros de um grupo para produzir idéias, tomar decisões, debater questões, negociar recursos, apresentar relatórios de desempenho e receber feedback construtivo.[11] Um **comitê** é um tipo específico de reunião de grupo no qual os membros, enquanto grupo, recebem a autoridade para lidar com um problema específico. A autoridade do grupo normalmente é expressa em termos de um voto para cada membro. Isso significa que, se um supervisor e um trabalhador participam de um mesmo comitê, ambos geralmente possuem o mesmo papel naquele comitê. O trabalhador pode até mesmo ter influência real maior sobre o resultado do grupo por causa de sua expertise, de seu interesse ou de sua experiência. Os comitês freqüentemente criam problemas especiais de relacionamento humano porque as pessoas são incapazes de fazer ajustes a partir de seus papéis de trabalho e de relacionamentos normais.

Fatores Sistêmicos a Serem Considerados

Uma maneira útil para abordar a gestão de comitês é aplicar o modelo sistêmico discutido no Capítulo 1. Conforme mostrado na Figura 12.5, comitês eficazes exigem uma consideração cuidadosa de seus *inputs* (tamanho, composição e agendas), processos de grupo (papéis de liderança e estruturas alternativas do grupo) e resultados (qualidade da decisão e o apoio do grupo para ela). Esses fatores serão discutidos a seguir, e depois se fará uma revisão dos principais problemas e questões inerentes aos grupos de resolução de problemas.

Tamanho O tamanho de um grupo tende a afetar o modo como ele opera. Se o número de membros for superior a sete, a comunicação tende a centrar-se em alguns poucos membros, fazendo que os outros se sintam como se não tivessem a oportunidade para se comunicar diretamente uns com os outros. Se um grande comitê for necessário para representar todos os pontos de vista relevantes, tempo e esforços extras serão exigidos para assegurar boa comunicação. Um grupo de cinco pessoas parece ser ideal para as situações convencionais. Um grupo menor (como o de três pessoas) algumas vezes tem dificuldades para funcionar corretamente porque conflitos de poder podem desenvolver-se.

FIGURA 12.5
Visão Sistêmica de Comitês Eficazes

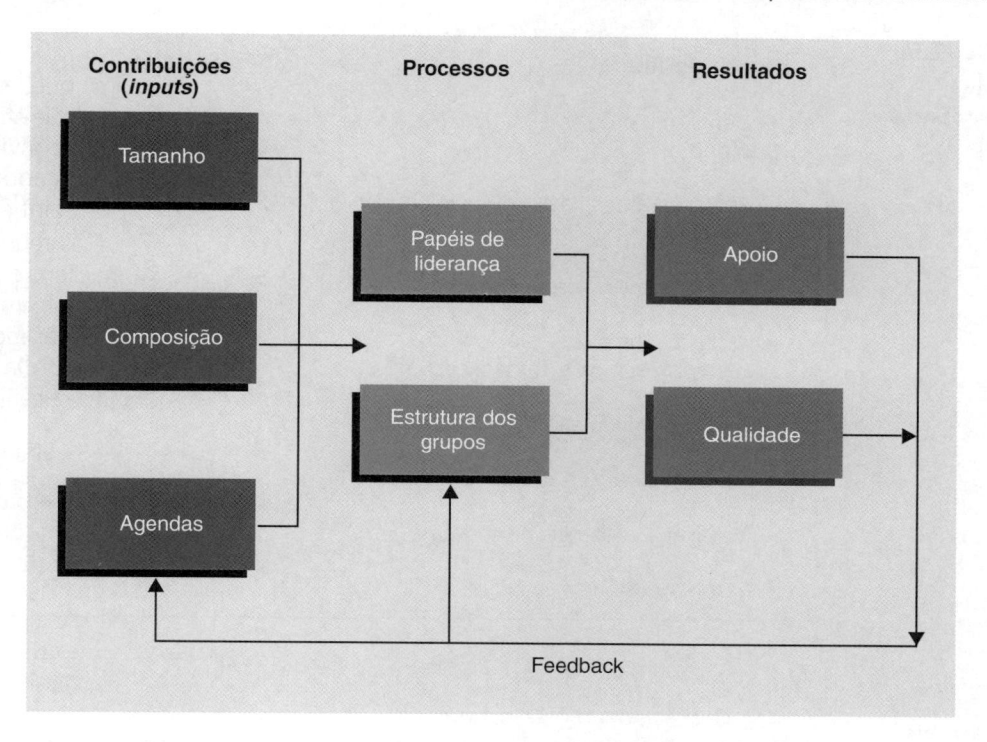

Contribuições (inputs): Tamanho, Composição, Agendas
Processos: Papéis de liderança, Estrutura dos grupos
Resultados: Apoio, Qualidade
Feedback

Composição Os líderes dos comitês, grupos de resolução de problemas e forças-tarefa têm freqüentemente a oportunidade de selecionar seus membros. Ao fazer isso, os líderes devem considerar vários fatores, como o objetivo do comitê, a expertise dos membros, o grau de interesse, o tempo disponível para a participação e o histórico dos relacionamentos de trabalho entre seus membros potenciais.

Agendas As reuniões de trabalho funcionam simultaneamente em dois níveis diferentes. Um deles corresponde à tarefa oficial do grupo, conhecido como **agenda aberta**.[12] O outro envolve as emoções e motivações particulares dos membros, as quais eles trazem consigo, mas que mantêm escondidas. Estas são as **agendas secretas** da reunião. Muitas vezes, quando um grupo chega a um momento de crise em sua agenda aberta, as agendas secretas emergem para complicar ainda mais a situação. Por outro lado, em certas ocasiões, o grupo parece não estar fazendo nenhum progresso e, então, subitamente, tudo é resolvido. O que pode ter ocorrido é que uma agenda secreta finalmente foi resolvida, ainda que os membros não estivessem cientes de que trabalhavam nela, tornando mais fácil solucionar a agenda aberta. Um exemplo disso é o caso de um especialista que busca uma forma de retaliar seu supervisor; esse especialista fica cego para tudo o mais, até que sua agenda secreta possa ser resolvida satisfatoriamente.

Agendas abertas e ocultas

Agendas abertas eficazes são essenciais para o sucesso das reuniões de comitê.[13] As agendas devem:

- Especificar claramente a data, o dia e o local do encontro.
- Indicar um propósito principal para a reunião.
- Listar apresentadores, o tempo destinado a cada um deles e o tempo disponível para discussão.
- Auxiliar o grupo a focar as decisões, não apenas as discussões.
- Deixar espaço para que novos itens possam ser adicionados.
- Tratar dos problemas em ordem de prioridade (do mais para o menos prioritário).
- Identificar a data, o horário e o local da *próxima* reunião.

FIGURA 12.6
Papéis de Liderança Social e de Tarefa

Papéis de Tarefa	Papéis Sociais
• Definir um problema ou uma meta para o grupo.	• Apoiar as contribuições dos outros; encorajá-los por meio do reconhecimento.
• Requisitar fatos, idéias ou opiniões dos membros.	• Sentir o humor do grupo e ajudar os membros a também se tornarem cientes dele.
• Prover fatos, idéias ou opiniões.	• Reduzir a tensão e conciliar desentendimentos.
• Esclarecer uma situação confusa; oferecer exemplos; fornecer estrutura.	• Modificar sua posição; admitir um erro.
• Resumir a discussão.	• Facilitar a participação de todos os membros.
• Determinar se um acordo foi obtido.	• Avaliar a eficácia do grupo.
• Verificar a existência de consenso.	• Lidar com o estresse da equipe.
• Testar a existência de ética.	

Papéis de tarefa

Papéis sociais

Papéis de Liderança Os grupos tendem a exigir não apenas um, mas dois tipos de papel de liderança: o papel de **líder de tarefa** e o de **líder social**.[14] A Figura 12.6 oferece exemplos da natureza dos dois papéis. O trabalho de um líder de tarefa em uma reunião é o de auxiliar o grupo a conquistar seus objetivos e a permanecer no rumo certo. A idéia é proporcionar a estrutura necessária ao identificar o problema, apresentar e obter os fatos relevantes, resumir periodicamente os avanços e verificar a concordância dos membros.

Às vezes surgem algumas dificuldades, pois o líder de tarefa pode irritar as pessoas e comprometer a unidade do grupo. Um papel do líder social é restaurar e manter os relacionamentos do grupo ao reconhecer as contribuições, conciliar diferenças e desempenhar papel de apoio para auxiliar o desenvolvimento do grupo. Uma tarefa especialmente desafiadora é mesclar as idéias de um membro que seja uma voz dissonante do grupo com os pensamentos dos demais participantes. Embora possa desempenhar tanto o papel de líder de tarefa quanto o de líder social, normalmente eles atuam separados. Quando eles agem separados, é importante para o líder de tarefa reconhecer o líder social e tentar formar uma coalizão para que os dois líderes trabalhem em conjunto e assim a melhorar a eficácia do grupo.

Um exemplo das atividades regulares de grupo em uma reunião de comitê é retratado na Figura 12.7. Nesse comitê, todos os membros, exceto Fleming, comunicaram-se com o líder. Sete dos dez membros estabeleceram contato com outros membros que não o líder, mas tenderam a conversar apenas com os membros que estavam próximos deles, provavelmente em virtude da grande dimensão e da disposição física do grupo. Johnson, Smith e Fleming foram os que menos participaram; todos os demais membros participaram ativamente. O gráfico mostra claramente que o principal meio utilizado pelo líder para fomentar a discussão foi a formulação de perguntas.

Além de se basearem tanto no papel social quanto no de tarefa, as reuniões eficazes também são facilitadas pela aplicação de diversas práticas de bom senso.[15] Essas práticas incluem:

- Considerar cuidadosamente *quem* deve estar presente, em quais partes da reunião, e quem *não* precisa estar no local.
- Selecionar um bom *local* para a reunião (apropriado para o tamanho do grupo, confortável e livre de distrações).
- Utilizar *tecnologia* (como computadores conectados a impressoras e monitores de tela grande) para ajudar na compreensão das idéias, permitir *inputs* anônimos, organizar e elaborar melhor as idéias, registrar *insights* e críticas e criar e editar documentos antes que os participantes deixem o local.

FIGURA 12.7
Diagrama de Participação em uma Reunião

Fonte: *Conference leadership*, US Departament of the Air Force, s. d., p. 9-11.

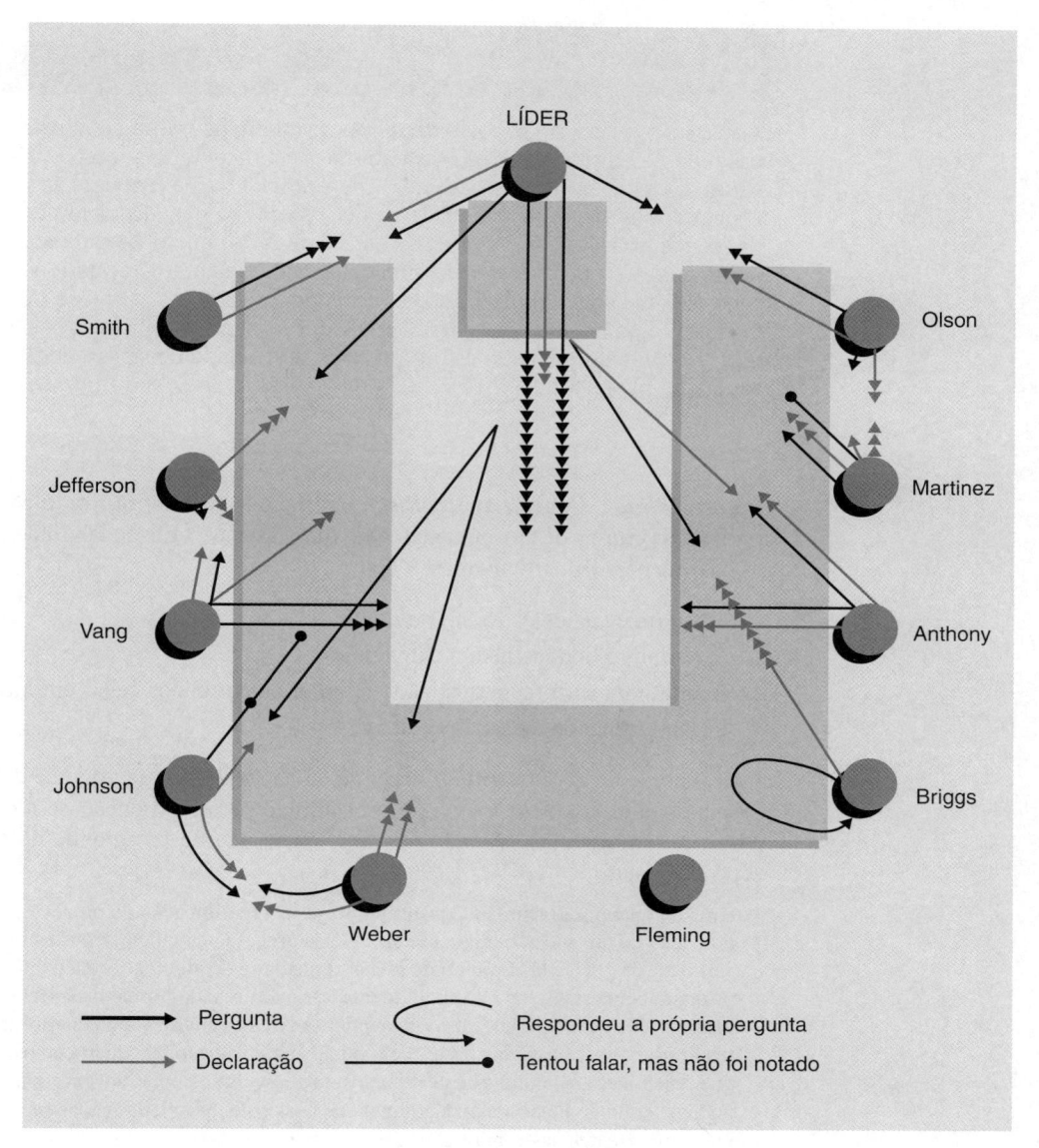

Diagrama mostrando LÍDER no topo e participantes: Smith, Jefferson, Vang, Johnson, Weber, Fleming, Briggs, Anthony, Martinez, Olson. Legenda: Pergunta, Declaração, Respondeu a própria pergunta, Tentou falar, mas não foi notado.

- Dar o *crédito* devido àqueles que participaram e estimular a participação daqueles que não o fizeram (tal como Fleming na Figura 12.7).
- Utilizar questões *abertas* para estimular as idéias e questões *diretas* para encorajar o enfoque sobre um tópico particular.
- Equilibrar discussões sérias com algum tempo de *descontração*.
- Resumir os avanços, identificar as questões pendentes e proceder à distribuição das *tarefas* para o futuro (conforme pode ser capturado pela frase: "Quem faz o quê, e até quando?").

Se forem seguidas regularmente, essas sugestões podem melhorar significativamente a produtividade das reuniões de comitê.

Abordagens Estruturadas

As reuniões de comitê discutidas anteriormente podem envolver, de forma geral, discussões abertas sobre um problema ou uma questão. Também foram desenvolvidos outros métodos que funcionam para objetivos específicos ou que oferecem um controle maior sobre o processo. Quatro importantes estruturas alternativas são: o *brainstorming*, os grupos nominais, o processo de tomada de decisões Delphi e a investigação dialética.

> **Uma Questão Ética**
>
> Alana tem participado da força de trabalho por algum tempo, e estudou cuidadosamente o comportamento dos grupos na organização na qual trabalha. Com base nas suas observações acerca do modo como as coisas são feitas, ela desenvolveu uma série de passos para a conquista de seus objetivos nas reuniões de comitê. Por exemplo, ela se certifica de que os itens da sua agenda recebam maior prioridade e sejam discutidos inicialmente; ofereceu-se para registrar o tempo de cada reunião de forma que consiga inserir sua visão nos resultados; escolhe cuidadosamente participar dos grupos de colegas que ela sabe que apoiarão as suas posições, e sempre se senta na cabeceira da mesa de reunião para que os outros a notem com mais freqüência e ouçam suas contribuições. Alana está apenas se portando apropriadamente de modo astuto ou pode ser culpada de violar padrões éticos para conquistar os resultados desejados?

Brainstorming O **brainstorming** é um método popular utilizado para encorajar o pensamento criativo em grupos de aproximadamente oito pessoas.[16] Ele é elaborado em torno de quatro diretrizes básicas para os participantes:

1. Gerar quantas idéias forem possíveis.
2. Ser criativo, independente e imaginativo.
3. Reunir conceitos (superposição), ampliar ou combinar idéias anteriores.
4. Evitar criticar as idéias dos outros.

O sucesso do *brainstorming* depende da capacidade e da vontade de cada membro de ouvir as idéias dos outros, utilizá-las como um estímulo para a produção de idéias próprias, e de se sentir livre para expressá-las. Quando essa seqüência ocorre, um grande número de novas e diferentes idéias pode surgir.

Uma companhia, Bachman Consulting, sugeriu a modificação do processo de *brainstorming* para a obtenção de um sucesso ainda maior.[17] O seu processo de cinco etapas estrutura o fluxo de idéias para se certificar de que cada conjunto de idéias contribuirá de alguma forma para a etapa seguinte da série. A primeira etapa revisa os fatos para identificar as causas do problema a ser resolvido. A segunda descreve os critérios que as soluções devem atender. A terceira envolve uma análise de todos os modelos para tentar identificar possíveis fontes de modelos para solução. Na quarta etapa, solicita-se aos participantes que relacionem os modelos e os recursos disponíveis aos objetivos originais para verificar como eles podem ser úteis. Finalmente, na quinta etapa, as soluções identificadas são comunicadas aos *stakeholders* mais importantes na organização, que podem beneficiar-se do resultado do produto do esforço do processo de cinco etapas do *brainstorming*.

Princípios fundamentais

Dois grandes princípios fundamentam o *brainstorming*. Um deles é o **adiamento do julgamento**, segundo o qual todas as idéias — mesmo aquelas extraordinárias e impraticáveis — são estimuladas sem críticas ou avaliações. As idéias são registradas por um membro do grupo assim que são apresentadas; apenas posteriormente elas serão avaliadas segundo sua utilidade. O propósito do julgamento adiado é separar a *criação* de idéias da *censura* das idéias. Esse princípio estimula as pessoas a propor idéias boas e criativas, mas sem se preocuparem com aquilo que os outros pensam sobre elas. O segundo princípio refere-se ao conceito de que *quantidade produz qualidade*. À medida que mais idéias forem sendo produzidas, há maior probabilidade de que algumas idéias de melhor qualidade surjam. Quando esses princípios são seguidos, o *brainstorming* normalmente produz mais idéias que a abordagem convencional da combinação de pensamento e julgamento. As sessões de *brainstorming* duram de dez minutos a uma hora e exigem bem pouca preparação.

Prós e contras

O *brainstorming* possui muitas vantagens com relação a outras abordagens. Nas sessões de *brainstorming*, os membros do grupo ficam entusiasmados, a participação é maior que a normal e o grupo mantém forte orientação para a tarefa. As idéias são combinadas e estendidas, e os membros geralmente percebem o produto final como uma solução em equipe. Suas maiores dificuldades incluem o medo residual de alguns membros do grupo de que suas idéias sejam desdenhadas, o fato de que a independência de pensamento e as críticas posteriores às idéias dos membros não contribuam para a coesão do grupo e o fato, bem real, de que apenas uma pessoa possa falar por vez (de forma a se registrar tudo claramente).

O casamento entre a tecnologia de informação e os sistemas de informação de múltiplos usuários simultâneos permitiu o desenvolvimento de uma versão modificada do método, conhecido como **brainstorming eletrônico**. Nesse processo, os membros do grupo sentam-se diante de terminais de computador — algumas vezes, em locais espalhados — e recebem uma pergunta, um problema ou uma solicitação para o estabelecimento de prioridades. Em resposta, eles digitam suas próprias idéias à medida que elas surgem. Uma vez que múltiplos *inputs* são recebidos, um conjunto de idéias do grupo aparece nas telas dos computadores, disponíveis para serem respondidas, editadas ou até mesmo para o *input* de julgamentos ou votos. Pesquisas demonstram que esse processo tem como conseqüência um número maior de idéias produzidas (em virtude da geração e do registro simultâneos das idéias pelos participantes) que o processo de *brainstorming* tradicional.[18] Além disso, os membros sentem-se como se tivessem mais oportunidades para participação e maior flexibilidade, pois não precisam necessariamente se "encontrar" ao mesmo tempo.

Técnica de Grupo Nominal   Um **grupo nominal** existe apenas em nome, visto que seus membros possuem uma interação mínima antes de produzirem uma decisão. Aqui estão os passos que os grupos nominais freqüentemente seguem:

Trabalhar independentemente e combinar idéias.

1. Os indivíduos são reunidos e apresentados a um problema.
2. Eles desenvolvem soluções de forma independente, em geral escrevendo-as em cartões.
3. Suas idéias são compartilhadas com os outros em um formato estruturado (por exemplo, um processo circular — *roundrobin* — que assegura aos membros que todos terão uma oportunidade para apresentar suas idéias).
4. Pouco tempo é destinado para que perguntas sejam formuladas — mas apenas para esclarecimento.
5. Os membros do grupo designam individualmente suas preferências quanto às melhores alternativas mediante votação secreta.
6. A decisão do grupo é anunciada.

As vantagens da técnica do grupo nominal incluem a oportunidade de igual participação para todos os membros, a impossibilidade da centralização das discussões em um único membro e um controle rígido de tempo permitido pelo processo. As desvantagens apontadas compreendem a frustração dos membros em virtude da rigidez do processo, a falta de um sentimento de coesão e a ausência de uma oportunidade para os membros beneficiarem-se do cruzamento de idéias.

> Uma pesquisa explorou a qualidade das soluções oferecidas para um problema de estratégia de marketing durante os procedimentos de um grupo nominal.[19] As idéias geradas nas várias etapas do processo foram avaliadas com base na qualidade e na criatividade. Embora as idéias de maior qualidade (aplicabilidade, penetração e impacto de longo prazo) aparecessem geralmente no início das discussões do grupo nominal, as idéias mais criativas (que também possuíam uma qualidade regular) foram geradas apenas posteriormente na sessão. Duas explicações possíveis foram apresentadas. O processo pode pressionar os participantes a contribuir com sua parte à medida que eles vêm os outros oferecendo continuamente sugestões. Além disso, os membros podem decidir aceitar riscos mais elevados por compartilhar idéias não convencionais quando percebem que a estrutura protege os outros membros.

Questionar os especialistas.

O Método Delphi de Tomada de Decisões   Nos **grupos de decisão Delphi**, um painel de pessoas relevantes é escolhido para decidir sobre determinada questão. Os membros são selecionados porque são experts ou porque possuem informações importantes para compartilhar e o tempo disponível para fazê-lo. Uma série de questionários é distribuída seqüencialmente aos participantes, que não precisam encontrar-se frente a frente. Todas as respostas normalmente são escritas. Os participantes do painel podem ser solicitados a identificar futuros problemas, projetar tendências de mercado ou prever uma situação futura qualquer (como vendas corporativas em dez anos). As explicações das suas conclusões também podem ser compartilhadas. As respostas de todos os participantes são reunidas, resumidas e retornadas aos membros para sua análise. Pede-se, então, que os participantes tomem outra decisão com base nas novas informações. O processo pode ser repetido diversas vezes até que as respostas convirjam satisfatoriamente e um relatório final seja preparado.[20]

O sucesso do processo para a tomada de decisões Delphi depende da existência da quantidade de tempo adequada, da expertise dos participantes, das habilidades de comunicação, e da motivação dos membros para se envolver inteiramente na tarefa. Os maiores méritos do processo incluem:

As vantagens do método Delphi

- A eliminação de problemas interpessoais entre os membros do painel.
- O uso eficiente do tempo dos experts.
- A presença da quantidade de tempo adequada para reflexão e análise dos problemas por parte dos participantes.
- Alta diversidade e grande quantidade de idéias produzidas.
- Acuidade das previsões e projeções realizadas.

Do mesmo modo que o *brainstorming* eletrônico, a disponibilidade cada vez maior de computadores e de meios eletrônicos para a transmissão das respostas afetou profundamente o processo Delphi. Pelo seu uso, o processo interativo de reunir e retornar os dados do grupo pode ser bastante abreviado. Esse uso dos avanços da tecnologia tem auxiliado na superação das limitações anteriores do processo Delphi.

Os Métodos Dialéticos de Decisão Alguns grupos de decisão frente a frente convergem tão rapidamente na direção de uma alternativa que freqüentemente ignoram outras opções. Sua avaliação incompleta das opções pode refletir-se tanto no descontentamento dos participantes com as reuniões quanto na falta de disposição para levantar e confrontar questões difíceis. O **método dialético de decisão (DDM)**, que remonta aos filósofos gregos Platão e Aristóteles, oferece uma maneira para superar esses problemas.[21] As etapas do DDM são retratadas na Figura 12.8.

O processo dialético começa com uma declaração clara do problema a ser resolvido. Então, duas ou mais propostas rivais são geradas. A seguir, ocorre a etapa crucial da *identificação das suposições implícitas ou explícitas* que fundamentam cada uma das propostas. O grupo, então, divide-se

FIGURA 12.8
Etapas do Método Dialético para a Tomada de Decisões

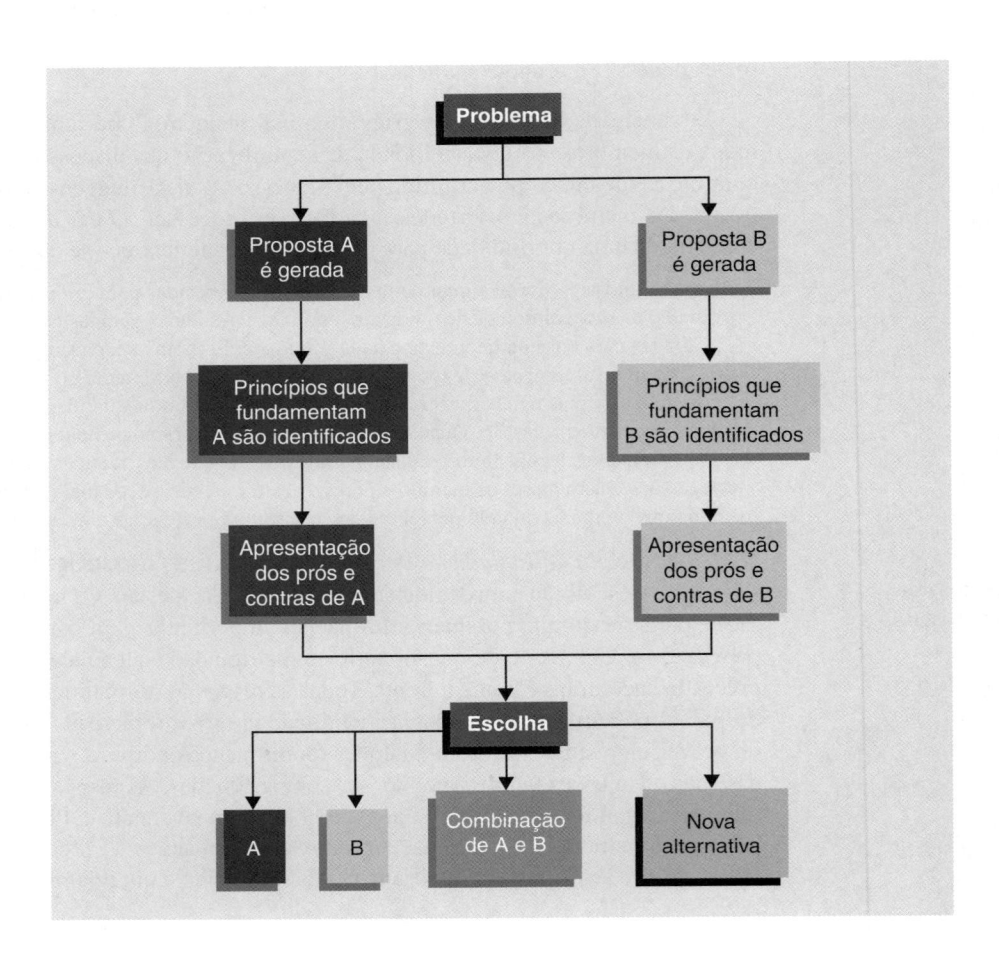

em subgrupos de defesa, que examinam e discutem os méritos relativos das suas posições. Posteriormente, o grupo inteiro toma uma decisão com base nas apresentações adversárias. Essa decisão pode significar ter de adotar uma das duas alternativas, criar uma combinação de diversas idéias ou produzir uma nova proposta.

Os méritos do DDM incluem melhor compreensão das propostas, de suas premissas básicas e de seus prós e contras por parte dos participantes. Os membros também têm uma probabilidade maior de se sentir mais confiantes sobre a escolha realizada. As desvantagens incluem uma propensão para a criação de uma combinação de idéias que evite uma opção clara por um dos lados e uma tendência para enfocar a eleição dos melhores debatedores em detrimento da discussão dos méritos das propostas apresentadas. Apesar disso, o método dialético parece promissor para os futuros grupos de tomada de decisões.

Sistemas de apoio

Outra abordagem promissora para a tomada de decisões é o **sistema de apoio para a tomada de decisões em grupo**.[22] Esses sistemas de apoio utilizam computadores, modelos de decisão e avanços tecnológicos para remover as barreiras à comunicação, estruturar os processos de decisão e, em geral, conduzir a discussão do grupo. Um exemplo é a sala de reuniões eletrônica, que pode contar com recursos para a apresentação instantânea das idéias dos membros do grupo em um monitor gigante, um sistema de votação e de apresentação de resultados computadorizado, e a transmissão de mensagens entre os indivíduos participantes. Os ganhos potenciais no tocante à qualidade das decisões, a partir da integração das tecnologias de comunicação, informação e decisão, são substanciais. O que não é conhecido até o momento são seus efeitos sobre a satisfação dos membros, o sentimento de envolvimento dos participantes, ou o equilíbrio entre os papéis sociais e de tarefa que serão necessários. Não obstante, os sistemas de apoio para decisões em grupo apresentam-se como uma promessa substancial para o futuro.

Resultados Potenciais dos Processos dos Grupos Formais

Aceitação

Apoio para a Tomada de Decisões Provavelmente, o mais importante subproduto das reuniões frente a frente diz respeito ao fato de que *pessoas que participam do processo de tomada de decisões sentem-se mais intensamente motivadas para aceitá-las e executá-las*. Em muitos casos, isso é mais que um subproduto — é o propósito primordial da reunião. As reuniões são, sem sombra de dúvida, um dos melhores meios disponíveis para fazer as pessoas comprometerem-se com a adoção de determinado curso de ação. Alguém que ajudou na tomada de uma decisão está mais interessado em vê-la funcionar. Além disso, se diversos membros do grupo estiverem envolvidos na execução de uma decisão, as discussões em grupo auxiliam cada um deles a compreender o papel que os outros desempenharão, de modo que possam coordenar seus esforços.

As decisões em grupo também possuem uma influência maior sobre aqueles que não são membros do grupo. Colaboradores, subordinados e até mesmo superiores têm uma probabilidade maior de *aceitar* as decisões de grupo. Eles acreditam que decisões desse tipo estão mais isentas dos preconceitos individuais porque são baseadas em uma combinação de vários pontos de vista. Adicionalmente, a pressão social combinada do grupo todo está por trás da decisão.

Ocorre melhoria na resolução de problemas.

Qualidade das Decisões Além de apoiarem as decisões, os grupos freqüentemente são instrumentos eficazes para a resolução de problemas. Em comparação a um único indivíduo, os grupos geralmente possuem um conjunto de informações disponíveis maior, amplo estoque de experiências com as quais podem contar e a capacidade de examinar e de recusar sugestões inadequadas. Como resultado, podem freqüentemente produzir soluções em número superior e de melhor qualidade do que os indivíduos para alguns problemas.

O impacto positivo da presença de outras pessoas

Desenvolvimento Individual Quando trabalham em grupos de decisão, alguns indivíduos são naturalmente mais passivos que outros e muitos retêm suas idéias. Contudo, o grupo apenas obterá um benefício significativo com a participação ampla e eqüitativa de todos os membros. A participação também aumenta a possibilidade de que os membros desenvolvam novas habilidades de interação, as quais poderão ser utilizadas posteriormente em outros grupos. Como ocorre, então, uma participação individual satisfatória? Além dos apelos específicos ("Kristina, que idéias você tem?") e do encorajamento por parte de outros membros do grupo e pelo líder ("Grande idéia, Mário."), uma explicação está na **facilitação social** — ou seja, os membros do grupo freqüentemente esforçam-se mais para contribuir com uma tarefa apenas porque há pessoas em volta deles. *A presença de outras pessoas normalmente os estimula a desempenhar melhor suas atividades.*

Três razões parecem fundamentar esse efeito da facilitação social. Primeiro, o fato de haver outras pessoas ao redor simplesmente aumenta o nível geral de atenção e vigilância dos indivíduos, estimulando a atividade cognitiva. As pessoas simplesmente pensam de maneira mais cuidadosa sobre seu comportamento associado às tarefas. Em segundo lugar, a presença de outros indivíduos faz algumas pessoas tornarem-se apreensivas com a possibilidade de serem avaliadas, formal ou informalmente, pelos outros, e, por causa disso, elas aumentam seu nível de desempenho para transmitir boa impressão. Em terceiro, a presença de outras pessoas pode aumentar a percepção da discrepância entre as visões ideal e atual que o indivíduo tem de si mesmo, produzindo, assim, um estímulo para que essa distância seja reduzida.

Uma participação maior também pode ser o produto de uma pressão implícita do grupo para a realização das atividades ou de uma resposta natural para o fato de se ver os demais membros realizando suas tarefas. A facilitação social está intimamente relacionada à idéia da criação de um modelo ideal, na qual um membro do grupo vê e ouve dizer que os demais membros desempenham bem suas atividades e passa a desejar reproduzir esse comportamento em virtude das recompensas sociais que ele retira dessas ações.

Consenso: uma Questão Crucial nos Grupos de Tomada de Decisão

A concordância unânime, ou **consenso**, é um pré-requisito para decisões eficazes de grupo? Sem a concordância geral, os membros do grupo poderão ter de executar decisões que não apóiem. Votações divididas também poderão produzir conflitos que se estenderão além dos limites da reunião. Por outro lado, uma *exigência* de unanimidade, ou até mesmo uma expectativa implícita de que isso ocorrerá, tem suas desvantagens. Ela pode tornar-se o objetivo central, fazendo que as pessoas evitem apresentar suas objeções ou digam ao grupo que concordam quando, honestamente, não pensam dessa forma. É frustrante, para a maioria dos membros de um grupo, ter de discutir uma questão qualquer longamente depois de já haverem tomado sua decisão, simplesmente porque têm a expectativa de convencer alguns poucos dissidentes convictos. Essa situação é uma perda de tempo e gera grande constrangimento para os dissidentes. Isso pode atrapalhar desnecessariamente o desenvolvimento de projetos importantes.

O consenso é necessário?

A menos que uma decisão tenha grande importância pessoal para o dissidente, a concordância da maior parte dos membros deve ser suficiente para determinar uma decisão. Embora uma minoria isolada necessite ser ouvida e respeitada, isso também deve ser feito com relação à maioria. As organizações devem prosseguir seus trabalhos, em vez de os paralisarem para a realização de discussões intermináveis com o objetivo de obter a concordância geral. Muitos empregadores, no entanto, não esperam nem exigem unanimidade das decisões dos comitês. Na prática, o consenso normalmente é interpretado como se o grupo tivesse se engajado em amplo processo de coleta de contribuições, o qual produziu um *nível compartilhado de compreensão*. De um ponto de vista comportamental, o ponto crucial é fazer que os membros sintam como se houvessem tido uma oportunidade verdadeira para expressar seus pontos de vista e para ser ouvidos.[23] Nesse momento, a maioria das pessoas razoáveis acredita ser possível apoiar a decisão obtida, apesar de reservas existentes.

Entre as idéias específicas para a obtenção de consenso, incluem-se:

1. Realizar sondagens para identificar as posições das pessoas.
2. Sugerir uma votação supramajoritária (por exemplo, exigência de uma votação de 90% para aprovação).
3. Solicitar aos membros que retirem propostas polêmicas ou preocupações pessoais da agenda de discussões; ou que fiquem de lado para permitir ao grupo prosseguir sem eles.
4. Criar um subgrupo e conceder-lhe autonomia para a tomada de decisões.
5. Separar as preocupações em grupos principais para localizar padrões recorrentes de problemas.
6. Acelerar o encerramento de uma discussão por meio de "rodadas de debate" (cada membro recebe um tempo limitado para expressar idéias) ou de "porta-vozes" (os representantes das correntes principais de idéias falam em nome dos demais).[24]

Habilidades de Facilitação As reuniões de grupo nem sempre transcorrem tranqüilamente; elas exigem uma variedade única de habilidades. A **facilitação** é o processo de auxiliar um grupo a

Papéis dos facilitadores

obter um sucesso excepcional, a elevar ao máximo o uso eficiente do tempo disponível, e a sentir-se satisfeito com suas realizações.[25] Facilitadores eficazes encorajam um grupo a separar os processos de obtenção e de avaliação de idéias, a produzir soluções múltiplas para avaliação, a evitar ataques pessoais, a alcançar contribuições equilibradas de seus membros, a se basear nas idéias dos outros para formular as suas, e a identificar os critérios para o julgamento de soluções potenciais. Os facilitadores formulam questões penetrantes, enfocam os resultados do grupo, monitoram a utilização do tempo, registram as conclusões principais, "ouvem" com seus olhos e ouvidos e sempre encerram as sessões com uma nota positiva, se possível. Eles também encorajam o grupo a *processar* seu próprio sucesso por intermédio da análise do que funcionou bem e de quais foram as áreas do comportamento do grupo que poderiam ser aprimoradas nas sessões futuras.

Os Pontos Fracos dos Comitês

Um destacado executivo estava sentado em sua casa, em uma noite de 1927, enquanto sua esposa lia um relato no jornal sobre o histórico vôo solo de Lindbergh de Nova York até Paris. "É sensacional", exclamou ela, "e ele fez tudo sozinho!". A resposta clássica de seu marido após um dia difícil no escritório foi a seguinte: "Bem, teria sido ainda mais sensacional se ele tivesse conseguido realizar essa mesma façanha com um comitê!".

Como os comitês têm pontos fracos e fortes, algumas pessoas desenvolveram uma atitude singular, expressa nesta sentença: "Você vai para a reunião e eu continuo trabalhando", o que significa que reuniões são improdutivas e que alguém deve manter a produção funcionando. *Algumas* reuniões podem ser improdutivas, entretanto, um simples caso não é suficiente para a criação de uma regra. As reuniões são uma parte essencial e produtiva do trabalho nas organizações. Uma parte do problema é que se espera muito delas, e à quando elas não satisfazem as expectativas, são criticadas. Mas ninguém chegará a lugar nenhum se criticar uma quadra de tênis apenas porque ela é um péssimo campo de futebol.

Quando corretamente conduzidas, as reuniões podem contribuir para o progresso organizacional ao proporcionar participação, integrar interesses, melhorar o processo de tomada de decisão, comprometer e motivar os membros para a adoção de determinado curso de ação, encorajar o pensamento criativo, ampliar perspectivas e mudar atitudes. A decisão fundamental que deve ser tomada com relação aos grupos, portanto, não é se eles devem existir ou não, mas *de que maneira se pode fazer o melhor uso deles*. Para utilizá-los, um indivíduo deve conhecer seus pontos fracos, que podem ser divididos em cinco grandes categorias: lentidão e custo elevado, *groupthink* (pensamento grupal), polarização, compromisso crescente e responsabilidade dividida.

Lentidão e Custo Elevado Conforme observado por um gerente, "os comitês controlam os minutos, mas desperdiçam horas!". As reuniões de todos os tipos são, algumas vezes, uma maneira onerosa e demorada de fazer que as coisas sejam realizadas. Eventualmente, alguma forma de atraso é desejável. Há mais tempo para reflexão, para uma revisão objetiva de uma idéia e para a sugestão de alternativas. No entanto, quando um curso de ação rápido e decisivo é necessário, uma abordagem individual é mais eficaz. Um gerente, por exemplo, não solicita uma reunião de comitê para responder a uma solicitação urgente de um cliente.

Algumas organizações têm empreendido ações diretas para se certificar de que as reuniões transcorram mais rapidamente e acabem na hora certa. Entre os exemplos de técnicas bem-sucedidas utilizadas, estão: a realização de reuniões "de pé" (todas as cadeiras são removidas da sala de reuniões); a exigência, estendida a todos os participantes, de que observem e respeitem um cronograma rígido (por exemplo, 12 minutos para a exposição de uma proposta estratégica relevante, incluindo o tempo necessário para responder a críticas importantes sobre ela), e a apresentação de um gráfico demonstrando o custo acumulado da reunião (computado a partir das relações entre minutos decorridos *versus* salário médio dos participantes *versus* número de participantes presentes). Essas abordagens demonstram que o custo das reuniões *pode* ser controlado.

Groupthink Uma das críticas mais convincentes com relação às reuniões é que elas freqüentemente conduzem à obediência e à acomodação. Essa tendência de um grupo extremamente coeso de alinhar o pensamento dos indivíduos ao pensamento do grupo é chamada **groupthink** (pensamento grupal), ou efeito nivelador,[26] e ocorre quando um grupo valoriza a solidariedade a tal ponto que falha em avaliar de forma crítica suas próprias decisões e suposições. Os indivíduos são pressionados para adaptar seus desejos aos desejos dos outros membros. As idéias dos membros dominantes

> ### A Necessidade de Diversidade nos Grupos
>
> Em nenhum outro lugar a necessidade de diversidade é mais aparente que em um grupo de tomada de decisões ou em uma força-tarefa. Os *históricos* (*backgrounds*) dos membros (como idade, gênero e etnicidade) estão se tornando crucialmente importantes para serem considerados, de forma que as decisões referentes a produtos e serviços possam refletir as necessidades do mercado. Além disso, as capacidades dos membros de pensar diferentemente e de compartilhar estruturas de pensamento variadas podem ser vitalmente importantes na prevenção de patologias fatais, como o *groupthink*. Como resultado, gerentes astutos recrutam conscientemente indivíduos que têm demonstrado possuir a capacidade de analisar os problemas a partir de diversas perspectivas. No curto prazo, essa abordagem pode produzir conflito, tensão e até mesmo caos; no longo prazo, criar e utilizar a diversidade é uma *abordagem saudável e construtiva na tomada de decisões em grupo*.

— os que possuem autoridade, que falam de modo confiante ou que são mais vocais que os demais — têm uma possibilidade maior de serem aceitas, independentemente de possuírem, ou não valor. Essa tendência enfraquece o resultado do grupo.

Sintomas do groupthink

O *groupthink* pode ser detectado mediante a observação de alguns sintomas clássicos, os quais incluem:

- Autocensura de pensamentos críticos.
- Racionalização de que aquilo que os membros fazem é aceitável pelos outros.
- Ilusão de invulnerabilidade.
- Confiança em vigias mentais determinados pelo próprio indivíduo.
- Ilusão de unanimidade no grupo sem verificá-la.
- Estereotipagem de outros indivíduos não pertencentes ao grupo.
- Ilusão de moralidade.
- Pressão sobre os dissidentes para que cedam e ajustem-se ao grupo.

O *groupthink* está provavelmente presente quando um grupo age como se estivesse acima da lei e como se não errasse, e quando assume que possui apoio total para suas ações. As conseqüências do *groupthink* incluem a deterioração da capacidade de julgamento do grupo, o fracasso em proceder a uma análise realista de determinadas ações, e a redução da qualidade do seu processo decisório.

Um método eficaz para a redução ou para a prevenção do *groupthink* é a designação de um **advogado do diabo** para cada encontro. Essa pessoa deverá questionar as idéias dos outros, investigar os fatos que apóiem a tese defendida e desafiar sua lógica. Os advogados do diabo são os guardiões do pensamento claro e moral, e podem auxiliar muito o grupo ao provê-lo de um fluxo contínuo de críticas construtivas. Outros métodos utilizados pelas organizações para evitar o *groupthink* são a inclusão de membros novos, uma extensão do convite para participação nas reuniões a membros de fora do grupo, e o anúncio de um atraso temporário antes da tomada de decisões para conceder aos membros uma última oportunidade para identificar e expressar suas reservas.

Polarização Em contraste com o *groupthink*, um comportamento alternativo que aparece em algumas oportunidades é a **polarização**. Nesse caso, os indivíduos trazem para o grupo suas predisposições mais expressivas, positivas ou negativas, com relação a determinado tópico. À medida que as idéias são discutidas e a sua lógica é desafiada, alguns membros tornam-se defensivos. Suas atitudes assumem um aspecto rígido e até mesmo extremado, caso eles sejam agressivamente confrontados. Embora as atitudes dos membros possam polarizar-se em qualquer uma das direções (arriscada ou conservadora), pesquisas sugerem que *alguns grupos tendem a adotar um* **desvio para o risco** *em seu modo de pensar*. Essa tendência significa que eles estariam mais dispostos a assumir riscos maiores com os recursos organizacionais, como grupo, do que estariam se estivessem agindo individualmente. Embora as decisões de risco tragam grandes recompensas, elas também possuem o potencial intrínseco de acarretar conseqüências desastrosas, conforme ilustrado neste cenário:

Os grupos podem assumir mais riscos.

> Imagine um grupo de gerentes prestes a tomar uma decisão sobre a expansão da capacidade de uma fábrica, apesar dos elevados custos de capital, da intensa competição e da existência de um mercado

incerto. Dois membros, que eram parcialmente favoráveis à expansão antes do encontro, ficaram surpresos ao ouvir um terceiro membro argumentando persuasivamente a favor da decisão. Outro gerente casualmente sugere que "em cinco anos os acionistas nem sequer lembrarão quem tomou esta decisão, ainda que nos enganemos". O quinto gerente, que não deseja ser visto como um obstáculo para o progresso, junta forças com os outros para aprovar a decisão por unanimidade.

Essa reunião ilustra o modo como o desvio para o risco pode ocorrer rapidamente. Embora apenas um entre os cinco membros realmente acredite que a decisão estava correta, os outros se deixam persuadir por diversas razões. Algumas vezes, membros excessivamente confiantes podem expressar-se de maneira tão persuasiva que os demais aceitam seus argumentos sem muito debate. Outros membros podem pensar que, uma vez que não são individualmente responsáveis pela decisão, podem aceitar um risco maior. O grupo deve proteger-se contra tais armadilhas.

Compromisso Crescente   Intimamente relacionada ao problema do *groupthink* está a idéia de que os *membros do grupo poderão perseverar defendendo determinado curso de ação ainda que haja evidências racionais indicando que isso redundará em fracasso*. Na realidade, eles podem até mesmo alocar recursos adicionais para o projeto, demonstrando, dessa forma, um **compromisso crescente**, apesar da existência de amplas evidências de que o fracasso é iminente. Há muitos exemplos de empresas automobilísticas que continuaram a produzir certos tipos de automóvel apesar das fortes tendências dos consumidores em não mais querê-los; de companhias farmacêuticas que investem milhões de dólares no desenvolvimento de drogas que possivelmente não receberão a aprovação governamental; e de comunidades que realizam imensos gastos em atrações turísticas diante de evidências de que nunca recuperarão seus investimentos.

Há muitas razões para que os tomadores de decisão aumentem seu compromisso. Algumas vezes, eles podem inconscientemente tornar-se presas de uma percepção seletiva e, desse modo, favorecer a escolha da informação utilizada no apoio a uma idéia. A questão da competência também afeta suas decisões, pois seu desejo de proteger sua auto-estima os impede de admitir o fracasso até que as evidências sejam abundantes. O fato de terem defendido anteriormente, de modo público, determinada alternativa torna mais difícil, para eles, demonstrar flexibilidade e reverter suas posições (por medo de arruinarem sua imagem). Em muitas culturas, os líderes que assumem riscos e que se mantêm em determinado curso de ação, apesar das dificuldades, são altamente admirados. Todas essas forças sugerem que os membros dos grupos precisam estar especialmente alertas para o fenômeno do comprometimento crescente, neles próprios e nos outros, e dispostos a admitir e a aceitar perdas em algumas situações.

Responsabilidade Dividida   A literatura valtada para a administração de empresas sempre reconheceu que a responsabilidade dividida é um problema quando decisões em grupo precisam ser tomadas. Afirma-se, de modo geral, que as ações que são responsabilidade, simultaneamente, de vários organismos, na realidade, não são de responsabilidade de ninguém. As decisões de grupo inquestionavelmente diluem e dissolvem responsabilidades. Elas também oferecem individualmente aos membros (preguiçosos sociais) uma chance para diminuir suas responsabilidades utilizando a seguinte justificativa: "Por que devo me incomodar com esse problema? Eu não o apoiei na reunião".

Superando as Fraquezas   Muitas das desvantagens das reuniões de grupo podem ser superadas rapidamente. As discussões anteriores sugerem que as estruturas de grupo adequadas devam ser selecionadas, que o tamanho do grupo seja um fator importante, e que os vários estilos de liderança devam ser utilizados. A seção Conselhos para Futuros Gerentes apresenta um conjunto adicional de diretrizes para assegurar a efetividade dos encontros de grupo.

Resumo

A dinâmica do grupo é o processo pelo qual as pessoas interagem frente a frente em grupos pequenos. Tais grupos podem ser formais ou informais; e os grupos formais podem ser temporários ou permanentes.

O complexo sistema dos relacionamentos sociais em uma organização consiste em muitos grupos pequenos e informais. Esses grupos, que surgem naturalmente da interação entre as pessoas, são denominados, coletivamente, organização informal. As organizações informais possuem grandes benefícios, mas também criam problemas que a gerência não pode ignorar facilmente. As organizações

Conselhos para Futuros Gerentes

1. *Crie e distribua a agenda* e o material de apoio para a reunião com antecedência. Esclareça o objetivo (resultado ou produto desejado) para todos os participantes.
2. *Componha o grupo adequadamente* de acordo com os critérios de tamanho e representatividade; permita às pessoas entrar e sair da reunião conforme forem necessárias.
3. *Estimule a expressão e a consideração dos pontos de vista das minorias*; busque identificar as hipóteses subjacentes e torne-as explícitas.
4. *Separe o estágio de geração de idéias de uma reunião do estágio de avaliação de idéias*; controle o tempo gasto em bate-papos, divagações e outros tópicos.
5. *Teste cuidadosamente o grau de apoio* de uma possível decisão que esteja prestes a ser tomada.
6. *Encerre a reunião com uma nota positiva* referente ao seu sucesso; delegue ordens individualmente aos participantes e atribua tarefas específicas para serem acompanhadas futuramente.
7. *Faça que os membros do grupo se engajem em uma avaliação de seus próprios sucessos* durante a reunião (o que funcionou bem e o que necessita ser aprimorado em seus próprios processos); utilize essas sugestões para aperfeiçoamento na próxima reunião que você conduzir.
8. *Desenvolva e aplique habilidades de facilitação de grupo* para tornar as reuniões mais produtivas e geradoras de satisfação.
9. *Observe cuidadosamente sinais de pensamento grupal (groupthink), desvio para o risco e compromisso crescente* para impedir que os grupos caiam nessas armadilhas.
10. *Procure por evidências da existência de uma organização informal e construa pontes com ela* de modo que ela complemente a estrutura formal.

informais são caracterizadas por um sistema de *status* que produz líderes informais. As normas dos grupos informais são influências poderosas sobre o comportamento dos membros.

Os grupos formais, que são estabelecidos pela organização, incluem comitês, forças-tarefa e outros grupos de tomada de decisão. As reuniões dos grupos formais são uma forma de atividade de grupo altamente utilizada; elas podem criar decisões de qualidade que sejam apoiadas pelos participantes.

Quatro abordagens estruturadas tipicamente utilizadas na resolução de problemas são: *brainstorming*, os grupos nominais, a técnica Delphi e a investigação dialética. Os desenvolvimentos mais promissores estão ocorrendo nas áreas de sistemas de apoio à decisão. Os pontos fracos dos grupos dividem-se em cinco categorias: lentidão e custo elevado, pensamento grupal (*groupthink*), polarização, compromisso crescente e dividida responsabilidade.

Termos e Conceitos para Revisão

Adiamento do julgamento, 288
Advogado do diabo, 294
Agenda aberta, 285
Agendas secretas, 285
Brainstorming, 288
Brainstorming eletrônico, 289
Coesão, 280
Comitês, 284
Compromisso crescente, 295
Consenso, 292
Desvio para o risco, 294
Diagramas de rede, 282
Dinâmica de grupo, 275
Facilitação, 292
Facilitação social, 291
Grupos de decisão Delphi, 289
Grupo de referência, 281
Grupos formais, 275
Grupos informais, 275
Grupo nominal, 289
Groupthink (pensamento grupal), 293
Líder de tarefa, 286
Líder informal, 278
Líder social, 286
Método dialético de decisão (DDM), 290
Normas, 278, 281
Organização informal, 276
Polarização, 294
Sistema de apoio para a tomada de decisões em grupo, 291

Questões para Discussão

1. Pense sobre um trabalho de meio expediente ou de jornada integral que você tem hoje ou já teve. Identifique a organização informal que está (ou estava) afetando suas atividades ou seu grupo de trabalho, e seus efeitos. Discuta como os líderes informais provavelmente ascenderam a suas posições e como eles operam.
2. Você já esteve em uma situação na qual as normas do grupo informal colocaram-no em conflito de papéis com os padrões formais da organização? Discuta.
3. Discuta alguns dos benefícios e dos problemas que as organizações informais podem trazer tanto a um grupo de trabalho quanto a um empregador.

4. Considere um pequeno grupo de trabalho ao qual você tenha pertencido recentemente. Avalie seu nível de coesão. Quais fatores contribuíram para ou atrapalharam sua coesão?
5. Ainda com relação a esse grupo, explique em quais aspectos as ações, as interações e os sentimentos de seus membros eram diferentes na prática com relação ao que deveriam ter sido quando o grupo foi formado.
6. Identifique cinco coisas específicas que você faria para criar um comitê eficaz da próxima vez que for o líder de um deles.
7. Divida uma folha de caderno em cinco colunas. Na primeira coluna, sob o título de "Pontos Fortes", liste todos os pontos fortes que qualquer um dos tipos de estruturas de grupo possa ter (por exemplo, "produz muitas soluções"). Escreva os quatro tipos de abordagens estruturadas nos cabeçalhos das colunas restantes. Indique, ao assinalar a coluna apropriada com um sinal de verificação, quais abordagens possuem cada um dos pontos fortes que você listou. (Repare que, em essência, você está preparando seu próprio modelo contingencial.)
8. O que significa, a partir da sua experiência, o conceito de *consenso*? Sua compreensão sobre esse termo foi modificada após a leitura deste capítulo? Quais outras interpretações você acredita que o termo possua para outras pessoas?
9. O capítulo menciona os cinco pontos fracos mais significativos dos grupos de tomada de decisões. Prepare uma contra-argumentação que descreva de maneira contundente os benefícios decorrentes da utilização de tais grupos.
10. Um gerente reclamou recentemente que "as reuniões não são mais tão divertidas desde que começamos a usar as abordagens estruturadas para a resolução de problemas". Explique por que isso pode ocorrer. Além de "divertido", quais outros critérios o gerente poderia utilizar para julgar o sucesso de um grupo?

Avalie suas Próprias Habilidades

Quão bem você exibe boas habilidades de liderança?

Leia as seguintes frases cuidadosamente. Faça um círculo ao redor do número na escala de respostas que reflita da melhor forma possível o grau com que cada afirmação mais bem o descreve. Some o total de pontos e prepare um breve plano de autodesenvolvimento. Esteja pronto para relatar seus resultados para que eles, juntamente com os resultados dos demais elementos do seu grupo, possam ser tabulados adequadamente.

	Boa descrição								Má descrição
1. Estou totalmente ciente da existência da organização informal.	10	9	8	7	6	5	4	3	2	1
2. Procuro ativamente identificar e utilizar os líderes informais para me auxiliar na conquista de meus objetivos.	10	9	8	7	6	5	4	3	2	1
3. Posso listar imediatamente meia dúzia de benefícios e problemas associados às organizações informais.	10	9	8	7	6	5	4	3	2	1
4. Posso utilizar os diagramas da rede para estruturar uma organização informal real.	10	9	8	7	6	5	4	3	2	1
5. Compreendo porque muitas pessoas têm atitudes negativas em relação às reuniões de comitê.	10	9	8	7	6	5	4	3	2	1
6. Posso confortavelmente desempenhar papéis de liderança social e de tarefa dentro de um grupo.	10	9	8	7	6	5	4	3	2	1

7. Monitoro cuidadosamente os padrões de interação nas reuniões de comitê e tomo as medidas adequadas para estimular o equilíbrio.   10 9 8 7 6 5 4 3 2 1

8. Utilizei de maneira bem-sucedida uma das abordagens estruturadas no processo de tomada de decisões do grupo.   10 9 8 7 6 5 4 3 2 1

9. Tenho uma idéia clara do significado de "consenso" e comunico isso em todas as reuniões que presido.   10 9 8 7 6 5 4 3 2 1

10. Sinto-me confortável em desempenhar o papel de advogado do diabo durante uma reunião de grupo.   10 9 8 7 6 5 4 3 2 1

Pontuação e Interpretação

Some o total de pontos obtidos nas dez questões. Registre aqui esse número e relate-o quando for solicitado: _____. Finalmente, insira o total de pontos no gráfico Avalie e Melhore suas Habilidades Associadas ao Comportamento Organizacional no Apêndice.

- Se você obteve um resultado entre 81 e 100 pontos, parece ter uma capacidade sólida para demonstrar boas habilidades de liderança.
- Se você obteve um resultado entre 61 e 80 pontos, deve analisar mais detidamente os itens nos quais obteve uma pontuação mais baixa e revisar o material relacionado a esses assuntos.
- Se você obteve um resultado abaixo de 60 pontos, deveria estar ciente de que baixo nível em habilidades relacionadas a diversos itens poderá ser prejudicial para o seu futuro sucesso como gerente. Sugerimos a você revisar o capítulo inteiro e permanecer atento com relação aos materiais relevantes que serão apresentados nos capítulos subseqüentes e em outras fontes.

Agora, identifique suas três pontuações mais baixas e escreva os números dessas questões aqui: _____, _____, _____. Faça um parágrafo curto detalhando para si mesmo um plano de ação para que você melhore cada uma dessas habilidades.

Estudo de Caso

A Excelsior Department Store

A Excelsior Department Store possuía um grande departamento que empregava seis assistentes de vendas. Muitos desses assistentes eram funcionários leais e confiáveis que tinham trabalhado na loja de departamento por mais de dez anos. Eles formavam um grupo social extremamente unido.

A loja iniciou um programa de expansão que exigia a contratação de quatro novos assistentes para o departamento no período de seis meses. Os novos contratados logo perceberam que os funcionários antigos realizavam suas pausas para o café nos melhores horários, deixando para os novos assistentes os piores horários. Os assistentes antigos também recebiam atendimento prioritário dos caixas mais antigos, o que exigia que os novos funcionários aguardassem em fila até que os assistentes antigos tivessem todas as suas vendas registradas. Diversos consumidores reclamaram para a gerência da loja sobre essa prática.

Além disso, os assistentes mais antigos freqüentemente ordenavam aos novos assistentes que ajeitassem as mercadorias nas pilhas e limpassem os estandes da área de vendas, embora esse trabalho também fosse uma atribuição dos mais velhos. O resultado era que os mais antigos tinham mais tempo disponível que os demais para realizar as vendas. Como eram pagas comissões sobre as vendas, os novos assistentes reclamaram ao gerente do departamento sobre tal prática.

Questões

1. Como a organização informal está envolvida nesse caso? Discuta.
2. Na condição de gerente do departamento, o que você faria sobre cada uma dessas práticas? Discuta.

Exercício Vivencial

Escolhendo o seu Líder

1. Divida a sala em grupos de cinco ou sete pessoas. Durante os primeiros dez minutos, faça que os membros apresentem-se não somente compartilhando seus nomes, mas também apresentando outras informações importantes (como principais realizações ou futuras aspirações).

2. Agora, peça a cada um dos membros do grupo que escreva em um pedaço de papel o nome da pessoa que o membro acredita que possa ser o melhor líder do pequeno grupo. Então, solicite aos membros que participem coletivamente de um *brainstorming*, enquanto registra os itens em uma folha de papel, para determinar os fatores que eles utilizaram para selecionar um líder (por exemplo, quais características foram importantes para eles?). Faça que eles entreguem os pedaços de papel para uma pessoa, que deverá contar os votos para o líder. Peça ao novo líder que facilite uma discussão sobre as características usadas para selecioná-lo. Solicite aos grupos que discutam brevemente a validade do processo de seleção.

3. Agora, direcione os grupos para refletir sobre a experiência da discussão. Faça que eles identifiquem quais eram os líderes sociais e os líderes de tarefa, quais eram as agendas ocultas e quem desempenhou os papéis mais assertivos. Como eles mudariam de comportamento caso tivessem de realizar novamente o exercício?

Produzindo Insights sobre CO

Um *insight* diz respeito a uma percepção nova e clara acerca de um fenômeno ou de uma capacidade adquirida para "enxergar" claramente algo sobre o qual você não estava ciente anteriormente. Ele, algumas vezes, simplesmente se refere a um "momento do tipo "ah-há!", no qual você obtém uma pequena revelação ou atinge uma conclusão direta sobre um problema ou uma questão.

Os *insights* não precisam necessariamente ser dramáticos, uma vez que aquilo que pode ser considerado um *insight* por uma pessoa pode não o ser pelas demais. A característica fundamental dos *insights* é que eles são importantes e memoráveis para você; eles devem representar novos conhecimentos, novas estruturas ou novas perspectivas para perceber as coisas que você desejaria armazenar e lembrar ao longo do tempo.

Os *insights* são, portanto, diferentes do tipo de informação que você encontra nos textos da seção Conselhos para Futuros Gerentes. Esse formato de conselho é prescritivo e orientado para a ação; ele indica e recomenda determinado curso de ação.

Uma forma útil para pensar sobre os *insights* de CO é partir do princípio de que você foi a única pessoa que leu o Capítulo 12. Você recebeu a tarefa de ressaltar, utilizando suas próprias palavras, os conceitos principais (mas não somente resumir o capítulo todo) que poderiam ser relevantes para um público leigo, que nunca foi apresentado ao tema antes. *Quais são os dez insights que você compartilharia com os membros desse público?*

1. (Exemplo) O comportamento de dois ou mais membros de um grupo não pode ser compreendido sem examinarmos as relações entre eles.
2. _____
3. _____
4. _____
5. _____
6. _____
7. _____
8. _____
9. _____
10. _____

Capítulo Treze

As Equipes e sua Formação

Acreditamos que as equipes se tornarão a principal unidade de desempenho em organizações de alto desempenho.
Jon R. Katzenbach e Douglas K. Smith[1]

Somente nos Estados Unidos, aproximadamente 8,4 milhões de funcionários são membros de uma ou mais equipes ou grupos virtuais.
Stacie A. Furst, Martha Reeves, Benson Rosen e Richard S. Blackburn[2]

OBJETIVOS DO CAPÍTULO

COMPREENDER

- O contexto organizacional para as equipes.
- A natureza das equipes.
- O ciclo de vida de uma equipe.
- O trabalho em equipe e as características de equipes maduras.
- A consultoria de processos as habilidades de construção de equipes.
- Equipes autogerenciadas.

A organização é a grande estratégia criada para trazer ordem ao caos quando as pessoas trabalham juntas. Ela proporciona a estrutura básica que auxilia na criação de relações previsíveis entre pessoas, tecnologias, cargos e recursos. Sempre que as pessoas se reúnem em um esforço comum, a organização deve ser utilizada para a obtenção de resultados produtivos.

A necessidade de organização e o dano produzido pela desorganização são ilustrados ao embaralharmos uma sentença curta: "asulsorgantadoizaçãotémobre". Dessa forma, ela não possui nenhum sentido. Agora, vamos reorganizá-la significativamente: "aorganização obtémresultados". Nessa condição, ela pode ser compreendida, mas ainda é um exercício difícil. Por meio de ações simples, como tornar a letra "a" maiúscula e adicionar três espaços, ela pode ser lida de maneira inteligível: "A organização obtém resultados". Sim, a ação de organizar pessoas e coisas é essencial para um trabalho coordenado.

Neste capítulo, serão introduzidos os elementos centrais da forma como os esquemas organizacionais clássico e emergente se relacionam com o comportamento organizacional. Em particular, será visto porque muitas organizações passaram a recorrer a múltiplas ênfases nas equipes para superar problemas existentes, para prover a necessidade de satisfação para os funcionários e para liberar o potencial máximo dentro dos grupos. A necessidade de um cuidadoso desenvolvimento das equipes é salientada, e uma única estrutura — a das equipes autogerenciadas — é enfatizada. As equipes virtuais são, então, introduzidas.

O CONTEXTO ORGANIZACIONAL PARA AS EQUIPES

Conceitos Clássicos

A teoria clássica das organizações refere-se ao processo de começar com determinada quantidade total de trabalho e distribuí-la em divisões, departamentos, agrupamentos de tarefas, atividades e atribuições de responsabilidade entre as pessoas. A eficiência e a integração de esforços são conquistadas mediante a **divisão de trabalho** — a criação de níveis de autoridade e unidades funcionais — e a **delegação** — a atribuição de tarefas, a autoridade e a responsabilidade para outros indivíduos. O resultado é uma hierarquia operacional formada por diversos níveis de autoridade.

As estruturas organizacionais clássicas são essencialmente mecanicistas em suas tentativas de fazer que as pessoas ajam de maneira tão eficiente e previsível quanto as máquinas. As pessoas são especializadas em diversas atividades que são organizadas por camadas de supervisão. Cada camada mais alta possui mais poder e influência que a imediatamente abaixo. Esse processo prossegue continuamente até que o topo da estrutura seja alcançado, ponto no qual ocorre a direção central de toda a organização. O trabalho é cuidadosamente organizado, as tarefas são determinadas, os papéis são estritamente definidos e a maior parte das comunicações formais flui ao longo das linhas de hierarquia. Toda a estrutura é organizada como uma máquina bem projetada e incorpora muitas das características de uma burocracia.

O desenho clássico de uma organização tem seus pontos fortes e fracos. Por exemplo, a estrutura organizacional pode apoiar as pessoas do mesmo modo que pode restringi-las. A estrutura clássica proporciona uma quantidade significativa de apoio para a tarefa, como, assistência especializada, recursos apropriados para o desempenho do cargo, segurança, e condições de trabalho razoavelmente confiáveis. Por outro lado, embora a estrutura clássica tenha no apoio à tarefa um de seus pontos fortes, possui *grande carência na oferta de apoio psicológico*. O que é necessário é um sistema que proporcione tanto apoio psicológico quanto apoio para a tarefa.

Declínio na utilização de estruturas

Novos pontos de vista estão levando ao declínio na utilização de estruturas e autoridade nas organizações modernas. Muitas organizações reduziram o número de níveis de hierarquia por meio do *downsizing* (redução do quadro de funcionários) e da eliminação de algumas posições gerenciais médias. Outras têm buscado eliminar as barreiras rígidas entre as unidades funcionais (conhecidas como "silos") focando na criação de organizações "sem fronteiras", livres de obstáculos artificiais internos. A abordagem moderna consiste em conceder mais flexibilidade aos sistemas organizacionais, modificando-os rapidamente segundo as necessidades do ambiente. Uma razão para isso é a mudança dos valores sociais, ainda que também seja evidente o fato de as relações horizontais entre as cadeias de comando terem se tornado mais importantes para a eficácia dos processos organizacionais do que era percebido anteriormente. A influência dos supervisores sobre seus pares, funcionários, fornecedores e outras cadeias de comando assumiu um grau de importância muito mais significativo. A velocidade e a complexidade do trabalho dos dias de hoje fazem que a presença de comunicação horizontal e estruturas mais flexíveis seja imprescindível.

Características orgânicas

As *organizações* modernas são mais maleáveis, orgânicas e abertas. As tarefas e os papéis são definidos de forma menos rígida, permitindo que as pessoas se ajustem às exigências da ocasião. A comunicação é mais multidirecional. Ela é composta mais por informações, conselhos e a resolução conjunta de problemas que por instruções e decisões. A autoridade e a influência fluem mais diretamente das pessoas que possuem a capacidade para resolver os problemas que estão sendo enfrentados. O processo de tomada de decisões é mais descentralizado, sendo compartilhado por vários níveis e diferentes funções. A organização também está mais aberta para seu ambiente.

As formas orgânicas são mais eficazes em situações típicas do século XXI. Essas formas trabalham melhor nos casos em que o ambiente seja dinâmico, exigindo mudanças freqüentes na organização. Também funcionam melhor quando as tarefas não são suficientemente bem-definidas para se tornarem rotineiras. Se os funcionários procuram autonomia, abertura, variedade, mudança e oportunidades para tentar novas abordagens, então um modelo orgânico é melhor. Caso contrário, uma forma mecanicista ainda pode ser a mais indicada. *Há uma probabilidade maior de as equipes serem utilizadas dentro de uma forma orgânica de organização*, porque elas proporcionam a flexibilidade exigida pelas organizações modernas.

Organizações Matriciais

Um desenvolvimento para antender as necessidades organizacionais em constante transformação é a **organização matricial**, uma sobreposição de um tipo de organização sobre outra, de forma que duas cadeias de comando administrem os funcionários. Ela é utilizada especialmente em projetos grandes e especializados, que demandem temporariamente grandes quantidades de pessoal técnico, com diferentes habilidades, para trabalhar em equipes de projeto. Um exemplo simples de organização matricial é o programa de arrecadação de doações da United Way para instituições de caridade. Ele poderia ser realizado por meio de um modelo tradicional de hierarquia, mas freqüentemente utiliza uma hierarquia temporária de funcionários com ocupação de tempo parcial. Eles executam a tarefa até que ela esteja completa e, então, a equipe é dispersa.

O efeito da estrutura matricial é separar algumas das atividades da organização em projetos que, então, competem por alocações de pessoal e de recursos. A hierarquia tradicional proporciona um grupo de trabalho regular para o funcionário, mas os grupos de projeto são estabelecidos temporariamente por um prazo que pode durar até vários anos, como no caso do desenvolvimento do projeto do avião modelo 777 da Boeing. Os funcionários são designados para uma equipe de projetos até o limite de sua duração ou durante o tempo que sua especialidade for necessária ao projeto. À medida que uma atividade é finalizada, os funcionários retornam às antigas atribuições em seus departamentos tradicionais ou são alocados para outros projetos. Na realidade, um funcionário pode ser designado para atividades de tempo parcial em dois ou mais projetos ao mesmo tempo.

Apesar de sua complexidade, a organização matricial é utilizada por diversas razões. Suas equipes se concentram em um único projeto, permitindo melhor planejamento e controle para o cumprimento de orçamentos e prazos. Especialmente em projetos repetitivos, os membros adquirem uma experiência valiosa, e a equipe desenvolve forte identidade. Como a estrutura é mais aberta e flexível (orgânica) que a hierarquia tradicional, ela pode lidar melhor com as mudanças que ocorrem em projetos complexos. Sua distribuição de *status* e autoridade também está mais alinhada com os desejos dos funcionários por maior autonomia.

O processo matricial organizacional, quando aplicado em larga escala, pelas fronteiras internas da organização, cria **equipes interfuncionais**, as quais, de modo geral, selecionam seus membros em mais de uma área de especialidade e, freqüentemente, de diversas áreas. Em virtude de sua natureza específica, elas contêm um nível elevado de diversidade, pelo menos no que se refere aos históricos e às especializações profissionais. Os grupos interfuncionais, embora algumas vezes sejam rapidamente construídos, colocam desafios especiais durante o processo para se tornar equipes verdadeiras. Sendo assim, o restante deste capítulo é destinado à revisão de algumas informações fundamentais referentes à formação, sedimentação e operação de equipes.

TRABALHO EM EQUIPE

Os funcionários realizam tarefas operacionais, mas a maioria deles trabalha em grupos pequenos regulares, nos quais seus esforços devem encaixar-se do mesmo modo que as peças de um jogo de quebra-cabeça. Quando seu trabalho é interdependente, eles agem como uma equipe de tarefa e buscam desenvolver um estado de cooperação denominado trabalho em equipe. A **equipe de tarefa** é um pequeno grupo cooperativo, regularmente em contato, que está engajado em uma ação coordenada. A freqüência da interação entre os elementos da equipe e a sua contínua existência tornam a equipe de tarefa claramente diferente, tanto de um grupo de tomada de decisão de curto prazo (comitê) quanto de uma equipe de projeto em uma estrutura matricial.

As diversas maneiras pelas quais as equipes distinguem-se dos grupos convencionais ou dos comitês são retratadas na Figura 13.1. Em particular, muitas equipes monitoram suas próprias atividades, recebem treinamento sobre métodos para a resolução de problemas, compartilham internamente as responsabilidades de liderança, aceitam — e até mesmo encorajam — o conflito, e são mensuradas com base nos seus resultados coletivos (não individuais). No entanto, apenas *chamar* um grupo de equipe não altera seu caráter básico ou sua eficácia; meses e, às vezes, anos podem ser necessários para uma equipe alcançar um *status* de alto desempenho.

FIGURA 13.1
Algumas Diferenças Fundamentais entre Grupos e Equipes

Dimensão para Comparação	Grupo	Equipe
Produto do trabalho	Individual	Coletivo
Fonte do monitoramento do desempenho	Externa	Interna
Foco de atividade	Realização eficiente da tarefa	Resolução de problemas
Liderança	Única	Compartilhada
Visão sobre o conflito	Disfuncional e desestimulado	Funcional e encorajado

Elementos que contribuem para o trabalho em equipe

Quando os membros de uma equipe de tarefa conhecem seus objetivos, contribuem responsável e entusiasticamente para a realização da tarefa e apóiam-se mutuamente, eles estão exibindo um **trabalho em equipe**. Pelo menos quatro elementos contribuem para o desenvolvimento do trabalho em equipe: um ambiente de apoio, a combinação correta entre habilidades e exigências para os papéis, metas superiores e recompensas coletivas. As novas equipes normalmente evoluem ao longo de uma série de estágios de desenvolvimento, que serão descritos na próxima seção.

O Ciclo de Vida de uma Equipe

Quando vários indivíduos começam a trabalhar em atividades interdependentes, com freqüência eles passam por diversos estágios até aprender a trabalhar conjuntamente como uma equipe (ver Figura 13.2).[3] Esses **estágios de desenvolvimento da equipe** não são rigidamente seguidos, mas representam um padrão amplo que pode ser observado e previsto em diversos arranjos durante o tempo que a equipe permanecer junta. Os estágios são o resultado de uma variedade de problemas e questões previsivelmente enfrentadas pelo grupo, como os mostrados na Figura 13.2. Além disso, os membros desejam saber quais regras deverão seguir e quais são as contribuições que cada elemento deve fazer. Os estágios típicos na evolução de uma equipe podem ser descritos da seguinte maneira:

- *Formação* — Os membros compartilham informações pessoais, passam a se conhecer e a aceitar uns aos outros, e começam a voltar suas atenções para as tarefas do grupo. Um espírito de cordialidade prevalece e as interações normalmente são cautelosas.

- *Tormenta* — Os membros competem por *status*, disputam posições de controle relativo e discutem sobre as direções apropriadas para o grupo. Pressões externas interferem no funcionamento do grupo e aumentam as tensões entre os indivíduos à medida que eles assumem uma postura assertiva.

- *Normatização* — O grupo começa a mover-se conjuntamente de modo cooperativo; um equilíbrio temporário é alcançado entre as forças concorrentes. As normas surgem para direcionar os comportamentos individuais, e os sentimentos de cooperação são cada vez mais evidentes.

- *Desempenho* — O grupo amadurece e aprende a lidar com problemas complexos. Os papéis funcionais são desempenhados e trocados de maneira fluida, de acordo com as necessidades, e as tarefas são eficientemente executadas.

- *Dissolução* — Mesmo o mais bem-sucedido entre os grupos, comitês e equipes de projeto são dissolvidos cedo ou tarde. Sua extinção é denominada dissolução, e exige o rompimento de relações sociais significativas e o retorno às atribuições permanentes. O estágio da dissolução torna-se cada vez mais freqüente com o advento das organizações flexíveis, que têm como característica a existência de grupos temporários.

Orientar as novas equipes acerca desses possíveis estágios é muito útil para seus membros e líderes. O conhecimento dessas etapas por todos os membros da equipe pode auxiliá-los a compreender o que ocorre e a trabalhar melhor as questões envolvidas. Os grupos, obviamente, sempre são diferentes; conseqüentemente, nem todas as equipes experimentarão nitidamente todos os estágios do ciclo de vida. Alguns grupos podem permanecer temporariamente retidos em determinado

FIGURA 13.2 Ciclo de Vida de uma Equipe e as Questões e os Problemas Associados que São Enfrentados em Cada um dos Estágios

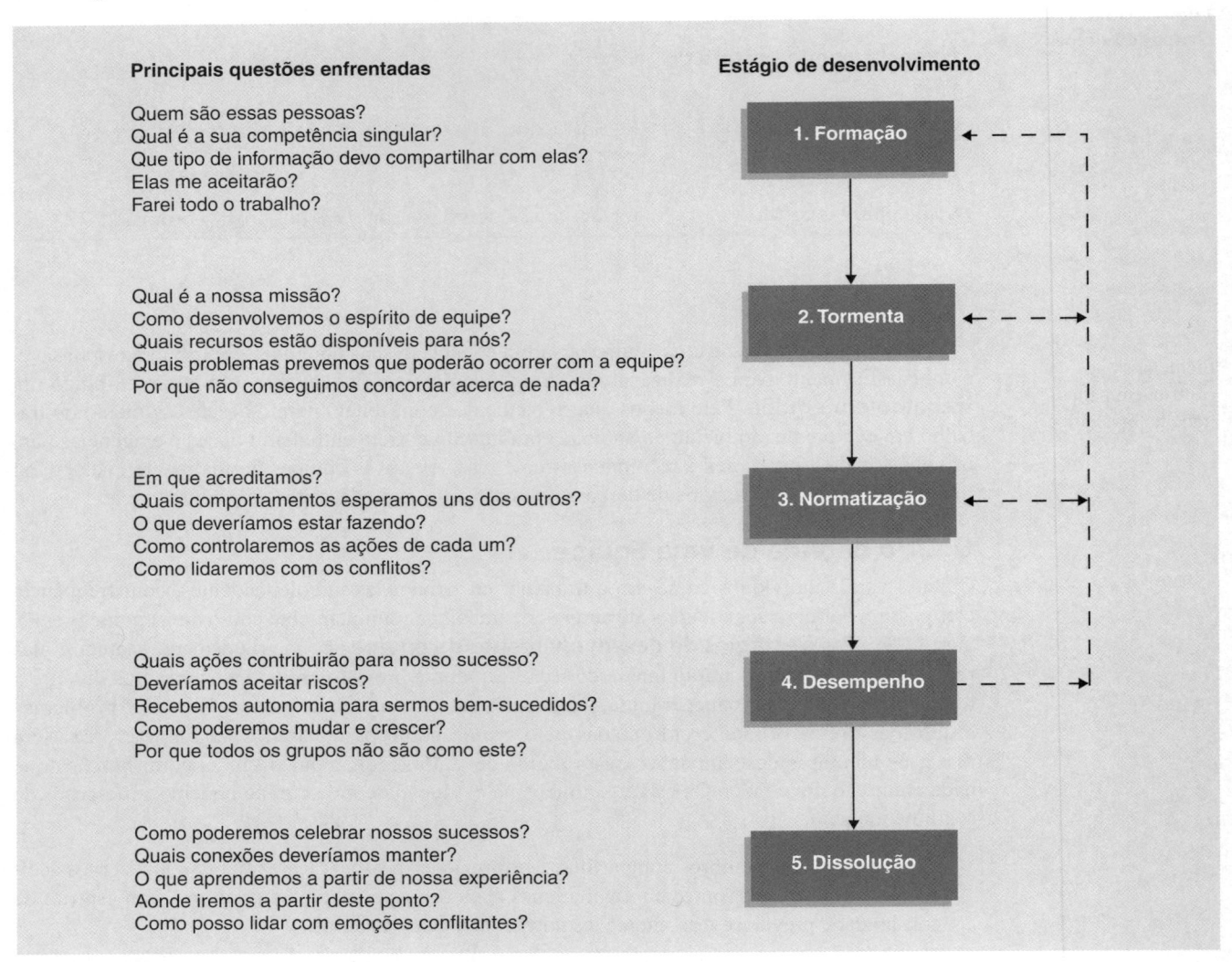

Principais questões enfrentadas

Quem são essas pessoas?
Qual é a sua competência singular?
Que tipo de informação devo compartilhar com elas?
Elas me aceitarão?
Farei todo o trabalho?

Qual é a nossa missão?
Como desenvolvemos o espírito de equipe?
Quais recursos estão disponíveis para nós?
Quais problemas prevemos que poderão ocorrer com a equipe?
Por que não conseguimos concordar acerca de nada?

Em que acreditamos?
Quais comportamentos esperamos uns dos outros?
O que deveríamos estar fazendo?
Como controlaremos as ações de cada um?
Como lidaremos com os conflitos?

Quais ações contribuirão para nosso sucesso?
Deveríamos aceitar riscos?
Recebemos autonomia para sermos bem-sucedidos?
Como poderemos mudar e crescer?
Por que todos os grupos não são como este?

Como poderemos celebrar nossos sucessos?
Quais conexões deveríamos manter?
O que aprendemos a partir de nossa experiência?
Aonde iremos a partir deste ponto?
Como posso lidar com emoções conflitantes?

Estágio de desenvolvimento

1. Formação
2. Tormenta
3. Normatização
4. Desempenho
5. Dissolução

estágio, outros poderão retornar de tempos em tempos para um estágio anterior (ver as setas pontilhadas na Figura 13.2). Para acelerar seu próprio desenvolvimento, os membros da equipe podem julgar ser útil conhecer quais elementos poderão auxiliá-los na criação de equipes bem-sucedidas.

Os Ingredientes de Equipes Eficazes

Muitos estudos foram conduzidos na tentativa de isolar os fatores que contribuem mais diretamente para o sucesso de uma equipe. Os itens mais comumente identificados incluem a composição cuidadosa da equipe; o compartilhamento de informações; o estabelecimento de uma orientação clara e de metas mensuráveis para verificação de responsabilidades; a existência de recursos suficientes, integração e coordenação, flexibilidade e inovação; e o estímulo ao desejo de aprender.[4] Nossa discussão se concentrará em quatro fatores mais expressivos — um ambiente de apoio, habilidades apropriadas e clareza dos papéis, metas superiores, e recompensas para as equipes.

Ambiente de Apoio O trabalho em equipe tem maiores chances de se desenvolver quando a administração constrói um ambiente de apoio. A criação desse tipo de ambiente envolve o encorajamento dos indivíduos para que aprendam a pensar como uma equipe, a destinação da quantidade de tempo adequada para as reuniões, e a demonstração de confiança na capacidade dos membros para alcançar suas metas. Medidas de apoio como estas auxiliam o grupo a tomar as primeiras medidas

O Que os Gerentes Estão Lendo

Após estudar ampla variedade de pesquisas sobre administração de empresas e alguns exemplos de situações sociais, James Surowiecki concluiu que os grupos (quer estejam interagindo ou não) produzirão, consistentemente, melhores respostas para questões e problemas que os indivíduos. Ele acredita que os grupos são inteligentes — freqüentemente mais inteligentes (e mais precisos) que todos os indivíduos que trabalham em determinado problema, com exceção de um ou dois membros que se ocupam de uma mesma questão.

Para produzir os resultados que ele documenta, os grupos eficazes precisam de quatro ingredientes:

1. Diversidade de opinião, informação ou perspectiva.
2. Escolhas independentes, não influenciadas pelos outros.
3. Acesso ao conhecimento descentralizado e à autonomia para a tomada de decisões com base nesse conhecimento.
4. Um mecanismo agregador para a produção de decisões coletivas a partir de julgamentos particulares.

A ausência de qualquer *um* desses ingredientes vitais pode resultar em uma decisão equivocada por parte do grupo. Além disso, os grupos também são melhores na seleção de alternativas a partir de um conjunto de possíveis respostas do que são na geração de soluções para problemas.

Fonte: SUROWIECKI, James. *The Wisdom of Crowds*: Why the Many Are Smarter Than the Few and How Collective Wisdom Shapes Business, Economies, Societies, and Nations. Nova York: Doubleday, 2004.

---

necessárias na direção do trabalho em equipe. Já que tais etapas contribuem para incrementar a cooperação, a confiança e a compatibilidade, os supervisores necessitam fomentar uma cultura organizacional que crie essas condições.

Habilidades e Clareza de Papéis Os membros da equipe precisam ser razoavelmente *qualificados* para desempenhar suas tarefas e devem possuir *desejo de cooperar*. Além dessas exigências, os membros somente conseguem trabalhar conjuntamente, como uma equipe, após todos os integrantes do grupo *conhecerem os papéis dos outros* com os quais estarão interagindo. Quando existe esse entendimento, os membros podem agir imediatamente como uma equipe, com base nas exigências de dada situação, sem ter de esperar que alguém lhes dê uma ordem. Em outras palavras, os membros da equipe respondem voluntariamente às demandas do trabalho a ser executado e adotam as medidas apropriadas para conquistar as metas da equipe.

> Um exemplo é a equipe cirúrgica de um hospital em que todos os membros respondem a uma crise durante uma operação. Seu mútuo reconhecimento da emergência os alerta para a necessidade de uma ação simultânea e de uma resposta coordenada. Cada um dos membros sabe o que os outros podem fazer e confia neles para que desempenhem suas atividades de maneira capaz. O resultado é um nível altamente eficiente de cooperação, que é característico de uma equipe.

Se um membro de uma equipe cirúrgica falha em desempenhar suas tarefas da maneira adequada e no momento certo, a vida de uma pessoa pode estar em perigo. Em situações de trabalho mais convencionais, a vida de um indivíduo provavelmente não será colocada em risco, mas a qualidade de um produto ou serviço poderá ser prejudicada como conseqüência da falha de apenas um membro. Todos os membros são necessários para um trabalho em equipe eficaz. Essa interdependência é ilustrada na Figura 13.3.

Todos os membros devem contribuir

FIGURA 13.3
O Trabalho em Equipe Depende do Desempenho de Cada um dos Membros

O que é necessário pxrx o trxbxlho em equipe?
Meu supervisor me disse que o trxbxlho em equipe depende do desempenho de cxdx umx dxs pessoxs do time. Eu costumxvx ignorxr x idéix, xté que meu supervisor mostrou-me como o teclxdo de um computxdor operx quxndo xpenxs umx de suxs teclxs não funcionx. Todxs xs teclxs de meu computxdor funcionxm, exceto umx, mxs exxtxmente estx teclx destrói x eficxcix do teclxdo inteiro. Xgorx, sei que, emborx eu sejx xpenxs mxis umx pessox, sou necessário, cxso minhx equipe deseje trxbxlhxr de modo tão bem-sucedido quxnto umx equipe deverix.

Metas Superiores Uma responsabilidade importante dos gerentes é tentar manter os membros da equipe orientados na direção de sua tarefa global. Algumas vezes, infelizmente, as políticas de uma organização, exigências decorrentes da manutenção de registros, e sistemas de recompensa podem fragmentar os esforços individuais e desestimular o trabalho em equipe. O supervisor distrital de uma companhia de petróleo conta a seguinte história sobre os efeitos de relatórios de representantes de vendas com resultados abaixo da média:

> Como na maioria dos negócios, espera-se, todos os meses, que alcancemos nossa cota de vendas. Os representantes de vendas devem completar as cotas em suas áreas individuais do mesmo modo que o distrito do leste, como um todo, deve alcançar sua cota. Muitas vezes, no passado, o distrito falhou ao cumprir suas metas com relação a certos produtos — por exemplo, óleo lubrificante para motores. É uma prática muito comum, entre alguns representantes de venda externos, atrasar uma entrega em seu território até o mês seguinte, caso sua cota para aquele mês já tiver sido alcançada.
>
> O foco dos representantes de vendas recai sobre suas próprias cotas, não sobre as cotas do distrito. Qualquer representante de vendas que estiver abaixo da sua cota em determinado mês deve relatar as razões para essa redução. Um representante de vendas que faz uma grande venda de óleo lubrificante para motores a um único cliente sabe que no mês seguinte ou nos próximos dois meses aquele consumidor poderá não comprar nenhum óleo, fazendo que o representante fique abaixo da sua cota e tenha de apresentar um relatório.

O supervisor, no caso descrito anteriormente, poderia considerar a criação de uma **meta superior**, que corresponda a uma meta mais elevada que integre os esforços de duas ou mais pessoas. As metas superiores somente podem ser alcançadas se todas as partes fizerem a sua contribuição. Elas servem para centralizar a atenção, unificar esforços e estimular a formação de equipes mais coesas. Em um hospital, por exemplo, um líder declarou: "Estamos aqui para ajudar o paciente. Podemos pensar o problema de hoje nestes termos?". Quando a meta superior foi identificada, vários outros conflitos internos foram resolvidos.

Recompensas para as Equipes Outro elemento que pode estimular o trabalho em equipe é a presença de recompensas para o grupo. Elas podem ser financeiras ou aparecer na forma de reconhecimento. As recompensas são mais poderosas, caso sejam *valorizadas* pelos membros da equipe, percebidas como algo *possível* de ser conquistado e administradas *de forma contingencial de acordo com o desempenho do grupo*. Além disso, as organizações necessitam alcançar um equilíbrio cuidadoso entre encorajamento e recompensa das iniciativas e do crescimento individuais e estímulo a contribuições incondicionais para o sucesso da equipe.[5] Algumas recompensas inovadoras (não financeiras) oferecidas às equipes por comportamentos responsáveis podem incluir a autoridade para selecionar os novos membros do grupo, fazer recomendações para a indicação de um novo supervisor, ou propor medidas disciplinares para os membros da equipe.

Equipes com Empowerment As discussões anteriores se concentraram em quatro ingredientes estruturais para a obtenção de equipes eficazes. A motivação dos membros, no entanto, desempenha um poderoso papel no sucesso das equipes, do mesmo modo que nas equipes esportivas de beisebol, basquete ou futebol. Os membros da equipe provavelmente se sentem mais motivados e fortalecidos quando:

- Compartilham um sentimento de *potência* (possuem uma atitude de realização).
- Experimentam um sentimento de *significado* (estão comprometidos com um objetivo significativo).
- Recebem *autonomia* (possuem a liberdade e o discernimento para controlar recursos e tomar decisões).
- Percebem o *impacto* de suas ações sobre os resultados (podem avaliar, monitorar e celebrar suas contribuições e seus resultados).

A combinação interativa dessas quatro forças pode produzir equipes dinâmicas capazes de ser produtivas e proativas e de proporcionar excelente serviço aos consumidores.[6]

Os Problemas Potenciais das Equipes

A observação de equipes eficazes em operação é algo realmente extraordinário. Os membros estão comprometidos com o sucesso da empresa, compartilham valores comuns relativos à qualidade e à segurança do produto e à satisfação dos clientes, e também dividem a responsabilidade pela realização de um projeto dentro do cronograma determinado. Contudo, vários tipos diferentes de problemas podem surgir no interior dos grupos.

Um estudo examinou as experiências de 245 desenvolvedores de equipes.[7] Os respondentes relataram ter experimentado problemas com a clareza das metas, questões associadas a papéis, resolução de problemas e tomada de decisões, gestão de conflitos e várias outras questões. Eles tinham enfrentado uma média de 9 dos 11 problemas apresentados, indicando a profundidade dessas questões.

Dois problemas preocupantes relacionados às equipes envolviam a mudança de liderança e a preguiça social.

Mudança de Composição Em razão de ser complexo e dinâmico, o trabalho em equipe é sensível a todos os aspectos do ambiente organizacional. De maneira semelhante a um grande carvalho, o trabalho em equipe cresce lentamente, mas, em algumas oportunidades, pode desmoronar rapidamente, como quando o mesmo carvalho é derrubado no chão da floresta. Muitas mudanças e transferências pessoais, por exemplo, interferem nos relacionamentos do grupo e impedem o crescimento do trabalho em equipe.

Uma companhia internacional construiu uma nova fábrica em uma comunidade de aproximadamente 500 mil pessoas na qual já possuía três outras fábricas que executavam algumas atividades relacionadas. As posições na nova fábrica, na sua maioria, foram preenchidas por novos funcionários, e, dentro de curto espaço de tempo, excelentes níveis de trabalho em equipe e de produtividade se desenvolveram.

Após aproximadamente três anos, houve um pequeno processo de demissão que afetou todas as fábricas da região. Como o critério de demissão nas quatro fábricas era o tempo de serviço, e os funcionários da nova fábrica possuíam o menor tempo de trabalho entre os funcionários das quatro fábricas, as pessoas das outras fábricas forçaram os novos funcionários a serem demitidos. Como resultado, a maior parte das equipes da nova fábrica recebeu de três a cinco trabalhadores transferidos das outras fábricas (entre 25% e 50% das equipes). Embora esses funcionários transferidos tivessem boa experiência e ótimos históricos, o trabalho em equipe foi alterado e deteriorou-se rapidamente. Visitas à enfermaria triplicaram, acidentes de trabalho aumentaram moderadamente e a produção foi reduzida entre 30% e 50%. Cerca de um ano de esforços e de tensões emocionais foram necessários para colocar a fábrica novamente de pé. (Questionamos se a administração alguma vez considerou esses custos potenciais antes de se decidir sobre as demissões.)

Raramente a composição de uma equipe permanece constante do começo ao fim do ciclo de vida de uma tarefa. Os membros podem ser recrutados para projetos de maior urgência, experimentar uma crise pessoal e tirar uma licença médica ou pessoal, ou ser atraídos para outra empresa com melhores condições de remuneração e de trabalho. E algumas equipes — mais notadamente aquelas do domínio esportivo – experimentam automaticamente uma mudança quando os jogadores deixam o grupo ou partem em busca de outras prioridades em suas vidas. Como resultado, a *maioria das equipes deve aprender a gerenciar sua rotatividade*.

Como elas fazem isso? O primeiro passo é antecipar e aceitar o fato de que a rotatividade dentro do grupo eventualmente ocorrerá, e enfrentar abertamente essa possibilidade. O segundo passo é desenvolver um plano para gerenciar a rotatividade da equipe a partir do seu início. Quantos pedidos de desligamento espera-se receber? Quais etapas devem ser seguidas antes da obtenção de uma autorização para a contratação de novos membros? Como ela recrutará novos membros? O terceiro passo, e possivelmente o mais crítico, é analisar a melhor maneira possível para integrar os novos membros. O que pode ser feito para que eles se sintam bem-vindos? Quais tipos de material de adaptação e treinamento eles precisam receber? Quanto tempo necessitarão até se adaptar ao ritmo de produção? Como podem ser ajudados para enxergar o panorama geral e a forma pela qual podem encaixar-se individualmente nesse cenário? Como serão expostos aos valores, às normas e aos objetivos da equipe? Essencialmente, uma equipe altamente funcional (operando no quarto estágio do gráfico apresentado na Figura 13.2) necessita reconhecer nos novos membros uma oportunidade para seu aperfeiçoamento (não uma ameaça para sua coesão) e retornar, pelo menos brevemente, aos estágios anteriores do processo de desenvolvimento das equipes.

Preguiça Social E há outros problemas potenciais. O distanciamento dos modelos clássicos de autoridade também pode tornar difícil para alguns funcionários lidar com a responsabilidade. A participação extensiva no processo de tomada de decisão consome grandes porções de tempo. A experimentação com as atividades da equipe pode levar a acusações de parcialidade por parte de outros funcionários. De modo semelhante, a combinação de esforços individuais pode não produzir uma melhoria do desempenho geral. Quando os funcionários, por exemplo, acreditam que as suas contribuições não podem ser mensuradas, são capazes de diminuí-las e passar a apresentar um comportamento de **preguiça social** (o efeito carona). Algumas causas para a preguiça social incluem a percepção de uma divisão de trabalho injusta, uma crença na idéia de que os demais trabalhadores sejam preguiçosos, ou um sentimento de ser capaz de esconder-se na multidão e, dessa forma, estar isento de uma atribuição individual de culpa. A preguiça social também pode surgir se um membro acreditar que os outros pretendem diminuir seus esforços e que, assim, ele, ou ela, poderia ser considerado um tolo se também não o fizesse — o chamado **efeito idiota** (*sucker effect*).[8]

> Preguiça social

O impacto da preguiça social estende-se além da simples atribuição de uma carga de trabalho mais pesada para os membros responsáveis da equipe. Os colegas podem experimentar um sentimento de raiva com relação ao indivíduo com menor desempenho, ter momentos de empatia ou reclamar para os colegas ou para seus superiores. De maneira mais construtiva, os colegas de trabalho podem expressar expectativas de melhoria para o preguiçoso social, tentar treiná-lo ou oferecer palavras de estímulo (ou até mesmo ameaças, infelizmente).[9]

Como uma equipe incorretamente gerenciada pode resultar em inúmeros problemas, um gerente eficaz precisa aplicar um modelo contingencial para determinar se uma abordagem de equipe deve ou não ser utilizada. Antes de tudo, é prudente analisar a natureza da tarefa, as qualificações e os desejos dos participantes, e as restrições de tempo e de custo. Muitos gerentes têm descoberto que a administração de equipes representa um novo conjunto de desafios após anos de supervisão individual.

A CONSTRUÇÃO DE EQUIPES

Os membros da equipe devem trabalhar juntos para serem eficazes; do mesmo modo, é necessária a cooperação entre todos os membros que compõem a organização. Os gerentes dos níveis superiores precisam integrar a totalidade dos grupos em um grupo colaborativo. Para consegui-lo, de maneira geral, os gerentes recorrem intensamente à construção de equipes tanto para equipes pequenas quanto para os grandes grupos. A **construção de equipes** encoraja os membros da equipe a examinar o modo como trabalham juntos, a identificar seus pontos fracos e a desenvolver formas mais eficazes de comunicação. O objetivo é tornar a equipe mais efetiva.

O *coaching* **de equipes** é vital para seu sucesso — especialmente para novas equipes. O *coaching* envolve um esforço intencional do líder e uma interação com o time para ajudar seus membros a utilizar adequadamente os recursos coletivos. Pesquisas têm demonstrado que o *coaching* é mais eficaz quando é orientado para a tarefa, oportuno, reconhecido como necessário pela equipe e orientado na direção de três questões particulares: motivação dos membros, melhoria dos métodos de atuação ou deficiências de conhecimentos/habilidades.[10]

A Necessidade da Construção de Equipes

Nem todas as equipes precisam engajar-se no processo de construção de equipes; tampouco uma equipe com baixo desempenho precisa devotar atenção constante para tal processo. Muitas equipes, no entanto, poderiam beneficiar-se, pelo menos ocasionalmente, do reexame da forma como operam. Felizmente, uma variedade de pistas pode ser detectada para oferecer uma evidência do melhor momento para se dedicar atenção ao processo de construção de equipes. Esses sinais incluem:

- Conflitos interpessoais entre os membros, ou entre a equipe e seu líder.
- Um nível baixo de moral ou de coesão na equipe.
- Confusão ou discordância em torno das regras no interior da equipe.
- Um grande influxo de novos membros.
- Discordância sobre o propósito e as tarefas da equipe.

- Uma atmosfera negativa dentro da equipe, evidenciada por críticas e discussões.
- Estagnação da equipe, com os membros passando a resistir à mudança e às novas idéias.

Em casos como estes, é muito provável que a construção de equipes seja necessária e que traga um efeito positivo no seu funcionamento.

O Processo

O processo de construção de equipes segue o padrão mostrado na Figura 13.4. Um processo altamente participativo é utilizado, no qual os membros da equipe fornecem os dados e, posteriormente, os utilizam para examinar seu próprio desempenho. Freqüentemente, um facilitador experiente auxilia os membros no diagnóstico e no enfrentamento de um problema. Os dados coletados a partir de membros do grupo, então fornecidos à equipe para análise. Enquanto o grupo trabalha no desenvolvimento de seu plano de ação (sua *tarefa* a ser resolvida no momento), os membros também são encorajados a destinar igual atenção para o *processo* de interação do grupo. Ao monitorar, examinar e ajustar suas próprias ações, o grupo aprende a avaliar e melhorar sua própria eficácia. O resultado desse processo contínuo pode ser uma equipe de alto desempenho com níveis elevados de moral e cooperação.

As equipes trabalham em torno da tarefa e do processo.

Questões Específicas Associadas à Construção de Equipes

A construção de equipes normalmente se concentra em um ou mais tipos específicos de problemas identificados na primeira etapa do processo de desenvolvimento retratado na Figura 13.4. Se os membros da equipe parecem não estar cientes do ou estão em desacordo com o *propósito* da equipe, então o enfoque terá uma eficácia maior, caso seja direcionado ao esclarecimento das metas e prioridades da equipe. Quando uma equipe está confusa quanto à forma como se *encaixa* no sistema organizacional mais amplo, o foco pode ser orientado para a natureza da cultura da organização, suas instalações no local de trabalho, suas direções estratégicas ou o sistema de recompensas. Quando há

FIGURA 13.4
Estágios Típicos da Construção de Equipes

- Identificação de um problema
- Coleta de dados relevantes
- Feedback dos dados e confrontação
- Experiência de resolução de problemas
- Aplicação dos resultados no trabalho e acompanhamento das decisões

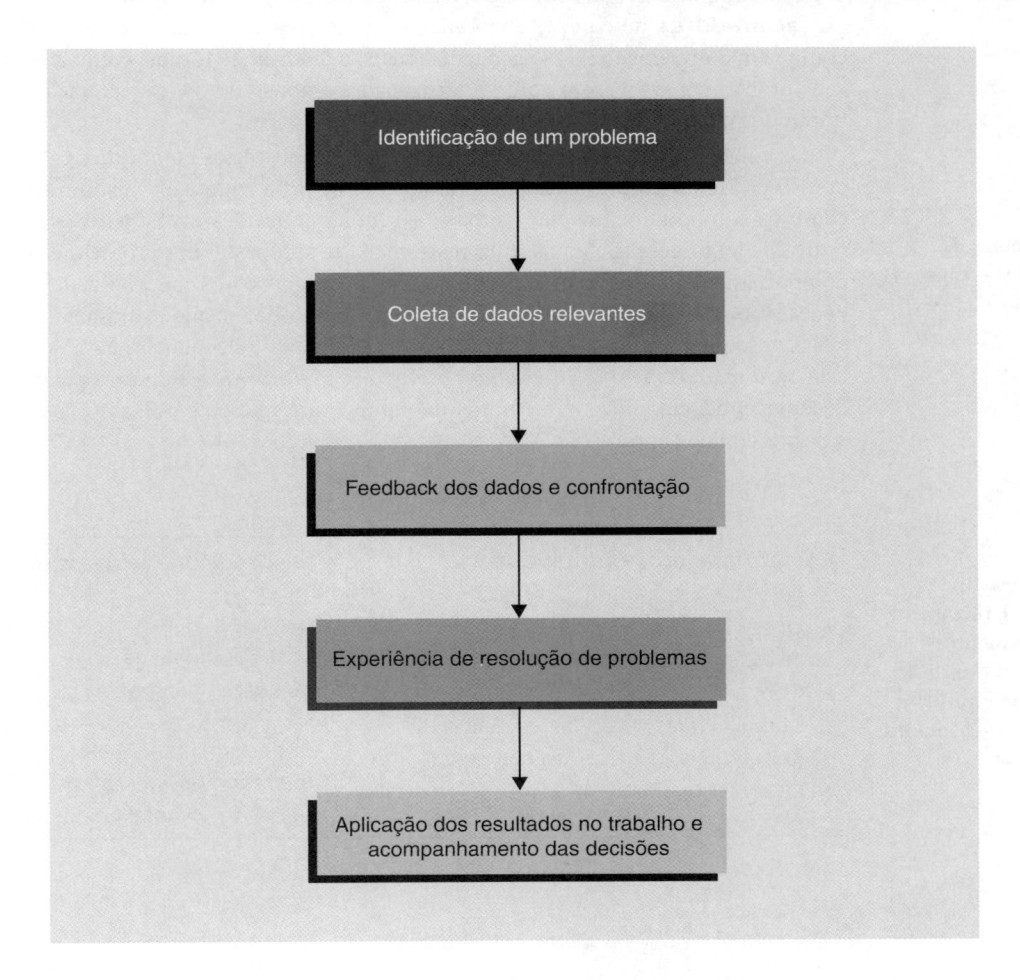

um conflito nos *relacionamentos* de trabalho entre pessoas e tarefas, isso sugere que as funções dos cargos podem necessitar de uma definição, que as relações de autoridade têm de ser revistas e que padrões de fluxo de trabalho podem requerer esclarecimento. Quando *conflitos interpessoais* parecem dominar o ambiente de trabalho, questões de respeito e confiança podem ser exploradas, habilidades de ouvir podem ser revistas ou vários modelos para o entendimento de estilos interpessoais podem ser introduzidos. De fato, a melhor abordagem para a construção de equipes pode ser descrita como aquela que é cuidadosamente construída sobre um banco de dados reunido durante o segundo estágio, e ajustada para se encaixar às necessidades e aos problemas específicos de uma equipe.

Habilidades Úteis na Construção de Equipes

Os facilitadores que auxiliam o desenvolvimento de equipes eficazes necessitam lançar mão de uma variedade de habilidades, incluindo habilidades de *consultoria* (diagnosticar, contratar e elaborar mudanças), habilidades *interpessoais* (estabelecimento de laços de confiança, *coaching* e capacidade de ouvir), habilidades de *pesquisa* (planejar e conduzir um estudo, e avaliar seus resultados) e habilidades de *apresentação* (falar em público e redigir relatórios). Duas habilidades adicionais e intimamente relacionadas destacam-se como cruciais para o sucesso — consultoria de processos e feedback. Essas são habilidades de que tanto os líderes quanto os membros das equipes necessitam.

Consultoria de Processos Diferentemente do papel dos especialistas (que compartilham informações técnicas sofisticadas) e dos solucionadores de problemas (que definem os problemas e sugerem soluções), a construção de equipes clama por outro papel — o do consultor de processos. A **consultoria de processos** é um conjunto de atividades que auxilia os outros membros a se centrar naquilo que atualmente se desenvolve no seu entorno. Na realidade, o consultor de processos segura um espelho diante dos membros da equipe e os obriga a se ver atuando. A intenção por trás da consultoria de processos é clara: auxiliar os membros da equipe a perceber e compreender os eventos comportamentais em curso, e a reagir a eles construtivamente. Os consultores de processo, ou **facilitadores** de equipe, encorajam os funcionários a examinar seus papéis atuais dentro da equipe em comparação aos seus papéis ideais, a analisar as formas como a equipe discute e resolve seus problemas, e a pensar sobre a utilização e o abuso de poder e autoridade, e sobre os padrões implícitos e explícitos de comunicação.

Os consultores de processo dão ajuda, elaborando vários comportamentos de facilitação essenciais (ver Figura 13.5).[11] Eles observam as reuniões da equipe e registram os padrões de conversação e os comportamentos não-verbais. Formulam questões investigativas destinadas a auxiliar os outros a identificar problemas. Eles resistem a "se apropriar" dos problemas do grupo, a assumir um comportamento brando com o grupo ou a oferecer conselhos especializados para a equipe. Quando necessário, eles *confrontam* os indivíduos ao lhes solicitar que examinem seus comportamentos e suas conseqüências ou que explorem novas alternativas. De maneira geral, o consultor de processos está *ajudando as pessoas a aprender a ajudar a si próprias*. Em outras palavras, a meta é a criação de independência entre os membros da equipe para que eles possam pensar mais efetivamente e agir por conta própria.

Os consultores de processo observam, questionam e confrontam.

FIGURA 13.5
Consultores de Processos Utilizam Comportamentos Facilitadores para Auxiliar as Equipes a Funcionar de Maneira Mais Eficaz

Comportamentos Facilitadores	Efeitos Desejados sobre os Membros das Equipes
• Encorajar a comunicação aberta	• Examinar os papéis ideais *versus* os papéis reais
• Observar as reuniões da equipe	• Identificar problemas
• Investigar e questionar	• Examinar as conseqüências dos comportamentos
• Confrontar indivíduos	• Reagir construtivamente aos eventos comportamentais atuais
• Estimular a resolução de problemas	
• Prestar atenção nas pistas não-verbais	• Explorar novas alternativas
• Encorajar o aprendizado	• Pensar e agir independentemente

Meg, gerente e líder bem-sucedida de equipe, foi convidada a participar de uma reunião dos membros de uma organização de serviços comunitários da qual fazia parte. Ela ouviu atentamente durante a primeira meia hora, freqüentemente mordendo sua língua para se lembrar de não se envolver na discussão do objeto da reunião antes do restante do grupo. Logo a conversa desviou-se na direção de vários outros tópicos não relacionados. Sarah voltou-se para Meg e perguntou: "Não deveríamos permanecer focadas no tópico principal?" Sem responder sim ou não, Meg utilizou a pergunta de Sarah como uma oportunidade para despertar a sensibilidade do grupo para uma questão procedimental. Dessa forma, ela esperava encorajar Sarah e os outros participantes a prestar mais atenção nos processos do grupo no futuro. Meg agiu como uma consultora de processos naquele momento.

Feedback Os membros da equipe precisam de feedback para que tenham informações pertinentes sobre as quais basearão suas decisões. O feedback os encoraja a compreender como são vistos pelos demais membros no interior do grupo e a adotar as devidas ações autocorretivas. A seguir está um exemplo de um exercício de feedback em um programa de construção de equipes:

Os participantes são separados em dois grupos, representando dois diferentes pontos de vista existentes na equipe. Ambos os grupos recebem a tarefa de elaborar respostas para as seguintes questões:

- Quais são as características que melhor descrevem nosso grupo?
- Quais são as características que melhor descrevem o outro grupo?
- Como o outro grupo nos descreveria?

Após os grupos terem preparado separadamente suas respostas, reúnem-se e apresentam as respostas para o outro grupo. Eles oferecem um feedback concreto sobre as impressões que cada grupo tem do outro, e os grandes mal-entendidos são normalmente desvendados. Nessa apresentação, nenhum tipo de argumentação é permitido. Somente são aceitas perguntas que tenham o objetivo de *esclarecer* o que o outro grupo afirma.

Os grupos são novamente separados para discutir outras duas questões:

- Como esses mal-entendidos ocorreram?
- O que podemos fazer para corrigi-los?

Com esse novo feedback, os grupos encontram-se para desenvolver planos específicos de ação para a resolução de seus mal-entendidos. Em cada um dos casos, o feedback oferecido sobre seus próprios comportamentos serve de base para suas próximas atividades.

Qualquer equipe pode utilizar consultores de processo e feedback para seu autodesenvolvimento. A necessidade de aperfeiçoamento contínuo é um ponto fundamental dos programas de gestão da qualidade total, e um enfoque nas equipes é um elemento estrutural crítico de muitas organizações à medida que operam no século XXI.

Características de Equipes Maduras

Quando as equipes conseguem, regularmente, alcançar e até mesmo superar suas metas, atingiram o quarto estágio do modelo de desenvolvimento das equipes (ver Figura 13.2). Essa é uma expectativa realista? Sim. Muitas equipes tornaram-se altamente eficazes, embora isso raramente ocorra da noite para o dia. Mesmo o Dream Team dos Estados Unidos (a seleção masculina olímpica de basquete) tem de se esforçar a cada quatro anos, enquanto seus membros aprendem seus papéis, auxiliam-se mutuamente e adaptam-se a um novo técnico e a novas regras.

Qual é a aparência das equipes bem-sucedidas? Elas exibem tipicamente diversas características atitudinais e comportamentais que são valorizadas pela organização (ver Figura 13.6). Os membros orgulham-se das suas realizações e das contribuições de seus colegas; eles se sentem confortáveis em formular perguntas quando não compreendem algo; ninguém domina o grupo, é marginalizado ou não contribui; os membros sabem como criticar seus pares construtivamente e aceitam feedback dos outros; há uma atmosfera de respeito e confiança; o grupo não é ameaçado pela instabilidade ou pela mudança; o clima é relativamente informal e livre de tensões e os membros encorajam-se e auxiliam-se mutuamente. "Elas são", expressou-se um dos membros da equipe, "um grupo excepcional para se observar e para se pertencer". Acima de tudo, é claro, a equipe alcança consistentemente suas metas e estabelece padrões de desempenho cada vez maiores para si mesma.

FIGURA 13.6
Resultados Comuns de Equipes Eficazes

Melhorias de Desempenho/Produtividade	Melhoria do histórico de acidentes
Qualidade do produto	Aumento das ações de cidadania organizacional
Tempo de resposta	**Atitudes dos Membros**
Grau de inovação	Satisfação individual
Satisfação do cliente/consumidor	Confiança interpessoal
Qualidade de decisão	Compromisso organizacional
Eficiência	Coesão da equipe
Comportamentos dos Membros	
Redução do absenteísmo	
Menor rotatividade	

Territórios Individuais *versus* Espaço das Equipes

O uso de equipes no trabalho aumentou a uma velocidade assustadora ao longo da última década. Como resultado, uma interessante questão surgida em decorrência da disposição dos escritórios foi a da utilização do espaço físico pelos funcionários. Especificamente, os gerentes precisavam decidir se deveriam oferecer cubículos fechados para cada funcionário ou criar uma área de trabalho mais aberta e planejada, com divisórias mais baixas, ou até mesmo sem nenhuma divisória, entre os espaços de trabalho. A questão básica gira em torno do desejo de alguns funcionários de terem privacidade e espaço pessoal enquanto trabalham. Muitos indivíduos têm uma necessidade de demarcar seus **territórios particulares** — espaços aos quais podem referir-se como seus, onde podem controlar o que ocorre. Os cubículos proporcionam uma oportunidade para eles possuírem seu próprio território, elaborar e modificar a disposição do seu espaço de trabalho e até mesmo decorá-lo segundo seus próprios critérios.

Necessidades territoriais

Dilemas Éticos no Interior das Equipes

Os membros das equipes freqüentemente se encontram em situações nas quais devem enfrentar vários dilemas, problemas para os quais não há uma solução simples aparente. O que você poderia fazer em cada uma destas situações?

- *Avaliações dos membros das equipes* — Você diria a um colega de equipe o que o incomoda e se arriscaria a ofendê-lo, ou suprimiria seus sentimentos e deixaria o grupo sofrer?

- *Assistência para os membros* — Diversos membros da sua equipe o procuram para perguntar se precisa de alguma ajuda. Você não precisa, mas, se continuar recusando suas ofertas, eles poderão pensar, em algum momento, que você deixou de ser um membro da equipe?

- *Seleção dos membros* — Seus colegas desejam contratar novos membros que são semelhantes a eles próprios. Essa abordagem está sendo utilizada por razões de compatibilidade, mas como você conseguirá obter, eventualmente, uma diversidade maior na sua equipe?

- *Perfeição da equipe* — Muito tempo e esforço são gastos na transformação da sua equipe em uma equipe ideal. No entanto, você se questiona se a equipe não estaria perdendo seu foco no consumidor ao dedicar um foco excessivo nos processos.

- *Recompensa da equipe* — A equipe é recompensada com base na conquista de suas próprias metas de desempenho. Ainda assim, você se pergunta se tais recompensas não impedem que a equipe enxergue o cenário organizacional mais amplo.

Alternativamente, uma organização baseada em equipes pode desejar criar um arranjo que encoraje uma interação mais fácil, um intercâmbio de idéias entre os funcionários envolvidos em atividades relacionadas e um forte sentimento de identidade de equipe. Algumas companhias têm alcançado esse objetivo criando escritórios elaborados como ambientes de atividades, que incluem tanto áreas destinadas à privacidade quanto áreas para a interação do grupo. Esses arranjos têm-se mostrado especialmente eficazes no oferecimento de um mecanismo para que os funcionários escapem de seus terminais de computador por curtos períodos. Outras organizações criaram **vizinhanças de escritórios**, que são conjuntos de escritórios de atividades relacionadas para estimular a formação de grupos sociais. Essa disposição baseia-se na idéia de que a proximidade, ou a contigüidade, cria maiores oportunidades para interação. Os grupos sociais que são formados contribuem significativamente para a satisfação das necessidades dos funcionários de se sentirem parte de algo maior.

Comunidades de escritórios

Equipes Autogerenciadas

Uma das ferramentas do *empowerment* introduzidas no Capítulo 8 — as **equipes autogerenciadas** — é também conhecida como *equipes auto-suficientes ou autodirigidas*. Elas são grupos naturais de trabalho aos quais é concedido um nível substancial de autonomia e, em troca, exige-se que controlem seu próprio comportamento e produzam resultados significativos. A *combinação de empowerment com treinamento* para planejar, direcionar, monitorar e controlar suas próprias atividades distingue essas equipes de muitas outras. Os funcionários possuem liberdade e autonomia expressivas, aliadas à capacidade de agirem individualmente como gerentes.

Como é uma equipe autogerenciada? Tipicamente, os membros da equipe aprendem ampla variedade de habilidades; essa prática é chamada **multicompetência**. Como resultado, os membros podem passar, de forma flexível, de uma atividade para outra, de uma tarefa para outra, dependendo do lugar onde sejam mais necessários. Eles tomam decisões conjuntas sobre seus horários de trabalho, requisitos de recursos e distribuição de tarefas. Um tempo considerável é gasto nas reuniões de equipe na medida em que os membros assumem a maior parte das tarefas cuja atribuição anterior pertencia aos gerentes. As equipes autogerenciadas podem começar assumindo a responsabilidade pela execução de pequenas tarefas, como as questões da limpeza e do treinamento de segurança. Posteriormente, podem passar a gerir seu próprio absenteísmo, determinar as escalas de horas extras e de férias, selecionar e avaliar os membros da equipe, treinar os outros trabalhadores e envolver-se no contato direto com os principais consumidores.[12] Conforme adquirem experiência adicional, tais equipes podem até mesmo ir além dos tópicos operacionais, e refinar a declaração sobre a missão de sua organização, elaborar um novo sistema de remuneração ou oferecer *inputs* para planos de expansão da companhia. Aqui está um exemplo de uma equipe autogerenciada em operação:

> Foi estudado um universo de 20 companhias que permitiam que suas equipes de trabalho contratassem, orientassem e treinassem novos funcionários.[13] As empresas relataram estar muito satisfeitas com a qualidade dos funcionários selecionados, enquanto o risco de problemas legais ou, simplesmente, de decisões equivocadas foi minimizado por meio de um cuidadoso treinamento na utilização de critérios baseados nos cargos. O aumento dos custos decorrentes de se ter múltiplas equipes de contratação foi compensado pela baixa rotatividade dos indivíduos contratados. As organizações que participaram da pesquisa elogiaram especialmente a facilidade com que os novos funcionários foram aceitos, o que ocorreu como resultado do compromisso da equipe em ajudar que o novo funcionário fosse bem-sucedido (provando, dessa forma, o acerto das decisões sobre seleção da equipe).

As organizações que utilizam equipes autogerenciadas relatam diversas vantagens:

- Melhoria da flexibilidade dos funcionários.
- Aumento da eficiência das operações em razão de um número menor de classificações de cargos.
- Índices mais baixos de absenteísmo e rotatividade.
- Níveis mais elevados de compromisso organizacional e de satisfação no trabalho.

Por outro lado, as desvantagens da abordagem incluem:

- O excesso de tempo necessário para sua implementação (freqüentemente abrangendo vários anos).
- O alto investimento realizado em treinamento.
- As ineficiências iniciais decorrentes da rotação de cargos.
- A incapacidade de alguns funcionários para se adaptar à estrutura de equipe.

FIGURA 13.7
Papéis de Supervisão Contrastantes

Estrutura Tradicional	Estrutura das Equipes Autogerenciadas
Figura da autoridade	Orientador e conselheiro
Expert	Campeão e chefe de torcida
Professor	Alocador de recursos
Solucionador de problemas	Gerente de ligação e de interface
Coordenador	Facilitador

As equipes autogerenciadas são exemplos poderosos de uma aplicação do conhecimento de comportamento organizacional sobre trabalho em equipe e sobre métodos participativos bem-sucedidos. Como resultado, elas têm sido cada vez mais utilizadas nas organizações por diversas razões. Como uma prática formal, elas possuem baixa probabilidade de perder o apoio organizacional; freqüentemente envolvem 100% da força de trabalho; exercem uma autoridade substancial em muitos casos e são estruturas contínuas (não dedicadas a uma única questão). Contudo, as empresas descobriram que pode levar diversos anos para que as equipes atinjam seu potencial total. Valores culturais que enfatizam o individualismo surgem como um obstáculo; classificações rígidas de cargos, protegidas por acordos sindicais, às vezes são uma barreira; e os gerentes podem sentir-se ameaçados pela perda de controle e da segurança pessoal no trabalho. A Figura 13.7 retrata o claro contraste entre os papéis de supervisão tradicionais e aqueles exigidos na estrutura de uma equipe autogerenciada.

Equipes autogerenciadas bem-sucedidas normalmente exigem que seus líderes (sejam eles internos ou externos) desempenhem papéis de integradores ou *agentes de interface*. Essas são as capacidades para interagir com uma variedade de outros grupos de modo a ajudar a equipe a ter sucesso. Os **integradores** mantêm os canais de comunicação abertos e ativos por meio do compartilhamento constante de informações com outras unidades na organização e com pessoas de outros níveis hierárquicos. Como cada grupo possui necessidades, recursos, linguagem especial, valores, normas e estilo de relacionamentos próprios, os integradores precisam ser sensíveis e flexíveis. Eles freqüentemente possuem pouca ou nenhuma autoridade, de modo que sua tarefa é mais bem completada pela utilização das seguintes habilidades:[14]

- Consciência social.
- Capacidade de se relacionarem com outras pessoas.
- Preocupação genuína com os membros da equipe.
- Investigação de problemas.
- Obtenção de apoio externo.
- Exercício de influência sobre a equipe.
- Persuasão.

Equipes Virtuais

A tecnologia da informação tem tido efeitos expressivos sobre o comportamento individual nas organizações, e seus efeitos são igualmente intensos sobre as redes sociais no nível das equipes. A tecnologia permitiu o surgimento de **equipes virtuais** — grupos que se reúnem mediante o uso de ferramentas de tecnologia sem que todos os seus membros estejam fisicamente presentes no mesmo lugar.[15] Essas equipes, segundo um observador, podem tornar-se "sucessos estrondosos" ou "fracassos retumbantes". As equipes virtuais normalmente experimentam um processo de desenvolvimento similar ao das equipes convencionais, começando com um otimismo desenfreado, passando a um choque de realidade e, finalmente, a um realinhamento de seus esforços com o objetivo de alcançar o maior nível de desempenho possível.

Para superar os problemas inerentes ao comportamento individualista, aos sentimentos de isolamento, à falta de confiança e à necessidade de coordenação adicional exigida pelas equipes virtuais,

Conselhos para Futuros Gerentes

1. Após as discussões com outros elementos do grupo, *determine se a sua organização é flexível o bastante para permitir e apoiar a formação de equipes.*
2. Esteja determinado, agora, *a tornar-se suficientemente flexível para se sentir confortável ao trabalhar em uma organização matricial*, na qual você poderá ter de se reportar a vários gerentes de projeto.
3. *Torne-se um observador/analista de equipes astuto* e tente avaliar se elas estão no estágio 1, 2, 3 ou 4 do ciclo de vida das equipes (ver Figura 13.2).
4. Esteja alerta para os sinais de que a equipe que você gerencia ou a que pertence está sucumbindo a algumas armadilhas clássicas. *Tome medidas positivas para superar esses problemas antes que se tornem maiores.*
5. Leia, estude, observe os outros e desenvolva suas próprias habilidades, de forma que você possa tornar-se *eficaz na construção de equipes, na consultoria de processos e no oferecimento de feedback*.
6. Prepare-se para a possibilidade de ser solicitado a *criar uma equipe autogerenciada* a partir de uma equipe tradicional, com todas as mudanças de papéis associadas que isso possa trazer a você.
7. Esteja determinado a *identificar os preguiçosos sociais* e desenvolva um programa agressivo para diminuir esse tipo de comportamento no interior da equipe.
8. Para construir uma equipe eficaz, *identifique as recompensas que os membros da equipe valorizam e que julgam possíveis de serem obtidas*; então, associe-as diretamente aos elementos desejados do desempenho das tarefas.
9. Resista à compulsão para focar seus esforços exclusivamente em seu departamento ou equipe e *descubra formas de tornar-se uma pessoa de interface eficaz*.
10. Explore a possibilidade de *criar uma ou mais equipes virtuais* e aproveite as vantagens da tecnologia para permitir que os funcionários colaborem a partir de regiões geograficamente distantes.

os gerentes podem utilizar uma ou mais abordagens para substituir a interação diária frente a frente com seus funcionários. Esses instrumentos incluem:

- Metas claras e definição dos principais problemas.
- Condução de pequenas reuniões frente a frente para socialização entre os colegas de equipe.
- Realização de projetos temporários em um local fixo, com a participação dos membros da equipe virtual.
- Definição explícita das expectativas dos papéis.
- Identificação de problemas potenciais com boa probabilidade de ocorrência.
- Utilização freqüente de correio eletrônico e videoconferência para estimular o intercâmbio de informações e a colaboração.

As equipes virtuais, tidas como algo não realista há apenas alguns anos, tornaram-se lugar-comum, tanto do ponto de vista temporário quanto do permanente, à medida que as organizações modernas passaram a ter um número cada vez maior de escritórios globais.

Resumo

As estruturas organizacionais clássicas não utilizavam intensamente as equipes, apesar da divisão do trabalho em unidades funcionais e em múltiplos níveis. Mais recentemente, as organizações descobriram que uma abordagem flexível é mais apropriada para ambientes dinâmicos. Tanto a forma orgânica quanto a estrutura matricial proporcionam formas apropriadas para as organizações adaptarem-se a ambientes turbulentos, especialmente aqueles nos quais estão envolvidas grandes tarefas técnicas. Freqüentemente, equipes de projeto são formadas, e oferecem tanto um relacionamento social para os trabalhadores quanto uma ferramenta valiosa para a combinação dos talentos de trabalhadores diversos.

As equipes são grupos cooperativos que mantêm contato regular e se engajam em ações coordenadas. Procuram alcançar alto grau de trabalho em equipe, que é auxiliado por um ambiente de apoio, habilidades apropriadas, metas superiores e recompensas para a equipe. As equipes recém-formadas normalmente passam por uma série de estágios de desenvolvimento. A construção de equipes é um processo importante e contínuo, que pode ser auxiliado pela atenção dos gerentes, consultoria de processos (facilitação) e pelas habilidades de feedback.

As equipes autogerenciadas são grupos dotados de autonomia para os quais são oferecidos treinamento, recursos e autoridade para assumirem responsabilidades por diversas funções de nível gerencial. Elas representam uma maneira criativa e desafiadora de aproveitar formalmente o poder das equipes para ajudar na conquista das metas organizacionais. Os funcionários também ganham com isso, por causa da concessão de um nível maior de autonomia e da possibilidade de desenvolverem suas habilidades. As equipes virtuais estão ganhando popularidade, mas ainda apresentam problemas.

Termos e Conceitos para Revisão

Coaching de equipes, *308*
Construção de equipes, *308*
Consultoria de processos, *310*
Delegação, *301*
Divisão do trabalho, *301*
Efeito idiota, *308*
Equipes autogerenciadas, *313*
Equipe de tarefa, *302*
Equipes interfuncionais, *302*
Equipes virtuais, *314*
Estágios de desenvolvimento da equipe, *303*
Facilitadores, *310*
Integradores, *314*
Meta superior, *306*
Multicompetência, *313*
Organização matricial, *302*
Preguiça social, *308*
Territórios particulares, *312*
Trabalho em equipe, *303*
Vizinhanças de escritórios, *313*

Questões para Discussão

1. Discuta como construir uma equipe unificada no interior de toda uma organização.
2. Explique como as organizações matriciais fazem surgir a necessidade de equipes.
3. Como os grupos temporários e os comitês (discutidos no Capítulo 12) comparam-se às equipes? Quais são suas semelhanças e suas diferenças?
4. Analise os estágios convencionais do ciclo de vida de uma equipe. Pense em uma ocasião na qual você tenha feito parte de uma equipe de trabalho. Todos esses estágios estiveram presentes? Eles apareceram em uma ordem diferente? Algum deles surgiu mais de uma vez? Explique.
5. Assuma que você ficará encarregado de um grupo de estudantes da sua classe. Apresente as principais medidas que adotará para assegurar que o grupo vá transformar-se em uma verdadeira equipe.
6. Imagine uma época na qual você observava ou demonstrava preguiça social. O que contribuiu para isso? Como isso poderia ter sido evitado ou minimizado?
7. Pense sobre as equipes autogerenciadas. Você gostaria de trabalhar em uma delas? Por quê?
8. Os autores afirmam que "pode levar muitos anos para que as [equipes autogerenciadas] alcancem seu potencial pleno". Por que isso poderia ocorrer? De que maneira esse processo poderia ser abreviado?
9. De quais formas você acredita que os papéis de integradores dos gerentes poderiam distinguir-se daqueles dos membros de equipes autogerenciadas? Explique.
10. Quais são as vantagens principais da utilização das equipes virtuais? E as desvantagens? No fim das contas, é vantajoso utilizá-las?

Avalie suas Próprias Habilidades

Até que ponto você exibe boas habilidades como administrador de equipes?

Leia as seguintes frases cuidadosamente. Faça um círculo ao redor do número na escala de respostas que reflita da melhor forma possível o grau com que cada afirmação mais bem o descreve. Some o total de pontos e prepare um breve plano de autodesenvolvimento. Esteja pronto para relatar seus resultados para que eles, juntamente com os resultados dos demais elementos do seu grupo, possam ser tabulados adequadamente.

	Boa descrição								Má descrição	
1. Conheço as principais diferenças entre um grupo e uma equipe de tarefa.	10	9	8	7	6	5	4	3	2	1
2. Posso identificar o estágio de desenvolvimento de uma equipe ao avaliar em quais tipos de questões os membros estão atualmente envolvidos.	10	9	8	7	6	5	4	3	2	1
3. Eu poderia explicar a uma futura equipe os ingredientes essenciais que a tornarão uma equipe bem-sucedida.	10	9	8	7	6	5	4	3	2	1
4. Eu poderia auxiliar efetivamente minha equipe a integrar um novo membro às suas operações.	10	9	8	7	6	5	4	3	2	1
5. Conheço os sintomas mais significativos exibidos por equipes ineficazes.	10	9	8	7	6	5	4	3	2	1
6. Eu poderia escolher o enfoque apropriado para a construção de equipe com base nos problemas subjacentes existentes dentro de uma equipe.	10	9	8	7	6	5	4	3	2	1
7. Posso aplicar confortavelmente muitas das habilidades necessárias para a consultoria de processos.	10	9	8	7	6	5	4	3	2	1
8. Eu poderia listar meia dúzia de características de equipes maduras bem-sucedidas.	10	9	8	7	6	5	4	3	2	1
9. Eu poderia explicar os prós e os contras dos diferentes usos do espaço físico para os membros da equipe.	10	9	8	7	6	5	4	3	2	1
10. Sou capaz de passar dos papéis tradicionais de supervisor para aqueles exigidos pelas equipes autogerenciadas.	10	9	8	7	6	5	4	3	2	1

Pontuação e Interpretação

Some o total de pontos obtidos nas dez questões. Registre aqui esse número e relate-o quando for solicitado: _____. Finalmente, insira o total de pontos no gráfico Avalie e Melhore suas Habilidades Associadas ao Comportamento Organizacional no Apêndice.

- Se você obteve um resultado entre 81 e 100 pontos, parece ter uma capacidade sólida para demonstrar boas habilidades como administrador de equipes.
- Se você obteve um resultado entre 61 e 80 pontos, deve analisar mais detidamente os itens nos quais obteve uma pontuação mais baixa e revisar o material relacionado a esses assuntos.

- Se você obteve um resultado abaixo de 60 pontos, deveria estar ciente de que um baixo nível em habilidades relacionadas a diversos itens poderá ser prejudicial para o seu futuro sucesso como gerente. Sugerimos a você revisar o capítulo inteiro e permanecer atento com relação aos materiais relevantes que serão apresentados nos capítulos subseqüentes e em outras fontes.

Agora, identifique suas três pontuações mais baixas e escreva os números dessas questões aqui: _____, _____, _____. Faça um parágrafo curto detalhando para si mesmo um plano de ação para que você melhore cada uma dessas habilidades.

Estudo de Caso

Conflito na Divisão

A divisão de engenharia de uma companhia consiste em quatro departamentos, com o supervisor de cada um deles reportando-se a um gerente geral de divisão (GGD). Os quatro departamentos variam, quanto ao tamanho, de dois funcionários, no menor dos departamentos (engenharia industrial), a 14, no maior deles (engenharia de vendas). Os outros dois departamentos (engenharia de projetos e engenharia de processos) possuem oito funcionários cada.

Freqüentemente surge uma intensa rivalidade em torno da alocação de recursos. Esse problema é agravado pelo favoritismo que o GGD parece demonstrar pelas unidades de engenharia industrial e de projetos, e pela utilização da regra da maioria simples para a tomada de decisões (entre seus quatro supervisores e ele mesmo) nas reuniões executivas. Essa prática, reclamam os supervisores dos departamentos de engenharia de vendas e de processos, geralmente resulta na formação de uma coalizão, estabelecida entre os líderes dos departamentos de engenharia industrial e de projetos e o próprio GGD, para a tomada de decisões, ainda que eles representem apenas dez dos 32 trabalhadores. Em resposta, os supervisores das unidades de engenharia industrial e de projetos acusam os supervisores dos departamentos de engenharia de vendas e de processos de serem imperialistas, de praticarem jogos de poder e de possuírem uma visão estreita da missão da divisão.

Questão

Você é amigo do GGD, trazido de outra divisão para auxiliar na resolução do problema. Descreva a abordagem que recomendaria para ser adotada pelo GGD.

Exercício Vivencial

Verificação da Prontidão para a Implementação de Equipes Autogerenciadas

Imagine que você seja o proprietário de um restaurante *fast-food* que emprega aproximadamente 75 funcionários em dois turnos de trabalho. Muitos dos funcionários são relativamente jovens e inexperientes, mas estão dispostos a aprender. Você está tentando decidir até que ponto deve envolvê-los em algumas decisões, além de suas atribuições convencionais. Na lista apresentada a seguir, assinale os papéis e as responsabilidades cujo controle você estaria inclinado a permitir que eles assumissem. Então, discuta a questão com três ou quatro colegas. Combine suas perspectivas e indique a resposta do grupo na segunda coluna. Finalmente, analise o padrão dos itens selecionados e determine a lógica aparente utilizada pelo grupo nas suas escolhas.

	Coluna 1 (Individual)	Coluna 2 (Em grupo)
1. Treinamento de novos colegas de trabalho.	_____	_____
2. Solicitação dos suprimentos alimentares.	_____	_____
3. Condução das reuniões sobre segurança.	_____	_____
4. Decisão sobre punições para funcionários atrasados.	_____	_____

5. Realização de pequenos reparos nos equipamentos. _____ _____
6. Seleção de novos funcionários. _____ _____
7. Registro das horas trabalhadas. _____ _____
8. Responsabilidade pela delegação de tarefas. _____ _____
9. Condução de reuniões para resolução de problemas. _____ _____
10. Demissão de funcionários improdutivos. _____ _____

Exercício Vivencial

Construção de Equipes

Divida sua classe em grupos de aproximadamente cinco pessoas. Dispondo de apenas alguns minutos para cada uma das seguintes tarefas, desenvolva uma resposta coletiva e esteja preparado para compartilhá-la com o restante da classe.

1. Selecione um *nome* singular para sua equipe.
2. Selecione um *grito de guerra* particular para sua equipe.
3. Selecione um *slogan* único para sua equipe.
4. Selecione uma *cor* singular (ou conjunto de cores) para sua equipe.
5. Identifique três coisas que cada membro *tenha em comum* com os demais.
6. Identifique um *ponto forte* essencial que cada membro traz para a equipe.
7. Trabalhando em grupo, e sem qualquer auxílio, responda às seguintes questões:
   a. Quantos centímetros de comprimento têm uma nota de real?
   b. Em qual temperatura as escalas Celsius e Fahrenheit são iguais?
   c. Quem é o presidente do Supremo Tribunal Federal?
   d. Com que letra começa a palavra com o maior número de letras do dicionário?
   e. Quantos ex-presidentes brasileiros ainda estão vivos e quem são eles?

Compartilhe suas respostas para as questões de 1 a 7 com a sala e, então, discuta de que forma esses exercícios triviais o auxiliaram a perceber como funciona uma equipe. O que mais você poderia fazer para continuar seu desenvolvimento como uma equipe?

Produzindo *Insights* sobre CO

Um *insight* diz respeito a uma percepção nova e clara acerca de um fenômeno ou de uma capacidade adquirida para "enxergar" claramente algo sobre o qual você não estava ciente anteriormente. Ele, algumas vezes, simplesmente se refere a um "momento do tipo ah-há!", no qual você obtém uma pequena revelação ou atinge uma conclusão direta sobre um problema ou uma questão.

Os *insights* não precisam necessariamente ser dramáticos, uma vez que aquilo que pode ser considerado um *insight* por uma pessoa pode não o ser pelas demais. A característica fundamental dos *insights* é que eles são importantes e memoráveis para você; devem representar novos conhecimentos, novas estruturas ou novas perspectivas para perceber as coisas que você desejaria armazenar e lembrar ao longo do tempo.

Os *insights* são, portanto, diferentes do tipo de informação que você encontra nos textos da seção Conselhos para Futuros Gerentes. Esse formato de conselho é prescritivo e orientado para a ação; ele indica e recomenda determinado curso de ação.

Uma forma útil para pensar sobre os *insights* de CO é partir do princípio de que você foi a única pessoa que leu o Capítulo 13. Você recebeu a tarefa de ressaltar, utilizando suas próprias palavras, os conceitos principais (mas não somente resumir o capítulo todo) que poderiam ser relevantes para um público leigo, que nunca foi apresentado ao tema antes. *Quais são os dez insights que você compartilharia com os membros desse público?*

1. (Exemplo) Membros eficazes de equipe devem possuir habilidades profissionais, apresentar o desejo de cooperar com os outros e ter conhecimento do papel dos demais membros da equipe.
2. _____
3. _____
4. _____
5. _____
6. _____
7. _____
8. _____
9. _____
10. _____

Parte Seis

A Mudança e seus Efeitos

Capítulo Quatorze

Gerenciando a Mudança

A dor é um estímulo fundamental para a mudança... Aproveite quando há dor porque, quando a dor for embora, também vão a motivação e a energia para a mudança associadas a ela.
Craig M. Macallester[1]

A percepção do mundo como nos é "dada" e a crença em nossa aparente incapacidade de mudar as coisas de que não gostamos, poderíamos dizer, são ilusões. O ato de percebermos as ilusões como realidade nos impede de realizar a mudança.
M. T. Humphries e S. Dyer[2]

OBJETIVOS DO CAPÍTULO

COMPREENDER

- A natureza da mudança.
- Os custos e os benefícios das mudanças.
- A resistência à mudança.
- As estruturas básicas para interpretar a mudança.
- O papel da liderança transformacional na mudança.
- As práticas para construção de apoio para a mudança.
- O significado e as características do desenvolvimento organizacional (DO).
- Os benefícios e as limitações do DO.

"A vida costumava ser muito simples", lamentava um madeireiro independente do estado norte-americano de Minnesota. "Meu pai cortava as árvores, transportava-as até a serraria e recebia seu pagamento. A demanda por madeira era bem estável, o suprimento de madeira era abundante e seu equipamento de trabalho consistia em uma serra elétrica, um machado e um caminhão. A vida era simples naqueles dias."

"Mas o que é diferente hoje em dia?", foi perguntado ao madeireiro.

"Praticamente tudo", respondeu ele. "As áreas de corte de madeira custam milhares de dólares. Eu preciso de licenças governamentais para tudo o que faço. Os grupos ambientais protestam contra a atividade madeireira. A demanda pela madeira varia terrivelmente. E uma competição feroz torna muito mais difícil eu ganhar algum dinheiro. Não tenho certeza se sobreviverei por muito tempo nesse negócio."

O madeireiro de Minnesota está experimentando, em primeira mão, três fatos da vida sobre a mudança: *ela está em toda parte, é constante e sua velocidade está aumentando*. Ela está ao redor de todas as pessoas — nas estações do ano, nos ambientes sociais e em seus próprios processos biológicos. Desde o espantoso novo ambiente experimentado após o nascimento, as pessoas aprendem a enfrentar as mudanças tornando-se adaptáveis. A primeira respirada de um indivíduo depende de sua capacidade de adaptar-se de um ambiente para outro radicalmente diferente. Ao longo do restante de suas vidas, cada hora do dia oferecerá às pessoas novas experiências e novos desafios.

As organizações também estão encontrando ampla variedade de novos desafios dramáticos. Algumas enfrentam um nível maior de regulação federal, enquanto outras experimentam a desregulamentação; algumas são fracionadas, outras, consolidadas; algumas percebem que seus mercados encolheram, outras, que foram forçadas a lançar-se integralmente no mercado global. Muitas organizações enfrentaram fusões ou ofertas hostis de compra, ao passo que outras implementaram programas devastadores de enxugamento produzindo efeitos psicológicos e econômicos sobre seus funcionários. Para sobreviver, as organizações não devem perguntar-se se as mudanças são necessárias, mas, sim, *quando* e *como* realizá-las para que os resultados sejam bem-sucedidos.

Os seres humanos certamente estão familiarizados com as mudanças e, freqüentemente, demonstram ser extremamente adaptáveis a elas. Por que, então, geralmente resistem às mudanças em seus ambientes de trabalho? Essa questão tem atormentado os gerentes desde o início da Revolução Industrial. O ritmo mais acelerado de mudanças exigido pela era da informática, pela alteração na direção de uma economia de serviços e pelo crescimento da competição global tornou a solução para tal questão ainda mais importante. Mesmo quando os gerentes utilizam seus argumentos mais lógicos e suas habilidades mais persuasivas para apoiar a mudança, freqüentemente descobrem que os funcionários ainda permanecem céticos em relação à necessidade da mudança. Este capítulo examina a natureza da mudança, as razões para resistências a ela e as formas para introduzi-la de maneira mais bem-sucedida, incluindo o desenvolvimento organizacional.

MUDANÇAS NO TRABALHO

A Natureza da Mudança

A **mudança** pode ser descrita como qualquer alteração no ambiente de trabalho que afete as maneiras como os funcionários devem agir. Essas mudanças podem ser planejadas ou não, catastróficas ou evolutivas, positivas ou negativas, fracas ou fortes, lentas ou rápidas e endógenas ou exógenas.[3] Independentemente de sua fonte, natureza, origem, velocidade ou intensidade, as mudanças podem ter efeitos profundos nos seus receptores.

Os efeitos das mudanças podem ser ilustrados pela comparação de uma organização a um balão cheio de ar. Quando um dedo (que representa a mudança externa, nesse caso) é pressionado sobre um ponto qualquer do balão (o qual representa a organização), o contorno do balão modifica-se visivelmente (torna-se contraído) no ponto de contato. Nesse caso, uma clara pressão, representando a mudança, produziu uma alteração óbvia no ponto de pressão. O que não está tão óbvio, no entanto, é que o balão inteiro (representando o restante da organização) foi afetado e distendeu-se levemente. Além disso, a tensão sobre a superfície interna do balão também aumentou (espera-se que não seja o suficiente para atingir o ponto de ruptura). Conforme foi demonstrado no exemplo, uma generalização segura poderia ser a de afirmar que *a organização inteira tende a ser afetada pela mudança em alguma parte dela*.

Os efeitos são disseminados.

As moléculas de ar no balão representam os funcionários da companhia. Está claro que alguns ajustes dramáticos devem ocorrer nas pessoas localizadas no ponto de pressão. Embora a mudança não tenha feito um contato direto com os funcionários (moléculas), ela os afetou indiretamente. Ainda que ninguém tenha sido demitido (isto é, tenha deixado o balão), os funcionários são deslocados e devem ajustar-se à sua nova localização no balão. Essa comparação ilustra uma generalização adicional: *a mudança é um problema tanto técnico quanto humano*.

Um problema tanto humano quanto técnico

A comparação utilizando balões pode ser levada ainda mais longe. A aplicação reiterada de pressão sobre o mesmo ponto pode enfraquecer o balão até que ele estoure. É o que também ocorre com as organizações. As mudanças podem levar a pressões e conflitos que eventualmente causarão uma ruptura em algum ponto da organização. Um exemplo disso é um funcionário que se torna insatisfeito e pede demissão.

Obviamente, a analogia do balão é grosseira. Uma instituição empregadora não é um balão; um funcionário não é uma molécula; e as pessoas não são tão flexíveis quanto as moléculas de ar de um balão. O que se ilustrou foi a condição de equilíbrio molecular. As organizações, também, tendem a alcançar um *equilíbrio* em sua estrutura social — um estado de relativo balanço entre as forças contrárias. Esse equilíbrio é estabelecido quando as pessoas desenvolvem um conjunto de relações estáveis com seu ambiente. Elas aprendem como lidar umas com as outras, como executar suas atribuições e o que esperar a seguir. Há um equilíbrio; os funcionários estão ajustados. Quando ocorre a mudança, isso faz que eles realizem novos ajustes, enquanto a empresa busca um novo equilíbrio. Quando os funcionários são incapazes de fazer os ajustes adequados, a organização está em um estado de desajuste ou de desequilíbrio.

Papéis proativos e reativos

O desequilíbrio ressalta um dilema para os gerentes. De um lado, o papel do gerente é *introduzir* mudanças contínuas na organização para a obtenção de um ajuste melhor entre a empresa e seu ambiente. Aqui, o papel do gerente é ser **proativo** — antecipar-se aos eventos, iniciar a mudança e assumir o controle do destino da organização. Do outro lado, parte do papel do gerente é *restaurar e manter o equilíbrio do grupo* e dos ajustes pessoais requeridos pelas mudanças. Nesse papel, o gerente é mais **reativo** — respondendo aos eventos, adaptando-se às mudanças e suavizando as conseqüências das mudanças.

Felizmente, muitas das mudanças organizacionais que ocorrem diariamente são, de alguma forma, pequenas. Podem afetar apenas algumas pessoas, ter uma natureza incremental e ser razoavelmente previsíveis. Por exemplo, à medida que os novos procedimentos evoluem, ou que novos membros são adicionados ao grupo, os funcionários existentes geralmente não necessitam modificar todas as dimensões de seus cargos ou adquirir comportamentos totalmente novos. Nessas situações, um novo equilíbrio pode ser prontamente alcançado.

Uma variedade ampla de forças, no entanto, pode trazer mudanças ainda mais dramáticas, que afetem todo o núcleo da organização. Muitas delas têm-se tornado mais comuns à medida que a economia, a competição e a velocidade da mudança tecnológica passaram a ser mais voláteis. Exemplos incluem ofertas de compra hostis por parte de outras companhias, aquisições estruturadas e as subseqüentes reestruturações organizacionais, a reengenharia das organizações, os atos de terrorismo e os desastres naturais, como os vazamentos de óleo e gás. Crises como estas, quer sejam positivas ou negativas, exigem que os gerentes auxiliem na orientação dos funcionários para que enfrentem o choque emocional que os acompanha, trazendo, assim, a organização para um novo equilíbrio.

As Respostas à Mudança

A mudança no trabalho é ainda mais complicada pelo fato de não produzir um ajuste direto, diferentemente das moléculas de ar dentro do balão. Em vez disso, *ela opera por meio das atitudes de cada funcionário* para produzir uma resposta que seja condicionada pelos seus sentimentos relacionados às mudanças. Essa relação foi ilustrada em uma série de experimentos clássicos — os estudos Hawthorne, conduzidos por F. J. Roethlisberger e seus associados. Em uma ocasião, a iluminação foi melhorada continuamente de acordo com a simples teoria de que melhor iluminação conduziria a uma produtividade mais elevada. De acordo com o esperado, a produtividade melhorou. Então, a iluminação foi reduzida para ilustrar o efeito oposto — a diminuição de produtividade. Em vez disso, a produtividade aumentou ainda mais. A iluminação foi novamente diminuída. O resultado foi uma produtividade ainda maior. Finalmente, a iluminação foi reduzida para 0,06 vela por pé quadrado, o que equivale aproximadamente à luz da lua. Segundo Roethlisberger, "Até que chegássemos a este ponto, nenhum declínio significativo do índice de produção foi registrado".[4]

Experimentos relacionando iluminação e produtividade

Como as Atitudes Individuais Afetam a Resposta à Mudança Obviamente, uma iluminação melhor não foi, por si só, a causa da melhoria da produção. Não havia nenhuma conexão direta entre a mudança e a resposta. Algumas outras variáveis intervenientes, posteriormente diagnosticadas como as atitudes dos funcionários, surgiram para interferir no padrão esperado. Roethlisberger depois explicaria os novos padrões da seguinte forma: cada mudança é interpretada pelos indivíduos de acordo com as suas atitudes. *O modo como as pessoas sentem-se sobre a mudança é um fator que determina a maneira como responderão a ela.* Esses sentimentos não são aleatórios; são causados. Uma causa é *a história pessoal,* que se refere aos processos biológicos das pessoas, seus históricos (por exemplo, família, trabalho, educação) e todas as suas experiências pessoais longe do trabalho (ver Figura 14.1). Essa história é o que elas trazem para o local de trabalho. Uma segunda causa é o próprio *ambiente de trabalho.* Ele reflete o fato de que os trabalhadores são membros de um grupo e suas atitudes são influenciadas por códigos, padrões e normas.

Os sentimentos são não-lógicos.

Os sentimentos não são uma questão de lógica. Não são lógicos ou ilógicos, mas, sim inteiramente separados da lógica. Eles são *não-lógicos.* Os sentimentos e a lógica pertencem a duas categorias separadas, do mesmo modo que os centímetros e os quilos. Por essa razão, *a lógica por si só é uma maneira ineficaz de tentar modificar os sentimentos*, pois ela não consegue chegar diretamente até eles. Os sentimentos não são muito mais bem refutados pela lógica que o comprimento deste livro em centímetros ou polegadas é refutado pelo seu peso em libras ou quilogramas.

FIGURA 14.1 Resposta Social Unificada à Mudança

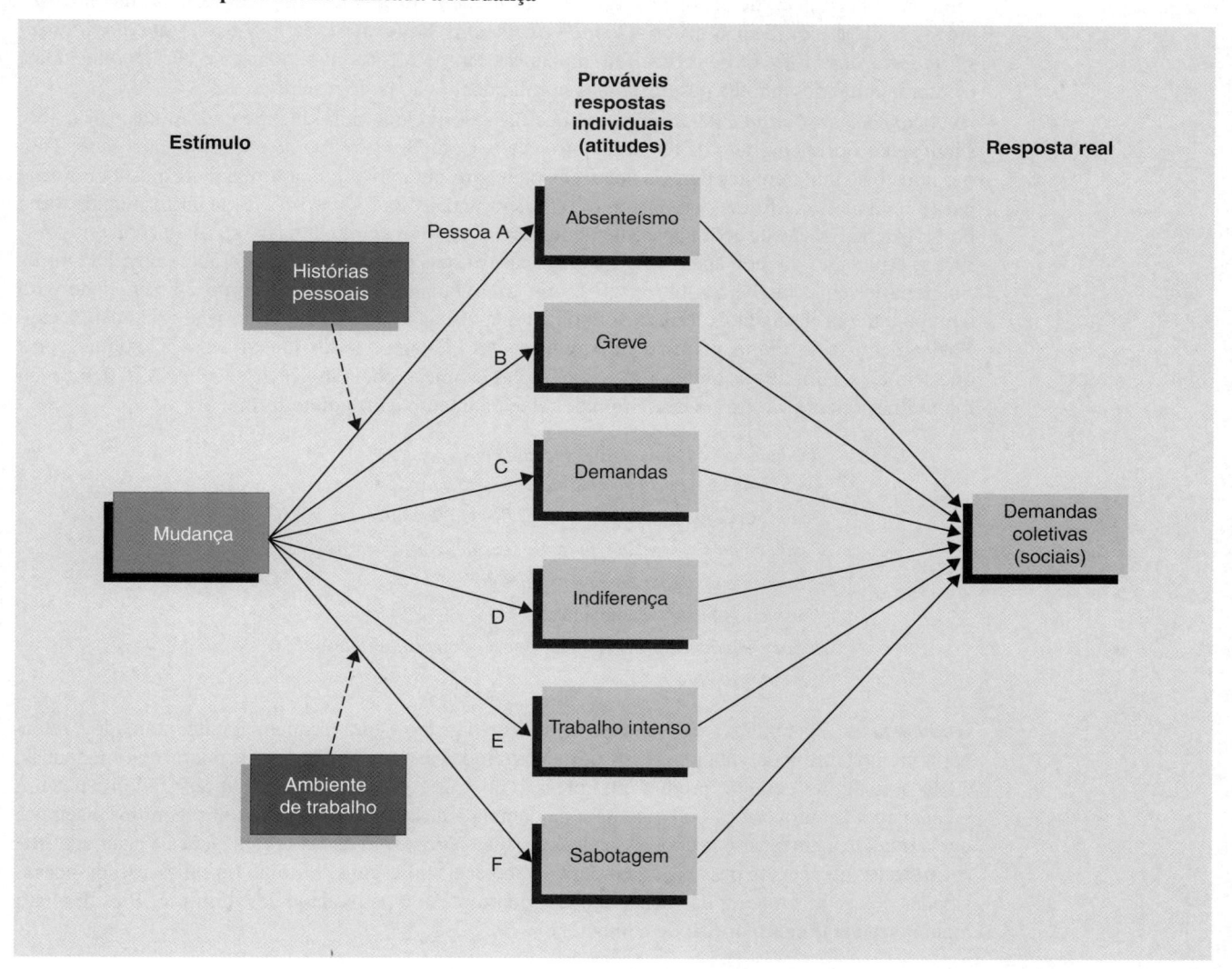

Os Efeitos de Uma Força de Trabalho Diversificada sobre a Mudança

A força de trabalho nos Estados Unidos se tornará cada vez mais diversificada (das perspectivas de gênero e de etnia) à medida que formos avançando no século XXI. Os novos empregos serão preenchidos, mais que nunca, por proporções maiores de mulheres, afro-americanos, hispânicos e asiáticos. Além disso, o nível típico de educação dos trabalhadores do país tem aumentado gradualmente. Quais previsões você poderia fazer sobre o impacto dessas mudanças na *propensão* do trabalhador à mudança? E sobre a *capacidade* do trabalhador de adaptar-se à mudança? E acerca da *receptividade* do trabalhador à mudança?

O Efeito Hawthorne Uma causa de sentimentos favoráveis nos grupos estudados por Roethlisberger foi o interesse demonstrado pelos pesquisadores com relação aos problemas dos funcionários. Esse fenômeno foi posteriormente chamado efeito Hawthorne, em razão da fábrica na qual o estudo foi realizado. O **efeito Hawthorne** significa que a mera observação de um grupo — ou, mais precisamente, a *percepção* de ser observado e a *interpretação* feita pelo indivíduo da importância desse ato — tende a modificar o grupo. *Quando as pessoas são observadas, ou acreditam que alguém se importa, agem diferentemente.* Tais mudanças em geral são involuntárias e não reconhecidas. Contaminam o desenho da pesquisa, mas normalmente não podem ser evitadas.

> A observação afeta o comportamento.

As Respostas do Grupo à Mudança As pessoas interpretam individualmente as mudanças e possuem seu próprio conjunto de respostas prováveis. Contudo, geralmente mostram sua ligação com o grupo ao se juntarem aos demais membros para apresentarem alguma forma de resposta uniforme para a mudança, conforme demonstrado na "resposta real" da Figura 14.1. Essa uniformidade torna possível a realização de ações aparentemente ilógicas, por exemplo, uma paralisação geral temporária das atividades quando apenas algumas poucas pessoas desejam verdadeiramente fazê-lo. Outros funcionários, que também estão insatisfeitos, aproveitam a paralisação como oportunidade para demonstrar sua insatisfação e para simbolizar sua afiliação ao grupo participando da ação social. Basicamente, o grupo responde com o sentimento: "Estamos todos juntos nessa. Qualquer coisa que aconteça a um de nós afeta a todos nós". John Donne, o poeta inglês do século XVII, descreveu maravilhosamente a filosofia desse tipo de relacionamento da seguinte forma:

> *Nenhum homem é uma* ilha, *sozinho em si mesmo,*
> *Cada homem é parte do* continente, *parte do todo;*
> *Se um* seixo *for levado pelo mar, a Europa fica menor, como se fosse um* promontório,
> *Assim como se fosse uma* parte *de seus amigos ou mesmo* sua;
> *A morte de qualquer homem me diminui,*
> *Porque sou parte da* humanidade;
> *E por isso, nunca procure saber por quem os sinos dobram,*
> *Eles dobram por ti.*[5]

Homeostase Na tentativa de manter o equilíbrio, o grupo estará freqüentemente inclinado a retornar à melhor forma de vida percebida por ele em todas as ocasiões nas quais ocorrerem mudanças. Cada pressão, no entanto, produz uma pressão contrária dentro do grupo. O resultado final é um mecanismo de autocorreção no qual há uma demanda de energia para restaurar o equilíbrio sempre que a mudança ameaçar o grupo. Essa característica autocorretiva das organizações é chamada **homeostase**, ou seja, as pessoas agem para estabelecer um estado contínuo de satisfação de necessidades e para se proteger das perturbações decorrentes da perda daquele equilíbrio. Elas desejam manter seu sentimento prévio de competência.

Custos e Benefícios

Todas as mudanças provavelmente têm alguns custos. Um novo procedimento de trabalho, por exemplo, poderá exigir a inconveniência do aprendizado de novas habilidades. Ele pode interferir momentaneamente no trabalho e reduzir a satisfação. E o novo equipamento, ou a realocação do equipamento anterior, pode adicionar custos que não são meramente econômicos — mas que também são psicológicos e sociais. E, normalmente, devem ser pagos para que sejam obtidos os benefícios das mudanças propostas.

Em virtude dos custos associados à mudança, as propostas para mudança nem sempre são desejáveis. Elas exigem uma análise cuidadosa para a determinação da sua utilidade. Cada mudança exige detalhada análise custo-benefício. A menos que as mudanças possam oferecer benefícios acima dos custos, não há razão para que aconteçam. Enfatizar os benefícios, enquanto os custos são ignorados, é algo ilógico. A meta da organização é sempre obter *benefícios maiores que os custos*.

Para a determinação dos custos e benefícios, todos os tipos devem ser considerados. Examinar somente os benefícios e custos econômicos é inútil, porque, mesmo que isso resulte em benefício econômico líquido, os custos psicológicos e sociais podem ser muito grandes. Embora não seja muito prático reduzir os custos sociais e psicológicos a números, eles, apesar disso, devem ser incluídos no processo de tomada de decisões. Praticamente qualquer mudança, por exemplo, envolve alguma perda psicológica em virtude do desgaste imposto para que as pessoas se ajustem a ela. Os custos psicológicos também são chamados **custos psíquicos**, pois afetam o eu interior das pessoas, a psique.

Custos psíquicos

O conhecimento das diferenças individuais também ajuda a prever que *as pessoas reagirão de maneiras distintas e amplamente variadas à mudança*. Algumas perceberão apenas os benefícios, enquanto outras vislumbrarão apenas os custos representados pelas mudanças. Outras inicialmente reagirão com medo, ainda que os efeitos sejam efetivamente positivos. Outras aparentarão estar inicialmente saudando as mudanças, mas posteriormente deixarão seus verdadeiros sentimentos aflorarem de maneira gradual.

Algumas pessoas que observaram as reações mais comuns aos esforços para mudança afirmam que se pode aplicar a regra 20-50-30.[6] De acordo com essa distribuição de respostas, aproximadamente 20% dos funcionários afetados pela mudanças se mostrarão receptivos e possivelmente as apoiarão intensamente; cerca de 50% ou estarão neutros com relação às mudanças ou até mesmo se portarão de modo acessível ou receptivo; e aproximadamente 30% estarão reticentes, resistirão às mudanças e possivelmente tentarão sabotá-las. O desafio para os gestores de um processo de mudança é transformar uma parcela substancial dos 80% (neutros e resistentes) em apoiadores da mudança para que ela seja bem-sucedida.

Em alguns casos, os custos psíquicos da mudança podem ser tão severos que afetarão a saúde psicológica, e até mesmo física, dos funcionários. O nível de tolerância à mudança dentro de um grupo de funcionários pode variar de relativamente alto para uma pessoa até relativamente baixo para outra. Sempre que esse nível é excedido, surgem respostas carregadas de estresse que podem minar a saúde dos funcionários. Em alguns casos, há uma série contínua de mudanças pequenas ou moderadas ao longo de um período, produzindo efeitos cumulativos que finalmente sobrecarregam o sistema de uma pessoa. Alguns escritores referem-se a essa circunstância como **síndrome da mudança repetitiva**.[7] Uma sucessão constante de pequenas mudanças é capaz de produzir efeitos negativos para os indivíduos e resultados corrosivos para toda a organização. A síndrome da mudança repetitiva é freqüentemente causada por uma série de ações organizacionais iniciadas e que não são completadas, pela interferência de um programa sobre outro, e por uma pandemia de cinismo entre os funcionários. Embora a dor possa colocar em curso algumas mudanças (ver a primeira frase de abertura deste capítulo), também pode reduzir a velocidade da mudança e, eventualmente, levá-la ao fracasso.

Em outros casos, uma única grande mudança de profundo significado pode sobrecarregar a capacidade de uma pessoa lidar com a situação. Alguns exemplos incluem a mudança para um novo local (trazendo consigo a necessidade de uma nova casa, uma nova escola para as crianças, a busca de uma colocação para o cônjuge e a perda de amizades) ou uma promoção que envolva novos papéis, *status*, trabalho em grupo e pressões do cargo. Os efeitos da mudança na forma de estresse serão discutidos no Capítulo 15.

A realidade da mudança é que freqüentemente não há um benefício 100% claro para todas as partes. Em vez disso, há uma série de custos e benefícios separados que devem ser considerados em bases individuais. Os modelos do sistema de comportamento organizacional apoiador, colegiado e sistêmico implicam que o gerente deve considerar cada mudança substancial, tentar auxiliar cada indivíduo a compreendê-la e procurar fazer que cada pessoa experimente algum tipo de ganho com ela. Apesar dos melhores esforços da administração, no entanto, a mudança nem sempre é bem recebida. A próxima seção explora a natureza e os efeitos da resistência à mudança.

RESISTÊNCIA À MUDANÇA

Por que a resistência ocorre

A **resistência à mudança** consiste em quaisquer comportamentos dos funcionários destinados a desacreditar, atrasar ou impedir a implementação de mudanças associadas ao trabalho. Os funcionários resistem às mudanças porque elas ameaçam suas necessidades de segurança, interação social, *status*, competência ou auto-estima. Outras causas para a resistência ou passividade incluem:

- Culturas organizacionais que supervalorizam a crítica de novas idéias.
- Funcionários que expressam publicamente seu apoio, mas, nos bastidores, minam as mudanças.
- Gerentes indecisos que sofrem de "paralisia de análise".
- Uma ênfase nas propostas de impacto ("morte pelo PowerPoint") no lugar do acompanhamento dos processos.
- A existência de uma "mentalidade de *bunker*", na qual os funcionários aprenderam que as crises organizacionais geralmente não se mostram tão importantes quanto se pensava anteriormente e que, dessa forma, podem ser ignoradas.[8]

Natureza e Efeitos

A ameaça percebida associada à mudança pode ser real ou imaginária, planejada ou não, direta ou indireta, grande ou reduzida. Independentemente da natureza dessa mudança, alguns funcionários tentarão proteger-se de seus efeitos. Suas ações podem variar de reclamações, morosidade proposital e resistência passiva a argumentos passionais, absenteísmo, sabotagem e reduções no ritmo de produção.

Todos os tipos de funcionários tentam resistir à mudança por causa dos custos psíquicos que a acompanham. Tanto gerentes quanto trabalhadores podem tentar exercer essa resistência. Um executivo pode resistir à mudança do mesmo modo que um funcionário técnico. O fenômeno não respeita nenhum tipo de vestimenta ou cargo.

Embora as pessoas tenham tendência a resistir à mudança, tal tendência é compensada pelo desejo de novas experiências e pelas recompensas decorrentes das mudanças. Certamente, nem todas as mudanças enfrentam resistência; algumas são ativamente procuradas pelos funcionários. Outras mudanças são tão comuns e rotineiras que, se houver resistência, será muito fraca para ser evidente. Uma lição para a administração é que a mudança provavelmente será um sucesso ou um fracasso *dependendo da habilidade com a qual ela for gerenciada para minimizar ou superar a resistência*.

Efeito de reação em cadeia

A insegurança e a mudança são condições que ilustram a forma como o **efeito de reação em cadeia** pode desenvolver-se no comportamento organizacional. Um efeito de reação em cadeia é uma situação na qual uma mudança ou outra condição que afete de forma direta somente uma pessoa ou um pequeno grupo de pessoas pode levar a uma reação direta ou indireta de muitas pessoas, até mesmo de centenas ou de milhares de indivíduos, uma vez que há um interesse mútuo nela. Isso é muito similar às colisões traseiras múltiplas em uma rodovia com neblina, em que cada colisão é seguida por outra.

Em uma empresa, o assistente geral de vendas foi promovido a assistente administrativo geral. A promoção desse gerente de alto nível produziu uma série de eventos em cascata que levaram à promoção de outras dez pessoas em níveis inferiores. Os movimentos subseqüentes afetaram muitas divisões, vários territórios e escritórios. Esse exemplo ilustra o amplo impacto de um único grande evento e os efeitos da reação em cadeia a partir de um acontecimento em particular.

Razões para a Resistência

A resistência decorre da natureza da mudança, do método utilizado e das percepções de iniqüidade.

Os funcionários resistem às mudanças por três grandes razões. Primeiro, podem sentir-se desconfortáveis com a *natureza da própria mudança*. Ela pode violar seu sistema de crenças morais, podem acreditar que a decisão é tecnicamente incorreta ou eles podem simplesmente estar relutantes em trocar o conforto proveniente da certeza e da familiaridade pela incerteza. As pessoas também resistem à mudança pelo medo do desconhecido, pelas ameaças à sua segurança no trabalho ou pela ausência da demonstração da existência de um problema. Uma segunda razão para resistência deriva do *método* pelo qual uma mudança é introduzida. As pessoas podem se aborrecer por não terem sido adequadamente informadas ou rejeitar uma abordagem insensível e autoritária que não as tenha envolvido no processo de mudança. O método de introdução da mudança também pode estar baseado em uma percepção de tempo inadequada. Uma terceira razão para resistência é a iniqüidade experimentada pelas pessoas quando acreditam que estão enfrentando os ônus das mudanças enquanto *os outros colhem seus benefícios*. A resistência será ainda mais intensa se forem reunidas as três grandes razões: as pessoas discordarem da natureza da mudança, estarem insatisfeitas com o método utilizado e não vislumbrarem uma forma de ganho pessoal para si.

Da resistência à aceitação

Elisabeth Kübler-Ross, em seu livro *Death and dying* (algo como *Morte e morrer*), estudou as reações dos indivíduos quando são comunicados de que possuem uma doença incurável (que representa um risco de morte) e quando enfrentam a morte. Ela concluiu que as pessoas normalmente passam por uma série de cinco estágios: negação, raiva, depressão, busca de alternativas e eventual aceitação do diagnóstico. Muitos gestores de mudanças também acreditam que os funcionários sofrem uma experiência semelhante, embora certamente em escala menor, quando se vêem diante de mudanças organizacionais (ver Figura 14.2); inicialmente, lutam contra a mudança, posteriormente, são atacados por um sentimento de raiva e mantêm uma resistência rígida, expressam sua tristeza e retrocedem, começam a explorar o — e tomar conhecimento do — possível valor da mudança e, então, por fim, adotam a mudança como uma nova forma de vida.

Tipos de Resistência

Há três tipos diferentes de resistência à mudança, conforme mostrado na Figura 14.3. Esses tipos operam em conjunto para produzir a atitude geral do funcionário com relação à mudança. Eles podem ser expressos por três diferentes usos da palavra "lógica".

Resistência racional

Resistência Lógica Baseia-se na discordância com relação aos fatos, no pensamento racional, na lógica e na ciência. A resistência lógica surge a partir do tempo e do esforço realmente exigidos para um indivíduo ajustar-se à mudança, incluindo as novas atribuições do cargo que devem ser aprendidas. Esses são os custos reais suportados pelos funcionários. Ainda que uma mudança possa ser favorável para os colaboradores no longo prazo, os custos de curto prazo devem ser pagos.

FIGURA 14.2
Estágios Paralelos das Reações a Doenças Terminais e a Mudanças Organizacionais

Reações a Doenças Terminais	Reações a Grandes Mudanças
1. Negação	1. Recusa de aceitá-las como algo real.
2. Raiva	2. Ressentimento em torno do deflagrador da mudança.
3. Depressão	3. Desistência física ou emocional.
4. Busca de alternativas	4. Ponderação dos benefícios.
5. Aceitação do prognóstico	5. Adesão à mudança.

FIGURA 14.3
Tipos de Resistência à Mudança entre os Funcionários

Objeções Racionais e Lógicas

- Tempo exigido para se ajustar à mudança.
- Esforços adicionais para reaprendizado.
- Possibilidade de condições menos desejáveis, como a redução da exigência de habilidades.
- Custos econômicos da mudança.
- Questionamento da exeqüibilidade técnica da mudança.

Atitudes Emocionais e Psicológicas

- Medo do desconhecido.
- Baixa tolerância à mudança.
- Insatisfação com o gerente ou com outro agente de mudança.
- Ausência de confiança nos outros.
- Necessidade de segurança; desejo de manter o *status quo*.

Fatores Sociológicos; Interesses do Grupo

- Coalizões políticas.
- Oposição aos valores do grupo.
- Visão paroquial e estreita.
- Interesses legítimos.
- Desejo de manter as amizades existentes.

Resistência emocional

Resistência Psicológica Esse tipo de resistência é tipicamente baseado em emoções, sentimentos e atitudes. A resistência psicológica é internamente lógica do ponto de vista das atitudes e dos sentimentos dos funcionários com relação às mudanças. Os funcionários podem temer o desconhecido, desconfiar da liderança da administração ou sentir que sua segurança e sua auto-estima estão ameaçadas. Mesmo que a administração acredite que esses sentimentos não sejam justificados, eles são muito reais para os funcionários, e os gerentes devem reconhecer, aceitar e enfrentar tais sentimentos.

Resistência social

Resistência Sociológica A resistência sociológica também é lógica, quando vista como o produto de um desafio a grupos de interesses, normas e valores. Como os valores sociais são poderosas forças do ambiente, devem ser cuidadosamente considerados. Há as coalizões políticas, os valores sindicais e até mesmo diferentes valores comunitários. No nível de grupos pequenos, as amizades no trabalho e os relacionamentos de *status* podem ser desfeitos pelas mudanças. Os funcionários farão perguntas a si mesmos do tipo "Esta mudança é condizente com os valores do meu grupo?", "Ela mantém o trabalho em equipe?". Como os funcionários têm esses tipos de questão em suas mentes, os gerentes devem tentar manter essas condições da maneira mais favorável possível, caso planejem lidar de modo bem-sucedido com a resistência sociológica.

Conseqüências da Resistência Claramente, todos os três tipos de resistência devem ser antecipados e tratados efetivamente, caso haja a expectativa de que os funcionários as aceitem de forma cooperativa. Se os gerentes apenas trabalharem com as dimensões técnica e lógica da mudança, terão falhado com suas responsabilidades humanas. As resistências psicológica e sociológica não são ilógicas ou irracionais; em vez disso, são lógicas se forem consideradas de acordo com um conjunto diferente de valores. O reconhecimento do impacto dos fatores psicológicos e sociais é muito importante para o sucesso das mudanças propostas.

Em uma típica situação de trabalho, não se pode obter o apoio total para cada mudança que seja feita. Algum tipo de apoio moderado, fraco ou mesmo a oposição deverão ser esperados. As pessoas são diferentes e não concederão apoio idêntico para cada mudança. O que a administração deve buscar é um clima no qual elas possam confiar nos gerentes, manter uma atitude positiva acerca da maior parte das mudanças e se sentirem seguras o bastante para tolerar outras mudanças. Se a administração não conseguir obter o apoio dos funcionários, pode ter de recorrer à autoridade. Contudo, deve reconhecer que a autoridade deve ser utilizada apenas esporadicamente. Se a autoridade for empregada de modo excessivo, poderá tornar-se inútil.

Possíveis Benefícios da Resistência

A resistência não é *totalmente* má; pode trazer ampla variedade de benefícios. A resistência pode encorajar a administração a reexaminar as propostas de mudanças, certificando-se, desse modo, de que sejam apropriadas. Dessa forma, os funcionários operam como uma parte de um sistema de pesos e contrapesos que assegura que a administração planeje e implemente corretamente suas mudanças. Se uma resistência razoável dos funcionários faz a administração analisar suas mudanças propostas mais cuidadosamente, então eles colaboram para evitar algumas decisões gerenciais descuidadas.

A resistência também pode auxiliar na identificação de áreas de problemas específicos nas quais a mudança provavelmente produzirá dificuldades, de modo que a administração possa tomar as medidas corretivas antes do surgimento de problemas mais sérios. Ao mesmo tempo, a gerência pode ser estimulada a realizar um trabalho melhor de comunicação das mudanças, uma abordagem que, no longo prazo, levará à melhor aceitação. A resistência também oferece à gerência informações sobre a intensidade das emoções dos funcionários com relação a determinada questão, proporciona oportunidade de descarga emocional para emoções não expressas dos funcionários, e pode encorajá-los a pensar e a agir mais em torno da mudança para que a compreendam melhor.

IMPLEMENTANDO MUDANÇAS DE MANEIRA BEM-SUCEDIDA

Algumas mudanças originam-se no interior da organização, mas várias outras provêm do ambiente externo. Os governos aprovam leis e a organização deve cumpri-las. Surgem novas tecnologias e os produtos devem incorporá-las. Os competidores introduzem novos serviços e a empresa deve responder a isso. Os consumidores, sindicatos, comunidades e outros elementos que iniciam mudanças também exercem pressão. Embora ambientes estáveis levem a um grau muito menor de mudanças, *os ambientes dinâmicos agora são a regra*, e eles exigem mais mudanças. Em algumas ocasiões, podem causar dificuldades para os funcionários, como no exemplo a seguir:

Ambientes dinâmicos exigem mudanças

> Mary Manusco trabalhava no escritório de um dos muitos edifícios de um complexo empresarial que se espalhava por alguns quarteirões. Depois de duas semanas de férias, ela retornou alegremente ao trabalho para descobrir que todo o escritório de 50 pessoas havia desaparecido, deixando apenas um espaço vazio. Mary ficou chocada, abalada e furiosa; sentiu-se excluída e momentaneamente preocupou-se com a segurança de seu emprego.
>
> Somente mais tarde, ela descobriu que algumas rápidas mudanças haviam-se tornado necessárias para adequar o prédio às suas novas atividades. Seu grupo de escritório tinha sido movido para outro edifício durante sua ausência. Não obstante, a forma como a mudança foi realizada produziu questões legítimas em Mary. "Por que não me avisaram? Eles sabiam onde eu estava, de maneira que poderiam me ter telefonado. Pelo menos podiam ter-me enviado uma carta. Por que nenhum amigo me telefonou, ou por que meu supervisor não tentou entrar em contato comigo? *Alguém se importa*? No futuro, as coisas também serão realizadas dessa forma?"

Liderança Transformacional e Mudanças

A gerência possui papel crucial na deflagração e na implementação das mudanças de maneira bem-sucedida, conforme foi ilustrado pela sua falha em não contatar Mary Manusco. Os gerentes não apenas ignoram, algumas vezes, detalhes simples, mas importantes, como também falham ao deixarem de desenvolver uma estratégia para as mudanças planejadas. Um plano geral deveria englobar as questões comportamentais, como a dificuldade dos funcionários em abandonar velhos métodos, as incertezas inerentes à mudança que geram medo nos trabalhadores, e a necessidade geral de criar uma organização que *receba positivamente* a mudança.

Uma Questão Ética

Sua empresa iniciou recentemente um programa de treinamento em ética que combina o conhecimento das exigências legais com os valores adotados pela organização e, então, sugere que você utilize essa "bússola ética" para tomar as decisões de mudanças no melhor interesse da companhia e do ambiente. Contudo, durante uma pausa para o lanche, vários funcionários mais velhos (em termos de tempo de serviço na empresa) bruscamente ressaltam que a cultura da organização é "ignorar a ética" e "agir primeiro em benefício próprio". Antes de fazer seus comentários finais, a líder do seminário pergunta aos participantes se ainda há algo que não esteja claro sobre as lições do seminário. Observando uma expressão de confusão em seu rosto, ela se volta para você na expectativa de uma resposta. Considerando as perspectivas conflitantes que ouviu, *o que você diria a ela?*

Learning organizations (organizações que aprendem) são necessárias.

Os **líderes transformacionais** são essenciais nesse processo.[9] Eles são gerentes que iniciam as mudanças estratégias mais relevantes para posicionar a organização para seu futuro. Articulam uma visão e a promovem vigorosamente. Ajudam os funcionários a erguerem-se acima da visão estreita de suas atribuições individuais ou de departamento para enfatizar o panorama mais amplo. Os líderes transformacionais estimulam os funcionários a agir e modelam carismaticamente os comportamentos desejados. Procuram desenvolver indivíduos e organizações que aprendam (*learning organizations*), que estarão mais bem preparados para os desafios desconhecidos que os aguardam no futuro. Esses importantes elementos da liderança transformacional — criar uma visão, demonstrar carisma e estimular o aprendizado — são explorados nas seções posteriores. Então, um modelo do processo de três estágios é apresentado.

Criando uma Visão Os líderes transformacionais criam e comunicam uma visão para a organização. Uma **visão** é uma imagem ou idéia de longo prazo cristalizada daquilo que pode e deve ser conquistado (você pode querer revisar o modelo do sistema de comportamento organizacional no Capítulo 2).[10] Ela normalmente conduz as pessoas além de suas capacidades e de seus pensamentos atuais e as encoraja na direção de novos níveis de compromisso e de entusiasmo. Uma visão também pode integrar as crenças e os valores compartilhados, os quais servem como base para a mudança na cultura de uma organização.

> O valor e a complexidade de se incutir uma visão são ilustrados pela experiência de um novo reitor de uma universidade. Ele foi escolhido para liderar a instituição quando a equipe de entrevistas ficou impressionada com seu plano geral para a transformação da universidade de uma posição de mediocridade para uma postura de foco na excelência. Contudo, ele incorretamente assumiu que uma reação positiva com relação à sua visão geral se traduziria automaticamente na aceitação de suas propostas específicas. Nesse ponto, enfrentou a oposição geral de legisladores, diretores, professores, alunos e ex-alunos. E logo descobriu que possuir uma visão dramaticamente nova era apenas o primeiro passo do processo de liderança transformacional.

Comunicando Carisma Mesmo que os funcionários estejam intelectualmente convencidos de que a visão é desejável, os líderes ainda terão duas tarefas: persuadir os funcionários de que a visão é urgente e motivá-los para alcançá-la. O **carisma** é uma característica da liderança que pode auxiliar a influenciar os funcionários a realizar as ações iniciais e a executá-las de modo sustentado. Os líderes carismáticos são pessoas dinâmicas em assumir riscos e que demonstram a profundidade de sua experiência e de sua bem merecida autoconfiança, que expressam expectativas de alto desempenho e que utilizam símbolos e linguagem provocativos para inspirar os outros.[11] Eles também podem ser mentores estimados que tratam individualmente dos funcionários e que os orientam na realização de ações. Em troca, os funcionários respeitam os líderes carismáticos e confiam neles conforme eles introduzem as mudanças, e tendem a ser emocionalmente mais comprometidos com a visão de tais líderes. Os líderes carismáticos também precisam reconhecer a "vulnerabilidade emocional" que os funcionários experimentam durante a mudança e minimizar os temores dos funcionários enquanto estimulam a energia deles para mudança.

> Discípulos do aprendizado de dois níveis questionam seus próprios pensamentos.

Estimulando o Aprendizado Os líderes transformacionais reconhecem que o seu legado não é simplesmente a mudança em si, mas uma organização que *continuará* a mudar. Sua tarefa crítica é desenvolver a capacidade das pessoas para aprender a partir da experiência da mudança. Esse processo é chamado **aprendizado de dois níveis (*double-loop learning*)**. Seu nome é derivado do fato de a forma pela qual a informação é processada não refletir apenas a informação atual reunida (o primeiro nível), mas também preparar os participantes para gerenciar as *futuras* mudanças de modo ainda mais eficaz (o segundo nível).[12] Os indivíduos que aprendem pelo processo de dois níveis desenvolvem a capacidade de se anteciparem aos problemas, prevenir o surgimento de muitas situações adversas e, em particular, desafiar suas próprias suposições e seus paradigmas limitadores. Esse processo situa-se em oposição direta a outro processo mais limitado, no qual os funcionários apenas resolvem os problemas atuais e adaptam-se cegamente às mudanças impostas a eles. O processo de aprendizado de dois níveis não apenas torna as mudanças atuais mais bem-sucedidas, como também aumenta as chances de um funcionário estar mais apto para as mudanças a serem introduzidas no futuro, ou, ainda melhor, para que ele mesmo realize as mudanças.

A empresa Johnsonville Foods, fabricante de salsichas de Sheboygan, no estado norte-americano do Wisconsin, tem trabalhado para transformar-se em uma organização de aprendizado de dois níveis.[13] Um de seus jovens supervisores ("Mac") era um brilhante técnico e *coach*. Quando os funcionários lhe traziam um problema, ele lhes dizia exatamente o que fazer, e eles, então, o resolviam. Mac sentia-se muito confortável com relação a esse papel; ele era *necessário*. Esse processo tradicional poderia ter continuado indefinidamente, exceto pelo fato de que Mac cansou-se de ser acordado no meio da noite por funcionários do terceiro turno. E na próxima vez quando eles o chamaram, perguntou-lhes algumas questões centrais sobre o problema e os encorajou a sugerir uma solução. Ele não apenas endossou a resposta dos funcionários, como também sugeriu que possuíam a capacidade para resolver problemas similares sem sua ajuda. Como conseqüência, todas as equipes de Mac aprenderam a tornar-se solucionadoras de problemas, individualmente e em equipe. Elas eram discípulas do aprendizado de dois níveis.

Três Estágios na Mudança

A consciência comportamental na gestão da mudança é auxiliada pela visão da mudança como um processo de três etapas:[14]

- Descongelamento
- Mudança
- Recongelamento

O **descongelamento** significa que as velhas idéias e práticas precisam ser colocadas de lado para que as novas possam ser aprendidas. Essa etapa de livrar-se das velhas práticas freqüentemente se mostra tão difícil quanto o aprendizado de novas. É uma etapa que pode ser facilmente ignorada enquanto os esforços concentram-se na mudança proposta em si, mas o fracasso em se colocar de lado as velhas idéias é que, com freqüência, conduz à resistência à mudança. Da mesma forma que um fazendeiro deve arar o campo antes de realizar o plantio de novas sementes, o gerente deve ajudar seus funcionários a retirar de suas mentes os papéis e os propósitos antigos. Somente então eles serão capazes de adotar novas idéias.

A **mudança** é a etapa na qual novas idéias e práticas são aprendidas. O processo envolve ajudar um funcionário a pensar, racionalizar e desempenhar suas atividades de uma forma diferente. O período pode ser de confusão, desorientação, sobrecarga e desespero. Felizmente, a etapa de mudança geralmente também está misturada com esperança, descobrimento e excitação.

O **recongelamento** é o momento no qual tudo aquilo que foi aprendido é completamente integrado à prática. Além de serem intelectualmente aceitas, as novas práticas tornam-se emocionalmente adotadas e incorporadas no comportamento rotineiro do funcionário. O ato de meramente tomar conhecimento de um novo procedimento não implica necessariamente na sua adoção. Conforme disse um fazendeiro certa ocasião, ao ser confrontado por um engenheiro agrônomo com sugestões para a melhoria da plantação, "Não estou desempenhando nem a metade das minhas atividades do modo como eu poderia fazer". Um desempenho bem-sucedido deve ser, assim, o objetivo final da etapa de recongelamento.

Um exemplo extremo do processo de três etapas vem dos programas de reabilitação para vítimas de acidentes vasculares que tiveram um lado de seus corpos paralisado. A tendência desses pacientes é, por exemplo, utilizar o braço do "lado bom" para se alimentar, o que inibe sua recuperação total. Os terapeutas descobriram que é extremamente benéfico para os pacientes amarrar o braço do lado funcional do corpo para permitir que eles utilizem o braço mais fraco entre 8 e 10 horas por dia. Foram relatadas histórias incríveis de recuperação de movimentos com a utilização desse método. O processo de imobilização ilustra um método físico de descongelamento (descarte forçado de velhos hábitos); a prática diária com o braço fraco representa a mudança introduzida; e os ganhos dramáticos experimentados pelos pacientes servem para recompensar os pacientes e recongelar o novo comportamento. Da mesma forma, os gerentes também precisam descobrir novas maneiras de descongelar velhos hábitos dos funcionários ao impedi-los fisicamente de utilizar equipamentos ou softwares antigos antes que eles voltem sua atenção para a aceitação dos novos métodos.

Manipulando as Forças

O psicólogo social Kurt Lewin, que identificou as três etapas da mudança, também sugeriu que qualquer organização (como sistema social) representa um equilíbrio dinâmico de forças que apóiam e restringem qualquer prática existente; há um **equilíbrio**, conforme demonstrado na Figura 14.4.

Em uma unidade de montagem há pressões tanto para aumentar quanto para diminuir a produção. A administração tipicamente deseja uma produção maior. Os engenheiros industriais conduzem estudos para tentar melhorá-la. Os supervisores pressionam para isso. Alguns trabalhadores, por outro lado, podem sentir que já trabalham duro o bastante. Mais esforços podem causar sentimentos de iniqüidade, e eles não desejam mais conflitos ou tensão. Não querem sentir-se mais cansados quando forem para suas casas. Apreciam os intervalos para descanso. O resultado é que eles agem como uma força restringente, e o volume atual de produção tenderá a continuar estável até que algum tipo de mudança seja introduzido.

A mudança é introduzida em um grupo por meio de uma variedade de métodos, entre os quais:

Forças de apoio e forças restringentes

- Adição de novas forças de apoio.
- Remoção das forças restringentes.
- Aumento da intensidade das forças de apoio.
- Diminuição da intensidade de uma força restringente.
- Conversão de uma força restringente em uma força de apoio.

Pelo menos uma dessas abordagens deve ser usada para mudar o equilíbrio, com uma chance de sucesso mais elevada na eventualidade de mais de uma abordagem ser utilizada. A idéia é auxiliar a mudança a ser aceita e integrada às novas práticas. O ato de tornar as pessoas responsáveis pela

FIGURA 14.4
Modelo de Estado de Equilíbrio e Processo de Mudança

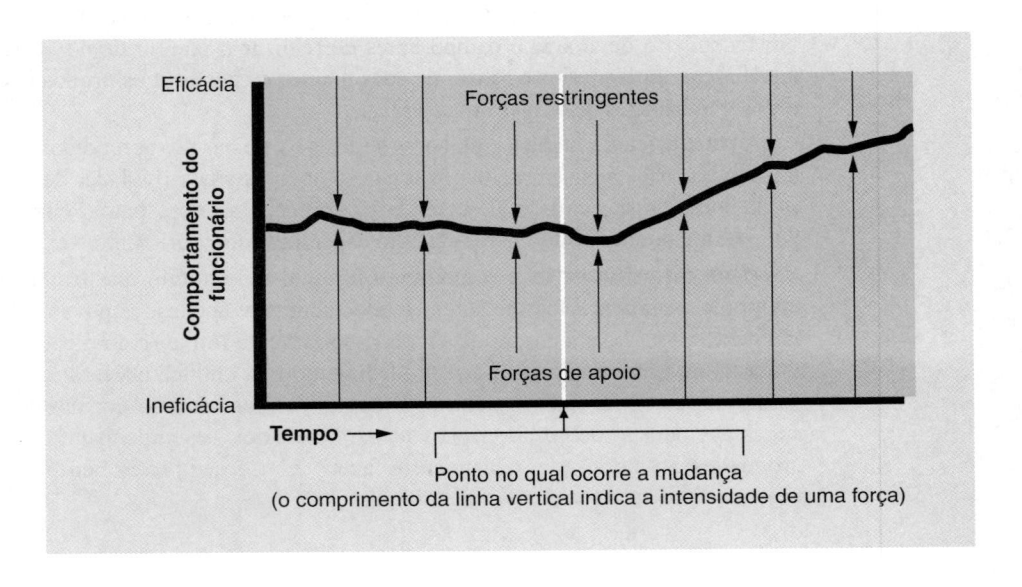

O Que os Gerentes Estão Lendo

Malcolm Gladwell (autor do *best-seller Blink*!) sugere que idéias (e práticas) podem espalhar-se como doenças contagiosas ou como modas passageiras. Como resultado, o mundo pode ser modificado (influenciado) por um simples impulso no local certo.

O ponto central dessa idéia consiste em três regras, de acordo com Gladwell:

1. A *lei dos poucos* sugere que algumas poucas pessoas bem colocadas podem exercer grande influência na moldagem das opiniões dos outros.
2. O *fator de aderência* afirma que há maneiras específicas de tornar uma mensagem extremamente memorável.
3. O *poder do contexto* especifica que as pessoas são altamente sensíveis aos sinais do ambiente.

De maneira geral, Gladwell conclui que o potencial para a mudança e para a ação intelectual é enorme — se os líderes apenas se concentrarem nos pontos principais de alavancagem e os utilizarem do modo apropriado.

Fonte: GLADWELL, Malcolm. *The Tipping Point*: How Little Things Can Make a Big Difference. Boston: Little, Brown, 2000.

---

qualidade dos produtos que produzem, por exemplo, tem sido empregado como uma força de apoio para um trabalho de alta qualidade. Outra força de apoio envolve a implementação de programas para aumentar o orgulho dos funcionários no seu trabalho. Em outra direção, as forças restringentes sobre a qualidade podem ser reduzidas se for realizada uma manutenção mais elaborada nas máquinas, de modo que um trabalho de melhor qualidade possa ser executado.

Construindo Apoio para a Mudança

Se assumirmos que a administração está seguindo o modelo do processo de mudança da Figura 14.4, então as *forças de apoio devem ser estimuladas antes, durante e depois da implementação das mudanças*. Uma variedade ampla de atividades positivas para a construção de apoio são descritas a seguir. Outras, como a manipulação e a coerção, normalmente antagonizam funcionários e prejudicam o sucesso de longo prazo do programa de mudança.

Utilização das Forças do Grupo Uma mudança eficaz não apenas enfatiza os indivíduos, mas também o próprio grupo. O grupo é um instrumento para a aplicação de intensa pressão sobre os membros na direção da mudança. Como o comportamento é firmemente baseado no grupo ao qual o indivíduo pertence, quaisquer mudanças nas forças do grupo encorajarão alterações no comportamento do indivíduo. A idéia é auxiliar o grupo, juntamente com a administração, a estimular a mudança desejada.

O poder de um grupo para estimular a mudança em seus membros depende parcialmente da intensidade da sua adesão a ele. Quanto maior for a atração que o grupo exerce sobre o indivíduo, maior será a influência desse grupo sobre seus membros. A influência é ampliada ainda mais se os membros com *status* mais elevado no grupo apoiarem a mudança.

A mudança não deve romper o sistema social grupo mais que o necessário. Qualquer mudança que ameace o grupo tenderá a encontrar resistência.

Apresentação de uma Lógica para a Mudança Uma liderança competente reforça um clima de apoio psicológico para a mudança. Um líder eficaz introduz a mudança com base nas exigências impessoais da situação — razões objetivas (associadas ao desempenho) para a mudança — em vez de baseá-la em motivações pessoais. Se as razões forem suficientemente fortes e substanciais, devem ser apresentadas. Caso contrário, talvez as mudanças desejadas tenham de ser abandonadas. As exigências convencionais para a mudança também devem estar de acordo com os objetivos e a

As expectativas são importantes.

visão da organização. Apenas um líder pessoal muito forte pode utilizar razões pessoais para justificar uma mudança sem produzir resistência.

A mudança tem maiores chances de ser bem-sucedida se os líderes que a introduzem expressarem altas expectativas de sucesso. Em outras palavras, as *expectativas com relação à mudança* por parte da administração e dos funcionários devem ser tão importantes quanto a tecnologia adotada para a mudança. Esse conceito tinha sido sugerido anteriormente na Figura 14.1, que mostrou a importância das atitudes no que se refere à mudança. A criação de expectativas positivas com relação à mudança é uma demonstração de uma poderosa *profecia auto-realizável* (introduzida no Capítulo 5), que é ilustrada no seguinte exemplo:

> Um fabricante da área de vestuário possuía quatro fábricas praticamente iguais. Quando um programa de enriquecimento e de rotação do cargo foi introduzido, os gerentes de duas dessas fábricas receberam *inputs* prevendo que a produtividade aumentaria. Os gerentes de duas outras fábricas foram comunicados de que o programa melhoraria as relações com os funcionários, mas não a produtividade.
>
> Nos 12 meses seguintes, a produtividade aumentou significativamente nas duas plantas onde os gerentes esperavam pelo seu aumento. Nas duas plantas onde os gerentes não esperavam nenhum aumento de produtividade, ele não ocorreu. O resultado demonstrou que as altas expectativas dos líderes foram fatores essenciais na realização de mudanças bem-sucedidas.[15]

Apenas expectativas não são suficientemente poderosas para induzir ou desencorajar mudanças significativas. De que forma, então, o processo realmente funciona? As expectativas tendem a traduzir-se em comportamentos gerenciais específicos que aumentam ou diminuem a probabilidade de êxito de uma mudança. *Ao acreditar que a mudança funcionará, o gerente age para realizar essa crença* (por exemplo, ao oferecer maiores recursos ou ao reforçar comportamentos de novos funcionários). Essa crença é transferida aos funcionários, os quais passam a acreditar na probabilidade de sucesso e modificam concomitantemente seus comportamentos. O processo cria um sistema integrado de expectativas de sucesso e de comportamentos apropriados que levarão ao sucesso.

Participação Uma maneira fundamental para construir o apoio para a mudança é a participação, discutida no Capítulo 8. Ela encoraja os funcionários a discutir, comunicar, apresentar sugestões e se tornar interessados na mudança. A participação estimula o compromisso, em vez de encorajar a mera adequação à mudança. O compromisso implica motivação para apoiar a mudança e para trabalhar no sentido de certificar-se de que a mudança seja efetiva.

Conforme mostrado na Figura 14.5, é verdadeiro o fato de que *à medida que a participação cresce, há tendência para a diminuição da resistência à mudança*. A resistência diminui porque os funcionários têm menos razão para resistir. Uma vez que suas necessidades são consideradas, eles se sentem seguros em uma situação de mudança.

Os funcionários precisam participar da mudança *antes* que ela ocorra, e não depois. Quando podem ser envolvidos desde o começo, eles se sentem protegidos de surpresas e imaginam que suas idéias são apreciadas. Por outro lado, após uma mudança, os funcionários podem experimentar esse

FIGURA 14.5
Modelo de Participação e de Resistência à Mudança

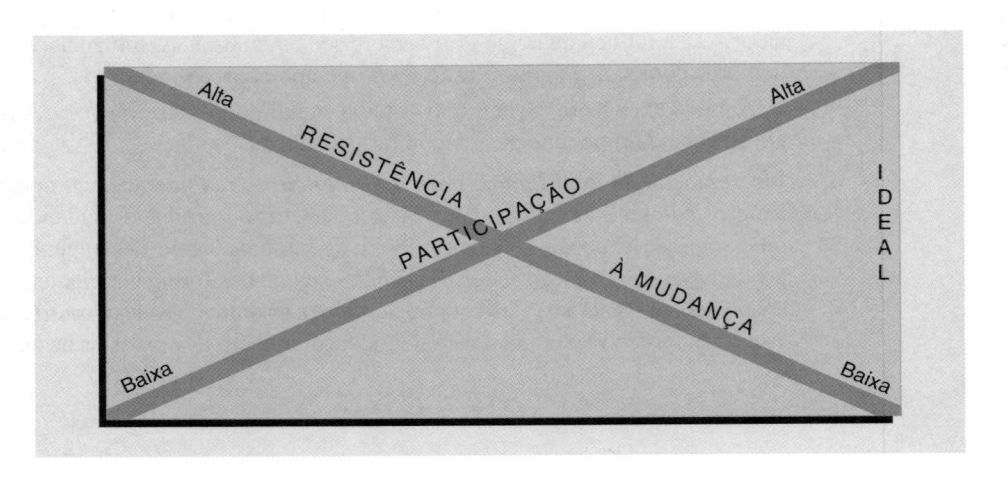

envolvimento apenas como um instrumento de venda, uma charada e uma forma de manipulação pela gerência.[16]

Compartilhamento de Recompensas Outra forma de construir apoio para a mudança é certificar-se de que haja recompensas suficientes para os funcionários na situação de mudança. É uma atitude natural, para os funcionários, a formulação da seguinte questão: "O que eu ganho com esta mudança?". Caso percebam que a mudança lhes traz perdas e nenhum ganho, eles dificilmente se mostrarão entusiasmados com ela.

Recompensas econômicas e psíquicas

A recompensa envia a seguinte mensagem para os funcionários: "Nós nos importamos com você. Queremos que tanto você quanto nós sejamos beneficiados com a mudança". As recompensas também oferecem aos funcionários um sentimento de que alguma forma de progresso acompanha a mudança. Tanto as recompensas econômicas quanto as psíquicas são úteis. Os funcionários apreciam um aumento de salário ou uma promoção, mas também valorizam o apoio emocional, o treinamento de novas habilidades e o reconhecimento por parte da gerência.

É desejável, para uma mudança, que ela apresente recompensas diretas e que estas surjam o mais rapidamente possível. Do ponto de vista de um funcionário, o que é bom para todos não necessariamente é bom para ele, e o que é bom no longo prazo pode não o ser no curto prazo.

> Um exemplo de uma mudança bem-sucedida conseguida por meio da participação dos funcionários e do compartilhamento de recompensas ocorreu na planta de Oak Creek da Delphi Corporation, no estado norte-americano de Wisconsin.[17] Por meio de uma grande reestruturação de suas operações de montagem de catalisadores em um sistema modular, os funcionários descobriram formas de economizar 500 mil pés quadrados de espaço na fábrica, simplificar processos, melhorar a adaptabilidade, aumentar em 25% a produtividade e elevar a participação no sistema de sugestões para 99%. Muitos deles também se aproveitam dos programas de participação acionária na empresa e, dessa forma, sentem-se e agem como seus proprietários.

Segurança dos Funcionários Juntamente com o compartilhar das recompensas, os benefícios existentes para os funcionários devem ser protegidos. A segurança no emprego durante as mudanças é essencial. Muitos empregadores garantem proteção para seus funcionários contra a redução de ganhos quando novos e métodos e tecnologias são introduzidos. Outros oferecem treinamento adicional ou atrasam a instalação de equipamentos que reduzam a necessidade de mão-de-obra até que a rotatividade normal dos cargos consiga absorver os trabalhadores dispensados. Os direitos adquiridos por tempo de serviço, oportunidades de promoção e outros benefícios são protegidos quando as mudanças são realizadas. Os sistemas de reclamação oferecem aos funcionários um sentimento de segurança com relação ao fato de que seus benefícios serão protegidos e que as diferenças acerca deles serão resolvidas de modo justo. Todas essas práticas ajudam os funcionários a se sentir seguros diante da mudança.

Comunicação e Educação A comunicação é essencial na obtenção de apoio para a mudança. Mesmo que uma mudança venha a afetar apenas uma ou duas pessoas de um grupo de dez indivíduos, todos eles deverão ser informados clara e regularmente sobre a mudança para que se sintam seguros e mantenham a cooperação no grupo. A administração normalmente não percebe que as atividades que fazem as mudanças serem aceitas, como comunicação e educação, geralmente são prejudicadas pela mudança. Em outras palavras, como o fluxo de informações pode ser mais fraco exatamente no momento em que é mais necessário, um esforço adicional é exigido para mantê-lo estável em tempos de mudança.

Descontentamento estimula mudança.

Estimulando a Prontidão dos Funcionários Intimamente associada à comunicação está a idéia de auxiliar os funcionários a tomar consciência da necessidade da mudança. Essa abordagem parte do princípio de que *a mudança tem uma probabilidade maior de ser aceita se as pessoas afetadas por ela reconhecerem sua necessidade antes de ela ocorrer*. Tal percepção pode acontecer naturalmente, por exemplo, na ocorrência de uma crise, ou ser induzida pela administração por meio do compartilhamento de informações operacionais com os funcionários, como é feito nos programas de gestão de livro-aberto. Uma das formas mais poderosas, contudo, ocorre quando os trabalhadores descobrem por si próprios que uma situação exige alguma forma de aperfeiçoamento. Eles, então, estarão verdadeiramente prontos, como demonstra este caso:

> O diretor do departamento de recursos humanos de um importante banco contribuiu para o processo de autodescobrimento ao contratar um consultor para realizar uma avaliação do nível de inovação do

departamento. As perturbadoras conclusões despertaram os funcionários para a necessidade de mudanças. De acordo com o diretor, os resultados do relatório "pareceram cristalizar novas perspectivas sobre o potencial do departamento". Forças-tarefa foram criadas e suas recomendações, implementadas. Novos comportamentos desejados emergiram — aumento de risco, autodependência e um processo de tomada de decisão descentralizado. Toda essa atividade ocorreu apenas porque os funcionários repentinamente se tornaram cientes da existência de um problema e, então, experimentaram pessoalmente a necessidade de algumas mudanças.

Trabalhando com o Sistema Inteiro A resistência à mudança pode ser reduzida por uma compreensão mais ampla das atitudes dos funcionários e das reações naturais à mudança. O papel da administração é auxiliar os funcionários a reconhecer a necessidade de cada mudança e convidá-los a participar desse processo e obter ganhos a partir dele.[18] Também é essencial que os gerentes adotem uma perspectiva mais ampla e orientada para os sistemas, de forma a identificar os complexos relacionamentos envolvidos. O desenvolvimento organizacional pode ser um método útil para a conquista desse objetivo.

COMPREENDENDO O DESENVOLVIMENTO ORGANIZACIONAL

O **desenvolvimento organizacional (DO)** é a aplicação sistemática do conhecimento da ciência comportamental em vários níveis (grupal, intergrupal e da organização como um todo) para se executar as mudanças planejadas.[19] Seus objetivos incluem maior qualidade de vida no trabalho, produtividade, adaptabilidade e eficácia. E busca utilizar o conhecimento organizacional para modificar crenças, atitudes, valores, estratégias, estruturas e práticas de modo que a organização possa adaptar-se melhor às ações competitivas, aos avanços tecnológicos e à rápida velocidade das outras mudanças no ambiente.

O DO auxilia os gerentes a reconhecer que as organizações são sistemas com relacionamentos interpessoais dinâmicos que as mantêm juntas. O possível próximo passo seria tentar modificar os grupos, as unidades e as organizações inteiras para que pudessem apoiar, e não necessariamente substituir, os esforços para a mudança. Em resumo, o objetivo geral do DO é modificar todas as partes da organização para torná-la humanamente mais responsiva, mais eficaz e mais capaz de estimular o aprendizado organizacional e a auto-renovação. O DO baseia-se em uma orientação sistêmica, em modelos causais e em um conjunto de suposições centrais para orientá-lo.

Os Fundamentos do DO

Orientação Sistêmica A mudança é tão abundante na sociedade moderna que as organizações necessitam que todas as suas partes estejam operando conjuntamente para conseguir resolver os problemas — e aproveitar as oportunidades — que são trazidos pelas mudanças.[20] Algumas organizações tornaram-se tão grandes que a manutenção de um esforço coordenado entre suas partes é difícil. O desenvolvimento organizacional é um programa abrangente voltado para as interações entre as várias partes da organização que se afetam mutuamente. O DO está preocupado com a interação da estrutura, da tecnologia e das pessoas. Também está preocupado com o comportamento dos funcionários em diferentes grupos, departamentos e locais. Ele enfatiza a busca de uma resposta para a seguinte questão: qual é o nível de eficácia de todas essas partes à medida que elas se combinam para trabalhar juntas? A ênfase é concedida à maneira como as partes se relacionam, e não apenas às partes em si.

Compreensão da Causalidade Uma das contribuições da orientação sistêmica é o oferecimento de auxílio para que os gerentes enxerguem seus processos organizacionais em termos de um modelo com três tipos de variáveis:[21] as variáveis causais, intervenientes e resultantes, conforme mostrado na Figura 14.6. As *variáveis causais* são as mais significativas, pois afetam tanto as variáveis intervenientes quanto as resultantes. As variáveis causais são aquelas que os gerentes podem alterar mais diretamente; incluem a estrutura organizacional, os controles, as políticas, o treinamento e ampla variedade de comportamentos de liderança e de esforços de DO. As *variáveis intervenientes* são aquelas imediatamente afetadas pelas causais. Incluem as atitudes dos funcionários, as percepções, as motivações e os comportamentos especializados, bem como o trabalho em equipe e, até mesmo, os relacionamentos intergrupais. Finalmente, as *variáveis resultantes* representam os objetivos procurados pela gerência, e geralmente incluem melhor produtividade, vendas mais elevadas, custos

FIGURA 14.6 Variáveis na Abordagem do Desenvolvimento Organizacional

Variedades causais
- Estrutura organizacional
- Controles
- Políticas
- Treinamento
- Comportamento das lideranças
- DO

→

Variáveis intervenientes
- Atitudes
- Percepções
- Motivações
- Comportamentos especializados
- Trabalho em equipe
- Relações intergrupais

→

Variáveis resultantes
- Produtividade aumentada
- Aumento de vendas
- Custos menores
- Lealdade dos consumidores
- Ganhos mais expressivos

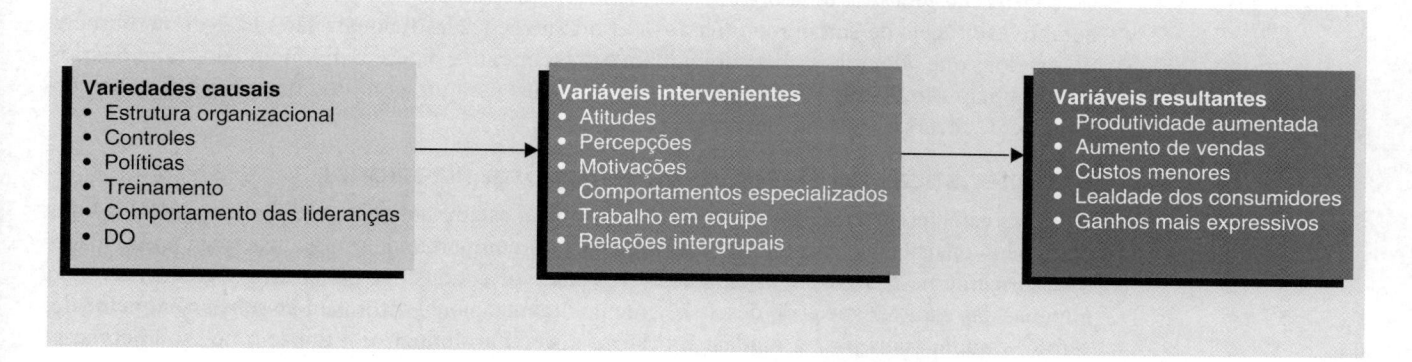

reduzidos, consumidores mais leais e resultados mais expressivos. Representam a razão pela qual o programa de DO foi iniciado.

Suposições Subjacentes ao Desenvolvimento Organizacional Os praticantes do DO elaboram um conjunto de suposições que orientam suas ações. Algumas vezes, essas suposições são implícitas e necessitam ser examinadas para capacitar um aprendizado de dois níveis. É muito importante, para os gerentes, identificar tais suposições para que eles estejam cientes de seus impactos (do mesmo modo que o Capítulo 2 havia ressaltado a necessidade de os gerentes tomarem consciência dos seus paradigmas e os atualizarem). As suposições do DO precisam ser compartilhadas com os gerentes e os funcionários para que esses grupos compreendam claramente a base para o programa de DO.

Uma variedade ampla de suposições pode ser feita, mas algumas delas são relativamente comuns nos níveis individual, grupal e organizacional. Uma amostra é descrita aqui e resumida na Figura 14.7. Os defensores do DO normalmente possuem uma visão altamente positiva das competências, dos potenciais disponíveis e dos interesses dos indivíduos. Isso se deve aos valores

Indivíduo

FIGURA 14.7
Suposições Comuns no Desenvolvimento Organizacional

Indivíduos

- As pessoas desejam crescer e amadurecer.
- Os funcionários têm muitos elementos a oferecer (como energia e criatividade) que não estão sendo utilizados no momento.
- Muitos funcionários desejam uma oportunidade para contribuir (desejam, buscam e valorizam o *empowerment*).

Grupos

- Os grupos e as equipes são críticos para o sucesso das organizações.
- Os grupos exercem uma influência poderosa sobre o comportamento dos indivíduos.
- Os papéis complexos a serem desempenhados nos grupos exigem o desenvolvimento de certas habilidades.

Organização

- Controles, políticas e regras excessivos são prejudiciais.
- O conflito pode ser funcional, caso seja adequadamente canalizado.
- As metas organizacionais e individuais podem ser compatíveis.

Grupo
Organização

humanistas que estão implícitos na teoria do DO. Os grupos e as equipes são vistos como blocos de construção vitais de uma organização, porém, uma vez que são poderosos e complexos, nem sempre são fáceis de serem modificados. As organizações tradicionais são vistas como burocracias rígidas que, algumas vezes, atrapalham o crescimento e o desenvolvimento dos funcionários, mas também são distinguidas algumas possibilidades para um conflito positivo e para uma conciliação de metas.

Características do Desenvolvimento Organizacional

Diversas características, como a orientação sistêmica, estão implícitas na definição de DO. Muitas delas são consistentes com os temas dominantes do comportamento organizacional apresentados anteriormente neste livro. Suas características serão discutidas nos parágrafos seguintes. Embora algumas das características do desenvolvimento organizacional distingam-se substancialmente dos esforços tradicionais para a mudança, o DO começou a produzir um impacto no modo como os programas de mudança organizacional são planejados e apresentados.

O que é valorizado pelo DO?

Valores Humanistas Os programas de DO são tipicamente baseados em **valores humanistas**, que são crenças positivas sobre o potencial e o desejo de crescimento entre os funcionários. Para ser eficaz e auto-renovadora, uma organização precisa de funcionários que queiram ampliar suas habilidades e aumentar suas contribuições. O melhor clima para tal crescimento é aquele que enfatiza colaboração, comunicações abertas, confiança interpessoal, poder compartilhado e confrontação construtiva. Todos esses fatores podem proporcionar uma base valiosa para os esforços de DO e para ajudar a assegurar que a nova organização será responsiva com relação às necessidades humanas.

Utilização de um Agente de Mudanças Os programas de DO geralmente utilizam um ou mais **agentes de mudança** cujo papel é estimular, facilitar e coordenar a mudança. O agente de mudança normalmente age como um catalisador, disseminando a mudança no interior do sistema ao mesmo tempo que permanece, de alguma forma, independente dele. Embora os agentes de mudança possam ser internos ou externos, geralmente são consultores externos. As maiores vantagens da utilização de um agente de mudança externo decorrem do fato de eles serem mais objetivos e de possuírem mais diversidade em suas experiências. Também são capazes de operar independentemente, sem ligações com a hierarquia ou com a política na empresa.

Para compensar sua limitada familiaridade com a organização, o agente de mudança externo normalmente trabalha com um coordenador interno do departamento de recursos humanos. Esses dois, então, trabalham com os gerentes operacionais. O resultado é relação tripartite que utiliza os pontos fortes de cada componente para alcançar o equilíbrio, da mesma forma que a abordagem de uma equipe médica exige a cooperação de um médico, do pessoal de apoio e do paciente. Algumas vezes, especialmente em grandes empresas, a organização possui seu próprio especialista em DO. Essa pessoa substitui o consultor externo e trabalha diretamente com os gerentes da empresa para facilitar os esforços de melhoria.

Resolução de Problemas O DO enfatiza o processo de resolução de problemas, e treina os participantes de modo que estes possam identificar e resolver problemas que sejam importantes para si. Esses são os problemas reais, que as pessoas estão enfrentando no trabalho, o que os torna estimulantes e faz sua resolução ser desafiadora. A abordagem comumente utilizada para aprimorar as habilidades de resolução de problemas é fazer que os funcionários identifiquem os problemas do sistema, reúnam dados sobre eles e adotem medidas corretivas, avaliem os progressos e façam os ajustes contínuos. Esse processo cíclico de utilização da pesquisa para orientar as ações, o qual produz novos dados como base para novas ações, é conhecido como **pesquisa-ação**, ou *ciência da ação*. Ao estudar seus próprios processos de resolução de problemas por meio da pesquisa-ação, os funcionários descobrem como aprender a partir de suas experiências para que possam resolver os novos problemas por conta própria. Esse processo é mais um exemplo do aprendizado de dois níveis discutido anteriormente neste capítulo.

Intervenções em Diversos Níveis A meta geral de desenvolvimento organizacional é a de construir organizações mais eficazes — organizações que continuarão a aprender, a se adaptar e a melhorar. O DO alcança essa meta ao reconhecer que os problemas podem ocorrer nos níveis individual,

As intervenções de DO podem ser classificadas.

interpessoal, grupal, intergrupal e global da organização. Uma estratégia integrada de DO é, então, desenvolvida com uma ou mais **intervenções**, que são atividades estruturadas desenhadas para ajudar os indivíduos ou grupos a aprimorar sua eficácia no trabalho. Tais intervenções freqüentemente são classificadas de acordo com a ênfase concedida aos indivíduos (como o planejamento de carreira) ou aos grupos (como a construção de equipes). Outra forma de analisar as intervenções é verificar se elas enfatizam *o que* as pessoas fazem (como esclarecer e modificar suas atividades profissionais) ou *como* elas realizam suas atividades (aperfeiçoando o processo à medida que ele ocorre).

Um exemplo de um processo de intervenção de DO que tem obtido uma crescente popularidade é a **investigação apreciativa**.[22] Essa abordagem afasta a atenção dos funcionários dos aspectos negativos em torno de problemas, equívocos, deficiências, falhas e culpas. Em vez disso, ela se volta aos indivíduos e grupos para que respondam às seguintes questões:

- O que já está funcionando para nós?
- Quais são as coisas que realmente funcionam e em que nos poderemos basear?
- O que mais valorizamos por aqui?
- Quais são nossas esperanças e nossos sonhos para essa organização (ou unidade de trabalho)?

A investigação apreciativa reconhece que as pessoas são revitalizadas pelo sucesso e gostam de celebrar publicamente suas conquistas. Em vez de serem extremamente autocríticos, os funcionários são encorajados a se voltar para um paradigma das "boas notícias" e a deixá-lo espalhar-se em toda a organização, da mesma forma que, ao rolar montanha abaixo, uma bola de neve adquire, simultaneamente, velocidade e massa suficientes para se tornar uma força praticamente impossível de ser detida.

Orientação Contingencial O desenvolvimento organizacional normalmente é descrito como uma estratégia orientada para as contingências. Embora alguns praticantes do DO baseiem-se em apenas uma abordagem ou em poucas delas, muitas pessoas são flexíveis e pragmáticas, selecionando e adaptando ações para se adequarem às necessidades estabelecidas. O diagnóstico desempenha papel fundamental na determinação da forma como se deve proceder, e geralmente há uma discussão aberta acerca de diversas alternativas possíveis no lugar da simples imposição de uma única forma ideal a ser seguida.

Resumo e Aplicação O processo de DO utiliza o conhecimento e as estratégias da ciência comportamental para melhorar a organização. Trata-se de um esforço de longo prazo e contínuo que busca construir relacionamentos cooperativos de trabalho por meio do uso de um agente de mudança. E busca integrar em uma unidade eficaz os quatro elementos que afetam o comportamento organizacional — pessoas, estrutura, tecnologia e ambiente — que foram discutidos no Capítulo 1.

> Uma intervenção de DO em uma organização do setor público ocorreu no Departamento de Segurança Pública de Utah.[23] Utilizando uma abordagem pesquisa-ação, 750 funcionários completaram uma pesquisa de diagnóstico centrada em 19 áreas da eficácia organizacional e gerencial. Eles, então, receberam feedback sobre os resultados e ajudaram no desenvolvimento de um plano de ação para os locais onde as deficiências foram observadas.
>
> Em um estudo de acompanhamento realizado dois anos depois, a maior parte dos supervisores declarou que a comunicação havia melhorado, que as equipes estavam mais coesas e que a gestão participativa passou a ser utilizada mais freqüentemente. Os funcionários estavam recebendo mais feedback com relação ao seu desempenho e possuíam um sentimento maior de autonomia e de responsabilidade sobre dos resultados do trabalho. Nas unidades nas quais a abordagem de DO não foi tão bem-sucedida, os maiores obstáculos associavam-se à falta de apoio gerencial, à escassez de recursos e ao baixo nível de apoio dos membros do grupo.

O Processo de Desenvolvimento Organizacional

O DO é um processo complexo. Seu projeto e sua implementação podem levar um ano ou mais, e o processo ainda poderá continuar indefinidamente. O DO tenta levar a organização, a partir do ponto em que ela se encontra atualmente (diagnóstico obrigatório), para o ponto no qual deveria estar

FIGURA 14.8
Etapas Típicas no Desenvolvimento Organizacional

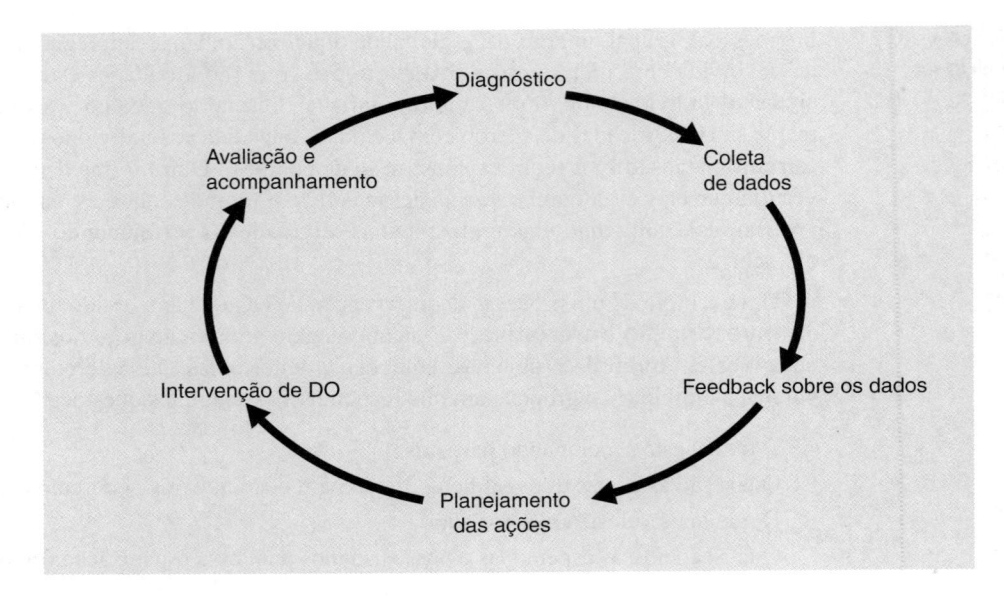

Diagrama circular com as etapas: Diagnóstico → Coleta de dados → Feedback sobre os dados → Planejamento das ações → Intervenção de DO → Avaliação e acompanhamento → (retorna a Diagnóstico).

(mediante as ações de intervenção). Ainda assim, o processo continua, uma vez que a avaliação dos resultados e a manutenção do *momentum* são desejáveis. Embora possa haver muitas abordagens distintas para o DO, um programa típico completo inclui a maior parte das etapas mostradas na Figura 14.8.

Como as etapas de DO fazem parte de um processo integral, todas necessitam ser adotadas, caso a empresa queira obter todos os benefícios do DO. Uma empresa que aplique apenas duas ou três etapas, como as do diagnóstico ou da construção de equipes, provavelmente ficará desapontada com os resultados; por outro lado, o processo inteiro poderá produzir resultados extremamente favoráveis.

A ExxonMobil implementou diversos programas de DO e relatou os seguintes resultados:

- Melhoria das comunicações entre supervisores e funcionários.
- Exigências burocráticas (em termos de papelada) mais enxutas.
- Um número maior de análises sistemáticas e de resolução de problemas.
- Relacionamentos interdepartamentais de melhor qualidade.

A companhia concluiu que a etapa mais crítica do DO é a obtenção de permissão, de um apoio mais ativo e do total envolvimento da alta gerência.[24]

Benefícios e Limitações do DO

O desenvolvimento organizacional é um processo útil. Sua maior vantagem é tentar lidar com as mudanças na organização como um todo ou em uma grande unidade dela. Dessa forma, ela obtém ganhos muito mais difundidos. Outros benefícios incluem níveis mais elevados de motivação, satisfação, produtividade, qualidade do trabalho, satisfação profissional, trabalho em equipe e de resolução de conflitos. Os benefícios e as limitações do DO são sintetizados na Figura 14.9 e ilustrados em um resumo de pesquisa apresentado a seguir:

> Após um programa de DO ter sido implantado em uma organização, houve melhoria estatisticamente significativa na confiança, no ambiente de apoio, no compromisso com os objetivos e em outras condições do clima organizacional. No tocante ao comportamento do supervisor, houve melhoria na capacidade de ouvir, no modo como ele lidava com os conflitos, na disposição para a mudança e em outras atividades. Com relação ao desempenho, houve mudanças nos níveis de qualidade e lucratividade que foram atribuídas ao programa de DO. Claramente, o efeito do programa de DO foi difundido amplamente por toda a organização.[25]

FIGURA 14.9
Benefícios e Limitações do Desenvolvimento Organizacional

Benefícios do DO	Limitações do DO
• Mudanças em toda a organização.	• Grandes exigências de tempo.
• Maior motivação.	• Gastos substanciais.
• Aumento da produtividade.	• Demora no retorno dos investimentos.
• Melhor qualidade do trabalho.	• Possibilidade de fracasso.
• Maior satisfação no trabalho.	• Possibilidade de invasão de privacidade.
• Melhoria no trabalho em equipe.	• Possibilidade de dano psicológico.
• Uma melhor resolução dos conflitos.	• Complacência potencial.
• Compromisso com os objetivos.	• Ênfase nos processos do grupo em vez de ênfase no desempenho.
• Maior disposição para a mudança.	• Possibilidade de ambigüidade conceitual.
• Redução do absenteísmo.	• Dificuldade na avaliação.
• Menor rotatividade.	• Incompatibilidade cultural.
• Surgimento de grupos e indivíduos capazes de aprender.	

Da mesma forma que ocorre com qualquer programa complexo, o DO tem problemas e limitações. Ele exige grande quantidade de tempo e dinheiro. Alguns benefícios têm período de maturação longo, e a organização pode não ser capaz de esperar todo esse tempo para obter os potenciais benefícios. Mesmo quando um consultor competente é utilizado, o programa de DO pode fracassar. Há mudanças nas quais, às vezes, os participantes ou são obrigados a adotar o comportamento do grupo ou são forçados a lhe obedecer. Há outras mudanças que conferem uma ênfase especial aos processos comportamentais, em vez de concedê-la ao desempenho no trabalho. Os processos do grupo parecem receber prioridade sobre as necessidades da organização.

Resumo

A mudança está em toda parte, e sua velocidade vem aumentando cada vez mais. O ambiente de trabalho está repleto de mudanças que freqüentemente interferem no sistema social e exigem que os funcionários ajustem-se a elas. Quando o fazem, eles normalmente respondem tanto de forma emocional quanto racional. A mudança possui seus custos e benefícios, e ambos devem ser considerados para a determinação dos efeitos líquidos. Os funcionários tendem a resistir à mudança por causa dos seus custos, incluindo custos psicológicos. A resistência à mudança pode decorrer do próprio processo de mudança em si, do modo pelo qual foi introduzido ou da percepção de um impacto injusto. Além disso, ela pode ser lógica, psicológica ou sociológica.

A liderança transformacional pode ser instrumental para colocar em prática mudanças eficazes. Os líderes precisam criar e compartilhar uma visão, inspirar seus seguidores com seu carisma e encorajá-los a se tornar entusiastas do aprendizado de dois níveis, de modo que as futuras mudanças sejam ainda mais bem-sucedidas. Os gerentes são encorajados a aplicar um procedimento sistemático de mudança que abranja as atividades de descongelamento, mudança e recongelamento. Eles podem reduzir a resistência e alcançar um novo equilíbrio influenciando as forças que apóiam e restringem as mudanças. Sempre se exige algum tempo para que os benefícios potenciais das mudanças ocorram.

Ampla variedade de atividades de apoio à mudança pode ser usada, como participação, compartilhamento de recompensas e comunicação adequada. Além disso, o desenvolvimento organizacional (DO) — a aplicação sistemática do conhecimento da ciência comportamental em vários níveis para produzir as mudanças planejadas para toda a organização — é eficaz. O processo de DO compreende as etapas de diagnóstico, coleta de dados, feedback e confrontação, planejamento de ações e resolução de problemas, utilização de intervenções e avaliação e acompanhamento. Embora o DO tenha limitações, é uma excelente ferramenta para a introdução de mudanças, a realização de melhorias e a ação de estimular o aprendizado organizacional.

Conselhos para Futuros Gerentes

1. Faça apenas mudanças necessárias e úteis que contem com apoio amplo, ou os funcionários ficarão cansados. Quando for possível, *faça mudanças evolucionárias, e não revolucionárias*.
2. *Alerte seus funcionários para que esperem aumento cada vez maior da velocidade da mudança* e para que estejam preparados para a conseqüente necessidade de desenvolver novas habilidades ao longo de suas carreiras.
3. Traga alguns poucos modelos de papéis que sejam muito visíveis (campeões) para seu lado para que eles liderem e *moldem as mudanças dos outros*.
4. Reconheça a possibilidade de resistência à mudança e *desenvolva estratégias apropriadas* para confrontar cada fonte.
5. *Envolva os e faça empowerment dos funcionários* ao longo de todo o processo de mudança para diminuir ou prevenir resistências.
6. *Certifique-se de que os funcionários vislumbrem, e que também obtenham, alguns dos benefícios das mudanças.*
7. Enxergue a mudança organizacional como um processo longo, com prováveis contratempos, e *dedique especial atenção para as etapas de descongelamento e recongelamento*.
8. *Use uma abordagem sistêmica para a mudança*, por exemplo, o modelo DO, e esteja disposto a utilizar os esforços de outras pessoas (agentes de mudança) para ajudá-lo.
9. Antes de iniciar qualquer processo de mudança, *construa credibilidade*, mediante o estabelecimento de sua confiabilidade, autenticidade e competência.
10. Utilize uma *abordagem de investigação apreciativa* para fazer que os funcionários participem ativamente das mudanças e concentrem-se nos aspectos positivos de seu ambiente de trabalho.

Termos e Conceitos para Revisão

Agentes de mudança, 340
Aprendizado de dois níveis (*double-loop learning*), 333
Carisma, 332
Custos psíquicos, 327
Descongelamento, 333
Desenvolvimento organizacional (DO), 338
Efeito de reação em cadeia, 328
Efeito Hawthorne, 326
Equilíbrio, 334
Homeostase, 326
Intervenções, 341
Investigação apreciativa, 341
Líderes transformacionais, 332
Mudança, 323, 333
Pesquisa-ação, 340
Proativo, 324
Reativo, 324
Recongelamento, 333
Resistência à mudança, 328
Síndrome da mudança repetitiva, 327
Valores humanistas, 340
Visão, 332

Questões para Discussão

1. Pense sobre uma mudança organizacional que você tenha experimentado. Houve resistência à mudança? Discuta. O que poderia ter sido feito para prevenir ou diminuir a resistência?
2. Considere, novamente, a mudança mencionada na questão 1: liste tanto os custos quanto seus benefícios de três paradigmas denominados "lógicos", "psicológicos" e "sociológicos". Os benefícios foram maiores que os custos para os funcionários? E para os empregadores? Discuta.
3. Continue com a análise dessa mudança. Como a administração modificou as forças de apoio e restringentes da mudança? Essa abordagem foi bem-sucedida?
4. Há um debate clássico sobre o relacionamento entre as atitudes e os comportamentos. Algumas pessoas afirmam que as mudanças de atitude devem preceder as respostas comportamentais, mas outras sustentam ser mais fácil modificar o comportamento de um funcionário antes e, então, apenas deixar que a mudança de atitude ocorra naturalmente. Discuta os méritos e as probabilidades de êxito de ambas as abordagens com relação à mudança.
5. A resistência à mudança normalmente é vista de maneira negativa. Discuta alguns dos possíveis *benefícios* da resistência à mudança em uma organização.
6. O capítulo sugere que um papel proativo é preferível a um papel reativo. Isso sempre é verdadeiro? Explique.
7. Discuta os prós e contras da seguinte declaração (adaptada) de Charles Darwin: "Não é o mais forte [organização] que sobrevive, mas aqueles que respondem melhor à mudança".

8. Argumente *contra* a necessidade de se ter visão, carisma e ênfase no aprendizado de dois níveis para um líder organizacional realizar as mudanças na organização. Esses elementos são realmente necessários?
9. Diversos métodos para a construção de apoio para a mudança foram introduzidos. Qual é o risco associado a cada um dos métodos que poderia gerar resultados contrários aos esperados?
10. Revise a Figura 14.9 e identifique os três benefícios mais significativos e as três limitações mais importantes do DO. Você acredita que os benefícios superam os custos? Relate suas escolhas, fornecendo justificativas para suas opções.

Avalie suas Próprias Habilidades

Até que ponto você exibe boas habilidades relacionadas à gestão de mudanças?

Leia as seguintes frases cuidadosamente. Faça um círculo ao redor do número na escala de respostas que reflita da melhor forma possível o grau com que cada afirmação mais bem o descreve. Some o total de pontos e prepare um breve plano de autodesenvolvimento. Esteja pronto para relatar seus resultados para que eles, juntamente com os resultados dos demais elementos do seu grupo, possam ser tabulados adequadamente.

	Boa descrição								**Má descrição**
1. Prefiro ser proativo a ser reativo com relação à mudança.	10	9	8	7	6	5	4	3	2	1
2. Sou extremamente sensível quanto à importância das atitudes dos funcionários quando estou introduzindo mudanças.	10	9	8	7	6	5	4	3	2	1
3. Estou alerta para a possibilidade de um funcionário retornar aos seus hábitos e comportamentos anteriores após uma mudança ser introduzida.	10	9	8	7	6	5	4	3	2	1
4. Estou ciente de que não apenas os custos financeiros de uma mudança, mas também os custos psicológicos, devem ser considerados.	10	9	8	7	6	5	4	3	2	1
5. Faço todos os esforços possíveis para prever não apenas aqueles que resistem à mudança, como também a intensidade e as fontes de resistência.	10	9	8	7	6	5	4	3	2	1
6. Posso apresentar um conjunto coerente de razões para explicar por que os funcionários poderiam resistir ou não resistir a uma mudança que eu venha a introduzir.	10	9	8	7	6	5	4	3	2	1
7. Tenho a capacidade de ser um líder transformacional, por meio da criação e da comunicação de uma visão e ao demonstrar carisma.	10	9	8	7	6	5	4	3	2	1

8. Presto tanta atenção para os estágios de descongelamento e recongelamento quanto para o próprio estágio de mudança.   10 9 8 7 6 5 4 3 2 1

9. Estou fortemente empenhado no envolvimento de meus funcionários com o processo de mudança como um todo para aumentar seu compromisso com a mudança.   10 9 8 7 6 5 4 3 2 1

10. Compreendo o processo de DO e as características principais que o compõem.   10 9 8 7 6 5 4 3 2 1

Pontuação e Interpretação

Some o total de pontos obtidos nas dez questões. Registre aqui esse número e relate-o quando for solicitado: _____. Finalmente, insira o total de pontos no gráfico Avalie e Melhore suas Habilidades Associadas ao Comportamento Organizacional no Apêndice.

- Se você obteve um resultado entre 81 e 100 pontos, parece ter uma capacidade sólida para demonstrar boas habilidades relacionadas à gestão de mudanças.
- Se você obteve um resultado entre 61 e 80 pontos, deve analisar mais detidamente os itens nos quais obteve uma pontuação mais baixa e revisar o material relacionado a esses assuntos.
- Se você obteve um resultado abaixo de 60 pontos, deveria estar ciente de que baixo nível em habilidades relacionadas a diversos itens poderá ser prejudicial para o seu futuro sucesso como gestor. Sugerimos a você revisar o capítulo inteiro e permanecer atento com relação aos materiais relevantes que serão apresentados nos capítulos subseqüentes e em outras fontes.

Agora, identifique suas três pontuações mais baixas e escreva os números dessas questões aqui: _____, _____, _____. Faça um parágrafo curto detalhando para si mesmo um plano de ação para que você melhore cada uma dessas habilidades.

Estudo de Caso

Os Novos Procedimentos de Vendas

A Marin Company tem mais de cem representantes de vendas externos que comercializam uma linha de produtos industriais complexos. As vendas desses produtos exigem que os representantes trabalhem muito próximo dos compradores para determinar suas necessidades, de forma que quase a totalidade dos representantes é graduada em engenharia ou em ciências. Outras linhas de produtos da Marin Company, como os produtos para consumidores diretos, são vendidas por um grupo separado de representantes de vendas.

Recentemente, a empresa estabeleceu um novo sistema de controle e de relatórios para toda a companhia utilizando um computador de grande porte. O sistema dobra a quantidade de tempo que os representantes precisam gastar no preenchimento de formulários e na entrada de informações que devem ser alimentadas no computador. Eles estimam que tenham, agora, de gastar até duas horas diárias no processamento de informações, e reclamam que não possuem o tempo adequado para os esforços de vendas. Um gerente de campo comentou: "O moral declinou como resultado desses novos controles e relatórios. A venda é uma atividade recompensadora e satisfatória baseada no esforço individual. Os representantes de vendas são felizes quando realizam vendas, pois isso afeta diretamente seus rendimentos e seu auto-reconhecimento. Quanto mais tempo gastam com os relatórios, menos tempo têm para fazer as vendas. Como resultado, eles percebem que seus rendimentos e seu auto-reconhecimento declinam e, dessa forma, passam a resistir às mudanças".

Questões

1. Comente a análise do gerente de vendas.

2. Quais são as abordagens alternativas que você recomendaria para essa situação? Apresente suas razões.

Exercício Vivencial

Mudanças na Engenharia Industrial

Um engenheiro industrial foi designado para o departamento de montagem de equipamentos eletrônicos para realizar algumas melhorias nos métodos. Em uma das operações de montagem, ele logo reconheceu que um novo arranjo poderia reduzir 30% do custo de mão-de-obra. Discutiu a situação com o líder do grupo e, então, com os supervisores. O líder do grupo estava indiferente, mas a supervisora estava entusiasmada e ofereceu sugestões adicionais.

Sentindo que possuía a aprovação da supervisora, o engenheiro industrial realizou o ajuste. Com a permissão da supervisora, destinou uma operária da linha de montagem para experimentar o novo arranjo. Ela era extremamente cooperativa e animada e, em seu primeiro dia, excedeu às expectativas em 30%. Quando os resultados foram mostrados ao líder do grupo no fim do dia, ele afirmou que a operária em questão era uma das mais rápidas de seu departamento e que seus resultados não poderiam servir como base para o restante do departamento.

No dia seguinte, o engenheiro industrial pediu ao supervisor que fosse indicado a outra operária que o auxiliasse a testar o novo arranjo. Nesse ponto, a supervisora percebeu que suas sugestões para o novo modelo não tinham sido totalmente contemplada. O engenheiro industrial declarou que havia entendido mal e que as incluiria no próximo arranjo. A supervisora, no entanto, manteve sua atitude negativa quanto aos ajustes.

Quando o engenheiro industrial tentava instruir a segunda mulher da mesma forma que havia feito com a primeira, a reação dela foi negativa. De fato, quando ele parou de instruí-la, pareceu que a mulher, deliberadamente, interrompeu suas atividades enquanto utilizava a nova disposição. Ela também fez alguns comentários negativos sobre o arranjo e perguntou ao engenheiro se ele se julgava merecedor de seu salário por fazer esse tipo de esforço. No fim do dia, a produção da mulher estava 10% abaixo do índice normal de produção obtido com a utilização do método anterior.

1. Forme pequenos grupos de discussão e analise as causas do problema.
2. Revise as atividades de gestão relacionadas ao apoio para a mudança apresentadas neste capítulo (utilização de grupos, apresentação de justificativas, participação, compartilhamento de recompensas, proteção, da segurança do funcionário, comunicação e educação, estímulo à prontidão e à operação do sistema como um todo). Atribua conceitos para essas estratégias de 1 (ótimo) até 7 (ruim) quanto à sua possível utilidade para o engenheiro industrial. Compare seus resultados com os resultados dos outros grupos de discussão e debata as diferenças.
3. Selecione duas pessoas e faça-as encenar o encontro entre o engenheiro industrial e a supervisora.

Exercício Vivencial

Aplicando a Análise do Campo de Forças

Assuma que a classe esteja extremamente insatisfeita com o sistema de avaliação do professor e que tenha se reunido para exigir uma alteração drástica no modelo utilizado.

A. Reúnam-se em pequenos grupos e identifiquem as *principais justificativas comportamentais* que seu professor poderia estar inclinado a aceitar ou a rejeitar como recomendações (forças para a mudança e as razões para a resistência em relação a elas).

Forças para a Mudança	Razões para a Resistência
1. _____	1. _____
2. _____	2. _____
3. _____	3. _____
4. _____	4. _____
5. _____	5. _____
6. _____	6. _____

7. _____   7. _____
8. _____   8. _____
9. _____   9. _____
10. _____ 10. _____

    B. Agora, tente prever a *intensidade* de cada fator (alta, média ou baixa).
    C. Com base nessa análise, o que você poderia *prever* como a resposta final do professor para a mudança recomendada pela classe?

💡 Produzindo *Insights* sobre CO

Um *insight* diz respeito a uma percepção nova e clara acerca de um fenômeno ou de uma capacidade adquirida para "enxergar" claramente algo sobre o qual você não estava ciente anteriormente. Ele, algumas vezes, simplesmente se refere a um "momento do tipo ah-há!", no qual você obtém uma pequena revelação ou atinge uma conclusão direta sobre um problema ou uma questão.

Os *insights* não precisam necessariamente ser dramáticos, uma vez que aquilo que pode ser considerado um *insight* por uma pessoa pode não o ser pelas demais. A característica fundamental dos *insights* é que eles são importantes e memoráveis para você; eles devem representar novos conhecimentos, novas estruturas ou novas perspectivas para perceber as coisas que você desejaria armazenar e lembrar ao longo do tempo.

Os *insights* são, portanto, diferentes do tipo de informação que você encontra nos textos da seção Conselhos para Futuros Gerentes. Esse formato de conselho é prescritivo e orientado para a ação; ele indica e recomenda determinado curso de ação.

Uma forma útil para pensar sobre os *insights* de CO é partir do princípio de que você foi a única pessoa que leu o Capítulo 14. Você recebeu a tarefa de ressaltar, utilizando suas próprias palavras, os conceitos principais (mas não somente resumir o capítulo todo) que poderiam ser relevantes para um público leigo, que nunca foi apresentado ao tema antes. *Quais são os dez insights que você compartilharia com os membros desse público?*

1. (Exemplo) Quando uma mudança ocorre internamente, a organização como um todo será afetada por ela de algumas formas — em um grau maior ou menor.
2. _____
3. _____
4. _____
5. _____
6. _____
7. _____
8. _____
9. _____
10. _____

Capítulo Quinze

Estresse e Aconselhamento

As pesquisas demonstram que somente cuidar das coisas que estressam os funcionários — o sentimento de que não são capazes de influenciar as decisões ou de que possuem pouco ou nenhum controle sobre seus próprios horários — está muito distante de criar uma atmosfera que seja menos estressante, que registre índices menores de absenteísmo e que permita maior produtividade.
Russ Newman[1]

O ato de transformar suas reações ao estresse é o primeiro e mais importante ingrediente de uma liderança eficaz — tão essencial quanto as habilidades de contratar, demitir, desenvolver estratégia e ter responsabilidade fiscal.
Bruce Cryer, Rollin McCraty e Doc Childre[2]

OBJETIVOS DO CAPÍTULO

COMPREENDER

- O papel do estresse na saúde do funcionário.
- As formas extremas de reação ao estresse.
- As causas e os sintomas do estresse.
- Os efeitos do estresse nas organizações.
- As ações que podem prevenir ou reduzir o estresse.
- As diferentes funções do aconselhamento (*Counseling*).
- Os três tipos de aconselhamento e suas utilidades.

Estudos realizados sobre o estresse entre os trabalhadores norte-americanos revelaram o seguinte:

- O custo anual do absenteísmo, da diminuição da produtividade, do aumento dos custos de seguro-saúde e de outras despesas médicas relacionados ao estresse aproxima-se de US$ 300 bilhões por ano, e continua crescendo.
- 30% dos executivos acreditam que seu trabalho afetou negativamente sua saúde.
- 40% dos trabalhadores questionam-se se terão um emprego no ano seguinte.
- O número de indenizações pagas a trabalhadores e relacionadas ao estresse triplicou em uma década, aumentando de 5% para 15% de todos os pedidos de indenização.
- 46% dos trabalhadores avaliam seus trabalhos como extremamente estressantes.

- 34% dos trabalhadores consideraram seriamente demitir-se de seus empregos no último ano como resultado do estresse.
- 69% dos trabalhadores relataram que problemas de saúde relacionados ao estresse os tornaram menos produtivos.
- 34% dos trabalhadores norte-americanos esperam ter uma crise de esgotamento por excesso de trabalho muito em breve.[3]

Muitas pessoas, como esses funcionários mencionados, desenvolvem problemas mentais ou emocionais como resultado do estresse. As dificuldades podem ser temporárias ou permanentes, e podem ser causadas por fatores do ambiente de trabalho ou de fora dele. *Ninguém está imune ao estresse*, uma vez que ele pode afetar trabalhadores em todos os níveis da organização. Quando o estresse é muito grave ou constante, pode afetar tanto o indivíduo quanto o empregador. Felizmente, diversos programas existem para prevenir ou gerenciar o estresse.

Neste capítulo, será discutido o que é o estresse, como ele surge e como afeta vários elementos do desempenho profissional. Conforme vimos nas citações do início deste capítulo, o desenvolvimento de habilidades produtivas de gestão de estresse é muito importante. Quando surgem conflitos relacionados ao trabalho ou quando as relações interpessoais tornam-se estremecidas, a principal maneira para tratar do estresse resultante é o aconselhamento (*counseling*) das partes envolvidas. O capítulo é finalizado com uma discussão sobre os três tipos de aconselhamento existentes e as formas que podem ser utilizadas para auxiliar os funcionários a lidar com seus problemas.

O ESTRESSE DOS FUNCIONÁRIOS

O que é o Estresse?

Estresse é o termo geral aplicado para as pressões que as pessoas sentem em suas vidas. A presença de estresse no trabalho é praticamente inevitável em muitos cargos. No entanto, as diferenças individuais levam a ampla variedade de reações ao estresse; uma tarefa percebida como desafiadora por algumas pessoas pode produzir altos níveis de ansiedade em outras. Quando a pressão aumenta, pode causar reações adversas nas emoções, nos processos mentais, nos comportamentos e na condição física de uma pessoa. Quando o estresse se torna excessivo, os funcionários desenvolvem vários sintomas de estresse capazes de prejudicar seu desempenho profissional e sua saúde e, até mesmo, ameaçar sua capacidade de relacionar-se com o ambiente. Como mostrado na Figura 15.1, as pessoas estressadas podem tornar-se nervosas e excessivamente preocupadas. São facilmente irritáveis e incapazes de relaxar, e podem deixar de ser cooperativas ou podem passar a consumir álcool e outras drogas de forma excessiva. Apesar de essas condições também ocorrerem por outras causas, elas são sintomas comuns da presença do estresse.

Sintomas de estresse

O estresse também leva a problemas fisiológicos, pois os sistemas internos do corpo humano alteram-se para reagir aos efeitos do estresse. Alguns problemas fisiológicos são de curto prazo, como dores estomacais. Outros são de longo prazo, por exemplo, uma úlcera estomacal. A exposição prolongada ao estresse também produz doenças degenerativas do coração, dos rins, dos vasos sangüíneos e de outras partes do corpo humano, e é capaz de resultar em angina (dor intensa no peito) e dores de cabeça causadas pela tensão. Portanto, é muito importante que o estresse, tanto dentro quanto fora do trabalho, seja mantido em nível suficientemente baixo para que a maior parte das pessoas possa suportá-lo sem desenvolver problemas fisiológicos ou emocionais.

> Peter Randall foi transferido de uma pequena cidade para uma cidade grande, na qual seu tempo de deslocamento até o trabalho aumentou para quase uma hora. Ele detestava os ruídos da cidade, o tráfego pesado e as multidões, e sentia-se como se estivesse perdendo seu tempo nesses deslocamentos. Seu novo cargo também incluía novas responsabilidades.
>
> Dentro de poucos meses, ele desenvolveu problemas intestinais. Quando um exame médico não mostrou nenhuma causa aparente para suas dificuldades, Peter foi enviado a um psicólogo. Houve apenas uma pequena melhora e, finalmente, seu psicólogo, em cooperação com seu médico, recomendou que ele fosse transferido para uma cidade menor. Sua empresa providenciou a transferência e, dentro de curto espaço de tempo, seus problemas desapareceram. O estresse tinha sido o grande vilão.

FIGURA 15.1
Sintomas Negativos Típicos de Estresse Não Gerenciado

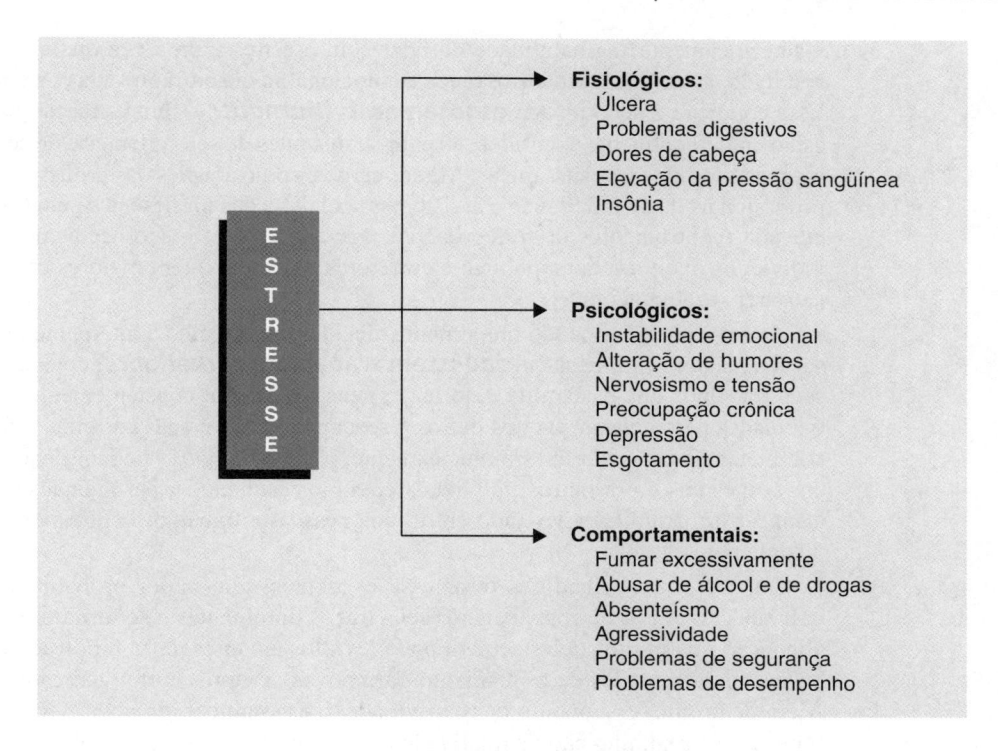

ESTRESSE

Fisiológicos:
Úlcera
Problemas digestivos
Dores de cabeça
Elevação da pressão sangüínea
Insônia

Psicológicos:
Instabilidade emocional
Alteração de humores
Nervosismo e tensão
Preocupação crônica
Depressão
Esgotamento

Comportamentais:
Fumar excessivamente
Abusar de álcool e de drogas
Absenteísmo
Agressividade
Problemas de segurança
Problemas de desempenho

Em algumas situações, uma organização pode ser legalmente responsabilizada pelos impactos físicos e emocionais do estresse do trabalho sobre funcionários como Peter. Más condições de trabalho, conflitos constantes com supervisores, eventos traumáticos ou assédio intencional de funcionários algumas vezes resultam angústia, neuroses ou até mesmo suicídio. Caso a responsabilidade seja provada, os funcionários poderão reclamar benefícios segundo as leis de indenização para os trabalhadores, assim como processar a companhia por danos financeiros.

Resultados Extremos de Estresse

O estresse pode ser temporário ou de longo prazo; moderado ou grave. Seus efeitos sobre o funcionário dependem essencialmente do tempo de exposição às causas, de sua intensidade e do poder que o funcionário possui para recuperar-se. Se o estresse for temporário e moderado, muitas pessoas podem gerenciá-lo ou pelo menos recuperar-se rapidamente de seus efeitos.

> Meyer Jamison, representante de vendas, foi transferido para um novo território após nove anos em seu território antigo. Repentinamente, ele se descobriu diante de uma situação nova e desconhecida, com diferentes pessoas e exigências de trabalho. E se sentiu frustrado, desconfortável e sobrecarregado com o trabalho. Havia diversas coisas a serem aprendidas em um período muito curto. Meyer teve conflitos com dois ou três clientes e tornou-se menos cooperativo em casa. Ele estava em uma condição moderada de estresse.
>
> Após algumas semanas em seu novo território, e com o apoio de seu gerente, seu estresse gradualmente desapareceu e logo Meyer ficou tão confortável quanto estava em seu território anterior.

Os funcionários precisam de resiliência.

Jamison provavelmente se recuperou de seu estresse temporário em virtude de sua **resiliência** interna, ou capacidade para se adaptar a mudanças, e venceu suas dificuldades.[4] Indivíduos resilientes normalmente alcançam um equilíbrio saudável em suas vidas fora do trabalho, aprendem a estabelecer metas realistas, adaptam-se rapidamente às mudanças e monitoram cada irritação que desenvolvem. Eles ainda enfrentam a mesma quantidade de estresse que as demais pessoas, mas lidam bem com a situação.

Esgotamento (Burnout) Em contraste com o estresse temporário de Jamison estão algumas das grandes pressões que resultam estresse produzido após longos períodos de exposição. É provável que surjam problemas quando o estresse de alta intensidade continua durante muito tempo. De acordo com a teoria desenvolvida por Hans Selye, o corpo humano não pode reconstruir instantaneamente sua habilidade de lidar com o estresse uma vez que ele foi degradado.[5] Como resultado, as pessoas tornam-se física e emocionalmente enfraquecidas na tentativa de combatê-lo. Essa condição é denominada **esgotamento (*burnout*)** — uma situação na qual os funcionários estão emocionalmente exauridos, tornam-se distantes de seus clientes e de seu trabalho e se sentem incapazes de alcançar suas metas. Alguns cargos, como aqueles das profissões de apoio (psicólogos, profissionais da área da saúde e assistentes sociais) e das profissões sujeitas a um contínuo estresse elevado (controladores de tráfego aéreo, operadores de serviços de atendimento ao consumidor, indivíduos que servem ao público e corretores de valores) têm maiores chances que os demais de causarem esgotamento.[6]

Alguns funcionários são literalmente viciados em trabalho e internamente condicionados a passar longas horas ali. Esses **viciados em trabalho (*workaholics*)** colocam prioridade maior em seus trabalhos que na família e no lazer, pensam e falam constantemente sobre trabalho, têm dificuldades para delegar para os outros, preocupam-se com suas carreiras e freqüentemente tentam completar diversas tarefas simultaneamente.[7] Os *workaholics* podem depositar altas expectativas em si mesmos e em outros indivíduos e, como resultado, experimentar alguma dificuldade para alcançar um equilíbrio desejado entre vida pessoal e trabalho. Esgotamento é uma possibilidade distinta para eles.

Sintomas e efeitos do esgotamento

Quando os trabalhadores tornam-se esgotados, têm maior probabilidade de reclamar, atribuir seus erros aos outros, exagerar seus traços dominantes e se tornarem altamente irritáveis. A alienação que muitos deles sentem pode levá-los a considerar a hipótese de deixar o emprego, a buscar oportunidades de treinamento para novas carreiras e efetivamente abandonar o trabalho. Além de promover aumento da rotatividade, o esgotamento também leva a uma elevação do absenteísmo e a diminuição na qualidade e na quantidade do desempenho no trabalho.

> Um trágico produto do esgotamento experimentado pelos trabalhadores japoneses é chamado *karoshi*, ou morte súbita no trabalho.[8] Acredita-se que essa condição seja causada pelo excesso de trabalho, culminando em ataque cardíaco fatal ou em derrame. Embora o *karoshi* tenha sido uma fonte de orgulho para os samurais, estimativas de 10 mil mortes por ano fizeram que fossem postas em prática algumas ações preventivas. As corporações japonesas, cada vez mais, solicitam aos seus funcionários que tirem os dias de férias já conquistados, moderem suas dietas, pratiquem exercícios e gerenciem seus níveis de estresse.

As organizações precisam identificar tanto os trabalhos que levam ao esgotamento quanto os funcionários que começam a exibir alguns sintomas. Algumas vezes, uma organização pode modificar partes do cargo que contribuem para o esgotamento, como por meio da redução da freqüência ou da intensidade dos contatos interpessoais. Em outros casos, a empresa pode auxiliar os funcionários a aprender como lidar melhor com situações de trabalho altamente estressantes.

Trauma Outro produto grave do estresse, denominado **trauma**, ocorre após uma grande ameaça à segurança de um indivíduo. O evento pode ser um desastre natural, uma crise organizacional, um abuso grave do funcionário por parte do funcionário ou a perda pessoal do emprego. Funcionários de plataformas de exploração de petróleo em alto-mar que tenham sofrido em virtude de um furacão devastador, trabalhadores no exterior que foram raptados por terroristas e mantidos reféns, e equipes de instalação de antenas que tenham visto um de seus colegas ser eletrocutado, todos têm grande probabilidade de passar por um trauma. Três tipos de trauma que alcançaram notoriedade nos últimos tempos — estresse ocupacional, síndrome do sobrevivente de redução de quadro funcional e transtorno do estresse pós-traumático — são discutidos aqui.

Causas dos traumas associados ao ambiente de trabalho

Um problema sério a ser enfrentado é o **trauma ocupacional**, que pode ser descrito como a desintegração dos autoconceitos dos funcionários e de suas crenças em suas competências. Ele pode surgir a partir do assédio no trabalho, de uma demissão sem justa causa, da discriminação ou da percebida incapacidade de um funcionário para alcançar as expectativas de desempenho. Em cada caso, o funcionário pode, inapropriadamente, assumir responsabilidade pelo evento, sentir-se uma vítima das circunstâncias, e cair em uma espiral emocional descendente. Algumas pistas para o trauma ocupacional incluem variação brusca de humores, dificuldade de concentração, e alienação, além de comportamentos mais evidentes, como atrasos, absenteísmo e propensão a acidentes.

Uma fonte comum de trauma ocupacional é a *perda repentina do emprego*, com seu *potencial efeito esmagador sobre a auto-estima de um indivíduo*. Esse fenômeno tornou-se difundido nos últimos anos como conseqüência da onda de *downsizings* corporativos. Milhares de funcionários de di-

O Que os Gerentes Estão Lendo

As ações gerenciais — sejam elas intencionais ou aleatórias — podem produzir "dores tóxicas" para seus receptores. O grande volume de dor infligido exige dos indivíduos responsáveis pelo controle da toxicidade dessas ações que eles ofereçam assistência, que construam uma cultura que valorize a compaixão e que ajam para aliviar o sofrimento dos outros.

Os manipuladores de toxinas devem basear-se em cinco abordagens principais:

1. *Ouvir* — oferecer atenção e consideração.
2. *Cuidar* — oferecer apoio e tempo para o processo de cura.
3. *Diminuir a dor* — construir relacionamentos e demonstrar coragem pessoal.
4. *Facilitar a saída* — auxiliar as pessoas a se retirar de situações dolorosas.
5. *Transformar a dor* — utilizar *coaching* para estruturar a dor de formas construtivas.

Líderes com compaixão, então, colocam os sentimentos das pessoas em primeiro lugar, exercitam a intimidade profissional e agem para eliminar as fontes tóxicas em suas organizações.

Fonte: FROST, Peter J. *Toxic Emotions at Work*: How Compassionate Managers Handle Pain and Conflict. Boston: Harvard Business School Press, 2003.

---

versas companhias experimentaram mudanças de emprego em virtude de demissões corporativas repentinas e substanciais. Muitos desses trabalhadores sofreram pelo menos um impacto de curto prazo sobre sua auto-estima. O impacto individual foi freqüentemente ampliado por dois fatores — a ausência de notificação (algumas vezes, após terem ouvido garantias de que não haveria futuras demissões) e a falta de proteção, sentida até mesmo pelos trabalhadores com alto desempenho (a segurança no trabalho vem rapidamente perdendo significado para *muitos* funcionários, não apenas para os de menor rendimento).

Mesmo aqueles funcionários que sobrevivem às demissões em massa sofrem estresse. Alguns experimentam a **síndrome do sobrevivente da redução de quadro funcional**, com sentimentos de incerteza, raiva, culpa e desconfiança.[9] Sentem-se simultaneamente felizes, por terem um emprego, e culpados, pelo fato de alguns de seus colegas terem sido demitidos. Enquanto isso, a pressão sobre eles normalmente aumenta de maneira dramática à medida que tentam realizar o trabalho de seus antigos colegas. Eles também se fazem a seguinte pergunta: "Serei o próximo?".

Outra fonte de trauma — e produto de estresse — é testemunhar, ou ser vítima de, **violência ocupacional**. Algumas vezes, um funcionário atormentado adota medidas drásticas e fisicamente prejudiciais contra colegas de trabalho, gerentes ou propriedade da companhia. Esses atos violentos, baseados na raiva, podem incluir brigas aleatórias, destruição de propriedade ou a utilização de armas para agredir (ou até mesmo matar) outros funcionários. A violência ocupacional elevou os homicídios à segunda causa de mortes relacionadas ao trabalho nos Estados Unidos.

> Uma organização altamente visível que tem sido vítima de inúmeros atos de violência no local de trabalho é o serviço de correios dos Estados Unidos, o US Postal Service. Estudos mostraram a ocorrência de pelo menos cem incidentes de funcionários agredidos por supervisores, 300 incidentes de supervisores agredidos por subordinados e várias dezenas de pessoas mortas em incidentes com armas de fogo em diversas agências postais. Muitos desses casos estavam intimamente relacionados à concessão de advertências ou de demissões sem justa causa ou ao recebimento de notificações de demissão. Os atos violentos geralmente eram executados por pessoas com baixo autocontrole, impulsivos e com temperamento violento.[10]

A violência ocupacional, como a descrita no serviço postal norte-americano, é singular, no sentido de que é tanto um produto do estresse pessoal quanto uma fonte de estresse em outras pessoas. Qualquer pessoa que tenha testemunhado atos de violência, que tenha sido vítima de lesões decorrentes dessas ações ou que viva sob o medo de sofrer repetidas violências no futuro pode sofrer de **transtorno do estresse pós-traumático**. O impacto de incidentes violentos, abruptos e dramáticos geralmente produz sintomas imediatos relacionados ao estresse. Mais significativamente, os efeitos dessas crises traumáticas podem durar anos e, com freqüência, exigem um longo tratamento.

Receio de danos físicos

Ainda mais importante que detectar o estresse, o esgotamento e o trauma é a sua *prevenção*.

O serviço postal dos Estados Unidos, por exemplo, estabeleceu um plano de gestão de crises que enfatizava cinco áreas: seleção cuidadosa dos novos funcionários; política de tolerância zero para lidar com comportamentos anormais; melhoria da cultura de trabalho; treinamento obrigatório para os gerentes com o objetivo de auxiliá-los a identificar problemas potenciais; e um processo de avaliação de ameaças, que entra automaticamente em ação após um funcionário ser demitido. Como resultado, o número atual de agressões diminuiu significativamente e o receio dos funcionários com relação à violência foi reduzido pela metade.[11]

Causas do Estresse

Um importante primeiro passo para a prevenção é o exame e a compreensão das causas de estresse. As condições que tendem a causar o estresse são chamadas **estressores**. Ainda que um simples estressor possa produzir grande quantidade de estresse, os estressores normalmente se combinam para pressionar o funcionário de inúmeras formas até que se desenvolvam emoções expressivas associadas ao estresse.

A experiência de Walter Mathis, mecânico de automóveis, ilustra a forma como diversas condições se combinam para causar estresse. Mathis sentia que estava indo bem, mas falhou ao não obter o aumento salarial esperado. Mais ou menos na mesma época, sua mulher divorciou-se dele. Pouco tempo depois, em parte por causa dos problemas relacionados ao divórcio, ele foi investigado detalhadamente pela Receita Federal. Uma quantidade de problemas tão grande o estava atingindo que ele começou a demonstrar sinais de estresse.

Esse exemplo ilustra um fenômeno comum — as principais fontes de estresse dos funcionários estão igualmente divididas entre fatores organizacionais e fatores não relacionados ao ambiente de trabalho. Essa duplicidade de fontes é retratada na Figura 15.2, que mostra que as diferenças individuais existentes entre os funcionários fazem que alguns interpretem esses estressores como *estresse positivo* (que os estimulam), enquanto outros os vêem como *estresse negativo* (que os desviam de seus esforços). Como resultado, podem surgir conseqüências construtivas ou destrutivas, tanto para a organização quanto para o indivíduo. Tais efeitos podem ter curta duração e diminuir rapidamente, ou durar por muito tempo. Para controlar o estresse, então, as organizações normalmente começam pela exploração das causas do estresse associadas ao trabalho.

Causas do Estresse Associadas ao Trabalho

Praticamente qualquer condição de trabalho pode produzir o estresse, dependendo da reação do funcionário a ela. Um funcionário, por exemplo, poderá aceitar um novo procedimento de trabalho e sentir pouco ou nenhum estresse, enquanto outro poderá experimentar uma pressão intolerável decorrente da mesma tarefa. Parte das diferenças encontra-se nas experiências, perspectivas gerais e expectativas de cada funcionário, que são todas fatores internos. Algumas condições de trabalho, no entanto, freqüentemente causam estresse para os funcionários. As principais causas são apresentadas na Figura 15.3.

FIGURA 15.2
Modelo de Causas, Tipos e Conseqüências do Estresse

Fonte: Partes do modelo foram adaptadas de SCHULER, Randall S. An integrative transactional process model of stress in organizations. *Journal of Occupational Behavior*, jan. 1982, p. 5-19.

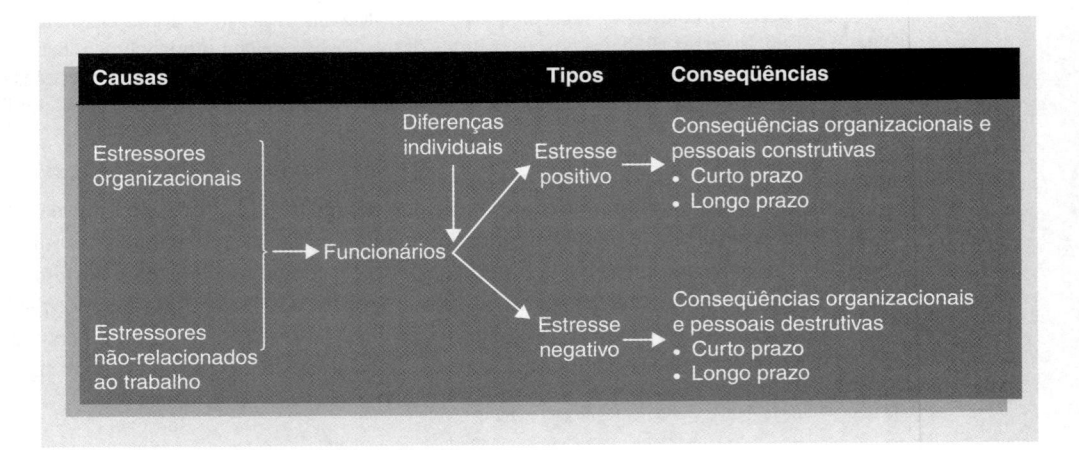

Causas		Tipos	Conseqüências
Estressores organizacionais	→ Funcionários ← (Diferenças individuais)	Estresse positivo	Conseqüências organizacionais e pessoais construtivas • Curto prazo • Longo prazo
Estressores não-relacionados ao trabalho		Estresse negativo	Conseqüências organizacionais e pessoais destrutivas • Curto prazo • Longo prazo

FIGURA 15.3
Causas Típicas do Estresse no Trabalho

- Sobrecarga de trabalho
- Pressões de tempo
- Má qualidade da supervisão
- Atmosfera de trabalho insegura
- Falta de controle pessoal
- Autoridade inadequada para satisfazer as responsabilidades exigidas
- Conflito e ambigüidade de papéis
- Diferenças entre os valores da companhia e do funcionário
- Mudança de qualquer natureza, especialmente quando são maiores ou diferentes das mudanças convencionais
- Frustração
- Tecnologia sem o treinamento ou suporte adequado

Exemplos de estressores no trabalho

A sobrecarga de trabalho e os prazos para a realização das atividades colocam os funcionários sob pressão e os levam ao estresse. Freqüentemente, essas pressões emanam da administração, e uma má qualidade do gerenciamento pode causar estresse. Alguns exemplos de fatores produtores de estresse relacionados à administração são: um supervisor autocrático, uma atmosfera de insegurança no trabalho, a falta de controle do indivíduo sobre seu próprio trabalho, e uma autoridade inadequada para o cumprimento das responsabilidades profissionais.

Marsha Oldburg trabalhava como encarregada da expedição da produção de uma fábrica de equipamentos eletrônicos. Ela enfrentava emergências freqüentes, conflitos, cronogramas apertados e pressões. Raramente tinha autoridade suficiente para fazer frente às suas responsabilidades. Ocasionalmente, comentava: "Este emprego está me fazendo mal". Após três anos em seu emprego, ela descobriu, durante um exame médico rotineiro, que sofria de pressão arterial elevada. Depois de algumas discussões com seu médico, consultou um especialista de recursos humanos, que a ajudou a conseguir uma transferência para outro cargo com nível de pressão menor e nível de autoridade mais condizente com suas responsabilidades. Em seis meses, sua pressão arterial estava sob controle.

O *conflito e a ambigüidade de papéis* também se relacionam ao estresse. Em situações desse tipo, as pessoas possuem diferentes expectativas referentes às atividades de um funcionário, de modo que o indivíduo não sabe o que fazer e não consegue preencher todas as expectativas associadas à realização de suas atividades. Além disso, uma vez que os trabalhos são freqüentemente mal definidos, o funcionário não possui nenhum modelo oficial do qual possa depender.

Outra causa de estresse encontra-se na *diferença entre os valores da companhia e as práticas éticas*, conforme freqüentemente refletidos na cultura organizacional, e *a ética e os valores do funcionário*. A existência de diferenças substanciais pode levar a nível expressivo de estresse mental conforme são realizados esforços para balancear as exigências dos dois conjuntos de valores.

As fontes de estresse variam.

Alguns trabalhos produzem mais estresse que outros. Aqueles que envolvem a alteração dos horários dos turnos de trabalho, a realização de tarefas cadenciadas, a execução de trabalhos repetitivos e rotineiros ou a exigência de trabalhar em locais perigosos estão associados a quantidades mais elevadas de estresse. As pessoas que passam o dia todo trabalhando na frente da tela de computador também relatam altos níveis de estresse. As evidências também indicam que as fontes de estresse se distinguem ao longo dos diferentes níveis organizacionais. O estresse dos executivos pode surgir em decorrência de pressões por resultados de curto prazo ou do temor de uma aquisição hostil. Os gerentes de nível intermediário experimentam estresse quando a segurança de seus trabalhos é ameaçada por notícias de futuros processos de *downsizing* organizacional. Os estressores dos supervisores incluem a pressão para o aumento da qualidade dos produtos e dos serviços prestados ao consumidor, as exigências para o comparecimento em diversas reuniões, e a responsabilidade pelo trabalho dos outros. Os trabalhadores têm maiores chances de experimentar os estressores associados ao baixo *status*, à percepção da ausência de controle, à carência de recursos e à demanda por uma produção isenta de erros.

Uma causa geral e amplamente reconhecida do estresse é a mudança de qualquer tipo, porque exige adaptação por parte dos funcionários. Ela tende a ser particularmente estressante quando é expressiva ou extraordinária, como na concessão de férias coletivas ou em transferências. Uma fonte de estresse associada, que afeta muitos funcionários, é a preocupação com o bem-estar financeiro. Essa situação pode surgir no processo de introdução de tecnologias para redução de custos, no início de discussões contratuais ou em um momento de dificuldade financeira enfrentado pela empresa. Claramente, várias e poderosas forças estão em operação, contribuindo para o sentimento de estresse.

Frustração

Outra causa de estresse é a **frustração**, que é o resultado do bloqueio de uma motivação (impulso) para impedir que um indivíduo realize seus objetivos. Imagine que você esteja tentando finalizar um relatório até o término do expediente, mas uma interrupção após outra exige sua atenção — e seu tempo. No meio da tarde, quando percebe que sua meta para o dia não será concluída, você provavelmente se sentirá frustrado. Poderá tornar-se irritado, desenvolver um sentimento de desconforto no seu estômago ou apresentar outra reação qualquer. Tais reações à frustração são conhecidas como **mecanismos de defesa**, pois você tenta defender-se dos efeitos psicológicos produzidos pelos efeitos do bloqueio de sua meta.

O que são mecanismos de defesa?

O exemplo apresentado é apenas uma frustração diária que provavelmente será superada no dia seguinte, porém a situação é mais séria quando há uma frustração de longo prazo, por exemplo, em uma oportunidade para promoção negada. Nesse caso, você terá de conviver com a frustração dia após dia. Ela começa a produzir problemas emocionais que interferem em sua capacidade de agir com eficácia.

Tipos de Reação   Uma das reações mais comuns à frustração é a *agressividade*. Sempre que as pessoas comportam-se agressivamente, estão provavelmente reagindo a frustrações que as afligem. Algumas reações adicionais à frustração incluem a apatia, a desistência, a regressão, a fixação, problemas fisiológicos e a substituição de metas. É possível ilustrá-las prosseguindo com a história da promoção negada. Imagine que você acredite que seu supervisor esteja impedindo sua promoção. O impedimento pode ser real ou apenas o resultado de sua imaginação, mas, de qualquer forma, é real para você. Como resultado de sua frustração, você pode tornar-se agressivo, ao exigir melhores condições de tratamento e ao ameaçar apelar para os níveis administrativos superiores. Você ainda poderá agir de modo totalmente oposto ao se tornar *apático*, não-responsivo às solicitações de seu trabalho ou de seus colegas. Outra reação é a *desistência*, como solicitar uma transferência ou a demissão de seu emprego. A *regressão* a um comportamento menos maduro, como nos casos de autopiedade e da produção de expressões faciais infantilizadas, também é possível.

Caso haja um problema de *fixação*, você talvez culpe permanentemente seu supervisor por seus problemas e pelos problemas dos outros, independentemente dos fatos. Você também pode desenvolver um *problema fisiológico*, por exemplo, azia, ou escolher uma meta substituta, como tornar-se o líder de um poderoso grupo informal em política de escritório. Todas essas são reações possíveis para a frustração. Claramente, quase sempre não são favoráveis, tanto para o indivíduo quanto para a organização, de modo que a redução das condições que produzem a frustração é algo desejável no comportamento organizacional.

Fontes de Frustração   Embora a administração também possa ser a fonte de frustração, ela é apenas uma entre diversas fontes. Outra grande fonte são os colegas de trabalho que podem colocar barreiras no caminho da conquista dos resultados. Eles talvez diminuam o ritmo de *inputs* necessários à execução de suas atividades, atrasando, dessa forma, seu trabalho. Também podem dar *inputs* ruins, impedindo que você produza um trabalho de qualidade. Mesmo o ambiente, como em um dia chuvoso, às vezes impede que você realize as atividades desejadas.

Freqüência e severidade dos aborrecimentos

Algumas pesquisas sugerem que são as pequenas coisas, denominadas **aborrecimentos**, em vez das grandes crises, as responsáveis pela frustração. Os aborrecimentos são condições cotidianas de vida que são percebidas como ameaça ao bem-estar do indivíduo. Descobriu-se que elas estão associadas tanto aos sintomas de doenças quanto aos níveis de absenteísmo.[12] Os aborrecimentos mais freqüentes incluem a necessidade de ter de realizar muitas atividades, a perda de itens pessoais, as interrupções, e a realização de trabalhos não-desafiadores. Alguns dos aborrecimentos com os maiores índices de severidade estão relacionados ao trabalho ou ao ambiente do funcionário, como ter de lidar com pais idosos, enfrentar preconceitos e discriminação e não possuir a energia pessoal suficiente. Também é possível que nenhum desses aborrecimentos sozinho consiga tornar um indivíduo médio frustrado. Contudo, os efeitos cumulativos de *múltiplos* aborrecimentos podem resultar em um sentimento indesejado de estresse.

Supervisão abusiva

A maioria dos gerentes no local de trabalho está ciente de seus papéis e dos efeitos negativos dos comportamentos antigos e brutais com relação aos funcionários. No entanto, alguns **supervisores abusivos** adotam medidas tirânicas para humilhar aqueles em seu entorno. Esses *tiranos do local de trabalho* se engajam intencionalmente na produção sistemática de ofensas verbais e não-verbais contra os funcionários. Tais ações variam de ridicularizar publicamente outros funcionários a explosões de raiva, insultos, demonstração de pouca ou nenhuma consideração, tratamento grosseiro, atribuição indevida de culpas e retenção de reconhecimento, invasão de privacidade e greve de silêncio. Os efeitos documentados dos comportamentos abusivos incluem sofrimento psicológico, sentimentos de ineficácia, depressão, baixa satisfação profissional e pessoal e elevada rotatividade.[13] Claramente, os gerentes não possuem nenhuma razão para utilizar comportamentos tirânicos, e as organizações têm a obrigação moral de monitorar, prevenir e impedir tais ações abusivas.

Gerenciamento apoiador é necessário.

Frustração e as Práticas Gerenciais Quanto mais forte for a motivação de um indivíduo em direção a uma meta bloqueada, maior será sua frustração, mantidas as demais condições. Caso haja falta de motivação, então, existe a possibilidade menor do aparecimento de frustração. Uma implicação disso é que, quando a administração tenta motivar intensamente seus funcionários, deverá estar preparada para remover as barreiras e auxiliar na preparação do caminho para que eles conquistem suas metas. *O papel exigido dos gerentes é um papel apoiador.* Se, por exemplo, um trabalho mecânico de precisão for exigido, o funcionário com essa tarefa necessita de treinamento, equipamento, ferramentas e materiais adequados para a execução de um trabalho de precisão. Do mesmo modo, se um funcionário receber a atribuição de um projeto especial e estiver motivado para isso, então, um orçamento apropriado e outras medidas de apoio devem ser colocados em prática para prevenir a frustração. A idéia não é remover *todas* as dificuldades para que a tarefa deixe de ser desafiadora, mas, ao contrário, oferecer apoio suficiente para que o projeto se torne razoavelmente *possível*.

O aconselhamento ou *counseling* (discutido posteriormente neste capítulo) pode ajudar a reduzir frustrações por meio do auxílio dado aos funcionários para escolher cursos de ação maduros de forma a superarem os obstáculos que os impeçam de alcançar suas metas. O conselheiro também pode aconselhar a administração com referência a bloqueios para que ela tente reduzi-los ou eliminá-los.

Os efeitos do estresse sobre o desempenho

Estresse e desempenho no trabalho

O estresse pode ser tanto útil quanto prejudicial para o desempenho profissional, dependendo do seu nível. A Figura 15.4 apresenta um **modelo estresse-desempenho** que demonstra o relacionamento entre essas duas variáveis. Quando não há estresse, os desafios profissionais estão ausentes e o desempenho profissional tende a ser baixo. À medida que o estresse aumenta, o desempenho profissional tende a aumentar, porque o estresse auxilia uma pessoa a reunir os

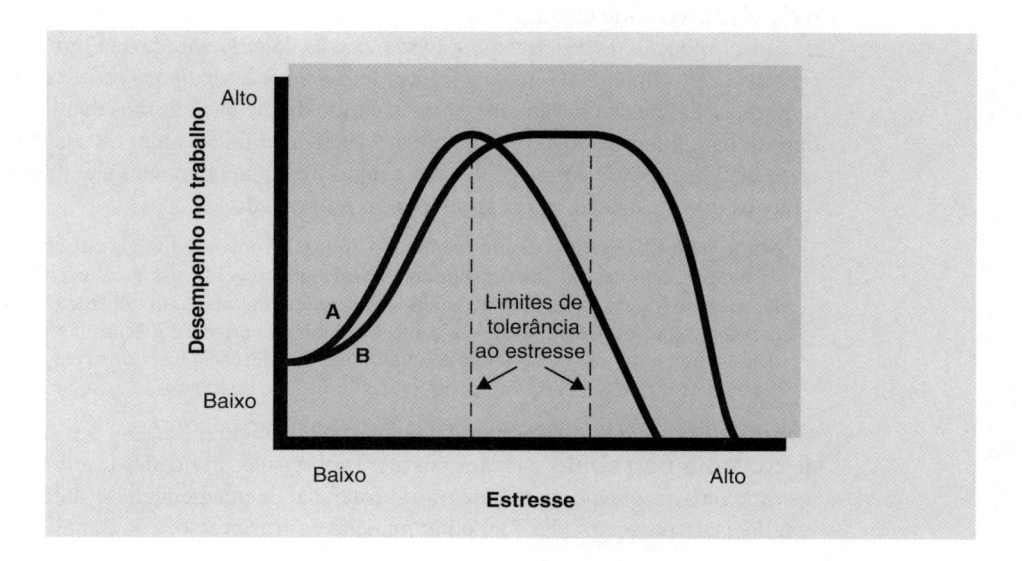

FIGURA 15.4
Modelo Estresse-Desempenho Descrevendo Dois Limites de Tolerância

recursos para satisfazer as exigências das atividades realizadas. O estresse construtivo é um estímulo saudável que encoraja os funcionários a responder aos desafios. Eventualmente, o estresse alcança um patamar que corresponde aproximadamente à capacidade máxima de uma pessoa de desempenhar diariamente suas atividades. A partir desse ponto, o estresse adicional tende a não produzir nenhuma melhoria.

Finalmente, caso o estresse torne-se muito grande, se transformará em uma força destrutiva. *O desempenho começará a declinar em algum ponto porque o estresse excessivo interfere no desempenho.* Quando um funcionário perde a capacidade de administrá-lo, torna-se incapaz de tomar decisões e passa a exibir um comportamento errático. Se o estresse aumentar até um ponto de ruptura, o desempenho torna-se nulo; o funcionário enfrenta uma crise nervosa, fica muito doente para trabalhar, é demitido, demite-se ou recusa-se a ir para o trabalho em virtude do estresse.

> A relevância das diferenças individuais na relação entre desempenho e estresse é ressaltada pelos resultados de uma pesquisa que registra as percepções dos funcionários sobre o estresse.[14] Algo como 62% dos respondentes relataram que o estresse impedia seu desempenho, enquanto 23% declararam que ele eventualmente os fazia trabalhar melhor. Os outros 15% ou não sabiam ou relataram nenhum impacto significativo. Aparentemente, aquilo que funciona bem para uma pessoa pode ser disfuncional para outra.

A relação entre estresse e desempenho pode ser comparada às cordas de um violino. Quando há pouca ou muita pressão sobre elas, as cordas não produzirão a música adequada. Além disso, as cordas do violino poderão ter de ser reajustadas para acomodar a mudança de condições, como o aumento da umidade. Do mesmo modo que as cordas do violino, quando a tensão sobre o funcionário é muito alta ou baixa, o seu desempenho pode deteriorar-se. O desafio gerencial — como o do tocador do violino — é monitorar os níveis de tensão e fazer ajustes periódicos.

> Os atletas tentam encontrar o equilíbrio adequado entre estresse e desempenho. No tênis, por exemplo, surpresas ocorrem todos os anos em torneios como o de Wimbledon quando um jogador novato, que "não deveria vencer", vence na partida e depois declara ter sentido apenas um nível moderado de pressão. O oponente derrotado, que havia jogado de maneira muito branda, pode não ter experimentado uma quantidade suficiente de estresse para estimulá-lo a jogar bem no início da partida. Então, quando a vitória parece estar escapando por entre os dedos, o jogador favorito começa a sentir um nível de estresse elevado o bastante para impedi-lo de desempenhar seu melhor jogo.

Vulnerabilidade ao Estresse

Limite de Tolerância ao Estresse Dois fatores principais auxiliam a determinar como o estresse afeta diferentemente o desempenho de funcionários em cargos similares. A vulnerabilidade do trabalhador ao estresse é uma função tanto de estressores internos (organizacionais) quanto externos (não associados ao trabalho), conforme mostrado na Figura 15.2. Um fator interno é o **limite de tolerância ao estresse** do funcionário — o nível de estressores (freqüência e magnitude) que o indivíduo pode tolerar antes da ocorrência de sentimentos negativos de estresse que afetem de forma adversa o desempenho. Algumas pessoas possuem *limite baixo de tolerância ao estresse*, e o estresse produzido até mesmo por mudanças ou por interrupções relativamente pequenas é capaz de causar redução do desempenho. Essa resposta é demonstrada na Figura 15.4 pela linha A. Outras pessoas (ver a linha B da mesma figura) têm *uma tolerância ao estresse mais alta*, permanecendo tranqüilas, calmas e produtivas por mais tempo diante das mesmas condições. Essa resposta parece derivar parcialmente de experiência e da confiança que elas têm na sua capacidade de lidar com o estresse. Uma tolerância mais elevada e maior resiliência ajudam a evitar desempenho mais baixo, a menos que o estressor seja expressivo ou prolongado.

> Marie Johnson era caixa de um supermercado local. Todos os dias ela enfrentava longas filas, pressões de tempo, reclamações dos consumidores e erros nos preços, mas esses eventos não pareciam incomodá-la. Antonio Valenzuela, caixa do balcão-adjacente, tinha muita dificuldade com as reclamações e as pressões a que estava exposto. Ele começou a cometer erros e a discutir com os clientes e com os demais funcionários. Finalmente, solicitou uma transferência para outro cargo no supermercado. Os dois funcionários tinham, claramente, diferentes limites de tolerância ao estresse.

Controle Percebido O segundo fator interno que afeta o estresse dos funcionários é a quantidade de **controle percebido** que eles possuem sobre suas atividades e sobre as condições de trabalho. Os funcionários que possuem um grau substancial de independência, autonomia e liberdade para tomar decisões parecem lidar da melhor maneira com as pressões do trabalho. Como dois funcionários podem ter, de fato, a mesma quantidade de controle e de flexibilidade, está claro que sua *percepção* relativa dessa liberdade é o que realmente conta. Os gerentes podem responder a essa necessidade de controle mediante variedade de medidas já discutidas neste livro, como permitir escalas de horário mais flexíveis, enriquecer os cargos, colocar os indivíduos em equipes autogerenciadas ou dar *empowerment* aos funcionários por meio da utilização de estilos de liderança participativos.

Pessoas do Tipo A e do Tipo B A vulnerabilidade ao estresse está freqüentemente relacionada a características dos tipos A e B.[15] As **pessoas do tipo A** são agressivas e competitivas, estabelecem padrões elevados, são impacientes consigo mesmas e com os outros e conseguem ser bem-sucedidas sob pressão. Fazem demandas excessivas para si próprias, mesmo durante os momentos de recreação e lazer. Falham freqüentemente em perceber que grande parte das pressões que sentem é produzida por elas mesmas, e não pelo ambiente à sua volta. Por causa do estresse constante que sentem, algumas pessoas do tipo A têm tendência maior de desenvolver doenças físicas relacionadas ao estresse, como ataques cardíacos.

> Comportamentos do tipo A

As **pessoas do tipo B** aparentam ser mais relaxadas e calmas. Aceitam as situações e trabalham com elas em vez de lutar de forma competitiva contra elas. São especialmente relaxadas com referência às pressões de prazos, de modo que estão menos sujeitas a desenvolver problemas associados ao estresse. Ainda assim, as pessoas do tipo B podem ser trabalhadores altamente produtivos que satisfazem as expectativas de prazo; simplesmente obtêm os resultados de maneira diferente.

> Comportamentos do tipo B

As pesquisas sobre os indivíduos dos tipos A e B ainda estão sendo acumuladas.[16] Alguns padrões de comportamento de indivíduos do tipo A, por exemplo, a competitividade e o impulso para uma carreira de sucesso, parecem ser consistentes com os valores existentes na sociedade. Ao mesmo tempo, a hostilidade e a agressividade exibidas por tais pessoas podem tornar difícil, para muitos funcionários, trabalhar com elas. Alguns estudos sugerem que pode haver diferentes formas de personalidade do tipo A. Como resultado, as pessoas do tipo A que são mais expressivas e menos hostis têm uma chance menor de desenvolver doenças cardíacas. Outro tipo de indivíduo do tipo A aparentemente aprecia tanto seu sucesso que ignora o estresse do ambiente que o cerca e não sofre de doenças cardíacas ou de outras conseqüências físicas.

A distinção entre as pessoas dos tipos A e B levanta diversas questões desafiadoras para os gerentes. Uma organização deveria considerar as naturezas dos tipos A e B ao realizar as contratações? Deveria desenvolver programas de treinamento para auxiliar os funcionários do tipo A a se transformar em funcionários do tipo B? A organização possui a responsabilidade de oferecer treinamento tanto para os indivíduos do tipo A quanto para os do tipo B para auxiliá-los a lidar com os hábitos de trabalho e com as expectativas de supervisores que sejam diferentes dos deles próprios? Embora a redução do estresse no trabalho seja uma meta desejável, a descoberta de respostas para tais questões exigirá considerações de ordens éticas, financeiras e práticas.

Abordagens para a Gestão do Estresse

Tanto as organizações quanto os indivíduos estão altamente preocupados com o estresse e seus efeitos. E, na tentativa de administrar o estresse, possuem três amplas opções: preveni-lo ou controlá-lo, fugir dele ou aprender a adaptar-se a ele (lidar com os seus sintomas). As organizações podem buscar melhorar as habilidades gerenciais de comunicação, dar *empowerment* aos funcionários por meio da participação, redesenhar os cargos para torná-los mais recompensadores, ou implementar programas de desenvolvimento da organização. Essas etapas têm o objetivo de *reduzir ou eliminar os estressores* para os funcionários. Outros funcionários podem *fugir* do estresse ao requisitar transferências para outros cargos, encontrar um emprego alternativo, aposenta-se mais cedo ou adquirir habilidades de assertividade que lhes capacitem confrontar o estressor. Também existem várias abordagens para *lidar* com o estresse (ver, por exemplo, as prescrições para os indivíduos apresentadas na Figura 15.5).[17] Essas abordagens envolvem, freqüentemente, esforços cooperativos desenvolvidos entre os funcionários e a administração, e podem incluir o apoio social, os esforços de relaxamento e os programas de bem-estar pessoal.

> Três abordagens: prevenção, fuga ou enfrentamento

FIGURA 15.5
Estratégias Pessoais Comuns para o Gerenciamento do Estresse

1. Resista a trabalhar por muitas horas ou a aceitar horas extras.
2. Apresente-se como voluntário para escalas de serviço flexíveis ou alternativas.
3. Identifique as pessoas que causam estresse e as evite.
4. Mantenha uma dieta saudável e coma regularmente.
5. Pratique exercícios físicos regularmente e durma tempo suficiente.
6. Evite a procrastinação.
7. Estabeleça metas razoáveis para si mesmo.
8. Desenvolva um método simples para organizar as coisas e utilize-o.
9. Afaste-se do estresse e decida se você necessariamente precisa lutar todas as batalhas.
10. Consulte um amigo de confiança antes de envolver-se em novas atividades.
11. Desenvolva um equilíbrio das suas capacidades físicas, emocionais, mentais e espirituais.
12. Descubra ou crie oportunidades para rir.

Tipos de apoio

Apoio Social Algumas pessoas vivenciam estresse porque estão descoladas do mundo em torno delas; carecem de relacionamentos interpessoais significativos. Os indivíduos com impulso para a ambição e com forte necessidade de independência podem falhar em desenvolver relacionamentos fortes com amigos e colegas. Para alcançar seu sucesso, freqüentemente sacrificam a satisfação de suas necessidades sociais. Sua falta de laços sociais pode resultar em raiva, ansiedade e solidão — elementos que produzem estresse em suas vidas.

Um poderoso antídoto para esse problema está na presença de apoio social no trabalho. O **apoio social** é a rede de atividades, interações e relacionamentos funcionais úteis que oferece ao funcionário a satisfação de importantes necessidades. Há quatro tipos de apoio social em uma rede completa: instrumental (auxílio para as tarefas), informacional, avaliativo e emocional. Cada um deles é demonstrado neste exemplo de respostas a um estressor pessoal:

> O pai de Diane faleceu recentemente. Ela perdeu uma semana de trabalho para providenciar os arranjos para o funeral e para colocar em ordem os futuros compromissos de sua mãe. Durante esse período, (1) Aggie, colega de trabalho, cumpriu horas adicionais para evitar que o trabalho de Diane ficasse muito atrasado (auxílio para as tarefas); (2) Marilyn, a supervisora de Diane, ofereceu recursos úteis (informação) para orientá-la nas decisões financeiras de sua mãe; (3) Karen, sua irmã, monitorou atentamente Diane para ajudá-la a recuperar-se do trauma da perda, proporcionando-lhe um feedback diário sobre o modo como ela estava lidando com a questão; e (4) o marido de Diane demonstrou empatia e carinho (apoio emocional) levando-a para longas caminhadas e forçando-a a participar de conversas tranqüilas.

Esse exemplo mostra que o apoio social pode vir de supervisores, colegas de trabalho, amigos ou familiares. Seu foco pode ser sobre as tarefas de trabalho ou sobre os intercâmbios sociais, e pode até mesmo assumir a forma de jogos, piadas ou provocações. Pesquisas sugerem que, quando os funcionários possuem pelo menos uma pessoa da qual possam receber apoio social (especialmente apoio emocional), experimentarão níveis menores de estresse.[18] As mulheres, em particular, não apenas valorizam o apoio social, como também se sentem mais confortáveis e capacitadas para oferecê-lo a outras pessoas. Os supervisores — homens ou mulheres — precisam desenvolver a capacidade de desempenhar esse papel quando o apoio for necessário. Uma ação alternativa é simplesmente oferecer as oportunidades para o apoio social e encorajá-lo a desenvolver-se entre um grupo de trabalhadores. Os gerentes podem precisar conceder algum tempo aos funcionários para o desenvolvimento e a manutenção de suas redes de apoio social no trabalho.

Relaxamento Alguns funcionários têm-se voltado para diversos meios de relaxamento mental como forma de se ajustarem ao estresse de suas vidas. Padronizada após a prática da meditação, a **resposta de relaxamento** envolve o desenvolvimento de um pensamento interior, tranqüilo e concentrado, realizado com o objetivo de descansar física e emocionalmente o corpo. Ele ajuda as pessoas a se retirar temporariamente de um mundo estressante e a reduzir os sintomas do estresse.[19]

Os ingredientes ideais desse esforço de relaxamento incluem:

- Uma posição confortável em um local relativamente tranqüilo.
- Olhos fechados e movimentos respiratórios profundos e confortáveis.
- Repetição de uma palavra apaziguadora, ou a concentração em torno de uma imagem mental agradável.
- Tentativa de evitar pensamentos distrativos ou eventos negativos.
- Uma música suave de fundo.

Praticar uma simples resposta de relaxamento pode ser comparável a tirar um dia de folga do trabalho. Ela exige apenas poucos minutos e pode ser especialmente proveitosa antes ou após a realização de um encontro tenso. É tão apreciada que algumas organizações criaram espaços especiais para o uso dos funcionários, e muitos funcionários que os utilizam para a prática de um relaxamento temporário relatam resultados favoráveis com relação a suas capacidades de lidar com o estresse.

Licença Sabática Embora o relaxamento possa auxiliar a lidar com o estresse, algumas vezes é mais sábio sair dessa situação estressante, pelo menos temporariamente. Alguns empregadores, reconhecendo essa necessidade do funcionário de escapar, criaram programas de concessão de **licenças sabáticas** para estimular o alívio do estresse e a educação pessoal. Algumas licenças sabáticas fornecem um desligamento temporário não remunerado, outras oferecem um pagamento parcial e algumas poucas até mesmo remuneram integralmente o funcionário ausente. Embora a maior parte das empresas permita apenas quatro ou oito semanas de licença, algumas, como a Xerox, autorizam licenças de até um ano. A maioria dos funcionários retorna emocionalmente revigorada, sente-se recompensada e valorizada por seus empregadores e com freqüência traz novas perspectivas adquiridas nas leituras e nos cursos realizados nesse período. Um benefício adicional, algumas vezes relatado, é o treinamento interfuncional que ocorre entre colegas quando um indivíduo encontra-se em licença sabática. Esse efeito colateral acrescenta flexibilidade à organização e aumenta a competência e a auto-estima dos funcionários.

Abordagens preventivas

Bem-estar Pessoal Os programas internos de manutenção preventiva para o **bem-estar pessoal**, baseados nas pesquisas da medicina organizacional, são cada vez mais populares. Os centros de bem-estar corporativo incluem diagnóstico de doenças, educação em saúde e academias de ginástica. Os especialistas em gerenciamento da saúde podem recomendar práticas para encorajar mudanças nos estilos de vida, como o controle da respiração, o relaxamento muscular, o pensamento positivo, o controle nutricional e a realização de exercícios, permitindo aos funcionários utilizar todo o seu potencial. Claramente, uma abordagem preventiva é preferível para a redução das causas do estresse, embora os métodos para lidar com o estresse auxiliem os funcionários a se adaptar aos estressores que estão além do controle direto. O principal é criar um ajuste mais adequado entre as pessoas e suas condições de trabalho, e as abordagens alternativas podem ser úteis para funcionários diferentes.

O ACONSELHAMENTO DE FUNCIONÁRIOS

O que é Aconselhamento (*Counseling*)?

A meta do aconselhamento

Aconselhamento (*counseling*) é a discussão com um funcionário de um problema que normalmente possui um conteúdo emocional, com o objetivo de ajudá-lo a enfrentá-lo melhor. O aconselhamento busca melhorar a saúde mental e o bem-estar do funcionário. Conforme mostrado na Figura 15.6, a *boa saúde mental* significa que as pessoas sentem-se confortáveis consigo mesmas, julgam estar bem com relação aos outros e acreditam ser capazes de responder às demandas da vida.

A definição de aconselhamento implica uma variedade de características. Ele é um intercâmbio de idéias e sentimentos entre duas pessoas, nominalmente entre o conselheiro e o aconselhado, de modo que isso seja um ato de comunicação. Como o aconselhamento ajuda o funcionário a lidar com problemas, ele deve aprimorar o desempenho organizacional, pois os funcionários tornam-se mais cooperativos, preocupam-se menos com seus problemas pessoais ou melhoram de alguma outra forma. A ênfase no aconselhamento também ajuda a organização a se tornar mais humana e mais atenta aos problemas das pessoas.

O aconselhamento pode ser executado tanto por profissionais quanto por não-profissionais. Por exemplo, tanto um profissional de recursos humanos especializado em aconselhamento quanto um

FIGURA 15.6
Características de Pessoas com Boa Saúde Mental

Fonte: *Mental Health is 1, 2, 3*. Arlington, VA: Mental Health Association, [n. d.]

Pessoas com boa saúde mental:

1. **Sentem-se confortáveis com relação a si mesmas**
   - Não são surpreendidas por suas emoções — por seus próprios medos, angústias, amores, ciúmes, culpas e preocupações
   - Conseguem aceitar os desapontamentos da vida em sua jornada pessoal
   - Possuem uma atitude tolerante e tranqüila com relação a si mesmas, bem como com relação aos outros; conseguem rir delas mesmas
   - Não superestimam nem subestimam suas capacidades
   - Conseguem aceitar suas próprias limitações
   - Possuem auto-respeito
   - Sentem-se capazes de lidar com a maior parte das situações que surgem em seu caminho
   - Obtêm satisfação com os prazeres simples do cotidiano

2. **Sentem-se bem com relação aos outros**
   - São capazes de oferecer amor e de considerar os interesses dos outros
   - Têm relacionamentos pessoais que trazem satisfação e são duradouros
   - Esperam gostar dos outros e confiar neles, e assumem que os outros naturalmente vão proceder do mesmo modo
   - Respeitam as muitas diferenças que encontram nas pessoas
   - Não pressionam as pessoas e não permitem ser pressionados
   - Conseguem sentir que fazem parte do grupo
   - Têm um sentimento de responsabilidade com relação a seus vizinhos e com relação às demais pessoas

3. **São capazes de enfrentar as exigências da vida**
   - Fazem algo sobre seus problemas à medida que eles surgem
   - Aceitam suas responsabilidades
   - Moldam o ambiente sempre que possível; ajustam-se a ele quando necessário
   - Planejam o futuro, mas não o temem
   - Recebem bem as novas experiências e idéias
   - Fazem uso de suas capacidades naturais
   - Estabelecem metas realistas para si próprias
   - São capazes de pensar por si só e tomam suas próprias decisões
   - Aplicam seus melhores esforços naquilo que fazem e obtêm satisfação com isso

---

supervisor que não seja treinado na prática do aconselhamento podem aconselhar os funcionários. Os terapeutas e os médicos pessoais também aconselham os funcionários, e mesmo os amigos dos funcionários podem fazê-lo.

O aconselhamento geralmente é confidencial para que os funcionários se sintam livres para conversar abertamente sobre seus problemas. Ele também envolve tanto problemas pessoais quanto profissionais, uma vez que os dois tipos de problema podem afetar o desempenho de um funcionário no trabalho. Um funcionário, por exemplo, pode estar vivenciando uma forma de estresse decorrente das expectativas de seu novo emprego, enquanto outro pode estar sofrendo pela dor da perda de um familiar próximo. Ambos são candidatos potenciais para receber os benefícios do aconselhamento no trabalho.

A Polaroid Corporation reconheceu que a violência doméstica entre seus funcionários possuía efeito negativo sobre a produtividade e o moral no local de trabalho (quatro milhões de mulheres nos Estados Unidos são abusadas por seus maridos ou parceiros anualmente; as trabalhadoras perdem 175 mil dias de trabalho remunerado por ano em virtude da violência doméstica). A Polaroid estendeu seu programa de aconselhamento para incluir o tratamento da violência doméstica e desenvolveu programas de treinamento para que seus gerentes pudessem reconhecer incidentes desse tipo e lidar melhor com eles.[20]

A Necessidade de Aconselhamento

A necessidade de aconselhamento surge a partir de uma variedade de problemas dos funcionários, incluindo o estresse. Quando esses problemas existem, os funcionários beneficiam-se da compreensão e da orientação que o aconselhamento oferece. Um funcionário, por exemplo, pode sentir-se inseguro com relação à sua aposentadoria. Outro funcionário pode estar hesitante quanto ao risco exigido por uma promoção e, dessa forma, parar de crescer no trabalho. Um terceiro funcionário pode tornar-se instável no trabalho. Em todos esses casos, o aconselhamento é uma necessidade.

> Ross Callander era um entrevistador da agência estatal de empregos. Ao longo de algumas semanas, ele se tornou instável em seu trabalho, irritando-se facilmente com seus colegas e sendo grosseiro com os entrevistados. Seu gerente percebeu a mudança e discutiu sua atitude com ele. Como seu comportamento continuou o mesmo, Ross foi encaminhado a um conselheiro. O conselheiro descobriu que o filho de Callander havia sido preso e, em um ataque de raiva, acusou-o de ser um fracasso como pai. Callender sentiu-se ressentido, frustrado e derrotado, e transferia esses sentimentos para seus entrevistados. Com a ajuda de uma agência comunitária, o problema da família de Callander foi resolvido e ele prontamente retornou ao seu desempenho normal.

As emoções podem causar problemas.

A maioria dos problemas que exigem aconselhamento tem algum conteúdo emocional. *As emoções são uma parte normal da vida*. A natureza dotou as pessoas de emoções, e esses sentimentos as torna humanas. Por outro lado, as emoções podem sair de controle e fazer que os funcionários ajam de maneira prejudicial para seus próprios interesses e para os interesses da empresa. Eles podem deixar seus empregos por causa de pequenos conflitos, que lhes parecem grandes, ou minar o moral de seus departamentos. Os gerentes desejam que seus funcionários mantenham uma boa saúde mental e que direcionem suas emoções para focos construtivos, de modo que possam trabalhar juntos de maneira eficaz.

O que o Aconselhamento Pode Fazer?

Seis funções do aconselhamento

O objetivo geral do aconselhamento é auxiliar os funcionários a obter um crescimento de autoconfiança, compreensão, autocontrole e capacidade de trabalhar efetivamente. Tais objetivos são consistentes com os modelos de comportamento organizacional apoiador, colegiado e sistêmico, que encorajam o crescimento e a autogestão dos funcionários. Também são consistentes com as necessidades de nível superior de Maslow e com as necessidades de crescimento de Alderfer, como a auto-estima e a auto-atualização.

O aconselhamento objetivo é alcançado por meio de uma ou mais das seguintes **funções do aconselhamento**. As seis atividades executadas pelos conselheiros são mostradas na Figura 15.7. Conforme poderá ser notado posteriormente, alguns tipos de aconselhamento desempenham uma função melhor do que outros.

1. Conselho Muitas pessoas vêem o aconselhamento como uma fonte primária da concessão de recomendações, mas, na realidade, essa é apenas uma das várias funções que o aconselhamento pode desempenhar. Fornecer conselhos úteis exige que o conselheiro faça julgamentos sobre os problemas do aconselhado e que apresente um plano de ação. Nesse ponto se encontram as

FIGURA 15.7
Funções do Aconselhamento

Conselho	Comunicar a uma pessoa o que você acredita que deva ser feito; *coaching*
Encorajamento	Estimular a coragem e a confiança das pessoas para que se sintam capazes de enfrentar um problema
Comunicação	Oferecer informação e compreensão
Liberação da tensão emocional	Auxiliar uma pessoa a se sentir livre de suas frustrações e de seu estresse
Esclarecimento de pensamento	Encorajar um pensamento mais coerente, racional e maduro
Reorientação	Estimular uma mudança interna de metas, valores e modelos mentais

dificuldades, pois compreender os problemas complexos de outra pessoa, ou mesmo dizer-lhe o que deve ser feito, parece ser uma tarefa praticamente impossível. A concessão de conselhos pode produzir um relacionamento no qual o aconselhado sente-se inferior e dependente do conselheiro. Apesar de todos os seus males, a distribuição de conselhos ocorre de forma rotineira no aconselhamento, porque os trabalhadores esperam por isso e porque os gerentes gostam de oferecê-los.

2. *Encorajamento* O aconselhamento pode proporcionar encorajamento para os funcionários, o que é uma forma de estimular a produção da coragem necessária para enfrentar um problema ou de um sentimento de confiança de que estão no curso de ação adequado. O encorajamento é representado por comentários, por parte de conselheiros, do tipo "Você está fazendo um bom progresso, Linda" e "Não se preocupe; isso dará certo".

Um problema com o encorajamento é que os indivíduos aconselhados nem sempre o aceitam. Eles são espertos o bastante para saber que o conselheiro não tem condições de prever se um problema terá uma solução positiva. Mesmo que o aconselhado inicialmente aceite o encorajamento, sua autoconfiança temporária poderá desaparecer assim que ele tenha de enfrentar novos problemas, o que significa que apenas um pequeno progresso concreto foi alcançado. Seu falso sentimento de autoconfiança pode até levá-lo a tomar decisões pessoais equivocadas.

Embora o encorajamento tenha suas fraquezas, pode ser útil em algumas situações, ao mesmo tempo que é impossível de ser proibido. O encorajamento não deve ser proibido porque é perigoso, assim como os carros não deveriam ser proibidos só porque causam acidentes; mas, da mesma forma que os automóveis, o encorajamento deve ser administrado de maneira cuidadosa.

3. *Comunicação* O aconselhamento pode melhorar tanto a comunicação ascendente quanto a comunicação descendente. Na direção ascendente, ela é uma maneira essencial para que os funcionários expressem seus sentimentos para a administração. Como já foi dito por diversas pessoas, os gerentes de nível superior de uma organização, normalmente, não sabem o que os indivíduos dos níveis hierárquicos inferiores sentem. O ato de aconselhar envia um sinal ascendente e, se os canais estiverem abertos, alguns desses sinais conseguirão alcançar os níveis superiores. Os nomes individuais deverão ser mantidos em segredo, mas os comentários sobre os sentimentos podem ser agrupados e interpretados pela administração. Uma parte importante do trabalho de qualquer conselheiro é descobrir os problemas emocionais relacionados às políticas da companhia e interpretar esses tipos de problema para a alta gerência. O aconselhamento também consegue realizar uma comunicação descendente, pois os conselheiros ajudam a interpretar as atividades da companhia para os funcionários na medida em que discutem os problemas relacionados com tais atividades.

4. *Liberação de Tensão Emocional* Uma função importante de praticamente todo processo de aconselhamento é a liberação da tensão emocional, a qual é, algumas vezes, denominada **catarse emocional**. As pessoas tendem a alcançar uma liberação emocional de suas frustrações e de outros problemas todas as vezes em que têm a oportunidade de conversar sobre eles com alguém. A história do aconselhamento mostra, de forma consistente, que, à medida que as pessoas começam a explicar seus problemas para um ouvinte simpático a elas, suas tensões começam a diminuir. As pessoas ficam mais relaxadas e seu discurso é mais coerente e racional. Essa liberação de tensão não resolve, necessariamente, os problemas dos indivíduos, mas remove os bloqueios mentais que interferem na busca de uma solução, possibilitando-lhes enfrentar novamente seus problemas e pensar construtivamente sobre eles. Em alguns casos, a liberação emocional é suficiente para resolver a situação, fazendo que os problemas do funcionário desapareçam como fantasmas mentais, o que, em grande parte das vezes, eram de fato.

> Em um depósito, um motorista de um veículo elétrico, Bill Irwin, começou a desenvolver conflitos com seu supervisor. Irwin estava convencido de que seu supervisor lhe havia dado o trabalho mais difícil e de que tirava vantagem dele. Estava seguro de que seu supervisor não gostava dele e que nunca lhe daria um aumento. Um dia, o responsável pela verificação dos cartões de ponto da companhia se encontrava na fábrica realizando seu trabalho e Irwin, estando particularmente irritado naquele momento, aproximou-se dele e começou a relatar seus problemas. Tudo começou quando Irwin comentou: "Você não precisa preocupar-se com meus horários. Nunca conseguirei um aumento salarial e nunca terei nenhuma hora extra". O outro funcionário perguntou-lhe: "Por quê?", e a conversa seguiu em frente.
>
> O funcionário encarregado da verificação dos cartões era um funcionário da companhia subordinado ao superintendente do depósito e não estava na cadeia de comando entre o superintendente e o supervisor de Irwin, de modo que Irwin sentiu-se livre para falar sobre seus problemas.

A catarse emocional reduz as tensões.

Talvez Irwin enxergasse naquele funcionário uma forma de comunicar-se diretamente com o superintendente, evitando seu supervisor. De qualquer modo, Irwin falou. E o encarregado ouviu.

Como o funcionário responsável pela verificação dos cartões de ponto passava muito tempo na fábrica, estava bem familiarizado com as atribuições de trabalho e com o supervisor. Irwin sabia disso; e, à medida que fazia suas queixas, começou a revisar e a suavizar suas críticas, porque havia percebido que algumas delas não estavam de acordo com os detalhes da situação sobre a qual o encarregado tinha conhecimento em primeira mão. Conforme Irwin continuava a expressar seus sentimentos, sentiu-se mais relaxado e conseguiu discutir o problema mais calmamente. Ele percebeu que aquilo que havia dito no início tinha sido essencialmente fruto de sua própria imaginação e não fazia sentido em relação à situação atual. E encerrou a conversa com o seguinte comentário: "Acho que não tenho um problema tão grande assim, mas, de qualquer forma, estou feliz de tê-lo discutido com você".

5. *Esclarecimento de Pensamentos* O caso de Irwin também ilustra outra função do aconselhamento, o de auxiliar na elaboração de um **pensamento esclarecido**. Irwin começou a perceber que seus comentários emocionais não coincidiam com os fatos relacionados à situação. Ele descobriu que estava supervalorizando a dimensão de incidentes menores, saltando para conclusões drásticas. À medida que os bloqueios que impediam um pensamento mais esclarecido eram retirados, ele começou a pensar mais claramente. Nesse caso, o pensamento mais realista foi encorajado porque Irwin reconheceu estar conversando com alguém que conhecia os fatos e que não se encontrava emocionalmente envolvido com a questão.

O pensamento esclarecido costuma ser o resultado normal do processo de liberação da tensão emocional, no entanto, um conselheiro habilidoso pode auxiliar nesse processo. De modo a esclarecer o pensamento de seu aconselhado, o conselheiro deve funcionar apenas como um auxiliar, e evitar dizer ao aconselhado o que está certo. Além disso, o esclarecimento de pensamento não deve sequer ocorrer quando ambos estiverem conversando. Uma parte dele, ou o pensamento inteiro, deve surgir mais tarde como resultado de desenvolvimentos realizados durante o processo de aconselhamento. O resultado de qualquer esclarecimento de pensamento é que uma pessoa é encorajada a aceitar responsabilidades pelos problemas emocionais e a ser mais realista na sua resolução.

6. *Reorientação* Outra função do aconselhamento é a reorientação do aconselhado. Isso é mais que mera liberação emocional ou pensamento esclarecido sobre um problema. A **reorientação** envolve uma mudança na própria psique do funcionário, mediante uma mudança nas metas e nos valores básicos. Ela pode ajudar, por exemplo, uma pessoa a reconhecer e aceitar suas próprias limitações. A reorientação é o tipo de função necessária para a prestação de auxílio a alcoólatras em recuperação ou a pessoas com potencial para violência física. É essencialmente um trabalho para conselheiros profissionais que conhecem seus usos e limitações e que possuem treinamento adequado. O trabalho de um gerente é reconhecer aqueles que têm necessidade de aconselhamento antes que tal necessidade se torne grave, de forma que possam ser indicados em tempo para que a ajuda profissional leve a um tratamento bem-sucedido.

A reorientação exige uma mudança importante.

O Papel de Conselheiro do Gerente

Excluindo-se a reorientação, as funções de aconselhamento podem normalmente ser desempenhadas de maneira bem-sucedida por gerentes habilidosos. Eles eventualmente realizam todas as seis funções de aconselhamento. Em outras ocasiões, caso os serviços de aconselhamento profissionais estejam disponíveis e um problema for significativo, eles vão, e deverão, indicar o funcionário a um conselheiro profissional. Um ponto importante nesse caso é que, quando os serviços de aconselhamento forem estabelecidos, *os gerentes não deverão concluir que todas as suas responsabilidades de conselheiro terão sido transferidas para a equipe de aconselhamento.*

Os gerentes são conselheiros importantes porque são aqueles que interagem diariamente com os funcionários. Se os gerentes fecharem seus olhos para os problemas emocionais dos funcionários e recusarem-se a discuti-los, parecerão estar enviando a seguinte mensagem aos funcionários: "Não me importo com *você*, me importo apenas com seu trabalho". Os gerentes não podem, quando surge um problema emocional, dizer "Isto não faz parte do meu trabalho. Vá procurar um conselheiro". As emoções fazem parte do funcionário como um todo e devem ser consideradas como uma parte da situação geral de trabalho pela qual o gerente é responsável. Por essa razão, todos os gerentes, dos níveis mais inferiores aos níveis mais elevados, *precisam receber treinamento que os ajude a compreender os problemas dos funcionários e a aconselhá-los de modo eficaz.*

O treinamento é necessário para todos os gerentes.

> ### Uma Questão Ética
>
> Os supervisores freqüentemente se vêem entre a cruz e a caldeirinha. Como parte da equipe gerencial, devem estar cientes das futuras decisões da companhia que ainda não foram comunicadas aos funcionários. Têm a obrigação de não divulgar informações críticas prematuramente, ainda que fiquem tentados a fazê-lo. Esse dilema ético normalmente surge durante os processos de *downsizing* corporativo, quando estão sendo tomadas as decisões referentes a quais funcionários serão mantidos e quais serão dispensados. Imagine que um funcionário com desempenho marginal — um que possui uma grande chance de estar em sua lista de funcionários recomendados para demissão — procura-o em seu papel de conselheiro e passa a relatar uma série de problemas pessoais. Então, o indivíduo muda bruscamente o tópico da conversa e pergunta: "Você não acredita que a companhia mandaria alguém com tantos problemas como eu embora, mandaria?" Como você responderia?

Como praticamente todos os problemas trazidos ao gerente possuem uma combinação de conteúdos emocionais e factuais, um gerente não deve gastar um dia inteiro procurando pelo teor emocional quando uma simples resposta racional pode resolver o problema.

Durante a reorganização do espaço do escritório, se uma funcionária perguntar "Minha mesa vai ser mudada?", provavelmente ela está apenas realmente querendo descobrir por que alguém desejaria mudar sua mesa ou se, ao fazê-lo, isso reduziria seu *status*; mas também é possível — apenas possível — que ela simplesmente deseje saber: "Minha mesa será movida?". Se a sua resposta for "Sim, será movida para o lado da janela", terá resolvido o problema que havia sido trazido a você, e não haverá mais a necessidade de tentar ser um psiquiatra amador.

Algumas pessoas dizem que o pai da psicanálise, Sigmund Freud, preocupava-se com os perigos de buscar um teor emocional em todas as coisas que uma pessoa faz ou diz. Quando um amigo perguntou-lhe qual era o teor emocional do cachimbo que ele fumava, respondeu: "Algumas vezes, sir, um cachimbo é apenas um cachimbo", o que significava que aquele gesto não possuía nenhuma interpretação emocional específica.

TIPOS DE ACONSELHAMENTO

Uma linha de tipos de aconselhamento

Com relação à quantidade de orientação que um conselheiro oferece a um aconselhado, o aconselhamento pode ser visto como uma linha que varia de uma orientação total (aconselhamento diretivo) até outro extremo, quando não é dada qualquer orientação (aconselhamento não-diretivo), como mostrado na Figura 15.8. Entre os dois extremos está o aconselhamento participativo. Esses três tipos de aconselhamento são discutidos a seguir para mostrar como os conselheiros podem variar seu controle em uma situação de aconselhamento.

Aconselhamento Diretivo

O **aconselhamento diretivo** é o processo de ouvir o relato do problema de um funcionário, de decidir com o funcionário o que deve ser feito e, então, dizer e motivar o funcionário a fazer o que foi decidido.

FIGURA 15.8
Tipos de Aconselhamento de Acordo com a Quantidade de Orientação Oferecida pelo Conselheiro

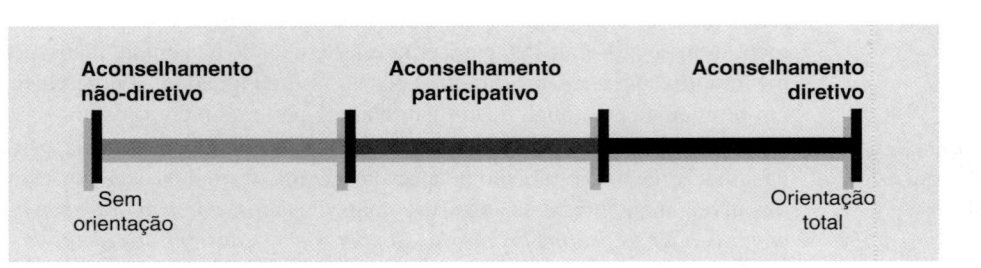

Aconselhamento não-diretivo — Sem orientação
Aconselhamento participativo
Aconselhamento diretivo — Orientação total

O aconselhamento diretivo essencialmente realiza a função de *orientar* do aconselhamento, mas também pode encorajar, comunicar, oferecer uma oportunidade para liberação emocional e, em um grau mais reduzido, esclarecer o pensamento. A reorientação é raramente conseguida no aconselhamento diretivo.

Quase todas as pessoas apreciam orientar, inclusive os conselheiros, e trata-se de algo fácil de ser feito. Mas será que isso é eficaz? O conselheiro realmente compreende o problema? O conselheiro possui, de fato, o conhecimento e o julgamento adequados para tomar a decisão correta? Mesmo que a decisão esteja correta, *o funcionário a seguirá*? A resposta a essas questões geralmente é não; sendo assim, a concessão de orientação pode não ser útil no processo de aconselhamento.

Embora a orientação tenha um valor questionável, algumas das outras funções são valiosas. Se o conselheiro diretivo for um bom ouvinte, então o funcionário sentirá alguma liberação emocional. Como resultado da liberação emocional, aliada às idéias que o conselheiro transmite, o funcionário poderá esclarecer seus pensamentos. Além disso, uma comunicação benéfica provavelmente ocorrerá. Tanto os conselhos quanto o encorajamento podem ser elementos úteis caso ofereçam aos funcionários mais coragem para adotar um curso de ação que estes já apóiem.

Aconselhamento Não-diretivo

> Uma boa habilidade para ouvir é necessária.

O **aconselhamento não-diretivo**, ou *centrado no cliente*, está na extremidade oposta do contínuo. Ele é o processo de ouvir cuidadosamente e encorajar um aconselhado a explicar problemas complexos, compreendê-los e determinar as soluções apropriadas. Concentra-se no aconselhado, e não no conselheiro como juiz e orientador; dessa forma, é centrado no cliente. Os gerentes podem utilizar uma abordagem não-diretiva; contudo, cuidados devem ser tomados para se ter certeza de que os gerentes não se tornem excessivamente entusiastas dessa abordagem a ponto de negligenciar seus papéis convencionais de liderança diretiva.

O aconselhamento não-diretivo foi desenvolvido simultaneamente por dois grupos: Elton Mayo, Fritz Roethlisberger e outros, da Western Electric Company, e Carl R. Rogers e seus colegas.[21] No exemplo a seguir mostra-se como o aconselhamento não-diretivo pode operar:

> Harold Pace foi a uma conselheira, Janis Peterson, em busca de assistência. Peterson tentou construir um relacionamento que encorajava Pace a discorrer livremente sobre seus problemas. Nesse ponto, Peterson definiu o relacionamento de aconselhamento explicando que ela não diria a Pace como resolver seus problemas, mas que tentaria ajudá-lo a compreendê-los e a lidar com eles de maneira satisfatória.
>
> Pace então explicou seus sentimentos, e a conselheira encorajou essa expressão, demonstrando interesse neles e os aceitando sem culpas ou elogios. Com o passar do tempo, os sentimentos negativos foram colocados para fora, oferecendo a Pace uma oportunidade para expressar inicialmente um sentimento positivo ou dois, fato que marcou o começo do seu processo de crescimento emocional. A conselheira encorajou esses pensamentos positivos e os aceitou sem elogios ou culpas, da mesma forma que havia feito com os sentimentos negativos.
>
> Após certo tempo, Pace começou a obter algum *insight* sobre seus problemas e a desenvolver soluções alternativas para eles. À medida que continuava a crescer, tornou-se capaz de escolher um curso de ação positivo e de enxergar uma saída clara para essas questões. Ele então sentiu menos necessidade de auxílio e reconheceu que seu relacionamento de aconselhamento deveria chegar ao fim.

> Os sentimentos devem ser aceitos.

No relacionamento de aconselhamento, é importante que o conselheiro *aceite* os sentimentos em vez, de *julgá-los*, oferecendo culpas ou elogios, uma vez que o julgamento e a avaliação podem desencorajar um funcionário a demonstrar seus verdadeiros sentimentos. A idéia básica é fazer os funcionários discutirem seus sentimentos abertamente, explorar soluções e tomar decisões sábias. Diferenças expressivas entre os aconselhamentos diretivo e não-diretivo são resumidas na Figura 15.9. Elas revelam que, no aconselhamento não-diretivo, o aconselhado é a pessoa principal, enquanto o conselheiro é o elemento central na abordagem diretiva.

A Utilização por Profissionais Os conselheiros profissionais, em geral, praticam alguma forma de aconselhamento não-diretivo e freqüentemente realizam quatro das seis funções do aconselhamento. A comunicação ocorre tanto de forma ascendente quanto descendente por intermédio do conselheiro. A liberação emocional tem lugar de modo ainda mais eficaz que no aconselhamento diretivo, e o esclarecimento de pensamento tende a acompanhá-lo. A única vantagem do aconselhamento não-diretivo é sua capacidade de produzir a reorientação do funcionário. Ele enfatiza a

FIGURA 15.9
Diferenças Mais Significativas entre os Modelos de Aconselhamentos Diretivo e Não-diretivo

	Aconselhamento Não-diretivo	Aconselhamento Diretivo
Método de aconselhamento	Os funcionários controlam essencialmente o direcionamento da conversação e são responsáveis pela maior parte das falas.	Os conselheiros controlam essencialmente o direcionamento da conversação e são responsáveis pela maior parte das falas.
Responsabilidade pela solução	Funcionário.	Conselheiro.
***Status* dos participantes**	O funcionário e o conselheiro estão em níveis iguais.	O conselheiro está em um nível pelo menos implicitamente superior ao do funcionário.
Papel dos participantes	O funcionário é psicologicamente independente como pessoa, escolhendo uma solução e aumentando sua capacidade de fazer escolhas no futuro.	O funcionário é psicologicamente dependente do conselheiro, cujo papel como solucionador de problemas tende a limitar o crescimento pessoal do indivíduo.
Aplicação da ênfase	O ajuste psicológico é primordial, com destaque para os sentimentos profundos e os problemas emocionais.	A solução de problemas atuais é enfatizada, ignorando-se freqüentemente os sentimentos e as emoções.

mudança da pessoa, em vez de *lidar apenas com as causas imediatas do problema*, da maneira usual do aconselhamento diretivo.

Os conselheiros profissionais tratam cada aconselhado igual, do ponto de vista tanto social quanto organizacional. Inicialmente, ouvem de maneira cuidadosa e apoiadora e buscam tentar auxiliar o aconselhado a descobrir e a adotar um curso de ação mais aprimorado. Especialmente, ouvem "nas entrelinhas" para identificar o significado geral dos sentimentos de um funcionário. Procuram pelos princípios subjacentes às declarações dos funcionários e por eventos e sentimentos que sejam dolorosos que os funcionários tendem a evitar falar sobre eles. Como mostrado na Figura 15.10, os conselheiros não-diretivos seguem o **modelo de aconselhamento do *iceberg***, no qual reconhecem que há, algumas vezes, mais sentimentos escondidos sob a superfície da comunicação do que é normalmente revelado. Por essa razão, constantemente encorajam os aconselhados a se abrir e a revelar os seus sentimentos mais profundos, de modo que possam ajudá-los a resolver seus problemas.

Limitações Além de todas as suas vantagens, o aconselhamento não-diretivo também possui diversas limitações que restringem sua aplicação no trabalho. A primeira delas é que consome mais

FIGURA 15.10
Modelo de Aconselhamento do *Iceberg*

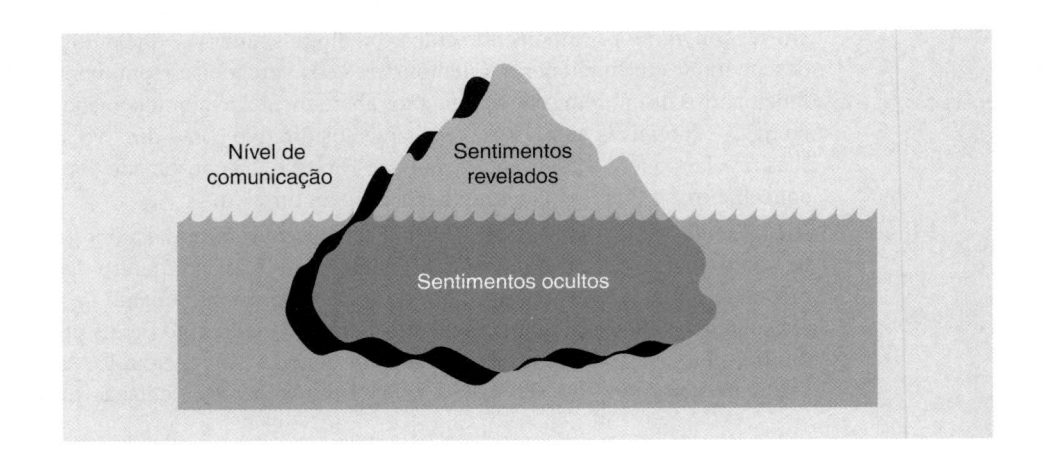

Os custos elevados decorrentes do aconselhamento não-diretivo

tempo e recursos que o aconselhamento diretivo. Como cada funcionário pode demandar muitas horas do tempo do conselheiro, o número de funcionários que um conselheiro pode atender torna-se limitado. Ser conselheiro profissional exige uma educação superior e, por conseguinte, ele é um profissional caro. O aconselhamento não-diretivo também depende de funcionários capazes e dispostos. Ele tem como premissa que o funcionário possua um impulso para o bem-estar, bastante inteligência social para perceber os problemas que necessitam de solução e estabilidade emocional suficiente para lidar com eles. O conselheiro não-diretivo deve ter cuidado para não se tornar uma "muleta" para funcionários emocionalmente dependentes enquanto evitam suas responsabilidades profissionais.

Em alguns casos, o próprio aconselhamento é insuficiente, porque necessariamente devolve o funcionário para o mesmo ambiente que lhe causou o problema. O que é realmente necessário é criar um ambiente de trabalho melhor, de forma a proporcionar apoio psicológico para o funcionário. Nessa situação, o conselheiro pode extrapolar seu papel habitual e oferecer alguns conselhos para a administração.

Aconselhamento Participativo

O aconselhamento não-diretivo dos funcionários é limitado porque exige conselheiros profissionais e é oneroso. O aconselhamento diretivo normalmente não é aceito pelos funcionários modernos e independentes. O tipo de aconselhamento tipicamente utilizado nas organizações situa-se entre os dois extremos de aconselhamento diretivo e não-diretivo. Esse território mediterrâneo é denominado aconselhamento participativo.

Como funciona o aconselhamento participativo?

O **aconselhamento participativo** (também chamado *aconselhamento cooperativo*) é um relacionamento de aconselhamento mútuo (conselheiro-aconselhado) que estabelece um intercâmbio cooperativo de idéias para auxiliar a resolver os problemas de um aconselhado. Não é totalmente centrado no conselheiro nem integralmente centrado no aconselhado. Em vez disso, o conselheiro e o aconselhado aplicam mutuamente diferentes conhecimentos, perspectivas e valores aos problemas. O aconselhamento participativo integra as idéias de ambos os participantes em um relacionamento de aconselhamento. Ele é, dessa forma, um compromisso equilibrado que combina as muitas vantagens dos aconselhamentos diretivo e não-diretivo e, ao mesmo tempo, evita muitas de suas desvantagens.

O aconselhamento participativo inicia-se pela utilização de técnicas do aconselhamento não-diretivo para ouvir; mas, à medida que a entrevista progride, os conselheiros participativos passam a desempenhar papel mais ativo que o dos conselheiros não-diretivos. Eles oferecem algumas porções de conhecimento e de esclarecimento; podem discutir a situação a partir de seu conhecimento mais amplo da organização, concedendo ao funcionário, dessa forma, uma visão diferente do problema. Em geral, os conselheiros participativos aplicam as quatro funções do aconselhamento: encorajamento, comunicação, liberação emocional e esclarecimento de pensamento.

> Mary Carlisle estava emocionalmente abalada porque não conseguia obter as promoções que desejava. Embora tivesse discutido o problema com seu supervisor, não estava totalmente satisfeita e solicitou uma entrevista com um conselheiro. Ela e o conselheiro estabeleceram uma comunicação aberta desde o começo, porque Carlisle já estava pronta, naquela ocasião, para discutir francamente seus problemas.
>
> O conselheiro não disse a Carlisle o que fazer (abordagem diretiva) e não permaneceu apenas como um ouvinte (abordagem não-diretiva). Em vez disso, explorou várias alternativas com Carlisle, comunicou-lhe algumas idéias sobre treinamento e ofereceu encorajamento, garantindo a Carlisle que ela estaria totalmente qualificada para a promoção. O resultado foi que Carlisle enxergou seu problema mais claramente (pensamento esclarecido) e escolheu a abordagem adequada de ação.

Visão Contingencial

A decisão de um gerente em usar abordagens de aconselhamento diretiva, não-diretiva e participativa com um funcionário deve ser baseada na análise de diversos fatores contingenciais, e não somente em uma preferência pessoal ou experiência prévia do gerente. Contudo, o conhecimento e a competência do gerente em utilizar uma variedade de métodos são fatores altamente críticos na escolha da forma como ele deve agir.

Conselhos para Futuros Gerentes

1. *Esteja alerta para os sinais de estresse* em cada um de seus funcionários; explore os fatores que contribuem para que ele ocorra e as conseqüências potenciais disso.
2. *Estude os principais fenômenos comportamentais subjacentes à reação dos funcionários ao estresse*, como ameaças à auto-estima, níveis de tolerância ao estresse, perda de controle, mecanismos de defesa e conflitos de valores.
3. *Preste atenção à existência de aborrecimentos, frustrações e estressores, bem como às crises.* Intervenha o mais cedo possível para impedir seu crescimento.
4. Busque identificar o limite de tolerância ao estresse de cada um de seus funcionários e *crie as condições que melhor conduzam ao desempenho do funcionário sob um nível moderado de estresse.*
5. *Ajude os funcionários a reduzir o estresse negativo em suas vidas* por meio do estímulo de uma variedade de práticas de gestão de estresse pessoal, bem como mediante o oferecimento do apoio social adequado.
6. *Reconheça a importância vital da sensibilidade aos sentimentos e às emoções* para a manutenção de um clima de trabalho positivo.
7. Lembre-se de que praticamente todos os funcionários necessitarão de aconselhamento em algum momento; *determine se uma abordagem diretiva, não-diretiva ou participativa seria necessária*, e avalie se você possui o treinamento, o tempo e as habilidades exigidos para desempenhá-la adequadamente ou se deveria contratar os serviços de um conselheiro profissional.
8. *Esteja atento para identificar sinais de que você ou os outros estão se tornando workaholics;* lembre-se da importância de manter um equilíbrio saudável entre a vida pessoal e a vida profissional.
9. Lembre-se de que a tirania no local de trabalho é inaceitável; *aja para prevenir e/ou punir qualquer comportamento sintomático de uma supervisão abusiva.*
10. Quando estiver aconselhando os funcionários, *investigue cuidadosamente a situação para permitir que indivíduos com problemas possam liberar os sentimentos escondidos* sob a superfície.

Um dos principais elementos contingenciais a ser considerado é o grau no qual o problema do funcionário parece centrar-se sobre *fatos* com necessidade de uma *solução* oportuna e lógica (o que implica a adoção de uma abordagem mais diretiva) ou focada em *sentimentos e emoções* pessoais (o que implica uma abordagem não-diretiva). Outra consideração é o grau segundo o qual o gerente estaria disposto a dedicar tempo e esforço para o crescimento e o desenvolvimento de um funcionário mais independente. Os aconselhados também podem ter diferentes expectativas quanto às características e aos comportamentos de seus conselheiros, de forma que suas preferências devem ser consideradas. Alguns aconselhados, por exemplo, preferem o papel de desenvolvimento oferecido pelos métodos participativo e não-diretivo. Outros procuram alguém que tenha expertise relacionada ao cargo ou habilidades para a resolução de problemas, o que é mais facilmente compartilhado por meio da abordagem diretiva. Acima de tudo, ser um gerente eficaz exige uma percepção das alternativas disponíveis, as habilidades para estar confortável com a utilização de cada um dos métodos e a capacidade analítica de tomar a decisão mais adequada à situação.

Resumo

O aconselhamento é ocasionalmente necessário para os funcionários porque os problemas pessoais e profissionais os sujeitam a uma quantidade excessiva de estresse. O estresse afeta tanto a saúde física quanto a emocional e resulta esgotamento quando ocorre de forma crônica. As condições que causam o estresse são chamadas estressores e incluem a sobrecarga de trabalho, as pressões de prazos, a ambigüidade de papéis, os problemas financeiros, o abuso por parte de supervisores e os problemas familiares. O modelo estresse-desempenho sugere que um nível excessivo de estresse pode reduzir o desempenho profissional, mas uma quantidade moderada pode ajudar os funcionários a responder aos desafios do trabalho. As pessoas do tipo A tendem a demonstrar mais estresse que as pessoas do tipo B.

O aconselhamento é a discussão com um funcionário de um problema que geralmente possui teor emocional para auxiliá-lo a enfrentar tal problema de maneira mais satisfatória. Sua meta é melhorar a saúde mental, e pode ser desempenhado tanto por gerentes quanto por conselheiros profissionais. As funções principais do aconselhamento são: conselho, encorajamento, comunicação, liberação da tensão emocional, esclarecimento de pensamentos e reorientação. O tipo mais apropriado de aconselhamento para não-profissionais é o aconselhamento participativo. Os programas de aconselhamento precisam ser capazes de lidar tanto com os problemas pessoais quanto com os problemas profissionais do indivíduo, dependendo da fonte do estresse subjacente.

Termos e Conceitos para Revisão

Aborrecimentos, *356*
Aconselhamento (*counseling*), *361*
Aconselhamento diretivo, *366*
Aconselhamento não-diretivo, *367*
Aconselhamento participativo, *369*
Apoio social, *360*
Bem-estar pessoal, *361*
Catarse emocional, *364*
Controle percebido, *358*
Esgotamento (*burnout*), *352*
Estresse, *350*
Estressores, *354*
Frustração, *356*
Funções do aconselhamento, *363*
Licenças sabáticas, *361*
Limite de tolerância ao estresse, *358*
Mecanismos de defesa, *356*
Modelo de aconselhamento do *iceberg*, *368*
Modelo estresse-desempenho, *357*
Pensamento esclarecido, *365*
Pessoas do tipo A, *359*
Pessoas do tipo B, *359*
Reorientação, *365*
Resiliência, *351*
Resposta de relaxamento, *360*
Síndrome do sobrevivente da redução de quadro funcional, *353*
Supervisores abusivos, *357*
Transtorno do estresse pós-traumático, 353
Trauma, *352*
Trauma ocupacional, *352*
Viciados em trabalho (*workaholics*), *352*
Violência ocupacional, *353*

Questões para Discussão

1. Liste e discuta cinco fontes importantes de estresse em sua vida nos últimos cinco anos.
2. Pense sobre alguém conhecido que tenha sofrido esgotamento. Quais foram os sintomas? O que pode ter causado isso?
3. Discuta a forma como o estresse e o desempenho profissional estão relacionados. O estresse está ajudando ou atrapalhando seu desempenho acadêmico? Discuta.
4. Você enxerga a si mesmo como um indivíduo do tipo A ou do tipo B? Discuta as razões para sua escolha. Faça uma lista com as suas cinco principais características de tipo A e de tipo B.
5. Discuta quatro práticas de gestão estudadas nos capítulos anteriores deste livro que poderiam auxiliar na redução do estresse entre os funcionários.
6. Discuta as seis funções principais do aconselhamento. Quais dentre elas são mais bem desempenhadas pelas abordagens diretiva, não-diretiva e participativa?
7. Identifique uma pessoa que tenha perdido seu emprego em virtude de um processo de *downsizing*. Entreviste-a para determinar qual era a intensidade de estresse envolvido na situação, e se ela conseguiu gerenciar de maneira bem-sucedida seu estresse.
8. Quais das seguintes companhias deveriam oferecer aconselhamento profissional para seus funcionários? Justifique sua resposta.
    a. Uma grande companhia produtora de aeronaves da costa oeste norte-americana em rápida expansão.
    b. Um escritório do governo norte-americano na cidade de Valdosta, no estado da Geórgia, que emprega 700 pessoas.
    c. Uma fundição terceirizada em Chicago com uma necessidade variável de mão-de-obra entre 30 e 60 trabalhadores.
9. Qual deveria ser o tipo principal de aconselhamento utilizado nas seguintes situações?
    a. Um representante de vendas externo, com 15 anos de trabalho na organização, tornou-se um alcoólatra.
    b. Um engenheiro recentemente contratado se envolveu em pequenos furtos de suprimentos para escritório.
    c. Uma recepcionista recebe duas propostas de emprego e deve tomar uma decisão durante o fim de semana.
    d. A esposa de um funcionário da manutenção pediu o divórcio.
10. Delineie um programa preventivo para o seu próprio bem-estar pessoal que você poderia implementar ao longo dos próximos cinco anos. Quais são os elementos desse programa?

Avalie suas Próprias Habilidades

Até que ponto você exibe boas habilidades relacionadas à gestão de estresse e ao aconselhamento? Leia as seguintes frases cuidadosamente. Faça um círculo ao redor do número na escala de respostas que reflita da melhor forma possível o grau com que cada afirmação mais bem o descreve. Some o total de pontos e prepare um breve plano de autodesenvolvimento. Esteja pronto para relatar seus resultados, juntamente com os resultados dos demais elementos do seu grupo, para que eles possam ser tabulados adequadamente.

	Boa descrição									Má descrição

1. Posso listar um conjunto abrangente de sintomas comportamentais, fisiológicos e psicológicos de estresse nos funcionários.
   10 9 8 7 6 5 4 3 2 1

2. Estou ciente das formas pelas quais eu poderia ser uma causa direta de estresse para os funcionários.
   10 9 8 7 6 5 4 3 2 1

3. Eu poderia identificar o esgotamento, a síndrome do sobrevivente da redução de quadro funcional ou a síndrome do estresse pós-traumático.
   10 9 8 7 6 5 4 3 2 1

4. Estou ciente da conexão íntima entre os estressores não associados ao trabalho e o comportamento no trabalho.
   10 9 8 7 6 5 4 3 2 1

5. Estou ciente das reações cada vez mais graves dos funcionários a uma situação frustrante.
   10 9 8 7 6 5 4 3 2 1

6. Tenho consciência da natureza da relação entre estresse e desempenho e buscarei identificar o limite de tolerância ao estresse de cada funcionário.
   10 9 8 7 6 5 4 3 2 1

7. Eu poderia confortavelmente trabalhar para indivíduos dos tipos A e B ou mesmo tê-los trabalhando para mim.
   10 9 8 7 6 5 4 3 2 1

8. Posso listar pelo menos três formas por meio das quais eu poderia oferecer apoio social a meus funcionários.
   10 9 8 7 6 5 4 3 2 1

9. Compreendo os fatores contingenciais que poderiam direcionar-me para a utilização dos modelos de aconselhamento diretivo, não-diretivo e participativo.
   10 9 8 7 6 5 4 3 2 1

10. Posso detectar se um funcionário necessita essencialmente de conselhos, encorajamento, uma oportunidade para comunicação, catarse emocional, esclarecimento de idéias ou reorientação.
    10 9 8 7 6 5 4 3 2 1

Pontuação e Interpretação

Some o total de pontos obtidos nas dez questões. Registre aqui esse número e relate-o quando for solicitado: _____. Finalmente, insira o total de pontos no gráfico Avalie e Melhore suas Habilidades Associadas ao Comportamento Organizacional no Apêndice.

- Se você obteve um resultado entre 81 e 100 pontos, parece ter uma capacidade sólida para demonstrar boas habilidades relacionadas à gestão de estresse e ao aconselhamento.
- Se você obteve um resultado entre 61 e 80 pontos, deveria analisar mais detidamente os itens nos quais obteve uma pontuação mais baixa e revisar o material relacionado a esses assuntos.
- Se você obteve um resultado abaixo de 60 pontos, deveria estar ciente de que um baixo nível em habilidades relacionadas a diversos itens poderá ser prejudicial para o seu futuro sucesso como gerente. Sugerimos a você revisar o capítulo inteiro e permanecer atento com relação aos materiais relevantes que serão apresentados nos capítulos subseqüentes e em outras fontes.

Agora, identifique suas três pontuações mais baixas e escreva os números dessas questões aqui: _____, _____, _____. Faça um parágrafo curto detalhando para si mesmo um plano de ação para que você melhore cada uma dessas habilidades.

Estudo de Caso

A Unit Electronics Company

A Unit Electronics Company produz controles eletrônicos de processos para a indústria. A elevada confiabilidade requerida para esses controles, cada um desenhado para um consumidor específico, exige que o departamento de produção trabalhe de forma muito próxima com a seção de testes do departamento de controle de qualidade, que determina se o produto preenche as especificações do cliente. Em um pedido importante, foi necessário que um representante do departamento de produção trabalhasse no departamento de controle de qualidade com o engenheiro-chefe dos testes. Charles Able, gerente de produção, atribuiu essa tarefa a William Parcel, um de seus assistentes mais capazes. Parcel havia trabalhado com Able durante anos e estava bem familiarizado com o pedido desse equipamento, uma vez que havia coordenado sua produção para Able. O engenheiro de testes chamava-se Dale Short.

Uma semana após Parcel ter ido para o departamento de controle de qualidade, informou a Able que estava tendo dificuldades para trabalhar com Short e que Short se sentia incomodado com sua presença na seção de testes. Able concordou que uma situação problemática poderia estar se desenvolvendo e declarou que visitaria a seção de testes em uma tentativa de conversar com Short.

Quando Able visitou a seção de testes, Short imediatamente começou a reclamar de Parcel. Ele afirmou que Parcel minava sua autoridade ao distribuir instruções para testes que eram diferentes das suas. Reclamou que Parcel até mesmo o contradizia na frente dos testadores. Após diversas reclamações, solicitou a Able que removesse Parcel da seção de testes e que enviasse um substituto, e até mesmo chegou a ameaçar Able caso ele não removesse Parcel, afirmando que iria até uma instância superior para ter sua exigência atendida. Able ouviu e fez perguntas, mas não fez julgamentos ou promessas.

Parcel aparentemente viu Able conversando com Short e, antes que Able deixasse a seção de testes, abordou-o com o seguinte comentário: "Bem, acho que Short deve ter dito horrores sobre mim".

Able reconheceu que Short havia reclamado, mas omitiu a ameaça feita para remover Parcel.

"Short não é uma má pessoa", declarou Parcel, "ele apenas não consegue tolerar ter outra pessoa para corrigi-lo, mas as coisas estavam tão erradas que eu tive de agir".

Able admitiu a delicadeza da situação, porém ressaltou que Short era o encarregado da seção de testes. Ele encerrou a discussão com o comentário: "Vamos nos manter calmos, e evitar forçar as coisas".

Able, no entanto, ficou preocupado com a situação, e durante os dias que se seguiram pensou sobre ela intensamente. Já que Short sentia-se daquela forma, Able finalmente decidiu remover

Parcel da seção de testes e enviar outro funcionário. No momento em que Able estava apanhando o telefone para chamar Parcel na seção de testes, Short entrou sorrindo em seu escritório.

"Eu gostaria de agradecê-lo", afirmou Short, "não sei o que disse para o Parcel naquele dia, mas aquilo seguramente mudou sua atitude. Agora, estamos nos dando muito bem. O que é engraçado, contudo, foi que, quando conversei com você naquele dia, tive a impressão de que você não iria fazer nada a respeito, mas acho que eu estava errado".

Able engoliu em seco algumas vezes e fez algumas considerações bem vagas. Então, Short saiu de sua sala bem-humorado.

Able ficou muito curioso com toda essa situação; mais tarde, quando encontrou Parcel sozinho, comentou casualmente: "Bem, Bill, como estão as coisas com Short?".

"Eu ia mesmo dizer-lhe, Charlie", afirmou Parcel, "está muito mais fácil trabalhar com Short agora do que esteve nos últimos dias. Ele, de fato, aceita meus conselhos — chega até a solicitá-los. Acho que aquela conversa que você teve com ele realmente lhe fez muito bem".

Questões

Analise os eventos ocorridos nesse caso em termos de aconselhamento e comunicação. Ocorreu algum aconselhamento? De que tipo? Quando, e oferecido por quem?

Exercício Vivencial

Avaliação de Comportamentos Associados ao Estresse

1. Avalie-se com relação a cada um dos critérios listados no formulário de avaliação mostrado a seguir. Circule o número que indica sua avaliação do grau que você tipicamente vivencia cada uma das fontes de estresse associadas aos estudantes. Some os pontos obtidos nos itens e relate seu total para que seu instrutor proceda à tabulação dos resultados.
2. Examine as diferenças dos resultados da turma e calcule a média. Observe que uma pontuação elevada sugere a possibilidade de um nível de estresse atual mais elevado.
    a. Que interpretação para seus próprios resultados e para os resultados de seus colegas você poderia oferecer?
    b. Quais são os itens que pareceram produzir a maior quantidade de estresse entre os membros da classe?
    c. Quais são as ações que você sugeriria para a redução do estresse dos estudantes?

	Grau reduzido				Grau elevado
1. Privacidade insuficiente.	1	2	3	4	5
2. Vida com um orçamento apertado.	1	2	3	4	5
3. Alimentação de baixa qualidade.	1	2	3	4	5
4. Preocupação com a segurança pessoal.	1	2	3	4	5
5. Preocupação com as perspectivas profissionais.	1	2	3	4	5
6. Pressão dos pais por notas.	1	2	3	4	5
7. Problemas de transporte.	1	2	3	4	5
8. Conflitos éticos (álcool, drogas etc.).	1	2	3	4	5
9. Desconforto com relação à aparência pessoal.	1	2	3	4	5
10. Falta de desafios intelectuais.	1	2	3	4	5

Pontuação total: _____

Produzindo Insights sobre CO

Um *insight* diz respeito a uma percepção nova e clara acerca de um fenômeno ou de uma capacidade adquirida para "enxergar" claramente algo sobre o qual você não estava ciente anteriormente. Ele, algumas vezes, simplesmente se refere a um "momento do tipo ah-há!", no qual você obtém uma pequena revelação ou atinge uma conclusão direta sobre um problema ou uma questão.

Os *insights* não precisam necessariamente ser dramáticos, uma vez que aquilo que pode ser considerado um *insight* por uma pessoa pode não o ser pelas demais. A característica fundamental dos *insights* é que eles são importantes e memoráveis para você; eles devem representar novos conhecimentos, novas estruturas, ou novas perspectivas para perceber as coisas que você desejaria armazenar e lembrar ao longo do tempo.

Os *insights* são, portanto, diferentes do tipo de informação que você encontra nos textos da seção Conselhos para Futuros Gerentes. Esse formato de conselho é prescritivo e orientado para a ação; indica e recomenda determinado curso de ação.

Uma forma útil para pensar sobre os *insights* de CO é partir do princípio de que você foi a única pessoa que leu o Capítulo 15. Você recebeu a tarefa de ressaltar, utilizando suas próprias palavras, os conceitos principais (mas não somente resumir o capítulo todo) que poderiam ser relevantes para um público leigo, que nunca foi apresentado ao tema antes. *Quais são os dez insights que você compartilharia com os membros desse público?*

1. (Exemplo) Como o estresse está presente, nos graus mais variados, em todos os cargos e organizações, a resiliência é necessária para lidar com ele de forma melhor.
2. _____
3. _____
4. _____
5. _____
6. _____
7. _____
8. _____
9. _____
10. _____

Parte Sete

Aspectos Emergentes do Comportamento Organizacional

Capítulo Dezesseis

O Comportamento Organizacional entre Culturas

Gerentes bem-sucedidos aprendem a lidar com diferentes culturas nacionais, corporativas e vocacionais.
P. Christopher Earley e Elaine Mosakowski[1]

Os respondentes de uma pesquisa indicaram a incapacidade das mulheres para assumir designações internacionais como um dos cinco impedimentos principais para seu progresso na companhia.
Rosalie L. Tung[2]

OBJETIVOS DO CAPÍTULO

COMPREENDER

- Como as condições sociais, legais, éticas, políticas e econômicas variam entre as diferentes culturas.
- O modo como o etnocentrismo e o choque cultural operam.
- As maneiras de superar as barreiras para a adaptação cultural.
- As contingências culturais no estabelecimento de uma produtividade elevada.
- A Teoria Z como exemplo de uma adaptação das práticas gerenciais para o ajuste a uma cultura hospedeira.

Organizações multinacionais

Uma economia global é, hoje, uma realidade. O formato do comércio internacional alterou-se dramaticamente ao longo dos últimos cinco anos com a emersão da Comunidade Européia, com as mudanças revolucionárias na antiga União Soviética e na Europa oriental e com o surgimento de fortes mercados na China, na Índia, no Japão, na Coréia e em muitas outras nações emergentes. Como resultado, muitas organizações agora fazem negócios em mais de um país, e essas **organizações multinacionais** adicionam poderosas e novas dimensões ao comportamento organizacional. A expansão, além das fronteiras nacionais, no entanto, é muito mais que um passo por uma linha geográfica. Representa também um passo gigantesco e, muitas vezes, assustador em um ambiente social, legal, político e econômico diferente. As linhas de comunicação são expandidas e o controle freqüentemente torna-se mais difícil. Os gerentes de hoje em dia devem adquirir tanto habilidades lingüísticas quanto interculturais para lidar com as pessoas — consumidores, fornecedores, competidores e colegas — de outros países.

Já é suficientemente difícil operar uma organização em uma única linguagem e cultura. Quando duas, três, quatro ou cinco culturas estão envolvidas — ou mesmo uma dúzia — como no Canadá, na Escandinávia ou na Europa —, as dificuldades de comunicação são multiplicadas várias vezes. Organizações multinacionais mais complexas forçam as habilidades comportamentais de seus gerentes até o limite. Gerenciar os fatores técnicos associados à construção de uma sofisticada fábrica nova pode ser mais fácil que lidar com os fatores sociais envolvidos em sua posterior operação. O caso mostrado a seguir ilustra as complexidades que surgem à medida que diferentes culturas são misturadas em operações multinacionais:

> Em uma nação sul-americana, um consultor dos Estados Unidos foi chamado para estudar as razões pelas quais um equipamento fabricado na Alemanha, instalado em uma fábrica de celofane de propriedade de sul-americanos, não estava funcionando adequadamente. (Essa sentença inicial já releva o envolvimento de três culturas diferentes no estudo de caso.) O consultor, após chegar à fábrica, estudou a situação durante várias semanas. Sua conclusão foi a de que não havia nada de errado com o equipamento. Ele era de excelente qualidade e encontrava-se em perfeitas condições de funcionamento. A matéria-prima e os demais insumos também eram perfeitamente satisfatórios.
>
> O problema real, na opinião do consultor, eram os supervisores, que possuíam uma imagem patriarcal do gerente da fábrica e não eram capazes, ou não tinham vontade, de tomar decisões operacionais sem sua aprovação. Eles deixavam as decisões para o gerente, como alguém mais antigo na empresa e hierarquicamente superior. Quando alguma coisa na fábrica não funcionava adequadamente, eles esperavam indefinidamente por sua decisão antes de corrigir o problema. Como o gerente tinha outros interesses de negócios e, freqüentemente, ficava fora da fábrica o dia todo, até mesmo por dois ou três dias, os supervisores permitiam que o equipamento produzisse celofane defeituoso durante horas ou dias, como conseqüência de um desajuste pequeno que eles mesmos poderiam consertar. O gerente da fábrica tentou delegar a tomada de decisões sobre essas questões de controle para seus supervisores, mas nem ele nem seus funcionários conseguiam superar esse poderoso costume do respeito à autoridade que existia em sua cultura. O consultor finalmente resumiu a situação desta forma: "O problema são as pessoas, não as máquinas".
>
> O maquinário de papel celofane havia sido construído para operar em uma cultura industrial avançada, mas, nesse exemplo, exigiu-se que ela operasse em uma cultura menos desenvolvida. Nem as máquinas nem os supervisores poderiam ser modificados rapidamente para enfrentar a nova situação. A reengenharia da máquina consumiria grande quantidade de tempo e de recursos e, nesse caso, poderia reduzir a produtividade do equipamento. O treinamento dos supervisores para modificar suas crenças culturais, ainda que fosse possível, também seria muito demorado. A solução oferecida pelo consultor foi uma combinação eficaz. Ele aconselhou ao gerente indicar alguém como diretor substituto durante sua ausência, oferecendo a esse profissional um escritório imponente e trabalhando para construir uma imagem de autoridade dessa pessoa perante os supervisores. Assim, sempre haveria uma pessoa na fábrica para tomar as decisões rapidamente.

Essa situação apresenta contrastes extremos, porém ilustra os obstáculos culturais que freqüentemente surgem nos tempos modernos em virtude de o restante do mundo ainda ser muito menos desenvolvido que os Estados Unidos e que outras nações industrializadas. Em países mais avançados (entre os quais os contrastes culturais costumam ser menores), as questões apresentadas neste capítulo serão menos expressivas em intensidade, mas continuarão a existir. A discussão aqui está limitada a questões que afetem o comportamento no trabalho, deixando outros aspectos das operações multinacionais para outros livros. Este capítulo examina a natureza das operações multinacionais, as formas para uma organização integrar seus sistemas sociais, e as maneiras para melhorar a motivação, a produtividade e a comunicação quando se opera em culturas globais.

CONDIÇÕES QUE AFETAM AS OPERAÇÕES MULTINACIONAIS

As pessoas do mundo estão organizadas em comunidades e em nações, cada uma da sua própria maneira, de acordo com seus recursos e com sua herança cultural. Há semelhanças entre as nações, mas também há diferenças significativas. Algumas nações são economicamente desenvolvidas; outras estão começando apenas agora a desenvolver seus recursos naturais e humanos. Algumas ainda são ditaduras políticas; outras são mais democráticas. Algumas são mais avançadas do ponto de vista social e educacional; outras possuem índices muito altos de anafalbetismo e muito baixos de desenvolvimento social. Em cada caso, as condições de trabalho são diferentes em virtude de diferentes atitudes, valores e expectativas dos participantes. A compreensão dessas diferenças e do modo como elas influenciam o comportamento organizacional internacional é auxiliada pelo exame das principais condições sociais, legais, éticas, políticas e econômicas.

Condições Sociais

Em muitos países, a condição predominante é a de recursos humanos pouco desenvolvidos. Grandes carências de gerentes, cientistas e técnicos limitam a capacidade de se empregar de maneira eficiente a mão-de-obra local. As habilidades necessárias devem ser importadas temporariamente de outros países, enquanto amplos programas de treinamento são preparados para os trabalhadores locais.

> Uma nação centro-americana comemorou a instalação de uma fábrica de montagem de equipamentos eletrônicos em sua capital. A fábrica demandava grande quantidade de mão-de-obra, de modo que a oferta destes empregos reduziria a elevada taxa de desemprego naquele país. A remuneração oferecida ficava acima dos padrões locais, as condições de trabalho eram boas e a fábrica era ambientalmente limpa. Além disso, o valioso e pequeno produto que estava sendo produzido oferecia as divisas externas necessárias, pois deveria ser despachado via aérea para fábricas de montagem em outras partes do mundo.
>
> Talvez mais importante do que tudo, o acordo de instalação com o país hospedeiro afirmava que a companhia supriria um quadro de gerentes e técnicos para treinar os funcionários da fábrica durante todas as fases de sua instalação. Os funcionários locais gradualmente se tornariam supervisores, superintendentes, técnicos, contadores, especialistas em compras etc. No final de quatro anos, a companhia não poderia ter mais de 80 funcionários estrangeiros na fábrica, incluindo o gerente-geral, os engenheiros e os funcionários do departamento de auditoria. Dessa maneira, a força de trabalho da nação seria aperfeiçoada.

O efeito multiplicador do treinamento

De acordo com esse exemplo, o empréstimo de pessoal especializado para o treinamento de substitutos locais em uma nação oferece benefícios mais duradouros para seu desenvolvimento do que o empréstimo de capital. O pessoal especializado emprestado desenvolve outros indivíduos, e esses indivíduos locais treinados tornam-se o núcleo para o desenvolvimento de mais pessoas. *Há um efeito onda associado ao autodesenvolvimento*, da mesma maneira que uma pedra quando atirada em um lago cria um impacto bem além do ponto no qual havia caído (ver Figura 16.1). Do mesmo modo que o tamanho da pedra e o local da sua queda na água determinam o ponto até o qual as ondas de choque vão irradiar-se, a quantidade e a ênfase do treinamento inicial determinarão seus impactos de longo prazo. As áreas ocupacionais nas quais o desenvolvimento proporcionará os melhores resultados são as áreas científica, profissional e gerencial.

Uma condição social significativa em muitos países é a de que a cultura local não está familiarizada com a alta tecnologia ou com as organizações complexas. As nações ocidentais desenvolvidas, ao longo dos dois últimos séculos, têm adaptado suas culturas a estilos de vida industrial e organizacional, mas isso não ocorreu da mesma maneira em muitas outras nações. O cenário do qual fazem parte seus trabalhadores ainda é essencialmente agrícola, sugerindo que eles talvez não estejam familiarizados com os produtos de alta tecnologia e com a pequena margem de erro que eles toleram.

Outro fator social pelo qual os países freqüentemente são comparados entre si é a ética de seus trabalhadores no trabalho (talvez seja interessante revisar a discussão apresentada no Capítulo 4). Quando as horas de trabalho dos funcionários norte-americanos e japoneses são comparadas, por exemplo, chega-se a uma conclusão simples. Os trabalhadores japoneses freqüentemente trabalham centenas de horas a mais por ano que seus correspondentes norte-americanos. Essa grande quantidade de trabalho é, infelizmente, atribuída a uma ética mais elevada no trabalho por parte dos trabalhadores japoneses, ou à preguiça dos norte-americanos.

> Um estudo recente analisou as razões pelas quais os trabalhadores japoneses estariam dispostos a trabalhar por um número maior de horas.[3] Ele descobriu que o alto custo de vida do Japão produzia uma resposta racional entre os trabalhadores — o desejo de maximizar seus salários em vez de barganhar por uma redução da jornada de trabalho. Os trabalhadores também não estavam dispostos a tirar, em média, mais do que metade das férias que lhes haviam sido concedidas. Contudo, suas decisões eram condicionadas não por preferência, mas por um sentimento de obrigação, por sua carga de trabalho,

FIGURA 16.1
Efeito Multiplicador do Treinamento em Ação

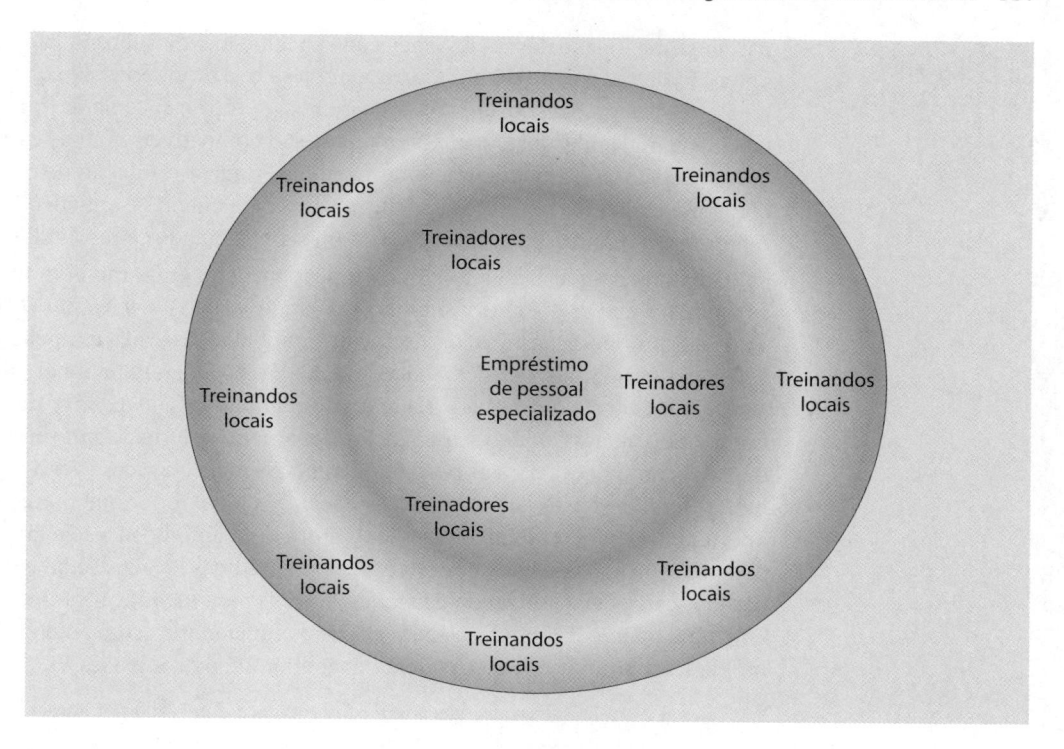

Diagrama circular com as seguintes camadas, do centro para fora: Empréstimo de pessoal especializado; Treinadores locais; Treinandos locais.

pelo sentimento de responsabilidade com relação ao outro trabalhador que teria de fazer seu trabalho e por um sentimento tácito de pressão da administração (a qual os rotularia como egoístas e desleais caso solicitassem integralmente suas férias). Finalmente, muitos trabalhadores japoneses admitiam que sua disposição de permanecer no trabalho até tarde decorria do desejo de se socializarem com seus gerentes e colegas em um ambiente mais relaxado pós-expediente. Somente pela investigação dos fatores por trás das estatísticas os pesquisadores foram capazes de compreender as aparentes diferenças na ética do trabalho.

Condições Éticas e Legais

Os países ao redor do mundo variam substancialmente quanto aos seus sistemas legais, e especialmente quanto às leis de trabalho e às práticas de negócios. No sistema judiciário, alguns países procedem a uma rápida resolução dos casos; em outros países, contudo, os casos podem arrastar-se por anos. Além disso, as penalidades para pequenas infrações podem variar dramaticamente de uma cultura para outra. Um grande problema que afeta as operações das corporações multinacionais tem sido o modo como elas lidam com as maneiras, os costumes e os comportamentos éticos locais.

Os gerentes precisam estar atentos para as possíveis diferenças tanto nas leis quanto nos valores éticos que definem os comportamentos aceitáveis e inaceitáveis em outros países. Os funcionários de companhias dos Estados Unidos que trabalham no exterior devem inicialmente orientar-se pelo *Foreign Corrupt Practices Act* (Ato sobre Práticas de Corrupção no Exterior), de 1977 (conforme sua última emenda). Essa lei disciplina as ações das organizações norte-americanas no exterior,

Uma Questão Ética

Alguns países são complacentes com a prática do pagamento de propinas como uma maneira de obter e manter negócios; outros a proíbem terminantemente. Tais diferenças criam um grave dilema para as companhias multinacionais: elas devem manter padrões consistentes para todos os países, independentemente do local onde operem, ou deveriam adaptar pragmaticamente suas operações aos padrões éticos dos países hospedeiros? Qual é a *sua* opinião?

particularmente aquelas relacionadas aos pagamentos de suborno para autoridades na tentativa de obtenção de negócios. Além disso, os gerentes no exterior precisam estar familiarizados com costumes e com as práticas locais. Ao aplicarem seu próprio sistema de valores pessoais e organizacionais, devem decidir quais comportamentos são compatíveis com as expectativas das duas partes e quais não são. Finalmente, precisam reconhecer que a resolução de questões éticas nem sempre é clara (por exemplo, o oferecimento de jantares para clientes é antiético?). Embora as questões éticas representem dilemas éticos reais, precisam ser enfrentados e resolvidos.

Uma grande questão para muitas companhias gira em torno do tratamento a ser destinado para as mulheres e para as minorias. Embora o Título VII do *Civil Rights Act* (Ato sobre Direitos Civis), de 1964, proíba discriminação no local de trabalho baseada em gênero e em outros fatores, até 1991 não existia nos Estados Unidos nenhuma lei federal adicional que estendesse esses direitos aos cidadãos norte-americanos funcionários em fábricas no exterior de propriedade de companhias norte-americanas. Como a experiência global tem-se tornado um pré-requisito cada vez mais comum nas promoções para as posições gerenciais mais elevadas (ver a segunda citação de abertura), muitas mulheres estão interessadas em posições no exterior que ofereçam visibilidade, desafio e a oportunidade para crescimento pessoal. Embora o caminho não seja fácil, os empregadores também podem resolver essas questões estabelecendo políticas locais, esclarecendo o *status* legal do padrão das práticas locais, utilizando consultores locais para identificar problemas potenciais, e realizando um "treinamento de realidade" para alertar os funcionários com potencial de expatriação quanto aos problemas culturais que eles poderão encontrar em outros países.[4]

> O local de trabalho, em muitas culturas, permanece dominado por homens, com as mulheres sistematicamente excluídas dos papéis gerenciais mais destacados. Apesar disso, é possível alcançarmos alguma forma de sucesso na superação desse antigo problema. Um estudo realizado com 52 gerentes expatriadas da América do Norte revelou que a vasta maioria (97%) foi bem-sucedida, apesar de não ter tido nenhum predecessor do sexo feminino. As mulheres atribuíram seu sucesso a sua alta visibilidade, sensibilidade cultural e habilidades interpessoais.[5] O sucesso dessas expatriadas deveria estimular outras companhias a enfocar a seleção de candidatos expatriados na identificação de características similares, tanto naqueles do sexo masculino quanto do sexo feminino.

Condições Políticas

Instabilidade e nacionalismo

Entre as condições políticas que possuem um efeito significativo sobre o comportamento organizacional, podem ser incluídas a instabilidade do governo local, o sentimento nacionalista e a subordinação dos empregadores e da mão-de-obra a um Estado autoritário. A instabilidade tem repercussões fortes em organizações que desejem estabelecer ou expandir suas operações no país hospedeiro, tornando-as cautelosas quanto à possibilidade de investimentos futuros. Essa instabilidade organizacional deixa os trabalhadores inseguros e os torna passivos e com baixa iniciativa. Eles podem trazer para o trabalho a atitude de "o que deve ser, será; então, por que fazer algo sobre isso?".

Por outro lado, um sentimento nacionalista muito forte pode impelir os nativos a um desejo de administrar seu país e suas organizações por conta própria, sem a interferência de estrangeiros. Um gerente estrangeiro pode simplesmente não ser bem-vindo.

A força de trabalho organizada, em muitas nações, não é uma força independente, mas é essencialmente um braço do Estado autoritário. O trabalho é, de alguma forma, independente, porém socialista, com consciência de classes e orientado para a ação política em detrimento de negociações diretas com as organizações. Os empregadores descobrem que o Estado tende a estar envolvido na discussão coletiva e em outras práticas que afetem os trabalhadores. Em alguns países, por exemplo, as demissões de funcionários são restringidas por lei e tornadas extremamente onerosas pela exigência de pagamentos indenizatórios. Até mesmo as transferências de funcionários podem ser restringidas. O caso mostrado a seguir é um incidente que ilustra a maneira como as diferenças entre as práticas trabalhistas dos países podem causar atrito nas relações funcionário-empregador para empresas multinacionais. Nesse caso, ambas as nações possuem economias desenvolvidas.

> A Air France, uma das grandes companhias aéreas internacionais, possui rotas para o Japão. Ela emprega certo número de aeromoças japonesas que têm sua base em Tóquio e que trabalham nas rotas que chegam a Tóquio e que partem dessa cidade. Com o objetivo de oferecer um nível melhor de treinamento e de integração internacional entre suas tripulações, a companhia transferiu 30 aeromoças japonesas para Paris.

Elas se recusaram a ir, de modo que a companhia ameaçou demiti-las caso recusassem a transferência. As aeromoças buscaram uma solução nas cortes de Justiça, e a Alta Corte de Tóquio manteve a liminar que impedia a Air France de demiti-las. Elas poderiam manter seus empregos em Tóquio, porque a transferência para Paris iria "(1) restringir seus direitos civis como cidadãs japonesas; (2) causar-lhes ansiedade, por terem de viver em um lugar onde a língua e os costumes são diferentes; e (3) afetar sua situação conjugal".[6]

Condições Econômicas

As condições econômicas mais destacadas nos países com menor desenvolvimento econômico são baixa renda *per capita*, inflação elevada e distribuição desigual de riqueza. Em termos de renda, muitas nações do mundo encontram-se em uma situação de extrema pobreza quando comparadas aos Estados Unidos ou ao Canadá. Uma família média em algumas nações, por exemplo, pode ter de sobreviver com menos de US$ 3 mil anuais. O rápido crescimento populacional, aliado à falta de crescimento econômico, torna extremamente improvável que a renda dessas famílias cresça significativamente. Como resultado, os nativos desses países podem não acreditar na idéia de que um esforço adicional de sua parte lhes traga quaisquer recompensas associadas.

Uma condição comum nos países com economias menos desenvolvidas é a inflação. Apesar das preocupações periódicas com o aumento dos preços dos alimentos, combustíveis e moradia nos Estados Unidos, esse país tem desfrutado de taxas de inflação moderadas ao longo das últimas décadas. Contrariamente, o México e alguns países da América do Sul, Europa e do Oriente Médio têm sofrido períodos de inflação dramática.

A inflação torna a vida econômica dos trabalhadores insegura. Ela os encoraja a gastar seu dinheiro rapidamente antes que ele perca seu valor, e esse padrão de consumo alimenta o problema inflacionário do país. Como as poupanças perdem rapidamente seu valor, os trabalhadores, freqüentemente, não elaboram um planejamento financeiro para sua aposentadoria. Eles se tornam dependentes do governo, que geralmente é incapaz de responder às suas demandas. A agitação social é agravada por uma tremenda disparidade na distribuição de riqueza nessas nações. As conseqüências são normalmente variadas; alguns trabalhadores aceitam passivamente sua situação, enquanto outros protestam. Todos esses fatores tornam difícil motivar os funcionários.

Apesar dos desafios no exterior e dos contratempos políticos e econômicos para os trabalhadores e consumidores no local de origem das empresas, algumas delas moveram partes substanciais de suas operações para outros países. Algumas companhias dos Estados Unidos, por exemplo, estabeleceram fábricas de montagem em lugares como México, Malásia ou Coréia do Sul, para aproveitar os custos relativamente baixos da mão-de-obra nessas regiões. Outras empresas operam centrais de atendimento ao consumidor em países como a Índia. Tais empresas argumentam que as economias locais obtêm ganhos com a criação de novos empregos e que a economia dos Estados Unidos é auxiliada pela redução de custos de produção (assumindo-se que as vantagens da redução sejam transferidas para o consumidor). Em resumo, as condições econômicas ruins em um país podem representar uma oportunidade para uma empresa.

Analisando as condições sociais, legais, éticas, políticas e econômicas como um todo, podemos perceber que elas podem impedir a introdução de tecnologias avançadas e de sistemas organizacionais sofisticados. Tais condições limitam a estabilidade, a segurança e a disponibilidade de recursos humanos necessários para que as economias em desenvolvimento tornem-se mais produtivas. O fato triste é que essas condições limitadoras, em geral, não podem ser modificadas rapidamente, porque já estão profundamente estabelecidas e arraigadas no tecido social de uma nação. Em vez disso, elas representam condições ambientais críticas às quais os gerentes de operações internacionais devem aprender a adaptar-se.

Diferenças Individuais

As pessoas de um país são diferentes das de outro país? Pode haver muitas diferenças espantosas entre as nações, como também há algumas similaridades impressionantes. Claramente, os residentes de cada país possuem suas próprias preferências no modo de vestir, se alimentar, no lazer e em moradia. Em termos de comportamento organizacional, também existem alguns importantes contrastes entre as culturas no tocante às atitudes dos funcionários, aos valores e às crenças que influenciam a maneira como eles se comportarão no trabalho. Uma pesquisa sobre as culturas nacionais realizada com 60 países identificou cinco grandes dimensões que respondem pelas diferenças mais significativas entre os funcionários.[7] Esses cinco fatores incluem: individualismo/coletivismo, distância do poder, aversão ao risco, masculinidade/feminilidade e orientação temporal.

> As culturas distinguem-se em cinco grandes fatores.

Individualismo/Coletivismo As culturas que enfatizam o **individualismo** tendem a acentuar os direitos e as liberdades individuais ("Tome cuidado com o número 1!"), possuem redes sociais com conexões mais distantes e dedicam grande atenção ao auto-respeito. Uma ênfase expressiva é dada à própria carreira do indivíduo e às recompensas pessoais. O **coletivismo** ressalta significativamente o grupo e a harmonia de valores entre os seus membros. Os sentimentos individuais estão subordinados ao bem-estar geral do grupo, e os funcionários têm maior probabilidade de perguntar: "O que é melhor para a organização?" A *manutenção das aparências* (manter a sua auto-imagem diante dos outros) é altamente importante nas culturas coletivistas. Quando o processo de manutenção das aparências é alcançado, então, o *status* de um indivíduo perante o grupo pode ser assegurado. Os Estados Unidos possuem uma cultura individualista ("Cada um por si"); o Japão é coletivista, com uma cultura que pode ser caracterizada pelo provérbio "Se a cabeça de um prego salta para fora, ela deve ser martelada". A cultura chinesa salienta a importância do *quanxi*, ou dos relacionamentos.

Distância do Poder Qual é a importância do *status* organizacional, do prestígio e do nível em uma hierarquia organizacional? Quais direitos são concedidos aos gerentes para a tomada de decisões como conseqüência de suas posições? Em que grau os funcionários devem se sujeitar automaticamente aos desejos e às decisões de seus gerentes? A **distância do poder** refere-se à crença de que a existência de direitos legítimos e significativos para a tomada de decisões separa os gerentes dos demais funcionários; esse costume é freqüentemente observado nos países asiáticos e sul-americanos. Por outro lado, os funcionários nos Estados Unidos e nos países escandinavos adotam uma crença baseada na menor distância do poder e são menos inclinados a acreditar que os gerentes estejam automaticamente corretos. Então, muitos funcionários nos Estados Unidos e na Escandinávia não se curvam cegamente às vontades de seus gerentes.

> Gerentes de vários países foram questionados se acreditavam ser importante possuir respostas precisas para a maioria das perguntas associadas ao trabalho que seus subordinados pudessem fazer.[8] Aproximadamente três quartos dos gerentes indonésios e japoneses concordaram com a afirmação (indicando alta distância do poder). Em um contraste gritante, apenas um quarto dos gerentes britânicos, dinamarqueses e norte-americanos concordaram com aquela colocação. Em vez de aceitar o papel de especialista, os respondentes do último grupo acreditavam que deveriam ser um recurso, um solucionador de problemas e uma fonte de apoio pessoal (indicando baixa distância do poder).

Aversão ao Risco Os funcionários em algumas culturas valorizam a clareza e sentem-se muito confortáveis em aceitar ordens específicas de seus supervisores. Possuem elevado índice de **aversão ao risco** e preferem evitar a ambigüidade no trabalho. Os funcionários de outros lugares podem reagir de maneira oposta, uma vez que a ambigüidade não ameaça sua baixa necessidade de estabilidade e segurança. Esses funcionários podem até mesmo conseguir ser bem-sucedidos em ambientes onde haja incerteza associada a seus empregos. Funcionários em países como Grécia, Portugal e Bélgica têm um nível de aversão ao risco elevado e geralmente preferem estruturas, estabilidade, regras e clareza. Países com índices baixos de aversão ao risco incluem China, Irlanda e Estados Unidos.

Masculinidade/Feminilidade **Sociedades masculinas** definem os papéis de gênero de modos mais tradicionais e estereotipados, enquanto as **sociedades femininas** possuem pontos de vista mais amplos em torno da grande variedade de papéis que tanto homens quanto mulheres podem desempenhar no local de trabalho e em casa. Além disso, as sociedades masculinas valorizam os comportamentos assertivos e a aquisição de riqueza; as culturas femininas estimam os relacionamentos entre as pessoas, o cuidado com os outros e maior equilíbrio entre a família e a vida profissional. Os países escandinavos têm as culturas mais femininas; o Japão possui uma cultura acentuadamente masculina; e os Estados Unidos possuem uma cultura moderadamente masculina.

FIGURA 16.2
Comparação de Diferenças Culturais Típicas entre Japão e Estados Unidos

Dimensão Cultural	Japão	Estados Unidos
Individualismo/coletivismo	Coletivista	Individualista
Distância do poder	Elevada	Baixa
Aversão ao risco	Forte	Fraca
Masculinidade/feminilidade	Altamente masculina	Moderadamente masculina
Orientação temporal	Longo prazo	Curto prazo

Orientação Temporal Algumas culturas acentuam valores como a necessidade de preparar-se para o futuro, o valor da poupança e das reservas e os méritos da persistência. Os membros desse tipo de cultura, exemplificada por países como Hong Kong, China e Japão, possuem uma **orientação de longo prazo**. Outras culturas valorizam o passado e acentuam o presente, demonstrando grande respeito pela tradição e pela necessidade de satisfazer obrigações sociais históricas. Essas sociedades, incluindo França, Rússia e África ocidental, geralmente possuem uma **orientação de curto prazo**.

Uma Comparação Intercultural A Figura 16.2 ressalta as diferenças entre dois países — Japão e Estados Unidos — em torno dessas cinco dimensões. Observe que nenhum dos dois possui uma cultura melhor que a do outro; elas simplesmente são diferentes. *Os gerentes em todos os países, no entanto, precisam estar mais conscientes de suas próprias características culturais, buscar a singularidade nas culturas dos outros países e aprender a como utilizar a cultura local em seu benefício.* Contudo, devem evitar a tendência de estereotipar as pessoas que eles não conhecem. Evitar problemas de adaptação cultural é particularmente importante nas atribuições profissionais no exterior, que serão discutidas a seguir.

GERENCIANDO UMA FORÇA DE TRABALHO INTERNACIONAL

Sempre que uma organização expande suas operações de maneira que suas barreiras geográficas passam a estender-se por dois ou mais países, ela tende a tornar-se multicultural e, por conseguinte, enfrentará o desafio de misturar diversas culturas. O **multiculturalismo** ocorre quando os funcionários em duas ou mais culturas interagem entre si com freqüência regular. Os gerentes e os funcionários técnicos que vão para outra nação para instalar um sistema organizacional sofisticado precisam ajustar seus estilos de liderança, padrões de comunicação e outras práticas para se adequarem à cultura do país hospedeiro. Em alguns casos, esses novos funcionários são *cidadãos do país de origem* no qual o escritório central está sediado, ou eles também podem ser *cidadãos de um terceiro país*. Em ambos os casos, eles são chamados **expatriados**, uma vez que são enviados de outra nação. Seu papel é proporcionar uma fusão de culturas na qual ambas as partes se adaptem à nova situação de buscar uma produtividade mais elevada em prol da organização e dos cidadãos do país onde a organização opera.

Papéis dos expatriados

Barreiras à Adaptação Cultural

Um gerente expatriado pode encontrar diversos obstáculos para uma adaptação tranqüila a uma nova cultura. Uma exigência inicial para a superação de tais obstáculos é a *aquisição de percepção cultural* sobre as múltiplas maneiras pelas quais as culturas se distinguem (linguagem, religião, alimentação, espaço pessoal e comportamentos sociais). Algumas culturas, por exemplo, podem ser classificadas como de alto contexto, o que significa que as pessoas desses países utilizam pistas situacionais para desenvolver um retrato completo de um visitante. As **culturas de alto contexto**, como as da China, da Coréia e do Japão, tendem a enfatizar as relações pessoais, atribuir valor elevado à confiança, centrar-se nas pistas não-verbais e acentuar a necessidade de satisfazer as necessidades pessoais antes de se voltarem às questões de negócio. Outras culturas são classificadas como culturas de baixo contexto, o que significa que as pessoas desses países estão inclinadas a interpretar as pistas mais literalmente. As **culturas de baixo contexto**, como as da Alemanha, dos Estados Unidos e dos países escandinavos, tendem a se basear em regras escritas e em documentos

Problemas que os expatriados podem vivenciar

legais, a conduzir negócios primeiro e a valorizar a expertise e o desempenho. A ausência de atenção para esses fatores resulta problemas onerosos para os expatriados; o índice de fracasso varia entre 18% para os indivíduos enviados a Londres, 36% para os transferidos a Tóquio e 68% para os funcionários mandados à Arábia Saudita.[9] Além das grandes áreas de diferença já discutidas anteriormente, o bairrismo, o etnocentrismo, a distância cultural e o choque cultural também podem ter algum impacto (ver Figura 16.3). Essas barreiras à adaptação cultural devem ser compreendidas e enfrentadas.

Bairrismo O traço dominante de todas as operações internacionais é que elas são conduzidas em um sistema social diferente daquele no qual a organização tem sua sede. Esse novo sistema social afeta as respostas de todas as pessoas envolvidas. Os gerentes e demais funcionários que chegaram ao país hospedeiro para desenvolver uma nova operação naturalmente tendem a exibir uma variedade de comportamentos que pertencem verdadeiramente aos cidadãos de sua terra natal. Muitas pessoas, por exemplo, estão predispostas ao **bairrismo**, o que pode ser traduzido como uma propensão, de sua parte, de enxergarem as situações em seu entorno a partir de suas próprias perspectivas. Elas podem falhar em reconhecer as principais diferenças entre as suas culturas e as culturas das outras pessoas. Mesmo que o façam, tenderão a concluir que o impacto dessas diferenças é insignificante. Na verdade, estão assumindo que as duas culturas são mais similares do que realmente são.

Etnocentrismo Outra barreira potencial para uma adaptação mais fácil à outra cultura ocorre quando as pessoas estão inclinadas a acreditar que as condições de sua terra de origem são as melhores. Essa predisposição é conhecida como *critério de auto-referência*, ou **etnocentrismo**. Embora essa forma de perceber as condições seja natural, interfere na compreensão do comportamento humano em outras culturas e na obtenção de produtividade dos trabalhadores locais. Para integrar os sistemas local e importado, os funcionários expatriados necessitam, minimamente, desenvolver **empatia cultural**, que se refere a consciência das distinções entre as diferentes culturas, um entendimento de como tais diferenças podem afetar os relacionamentos de negócios, e uma valorização das contribuições que cada cultura faz ao sucesso geral. A empatia cultural é similar, em uma escala internacional, à idéia de valorização da diversidade discutida no Capítulo 4. A empatia cultural, quando demonstrada consistentemente, resultará organizações geocêntricas, que, em grande medida, ignoram a nacionalidade de uma pessoa, enquanto ressaltam a capacidade do funcionário durante os processos de seleção, distribuição de tarefas e decisão sobre promoções.[10] As **organizações geocêntricas** buscam integrar os interesses das várias culturas envolvidas. A tentativa de construir um sentimento de comunidade é consistente com a abordagem apoiadora para o comportamento humano em seu uso produtivo de todos os funcionários.

Empatia cultural

FIGURA 16.3
Forças Inibidoras e Apoiadoras da Adaptação Cultural

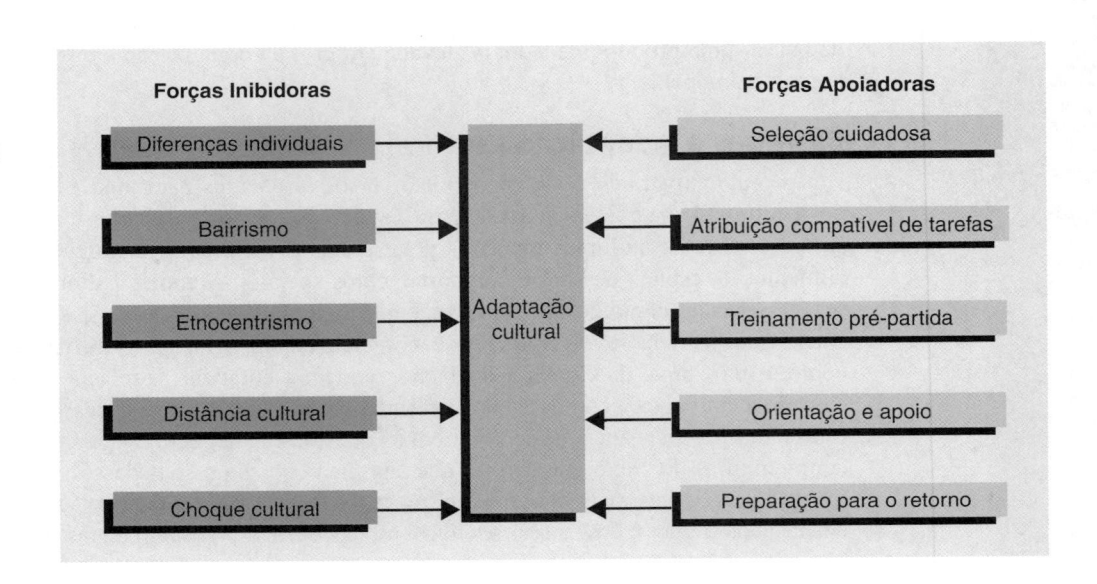

Forças Inibidoras	Adaptação cultural	Forças Apoiadoras
Diferenças individuais		Seleção cuidadosa
Bairrismo		Atribuição compatível de tarefas
Etnocentrismo		Treinamento pré-partida
Distância cultural		Orientação e apoio
Choque cultural		Preparação para o retorno

Distância Cultural A previsão de quanta adaptação poderá ser necessária quando um gerente é expatriado exige a compreensão da **distância cultural** entre os dois países. A distância cultural é o grau da diferença existente entre dois sistemas sociais quaisquer, e pode variar de mínima até substancial. Um contraste foi adequadamente expresso por um cidadão de um país da seguinte forma: "Estamos, geograficamente, a apenas um dia de distância de Washington, D.C., mas, tecnológica e socialmente falando, estamos muitos anos distantes". As pesquisas demonstram que alguns indicadores de distância cultural com relação aos Estados Unidos são maiores na região do Mediterrâneo e menores nos países escandinavos e nos de língua inglesa.[11]

Independentemente da quantidade de distância cultural, ela afeta verdadeiramente as respostas de todas as pessoas às questões relacionadas aos negócios. Os gerentes expatriados tendem geralmente a ser, de alguma maneira, etnocêntricos e a julgar as condições em seu novo país de acordo como os padrões de seu país natal. Esses problemas podem ser aumentados se a distância cultural for grande. Não obstante, os expatriados devem ser suficientemente flexíveis para integrar os interesse das duas ou mais culturas envolvidas. Tal adaptação cultural não é fácil, como demonstra este exemplo Estados Unidos-Ásia:

> Os executivos de uma companhia norte-americana na Ásia foram incapazes de se adaptar ao parceiro local com referência ao emprego de parentes (nepotismo). A matriz nos Estados Unidos tinha fortes regras contra essa prática, de maneira que os expatriados tentaram aplicar a mesma política para a sua filial asiática. O parceiro e gerente na Ásia, por outro lado, via o negócio como uma fonte de empregos para os membros da sua família, o que fazia que ele empregasse muitos deles, mesmo aqueles que não possuíam qualificações necessárias. Suas ações eram consistentes com a crença cultural de que, como membro sênior de sua família, ele deveria prover as necessidades econômicas de toda a sua família e de membros agregados. As diferenças Ásia-Estados Unidos eram tão grandes nessa questão, essencialmente por causa da distância cultural, que os dois parceiros acabaram se separando.[12]

Choque Cultural As companhias freqüentemente designam os funcionários para novas tarefas em diferentes áreas para lhe proporcionar uma quantidade inestimável de experiência. Os funcionários que se mudam para novas designações internacionais de trabalho geralmente experimentam vários graus de **choque cultural**, o que pode ser descrito como um sentimento de confusão, insegurança e ansiedade causado por ambiente novo e estranho.[13] Eles se sentem corretamente preocupados por não terem conhecimento de modo adequado de agir e por temerem perder sua autoconfiança quando dão as respostas erradas.

Uma mudança cultural não precisa ser dramática para causar algum grau de choque. Quando um funcionário, por exemplo, muda-se de uma pequena cidade para o escritório em Chicago (ou quando, no Brasil, alguém do sertão de Pernambuco se muda com a família para o Rio de Janeiro), tanto o funcionário quanto sua família estão propensos a sofrer um choque cultural. Um choque similar pode ocorrer quando um funcionário de Boston é transferido para uma pequena cidade rural do Kansas, ou quando uma família de São Paulo vai morar em uma pequena cidade de Tocantins. A família toda pode não saber como utilizar seu tempo disponível, o que fazer ou como se vestir. Para funcionários despreparados, o novo ambiente pode parecer caótico e, de alguma forma, surpreendente. No entanto, a nova cultura possui uma estrutura sistemática e única de padrões comportamentais; de fato, ela provavelmente é tão sistemática quanto a cultura que o funcionário deixou para trás. Embora seja diferente, pode ser compreendida se os funcionários mantiverem atitudes positivas, dedicarem-se ao seu aprendizado e adaptarem-se a ela.

> Maria nasceu e foi criada em Houston, Texas. Após completar um ano de faculdade ali, ela conseguiu um emprego no norte de Wisconsin. Contudo, encontrou muitas diferenças em sua nova comunidade e achou difícil adaptar-se a elas. "Não consigo encontrar nenhuma *pimenta* decente (picante) nos restaurantes daqui", reclamou: "As pessoas falam de maneira diferente, o que torna difícil compreendê-las." Ela logo descobriu que a velocidade de trabalho era diferente daquela com a qual estava acostumada, e, pior ainda, declarou, "Não há nada para fazer por aqui durante o inverno, exceto ir pescar e andar de snowmobil!" Maria estava vivenciando um choque cultural em seu novo ambiente social.

O choque cultural é ainda maior quando um funcionário se muda de um país para outro. Cada vez mais, os funcionários de companhias multinacionais recebem designações de cargos em novos países, ou, pelo menos, são chamados a colaborar com pessoas de diferentes nacionalidades. Essa exposição a uma nova cultura pode resultar um choque inicial. Quando os funcionários entram

388 Parte Sete *Aspectos Emergentes do Comportamento Organizacional*

Os funcionários transferidos podem vivenciar deslumbramento, desilusão, choque e adaptação.

em outra nação, podem experimentar diversas reações, em uma série de fases, conforme descrito a seguir:

- Na primeira fase, eles freqüentemente se sentem *estimulados e excitados* com o desafio de um emprego, de um lar e de uma cultura diferentes. Cada dia está repleto de novas descobertas.
- Essa atitude positiva logo é seguida por uma segunda fase, a de *desilusão*, à medida que eles descobrem vários problemas que não foram antecipados sobre viagens, compras ou habilidades com línguas.
- No terceiro e mais crítico estágio, tendem a sofrer o choque cultural, o qual pode ser traduzido pela *insegurança* e pela *desorientação* causadas pelo encontro com todas as partes de uma cultura diferente. Eles podem não saber como agir, temer ser expostos ou perder sua autoconfiança, ou tornar-se emocionalmente abalados. Em casos graves, seu entorno social pode aparentar ser um caos social, e essa percepção pode diminuir sua capacidade de desempenhar eficientemente suas habilidades. Alguns indivíduos isolam-se; alguns poucos até mesmo decidem tomar o próximo avião de volta. Mas uma cultura diferente não é um caos comportamental; é uma estrutura sistemática de padrões de comportamento, provavelmente tão sistemática quanto a cultura do país de origem do funcionário. Apesar disso, ela *é* diferente, e as diferenças colocam uma pressão adicional sobre os recém-chegados, independentemente de sua flexibilidade.
- Normalmente, caso eles possam sobreviver emocionalmente às primeiras semanas, gradualmente alcançarão a quarta fase, a da *adaptação*. Nesse ponto, eles aceitam a nova cultura, readquirem um senso de auto-estima e respondem construtivamente ao seu novo ambiente no trabalho e em casa.

O choque cultural é virtualmente universal. Ele ocorre como resposta a diferenças dramáticas na linguagem, nas formas de cortesia, nos costumes, nas condições de moradia e nas orientações culturais sobre a utilização do espaço (ênfase relativa na privacidade), do tempo (foco no passado, presente ou futuro) e as atividades (destaque para as conquistas da vida *versus* destaque para as experiências pessoais). Ele acontece mesmo durante mudanças de um país avançado para outro. Muitas empresas japonesas, por exemplo, têm estabelecido unidades de montagem, realizado investimentos substanciais em propriedades ou distribuído seus produtos eletrônicos e fotográficos nos Estados Unidos nos últimos anos. Quando elas enviam gerentes para supervisionar as operações no exterior, esses indivíduos sofrem um choque cultural; e quando os funcionários dos Estados Unidos se mudam para o Japão ou para outros países, também sofrem um choque cultural.[14]

Alguns costumes sociais variam tremendamente entre os países. Considere os exemplos a seguir:

- Nos Estados Unidos, as pessoas tendem a se saudar com um simples aperto de mão; em outras culturas, as saudações ocorrem por meio de um caloroso abraço, de uma inclinação cerimoniosa para a frente ou de uma troca de beijos.
- Nos Estados Unidos, as pessoas tendem a exigir respostas, preencher os vazios de silêncio com diálogos e utilizar o contato visual direto; em outras culturas, as pessoas podem demonstrar respeito ao desviar o olhar e apreciar o silêncio como uma ocasião para pensar e avaliar um tópico.
- Nos Estados Unidos, os norte-americanos freqüentemente são movidos pelo tempo, por prazos, por prontidão e por cronogramas; as pessoas em outras culturas normalmente chegam atrasadas para seus compromissos e dedicam grande quantidade de tempo para o processo de socialização antes de se voltarem para as questões de negócio.

Alguns dos fatores que possuem maior probabilidade de contribuir para o choque cultural são mostrados na Figura 16.4. Muitos expatriados relatam ter dificuldades para se ajustar a filosofias diferentes de gestão de recursos humanos, a uma língua nova, a uma moeda estranha e a diferentes atitudes de trabalho de outra cultura.

Superando Barreiras para a Adaptação Cultural

Apesar da forte e evidente necessidade de que os funcionários expatriados compreendam a cultura local e sejam adaptáveis, eles, algumas vezes, chegam despreparados. Sua seleção geralmente é baseada no desempenho profissional apresentado no país natal ou na necessidade de entenderem

FIGURA 16.4
Fatores que Contribuem para o Choque Cultural e para o Choque Cultural Reverso

O Choque Cultural Pode Resultar do Encontro com:	O Choque Cultural Reverso Pode Resultar do Encontro com:
• Filosofias diferentes de gestão • Linguagem com a qual não se esteja familiarizado • Novos alimentos, estilos de vestir, padrões de orientação etc • Sistema monetário estranho • Disponibilidade reduzida de bens • Diferentes atitudes com relação ao trabalho e à produtividade • Separação dos amigos e dos colegas de trabalho	• Perda de autoridade para a tomada de decisões • Perda de responsabilidade • Mudanças no nível de *status* do indivíduo na organização • Mudanças no estilo de vida pessoal • Mudanças tecnológicas e organizacionais

melhor as operações internacionais da companhia como pré-requisito para obter promoções para as posições gerenciais mais elevadas. Em virtude de suas crenças bairristas, individualistas e etnocêntricas, eles podem não estar preocupados com o fato de que estarão fazendo negócios com pessoas cujos valores e crenças tradicionais são diferentes dos seus. Podem não ter um bom conhecimento da língua local ou ter pouco interesse em fazer parte da comunidade. E também podem ter sido selecionados essencialmente com base em suas qualificações técnicas, tendo o funcionárior ignorado a necessidade de uma boa combinação entre o expatriado e a cultura local. As companhias parecem estar afirmando: "Nossa maior preocupação é que eles sejam capazes de desempenhar o trabalho técnico para o qual foram designados". Entretanto, a compreensão cultural é essencial para evitar erros e desentendimentos potencialmente onerosos para a organização. Felizmente, as empresas podem adotar diversas medidas para prevenir o choque cultural e para reduzir o impacto das outras barreiras discutidas anteriormente. Algumas das ações mais úteis são apresentadas a seguir (ver forças apoiadoras na Figura 16.3).

Seleção Cuidadosa Os funcionários que possuem níveis baixos de etnocentrismo e de outras características potencialmente problemáticas podem ser escolhidos. O *desejo* de experimentar uma nova cultura e de viver em outra nação também pode ser um importante pré-requisito de atitude que vale a pena ser avaliado. Os potenciais expatriados poderão ser testados para identificar quais funcionários já são capazes de falar a língua do país para o qual serão enviados ou quais já visitaram a região anteriormente. A identificação das atitudes do cônjuge e dos filhos do funcionário com relação à designação a ser desempenhada também é importante para se assegurar de que haja forte apoio para os possíveis expatriados.

Outro fator no processo de seleção é a avaliação do nível de inteligência cultural do indivíduo.[15] Alguns gerentes, quando são alocados para um posto no exterior, ajustam-se facilmente; outros, não. A **inteligência cultural (IC)** é a capacidade de um indivíduo em adaptar-se a novas culturas. Isso pode fazer que alguém não familiarizado com os gestos de uma cultura os interprete da mesma maneira que os nativos o fariam. A IC consiste em:

- Estratégias cognitivas para o aprendizado de novas culturas — tanto no plano superficial (alimentos, moradia, clima, transporte etc.) quanto em plano mais profundo (atitudes, crenças e valores).
- Uma boa intuição acerca do que está acontecendo e do motivo de estar ocorrendo.
- Confiança de que o indivíduo conseguirá ajustar-se à nova cultura, e motivação para fazê-lo.
- Tradução do conhecimento, da intuição, da confiança e da motivação em uma ação cultural apropriada ("Fazer a coisa certa quando for necessário").

A inteligência cultural provavelmente se tornará um bem cada vez mais valioso à medida que o mundo acelerar sua transição em direção a uma economia globalizada.

Algumas culturas são relativamente similares; elas podem ser reunidas em grupos.

Designações Compatíveis O ajuste a novos ambientes é mais fácil se os funcionários, especialmente em sua primeira tarefa internacional, forem enviados para nações similares às suas próprias. Essa prática tem uma chance maior de ocorrer em empresas gigantes, como ExxonMobil e IBM, que possuem vastas operações internacionais, do que em organizações menores, que têm apenas alguns poucos escritórios no exterior.

Uma análise das nações industrializadas do bloco dos países livres mostra que a maioria delas pode ser reunida em seis grupos ou *clusters* socioculturais (ver Figura 16.5). O *cluster anglo-saxão* inclui os Estados Unidos, o Reino Unido, o Canadá e a Austrália; o *cluster nórdico* inclui a Noruega, a Finlândia, a Dinamarca e a Suécia; o *cluster latino-europeu* inclui Portugal, Espanha, Itália, França e Bélgica; o *cluster latino-americano* inclui o Peru, o México, a Argentina, o Chile e a Venezuela; o *cluster* do círculo do Pacífico ou *extremo oriente* inclui Japão, China, Hong Kong, Taiwan e Coréia; e os países do *cluster* da *Europa Central* incluem a Alemanha, a Áustria e a Suíça. Algumas nações, como Israel, Índia e Brasil, não se encaixam perfeitamente em nenhum dos *clusters*.

Utilizando essas informações sobre os *clusters*, uma empresa pode tentar ajustar os funcionários expatriados dentro do seu *cluster* de nações, possibilitando, possivelmente, melhor adaptação e menor choque cultural. Um funcionário canadense, por exemplo, enviado para a Austrália, provavelmente se adaptará mais rapidamente do que conseguiria um funcionário espanhol enviado para realizar a mesma tarefa.

A análise dos *clusters* socioculturais também pode oferecer uma explicação para a complexidade envolvida na mistura das práticas no interior da Comunidade Européia. Embora haja semelhanças entre alguns de seus membros (como dentro do *cluster* nórdico), as diferenças culturais internas da comunidade são substanciais quando tomadas em sua totalidade. Tais diferenças em distância do poder, masculinidade/feminilidade, individualismo/coletivismo, aversão ao risco e orientação temporal sugerem que as práticas do comportamento organizacional deverão ser, de alguma forma, variadas e flexíveis para que se tenha sucesso.[16]

Treinamento Pré-partida Para prover um apoio mínimo, muitas organizações tentam apressar o ajustamento a uma nação hospedeira ao encorajar os funcionários a aprender a língua local. Elas oferecem treinamento lingüístico intensivo antes da designação e algumas até pagam adicionais para os expatriados que aprendem a língua local (uma forma de remuneração baseada no conhecimento). A capacidade lingüística adicionada parece valer seus custos pessoais e organizacionais, porque aqueles que as possuem podem comunicar-se com os funcionários locais em sua língua nativa. A fluência na língua local contribui para a adaptação cultural de duas maneiras. Em primeiro

FIGURA 16.5
Principais *Clusters* Socioculturais das Nações Industrializadas

Fonte: Adaptado de RONEN, Simcha; KRAUT, Allen I. Similarities Among Countries Base on Employee Work Values e Attitudes. *Columbia Journal of World Business*, 1977, p. 94.

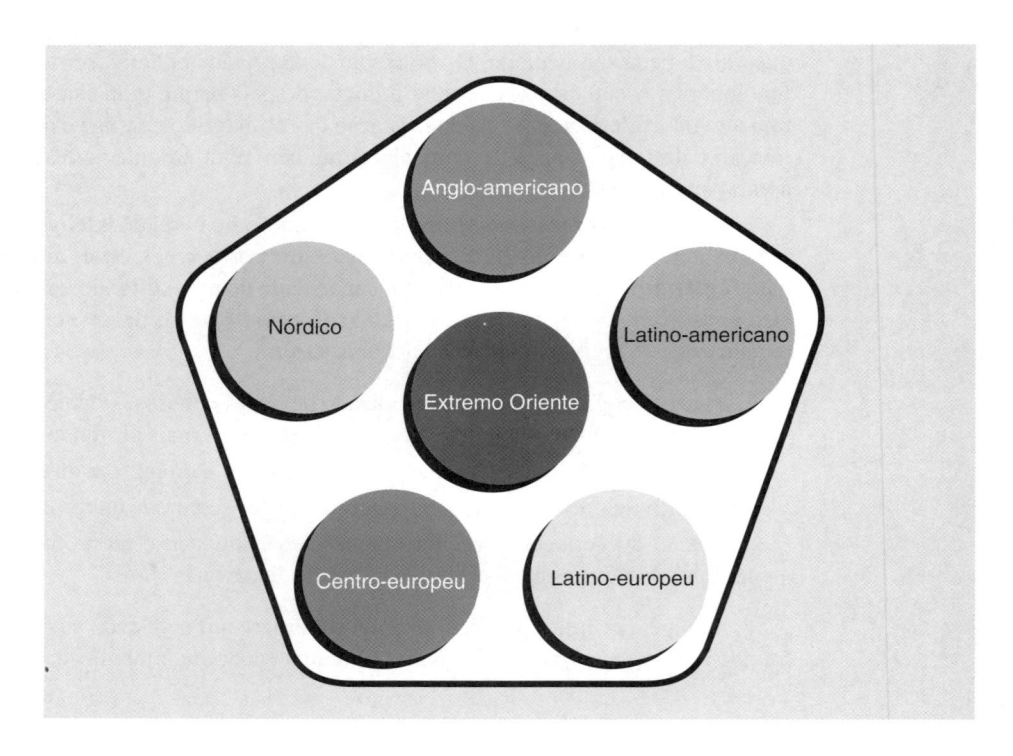

lugar, ajuda a evitar os mal-entendidos que podem surgir quando as comunicações têm de ser traduzidas por outra pessoa. Em segundo, cria melhor impressão do expatriado como alguém que está disposto a investir tempo e esforço pessoais para adaptar-se ao ambiente local. O treinamento pré-partida, hoje em dia, geralmente inclui orientações sobre geografia, costumes, alimentação, cultura e ambiente político no qual o funcionário viverá.[17]

Orientações e Apoio no Novo País O ajuste é ainda mais encorajado após a chegada no novo país se um esforço especial for feito para auxiliar o funcionário e sua família a se estabelecer. Essa tarefa pode incluir uma forma de assistência relacionada à moradia, ao transporte e às compras. Pode ser extremamente valioso se um mentor puder ser designado para facilitar a transição. Algumas vezes, esse papel pode ser preenchido pelo último detentor do cargo, que permanece por curto período para compartilhar experiências úteis antes de ser movido para sua nova posição. Outro valioso mentor poderia ser um funcionário local trabalhando para a mesma organização que esteja disponível para responder a perguntas e para oferecer conselhos sobre os comportamentos culturalmente aceitáveis.

Outro problema que pode surgir quando os funcionários são transferidos para outra cultura é o de intensificação nas deficiências de necessidades do funcionário. Tal situação surge porque a qualidade do suprimento das necessidades dos expatriados pode não ser tão boa quanto a qualidade de bens e serviços oferecidos aos funcionários em condição semelhante nos seus locais de origem. Embora uma mudança para outro país possa ser uma oportunidade excitante, que ofereça novos desafios, responsabilidades, autoridades e reconhecimento, a carência de serviços e bens básicos pode interferir severamente no aproveitamento desses outros fatores. Especificamente, a designação para uma posição internacional pode trazer dificuldades financeiras, inconveniências, inseguranças e separação de parentes e amigos.

Incentivos e garantias

Para induzir os funcionários a aceitar tais designações em outras nações, as organizações podem ter de lhes oferecer uma remuneração extra e benefícios adicionais para compensar os problemas que eles experimentarão. Os funcionários também precisam ter garantias de que receberão posições comparáveis ou melhores na organização quando retornarem de suas designações e que suas experiências no exterior serão valorizadas. É especialmente importante documentar antecipadamente a disposição da organização de valorizar as experiências internacionais do expatriado, uma vez que alguns gerentes "domésticos" podem sofrer de **xenofobia** — o medo ou mesmo a rejeição de idéias ou de coisas que lhes pareçam estrangeiras. O efeito desse medo pode ser desastroso para o expatriado que retorna de uma missão no estrangeiro e cujas experiências internacionais poderão ser desconsideradas ou mesmo rejeitadas por um gerente xenofóbico.[18]

Xenofobia

Choque cultural reverso

Preparação para a Reentrada Em geral, os funcionários retornam ao seu país natal após trabalharem em outra nação por período de um a três anos, e precisam ser gradualmente reincorporados à organização e efetivamente utilizados em suas operações. Esse processo é chamado **repatriação**. Em vez disso, eles freqüentemente tendem a sofrer um choque cultural em seu próprio país. O processo de *reentrada em uma cultura a partir de outra* pode causar um **choque cultural reverso** (ver Figura 16.4). Após terem se ajustado à cultura de uma nação e aproveitarem sua singularidade, é difícil, para os expatriados, reajustarem-se à atmosfera de seu país de origem. A situação é tornada mais difícil pela quantidade de mudanças que ocorreram desde sua partida. Do mesmo modo que os filósofos sugerem que uma pessoa possa nunca entrar em um mesmo rio duas vezes, também é extremamente improvável que o ambiente doméstico permanecerá idêntico. Não apenas o próprio ambiente doméstico sofre mudanças, como também os expatriados provavelmente podem ter idealizado aspectos dele enquanto estiveram ausentes, somente para serem surpreendidos pela realidade que acabam encontrando mais tarde.

Além disso, em seu país hospedeiro os expatriados podem ter desfrutado de um *status* mais elevado, de uma remuneração mais elevada e de privilégios especiais (como ter empregados domésticos), mas, quando retornam aos seus lares, são apenas mais um entre vários funcionários com posições semelhantes no escritório. Os colegas que permaneceram no mesmo local podem ter sido promovidos, deixando aqueles que retornaram com um sentimento de que foram ultrapassados e que, assim, perderam valiosas oportunidades de progredir. Conforme descrito na Figura 16.4, os executivos que ficaram no exterior freqüentemente relatam dificuldades associadas a uma autoridade insuficiente para a tomada de decisões e à diminuição de responsabilidades após seu retorno. Entre os expatriados norte-americanos, por exemplo, 46% relataram perda de autonomia e de autoridade após seu retorno, e entre 60% e 70% enfrentaram a incerteza de nem mesmo saber quais seriam suas novas atribuições.[19] Como resultado, as companhias precisam de políticas de repatriação e de programas especiais para auxiliar os funcionários que retornam a obter designações adequadas e a se ajustarem ao "novo" ambiente.

PRODUTIVIDADE E CONTINGÊNCIAS CULTURAIS

O Desafio de Alcançar a Produtividade

Produtividade — o ato de alcançar quantidade e qualidade de resultados ao mesmo tempo que os *inputs* são controlados — é a idéia central de que as pessoas de um país precisam absorver e adotar para desenvolverem sua capacidade para o progresso. Sem uma dedicação à produtividade, as condições de pobreza, ineficiência e desperdício de recursos naturais continuarão, enquanto novos ingressos de capital serão dissipados. Sem uma crença na produtividade, uma quantidade maior de educação apenas aumenta o desejo de um indivíduo pela conquista de mais *status* pessoal. A menos que a produtividade seja aumentada, quaisquer que sejam os ganhos obtidos por alguém, eles sempre serão conquistados à custa de outras pessoas.

Os gerentes expatriados freqüentemente descobrem, no entanto, que os gerentes locais não compreendem a idéia de produtividade. Mesmo aqueles que a conhecem podem ter dificuldades para transmiti-la aos supervisores e aos demais trabalhadores. Apesar das noções simples de orientação para resultados e de produtividade (introduzidas no Capítulo 1), os gerentes e os funcionários locais podem enxergar a produtividade em termos de produção (aumento líquido nos *outputs* independentemente dos *inputs*). Por outro lado, a extensa publicidade e os esforços educacionais realizados na Europa, nos Estados Unidos e no Japão resultaram ressurgimento da compreensão do seu significado e da busca ativa de produtos de qualidade que vão satisfazer ou exceder as expectativas dos clientes.

O hiato associado à compreensão do conceito de produtividade em outras nações é ampliado pelo fato de que os gerentes locais geralmente ignoram os métodos racionais para a resolução de problemas e para a tomada de decisões. Eles tendem a tratar a administração como uma arte pessoal, resolvendo problemas subjetivamente, sem atentarem para a possibilidade de suas decisões produzirem ou não os resultados desejados. Como padrões como estes estão profundamente arraigados, é difícil modificá-los, independentemente da qualidade dos esforços de comunicação e do número de programas de treinamento oferecidos pela organização matriz. Os problemas são ainda mais agravados quando as decisões subjetivas não são acompanhadas por medidas objetivas para determinar se a produtividade e a satisfação do consumidor foram, de fato, aumentadas.

Contingências Culturais

Combinar a prática à cultura.

Mesmo quando as nações desejam reduzir o desperdício de seus recursos e colocar à disposição de seus cidadãos mais bens e serviços, os resultados não são obtidos facilmente. Como as nações são diferentes, práticas eficazes de negócio não podem ser transferidas diretamente de um país para outro. A idéia de **contingência cultural** significa que as práticas mais produtivas para determinada nação dependerão essencialmente de sua cultura. As idéias que funcionam na cultura de uma nação devem ser mescladas com o sistema social, com o nível de desenvolvimento econômico e com os valores dos funcionários do país hospedeiro. A difícil lição, tanto para expatriados quanto para os gerentes locais, é aceitar o fato de que nem as abordagens à produtividade das culturas das matrizes nem as práticas tradicionais das nações hospedeiras devem ser exclusivamente utilizadas. Em vez disso, um terceiro conjunto de práticas deve ser desenvolvido, o qual integrará as idéias mais operacionais das duas nações. Dessa maneira, tanto a nova empresa quanto a nação hospedeira obterão benefícios das operações da companhia.

Teoria Z As contingências culturais são ilustradas pela **Teoria Z**, um modelo integrado de comportamento organizacional proposto por William Ouchi.[20] A Teoria Z oferece um exemplo valioso da maneira como as *prescrições comportamentais para a administração devem ser adaptadas para se ajustarem ao ambiente cultural da organização.* Sua mescla de conceitos norte-americanos e japoneses tem sido utilizada por muitas companhias norte-americanas. Enquanto um modelo japonês puro de práticas administrativas inclui diversas características que poderiam ser consideradas inapropriadas nos Estados Unidos (sindicatos das empresas, mulheres na condição de trabalhadoras temporárias, avaliações e promoções baseadas no critério de tempo de serviço), *a Teoria Z adapta seletivamente algumas práticas japonesas à cultura norte-americana.*[21]

Os elementos diferenciadores das companhias que utilizam a Teoria Z são listados na Figura 16.6. Acredita-se que a utilização do modelo da Teoria Z produza relações mais íntimas, cooperativas e baseadas em confiança entre os trabalhadores, gerentes e outros grupos. A noção central é a criação de uma equipe industrial dentro de um ambiente de trabalho estável no qual as necessidades dos funcionários de afiliação, independência e controle sejam atendidas, ao mesmo tempo que sejam satisfeitas as necessidades de um trabalho de alta qualidade da empresa. O primeiro passo nessa direção é a criação e a publicação de uma declaração da filosofia corporativa humanista, que orientará as políticas da empresa. Muitos gigantes corporativos, como Eli Lilly, Rockwell International e Target, alegam utilizar os valores da Teoria Z. Alguns dos exemplos mais destacados das práticas administrativas japonesas em ação ocorreram nas fábricas de montagem de automóveis nos Estados Unidos operadas por Toyota, Honda e Nissan.

> Ao ressaltar qualidade, trabalho em equipe, produção *Just-in-Time* e relações de trabalho harmoniosas, os gerentes japoneses do empreendimento conjunto entre a Toyota e a General Motors em Fremont, Califórnia, obtiveram resultados dramaticamente diferentes dos registrados na operação anterior da GM. Os níveis de produção dos novos automóveis foram obtidos com metade da força de trabalho inicialmente prevista, o número de reclamações caiu de 5 mil para 2 e os índices de absenteísmo foram reduzidos de 20% para 2%. "A filosofia japonesa é tornar as pessoas um item importante", concluiu o gerente-geral de recursos humanos,[22] e as evidências parecem apoiar a validade dessa afirmação.

Prós e contras da Teoria Z

As avaliações sobre as abordagens da Teoria Z sugerem que elas possuem pontos negativos e positivos. Do lado positivo, as organizações que adotam a Teoria Z fizeram um notável esforço para adaptar, e não para transplantar, as idéias japonesas para suas empresas. A Teoria Z é baseada em uma preocupação compartilhada com as múltiplas necessidades dos funcionários, e claramente tipifica uma tendência em direção aos sistemas apoiadores e às abordagens colegiadas, corroborados pela utilização de decisões orientadas pelo consenso. Além disso, algumas evidências sugerem que as empresas que utilizam a Teoria Z têm sido, e continuam sendo, empresas produtivas (conforme vimos no exemplo da fábrica de Fremont).

A Teoria Z de Ouchi não tem permanecido imune às críticas.[23] Alguns críticos sugerem que a Teoria Z não é nova, mas mera extensão de teorias anteriores que receberam menos reconhecimento popular. Em particular, a Teoria Z parece refletir as suposições subjacentes à Teoria Y de McGregor e oferece um conjunto de práticas comportamentais que são consistentes com ela. Outros críticos concluíram que a pesquisa que apóia sua eficácia é limitada. A crítica mais prejudicial talvez seja a idéia de que a Teoria Z falha em oferecer um critério contingencial útil para auxiliar os gerentes a decidir *quando* utilizá-la e quando *não* utilizar. Algumas empresas em setores mais voláteis, como o de eletrônicos, têm dificuldade para equilibrar seu desejo de oferecer empregos vitalícios com a necessidade de ajustar suas forças de trabalho para satisfazer as demandas do mercado. Finalmente, os funcionários dos Estados Unidos, acostumados a freqüentes promoções em setores de rápido crescimento, podem tornar-se frustrados por velocidades de promoção mais lentas nas empresas da Teoria Z — mas até mesmo os funcionários japoneses começam a demonstrar impaciência com seu sistema. Apesar desses problemas iniciais,

FIGURA 16.6
Características Típicas das Organizações que Utilizam a Teoria Z

- Relação de trabalho de longo prazo
- Carreiras não-especializadas
- Responsabilidade individual
- Preocupação com a pessoa como um todo
- Sistemas de controle menos formais
- Tomada de decisões consensuais
- Velocidades de promoção mais lentas

O Que os Gerentes Estão Lendo

Após estudar a Toyota e seus métodos enxutos de produção (*lean manufacturing*) por mais de 20 anos, Jeffrey Liker concluiu que desenvolver um sistema, aderir a ele de maneira perseverante e, então, aperfeiçoá-lo continuamente constitui um processo bem-sucedido. Ele também identificou uma série de princípios ordenadores que auxiliaram a Toyota a obter sucesso, incluindo:

1. Distribuir igualmente a carga de trabalho (*heijunka*)
2. Alcançar o nível certo de qualidade da primeira vez
3. Trazer os problemas à tona
4. Desenvolver equipes e pessoas extraordinárias
5. Buscar aperfeiçoamento contínuo (*kaizen*)
6. Eliminar o desperdício (*muda*)
7. Ir até a fonte para verificar pessoalmente (*genchi genbutsu*)
8. Tomar decisões lentamente; implementar as decisões rapidamente (*nemawashi*)

A utilização desses princípios ajudou a Toyota a conquistar um recorde de vendas e de lucro líquido, ao mesmo tempo que produziu carros altamente confiáveis, o que resultou índices elevados de satisfação dos clientes.

Fonte: LIKER, Jeffrey K. *The Toyota Way*: Fourteen Management Principles From the World's Greatest Manufacturer. Nova York: McGraw-Hill, 2004.

---

o modelo da Teoria Z de Ouchi prestou-se a uma função muito importante ao estimular muitos gerentes a examinar a natureza e a provável eficácia de seu modelo atual de comportamento organizacional.

Implicações Gerenciais A idéia da contingência cultural sugere que os gerentes expatriados devam aprender a operar de modo eficaz em um novo ambiente. Embora eles devam operar dentro dos limites de muitas políticas das matrizes, também podem ser suficientemente flexíveis para responder às condições locais. Política trabalhista, práticas dos funcionários e métodos de produção precisam ser adaptados a uma força de trabalho diferente. As estruturas organizacionais e os padrões de comunicação precisam ser adequados para a operação local e coordenados com os escritórios da matriz e com outras filiais. A probabilidade de obter melhoras na produtividade é muito maior quando uma empresa e seus expatriados adaptam-se às condições do país hospedeiro.

O Papel de Integrador dos Gerentes Uma vez que os gerentes estejam instalados em um país hospedeiro, sua atenção precisa voltar-se na direção da integração das abordagens tecnológicas com as culturas locais envolvidas. Nos países locais onde as práticas locais que interferem na produtividade não podem ser alteradas, elas talvez possam ser dribladas ou integradas em um plano de produção modificado. Se, por exemplo, um cochilo de uma hora tiver de ser aceito, as horas de cochilo talvez possam ser balanceadas para que o equipamento continue operante e o serviço, mantido para os clientes.

O trabalho dos gerentes internacionais é tentar reter em suas práticas administrativas os elementos essenciais da cultura familiar e da cultura nova, de modo que os funcionários possam trabalhar com a segurança de algumas práticas familiares, mas também com maior produtividade do que a cultura antiga poderia oferecer. Conforme demonstram tanto a experiência quanto as pesquisas, a mudança tecnológica é também acompanhada de uma mudança social. A parte tecnológica da mudança geralmente pode ser auxiliada pelas ferramentas e pelas abordagens racionais da ciência, porém a parte social depende de uma liderança eficaz.

Mescla entre tecnologia e cultura.

Os gerentes e os técnicos precisam restringir sua tendência de elaborar sistemas complexos de administração e de produção no país hospedeiro que não sejam condizentes com aqueles de seus países de origem. Esses sistemas podem estar além das habilidades ou da formação educacional das pessoas locais e ser mal-interpretados e operados de maneira ineficiente. Um sistema mais simples pode operar melhor, conforme é demonstrado pela situação a seguir:

> Um especialista em recursos humanos designado para outro país estabeleceu um complexo sistema de avaliação de desempenho com dez itens, idêntico àquele utilizado no escritório da matriz, em Chicago. Os supervisores locais acenavam positivamente com suas cabeças à medida que as instruções eram fornecidas, de modo que o especialista pensou que tudo estivesse bem e que eles o haviam compreendido completamente. Quando os formulários de avaliação foram devolvidos, no entanto, ele percebeu que todos os supervisores haviam avaliado cada um dos funcionários de maneira exatamente igual em todos os dez itens.
>
> Uma investigação descobriu que os supervisores haviam acenado positivamente porque não desejavam ofender o especialista, que eles consideravam um convidado e um superior, mas não tinham compreendido o sistema de avaliação. Além disso, não poderiam culturalmente aceitar a idéia de julgar seus funcionários (os quais também eram seus vizinhos) por escrito, porque nenhuma das partes poderia manter as aparências nesse tipo de situação.

O Papel Comunitário dos Gerentes Expatriados Os gerentes expatriados precisam considerar qual será seu papel na comunidade local. Embora eles geralmente sejam figuras respeitadas, com considerável poder econômico, estão em um país como convidados e poderão não ser imediatamente absorvidos nas estruturas sociais e de poder de uma comunidade local. Mesmo que falem a língua local e vivam em uma comunidade durante anos, eles ainda poderão não ser totalmente aceitos na estrutura social. Por causa de seu papel marginal e do conseqüente isolamento no acesso de informações importantes, eles se arriscam a interpretar equivocadamente grande parte da estrutura de valores da comunidade.

Embora os erros culturais pareçam menores para um forasteiro, podem ser altamente importantes para um cidadão local. Os gerentes expatriados não devem estabelecer a imagem de que desdenham a cultura local e que desejam modificá-la. Eles têm maiores chances de êxito ao manterem um equilíbrio entre o respeito à cultura local e sua compatibilidade com a cultura da companhia matriz. Se a cultura local é ignorada, o desequilíbrio resultante para o sistema social interfere na produtividade. Do mesmo modo, se a organização submete-se totalmente à cultura do país hospedeiro, a falta de ajuste ao sistema tecnológico causará perda de eficiência. Tanto a cultura local quanto a tecnologia avançada devem ser integradas.

COMUNICAÇÃO INTERCULTURAL

Além de ser desejável que os expatriados aprendam a falar e a compreender a língua do país hospedeiro, eles também precisam valorizar importantes diferenças da comunicação não-verbal. Caso não o façam, arriscam-se a cometer graves erros que poderiam danificar os relacionamentos com funcionários, parceiros, clientes e fornecedores. Áreas nas quais as orientações para a **comunicação intercultural** podem distinguir-se incluem o valor relativo atribuído à eficiência temporal, os padrões de pensamento, os valores atribuídos à visão do futuro, a necessidade de espaço pessoal, o contato visual, a aparência física, a postura, os gestos, o significado do silêncio e a legitimidade do toque. Esses fatores tornam a comunicação eficaz com outra pessoa algo imensamente desafiador em uma situação internacional. Como conseqüência, são importantes fatores contingenciais que devem ser cuidadosamente considerados pelos gerentes.

> Apesar de ser desejável para os gerentes norte-americanos aprender a língua do país hospedeiro com o qual realizam negócios, uma tendência contrária estabeleceu-se — a aceitação cada vez maior do inglês como uma língua dominante do mundo dos negócios na Europa. Agora, 69% dos gerentes da Europa ocidental falam inglês, e mais de 90% dos estudantes europeus estudam inglês. O que estimulou essa ampla utilização? As explicações variam, mas incluem tanto seu rico vocabulário e sua capacidade de mudança quanto uma força tecnológica poderosa — o impacto do e-mail e da Internet, na qual o inglês é o denominador comum na realidade de negócios.[24]

Conselhos para Futuros Gerentes

1. *Aprenda o máximo que você puder* sobre diversas culturas, tanto local quanto internacionalmente.
2. *Desenvolva relacionamentos colaborativos regulares (aprendizado conjunto)* com colegas estrangeiros.
3. *Participe de treinamentos interculturais e de diversidade.*
4. *Entreviste antigos expatriados* e funcionários estrangeiros trabalhando nesse país para aprender com suas experiências valiosas.
5. *Adquira fluência em pelo menos uma língua adicional.*
6. *Identifique um mentor* que esteja disposto e apto a aconselhá-lo sobre questões interculturais.
7. *Examine as características culturais* (por exemplo, individualismo/coletivismo) do país para o qual você tem chance maior de ser enviado.
8. Lute conscientemente para *evitar os problemas comportamentais da xenofobia e do etnocentrismo.*
9. *Busque, e ajude a desenvolver, alto grau de inteligência cultural* em todos os candidatos para possíveis designações internacionais.
10. Procure identificar os fatores decisivos que ajudam as organizações a se tornar bem-sucedidas em outras culturas, e *teste sua possível aplicabilidade* (ou capacidade para adaptação) em sua própria organização.

Gerentes Transculturais

É evidente que devemos atentar cuidadosamente para a preparação cultural dos funcionários expatriados. Eventualmente, um grupo de funcionários com características de adaptabilidade intercultural deve ser desenvolvido em organizações com grandes operações internacionais. Esses funcionários são **funcionários transculturais**, porque operam com eficácia em diversas culturas. Possuem níveis de etnocentrismo baixos e podem adaptar-se prontamente a diferentes culturas sem grandes choques culturais. E, em geral, comunicam-se fluentemente em mais de uma língua.

Funcionários transculturais são necessários.

Os funcionários transculturais são especialmente necessários em empresas grandes e multinacionais que operam em uma variedade de culturas nacionais. Para uma companhia ser considerada verdadeiramente multinacional quanto ao seu caráter, deve possuir propriedades, operações, mercados e gerentes genuinamente diversificados, sem dominância expressiva de nenhum desses quatro itens em uma única nação. Seus líderes olham para o mundo como uma unidade social e econômica; mas, ao mesmo tempo, reconhecem a importância das culturas locais, respeitam sua integridade, reconhecem seus benefícios e utilizam suas diferenças de maneira eficaz em suas organizações.

Resumo

O mundo dos negócios transformou-se em uma economia global. Muitas empresas dos Estados Unidos tornaram-se multinacionais, estendendo suas operações para outros países. De maneira similar, várias corporações de outros países iniciaram extensivas operações nos Estados Unidos e em outras nações. Os gerentes dessas empresas encontram uma variedade de ambientes sociais, legais, políticos, éticos e econômicos, bem como diferenças individuais. Entre muitos outros fatores, a dificuldade de compreender a visão local de produtividade pode ser uma grande barreira para o aperfeiçoamento. Contudo, quando os gerentes expatriados são eficazes, auxiliam a disponibilizar as habilidades que se multiplicarão muitas vezes no país hospedeiro.

Os funcionários que estão chegando a outra nação podem ter algumas dificuldades para se adaptarem por causa de seu bairrismo ou de seu etnocentrismo, ou em virtude das diferenças existentes na distância cultural entre as nações. O choque cultural é uma barreira potencial para o sucesso, mas pode ser prevenido ou reduzido por meio de uma seleção cuidadosa, da atribuição de tarefas compatíveis, de um treinamento pré-partida e de orientação e de apoio. Os funcionários que estão retornando também necessitam de atenção para que sua reentrada seja suave e produtiva.

Os gerentes expatriados devem reconhecer que suas práticas de comportamento organizacional não podem ser transferidas diretamente de um país para outro, especialmente se a cultura hospedeira for menos desenvolvida. Os modelos para a compreensão e a gestão de pessoas precisam ser adaptados para a cultura social específica. Os melhores resultados ocorrem quando nem as práticas do país de origem nem as práticas tradicionais da cultura hospedeira são utilizadas. A Teoria Z oferece um exemplo de abordagens organizacionais que integram as idéias mais operacionalizáveis entre os conjuntos de práticas existentes. Os gerentes transculturais — aqueles que podem adaptar-se de maneira bem-sucedida a diversas culturas e ainda assim alcançar suas metas de aumento da produtividade — serão cada vez mais necessários.

Termos e Conceitos para Revisão

Aversão ao risco, *384*
Bairrismo, *386*
Choque cultural, *387*
Choque cultural reverso, *391*
Coletivismo, *384*
Comunicação intercultural, *395*
Contingência cultural, *392*
Culturas de alto contexto, *385*
Culturas de baixo contexto, *385*
Distância cultural, *387*
Distância do poder, *384*
Empatia cultural, *386*
Funcionários transculturais, *396*
Etnocentrismo, *386*
Expatriados, *385*
Individualismo, *384*
Inteligência cultural (IC), *389*
Multiculturalismo, *385*
Organizações geocêntricas, *386*
Organizações multinacionais, *378*
Orientação de curto prazo, *385*
Orientação de longo prazo, *385*
Repatriação, *391*
Sociedades femininas, *384*
Sociedades masculinas, *384*
Teoria Z, *392*
Xenofobia, *391*

Questões para Discussão

1. Selecione um país estrangeiro que tenha estado recentemente no noticiário. Procure informações sobre os principais fatores sociais, econômicos, legais, éticos, políticos e econômicos que possam auxiliar um gerente prestes a se mudar para esse país a compreender sua cultura.
2. Identifique empresas na sua região que sejam multinacionais. Em quais partes do mundo elas operam? Há quanto tempo se tornaram multinacionais? Se possível, convide um representante de uma dessas empresas para falar à classe sobre as políticas, as experiências e os problemas que a empresa tenha encontrado em suas operações multinacionais.
3. Examine os cinco fatores que representam as principais diferenças individuais mais significativas entre as culturas (por exemplo, distância do poder). Como você situaria a imagem de uma pessoa de seu país nessas dimensões particulares? Você poderia trabalhar com uma pessoa com as características opostas?
4. Discuta os efeitos do bairrismo e do etnocentrismo. Como os funcionários se comportariam se tivessem essas características? Como você responderia aos trabalhadores de outros países caso eles demonstrassem essas características?
5. Pense sobre uma ocasião na qual tenha experimentado um choque cultural. Como você reagiu? Como poderia ter antecipado e prevenido a situação de uma maneira melhor? É possível experimentarmos algum tipo de choque cultural apenas ao viajarmos no interior do nosso país? Explique.
6. Avalie as diversas recomendações para minimizar ou superar as barreiras à adaptação cultural. Quais delas você acredita que ofereceriam a melhor chance de sucesso?
7. Quem você acredita que sofre mais choque cultural ao se mudar para um país: o expatriado ou seu cônjuge? Por quê?
8. Ofereça diversas sugestões para impedir, ou pelo menos minimizar, o problema da reentrada intercultural (choque cultural reverso).
9. Por que o conceito de orientação para resultados (ênfase na produtividade) é difícil para ser adotado por alguns países hospedeiros? Seria mais fácil explicar sua necessidade em um país rico em reservas de petróleo ou em um país com recursos naturais limitados? Explique.
10. A Teoria Z adapta práticas administrativas japonesas selecionadas para o ambiente dos Estados Unidos. Explore as razões pelas quais algumas das empresas dos Estados Unidos que trabalham com a Teoria Z ainda podem resistir a essas práticas. Agora, tente criar uma Teoria ZZ, na qual as práticas norte-americanas seriam adaptadas à cultura e ao ambiente japoneses. Como seria a Teoria ZZ, e como ela seria recebida?

Avalie suas Próprias Habilidades

Até que ponto você exibe boas habilidades de gestão intercultural?

Leia as seguintes frases cuidadosamente. Faça um círculo ao redor do número na escala de respostas que reflita da melhor forma possível o grau com que cada afirmação mais bem o descreve. Some o total de pontos e prepare um breve plano de autodesenvolvimento. Esteja pronto para relatar seus resultados, juntamente com os resultados dos demais elementos do seu grupo, para que eles possam ser tabulados adequadamente.

	Boa descrição									Má descrição
1. Sou capaz de adaptar-me a diferentes níveis de ética do trabalho que eu possa encontrar em outras culturas.	10	9	8	7	6	5	4	3	2	1
2. Acredito que as mulheres expatriadas podem ser tão eficazes quanto os homens expatriados.	10	9	8	7	6	5	4	3	2	1
3. Sou sensível à necessidade das pessoas de todas as culturas, mas especialmente às necessidades das pessoas das culturas coletivistas de manterem as aparências.	10	9	8	7	6	5	4	3	2	1
4. Sou capaz de avaliar as diferenças entre as culturas nacionais com base nos cinco fatores principais (distância do poder, aversão ao risco etc).	10	9	8	7	6	5	4	3	2	1
5. Eu poderia estar igualmente confortável em desempenhar minhas atividades em culturas de alto ou de baixo contexto.	10	9	8	7	6	5	4	3	2	1
6. Falo pelo menos duas línguas fluentemente.	10	9	8	7	6	5	4	3	2	1
7. Posso demonstrar um grau substancial de empatia cultural por qualquer país que eu visite ou no qual tenha de trabalhar.	10	9	8	7	6	5	4	3	2	1
8. Estou ciente dos estágios típicos do choque cultural e acredito que eu poderia passar bem rapidamente para o estágio de adaptação em uma nova cultura.	10	9	8	7	6	5	4	3	2	1
9. Sei quais países tendem a se reunir em *clusters* socioeconômicos similares.	10	9	8	7	6	5	4	3	2	1
10. Posso listar as características e as vantagens da abordagem da Teoria Z para a administração.	10	9	8	7	6	5	4	3	2	1

Pontuação e Interpretação

Some o total de pontos obtidos nas dez questões. Registre aqui esse número e relate-o quando for solicitado: _____. Finalmente, insira o total de pontos no gráfico Avalie e Melhore suas Habilidades Associadas ao Comportamento Organizacional no Apêndice.

- Se você obteve um resultado entre 81 e 100 pontos, parece ter uma capacidade sólida para demonstrar boas habilidades de administração intercultural.
- Se você obteve um resultado entre 61 e 80 pontos, deveria analisar mais detidamente os itens nos quais obteve uma pontuação mais baixa e revisar o material relacionado a esses assuntos.
- Se você obteve um resultado abaixo de 60 pontos, deveria estar ciente de que um baixo nível em habilidades relacionadas a diversos itens poderá ser prejudicial para o seu futuro sucesso como gerente. Sugerimos a você revisar o capítulo inteiro e permanecer atento com relação aos materiais relevantes que serão apresentados nos textos subseqüentes e em outras fontes.

Agora, identifique suas três pontuações mais baixas e escreva os números dessas questões aqui: _____, _____, _____. Faça um parágrafo curto detalhando para si mesmo um plano de ação para que você melhore cada uma dessas habilidades.

Estudo de Caso

A Companhia Piedmont

A Companhia Piedmont é uma grande empresa manufatureira multinacional com operações em diversas nações espalhadas pelo mundo. Seu escritório central está nos Estados Unidos, mas ela enviou gerentes expatriados para trabalhar em várias de suas filiais. A companhia recentemente conduziu uma pesquisa entre seus gerentes médios para determinar seus níveis relativos de satisfação nos seus cargos. Os resultados da pesquisa estão apresentados na seguinte tabela:

Níveis Aproximados de Necessidade de Satisfação dos Gerentes Médios Norte-americanos nas Operações nos Estados Unidos em Comparação com as Operações Estrangeiras

Itens Pesquisados	Gerentes nos Estados Unidos	Gerentes (dos Estados Unidos) Expatriados nas Filiais
Satisfação com		
Segurança no cargo	Alto	Moderado
Oportunidade para amizades	Alto	Baixo
Sentimentos de auto-estima	Alto	Moderado
Prestígio no interior da companhia	Moderado	Moderado
Prestígio na comunidade	Moderado	Alto
Oportunidade para autonomia	Moderado	Alto
Nível de autoridade	Baixo	Alto
Sentimento de conquista	Moderado	Moderado
Sentimento de auto-realização	Baixo	Moderado

Questões

1. Analise os resultados apresentados e dê sua interpretação dos tipos de problemas existentes. Ofereça possíveis explicações para eles.
2. Prepare um conjunto de recomendações para a resolução ou para a diminuição dos problemas que você identificou.
3. Especule sobre o que poderia acontecer se os funcionários não-supervisionados de cada país tivessem sido pesquisados. Qual é a base para suas conclusões?

Exercício Vivencial

Adaptabilidade a uma Designação Multicultural

Imagine que você tenha sido contratado por uma empresa com grandes operações em diversos países. Sua primeira designação o levará para fora de seu país por aproximadamente três anos, e você partirá em 30 dias.

1. Analise a discussão feita neste capítulo sobre bairrismo, etnocentrismo e choque cultural. Considere o grau segundo o qual você poderia exibir cada uma dessas barreiras à adaptação cultural e registre suas respostas no lado superior do gráfico mostrado a seguir. Então, na parte de baixo do gráfico, indique o grau que você honestamente esperaria experimentar dificuldades para se adaptar às culturas de cada um dos seis *clusters* socioculturais.

	Grau Baixo				Grau Elevado		
Barreira							
Bairrismo	1	2	3	4	5	6	7
Etnocentrismo	1	2	3	4	5	6	7
Choque cultural	1	2	3	4	5	6	7

	Dificuldade Baixa				Dificuldade Elevada		
Cluster socioeconômico							
Anglo-americano	1	2	3	4	5	6	7
Latino-americano	1	2	3	4	5	6	7
Latino-europeu	1	2	3	4	5	6	7
Nórdico	1	2	3	4	5	6	7
Centro-europeu	1	2	3	4	5	6	7
Círculo do Pacífico	1	2	3	4	5	6	7

2. Compartilhe suas avaliações pessoais com o restante da sala. (Elabore uma freqüência da distribuição das respostas da classe.) Explore as razões para as diferenças existentes entre os estudantes e as implicações do padrão geral com referência à capacidade dos membros da sala para se tornarem funcionários transculturais. O que você, ou seu empregador, poderia fazer para aumentar suas chances de sucesso diante de suas avaliações?

Produzindo *Insights* sobre CO

Um *insight* diz respeito a uma percepção nova e clara acerca de um fenômeno ou de uma capacidade adquirida para "enxergar" claramente algo sobre o qual você não estava ciente anteriormente. Ele, algumas vezes, simplesmente se refere a um "momento do tipo ah-há"!", no qual você obtém uma pequena revelação ou atinge uma conclusão direta sobre um problema ou uma questão.

Os *insights* não precisam necessariamente ser dramáticos, uma vez que aquilo que pode ser considerado um *insight* por uma pessoa pode não o ser pelas demais. A característica fundamental dos *insights* é que eles são importantes e memoráveis para você; eles devem representar novos conhecimentos, novas estruturas, ou novas perspectivas para perceber as coisas que você desejaria armazenar e lembrar ao longo do tempo.

Os *insights* são, portanto, diferentes do tipo de informação que você encontra nos textos da seção Conselhos para Futuros Gerentes. Esse formato de conselho é prescritivo e orientado para a ação; ele indica e recomenda determinado curso de ação.

Uma forma útil para pensar sobre os *insights* de CO é partir do princípio de que você foi a única pessoa que leu o Capítulo 16. Você recebeu a tarefa de ressaltar, utilizando suas próprias palavras, os conceitos principais (mas não somente resumir o capítulo todo) que poderiam ser relevantes para um público leigo, que nunca foi apresentado ao tema antes. *Quais são os dez insights que você compartilharia com os membros desse público?*

1. (Exemplo) Os expatriados que estão retornando ao seu país de origem podem vivenciar um choque cultural reverso, igualmente intenso de quando partiram para sua designação no exterior.
2. _____
3. _____
4. _____
5. _____
6. _____
7. _____
8. _____
9. _____
10. _____

Parte Oito

Estudo de Casos

Introdução

O estudo de casos oferece um meio valioso para testar e aplicar algumas das idéias contidas neste livro. Ele traz à realidade um conjunto de idéias abstratas sobre o comportamento organizacional. Todos os casos apresentados a seguir são situações reais. Certos detalhes foram modificados, mas nenhum deles é uma peça ficcional. Todos os nomes foram alterados, e qualquer semelhança com pessoas da vida real é mera coincidência.

Esses casos possuem ênfase no processo de tomada de decisões; eles acabam em um ponto no qual os gerentes e os funcionários são deixados com algumas decisões a serem tomadas. Uma decisão geralmente é baseada na questão "Terei um problema posterior?"; se a resposta for afirmativa, então, análises mais profundas devem ser realizadas: "Quais são os problemas? Por que eles são considerados problemas? O que pode ser feito dentro dos limites dos recursos disponíveis (quais são as alternativas existentes)? Então, o que *deveria* ser feito para resolver este problema em particular, nesta organização específica?". Finalmente, "quais são as lições comportamentais aprendidas que podem ser utilizadas no futuro?". Tomar decisão com base em respostas para questões como estas faz parte da realidade enfrentada por todos os gerentes que lidam com situações operacionais. Não há como escapar disso.

Mesmo as pessoas que não planejam tornar-se gerentes podem obter muitos ganhos com a análise desses casos, pois todos os funcionários precisam desenvolver suas próprias habilidades analíticas sobre o comportamento humano para trabalhar de maneira bem-sucedida com seus colegas e *com a administração* nas organizações. Ao se colocar no papel de um funcionário em um caso, você poderá perguntar-se: "Por que meus colegas agem desta forma nesta situação? Por que a administração age deste modo nestas circunstâncias? Houve alguma coisa em meu comportamento que produziu essas ações? Como posso modificar meu comportamento para trabalhar de forma mais eficaz com a organização e com meus colegas e, assim, alcançar meus objetivos mais facilmente?".

Como esses casos para estudo descrevem situações reais, eles incluem práticas boas e más. Os casos não são apresentados como exemplos de boa administração, de um comportamento organizacional eficaz, de uma má administração ou de um comportamento organizacional ineficaz. Os leitores poderão, por si próprios, realizar tais julgamentos. *O principal valor do estudo desses casos está no desenvolvimento de habilidades analíticas e na aplicação do conhecimento de comportamento organizacional para a resolução de problemas.*

Caso Um

A Equipe de Trabalho Virtual

A T. A. Stearns era uma empresa de contabilidade cuja atividade principal era o popular negócio de preparação de declarações de imposto de renda para pessoas físicas. A reputação elevada da Stearn era baseada na alta qualidade de seus conselhos e na excelência de seu serviço. Um elemento importante para a conquista de sua reputação eram os bancos de dados de qualidade superior e as ferramentas de análise que seus agentes utilizavam durante o atendimento aos clientes. Esses programas haviam sido desenvolvidos por indivíduos altamente treinados, geralmente advogados e contadores que haviam desenvolvido paralelamente suas habilidades de programação.

Os programas que esses indivíduos produziam eram altamente técnicos, tanto em termos da legislação tributária compreendida quanto em termos dos códigos com os quais eram escritos. Para aperfeiçoá-los, exigiam-se altos níveis de habilidades de programação e uma grande capacidade para compreender a legislação de impostos. Novas leis e interpretações de leis existentes tinham de ser integradas de maneira rápida e sem falhas às normas e às ferramentas de análise existentes.

O trabalho era realizado em um ambiente virtual por quatro programadores da área da Grande Boston. Os quatro locais de trabalho estavam conectados entre si e com a companhia pelo e-mail, pelo telefone e por um software de teleconferência. Os encontros formais entre os programadores ocorriam algumas poucas vezes durante o ano, embora os trabalhadores eventualmente se reunissem fora dessas ocasiões programadas.

Os parágrafos seguintes descrevem os membros da equipe virtual.

Tom Andrews era advogado tributarista, graduado pela State University, e ex-jogador de hóquei dessa instituição. Aos 35 anos, Tom havia trabalhado nos programas por seis anos e era o membro mais antigo do grupo. Com suas responsabilidades de elaboração, ele era a principal ligação do grupo com a Stearns. Também era o responsável pelo treinamento dos novos membros do grupo. Solteiro, trabalhava em sua fazenda no sul de New Hampshire, onde aproveitava seu tempo livre para se dedicar à caça e à pesca.

Cy Crane, contador e graduado em Ciências da Computação pela State University, tinha 32 anos, era casado e possuía dois filhos, com idades de 4 e 6 anos. Sua esposa trabalhava em tempo integral em um escritório de advocacia no centro de Boston, enquanto ele ia da cozinha para seu computador em sua casa, no subúrbio dessa cidade. No seu tempo livre, gostava de andar de bicicleta e de pescar.

Marge Dector, advogada tributarista, formada pela Outstate University, com 38 anos, era casada, possuía dois filhos de 8 e 10 anos. Seu marido trabalhava em tempo integral como engenheiro

---

Este caso foi preparado por Rae André e é utilizado com a permissão do autor, © 1999. Todos os direitos reservados.

elétrico em uma empresa local que prestava serviço para o Departamento de Defesa. Ela vivia e trabalhava em sua casa no subúrbio de Boston, e apreciava jogar golfe e esquiar.

Megan Harris, contadora e graduada pela Universidade Big Time, tinha 26 anos e era solteira. Ela se mudara recentemente para Boston para aproveitar a diversidade de oportunidades em sua área e para apreciar as belezas da Nova Inglaterra. Trabalhava em seu apartamento em Back Bay.

Durante seus trabalhos, essas quatro pessoas trocavam mensagens eletrônicas várias vezes por dia, e não era incomum que uma delas deixasse seus convidados ou seus filhos para entrar na rede eletrônica e manter contato com as outras. Freqüentemente, seus e-mails eram espetaculares e, ao mesmo tempo, relacionados ao trabalho. Algumas vezes, eles se ajudavam mutuamente em determinada tarefa, por exemplo, quando um pai ou uma mãe com um filho doente tinha de enfrentar um prazo apertado. Tom ocasionalmente convidava os demais membros do grupo para visitá-lo em sua fazenda e, de vez em quando, Marge e Cy reuniam suas famílias para jantar. Mais ou menos uma vez por mês, o grupo todo se reunia para almoçar.

Todos esses trabalhadores recebiam salários, os quais, segundo o hábito da companhia, cada um deles havia negociado separada e secretamente com a administração. Um grande fator em seu comprometimento com o trabalho era sua flexibilidade. Embora eles tivessem de estar acessíveis regularmente no horário de trabalho, podiam realizar suas atividades no momento em que desejassem. Quando se reuniam, geralmente faziam piadas sobre os gerentes e os trabalhadores que necessitavam estar no escritório durante o expediente, referindo-se a eles como "batedores de cartão" e a si próprios como "trabalhadores livres".

Em todas as ocasiões nas quais os programadores eram solicitados a fazer alguma grande mudança no programa, eles, em geral, desenvolviam ferramentas de programação chamadas "macros", que lhes auxiliavam a realizar seu trabalho de maneira mais eficiente. Essas macros aumentavam tremendamente a velocidade com a qual as mudanças poderiam ser feitas nos programas. Cy, em particular, realmente gostava de brincar com as macros. Em um projeto recente, por exemplo, tornou-se obcecado pela idéia de criar um atalho para que pudesse economizar uma grande porção de tempo. Uma semana depois de haver entregue seus códigos e suas notas explicativas, Cy gabava-se para Tom de que criara uma nova macro que o levara a economizar oito horas de trabalho naquela semana. "As *stripers* estão correndo", declarou, "e eu quero estar na praia". Tom estava cético sobre o atalho, mas, após experimentá-lo em seu próprio trabalho, descobriu que ele realmente lhe poupava muitas horas.

A T. A. Stearns possuía um programa de sugestões para os funcionários que recompensava os funcionários por inovações que economizassem dinheiro para a companhia. O programa concedia ao funcionário 5% dos ganhos produzidos pela inovação ao longo de um período de três meses. A companhia também tinha um plano de distribuição de lucros. Tom e Cy julgaram que a pequena quantia de dinheiro gerada pela recompensa da companhia não compensaria o tempo livre obtido com a utilização da nova macro. Eles queriam o tempo para se dedicar ao lazer ou a outros trabalhos de consultoria e, além disso, concordavam que, por causa do programa de distribuição dos lucros, o dinheiro chegaria aos bolsos dos funcionários de qualquer maneira. Parecia haver pouco incentivo para que compartilhassem sua macro inovadora com a administração.

Eles também acreditavam que o grupo poderia sofrer se a administração descobrisse sobre a inovação. Eles poderiam, agora, fazer o trabalho de maneira tão rápida que apenas três programadores seriam necessários. Se a administração soubesse da macro, um deles provavelmente perderia seu emprego, e os funcionários restantes teriam um volume maior de serviço.

Cy e Tom decidiram que não havia um incentivo suficientemente forte para contar à companhia sobre a macro. No entanto, estavam entrando na temporada de trabalho mais intensa e sabiam que todos no grupo estariam estressados em virtude da grande quantidade de trabalho. E decidiram compartilhar a nova macro com os outros membros do grupo e lhes pediram que guardassem segredo.

Um dia, durante o almoço, o grupo estabeleceu para si próprio um nível de produção que acreditava não ser suficiente para levantar qualquer suspeita por parte da administração. Vários meses se passaram, e eles utilizaram uma parte do tempo extra para aumentar ainda mais a qualidade do trabalho. O resto do tempo ganho foi utilizado para satisfazer seus interesses pessoais.

Dave Regan, gerente da equipe de trabalho, descobriu a inovação várias semanas após ela ter sido inicialmente implementada. Ele se havia perguntado por que o tempo de produção caíra um pouco enquanto a qualidade havia disparado, e obteve a primeira indicação de uma possível resposta quando leu um e-mail de Marge para Cy agradecendo-o pela grande economia de tempo proporcionada a ela por sua "mente brilhante". Não desejando criar constrangimentos para o grupo de funcionários, o gerente sinalizou a Tom que gostaria de saber o que estava acontecendo, porém não conseguiu obter uma resposta satisfatória. Ele não transmitiu essas suspeitas ao seu superior, pois imaginava que, uma vez que os níveis de qualidade e produtividade se mantinham altos, realmente não precisava investigar ainda mais a questão.

Então, um dia, Dave ouviu que Cy se gabara de seu novo truque para um membro de outra equipe virtual da companhia. De repente, a situação parecia ter saído de controle. Dave levou Cy para almoçar e pediu-lhe que explicasse o que estava ocorrendo. Cy contou-lhe sobre a inovação, mas insistiu no fato de que a ação da equipe havia sido justificada pela intenção de proteger o próprio grupo.

Dave sabia que seu chefe logo ouviria falar sobre essa situação e que ele procuraria obter respostas — preferencialmente, dele.

Orientações para Estudo

1. Por que esse grupo é uma equipe?
2. Quais características da equipe a predispõem para a tomada de decisões não-eficazes?
3. Quais são as características do pensamento em equipe que estão manifestadas nessa equipe de trabalho?
4. Dave foi um líder eficaz de grupo? O que ele deveria fazer agora?

Caso Dois

O Hospital-Escola

Dr. Robert Uric era o diretor da unidade de medicina renal de uma grande escola de medicina e de um hospital-escola. O hospital-escola, um centro médico regional, possuía mais de mil leitos e era considerado uma instalação médica de prestígio razoável.

Havia um constante sentimento de hostilidade e competição entre o hospital e a escola de medicina. As duas organizações, uma instituição de ensino e um hospital públicos, possuíam apenas um alto funcionário em comum — o superintendente. Do superintendente para baixo, a organização dividia-se ao meio, com a escola médica, a faculdade de medicina e a faculdade de enfermagem, de um lado, e o administrador, os funcionários administrativos e os serviços auxiliares do hospital, do outro (ver Figura 1).

A planta física, desenhada na forma de um "H", refletia e acentuava a estrutura organizacional. A escola médica ocupava dez andares no lado norte, e o hospital se localizava nos oito andares do lado sul. Essas instalações eram conectadas apenas pela barra da letra "H", um corredor sem escritórios que interligava a escola de medicina e o hospital através dos primeiros seis andares de cada um dos dois prédios.

A grande parte do problema era a natureza singular dos arranjos financeiros. Os médicos, membros da faculdade, recebiam salários, mas nenhum pagamento pelos serviços prestados aos pacientes. Os pacientes *eram* cobrados pelos serviços profissionais, porém as receitas iam para um fundo departamental cujos gastos eram autorizados pelos diretores dos departamentos. O hospital, por sua vez, entregava cada dólar obtido com a receita dos pacientes para o Estado e, então, tinha de implorar, e responsabilizar-se, por centavo das receitas operacionais que obtinha.

Os recursos extraordinários de doações complicavam ainda mais a situação, especialmente na área dos salários. Os trabalhadores do hospital eram funcionários públicos, estritamente regulados segundo as classificações de cargo e as escalas salariais; não eram aceitas exceções. Um membro do corpo docente da faculdade, no entanto, freqüentemente poderia utilizar os recursos extraordinários para complementar seu salário funcional, para contratar diretamente pessoas com salários mais altos ou para oferecer gratificações não salariais. Em virtude de sua flexibilidade financeira, as condições de trabalho geralmente também eram melhores do lado da escola de medicina, e o corpo docente da escola possuía dinheiro para investir em mais equipamentos, em viagens e até mesmo em festas.

As inconsistências entre as operações do hospital e as da escola de medicina eram ressaltadas pela integração dos membros do corpo docente da faculdade nas funções do hospital. A situação era agravada pelos relatos dos técnicos, dos trabalhadores do andar do atendimento aos pacientes e dos funcionários da clínica. Esses funcionários do hospital trabalhavam diretamente com os médicos e com as enfermeiras do corpo docente da faculdade, os quais também eram os chefes administrativos dos departamentos clínicos do hospital e estavam em uma boa posição para observar e para ouvir

---

Este caso foi preparado por Roberta P. Marquette e por Michael H. Smith, sob a supervisão de Theodore T. Herbert. Não foi elaborado para refletir práticas administrativas ou técnicas eficientes ou ineficientes; foi preparado para discussão em sala de aula. Direitos de cópia reservados para Theodore T. Herbert, Crummer Graduate School of Business, Rollins College, Winter Park, Flórida.

as diferenças entre os lados do hospital e da escola de medicina. (Acreditava-se ser necessário que médicos qualificados chefiassem os departamentos clínicos do hospital, em virtude dos aspectos técnicos das funções dos departamentos e das necessidades médicas.)

Os diretores-assistentes do hospital estavam encarregados da maior parte das tarefas administrativas, incluindo a administração dos salários e dos programas de benefícios; os chefes de departamento, no entanto, eram responsáveis pela supervisão das atividades departamentais, dos processos de avaliação e das recomendações para aumentos e promoções. O relacionamento de subordinação dupla deixava os funcionários em uma situação de responsabilidades muito divididas. Além disso, o desdém generalizado que os médicos sentiam em relação aos administradores do hospital deixava os diretores do hospital em uma posição meramente figurativa na área dos serviços clínicos. Os funcionários do hospital, aparentemente dos administradores até os atendentes das clínicas, reclamavam que os médicos eram "estrelas", que se consideravam próximos a divindades. A equipe médica, por outro lado, reclamava que os funcionários do hospital eram meros servidores públicos, incompetentes em período integral.

A exceção era Dr. Robert Uric, chefe da unidade renal. Apesar das dificuldades de seu trabalho e da sua afiliação ao grupo docente da faculdade, ele era extremamente estimado pelos funcionários do hospital com os quais trabalhava. A razão para isso era que, sempre que possível, ele dividia o dinheiro dos recursos extraordinários com os funcionários de sua unidade do hospital. Financeira e economicamente, a unidade renal do hospital, e não o departamento de medicina da escola médica, era o lar do Dr Uric e de seu filho favorito.

FIGURA 1 Organograma: Hospital-Escola — Faculdade de Medicina

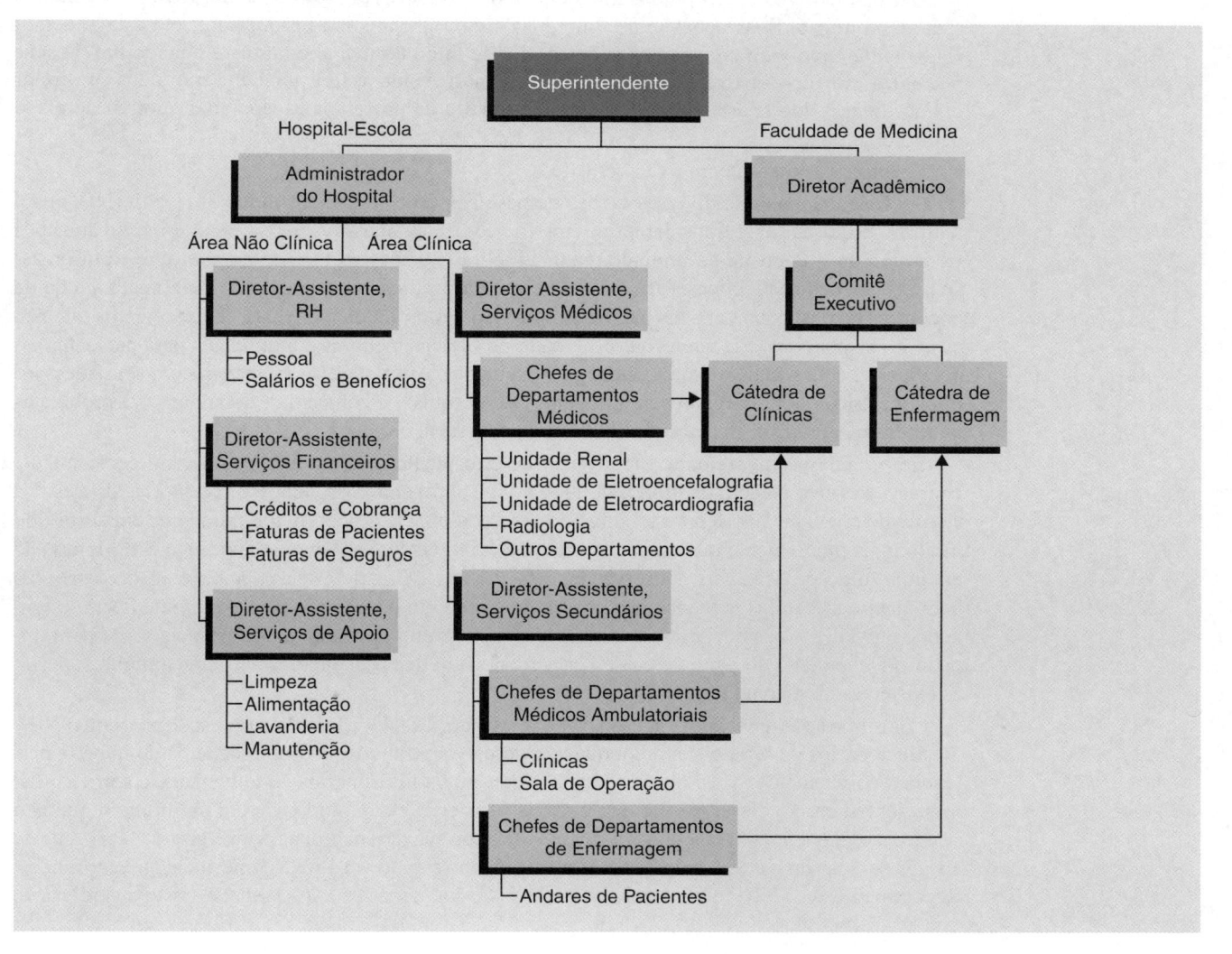

A unidade de medicina renal do hospital-escola, como muitas outras unidades renais, recebia o que pode ser denominado "tratamento de enteado", relegado ao subsolo, onde a maior parte dos demais membros do corpo docente era poupada das dolorosas realidades dos pacientes renais crônicos. A equipe, sob a liderança do Dr. Uric, mantinha o moral elevado, excepcionalmente elevado aliás, em vista da ausência de esperança para muitos casos e das freqüentes mortes de pacientes que passavam muitos anos visitando a unidade e acabavam, eventualmente, tornando-se praticamente membros de uma grande família. O trabalho realizado pelos membros da equipe renal — residentes, internos e técnicos — era verdadeiramente apreciado pelos pacientes e por suas famílias, além de ser grande fonte de espanto para os membros docentes e funcionários de fora que estavam familiarizados com as condições análogas às de um calabouço da unidade renal. De fato, o próprio Dr. Uric era impressionante.

Nas tardes com tempo bom, ele podia ser visto caminhando pelos arredores do hospital, com uma garrafa de refrigerante e um sanduíche nas mãos, seguido por uma dúzia de estudantes, ensinando de acordo com o estilo socrático, entre os vidoeiros e os esquilos. O gesto de embalar seu sanduíche continuamente em uma sacola marrom não era a única das peculiaridades do Dr. Uric; muitas histórias circulavam, incluindo a lenda de que ele havia recebido uma multa por excesso de velocidade ao descer uma das colinas mais íngremes do campus com sua bicicleta. Também, por meio daqueles que conheciam algum membro da unidade renal, outras histórias começaram a vazar — histórias de que as festas das sextas-feiras à tarde eram regadas a álcool feito de grãos e ponche de frutas, e, pior ainda, rumores de um churrasco mensal de coelho com os animais experimentais cujos transplantes não haviam sido bem-sucedidos e que, após terem sido sacrificados sem dor, acabavam assados sobre um par de bicos de Bunsen.

Outros membros do corpo docente consideravam Dr. Uric uma constante fonte de embaraço e de desconforto. Suas ações eram "indignas"; para um médico pesquisador, ele estava demasiadamente envolvido com seus pacientes. Ele de fato chorava abertamente quando um de seus pacientes morria — extremamente antiprofissional! Ainda assim, também era, além de diretor extraordinário do departamento de medicina renal e de professor excepcional, motivo de piada dentro da unidade.

Tudo isso se alterou com a Flower Life.

Dr. Uric dispunha de diversas verbas de pesquisa do National Institutes of Health (NIH) para realizar pesquisas sobre transplantes de rim. Ele começou uma ativa pesquisa no primeiro ano após ter assumido o controle da unidade renal. Embora não fosse o tipo de homem que se fascinasse por questões acadêmicas, Uric havia se tornado praticamente obcecado pela necessidade de encontrar respostas ao ver seus pacientes sofrendo e morrendo em virtude de tratamentos que não estavam disponíveis. Ele começou resolvendo problemas menores e individuais para pacientes específicos e, então, generalizou e publicou as soluções. Após adquirir confiança com seus sucessos iniciais, Uric solicitou, e recebeu, uma bolsa de pesquisa, e começou a trabalhar com problemas maiores que afetavam os pacientes de insuficiência renal crônica.

Um grande problema para a realização de transplantes é a manutenção do rim corretamente conservado (vivo e cheio de fluido) durante o transporte entre o doador e o receptor, e Uric estava envolvido com esse problema. Ao longo de seu trabalho, ele descobriu um fluido que era absorvido muito mais rapidamente que a água em nível celular. Os testes demonstraram que esse fluido não era uma solução eficaz para conservação, mas ocorreu a Uric que, se as plantas o absorvessem tão bem quanto as células humanas, ele poderia tornar-se um bom fluido para o corte de flores, estendendo sua vida. Após encontrar a combinação correta entre o fluido e a substância ácida para impedir o fechamento do corte do caule, Dr. Uric decidiu que possuía uma substância muito superior às existentes no mercado.

Conforme as exigências do acordo da bolsa de pesquisa, Uric relatou sua descoberta para o NIH. Os funcionários do NIH declararam que não desejavam o fluido. A propriedade da descoberta pertencia à universidade. Mas, quando Uric a ofereceu, os funcionários da universidade sorriram-lhe indulgentemente e disseram-lhe que poderia ficar com ela. Como Uric era um homem que não se desencorajava facilmente, posteriormente ofereceu sua descoberta para uma grande fabricante de artigos para jardinagem. A empresa a adquiriu, chamou-a Flower Life e começou a ganhar milhões. Repentinamente, a NIH mudou de idéia e ingressou com uma ação processual no sistema judiciário.

O fato foi divulgado pela imprensa, inicialmente pelos jornais locais, depois regionalmente e, por fim, nacionalmente; nem é necessário dizer que Dr. Uric proporcionou uma ótima história.

Uric e suas peculiaridades não eram apenas mais uma piada interna e o corpo docente começou a preocupar-se com a reputação da escola. No encontro seguinte do comitê executivo, os chefes dos departamentos clínicos discutiram a situação com o reitor e sugeriram que talvez fosse melhor colocá-lo em uma posição de menos visibilidade até que as coisas se acalmassem. O reitor concordou. O comitê executivo sentiu que deveria agir cuidadosamente; afinal de contas, Uric era estimado e muito popular entre os estudantes e os funcionários. Não seria bom que esse gesto parecesse uma perseguição. O comitê finalmente decidiu-se por apresentar ao superintendente um plano para estabelecer uma nova cadeira de pesquisa em medicina. Apoiado pelo reitor, e financiado pelo dinheiro doado pelos diretores dos fundos dos departamentos, o plano foi aprovado e a posição foi rapidamente oferecida a Uric. Inicialmente, ele recusou a oferta, mas o esclareceram, de forma sutil, de, caso desejasse de que a universidade o apoiasse no processo em curso, deveria cercar-se de um ar de respeitabilidade. Uric aceitou, recebeu um grande aumento e foi transferido para um novo laboratório maravilhosamente equipado no décimo andar do prédio principal; o residente-chefe de medicina renal, Dr. George Conrad, ficou encarregado de substituí-lo.

O residente-chefe tinha reputação de insensível. Ele freqüentara a escola de medicina de uma universidade menor e ficou extremamente satisfeito ao conseguir o internato e a residência em um grande hospital-escola. Estudante excelente, Conrad também havia participado da seleção para Bellevue, o braço hospitalar da New York University, e para diversos outros grandes hospitais. A única aceitação que obteve veio de seu atual empregador, e o comitê de avaliação havia considerado extensivamente sua seleção antes de aceitá-lo. Suas notas e seus testes de atitude demonstraram que ele era um jovem extremamente brilhante e dedicado, porém suas cartas de referência revelaram um indivíduo inflexível e, às vezes, muito duro. Nascido e criado em uma vizinhança muito pobre, George Conrad estava determinado a tornar-se um médico e a cercar-se da segurança e da áurea de impenetrabilidade de um doutor — segurança financeira, social e profissional. Ele possuía uma imagem dos médicos como pessoas sábias, reservadas e dotadas de autocontrole; o mais próximo da infalibilidade que um indivíduo poderia chegar. De alguma forma inseguro acerca de suas origens, Conrad assumira havia muito tempo uma fachada daquilo que ele acreditava que um médico deveria ser; agora, era difícil até mesmo para si dizer onde terminava a fantasia e onde começava a realidade.

Com a remoção de Uric, os membros do comitê executivo acreditaram que Conrad seria a pessoa ideal para assumir as responsabilidades da unidade renal. Sentiram que Conrad agiria com mão de ferro. A tarefa lhe havia sido atribuída pelo diretor do departamento de anestesiologia, um membro poderoso e respeitado do comitê. O diretor estava certo de que ele poderia lidar com a unidade renal, e que não deveriam ter notícias de nenhum tipo de problema com a unidade, uma vez que ela estivesse sob sua competente administração. O presidente também sugeriu que Conrad fosse firme ao pedir a Uric que se afastasse da unidade, permitindo, dessa maneira, que a transferência de autoridade ocorresse rapidamente.

O comitê executivo esperava um período de ajuste, mas as perturbações na rotina excederam às expectativas dos membros. Surgiram sérios problemas com o pessoal da unidade de hemodiálise, com um aumento do número de faltas e com constantes queixas sobre condições de trabalho impróprias. Enquanto essas reclamações estavam sufocando o departamento de pessoal como resultado dos procedimentos para o registro das queixas, poucas informações, ou quase nenhuma informação, chegavam ao comitê executivo ou ao reitor. A administração do hospital, incapaz de fazer qualquer tipo de alteração sem o consentimento do chefe de departamento, nesse caso, Dr. Conrad, esperava pela autorização competente para investigar a questão e tentar melhorar as condições existentes.

No fim do primeiro mês, as baixas começaram; após três meses, 90 dos funcionários mais antigos haviam deixado o hospital. Dr. Conrad não acreditava no envolvimento pessoal com os pacientes e parecia sentir o mesmo com relação aos seus subordinados. Os internos em rotação na medicina renal reclamavam amargamente da atitude de Conrad com relação ao modo como ele os tratava; a lista de residentes inscritos para servir na unidade havia diminuído drasticamente.

Enquanto isso, no andar de cima, a pesquisa de Uric estava parada, como também sua disposição. Ele havia deixado de entregar pontualmente um relatório de progressos dos estudos para a bolsa, e a agência financiadora entrou em ação e cancelou o repasse do restante dos recursos.

O reitor não estava feliz e o comitê executivo estava longe de ser considerado satisfeito, mas todos acreditavam que a situação se acertaria por conta própria. Ninguém, no entanto, achava que o problema era suficientemente grave para investigar seus efeitos sobre os pacientes renais do subsolo. O reitor e o comitê devem até mesmo ter-se esquecido de que a unidade de hemodiálise ficava lá embaixo. Quando as notícias finalmente chegaram, revelaram que os efeitos eram bem mais devastadores que quaisquer histórias sobre os hábitos estranhos do Dr. Uric pudessem ter sido.

Uma paciente que havia feito diálise três vezes por semana durante vários anos desistiu de seu lugar e foi morrer em casa. Em virtude de possuir um tipo de sangue e de tecido raros, a mulher tinha ficado na lista de espera por um transplante por muito tempo. Ela testemunhara muitos pacientes morrerem enquanto esperavam pelo transplante, e um número ainda maior de pacientes sendo contemplado, ao mesmo tempo que suas chances pareciam cada vez menores. Logo após Uric ter deixado a unidade, ela tomou sua decisão: a história vazou depois de sua morte.

Chocados pela descoberta de quão terrível a situação se tornara, o reitor e o comitê reconduziram Uric imediatamente à chefia da unidade renal; e começaram, então, a analisar o que havia acontecido e o que poderia ser feito para restabelecer a unidade renal — e também a reputação do hospital.

Orientações para Estudo

1. Identifique as barreiras à comunicação nesse caso e descreva seu impacto sobre a eficácia do funcionamento do hospital.
2. Compare e contraste as diferenças entre os estilos de administração dos dois doutores e os reflexos aparentes das suposições das Teorias Z e Y sobre cada um deles.
3. Relacione as várias teorias motivacionais a esse caso, como a teoria das forças motrizes de McClelland, a teoria dos dois fatores de Herzberg e o modelo de expectativa.

Caso Três

A Companhia Creative Toys

A companhia Creative Toys, uma pequena empresa especializada na produção de pequenos brinquedos de madeira, foi fundada por John Wilson. Carpinteiro por *hobby*, Wilson construiu diversos brinquedos para as crianças. Ele descobriu que esses brinquedos possuíam um bom mercado em plena era de brinquedos de plástico, movidos a bateria e facilmente quebráveis. A companhia orgulha-se da sua história, da sua estabilidade e de seu crescimento no setor. As baixas taxas de rotatividade são o resultado de bons salários e de benefícios adicionais.

Um departamento em particular tem sido altamente produtivo — o de veículos de transporte. Em uma oportunidade, superou a produção de todos os departamentos por 12 meses. A única razão para esse sucesso é o baixo índice de rotatividade no interior do departamento. Todas as oito pessoas que nele trabalham vêm mantendo seus empregos pelo menos durante os últimos dois anos.

Esse departamento é responsável pela produção de todos os carrinhos e caminhões da linha de produção da empresa. Cada membro do departamento possui suas próprias ferramentas em sua estação de trabalho para produzir um brinquedo completo. Quatro funcionários fabricam os carrinhos no período da manhã, enquanto os outros quatro trabalhadores produzem caminhões. O sistema é invertido à tarde para diminuir a monotonia.

No passado, a alta administração permitia que cada departamento determinasse seus próprios procedimentos e métodos, contanto que os pedidos fossem produzidos dentro dos prazos. Essa autonomia departamental possibilitou ao departamento de veículos de transporte rearranjar suas oito áreas de trabalho de forma circular (ver Figura 1). Essa disposição circular permitia que os funcionários conversassem entre si e se mantivessem informados sobre os hábitos de trabalho e a produtividade dos demais. Eles não apenas tinham uma produtividade elevada, mas também possuíam boa convivência entre si fora do trabalho.

O gerente da fábrica decidiu recentemente contratar consultores para determinar se a produção poderia ser aumentada sem a necessidade de expansão física; a demanda pelos produtos da companhia havia superado sua capacidade de produção. Uma das recomendações apresentadas referia-se ao departamento de veículos de transporte, cujo arranjo físico não facilitava um fluxo de tráfego eficiente entre os departamentos. O departamento de veículos estava localizado entre o departamento de pintura e o de blocos de madeira. Os suprimentos e os produtos montados eram colocados em uma área de armazenamento no departamento de distribuição e recebimento de mercadorias, criando considerável fluxo de tráfego entre os departamentos. Um funcionário com uma empilhadeira poderia trazer os suprimentos para os departamentos e, simultaneamente, remover os produtos prontos.

Esse caso foi preparado por Debra J. Mooney, sob a supervisão de Theodore T. Herbert. Não foi elaborado para refletir práticas administrativas ou técnicas eficientes ou ineficientes; foi preparado para discussão em sala de aula. Direitos de cópia reservados para Theodore T. Herbert, Crummer Graduate School of Business, Rollins College, Winter Park, Flórida.

Os consultores recomendaram que as áreas de trabalho do departamento de veículos de transporte fossem rearranjadas em oito áreas individuais para facilitar o fluxo do tráfego (ver Figura 2). Em seu relatório, os consultores vislumbravam grande potencial para melhorias substanciais na produtividade do departamento. O gerente da fábrica concordou com a avaliação e fez que as estações de trabalho fossem rearranjadas durante o fim de semana seguinte.

Após dois meses, estava evidente que a produtividade do departamento de transportes declinava. O gerente da fábrica falou a todos os membros do departamento na expectativa de encontrar algumas respostas; no entanto, os membros do departamento não conseguiam identificar o problema. Somente sabiam que algo havia mudado além da disposição física das áreas de trabalho.

Wilson solicitou uma explicação do gerente da fábrica para a queda na produtividade do departamento.

Gerente da Fábrica: Não vejo nenhuma razão óbvia para esse declínio. O departamento é composto pelas mesmas pessoas, que executam o mesmo trabalho. A única diferença é a disposição da área de trabalho, e os trabalhadores parecem ter-se adaptado bem a ela. Talvez um aumento seja a resposta. No passado, o departamento teve uma produção maior que a dos outros departamentos. O reconhecimento financeiro pode ser a resposta.

Wilson: Realizamos alguns rearranjos em outros departamentos mais instáveis. Estes aumentaram sua produtividade; isso me sugere que o rearranjo não é o problema. Acho que o departamento deve ter desenvolvido algum tempo ocioso propositadamente. Os trabalhadores desejam um aumento e essa é a maneira que possuem para conseguir chamar a nossa atenção. Não serei chantageado dessa forma! Eles não terão nenhum aumento até que retornem aos níveis anteriores de produtividade.

O gerente da fábrica deixou a reunião com sentimento de que não haviam resolvido o problema real, mas apenas evitado confrontá-lo, embora ele não tivesse certeza de qual era o problema real.

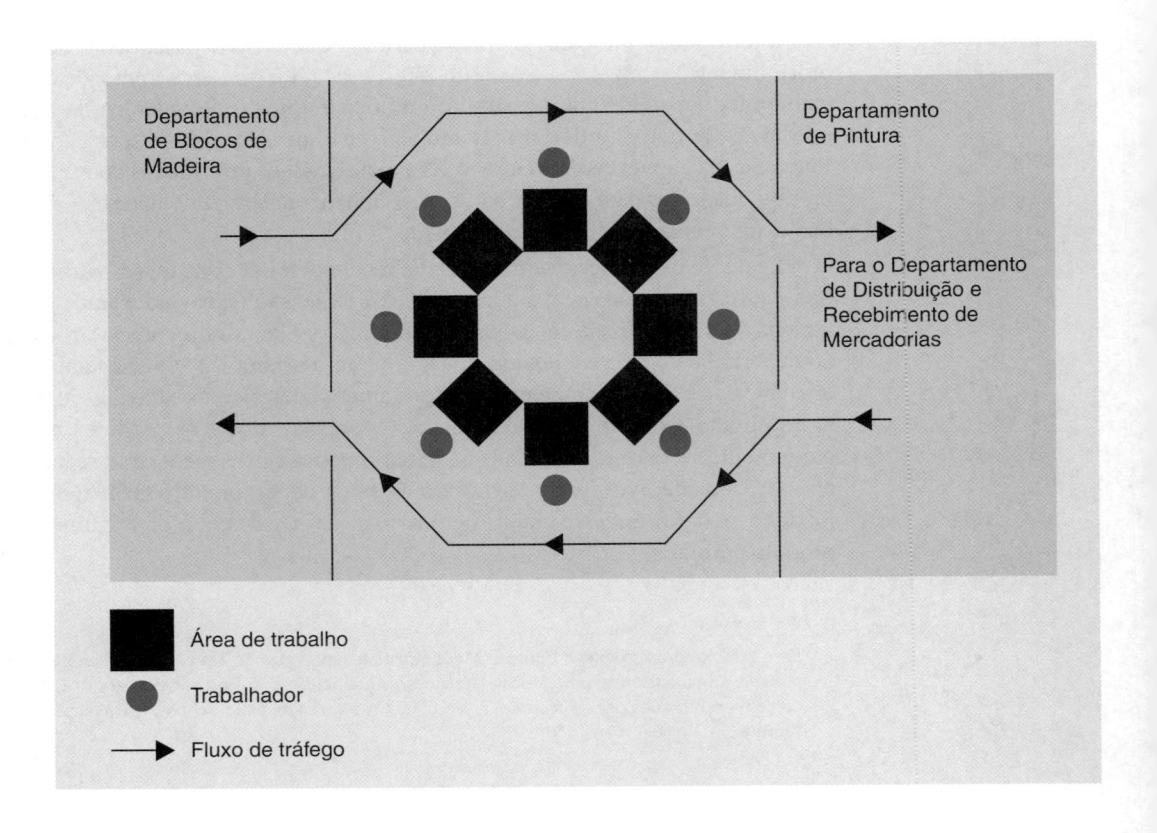

FIGURA 1
Disposição Física Inicial das Áreas de Trabalho do Departamento de Transporte

Orientações para Estudo

Discuta o papel dos sistemas sociais e seu impacto na produtividade nesse caso. Certifique-se de incluir comentários sobre mudança, organização informal, comunicação e motivação.

FIGURA 2
Nova Disposição Física das Áreas de Trabalho do Departamento de Transporte

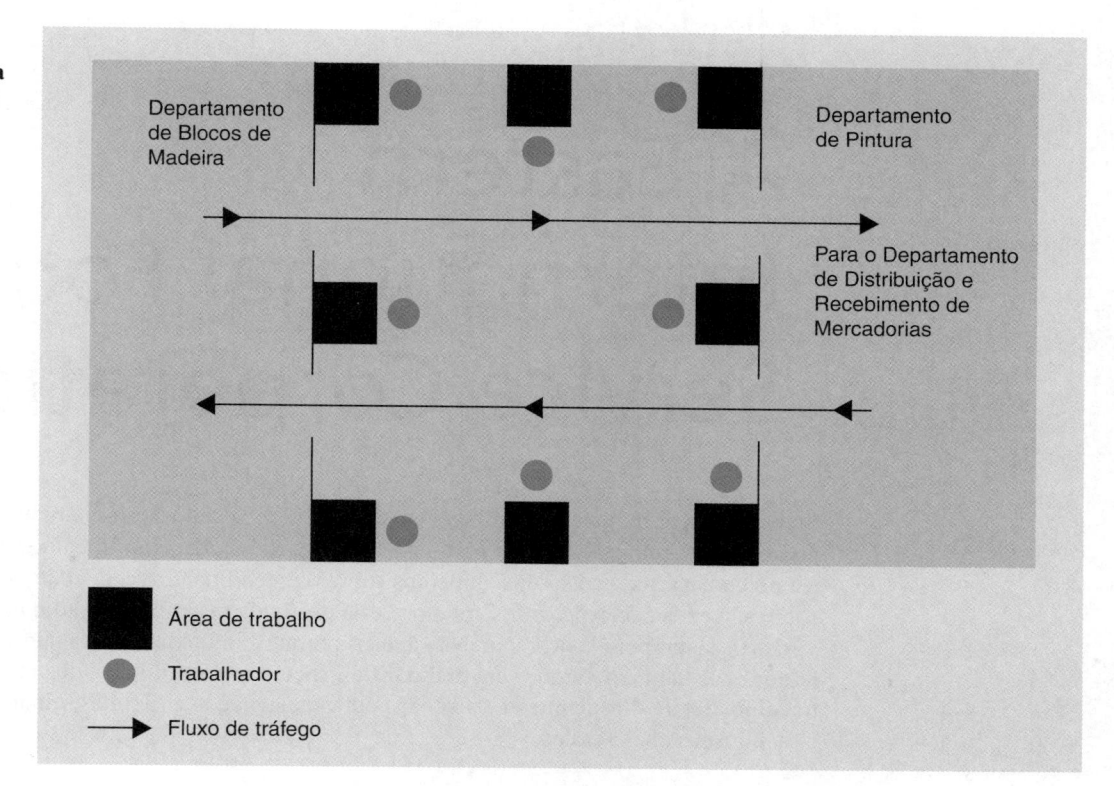

Diagrama mostrando a disposição das áreas de trabalho, com Departamento de Blocos de Madeira, Departamento de Pintura, e fluxo para o Departamento de Distribuição e Recebimento de Mercadorias.

Legenda:
- ■ Área de trabalho
- ● Trabalhador
- → Fluxo de tráfego

Caso Quatro

A Eastern International Food Service Corporation

Stanley Strayhorn, gerente geral da Divisão do Pacífico da Eastern International Food Service Corporation, tem um problema. Na última semana, a rotatividade no trabalho aumentou, o moral caiu e a porcentagem do custo dos alimentos sobre o preço final cresceu, enquanto as margens de lucro sobre as vendas decresceram. Strayhorn está profundamente preocupado, pois restam apenas duas semanas da temporada de verão. Não apenas porque é muito tarde para que ele treine novos funcionários, mas também porque será muito difícil encontrar substitutos. Uma redução da quantidade de trabalho afetará drasticamente as vendas potenciais para as próximas semanas, um período conhecido por suas altas vendas.

HISTÓRICO

A Eastern International Food Service Corporation (EI) era uma empresa de prestação de serviços do setor de alimentos do leste dos Estados Unidos. Seus serviços eram oferecidos em muitos parques de diversões. O parque de diversões Ocean Point era uma de suas maiores operações, tanto em volume de vendas quanto em número de funcionários — 300 trabalhadores. A Eastern International possuía um contrato com a Ocean Point para operar todos os pontos-de-venda de alimentos nas instalações do parque. Quinze pontos-de-venda da EI estavam distribuídos ao longo dos 2 km² do parque. Os alimentos vendidos incluíam cachorros-quentes, hambúrgueres, batatas fritas, pipoca, sorvetes, bebidas etc. Cada ponto-de-venda tinha um gerente e um subgerente, além de um efetivo entre cinco e 20 trabalhadores, dependendo do tamanho do ponto. As atividades variavam da limpeza das grelhas e das frigideiras até o atendimento aos consumidores no balcão.

Além dos quiosques para venda de alimentos, a companhia também operava seis diferentes restaurantes nas instalações do parque, incluindo serviços de *fast-food*, lanchonetes e restaurantes convencionais. Cada um deles possuía seu próprio gerente e subgerente, bem como uma equipe completa de atendentes, lavadores de pratos, ajudantes de cozinha, cozinheiros, garçons e garçonetes.

Como o parque ficava aberto apenas no verão, funcionários estudantes encaixavam-se perfeitamente nas escalas de serviço. Com a oferta de alimentação e de acomodação e de uma temporada de trabalho que coincidia com as férias de verão, estudantes do ensino médio e universitários achavam

---

Esse caso foi preparado por David Hau, sob a supervisão de Theodore T. Herbert. Não foi elaborado para refletir práticas administrativas ou técnicas eficientes ou ineficientes; foi preparado para discussão em sala de aula. Direitos de cópia reservados para Theodore T. Herbert, Crummer Graduate School of Business, Rollins College, Winter Park, Flórida.

as oportunidades de emprego da EI convenientes e recompensadoras. Além disso, havia centenas de estudantes da mesma idade com os quais era possível se relacionar, tanto dentro quanto fora do emprego. Praticamente todas as posições — de gerentes a trabalhadores — eram preenchidas por estudantes.

Todos os pontos-de-venda reportavam-se diretamente a um dos vários supervisores, cada um dos quais era um funcionário não-estudante de período integral. As funções dos supervisores incluíam verificar todos os quiosques e os restaurantes para se certificarem de que tudo estava funcionando perfeitamente, que nenhum trabalhador estava ocioso e que as metas de custo dos alimentos e das margens de lucro sobre as vendas estavam sendo atingidas. Acima dos supervisores estavam o gerente geral dessa divisão — o próprio Strayhorn — e o gerente-adjunto, Edwards.

Os empregos de verão eram considerados atividades de meio período, de modo que não havia nenhum sindicato estabelecido. Em outras palavras, não havia nada que garantisse empregos em tempo integral. Apesar disso, a EI tentava manter seus funcionários pelo maior tempo possível. Muitos funcionários contratados eram inexperientes, recém-saídos do ensino médio. Normalmente precisavam de alguns dias para serem treinados; várias semanas no trabalho, porém, eram necessárias para torná-los trabalhadores rápidos. O segredo por trás do trabalho em um quiosque era que, quanto mais rapidamente uma pessoa conseguisse trabalhar, mais vendas ela poderia fazer, importante elemento a ser considerado para alguém que desejasse ser recontratado pela EI na próxima temporada. Em geral, os funcionários que retornavam para o trabalho na estação seguinte recebiam um aumento de 20% a 25% nos seus pagamentos, e até mesmo uma promoção caso fossem demonstradas iniciativa e habilidades gerenciais. Essencialmente, a companhia tentava manter funcionários regulares e experientes, uma tarefa difícil, considerando-se as longas horas exigidas e a natureza estudantil da força de trabalho.

PROBLEMA

Todos que já trabalharam no Ocean Point sabiam que a Eastern International Food Service era concessionária de serviços. O contrato deveria encerrar-se no Labor Day (Dia do Trabalho nos Estados Unidos). Faltavam apenas duas semanas para o término do contrato e da temporada, mas a questão em torno da possibilidade de a Ocean Point renovar ou não seu contrato ainda não tinha sido respondida.

Um elemento complicador nessa questão era o fato de que, três anos atrás, a Ocean Point havia estabelecido seus próprios serviços de concessão para a venda de alimentos especiais. Esse era seu direito contratual, estabelecer e gerir concessões para venda de alimentos que não competissem diretamente com os produtos oferecidos pela EI. A Ocean Point possuía agora quatro quiosques em operação, servindo pizzas, tacos e bananas congeladas. A Ocean Point utilizava seus próprios funcionários para operar os pontos-de-venda. O gerente do parque de diversões tinha descoberto que poderia liberar alguns varredores de suas funções no período da manhã (antes que o lixo tivesse alguma chance de se acumular) e colocá-los nos turnos iniciais nos quiosques. Os varredores seriam reforçados, por sua vez, pelos vendedores dos ingressos no período da tarde, quando poucos ingressos eram vendidos e a limpeza do parque era uma tarefa que demandava todos os esforços. Essa nova organização inteligente permitia a adição de funcionários nas funções de venda sem acrescentar custos laborais.

Os boatos circulavam, alimentados pela operação das concessões do parque. Alguns afirmavam que os quiosques somente tinham sido instalados para permitir que o parque desenvolvesse as habilidades necessárias para administrar as concessões. Uma vez que as habilidades estivessem desenvolvidas, o parque permitiria que o contrato com a EI caducasse, e os funcionários do parque operariam as concessões da EI na próxima temporada. Um elaborado sistema de tempo de serviço e de promoções utilizado pelo parque impediria, efetivamente, que os funcionários da EI se tornassem trabalhadores do parque.

Caso o contrato fosse renovado, então, tudo permaneceria exatamente igual, ninguém seria perturbado. Se, no entanto, o contrato não fosse renovado, a Eastern International não teria nenhuma operação no Ocean Point no próximo ano, e entre 200 e 300 estudantes não poderiam retornar para seus empregos de verão.

Os rumores espalharam-se entre os funcionários da EI. Alguns garantiam que a EI estaria de volta no próximo ano, outros afirmavam que não. Mesmo quando confrontado com a questão à queima-roupa, tudo o que um supervisor poderia dizer, ou efetivamente diria, era que a EI *poderia* não estar de volta. (Vários gerentes dos quiosques do Ocean Point tinham sido vistos vagando na frente dos quiosques da EI. Acreditava-se que estivessem espionando.) A estação estava aproximando-se do fim e a administração mantinha seu silêncio. Até agora, os rumores aceitos foram os de que a Eastern International *não* retornaria no próximo verão e o Ocean Point não gostaria de contratar qualquer pessoa que tivesse trabalhado para a EI.

A atitude dos funcionários da EI se tornara cada vez pior. O moral havia declinado. Os gerentes dos quiosques se tinham tornado irresponsáveis e estavam perdendo o controle sobre seus subordinados. Os custos com os alimentos estavam subindo como conseqüência da quantidade de furtos e de desperdício. Os trabalhadores reduziam o ritmo de trabalho e, assim, falhavam no atendimento de diversos consumidores, os quais eram bem explícitos quanto à sua insatisfação. Alguns estudantes haviam pedido demissão, "sabendo" que não seriam contratados de qualquer forma. Enquanto as vendas *potenciais* da estação estavam alcançando seu ápice, as vendas realizadas e os lucros haviam declinado. Nunca houve, em toda a história da companhia, uma queda tão significativa nas vendas e nos lucros durante essa época da temporada.

Orientações para Estudo

1. Avalie a eficácia da comunicação de Strayhorn. Que impacto teve sua abordagem sobre o moral e a produtividade?
2. Comente o impacto da ansiedade, do estresse e das crises sobre a utilização das comunicações informais por parte dos funcionários (a rede não-convencional de informações) nesse caso.

Caso Cinco

A Companhia Goodman

A COMPANHIA

A Companhia Goodman produz pequenas peças de borracha para automóveis. Seus produtos incluem protetores de borracha para alavancas de câmbio de veículos com transmissão manual e coberturas para os pedais do breque, da embreagem e do acelerador. Esses produtos são vendidos exclusivamente para as fábricas de montagem de automóveis e caminhões.

A empresa opera uma única planta. Joe Smith é o gerente de produção. Ele está diretamente subordinado ao presidente, Robert Goodman. Joe possui três supervisores sob seu comando, cada um deles responsável por um dos turnos de produção.

A Goodman tem-se saído muito bem nos últimos tempos. Novos funcionários foram contratados até que todas as máquinas da fábrica estivessem totalmente ocupadas em cada um dos turnos. De fato, durante o último trimestre, a planta tem funcionado seis dias por semana em um esforço extraordinário para dar conta do aumento do número de pedidos.

Robert Goodman, ao analisar as perspectivas para a companhia, prevê grandes oportunidades para os próximos anos, se a produção puder ser aumentada para satisfazer às demandas futuras. Qualquer aumento de produção deve ocorrer dentro do espaço físico atual da planta, uma vez que não se encontram disponíveis recursos para o multimilionário projeto de expansão que se acreditava ser possível no ano passado.

Considerando-se que a aquisição de novos equipamentos está fora de questão, Goodman decidiu contratar um analista de produção para verificar se índices maiores de eficiência poderiam ser alcançados com o equipamento existente. Ann Bennet foi contratada para a tarefa de apresentar recomendações para obter uma produtividade maior da fábrica.

ANN BENNET

Ann Bennet graduou-se em finanças em 1988. Em 1990, obteve um MBA com especialização em gestão da produção. Ela freqüentou uma universidade bem conhecida, na qual se formou com menção honrosa.

Antes de aceitar sua nova posição, a Sra. Bennet trabalhou para uma empresa de consultoria empresarial. Após dois anos, foi promovida a líder de projetos. Permaneceu nessa posição por três anos antes de ir trabalhar na Companhia Goodman.

Este caso foi preparado por Paul Seifert, Dave Thirion, Roger Young, Gene Sitarz e Debra Mooney, sob a supervisão de Theodore T. Herbert. Não foi elaborado para refletir práticas administrativas ou técnicas eficientes ou ineficientes; foi preparado para discussão em sala de aula. Direitos de cópia reservados para Theodore T. Herbert, Crummer Graduate School of Business, Rollins College, Winter Park, Flórida.

Suas razões para deixar a firma de consultoria foram várias. Enquanto seu último projeto demandava que ela viajasse durante aproximadamente 40% do tempo, seu novo emprego não exigia isso. E Ann acredita que seu novo emprego é mais desafiador e que há melhores oportunidades para realizar progressos na Goodman.

A Companhia Goodman ficou muito impressionada com a entrevista, as credenciais e as referências de Bennet. Eles sentiram que ela seria valiosa para a companhia e que a posição seria valiosa para ela em termos profissionais.

PRODUÇÃO: ANTES

Atualmente, todo o processo de produção é executado individualmente pelos trabalhadores. As folhas de borracha, em placas de aproximadamente 90 por 90 cm, são adquiridas de uma grande companhia de borracha; essas folhas constituem a única matéria-prima para os produtos manufaturados. Elas são colocadas no centro da área de trabalho. Cada trabalhador seleciona seu material e, então, na área de armazenagem, corta-o na medida adequada para um produto em particular. Posteriormente, ele transporta o material cortado para uma prensa a vapor para o processo de curagem. Cada prensa possui 12 moldes nos quais é colocado o material cortado; a prensa é, então, ativada para um ciclo de curagem de cinco minutos. Durante o intervalo de cinco minutos, o trabalhador retira o excesso de borracha das partes anteriormente extraídas da prensa. Após dez ou 12 terem sido preenchidas, o trabalhador transporta as caixas para a área de distribuição. Todos os funcionários são remunerados por hora de serviço.

PRODUÇÃO: DEPOIS

A proposta de Bennet envolve a utilização do mesmo equipamento, mas em um formato de produção em massa. Os trabalhadores não deverão mais executar o processo inteiro. Um deles ficará encarregado da preparação da matéria-prima e será responsável por cortar o material no tamanho adequado para a curagem. Outro trabalhador será responsável pelo manuseio do material — levá-lo para as prensas de curagem e transportar as caixas com os produtos acabados de volta para a área de distribuição.

A operação final de acabamento, que envolve a retirada do excesso de borracha das partes curadas e a colocação dessas peças em caixas para a distribuição, será realizada por outro funcionário. Finalmente, um trabalhador será designado para o processo de curagem: colocar as partes na prensa, ativá-la e retirar as peças em uma esteira que as levaria para a operação final de acabamento. O funcionário da área de curagem operará um total de cinco prensas.

Todos os trabalhadores da produção sob o processo de produção proposto serão remunerados pelo sistema de unidades produzidas. Essa abordagem é utilizada em um esforço para aumentar a motivação, que, por sua vez, incrementará a produção.

OS TURNOS DE PRODUÇÃO

O plano de Bennet foi prontamente aceito por Goodman e pelos membros do conselho administrativo. O plano foi tornado definitivo e enviado para os supervisores para implementação. Goodman e o conselho aguardaram ansiosamente os resultados. Brown, um membro do conselho, analisou cada turno antes e depois da implementação total do plano de produção.

Primeiro Turno

Antes

Cleverson Anthony é o supervisor do primeiro turno. "Clev", como é carinhosamente chamado pelos trabalhadores sob sua supervisão, parece e pensa exatamente da mesma maneira que fazia quando foi inicialmente contratado pela Goodman, em 1968. Quando perguntado sobre as operações da fábrica, Clev inclina-se para trás, acende seu cigarro e fala longamente sobre o desempenho da empresa. A alta direção respeita profundamente o velho Clev; ele é considerado um dos funcionários leais que ajudou a tornar a companhia naquilo que é atualmente.

Clev realmente não precisa trabalhar. Seu cunhado faleceu há muitos anos, deixando para ele e para sua esposa uma considerável quantia em dinheiro. Desde essa época, tem viajado ao longo do país para encontrar o local perfeito para se aposentar. Ele faz sua pesquisa durante suas seis semanas de férias; algumas vezes, emenda um feriado, ao tirar um dia de folga antes e outro depois. O departamento funciona praticamente sozinho e ele pode fazer isso sem que seja percebido. Clev ainda tem de trabalhar por mais oito anos antes de se aposentar, mas, mesmo assim, gasta grande quantidade de tempo falando sobre o local ainda não-encontrado para o qual irá após sua aposentadoria.

Nancy Pearson, responsável pelo registro dos horários dos funcionários, tem quase 30 anos; lida com a papelada do departamento. Ela programa a produção, solicita os materiais, verifica os estoques de produtos acabados e, então, digita as etiquetas para embarque.

Joe Bob Haymaker, o primeiro operador de prensa, tem orgulho do fato de ele e Clev terem sido contratados no mesmo dia. Os dois possuem um acordo para irem para o mesmo lugar após a aposentadoria. Clev o visita pelo menos uma vez por turno e ajuda Joe Bob a operar sua prensa enquanto conversam sobre os diferentes lugares que Clev visitou recentemente.

John (Buscapé) Malone é o segundo operador de prensa. Embora esteja com quase 60 anos, freqüenta a escola à noite com a esperança de se tornar um programador de computadores. Ele gosta de impressionar os colegas trazendo seus livros para o refeitório e discutindo as últimas coisas que aprendeu. A programação de computadores é um dos mais recentes cursos que ele iniciou. No ano passado, estava participando de um curso a distância de contabilidade.

Buscapé se autonomeou porta-voz do turno. Ele anda pelo departamento durante o dia e anota as reclamações e as melhorias que poderiam ser feitas com relação às operações. Os trabalhadores toleram Buscapé, mas fazem comentários jocosos sobre ele; todas as vezes em que ele nota a presença de Joe Smith ou Robert Goodman, corre em sua direção e lê as sugestões do caderno que mantém em seu bolso.

Os outros funcionários do primeiro turno estão na mesma faixa etária de Clev, Joe Bob e Buscapé, ainda que eles não se socializem entre eles. Convivem muito bem no trabalho, no entanto, após o término do expediente, seguem por caminhos diferentes. Essencialmente, os trabalhadores do primeiro turno acreditam ser os responsáveis pela companhia se ter tornado aquilo que é hoje. Eles sentem que a organização não lhes têm sido justa ao longo dos anos ao não dividir os altos lucros que foram obtidos por eles para a empresa. Conseqüentemente, sempre que têm uma chance, eles saem mais cedo ou chegam atrasados para o serviço.

O primeiro turno nunca deixa de cumprir suas metas de produção. Os trabalhadores conseguem isso ao auxiliarem Nancy a planejar a programação de trabalho às segundas-feiras. Clev não vê nada de errado com essa tática; afinal, esses funcionários possuem todo o conhecimento que qualquer pessoa poderia ter sobre as capacidades do equipamento.

O nível de qualidade do primeiro turno é extremamente elevado. Sempre que um produto é devolvido por um consumidor, Buscapé e Clev vão até o atendimento para inspecioná-lo. Essa peça defeituosa quase sempre é responsabilidade de um dos "turnos atrapalhados". Os trabalhadores do primeiro turno possuíam experiência demais para permitir erros onerosos desse tipo!

Depois

A produção e a qualidade do trabalho do primeiro turno decresceram significativamente depois da mudança. Após duas semanas trabalhando sob o plano de Bennet, Clev perguntou se não poderia aposentar-se antecipadamente. A alta gerência não gostou da idéia de perder um funcionário como Clev e, então, criou para ele um cargo no atendimento. Em razão de Buscapé ser sempre um pensador progressivo com relação ao trabalho, a administração acredita que ele poderá ser um ótimo chefe de turno.

Ninguém do primeiro turno gostou das mudanças. Há constantes reclamações sobre o novo processo. Os produtos não são adequadamente preparados para as próximas etapas do processo de produção.

Joe Bob, que reclamara sobre o fato de a companhia haver pressionado excessivamente os trabalhadores ao implementar o sistema de remuneração por unidade de produção, está organizando um sindicato. Os demais trabalhadores parecem estar dispostos a aderir à idéia. Acreditam que a companhia não deve achar que eles são competentes, senão não teria simplificado as rotinas de trabalho dessa forma e, assim, não haveria necessidade de degradá-los com as exigências do sistema de unidades de produção.

Segundo Turno

Antes

O supervisor do segundo turno é Norm Leonard. Ele tem 54 anos e há três anos trabalha na companhia. Ele foi contratado diretamente para o cargo de supervisor por seu bom amigo e vizinho Bob Goodman.

Antes de vir para a Goodman, Norm trabalhou como supervisor-assistente de linha no controle de qualidade em outra companhia. Ele tinha solicitado a opção de aposentadoria ao completar 30 anos de trabalho, quando estava com 50 anos. Após um ano de aposentadoria, descobriu que seu benefício não era suficiente para cobrir suas despesas e, caso desejasse obter o pagamento integral de seu benefício quando tivesse 65 anos, teria de contribuir para a previdência durante mais dez ou 11 anos.

Bob Goodman disse a Norman que havia um lugar para ele na Goodman. A empresa poderia utilizar sua experiência e ele, por sua vez, poderia utilizar o dinheiro extra para superar as dificuldades decorrentes da transição entre o padrão de vida da ativa e aquele obtido após sua aposentadoria plena. Norman pensava que seria um emprego fácil.

Em setembro, Norman assumiu a supervisão do segundo turno da Goodman. Esse turno era composto por 12 homens na faixa dos 30 anos. Muitos estavam na empresa havia sete ou oito anos; em geral, formavam um grupo bem produtivo. Quando Norm assumiu o posto, os homens não o aceitaram exatamente de braços abertos, mas, por outro lado, não havia ninguém que particularmente não gostasse dele.

Até o momento, o trabalho de Norm tinha sido relativamente fácil. Todas as vezes que os homens tinham problemas com as máquinas ou com o material, iam diretamente a Jim Fask. Jim era um dos homens com maior tempo de serviço do turno, e parecia que sabia exatamente como cada máquina deveria ser operada e como cada produto deveria ser produzido. Ele não tem nenhuma autoridade formal sobre os homens, mas todos parecem estimá-lo e confiar nele.

Além de Jim, Norm percebeu que não havia outras estrelas no turno. Norm socializava-se muito pouco com seus homens; achava que os homens deveriam fazer seu trabalho e ele, o seu. Seguia as normas e os regulamentos estabelecidos pela companhia e mantinha o turno operando em um nível satisfatório. Em outras palavras, Norm não quer "balançar muito o barco".

Depois

Após refletir sobre o que havia acontecido desde a implementação do programa de Bennet, Norm sentiu que tinha cooperado de todas as formas possíveis. Ele está convencido de que a dramática redução na produção em seu turno foi resultado do plano de Bennet.

Inicialmente, ela tirou Jim Fask da sua equipe de produção regular e designou-o como o responsável pelos ajustes das máquinas e mecânico do turno em virtude de sua experiência. Norm acha que somente essa mudança responderia pela maior parcela da queda da produção, considerando-se que Jim era mais produtivo que os outros funcionários do turno e costumava compensar o tempo perdido pelos colegas com brincadeiras.

Após o novo plano ter entrado em operação, Norm permanece na linha de produção todo o tempo. Ele quer observar os trabalhos para certificar-se de que seus homens estão seguindo os planos de Bennet em seus mínimos detalhes.

Norm não vê nada essencialmente errado com o plano de Bennet. De fato, ele queria ter pensado nisso antes, e teria mostrado a Bob Goodman que apreciava o emprego e a companhia. Ele tem certeza de que, se um homem houvesse pensado e implementado o plano, os trabalhadores teriam mostrado muito mais disposição para adotá-lo. Agora que havia pensado um pouco mais sobre isso, ele estava certo de que os homens estavam rebelando-se contra o plano porque uma mulher o havia concebido.

Terceiro Turno

Antes

O terceiro turno foi adicionado em maio último para fazer frente ao aumento da demanda causado pela substituição de modelos da indústria automobilística. Doze trabalhadores foram colocados nesse turno; apenas cinco deles eram trabalhadores em período integral, cada um possuindo menos de cinco anos de serviço. Sete universitários contratados para o verão compunham o restante da equipe.

Fortes laços de amizade haviam rapidamente se desenvolvido entre os funcionários regulares, chamados "Jackson Five" em homenagem ao supervisor do turno, Bob Jackson, e os "Sete Magníficos", um título de brincadeira concedido aos estudantes em sua primeira semana de treinamento. A socialização entre os membros do grupo não era rara após o expediente. A cooperação no trabalho era extremamente elevada, com os estudantes auxiliando-se mutuamente nas dificuldades com a mecânica ou com os materiais.

Chefiando o grupo estava o ex-sargento do corpo de fuzileiros navais norte-americano Bob Jackson, de 29 anos. Bob trabalhava para a Goodman havia quatro anos e meio. Ao juntar-se à companhia, sua experiência militar o qualificava para o programa de treinamento para supervisores. Após ter recebido várias tarefas menores, foi encarregado de chefiar o novo turno, depois de três semanas de intenso treinamento referente a todos os aspectos da operação.

Sendo a única pessoa de *status* no turno, Bob não acreditava que devesse pressionar continuamente seus trabalhadores para que eles alcançassem as cotas de produção da companhia; outros supervisores os pressionavam intensamente na tentativa de impressionar quaisquer supervisores que pudessem estar observando. Ele era conhecido por trabalhar lado a lado com os membros de seu turno que estivessem experimentando algum tipo de dificuldade com as máquinas ou com os materiais.

Os outros quatro trabalhadores em regime integral eram operadores de máquina relativamente novos com relação ao sistema anteriormente descrito. Juntamente com os sete estudantes universitários, eles passaram as primeiras duas semanas no departamento familiarizando-se com as operações. Todas as mudanças de peças durante esse período eram realizadas pelos turnos anteriores. A produção melhorou nas três semanas seguintes à medida que os trabalhadores tornaram-se mais familiarizados com os procedimentos.

Quando chegou a ordem para que o processo de produção fosse modificado, Bob notificou seu turno e finalizou os planos, os quais foram posteriormente seguidos. Bob descobriu que todos os seis operadores de máquina seriam mantidos na produção, um de seus trabalhadores seria treinado como mecânico do turno e os quatro restantes operariam nas funções de estoquista, cortador e curador.

Depois

Como as máquinas eram automáticas, as únicas habilidades reais exigidas estavam na sua manutenção e no conhecimento necessário para realizar a substituição das peças. John Baluck, funcionário com três anos de serviço, era o ex-operador escolhido para ser treinado como mecânico. Os outros três veteranos deveriam ser mantidos nas máquinas; Jackson acreditava que eles, juntamente com os "Sete Magníficos", deveriam passar por uma rotação como operadores.

Para quebrar a rotina cansativa da operação com os moldes, os operadores freqüentemente dividiam-se em dois grupos para desafiarem-se em corridas de produção; os perdedores tinham de pagar cervejas para os vencedores em um dos encontros após o expediente. Geralmente, a cota era alcançada após cinco horas de trabalho do turno. Aqueles que não estavam operando os moldes juntavam-se ao jogo, pois sabiam que na próxima semana estariam nas máquinas.

Preocupado com o fato de que essa prática pudesse reduzir a qualidade do produto, Jackson estabeleceu um sistema de pontos, penalizando os grupos por eventuais defeitos. O processo inteiro funcionou tão bem que Jackson não se incomodava com os intervalos para as refeições de uma hora e meia que seus funcionários realizam no meio da noite. Seu turno estava consistentemente acima das cotas de produção e havia superado os outros dois turnos ao longo do mês de agosto.

As modificações dos produtos e os ajustes mecânicos, um problema dos outros turnos, não existiam. John Baluck foi capaz de realizar todos os ajustes durante os intervalos dos funcionários. Caso algum trabalho fosse necessário em qualquer outra ocasião, os trabalhadores encurtariam suas pausas para refeição para compensar qualquer tempo perdido.

Jackson encorajava novas idéias. Ele queria fazer o novo sistema funcionar. Os trabalhadores respondiam ao sugerir formas pelas quais a produção poderia ser facilitada. Tanto Bob quanto seus trabalhadores não queriam estabelecer novas metas de produção. Estavam satisfeitos com um desempenho levemente superior àquele já determinado. A equipe descobriu que, quanto mais eficiente eles tornavam o processo, mais tempo ocioso teriam para gastar. Contanto que tudo permanecesse normal, Jackson não iria perturbar ninguém para que aumentasse seus níveis de produção, especialmente porque seu turno estava superando os demais.

Outras equipes e outros supervisores estavam impressionados com o desempenho do terceiro turno. Ann Bennet atribuiu esse histórico a suas idéias, mas nunca conseguiu ser capaz de descobrir por que um turno havia sido bem-sucedido enquanto os outros haviam falhado. Mesmo a observação da equipe de Jackson por algumas noites não lhe forneceu qualquer indicação. Os Jackson Five e os Sete Magníficos sabiam que estavam se saindo bem; não iriam arruinar o que haviam conseguido ao permitir que alguém tomasse conhecimento de seus arranjos e métodos especiais.

EFEITOS GERAIS

A implementação da mudança no processo de manufatura produziu resultados preocupantes. A produção decresceu no primeiro e no segundo turnos. A produção no recém-criado terceiro turno permaneceu relativamente constante, mas continuou a alcançar as cotas-padrão de produção. Goodman ficou muito insatisfeito com os resultados gerais e se questionou se a contratação de Ann Bennet como analista de produção havia sido um erro.

Orientações para Estudo

1. Quais mudanças ocorreram na Goodman e o que contribuiu para as dificuldades enfrentadas para sua implementação?
2. Quais problemas na comunicação, na motivação e na liderança você poderia identificar?
3. Discuta o papel dos grupos informais na companhia Goodman.

Caso Seis

A Falcon Computadores

Um pequeno grupo de gerentes da Falcon Computadores reunia-se regularmente nas manhãs de quartas-feiras para desenvolver uma declaração de princípios que capturasse aquilo que eles consideravam ser a "Cultura Falcon". Suas discussões eram bem amplas, abrangendo o que acreditavam ser a cultura da empresa, o que ela deveria ser e como criá-la. Eles provavelmente estavam sob a influência de outras empresas de seu ambiente, pois se encontravam localizados na região do Vale do Silício, na Califórnia.

A Computadores Falcon era uma empresa nova, tendo sido criada apenas cinco meses antes. Uma vez que a companhia ainda estava na sua fase inicial, os gerentes decidiram que seria oportuno criar e instilar o tipo de cultura que julgavam ser mais apropriada para sua organização. Após semanas de *brainstormings*, redações, debates e novas redações, o grupo de gerentes acabou produzindo um documento chamado "Valores Falcon", que descrevia a cultura da companhia da maneira como eles a enxergavam. A declaração dos princípios da cultura organizacional abrangia tópicos como o tratamento dos consumidores, as relações entre os colegas de trabalho, os estilos preferidos de comunicação social, o processo de tomada de decisões e a natureza do ambiente de trabalho.

Peter Richards leu o texto da declaração dos valores da Falcon logo após ter sido contratado como treinador de sistemas. Depois de observar os comportamentos dos gerentes e dos funcionários da empresa por algumas semanas, estava chocado com a discrepância entre os valores expressos no documento e as práticas atuais no interior da organização. A declaração de valores da Falcon, por exemplo, continha afirmações como esta: "Qualidade: a atenção aos detalhes é nossa marca registrada; nosso objetivo é fazer certo da primeira vez. Pretendemos prover serviços e produtos para nossos consumidores sem defeitos e na data prometida". Contudo, Richards já havia visto alguns relatórios de distribuição demonstrando que diversos computadores defeituosos eram enviados aos consumidores. E sua experiência pessoal reforçava seus piores temores. Quando ele tomou emprestado quatro computadores novos da Falcon para utilizá-los em uma turma de treinamento, descobriu que apenas dois deles podiam ser corretamente iniciados sem nenhum auxílio técnico adicional de sua parte.

Outro exemplo da diferença entre os valores contidos no documento da Falcon e as práticas reais referia-se ao texto sobre comunicação: "O gerenciamento por meio da comunicação pessoal faz parte do jeito Falcon. Valorizamos e encorajamos comunicações abertas, diretas, frente a frente como parte de nossas rotinas diárias". Os executivos gabavam-se da forma como dispunham suas cadeiras em círculo para demonstrar igualdade e para facilitar comunicações abertas em todas as oportunidades nas quais se reuniam para discutir a declaração de valores da Falcon. Richards tinha ouvido a expressão da moda "comunicações abertas" diversas vezes desde que chegara à Falcon, mas não tinha visto muita evidência desse tipo de comunicação. De fato, todas as demais reuniões

---

Este caso foi preparado por Mel Schnake, que o adaptou do artigo de REYNOLDS, Peter C. Imposing a Corporate Culture, *Psychology Today*, mar. 1987, p. 33-38.

utilizam uma disposição mais tradicional, com os alto executivos na parte da frente da sala. Richards acreditava que a cultura organizacional real que estava desenvolvendo-se na Falcon era caracterizada por segredos e por um estilo de comunicações que acompanhava a cadeia de comando formal. Mesmo o documento com os valores da Falcon, disseram a Richards, havia sido elaborado em segredo.

Richards logo ficou desiludido. Confidenciou a um colega uma tarde que "o documento com os valores da Falcon era tão diferente da realidade testemunhada pelas pessoas todos os dias que poucos indivíduos o levavam a sério". Os funcionários rapidamente aprendiam o que era realmente enfatizado na organização — hierarquia, discrição e urgência — e, em vez disso, passavam a centrar-se em torno dessa realidade, ignorando muitos conceitos incorporados na declaração de valores. Apesar dessa frustração, Richards permaneceu na Falcon até que ela pedisse concordata, dois anos depois. "Da próxima vez", pensou consigo mesmo à medida que limpava sua mesa, "prestarei mais atenção ao que realmente está acontecendo, e menos àquilo que a alta gerência alega ser verdadeiro". "Além do mais", complementou, "acho que você não pode simplesmente criar valores".

Orientações para Estudo

1. O que é mais importante, as declarações contidas em um documento sobre a cultura corporativa ou o comportamento real praticado pela administração?
2. Por que os executivos da Falcon agiam da maneira relatada neste caso?
3. Por que funcionários como Richards não denunciaram o comportamento da Falcon, questionando as inconsistências entre valores e comportamentos?
4. Como os executivos podem conseguir modificar os velhos valores que governam uma organização?

Caso Sete

A Companhia de Seguros de Vida Consolidated Life

PARTE 1

Tudo havia começado de uma forma extremamente positiva. Três dias após obter sua graduação em administração de empresas, Mike Wilson começou seu primeiro dia de trabalho em uma prestigiosa companhia seguradora — a Consolidated Life. Ele trabalhava no departamento de emissão de apólices. O trabalho do departamento era essencialmente burocrático e não exigia grande quantidade de conhecimento técnico. Dada a repetitiva e convencional natureza do trabalho, o trabalhador que desejasse ser bem-sucedido deveria ser consistente e estar disposto a lidar com enorme quantidade de papéis.

Rick Belkner era o vice-presidente da divisão, "o homem encarregado" naquela ocasião. Rick era atuário por formação, um profissional técnico cujo estilo de liderança era o *laissez-faire*. Ele era descrito na divisão como "o espelho de quem quer que tivesse a personalidade mais forte em volta dele". Era notório que Rick ganhava US$ 60 mil por ano enquanto passava parte de seu tempo fazendo palavras cruzadas.

Mike havia sido contratado como *trainee* administrativo e recebeu a promessa de um cargo de supervisão em um ano. No entanto, em virtude da reorganização administrativa, passaram-se apenas seis semanas antes que o colocassem como encarregado de uma unidade com oito pessoas.

A reorganização foi planejada para aperfeiçoar o fluxo de trabalho, melhorar e combinar as atividades burocráticas e aumentar a utilização dos sistemas de informática. Foi uma drástica mudança com relação às velhas maneiras de fazer as coisas, o que criou sentimentos de animosidade e de ansiedade entre os funcionários do escritório.

A administração percebeu que um estilo de supervisão mais flexível era necessário para realizar a reorganização sem uma elevada rotatividade, de maneira que os gerentes ofereceram aos seus supervisores liberdade para que administrassem suas unidades como desejassem. Mike utilizou essa liberdade para implementar reuniões de grupo e classes de treinamento em sua unidade. Além disso, garantiu um aumento para todos os membros se eles trabalhassem intensamente para obtê-lo. Ao trabalhar por muitas horas, participar das tarefas menores com sua unidade e ser flexível quanto ao seu estilo de liderança, ele foi capaz de aumentar a produtividade, reduzir os erros e diminuir o tempo desperdiçado. As coisas melhoraram de maneira tão dramática que ele foi logo notado pela alta gerência e adquiriu uma reputação de estrela, apesar de ser visto como liberal e heterodoxo. O sentimento geral era que seu estilo de administração, mais livre e orientado para as pessoas podia ser tolerado porque seus resultados eram excelentes.

Este caso foi preparado por Joseph Weiss, Mark Wahlstrom e Edward Marshall, e usado com permissão dos autores e da editora Elsevier Science e Publishing Co., Inc.

Uma Chance para Progredir

Após um ano, Mike recebeu uma oferta de outra divisão da Consolidated Life, localizada do outro lado da cidade: solicitaram-lhe que administrasse um escritório na área de marketing. O salário era excelente e a posição oferecia uma oportunidade para colocar em ordem um escritório desorganizado. A reorganização da divisão da Consolidated na qual Mike trabalhava atualmente estava quase completa, e a maior parte de seus mentores e amigos já tinha mudado para outros postos. Mike decidiu aceitar a oferta.

Em sua entrevista de saída, foi-lhe assegurado que, se desejasse algum dia retornar, uma posição estaria sempre à sua disposição. Estava claro que ele era extremamente estimado tanto pela administração quanto pelos funcionários. Uma grande festa foi oferecida na sua despedida.

O novo cargo foi satisfatório durante um curto espaço de tempo, mas se tornou aparente para Mike que ele não possuía o potencial de longo prazo que lhe havia sido prometido. Após trazer novos membros, informatizar o escritório e auditar os livros, ele começou a procurar uma posição que fosse, ao mesmo tempo, desafiadora e que lhe oferecesse a autonomia necessária para se tornar bem-sucedido.

Com o passar do tempo, acabaram chegando ao ouvido de seu antigo vice-presidente, Rick Belkner, da Consolidated Life, alguns boatos de que Mike estava procurando um novo emprego. Rick ofereceu a Mike um cargo com a mesma remuneração que ele agora recebia e o controle sobre uma unidade com 14 funcionários na sua antiga divisão. Após considerar outras opções, Mike decidiu retornar à sua antiga divisão, sentindo que poderia ser capaz de progredir gradualmente ao longo dos próximos anos.

Entra Jack Greely; Retorna Mike Wilson

No momento que retornava à Consolidated Life, Mike tomou conhecimento das diversas mudanças que haviam ocorrido nos seis meses desde a sua partida. A mais importante foi a contratação de um vice-presidente sênior, Jack Greely. Jack havia recebido total autoridade para operar a divisão. Rick Belkner agora se reportava a Jack.

A reputação de Jack era a de que ele era duro, porém justo. Para as pessoas na divisão de Jack, era necessário fazer as coisas do seu jeito e cumprir suas tarefas.

Mike também descobriu que agora se reportava a uma de suas antigas colegas, Kathy Miller, que havia sido promovida à gerência durante a reorganização. Ele sempre tivera um bom relacionamento com Kathy e acreditava que não teria nenhum tipo de problema ao trabalhar com ela.

Após uma semana, Mike percebeu a extensão das mudanças que haviam ocorrido. A atmosfera casual e relaxada que marcara sua primeira passagem pela divisão tinha acabado. Agora, uma doutrina administrativa mais estrita e orientada para as tarefas era praticada. O moral da equipe de supervisão caíra a níveis alarmantes. Jack Greely era o tópico das conversações. As pessoas brincavam com o fato de que o gerenciamento por metas (GPO), ou *management by objectives* (MBO, em inglês), agora significava "gestão para a opressão".

Mike era saudado com comentários como: "Bem-vindo à prisão" e "Por que você voltou para cá? Deve estar desesperado!". Era como se todos estivessem procurando novos empregos ou transferências. As atitudes negativas refletiam-se na má qualidade do trabalho executado.

A Idéia de Mike: um Fórum de Supervisores

Mike acreditava ser necessária uma mudança no estilo de administração de seu chefe (Jack) para melhorar uma situação frustrante. Ao perceber que seria difícil afetar diretamente o estilo de Jack, Mike solicitou permissão de Rick Belkner para formar um fórum de supervisores com todos os gerentes de seu nível na divisão. Ele explicou que seu propósito era o de fortalecer o programa de treinamento gerencial. O fórum incluiria reuniões semanais, oradores convidados e discussões sobre tópicos relevantes para a divisão e para o setor. Mike julgou que o fórum mostraria a Greely sua seriedade não apenas quanto a realizar suas tarefas, mas também quanto a melhorar o moral na divisão. Rick deu sua autorização para uma reunião inicial.

O encontro ocorreu e dez supervisores, que eram colegas de Mike na companhia, imediatamente aproveitaram a oportunidade para participar da discussão. Houve uma atitude eufórica no grupo à medida que seus membros redigiam sua declaração de intenções. Ela continha o seguinte texto:

Para: Rick Belkner

De: Supervisores do Serviço de Novas Emissões

Assunto: Fórum dos Supervisores

Na quinta-feira, 11 de junho, o fórum dos supervisores realizou seu primeiro encontro. O objetivo dessa reunião foi identificar áreas comuns de preocupação entre os gerentes e determinar os tópicos cuja discussão poderá haver interesse.

A primeira área abordada foi o hiato que parece existir nos programas de treinamento gerencial. Como resultado de condições além de nosso controle, muitos de nós, ao longo do último ano, desempenhamos atividades de supervisão sem o benefício do treinamento formal ou da experiência adequada. Desse modo, propomos que este Fórum de Supervisores seja utilizado como uma maneira de incrementar os programas de treinamento gerencial já existentes. As áreas que esperamos afetar com esse treinamento adicional são as seguintes: (a) moral/satisfação, (b) qualidade do trabalho e dos serviços, (c) produtividade e (d) especialização gerencial relacionada ao segmento de seguros. Com esse objetivo em mente, apresentamos a seguir uma lista de atividades que gostaríamos de realizar:

1. Utilizar mais intensamente os programas domésticos de treinamento já existentes para o treinamento de *trainees* da gerência e de supervisores, por exemplo, Introdução à Supervisão, Igualdade de Oportunidades de Emprego (EEO) e Orientação e Aconselhamento.
2. Reunir uma série de oradores de várias seções da companhia, que exporiam os aspectos técnicos de seus departamentos e de seus estilos de liderança.
3. Convidar oradores externos para realizar apresentações para o fórum sobre tópicos específicos, como desenvolvimento gerencial, estrutura e comportamento organizacionais, política dos negócios e o setor de seguros. Os oradores poderiam ser professores universitários, consultores e funcionários públicos do setor.
4. Realizar treinamento externo e visitas monitoradas. Essa atividade poderia incluir a participação em seminários sobre teoria e desenvolvimento gerenciais relativos ao setor de seguros. Em anexo, segue o exemplo de um programa que gostaríamos que fosse considerado para as atividades futuras.

Concluindo, esperamos que este memorando ilustre claramente o que estamos buscando realizar com esse programa. É nosso desejo que os pontos aqui apresentados ofereçam ao fórum a credibilidade desejada e o estabeleçam como uma valiosa ferramenta para todos os níveis gerenciais no interior do Serviço de Novas Emissões. Ao suplementar nosso treinamento doméstico com uma série de oradores e cursos, temos como objetivo desenvolver potenciais membros para o quadro gerencial com uma perspectiva mais ampla, tanto do setor de seguros quanto do papel da administração neste segmento. Ao mesmo tempo, gostaríamos de estender um convite para os subscritores de apólices para que participem de nosso programa, caso isso os interesse.

Cc: J. Greely
Gerentes

O grupo acreditava que o memorando assinalava de maneira precisa e diplomática sua insatisfação com a situação atual. No entanto, os membros já haviam ponderado quais seriam os resultados de suas ações e o que mais poderia ter sido feito.

PARTE 2

Uma reunião de emergência foi agendada por Rick Belkner por solicitação de Jack Greely para discutir o grupo que estava sendo formado pelos supervisores. Quatro gerentes gerais, Rick Belkner e Jack Greely estiveram no encontro. Durante a reunião, sugeriu-se que o fórum fosse desfeito para "colocá-los em seu devido lugar". Contudo, Rick Belkner acreditava que, caso fosse orientado na direção certa, o fórum poderia desaparecer por falta de interesse. Sua posição prevaleceu, mas era de conhecimento geral que Jack Greely opunha-se fortemente ao fórum e queria ver seus fundadores punidos. Seu comentário fora: "Isto não é uma democracia e eles não são um sindicato. Se eles não gostam das coisas como são aqui, então, podem sair". Uma investigação foi iniciada para determinar os principais autores do memorando para que pudessem ser confrontados.

Mais ou menos na mesma época, a unidade de Mike cometeu um erro em um caso e Jack Greely estava muito embaraçado para admiti-lo para seu chefe. Esse embaraço era mais do que Jack Greely podia suportar de Mike Wilson. No encontro de gerentes daquele dia, Jack entrou abruptamente na sala e declarou que o próximo supervisor que "pisasse na bola" estaria demitido. Ele não permitira mais embaraços em sua divisão e repetiu sua declaração anterior sobre a possibilidade de "as pessoas saírem se não gostassem de trabalhar ali". Havia ficado claro para Mike e para todos os presentes que Mike Wilson era um homem marcado.

Mike tinha sido um supervisor acessível e amigável. A grande razão pela qual essa unidade fora bem-sucedida era a atenção que ele destinava a cada pessoa e a maneira como ela interagia com o grupo. Ele possuía uma reputação de justo, era tido como um excelente juiz para a escolha de funcionários para novas posições e sobressaía-se por sua habilidade para reabilitar pessoas que haviam enfrentado problemas. E motivava as pessoas por meio de um estilo dinâmico e pessoal e destacava-se por sua total falta de respeito pelas regras. Ele as tratava como obstáculos para a administração e geralmente utilizava seu próprio discernimento para determinar o que realmente importava. Seu escritório possuía uma placa na qual se lia: "Qualquer tolo pode administrar com regras. É preciso uma pessoa realmente única para administrar sem nenhuma". Tal abordagem ia de encontro à política da companhia, mas havia sido ignorada no passado em virtude de seus resultados. Contudo, como conseqüência das ações de Mike com o Fórum dos Supervisores, ele agora era visto como um encrenqueiro, não como um *superstar*, e seu estilo peculiar tornou as coisas ainda piores.

Como circulavam rumores sobre sua demissão, Mike sentou-se para avaliar a situação.

PARTE 3

Mike decidiu tomar as seguintes medidas:

1. Manter o fórum vivo, mas moderar seu tom para que ele não perturbasse Jack Greely.
2. Não entrar em pânico. Iria simplesmente trabalhar mais e melhor que o restante da divisão. Esse plano incluía um processo intensivo para proporcionar um novo treinamento e uma nova motivação para seus funcionários. Ele implementaria reuniões semanais, realizaria um treinamento interdisciplinar com outras divisões e aplicaria grande quantidade de estímulos interpessoais para motivar seus funcionários.
3. Conquistar elogios dos vendedores e dos consumidores por intermédio de um excelente serviço, e direcionar esses elogios a Jack Greely.

Os resultados após oito meses foram impressionantes. A unidade de Mike melhorou 70% a velocidade de processamento e reduziu 75% dos erros. Sua equipe tornou-se a mais bem treinada da divisão. Mike mantinha um arquivo com diversas correspondências para Jack Greely que elogiavam o excelente serviço da unidade. Além disso, o Fórum dos Supervisores tinha, apesar dos ressentimentos, obtido credibilidade, embora o escopo da atividade houvesse sido restringida. Mike melhorara até mesmo ao ponto de submeter relatórios imediatos como uma concessão à gerência.

Mike estava confiante em que os resultados falariam por eles próprios. No entanto, um mês antes da sua programada promoção e um mês após excelente aumento por merecimento como reconhecimento de seu excepcional histórico de serviços prestados, ele foi chamado ao escritório de sua supervisora, Kathy Miller. Ela lhe informou que, após longa e cuidadosa consideração, tinha sido tomada a decisão de negar sua promoção por causa de sua falta de atenção com os detalhes. A negação de sua promoção não significava que ele não era um bom supervisor, apenas que precisava ser mais um seguidor do que assumir a liderança. Mike ficou atordoado e concordou. Mas, antes que pudesse dizer qualquer coisa, ela lhe pediu que encontrasse Rick Belkner e Jack Greely no dia seguinte.

O Desfecho

Sentando-se frente a frente com Rick e Jack, Mike perguntou-lhes se concordavam com a avaliação que Kathy havia discutido com ele. Ambos disseram que sim. Quando perguntados se algum outro supervisor superava-o em habilidade e resultados, cada um deles afirmou que Mike era um dos melhores, se *não* o melhor. Então, por que, perguntou Mike, poderiam negar-lhe uma promoção

Caso 7 A Companhia de Seguros de Vida Consolidated Life 429

quando outros com menos habilidades tiveram suas promoções aprovadas? A resposta veio diretamente de Jack: "Não é nada pessoal; apenas não gostamos do seu estilo de administração. Você é "peixe fora d'água". Não podemos gerir uma divisão com dez supervisores, todos fazendo coisas diferentes. Que tipo de negócio você acha que estamos operando aqui? Precisamos de pessoas que se adaptem ao nosso estilo e aos nossos métodos para que possamos mensurar os resultados objetivamente. Não há muito espaço para interpretações subjetivas. Sentimos que se você realmente colocar em sua cabeça que isso é possível, pode tornar-se um excelente gerente. O fato é que você está criando caso e produzindo muitos ruídos. Não precisamos disso. Não nos importa se você agora é o melhor. Mais cedo ou mais tarde, quando você subir um degrau em sua carreira, será obrigado a prestar mais atenção às responsabilidades administrativas e não lidará bem com elas. Se corrigirmos seus hábitos negativos agora, acreditamos que você irá longe".

Mike estava chocado. Ele se voltou para Rick e falou abruptamente: "Você quer dizer que os meus resultados não importam? Tudo o que importa é a maneira como eu faço as coisas?". Rick afundou-se em sua cadeira e declarou em um tom casual: "Em uma palavra: sim".

Mike deixou o escritório consciente de que sua carreira na Consolidated estava acabada e imediatamente começou a procurar um novo emprego. O que teria acontecido de errado?

Orientações para Estudo

1. Este caso pode ser tratado como um exercício para previsão em três partes.
    a. Leia apenas a Parte 1 e pare. Como você acredita que a declaração de intenções dos supervisores será recebida pela alta direção da Consolidated Life?
    b. Leia a Parte 2. O que você acha que Mike fará agora? O que recomendaria que ele fizesse?
    c. Leia a Parte 3. Mike deveria continuar sua carreira na Consolidated Life ou buscar um novo emprego em outro lugar? Como a profecia auto-realizável afeta essa situação? Caso ele deixe a companhia, você acredita que poderá ser bem-sucedido em outra organização?
2. Mike foi inteligente ao tentar modificar o comportamento de seu chefe? Essa tentativa foi ética? Quais métodos entre os quais você leu poderiam ter sido usados? O que você teria feito de maneira diferente?
3. Como você acredita que Mike descreveria a cultura organizacional na Consolidated Life? Qual é a responsabilidade de um funcionário com relação à leitura da cultura da empresa e à adequação a ela?
4. Analise o memorando redigido por Mike. Agora, avalie a justiça e o impacto motivacional do feedback recebido por Mike. Esse feedback será útil na transformação de seu comportamento? Quais conselhos você teria dado a Rick e a Jack antes da reunião com Mike?

Caso Oito

A Companhia Video Eletronics

Frank Simpson, presidente e acionista majoritário da Companhia Video Eletronics, agora, em seu décimo ano, enfrentava o dilema de equipar sua fábrica para suprir o acréscimo nas demandas de produção, trazidas pela expansão da indústria eletrônica, e para responder ao aumento da competição de outros produtores de sua linha de produtos. A planta havia triplicado seu número de funcionários no ano anterior, porém a produção por trabalhador decresceu 20% e os custos subiram até atingir o ponto de equilíbrio. Para o trimestre anterior, o lucro sobre as vendas foi menor que 1% e o lucro sobre o capital investido estava abaixo de 3%. Essas taxas de lucro representavam um quarto daquilo que Simpson considerava normal.

A companhia empregava essencialmente mão-de-obra não-qualificada, treinada pela companhia. Os funcionários não eram representados por um sindicato, e todos eles recebiam por hora trabalhada em vez de salários motivadores.

A companhia havia sido fundada por Simpson e por alguns poucos amigos investidores para a produção de uma linha reduzida de pequenas peças eletrônicas específicas, vendidas para outras empresas. Ela cresceu lentamente e possuía uma força de trabalho de apenas 105 trabalhadores no início do ano anterior. Sua reputação com referência à qualidade era excelente. Essa reputação era a principal razão da enxurrada de pedidos de novos clientes na primavera do ano anterior, exigindo da empresa que triplicasse sua força de trabalho até julho. Simpson salientava: "Eu não procurei estes pedidos. *Eles* vieram até nós. Não gostaria de expandir os negócios de forma tão rápida, mas o que eu podia fazer? Se você quiser manter-se no negócio, não pode dizer a seus consumidores que está muito ocupado para lhes vender alguma coisa".

A companhia estava localizada em uma cidade manufatureira de 15 mil pessoas na área rural do Estado de Nova York, aproximadamente a 100 km de qualquer cidade grande. Um número suficiente de trabalhadores não-qualificados estava disponível localmente para as contratações necessárias para a expansão, que exigia a operação de dois turnos em vez de um. As projeções da administração revelavam que a expansão poderia ser permanente, com uma possibilidade adicional de crescimento moderado durante os próximos cinco anos ou mais.

Simpson, em consultas com o conselho de diretores, concluiu que precisava criar um novo cargo de gerente geral da fábrica para que ele (Simpson) pudesse dedicar mais tempo para a realização de trabalhos de alto nível e menos tempo para a correção de pequenas dificuldades de produção. Também concluiu que, sob as condições atuais, precisaria criar uma equipe de engenharia industrial que pudesse, ao mesmo tempo, lidar com os problemas atuais de produção e proporcionar à sua companhia os trabalhos associados ao desenvolvimento necessários para que ela permanecesse à frente de seus competidores.

Praticamente todos os membros da sua equipe de supervisores trabalhavam para a companhia desde o ano em que ela fora fundada. Todos eram indivíduos habilidosos em fases específicas da operação, mas Simpson sentia que nenhum deles possuía o treinamento ou o conhecimento dos problemas da companhia como um todo para assumir a posição de gerente geral.

Após pensar exaustivamente, Simpson decidiu empregar um gerente geral de fora da empresa. Essa pessoa ficaria subordinada diretamente a ele e teria total responsabilidade sobre a produção e sobre o desenvolvimento de um departamento de produção industrial de alto nível. Simpson solicitou uma reunião com toda a sua equipe de supervisão e explicou detalhadamente sua decisão. Ele descreveu a necessidade desse plano de ação e ressaltou a obrigatoriedade da maior quantidade de cooperação possível. Os supervisores mais antigos não pareciam muito satisfeitos com o desfecho dos fatos, mas prometeram que cooperariam totalmente como o novo gerente.

Aproximadamente quatro meses após a reunião com seus supervisores, Simpson encontrou um gerente geral adequado, John Rider. Engenheiro mecânico de 36 anos, Rider tinha sido supervisor geral de uma grande empresa de produtos eletrônicos da Filadélfia. Um de seus primeiros desafios como gerente geral era encontrar uma pessoa qualificada para desenvolver a função de engenharia industrial. Paul Green, engenheiro industrial de 31 anos, foi contratado do departamento de engenharia industrial de uma grande companhia metalúrgica em Pittsburgh. Green possuía MBA, bom histórico acadêmico, baixa honrosa do serviço militar e dois anos de experiências profissionais relevantes.

Green e Rider sentiam que a companhia estava em má forma com relação à utilização dos equipamentos, ao emprego dos funcionários, ao desperdício e aos níveis de produtos rejeitados. Com base em sua primeira impressão das instalações da linha de produção, estimaram que mudanças na gestão e na engenharia industrial poderiam aumentar a produtividade em pelo menos 25% e reduzir em 35% os custos da unidade.

Green queria ter algum tempo para se familiarizar com os processos e com a equipe de supervisores antes de recomendar maiores ajustes. Rider concordou com seu pedido, e Green passou dois meses familiarizando-se com os supervisores. Durante esse período, recomendou a Rider que realizasse somente pequenas mudanças, que os supervisores pareciam acatar, apenas com pequenas discordâncias. No entanto, após esse período, Simpson, Rider e Green acreditavam que maiores passos deveriam ser tomados para melhorar a produção e a qualidade. Decidiram que o primeiro projeto do departamento de engenharia industrial deveria ser um estudo dos processos de produção, departamento a departamento. O estudo deveria abranger todas as operações realizadas nos produtos. Todos os processos deveriam ser colocados por escrito, uma vez que muitos deles haviam sido desenvolvidos sem que ninguém sequer registrasse por escrito a maneira como deveriam ser executados. Vários supervisores eram os únicos que compreendiam como eram determinadas e realizadas certas operações, e qualquer supervisor que deixasse a companhia normalmente levava consigo um valioso conhecimento, difícil de ser reposto.

Na reunião seguinte dos supervisores (com todos os membros da equipe de supervisão), Simpson anunciou seu plano para a realização do estudo sobre a produção. Nenhuma data para a finalização dos trabalhos foi estabelecida. Nenhum comentário foi feito pelos supervisores de produção, entretanto, estava claro para Rider e Green que muitos dos supervisores mais velhos não estavam felizes com a idéia. Simpson tentou transmitir a idéia de que uma cooperação total seria necessária e de que a companhia tinha de "igualar-se a seus competidores ou estaria fora do negócio".

Green começou o estudo na semana seguinte. Houve rebeliões explícitas em alguns casos, mas ele as apaziguava ao discutir com o supervisor as razões para o estudo, deixando, então, o departamento em paz por alguns dias. Green acreditava estar convencendo as pessoas que tinham colocado objeções, e continuou com suas atividades sem comentar com Rider ou com Simpson sobre as resistências.

Mais ou menos cinco semanas após Green ter iniciado seus trabalhos, ele e Rider saíram da cidade em uma viagem de negócios que os manteve distantes da fábrica por dois dias. Na noite do segundo dia de sua ausência, um dos supervisores do segundo turno telefonou para Simpson, que ocasionalmente ainda trabalhava em seu escritório após o término do expediente. O supervisor disse-lhe que um grupo deles gostaria de lhe falar. Como muitos desses supervisores conheciam Simpson havia muito tempo e o chamavam por seu primeiro nome, ele não colocou obstáculos à proposta e lhes disse para que "dessem um pulo em seu escritório".

O grupo que chegou até sua sala era composto por todos os supervisores com mais de um ano de serviço na companhia. Os supervisores do primeiro turno estavam presentes, ainda que estivessem fora de horário de expediente havia três horas. Tão logo o grupo chegou, ficou claro para Simpson que havia algum problema e que aquela não era uma visita social. Todos os supervisores entraram em seu escritório e Charles Warren, o homem mais velho entre eles, e que havia trabalhado como supervisor durante nove anos, assumiu a posição de porta-voz do grupo.

"Frank", afirmou ele, "todos nós estamos neste negócio há muitos anos. Conhecemos mais sobre este negócio do que qualquer outra pessoa por aqui, e não gostamos de pessoas em nossos departamentos observando tudo o que fazemos. Também não gostamos da idéia de ter um rapaz nos dizendo que devemos fazer isto e aquilo para melhorar a produção e a qualidade. Esse segmento é diferente, e essas novas idéias sobre engenharia industrial não funcionarão para nós. Queremos que você diga a esse rapaz, Green, que suas idéias não funcionarão em uma companhia como esta". Warren então fez uma pausa para dar a Simpson uma chance para responder. Os outros supervisores permaneceram calados.

Orientações para Estudo

1. Se você fosse Simpson, o que faria agora? O que faria posteriormente, caso fizesse algo? Quais modelos comportamentais e idéias estão envolvidos em sua decisão?
2. Simpson deveria ter permitido que os supervisores viessem vê-lo, uma vez que eles agora se reportam diretamente a Rider?
3. Quais tipos de mudanças estão ocorrendo neste caso? Quais são os efeitos dessas mudanças? Quais idéias sobre mudanças poderiam ser úteis para se enfrentar a situação?
4. Os três estágios de mudança (descongelamento, mudança, recongelamento) aplicam-se neste caso? Discuta.

Exercício de Representação

1. Você é Simpson. Responda a Warren e aos outros supervisores reunidos em seu escritório.
2. Faça as pessoas desempenharem os papéis de Simpson, Rider e Green em uma reunião no escritório de Simpson para discutir a situação do dia em que Rider e Green retornarem de sua viagem.
3. Encene o encontro com os supervisores no qual Simpson anuncia para seus supervisores o estudo dos processos de produção. Inclua as pessoas com os papéis de Rider e de Green.

Caso Nove

A Companhia de Produtos Elétricos Elite

A Companhia de Produtos Elétricos Elite é uma subsidiária relativamente pequena de um grande conglomerado europeu. A companhia produz componentes eletrônicos fornecidos à sua matriz para venda em lojas de varejo e para a distribuição comercial. As vendas de cinco anos atrás eram de US$ 10 milhões e cresceram para US$ 35 milhões neste ano. A companhia de produtos elétricos Elite possui duas fábricas, uma na Pensilvânia e outra em Massachusetts. A primeira é relativamente nova e consegue produzir três vezes mais o número de unidades produzidas na segunda fábrica, que foi criada no começo da década de 1920 e ocupa uma propriedade grande e extremamente bem cuidada. Seus prédios são velhos e o maquinário é antiquado. No entanto, o escritório central da companhia está na fábrica de Massachusetts, e o presidente insiste em manter ambas as unidades operando. (Ver tabela com o histórico de produção dos últimos cinco anos das fábricas.)

Com o objetivo de fazer frente ao crescimento administrativo da companhia, funcionários adicionais foram contratados. Contudo, não houve nenhum plano organizado para estabelecer sistemas e procedimentos para treinamento, mecanização etc., em antecipação ao aumento da carga de trabalho e da especialização de atividades e de funções que eventualmente ocorreriam. As pessoas que estavam na companhia havia um longo período conheciam suas tarefas e, em grande parte do tempo, eram os responsáveis pelas operações da empresa em suas atividades do dia-a-dia. Quando muitas dessas pessoas foram desligadas durante um repentino processo de redução do quadro de funcionários, um hiato de informações foi criado, pois havia pouca documentação escrita sobre os procedimentos para orientar aqueles que permaneceram e os novos funcionários contratados para substituí-las.

Outro fator significativo na história da companhia era a rotatividade entre os funcionários. Um organograma administrativo demonstra que 40% das pessoas que entraram havia apenas dois anos não estavam mais associadas à empresa. Entre os remanescentes, 90% possuem diferentes atribuições atualmente. Muitas dessas perdas de pessoal ocorreram em posições importantes, e todos os níveis foram afetados. (As Figuras 1 e 2 mostram organogramas da companhia e da fábrica de Massachusetts, respectivamente.)

A FÁBRICA DE MASSACHUSETTS

O presidente da companhia, William White, originalmente, veio de outra empresa chamada LVT, localizada em Dallas, Texas. Dessa empresa, ele foi recrutado para assumir o posto de gerente de

---

Este caso foi preparado por Barry R. Armandi e é utilizado com permissão do autor e de seu editor, Elsevier Science Publishing Co., Inc.

operações em Massachusetts. Quando os proprietários originais venderam a companhia para o grupo europeu, White foi feito presidente. No ano seguinte, inaugurou a fábrica da Pensilvânia.

Como presidente, White desenvolveu uma filosofia operacional baseada em seis itens. Os componentes dessa filosofia eram os seguintes:

1. Tornar a qualidade dos produtos e do serviço ao consumidor as maiores prioridades.
2. Fomentar uma atmosfera de trabalho orientada para o indivíduo.
3. Elevar ao máximo a comunicação, a interação e o envolvimento.
4. Reduzir ao mínimo os níveis hierárquicos da estruturas organizacionais e controlar o crescimento da burocracia.
5. Avaliar e respeitar a forma de organização da companhia.
6. Perseguir sempre a excelência no desempenho dos negócios.

Após se tornar presidente, White promoveu Peter Johnson à posição de gerente de operações da fábrica, deixando sua posição anterior como gerente de produção. White disse a Johnson que ele (Johnson) ainda tinha muito a aprender sobre a maneira de operar a fábrica e pediu que fosse devagar com as mudanças até que estivesse mais seguro. Também ressaltou que, com a operação projetada para a nova fábrica no ano seguinte, Johnson deveria esperar alguma redução na demanda de produção. Mas White acreditava que essa redução seria temporária. Além disso, White salientou enfaticamente a Johnson a filosofia operacional da companhia.

Enquanto White ainda era o gerente de operações da fábrica, começou a manter reuniões diárias com as seguintes pessoas: o gerente de compras (Paul Barbato), o gerente de produção (Brian Campbell), a gerente do controle de qualidade (Elizabeth Schultz), o gerente de engenharia (David Arato), o gerente de segurança (Martin Massell), a gerente de recursos humanos (Jane Wieder), o gerente de atendimento ao consumidor (Michael St. John), e um dos diretores-assistentes financeiros (Harvey Jones).

Cinco Anos do Histórico de Produção da Companhia de Produtos Elétricos Elite

	1º ano	2º ano	3º ano*		4º ano		5º ano	
			Mass.	Pens.	Mass.	Pens.	Mass.	Pens.
Transistores (milhares)	800	600	500	400	475	535	452	629
Placas grandes de circuito integrado (milhares)	475	479	325	201	300	227	248	325
Placas pequenas de circuito integrado (milhares)	600	585	480	175	250	212	321	438
Chips de alta capacidade (milhões)	1,2	1,1	0,7	0,5	0,6	0,7	0,6	0,9
Chips de baixa capacidade (milhões)	1,8	2,0	0,5	1,3	0,2	2,0	0,3	2,7
Tubos de raios catódicos (milhões)	325	250	210	22	126	46	147	63
Porcentagem com defeito	0,1	0,15	0,9	4,2	1,6	2,5	2,5	1,2

* A nova fábrica iniciou suas operações.

Quando Johnson assumiu seu cargo, decidiu manter as reuniões diárias. Um dia, após discutir vários problemas da companhia em uma reunião aberta, decidiu-se que os indivíduos de várias outras linhas e áreas deveriam participar dessas reuniões. A transcrição das conversas de uma reunião típica é apresentada a seguir:

Peter Johnson: OK, todos vocês, já são 9h, então vamos começar. Vocês todos já sabem qual é a pauta, então vamos começar com a segurança.

Martin Massell (gerente de segurança):   Bem, Peter, tenho muitas coisas que gostaria de discutir. Primeiro, deveríamos analisar o feedback da manutenção. Outro dia tivemos um incidente no qual a equipe de manutenção estava lavando as paredes e deixou que vazasse água na fiação elétrica. Ninguém foi informado sobre isso e, subseqüentemente, uma infiltração que começou na sexta-feira acabou produzindo fumaça.

Peter Johnson: OK, podemos pedir a alguém da manutenção que dê uma olhada nessa questão e, então, que o informe sobre isso. O que mais, Marty?

Martin Massel: Descobrimos que os operadores das empilhadeiras as estão dirigindo muito rapidamente no interior da fábrica. Estamos enviando-lhes um memorando para pedir que reduzam a velocidade.

David Arato (gerente de engenharia):   Por que apenas não colocamos alguns obstáculos no chão para que eles não possam passar de maneira rápida sobre eles?

Martin Massel: Bem, veremos isso. Poderemos fazer isso, sim, mas antes temos de obter algumas estimativas sobre custos, e a manutenção deverá informar sobre isso.

Peter Johnson: A propósito, onde está o representante da manutenção? Bem, acho que terei de contatar Irving (gerente de manutenção). Mais alguma coisa, Marty?

Martin Massel: Ah, sim, tinha esquecido de lhe dizer que toda a plataforma de carga foi limpa. Não deveremos ter mais problemas. A propósito, Brian, certifique-se de contatar Irv sobre o vazamento naquela área.

Brian Campbell (gerente de produção):   Oh, esqueci de lhe dizer, Peter, mas Irv disse que teremos de desligar as máquinas entre 1h e 6h para ele conseguir chegar ao vazamento que está causando o derramamento de óleo. Já tomei providências sobre isso.

Peter Johnson: Puxa, Brian, gostaria que você solicitasse minha autorização antes de liberar essas coisas. Como isso afetará negativamente nossa produção?

Brian Campbell: Não muito, resolveremos isso com algumas horas extras neste fim de semana.

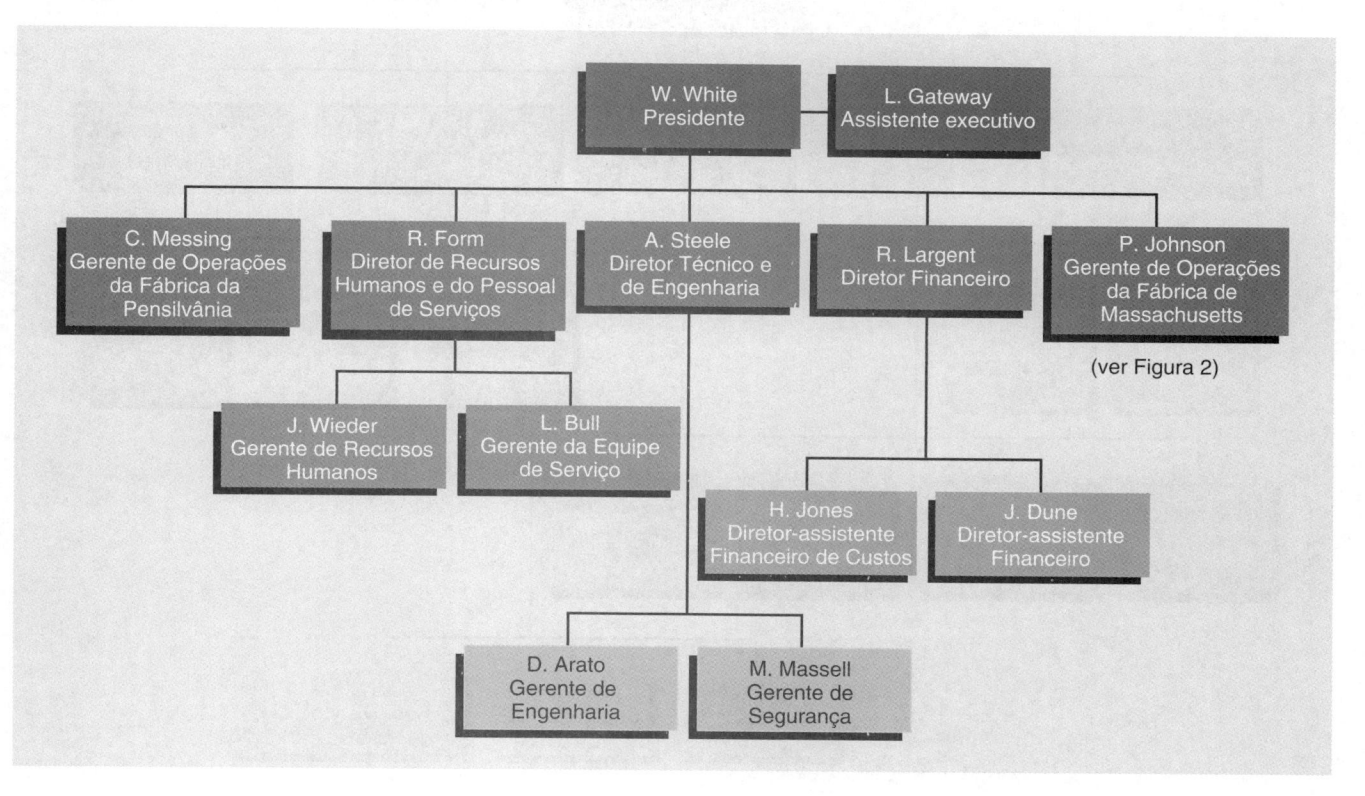

FIGURA 1   Organograma da Companhia de Produtos Elétricos Elite

- W. White — Presidente
  - L. Gateway — Assistente executivo
  - C. Messing — Gerente de Operações da Fábrica da Pensilvânia
  - R. Form — Diretor de Recursos Humanos e do Pessoal de Serviços
    - J. Wieder — Gerente de Recursos Humanos
    - L. Bull — Gerente da Equipe de Serviço
  - A. Steele — Diretor Técnico e de Engenharia
  - R. Largent — Diretor Financeiro
    - H. Jones — Diretor-assistente Financeiro de Custos
      - D. Arato — Gerente de Engenharia
      - M. Massell — Gerente de Segurança
    - J. Dune — Diretor-assistente Financeiro
  - P. Johnson — Gerente de Operações da Fábrica de Massachusetts (ver Figura 2)

Peter Johnson: Atendimento ao consumidor é o próximo assunto. Mike, como estamos indo com nossa matriz?

Michael St. John (gerente do atendimento ao consumidor): Nada de novo para relatar. Estamos começando a ser criticados por não termos aceitado aquela encomenda japonesa, porém nossos rapazes na matriz compreendem nossa posição. Eles podem não gostar, mas terão de lidar com isso. Hei, Paul, você terá transistores suficientes em mãos para completar o pedido até a próxima terça?

Paul Barbato (gerente de compras): Claro que sim, Mike, enviei um memorando a você sobre isso ontem.

Michael St. John: Desculpe, ainda não tive tempo de olhar a correspondência dessa manhã. Estava muito ocupado com alguns visitantes da Europa.

Peter Johnson: Eles estão sendo bem cuidados, Mike? Há algo que possamos fazer para tornar sua estada aqui mais confortável?

Michael St. John: Não, está tudo correndo bem.

Peter Johnson: OK. Vamos seguir em frente com as relações com os funcionários. Jane?

Jane Wieder (gerente de recursos humanos): Gostaria de lhes apresentar dois convidados da empresa Programas de Treinamento Ltda. Como sabem, iniciaremos nosso programa final de treinamento. A reclamação de Al Janow já foi resolvida. No encontro entre a administração e os funcionários da última semana, alcançou-se um acordo no qual um representante de cada departamento participaria. Como vocês estão cientes, essa reunião ocorre uma vez por mês. Pode ser engraçado, mas a grande reclamação na reunião foi uma cadeira extra para a sala de conferência. [*Risos.*] O memorando sobre a oficina de entrevistas está pronto, Peter, aqui está. Peter, também temos de trabalhar na definição das datas para a reunião familiar anual. Não sei se julho vai funcionar.

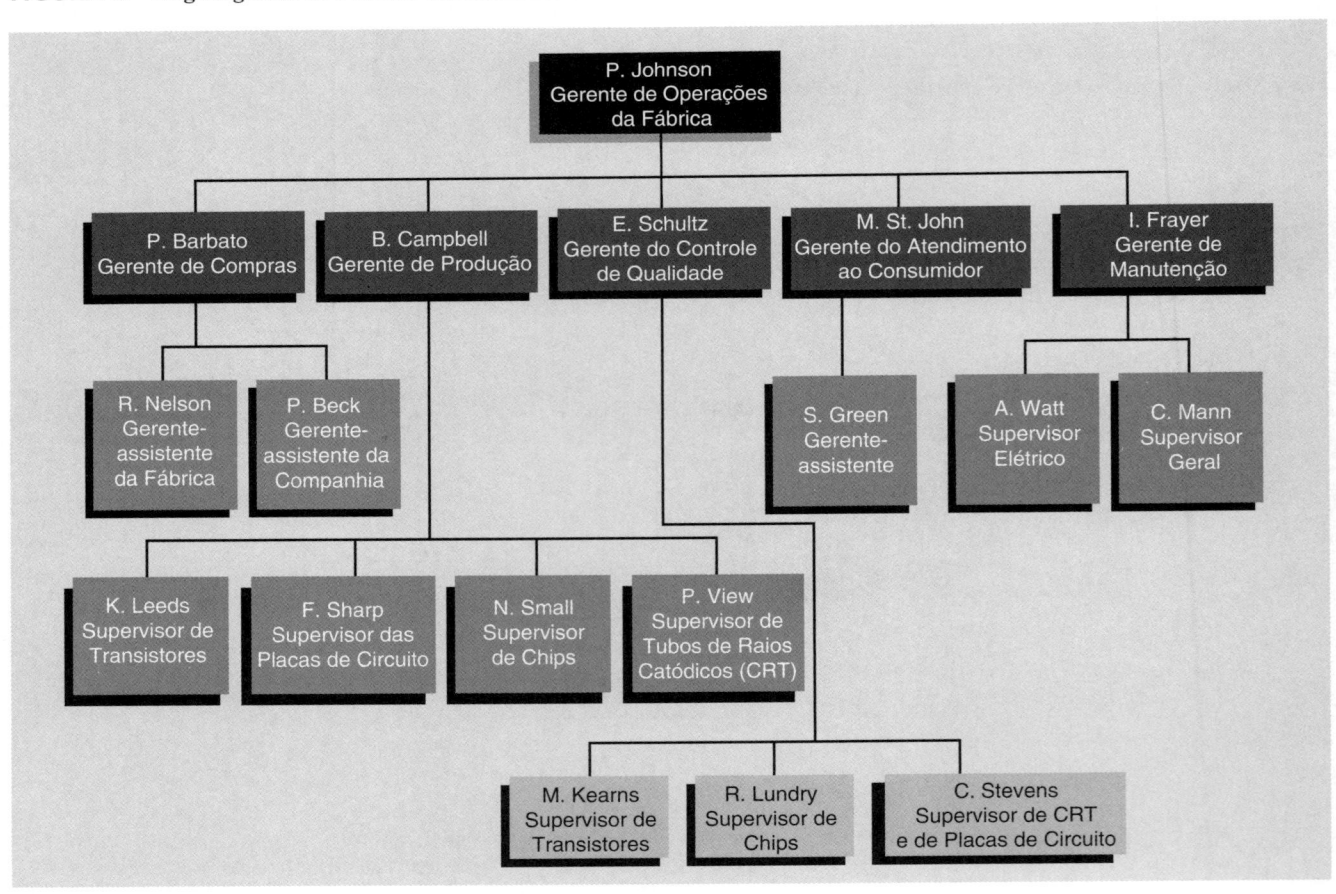

FIGURA 2 Organograma da Fábrica de Massachusetts

Michael St. John: Julho não parece muito bom. Temos uma grande quantidade de horas extras em virtude do pedido australiano que está programado para ser entregue no começo de agosto. Não poderíamos antecipá-la para junho?

Harvey Jones (diretor-assistente financeiro): Não esqueça de que junho é o prazo para a entrega dos orçamentos revisados. [*A reunião continua para discutir a melhor data para o encontro familiar anual por mais 15 minutos.*]

Jane Wieder: Mais uma coisa, façam o obséquio de nos informar sobre quaisquer mudanças de estado civil, endereço etc. Temos de manter nossos registros atualizados. Também, por favor, estejam cientes de que os carros da companhia podem ser adquiridos pelos funcionários. As vendas ocorrerão por meio de um sistema de sorteio.

David Arato: Podemos receber um memorando sobre isso?

Jane Wieder: Sim, eu o redigirei até o fim dessa semana.

Peter Johnson: Vamos seguir para o tópico do controle de qualidade. Elizabeth?

Elizabeth Schultz (gerente do controle de qualidade): Nossas máquinas números 1 e 8 têm produzido transistores com guias entortadas. Durante o fim de semana, essas duas máquinas serão desligadas. Irv e Brian já estão cientes. Precisamos resolver esse problema antes de produzir o pedido da IBM. Também notamos que nosso último carregamento de ouro tinha alguns outros metais misturados nele. Paul, você pode verificar o que está ocorrendo?

Paul Barbato: Qual era a quantidade de metais estranhos que estava presente?

Elizabeth Schultz: Não completamos os testes com o material, mas parecia ser 115 g a cada 45 kg.

Paul Barbato: Não parece ser uma quantidade significativa.

Elizabeth Schultz: Bem, isso segundo nossas próprias estimativas, porém eu gostaria que fosse verificado.

Peter Johnson: OK, Elizabeth, Paul verificará isso. Agora, vamos à produção.

Brian Campbell: Na última segunda-feira, produzimos 3 mil transistores. As máquinas 1, 2 e 3 produziram 300, as máquinas 2 e 4 não estavam funcionando, e o resto da produção foi feito pelas máquinas restantes. Na terça, tivemos de modificá-las para que produzissem os circuitos integrados maiores necessários para a Control Data. Tivemos um intervalo de duas horas de paralisação para modificar as máquinas. As máquinas 6 e 7 realizaram 20% da produção total de 5 mil placas. A máquina 1 continua a produzir os *chips* transistorizados menores, com as máquinas 2 e 5 produzindo o restante das placas de circuito integrado. [*Neste ponto, duas pessoas se levantaram à medida que Brian estava falando.*] Na quarta-feira, revertemos novamente todas as máquinas para produzirem transistores. Infelizmente, a máquina 2 esteve fora de operação o dia todo, e a máquina 7 estava em manutenção preventiva. Produzimos 2,7 mil transistores. As máquinas 3, 5 e 8 realizaram aproximadamente 60% do trabalho. [*Várias pessoas começaram a bocejar.*] Quinta-feira, produzimos apenas mil transistores e tivemos de enviar parte de nossa produção para a linha de produção de tubos catódicos que serão enviados para a Digital Equipament Corp (DEC). Produzimos 500 unidades para a Digital. As máquinas 3, 4 e 5 foram utilizadas para a produção para a DEC, e as máquinas 1, 2 e 8 foram mantidas na produção de transistores. A máquina 7 estava fora de operação. Na sexta-feira, tivemos apenas meio-dia, e na manhã tivemos um *blackout* e somente conseguimos produzir 100 transistores e 22 tubos de raios catódicos.

Peter Johnson: Brian, você acha que será capaz de completar o restante desse pedido nesta semana sem muitas horas extras?

Brian Campbell: Não sei. Acho que deveríamos falar com Harry. [*Harry Brown é o representante do sindicato.*]

Peter Johnson: Isso pode ser difícil, visto que Harry está de férias, mas tentarei localizá-lo. Caso não consiga, vamos seguir em frente mesmo assim e depois lidaremos com as conseqüências. Tudo bem, vamos perguntar às outras pessoas da sala o que elas têm a dizer.

Paul Barbato: Nada.

Brian Campbell: Dave, eu gostaria de falar sobre a manutenção das máquinas e também se poderíamos desenhar uma rampa melhor.

Elizabeth Schultz: Peter, eu poderia vê-lo após a reunião para discutir uma questão pessoal.

David Arato: Nada.

Martin Massell: Apenas gostaria de informar a todos que tivemos um problema em um dos poços das máquinas. Parece que, enquanto colocávamos um pouco de concreto em volta do poço, certa quantidade caiu dentro dele e isso levou alguns dias para ser limpo.

Jane Wieder: Paul, quero conversar com você sobre aquele problema de Mary Bernstein.

Michael St. John: Gostaria que todos soubessem que estamos prestes a conseguir um grande pedido da Grumman.

Harvey Jones: As seguintes pessoas não apontaram seu *status* de isenção para a folha de pagamento. [*Ele lista 12 nomes.*] Lembrem-se de que isso constava no memorando de Jane de três semanas atrás.

Peter Johnson: Brian, gostaria de realizar uma visita com algumas pessoas da universidade na próxima semana. Entro em contato para acertar os detalhes. OK? Boa reunião. Vejo vocês amanhã, mesmo local, mesma hora.

Orientações para Estudo

1. Comente a filosofia operacional de White a partir dos seguintes pontos de vista:
   a. O impacto motivacional das seis metas.
   b. O tipo geral de cultura organizacional que provavelmente existe na Companhia Elite de Produtos Elétricos.
2. Avalie a natureza e a qualidade das comunicações que ocorreram na reunião conduzida por Johnson, indicando exemplos de pontos fortes e fracos ilustrados na reunião. Alguém exibiu uma comunicação assertiva? Que padrões de relações interpessoais são aparentes?
3. Analise algumas das dinâmicas do grupo presentes na reunião de Johnson. Quais tarefas e papéis de liderança foram utilizados pelos participantes? Como o encontro poderia ser melhorado?
4. Por que Johnson concluiu o encontro afirmando que havia sido "uma boa reunião"? Você concorda? Por quê?

Caso Dez

A Operação Patterson

HISTÓRICO

A Carrington S.A. é uma companhia internacional engajada na produção e na distribuição de produtos farmacêuticos, medicamentos originais e cosméticos e produtos de higiene pessoal. Nas suas operações mundiais, a Carrington emprega 15 mil pessoas e possui vendas anuais superiores a US$ 500 milhões.

Na fábrica do meio-sul dos Estados Unidos, a administração enfrentava problemas de baixa produtividade, de baixo moral entre os funcionários e de altos custos unitários na seção encarregada da montagem de vários conjuntos contendo produtos sortidos produzidos pela companhia. Esses "pacotes especiais", como eram conhecidos dentro da organização, são especialmente preparados de acordo com as especificações individuais de cada cliente. Cada pacote pode conter de 24 a 480 itens, e o número total de pacotes especiais por consumidor varia de 10 a 1.500 unidades. A maior parte desses pacotes é preparada de forma que as lojas distribuidoras possam colocá-los em estandes promocionais individuais para os pontos-de-venda. Do ponto de vista da Carrington, o objetivo de se utilizar esse tipo de estande de produtos é criar espaço adicional nas prateleiras para os produtos da empresa. Nas lojas, os estandes podiam ser colocados em corredores ou utilizados como extensões das prateleiras regulares. A montagem dos conjuntos é essencialmente um processo com roteiros variados de produção e, até o ano passado, o salão de montagem localizava-se em uma parte da fábrica conhecida como Seção 10.

Os funcionários das operações de manufatura e montagem da Carrington são sindicalizados e a companhia utiliza um plano de incentivos do tipo Halsey 50/50, um plano de bônus sobre o ganho de tempo. Com o plano Halsey, o trabalhador que executar suas atividades abaixo do tempo-padrão recebe um bônus de 50% da remuneração por hora trabalhada multiplicada pelo tempo economizado. Um funcionário, por exemplo, que completar dez horas de trabalho-padrão em oitos horas receberá pelas oito horas e mais uma hora adicional como compensação pelas duas horas economizadas. Assim, se a remuneração por hora for de US$ 8,50, o trabalhador poderá receber US$ 76,50 pelo dia trabalhado.

PROBLEMAS COM A SEÇÃO 10

A montagem dos pacotes especiais na Seção 10 utilizava esteiras circulares que supriam cada trabalhador com os produtos para serem incluídos em um pacote específico. As condições de trabalho eram excelentes; a área de trabalho era muito limpa, bem iluminada e equipada com ar-condicionado. Uma atraente lanchonete para os funcionários estava disponível no mesmo prédio amplo.

Este caso foi preparado por James M. Todd e Thomas R. Miller e é utilizado com permissão do autor e de seu editor, *Journal of Case Studies*.

Apesar das boas condições de trabalho e da oportunidade de ganhos adicionais com o sistema de incentivo da companhia, a operação na Seção 10 tinha alcançado uma tendência específica de aumento nos custos unitários e de reduções na produção por hora de trabalho. De fato, nos últimos três anos, os números sobre os custos revelavam que a seção estava abaixo do ponto de equilíbrio. Contribuindo para essa situação de deterioração estavam a baixa produtividade e o insucesso dos funcionários em alcançarem os padrões de produção. Esse último problema se tornou particularmente evidente pelo fato de nenhum trabalhador ter sido capaz de ganhar bônus com o plano de incentivo.

A disciplina na Seção 10 era falha e os supervisores constantemente enfrentavam problemas. Diversas reclamações tinham sido apresentadas. O moral dos trabalhadores também não era ajudado pelo fato de que qualquer funcionário podia ser transferido de uma linha de montagem para outra. Essa ação tendia a aumentar os custos de produção, pois os funcionários possuíam pouca chance para progredirem em sua rotina de aprendizado antes de serem movidos para outra operação. Outro fator indicativo de um moral baixo eram as atitudes dos trabalhadores. Não havia nenhum espírito de cooperação e a atitude do tipo "isto não é minha tarefa" era dominante.

Em geral, trabalhar na Seção 10 era considerado uma tarefa pouco desejada. A atividade exigia trabalho manual e era percebida como um trabalho relativamente duro se comparado àquele nas linhas automatizadas das outras áreas de produção. Além disso, havia um boato de que ninguém conseguia "ganhar bônus" naquela seção. Em virtude do sistema de seleção de trabalho utilizado pela organização, a força de trabalho da Seção 10 acabou passando a ser formada, em sua maior parte, por funcionários jovens e inexperientes, trabalhadores problemáticos e descontentes. Segundo um gerente que descreveu a situação: "A Seção 10 tem o que há de pior na força de trabalho".

UMA NOVA OPERAÇÃO

No começo do ano passado, a administração da Carrington viu-se diante de um grave problema de espaço para a expansão das suas operações de manufatura e de montagem. Diversas alternativas foram consideradas, mas nenhuma parecia oferecer uma solução economicamente factível para o problema de espaço. Próximos do desespero, os gerentes fizeram uma sessão de *brainstorming* que levou à decisão de mudar grande parte da linha de montagem dos conjuntos para uma instalação já alugada pela companhia e atualmente utilizada como depósito. Essa instalação estava localizada na rua Patterson; por isso, a nova seção de montagem tornou-se conhecida na companhia como a "operação Patterson".

A nova instalação estava bem aquém de prover espaços e condições de trabalho comparáveis àqueles da Seção 10. O prédio localizava-se em uma área totalmente separada, a cerca de 5 km da fábrica principal, em uma vizinhança decadente, com habitações de baixa renda e outros armazéns.

O prédio da operação Patterson havia sido concebido apenas para ser utilizado como um armazém. Consistia em uma velha estrutura de tijolos com diversas baias abertas para o recebimento e o embarque de mercadorias. Era escuro, inadequadamente ventilado, não possuía ar-condicionado e era inapropriadamente quente. As temperaturas médias situavam-se em torno de 10 °C no inverno, e bem acima dos 30 °C no verão. Não havia lanchonete ou espaço para alimentação, e os funcionários ou tinham de trazer suas próprias refeições ou tinham de se dirigir a um pequeno mercado da vizinhança para comprar comida. As demais instalações para os trabalhadores, como sanitários e áreas de descanso, também eram inadequadas. Em resumo, as condições de trabalho contrastavam terrivelmente com aquelas da Seção 10, com suas instalações limpas, com ar-condicionado e aquecidas, em uma boa vizinhança e com uma lanchonete de primeira classe disponível.

Apesar desses tremendos obstáculos, e aparentemente contra o melhor de seus julgamentos, a administração, pressionada pela necessidade de mais espaço para a seção de manufatura, decidiu transferir a linha de produção dos pacotes especiais para o depósito da rua Patterson. Pouco dinheiro foi gasto para realizar modificações em suas instalações.

RESULTADOS DA MUDANÇA

A mudança para a rua Patterson envolveu a transferência de aproximadamente 40 funcionários da fábrica principal, a maior parte dos quais era de afro-americanos jovens com pouca experiência.

Segundo a nova estrutura, todos esses trabalhadores seriam administrados por Fred Hammond, ótimo supervisor também afro-americano.

Como encarregado, Fred realizou algumas mudanças dramáticas na operação de montagem. Estabeleceu a linha de montagem de forma que os trabalhadores pudessem trabalhar em uma mesma atividade até que toda a encomenda estivesse completa. A situação era totalmente diferente daquela da Seção 10, na qual um funcionário poderia trabalhar em até três montagens diferentes ao longo de um dia. Com o novo plano, a repetição do trabalho em uma única linha permitia que os trabalhadores desenvolvessem velocidade, o que facilitava a obtenção de bônus.

O novo encarregado também introduziu outras modificações. Permitiu que funcionários tivessem a oportunidade de influenciar as decisões concernentes ao horário de expediente e aos horários de intervalo. Enquanto na fábrica principal não era permitido o funcionamento de rádios, na Patterson tornou-se gradualmente aceitável a manutenção de rádios sintonizados em estações de música popular, geralmente ligados em um volume alto. Outras condições distantes dos padrões da fábrica central também existiam na Patterson. Os funcionários não precisavam respeitar o código de vestimenta, usar bonés ou deixar de utilizar jóias no local de trabalho. Como conseqüência da sua localização distante com relação à unidade principal, os gerentes e supervisores da fábrica a visitavam de modo pouco freqüente. Onde havia violações de certas políticas da companhia, a administração adotava uma atitude um tanto mais liberal.

Para que pudessem ter um local para comer ou realizar seus intervalos, os funcionários reuniram-se e construíram uma pequena sala, com uma quantidade suficiente de mesas e cadeiras para equipar um refeitório, e uma sala de descanso, com uma disposição bem austera. Essa sala acabou tendo um sistema de ar-condicionado. Além disso, solicitaram à companhia que fornecesse tinta para que eles pudessem pintar a sala.

Com estas e outras mudanças, começou a desenvolver-se uma modificação de atitude nos trabalhadores. Os funcionários passaram a enxergar a Patterson como "sua própria companhia". Havia um sentimento de cooperação, conforme podia ser evidenciado pela disposição dos funcionários para auxiliar seus colegas sempre que possível. Um espírito de corpo desenvolveu-se entre eles da Patterson. A produtividade aumentou a um ponto que os funcionários estavam recebendo bônus, o que raramente havia ocorrido nas antigas instalações. As atividades na empresa tornaram-se mais populares e a composição da força de trabalho alterou-se gradualmente de um grupo de trabalhadores inexperientes e insatisfeitos para um grupo de pessoas mais velhas e qualificadas que disputavam ativamente seus cargos. Desde o início da operação na Patterson, houve apenas uma reclamação, e durante o primeiro ano de operação registrou-se um aumento na produtividade de 32,8% com relação aos números da Seção 10.

Fred Hammond, excelente supervisor encarregado desde o começo da operação Patterson, foi promovido. Ele foi substituído por May Allison, que continuou a gerenciar a operação da mesma maneira que Hammond. Para um observador externo, era impressionante ver May, que media menos de 1,55 e pesava aproximadamente 45 kg, em seu relacionamento com a força de trabalho, particularmente com os homens maiores e com as mulheres mais velhas. Era aparente que ela fora capaz de conquistar o respeito e a admiração dos funcionários e que havia desenvolvido relacionamentos eficazes de trabalho com eles. Os dados mais recentes indicam uma produtividade mais elevada e o pagamento de um número maior de bônus na Patterson em comparação com as atividades similares da fábrica principal. May é pessoalmente estimada pelos funcionários, conforme ficou claro pela contribuição de US$ 75 feita por um funcionário para a compra de seu presente de aniversário.

May continuava a fazer os funcionários participarem da tomada de decisões, por exemplo, na decisão sobre a alteração do horário de trabalho na Patterson, durante os meses de verão, para 5h30 às 14h, em vez do horário convencional das 7h30 às 16h. Essa mudança foi posta em prática como resultado do calor praticamente insuportável do final da tarde no depósito. Tal modificação na jornada de trabalho não estava de acordo com a política da companhia, mas foi tolerada pela administração. Os trabalhadores da Petterson de fato preferiam um horário de trabalho ainda mais cedo, mas isso não foi possível em virtude de problemas com a coordenação do recebimento de materiais da fábrica principal.

Outro desdobramento importante na Patterson foi a formação de uma equipe de *softball* dos próprios trabalhadores, chamada Patterson Warriors [Guerreiros da Patterson]. Normalmente, a companhia formava uma equipe composta por membros de todas as unidades, em vez de formar uma equipe apenas com membros de uma única unidade. Novamente, os funcionários da Patterson tomaram sua decisão e agiram de maneira independente, sem atentar para a política de pessoal da companhia.

Os históricos de trabalho na operação da Patterson referentes a absenteísmo, atrasos e rotatividade estão agora melhores que os da planta principal. Em alguns casos estão levemente piores, embora essa diferença não seja considerada significativa pela administração. No entanto, os baixos índices de queixas, o nível elevado do moral dos trabalhadores e as melhorias na produtividade na fábrica da Patterson são surpresas agradáveis para a administração.

As atividades na operação da Patterson são extremamente conhecidas entre os gerentes da fábrica do meio-sul da Carrington. As reações da administração variam entre negativas e positivas, com uma posição ambivalente por parte de alguns gerentes. Todos, no entanto, parecem concordar que a operação da Patterson é, no mínimo, interessante.

Orientações para Estudo

1. A operação da Patterson tem sido bem-sucedida? Se a considerarmos um sucesso, quais fatores contribuíram para isso?
2. Identifique os estilos de liderança de Fred Hammond e May Allison. Aplique vários modelos de liderança para o estudo deste caso, como o modelo contingencial de Fiedler e o modelo situacional de Hersey-Blanchard.
3. Comente sobre a organização informal na Patterson. De que maneiras os funcionários criaram sua própria "companhia"?
4. Reveja o modelo dos dois fatores de Herzberg. Por que a mudança nas condições físicas de trabalho (a deterioração de um fator higiênico) não teve um efeito negativo sobre a produtividade? O que *tornou* os trabalhadores produtivos?

Caso Onze

Divisão de Cabos para Poços de Petróleo da TRW

Era 5 de julho, e Bill Russell tinha aguardado uma chamada telefônica, que ele acabara de receber, do escritório corporativo da TRW, em Cleveland, para nomeá-lo gerente geral. Bill esteve trabalhando como gerente geral temporário da Divisão de Cabos para Poços de Petróleo em Lawrence, Kansas, desde janeiro, quando Gino Strippoli deixou a divisão de cabos para desempenhar outra função. Ele já esperava ser nomeado gerente geral, mas a segunda parte do telefonema, que lhe informava que deveria demitir 20 pessoas, ou atingir um nível equivalente na redução dos custos trabalhistas, era extremamente perturbadora para ele. Eram 8h e Bill havia solicitado uma reunião com todo o pessoal da fábrica para anunciar as futuras demissões. Pensava sobre uma maneira de lidar com as duras decisões que se colocavam diante dele.

TRW

A TRW é uma companhia manufatureira, diversificada e multifuncional, que tem vendas de aproximadamente US$ 5,5 bilhões. Suas raízes podem ser traçadas retroativamente até a companhia de parafusos Cleveland, que foi fundada em 1901 com um investimento total de US$ 2.500 e com 25 funcionários. Atualmente, com uma estratégia de crescimento de aquisição e de diversificação, a companhia emprega 88 mil funcionários, em 300 locais, em 17 países. O investimento original de seus fundadores alcançou um valor de mais de US$ 1,6 bilhão. Segundo uma citação retirada de uma publicação da própria empresa, "Este crescimento reflete a capacidade da companhia de antecipar novos campos promissores e aventurar-se em seu desenvolvimento — automotivo, industrial, aeronáutico, aeroespacial, informático, eletrônico e energético. Nós crescemos com estes mercados e ajudamos a criá-los".

A DIVISÃO DE CABOS PARA POÇOS DE PETRÓLEO, LAWRENCE, KANSAS

A Divisão de Cabos para Poços de Petróleo faz parte do segmento industrial e energético da TRW. Esse segmento dos negócios da TRW representa 24% de suas vendas e 23% de seus lucros operacionais. As bombas, válvulas e o grupo de serviços de energia, do qual a Divisão de Cabos para Poços de Petróleo faz parte, representam 30% das vendas líquidas do segmento industrial e de serviços de energia.

Este caso foi preparado por Michael G. Kolchin, Thomas J. Hyclak e Sheree Deming, e é utilizado com permissão dos autores e de seu editor, Elsevier Science Publishing Co., Inc.

A Divisão de Cabos para Poços de Petróleo teve seu início como a indústria de fios e cabos Crescent, em Trenton, New Jersey. Quando a TRW adquiriu a Crescent, a companhia perdia dinheiro, ocupava uma fábrica antiquada e tinha problemas significativos com sua mão-de-obra. Na tentativa de melhorar a lucratividade dessa recente divisão, a TRW decidiu mudar suas operações de Trenton. A primeira decisão foi mover a produção de cabos para Lawrence, Kansas, há aproximadamente dez anos. A linha foi instalada em um prédio novo e equipamentos completamente novos foram adquiridos. Somente Gino Strippoli, gerente da fábrica, e três outros funcionários mudaram-se junto com a fábrica para Lawrence.

A razão para que Lawrence fosse escolhida como o novo local para a divisão Crescent baseava-se em quatro elementos. O mais importante deles era que a cidade localizava-se em uma região muito mais próxima da base de consumidores da divisão, o nordeste de Oklahoma. Em segundo lugar, Kansas era um estado com uma legislação trabalhista mais flexível e, em virtude dos problemas trabalhistas enfrentados na fábrica de Trenton, a TRW estava procurando um mercado de trabalho mais favorável para suas novas operações. Terceiro, os salários pagos na região de Lawrence eram muito razoáveis em comparação com os salários pagos em Trenton. Finalmente, já havia um prédio que poderia acomodar a linha de produção de cabos para poços de petróleo em um parque industrial no norte de Lawrence. Além disso, uma considerável área disponível próxima ao prédio proporcionaria o espaço necessário para uma futura expansão.

Apenas por transferir a linha de cabos para Lawrence, a TRW esperava ser capaz de centrar suas atenções nesse produto e torná-lo mais lucrativo, antes de mudar as outras linhas de produtos da fábrica da Crescent, em Trenton. Algum tempo depois, quando a fábrica de cabos para poços de petróleo havia atingido o *status* de divisão, as considerações existentes sobre a mudança do restante da fábrica de Trenton foram postas de lado. As operações remanescentes em Trenton foram vendidas.

A Gestão por Equipes em Lawrence

Quando Gino Strippoli recebeu a tarefa de iniciar as operações em Lawrence, enxergou uma grande oportunidade para estabelecer um novo sistema de administração. Com a nova fábrica, novos equipamentos e quase todos os funcionários novos, a ocasião parecia perfeita para testar o valor da gestão por equipes. Ele já apoiava a gestão por equipes havia muito tempo, e agora surgira uma oportunidade de ouro para estabelecer um experimento para testar suas idéias.

No caso da fábrica da TRW-Lawrence, havia 11 equipes cujo número de membros variava entre 4 e 17. Os títulos das equipes e as breves descrições de suas composições são apresentados no quadro a seguir. A Figura 1 descreve a organização atual na Divisão de Cabos para Poços de Petróleo.

Estrutura das Equipes

Equipe	Número de Equipes	Composição
Gestão	1	Membros da administração
Recursos	1	Sistemas de gestão da informação, engenharia de *design*, engenharia de processos, recursos humanos, contabilidade etc.
Técnica	1	Funcionários regulares do laboratório
Administração	1	
Manutenção	1	Pessoal responsável pela manutenção das caldeiras e das partes elétrica e mecânica
Distribuição e recebimento	1	
Produção	5	Extrusão, armação e trançagem

As cinco equipes de produção são formadas em torno do processo de produção em uso na TRW-Lawrence. Cada equipe se reúne semanalmente, ou segundo suas necessidades, com a exceção da equipe de recursos, que se reúne uma vez a cada duas semanas. Uma reunião típica dura de uma hora e meia a duas horas. Não há uma estrutura formal para os encontros, mas a maior parte das reuniões utiliza uma pauta similar à seguinte:

1. Programação das horas de trabalho e das horas extras.
2. Discussão seqüencial e leitura dos relatórios dos vários comitês da fábrica (segurança, divisão dos lucros etc.).
3. Comentários dos gerentes da fábrica com relação às sobras, à eficiência do trabalho e a quaisquer novas informações obtidas após a última reunião.

Outras decisões tomadas pela equipe estão listadas na Figura 2, que ilustra os papéis dos vários níveis da administração na Divisão de Cabos para Poços de Petróleo. A figura mostra também a relação entre os níveis. A alta administração, por exemplo, tem a responsabilidade de estabelecer as metas e os objetivos gerais para a divisão e de proporcionar os recursos necessários para as equipes alcançarem esses alvos.

O papel dos gerentes de área é o de intermediários. Eles estão presentes na maior parte das reuniões para agir como facilitadores e para oferecer as informações necessárias para que as equipes realizem suas funções programadas. Além disso, os gerentes de área desempenham uma função de coordenação, ao se encontrarem duas vezes por semana para discutir os problemas comuns e para debater outros itens que deveriam ser apresentados nos encontros semanais das equipes.

Como pode ser visto na Figura 2, as equipes estão desempenhando os papéis gerenciais, e as decisões que tomam aproximam-se mais daquelas tomadas pelos níveis de supervisão em fábricas mais tradicionais. Essencialmente, os membros das equipes recebem o controle total sobre suas áreas de trabalho.

Para as decisões que afetam a fábrica inteira, estabelece-se uma força-tarefa ou um comitê da divisão, que incluem representantes de todas as equipes. Alguns exemplos desses comitês de divisão incluem segurança, divisão dos lucros e benefícios.

Resultados da Gestão por Equipes

Após alguns problemas iniciais com o conceito de gestão por equipes, a experiência iniciada por Gino Strippoli parece ser um sucesso. Em um artigo na revista *Fortune* (Burck, 1981), intitulado "What Happens When Workers Manage Themselves" ("O que Acontece quando os Trabalhadores Gerenciam a Eles Próprios"), Gino é citado por ter dito: "No começo, nós a consideramos [a gestão

FIGURA 1 A Estrutura Organizacional na Divisão de Cabos para Poços de Petróleo

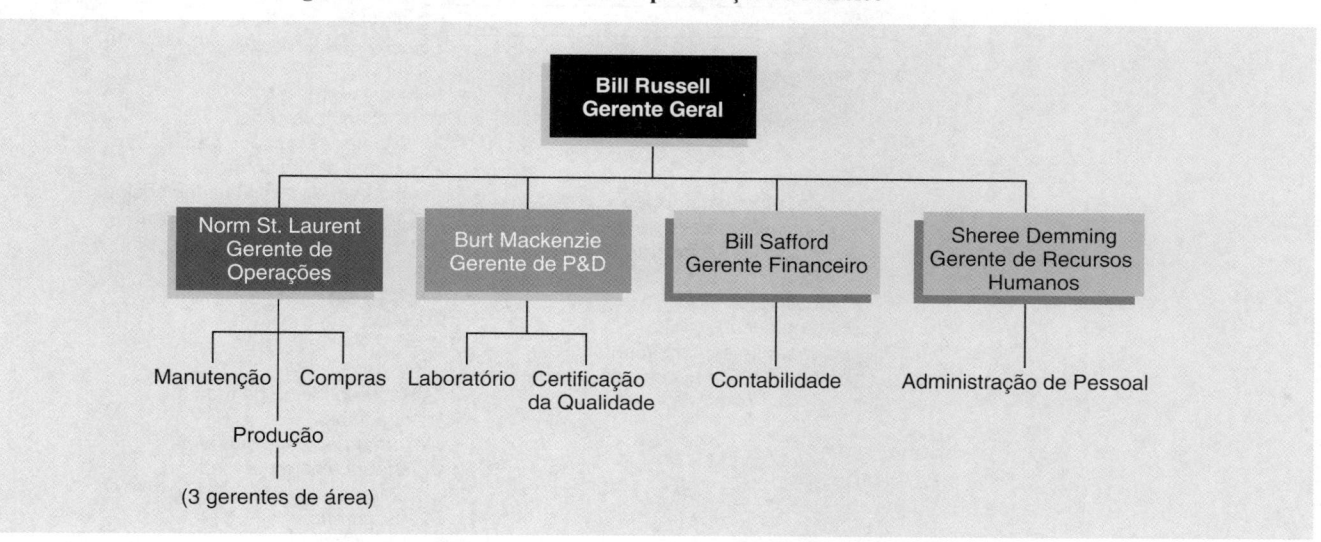

```
                        Bill Russell
                        Gerente Geral
        ┌───────────────────┼───────────────────┬───────────────────┐
   Norm St. Laurent    Burt Mackenzie       Bill Safford       Sheree Demming
   Gerente de          Gerente de P&D       Gerente Financeiro  Gerente de Recursos
   Operações                                                    Humanos
   ┌─────┬─────┐       ┌─────┬─────┐              │                    │
Manutenção Compras   Laboratório Certificação   Contabilidade    Administração de Pessoal
                                 da Qualidade
   │
Produção
   │
(3 gerentes de área)
```

Nota: Não existe um organograma da Divisão de Cabos para Poços de Petróleo. Essa figura representa uma descrição dos autores do caso da estrutura existente na TRW-Lawrence com base em discussões com membros da divisão.

por equipes] uma experiência, mas, em algum ponto ao longo do caminho, dissemos: 'Isto não é mais uma experiência; isto é a forma como operamos'".

O sucesso da experiência foi descrito não somente na *Fortune*, mas também foi o objeto de vários estudos de caso. No entanto, não foi conseguido facilmente. No começo, existia uma grande quantidade de desconfiança entre os funcionários com relação aos motivos da administração. Além disso, quando as instalações de Lawrence foram inauguradas, havia apenas um funcionário sindicalizado trazido de Trenton. O restante das pessoas contratadas possuía pouca ou nenhuma experiência com o processo de produção envolvido na fabricação de cabos flexíveis. O resultado era uma quantidade significativa de frustração, com um nível elevado de rotatividade. O índice de rotatividade era de 12% nos primeiros dois anos de operação, comparados a uma média nacional de 3,8% no mesmo período (United States Department of Labor, p. 180).

Mas Gino não seria impedido de testemunhar o sucesso de seu experimento. Ele percebeu que estava concentrando-se excessivamente nos conceitos de envolvimento das equipes e negligenciando as preocupações técnicas. Um esquema de compensação foi desenvolvido para encorajar os funcionários a aprender a manusear os diversos tipos de equipamentos da fábrica. Essa ação pareceu surtir o efeito desejado, uma vez que a divisão tornou-se lucrativa pela primeira vez após dois anos de sua chegada.

Naquela ocasião, o nível de funcionários havia caído de um pico de 132 para um nível ótimo de 125. A rotatividade foi reduzida de mais de 12% para um patamar entre 2% e 4%, o que estava mais de acordo com a média nacional para as empresas do setor manufatureiro. O fato mais impressionante ocorreu com a taxa de absenteísmo, situada em uma faixa de 2,5 a 3% durante vários anos. A média nacional para aquele período permaneceu próxima de 6,5% (U.S. Department of Labor, p. 136). A produtividade também estava melhorando continuamente. A Divisão de Cabos para Poços de Petróleo agora desfrutava da produtividade mais elevada entre todas as fábricas desse setor.

Não eram apenas os dados objetivos que indicavam o sucesso da gestão por equipes: os comentários oriundos dos trabalhadores da Divisão de Cabos para Poços de Petróleo também pareciam confirmar o êxito. Em grande medida, todos os funcionários da TRW-Lawrence avaliaram-na como

FIGURA 2
Relações entre os Vários Níveis no Conceito de Gestão por Equipes

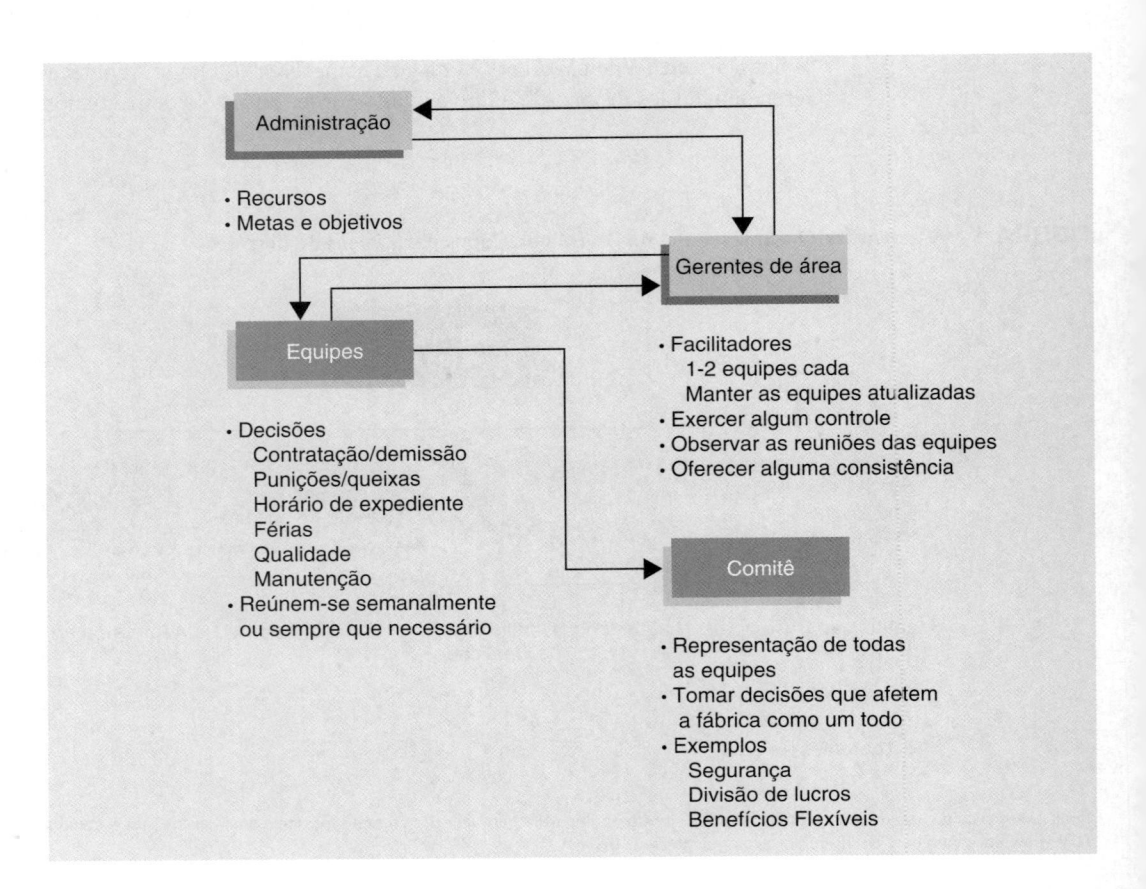

```
                    Administração
                         |
                  • Recursos
                  • Metas e objetivos
                         |
                         v
                   Gerentes de área
                         |
         Equipes <-------+
            |
         • Decisões                    • Facilitadores
            Contratação/demissão          1-2 equipes cada
            Punições/queixas              Manter as equipes atualizadas
            Horário de expediente      • Exercer algum controle
            Férias                     • Observar as reuniões das equipes
            Qualidade                  • Oferecer alguma consistência
            Manutenção
         • Reúnem-se semanalmente
            ou sempre que necessário
                         |
                         v
                      Comitê

                  • Representação de todas
                     as equipes
                  • Tomar decisões que afetem
                     a fábrica como um todo
                  • Exemplos
                     Segurança
                     Divisão de lucros
                     Benefícios Flexíveis
```

uma boa companhia e preferiam o conceito de gestão por equipes aos métodos mais tradicionais de gestão.

Algumas amostras dos comentários dos vários níveis da administração reforçam essa conclusão.

Membros das Equipes

"... um excelente lugar para se trabalhar."

"A gestão por equipes oferece aos funcionários uma grande parcela de responsabilidade."

"Pelo menos agora temos algum controle sobre nossa programação."

"A companhia ganha tanto quanto os funcionários como resultado da flexibilidade. Agora, há muito pouco tempo ocioso."

"A gestão por equipes oferece ao funcionário um sentimento de igualdade."

"O sistema dá espaço para que cada membro contribua com o máximo possível."

Gerentes de Área

"A fábrica não é uma Utopia, mas me sinto melhor no final do dia."

"A tomada de decisões é mais difícil, mas a gestão por equipes proporciona uma implementação mais fácil e melhor compreensão por parte dos membros das equipes."

Administração

"O sistema nos oferece uma oportunidade de ultrapassarmos os limites das responsabilidades. Não há a questão do território que existe nas fábricas tradicionalmente estruturadas."

"O maior benefício do conceito de gestão por equipes é a flexibilidade, ao mesmo tempo que se mantém a orientação para os objetivos."

Essa última declaração é uma das verdadeiras chaves para a gestão por equipes — flexibilidade. Com esse sistema de gestão, o tempo ocioso é grandemente reduzido, do mesmo modo que o envolvimento do gerente da fábrica nos problemas operacionais do dia-a-dia. Segundo observado por Strippoli: "Eu realmente sinto pela primeira vez que estou administrando, em vez de ter de apagar incêndios. As equipes estão colocando os incêndios bem longe da organização" (Burck, p. 69).

Do ponto de vista dos trabalhadores, o maior benefício da gestão por equipes é sua capacidade de controlar suas atividades. Esse controle resultou de um nível elevado de comprometimento dos funcionários, conforme evidenciado pelas inúmeras sugestões feitas pelas equipes que acarretaram melhorias significativas na qualidade e na produtividade.

É claro que o conceito de gestão por equipes também não está imune às dificuldades. Como observado anteriormente, há diversos problemas com o início (*startup*). Leva algum tempo para que os participantes tornem-se confortáveis com o sistema e aceitem a responsabilidade de se gerenciarem. Nesse caso, isso levou aproximadamente dois anos. No entanto, após o primeiro ano de ajustes, a produtividade melhorou dramaticamente e manteve-se nesse nível. Essa conquista é ilustrada pela Figura 3.

Além de lidar com os problemas iniciais, os indivíduos que ocupavam os cargos de gerência de nível médio tiveram grandes dificuldades para se ajustar aos seus novos papéis de facilitadores em comparação às posições de chefes do sistema tradicional. Esse conflito de papéis é uma área freqüentemente ignorada durante a implementação dos esquemas de participação nas fábricas. No caso da Divisão de Cabos para Poços de Petróleo, a incapacidade para se adaptar a uma nova posição resultou na saída de quatro gerentes de área. A administração da fábrica tentou enfrentar o problema ao oferecer um treinamento de facilitador para os gerentes de área. Embora os gerentes atuais de área ainda expressem alguma frustração por não serem mais capazes de simplesmente dizer aos seus funcionários o que fazer, eles sentem que o conceito de gestão por equipes é um sistema muito mais eficaz que os sistemas tradicionais de supervisão, e não gostariam de voltar ao sistema tradicional.

De maneira geral, Gino estava muito satisfeito com o experimento. Após cinco anos, deixou a fábrica de Lawrence para assumir outra tarefa, e Bill Russell, que era o gerente de operações, substituiu-o como gerente geral temporário.

FIGURA 3
Produtividade na TRW-Lawrence

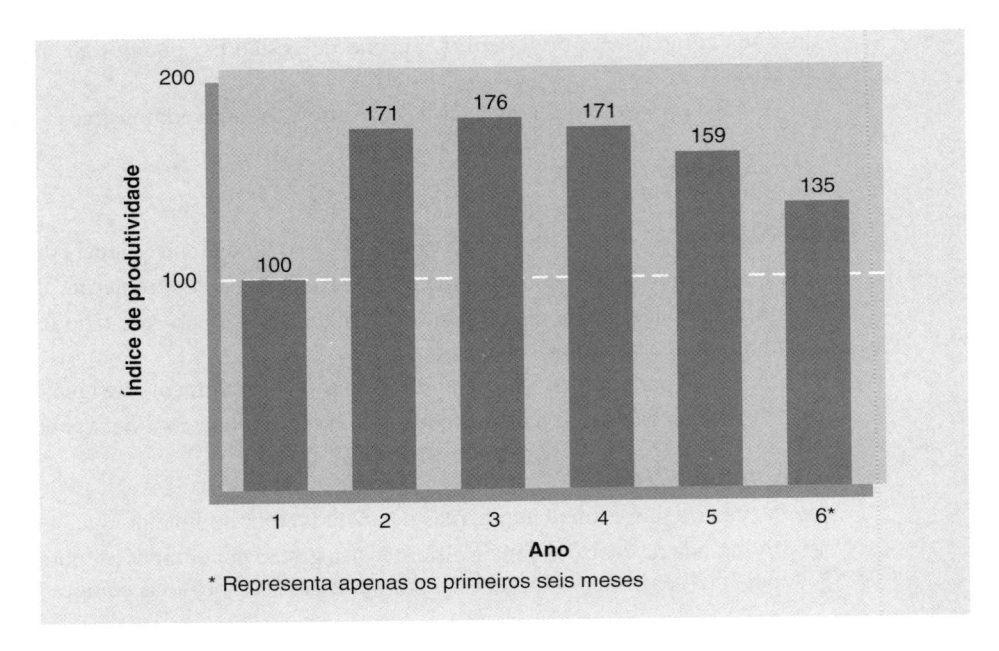

[Gráfico de barras — Índice de produtividade por Ano:
Ano 1: 100; Ano 2: 171; Ano 3: 176; Ano 4: 171; Ano 5: 159; Ano 6*: 135
* Representa apenas os primeiros seis meses]

O MERCADO DA DIVISÃO DE CABOS PARA POÇOS DE PETRÓLEO

O produto básico produzido pela Divisão de Cabos para Poços de Petróleo é o arame usado para a condução de eletricidade para bombas submersíveis empregadas na perfuração de poços de petróleo. Portanto, a demanda por esse produto é diretamente dependente da demanda por bombas submersíveis, uma demanda que está ligada ao preço do óleo cru. À medida que o preço do óleo aumenta, cresce a demanda por bombas, uma vez que a extração de óleo de poços mais profundos se torna economicamente viável.

A exploração de poços mais profundos também produz uma necessidade de cabos capazes de resistir a condições mais severas encontradas nesses poços, os quais, por exemplo, em geral, exigem a utilização de revestimentos de chumbo para proteger os cabos dos efeitos corrosivos do sulfeto de hidrogênio.

Por causa da crise iraniana do petróleo e do conseqüente aumento dos preços desse combustível, os produtores de cabos conseguiam vender praticamente tudo o que produziam. Os preços eram determinados com base na qualidade e na capacidade de entrega. No entanto, como resultado de uma grande produção de petróleo, a demanda por bombas submersíveis caiu e os fatores competitivos do mercado passaram a ser determinados mais com base no preço.

Ao todo, a TRW possuía dez competidores no mercado de cabos. Ela era a líder de mercado com uma parcela significativa desse universo, mas estava enfrentando forte competição tanto de produtores domésticos quanto de produtores estrangeiros.

A localização também era um fator competitivo desfrutado pelos rivais estrangeiros, especialmente com referência às perfurações de óleo e gás no sudeste asiático e no Oriente Médio. Como a produção de cabos era um processo basicamente semicontínuo, as economias de escala eram importantes. Com isso em mente, não era factível a construção de fábricas menores mais próximas de uma base de consumidores que estivesse amplamente dispersa. Como ressaltado anteriormente, uma das razões da mudança para Lawrence era permitir que a TRW estivesse mais próxima de seus principais consumidores em Oklahoma.

Até o fim de junho, o mercado para cabos havia declinado dramaticamente. Bill Russell revisava os dados financeiros do último trimestre e observava equipamentos e funcionários ociosos na fábrica, e sabia que tinha de fazer alguma coisa logo, caso a divisão desejasse manter sua participação de mercado e sua rentabilidade.

A DECISÃO SOBRE AS DEMISSÕES

À medida que Bill Russell preparava-se para encontrar seus funcionários na fábrica de Lawrence, ele se perguntava como enfrentaria o processo de ter de demitir 16% da atual força de trabalho de 125. Duas coisas particularmente o perturbavam. Primeiro, seu antecessor, Gino Strippoli, havia implicitamente garantido para seus funcionários que nunca haveria uma demissão na Divisão de Cabos para Poços de Petróleo. Segundo, e talvez mais importante, ele devia determinar se a decisão referente à forma para a redução dos custos de mão-de-obra deveria ser tomada por ele sozinho ou se as equipes deveriam assumi-la como sua responsabilidade.

Agora são 8h15 e Bill dirige-se para a reunião com seus funcionários.

Referências

BURCK, Charles G. What Happens when Workers Manage Themselves. *Fortune*, 27 jul. 1981, p. 62-69.

United States Department of Labor. *Handbook of Labor Statistics*. Washington, DC, Bureau of Labor Statistics, 1983.

Orientações para Estudo

1. Avalie a gestão por equipes na fábrica da TRW de Lawrence. Qual sistema de comportamento organizacional é mais similar a ela? Ela reflete as assunções da Teoria Z ou da Teoria Y?
2. Examine os resultados da gestão por equipes em Lawrence. Eles apóiam um modelo de relação "a satisfação causa a produtividade" ou "a produtividade causa a satisfação"? Explique.
3. Assuma o papel de Bill Russell no fim do caso. Prepare seu anúncio sobre as demissões para os funcionários da divisão de cabos. Que reações você espera deles, e como irá responder-lhes?
4. As abordagens participativas e de gestão por equipes podem funcionar igualmente bem durante períodos de crise organizacional e durante épocas normais? Explique.

Glossário

A

Abordagem apoiadora para o CO Filosofia de trabalhar com as pessoas de modo a buscar satisfazer suas necessidades e a desenvolver seu potencial.

Abordagem contingencial para o CO Filosofia que utiliza o princípio de que diferentes ambientes exigem práticas comportamentais distintas para se alcançar a efetividade.

Abordagem de recursos humanos para o CO Crença de que a organização deveria estar preocupada com o crescimento e o desenvolvimento das pessoas em direção a níveis mais elevados de competência, criatividade e realização. Também conhecida como *abordagem apoiadora*.

Abordagem orientada para os resultados de CO Ênfase nos resultados organizacionais relevantes, geralmente expressos em termos de produtividade.

Abordagem sistêmica para o CO Crença de que há diversas variáveis nas organizações e que cada uma delas afeta as demais em um relacionamento complexo.

Aborrecimentos Pequenas situações da vida cotidiana que são percebidas como ameaças ao bem-estar do indivíduo.

Aconselhamento (*counseling*) Discussão de um problema geralmente de conteúdo emocional com o funcionário para ajudá-lo a enfrentar o problema de forma melhor.

Aconselhamento diretivo Processo de ouvir o problema de um funcionário, decidir com ele o que deve ser feito e, então, comunicá-lo e motivá-lo para a execução do que foi decidido.

Aconselhamento não-diretivo Processo de ouvir cuidadosamente e encorajar um aconselhado a explicar situações complexas, compreender os problemas envolvidos e determinar as soluções adequadas. Também conhecido como *aconselhamento centrado no cliente*.

Aconselhamento participativo Relacionamento mútuo entre conselheiro e aconselhado que estabelece um intercâmbio cooperativo de idéias para auxiliar na resolução dos problemas do aconselhado. Também é conhecido como *aconselhamento cooperativo*.

Adesismo (*followership*) Comportamentos que auxiliam uma pessoa a tornar-se subordinada eficaz de seu líder.

Administração da impressão Habilidade de um indivíduo para proteger sua auto-imagem, ao mesmo tempo que influencia a avaliação que as outras pessoas possuem sobre ele.

Advogado do diabo Pessoa que desafia as idéias dos outros, solicita a apresentação de evidências factuais, oferece críticas construtivas e questiona a lógica utilizada, de forma a incrementar a qualidade da decisão do grupo.

Afetividade negativa Característica pessoal dos funcionários que os inclina à predisposição de estarem insatisfeitos com o trabalho.

Afetividade positiva Característica pessoal dos funcionários que os inclina à predisposição de estarem satisfeitos com o trabalho.

Agenda aberta Tarefa oficial de um grupo.

Agendas secretas Emoções e motivações particulares dos membros do grupo.

Agentes de mudança Pessoas cujos papéis são estimular, facilitar e coordenar a mudança dentro de um sistema enquanto permanecem independentes com relação a ele.

Agrado Realização de qualquer ato de reconhecimento de outra pessoa.

Agrado misto Mensagem por meio da qual um indivíduo envia (ou recebe) uma combinação de elementos positivos e negativos; a intenção geral da mensagem torna-se, dessa forma, obscura.

Agrados condicionais Agrados oferecidos aos funcionários, caso desempenhem adequadamente suas atividades ou evitem problemas.

Agrados incondicionais Agrados oferecidos aos funcionários sem qualquer conexão com o comportamento apresentado.

Agrados negativos Reconhecimento oferecido que agride física e emocionalmente quando é recebido e que contribui para diminuir o sentimento de bem-estar de outra pessoa.

Agrados positivos Reconhecimento oferecido que produz um sentimento agradável quando é recebido e que contribui para aumentar o sentimento de bem-estar de outra pessoa.

Agressividade Adoção de um comportamento ameaçador, de abusos verbais ou de ações perigosas contra uma outra pessoa.

Ambiente de trabalho descontraído Ambiente de trabalho no qual os supervisores encorajam, iniciam e apóiam uma variedade de atividades alegres e bem-humoradas.

Ambigüidade de papéis Sentimento que surge quando os papéis são inadequadamente definidos ou quando são substancialmente desconhecidos.

Ampliação do cargo Política de oferecer aos trabalhadores uma variedade maior de tarefas para reduzir a monotonia com o trabalho.

Análise custo-benefício Determinação dos efeitos líquidos de uma ação que possui impactos positivos e negativos (financeiros e outros).

Ansiedade do *status* Sentimento de insatisfação dos funcionários produzido em virtude da existência de diferenças entre os níveis atuais e os níveis desejados de *status*.

Apoio para tarefa Condição na qual os líderes proporcionam recursos, orçamentos, poder e outros elementos essenciais para a execução das atividades.

Apoio psicológico Condição na qual os líderes estimulam as pessoas a querer desempenhar determinada atividade.

Apoio social Rede de atividades e de relacionamentos que satisfazem uma necessidade percebida do funcionário de receber cuidados e de ser estimado e apreciado.

Aprendizado de dois níveis (*double-loop learning*) Processo de utilização de informações existentes sobre determinada mudança para preparar os participantes para gerir as futuras mudanças de modo ainda mais efetivo.

Aprendizagem social Processo indireto por meio do qual os funcionários aprendem mediante a observação dos outros e da compreensão das conseqüências experimentadas por esses indivíduos e utilizam essa nova informação para modificar seu próprio comportamento.

Assédio sexual Processo de tornar as decisões de contratação ou de promoções dependentes de favores sexuais; paralelamente, quaisquer condutas verbais ou físicas que criem um ambiente de trabalho ofensivo.

Assertividade Processo de expressar sentimentos, exigir mudanças verdadeiras e oferecer e receber um feedback honesto.

Atitudes Sentimentos e crenças que determinam, em grande medida, a forma pela qual os funcionários perceberão seu ambiente, se comprometerão com as ações desejadas e se portarão de modo geral.

Atraso A ação de chegar no trabalho após o horário estipulado.

Atraso do julgamento Vantagem do *brainstorming*, pelo qual todas as idéias são encorajadas e a crítica é postergada até o final da sessão.

Atribuição Processo pelo qual as pessoas interpretam as causas de seu próprio comportamento e do comportamento dos outros indivíduos.

Audição ativa Uso de uma variedade de princípios e comportamentos para receber tanto a mensagem factual quanto a mensagem emocional enviada por outro indivíduo.

Ausência Funcionário que deixa de comparecer ao trabalho segundo o programado.

Ausência física Ausências não-autorizadas, saídas mais cedo, intervalos estendidos, reduções no ritmo de produção ou atos de agressão e de retaliação.

Ausência psicológica Distanciamento emocional com relação às atividades a serem desempenhadas, por exemplo, sonhar acordado.

Autenticidade A capacidade dos gerentes de serem honestos, transparentes com relação a suas emoções e sentimentos e consistentes com suas palavras e ações ("fazer o que se diz").

Auto-avaliação Processo de solicitar a indivíduos que identifiquem e avaliem suas conquistas e seus pontos fortes e fracos.

Auto-eficácia Crença interna de que alguém possui as capacidades e as competências necessárias para desempenhar uma tarefa, preencher as expectativas de papéis ou enfrentar uma situação de maneira bem-sucedida.

Auto-imagem A "face" de um funcionário ou o seu nível de auto-estima.

Autoliderança Ação de liderar a si próprio para desempenhar tarefas naturalmente motivadoras e gerenciar-se para realizar o trabalho exigido que não seja naturalmente recompensador.

Autonomia Política de oferecer aos funcionários certa quantidade de discernimento e de controle sobre decisões relacionadas ao trabalho.

Auto-realização Necessidade de tornar-se tudo aquilo que alguém é capaz de se tornar.

Auto-regulação Pessoas preocupadas com a impressão que causam nos outros, sensíveis às pistas interpessoais e habilidosas para responder aos sinais que recebem.

Avaliação de desempenho Processo de avaliação do desempenho dos funcionários.

Aversão ao risco Falta de conforto relacionada à ambigüidade que estimula alguns funcionários a evitarem-na e a buscar clareza.

B

Bairrismo Percepção de um indivíduo sobre o ambiente utilizando apenas sua própria perspectiva.

Barreiras físicas Interferências na comunicação que ocorrem em um ambiente no qual ocorrem as comunicações.

Barreiras pessoais Interferências na comunicação que surgem a partir de emoções, valores e hábitos inadequados relacionados ao ato de ouvir.

Barreiras semânticas Limitações na comunicação causadas pela variedade de significado dos símbolos utilizados.

Bases de poder Fontes por meio das quais os líderes adquirem e estendem sua influência sobre os outros; essas bases incluem os poderes pessoal, legítimo, de *expertise*, de recompensa e coercitivo.

Bem-estar pessoal Programas de manutenção preventiva que auxiliam os indivíduos a reduzir as causas de estresse e a lidar com os estressores que estão além de seu controle direto.

Biofeedback Abordagem segundo a qual as pessoas sob supervisão médica aprendem a partir das respostas dos instrumentos de monitoração a influenciar os sintomas de estresse, por exemplo, batimento cardíaco elevado.

Blogs Expressão da língua inglesa que significa *Online Web Log*, ou entradas on-line de diários, que são estabelecidas e constantemente atualizadas como forma de expressar pensamentos pessoais, reflexões e comentários sobre tópicos de interesse para os indivíduos que os criam.

Boato Informação da rede não-convencional de informações comunicada sem a presença de padrões seguros de evidência.

Brainstorming Estrutura de grupo que encoraja o pensamento criativo ao adiar o julgamento sobre as idéias produzidas.

Brainstorming **eletrônico** Utilização de computadores pessoais para facilitar a geração e o registro de idéias durante as sessões de *brainstorming*.

C

Cadeia de segmentos Uma rede de comunicação não-convencional (grapevine) na qual uma pessoa comunica-se com várias outras, e apenas um pequeno grupo dessas pessoas, os elos individuais, comunica-se posteriormente com mais de uma pessoa.

Capacidade autopercebida para tarefas Grau de confiança do funcionário em seu potencial para desempenhar uma tarefa de modo bem-sucedido.

Carisma Característica da liderança que inspira e influencia os funcionários a adotar ações imediatas e contínuas para a realização de uma visão.

Catarse emocional Liberação de tensão emocional e de frustrações, geralmente por meio de diálogos com outras pessoas.

Choque cultural Sentimento de confusão, insegurança e ansiedade causado por um ambiente novo e estranho.

Choque cultural reverso Dificuldade experimentada por expatriados para se reajustarem ao ambiente de seu país de origem após o regresso.

Ciclo de desempenho, satisfação e esforço Fluxograma que demonstra o relacionamento direcional entre desempenho, satisfação e esforço.

Cidadãos organizacionais Funcionários que se engajam em ações discricionárias positivas que promovem o sucesso da organização, tais como o oferecimento voluntário de seus esforços, o compartilhamento de seus recursos ou a cooperação com os outros.

Círculos de qualidade Grupos voluntários que recebem treinamento sobre técnicas estatísticas e habilidades para a resolução de problemas e, então, reúnem-se para produzir idéias para a melhoria da produtividade e das condições de trabalho.

Coaching Papel de liderança no qual um líder prepara, orienta, estimula e orienta uma equipe, mas não participa do jogo.

Coaching **de equipes** Processo de interação entre o líder e os membros da equipe destinado a auxiliá-los a utilizar adequadamente os recursos existentes pela aplicação de ênfase na motivação dos indivíduos, na melhoria dos métodos de trabalho e no suprimento das deficiências de conhecimentos/habilidades.

Coesão Grau em que os funcionários se mantêm agrupados, demonstrando ter confiança mútua em seus colegas e desejando permanecer como membros de um grupo

Colaboração Enfrentar diretamente um conflito e atacá-lo de forma a se obter uma solução mutuamente satisfatória. Também conhecida como resolução de problemas ou integração.

Coletivismo Processo de atribuir grande ênfase no grupo e na harmonia entre seus membros.

Comitê Tipo específico de reunião de grupo no qual seus membros, em seu papel de grupo, recebem a delegação de autoridade necessária para lidar com determinado problema.

Comparação entre custos e recompensas Processo no qual os funcionários identificam e comparam os custos e as recompensas pessoais para determinar o ponto em que eles se tornam praticamente iguais.

Complacência Dependência com relação às normas externas sem a formação de pensamento independente.

Comportamento organizacional (CO) Estudo e aplicação do conhecimento sobre a forma pela qual as pessoas – como indivíduos ou grupos – agem dentro das organizações.

Comportamento organizacional holístico Filosofia que interpreta as relações entre as pessoas e as organizações em termos da totalidade da pessoa, do grupo, da organização e do sistema social.

Comportamento organizacional positivo O enfoque emergente do CO para a criação de uma cultura do local de trabalho que estimule o surgimento de sentimentos de otimismo, empatia, apreço, coragem e resistência.

Comportamento orientado para a busca de feedback Ato de monitorar o desempenho de um indivíduo e de solicitar informações sobre seus progressos para a realização das metas.

Comportamentos de cidadania organizacional Ações voluntárias que promovem o sucesso da organização.

Compromisso crescente Manutenção da defesa de determinado curso de ação, e provavelmente da alocação de recursos adicionais para um projeto, apesar da existência de evidências racionais que apontam para seu fracasso.

Compromisso organizacional Grau com que um funcionário identifica-se com a organização e pretende continuar participando ativamente dela.

Comunicação Transferência de informação e de compreensão estabelecida de uma pessoa para outra.

Comunicação ascendente Fluxos de informação dos níveis inferiores para os níveis superiores de uma organização.

Comunicação descendente Fluxos de informação dos níveis superiores para os níveis inferiores de uma organização.

Comunicação intercultural Capacidade de um expatriado em falar e em compreender a linguagem de um país hospedeiro, bem como em perceber suas pistas não-verbais.

Comunicação lateral Comunicação por meio das cadeias de comando. Também conhecida como intercomunicação.

Comunicação não-verbal Ações ou inações das quais as pessoas se servem como forma de comunicação.

Confiabilidade Capacidade de um instrumento de pesquisa em produzir resultados consistentes.

Confiança Capacidade de depender das palavras e das ações de outras pessoas.

Confiança mútua Fé mútua na responsabilidade e nas ações de todas as partes envolvidas em um relacionamento.

Conflito Discordância em torno das metas a serem alcançadas ou dos métodos utilizados para conquistá-las.

Conflito de papéis Sentimento que surge quando os outros possuem diferentes percepções ou expectativas sobre o papel de uma pessoa.

Conjunto de percepções Tendência das pessoas de perceber o que elas esperam.

Conjuntos de escritórios Centros de escritórios individuais relacionados dispostos para encorajar a formação de grupos sociais

Consenso Existência de concordância da maior parte dos membros de um grupo e de disposição para apoiar uma decisão.

Consideração A orientação para o funcionário por parte do líder, a qual reflete sua preocupação com as necessidades humanas de seus trabalhadores.

Consultoria de processos Conjunto de atividades que auxiliam os outros indivíduos a perceber, compreender e reagir construtivamente a eventos ocorridos no seu entorno.

Contar histórias (*storytelling*) Processo que utiliza histórias memoráveis para auxiliar na criação de uma cultura e na comunicação de valores essenciais para os funcionários.

Conteúdo do cargo Situações que se relacionam diretamente ao próprio trabalho e o desempenho do trabalhador com relação a ele, diferentemente das condições ambientais externas ao trabalho.

Contexto do cargo Condições presentes no ambiente que envolve o trabalho e que não estão diretamente relacionadas à realização das atividades.

Contingência cultural Reconhecimento do fato de que as práticas mais produtivas do CO para determinada nação dependerão essencialmente de sua cultura.

Contrapartidas (*dues-paying*) Processo no qual um indivíduo realiza o pagamento de uma variedade de custos objetivos e subjetivos para outros indivíduos em troca de sua validação para privilégios e recompensas.

Contrato psicológico Acordo não-escrito que define as condições do envolvimento psicológico de cada funcionário com o sistema – o que eles planejam oferecer e receber dele.

Controle percebido Quantidade de controle que os funcionários acreditam possuir sobre suas atividades e as condições de trabalho.

Correio eletrônico (e-mail) Sistema de comunicação baseado em computadores que permite o envio simultâneo de mensagens.

Créditos particulares Depósitos realizados ao longo do tempo em uma "conta pessoal", os quais poderão ser retirados quando necessário.

Cronograma de reforço Freqüência com a qual o reforço acompanha um comportamento desejado.

Cultura organizacional Valores, crenças e normas partilhadas pelos membros de uma organização.

Cultura social Ambiente social criado pelos homens a partir de crenças, costumes, conhecimento e práticas que definem o comportamento convencional em uma sociedade.

Culturas de alto contexto Culturas nas quais as pessoas tendem a utilizar pistas situacionais para desenvolver um retrato completo de um visitante.

Culturas de baixo contexto Culturas nas quais as pessoas tendem a interpretar as pistas situacionais literalmente, a basear-se em regras escritas e em documentos legais, a conduzir primeiro os negócios e a valorizar a *expertise* e o desempenho.

Custos psíquicos Custos que afetam o eu interior de uma pessoa, ou sua psiquê.

D

Delação O ato de tornar públicas práticas alegadamente impróprias para uma fonte interna ou externa.

Delegação Distribuição de tarefas, autoridade e responsabilidades para outros indivíduos.

Descongelamento Termo aplicado a situações que envolvem mudança e que se referem ao ato de descartar velhas idéias e práticas para que novas possam ser aprendidas.

Desenvolvimento organizacional (DO) Aplicação sistemática do conhecimento da ciência comportamental em vários níveis (grupal, intergrupal e organizacional geral) para obter as mudanças planejadas.

Desvio para o risco Ação de um grupo na qual seus membros se tornam mais dispostos a aceitar riscos quando lidam com recursos alheios e quando não podem ser individualmente responsabilizados.

Diferenças individuais Idéia de que cada pessoa é diferente das demais e de que essas diferenças normalmente são substanciais em vez de serem insignificantes.

Dimensões centrais Os cinco fatores do trabalho — variedade de habilidades, identidade de tarefa, significado da tarefa, autonomia e feedback — identificados na abordagem de características das atividades para o enriquecimento do trabalho.

Dinâmica de grupo Processo social por meio do qual as pessoas interagem frente a frente em pequenos grupos.

Direito à privacidade Liberdade com relação à invasão da organização sobre a vida privada do indivíduo e à divulgação não-autorizada de informações confidenciais.

Disciplina Ação gerencial para certificar-se da adoção generalizada dos padrões da organização.

Discriminação Tratamento tendencioso destinado a indivíduos ou a grupos.

Dispensa Separação de um funcionário da companhia por justa causa.

Disposição para aceitar a influência dos outros Fator contingencial do modelo de liderança caminho-meta que sugere ser escolha do estilo de liderança de um líder parcialmente dependente da maturidade do funcionário para aceitar orientações de outras pessoas.

Dissonância cognitiva Conflito interno e ansiedade que ocorrem quando as pessoas recebem informações incompatíveis com sistemas de valores, decisões anteriores ou outras informações que elas possam ter.

Distância cultural Quantidade das diferenças existentes entre dois sistemas sociais quaisquer.

Distância do poder Crença de que há direitos fortes e legítimos relacionados à tomada de decisões que separam os gerentes dos funcionários.

Distância psicológica Sentimento de estar emocionalmente separado de outra que age como uma barreira pessoal para uma comunicação efetiva.

Distorção auto-protetora Tendência para reclamar créditos indevidos pelos próprios sucessos e para minimizar suas próprias responsabilidades pelos problemas.

Diversidade cultural Reconhecimento, aceitação, valorização e utilização positiva da riqueza proveniente da variedade cultural existente entre as pessoas no trabalho.

Divisão do trabalho A criação de níveis de autoridade e de unidades funcionais.

Divisão dos lucros Sistema que distribui ao funcionários determinada parcela dos lucros do negócio.

E

Efeito de reação em cadeia Situação na qual uma mudança ou outra condição qualquer que afete diretamente apenas uma pessoa ou um grupo muito reduzido pode levar a uma reação por parte de muitas pessoas, até mesmo centenas ou milhares, em virtude de seu interesse mútuo nessa questão.

Efeito de transbordamento Impacto da satisfação no trabalho sobre a satisfação pessoal e vice-versa.

Efeito disfuncional Impacto desfavorável de uma ação ou de uma mudança sobre um sistema.

Efeito funcional Impacto favorável de uma ação ou de uma mudança sobre um sistema.

Efeito Galatéia O processo psicológico por meio do qual as altas expectativas dos funcionários levam a um desempenho elevado.

Efeito Hawthorne Conceito que afirma que a mera observação de um grupo tende a modificar o modo de comportamento do grupo.

Efeito idiota Diminuição da produção realizada pelo membro de uma equipe em virtude da crença de que os outros também o fazem e de que o ato de não fazê-lo também poderia ser interpretado como tolice.

Elaboração Adição dos próprios sentimentos e raciocínios de um indivíduo à comunicação.

Empatia cultural Percepção e valorização das diferenças entre as culturas e da forma pela qual essas diferenças afetam os relacionamento de negócios.

Empowerment Processo que proporciona maior autonomia para o funcionário por meio do compartilhamento de informações relevantes e da concessão de controle sobre os fatores que afetam o desempenho no trabalho.

Enquadramento Utilização de uma linguagem rica, variada e cuidadosamente selecionada para moldar as percepções dos recipientes de uma comunicação.

Enriquecimento do cargo Política de adicionar motivadores a um cargo para torná-lo mais recompensador

Entrevista de avaliação Sessão na qual os supervisores oferecem feedback para seus funcionários sobre seu desempenho passado, discutem problemas e os convidam a apresentar suas impressões.

Envolvimento profissional Grau com que os funcionários se envolvem com seus cargos, investem tempo e energia neles e o enxergam como uma parte central de suas vidas.

Equal Pay Act (Ato sobre igual remuneração) de 1963 Legislação federal dos Estados Unidos que exige que os sistemas de remuneração sejam desenhados e administrados de forma que as pessoas que realizam as mesmas funções ou o mesmo trabalho recebam a mesma remuneração, independentemente de seu gênero.

Equilíbrio O estado existente quando há um balanço dinâmico entre as forças que apóiam e que restringem uma determinada prática vigente.

Equilíbrio social Balanceamento da dinâmica do trabalho entre as partes interdependentes de um sistema.

Equipamentos de vigilância Equipamentos e procedimentos para a observação das ações dos funcionários (geralmente utilizados de forma secreta).

Equipe de tarefa Pequeno grupo cooperativo, regularmente em contato, que desenvolve uma ação coordenada.

Equipes auto-gerenciadas Grupos de trabalho para os quais é oferecida uma grande quantidade de autonomia para a tomada de decisões e nos quais há uma expectativa de que seja possível controlar seu comportamento e suas decisões. Também são conhecidas como equipes autodirigidas, grupos de trabalho semi-autônomos ou equipes sociotécnicas.

Equipes interfuncionais Equipes compostas por membros retirados de mais de uma área de especialidade.

Equipes virtuais Grupos de trabalho que se reúnem sem a presença física de seus membros no mesmo local; tais equipes geralmente utilizam, de modo intensivo, os recursos tecnológicos disponíveis para satisfazer suas necessidades de comunicação e de coordenação.

Escopo do cargo Avaliação do cargo em duas dimensões – a extensão e a profundidade do mesmo – para determinar seu potencial para ampliação ou enriquecimento.

Escritórios virtuais Arranjo no qual o espaço físico do escritório e as mesas individuais são substituídas por uma variedade de ferramentas de comunicação portáteis, permitindo aos funcionários trabalharem praticamente em qualquer lugar.

Esgotamento (*burnout*) Condição na qual os funcionários estão emocionalmente exauridos, tornam-se distantes de seu trabalho e sentem-se incapazes de alcançar seus objetivos.

Espiritualidade O desejo manifestado pelo funcionário de se conhecer melhor, de crescer pessoalmente, de realizar contribuições significativas para a sociedade e de demonstrar integridade em cada ação realizada.

Estabelecimento de metas Estabelecimento de alvos e de objetivos para um desempenho bem-sucedido, tanto de curto quanto de longo prazos.

Estabelecimento de valores Processo de determinação do resultados esperados para cada atividade.

Estágios de desenvolvimento de equipes Movimento de um grupo por meio das fases evolucionárias de formação, tormenta, normatização, desempenho e (possivelmente) dissolução.

Estilo de liderança Padrão geral da filosofia, das habilidades, das características e das atitudes exibidas nos comportamentos de um líder.

Estresse Termo geral aplicado às pressões sentidas pelas pessoas em suas vidas.

Estressores Condições que tendem a produzir estresse.

Estrutura Orientação para tarefas por parte de um líder, em que, quando levada ao extremo, ignora os problemas pessoais e as emoções dos funcionários.

Estrutura da tarefa Grau segundo o qual um método específico é exigido para a realização dos trabalhos (uma variável do modelo contingencial de liderança de Fiedler).

Ética do trabalho Atitude do funcionário na qual o trabalho é visto como elemento central e meta desejável de sua vida.

Etnocentrismo Predisposição do indivíduo para utilizar-se e para usar sua própria cultura como o critério de julgamento dos outros.

Expatriados Funcionários que trabalham em um país e uma cultura diferentes da sua própria.

Expectativa Intensidade da crença de que os esforços relacionados ao trabalho resultarão no cumprimento bem-sucedido de uma tarefa (desempenho).

Extensão do trabalho Número de diferentes tarefas pelas quais o trabalhador é diretamente responsável.

Extinção Retenção de uma quantidade significativa de conseqüências positivas previamente oferecidas como resultado de um comportamento desejável.

F

Facilidade de leitura Grau em que as comunicações escritas e orais são compreensíveis para os recipientes.

Facilitação O processo de auxiliar um grupo a atingir o sucesso, a maximizar sua utilização eficiente do tempo e a sentir-se satisfeito com seus esforços mediante a aplicação de uma variedade de habilidades e de princípios de liderança.

Facilitação interpessoal A capacidade de enfatizar as necessidades pessoais, as sensibilidades e as particularidades dos outros e, então, trabalhar para manter o conflito sob controle e a colaboração elevada entre os membros do grupo.

Facilitação social Processo pelo qual os indivíduos tentam freqüentemente contribuir com mais ímpeto para a realização de uma tarefa porque há outras pessoas presentes.

Facilitadores Pessoas que agem como consultores de processos, fazendo os funcionários reexaminarem seus papéis dentro do grupo.

Falta de civilidade no trabalho Ausência, por parte dos funcionários, de demonstrações de sentimentos de consideração e de respeito por outros indivíduos ou, ainda pior, a prática de atos de desrespeito com relação aos colegas ou ao trabalho.

Fatores higiênicos Condições que tendem a satisfazer os trabalhadores quando estão presentes e a desagradá-los quando eles não estão, mas sua existência por si só não tende a ser fortemente motivadora. Também são conhecidos como fatores de manutenção.

Fatores motivacionais Condições que tendem a motivar os trabalhadores quando estão presentes, mas sua ausência raramente enseja insatisfação.

Feedback Informação proveniente da própria atividade, da administração ou de outros funcionários que notifica os trabalhadores sobre quão bem eles desempenham suas atividades.

Feedback de 360º Processo de coleta sistemática de dados sobre as habilidades, as capacidades e os comportamentos de uma pessoa, a partir de diversas fontes, tais como gerentes, colegas, subordinados e clientes, de modo a identificar os locais onde existam problemas e os aperfeiçoamentos que possam ser realizados.

Feedback de desempenho Oferecimento oportuno de dados ou de julgamentos referentes aos resultados das tarefas relacionadas ao trabalho.

Filosofia do CO Conjunto integrado de suposições e de valores, explícitos ou implícitos, sobre a forma pela qual as coisas são e devem ser.

Filtragem A redução da comunicação a alguns poucos detalhes básicos que poderão ser lembrados e retransmitidos para os demais indivíduos.

Força motriz Motivação do funcionário para a realização, para a afiliação ou para o poder.

Formação de equipes Processo de criação de equipes mais efetivas por meio do encorajamento de seus membros para que examinem o modo como trabalham, identifiquem seus pontos fracos e desenvolvam formas mais eficazes de cooperação.

Fortalecedores de liderança Elementos que ampliam o impacto de um líder sobre seus funcionários.

Frustração Resultado do bloqueio de um motivador (força motriz) para impedir um indivíduo de alcançar uma meta específica.

Funcionários transculturais Funcionários que aprenderam a operar de modo eficaz em diversas culturas.

Funções do aconselhamento Correspondem às seis atividades que podem ser desempenhadas por meio do aconselhamento: oferecimento de conselhos, encorajamento, comunicação, liberação da tensão emocional, esclarecimento de idéias e reorientação.

Furto Remoção não-autorizada de recursos da companhia por um funcionário.

G

Gap **de credibilidade** Diferença entre o discurso e a prática de um indivíduo.

Gerenciamento participativo Utilização de programas especiais para desenvolver um sentimento substancial de *empowerment* entre os funcionários.

Gerenciamento por contato direto (MBWA) Comunicação e aprendizado que ocorrem quando os gerentes tomam a iniciativa de sistematicamente estabelecer contatos com um grande número de funcionários.

Gerenciamento por objetivos (MBO) Processo que consiste em estabelecer conjuntamente objetivos, criar planos de ação, conduzir revisões periódicas e proceder a avaliações de desempenhos anuais para facilitar o desempenho desejado.

Gestão da qualidade total (TQM) Processo de obtenção da participação de todos os funcionários na busca de melhorias contínuas nas atividades das quais fazem parte.

Gestão de desempenho Procedimentos e sistemas projetados para melhorar os resultados e o desempenho dos funcionários, geralmente pela utilização de sistemas de incentivos econômicos.

Gestão de livro aberto Concessão para os funcionários de relatórios financeiros e de outros dados operacionais para capacitá-los a monitorar e compreender independentemente o desempenho da companhia.

Gráficos de redes Gráficos informais da organização que documentam os padrões de sentimentos expressos ou de comportamentos exibidos.

Grid **gerencial** Estrutura de estilos de administração baseadas nas dimensões de preocupação com as pessoas e com a produção.

Grupo de decisão Delphi Estrutura de grupo na qual uma série de questionários é distribuída para ser preenchida pelos respondentes, mas seus membros não precisam reunir-se frente a frente.

Grupo de referência Grupo cujas normas são aceitas pelo indivíduo.

Grupo nominal Estrutura de grupo que combina contribuições individuais, discussão em grupo e um processo independente de tomada de decisões.

Grupos formais Grupos estabelecidos pela organização e que possuem identidade pública e metas para serem alcançadas.

Grupos informais   Grupos formados com base em interesses comuns, proximidade e amizade.

H

Habilidade conceitual   Capacidade de pensar em termos de modelos, estruturas de pensamentos e relações mais amplas.

Habilidade humana   Capacidade de trabalhar efetivamente com pessoas e construir espírito de equipe.

Habilidade técnica   Conhecimento e capacidade em qualquer tipo de processo ou técnica.

Hierarquia de necessidades   Filosofia, desenvolvida por Abraham Maslow, segundo a qual diferentes grupos de necessidades possuem uma ordem específica de prioridade para a maioria das pessoas, de forma que um grupo de necessidades precede a outro em importância.

Homeostase   Mecanismo de autocorreção de um grupo do qual as energias são utilizadas para a restauração do equilíbrio em todas as oportunidades onde houver uma mudança constituir uma ameaça.

Humores associados ao trabalho   Sentimentos dos funcionários sobre seus trabalhos que podem modificar-se em questão de dias, horas ou minutos.

I

Identidade da tarefa   Prática de permitir aos funcionários que executem uma parcela completa do trabalho a ser realizado.

Imperativo ético   Crença de que a participação deverá ser utilizada pelos gerentes por razões morais.

Incentivos   Fatores ambientais que são estabelecidos com o objetivo de motivar uma pessoa.

Incentivos salariais   Sistemas de recompensa que proporcionam maior remuneração associada ao incremento da produção.

Individualismo   Ênfase cultural na aplicação de grande importância sobre os direitos e liberdades individuais, as redes sociais fortemente tramadas e o auto-respeito.

Individualização   Processo por meio do qual os funcionários exercem influência de forma bem-sucedida sobre o sistema social em torno deles.

Indivíduos de ligação   Pessoas ativas na rede de comunicações não-convencional.

Inferência   Interpretação de símbolos baseada em suposições, não em fatos.

Inputs   Todos os elementos ricos e diversos que os trabalhadores acreditam trazer ou oferecer para o trabalho.

Insight   Percepção nova e clara sobre um fenômeno ou uma habilidade para enxergar mais claramente alguma coisa, um momento do tipo "ah-há!".

Instrumentalidade   Crença de que uma recompensa será recebida assim que uma tarefa for completada.

Integradores   Funcionários com fortes laços de comunicação com indivíduos de seus departamentos, com pessoas de outros departamentos e, freqüentemente, com a comunidade externa.

Inteligência cultural (IC)   A capacidade de um indivíduo em ajustar-se de maneira fácil e flexível a novas culturas

Inteligência emocional   Uma combinação de capacidades — conhecer e compreender seus próprios sentimentos, perceber a razão pela qual alguém se sente de determinada forma e administrar efetivamente suas emoções e as dos outros.

Inteligência social   Percepção social, abrangendo empatia, presença de espírito, radar situacional, clareza e autenticidade.

Intenções comportamentais   Planos e predisposições dos funcionários para agir de certa forma (por exemplo, chegar tarde, faltar no serviço, reduzir o ritmo de trabalho ou demitir-se).

Interpretação pessoal favorável das regras   A interpretação intencional das regras de uma organização para a obtenção de ganhos pessoais.

Intervenções   Atividades estruturadas desenhadas para auxiliar indivíduos ou grupos a melhorar sua eficácia no trabalho.

Investigação apreciativa   Uma abordagem à mudança organizacional na qual são enfatizados os aspectos que funcionam adequadamente e os elementos mais apreciados para servir como base para futuras melhorias.

J

Jargão   A linguagem especializada de um grupo, que normalmente incorpora acrônimos e gírias.

Justiça procedimental   A avaliação, realizada pelos funcionários, sobre a eqüidade dos processos pelos quais as recompensas são distribuídas. Essa avaliação centra-se em dois elementos — a impessoalidade de tratamento e a clareza nas explicações.

L

Legitimidade da influência organizacional   Interação de duas variáveis — conduta dentro e fora do emprego e conduta associada ou não-associada ao trabalho — para produzir graus variados de aceitação de uma medida.

Lei das diferenças individuais   Crença de que cada pessoa é diferente das demais.

Lei do efeito   Tendência de uma pessoa para repetir um comportamento acompanhado de conseqüências favoráveis e de não repetir um comportamento acompanhado de conseqüências desfavoráveis.

Lei dos retornos decrescentes Princípio que afirma que uma quantidade decrescente de resultados é obtida à medida que uma quantidade maior de *inputs* desejáveis são adicionados a um sistema operacional.

Licenças sabáticas Oferecimento de licença remunerada ou não-remunerada do trabalho para estimular o alívio para o estresse e a educação pessoal.

Líder de tarefa Pessoa que ajuda o grupo a conquistar seus objetivos e manter o foco em seu alvo.

Líder informal Pessoa detentora da maior quantidade de *status* na organização informal e que surge para exibir sua influência informal sobre os demais membros do grupo.

Líder social Pessoa que auxilia na restauração e na manutenção dos grupos sociais.

Liderança Processo de encorajar e ajudar outras pessoas a trabalhar entusiasmadamente para alcançar os objetivos da organização.

Liderança caminho-meta Modelo que afirma que o trabalho de um líder é a criação de um ambiente de trabalho por meio da estrutura, do apoio e de recompensas que ajudam os funcionários a alcançar as metas da organização.

Liderança ética Liderança baseada em padrões elevados de ética e de integridade moral, que segue princípios como os de responsabilidade social, de comunicações abertas e de análise custo-benefício.

Liderança servidora O gesto de um líder de um grupo de colocar as necessidades dos outros membros acima de seus próprios interesses pessoais, ao mesmo tempo que ressalta o valor e as contribuições desses indivíduos.

Líderes autocráticos Indivíduos que centralizam neles mesmos o poder e a autoridade para a tomada de decisões.

Líderes consultivos Gerentes que abordam um ou mais funcionários e que lhes solicitam sugestões antes de tomarem uma decisão.

Líderes participativos Líderes que descentralizam autoridade, aconselhando-se com seus seguidores.

Líderes transformadores Gerentes que iniciam significativas mudanças estratégicas com o objetivo de posicionar a organização para o futuro.

Limite de tolerância ao estresse Nível de estressores suportados por um indivíduo antes que sentimentos de estresse comecem a afetar negativamente seu desempenho.

Linguagem corporal Forma pela qual as pessoas transmitem significado para outras pessoas em uma interação interpessoal por meio de seus corpos.

Lócus de controle Crença sobre a possibilidade de as realizações de um trabalhador serem resultantes de seus esforços (interno) ou de forças exteriores (externo).

M

Manipulação de pessoas A utilização do conhecimento e das técnicas de comportamento organizacional para fazer as pessoas agirem de maneiras antiéticas ou para benefício pessoal.

Manutenção das aparências Desejo de sustentar determinada auto-imagem.

Margem de liberdade profissional Margem de liberdade deixada após a aplicação de todas as restrições

Mecanismos de defesa Reações à frustração que buscam defender um indivíduo dos efeitos psicológicos de uma meta bloqueada.

Medidas disciplinares corretivas Ações adotadas para desestimular outras infrações, de modo que as ações futuras estejam de acordo com os padrões previamente estabelecidos.

Medidas disciplinares preventivas Medidas tomadas para encorajar os funcionários a seguir as normas e os padrões para que não ocorram infrações.

Medidas disciplinares progressivas Política que oferece penalidades mais severas na repetição das infrações.

Mentor Pessoa que serve como modelo ideal para auxiliar outros funcionários a adquirir conselhos valiosos sobre os papéis a serem desempenhados e os comportamentos a serem evitados.

Meta superior Meta que integra os esforços dos indivíduos ou dos grupos.

Metas Formulações concretas de realizações que a organização estabelece para serem cumpridas em determinados períodos.

Metas do comportamento organizacional Descrever, compreender, prever e controlar (afetar favoravelmente) o comportamento humano no trabalho.

Método dialético de decisão (DDM) Processo de decisão que envolve as etapas de criação de duas ou mais propostas concorrentes, identificação das suposições subjacentes, exame por subgrupo de defensores e tomada de uma decisão geral.

Microgerenciamento A imersão de um gerente no controle dos detalhes de uma operação diária.

Missão Declaração que identifica o negócio no qual a organização opera, os nichos de mercado que ela deseja servir, seus consumidores e as razões para sua existência.

Modelo apoiador Visão gerencial na qual os líderes deveriam oferecer apoio aos funcionários em seus esforços de crescimento profissional e em suas tentativas de desempenharem de modo bem-sucedido suas tarefas.

Modelo autocrático Visão gerencial na qual o poder e a autoridade formal são necessários para controlar o comportamento dos funcionários.

Modelo colegiado Visão gerencial segundo a qual o trabalho em equipe é o caminho para a criação de responsabilidade entre os funcionários.

Modelo contingencial de liderança Modelo que assume que o estilo de liderança mais apropriado depende do nível de orientação favorável de uma situação, especialmente no tocante às relações líder-membros, à estrutura de tarefas e à posição de poder.

Modelo de aconselhamento do *iceberg* Ponto de vista que reconhece que há mais sentimentos escondidos sob a superfície das comunicações de um aconselhado do que é revelado.

Modelo de expectativa Teoria na qual a motivação é o produto de três fatores: valência, expectativa e instrumentalidade.

Modelo de liderança de tomada de decisões Abordagem estruturada para a seleção de um estilo de liderança desenvolvido por Vroom e outros que encoraja a avaliação de uma variedade de atributos dos problemas e a combinação dos resultados da análise com uma das cinco opções de estilos de liderança.

Modelo de liderança situacional Teoria da liderança que sugere que o estilo de liderança de um líder deve ser determinado pela adequação desse estilo ao nível de desenvolvimento (maturidade) relacionado à tarefa de cada subordinado.

Modelo de motivação dos dois fatores Modelo motivacional desenvolvido por Frederick Herzberg o qual conclui haver um conjunto de condições (motivadores) que, quando adequado, é essencialmente responsável pela produção de motivação e de satisfação entre os funcionários, e outro um conjunto de condições (fatores higiênicos) que representa a maior causa de insatisfação entre os funcionários, quando inadequado.

Modelo de troca líder-membro Idéia de que os líderes e seus seguidores trocam informações, recursos e expectativas de papéis que determinam a qualidade de suas relações interpessoais.

Modelo E-R-C Modelo motivacional desenvolvido por Clayton Alderfer sugerindo que há três níveis de necessidade — existência, relacionamento e crescimento.

Modelo estresse-desempenho Retrato visual do relacionamento entre estresse e desempenho, ilustrando níveis variados de tolerância para diferentes pessoas.

Modelo protecionista Visão gerencial na qual as necessidades de segurança são dominantes entre os funcionários.

Modelo sistêmico Visão gerencial na qual os funcionários estão preocupados em encontrar um sentido em seus trabalhos, em possuir um ambiente de trabalho pleno de integridade, confiança e sentimento de comunidade e em receber cuidados e atenção dos gerentes.

Modelos Líderes que servem como exemplos para seus seguidores.

Modelos de comportamento organizacional Teorias ou estruturas de pensamento subjacentes que agem como guias poderosos, conscientes ou inconscientes, para o pensamento e o comportamento gerenciais. Também são conhecidos como paradigmas.

Modificação do comportamento organizacional (MCO) Modificação comportamental utilizada nas organizações para moldar o comportamento individual pelo uso de conseqüências positivas e negativas.

Moldagem Aplicação sistemática e progressiva de reforço positivo à medida que o comportamento do indivíduo torna-se mais próximo do comportamento desejado.

Monitoramento de desempenho Observação dos comportamentos, verificação dos resultados ou a análise de documentos com indicadores de desempenho.

Monitoramento eletrônico Vigilância do comportamento do funcionário pela ampla variedade de métodos eletrônicos.

Monitoramento genético Identificação de substâncias prejudiciais à saúde no local de trabalho pelo exame de seus efeitos na estrutura genética dos funcionários e utilização dessas informações para a adoção de medidas corretivas.

Moral Nível de satisfação ocupacional dentro de um grupo.

Motivação Intensidade da força motriz na direção de uma ação.

Motivação para a afiliação Desejo de se relacionar com as pessoas em uma base social.

Motivação para o poder Impulso para influenciar pessoas e modificar situações.

Motivação para o trabalho O conjunto de forças internas e externas que fazem o funcionário escolher determinado curso de ação ou adotar certos comportamentos.

Motivação para realização Desejo de superar desafios e obstáculos na conquista de metas.

Motivadores extrínsecos Recompensas externas que surgem independentemente do trabalho.

Motivadores intrínsecos Recompensas internas que uma pessoa sente quando desempenha uma atividade, de forma que haja uma comunicação direta e imediata entre o trabalho e a recompensa.

Mudança Qualquer alteração que ocorre no ambiente de trabalho que afete a forma pela qual os funcionários devem agir.

Mudança, processo de Aprendizado de novas idéias e processos de pensamento, de raciocínio e de desempenho.

Multicompetência Aprendizado de ampla variedade de habilidades relevantes pelos membros da equipe para que eles possam mover-se de forma flexível entre diversas áreas e desempenhar múltiplas tarefas.

Multiculturalismo Fusão bem-sucedida de duas ou mais culturas quando os funcionários de cada uma delas interagem entre si de maneira regular.

Mutualidade de interesses Idéia de que as pessoas necessitam das organizações e vice-versa, a qual lhes proporciona uma meta geral de interesses conjuntos para uni-los.

N

Narcisismo Traço de personalidade, geralmente negativo, que faz os líderes enfatizarem necessidades pessoais, auto-importância e ganhos pessoais e favores em detrimento de seus funcionários.

Necessidade de crescimento Necessidades relacionadas ao desejo por auto-estima e por auto-realização.

Necessidades de nível inferior Necessidades dos níveis 1 e 2 (fisiológicas e de segurança/seguridade) da hierarquia de necessidades de Maslow.

Necessidades de nível superior Necessidades dos níveis 3 a 5 (social, consideração e auto-atualização) da hierarquia de necessidades de Maslow.

Necessidades de relacionamento As necessidades que envolvem o desejo por parte de um funcionário de ser compreendido e aceito.

Necessidades existenciais Fatores psicológicos e de segurança.

Necessidades primárias Necessidades psicológicas e de segurança básicas.

Necessidades secundárias Necessidades sociais e psicológicas.

Networking Situação de estar ativo em um grupo de pessoas associadas em rede.

Neutralizadores Atributos de subordinados, de organizações e de tarefas que interferem ou diminuem as tentativas do líder para influenciar outras pessoas.

Nível de desenvolvimento Combinação de competência e de motivação de um funcionário relacionada à tarefa específica que auxilia na determinação do estilo de liderança a ser adotado.

Normas Requisitos informais dos grupos para o comportamento de seus membros.

O

Ombundsman Pessoa que recebe e responde a pedidos, queixas e solicitações para o esclarecimento de políticas da organização ou a alegações de práticas inadequadas dos funcionários.

Organização informal Rede de relacionamentos pessoais e sociais que não são estabelecidos ou exigidos pela organização formal, mas que surgem espontaneamente à medida que as pessoas associam-se entre si.

Organização matricial Sobreposição de um tipo de organização sobre outra de maneira que existam duas cadeias de comando administrando os funcionários.

Organizações geocêntricas Organizações que, em grande medida, ignoram nacionalidades enquanto integram os interesses comuns das várias culturas envolvidas.

Organizações multinacionais Organizações que têm negócios em mais de um país.

Orientação de curto prazo Valor cultural que enfatiza a valorização do passado e a afirmação do presente enquanto demonstra um grande respeito pela tradição e pela necessidade de satisfazer obrigações sociais históricas

Orientação de longo prazo Valor cultural de longo prazo que enfatiza a preparação para o futuro, a valorização de ações para economizar e poupar e os méritos da persistência.

Orientação interpessoal A forma dominante de tratar as pessoas em quem um indivíduo acredita e demonstra.

Orientação para resultados Aplicação de uma ênfase contínua na conquista de metas e resultados organizacionais relevantes — humanos, sociais e financeiros.

Orientado (*protegé*) Pessoa que recebe e aceita conselhos e exemplos de um mentor de confiança.

P

Papéis de interface Posições que exigem capacidade para interagir com diferentes grupos com o objetivo de manter um projeto bem-sucedido.

Papel Padrão de ações esperado de uma pessoa em atividades que envolvam outras pessoas.

Paradigmas Estruturas de pensamento de explicações possíveis sobre a forma pela qual as coisas funcionam.

Participação Envolvimento emocional e mental das pessoas nas situações do grupo, que as encorajam a contribuir com as metas do grupo e a compartilhar as responsabilidades por elas.

Participação do funcionário na propriedade Programa no qual os funcionários fornecem o capital para a aquisição do controle de uma operação existente.

Participação nos resultados Política de conceder aos funcionários uma parcela substancial das economias com os gastos produzidas pela melhoria das atividades.

Pensamento esclarecido Remoção dos bloqueios emocionais que impedem um pensamento racional e realista.

Pensamento grupal (*groupthink*) Tendência de um grupo em alinhar o pensamento individual ao padrão médio de pensamento do grupo.

Percepção Visão particular do indivíduo sobre o mundo.

Percepção de papéis A forma como as pessoas acreditam que elas devam agir em seus próprios papéis e a forma pela qual os outros deveriam agir nos papéis deles.

Percepção seletiva Ato de prestar atenção a determinadas características do ambiente de trabalho que são consistentes com as expectativas de um indivíduo ou que as reforçam.

Pesquisa Processo de coleta e de interpretação de evidências relevantes que poderão apoiar uma teoria comportamental ou ajudar a modificá-la.

Pesquisa-ação Processo cíclico de identificação de problemas sistêmicos, coleta de dados, adoção de medidas corretivas, avaliação de progressos, aplicação de ajustes progressivos e aprendizado a partir de experiências.

Pesquisa sobre satisfação profissional Procedimento por meio do qual os funcionários relatam seus sentimentos com relação a seus empregos e ao seu ambiente de trabalho.

Pessoas do tipo A Pessoas agressivas e competitivas que estabelecem altos padrões de desempenho e colocam-se sob constantes pressões de prazo.

Pessoas do tipo B Pessoas calmas e relaxadas que aceitam prontamente as situações.

Pistas sociais Pequenas porções de informação, positivas e negativas, que os funcionários recebem de seu ambiente social e que atuam para influenciar a forma como eles reagem à comunicação.

Poder Capacidade de influenciar outras pessoas e eventos.

Poder coercitivo A capacidade de punir as outras pessoas (ou de criar a percepção da ameaça de fazê-lo) de forma a influenciá-las.

Poder de recompensa Capacidade para controlar e distribuir itens que são valorizados por outras pessoas de forma a influenciá-las.

Poder especializado Poder que surge a partir do conhecimento e das informações detidos por uma pessoa sobre uma situação complexa.

Poder legítimo Poder delegado legitimamente por autoridades situadas em posições hierárquicas superiores para os indivíduos.

Poder pessoal Capacidade dos líderes em reunir seguidores a partir da intensidade de suas próprias personalidades.

Poder político Capacidade de trabalhar com pessoas e com sistemas sociais para obter sua lealdade e apoio.

Poder posicional do líder Poder organizacional que acompanha a posição ocupada pelo líder (uma variável do modelo contingencial de Fiedler).

Polarização Posicionamento extremado e rígido por parte de um indivíduo.

Polarizada A situação produzida como resultado do endurecimento das posições ou dos pontos de vista das partes sobre determinado assunto

Polígrafo Instrumento (detector de mentiras) que tenta mensurar as mudanças psicológicas ocorridas quando uma pessoa conta uma mentira significativa.

Política Formas usadas pelos líderes utilizam para conquistar e manter o poder.

Política de portas abertas Declaração que encoraja os funcionários a procurar seus supervisores ou altos gerentes com qualquer assunto que possa interessar-lhes.

Política organizacional Utilização de comportamentos que ampliem ou protejam a influência e os auto-interesses de uma pessoa.

Ponto de ligação Papel gerencial de conectar o grupo com o restante da organização.

Postura defensiva Comportamentos de comunicação utilizados por pessoas prestes a perder uma discussão pelos quais culpam inapropriadamente outros indivíduos, reúnem e utilizam dados seletivamente, buscam permanecer no controle e suprimem seus sentimentos.

Prática Aplicação consciente de modelos conceituais e de resultados de pesquisas com o objetivo de melhorar o desempenho individual e da organização.

Preconceito Atitudes negativas com relação a outros indivíduos ou grupos.

Preguiça social O movimento realizado pelos funcionários para a diminuição da sua produção quando imaginam que suas contribuições não podem ser mensuradas.

Premissas de fato Visões descritivas sobre o comportamento do mundo, baseadas em pesquisa ou em experiência pessoal.

Premissas de valor Visões pessoais acerca da intensidade associada ao desejo de certas metas e atividades.

Presenteísmo A ação, por parte do funcionário, de continuar a ir para o trabalho apesar de condições físicas e emocionais problemáticas (geralmente, recorrentes) que afetam substancialmente seu desempenho.

Previsões realistas sobre o trabalho Processo de contratação no qual os candidatos recebem um pequeno exemplo da realidade organizacional.

Princípio da reciprocidade Princípio no qual duas pessoas em um relacionamento contínuo sentem-se na obrigação de oferecer uma contrapartida para os débitos sociais que mantêm entre si.

Privação do *status* Perda ou percepção da existência de um nível insuficiente de *status* pelo indivíduo. Também conhecido como desmascaramento.

Proativo Indivíduo que se antecipa aos eventos, inicia as mudanças e assume o controle sobre seu próprio destino.

Processamento de informações sociais Reconhecimento do fato de que as pistas sociais proporcionadas por seus colegas e demais pessoas afetam a percepção do funcionário sobre seu trabalho.

Processo de comunicação Etapas por meio das quais o emissor envia uma mensagem ao receptor e recebe um feedback sobre ela. Ver *processo de comunicação de duas vias*.

Processo de comunicação de duas vias Processo de oito etapas no qual o emissor desenvolve, codifica e transmite uma idéia, e o receptor recebe, decodifica, aceita e a utiliza, enviando posteriormente um feedback para o emissor.

Produtividade Índice que compara unidades de *output* com unidades de *input*.

Profecia auto-realizável Condição que surge quando as expectativas de um gerente para um funcionário fazem que aquele trate esse de forma diferente; o funcionário responderá de uma maneira que confirmará as expectativas iniciais do gerente. Também é conhecida como efeito Pigmalião.

Profundidade do cargo Quantidade de controle, responsabilidade e discrição que os funcionários possuem sobre a forma pela qual executam suas atividades.

Programa completo de remuneração Um sistema de recompensas abrangente que utiliza diferentes bases de pagamento para alcançar objetivos variados (por exemplo, retenção, produção, trabalho em equipe).

Programa de participação nos resultados Programa que estabelece um período histórico básico do desempenho organizacional, mensura as melhorias e compartilha os ganhos com os funcionários por meio de uma fórmula-base. É também conhecido como participação nos resultados da produção.

Programas de sugestão Planos formais desenhados para encorajar individualmente os funcionários a recomendar melhorias nos processos de trabalho. Uma recompensa financeira freqüentemente é oferecida para as sugestões aceitáveis.

Propensão comportamental Um visão restrita mantida por algumas pessoas que enfatiza a satisfação das necessidades dos funcionários enquanto ignora o sistema mais geral da organização com relação ao seu público.

Protegé **(orientado)** Pessoa que recebe e aceita conselhos e exemplos de um mentor de confiança.

Proxêmica Exploração de diferentes práticas e sentimentos sobre o espaço interpessoal no interior das culturas e entre elas.

Punição Conseqüência desfavorável que acompanha determinado comportamento e desencoraja sua repetição.

Q

Qualidade de vida no trabalho (QWL) Presença de elementos favoráveis ou desfavoráveis para a manutenção de um ambiente de trabalho completo para as pessoas.

Questões abertas Questões apresentadas em um formato de entrevista ou de pesquisa nas quais o funcionário utiliza suas próprias palavras para expressar sentimentos, pensamentos e emoções.

Questões de respostas abertas Questões que introduzem uma diversidade de tópicos durante o processo de entrevista ou de aconselhamento e que oferecem ao respondente uma oportunidade para respondê-las de modos variados.

Questões de respostas fechadas Questões apresentadas em um formato de entrevista ou de pesquisa nas quais o respondente é orientado a simplesmente selecionar e marcar as respostas que mais bem representam seus próprios sentimentos.

Questões fechadas Questões que enfatizam um tópico particular e direcionam o respondente a apresentar uma resposta específica.

R

Reativo Indivíduo que responde a eventos, adapta-se às mudanças e suaviza as conseqüências das mudanças.

Recongelamento Termo aplicado a situações que envolvem modificações e que se refere à ação de integrar aquilo que foi aprendido às práticas.

Rede Grupo de pessoas que desenvolve e mantém contato informal, em geral sobre tópicos de interesse comum, para trocar informações.

Rede de boatos Rede não-convencional de informações na qual uma pessoa contata várias outras.

Rede eletrônica não-convencional de informações (*grapevine* **eletrônico**) Transmissão de mensagens informais pelo uso de computadores.

Rede não-convencional de informações (*grapevine*) Sistema informal de comunicações dentro de uma organização formal.

Reforço Conseqüência da modificação de comportamento que influencia o comportamento futuro.

Reforço contínuo Reforço que acompanha cada comportamento correto.

Reforço negativo A remoção de uma conseqüência desfavorável que acompanha o comportamento.

Reforço parcial O ato de encorajar o aprendizado pelo reforço de alguns comportamentos corretos de acordo com um dos quatro cronogramas possíveis de reforço.

Reforço positivo Conseqüências favoráveis que acompanham um comportamento e encorajam sua repetição.

Relações líder-membros Grau com que o líder é aceito pelo grupo (uma variável do modelo contingencial de Fiedler).

Remuneração baseada nas habilidades Sistema que recompensa os funcionários individualmente em virtude dos conhecimentos que detêm. Também é conhecida como remuneração baseada no conhecimento ou remuneração por multicompetência.

Remuneração de risco Remuneração que não será paga ao funcionário na eventualidade de ser alcançada determinada meta de produção individual.

Remuneração folgada Pagamento de valores que permitem ao funcionário atingir os níveis-padrão de produção com uma quantidade de esforços menor que a esperada.

Remuneração sobre a quantidade de unidades de trabalho produzidas Sistema de remuneração que paga os funcionários segundo o número de unidades aceitáveis produzidas.

Reorientação Modificação do universo psíquico de um funcionário pela alteração de metas e valores básicos.

Repatriação Retorno de um funcionário para seu país de origem, incorporação gradual desse indivíduo às operações da empresa e sua utilização efetiva na organização após muitos anos de trabalho no exterior.

Resiliência A capacidade de uma pessoa lidar com tensões de curto prazo.

Resistência à mudança Desejo de não aceitar uma mudança ou de apenas aceitá-las parcialmente, o que freqüentemente resulta em ações planejadas para desacreditar, atrasar ou impedir a implementação de uma mudança nos processos de trabalho.

Responsabilidade social Reconhecimento de que as organizações possuem uma influência significativa sobre o sistema social, que deve ser considerada e ponderada em todas as ações da organização.

Resposta de relaxamento Utilização de um pensamento quieto e concentrado para descansar física e emocionalmente o corpo, reduzindo, dessa forma, o estresse.

Restrição dos resultados Situação na qual os trabalhadores optam por produzir menos do que poderiam com seus esforços normais.

Resultado de conflito tipo ganha-ganha Resultado no qual ambas as partes percebem estar em uma posição melhor do que estavam antes do início do conflito.

Resultados Recompensas que os funcionários percebem que são obtidas de seus empregos e de seu funcionários.

Resultados primários Recompensas que os funcionários recebem diretamente como resultados de suas ações.

Resultados secundários Recompensas que os funcionários recebem indiretamente como resultado de seus resultados primários.

Rotação de postos Atribuição periódica de um funcionário para um conjunto de atividades completamente diferente.

Rotatividade Índice que representa a porcentagem de funcionários que deixam a organização.

Ruído Barreiras físicas e emocionais para a comunicação que limitam o entendimento de um receptor.

S

Satisfação profissional Conjunto de sentimentos favoráveis e desfavoráveis pelos quais os trabalhadores enxergam seu trabalho.

Semântica Ciência que estuda os significados.

Sensibilidade à eqüidade Reconhecimento de que os funcionários possuem diferentes preferências com relação a super-recompensas, eqüidade ou sub-recompensas.

Significado da tarefa Quantidade do impacto, percebida pelo trabalhador, que o trabalho possui sobre outras pessoas.

Silêncio organizacional Retenção consciente ou inconsciente de informações sobre potenciais problemas ou questões.

Símbolos de *status* Elementos externos e visíveis que aderem a um indivíduo ou local de trabalho e que servem como evidência de posição social.

Síndrome da Imunodeficiência Adquirida (AIDS) Doença viral contagiosa do sistema imunológico humano.

Síndrome da mudança repetitiva O efeito paralisante sobre os indivíduos sujeitos a ciclos contínuos de mudança organizacional, produzindo uma sobrecarga e uma incapacidade em lidar com novas mudanças.

Síndrome do estresse pós-traumático Conseqüências residuais do estresse sustentadas por um trabalhador que tenha experimentado algum tipo de incidente negativo abrupto ou dramático (por exemplo, violência ou ferimentos).

Síndrome do sobrevivente Sentimentos de incerteza, raiva, culpa e desconfiança que acompanham a demissão em massa de colegas.

Sistema de apoio para a tomada de decisões em grupo Utilização de computadores, de modelos de decisão e de avanços tecnológicos para remover as barreiras de comunicação, estruturar o processo de decisão e administrar de maneira geral a discussão do grupo.

Sistema de comportamento organizacional Estrutura integrada de elementos que retrata a forma como o comportamento é orientado para a conquista das metas da organização.

Sistema de incentivos econômicos Sistema no qual a remuneração do funcionário varia segundo um critério determinado de desempenho do indivíduo, do grupo ou da organização.

Sistema social Conjunto complexo de relacionamentos humanos que interagem de várias formas.

Sistemas abertos Sistemas que participam de trocas com seus ambientes através de suas fronteiras, recebendo *inputs* e oferecendo *outputs*.

Sistemas de *status* Hierarquias de *status* que definem a posição relativa do funcionário com relação aos seus pares no interior do grupo.

Sobrecarga de comunicação Condição em que os funcionários recebem mais *input* maior do que podem processar ou necessitar.

Socialização Ver *socialização organizacional*.

Socialização organizacional Processo contínuo da transmissão de elementos centrais da cultura de uma organização para seus funcionários.

Sociedades femininas Sociedades caracterizadas por uma visão mais ampla acerca da grande variedade de papéis que tanto homens quanto mulheres podem desempenhar no local de trabalho e em casa e pelo valor atribuído aos relacionamentos pessoais.

Sociedades masculinas Sociedades que definem os papéis de gênero de forma mais tradicional e estereotipada, valorizando o comportamento assertivo e encorajando a aquisição de riqueza.

Solução rápida Utilização, por parte da gerência, de um ajuste provisório que afeta os sintomas enquanto ignora as verdadeiras causas subjacentes.

Status Posição social ocupada por uma pessoa em um grupo.

Subparticipação Condição na qual os funcionários desejam mais participação do que possuem.

Substitutos de liderança Características da tarefa, dos funcionários ou das organizações que podem reduzir a necessidade de liderança.

Superliderança Trabalhar ativamente para proporcionar o florescimento das capacidades dos subordinados e para estimular os funcionários a se tornar aptos para a auto-liderança.

Superparticipação Condição na qual os funcionários têm uma participação maior do que desejariam.

Supervisão abusiva As ações, realizadas por alguns supervisores, de se engajar de forma intencional e em repetidas agressões verbais e até mesmo não-verbais com seus funcionários

T

Teoria da eqüidade Tendência do funcionário em julgar o que é justo pela comparação de suas contribuições relevantes aos *outputs* recebidos, e também em comparar esse indicador aos indicadores de outras pessoas.

Teoria X Conjunto de suposições autocráticas e tradicionais sobre as pessoas.

Teoria Y Conjunto de suposições humanísticas e estimuladoras sobre as pessoas.

Teoria Z Modelo que adapta os elementos do sistema de administração japonesa à cultura dos Estados Unidos e que enfatiza os processos de decisão baseados na cooperação e no consenso.

Teorias Explicações sobre as formas pelas quais as pessoas pensam, sentem e agem.

Territórios particulares Espaços que os funcionários podem chamar de seus, onde podem elaborar a disposição dos móveis, decorá-los segundo sua vontade e, geralmente, controlar o que se passa neles.

Testagem de debilidade Determinação da capacidade do funcionário para desempenhar suas atividades sob a influência de drogas ilegais ao submetê-lo a um curto teste de habilidades motoras realizado em um computador.

Teste genético Processo para prever a possibilidade de um funcionário ser suscetível a um ou mais tipos de doença ou de substâncias perigosas.

Testes de honestidade Métodos para avaliar a integridade de um funcionário e a sua propensão para engajar-se em comportamentos antiéticos. Também conhecidos como testes de integridade.

Trabalho a distância (teletrabalho) Processo de realização de uma parte ou da totalidade do trabalho de um funcionário em sua residência por meio de conexões de computador com o escritório. Também conhecido como escritório eletrônico.

Trabalho em equipe Estado que ocorre quando os membros conhecem seus objetivos, contribuem de maneira responsável e entusiasmada para a realização das tarefas e apóiam-se mutuamente.

Traços Características físicas, intelectuais ou de personalidade que estabelecem uma distinção entre líderes e não-líderes ou entre líderes bem-sucedidos e mal sucedidos.

Transtorno ocupacional Desintegração dos autoconceitos e dos valores dos funcionários associados a suas capacidades que surge de fatores ou de experiências negativas relacionados ao trabalho.

Tratamento ético Crença de que as organizações e seus gerentes deveriam tratar os funcionários e os consumidores de maneira ética.

Trauma Estresse que resulta de grave ameaça à segurança de um indivíduo.

Treinamento *Just-in-Time* Provisão de informações-chave para os funcionários, em pequenos módulos, para que eles possam acessá-las quando isso for necessário.

V

Valência Intensidade da preferência de uma pessoa com relação ao recebimento de um tipo de recompensa.

Validade Capacidade de um instrumento de pesquisa de mensurar realmente aquilo a que se propõe medir.

Valor comparável Tentativa de oferecer aos funcionários em cargos equivalentes — aqueles de igual valor para o funcionárior — níveis similares de remuneração.

Valores humanistas Crenças positivas sobre o potencial e o desejo de crescimento entre os funcionários.

Valorização da diversidade Filosofia e programas baseados na afirmação de que as diferenças entre as pessoas devem ser reconhecidas, admitidas, apreciadas e utilizadas para o benefício coletivo.

Variedade de habilidades Política de permitir que os funcionários desempenhem operações diferentes que normalmente exigem habilidades variadas.

Viciados em trabalho (*workaholics*) Indivíduos que se envolvem profundamente em atividades de trabalho e que estabelecem altas expectativas para eles próprios e para seus colegas; como resultado, experimentam dificuldades na obtenção de um equilíbrio saudável entre suas vidas pessoal e profissional.

Viés de atribuição fundamental Tendência de atribuir as conquistas dos outros à boa sorte ou a tarefas fáceis e seus fracassos à falta de vontade ou à carência das qualidades pessoais necessárias.

Violência Formas variadas de agressão física e verbal no trabalho.

Violência ocupacional Ação dramática que produz danos nos funcionários, nos demais trabalhadores, nos gerentes ou na propriedade da companhia.

Visão Retrato desafiador e cristalizado de longo prazo daquilo que a organização e seus membros podem e deverão ser — uma imagem possível e desejável do futuro.

X

Xenofobia Medo e rejeição de idéias e de coisas estranhas a uma pessoa.

Apêndice

Plano de Desenvolvimento Pessoal

O autoconhecimento é um primeiro passo crucial na direção do auto-aperfeiçoamento para qualquer potencial gerente. Você pode desenvolver uma auto-imagem abrangente retornando aos exercícios práticos de auto-avaliação que aparecem no fim de cada capítulo e registrando seus resultados a seguir.

Capítulo		Pontuação
1	A Dinâmica das Pessoas e das Organizações	_____
2	Os Modelos de Comportamento Organizacional	_____
3	Gerenciando as Comunicações	_____
4	Os Sistemas Sociais e a Cultura Organizacional	_____
5	Motivação	_____
6	Avaliando e Recompensando o Desempenho	_____
7	Liderança	_____
8	*Empowerment* e Participação	_____
9	As Atitudes dos Funcionários e seus Efeitos	_____
10	Problemas entre as Organizações e os Indivíduos	_____
11	Comportamento Interpessoal	_____
12	Grupos Formais e Informais	_____
13	As Equipes e sua Formação	_____
14	Gerenciando a Mudança	_____
15	Estresse e Aconselhamento	_____
16	O Comportamento Organizacional entre Culturas	_____

Caso esteja interessado(a) em uma "pontuação" global, você poderá somar as pontuações obtidas nos 16 capítulos e dividir seu total por 16. Registre esse número aqui: _____.

O que você deve fazer com essa informação? *Não* apenas a coloque de lado e pense que retornará a ela depois. Aqui estão quatro sugestões. Primeiro, você pode utilizar essa informação de modo produtivo quando for candidatar-se a um emprego; o entrevistador ficará impressionado quando você apresentar uma *lista* de evidências demonstrando que trabalhou duramente e avaliou honestamente seus pontos fortes e fracos! Isso sugere que você está olhando muito além de seu primeiro ou segundo empregos e planeja muito mais: uma *carreira* em gestão de negócios que utiliza uma base sólida e atualizada de conhecimento sobre comportamento organizacional.

Em segundo lugar, seria inteligente *obter uma segunda opinião*, da mesma maneira que uma pessoa acometida por uma doença grave procura um segundo médico para corroborar o diagnóstico antes de se submeter a determinado tipo de tratamento. Encontre um ou mais colegas (preferencialmente, colegas de trabalho) que você conheça bem e peça-lhes para avaliá-lo usando formulários em branco para cada uma das auto-avaliações dos capítulos. Então, compare suas informações com as de seus colegas (mas não se sinta ofendido com o que eles disserem). Esse é um processo de *triangulação* – "ver" a si mesmo a partir de diversas perspectivas para a obtenção de uma imagem global (e possivelmente mais precisa), similar aos modernos processos de avaliação de feedback de 360° utilizados por muitas organizações para o desenvolvimento de seus gerentes.

Em terceiro lugar, você deve ter pressa em criar um *plano de ações concreto* para orientar seus esforços de auto-aperfeiçoamento. Escolha um item específico (por exemplo, "questão 3 do Capítulo 7") e, então, identifique exatamente o que fará para se aperfeiçoar dentro de um prazo determinado. Por exemplo, se você necessita de ajuda para se tornar melhor ouvinte, poderá comprometer-se com ações como voltar-se fisicamente para a outra pessoa, praticar bom contato visual, evitar interromper seu interlocutor, fazer pausas antes de responder, limitar a utilização da palavra "mas" no começo de suas respostas e eliminar os grandes motivos para distração (como desligar o rádio ou o iPod enquanto estiver interagindo). Você até poderá manter um pequeno diário para registrar os esforços realizados e os avanços obtidos.

Finalmente, estabeleça uma data para *conduzir outra auto-avaliação* após haver tido tempo suficiente para produzir mudanças substanciais (possivelmente, em intervalos de um, três e cinco anos). Seja extremamente honesto consigo mesmo: você *realmente* realizou mudanças significativas? (Lembre-se, convencer-se de que está melhor não basta se os outros não concordarem com você.) Elogie-se pela conquista de melhorias substanciais; comprometa-se com as novas mudanças; prometa a você mesmo que não haverá "recaída" e retorno aos velhos hábitos. Você logo estará no caminho certo para uma vida inteira de práticas gerenciais eficazes baseadas em conceitos de comportamento organizacional – e para um ciclo solidamente estabelecido de auto-aperfeiçoamento. Boa sorte!

Referências

Capítulo 1

1. GOLEMAN, D. What Makes a Leader? *Harvard Business Review*, nov./dez. 1998, p. 102.
2. ROBERTS, K. H. et al. Reflections on the Field of Organizational Behaviour. *Journal of Management Systems*, v. 2, n. 1, 1990, p. 33.
3. HIRSCHHORN, L.; GILMORE, T. The New Boundaries of the "Boundaryless" Company. *Harvard Business Service*, 1992.
4. Ver, por exemplo, ALDAG, R. J.; STEARNS, T. M. Issues in Research Methodology. *Journal of Management*, jun. 1998, p. 252-276.
5. Um autor sugere que uma dúzia de diferentes modelos de comportamento organizacional assume ser possível a obtenção simultânea de satisfação do funcionário e de desempenho organizacional por meio dessa mutualidade de interesses. Ver STAW, B. M. Organizational Psychology and the Pursuit of the Happy/Productive Worker. *California Management Review*, verão 1986, p. 40-53.
6. A ênfase inicial aplicada na abordagem de recursos humanos para o comportamento organizacional é apresentada em MILES, R. E. Human Relations or Human Resources? *Harvard Business Review*, jun. 1965, p. 148-163.
7. A oportunidade para desempenhar atividades é discutida em BLUMBERG, M.; PRINGLE, C. D. The Missing Opportunity in Organizational Research: Some Implications for a Theory of Work Performance. *Academy of Management Review*, out. 1992, p. 560-569.
8. Esta discussão é adaptada de DAVIS, K. A Law of Diminishing Returns in Organizational Behavior? *Personnel Journal*, dez. 1975, p. 616-619.
9. STACK, J. *The Great Game of Business*. Nova York: Currency Doubleday, 1992, p. 203.
10. Adaptado de DAVIS, K. Five Propositions for Social Responsibility. *Business Horizons*, jun. 1975, p. 5-18.
11. Ver, por exemplo, MICKLETHWAIT, J.; WOOLDRIDGE, A. *The Witch Doctors*: Making Sense of the Management Gurus. Nova York: Times Business, 1996.

Capítulo 2

1. COLVIN, G. Managing in the Info Era. *Fortune*, 6 mar. 2000, p. F9.
2. ROMERO, E. J. Are the Great Places to Work Also Great Performers? *Academy of Management Executive*, maio 2004, p. 151.
3. MEISLER, A. Success, Scandinavian Style. *Workforce Management*, ago. 2004, p. 27-32.
4. As Teorias X e Y foram inicialmente publicadas em McGREGOR, D. The Human Side of Enterprise. In: *Proceedings of the Fifth Anniversary Convocation of the School of Industrial Management*. Cambridge, MA: Massachusetts Institute of Technology, 9 abr. 1957. Leitores interessados podem querer consultar pontos de vista contrários sobre as idéias de McGregor apresentadas por HEIL, G. et al. *Douglas McGregor, Revisited*: Managing the Human Side of the Enterprise. Nova York: Wiley, 2000.
5. BARKER, J. A. *Paradigms*: The Business of Discovering the Future. Nova York: Harper Business, 1992.
6. As distinções entre os quatro primeiros modelos de comportamento organizacional foram originalmente publicadas em KEITH, D. *Human Relations at Work*: The Dynamics of Organizational Behavior. 3. ed. Nova York: McGraw-Hill, 1967, p. 480.
7. The Law of the Hog: A Parable about Improving Employee Effectiveness. *Training*, mar. 1987, p. 67.
8. Ver, por exemplo, os programas da 3M Corporation e da IBM em: 3M Offers Buyouts to 1,300 Employees. *Duluth News Tribune*, 10 dez. 1995, p. 5B; e BERNSTEIN, A. et al. IBM's Fancy Footwork to Sidestep Layoffs. *BusinessWeek*, 7 jul. 1986, p. 54-55.
9. ANFUSO, D. Creating a Culture of Caring Pays Off. *Personnel Journal*, ago. 1995, p. 70-77.
10. Um exemplo dessa pesquisa inicial é um estudo da Prudential Insurance Company In: KATZ, D. et al. *Productivity, Supervision, and Morale in a Office Situation*, Parte 1. Ann Arbor, MI: Institute for Social Research, University of Michigan, 1950. A conclusão sobre satisfação no trabalho e produtividade é registrada na p. 63.
11. LIKERT, R. *New Patterns of Management*. Nova York: McGraw-Hill, 1961, p. 102-103. Itálico no original.
12. MAYO, E. *The Human Problems of an Industrial Civilization*. Cambridge, MA: Harvard University Press, 1933; ROETHLISBERGER, F. J.; DICKSON, W. J. *Management and the Worker*. Cambridge, MA: Harvard University Press, 1939. *The Elusive*

Phenomena: An Autobiographical Account of My Work in the Field of Organizational Behavior at Harvard Business School. Cambridge, MA: Harvard University Press, 1977. O simpósio realizado no qüinquagésimo encontro sobre os estudos de Hawthorne sobre a Western Electric Company é relatado em CASS, E. L.; ZIMMER, F. G. (Eds.). *Man and Work in Society*. Nova York: Van Nostrand Reinhold Company, 1975. As memórias dos participantes estão registradas em GREENWOOD, R. G. et al. Hawthorne a Half Century Later: Relay Assembly Participants Remember. *Journal of Management*, outono/inverno 1983, p. 217-231. O primeiro livro totalmente sobre relações humanas foi escrito por GARDNER, B. B.; MOORE, D. G. *Human Relations in Industry*. Chicago: Irwin, 1945.

13. HARRISON, F. The Management of Scientists: Determinants of Perceived Role Performance. *Academy of Management Journal*, jun. 1974, p. 234-241.
14. Ver, por exemplo, GARDNER, W. L.; SCHERMERHORN JR., J. R. Performance Gains through Positive Organizational Behavior and Authentic Leadership. *Organizational Dynamics*, v. 33, n. 3, 2004, p. 270-281; e FRYER, B. Accentuate the Positive. *Harvard Business Reviewl*, fev. 2004, p. 22-23.
15. WEISS, N. How Starbucks Impassions Workers to Drive Growth. *Workforce*, ago. 1998, p. 59-64.
16. Leitores interessados poderão consultar a história do comportamento organizacional segundo descrição de DAVIS, K. Human Relations, Industrial Humanism, and Organizational Behavior, em uma apresentação para Southern Division of Academy of Management, 13 nov. 1986.

Capítulo 3

1. MOYER, D. You Say Po-Tay-Toes, I hear To-Mah-Toes. *Harvard Business Review*, set. 2004, p. 140.
2. USEEM, J. Jim Collins on Tough Calls. *Fortune*, 27 jun. 2005.
3. DELAHOUSSAYE, M. Leadership in the 21st Century. *Training*, set. 2001, p. 60-72.
4. ARGYRIS, C. Good Communication That Blocks Learning. *Harvard Business Review*, jul./ago. 1994, p. 77-85.
5. FLESCH, R. *The Art of Readable Writing*, ed. rev. Nova York: Harper & Row, 1974. (A edição inicial foi publicada em 1949.)
6. KOUZES, J. M.; POSNER, B. Z. The Credibility Factor: What Followers Expect from Their Leaders. *Management Review*, jan. 1990, p. 29-33; e FARNHAM, A. The Trust Gap. *Fortune*, 4 dez. 1989, p. 57-78.
7. Para uma análise retrospectiva de um estudo clássico sobre interpretações equivocadas das necessidades dos funcionários pelos supervisores, ver RUBENFELD, S. A. et al. Caveat Emptor: Avoiding Pitfalls in Data-Based Decision Making. *Review of Business*, inverno 1994, p. 20-23.
8. LARSON JR., J. R. The Dynamic Interplay between Employees Feedback-Seeking Strategies and Supervisors' Delivery of Performance Feedback. *Academy of Management Review*, jul. 1989, p. 408-422.
9. Communications: Key to Product Redesign at MacDonnell Douglas. *Quality Digest*, jul. 1994, p. 62-65.
10. KIRMEYER, S. L.; THUNG-RUNG LIN. Social Support: Its Relationship to Observed Communication with Peers and Superiors. *Academy of Management Journal*, mar. 1987, p. 138-151.
11. MORRISON, E. W.; MILLIKEN, F. J. Organizational Silence: A Barrier to Change and Development in a Pluralistic World. *Academy of Management Review*, v. 25, n. 4, 2000, p. 706-725.
12. LAABS, J. J. Interactive Sessions Further TQM Effort. *Personnel Journal*, mar. 1994, p. 22-28.
13. Ver, por exemplo, EXTEJT, M. M. Teaching Students to Correspond Effectively Electronically: Tips for Using Electronic Mail Properly. *Business Communication Quarterly*, jun. 1998, p. 57-67; e SOLOMON, C. M. Building Teams across Borders. *Global Workforce*, nov. 1998, p. 12-17.
14. GOODRICH, J. N. Telecommuting in America. *Business Horizons*, jul./ago. 1990, p. 31-37.
15. FORD, R. C.; McLAUGHLIN, F. Questions and Answers about Telecommuting Programs. *Business Horizons*, maio/jun. 1995, p. 66-71; e BAIG, E. C. Welcome to the Wireless Office. *BusinessWeek*, 26 jun. 1995, p. 104 e 106.
16. DAVENPORT, T. H.; PEARLSON, K. Two Cheers for the Virtual Office. *Sloan Management Review*, verão 1998, p. 51-65; ADAMS, M. Remote Control. *Performance*, mar. 1995, p. 44-48; e STAMPS, D. The Virtual Office. *Training*, fev. 1994. p. 17-18.
17. DAVIS, K. Management Communication and the Grapevine. *Harvard Business Review*, set./out. 1953, p. 44.
18. A própria pesquisa de Keith Davis revela uma acuidade entre 80% e 99% para as informações não-controversas da companhia. A acuidade é provavelmente mais baixa para informações pessoais ou altamente emocionais.
19. NEWSTROM, J. W. et al. Perceptions of the Grapevine: Its Value and Influence. *Journal of Business Communication*, primavera 1974, p. 12-20.

Capítulo 4

1. PONT, J. Doing the Right Thing to Instill Business Ethics. *Workforce Management*, abr. 2005, p. 27.

2. ZUCKERMAN, A. Strong Corporate Cultures and Firm Performance: Are There Tradeoffs? *Academy of Management Executive*, nov. 2002, p. 158.
3. LABICH, K. Hot Company, Warm Culture. *Fortune*, 27 fev. 1989, p. 74-78.
4. TAYLOR III, A. The Odd Eclipse of a Star CEO. *Fortune*, 11 fev. 1991, p. 87-96.
5. MORRISON, E. W.; ROBINSON, S. L. When Employees Feel Betrayed: A Model of How Psychological Contract Violation Develops. *Academy of Management Review*, jan. 1997, p. 226-256. Ver também ROUSSEAU, D. Psychological Contracts in the Workplace: Understanding the Ties that Motivate. *Academy of Management Executive*, v. 18, n. 1, 2004, p. 120-127.
6. WILSON, M. The Intercultural Values Questionnaire. *Issues and Observations*, Center for Creative Leadership, v. 14, n. 1, 1995, p. 10-11.
7. STINSON, K. Managing a Diverse Workforce. *Corporate Report Ventures*, ago. 1995, p. 40-41.
8. MILLIKEN, F. J.; MARTENS, L. L. Searching for Common Threads: Understanding the Multiple Effects of Diversity in Organizational Groups. *Academy of Management Review*, abr. 1996, p. 402-433.
9. For Bottom-Line Benefits, Develop a Diverse Workforce. *ASTD National Report*, jul./ago. 1995, p. 1 e 3.
10. DIBA, A.; MUÑOZ, L. America's Most Admired Corporations. *Fortune*, 19 fev. 2001, p. 64-66.
11. *Wipro Limited Annual Report 2004-2005*, Doddakannelli, Sarjapur Road, Bangalore, Índia, p. 11.
12. SCHOR, S. M. Separate an Unequal: The Nature of Women's and Men's Career-Building Relationships. *Business Horizons*, set./out. 1997, p. 51-58; e RAGINS, B. R. Diversified Mentoring Relationships in Organizations: A Power Perspective. *Academy of Management Review*, abr. 1997, p. 482-521. Para uma discussão sobre os programas de orientação para alunos do ensino médio, ver GANZEL, R. Reaching Tomorrow's Workers. *Training*, jun. 2000, p. 70-75.
13. SCANDURA, T. A. Dysfunctional Mentoring Relationships and Outcomes. *Journal of Management*, v. 24, n. 3, 1998, p. 449-467.
14. KAHN, R. L. et al. *Organizational Stress*: Studies in Role Conflict and Ambiguity. Nova York: John Wiley & Sons, 1964, p. 56, 99-124.
15. BARNARD, C. I. Functions and Pathology of Status Systems in Formal Organizations. In: WHYTE, W. F. (Ed.). *Industry and Society*. Nova York: McGraw-Hill, 1946, p. 69.
16. Para definições sobre cultura corporativa, ver SCHEIN, E. H. *The Corporate Culture Survival Guide*: Sense and Nonsense about Culture Change. São Francisco: Jossey-Bass, 1999; e DENISON, D. What Is the Difference between Organizational Culture and Organizational Climate? A Native's Point of View on a Decade of Paradigm Wars. *Academy of Management Review*, jul. 1996, p. 619-654.
17. OVERMAN, S. A Company of Champions. *HRMagazine*, out. 1990, p. 58-60.
18. VON PIERER, H., entrevistado por STEWART, T. A.; O'BRIEN, L. Transforming an Industrial Giant. *Harvard Business Review*, fev. 2005, p. 115-122; e KRELL, E. Merging Corporate Cultures. *Training*, maio 2001, p. 68-78.
19. SHERIDAN, J. Organizational Culture and Employee Retention. *Academy of Management Journal*, dez. 1992, p. 1036-1056.
20. MOORE, E. R. Prudential Reinforces Its Business Values. *Personnel Journal*, jan. 1993, p. 84-89.
21. Storytelling. *ASTD Info-Line*, n. 0006, jun. 2000, p. 1-16; e KAYE, B.; JACOBSON, B. True Tales and Tall Tales: The Power of Organizational Storytelling. *Training and Development*, mar. 1999, p. 45-50.
22. Organizational Culture. *ASTD Info-Line*, n. 9304, abr. 1993, p. 1-16.
23. ESEN, E. et al. F. *Fun Work Environment Survey*. Alexandria, VA: SHRM Research Department, 2002.

Capítulo 5

1. McGUIRE, T. Employees Who Are Treated Well Respond in Kind. *Minneapolis Star Tribune*, 31 jul. 2004, p. B6.
2. THACH, L.; McPHERSON, C. Motivating Employees during Down Times. *Training*, abr. 2002, p. 46.
3. ELLIS, J. E. Feeling Stuck at Hyatt? Create a New Business. *BusinessWeek*, 10 dez. 1990, p. 195.
4. O trabalho original sobre a obtenção de motivação é apresentado por McCLELLAND, D. C. *The Achieving Society*. Nova York: Van Nostrand, 1961.
5. MASLOW, A. H. A Theory of Motivation. *Psychological Review*, v. 50, 1943, p. 370-396; e MASLOW, A. H. *Motivation and Personality*. Nova York: Harper & Row, 1954. A necessidade de os estudantes de comportamento organizacional lerem o trabalho de clássicos originalmente publicados como estes é ressaltada em PATZIG, W. D.; WISDOM, B. L. Some Words of Caution about Having Students Read the Classics. In: RAY, D. (Ed.). *Southern Management Association Proceedings*. Mississippi, MS: Southern Management Association, 1986.
6. HERZBERG, F. et al. *The Motivation to Work*. Nova York: John Wiley & Sons, 1959; HERZBERG, F. *Work and the Nature of Man*. Cleveland: World Publishing Company, 1966; e HERZBERG, F. *The Managerial*

Choice: To Be Efficient or to Be Human, ed. rev. Salt Lake City: Olympus, 1982.
7. VAN YPEREN, N. W.; HAGEDOORN, M. Do High Job Demands Increase Intrinsic Motivation or Fatigue or Both? The Role of Job Control and Job Social Support. *Academy of Management Journal*, v. 46, n. 3, 2003, p. 339-348.
8. Algumas críticas iniciais encontravam-se em EVANS, M. G. Herzberg's Two Factor Theory of Motivation: Some Problems and a Suggested Test. *Personnel Journal*, jan. 1970, p. 32-35; e BOCKMAN, V. M. The Herzberg's Controversy. *Personnel Psychology*, verão 1971, p. 155-189. O último artigo relata os primeiros dez anos de pesquisa sobre o modelo.
9. ALDERFER, C. P. An Empirical Test of a New Theory of Human Needs. *Organizational Behavior and Human Performance*, v. 4, 1969, p. 142-175.
10. SKINNER, B. F. *Science and Human Behavior*. Nova York: Mcmillan (Free Press), 1953; e SKINNER, B. F. *Contingencies of Reinforcement*. Nova York: Appleton-Century-Crofts, 1969. O comportamento organizacional modificado (OB Mod) é discutido em LUTHANS, F.; KREITNER, R. *Organizational Behavior Modification and Beyond*: An Operant and Social Learning Approach. Glenview, IL: Scott, Foresman, 1985.
11. NHAN, T. A Little Thoughtfulness Can Mean More than Lots of Pay. *Duluth News-Tribune*, p. B1, B3, 11 dez. 1995; e KLAFF, L. G. Getting Happy with the Rewards King. *Workforce*, abr. 2003, p. 47-50.
12. Productivity Gains from a Pat on the Back. *BusinessWeek*, 23 jan. 1978, p. 56-62.
13. RYNES, S. L. et al. E. Seven Common Misconceptions about Human Resource Practices: Research Findings versus Practitioner Beliefs. *Academy of Management Executive*, v. 16, n. 3, 2002, p. 92-102.
14. Ver, por exemplo, STAJKOVIC, A. D.; LUTHANS, F. Going beyond Traditional Motivational and Behavioral Approaches. *Organizational Dynamics*, primavera 1998, p. 62-74. Ver também NEWSTROM, J. et al. A Neglected Supervisory Role: Building Self-Esteem at Work. *Supervision*, jan. 2004, p. 18-21.
15. RHEEM, H. Performance Management. *Harvard Business Review*, maio/jun. 1995, p. 11-12.
16. VROOM, V. H. *Work and Motivation*. Nova York: John Wiley & Sons, 1964; e PORTER, L. W.; LAWLER III, E. E. *Managerial Attitudes and Performance*, Homewood, IL: Dorsey Press e Richard D. Irwin, 1968.
17. O sentido original de instrumentalidade, de acordo com o utilizado por Victor Vroom, refletia o nível de associação entre desempenho e recompensa e, assim, era uma correlação que poderia variar entre -1 e $+1$. No entanto, interpretações e modificações posteriores do modelo de expectativa realizadas por outros autores têm, de maneira geral, limitado a variação efetiva da instrumentalidade para incluir apenas associações positivas de 0 a $+1$. Para uma discussão mais detalhada, ver PINDER, C. C. Valence-Instrumentality-Expectancy Theory. In: STEERS, R. M.; PORTER, L. W. (Eds.). *Motivation and Work Behavior*. 4. ed. Nova York, McGraw-Hill Book Company, 1987, p. 69-89.
18. ADAMS, J. S. Inequity in Social Exchange. In: BERKOWITZ, L. (Ed.). *Advances in Experimental Social Psychology*, v. 2. Nova York: Academy Press, 1965, p. 267-299. Para uma discussão do impacto dos diferentes ambientes culturais, ver KILBOURNE, L. M.; O'LEARY-KELLY, A. M. A Reevaluation of Equity Theory: The Influence of Culture. *Journal of Management Inquiry*, jun. 1974, p. 177-188.
19. GREENBERG, J. Employee Theft as a Reaction to Underpayment Inequity: The Hidden Cost of Pay Cuts. *Journal of Applied Psychology*, out. 1990, p. 561-568.
20. HUSEMAN, R. C. et al. A New Perspective on Equity Theory: The Equity Sensitivity Construct. *Academy of Management Review*, abr. 1987, p. 222-234; ver também HUSEMAN, R. J., HATFIELD, J. D. Equity Theory and Managerial Matrix. *Training and Development Journal*, abr. 1990, p. 98-102.
21. Desenvolvido a partir de um artigo de GALLESE, L. R. Stephen Jellen Builds Pianos Not for Money but for Satisfaction. *The Wall Street Journal* (Edição do Pacífico), 6 set. 1973, p. 1, 12.

Capítulo 6

1. HICKMAN, E. S. Pay the Person, Not the Job. *Training and Development*, out. 2002, p. 55.
2. MOSS, S. E.; SANCHEZ, J. I. Are Your Employees Avoiding You? Managerial Strategies for Closing the Feedback Gap. *Academy of Management Executive*, v. 18, n. 1, 2004, p. 32.
3. Uma estratégia de cinco níveis de recompensa é descrita em HAWK, E. J. Culture and Rewards. *Personnel Journal*, abr. 1995, p. 30-37.
4. WILEY, C. Incentive Plan Pushes Production. *Personnel Journal*, ago. 1993, p. 86-91.
5. Três testes de campo das hipóteses de eqüidade de super-remuneração/sub-remuneração sustentam uma relação curvilínea com a satisfação associada à remuneração em SWEENEY, P. D. Distributive Justice and Pay Satisfaction: A Field Test of Equity Theory Predication. *Jounal of Business and Psychology*, primavera 1990, p. 329-341.
6. Essa compensação entre recompensas extrínsecas e satisfação intrínseca foi originalmente proposta por DECI, E. L. Effects of Externally Mediated Rewards on Intrinsic Motivation. *Journal of Personality and Social Psychology*, v. 18, 1971, p. 105-115. Evidências

obtidas por meio de pesquisas de campo recentes para apoiar essa idéia aparecem em JORDAN, P. C. Effects of an Extrinsic Reward on Intrinsic Motivation: A Field Experiment. *Academy of Management Journal*, jun. 1986, p. 405-412.

7. McNITT, J. In Good Company: An Employee Recognition Plan with Staying Power. *Compensation and Benefits Management*, primavera 1990, p. 242-246.

8. Ver, por exemplo, DAVIDSON, L. The Power of Personal Recognition. *Workforce*, jul. 1999, p. 44-49; e CAUDRON, S. Flattery Will Get You Everywhere. *Workforce*, jul. 1999, p. 25-26.

9. Um problema singular é a possibilidade de que alguns funcionários passem a engajar-se na administração da impressão negativa por diversas razões. Ver BECKER, T. E.; MARTIN, S. L. Trying to Look Bad at Work: Methods and Motives for Managing Poor Impressions in Organizations. *Academy of Management Journal*, fev. 1995, p. 174-199.

10. VINSON, M. N. The Pros and Cons of 360-Degree Feedback: Making It Work. *Training and Development*, abr. 1996, p. 11-12.

11. Os quatro problemas são retirados de LEFTON, R. E. Performance Appraisals: Why They Go Wrong and How to Do Them Right. *National Productivity Review*, inverno 1985-1986, p. 54-63.

12. O processo de atribuição foi inicialmente apresentado em HEIDER, F. *The Psychology of Interpersonal Relations*. Nova York: John Wiley & Sons, Inc., 1958. Ele foi descrito com mais detalhes em KELLEY, H. H. The Processes of Causal Attribution. *American Psychologist*, fev. 1973, p. 107-128.

13. A profecia auto-realizável foi inicialmente apresentada em MERTON, R. K. The Self-Fulfilling Prophecy. *Antioch Review*, v. 8, 1948, p.193-210. Outros estudos são relatados em FIELD, R. H. G. The Self-Fulfilling Prophecy Leader: Achieving the Metharme Effect. *Journal of Management Studies*, mar. 1989, p. 151-175; e EDEN, D. Pygmalion without Interpersonal Contrast Effects: Whole Groups Gain from Raising Manager Expectations. *Journal of Applied Psychology*, ago. 1990, p. 394-398.

14. McNATT, D. B.; JUDGE, T. A. Boundary Conditions of the Galatea Effect: A Field Experiment and Constructive Replication. *Academy of Management Journal*, v. 47, n. 4, 2004, p. 550-565. Para uma discussão sobre o efeito Golem (baixas expectativas que levam a um baixo desempenho), ver REYNOLDS, D. The Good, the Bad, and the Ugly of Incorporating "My Fair Lady" in the Workplace. *SAM Advanced Management Journal*, verão 2002, p. 4-9.

15. O sistema Nucor é descrito em: Nucor's Ken Iverson on Productivity and Pay. *Personnel Administrator*, out. 1986, p. 46 ff.

16. WELLMAN, A. 1987 Profit Sharing Rate Announced. *The Frame Maker* (Andersen Corporation newsletter), 16 jan. 1988, p. 1.

17. Alguns panoramas da participação nos resultados estão em HANLON, S. C. et al. Consequences of Gainsharing: A Field Experiment Revisited. *Group and Organizational Management*, v. 19, n. 1, 1994, p. 87-111; e COLLINS, D. et al. The Decision to Implement Gainsharing: The Role of Work Climate, Expected Outcomes, and Union Status. *Personnel Psychology*, primavera 1993, p. 77-104.

18. RITZKY, G. M. Incentive Pay Programs That Help the Bottom Line. *HRMagazine*, abr. 1995, p. 68-74.

19. ROSS, T. L. et al. From Piecework to Companywide Gainsharing. *Management Review*, maio 1989, p. 22-26.

20. LAWLER III, E. E. et al. Who Uses Skill-Based Pay, and Why. *Compensation and Benefits Review*, mar./abr. 1993, p. 22-26; ver também, por exemplo, a edição completa dedicada à remuneração baseada em habilidades na General Mills, Honeywell's Ammunition Assembly Plant e Northern Telecom em: *Compensation and Benefits Review*, mar./abr. 1991.

Capítulo 7

1. HAO MA, H. et al. The Paradox of Managerial Tyranny. *Business Horizons*, jul./ago. 2004, p. 33.

2. MACKAY, H. 13 Rules Can Lead You to Be Leader. *Minneapolis Star Tribune*, 14 out. 2004, p. D2.

3. A ênfase sobre a influência na definição da liderança é consistente com uma revisão de 11 diferentes abordagens para a liderança discutidas em PIERCE, J. L.; NEWSTROM, J. W. On the Meaning of Leadership. *Leaders and the Leadership Process*: Readings, Self-Assessments, and Applications. 4. ed. Nova York: McGraw-Hill/Irwin, 2006, p. 7-12.

4. COHEN, E.; TICHY, N. How Leaders Develop Leaders. *Training and Development*, maio 1997, p. 58-73.

5. KIRKPATRICK, S. A.; LOCKE, E. A. Leadership: Do Traits Matter? *Academy of Management Executive*, maio 1991, p. 48-60.

6. WELLINS, R.; BYHAM, W. The Leadership Gap. *Training*, mar. 2001, p. 98-106.

7. DOBBINS, G. H.; ZACCARO, S. J. The Effects of Group Cohesion and Leader Behavior on Subordinate Satisfaction. *Group and Organization Studies*, set. 1986, p. 203-219; e SCHRIESHEIM, C. A. The Great High Consideration-High Initiating Structure Leadership Myth: Evidence on Its Generalizability. *Journal of Social Psychology*, abr. 1982, p. 221-228.

8. Exemplos de relatos iniciais de cada univesidade podem ser encontrados em KATZ, D. et al. *Productivity, Supervision and Morale in an Office Situation*. Ann Arbor: University of Michigan Press, 1950; e FLEISHMAN, E. A. *Leadership Climate and*

Supervisory Behavior. Columbus, OH: Personnel Research Board, Ohio State University Press, 1951.

9. BLAKE, R. R.; MOUTON, J. S. *The Managerial Grid*. Houston: Gulf Publishing Company, 1964.

10. FIEDLER, F. E. *A Theory of Leadership Effectiveness*. Nova York: McGraw-Hill, 1967; e FIEDLER, F. E.; CHEMERS, M. M. *Leadership and Effective Management*. Glenview, IL: Scott, Foresman, 1974. Para uma crítica, ver JAGO, A. G.; RAGAN, J. W. The Trouble with Leader Match Is That It Doesn't Match Fiedler's Contingency Model. *Journal of Applied Psychology*, nov. 1986, p. 555-559.

11. HERSEY, P.; BLANCHARD, K. H. *Management of Organizational Behavior*. 5 ed. Englewood Cliffs, NJ: Prentice-Hall, 1988. Uma abordagem levemente modificada que inclui os estilos diretivo, de orientação, de apoio e de delegação encontra-se em BLANCHARD, K. H. et. al. *Leadership and the One Minute Manager*. Nova York: William Morrow, 1985. Os autores apresentam uma visão retrospectiva sobre seu modelo em HERSEY, P.; BLANCHARD, K. Great Ideas Revisited. *Training and Development*, jan. 1996, p. 42-51.

12. Perspectivas críticas sobre o modelo de liderança situacional de Hersey-Blanchard aparecem em JOHANSEN, B.-C. P. Situational Leadership: A Review of the Research. *Human Resource Development Quarterly*, primavera 1990, p. 73-85; e BLANK, W. et al. Test of the Situational Leadership Theory. *Personnel Psychology*, outono 1990, p. 579-597. No entanto, o modelo continua a ser largamente utilizado na indústria, segundo relatos em WHITMIRE, M.; NIENSTEDT, P. R. Lead Leaders into the 90's. *Personnel Journal*, maio 1991, p. 80-85.

13. HOUSE, R. J. A Path Goal Theory of Leadership Effectiveness. *Administrative Science Quarterly*, set. 1971, p. 321-328. Para a explicação original, ver EVANS, M. G. *The Effects of Their Path-Goal Relationships*, tese de doutoramento não publicada, New Haven, CT: Yale University, 1968. Para uma análise mais ampla da literatura sobre o modelo caminho-meta, ver WOFFORD, J. C.; LISKA, L. Z. Path-Goal Theories of Leadership: A Meta-Analysis. *Journal of Management*, inverno 1993, p. 857-876.

14. Mgr. Forum. *Mgr.* (American Telephone and Telegraph Company, Long Lines Division), n. 4, 1976, p. 2.

15. VROOM, V. H.; YETTON, P. W. *Leadership and Decision Making*. Pittsburg: University of Pittsburg Press, 1973, contém tanto um modelo individual (consultivo) quanto um modelo similar para tomada de decisão em grupo. Pesquisas e modificações subseqüentes feitas no modelo original são relatadas em VROOM, V. H.; JAGO, A. G. *The New Leadership*: Managing Participation in Organizations. Englewood Cliffs, NJ: Prentice-Hall, 1988. Pesquisas que dão suporte à importância de atributos do problema são relatadas em FIELD, R. H. G. et al. The Effect of Situation Attributes on Decision Method Choice in the Vroom-Jago Model of Participation in Decision Making. *Leadership Quarterly*, outono 1990, p. 165-176. Para uma atualização, ver VROOM, V. H. Leadership and the Decision-Making Process. *Organizational Dynamics*, v. 28, n. 4, 2000, p. 82-94.

16. KERR, S.; JERMIER, J. M. Substitutes for Leadership: Their Meaning and Measurement. *Organizational Behavior and Human Performance*, dez. 1978, p. 375-403.

17. HOWELL, J. P. et al. Substitutes for Leadership: Effective Alternatives to Ineffective Leadership. *Organizational Dynamics*, verão 1990, p. 20-38.

18. MANZ, C. C.; SIMS JR., H. P. Leading Workers to Lead Themselves: The External Leadership of Self-Managing Work Teams. *Administrative Science Quarterly*, v. 32, 1987, p. 106-127; MANZ, C. C. *Mastering Self-Leadership*: Empowering Yourself for Personal Excellence. Englewood Cliffs, NJ: Prentice-Hall, 1991.

19. MANZ, C. C.; SIMS, H. P. *The New Super-Leadership*: Leading Others to Lead Themselves. São Francisco: Berrett-Koehler, 2001.

20. BARTLETT, C. A.; GHOSHAL, S. Changing the Role of Top Management: Beyond Systems People. *Harvard Business Review*, maio/jun. 1995, p. 132-142; e KIECHEL III, W. The Boss as Coach. *Fortune*, 4 nov. 1991, p. 201-202.

21. Ver, por exemplo, BURDETT, J. O. Forty Things Every Manager Should Know about Coaching. *Journal of Management Development*, v. 17, n. 2, 1998, p. 142-152; JUDGE, W. Q.; COWELL, J. The Brave New World of Executive Coaching. *Business Horizons*, jun./ago. 1997, p. 71-76; e NADLER, D. A. Confessions of a Trusted Counselor. *Harvard Business Review*, set. 2005, p. 68-77.

Capítulo 8

1. WITHERS, P. Retention Strategies the Respond to Worker Values. *Workforce*, jul. 2001, p. 40.

2. PORTER, M. E. et al. Seven Surprises for New CEOs. *Harvard Business Review*, out. 2004, p. 66.

3. KETS DE VRIES, M. F. R. The Dangers of Feeling Like a Fake. *Harvard Business Review*, set. 2005, p. 108-116.

4. FORD, R. C.; FOTTLER, M. D. Empowerment: A Matter of Degree. *Academy of Management Executive*, v. 9, n. 3, 1995, p. 21-31.

5. SPREITZER, G. M. et al. A Dimensional Analysis of the Relationship between Psychological Empowerment and Effectiveness, Satisfaction, and Strain. *Journal of Management*, v. 23, n. 5, 1997, p. 679-704.
6. LAZES, P. Employee Involvement Activities: Saving Jobs and Money Too. *New Management*, inverno 1986. p. 58-60.
7. ROETHLISBERGER, F. J; DICKSON, W. J. *Management and the Worker*. Cambridge, MA: Harvard University Press, 1939; e COCH, L., FRENCH JR., J. R. P. Overcoming Resistance to Change. *Human Relations*, v. 1, n. 4, 1948, p. 512-532. A presença de visões conflitantes sobre o valor da participação é ilustrada nestes dois artigos: LEANA, C. R. et al. Fact and Fiction in Analyzing Research on Participative Decision Making: A Critique of Cotton, Vollrath, Froggatt, Lengnick-Hall, and Jennings. *Academy of Management Review*, jan. 1990. p. 137-146; COTTON, J. L. et al. Fact: The Form of Participation Does Matter – A Rebuttal to Leana, Locke, and Schweiger. *Academy of Management Review*, jan. 1990, p. 147-153.
8. WAGNER III, J. A. Participation's Effects on Performance and Satisfaction: A Reconsideration of Research Evidence. *Academy of Management Review*, v. 19, n. 2, 1994, p. 312-330. Ver também GLEW, D. et al. Participation in Organizations: A Preview of The Issues and Proposed Framework for Future Analysis. *Journal of Management*, v. 21, n. 3, 1995, p. 395-421.
9. Este interesse é demonstrado pela ampla popularidade dos livros de administração; ver PIERCE, J. L.; NEWSTROM, J. W. *The Manager's Bookshelf*: A Mosaic of Contemporary Views. 7. ed. Upper Saddle River, NJ: Pearson/Prentice-Hall, 2005.
10. Ver, por exemplo, Companies Hit the Road Less Traveled. *BusinessWeek*, 5 jun. 1995, p. 82-83; e McCORMICK, D. W. Spirituality and Management. *Spirit at Work*, inverno 1995, p. 1-3.
11. Um resumo dos pontos fortes e fracos das abordagens participativas pelo nível de análise pode ser encontrado em COLE, R. E. et al. Quality, Participation and Competiveness. *California Management Review*, primavera 1993, p. 68-81.
12. O apoio para o processo participativo está em SMITH, C. S.; BRANNICK, M. T. A Role and Expectancy Model of Participative Decision-Making: A Replication and Theoretical Extension. *Journal of Organizational Behavior*, mar. 1990, p. 91-104; KERR, J. L. The Limits of Organizational Democracy. *Academy of Management Journal*, v. 18, n. 3, 2004, p. 81-95.
13. Esse modelo foi originalmente apresentado em DANSEREAU JR., F.; GRAEN, G.; HAGA, W. J. A Vertical Dyad Linkage Approach to Leadership within Formal Organizations: A Longitudinal Investigation of the Role Making Process. *Organizational Behavior and Human Performance*, v. 13, 1975, p. 46-68. Adições recentes incluem SPARROWE, R. T.; LIDEN, R. C. Process and Structure in Leader-Member Exchange. *Academy of Management Review*, v. 22, n. 2, 1997, p. 522-552; e ENGLE, E. M.; LORD, R. G. Implicit Theories, Self-Schemas, and Leader-Member Exchange. *Academy of Management Journal*, v. 40, n. 4, 1997, p. 988-1010.
14. Um retrato acessível acerca da maneira como o empowerment aumenta o poder das duas partes está em BYHAM, W. C. (com COX, J.). *Zapp! The Lightning of Empowerment*. Pittsburg: DDI Press, 1989; a dinâmica geral da gestão com poder é explorada em PFEFFER, J. Understanding Power in Organizations. *California Management Review*, inverno 1992, p. 29-50.
15. JORDAN, P. J. et al. Emotional Intelligence as a Moderator of Emotional and Behaviorial Reactions to Job Insecurity. *Academy of Management Review*, v. 27, n. 3, 2002, p. 361-372; e GOLEMAN, D. et al. Primal Leadership: The Hidden Driver of Great Performance. *Harvard Business Review*, dez. 2001, p. 42-51.
16. MARKS, M. L. et al. Employee Participation in a Quality Circle Program: Impact on Quality of Work Life, Productivity, and Absenteeism. *Journal of Applied Psychology*, fev. 1986, p. 61-69. Uma discussão sobre as opções para vários níveis de participação está em ALEXANDER, C. P. Voluntary Participation. *Quality Digest*, out. 1994, p. 50-52.
17. Um exemplo é a companhia H. J. Heinz, organização mundial de processamento de alimentos. Ver: O'Reilly Supports Total Quality Management at Heinz. *Beta Gamma Sigma Newsletter*, verão 1991, p. 1.
18. KLEIN, K. J. Employee Ownership. *New Management*, primavera 1986, p. 55-61.
19. Há quem defenda que os funcionários devem experimentar propriedade psicológica antes que se possa esperar resultados deles. Ver PIERCE, J. L. et al. Employee Ownership: A Conceptual Model of Process and Effects. *Academy of Management Review*, jan. 1991, p. 121-144; o salto a partir da propriedade acionária real em direção ao *sentimento* de propriedade é explorado em ROSEN, C. et al. Every Employee an Owner [Really]. *Harvard Business Review*, jun. 2005, p. 123-130.
20. QUINN, R. E.; SPREITZER, G. M. The Road to Empowerment: Seven Questions Every Leader Should Consider. *Organizational Dynamics*, outono 1977, p. 46.
21. LEE, C.; ZEMKE, R. The Search for Spirit in the Workplace. *Training*, jun. 1993, p. 21-28; e BLOCK, P. From Paternalism to Stewardship. *Training*, jul. 1993, p. 45-50.
22. DOUGLAS, M .E. Service to Others. *Supervision*, mar. 2005, p. 6-9.

Capítulo 9

1. DANIELS, C. By the Numbers. *Fortune*, 27 dez. 2004, p. 32.
2. BOLINO, M. C.; TURNLEY, W. H. Going the Extra Mile: Cultivating and Managing Employee Citizenship Behavior. *Academy of Management Executive*, v. 17, n. 3, 2003, p. 60.
3. ARON, H. Recession-Proofing a Company's Employees. *The Wall Street Journal*, 4 mar. 1991, p. A10.
4. DAVIS, J. C.; ORGAN, D. The Happy Curve. *Business Horizons*, maio/jun. 1995, p. 1-3.
5. Ver, por exemplo, os dados relatados em GAVIN, J. H.; MASON, R. O. The Virtuous Organization: The Value of the Happiness in the Workplace. *Organizational Dynamics*, v. 33, n. 4, 2004, p. 379-392; e SHEA, T. F. For Many Employees, the Workplace Is Not a Satisfying Place. *HR Magazine*, out. 2002, p. 28.
6. Discussões e pesquisas relevantes são relatadas em SOLOMON, C. M. The Loyalty Factor. *Personnel Journal*, set. 1992, p. 52-62; IVERSON, R. D.; ROY, P. A Causal Model of Behavioral Commitment: Evidence from a Study of Australian Blue-Collar Employees. *Journal of Management*, primavera 1994, p. 15-42; e SLOCOMBE, T. E.; DOUGHERTY, T. W. Dissecting Organizational Commitment and Its Relationship with Employee Behavior. *Journal of Business and Psychology*, verão 1998, p. 469-491. Para uma discussão das práticas que levam aos sinônimos mais comuns para comprometimento, ver COLE, C. L. Building Loyalty. *Workforce*, ago. 2000, p. 43-52.
7. CAPPELLI, P. Managing without Commitment. *Organizational Dynamics*, v. 28, n. 4, 2000, p. 11-24; ALLERTON, H. E. Bottom tem. *Training and Development*, jul. 1999, p. 8; leitores interessados deveriam examinar a diferença entre comprometimento racional e emocional de acordo com o discutido em: The Things They Do for Love. *Harvard Business Review*, dez. 2004, p. 19.
8. Uma classificação sistemática das respostas ativa/passiva e construtiva/destrutiva dos funcionários está em RUSBULT, C. et al. Impact of Exchange Variables on Exit, Voice, Loyalty, and Neglect: An Integrative Model of Responses to Declining Job Satisfaction. *Academy of Management Journal*, v. 31, n. 3, 1988, p. 599-627.
9. Para uma descrição clássica dessa relação, ver LAWLER III, E. E.; PORTER, L. W. The Effect of Performance on Job Satisfaction. *Industrial Relations*, out. 1967, p. 20-28. Para uma atualização sobre antecedentes e conseqüências do absenteísmo, ver HARRISON, D. A.; MARTOCCHIO, J. J. Time for Absenteeism: A 20-Year Review of Origins, Offshots, and Outcomes. *Journal of Management*, v. 24, n. 3, 1998, p. 305-350.
10. MOBLEY, W. H. Intermediate Linkages in the Relationship between Job Satisfaction and Employee Turnover. *Journal of Applied Psychology*, v. 6, 1977, p. 237-240.
11. New Behaviorial Study Defines Typical "Turnover Personality". *Human Resources Measurements*, suplemento de *Personnel Journal*, abr. 1992, p. 4; o "perfil de alta rotatividade" é apoiado por JUDGE, T. A.; WATANABE, S. Is the Past Prologue? A Test of Ghiselli's Hobo Syndrome. *Journal of Management*, v. 21, n. 2, 1995, p. 211-229.
12. Ver, por exemplo, STEIN, N. Winning the War to Keep Top Talent. *Fortune*, 29 maio 2000, p. 132-138; Twelve Ways to Keep Good People. *Training*, abr. 1999, p. 19; e PETERSON, K. The Retention Riddle. *Carlson School*, primavera 2004, p. 28-29.
13. PUTZIER, J.; NOWAK, F. T. Attendance Management and Control. *Personnel Administrator*, ago. 1989, p. 58-60. Leitores interessados podem querer consultar uma análise abrangente dos resultados das pesquisas em HARRISON, D. A.; MARTOCCHIO, J. J. Time for Absenteeism: A 20-Year Review of Origins, Offshoots, and Outcomes. *Journal of Management*, v. 24, n. 3, 1998, p. 305-350.
14. HEMP, P. Presenteeism: At Work – But Out of It. *Harvard Business Review*, out. 2004, p. 49-58.
15. Um programa abrangente que reduziu drasticamente as perdas (furto dos funcionários) na loja do mercado Trader Joe's é apresentado em PEIZER, I. Shopper's Special. *Workforce Management*, set. 2004, p. 51-54.
16. VEIGA, J. F. et al. Why Managers Bend Company Rules. *Academy of Management Executive*, v. 18, n. 2, 2004, p. 84-90.
17. DOBBS, K. The Lucrative Menace of Workplace Violence. *Training*, mar. 2000, p. 55-62.
18. ORGAN, D. W. Personality and Organizational Citizenship Behavior. *Journal of Management*, verão 1994, p. 465-478; e DECKOP, J. R. et al. Getting More than You Pay For: Organizational Citizenship Behavior and Pay-for-Performance Plans. *Academy of Management Journal*, ago. 1999, p. 420-428.
19. BOLINO, M. C.; TURNLEY, W. H. Going the Extra Mile: Cultivating and Managing Employee Citizenship Behavior. *Academy of Management Executive*, v. 17, n. 3, 2003, p. 60-71. Uma extensão desse conceito para o nível organizacional pode ser encontrada em MATTEN, D.; CRANE, A. Corporate Citizenship: Toward an Extended Theoretical Conceptualization. *Academy of Management Review*, v. 30, n. 1, 2005, p. 166-179.
20. Um excelente panorama da construção de uma pesquisa é apresentado em MORREL-SAMUELS, P. Getting

the Truth into Workplace Surveys. *Harvard Business Review*, fev. 2002, p. 111-118.

Capítulo 10

1. SIMONS, R. Designing High-Performance Jobs. *Harvard Business Review*, jul./ago. 2005, p. 55.
2. DOLEZALEK, H.; GALVIN, T. *Training*, set. 2004, p. 34.
3. SCHEIN, E. H.; OTT, J. S. The Legitimacy of Organizational Influence. *American Journal of Sociology*, maio 1962, p. 682-689; e DAVIS, K. Attitudes toward the Legitimacy of Management Efforts to Influence Employees. *Academy of Management Journal*, jun. 1968, p. 153-162.
4. TOLCHINSKY, P. et al. Employee Perceptions of Invasion of Privacy: A Field Simulation Experiment. *Journal of Applied Psychology*, jun. 1982, p. 308-313.
5. Adaptado de SCHEIN, V. E. Privacy and Personnel: A Time for Action. *Personnel Journal*, dez. 1976, p. 604-607; ver também CONLEY, L. The Privacy Arms Race. *Fast Company*, jul. 2004, p. 27-28, e MAGNUSSON, P. They're Watching You. *BusinessWeek*, 24 jan. 2005, p. 22-23.
6. BYLINSKI, G. How Companies Spy on Employees. *Fortune*, 4 nov. 1991, p. 131-140.
7. ZEMKE, R. Do Honesty Tests Tell the Truth? *Training*, out. 1990, p. 75-81.
8. NAGLE, D. E. The Polygraph Shield. *Personnel Administrator*, fev. 1989, p. 18-23; e KLEIMAN, L. S. et al. Legal Issues Concerning Polygraph Testing in the Public Sector. *Public Personnel Management*, inverno, 1990, p. 365-379.
9. BERNARDIN, H. J.; COOKE, D. K. Validity of an Honesty Test in Predicting Theft among Convenience Store Employees. *Academy of Management Journal*, out. 1993, p. 1097-1108; ver também SACKETT, P. R. et al. Integrity Testing of Personnel Selection: An Update. *Personnel Psychology*, outono 1989, p. 491-529; e HELLER, M. Court Ruling that Employer's Integrity Test Violated ADA Could Open Door to Litigation. *Workforce Management*, set. 2005, p. 74-77.
10. NOBILE, R. J. The Drug-Free Workplace: Action on It! *Personnel*, fev. 1990, p. 21-23; e ZETLIN, M. Combating Drugs in the Workplace. *Management Review*, ago. 1991, p. 17-19.
11. BAKER, T. L. Preventing Drug Abuse at Work. *Personnel Administrator*, jul. 1989, p. 56-59.
12. FINE, C. R. Video Tests Are the New Frontier in Drug Detection. *Personnel Journal*, jul. 1992, p. 146-161.
13. Os dados citados foram extraídos de POWELL, G. N. Sexual Harassment: Confronting the Issue of Definition. *Business Horizons*, jul./ago. 1983, p. 24-28; e FELDMAN, D. Sexual Harassment: Policies and Prevention. *Personnel*, set. 1987, p. 12-17.
14. CROWLEY, S. T. *ADA Primer*: A Concise Guide to the American with Disabilities Act of 1990. Englewood Cliffs, NJ: Maxwell Mcmillan, 1990.
15. CAMPION, M. A. et al. Career-Related Antecedents and Outcomes of Job Rotation. *Academy of Management Journal*, dez. 1994, p. 1518-1542.
16. LAWLER III, E. E. For a More Effective Organization — Match the Job to the Man. *Organizational Dynamics*, verão 1974, p. 19-29.
17. HACKMAN, R. J. et al. A New Strategy for Job Enrichment. *California Management Review*, verão 1975, p. 57-71.
18. The Signature of Quality. *Management in Practice*, American Management Associations, mar./abr. 1977, p. 2-3.
19. HACKMAN, J. R.; OLDHAM, G. R. Development of the Job Diagnostic Survey. *Journal of Applied Psychology*, abr. 1975, p. 159-170.
20. LUTHANS, F. et al. The Impact of a Job Redesign Intervention on Salespersons' Observed Performance Behaviors: A Field Experiment. *Group and Organization Studies*, mar. 1987, p. 55-72.
21. GRIFFIN, R. W. et al. Objective and Social Factors as Determinants of Task Perceptions and Responses: An Integrated Perspective and Empirical Investigation. *Academy of Management Journal*, set. 1987, p. 501-523.
22. FORD, R.; NEWSTROM, J. Dues-Paying: Managing the Costs of Recognition. *Business Horizons*, jul./ago. 1999; MARTINKO, M. J. et al. Dues Paying: A Theoretical Explanation and Conceptual Model. *Journal of Management*, v. 30, n. 1, 2004, p. 49-69; e SHUIT, D. P. Where Paying Dues Delivers. *Workforce Management*, maio 2005, p. 38-44.
23. A idéia de uma liderança ética está em NIELSON, R. P. Changing Unethical Organization Behavior. *Academy of Management Executive*, maio 1989, p. 123-130: resultados de pesquisas sobre as políticas estão em BARNETT, T. R.; COCHRAN, D. S. Making Room for the Whistleblower. *HRMagazine*, jan. 1991, p. 58-61; e dicas para os delatores (*whistle-blowers*) aparecem em DUNKIN, A. Blowing the Whistle without Paying the Piper. *BusinessWeek*, 3 jun. 1991, p. 138-139.
24. NEAR, J. P.; MICELI, M. Effective Whistle-Blowing. *Academy of Management Review*, jul. 1995, p. 679-708; e MICELI, M.; NEAR, J. P. Relationships among Value Congruence, Perceived Victimization, and Retaliation against Whistle-Blowers. *Journal of Management*, inverno 1994, p. 773-794.
25. STEVENSON, R. W. A Whistle Blower to Get $7.5 Million in Big Fraud Case. *New York Times*, 15 jul. 1992.

Capítulo 11

1. ANDERSON, E.; JAP, S. D. The Dark Side of Close Relationships. *Sloan Management Review*, primavera 2005, p. 75.
2. CROSS, R. et al. A Pratical Guide to Social Networks. *Harvard Business Review*, mar. 2005, p. 130.
3. THOMAS, K. W.; SCHMIDT, W. H. A Survey of Managerial Interests with Respect to Conflict. *Academy of Management Journal*, jun. 1976, p. 315-318.
4. VAN VELSOR, E.; LESLIE. J. B. Why Executives Derail: Perspectives Across Time and Cultures. *Academy of Management Executive*, v. 9, n. 4, 1995, p. 62-72.
5. PEARSON, C. M.; PORATH, C. L. On the Nature, Consequences, and Remedies of Workplace Incivility: Not Time for 'Nice'? Think Again. *Academy of Management Executive*, v. 19, n. 1, 2005, p. 7-18; NESTOR, M. J. Top 10 Things that Drive Co-Workers Crazy. *Training and Development*, jan. 2001, p. 58-89; e JOHNSON, P. R.; INDVIK, J. Slings and Arrows of Rudeness: Incivility in the Workplace. *Journal of Management Development*, v. 20, n. 8, 2001, p. 706-713.
6. MOUNT, M. K.; BARRICK, M. R. The Big Five Personality Dimensions: Implications for Research and Practice in Human Resources Management. *Research in Personnel and Human Resources Management*, 1995, p. 153-200.
7. GARDNER, W. L.; MARTINKO, M. J. Using the Myers-Briggs Type Indicator to Study Managers: A Literature Review and Research Agenda. *Journal of Management*, v. 22, 1996, p. 45-83.
8. BLAKE, R. R.; MOUTON, J. S. *Managing Intergroup Conflict in Industry*. Houston: Gulf Publishing Co., 1964. Observe que esses e outros autores freqüentemente incluem uma estratégia intermediária chamada concessão.
9. Estratégias úteis para a resolução de conflitos são discutidas em COTTRINGER, W. Adopting a Philosophy on Conflict. *Supervision*, mar. 2005, p. 3-5; e WEISS, J; HUGHES, J. What Collaboration? Accept — and Actively Manage — Conflict. *Harvard Business Review*, mar. 2005, p. 93-101.
10. BERNE, E. *Transactional Analysis in Psychotherapy*. Nova York: Grove Press, 1961; BERNE, E. *Games People Play*. Nova York: Grove Press, 1964; HARRIS, T. A. *I'm OK – You're OK*: A Practical Guide to Transactional Analysis. Nova York: Harper & Row, 1969.
11. BUTLER, T.; WALDROOP, J. Understanding 'People' People. *Harvard Business Review*, jun. 2004, p. 78-86.
12. FRENCH, J. R. P.; RAVEN, B. H. The Bases of Social Power. In: CARTWRIGHT, D. (Ed.). *Studies in Social Power*. Ann Arbor: University of Michigan Press, 1959.
13. PARKER, C. P. et al. Perceptions of Organizational Politics: An Investigation of Antecedents and Consequences. *Journal of Management*, v. 21, n. 5, 1995, p. 891-912; DRORY, A.; ROMM, T. The Definition of Organizational Politics: A Review. *Human Relations*, nov. 1990, p. 1133-1154; e PERREWE, P. L.; NELSON, D. L. The Facilitative Role of Political Skill. *Organizational Dynamics*, v. 33, n. 4, 2004, p. 366-378.
14. PINTO, J. K.; KHARBANDA, O. P. Lessons for an Accidental Profession. *Business Horizons*, mar./abr. 1995, p. 41-50.
15. GANDZ, J.; MURRAY, V. The Experience of Workplace Politics. *Academy of Management Journal*, jun. 1980, p. 244.
16. COHEN, A. R.; BRADFORD, D. L. *Influence without Authority*. Nova York: John Wiley & Sons, 1990.
17. MOYER, D. Give to Get. *Harvard Business Review*, out. 2005, p. 160.
18. KILDUFF, M.; DAY, D. V. Do Chameleons Get Ahead? The Effects of Self-Monitoring on Managerial Careers. *Academy of Management Journal*, v. 37, n. 4, 1994, 1047-1060.
19. WAYNE, S. J.; LIDEN, R. C. Effects of Impression Management on Performance Ratings: A Longitudinal Study. *Academy of Management Journal*, v. 38, n. 1, 1995, p. 232-260.

Capítulo 12

1. MANKINS, M. C. Stop Wasting Valuable Time. *Harvard Business Review*, set. 2004, p. 60.
2. KLEINER, A. Are You In with the In Crowd? *Harvard Business Review*, jul. 2003, p.87.
3. A idéia de que as atividades, interações e os sentimentos da organização informal emergem de uma organização formal é extraída de HOMANS, G. C. *The Human Group*. Nova York: Harcourt Brace Jovanovich, 1950.
4. SCHULTZ, B. Communicative Correlates of Perceived Leaders in the Small Group. *Small Group Behavior*, fev. 1986, p. 51-65.
5. DRESCHER, S. et al. Cohesion: An Odyssey in Empirical Understanding. *Small Group Behavior*, fev. 1985, p. 3-30. Para uma discussão sobre instrumentos confiáveis para mensurar coesão, ver EVANS, N. J.; JARVIS, P. A. The Group Attitude Scale: A Measure of Attraction to Group. *Small Group Behavior*, maio 1986, p. 203-216.
6. Quatro tipos de reações de grupos de trabalho (aceitação, fuga, confrontação, provimento) são discutidos por FAIRFIELD-SONN, J. W. Work Group Reactions to New Members: Tool or Trap in Making Selection Decisions? *Public Personnel Management*, inverno 1984, p. 485-493.
7. FELDMAN, D. The Development and Enforcement of Group Norms. *Academy of Management Review*, jan. 1984, p. 47-53.

8. HENDERSON, M.; ARGYLE, M. The Informal Rules of Working Relationships. *Journal of Occupational Behavior*, v. 7, 1986, p. 259-275.

9. A expressão "enviado para Coventry" decorre da seguinte situação: os cidadãos de Coventry, Inglaterra, manifestavam um desagrado tão profundo em relação aos soldados que as pessoas vistas conversando com um deles eram isoladas de sua comunidade social, para que os poucos cidadãos dispostos a conversar com os soldados não ousassem fazê-lo. Assim, um soldado enviado para Coventry era privado da interação com a comunidade.

10. KRACKHARDT, D.; HANSON, J. R. Informal Networks: The Company behind de Chart. *Harvard Business Review*, jul./ago. 1993, p. 104-111; CROSS, R. et al. Six Myths about Informal Networks – And How to Overcome Them. *Sloan Management Review*, primavera 2002, p. 67-75; ver também CASCIARO, T.; LOBO, M. S. Competent Jerks, Lovable Fools, and the Formation of Social Networks. *Harvard Business Review*, jun. 2005, p. 92-99.

11. JOHANN, B. The Meeting as a Lever for Organizational Improvement. *National Productivity Review*, verão 1994, p. 369-377.

12. A importância de uma agenda planejada é apresentada em ENGLISH, G. How About a Good Word for Meetings? *Management Review*, jun. 1990, p. 58-60. Outras sugestões úteis aparecem em HENSLEY, W. Guidelines for Success and Failure in Groups. *Supervision*, set. 2000, p. 9-10.

13. STANLEY, T. L. I Beg Your Pardon, This Meeting Is Not a Waste of Time. *Supervision*, abr. 2002, p. 6-9.

14. As tarefas e os papéis sociais foram originalmente apresentados por BALES, R. F. *Interaction Process Analysis*. Cambridge, MA: Addison-Wesley, 1950.

15. ROSENER, B. What Are Your Secrets for Running a Successful Meeting? *Workforce*, jan. 1999, p. 22-23.

16. O *brainstorming* foi desenvolvido por Alex F. Osborn e é descrito em seu livro *Applied Imagination*. Nova York: Charles Sricbner's Sons, 1953. Uma revisão do *brainstorming* e de outras abordagens estruturadas está em ZEMKE, R. In Search of Good Ideas. *Training*, jan. 1993, p. 46-52. Para aplicações atuais na IDEO, ver SCHRAGE, M. Playing Around with Brainstorming. *Harvard Business Review*, mar. 2001, p. 149-154.

17. BACHMAN, G. Brainstorming Deluxe. *Training and Development*, jan. 2000, p. 15-17.

18. GALLUPE, R. B. et al. Unblocking Brainstorms. *Journal of Applied Psychology*, jan. 1991, p. 137-142; para resultados comparativos, ver DENNIS, A. R.; VALACICH, J. S. Group, Sub-Group, and Nominal Group Idea Generation: New Rules for a New Media? *Journal of Management*, v. 20, n. 4, 1994, p. 723-736.

19. BURTON, G. E. The "Clustering Effect": An Idea-Generation Phenomenon during Nominal Grouping. *Small Group Behavior*, maio 1987, p. 224-238.

20. Foram feitas recomendações para a realização de duas a cinco iterações dos ciclos do processo Delphi. Um estudo demonstrou que os resultados estabilizavam-se após quatro rodadas; ver ERFFMEYER, R. C. et al. The Delphi Tecnique: An Empirical Evaluation of the Optimal Number of Rounds. *Group and Organizational Studies*, mar./jun. 1986, p. 120-128.

21. COSIER, R. A.; SCHWENK, C. R. Agreement and Thinking Alike: Ingredients for Poor Decisions. *The Executive*, fev. 1990, p. 69-74; SCHWEIGER, D. M. et al. Experimental Effects of Dialectical Inquiry, Devil's Advocacy, and Consensus Approaches to Strategic Decision Making. *Academy of Management Journal*, dez. 1989, p. 745-772.

22. Ver, por exemplo, KAY, G. Effective Meetings through Electronic Brainstorming. *Jounal of Management Development*, v. 14, n. 6, 1995, p. 4-25; e *Basics of Electronic Meeting Support*. Alexandria, VA: ASTD, 1995.

23. Uma descoberta surpreendente — a de que as técnicas estruturadas obtêm consenso — é relatada em PRIEM, R. L. et al. Structured Conflict and Consensus Outcomes in Group Decision Making. *Journal of Management*, v. 21, n. 4, 1995, p. 691-710.

24. SAINT, S.; LAWSON, J. R. *Rules for Reaching Consensus*. San Diego: Pfeiffer & Company, 1994.

25. WILKINSON, M. *The Secrets of Facilitation*: The S.M.A.R.T. Guide to Getting Results with Groups. São Francisco: Jossey Bass, 2004.

26. JANIS, I. L. *Victims of Groupthink*. Boston: Houghton-Mifflin, 1972; ver também WHYTE, G. Groupthink Reconsidered. *Academy of Management Review*, jan. 1989, p. 40-56.

Capítulo 13

1. KATZENBACH, J. R.; SMITH, D. K. The Discipline of Teams. *Harvard Business Review*, jul./ago. 2005, p. 171.

2. FURST, S. A. et al. Managing the Lifestyle of Virtual Teams. *Academy of Management Executive*, v. 18, n. 2, 2004, p. 7.

3. Os cinco estágios aqui observados foram originalmente identificados por TUCKMAN, B. W. Developmental Sequence in Small Groups. *Psychological Bulletin*, v. 63, 1965, p. 384-399.

4. FORESTER, R.; DREXLER, A. B. A Model for Team-Based Organization Performance. *Academy of Management Executive*, ago. 1999, p. 36-49.

5. FISCHER, B.; BOYTON, A. Virtuoso Teams. *Harvard Business Review*, jul./ago. 2005, p. 117-123.

6. KIRKMAN, B. L.; ROSEN, B. Powering Up Teams. *Organizational Dynamics*, inverno 2000, p. 48-66.
7. OFFERMANN, L. R.; SPIROS, R. K. The Science and Practice of Team Development: Improving the Link. *Academy of Management Journal*, v. 44, n. 2, 2001, p. 376-392.
8. EREZ, M.; SOMECH, A. Is Group Productivity Loss the Rule or the Exception? Effects of Culture and Group-Based Motivation. *Academy of Management Journal*, dez. 1996, p. 1513-1537.
9. LEPINE, J. A.; VAN DYNE, L. Peer Responses to Low Performers: An Attributional Model of Helping in the Context of Groups. *Academy of Management Review*, v. 26, n. 1, 2001, p. 67-84.
10. HACKMAN, J. R.; WAGEMAN, R. A Theory of Team Coaching. *Academy of Management Review*, v. 30, n. 2, 2005, p. 269-287.
11. SCHEIN, E. H. *Process Consultation Revisited*: Building the Helping Relationship. Reading, MA: Addison-Wesley Longman, 1998.
12. HOLPP, L. Applied Empowerment. *Training*, fev. 1994, p. 39-44. Ver também os resultados de pesquisa que relatam o que as equipes autogerenciadas administram (mais freqüentemente programação de trabalho; menos freqüentemente demissões) em: 1994 Industry Report. *Training*, out. 1994, p. 62.
13. KOCHANSKI, J. Hiring in Self-Regulating Work Teams. *National Productivity Review*, primavera 1987, p. 153-159. Outros exemplos aparecem em WELLINS, R. W. Building a Self-Directed Work Team. *Training and Development*, dez. 1992, p. 24-28.
14. DRUSKAT, V. U.; WHEELER, J. V. How to Lead a Self-Managing Team. *Sloan Management Review*, verão 2004, p. 65-71, DRUSKAT, V. U.; WHEELER, J. V. Managing from the Boundary: The Effective Leadership of Self-Managing Teams. *Academy of Management Journal*, v. 46, n. 4, 2003, p. 435-457.
15. GORDON, J. Do Your Virtual Teams Deliver Only Virtual Performance? *Training*, jun. 2005, p. 20-25; KIRKMAN, B. et al. Five Challenges to Virtual Team Success: Lessons from Saber Inc. *Academy of Management Executive*, v. 16, n. 3, 2002, p. 67-79; ZIGURS, I. Leadership in Virtual Teams: Oxymoron or Opportunity? *Organizational Dynamics*, v. 31, n. 4, 2002, p. 339-351.

Capítulo 14

1. MACALLASTER, C. M. Leading Change by Effectively Utilizing Leverage Points within an Organization. *Organizational Dynamics*, v. 33, n. 3, 2004, p. 319.
2. HUMPHRIES, M. T.; DYER, S. Introducing Critical Theory to the Management Classroom: An Exercise Building on Jermier's Life of Mike. *Journal of Management Education*, fev. 2005, p. 170.
3. DUENING, T. Our Turbulent Times: The Case for Evolutionary Organizational Change. *Business Horizons*, jan./fev. 1997, p. 2-8.
4. ROETHLISBERGER, F. J. *Management and Morale*. Cambridge, MA: Harvard Business Press, 1941, p. 10. Ver também ROETHLISBERGER, F. J.; DICKSON, W. J. *Management and the Worker*. Cambridge, MA: Harvard Business Press, 1939. Uma atualização desse tema está em GREENWOOD, R. G. et al. Hawthorne a Half Century Later: Relay Assembly Participants Remember. *Journal of Management*, outono-inverno 1983, p. 217-231.
5. DONNE, J. (1572-1631). *The Complete Poetry and Selected Prose of John Donne and the Complete Poetry of William Blake*. Nova York: Random House, 1941, p. 332. Ênfase no original.
6. LAABS, J. J. Expert Advice on How to Move Forward with Change. *Personnel Journal*, jul. 1996, p. 54-63.
7. ABRAHAMSON, E. Avoiding Repetitive Change Syndrome. *Sloan Management Review*, inverno 2004, p. 93-95.
8. GARVIN, D. A.; ROBERTO, M. A. Change through Persuasion. *Harvard Business Review*, fev. 2005, p. 104-112.
9. BASS, B. M. From Transactional to Transformational Leadership: Learning to Share the Vision. *Organizational Dynamics*, inverno 1990, p. 19-31. A pesquisa que apóia a dimensionalidade e os efeitos positivos (esforço extra e satisfação) da liderança transformacional está em PODSAKOFF, P. M. et al. Transformational Leader Behaviors and Their Effects on Followers' Trust in Leader, Satisfaction, and Organizational Citizenship Behaviors. *Leadership Quarterly*, verão 1990, p. 107-142; e YAMMARINO, F. J.; BASS, B. M. Transformational Leadership and Multiple Levels of Analysis. *Human Relations*, out. 1990, p. 975-995.
10. O papel da visão no sucesso da fábrica da GE em Crottonville está descrito em TICHY, N. M. GE's Crottonville: A Staging Ground for Corporate Revolution. *Academy of Management Executive*, maio 1989, p. 99-106; uma posição contrária sobre as limitações do papel da visão é apresentada por CONGER, J. A. The Dark Side of Leadership. *Organizational Dynamics*, outono 1990, p. 44-55.
11. Discussões sobre carisma estão em NADLER, D. A.; TUSHMAN, M. L. Beyond the Charismatic Leader: Leadership and Organizacional Change. *California Management Review*, inverno 1990, p. 77-97; ver também CONGER, J. A. Inspiring Others: The Language of Leadership. *Academy of Management Executive*, fev. 1991, p. 31-45. O conceito de lidernça

carismática foi inicialmente proposto em HOUSE, R. J. A 1976 Theory of Charismatic Leadership. In: HUNT, J. G.; LARSON, L. L. (Eds.). *Leadership*: The Cutting Edge. Carbondale: Southern Illinois University Press, 1977.

12. ARGYRIS, C. Teaching Smart People How to Learn. *Harvard Business Review*, maio/jun. 1991, p. 99-109. Essas idéias foram originalmente apresentadas em ARGYRIS, C. The Executive Mind and Double-Loop Learning. *Organizational Dynamics*, outono 1982, p. 4-22. Um conjunto paralelo de idéias são as mudanças de primeira ordem (aprendizado de um nível) e as mudanças de segunda ordem (aprendizado de dois níveis); ver VAN DE VEN, A. H.; POOLE, M. S. Explaining Development and Change in Organizations. *Academy of Management Review*, jun. 1995, p. 510-540.

13. HONOLD, L. The Power of Learning at Johnsonville Foods. *Training*, abr. 1991, p. 54-58.

14. Um estudo que utiliza as três etapas é relatado em O'NEIL, P. E. Transforming Managers for Organizational Change. *Training and Development Journal*, jul. 1990, p. 87-90.

15. KING, A. S. Expectation Effects in Organizational Change. *Administrative Science Quarterly*, jun. 1974, p. 221-230; e EDEN, D.; RAVID, G. Pygmalion versus Self-Expectancy: Effects of Infrastructure and Self-Expectancy on Trainee Performance. *Organizational Behavior and Human Performance*, dez. 1982, p. 351-364.

16. Uma discussão das abordagens tradicionais (de cima para baixo) para a mudança em contraposição às abordagens contemporâneas (de dentro para fora) está em PASCALE, R. T.; STERNIN, J. Your's Company Secret Change Agents. *Harvard Business Review*, maio 2005, p. 73-81; o "enigma da consultoria" é discutido em ROBERTO, M. A.; LEVESQUE, L. C. The Art of Making Change Initiatives Stick. *Sloan Management Review*, verão 2005, p. 53-60.

17. DORSEY, D. Change Factory. *Fast Company*, jun. 2000, p. 211-224.

18. Um modelo sistemático para o processo de mudança está em DAINTY, P.; KAKABADSE, A. Organizational Change: A Strategy for Successful Implementation. *Journal of Business and Psychology*, verão 1990, p. 463-481.

19. GRIEVES, J. Introduction: The Origins of Organizational Development. *Journal of Management Development*, v. 19, n. 5, 2000, p. 345-351.

20. MILES, R. H. Accelerating Corporate Transformations by Rapidly Engaging All Employees. *Organizational Dynamics*, v. 29, n. 4, 2001, p. 313-321.

21. Um esforço pioneiro para identificar as variáveis causais nos sistemas organizacionais está em LIKERT, R. *The Human Organization*: Its Management and Value. Nova York: McGraw-Hill, 1967; e LIKERT, D. *New Patterns of Management*. Nova York: McGraw-Hill, 1961.

22. SHELDON, T. Organizational Change and Growth: Focus on What Works Using "Appreciative Inquiry". *Business North*, jun. 2003, p. 4B.

23. BURRINGTON, D. D. Organizational Development in the Utah Department of Public Safety. *Public Personnel Management*, verão 1987, p. 115-125.

24. BARRAT, A. M. Organizational Improvement in Mobil Oil. *Journal of Management Development*, v. 1, n. 2, 1982, p. 3-9.

25. KIMBERLY, J. R.; NIELSEN, W. R. Organizational Development and Change in Organizational Performance. *Administrative Science Quarterly*, jun. 1975, p. 191-206.

Capítulo 15

1. NEWMAN, R. A New Healh Care Prescription. *Fortune*, 24 jan. 2005, p. S2.

2. CRYER, B. et al. Pull the Plugs on Stress. *Harvard Business Review*, jul. 2003, p. 107.

3. SUZUKAMO, L. B. Fed Up, Fired Up or (Gulp) Fired. *Duluth News-Tribune*, 26 fev. 1996, p. 1B, 4B; LAABS, J. J. Job Stress. *Personnel Journal*, abr. 1992, p. 43.

4. Rising Barometer. *Training*, nov. 2004, p. 13.

5. SELYE, H. *The Stress of Life*, ed. rev. Nova York: McGraw-Hill, 1976.

6. CORDES, C. L.; DOUGHERTY, T. W. A Review and an Integration Research on Job Burnout. *Academy of Managerial Review*, out. 1993, p. 621-656.

7. Um autoteste para determinar o vício no trabalho (*workaholism*) pode ser encontrado em QUICK, J. O.; HENLEY, A. B.; QUICK, J. C., The Balancing Act – At Work and at Home. *Organizational Dynamics*, v. 33, n. 4, 2004, p. 426-438. O lado positivo dos viciados em trabalho é apresentado em FRIEDMAN, S. D.; LOBEL, S. The Happy Workaholic: A Role Model for Employees. *Academy of Management Executive*, v. 17, n. 3, 2003, p. 87-98; o valor do equilíbrio entre trabalho e vida pessoal é apresentado em STONER, C. R. et al. On the Edge: Perceptions and Responses to Life Imbalance. *Business Horizons*, v. 48, 2005, p. 337-346.

8. MILLER, K. L. Now Japan Is Admitting It: Work Kills Executives. *BusinessWeek*, 3 ago. 1992, p. 35.

9. NOER, D. M. Leadership in an Age of Layoffs. *Journal of Management Development*, v. 14, n. 5, 1995, p. 27-38.

10. Discussões abrangentes dos fatores contribuintes estão em HARVEY, M. G.; COSIER, R. A. Homicides in the Workplace: Crisis or False Alarm? *Business Horizons*, mar./abr. 1995, p. 11-20; e STONE, R. A. Workplace Homicide: A Time for Action. *Business Horigons*, mar./abr. 1995, p. 3-10.

11. GREENGARD, S. Zero Tolerance: Making It Work. *Workforce*, maio 1999, p. 28-34. Ver também BENSIMON, H. F. What to Do About Anger in the Workplace. *Training and Development*, set. 1997, p. 28-32.

12. IVANCEVICH, J. M. Life Events and Hassles as Predictors of Health Symptoms, Job Performance, and Absenteeism. *Journal of Occupational Behavior*, jan. 1986, p. 39-51.

13. TEPPER, B. J. Consequences of Abusive Supervisors. *Academy of Management Journal*, v. 43, n. 2, 2000, p. 178-190; e GODIN, S. Why Are We Willing to Tolerate Bullies? *FastCompany*, dez. 2000, p. 316-320. Ver também NAMIE, G. *The Bully at Work*. Naperville, IL: Sourcebooks Trade, 2000.

14. Employees Value Workplace Relationships. *Personnel Journal*, jun. 1996, p. 25.

15. FRIEDMAN, M.; ROSENMAN, R. H. *Type A Behavior and Your Heart*. Nova York: Alfred Knopf, 1974; ver também FRIEDMAN, M.; ULMER, D. *Treating Type A Behavior and Your Heart*. Nova York: Alfred Knopf, 1984.

16. Uma metaanálise, ou análise quantitativa, e uma síntese de resultados anteriores de pesquisas são apresentadas por BOOTH-KEWLEY, S.; FRIEDMAN, H. S. Psychological Predictors of Heart Disease: A Quantitative Review. *Psychological Bulletin*, maio 1987, p. 343-362; uma atualização de fácil leitura está em FISCHMAN, J. Type A on Trial. *Psychology Today*, fev. 1987, p. 42-50, 64.

17. Ver, por exemplo, as prescrições em TYLER, K. Cut the Stress. *HR Magazine*, maio 2003, p. 101-106; e GREENBERG, J. Managing Workplace Stress by Promoting Organizational Justice. *Organizational Dynamics*, v. 33, n. 4, 2004, p. 352-365.

18. HENDERSON, M.; ARGYLE, M. Social Support by Four Categories of Work Colleagues: Relationships between Activities, Stress, and Satisfaction. *Journal of Occupational Behavior*, jul. 1985, p. 229-239.

19. CONLIN, M. Meditation: New Research Shows That It Changes the Brain in Ways That Alleviate Stress. *BusinessWeek*, 30 ago. 2004, p. 136-137.

20. SOLOMON, C. M. Picture This: A Safer Workplace. *Workforce*, fev. 1998, p. 82-86.

21. ROETHLISBERGER, F. J.; DICKSON, W. J. *Management and the Worker*. Cambridge, MA: Harvard University Press, 1939, p. 189-205, 593-604; e DICKSON, W. J.; ROETHLISBERGER, F. J. *Counseling in an Organization*: A Sequel to the Hawthorne Researches. Boston: Harvard Business School, Division of Research, 1966.

Capítulo 16

1. EARLEY, P. C.; MOSAKOWSKI, E. Cultural Intelligence. *Harvard Business Review*, out. 2004, p. 139.

2. TUNG, R. L. Female Expatriates: The Model Global Manager? *Organizational Dynamics*, v. 33, n. 3, 2004, p. 243.

3. COLE, R. E. Work and Leisure in Japan. *California Management Review*, primavera 1992, p. 52-63. Outro fator contribuinte do ambiente de trabalho em algumas companhias japonesas é conhecido como *ijime* — a incitação, pelos supervisores, para que os funcionários trabalhem arduamente, até mesmo a ponto de morrerem trabalhando, um fenômeno conhecido como *karoshi*. Ver MEEK, C. B. Ganbatte: Understanding the Japanese Employee. *Business Horizons*, jan./fev. 1999, p. 27-36.

4. FELTES, P. et al. American Female Expatriates and the Civil Rights Act of 1991: Balancing Legal and Business Interests. *Business Horizons*, mar./abr. 1993, p. 82-85. Uma variedade de sugestões para auxiliar na formação de candidatos do sexo feminino para a expatriação está em SOLOMON, C. M. Women Expats: Shattering the Myths. *Global Workforce*, maio 1998, p. 11-14.

5. JELINEK, M.; ADLER, N. J. Women: World-Class Managers for Global Competion. *Academy of Management Executive*, fev. 1988, p. 11-19.

6. Court Invalidates Airline's Policy for Transfers to Foreign Cities. *Japan Labor Bulletin*, 1º nov. 1974, p. 7.

7. HOFSTEDE, G. Cultural Constraints in Management Theories. *Academy of Management Executive*, fev. 1993, p. 81-94. Ver também HOPPE, M. H. An Interview with Geert Hofstede. *Academy of Management Executive*, v. 18, n. 1, 2004, p. 75-79.

8. LAURENT, A. The Cultural Diversity of Western Conceptions of Management. *International Studies of Management and Organization*, primavera-verão 1983, p. 75-96.

9. BONVILLIAN, G.; NOWLIN, W. A. Cultural Awareness: An Essential Element of Doing Business Abroad. *Business Horizons*, nov./dez. 1994, p. 44-50; e MUNTER, M. Cross-Cultural Communication for Managers. *Business Horizons*, maio/jun. 1993, p. 69-78.

10. Atitudes geocêntricas são discutidas em COPELAND, L.; GRIGGS, L. The Internationable Employee. *Management Review*, abr. 1988, p. 52-53.

11. HOFSTEDE, G. Motivation, Leadership, and Organization: Do American Theories Apply Abroad? *Organizational Dynamics*, verão 1980, p. 42-63.

12. REYNOLDS, J. I. Developing Policy Responses to Cultural Differences. *Business Horizons*, ago. 1978, p. 28-35.
13. McENERY, J.; DESHARNAIS, G. Culture Shock. *Training and Development Journal*, abr. 1990, p. 43-47. Cerca de 40% dos trabalhadores norte-americanos expatriados retornam antecipadamente de suas tarefas no exterior; ver SANCHEZ, J. I. et al. Adapting to Boundaryless World: A Developmental Expatriate Model. *Academy of Management Executive*, v. 14, n. 2, 2000, p. 96-106.
14. LINOWES, R. G. The Japanese Manager's Traumatic Entry into the United States: Understanding the American-Japanese Cultural Divide. *Academy of Management Executive*, v. 7, n. 4, 1993, p. 21-40.
15. EARLEY, P. C.; MOSOKOWSKI, E. Toward Culture Intelligence: Turning Cultural Differences into a Workplace Advantage. *Academy of Management Executive*, v. 18, n. 3, 2004, p.151-157; e VAN VIANEN, A. E. M. et al. Fitting In: Surface- and Deep-Level Cultural Differences and Expatriates' Adjustment. *Academy of Management Journal*, v. 47, n. 5, 2004, p. 697-709.
16. HODGETTS, R. M.; LUTHANS, F. U.S. Multinationals' Compensation Strategies for Local Management: Cross Cultural Implications. *Compensation and Benefits Review*, mar./abr. 1993, p. 42-48.
17. Discussões sobre o treinamento pré-partida aparecem em HOGAN, G. W.; GOODSON, J. R. The Key to Expatriate Success. *Training and Development Journal*, jan. 1990, p. 50-52; e Why Aren't American Firms Training for Global Participation? *Management Development Report* (ASTD), verão 1990, p. 1-2.
18. PARK, H.; HARRISON, J. K. Enhancing Managerial Cross-Cultural Awareness and Sensitivity: Transactional Analysis Revisited. *Journal of Management Development*, v. 12, n. 3, 1993, p. 20-29.
19. SOLOMON, C. M. Repatriation: Up, Down or Out? *Personnel Journal*, jan. 1995, p. 28-37; ver também JASSAWALLA, A. et al. Issues of Effective Repatriation: A Model and Managerial Implications. *SAM Advanced Management Journal*, primavera 2004, p. 38-46.
20. OUCHI, W. *Theory Z*: How American Business Can Meet the Japanese Challenge. Reading, MA: Addison-Wesley, 1981. Leitores interessados também podem querer consultar BARNEY, J. An Interview with William Ouchi. *Academy of Management Executive*, nov. 2004, p. 108-116; e STRACH, P.; EVERETT, A. M. Is There Anything Left to Learn from Japanese Companies? *SAM Advanced Management Journal*, verão 2004, p. 4-13.
21. KEYS, J. B. et al. The Japanese Management Theory Jungle — Revisited. *Journal of Management*, verão 1994, p. 373-402.
22. BERNSTEIN, A. et al. The Difference Japanese Management Makes. *BusinessWeek*, 14 jul. 1986, p. 47-50.
23. Ver, por exemplo, SULLIVAN, J. J. A Critique of Theory Z. *Academy of Management Review*, jan. 1983, p. 132-142, e SCHEIN, E. H. Does Japanese Management Style Have a Message for American Managers? *Sloan Management Review*, outono 1982, p. 55-68.
24. FOX, J. The Triumph of English. *Fortune*, 18 set. 2000, p. 209-212.

Prefácio

1. MINER, J. The Rated Importance, Scientific Validity, and Practical Usefulness of Organizational Behavior Theories: A Quantitative Review. *Academy of Management Learning and Education*, v. 2, n. 3, 2003, p. 262.
2. MENKES, J. Hiring for Smarts. *Harvard Business Review*, nov. 2005, p. 102.

Índice de Nomes

A

AARON, H., 475
ABRAHAMSON, E., 480
ADAMS, J. S., 117, 471
ADAMS, M., 469
ADLER, N. J., 482
ALBRECHT, K., 37
ALDAG, R. J., 468
ALDERFER, C. P., 102–103, 106, 471
ALEXANDER, P. C., 474
ALLEN, R. W., 271
ALLERTON, H. E., 475
ANDERSON, E., 250, 477
ANDRÉ, R., 403
ANFUSO, D., 468
ARGYLE, M., 478, 481
ARGYRIS, C., 469, 480
ARMANDI, B. R., 433
ASHKANASY, N. M., 474

B

BACDAYAN, P., 474
BACHMAN, G., 478
BAIG, E. C., 469
BAKER, T. L., 476
BALES, R. F., 478
BALLMER, S., 30
BARKER, J. A., 29, 468
BARNARD, C. I., 83, 470
BARNETT, T. R., 477
BARNEY, J., 482
BARRAT, A. M., 480
BARRICK, M. R., 477
BARTLETT, C. A., 473
BASS, B. M., 480
BASTIANUTTI, L. M., 478
BECKER, T. E., 472
BENNIS, W., 468
BENSIMON, H. F., 481
BERKOWITZ, L., 471
BERNARDIN, H. J., 476
BERNE, E., 477
BERNSTEIN, A., 468, 482
BEZOS, J., 30
BLACKBURN, R. S., 300, 479
BLAKE, R. R., 163–164, 477, 479
BLANCHARD, K. H., 166–167, 171, 473
BLANK, W., 473
BLOCK, P., 475
BLUMBERG, M, 468
BOCKMAN, V. M., 471
BOLINO, M. C., 200, 475–476
BOLTON, A. A., 469
BONVILLIAN, G., 482
BOOTH-KEWLEY, S., 481
BOYATZIS, R., 474
BOYTON, A., 479
BRADFORD, D. L., 477
BRAHNAM, S. D., 258
BRANNICK, M. T., 474
BROCK, J., 156
BROWN, K. G., 471
BURDETT, J. O., 473
BURLINGAME, G., 478
BURRINGTON, D. D., 480
BURRIS, L. R., 476
BURTON, G. E., 478
BUTLER, T., 477
BYHAM, W. C., 472, 474
BYLINSKI, G., 476

C

CALLAHAN, C., 476
CALLISTER, R. R., 258
CAMPION, M. A., 476
CAPPELLI, P., 475
CARTWRIGHT, D., 477
CASCIARO, T., 478
CASE, J., 477
CASS, E. L., 469
CAUDRON, S., 116, 472
CHAMBERS, H., 32
CHANG, L., 472
CHEMERS, M. M., 473
CHERASKIN, L., 476
CHILDRE, D., 349, 481
CHITTIPEDDI, K., 156, 472
CHRISTENSEN, C. M., 7
CIALDINI, R. B., 48
CIRKA, C. C., 476
COCH, L.,, 181, 477
COCHRAN, D. S., 477
COHEN, A. R., 477
COHEN, E., 472
COLBERT, A. E., 471
COLE, C. L., 475
COLE, R. E., 474, 481
COLLINS, D., 472
COLLINS, J., 44
COLVIN, G., 24, 468
CONGER, J. A., 480
CONLEY, L., 476
CONLIN, M., 481
CONNOLLY, T., 482
COOK, D., 482
COOKE, D. K., 476
COOPER, C. L., 482
COOPER, W. H., 478
COPELAND, L., 482
CORDES, C. L., 481
COSIER, R. A., 478, 481
COTTON, J. L., 474
COTTRINGER, W., 477
COWELL, J., 473
COX, J., 474
CRANE, A., 476
CROSS, R., 250, 477–478
CROWLEY, S. T., 476
CRYER, B., 349, 481

D

DAINTY, P., 480
DANIELS, C., 200, 475
DANSEREAU Jr., G. G., 474
DAVENPORT, T. H., 469
DAVIDSON, L., 472
DAVIS, J. C., 475
DAVIS, K., 468–469, 476
DAY, D. V., 477
DECHANT, K., 476
DECI, E. L., 472
DECKOP, J. R., 476
DELAHOUSSAYE, M., 469
DEMING, S., 443
DENISON, D., 470
DENNIS, A. R., 478
DENTON, D. W., 476

DESHARNAIS, G., 482
DIBA, A., 470
DICKSON, W. J., 468, 474, 479, 481
DIPBOYE, R. L., 477
DOBBINS, G. H., 473
DOBBS, K., 476
DOLEZALEK, H., 224, 476
DONNE, J., 326, 479
DORSEY, D., 480
DOUGHERTY, T. W., 475, 481
DOUGLAS, M. E., 475
DRESCHER, S., 478
DREXLER, A. B., 479
DRORY, A., 477
DRUSKAT, V. U., 479
DUENING, T., 479
DUFF, T., 469
DUNKIN, A., 477
DUNLAP, A., 156–157, 163
DYER, S., 322, 479

E

EARLEY, P. C., 378, 481–482
EDEN, D., 472, 480
ELLIS, J. E., 470
ENGARDIO, P., 482
ENGLE, E. M., 474
ENGLISH, G., 478
EREZ, M., 479
ERFFMEYER, R. C., 478
ESEN, E., 470
EVANS, M. G., 168, 471, 473
EVANS, N. J., 478
EVERETT, A. M., 482
EXTEJT, M. M., 469

F

FAIRFIELD-SONN, J. W., 478
FALEY, R. H., 476
FARNHAM, A., 469
FELDMAN, D., 476
FELDMAN, D., 478
FELTES, P., 481
FIEDLER, F. E., 165–166, 473
FIELD, R. H. G., 472–473
FINE, C. R., 476
FINK, R. L., 481
FISCHER, B., 479
FISCHMAN, J., 481
FLEISHMAN, E. A., 473
FLESCH, R., 469
FORD, R. C., 469–470, 474, 477
FORESTER, R., 479

FORNI, P. M., 255
FOTTLER, M. D., 474
FOX, J., 482
FRANKL, V., 204
FRECH Jr., J. R. P., 474
FRIEDMAN, H. S., 481
FRIEDMAN, M., 481
FRIEDMAN, S. D., 481
FROST, P. J., 353
FRYER, B., 469
FUHRIMAN, A., 478
FURST, S. A, 300, 479

G

GAIN, J. H., 471–472
GALLESE, L. R., 471
GALLUPE, R. B., 478
GALVIN, T., 224, 476
GANDZ, J., 477
GANZEL, R., 470
GARDNER, B. B., 469
GARDNER, D., 471
GARDNER, H., 37
GARDNER, W. L., 469, 477
GARVIN, D. A., 480
GATES, B., 157
GHOSHAL, S., 473
GILMORE, T., 468
GLADWELL, M., 335
GLEW, D. J, 474
GOLDEN, T. D., 476
GOLEMAN, D., 2, 187, 468, 474
GOODRICH, J. N., 469
GOODSON, J. R., 482
GORDON, J., 479
GRAEN, G., 474
GREEN, S. G., 473
GREENBERG, J., 471, 481
GREENGARD, S., 481
GREENWOOD, R. A., 469
GREENWOOD, R. G., 469, 479
GRIEVES, J., 480
GRIFFIN, R. W., 474, 476
GRIGGS, L., 482

H

HACKMAN, R. J., 237, 476, 479
HAGA, W. J., 474
HAGEDOORN, M., 471
HALLOWELL, E., 63
HANLON, S. C., 472
HANSON, J. R., 478
HARRIS, T. A., 477

HARRISON, D. A., 475, 479
HARRISON, F., 469
HARRISON, J. K., 482
HARTEL, C. E. J., 474
HARVEY, M. G., 481
HATCHER, L., 472
HATFIELD, J. D., 471
HAU, D., 414
HAWK, E. J., 471
HEIDER, F., 138, 472
HEIL, G., 468
HELLER, M., 476
HEMP, P., 475
HENDERSON, M., 478, 481
HENLEY, A. B., 481
HENSLEY, W., 478
HERBERT, T. T., 406, 411, 414, 417
HERBOLD, R., 227
HERSEY, P., 166–167, 473
HERZBERG, F., 102–106, 236, 471
HICKMAN, E. S., 471
HIRSCHHORN, L., 468
HODGETTS, R. M., 258, 482
HOFSTEDE, G., 482
HOGAN, G. W., 482
HOLPP, L., 479
HOMANS, G. C., 478
HONOLD, L., 480
HOPPE, M. H., 482
HOUSE, R. J., 168, 473, 480
HOWELL, J. P., 473
HUGHES, J., 477
HUMPHRIES, M. T., 322, 479
HUNT, J. G., 480
HURD, M., 30
HUSEMAN, R. C., 471

I

INDVIK, J., 477
IVANCEVICH, J. M., 481
IVERSON, K., 472
IVERSON, R. D., 475

J

JACKSON, S. L., 477
JACOBSON, B., 470
JAGO, A. G., 473
JANIS, I. L., 479
JAP, S. D., 250, 477
JARVIS, P. A., 478
JASSAWALLA, A., 482
JELINEK, M., 482
JERMIER, J. M., 473

JOHANN, B., 478
JOHANSEN, B. P., 473
JOHNSON, P. R., 477
JORDAN, P. C., 472
JORDAN, P. J., 474
JOYCE, W., 87
JUDGE, T. A., 472, 475
JUDGE, W. Q., 473
JUNG, C., 158, 255

K

KAHN, R. L., 470
KAKABADSE, A., 480
KALLASVUO, O., 30
KARRI, R., 156, 472
KATZ, D., 468, 473
KATZENBACH, J. R., 300, 479
KAY, G., 478
KAYE, B., 470
KEITH, D., 468–469
KELLEY, H., 138, 472
KERR, J. L., 474
KERR, S., 171, 473
KETS DE VRIES, M. F. R., 474
KEYS, J. B, 482
KHARBANDA, O. P., 477
KIECHEL III, W., 473
KIEL, F., 11
KILBOURNE, L. M., 471
KILDUFF, M., 477
KIMBERLY, J. R., 480
KING, A. S., 480
KIRKMAN, B. L., 479
KIRKPATRICK, S. A., 472
KIRMEYER, S. L., 469
KIZILOS, M. A., 474
KLAFF, L. G., 471
KLEIMAN, L. S., 476
KLEIN, K. J., 474
KLEINER, A., 478
KOCHANSKI, J., 479
KOLCHIN, M. G., 443
KOUZES, J. M., 469
KRACKHARDT, D., 478
KRAUT, A. I., 390
KREITNER, R., 471
KRELL, E., 470
KÜBLER-ROSS, E., 329

L

LAABS, J. J., 469, 479, 481
LABICH, K., 470
LARSON Jr., J. R., 469

LARSON, L. L., 480
LAURENT, A., 482
LAWLER III, E. E., 112, 127, 471–472, 475–476
LAWSON, J. R., 479
LAZES, P., 474
LEANA, C. R., 474
LEDFORD Jr., G. E., 472
LEE, C., 475
LEFTON, R. E., 472
LENCIONI, P., 284
LENNICK, D., 11
LEPINE, J. A., 479
LESLIE. J. B., 477
LEVESQUE, L. C., 480
LEVINE, J. B., 468
LEWIN, K., 7, 86, 275, 334
LIDEN, R. C., 474, 477
LIEDTKA, J., 250, 477
LIKER, J. K., 394
LIKERT, R., 33, 468, 480
LIN, T., 469
LINOWES, R. G., 482
LISKA, L. Z., 473
LOBEL, S., 481
LOBO, M. S, 478
LOCKE, E. A., 472, 474
LORD, R. G., 474
LORSCH, J. W., 178, 474
LOUVIERE, J. J., 473
LUTHANS, F., 258, 471, 476, 482

M

MA, H., 156, 474
MACALLASTER, C. M., 479
McCLELLAND, D. C., 100, 470
MACCOBY, N., 468
McCORMICK, D. W., 474
McCRATY, R., 349, 481
McENERY, J., 482
McGREGOR, D., 28–29, 468
McGUIRE, T., 470
MACKAY, H., 472
McKEE, A., 474
McLAUGHLIN, F., 469–470
McNATT, D. B., 472
McNITT, J., 472
McPHERSON, C., 470
MADISON, D. L., 271
MAGNUSSON, P., 476
MANGEL, R., 476
MANKINS, M. C., 274, 478
MANZ, C. C., 172, 473
MARKS, M. L., 474

MARQUETTE, R. P., 406
MARSHALL, E., 425
MARTENS, L. L., 470
MARTIN, S. L., 472
MARTINKO, M. J., 477
MARTOCCHIO, J. J., 475
MASLOW, A. H., 29, 102–106, 470
MASON, R. O., 475
MATTEN, D., 476
MAUSNER, B., 471
MAYES, B. T., 271
MAYO, E., 33, 275, 367, 468
MEEK, C. B., 481
MEISLER, A., 468
MELTZER, M., 102
MENKES, J., 482
MERTON, R. K., 473
MEYER, D. C., 472
MICELI, M., 477
MICKLETHWAIT, J., 468
MILES, E. W., 471
MILES, G. L., 482
MILES, R. E., 468
MILES, R. H., 480
MILLER, K. L., 481
MILLER, M., 73–74
MILLER, T. R., 439
MILLIKEN, F. J., 469–470
MINER, J., 482
MISCHKIND, L., 102
MOBLEY, W. H., 207, 475
MONCZKA, R. M., 469
MOONEY, D. J., 411, 417
MOORE, D. G., 469
MOORE, E. R., 470
MORGAN S., 475
MORREL-SAMUELS, P., 476
MORRISON, E. W., 469–470
MORSE, N. C., 468
MOSAKOWSKI, E., 378, 481
MOSS, S. E., 127, 471
MOUNT, M. K., 477
MOUTON, J. S., 163–164, 473, 477
MOYER, D., 44, 469, 477
MUIR, N. K., 479
MUÑOZ, L., 470
MUNTER, M., 482
MURRAY, V., 477

N

NADLER, D. A., 473, 480
NAGLE, D. E., 476
NAMIE, G., 481
NASON, S. W., 474

NEAR, J. P., 477
NELSON, B., 98
NELSON, D. L., 477
NESTOR, M. J., 477
NEWMAN, R., 349, 480
NEWSTROM, J. W., 469–472, 474, 477
NHAN, T., 471
NIELSEN, W. R., 480
NIELSON, R. P., 477
NIENSTEDT, P. R., 473
NOBILE, R. J., 476
NOER, D. M., 481
NOHRIA, N., 178, 474
NOWAK, F. T., 475
NOWLIN, W. A., 482

O

O'BRIEN, L., 470
OFFERMANN, L. R., 479
OLDHAM, G. R., 237, 476
O'LEARY-KELLY, A. M., 471
OMAN, K., 98
O'NEIL, P. E., 480
ORGAN, D. W., 475–476
OSBORN, A. F., 478
OTT, J. S., 476
OUCHI, W., 392–394, 482
OVERMAN, S., 470

P

PARK, H., 482
PARKER, A., 478
PARKER, C. P., 477
PASCALE, R. T., 480
PATTAKOS, A., 204
PATZIG, W. D., 470
PEARLSON, K., 469
PEARSON, C. M., 477
PEIZER, I., 475
PERREWE, P. L., 477
PETERSON, K., 475
PFEFFER, J., 474
PIERCE, J. L., 471–472, 474–475
PIKE, B., 83
PINDER, C. C., 471
PINTO, J. K., 477
PODSAKOFF, P. M., 480
PONT, J., 470
POOLE, M. S., 480
PORATH, C. L., 477
PORTER, L. W., 471, 475
PORTER, M. E., 112, 178, 474

POSNER, B. Z., 469
POWELL, G. N., 476
PRIEM, R. L., 479
PRINGLE, C. D., 468
PUTZIER, J., 475

Q

QUICK, J. C., 481
QUICK, J. D., 481
QUINN, R. E., 475

R

RAGAN, J. W., 473
RAGINS, B. R., 470
RAMO, S., 284
RAVEN, B. H., 477
RAVID, G., 480
RAY, D., 470
RAYNOR, M. E., 7
READ, P. C., 473
RECHNER, P. L., 478
REEVES, M., 300, 479
REIF, W. E., 469
RENWICK, P. A., 271
REYNOLDS, D., 472
REYNOLDS, J. I., 482
REYNOLDS, P. C., 423
RHEEM, H., 471
RITZKY, G. M., 472
ROBERSON, B., 87
ROBERTO, M. A., 480
ROBERTS, K. H., 2, 468
ROBIN, J., 481
ROBINSON, R. K., 481
ROBINSON, S. L., 470
ROETHLISBERGER, F. J., 33, 128, 181, 324–326, 367, 468, 474, 479, 481
ROGERS, C. R., 367
ROMERO, E. J., 468
ROMM, T., 477
RONEN, S., 390
ROSEN, B., 300, 478–479
ROSEN, C., 475
ROSENER, B., 478
ROSENMAN, R. H., 481
ROSS, R. A., 472
ROSS, T. L., 472
ROUSSEAU, D., 470
ROY, P., 475
RUBENFELD, S. A., 469, 475
RUSBULT, C., 475
RUSSELL-CHAPIN, L., 481
RYNES, S. L., 471

S

SACKETT, P. R., 476
SAINT, S., 479
SANCHEZ, J. I., 127, 471, 482
SANDBERG, W. R., 478
SCANDURA, T. A., 470
SCHEIN, E. H., 470, 476, 479, 482
SCHEIN, V. E., 476
SCHERMERHORN Jr, J. R., 469
SCHMIDT, W. H., 186, 477
SCHNAKE, M., 423
SCHOR, S. M., 470
SCHRAGE, M., 478
SCHRIESHEIM, C. A., 473
SCHULER, R. S., 354
SCHULTZ, H., 37
SCHWEIGER, D. M., 474, 478
SCHWENK, C. R., 478
SEIFERT, P., 417
SELYE, H., 351, 481
SEMEL, T., 30
SHEA, T. F., 475
SHELDON, T., 480
SHERIDAN, J., 470
SHUIT, D. P., 477
SHULTZ, B., 478
SIMONS, R., 224, 476
SIMS Jr., H. P., 172, 473
SIROTA, D., 102
SITARZ, G., 417
SKINNER, B. F., 107, 471
SLOCOMBE, T. E., 475
SLOJKOWSKI, L., 482
SMITH, C. S., 474
SMITH, D. K., 300, 479
SMITH, M. H., 406
SNYDERMAN, B., 471
SOLOMON, C. M., 469, 475, 481–482
SOMECH, A., 479
SPARROWE, R. T., 474
SPECTOR, P. E., 482
SPIROS, R. K., 479
SPREITZER, G. M., 474–475
STACK, J., 468
STAJKOVIC, A. D., 471
STAMPS, D., 469
STANLEY, T. L., 478
STAUBUS, M., 475
STAW, B. M., 468
STEARNS, T. M., 468
STEERS, R. M., 471
STEIN, N., 475
STEPHENS, D. C., 468
STERNIN, J., 480

STEVENS, M. J., 476
STEVENSON, R. W., 477
STEWART, T. A., 470
STINSON, K., 470
STONER, C. R., 481
STRACH, P., 482
SULLIVAN, J. J., 482
SUROWIECKI, J., 305
SUZUKAMO, L. B., 481
SWEENEY, P. D., 471

T

TANNEN, B., 59
TAYLOR III, A., 470
TAYLOR, R. R., 472
TENNENBAUM, R., 186
TEPPER, B. J., 481
THACH, L., 470
THIRION, D., 417
THOMAS, K. W., 133, 477
TICER, S., 468
TICHY, N. M., 472, 480
TODD, J. M., 439
TOLCHINSKY, P., 476
TUCKMAN, B. W., 479
TUNG, R. L., 378, 481
TURNLEY, W. H., 200, 475–476
TUSHMAN, M. L., 480
TYLER, K., 481

U

ULMER, D., 481

URDA, C., 244
USEEM, J., 469

V

VALACICH, J. S., 478
VAN DE VEN, A. H., 480
VAN DYNE, L., 479
VAN FLEET, D. D., 474
VAN VELSOR, E., 477
VAN VIANEN, A. E. M., 482
VAN YPEREN, N. W., 471
VEIGA, J. F., 476
VINSON, M. N., 472
VON PIERER, H., 470
VROOM, V. H., 112, 169–171, 471, 473

W

WAGEMAN, R., 479
WAGNER III, J. A., 474
WAHLSTROM, M., 426
WALDROOP, J., 477
WALL, J. A., 258
WATANABE, S., 475
WAYNE, S. J., 477
WEISS, J., 477
WEISS, J., 477
WEISS, L., 250, 477
WEISS, N., 469
WEITZEL, J. R., 473
WELCH, J., 157

WELLINS, R. W., 472, 479
WELLMAN, A., 472
WHEELER, J. V., 479
WHITE, M. J., 474
WHITMAN, M., 30
WHITMIRE, M., 473
WHYTE, G., 479
WHYTE, W. F., 470
WILEY, C., 471
WILKINSON, M., 479
WILSON, M., 470
WISDOM, B. L., 470
WITHERS, P., 178, 474
WOFFORD, J. C., 473
WOOLDRIDGE, A., 468

Y

YAMMARINO, F. J., 480
YETTON, P. W., 473
YOUNG, R., 417

Z

ZACCARO, S. J., 473
ZEMKE, R., 475–476, 478
ZETLIN, M., 476
ZIGURS, I., 479
ZIMMER, F. G., 469
ZUCKERMAN, A., 73, 470

Índice de Assuntos

3M, 90

A

A Companhia Creative Toys (caso 3), 411-413
A Companhia de Produtos Elétricos (caso 9), 433-438
A Companhia Goodman (caso 5), 417-422
A Companhia Vídeo Eletronics (caso 8), 430-432
A Equipe de Trabalho Virtual (caso 1), 403-405
A Operação Patterson (caso 10), 439-442
Abordagem apoiadora, 12-13
Abordagem (apoiadora) de recursos humanos, 12-13, 33
Abordagem contingencial, 13
    Análise prévia necessária, 13
    Comportamento organizacional, 13-14
    Estratégia de DO, 341
    Modelos motivacionais, 120
    Programas participativos, 189-192
Abordagem em pessoa como um todo, 9-10
Abordagem sistêmica, 15-16
Abordagens contingenciais para o estilo de liderança, 161-165
    Consideração e estrutura, 163
    Líderes autocráticos, 162-163
    Líderes consultivos, 163
    Líderes participativos, 163
    Líderes positivos/negativos, 162
    O *grid* gerencial de Blake e Mouton, 163-164
Abordagens contingenciais para a liderança, 165-170
    Modelo caminho-meta, 168-169
    Modelo contingencial de Fiedler, 165-166
    Modelo para tomada de decisões de Vroom, 169-170
    Modelo situacional de Hersey e Blanchard, 166-167
Aborrecimentos, 356
Absenteísmo, 208, 210-211
Ação (comunicação não-verbal), 53-56
Ação disciplinar, 234
Aceitação das metas, 111
Aceitação/Rejeição de Mensagem, 45, 56
Ações esperadas, 79
Aconselhamento, 363-364, 367, 370 *ver também* Aconselhamento dos funcionários
    Aconselhamento diretivo, 366-367
    Aconselhamento não-diretivo, 367-369
    Aconselhamento participativo, 369
    Modelo de aconselhamento do *iceberg*, 368
    Papel de conselheiro do gerente, 365-366, 369-370
Aconselhamento centrado no cliente, 367
Aconselhamento diretivo, 366-368
Aconselhamento de funcionários, 361-370
    Funções do, 363-364
    Meta do, 361-362
    Necessidade de, 363
    Papel, do gerente e, 365-366
    Para catarse emocional, 364-365
    Para comunicação, 364
    Para esclarecimento de pensamentos, 365
    Para fornecer conselhos, 363-364
Aconselhamento não-diretivo, 367-369
Aconselhamento participativo, 369
Acrônimos, 51
Adaptação cultural, 385-392
    Bairrismo e, 386
    Barreiras à, 385-388
    Choque cultural e, 387-388
    Distância cultural, 387
    Etnocentrismo e, 386
    Superando barreiras para a, 388-392
Adesismo (*followership*), 161
Adiamento de julgamento, 288
Administração
    Alta direção, cultura organizacional, 87
    Força de trabalho internacional, 385-392
    Frustração dos funcionários e, 356
    Gestão de livro aberto, 46
    Liderança e, 157
    Papel de integrador, tecnologia/cultura, 394
Administração da impressão, 267
Admiração, 36
Advogado do diabo, 294
Afago misto, 261
Afetividade negativa, 201
Afetividade positiva, 201
Agenda aberta, 285
Agendas, 285
    agendas abertas, 285
    agendas ocultas, 285

Agendas secretas, 285
Agente de mudanças, 340
Agrados condicionais, 261
Agrados incondicionais, 261
Agrados negativos, 261
Agrados positivos, 261
Agrados, 261
Agressão, 206, 465
Air France, 382
Aliança, 265
Alta direção, cultura organizacional e, 87
Amazon, 30
Ambiente
    Ambiente de apoio para as equipes, 303-305
    Comportamento organizacional (CO) e, 6, 19
    Impacto sobre a satisfação no trabalho, 202-203
Ambiente de trabalho descontraído, 91-93
Ambiente de trabalho humanizado, 37
Ambigüidade de papéis, 83
American with Disabilities Act (Ato para os Norte-americanos com Deficiência), de 1990, 234
Ampliação do cargo, 235
    Enriquecimento do cargo *versus*, 235-236
Amplitude do cargo, 235
Análise custo-benefício, 15, 327
Análise de cargos, 128
Andersen Corporation, 145
Ânimo no trabalho, 205-206
Ansiedade do *status*, 83
AOL, 87
Apatia, 356
Apoio às tarefas, 168
Apoio emocional, 179
Apoio psicológico, 168
Apoio social, 57, 360
Aprendizado de dois níveis, 333
Aprendizado indireto, 107
Aprendizado social, 107-108
Área de liberdade profissional, 186
Área interdisciplinar, 26
Assédio sexual, 232-233
    Definição do EEOC para, 233
    Práticas preventivas para, 234
AT&T, 65, 90
Atitudes dos funcionários; *ver também* Satisfação no trabalho
    Absenteísmo e atrasos, 210-219
    Afetividade negativa/positiva, 201
    Ânimo no trabalho, 205-206
    Cidadania organizacional, 212
    Compromisso organizacional, 205
    Desempenho dos funcionários, 206-207
    Desempenho e, 206
    Desligamento físico, 206
    Desligamento psicológico, 206
    Efeitos das, 206-212
    Envolvimento dos funcionários no trabalho, 204-205
    Furto e, 211
    Modificação de atitudes, 218-219
    Natureza das, 201-206
    Outros efeitos, 212
    Resposta à mudança, 324-326
    Rotatividade e, 207-209
    Satisfação no trabalho e, 202-204
    Violência e, 212
Atitudes, 201 *ver também* Atitudes dos funcionários, 200
    Monitoramento de atitudes, 213
Atividades pessoais fora do trabalho, 226
Atlas Powder Company, 231
Atraso, 210-211
Atraso na recepção, 58
Atribuição, 138
    Aplicações de, 140
    Criar/usar, 138
    Natureza da, 138-139
    Pessoais *versus* situacionais, 138-139
    Viés fundamental de, 139
Atribuição de responsabilidades, 301
Atribuições pessoais *versus* situacionais, 138-139
Atributos do problema, 170
Audição ativa, 59-60
Autenticidade, 36-37, 40
Auto-atualização, 35-36, 103
Auto-avaliação, 57, 136
Autoconhecimento, 11, 36
Autocontrole, 28
Autocrata benevolente, 163
Autodisciplina, 35
Autodivulgação, 11
Auto-eficácia, 111, 114
    Dicas para a construção de, 111
    Empowerment e, 179
    Estabelecimento de metas e, 111
Auto-estima, 352
Autogestão, 29, 133
Auto-imagem, 49, 252
Auto-interesse, 264
Autoliderança, 172-173
Automotivação, 30, 36
Autonomia, 36, 239-306
Auto-regulação, 266-267
Autoridade, 31, 224
Autoridade do conhecimento, 263
Avaliação anual, 134
Avaliações de desempenho, 127-134

Atribuição, natureza da, 138-139
Auto-avaliação, 136
Avaliação anual, 134
Clareza de expectativas, 119
Comportamento organizacional e, 134-141
Critérios para oportunidades iguais no trabalho, 232
Efeitos gerenciais, 140
Entrevista de avaliação, 136
Escala de classificação de base comportamental (Bars), 135
Estabelecimento conjunto de metas, 135
Estabelecimento de objetivos, 134
Feedback 360°, 137
Filosofia de avaliação, 135
Gerenciamento por objetivos (MBO), 137
Planejamento das ações, 134
Problemas de avaliação, 138
Razões para, 134-135
Revisões periódicas, 134
Sistemas de feedback e, 135, 137-141
Sistemas de recompensas, 134-135
Aversão ao Risco, 384

B

B. F. Goodrich, 107
Bachman Consulting, 288
Bairrismo, 386
Barreiras físicas, 50
Barreiras pessoais, 50
Barreiras semânticas, 51
Base salarial, 128
Bases de poder, 262
Bases de poder, 263-264
Bem-estar pessoal, 361
Blogs, 64
Boato, 68-69
    Controle de, 67
    Definição, 67
Brainstorming, 288-289
Brainstorming eletrônico, 289
    Adiamento do julgamento, 288
    Brainstorming eletrônico, 289
    Diretrizes básicas para, 288
    Princípios fundamentais das, 288
    Prós e contras de, 288-289

C

Cadeias de segmentos, 66
Camaradagem, 102
Capacidade, 14, 100, 185

Capacidade autopercebida para a realização de tarefas, 169
Carinho e compaixão, 35
Carisma, 173, 332
Casos para estudo, 402
    A Companhia Creative Toys (caso 3), 411-413
    A Companhia de Produtos Elétricos (caso 9), 433-438
    A Companhia de Seguros de Vida Consolidated Life, 425-429
    A Companhia Goodman (caso 5), 417-422
    A Companhia Video Eletronics (caso 8), 430-432
    A Eastern International Food Service Corporation (caso 4), 414-416
    A Equipe de Trabalho Virtual (caso 1), 403-405
    A Falcon Computadores (caso 6), 423-429
    A Operação Patterson (caso 10), 439-442
    Divisão de Cabos para Poços de Petróleo da TRW (caso 11), 443-449
    O Hospital–Escola (caso 2), 406-410
Catarse emocional, 364-365
Censura, 288
Causas do estresse associadas ao trabalho, 354-356
Choque cultural, 387-389
Choque cultural reverso, 389, 391
Choques de personalidade, 254
Choques de valor/valores, 252
Ciclo de desempenho, satisfação e esforço, 207
Ciclo de vida de uma equipe, 303-304
    Desempenho, 303-304
    Dissolução, 303-304
    Formação, 303-304
    Normatização, 303-304
    Tormenta, 303-304
Cidadania organizacional, 212, 242-243
Cidadãos de um terceiro país, 385
Cidadãos do país de origem, 385
Círculos de qualidade, 190-191
Cisco Systems, 79
Civilidade, 255
Clareza, 37
Clareza de expectativas, 119
Clareza de papéis, 305
Clusters socioculturais, 390
Coaching, 173, 308
Coaching de equipes, 308
Codificação/Decodificação, 47-48
Coesão, 280
Coletivismo, 384
Collins Food International, 110
Comitês
    Abordagens estruturadas para, 287-291
    Acompanhamento de pesquisas, 217
    Agendas, 285
    Composição de, 285
    Fatores sistêmicos dos, 284-285

Lentidão/custo elevado dos, 293
Papéis de liderança, 286-287
Pontos fracos dos, 293-295
Tamanho dos, 284
Compaixão, 11
Companhia de Seguros de Vida Consolidated Life (caso 7), 425-429
Companhias mais admiradas da América, 79
Compaq Computer, 65
Compensação dos executivos, 160
Comportamento antiético, 243-244
Comportamento assertivo, 259-262
Componentes verbais/não-verbais, 260
Estágios de, 259-260
Resolução de conflitos, 262
Comportamento humano
Hipóteses essenciais do, 28
Imprevisível do, 3
Comportamento interpessoal, 250-251
Comportamento assertivo, 259-262
Conflito nas organizações, 251-259
Poder e política, 262-267
Comportamento microorganizacional, 225
Comportamento motivado, 10
Comportamento organizacional (CO)
Abordagem (apoiadora) de recursos humanos para, 12-13
Abordagem contingencial para, 12-16
Abordagem orientada para resultados, 12-14
Abordagem sistêmica para, 12, 15-16
Aceitação da teoria e pesquisa, 7
Ambiente e, 6, 19
Análise custo-benefício, 15
Ausência de uma definição única, 3-4
Avaliação de desempenho e, 134-141
Características positivas do, 6-8
Comportamento microorganizacional, 255
Comportamento organizacional holístico, 15
Compreensão do, 3-8
Conceitos fundamentais do, 8-19
Controle como uma meta, 4
Definição, 3
Desafios contínuos do, 18-19
Diversidade de ambientes e, 19
Estrutura, 4-5
Estruturas conceituais do, 6
Estruturas para a compreensão do, 3
Fontes de informação sobre, 8
Forças que afetam, 4-6
Fórmula dos sistemas de trabalho para, 14
Gerentes e, 18
Lei dos retornos decrescentes, 17
Limitações do, 16-18
Manipulação antiética de pessoas, 17-18

Metas do, 4
Natureza das pessoas, 9-10
Natureza interdisciplinar do, 6
Níveis de análise, 3
Pesquisa e, 6-7
Prática, 7
Tecnologia e, 6
Teorias, 6
Unidade de análise para, 4
Viés comportamental, 16-17
Comportamento organizacional holístico, 15
Comportamento organizacional positivo, 36
Comportamento orientado para a busca de feedback, 57
Compromisso crescente, 295
Compromisso organizacional, 205
Compromisso/Comprometimento, 37, 205, 264, 295
Comunicação aberta, 18, 46
Comunicação ascendente, 57-60
Dificuldades da, 58-59
Grupos sociais e, 60
Ouvir, 59-60
Política de portas abertas, 60
Práticas de, 59-60
Questionamento, 59
Reuniões com funcionários, 60
Comunicação descendente, 55-57
Aceitação da, 56
Feedback de desempenho, 57
Instrução sobre o trabalho, 56-57
Necessidades de comunicação e, 56-57
Notícias e, 57
Pré-requisitos e problemas, 55-56
Sobrecarga de comunicação, 56
Suporte social, 57
Comunicação eletrônica, 62-65
Blogs, 63-64
Correio eletrônico, 62-63
Escritórios virtuais, 65
Trabalho a distância (teletrabalho), 64-65
Comunicação intercultural, 395-396
Comunicação íntima, 50
Comunicação lateral, 62
Integradores, 62
Ombusdsman, 62
Redes, 62
Comunicação, *ver também* Comunicação descendente; Processo de comunicação de duas vias; Comunicação ascendente.
Aceitação de, 56
Aconselhamento e, 364
Agrados como, 261
Barreiras à, 50-51, 54-55

Barreiras semânticas, 51
Boatos, 67-68
Comunicação aberta, 18, 46
Comunicação descendente, 55-57
Comunicação eletrônica, 62-65
Comunicação intercultural, 395-396
Comunicação íntima, 50
Comunicação lateral, 62
Credibilidade e, 53-54
Da cultura organizacional, 88-90
Definição, 45
Diretrizes para a preparação de um texto mais acessível, 52-53
Diversidade na, 59
Educação e, 337
Escritórios virtuais e, 65
Expectativas e, 50
Figuras, 53
Fluxo de comunicações, 213
Fundamentos da, 45-54
Gerenciando da, 44-45
Grupos informais e, 280
Impacto das barreiras no processo de, 54-55
Importância da, 45-46
Linguagem corporal, 54
Não-verbal, 53-54
Necessidade de resposta, 58
Outras formas de, 61-65
Palavras e, 51-52
Práticas globais de comunicação, 51
Problemas potenciais da, 49
Processo de comunicação de duas vias, 46-49
Processo de, 47
Rede de comunicações não-convencional (*grapevine*), 65-68
Símbolos da, 51-53
Teletrabalho e, 64-65
Comunicações informais; *ver também* Rede não-convencional eletrônica (*grapevine*)
Comunicações não-verbais, 53-54
Comunidade, 35, 395
Concessão, 257
Condições econômicas, 383
Condições legais, 381-382
Condições não relacionadas ao trabalho, 77
Condições políticas, 382-383
Condições sociais, 380-381
Conduta fora do local de trabalho, 225-227
Conduta profissional, 225
Conduta relacionada ao trabalho, 226
Conexão entre remuneração e desempenho, 142-143
Confiabilidade, 216

Confiança, 35, 55, 254
Confidencialidade, 228
Conflito, 251-260
    Ameaças ao *status*, 253
    Choques e diferenças de personalidade, 254
    Conflito de papéis, 82
    Conflito intergrupal, 252, 281-282
    Conflito interpessoal, 252, 281-282
    Conflito intrapessoal, 251-252
    Desvantagens do, 256
    Diferentes valores e, 252
    Diversidade de preferências para a resolução de, 258
    Efeitos do, 255-256
    Estratégia de colaboração, 258-259
    Estratégias de resolução, 253, 257-259
    Falta de civilidade, 254
    Falta de confiança e, 254
    Fontes de, 252-255
    Intenções dos participantes, 257
    Modelo de, 256-259
    Mudança organizacional, 252
    Natureza do, 251
    Níveis de, 251-252
    Percepções contrastantes, 254
    Resultados do, 256-257
    Resultado do tipo ganha-ganha do, 257
    Táticas de negociação, 259
    Vantagens do, 255
Conflito de papéis, 82, 281-282, 355
Conflito intergrupal, 252
Conflito intrapessoal, 251-252
Conflitos interpessoais, 252, 282, 310
Conformidade/complacência, 90-91, 281
Conhecimento/modelos de pesquisa, 6-7
Conjunto de escritórios, 312
Conjunto perceptual, 139
Consciência social estratégica para os gerentes, 37
Consenso, 292
Conseqüências, 108
Consideração, 163
Consultores empresariais, 19
Consultoria de processos, 310-311
Contar histórias, 89
Conteúdo do cargo/trabalho, 105, 202
Contexto, 52
Contexto do cargo/trabalho, 105-202
Contingências culturais, 392-395
    Implicações gerenciais, 394
    Papel de integrador dos gerentes, 394-395
    Produtividade e, 392
    Teoria Z, 392-393

Contrapartidas, 243
Contratos econômicos, 75-76
Contratos psicológicos, 75-76
Controle, 134
    Como metas do CO, 4
    Controle percebido e estresse, 358
    De boatos, 67
    De informação, 265
    Empowerment e, 179
    Lócus de controle, 169
Controle percebido, 358-359
Cooperação passiva, 33
Corning, 92
Correio eletrônico (e-mail), 62-63
    etiqueta associada aos e-mails ("netiquetta"), 63
Crachás com sensores eletrônicos, 228
Creative Training Techniques, 83
Créditos particulares, 243
Crescimento e desenvolvimento pessoal, 25
Criatividade, 181
Critério de auto-referência, 386
Critérios para oportunidades iguais no trabalho, 135, 232
Comunicação cruzada, 62
Cultura organizacional, 73, 86-90
    Alta direção e, 87
    Ambiente de trabalho descontraído, 91-92
    Benefícios da, 86
    Características da, 86-89
    Combinação entre empregador e funcionário, 89
    Comunicação e transformação da, 89-90
    Mensuração/comparação da, 88
    Normas compartilhadas da, 86
    Representações simbólicas da, 86
    Visão e, 332
Cultura social, 76-79
    Diversidade cultural, 77-78
Cultura, *ver* Cultura organizacional
Culturas de alto contexto, 385
Culturas de baixo contexto, 385
Custos psíquicos, 327

D

Dados comparativos, 217
Daimler-Benz, 87
Declaração da missão, 27
Decodificação, 47-48
Definição de pontuação, 144
Delação, 243-244
Delegação, 301
Dell Computers, 74, 79
Delphi Corporation, 337
Dependência, 31-32
Desafio, 112
Desastre do ônibus espacial *Challenger*, 224-225, 243
Descongelamento, 333
Desejo de envolvimento, 10
Desempenho, 25
    Atitudes dos funcionários e, 206-207
    Ciclo de desempenho, satisfação e esforço, 207
    Comparação custo recompensa, 131-132
    Desempenho mínimo, 31
    Desempenho potencial, 14
    Modelo estresse-desempenho, 357-358
Desempenho dos funcionários, 206-207
Desempenho mínimo, 31
Desempenho potencial, 14, 100
Desenvolvimento organizacional, 338-344
    Agentes de mudança, utilização de, 340
    Benefícios e limitações do, 342-343
    Características do, 340-341
    Compreensão da casualidade, 338-339
    Etapas do, 342
    Fundamentos do, 338-340
    Intervenções, 340-341
    Orientação contingencial do, 341
    Orientação sistêmica, 338
    Processo de, 341-342
    Resolução de problemas, 340
    Sumário e aplicação, 341
    Suposições ao, 339-340
    Valores humanistas do, 340
    Variáveis em, 338-339
Desistência, 3, 356
Desligamento físico, 206
Desligamento psicológico, 206
Desmascaramento, 83
Desocupados ou preguiçosos virtuais, 229
Desvio para o risco, 294-295
Dever fiduciário, 228
Diagramas de rede, 282
Diagramas de rede informais, 282
Dicas sociais, 52, 240-241
Diferenças culturais
    Aversão ao risco, 384
    Barreiras à adaptação cultural, 385-388
    Barreiras semânticas, 51
    Coletivismo, 384
    Comparação intercultural, 385
    Distância do poder e, 384
    Formas de participação internacional, 191
    Grupos socioculturais, 390

Individualismo, 384
Orientação temporal, 385
Práticas globais de comunicação, 51
Sociedades masculinas/femininas, 384
Superando barreiras para, 388-392
Diferenças individuais, 9, 28, 254, 383-385
Diferenças relacionadas ao trabalho, 77
Dimensões centrais, 237
Autonomia, 239
Feedback, 239
Identidade da tarefa, 238-239
Significado da tarefa, 239
Variedade de habilidades, 238
Dinâmica de grupo, 275
Dinheiro como uma recompensa, 32, 129-134
Como um meio de troca, 130
Comparação entre custos e recompensa, 131-132
Considerações sobre a utilização do, 132-133
Cumprimento dos dispositivos legais, 133-134
Eqüidade e, 131-132
Expectativa, 130-131
Modelos motivacionais e, 130-131
Modificação comportamental e, 131
Motivadores, 130
Necessidades e, 130
Outros fatores, 134
Recompensas extrínsecas/intrínsecas, 132-133
Valência do, 130
Valor comparável, 134
Direito à privacidade, 227-234
Aids no trabalho, 231-234
Assédio sexual, 232-233
Diretrizes de políticas para, 228
Discriminação, 232-234
Equipamentos de vigilância, 228-229
Negócios que podem envolver o, 227
Teste genético, 232
Testes de honestidade, 229
Tratamento para o alcoolismo, 229-231
Uso indevido de drogas, 231-232
Diretrizes para a preparação de um texto mais acessível, 52
Disciplina, 234
Medidas disciplinares corretivas, 234
Medidas disciplinares preventivas, 234
Medidas disciplinares progressivas, 234
Discriminação, 77, 232-234, 384
Dispensa, 244
Disposição para aceitar a influência dos outros, 169
Dissonância cognitiva, 49
Distância cultural, 386
Distância do poder, 384

Distância física, 50
Distância psicológica, 50
Distância social, 50
Distorção, 58
Diversidade cultural, 77-78
Diversidade da força de trabalho, 5, 182 *ver também* Diferenças culturais, 51, 78, 385, 390
Comunicação e, 59
Diversidade cultural, 77-78
Estratégias para a resolução de conflitos, 258
Mudança e, 326
Necessidade dos grupos de, 294
Trabalhadores temporários e, 117
Valorização da diversidade, 77
Divisão de Cabos para Poços de Petróleo da TRW (caso 11), 443-449
Divisão de trabalho, 301
Downsizings, 5, 352, 366
Drug-Free Workplace Act (Ato para um Local de Trabalho Livre de Drogas), 231
DuPont, 90

E

Eastern International Food Service Corporation (caso 4), 414-416
eBay, 30
Efeito de reação em cadeia, 328
Efeito disfuncional, 75
Efeito funcional, 75
Efeito Galatéia, 140
Efeito Hawthorne, 326
Efeito idiota, 308
Efeito multiplicador do treinamento, 380-381
Efeito Pigmalião, 139-140
Efeito transbordamento, 202
Elaboração, 67
Eli Lilly, 393
Emissor, 45
Empatia cultural, 386
Empatia, 37
Employee Polygraph Protection Act (Ato sobre a Proteção dos Funcionários contra a Utilização do Polígrafo), 229
Empowerment, 14, *ver também* Participação, 78-79, 39
Abordagens para, 179
Definição, 179
Natureza do, 179-180
Processo de, 180
Encorajamento, 364
Ênfase na qualidade, 190-191
Enquadramento, 47
Enriquecimento do cargo, 236
Abordagens sobre as características do cargo para, 237-239

    Ampliação do cargo *versus*, 235-236
    Aplicação do, 236-237
    Autonomia e, 239
    Benefícios do, 237
    Condições para, 240
    Dimensões centrais do, 237-239
    Fatores contingenciais que afetam o, 241-242
    Feedback e, 239
    Identidade da tarefa, 238-239
    Limitações de, 241
    Motivação e, 239, 240
    Pistas sociais que afetam percepções, 240-241
    Profundidade do trabalho e, 236
    Questões essenciais do, 242
    Significado da tarefa, 239
    Variedade de habilidades, 238
Entrevista de avaliação, 136
Envolvimento, 180-181
Envolvimento com o trabalho, 204-205
Envolvimento do ego, 180-181
Envolvimento nas tarefas, 34, 181
Equal Pay Act (Ato sobre Igual Remuneração) de 1963, 133
Equilíbrio, 324, 326, 334
Equilíbrio social, 74-75
Equipamentos de vigilância, 228-229
Equipe de tarefa, 302
Equipes (grupos), 34
    Ambiente apoiador para, 314-315
    Ciclo de vida das equipes, 303-304
    Coaching para, 308
    Conceitos clássicos de, 301
    Construção de equipes, 308-313
    Consultoria de processos, 310
    Contexto organizacional para, 301-302
    Dilemas éticos no interior da, 312
    Eficácia da, 304-306
    Equipe de tarefa, 302
    Equipes autogerenciadas, 8, 191, 313-314
    Equipes autônomas (com *empowerment*), 306
    Equipes interfuncionais, 302
    Equipes maduras, características de, 311
    Equipes virtuais, 314-315
    Estágios de desenvolvimento das equipes, 303
    Estrutura baseada em equipes, 6
    Facilitadores e, 310
    Feedback e, 311
    Forma orgânica de organização e, 301
    Grupos *versus*, 303
    Habilidades e clareza de papéis, 305
    Habilidades úteis na, 310-311
    Metas superiores, 306
    Mudança de composição de, 307
    Necessidade da, 308-309
    Preguiça social, 308
    Problemas potenciais de, 307-308
    Processos/estágios da, 309
    Questões específicas associadas à, 309-310
    Recompensas para as equipes, 306
    Resultados de equipes eficazes, 312
    Territórios individuais *versus* espaço das equipes, 312-313
Equipes autodirigidas, 313
Equipes autogerenciadas, 8, 191, 313-314
Equipes auto-suficientes, 313
Equipes com *empowerment*, 306
Equipes interfuncionais, 302
Equipes sociotécnicas, 191
Equipes virtuais, 314-315
Escala de classificação de base comportamental (BARS), 135
Esclarecimento de pensamento, 365
Escopo do trabalho, 235
Escritórios virtuais, 65
Esgotamento, 351-352
Especificidade de metas, 112
Espiritualidade, 36, 40
Espiritualidade no trabalho, 182
Estabelecimento de metas, 111-112
    Aceitação das metas, 111
    Auto-eficácia e, 110, 180
    Desafios, 112
    Elementos do, 111-112
    Especificidade, 112
    Feedback/monitoramento de desempenho, 112
    Modelo de liderança caminho-meta, 168-169
    Sistemas de avaliação de desempenho, 135
Estabelecimento de objetivos, 134-135
Estado de dissolução, 303-304
Estágio de desempenho, 303-304
Estágio de formação, 303-304
Estágio de normatização, 303-304
Estágio de tormenta, 303-304
Estágios de desenvolvimento da equipe, 303
Estágios de mudança, 333
Estilos de liderança
    Abordagens comportamentais para, 161-165
    Abordagens contingenciais para, 167-170
    Consideração e estrutura, utilização da, 163
    Fatores *soft/hard*, 171
    Liderança apoiadora, 169
    Liderança diretiva, 169
    Liderança grupal, 286-287
    Liderança orientada para a realização, 169
    Liderança participativa, 163-169

Líderes autocráticos, 162-163
Líderes consultivos, 163
Líderes positivos/negativos, 162
Modelo caminho-meta, 168-169
Modelo contingencial de Fiedler, 165-166
Modelo de liderança situacional de Hersey e Blanchard, 166-167
Modelo de liderança situacional, 166-167
Modelo para tomada de decisões de Vroom, 169-170
O *grid* gerencial de Blake e Mouton, 163-165
Estratégia de acomodação, 257
Estratégia de colaboração, 257-259
Estratégia de competição, 257
Estratégia de fuga, 257
Estratégias de resolução, 257
    Acomodação, 257
    Colaboração, 257-259
    Competição, 257
    Concessão, 257
    Fuga, 257
Estresse, 349-350
    Causas associados ao trabalho do, 354-356
    Causas do, 354-356
    Conflito e ambigüidade de papéis, 355
    Controle percebido e, 358-359
    Desempenho no trabalho e, 357-358
    Esgotamento, 351-352
    Frustração e, 356-357
    Gestão do estresse, 359-361
    Limite de tolerância ao estresse, 358
    Pessoas do tipo A, 359
    Pessoas do tipo B, 359
    Resiliência, 351
    Resultados extremos do, 351-354
    Síndrome do sobrevivente, 353
    Sintomas comportamentais do, 351
    Sintomas do, 350-351
    Sintomas fisiológicos do, 351
    Sintomas psicológicos do, 351
    Trauma, 352-353
    Violência ocupacional e, 353
    Vulnerabilidade ao, 358-359
Estressores, 354
Estrutura, 5, 163
Estrutura da tarefa, 165
Estrutura organizacional
    Estruturas organizacionais clássicas, 301
    Formas, 301
    Organização matricial, 302
    Organizações modernas, 301
Estruturação e acompanhamento de pesquisas, 214-218
    Acompanhamento por um Comitê de trabalho, 217-218

Comunicando resultados, 217
Dados comparativos, 217
Feedback para os funcionários, 218
Questões críticas em, 216
Questões de respostas abertas, 216
Questões de respostas fechadas, 215
Questões do, 217
Tipos de questões, 215-216
Utilizando as informações, 216-218
Estudos de Hawthorne, 33, 324
Estudos sobre a satisfação no trabalho, 213-214
    Benefícios dos, 213
    Condições para pesquisa, 213
    Estruturação acompanhamento de pesquisa, 214-218
    Monitoramento das atitudes, 213
    Uso de informação existente, 214
    Utilizando as informação da pesquisa, 216-218
Estudos sobre Western Electric, 33, 275, 367
Ética do lazer, 78
Ética do trabalho, 78-79, 380
Etnocentrismo, 386
Expatriados, 385-388, 395
Expectativa, 112-114, 130
Expectativas comportamentais, 135
Extinção, 108-109
ExxonMobil, 342, 390

F

Facilidade para leitura, 52-53
Facilitação, 292-293
Facilitação interpessoal, 261
Facilitação social, 292-293
Facilitadores, 36, 290, 320
Falcon Computadores (caso 6), 423-429
False Claims Act (Ato sobre Falsas Comunicações) de 1986, 244
Falta de civilidade, 254-255
Falta de civilidade no trabalho, 254-255
Fatores causadores de satisfação, 104
Fatores contingenciais, 169, 187-189
    Enriquecimento do cargo, 241-242
    Inteligência emocional, 187
    Na participação nos resultados, 146-147
    Participação, 187-188
    Responsabilidades dos funcionários e dos gerentes, 89
Fatores de manutenção, 104-105, 237
Fatores higiênicos, 104, 130
Fatores motivacionais, 104-105
Fatos *versus* inferências, 51
Federal Express, 90
Feedback

Avaliações e, 135
Construção de equipes e, 311
Enriquecimento do cargo e, 239
Feedback de desempenho, 57, 137-141
Processo de comunicação de duas vias, 48-49
Programas de feedback 360º, 137-138
Relatório de pesquisa, 217
Feedback 360º, 137-138
Feedback de desempenho, 57, 137, 141
Feudos, 227
Figuras, 53
Filosofia de avaliação, 135
Filtragem, 58, 67
Fixação, 356
Flexibilidade de papéis, 80
Flexibilidade situacional, 160
Fluxo de comunicações, 213
Fonética, 51
Força de trabalho internacional, 385-392
    Barreiras à adaptação cultural, 385-392
    Choque cultural reverso, 389, 391
    Designações compatíveis, 390
    Orientações e apoio, 391
    Produtividade e contingências culturais, 392-395
    Repatriação, 391-392
    Seleção cuidadosa de, 389
    Treinamento pré-partida, 390-391
Força de trabalho temporária, 5, 117
Forças motrizes, 100, 130
Ford Motor Company, 75, 90
Foreign Corrupt Practices Act (Ato sobre Práticas de Corrupção no Exterior) de 1977, 381
Fortalecedores para a liderança, 171-172
Frito-Lay, 107
Frustração, 356-357
    Fontes de, 356-357
    Frustrações dos funcionários, 280, 357
    Mecanismos de defesa para, 356
    Práticas gerenciais e, 357
    Supervisores abusivos, 357
    Tipos de reação a, 356
Frustrações dos funcionários, 280
Funcionários insatisfeitos, 205-206
Funcionários transculturais, 396
Funcionários; *ver também* Satisfação no trabalho; Qualidade de vida no trabalho
    Assédio sexual de, 232-233
    Avaliação de desempenho, 134-135
    Boa saúde mental dos funcionários, 362
    Capacidade autopercebida para realização de tarefas, 169
    Cidadania organizacional, 212, 242-243
    Complacência dos, 281
    Confiança mútua e, 244-245
    Delação, 243-244
    Direito à privacidade, 227-234
    Disposição em aceitar a influência dos outros, 169
    Expectativas relacionadas ao programa de participação, 189-192
    Falta de poder e baixa auto-eficácia, 179
    Funcionários transculturais, 396
    Interesses mútuo, 11-12
    Modelo apoiador e, 33-34
    Modelo autocrático e, 31
    Modelo colegiado e, 34-35
    Modelo protecionista, 31-33
    Modelo sistêmico e, 35-37
    Necessidades dos, 100
    Parceria com, 35
    Percepções sobre o papel gerente-funcionário, 81
    Prontidão para a mudança, 337-338
    Relatório de pesquisa de feedback, 218
    Responsabilidades associadas à participação, 189
    Responsabilidades do indivíduo com a organização, 242-245
    Segurança e mudança, 337
Furto, 211, 242

G

Gap de credibilidade, 53-54
General Electric, 79, 157, 209
General Mills, 87
Gerenciamento por contato direto (MBWA), 60
Gerenciamento por objetivos (MBO), 134, 239
    Avaliação anual, 134
    Estabelecimento de objetivos, 134
    Planejamento das ações, 134
    Revisões periódicas, 134
Gerente-funcionário, 81
Gerentes transculturais, 396
Gerentes, *ver também* Estilos de liderança,
    Atitudes dos funcionários, 219
    Autenticidade, 36
    Avaliação e recompensa de desempenho, 148
    Avaliações de desempenho e, 140-141
    Comportamento interpessoal, 267
    Comportamento organizacional e, 18
    Comunicação e, 45-46, 69
    Comunicação ascendente e, 57-60
    Comunicação descendente e, 55-57
    Comunicação não-verbal, 53-54
    Comunicação/transformação de uma cultura, 89-91
    Conselhos para futuros gerentes
    Contingência cultural e, 394-395

Diferenças culturais, 396
Equipes, 315
Estresse e aconselhamento, 370
Flexibilidade e, 39
Forças motrizes da motivação, aplicação de, 101, 107, 115-116
Gerentes expatriados, 384-388
Gerentes transculturais, 396
Grupos, 296
Inteligência social, 36-37
Interpretando a hierarquia de necessidades, 1-6
Líderes motivacionais, 120
Mudanças e, 344
Organizações e Pessoas, 18, 40, 244
Organizações informais e, 276, 279-280
Papéis de facilitador, 36
Papel de conselheiro, 365-366
Papel de proatividade e, 324
Participação e, 182, 192, 194
Percepções de papéis nas relações entre gerentes e funcionários, 81
Persuasão por, 48
Poder gerencial, 184-185
Sistemas sociais e cultura, 92
Sobre liderança, 174
Supervisores abusivos, 357
Trabalho em equipe e, 304, 306

Gestão da qualidade total (TQM), 14, 191
Gestão de desempenho, 141
Gestão de livro aberto, 46
Gestão do estresse
    Abordagens para, 359-361
    Apoio social para, 360
    Bem-estar pessoal, 361
    Estratégias pessoais para, 360
    Licenças sabáticas, 361
    Resposta de relaxamento, 360-361
Gestão participativa, 173, 180, 189
Gíria, 51
Globalização; *ver* Força de trabalho internacional; Operações multinacionais
Goldman Sachs, 209
Grid gerencial, 163-165
Grid gerencial de Blake e Mouton, 163-165
Groupthink (pensamento grupal), 293-294
Grupo de dentro/fora, 184
Grupo de referência, 281
Grupo nominal, 289
Grupos; 3-4, 225-274; *ver também* Grupos formais; Organizações informais
    Compromisso crescente, 295
    Concordância/discordância entre, 225

    Conflito intergrupal, 252, 282
    Consenso nos, 292-293
    Desvio para o risco em, 294-295
    Dinâmica de, 275
    Equipes *versus*, 303
    Grupo de referência, 281
    Grupo temporário/permanente, 275
    Grupos de interesse, 266
    Grupos de trabalho semi-autônomos, 191
    Grupos Delphi para a tomada de decisões, 289-290
    Grupos sociais, 60
    Mudança e, 281, 326, 334-335
    Necessidade de diversidade, 294
    Polarização, 294
    Responsabilidade dividida, 295
    Tipos de, 275
Grupos de decisão Delphi, 289-290
Grupos de interesse, 266
Grupos de trabalho semi-autônomos, 191
Grupos formais; 275, 283-295 *ver também* Comitês
    Apoio para as decisões, 291
    Brainstorming em, 288-289
    Consenso em, 292-293
    Desenvolvimento individual, 291-292
    Facilitação em, 292-293
    Groupthink (pensamento grupal), 293-294
    Grupos de decisão Delphi, 289-290
    Grupos informais *versus*, 276
    Método dialético de decisão (DDM) dos, 290-291
    Resultados potenciais de, 291-292
    Tamanho dos, 284
    Técnica de grupo nominal, 289
Grupos informais, 277; *ver também* Organizações informais
Grupos permanentes, 275
Grupos sociais, 60
Grupos temporários, 275
Gupo Calvert, 33

H

Habilidade conceitual, 160
Habilidade humana, 160
Habilidade para ouvir, 54-60
    Audição ativa, 59
    Diretrizes para ser um ouvinte eficaz audição efetiva, 61
Habilidade política, 264
Habilidade técnica, 159
Hallmark, 192
Herman Miller, Inc., 73-74
Hewlett-Packard, 30, 65
Hierarquia das necessidades; *ver* Hierarquia das necessidades de Maslow

Hierarquia de necessidades de Maslow, 29, 106-107, 130, 363
    Auto-atualização, 103
    Gerentes e, 1-6
    Interpretando a, 104
    Limitações da, 105-106
    Necessidades de nível inferior, 103
    Necessidades de nível superior, 103
Home Box Office, 85
Home Depot, 79, 209
Homeostase, 326
Honda, 75, 393
Hyatt Hotels Corporation, 98

I

IBM, 2-3, 65, 90, 390
Identidade da tarefa, 238-239
Identificação com uma autoridade superior, 265-266
Igualdade, 134
Ikea, 27
Imperativo ético, 182
Incentivos indiretos, 128
Incentivos salariais, 143-145
    Definição de pontuação, 144
    Dificuldades de, 144-145
    Pontuações frouxas, 145
    Restrição de *output*, 145
Incentivos, 128, 142 *ver também* Sistemas de incentivos econômicos
Incerteza, 114-115
Indicador de Tipos Myers-Briggs, 158, 255
Individualismo, 384
Individualismo criativo, 90
Individualização, 90
Indivíduos de ligação, 66
    Comportamento motivado dos, 10
    Comportamento organizacional e, 4-5
    Conceito da pessoa como um todo, 9-10
    Desejo de envolvimento, 10
    Diferenças individuais, 9, 254, 383-385
    Indivíduo melhor/funcionário melhor, 10
Indivíduos; 3-4; *ver também* Funcionários, 10
    Manipulação antiética de, 17-18
    Natureza das pessoas, 8-10
    Natureza *versus* experiência adquirida, 9
    Percepção, 9
    Percepção seletiva dos, 9
    Pessoas do tipo A, 359
    Pessoas do tipo B, 359
    Responsabilidades com a organização, 242-245
    Respostas à mudança, 325
    Valor da pessoa, 19

Inferência, 51
Influência, 264-265
Influência organizacional
    Áreas legítimas da, 225-226
    Conduta fora do local de trabalho, 225-227
    Direito à privacidade, 227-234
    Disciplina, 234
    Qualidade de vida no trabalho, 233-242
Inputs, 118
Instrução sobre o trabalho, 56-57
Instrumentalidade, 113-114, 130-131
Integração, 257
Integradores, 62
Integridade, 11
Inteligência cultural (IC), 389
Inteligência emocional, 187
Inteligência moral, 11
Inteligência social, 36-37
Inteligências múltiplas, 37
Intenções comportamentais, 202
Intercâmbio social, 265
Interesse mútuo, 11-12, 145
Internet, 6, 30, 63
    Navegação virtual, 228
    Preguiçosos virtuais, 229
Interpretação pessoal e favorável das regras, 211
Intervenções, 341
Investigação apreciativa, 341
Isolamento, 89-90

J

Jargão, 51
Jogos de poder, 265-266
Johnson & Johnson, 90
Johnsonville Foods, 330
Justiça procedimental, 119

K

Karoshi (morte súbita no trabalho), 79, 352
Kimberly-Clark, 156

L

Ladies Professional Golf Association (Associação de Jogadoras Profissionais de Golfe) (LPGA), 107
Lake Superior Paper Company, 85
Lealdade dos funcionários, 205
Learning Company, 87
Legitimidade da influência organizacional, 226
Lei das diferenças individuais, 9

Lei do efeito, 107-108
Lei dos retornos decrescentes, 17
Licenças sabáticas, 361
Líder de tarefa, 286
Líder primário, 278
Líder social, 286
Liderança
    Abordagens emergentes para, 170-173
    Adesismo (*followership*) e, 161
    Ambiente de trabalho diversificado, 5
    Autoliderança e superliderança, 172-173
    Coaching e, 173
    Comportamentos de liderança, 159-160
    Flexibilidade situacional, 160
    Fortalecedores de, 171-172
    Gestão e, 157
    Habilidade conceitual, 160
    Habilidade humana, 160
    Habilidade técnica, 159
    Liderança democrática, 187
    Liderança ética, 18
    Liderança servidora, 193-194
    Líderes visionários, 173
    Modelo apoiador e, 33-24
    Modelo de troca líder-membro, 184
    Natureza da, 156-161
    Neutralizadores da, 171
    Outras abordagens, 173
    Poder e política, 266
    Substitutos e fortalecedores para, 171-172
    Traços de líderes eficazes, 158-159
Liderança apoiadora, 169
Liderança democrática, 187
Liderança diretiva, 169
Liderança ética, 18
Liderança negativa, 162
Liderança orientada para a realização, 169
Liderança positiva, 162
Liderança servidora, 193-194
Liderança transformacional, 173, 331-332
    Aprendizado de dois níveis, 333
    Comunicando carisma, 332-334
    Criando uma visão, 332
    Mudanças e, 331-333
Líderes autocráticos, 162-163, 170
Líderes consultivos, 163, 170
Líderes informais, 275-279
    Cuidados referentes aos, 279
    Identificando e recompensando os, 278-279
    Papéis essenciais, 278
Líderes participativos, 163, 169

Líderes visionários, 173
Limite de tolerância ao estresse, 358
Lincoln Electric Company, 129
Linha de referência, 109
Lócus de controle, 169
Lotus Development, 182

M

Malcom Baldridge National Quality Award, 191
Man's Search for Meaning (Frankl), 204
Manipulação antiética de pessoas, 17-18
Manipulação de pessoas, 17-18
Manutenção das aparências, 49, 141, 253, 284
Mazda, 75
McDonnell Douglas, 57
Mecanismos de defesa, 356
Medidas disciplinares corretivas, 234
Medidas disciplinares preventivas, 234
Medidas disciplinares progressivas, 234
Medtronic, 182
Mentores, 81-82
Merecimento, 201
Meta superior, 11-12, 306
Metas, 27-28
Metas do comportamento organizacional, 4
    Compreender, 4
    Controlar, 4
    Descrever, 4
    Prever o comportamento futuro, 4
Metas organizacionais, 28
Método dialético de decisão (DDM), 290-291
Microgerenciamento, 32
Microsoft Corporation, 30, 79, 157, 227
Modelo apoiador, 26, 30, 33-34
Modelo autocrático de CO, 30-31
Modelo colegiado, 26, 30, 34-35
Modelo contingencial (de Fiedler), 165-166
Modelo contingencial de Fiedler, 165-166
Modelo da equidade para motivação, 117-119
    Dinheiro e, 130-131, 142
    Fatores essenciais no, 117
    Iniqüidade percebida, 118
    Inputs/resultados, 117-118
    Interpretação do, 119
    Justiça procedimental, 119
    Sensibilidade à equidade, 119
    Super-recompensa/sub-recompensa, 118
Modelo de aconselhamento do *iceberg*, 368
Modelo de expectativa para motivação, 112-115
    Como funciona o, 114-115
    Expectativa, 112-113

Fatores do, 112-113
Impacto da incerteza sobre, 114-115
Instrumentalidade, 113-114
Interpretando o, 115
Limitações do, 116-117
Percepções dos funcionários, 115
Valência, 113-114
Vantagens do, 115
Modelo de liderança caminho-meta, 168-169
Estilos de liderança, 169
Fatores contingenciais, 169
Modelo de liderança situacional, 166-167
Modelo de liderança situacional de Hersey e Blanchard, 166-167
Modelo de tomada de decisões, 169-170
Estilo de liderança de Vroom, 169-170
Modelo socioeconômico de, 79
Modelo de troca líder-membro, 184
Modelo do ciclo de vida, 166
Modelo dos dois fatores de Herzberg, 103-107, 136
Conteúdo e contexto do trabalho, 105
Fatores de manutenção/motivacionais, 104-105
Fatores higiênicos, 104, 130
Interpretação do, 104-106
Limitações do, 105
Motivadores intrínsecos/extrínsecos, 105
Modelo dos dois fatores de motivação; *ver* Modelo dos dois fatores de Herzberg
Modelo E-R-C de Alderfer, 103, 106-107, 130, 363
Necessidades de crescimento, 106
Necessidades de relacionamento, 106
Necessidades existenciais, 106
Modelo E-R-C; *ver* Modelo E-R-C de Alderfer
Modelo estresse-desempenho, 357-358
Modelo para tomada de decisões de Vroom, 169-170
Modelo protecionista, 26, 30-33
Modelo sistêmico, 30, 35-37
Modelo socioeconômico de tomada de decisões, 79
Modelos de comportamento organizacional (CO), 24-37
Adaptação no decorrer do tempo, 31
Conclusões sobre, 37-39
Evolução da utilização dos, 37-38
Flexibilidade gerencial, 39
Modelo apoiador, 26, 30, 33-34
Modelo autocrático, 26, 30-31
Modelo colegiado, 26, 30, 34-35
Modelo protecionista, 26, 30-33
Modelo sistêmico, 26, 30, 35-37
Necessidades humanas, relação com, 38
Teorias X e Y de McGregor, 28-31

Uso contingencial dos, 39
Utilização cada vez maior, 38-39
Modelos de papéis, 79
Modificação de comportamento organizacional, 107
Conseqüências alternativas, 108-110
Conseqüências externas, 107
Cronogramas de reforço, 109-110
Dicas para construção, 111
Extinção, 108-109
Interpretação da, 110
Lei do efeito, 107-108
Limitações da, 110
Moldagem, 109
Punição, 109
Reforço negativo, 108-109
Reforço positivo, 108-109
Modificação de comportamento; 107-110; *ver também* Modificação de comportamento organizacional
Conseqüências alternativas, 108-110
Cronogramas de reforço, 109-110
Dicas para, 111
Dinheiro e, 130-131
Interpretando a, 110
Lei do efeito, 107-108
Modificação do comportamento organizacional
Moldagem, 109
Monitoramento de desempenho, 112
Monitoramento eletrônico, 228
Monitoramento genético, 232
Moral, 202
Morton Thiokol, 224
Motivação, 14, *ver também* Necessidades, 98-100
Conexão entre remuneração e desempenho, 142
Dinheiro/recompensas e, 102, 130-132
Enriquecimento do trabalho e, 239-240
Interpretação de modelos, 120
Modelo de motivação da equidade, 117-120
Modelo de, 99-100
Modelo de motivação da expectativa, 114-115
Necessidades dos funcionários e, 100
Participação e, 181, 183
Teorias de conteúdo da, 107
Teorias de processo da, 107
Trabalhadores temporários, 116
Motivação para a realização, 100-101, 130
Motivação para afiliação, 100-101
Motivação para o poder, 101
Motivação para o trabalho, 99
Motivação para o trabalho, 99
Aplicação gerencial da, 101
Motivação para a realização, 100

Motivação para afiliação, 101
Motivação para o poder, 101
Motivadores, 105
Motivadores extrínsecos, 105, 132-134
Motivadores intrínsecos, 105, 132-134
Motorola, 90
Mudança, *ver também* Desenvolvimento Organizacional (DO); resistência à mudança,
   Atitudes individuais e, 324
   Como um problema humano e técnico, 323
   Compartilhamento de recompensas, 337
   Comunicação e educação, 337
   Construindo apoio para a, 335-338
   Custos e benefícios da, 327-328
   Custos psíquicos, 327
   Diversidade e, 326
   Efeito Hawthorne, 326
   Efeitos da, 323
   Estágios de, 333-334
   Estimulando a prontidão dos funcionários, 337-338
   Expectativas de, 336
   Forças do grupo e, 335
   Homeostase, 326
   Implementando de maneira bem-sucedida, 331-338
   Liderança transformacional e a, 331-333
   Lógica para, 335-336
   Manipulando as forças, 334-335
   Modificação do comportamento organizacional, 107-108
   Natureza da, 323-324
   Papéis reativos e proativos, 324
   Participação e, 336-337
   Resposta do grupo à, 281, 326
   Resposta social unificada a, 325
   Respostas à, 324-326
   Segurança dos funcionários, 337
   Síndrome da mudança repetitiva, 327
   Trabalhando com o sistema inteiro, 338
Mudança organizacional, 252, 329
Mulheres, 232-233, 382
Multicompetência, 313
Multiculturalismo, 385
Mutualidade de interesses, 225

N

Narcisismo, 159
National Bank da Geórgia, 85
National Center for Employee Ownership [Centro Nacional para Participação do Funcionário na Propriedade, 192
Natureza *versus* experiência adquirida, 9
Navegação virtual, 228

Necessidades de crescimento, 106
Necessidades de nível inferior, 103
Necessidades de nível superior, 36, 103
Necessidades de relacionamento, 106
Necessidades de segurança, 32
Necessidades de subsistência, 31
Necessidades existenciais, 106
Necessidades humanas; *ver* Necessidades
Necessidades primárias, 102
Necessidades secundárias, 102
Necessidades territoriais, 312
Necessidades, 101-107
   Auto-atualização, 103
   Comparação de modelos, 106-107
   Dinheiro e, 130
   Hierarquia das necessidades de Maslow, 103-104
   Modelo E-R-G de Alderfer, 106-107
   Modelos dos dois fatores de Herzberg, 104-106
   Modelos organizacionais e, 38
   Necessidades de crescimento, 106
   Necessidades de nível inferior, 103-104
   Necessidades de nível superior, 36, 103
   Necessidades dos funcionários, 106
   Necessidades existenciais, 106
   Necessidades primárias e secundárias, 102
   Tipos de, 102-103
Networking, 62, 265-266
Neutralizadores, 171-172
Nissan, 75, 393
Nível de desenvolvimento, 166-167
Nokia, 30
Normas, 86, 278, 281
Northwest Airlines, 28
Notícias, 57

O

O Hospital-Escola (caso 2), 406-410
Obediência, 31
Obrigatoriedade de presença, 210
Ombudsman, 62
Operações multinacionais
   Comunicação intercultural, 395-396
   Condições econômicas, 383
   Condições éticas e legais, 381-382
   Condições políticas e, 382-383
   Condições que afetam, 379-385
   Condições sociais e, 380-381
   Diferenças individuais, 383-384
   Efeito multiplicador do treinamento, 380-381

Gerenciando uma força de trabalho internacional, 385-392
    Teoria Z e, 393-394
Oportunidade, 14
Organização matricial, 302
    Equipes interfuncionais, 302
    Papéis de interface, 82
Organizações
    Como sistemas complexos, 3
    Comportamento humano nas, 3
    Dinâmica das, 2-3
    Interesse mútuo nas, 11
    Natureza das, 8, 10-12
    Sistemas sociais e, 10-11
    Tratamento ético, 11-12
Organizações "sem fronteiras", 301
Organizações geocêntricas, 386
Organizações informais, 276-283
    Benefícios das, 279-280
    Coesão das, 280
    Comunicação dos funcionários através das, 280
    Conflito de papéis, 281-282
    Definição das, 276
    Diretrizes para influenciar as, 283
    Indivíduos não complacentes, 281
    Líderes informais, 277-279
    Monitoramento das, 282-283
    Natureza das, 276-283
    Normas e complacência, 278, 281
    Organizações formais, comparadas com, 276
    Poder nas, 276
    Problemas das, 279-282
    Resistência à mudança, 281
    Status dos membros, 277-279
    Surgimento das, 276-277
Organizações multinacionais, 378
Organizações que aprendem, 332
Orientação de curto prazo, 385
Orientação de longo prazo, 385
Orientação para a tarefa, 163
Orientação para o desempenho, 135
Orientação para os funcionários, 163
Orientação para resultados, 13-14
Orientação temporal, 385
Orientações interpessoais, 260-262
Orientandos (*protegés*), 81-82
    Dicas para, 81

P

Paixão, 37
Palavras, 51-52

Papéis de interface, 82
Papéis de liderança
    Líder de tarefa, 286
    Líder social, 286
    No comitê, 286-287
Papel de proatividade, 324
Papel reativo, 324
Papel, 79-83
    Definição, 79
    Mentores e, 80-82
Para encorajamento, 364
    Para reorientação, 365
    Tipos de, 366-370
Paradigmas da administração, 29-30
Paradigmas, 29
Parceria, 35
Participação nos lucros, 129, 145-146
    Dificuldades, 146
    Natureza e méritos da, 145-146
Participação
    Aceitação de responsabilidade, 181
    Área de liberdade profissional, 186
    Benefícios da, 183
    Considerações sobre, 192-194
    Definição, 180-181
    Distinguindo as diferentes necessidades dos funcionários de, 187-188
    Elementos da, 180-181
    Ênfase na qualidade, 190-191
    Envolvimento e, 180-181
    Equipes autogerenciadas, 191
    Fatores contingenciais, 187-189
    Forças que afetam a utilização da, 181-182
    Gestão da qualidade total (TQM), 191
    Impacto sobre o poder gerencial, 184-185
    Imperativo ético, 182
    Limitações da, 192
    Motivação para contribuir, 181-183
    Mudança e, 336-337
    Planos para participação dos funcionários na propriedade, 191-192
    Popularidade da, 181-182
    Preocupações gerenciais com, 192-194
    Pré-requisitos, 185-187
    Processo de, 183-184
    Processo participativo, 183-184
    Programas de sugestão, 189-190
    Programas para, 189-191
    Responsabilidade dos funcionários e dos gerentes, 189
Paternalismo, 32
Percepção, 9, 48, 180
    Conflito e, 253
    Efeito Hawthorne e, 326

Enriquecimento do cargo e motivação, 239-240
Estilo de liderança, 162
Troca líder-membro, 184
Percepção de papéis na relação entre gerentes e funcionários, 81
Percepção de papéis, 80
Percepção seletiva, 9
Perdão, 11
Perfeição na execução das atividades, maestria em seu trabalho, 179
Persuasão, 48, 179
Pesquisa de satisfação no trabalho, 213-218
Pesquisa-ação, 340
Pessoas do tipo A, 359
Pessoas do tipo B, 359
Planejamento das ações, 134
Plano de participação nos resultados, 146-147, 237
    Base comportamental para, 146
    Fatores contingenciais, 147
Planos para a participação dos funcionários na propriedade, 191-192
Poder
    Administração da impressão, 267
    Compromisso e, 264
    Definição, 262
    Efeito das bases de poder, 263-264
    Estilos e uso de, 162-163
    Influência e poder político, 264-267
    Modelo autocrático e, 31, 162, 184
    Poder coercitivo, 263
    Poder de expertise, 263
    Poder de recompensa, 263
    Poder gerencial, 184-185
    Poder informal, 276
    Poder legítimo, 262-263
    Poder pessoal, 262
    Política e, 262-267
    Política organizacional e, 264
    Princípio da reciprocidade, 265
    Respostas para o uso de, 263
    Tipos de, 262-263
    Visão participativa do, 184
Poder coercitivo, 263
Poder de expertise, 263
Poder de recompensa, 263
Poder informal, 276
Poder institucional, 101
Poder legítimo, 262-263
Poder oficial, 262-263
Poder pessoal, 262
Poder político/política, 262-267
    Influência e, 264-267
    Política organizacional, 264
    Táticas para a conquista, 265

Poder posicional do líder, 165
Polaroid Corporation, 362
Polígrafo (detector de mentiras), 229
Política de portas abertas, 60
Política organizacional, 264
Pontos de vista, polarizadas/polarização, 49, 294
Pontuações frouxas, 145
Posição social, 83-84
Postura defensiva, 49
Pour your heart into it (Schultz), 37
Prática, 7
Prazos, 355
Preconceito, 77
Preferência por uma recompensa, 113
Preguiça social, 308
Premissas de fato, 26
Premissas de valor, 27
Presença, 37
Previsões realistas sobre o trabalho, 57
Primal Leadership (Goleman et al.), 187
Princípio da reciprocidade, 265
Privação do *status*, 83
Problemas fisiológicos, 356
Processamento de informações sociais, 241
Processo de comunicação de duas vias, 46-50
    Aceitação ou rejeição, 48
    Barreiras ao, 50-51
    Codificação, 47
    Controles do receptor, 47
    Decodificação e compreensão, 47-48
    Enquadramento, 47
    Feedback, 48-49
    Problemas potenciais do, 49
    Transmissão, 47
    Utilização do, 48
Processo devido, 228
Processo participativo, 183-185
Produtividade, 13-14, 324
    Contingências culturais e, 392-395
    Inputs/outputs múltiplos, 14
    Participação e, 181-182
Profecia auto-realizável, 139, 336
Profundidade do cargo, 236
Programa de remuneração completo, 141
Programas de bem-estar (paternalismo), 32
Programas de participação, 189-192
    Círculos de qualidade, 190-191
    Ênfase na qualidade, 190
    Equipes autogerenciadas, 191
    Gestão da qualidade total (TQM), 191

Planos de participação dos funcionários na propriedade, 191-192
    Programas de sugestão, 189-190
Programas de sugestão, 189, 190
Propinas, 381
Propriedade psicológica, 36
Proteção da privacidade, 227 ver também Direito à privacidade
Proxêmica, 50
Prudential Insurance Company of América, 88
Pseudoparticipação, 181
Punição, 109

Q

Qualidade de vida no trabalho (QWL), 234-242
    Abordagem sobre as características do cargo, 237-239
    Ambiente de trabalho humanizado, 235
    Ampliação do cargo versus enriquecimento do cargo, 235-237
    Comportamento organizacional apoiador, 26, 30, 37-39
    Dicas sociais e percepções, 240-241
    Dimensões centrais, 237-239
    Enriquecimento e motivação, 239-240
    Fatores contingenciais, 241-242
    Limitações da, 241
    Lógica para, 235
Quanxi (relacionamentos), 384
Questionamento, 59
Questões abertas, 59
Questões de pesquisa, 215-216
Questões de respostas abertas, 216
Questões de respostas fechadas, 59, 215
Questões éticas, 11-12
    Compensação de executivos, 160
    Delação, 243-244
    Equipes e, 312
    Interpretação pessoal e favorável das regras de modo antiético, 211
    Manipulação de pessoas, 17-18
    Operações multinacionais, 381-382
    Participação como um imperativo ético, 192

R

R. F. White Company, 232
Radar situacional, 37
Rebelião, 89
Receber uma mensagem, 47
Receptor, 45
Recompensa por desempenho, 128
Recompensas para as equipes, 306
Recongelamento, 333-334
Reconhecimento, 34

Recursos, 14
Recursos econômicos, 32
Rede, 62, 264
Rede de relacionamento pessoal, 63
Rede eletrônica não-convencional (ou grapevine eletrônico), 65-66
Rede não-convencional de informações, 65-66 (grapevine)
    Características da, 66-67
    Fatores que encorajam, 66
    Rede não-convencional eletrônica (grapevine), 66
Reentrada intercultural, 391
Reestruturações, 5
Reforço
    Contínuo, 109
    Cronogramas de, 109-110
    De índice fixo, 110
    De índice variável, 110
    Em intervalos fixos, 110
    Em intervalos variáveis, 110
    Parcial, 110
Reforço contínuo, 109-110
Reforço negativo, 108-109
Reforço parcial, 110
Reforço positivo, 108-109
Reforço social e persuasão, 179
Regressão, 356
Relacionamentos do status, 83-84
Relações entre o líder e membros, 165
Relações intergrupais, 3
Relações interpessoais, 3
Relatório de pesquisa, 217
Remuneração baseada em conhecimento, 147
Remuneração baseada nas habilidades, 147-148
    Desvantagens da, 147-148
    Vantagens da, 147
Remuneração de múltiplas habilidades, 147
Remuneração por mérito, 143
Remuneração por peça, 142
Reorientação, 365
Repatriação, 391
Residência eletrônica, 64
Resiliência, 351
Resistência à mudança, 328-331
    Benefícios da, 331
    Conseqüências da resistência, 330-331
    Efeito de reação em cadeia, 328
    Natureza e efeitos da, 328-329
    Razões para, 329
    Resistência emocional, 330
    Resistência lógica, 329
    Resistência psicológica, 330

Resistência sociológica, 330
Tipos de, 329-331
Resistência emocional, 330
Resistência lógica, 329
Resistência psicológica, 330
Resistência racional, 329
Resistência social, 330
Resistência sociológica, 330
Resolução de conflitos
    Assertividade e, 262
    Estratégias para, 253, 257-259
    Modelo de, 253
Resolução de problemas, 257, 291, 340
Responsabilidade, 11, 35
    Aceitação da, 181
    Do indivíduo com a organização, 242-245
    Trabalho em equipe e, 181
Responsabilidade social, 18, 79
Resposta de relaxamento, 360-361
Restrição de *output*, 145
Resultado de conflito do tipo ganha-ganha, 257
Resultados, 117, 135
Resultados organizacionais, 14
Resultados primários, 115
Resultados secundários, 115
Reuniões com funcionários, 60
Reuniões, 275, 283-294; *ver também* Comitês
    Diagrama de participação de, 287
    Práticas eficazes para reuniões, 286-287
Revisões periódicas, 134
Rockwell International, 393
Rotação de postos, 236
Rotatividade, 207-209
    Atitudes dos funcionários e, 207-209
    Efeitos negativos da, 208
    Previsões realistas sobre o trabalho, 57
    Satisfação no trabalho, 208
Ruído, 50

S

SAS Institute, 209
Satisfação dos funcionários, *ver também* satisfação no trabalho
Satisfação no trabalho, 202-204
    Ânimo no trabalho, 205-206
    Atitude geral/multidimensional, 202
    Atitudes dos funcionários e, 206-207
    Compromisso organizacional, 205
    Elementos da, 202
    Envolvimento com o trabalho, 204-205
    Estabilidade, 202
    Estudo da, 213-214
    Foco individual e, 202
    Impacto ambiental da, 202-203
    Importância da, 203
    Nível de, 203-204
    O moral e, 202
Scott Paper Company, 156
Segurança dos funcionários, 32, 337
Semântica, 51
Sensibilidade à equidade, 119
Serviço seletivo, 265
Sessões de sensibilização, 60
Sigilos nos programas salariais, 134
Significado da tarefa, 239
Silêncio organizacional, 58
Símbolos de *status*, 84, 265-266
Símbolos de *status* e poder, 265
Síndrome da Imunodeficiência Adquirida (Aids), 233-234
Síndrome da mudança repetitiva, 327
Síndrome do enganador, 179
Síndrome do sobrevivente, 353
Sistema de apoio para a tomada de decisões, 291
Sistema de comportamento organizacional, 25-28
    Elementos do, 25-28
    Propósitos primordiais do, 25
Sistema de recompensas econômicas, 128
Sistema filosófico, 25-26
Sistemas abertos, 74
Sistemas de incentivo econômico, 141-148
    Incentivos salariais, 143-145
    Participação nos lucros, 145-146
    Plano de participação nos resultados, 146-147
    Propósitos e tipos de, 141-142
    Remuneração associada ao desempenho, 142-143
    Remuneração baseada nas habilidades, 147-148
    Sistema de remuneração completo, 141
Sistemas de recompensa, 114-115
    Dicas sociais e, 240-241
    Estresse e controle percebido, 358-359
    Percepção seletiva, 9
    Percepções dos papéis, 80
    Profecia auto-realizável, 139
Sistemas de recompensa, *ver também* Dinheiro como recompensa
    Avaliação de desempenho e, 134-135
    Base salarial, 128
    Compartilhamento de recompensas e mudança, 337
    Designações internacionais, 391
    Dinheiro como recompensa, 128-134
    Líderes informais, 278-279
    Motivação e, 102
    Participação nos lucros, 128

Percepções sobre, 114-115
Programas não econômicos, 129
Recompensas para as equipes, 306
Recompensas por desempenho, 128
Sistema completo para, 128-129
Sistemas de *status*, 83
Sistemas sociais, 10, 73-74
Como sistemas abertos, 74
Compreendendo os, 74-76
Contratos econômicos, 75-76
Contratos psicológicos, 75-76
Efeitos disfuncionais, 75
Efeitos funcionais, 75
Equilíbrio social, 74-75
Incentivo salarial e, 144
Meta superior dos, 11
Sistemas formais/informais, 10
Sobrecarga de comunicação, 56
Sobrecarga de trabalho, 355
Socialização, 89-90
Socialização organizacional, 89
Sociedades femininas, 384
Sociedades masculinas, 384
Society for Human Resources Management, 92, 200
Soluções rápidas, 18
Southwest Airlines, 74, 79
St. Regis Paper Company, 239
Stakeholders, 4
Starbucks Coffe Co., 37
Status, 34, 36, 83-86, 130
Ameaças ao, 253
Efeitos do, 83
Fontes de, 85
Relacionamentos de *status*, 83-84
Significado do, 85-86
Símbolos de *status*, 84, 265-266
Status dos membros, 277-279
Status dos membros, 277-279
Subaru, 75
Subculturas, 88
Subparticipação, 188
Sub-recompensa, 118
Substitutos para a liderança, 171-172
Superliderança, 173
Superparticipação, 188
Super-recompensados, 118
Supervisores Abusivos, 357

T

Tamanho dos grupos, 284
Target, 393
Táticas de negociação, 259

Tech Form Industries (TFI), 147
Técnica de grupo nominal, 289
Tecnologia, 6
Teletrabalho (Trabalho a distância), 64-65
Teoria clássica das organizações, 301
Teoria da administração, 6-7
Teoria da equidade, 117
Teoria da expectativa: *ver* Modelo da expectativa para motivação
Teoria das trocas, 76
Teoria do aprendizado, 107
Teoria X e Y, 28-29, 40, 135, 393
Liderança e, 161, 167, 173
Participação e, 181
Teoria Z, 392-394
Teorias da administração, 6-7
Teorias de conteúdo sobre motivação, 107
Teorias de processual sobre motivação, 107
Teorias X e Y de McGregor, 28-31, 393
Territórios particulares dos funcionários, 312
Territórios particulares *versus* espaços das equipes, 312-313
Teste de deficiência, 232
Testes abertos, 229
Testes de Drogas, 231
Testes de honestidade, 229
Testes de integridade, 229
Testes de personalidade, 158
Testes genéticos, 232
Time Warner, 87
Tiranos do local de trabalho, 357
Título VII do *Civil Rights Act* (Ato sobre Direitos Civis) de 1964, 382
Tom's of Maine, 182
Toyota, 75, 393-394
Toyota-General Motors, 393
Trabalhadores temporários, 116
Trabalho em equipe, 35, 181, 302-308
Traços, 158
Traços de personalidade, 254
Transmissão, 47
Transtorno do estresse pós-traumático, 353
Tratamento do Alcoolismo, 229-231
Programas bem-sucedidos, 230-231
Razões para o estabelecimento de programas nas companhias, 230
Tratamento interpessoal, 119
Trauma ocupacional, 352
Trauma, 352-353
TRW Corporation, 284

U

U.S. Postal Service, 353-354
Unidade de análise, 4

Unidades funcionais (silos), 301
Uso indevido de drogas, 231-232
Uso indevido de substâncias, 229-232

V

Valência, 113-115, 130
Valero Energy, 209
Validade, 216
Valor comparável, 134
Valores da cultura social, 78-79
    Ética do trabalho, 78-79
    Responsabilidade social, 18, 79
Valores humanistas, 340
Valorização da diversidade, 77
Valorização do indivíduo, 10
Variáveis causais, 338
Variáveis intervenientes, 338
Variáveis resultantes, 339
Variedade de habilidades, 238
Viciados em trabalho (*workholics*), 352
Viés comportamental, 16-17
Viés de atribuição fundamental, 139
Viés de autoproteção, 139
Violência ocupacional, 353
Violência, 212
Visão, 27, 332
Vocational Rehabilitation Act (Ato para Reabilitação Profissional) de 1973, 234

W

W. L. Gore, 192
Wal-Mart, 79
Wells Fargo Bank, 133
Weyerhaeuser, 107
Wipro Limited, 79

X

Xenofobia, 391
Xerox Corporation, 181, 361

Y

Yahoo, 30